# APOSTOLIC FATHERS GREEK READER

THE COMPLETE EDITION

# APOSTOLIC FATHERS GREEK READER

THE COMPLETE EDITION

VOLUME 6

**EDITED BY**

SHAWN J. WILHITE          JACOB N. CERONE

GlossaHouse
Wilmore, KY
www.glossahouse.com

*Apostolic Fathers Greek Reader: The Complete Edition*
© GlossaHouse, LLC, 2019

All rights reserved. No part of this book may be reproduced or transmitted in any form or by any means, electronic or mechanical, including photocopying or recording, or by means of any information storage or retrieval system, except as may be expressly permitted by the 1976 Copyright Act or in writing from the publisher. Requests for permission should be addressed in writing to the following:

GlossaHouse, LLC 110 Callis Circle, Wilmore, KY 40309
www.GlossaHouse.com

Publisher's Cataloging-in-Publication Data

**The Apostolic Fathers. Greek.**

The Apostolic Fathers Greek Reader: The Complete Edition / edited by Shawn J. Wilhite and Jacob N. Cerone; introductions by Michael A. K. Haykin, Shawn J. Wilhite, and Charles Meeks; notes by Coleman M. Ford (Ignatius *To the Ephesians*), Roberto A. van Dalen (Ignatius *To the Magnesians*), Aaron S. Rothermel (Ignatius *To the Trallians*), Griffin T. Gulledge (Ignatius *To the Romans*), Brian W. Davidson (Ignatius *To the Philadelphians*), Jacob N. Cerone (Ignatius *To the Smyrnaeans*), Trey Moss (Ignatius *To Polycarp*), Shawn J. Wilhite (*Didache*), Madison N. Pierce (*Barnabas*), Michael T. Graham Jr. (*Polycarp's Epistle the Philippians*), Shawn J. Wilhite (*Martyrdom of Polycarp*), Matthew McMains (*Papias*), Matthew Albanese (*Diognetus*), Jacob N. Cerone (*1 Clement*), Jason Anderson (*2 Clement*), Adam Smith (*The Shepherd of Hermas 1–38*), Wyatt A. Graham (*The Shepherd of Hermas 39–77*), Nathan G. Sundt (*The Shepherd of Hermas 78–107*),
— Wilmore, KY : GlossaHouse, ©2019.

xvii, 615 pages ; 23 cm. -- (AGROS) -- (Apostolic fathers Greek reader ; 6)

Greek text of the Apostolic Fathers accompanied by the English glosses of many select words in footnotes. Includes bibliographical references.

ISBN:   978-1942697473 (pb)
        978-1942697480 (hb)

Library of Congress Control Number: 2019903657

1. The Apostolic Fathers—Introductions. 2. Christian ethics—History—Early church, ca. 30-600. 3. Church—History of doctrines—Early church, ca. 30-600. I. Title. II. Apostolic fathers Greek reader; 6. III. Accessible Greek resources and online studies; tier 3. IV. The Apostolic Fathers; complete. Greek. V. Wilhite, Shawn J. VI. Cerone, Jacob N.

The fonts used to create this work are available from linguistsoftware.com/lgku.htm.
Cover design by T. Michael W. Halcomb and Fredrick J. Long
Text layout by Jacob N. Cerone and Fredrick J. Long

The Greek texts are from J. B. Lightfoot, *The Apostolic Fathers* (London: Macmillan, 1881) except for Ignatius, the *Didache*, and *the Martyrdom of Polycarp* which are from Kirsopp Lake, *The Apostolic Fathers* (Cambridge: Harvard University Press, 1912–1913).

*This series is dedicated to all who have struggled to make Greek a regular part of their study of Scripture.*

## INTRODUCTIONS BY

Michael A. G. Haykin (*The Letters of Ignatius, Barnabas, Polycarp, Diognetus, 1 Clement, 2 Clement*)
Michael A. G. Haykin and Shawn J. Wilhite (*Didache*)
Shawn J. Wilhite (*Papias*)
Charles Meeks (*The Shepherd of Hermas*)

## NOTES BY

Coleman M. Ford (Ignatius *To the Ephesians*)
Roberto A. van Dalen (Ignatius *To the Magnesians*)
Aaron S. Rothermel (Ignatius *To the Trallians*)
Griffin T. Gulledge (Ignatius *To the Romans*)
Brian W. Davidson (Ignatius *To the Philadelphians*)
Jacob N. Cerone (Ignatius *To the Smyrnaeans*)
Shawn J. Wilhite (*Didache*)
Madison N. Pierce (*Barnabas*)
Trey Moss (Ignatius *To Polycarp*)
Michael T. Graham Jr. (*Polycarp's Epistle to the Philippians*)
Shawn J. Wilhite (*Martyrdom of Polycarp*)
Matthew McMains (*Papias*)
Matthew Albanese (*The Epistle to Diognetus*)
Jacob N. Cerone (*1 Clement*)
Jason Anderson (*2 Clement*)
Adam Smith (*The Shepherd of Hermas* 1–38)
Wyatt A. Graham (*The Shepherd of Hermas* 39–77)
Nathan G. Sundt (*The Shepherd of Hermas* 78–107)

# Contents

| | |
|---|---|
| SERIES INTRODUCTIONS | |
|    The AGROS Series | viii |
|    The APOSTOLIC FATHERS GREEK READER Series | x |
|    ACKNOWLEDGEMENTS | xii |
|    A Note on the APOSTOLIC FATHERS GREEK READER Series | xiii |
|    ABBREVIATIONS | xv |
| THE LETTERS OF IGNATIUS | |
|    Preface to *The Letters of Ignatius* | 2 |
|    Introduction to Ignatius | 3 |
|    Additional Resources for Further Study | 6 |
|    Ignatius *To the Ephesians* | 9 |
|    Ignatius *To the Magnesians* | 25 |
|    Ignatius *To the Trallians* | 35 |
|    Ignatius *To the Romans* | 44 |
|    Ignatius *To the Philadelphians* | 53 |
|    Ignatius *To the Smyrnaeans* | 63 |
|    Ignatius *To Polycarp* | 74 |
| DIDACHE | 83 |
|    Introduction to *The Didache* | 84 |
|    Additional Resources for Further Study | 86 |
|    *The Didache of the Twelve Apostles* | 88 |
| BARNABAS | 105 |
|    Introduction to *The Epistle of Barnabas* | 107 |
|    Additional Resources for Further Study | 110 |
|    *The Epistle of Barnabas* | 112 |
| POLYCARP | 165 |
|    Introduction to Polycarp | 166 |
|    Additional Resources for Further Study | 168 |
|    *Polycarp's Epistle to the Philippians* | 172 |
|    *Martyrdom of Polycarp* | 181 |
| PAPIAS | 205 |
|    Introduction to Papias | 206 |
|    Additional Resources for Further Study | 213 |
|    *Fragments of Papias* | 215 |
| DIOGNETUS | 235 |
|    Introduction to Diognetus | 236 |
|    Additional Resources for Further Study | 240 |
|    *The Epistle to Diognetus* | 242 |
| 1–2 CLEMENT | 271 |
|    Introduction to 1 Clement | 272 |
|    Additional Resources for Further Study | 275 |
|    *1 Clement* | 277 |
|    Introduction to 2 Clement | 370 |
|    Additional Resources for Further Study | 373 |
|    *2 Clement* | 374 |
| THE SHEPHERD OF HERMAS | 395 |
|    Introduction to *The Shepherd of Hermas* | 396 |
|    Additional Resources for Further Study | 400 |
|    *The Shepherd of Hermas* | 402 |
| VOCABULARY OCCURRING 13 TIMES OR MORE IN THE GREEK NT | 604 |

# AGROS
ACCESSIBLE GREEK RESOURCES AND ONLINE STUDIES

**SERIES EDITORS**

T. MICHAEL W. HALCOMB　　　　　FREDRICK J. LONG

GlossaHouse
Wilmore, KY
www.glossahouse.com

# AGROS

The Greek term ἀγρός is a field where seeds are planted and growth occurs. It also can denote a small village or community that forms around such a field. The type of community envisioned here is one that attends to Holy Scripture, particularly one that encourages the use of biblical Greek. Accessible Greek Resources and Online Studies (AGROS) is a tiered curriculum suite featuring innovative readers, grammars, specialized studies, and other exegetical resources to encourage and foster the exegetical use of biblical Greek. The goal of AGROS is to facilitate the creation and publication of innovative, accessible, and affordable print and digital resources for the exposition of Scripture within the context of the global church. The AGROS curriculum includes five tiers, and each tier is indicated on the book's cover: Tier 1 (Beginning I), Tier 2 (Beginning II), Tier 3 (Intermediate I), Tier 4 (Intermediate II), and Tier 5 (Advanced). There are also two resource tracks: Conversational and Translational. Both involve intensive study of morphology, grammar, syntax, and discourse features. The conversational track specifically values the spoken word, and the enhanced learning associated with speaking a language in actual conversation. The translational track values the written word, and encourages analytical study to aide in understanding and translating biblical Greek and other Greek literature. The two resource tracks complement one another and can be pursued independently or together.

# APOSTOLIC FATHERS GREEK READERS

The Apostolic Fathers are generally assigned by historians of ancient Christianity to a narrow collection of non-canonical Christian texts that date within the first and second centuries AD. This brief collection includes the letters of Clement of Rome, Ignatius of Antioch, Polycarp *To the Philippians* and *The Martyrdom of Polycarp*, the Didache, Epistle of Barnabas, the Shepherd of Hermas, Diognetus, Fragments of Papias, and the fragment of Quadratus.

The goal of the APOSTOLIC FATHERS GREEK READER (AFGR) is to assist readers of ancient Christian literature. Each volume will provide unique and unfamiliar vocabulary for beginning students of the Greek language: words appearing 30 times or less in the Greek NT. The AFGR is a Tier 4 Resource within the AGROS (Accessible Greek Resources and Online Studies) curriculum suite produced by GlossaHouse.

The beckoning call of Stephen Neill and Tom Wright, in *The Interpretation of the New Testament* 1861–1986 (1988) undergirds the need for this series. Familiarity with these texts informs students of the New Testament and Church History regarding the birth of the Christian Church. "If I had my way," invites Neill and Wright, "at least five hundred pages of Lightfoot's Apostolic Fathers would be required reading for every theological student in his first year" (61). Although the AFGR is not an introduction like Lightfoot's, it nevertheless invites readers to encounter firsthand the texts of the Apostolic Fathers, thus preparing them to explore nascent Christianity.

No substitute exists for gaining mastery of reading the Greek language outside of sustained interaction with primary texts. The AFGR, we believe, will aid and encourage students and teachers to achieve this goal.

# VOLUMES OF THE AFGR SERIES

*The Letters of Ignatius* (Volume 1)
— Notes by Coleman M. Ford, Robert A. van Dalen, Aaron S. Rothermel, Griffin T. Gulledge, Brian W. Davidson, Jacob N. Cerone, and Trey Moss

*The Didache and Barnabas* (Volume 2)
— Notes by Shawn J. Wilhite and Madison N. Pierce

*Polycarp, Papias, and Diognetus* (Volume 3)
— Notes by Shawn J. Wilhite, Michael T. Graham, Jr., Matthew J. Albanese, and Matthew J. McMains

*1–2 Clement* (Volume 4)
— Notes by Jacob N. Cerone and Jason Andersen

*The Shepherd of Hermas* (Volume 5)
— Notes by Adam Smith, Wyatt A. Graham, and Nathan G. Sundt

*Apostolic Fathers Greek Reader: The Complete Edition* (Volume 6)

# Acknowledgements

During the entire process of this project, many people deserve to be mentioned because of their help, encouragement, criticisms, and editorial eyes—especially Jonathan Pennington and Rick Brannan. Jason Fowler, in particular, helped cultivate the initial vision of the project.

Each contributor and editor deserves recognition for their diligence in the project—Matthew Albanese, Jason Anderson, Jacob Cerone, Roberto van Dalen, Brian Davidson, Coleman Ford, Michael Graham, Griffin Gulledge, Matthew McMains, Trey Moss, Madison Pierce, Aaron Rothermel, and Nathan Sundt. Paul Cable helped with the initial work on the Shepherd of Hermas. Jacob Cerone needs to be singled out for his exceptional work. He went above the expected duties by editing the Didache and Martyrdom of Polycarp. Furthermore, as the project was losing steam, he stepped in to revive it and see it to its completion. Additionally, Nathaniel Cooley helped typeset this project.

Michael A. G. Haykin, who is both mentor and friend, wrote introductions to most of the books within the collection. Furthermore, Paul Smythe, professor at Gateway Baptist Theological Seminary, provided a list of bibliographic resources for those desiring further study in the Apostolic Fathers.

I offer special thanks to the kind folks at GlossaHouse, namely Fredrick J. Long and T. Michael W. Halcomb. Their vision for language resources has influenced this project in many beneficial ways. I am grateful for their vision for the AFGR project, their patience in its production, and their desire for accessible ancient language resources. Also, Brian Renshaw compiled texts, vocabulary lists, and devoted countless hours to helping with this project in its initial stages.

Shawn J. Wilhite<br>
Editor of the AFGR Series

# A Note About The *AFGR*

We have limited the vocabulary to those words appearing in the New Testament 30 times or less—provided via Accordance Bible Software. In this way, second-year Greek students are able to make use of this Greek reader. This frequency of vocabulary is a somewhat arbitrary; but, a first-year Greek student can make this a personal goal.

All glosses are taken from the following works and in the following order. The glosses are, at times, not contextually determined.

1. Bauer, Walter, Frederick W. Danker, William F. Arndt, and F. Wilbur Gingrich, *A Greek-English Lexicon of the New Testament and Other Early Christian Literature*. 3rd ed. Chicago: University of Chicago Press, 2000. (BDAG)

2. Henry George Liddell and Robert Scott, *A Greek-English Lexicon*. 9th ed. with new supplement. Revised by Henry Stuart Jones and Roderick McKenzie. Oxford: Oxford University Press, 1996. (LSJ)

3. G. W. H. Lampe. *A Patristic Greek Lexicon*. Oxford: Oxford University Press, 1961.

Each entry will contain the following:

1. **Nouns:** Nominative form, Genitive ending, Article, and Gloss.

    E.g., Βάσανος, ου, ἡ, torture

2. **Adjectives:**

    (a) 2$^{nd}$ Declension Masculine form, 1$^{st}$ Decl. Fem. ending, 2$^{nd}$ Decl. Neuter ending, Gloss.

    E.g., ψυχρός, ά, όν, cold (lit.), without enthusiasm.

    (b) 3$^{rd}$ Declension m/f form, 3$^{rd}$ Decl. Neuter ending, Gloss.

    E.g., ἀσεβής, ές, impious, ungodly

3. **Verbs:**

   (a) For the Indicative, Subjunctive, or Optative Mood: Lexical Entry, Verbal Form, Mood, Voice, Person, Number, Gloss.

   E.g., ἀποδημέω pres act ind 3p, absent

   (b) For Infinitives: Lexical Entry, Form, Voice, Mood, Gloss.

   E.g., γρύζω aor act inf, mutter, complain

   (c) For Participles: Lexical Entry, Form, Voice, Mood, Gender, Number, Case, Gloss.

   E.g., παροικέω pres act ptcp f.s.nom., inhabit a place as a foreigner, be a stranger

This Greek reader is not designed to supplement rigorous lexical research; rather, it facilitates efficient reading by helping to translate quickly without recourse to opening another, separate lexicon. As a further benefit to readers of the AFGR, this Complete Reader (Volume 6) contains at the back a gloss lexicon of "Vocabulary Occurring 13 Times or More in the Greek NT—Alphabetized with Frequency."

# Abbreviations

1—1st person
2—2nd person
3—3rd person
acc—accusative
act—active
adv—adverb
aor—aorist
comp—comparative
conj—conjuction
dat—dative
f—feminine
fut—future
gen—genitive
impr—improper
imp—imperfect
impv—imperative
inf—infinitive
intj—interjection
lit—literally

m—masculine
mid—middle
n—neuter
nom—nominative
opt—optative
p—plural
part—particle
pass—passive
perf—perfect
plupf—pluperfect
prep—preposition
pres—present
ptcp—participle
s—singular
sub—subjunctive
subst—substantive
superl—superlative
trans—translation

# The Letters of Ignatius

APOSTOLIC FATHERS GREEK READER

VOLUME 1

## Preface to *The Letters of Ignatius*

My first major exposure to the Greek of the seven letters of Ignatius of Antioch came in 1977 after three years of Koine Greek in my masters program. I was planning on doing a doctoral thesis in the Greek Fathers, and I was desirous of getting as much experience in reading and translating Greek as possible. I asked the then-principal of McMaster Divinity College, Mel Hillmer, if he would be available as a mentor in reading the letters of Ignatius and he agreed, even though I was not formally enrolled at McMaster. So in the summer of 1977, I translated the entire extant corpus of Ignatius, and wrote a number of papers on his usage of various prepositions. The reading of the letters helped strengthen my grasp of NT Greek and especially widened my vocabulary. The experience also confirmed Rowan Williams's judgment that in the seven letters of Ignatius of Antioch we possess one of the richest resources for the understanding of Christianity in the era immediately following that of the Apostles.[1] The letters are somewhat staccato in style and are filled with rhetorical embellishments—a small challenge to the first-time reader of the letters. Nevertheless, they manifest, in the words of biblical scholar Bruce Metzger, "such strong faith and overwhelming love of Christ as to make them one of the finest literary expressions of Christianity during the second century."[2]

So, be prepared not only to read but to be enriched in your understanding of both Greek and Ignatius's Christ-centered spirituality!

---

[1] Rowan Williams, *Christian Spirituality* (Atlanta: John Knox, 1980), 14.
[2] Bruce M. Metzger, *The Canon of the New Testament: Its Origin, Development, and Significance* (Oxford: Clarendon, 1987), 44.

# Introduction to Ignatius

Ignatius, the bishop of the church at Antioch on the Orontes, was arrested by Roman authorities between the years AD 107 and 110 and sent to Rome to be executed. There are no details of the persecution in which he was arrested, although Ignatius does mention others who were probably arrested during the same persecution and who had preceded him to Rome.[1] He was taken across the great roads of southern Asia Minor in the custody of ten Roman soldiers, whom he likens to "savage leopards."[2] The route that Ignatius probably travelled, the main highway across southern Asia Minor, ran westwards to Ephesus, where travellers, or in this case, a prisoner, would take ship to go either directly to Italy or further up the coast to Troas. Near Laodicea, however, his guards turned north and west to Philadelphia and later to Smyrna, where Ignatius apparently stayed for some time. Polycarp (c. AD 69/70–155/156), recently appointed bishop of Smyrna, sought to minister to his needs upon his arrival in that town. When he came to Smyrna, there were also representatives of three other churches to meet him. Damas, the bishop of the church in Magnesia-on-the-Meander, had come along with two elders from his church, Bassus and Apollonius, and a deacon, Zotion.[3] From Tralles came the bishop Polybius[4] and from Ephesus a number of leaders: Onesimus the bishop, a deacon by the name of Burrhus, and Crocus, Euplus, and Fronto.[5]

It was at Smyrna that Ignatius wrote the letters to the churches at Rome, Magnesia-on-the-Meander, Tralles, and Ephesus. The letter to the Romans is the only one of Ignatius's letters that is dated. He

---

[1] Ign. *Rom.* 10.2.
[2] Ign. *Rom.* 5.1. This is the earliest occurrence of the word for leopard in Greek. See D. B. Saddington, "St Ignatius, Leopards, and the Roman Army," *Journal of Theological Studies* 38 (1987): 411–12.
[3] Ign. *Magn.* 2.
[4] Ign. *Trall.* 1.1.
[5] Ign. *Eph.* 1.3–2.1.

was writing it, he tells the Roman believers, on the ninth day before the Kalends of September, that is, August 24.[6] Obviously a date is included since he wishes to give the church at Rome some idea as to when to expect him.[7] Not long after writing this letter to the Roman Church, the Antiochene bishop left Smyrna for Troas.[8] This stage in Ignatius's journey is not clear: The soldiers took him either to Troas by road or by a vessel that would have sailed within sight of the shore. We are also uncertain as to how long they stopped at Troas. Ignatius, however, was able to write three more letters from there: letters to the churches at Philadelphia, Smyrna, and finally one to the man who befriended in Smyrna, Polycarp.[9]

The Roman soldiers and their Christian prisoner seem to have left Troas in something of a hurry and made their way to Neapolis in Macedonia.[10] From there they would have passed through Philippi to Dyrrachium, on what is now the Adriatic coast.[11] From Dyrrachium they probably would have taken another ship for Brundisium in Italy and then by land made their way to Rome. At this point a curtain is drawn across the historical events and nothing more of Ignatius's earthly career is known, except the report by Polycarp to the church at Philippi that he was martyred, presumably at Rome.[12]

Accepting what is called the middle recension of these seven letters as genuine, it is evident there are three concerns which were uppermost in Ignatius's mind as he wrote these letters.[13] First of all, he longed to see unity at every level in the life of the local churches to

---

[6] Ign. *Rom.* 10.3.
[7] Virginia Corwin, *St. Ignatius and Christianity in Antioch* (New Haven: Yale University Press, 1960), 14–17.
[8] Corwin, *Christianity in Antioch*, 17.
[9] Ign. *Phld.* 11.2; Ign. *Smyrn.* 12.1; Ign. *Pol.* 1.1.
[10] Ign. *Pol.* 8.1.
[11] For the mention of Ignatius passing through Philippi, see Pol.*Phil.* 1.1.
[12] Corwin, *Christianity in Antioch*, 18. See Pol.*Phil.* 9.1 for the report of Ignatius's death.
[13] John E. Lawyer, Jr., "Eucharist and Martyrdom in the Letters of Ignatius of Antioch," *Anglican Theological Review* 73 (1991): 281.

which he was writing. In his own words, he was a man "dedicated to the cause of unity."[14] Second, he ardently desired his fellow believers to stand fast in their common faith against heresy. While there is no scholarly consensus as to the number of heresies in view in Ignatius's letters, it is clear that one of them was a form of Docetism, which maintained that the incarnation of Christ, and consequently his death and resurrection, was a mirage.[15] Finally, Ignatius is eager to recruit the help of his correspondents in the successful completion of his own vocation, which is nothing less than a call to martyrdom.

Michael A.G. Haykin
The Southern Baptist Theological Seminary
April, 2015

---

[14] Ign. *Phld.* 8.1. See also Ign. *Pol.* 1.2; Ign. *Phld.* 7.2.

[15] For a discussion of this subject, see especially L. W. Barnard, "The Background of St. Ignatius of Antioch," *Vigiliae Christianae* 17 (1963): 193–206; Christine Trevett, *A Study of Ignatius of Antioch in Syria and Asia*, Studies in Bible and Early Christianity 29 (Lewiston, NY: Mellen, 1992), 194–99; Jerry L. Sumney, "Those Who 'Ignorantly Deny Him': The Opponents of Ignatius of Antioch," *Journal of Early Christian Studies* 1 (1993): 345–65; William R. Schoedel, "Polycarp of Smyrna and Ignatius of Antioch," *Aufstieg und Niedergang der Römischen Welt* 27.1:301–4; and Charles Thomas Brown, *The Gospel and Ignatius of Antioch*, Studies in Biblical Literature 12 (New York: Lang, 2000), 176–97.

# ADDITIONAL RESOURCES FOR FURTHER STUDY

BEGINNER

Brent, Allen. *Ignatius of Antioch: A Martyr Bishop and the Origin of the Episcopacy*. London: T&T Clark, 2007.

Foster, Paul. "Epistles of Ignatius (Part 1)." *Expository Times* 117 (2006): 487–95.

———. "Epistle's of Ignatius (Part 2)." *Expository Times* 118 (2006): 2–11.

Haykin, Michael A. G. "'Come to the Father': Ignatius of Antioch and His Calling to Be a Martyr." *Themelios* 32, no. 3 (2007): 26–39.

Schoedel, William R. *A Commentary on the Letters of Ignatius*. Hermeneia. Philadelphia: Fortress Press, 1985.

Vall, Gregory. *Learning Christ: Ignatius of Antioch and the Mystery of Redemption*. Washington, DC: Catholic University of America Press, 2013.

INTERMEDIATE

Brown, Charles Thomas. *The Gospel and Ignatius of Antioch*. Studies in Biblical Literature 12. New York: Peter Lang, 2000.

Corwin, Virginia. *St Ignatius and Christianity in Antioch*. New Haven: Yale University, 1960.

Hill, Charles E. "Ignatius: The 'Gospel,' and the Gospels." Pages 267–85 in *Trajectories through the New Testament and the Apostolic Fathers*. The New Testament and the Apostolic Fathers. Edited by Andrew Gregory and Christopher Tuckett. Oxford: Oxford University Press, 2005.

Isacson, Mikael. *To Each Their Own Letter: Structure, Themes, and Rhetorical Strategies in the Letters of Ignatius of Antioch*. Biblica 42. Stockholm: Almqvist & Wiksell, 2004.

Maier, Harry O. "The Politics of the Silent Bishop: Silence and Persuasion in Ignatius of Antioch." *Journal of Theological Studies* 55 (2004): 503–19.

ADVANCED

Brent, Allen. *Ignatius of Antioch and the Second Sophistic: A Study of an Early Christian Transformation of Pagan Culture.* Studien und Texte zu Antike und Christentum 36. Tübigen: Mohr Siebeck, 2006.

Joly, Robert. *Le dossier d'Ignace d'Antioche.* Faculté de Philosophie et Letters 69. Brussels: Éditions de l'université de Bruxelles, 1979.

Lechner, Thomas. *Ignatius Adversus Valentinianos? Chronologische und theologiegeschichtliche Studien zu den Briefen des Ignatius von Antiochien.* Supplements to Vigiliae Christianae 47. Leiden: Brill, 1999.

Rius-Camps, J. *The Four Authentic Letters of Ignatius the Martyr.* Christianismos 2. Rome: Pontificium Institutum Orientalium Studiorum, 1979

Schoedel, William R. "Are the Letters of Ignatius of Antioch Authentic?" *Religious Studies Review* 6, no. 3 (1980): 196–201.

Trevett, Christine. *A Study of Ignatius of Antioch in Syria and Asia.* Studies in the Bible and Early Christianity 29. Lewiston, NY: Mellen, 1992.

# ΠΡΟΣ ΕΦΕΣΙΟΥΣ ΙΓΝΑΤΙΟΣ

ἸΓΝΑΤΙΟΣ,[1] ὁ καὶ Θεοφόρος,[2] τῇ εὐλογημένῃ ἐν μεγέθει[3] Θεοῦ πατρὸς πληρώματι,[4] τῇ προωρισμένῃ[5] πρὸ αἰώνων εἶναι διὰ παντὸς εἰς δόξαν παράμονον[6] ἄτρεπτον,[7] ἡνωμένην[8] καὶ ἐκλελεγμένη.[9] ἐν πάθει[10] ἀληθινῷ[11] ἐν θελήματι τοῦ πατρὸς καὶ Ἰησοῦ Χριστοῦ τοῦ Θεοῦ ἡμῶν, τῇ ἐκκλησίᾳ τῇ ἀξιομακαρίστῳ[12] τῇ οὔσῃ ἐν Ἐφέσῳ[13] τῆς Ἀσίας,[14] πλεῖστα ἐν Ἰησοῦ Χριστῷ καὶ ἐν ἀμώμῳ[15] χαρᾷ χαίρειν.

1 Ἀποδεξάμενος[16] ὑμῶν ἐν Θεῷ τὸ πολυαγάπητον[17] ὄνομα, ὃ κέκτησθε[18] φύσει[19] ἐν γνώμῃ[20] ὀρθῇ[21] καὶ δικαίᾳ κατὰ πίστιν καὶ ἀγάπην ἐν Χριστῷ Ἰησοῦ τῷ σωτῆρι[22] ἡμῶν· μιμηταὶ[23] ὄντες Θεοῦ, ἀναζωπυρήσαντες[24] ἐν αἵματι

---

1 Ἰγνάτιος, ου, ὁ, Ignatius
2 Θεοφόρος, ον, ὁ, Theophorus, (lit.) God-bearer
3 μέγεθος, ους, τό, greatness
4 πλήρωμα, ατος, τό, fullness
5 προορίζω perf mid/pass ptcp f.s.dat., predetermine, predestine
6 παράμονος, ον, lasting
7 ἄτρεπτος, ον, unchangeable
8 ἑνόω perf mid/pass ptcp f.s.acc., unite
9 ἐκλέγομαι perf mid/pass ptcp f.s.acc., choose
10 πάθος, ους, τό, suffering
11 ἀληθινός, ή, όν, genuine
12 ἀξιομακάριστος, ον, worthy of blessing
13 Ἔφεσος, ου, ἡ, Ephesus
14 Ἀσία, ας, ἡ, Asia
15 ἄμωμος, ον, unblemished
16 ἀποδέχομαι aor mid ptcp m.s.nom., welcome
17 πολυαγάπητος, ον, much-loved
18 κτάομαι perf mid/pass ind 2p, possess
19 φῦσις, εως, ἡ, nature
20 γνώμη, ης, ἡ, purpose
21 ὀρθός, ή, όν, correct, true
22 σωτήρ, ῆρος, ὁ, savior
23 μιμητής, οῦ, ὁ, imitator
24 ἀναζωπυρέω aor act ptcp m.p.nom., rekindle

## ΠΡΟΣ ΕΦΕΣΙΟΥΣ ΙΓΝΑΤΙΟΣ

Θεοῦ τὸ συγγενικὸν[1] ἔργον τελείως[2] ἀπηρτίσατε·[3] [2]ἀκούσαντες γὰρ δεδεμένον ἀπὸ Συρίας[4] ὑπὲρ τοῦ κοινοῦ,[5] ὀνόματος καὶ ἐλπίδος, ἐλπίζοντα τῇ προσευχῇ ὑμῶν ἐπιτυχεῖν[6] ἐν Ῥώμῃ[7] θηριομαχῆσαι,[8] ἵνα διὰ τοῦ ἐπιτυχεῖν[9] δυνηθῶ μαθητὴς εἶναι, ἱστορῆσαι[10] ἐσπουδάσατε·[11] [3]ἐπεὶ[12] οὖν τὴν πολυπληθίαν[13] ὑμῶν ἐν ὀνόματι Θεοῦ ἀπείληφα[14] ἐν Ὀνησίμῳ,[15] τῷ ἐν ἀγάπῃ ἀδιηγήτῳ,[16] ὑμῶν δὲ ἐν σαρκὶ ἐπισκόπῳ,[17] ὃν εὔχομαι[18] κατὰ Ἰησοῦν Χριστὸν ὑμᾶς ἀγαπᾶν καὶ πάντας ὑμᾶς αὐτῷ ἐν ὁμοιότητι[19] εἶναι. εὐλογητὸς[20] γὰρ ὁ χαρισάμενος[21] ὑμῖν ἀξίοις οὖσιν τοιοῦτον ἐπίσκοπον[22] κεκτῆσθαι.[23]

2 Περὶ δὲ τοῦ συνδούλου[24] μου Βούρρου,[25] τοῦ κατὰ Θεὸν διακόνου[26] ὑμῶν καὶ ἐν πᾶσιν εὐλογημένου, εὔχομαι[27] παραμεῖναι[28] αὐτὸν εἰς τιμὴν ὑμῶν καὶ τοῦ

---

1 συγγενικός, ή, όν, related, of the same kind
2 τελείως, adv perfectly
3 ἀπαρτίζω aor act ind 2p, complete
4 Συρία, ας, ἡ, Syria
5 κοινός, ή, όν, common
6 ἐπιτυγχάνω aor act inf, obtain
7 Ῥώμη, ης, ἡ, Rome
8 θηριομαχέω aor act inf, struggle with
9 ἐπιτυγχάνω aor act inf, obtain
10 ἱστορέω aor act inf, visit
11 σπουδάζω aor act ind 2p, hurry
12 ἐπεί, conj, when, after
13 πολυπληθία, ας, ἡ, whole congregation
14 ἀπολαμβάνω perf act ind 1s, receive, welcome
15 Ὀνήσιμος, ου, ὁ, Onesimus
16 ἀδιήγητος, ον, indescribable
17 ἐπίσκοπος, ου, ὁ, bishop, overseer
18 εὔχομαι pres mid/pass ind 1s, pray
19 ὁμοιότης, ητος, ἡ, likeness
20 εὐλογητός, ή, όν, blessed
21 χαρίζομαι aor mid ptcp m.s.nom., give graciously
22 ἐπίσκοπος, ου, ὁ, bishop, overseer
23 κτάομαι perf mid/pass inf, possess
24 σύνδουλος, ου, ὁ, fellow-slave
25 Βοῦρρος, ου, ὁ, Burrhus
26 διάκονος, ου, ὁ, ἡ, deacon, assistant
27 εὔχομαι pres mid/pass ind 1s, pray
28 παραμένω aor act inf, remain

## ΠΡΟΣ ΕΦΕΣΙΟΥΣ ΙΓΝΑΤΙΟΣ

ἐπισκόπου·[1] καὶ Κρόκος[2] δέ ὁ Θεοῦ ἄξιος καὶ ὑμῶν, ὃν ἐξεμπλάριον[3] τῆς ἀφ' ὑμῶν ἀγάπης ἀπέλαβον,[4] κατὰ πάντα με ἀνέπαυσεν·[5] ὡς καὶ αὐτὸν ὁ πατὴρ Ἰησοῦ Χριστοῦ ἀναψῦξαι,[6] ἅμα[7] Ὀνησίμῳ[8] καὶ Βούρρῳ[9] καὶ Εὔπλῳ[10] καὶ Φρόντωνι,[11] δι' ὧν πάντας ὑμᾶς κατὰ ἀγάπην εἶδον. ²ὀναίμην[12] ὑμῶν διὰ παντός, ἐάνπερ[13] ἄξιος ὦ. πρέπον[14] οὖν ἐστιν κατὰ πάντα τρόπον[15] δοξάζειν Ἰησοῦν Χριστὸν τὸν δοξάσαντα ὑμᾶς, ἵνα ἐν μιᾷ ὑποταγῇ[16] κατηρτισμένοι,[17] ὑποτασσόμενοι τῷ ἐπισκόπῳ[18] καὶ τῷ πρεσβυτερίῳ,[19] κατὰ πάντα ἦτε ἡγιασμένοι.[20]

**3** Οὐ διατάσσομαι[21] ὑμῖν ὡς ὤν τις. εἰ γὰρ καὶ δέδεμαι ἐν τῷ ὀνόματι, οὔπω[22] ἀπήρτισμαι[23] ἐν Ἰησοῦ Χριστῷ. νῦν γὰρ ἀρχὴν ἔχω τοῦ μαθητεύεσθαι[24] καὶ προςλαλῶ[25] ὑμῖν ὡς συνδιδασκαλίταις[26] μου. ἐμὲ γὰρ ἔδει ὑφ' ὑμῶν ὑπαλειφθῆναι[27] πίστει, νουθεσίᾳ,[28] ὑπομονῇ,

1 ἐπίσκοπος, ου, ὁ, bishop, overseer
2 Κρόκος, ου, ὁ, Crocus
3 ἐξεμπλάριον, ίου, τό, (living) example
4 ἀπολαμβάνω aor act ind 1s, receive, welcome
5 ἀναπαύω aor act ind 3s, refresh
6 ἀναψύχω aor act inf, refresh
7 ἅμα, prep, at the same time
8 Ὀνήσιμος, ου, ὁ, Onesimus
9 Βοῦρρος, ου, ὁ, Burrhus
10 Εὔπλους, ου, ὁ, Euplus
11 Φρόντων, ωνος, ὁ, Fronto
12 ὀνίνημι aor mid opt 1s, enjoy
13 ἐάνπερ, conj, if, indeed
14 πρέπω pres act ptcp n.s.nom., be fitting
15 τρόπος, ου, ὁ, manner
16 ὑποταγή, ῆς, ἡ, subjection
17 καταρτίζω perf mid/pass ptcp m.p.nom., cause to happen
18 ἐπίσκοπος, ου, ὁ, bishop, overseer
19 πρεσβυτέριον, ου, τό, council of elders
20 ἁγιάζω perf mid/pass ptcp m.p.nom., consecrate, sanctify
21 διατάσσω pres mid/pass ind 1s, order
22 οὔπω, adv, not yet
23 ἀπαρτίζω perf mid/pass ind 1s, complete
24 μαθητεύω pres mid/pass inf, to be a disciple
25 προσλαλέω pres act ind 1s, speak to
26 συνδιδασκαλίτης, ου, ὁ, fellow-disciple
27 ὑπαλείφω aor pass inf, anoint
28 νουθεσία, ας, ἡ, instruction

μακροθυμίᾳ.[1] [2]ἀλλ' ἐπεὶ[2] ἡ ἀγάπη οὐκ ἐᾷ[3] με σιωπᾶν[4] περὶ ὑμῶν, διὰ τοῦτο προέλαβον[5] παρακαλεῖν ὑμᾶς, ὅπως συντρέχητε[6] τῇ γνώμῃ[7] τοῦ Θεοῦ. καὶ γὰρ Ἰησοῦς Χριστός, τὸ ἀδιάκριτον[8] ἡμῶν ζῆν, τοῦ πατρὸς ἡ γνώμη,[9] ὡς καὶ οἱ ἐπίσκοποι[10] οἱ κατὰ τὰ πέρατα[11] ὁρισθέντες[12] ἐν Ἰησοῦ Χριστοῦ γνώμῃ[13] εἰσίν.

4 Ὅθεν[14] πρέπει[15] ὑμῖν συντρέχειν[16] τῇ τοῦ ἐπισκόπου[17] γνώμῃ,[18] ὅπερ[19] καὶ ποιεῖτε. τὸ γὰρ ἀξιονόμαστον[20] ὑμῶν πρεσβυτέριον,[21] τοῦ Θεοῦ ἄξιον, οὕτως συνήρμοσται[22] τῷ ἐπισκόπῳ[23] ὡς χορδαὶ[24] κιθάρᾳ.[25] διὰ τοῦτο ἐν τῇ ὁμονοίᾳ[26] ὑμῶν καὶ συμφώνῳ[27] ἀγάπῃ Ἰησοῦς Χριστὸς ᾄδεται.[28] [2]καὶ οἱ κατ' ἄνδρα δὲ χορὸς[29] γίνεσθε, ἵνα σύμφωνοι[30] ὄντες ἐν ὁμονοίᾳ,[31] χρῶμα[32] Θεοῦ λαβόντες, ἐν

---

1 μακροθυμία, ας, ἡ, patience
2 ἐπεί, conj, since
3 ἐάω pres act ind 3s, permit
4 σιωπάω pres act inf, keep silent
5 προλαμβάνω aor act inf 1s, undertake
6 συντρέχω pres act sub 2p, agree with
7 γνώμη, ης, ἡ, mind, mind-set
8 ἀδιάκριτος, ον, impartial
9 γνώμη, ης, ἡ, mind, mind-set
10 ἐπίσκοπος, ου, ὁ, bishop, overseer
11 πέρας, ατος, τό, end, limit
12 ὁρίζω aor pass ptcp m.p.nom., determine, appoint
13 γνώμη, ης, ἡ, mind, mind-set
14 ὅθεν, adv, for this reason, therefore
15 πρέπω pres act ind 3s, be fitting
16 συντρέχω pres act inf, agree with
17 ἐπίσκοπος, ου, ὁ, bishop, overseer
18 γνώμη, ης, ἡ, mind, mind-set
19 ὅσπερ, conj, which, that
20 ἀξιονόμαστος, ον, worthy of the name
21 πρεσβυτέριον, ου, τό, council of elders
22 συναρμόζω perf mid/pass ind 3s, attune
23 ἐπίσκοπος, ου, ὁ, bishop, overseer
24 χορδή, ῆς, ἡ, string
25 κιθάρα, ας, ἡ, lyre
26 ὁμόνοια, ας, ἡ, harmony
27 σύμφωνος, ον, harmonious
28 ᾄδω pres mid/pass ind 3s, sing
29 χορός, οῦ, ὁ, band
30 σύμφωνος, ον, harmonious
31 ὁμόνοια, ας, ἡ, harmony
32 χρῶμα, ατος, τό, key

ἑνότητι¹ ᾄδητε² ἐν φωνῇ μιᾷ διὰ Ἰησοῦ Χριστοῦ τῷ πατρί, ἵνα ὑμῶν καὶ ἀκούσῃ καὶ ἐπιγινώσκῃ, δι᾽ ὧν εὖ³ πράσσετε, μέλη ὄντας τοῦ υἱοῦ αὐτοῦ. χρήσιμον⁴ οὖν ἐστιν ὑμᾶς ἐν ἀμώμῳ⁵ ἑνότητι⁶ εἶναι, ἵνα καὶ Θεοῦ πάντοτε μετέχητε.⁷

**5** Εἰ γὰρ ἐγὼ ἐν μικρῷ χρόνῳ τοιαύτην συνήθειαν⁸ ἔσχον πρὸς τὸν ἐπίσκοπον⁹ ὑμῶν, οὐκ ἀνθρωπίνην¹⁰ οὖσαν ἀλλὰ πνευματικήν,¹¹ πόσῳ¹² μᾶλλον ὑμᾶς μακαρίζω¹³ τοὺς ἐνκεκραμένους¹⁴ οὕτως ὡς ἡ ἐκκλησία Ἰησοῦ Χριστῷ καὶ ὡς Ἰησοῦς Χριστὸς τῷ πατρί, ἵνα πάντα ἐν ἑνότητι¹⁵ σύμφωνα¹⁶ ᾖ. **²**μηδεὶς πλανάσθω· ἐὰν μή τις ᾖ ἐντὸς¹⁷ τοῦ θυσιαστηρίου,¹⁸ ὑστερεῖται¹⁹ τοῦ ἄρτου τοῦ Θεοῦ. εἰ γὰρ ἑνὸς καὶ δευτέρου προσευχὴ τοσαύτην²⁰ ἰσχὺν²¹ ἔχει, πόσῳ²² μᾶλλον ἥ τε τοῦ ἐπισκόπου²³ καὶ πάσης τῆς ἐκκλησίας. **³**ὁ οὖν μὴ ἐρχόμενος ἐπὶ τὸ αὐτό, οὗτος ἤδη ὑπερηφανεῖ²⁴ καὶ ἑαυτὸν διέκρινεν,²⁵ γέγραπται γάρ·

---

1 ἑνότης, ητος, ἡ, unity
2 ᾄδω pres act sub 2p, sing
3 εὖ, adv, well
4 χρήσιμος, η, ον, useful
5 ἄμωμος, ον, blameless
6 ἑνότης, ητος, ἡ, unity
7 μετέχω pres act sub 2p, have a share, participate
8 συνήθεια, ας, ἡ, fellowship
9 ἐπίσκοπος, ου, ὁ, bishop, overseer
10 ἀνθρώπινος, η, ον, human
11 πνευματικός, ή, όν, spiritual
12 πόσος, η, ον, how great
13 μακαρίζω pres act ind 1s, consider blessed
14 ἐγκεράννυμι perf mid/pass ptcp m.p.acc., unite
15 ἑνότης, ητος, ἡ, unity
16 σύμφωνος, ον, harmonious
17 ἐντός, adv, inside, withing
18 θυσιαστήριον, ου, τό, sanctuary
19 ὑστερέω pres mid/pass ind 3s, lack, be lacking
20 τοσοῦτος, αύτη, οῦτον, so great
21 ἰσχύς, ύος, ἡ, strength, power
22 πόσος, η, ον, how great
23 ἐπίσκοπος, ου, ὁ, bishop, overseer
24 ὑπερηφανέω pres act ind 3s, be proud
25 διακρίνω imp act ind 3s, separate

## ΠΡΟΣ ΕΦΕΣΙΟΥΣ ΙΓΝΑΤΙΟΣ

Ὑπερηφάνοις[1] ὁ Θεὸς ἀντιτάσσεται.[2] σπουδάσωμεν[3] οὖν μὴ ἀντιτάσσεσθαι[4] τῷ ἐπισκόπῳ,[5] ἵνα ὦμεν Θεοῦ ὑποτασσόμενοι.

**6** Καὶ ὅσον βλέπει τις σιγῶντα[6] ἐπίσκοπον,[7] πλειόνως[8] αὐτὸν φοβείσθω. πάντα γὰρ ὃν πέμπει ὁ οἰκοδεσπότης[9] εἰς ἰδίαν οἰκονομίαν,[10] οὕτως δεῖ ἡμᾶς αὐτὸν δέχεσθαι, ὡς αὐτὸν τὸν πέμψαντα. τὸν οὖν ἐπίσκοπον[11] δηλονότι[12] ὡς αὐτὸν τὸν Κύριον δεῖ προσβλέπειν.[13] ²αὐτὸς μὲν οὖν Ὀνήσιμος[14] ὑπερεπαινεῖ[15] ὑμῶν τὴν ἐν Θεῷ εὐταξίαν,[16] ὅτι πάντες κατὰ ἀλήθειαν ζῆτε καὶ ὅτι ἐν ὑμῖν οὐδεμία αἵρεσις[17] κατοικεῖ· ἀλλ' οὐδὲ ἀκούετέ τινος πλέον ἢ περὶ Ἰησοῦ Χριστοῦ λαλοῦντος ἐν ἀληθείᾳ.

**7** Εἰώθασιν[18] γάρ τινες δόλῳ[19] πονηρῷ τὸ ὄνομα περιφέρειν,[20] ἄλλα τινὰ πράσσοντες ἀνάξια[21] Θεοῦ· οὓς δεῖ ὑμᾶς ὡς θηρία ἐκκλίνειν.[22] εἰσὶν γὰρ κύνες[23] λυσσῶντες,[24]

---

1 ὑπερήφανος, ον, arrogant, proud
2 ἀντιτάσσω pres mid/pass ind 3s, oppose, resist
3 σπουδάζω aor act sub 1p, be eager, make every effort
4 ἀντιτάσσω pres mid/pass inf, oppose, resist
5 ἐπίσκοπος, ου, ὁ, bishop, overseer
6 σιγάω pres act ptcp m.s.acc., keep silent
7 ἐπίσκοπος, ου, ὁ, bishop, overseer
8 πλειόνως, adv, more
9 οἰκοδεσπότης, ου, ὁ, master of the house
10 οἰκονομία, ας, ἡ, management
11 ἐπίσκοπος, ου, ὁ, bishop, overseer
12 δηλονότι, adv, clearly
13 προσβλέπω pres act inf, regard
14 Ὀνήσιμος, ου, ὁ, Onesimus
15 ὑπερεπαινέω pres act ind 3s, praise highly
16 εὐταξία, ας, ἡ, good discipline
17 αἵρεσις, έσεως, ἡ, sect
18 εἴωθα perf act ind 3p, be accustomed
19 δόλος, ου, ὁ, deceit, treachery
20 περιφέρω pres act inf, carry about
21 ἀνάξιος, ον, unworthy
22 ἐκκλίνω pres act inf, steer clear of
23 κύων, κυνός, ὁ, dog
24 λυσσάω pres act ptcp m.p.nom., be mad

## ΠΡΟΣ ΕΦΕΣΙΟΥΣ ΙΓΝΑΤΙΟΣ

λαθροδῆκται·[1] οὓς δεῖ ὑμᾶς φυλάσσεσθαι ὄντας δυσθεραπεύτου.[2] [2]εἷς ἰατρός[3] ἐστιν, σαρκικὸς[4] καὶ πνευματικός,[5] γεννητὸς[6] καὶ ἀγέννητος,[7] ἐν ἀνθρώπῳ Θεός, ἐν θανάτῳ ζωὴ ἀληθινή,[8] καὶ ἐκ Μαρίας[9] καὶ ἐκ Θεοῦ, πρῶτον παθητὸς[10] καὶ τότε ἀπαθής,[11] Ἰησοῦς Χριστὸς ὁ Κύριος ἡμῶν.

8 Μὴ οὖν τις ὑμᾶς ἐξαπατάτω,[12] ὥσπερ οὐδὲ ἐξαπατᾶσθε,[13] ὅλοι ὄντες Θεοῦ. ὅταν γὰρ μηδεμία ἔρις[14] ἐνήρεισται[15] ἐν ὑμῖν ἡ δυναμένη ὑμᾶς βασανίσαι,[16] ἄρα κατὰ Θεὸν ζῆτε. περίψημα[17] ὑμῶν καὶ ἁγνίζομαι[18] ὑμῶν Ἐφεσίων,[19] ἐκκλησίας τῆς διαβοήτου[20] τοῖς αἰῶσιν. [2]οἱ σαρκικοὶ[21] τὰ πνευματικὰ[22] πράσσειν οὐ δύνανται οὐδὲ οἱ πνευματικοὶ[23] τὰ σαρκικά,[24] ὥσπερ οὐδὲ ἡ πίστις τὰ τῆς ἀπιστίας[25] οὐδὲ ἡ ἀπιστία[26] τὰ τῆς πίστεως. ἃ δὲ καὶ κατὰ σάρκα πράσσετε, ταῦτα πνευματικά[27] ἐστιν· ἐν Ἰησοῦ γὰρ Χριστῷ πάντα πράσσετε.

---

1 λαθροδήκτης, ου, ὁ, one who bites in secret
2 δυσθεράπευτος, ον, hard to cure
3 ἰατρός, οῦ, ὁ, physician (of the soul)
4 σαρκικός, ή, όν, fleshly, human
5 πνευματικός, ή, όν, spiritual
6 γεννητός, ή, όν, born
7 ἀγέννητος, ον, unborn
8 ἀληθινός, ή, όν, genuine, true
9 Μαρία, ας, ἡ, Mary
10 παθητός, ή, όν, subject to suffering
11 ἀπαθής, ές, free from suffering
12 ἐξαπατάω pres act impv 3s, deceive
13 ἐξαπατάω pres mid/pass ind 2p, deceive
14 ἔρις, ιδος, ἡ, strife, discord
15 ἐνερείδω perf mid/pass ind 3s, thrust in, firmly rooted
16 βασανίζω aor act inf, torment
17 περίψημα, ατος, τό, dirt (lit.), humble
18 ἁγνίζω pres mid/pass ind 1s, dedicate oneself
19 Ἐφέσιος, ια, ιον, Ephesian
20 διαβόητος, ον, renowned
21 σαρκικός, ή, όν, fleshly, human
22 πνευματικός, ή, όν, spiritual
23 πνευματικός, ή, όν, spiritual
24 σαρκικός, ή, όν, fleshly, human
25 ἀπιστία, ας, ἡ, unbelief
26 ἀπιστία, ας, ἡ, unbelief
27 πνευματικός, ή, όν, spiritual

## ΠΡΟΣ ΕΦΕΣΙΟΥΣ ΙΓΝΑΤΙΟΣ

**9** Ἔγνων δὲ παροδεύσαντάς¹ τινας ἐκεῖθεν, ἔχοντας κακὴν διδαχήν· οὓς οὐκ εἰάσατε² σπεῖραι εἰς ὑμᾶς, βύσαντες³ τὰ ὦτα εἰς τὸ μὴ παραδέξασθαι⁴ τὰ σπειρόμενα ὑπ᾽ αὐτῶν, ὡς ὄντες λίθοι ναοῦ προητοιμασμένοι⁵ εἰς οἰκοδομὴν⁶ Θεοῦ πατρός, ἀναφερόμενοι⁷ εἰς τὰ ὕψη⁸ διὰ τῆς μηχανῆς⁹ Ἰησοῦ Χριστοῦ, ὅς ἐστιν σταυρός,¹⁰ σχοινίῳ¹¹ χρώμενοι¹² τῷ πνεύματι τῷ ἁγίῳ· ἡ δὲ πίστις ὑμῶν ἀναγωγεὺς¹³ ὑμῶν, ἡ δὲ ἀγάπη ὁδὸς ἡ ἀναφέρουσα¹⁴ εἰς Θεόν. ²Ἐστὲ οὖν καὶ σύνοδοι¹⁵ πάντες, Θεοφόροι¹⁶ καὶ ναοφόροι,¹⁷ χριστοφόροι,¹⁸ ἁγιοφόροι,¹⁹ κατὰ πάντα κεκοσμημένοι²⁰ ἐν ἐντολαῖς Ἰησοῦ Χριστοῦ· οἷς καὶ ἀγαλλιώμενος²¹ ἠξιώθην²² δι᾽ ὧν γράφω προσομιλῆσαι²³ ὑμῖν, καὶ συγχαρῆναι²⁴ ὅτι κατ᾽ ἀνθρώπων βίον²⁵ οὐδὲν ἀγαπᾶτε εἰ μὴ μόνον τὸν Θεόν.

**10** Καὶ ὑπὲρ τῶν ἄλλων δὲ ἀνθρώπων ἀδιαλείπτως²⁶ προσεύχεσθε· ἔστιν γὰρ ἐν αὐτοῖς ἐλπὶς

---

[1] παροδεύω aor act ptcp m.p.acc., pass by
[2] ἐάω aor act ind 2p, permit
[3] βύω aor act ptcp m.p.nom., stop
[4] παραδέχομαι aor mid inf, accept
[5] προετοιμάζω perf mid/pass ptcp m.p.nom., prepare beforehand
[6] οἰκοδομή, ῆς, ἡ, building
[7] ἀναφέρω pres mid/pass ptcp m.p.nom., bring up
[8] ὕψος, ους, τό, height
[9] μηχανή, ῆς, ἡ, crane
[10] σταυρός, οῦ, ὁ, cross
[11] σχοινίον, ου, τό, rope
[12] χράομαι pres mid/pass ptcp m.p.nom., make use of
[13] ἀναγωγεύς, έως, ὁ, one who leads upward
[14] ἀναφέρω pres act ptcp f.s.nom., lead, bring up
[15] σύνοδος, ου, ὁ, fellow-traveller
[16] Θεοφόρος, ου, ὁ, God-bearer
[17] ναοφόρος, ου, ὁ, temple-bearer
[18] χριστοφόρος, ου, ὁ, Christ-bearer
[19] ἁγιοφόρος, ου, ὁ, bearer of holy things
[20] κοσμέω perf mid/pass ptcp m.p.nom., adorn, decorate
[21] ἀγαλλιάω pres mid/pass ptcp m.s.nom., rejoice, be glad
[22] ἀξιόω aor pass ind 1s, consider worthy
[23] προσομιλέω aor act inf, speak to
[24] συγχαίρω aor pass inf, rejoice with
[25] βίος, ου, ὁ, life
[26] ἀδιαλείπτως, adv, constantly

## ΠΡΟΣ ΕΦΕΣΙΟΥΣ ΙΓΝΑΤΙΟΣ

μετανοίας,[1] ἵνα Θεοῦ τύχωσιν.[2] ἐπιτρέψατε[3] οὖν αὐτοῖς κἂν ἐκ τῶν ἔργων ὑμῖν μαθητευθῆναι.[4] ²πρὸς τὰς ὀργὰς αὐτῶν ὑμεῖς πραεῖς,[5] πρὸς τὰς μεγαλορημοσύνας[6] αὐτῶν ὑμεῖς ταπεινόφρονες,[7] πρὸς τὰς βλασφημίας[8] αὐτῶν ὑμεῖς τὰς προσευχάς, πρὸς τὴν πλάνην[9] αὐτῶν ὑμεῖς ἑδραῖοι[10] τῇ πίστει, πρὸς τὸ ἄγριον[11] αὐτῶν ὑμεῖς ἥμεροι,[12] μὴ σπουδάζοντες[13] ἀντιμιμήσασθαι[14] αὐτούς. ³ἀδελφοὶ αὐτῶν εὑρεθῶμεν τῇ ἐπιεικείᾳ·[15] μιμηταὶ[16] δὲ τοῦ Κυρίου σπουδάζωμεν[17] εἶναι, τίς πλέον ἀδικηθῇ,[18] τίς ἀποστερηθῇ,[19] τίς ἀθετηθῇ,[20] ἵνα μὴ τοῦ διαβόλου βοτάνη[21] τις εὑρεθῇ ἐν ὑμῖν, ἀλλ' ἐν πάσῃ ἁγνείᾳ[22] καὶ σωφροσύνῃ[23] μένητε ἐν Χριστῷ Ἰησοῦ σαρκικῶς[24] καὶ πνευματικῶς.[25]

**11** Ἔσχατοι καιροί. λοιπὸν αἰσχυνθῶμεν,[26] φοβηθῶμεν τὴν μακροθυμίαν[27] τοῦ Θεοῦ, ἵνα μὴ ἡμῖν εἰς κρίμα[28] γένηται. ἢ γὰρ τὴν μέλλουσαν ὀργὴν φοβη-

---

1. μετάνοια, ας, ἡ, repentance
2. τυγχάνω aor act sub 3p, find
3. ἐπιτρέπω aor act impv 2p, allow
4. μαθητεύω aor pass inf, teach
5. πραΰς, πραεῖα, πραΰ, gentle, humble
6. μεγαλορημοσύνη, ης, ἡ, boastful talking
7. ταπεινόφρων, ον, humble
8. βλασφημία, ας, ἡ, slander
9. πλάνη, ης, ἡ, error, deception
10. ἑδραῖος, αια, αῖον, steadfast
11. ἄγριος, ία, ον, wild
12. ἥμερος, ον, gentle
13. σπουδάζω pres act ptcp m.p.nom., be eager
14. ἀντιμιμέομαι aor mid inf, follow example, imitate
15. ἐπιείκεια, ας, ἡ, gentleness
16. μιμητής, οῦ, ὁ, imitator
17. σπουδάζω pres act sub 1p, be eager
18. ἀδικέω aor pass sub 3s, do wrong
19. ἀποστερέω aor pass sub 3s, rob
20. ἀθετέω aor pass sub 3s, reject
21. βοτάνη, ης, ἡ, plant
22. ἁγνεία, ας, ἡ, purity
23. σωφροσύνη, ης, ἡ, self-control
24. σαρκικῶς, adv, outwardly
25. πνευματικῶς, adv, spiritually
26. αἰσχύνω aor pass sub 1p, be ashamed, show reverence
27. μακροθυμία, ας, ἡ, patience
28. κρίμα, ατος, τό, judgment

## ΠΡΟΣ ΕΦΕΣΙΟΥΣ ΙΓΝΑΤΙΟΣ

θῶμεν ἢ τὴν ἐνεστῶσαν[1] χάριν ἀγαπήσωμεν, ἓν τῶν δύο· μόνον ἐν Χριστῷ Ἰησοῦ εὑρεθῆναι εἰς τὸ ἀληθινὸν[2] ζῆν. ²χωρὶς τούτου μηδὲν ὑμῖν πρεπέτω,[3] ἐν ᾧ τὰ δεσμὰ[4] περιφέρω,[5] τοὺς πνευματικοὺς[6] μαργαρίτας,[7] ἐν οἷς γένοιτό μοι ἀναστῆναι τῇ προσευχῇ ὑμῶν, ἧς γένοιτό μοι ἀεὶ[8] μέτοχον[9] εἶναι, ἵνα ἐν κλήρῳ[10] Ἐφεσίων[11] εὑρεθῶ τῶν Χριστιανῶν,[12] οἳ καὶ τοῖς ἀποστόλοις πάντοτε συνῄνεσαν[13] ἐν δυνάμει Ἰησοῦ Χριστοῦ.

**12** Οἶδα τίς εἰμι καὶ τίσιν γράφω. ἐγὼ κατάκριτος,[14] ὑμεῖς ἠλεημένοι·[15] ἐγὼ ὑπὸ κίνδυνον,[16] ὑμεῖς ἐστηριγμένοι.[17] ²πάροδός[18] ἐστε τῶν εἰς Θεὸν ἀναιρουμένων,[19] Παύλου συμμύσται,[20] τοῦ ἡγιασμένου,[21] τοῦ μεμαρτυρημένου, ἀξιομακαρίστου,[22] οὗ γένοιτό μοι ὑπὸ τὰ ἴχνη[23] εὑρεθῆναι, ὅταν Θεοῦ ἐπιτύχω,[24] ὃς ἐν πάσῃ ἐπιστολῇ μνημονεύει[25] ὑμῶν ἐν Χριστῷ Ἰησοῦ.

---

1 ἐνίστημι perf act ptcp f.s.acc., be now
2 ἀληθινός, ή, όν, true
3 πρέπω pres act impv 3s, be fitting
4 δεσμός, οῦ, ὁ, bond, chain
5 περιφέρω pres act ind 1s, carry about
6 πνευματικός, ή, όν, spiritual
7 μαργαρίτης, ου, ὁ, pearl
8 ἀεί, adv, always
9 μέτοχος, ον, sharing
10 κλῆρος, ου, ὁ, portion, share
11 Ἐφέσιος, ία, ιον, Ephesian
12 Χριστιανός, οῦ, ὁ, Christian
13 συναινέω aor act ind 3p, agree with
14 κατάκριτος, ον, condemned
15 ἐλεέω perf mid/pass ptcp m.p.nom., have mercy
16 κίνδυνος, ου, ὁ, danger
17 στηρίζω perf mid/pass ptcp m.p.nom., secure
18 πάροδος, ου, ἡ, passage
19 ἀναιρέω pres mid/pass ptcp m.p.gen., destroy
20 συμμύστης, ου, ὁ, fellow-initiate
21 ἁγιάζω perf mid/pass ptcp m.s.gen., sanctify
22 ἀξιομακάριστος, ον, worthy of blessing
23 ἴχνος, ους, τό, footstep
24 ἐπιτυγχάνω aor act sub 1s, reach
25 μνημονεύω pres act ind 3s, remember

## ΠΡΟΣ ΕΦΕΣΙΟΥΣ ΙΓΝΑΤΙΟΣ

**13** Σπουδάζετε[1] οὖν πυκνότερον[2] συνέρχεσθαι εἰς εὐχαριστίαν[3] Θεοῦ καὶ εἰς δόξαν. ὅταν γὰρ πυκνῶς[4] ἐπὶ τὸ αὐτὸ γίνεσθε, καθαιροῦνται[5] αἱ δυνάμεις τοῦ Σατανᾶ, καὶ λύεται ὁ ὄλεθρος[6] αὐτοῦ ἐν τῇ ὁμονοίᾳ[7] ὑμῶν τῆς πίστεως. ²οὐδέν ἐστιν ἄμεινον[8] εἰρήνης, ἐν ᾗ πᾶς πόλεμος[9] καταργεῖται[10] ἐπουρανίων[11] καὶ ἐπιγείων.[12]

**14** Ὧν οὐδὲν λανθάνει[13] ὑμᾶς, ἐὰν τελείως[14] εἰς Ἰησοῦν Χριστὸν ἔχητε τὴν πίστιν καὶ τὴν ἀγάπην· ἥτις ἐστὶν ἀρχὴ ζωῆς καὶ τέλος· ἀρχὴ μὲν πίστις, τέλος δὲ ἀγάπη· τὰ δὲ δύο ἐν ἑνότητι[15] γενόμενα Θεός ἐστιν, τὰ δὲ ἄλλα πάντα εἰς καλοκαγαθίαν[16] ἀκόλουθά[17] ἐστιν. ²οὐδεὶς πίστιν ἐπαγγελλόμενος[18] ἁμαρτάνει, οὐδὲ ἀγάπην κεκτημένος[19] μισεῖ. φανερὸν[20] τὸ δένδρον[21] ἀπὸ τοῦ καρποῦ αὐτοῦ· οὕτως οἱ ἐπαγγελλόμενοι[22] Χριστοῦ εἶναι δι' ὧν πράσσουσιν ὀφθήσονται. οὐ γὰρ νῦν ἐπαγγελίας τὸ ἔργον, ἀλλ' ἐν δυνάμει πίστεως ἐάν τις εὑρεθῇ εἰς τέλος.

---

1 σπουδάζω pres act impv 2p, be eager, make every effort
2 πυκνός, ή, ον, frequent
3 εὐχαριστία, ας, ἡ, giving thanks
4 πυκνῶς, adv, frequently
5 καθαιρέω pres mid/pass ind 3p, overpower
6 ὄλεθρος, ου, ὁ, destruction
7 ὁμόνοια, ας, ἡ, unanimity
8 ἀμείνων, ον, better
9 πόλεμος, ου, ὁ, conflict
10 καταργέω pres mid/pass ind 3s, abolish
11 ἐπουράνιος, ον, heavenly
12 ἐπίγειος, ον, earthly
13 λανθάνω pres act ind 3s, escape notice
14 τελείως, adv perfectly
15 ἑνότης, ητος, ἡ, unity
16 καλοκαγαθία, ας, ἡ, excellence
17 ἀκόλουθος, ον, following
18 ἐπαγγέλλομαι pres mid/pass ptcp m.s.nom., profess
19 κτάομαι perf mid/pass ptcp m.s.nom., possess
20 φανερός, ά, όν, visible, known
21 δένδρον, ου, τό, tree
22 ἐπαγγέλλομαι pres mid/pass ptcp m.p.nom., profess

## ΠΡΟΣ ΕΦΕΣΙΟΥΣ ΙΓΝΑΤΙΟΣ

**15** Ἄμεινόν[1] ἐστιν σιωπᾶν[2] καὶ εἶναι, ἢ λαλοῦντα μὴ εἶναι. καλὸν τὸ διδάσκειν, ἐὰν ὁ λέγων ποιῇ. εἷς οὖν διδάσκαλος, ὃς εἶπεν καὶ ἐγένετο· καὶ ἃ σιγῶν[3] δὲ πεποίηκεν ἄξια τοῦ πατρός ἐστιν. **2** ὁ λόγον Ἰησοῦ κεκτημένος[4] ἀληθῶς[5] δύναται καὶ τῆς ἡσυχίας[6] αὐτοῦ ἀκούειν, ἵνα τέλειος[7] ᾖ, ἵνα δι' ὧν λαλεῖ πράσσῃ καὶ δι' ὧν σιγᾷ[8] γινώσκηται. **3** οὐδὲν λανθάνει[9] τὸν Κύριον, ἀλλὰ καὶ τὰ κρυπτὰ[10] ἡμῶν ἐγγὺς αὐτῷ ἐστιν. πάντα οὖν ποιῶμεν ὡς αὐτοῦ ἐν ἡμῖν κατοικοῦντος, ἵνα ὦμεν αὐτοῦ ναοὶ καὶ αὐτὸς ἐν ἡμῖν Θεὸς ἡμῶν, ὅπερ[11] καὶ ἔστιν καὶ φανήσεται πρὸ προσώπου ἡμῶν, ἐξ ὧν δικαίως[12] ἀγαπῶμεν αὐτόν.

**16** Μὴ πλανᾶσθε, ἀδελφοί μου· οἱ οἰκοφθόροι[13] βασιλείαν Θεοῦ οὐ κληρονομήσουσιν.[14] **2** εἰ οὖν οἱ κατὰ σάρκα ταῦτα πράσσοντες ἀπέθανον, πόσῳ[15] μᾶλλον ἐὰν πίστιν Θεοῦ ἐν κακῇ διδασκαλίᾳ[16] φθείρῃ,[17] ὑπὲρ ἧς Ἰησοῦς Χριστὸς ἐσταυρώθη. ὁ τοιοῦτος, ῥυπαρὸς[18] γενόμενος, εἰς τὸ πῦρ τὸ ἄσβεστον[19] χωρήσει,[20] ὁμοίως καὶ ὁ ἀκούων αὐτοῦ.

---

1 ἀμείνων, ον, better
2 σιωπάω pres act inf, keep silent
3 σιγάω pres act ptcp m.s.nom., keep silent
4 κτάομαι perf mid/pass ptcp m.s.nom., possess
5 ἀληθῶς, adv, truly
6 ἡσυχία, ας, ἡ, silence
7 τέλειος, α, ον perfect
8 σιγάω pres act ind 3s, keep silent
9 λανθάνω pres act ind 3s, be hidden
10 κρυπτός, ή, όν, secret
11 ὅσπερ, conj, which, that
12 δικαίως, adv, justly
13 οἰκοφθόρος, ου, ὁ, destroyer of household
14 κληρονομέω fut act ind 3p, inherit
15 πόσος, η, ον, how much
16 διδασκαλία, ας, ἡ, teaching
17 φθείρω pres act sub 3s, corrupt
18 ῥυπαρός, ά, όν, defiled
19 ἄσβεστος, ον, inextinguishable
20 χωρέω fut act ind 3s, go

## ΠΡΟΣ ΕΦΕΣΙΟΥΣ ΙΓΝΑΤΙΟΣ

**17** Διὰ τοῦτο μύρον[1] ἔλαβεν ἐπὶ τῆς κεφαλῆς αὐτοῦ ὁ Κύριος, ἵνα πνέῃ[2] τῇ ἐκκλησίᾳ ἀφθαρσία.[3] μὴ ἀλείφεσθε[4] δυσωδίαν[5] τῆς διδασκαλίας[6] τοῦ ἄρχοντος τοῦ αἰῶνος τούτου, μὴ αἰχμαλωτίσῃ[7] ὑμᾶς ἐκ τοῦ προκειμένου[8] ζῆν. ²διὰ τί δὲ οὐ πάντες φρόνιμοι[9] λαβόντες Θεοῦ γνῶσιν,[10] ὅ ἐστιν Ἰησοῦς Χριστός; τί μωρῶς[11] ἀπολλύμεθα, ἀγνοοῦντες[12] τὸ χάρισμα[13] ὃ πέπομφεν ἀληθῶς[14] ὁ Κύριος;

**18** Περίψημα[15] τὸ ἐμὸν πνεῦμα τοῦ σταυροῦ,[16] ὅ ἐστιν σκάνδαλον[17] τοῖς ἀπιστοῦσιν,[18] ἡμῖν δὲ σωτηρία καὶ ζωὴ αἰώνιος. ποῦ σοφός;[19] ποῦ συζητητής;[20] ποῦ καύχησις[21] τῶν λεγομένων συνετῶν;[22] ²ὁ γὰρ Θεὸς ἡμῶν Ἰησοῦς ὁ Χριστὸς ἐκυοφορήθη[23] ὑπὸ Μαρίας[24] κατ' οἰκονομίαν[25] Θεοῦ, ἐκ σπέρματος μὲν Δαυείδ πνεύματος δὲ ἁγίου· ὃς ἐγεννήθη καὶ ἐβαπτίσθη ἵνα τῷ πάθει[26] τὸ ὕδωρ καθαρίσῃ.

---

1 μύρον, ου, τό, ointment
2 πνέω pres act sub 3s, breathe out
3 ἀφθαρσία, ας, ἡ, incorruptibility
4 ἀλείφω pres mid/pass impv 2p, anoint
5 δυσωδία, ας, ἡ, filth, stench
6 διδασκαλία, ας, ἡ, teaching
7 αἰχμαλωτίζω aor act sub 3s, take captive
8 πρόκειμαι pres mid/pass ptcp n.s.gen., be exposed, set before
9 φρόνιμος, ον, wise
10 γνῶσις, εως, ἡ, knowledge
11 μωρῶς, adv, foolishly
12 ἀγνοέω pres act ptcp m.p.nom., ignore
13 χάρισμα, ατος, τό, gift
14 ἀληθῶς, adv, truly
15 περίψημα, ατος, τό, off-scouring (lit.), humble
16 σταυρός, οῦ, ὁ, cross
17 σκάνδαλον, ου, τό, stain (lit.), stumbling block
18 ἀπιστέω pres act ptcp m.p.dat., unbelief
19 σοφός, ή, όν, wise
20 συζητητής, οῦ, ὁ, debater
21 καύχησις, εως, ἡ, boasting
22 συνετός, ή, όν, intelligent
23 κυοφορέω aor pass ind 3s, be pregnant
24 Μαρία, ας, ἡ, Mary
25 οἰκονομία, ας, ἡ, plan, order
26 πάθος, ους, τό, suffering

## ΠΡΟΣ ΕΦΕΣΙΟΥΣ ΙΓΝΑΤΙΟΣ

**19** Καὶ ἔλαθεν¹ τὸν ἄρχοντα τοῦ αἰῶνος τούτου ἡ παρθενία² Μαρίας³ καὶ ὁ τοκετὸς⁴ αὐτῆς, ὁμοίως καὶ ὁ θάνατος τοῦ Κυρίου· τρία μυστήρια⁵ κραυγῆς,⁶ ἅτινα ἐν ἡσυχίᾳ⁷ Θεοῦ ἐπράχθη. ²πῶς οὖν ἐφανερώθη τοῖς αἰῶσιν; ἀστὴρ⁸ ἐν οὐρανῷ ἔλαμψεν⁹ ὑπὲρ πάντας τοὺς ἀστέρας,¹⁰ καὶ τὸ φῶς αὐτοῦ ἀνεκλάλητον¹¹ ἦν καὶ ξενισμὸν¹² παρεῖχεν¹³ ἡ καινότης¹⁴ αὐτοῦ· τὰ δὲ λοιπὰ πάντα ἄστρα¹⁵ ἅμα¹⁶ ἡλίῳ καὶ σελήνῃ¹⁷ χορὸς¹⁸ ἐγένετο τῷ ἀστέρι,¹⁹ αὐτὸς δὲ ἦν ὑπερβάλλων²⁰ τὸ φῶς αὐτοῦ ὑπὲρ πάντα· ταραχή²¹ τε ἦν πόθεν²² ἡ καινότης²³ ἡ ἀνόμοιος²⁴ αὐτοῖς. ³ὅθεν²⁵ ἐλύετο πᾶσα μαγεία²⁶ καὶ πᾶς δεσμός,²⁷ ἠφανίζετο²⁸ κακίας²⁹ ἄγνοια,³⁰ καθῃρεῖτο³¹ παλαιὰ³² βασιλεία, διεφθείρετο³³ Θεοῦ ἀνθρωπίνως³⁴ φανερουμένου εἰς

---

1 λανθάνω aor act ind 3s, be hidden
2 παρθενία, ας, ἡ, virgin
3 Μαρία, ας, ἡ, Mary
4 τοκετός, οῦ, ὁ, childbearing
5 μυστήριον, ου, τό, mystery
6 κραυγή, ῆς, ἡ, loud cry
7 ἡσυχία, ας, ἡ, silence
8 ἀστήρ, έρος, ὁ, star
9 λάμπω aor act ind 3s, shine
10 ἀστήρ, έρος, ὁ, star
11 ἀνεκλάλητος, ον, inexpressible
12 ξενισμός, οῦ, ὁ, astonishment
13 παρέχω imp act ind 3s, cause
14 καινότης, ητος, ἡ, newness
15 ἄστρον, ου, τό, star, constellation
16 ἅμα, prep, together, at the same time
17 σελήνη, ης, ἡ, moon
18 χορός, οῦ, ὁ, band, chorus
19 ἀστήρ, έρος, ὁ, star
20 ὑπερβάλλω pres act ptcp m.s.nom., surpass
21 ταραχή, ῆς, ἡ, perplexity
22 πόθεν, adv, brought about
23 καινότης, ητος, ἡ, newness
24 ἀνόμοιος, ον, unlike
25 ὅθεν, adv, for this reason, therefore
26 μαγεία, ας, ἡ, magic
27 δεσμός, οῦ, ὁ, bond, chain
28 ἀφανίζω imp mid/pass ind 3s, destory
29 κακία, ας, ἡ, wickedness
30 ἄγνοια, ας, ἡ, ignorance
31 καθαιρέω imp mid/pass ind 3s, destory, overpower
32 παλαιός, ά, όν, old
33 διαφθείρω imp mid/pass ind 3s, destroy, spoil
34 ἀνθρωπίνως, adv, as a human being

## ΠΡΟΣ ΕΦΕΣΙΟΥΣ ΙΓΝΑΤΙΟΣ

καινότητα[1] ἀϊδίου[2] ζωῆς· ἀρχὴν δὲ ἐλάμβανεν τὸ παρὰ Θεῷ ἀπηρτισμένο.[3] ἔνθεν[4] τὰ πάντα συνεκινεῖτο[5] διὰ τὸ μελετᾶσθαι[6] θανάτου κατάλυσιν.[7]

**20** Ἐάν με καταξιώσῃ[8] Ἰησοῦς Χριστὸς ἐν τῇ προσευχῇ ὑμῶν, καὶ θέλημα ᾖ, ἐν τῷ δευτέρῳ βιβλιδίῳ,[9] ὃ μέλλω γράφειν ὑμῖν, προσδηλώσω[10] ὑμῖν ἧς ἠρξάμην οἰκονομίας[11] εἰς τὸν καινὸν ἄνθρωπον Ἰησοῦν Χριστόν, ἐν τῇ αὐτοῦ πίστει καὶ ἐν τῇ αὐτοῦ ἀγάπῃ, ἐν πάθει[12] αὐτοῦ καὶ ἀναστάσει, ²μάλιστα[13] ἐὰν ὁ Κύριός μοι ἀποκαλύψῃ[14] ὅτι οἱ κατ' ἄνδρα κοινῇ[15] πάντες ἐν χάριτι ἐξ ὀνόματος συνέρχεσθε ἐν μιᾷ πίστει καὶ ἑνὶ Ἰησοῦ Χριστῷ, τῷ κατὰ σάρκα ἐκ γένους[16] Δαυείδ, τῷ υἱῷ ἀνθρώπου καὶ υἱῷ Θεοῦ, εἰς τὸ ὑπακούειν[17] ὑμᾶς τῷ ἐπισκόπῳ[18] καὶ τῷ πρεσβυτερίῳ[19] ἀπερισπάστῳ[20] διανοίᾳ,[21] ἕνα ἄρτον κλῶντες,[22] ὅ ἐστιν φάρμακον[23] ἀθανασίας,[24] ἀντίδοτος[25] τοῦ μὴ ἀποθανεῖν ἀλλὰ ζῆν ἐν Ἰησοῦ Χριστῷ διὰ παντός.

---

1 καινότης, ητος, ἡ, newness
2 ἀΐδιος, ον, eternal
3 ἀπαρτίζω perf mid/pass ptcp n.s.acc., finish, complete
4 ἔνθεν, adv, from then on
5 συγκινέω imp mid/pass ind 3s, stir up
6 μελετάω pres mid/pass inf, cultivate, carry out
7 κατάλυσις, εως, ἡ, abolition
8 καταξιόω aor act sub 3s, consider worthy
9 βιβλίδιον, ου, τό, brief document
10 προσδηλόω fut act ind 1s, explain further
11 οἰκονομία, ας, ἡ, plan
12 πάθος, ους, τό, suffering
13 μάλιστα, adv, especially
14 ἀποκαλύπτω aor act sub 3s, reveal
15 κοινός, ή, όν, common, communal
16 γένος, ους, τό, descendant
17 ὑπακούω pres act inf, obey
18 ἐπίσκοπος, ου, ὁ, bishop, overseer
19 πρεσβυτέριον, ου, τό, council of elders
20 ἀπερίσπαστος, ον, not distracted
21 διάνοια, ας, ἡ, mind
22 κλάω pres act ptcp m.p.nom., break
23 φάρμακον, ου, τό, medicine
24 ἀθανασία, ας, ἡ, immortality
25 ἀντίδοτος, ου, ἡ, antidote

## ΠΡΟΣ ΕΦΕΣΙΟΥΣ ΙΓΝΑΤΙΟΣ

**21** Ἀντίψυχον[1] ὑμῶν ἐγὼ καὶ ὧν ἐπέμψατε εἰς Θεοῦ τιμὴν εἰς Σμύρναν·[2] ὅθεν[3] καὶ γράφω ὑμῖν εὐχαριστῶν τῷ Κυρίῳ, ἀγαπῶν Πολύκαρπον[4] ὡς καὶ ὑμᾶς. μνημονεύετέ[5] μου, ὡς καὶ ὑμῶν Ἰησοῦς Χριστός. ²προσεύχεσθε ὑπὲρ τῆς ἐκκλησίας τῆς ἐν Συρίᾳ,[6] ὅθεν[7] δεδεμένος εἰς Ῥώμην[8] ἀπάγομαι,[9] ἔσχατος ὢν τῶν ἐκεῖ πιστῶν, ὥσπερ ἠξιώθην[10] εἰς τιμὴν Θεοῦ εὑρεθῆναι. ἔρρωσθε[11] ἐν Θεῷ πατρὶ καὶ ἐν Ἰησοῦ Χριστῷ, τῇ κοινῇ[12] ἐλπίδι ἡμῶν.

---

[1] ἀντίψυχος, ον, given for life, devoted
[2] Σμύρνα, ης, ἡ, Smyrna
[3] ὅθεν, adv, for this reason, therefore
[4] Πολύκαρπος, ου, ὁ, Polycarp
[5] μνημονεύω pres act impv 2p, remember
[6] Συρία, ας, ἡ, Syria
[7] ὅθεν, adv, for this reason, therefore
[8] Ῥώμη, ης, ἡ, Rome
[9] ἀπάγω pres mid/pass ind 1s, lead
[10] ἀξιόω aor pass ind 1s, consider worthy
[11] ῥώννυμι perf mid/pass impv 2p, farewell
[12] κοινός, ή, όν, common

# ΠΡΟΣ ΜΑΓΝΗΤΑΣ ΙΓΝΑΤΙΟΣ

ἸΓΝΑΤΙΟΣ,¹ ὁ καὶ Θεοφόρος,² τῇ εὐλογημένῃ ἐν χάριτι Θεοῦ πατρὸς ἐν Χριστῷ Ἰησοῦ τῷ σωτῆρι³ ἡμῶν, ἐν ᾧ ἀσπάζομαι τὴν ἐκκλησίαν τὴν οὖσαν ἐν Μαγνησίᾳ⁴ τῇ πρὸς Μαιάνδρῳ,⁵ καὶ εὔχομαι⁶ ἐν Θεῷ πατρὶ καὶ ἐν Ἰησοῦ Χριστῷ πλεῖστα χαίρειν.

**1** Γνοὺς ὑμῶν τὸ πολυεύτακτον⁷ τῆς κατὰ Θεὸν ἀγάπης, ἀγαλλιώμενος,⁸ προειλάμην⁹ ἐν πίστει Ἰησοῦ Χριστοῦ προσλαλῆσαι¹⁰ ὑμῖν. ²καταξιωθεὶς¹¹ γὰρ ὀνόματος θεοπρεπεστάτου,¹² ἐν οἷς περιφέρω¹³ δεσμοῖς¹⁴ ᾄδω¹⁵ τὰς ἐκκλησίας, ἐν αἷς ἕνωσιν¹⁶ εὔχομαι¹⁷ σαρκὸς καὶ πνεύματος Ἰησοῦ Χριστοῦ, τοῦ διὰ παντὸς ἡμῶν ζῆν, πίστεώς τε καὶ ἀγάπης, ἧς οὐδὲν προκέκριται,¹⁸ τὸ δὲ κυριώτερον, Ἰησοῦ καὶ πατρός· ³ἐν ᾧ ὑπομένοντες¹⁹ τὴν

---

1 Ἰγνάτιος, Ignatius
2 Θεοφόρος, ου, ὁ, Theophorus, (lit.) God-bearer
3 σωτήρ, ῆρος, ὁ, savior, rescuer, deliverer
4 Μαγνησία, ας, ἡ, Magnesia
5 Μαίανδρος, ου, ὁ, Maeander
6 εὔχομαι pres mid/pass ind 1s, pray, wish
7 πολυεύτακτος, ον, exceedingly well ordered, disciplined
8 ἀγαλλιάω pres mid/pass ptcp m.s.nom., wish, overjoyed, exceedingly joyful
9 προαιρέω aor mid ind 1s, wish, decide, commit myself to
10 προσλαλέω aor act inf, speak to, address
11 καταξιόω aor pass ptcp m.s.nom., considered worthy
12 θεοπρεπής, ές, godly, venerable, honorable
13 περιφέρω pres act ind 1s, carry about
14 δεσμός, οῦ, ὁ, bonds, chains
15 ᾄδω pres act ind 1s, sing in praise
16 ἕνωσις, εως, ἡ, being in complete accord, union, unity
17 εὔχομαι pres mid/pass ind 1s, pray, wish
18 προκρίνω perf mid/pass ind 3s, prefer, favor
19 ὑπομένω pres act ptcp m.p.nom., stand firm, endure

## ΠΡΟΣ ΜΑΓΝΗΤΑΣ ΙΓΝΑΤΙΟΣ

πᾶσαν ἐπήρειαν[1] τοῦ ἄρχοντος τοῦ αἰῶνος τούτου καὶ διαφυγόντες[2] Θεοῦ τευξόμεθα.[3]

2 Ἐπεὶ[4] οὖν ἠξιώθην[5] ἰδεῖν ὑμᾶς διὰ Δαμᾶ[6] τοῦ ἀξιοθέου[7] ὑμῶν ἐπισκόπου[8] καὶ πρεσβυτέρων[9] ἀξίων Βάσσου[10] καὶ Ἀπολλωνίου[11] καὶ τοῦ συνδούλου[12] μου διακόνου[13] Ζωτίωνος,[14] οὗ ἐγὼ ὀναίμην,[15] ὅτι ὑποτάσσεται τῷ ἐπισκόπῳ[16] ὡς χάριτι Θεοῦ καὶ τῷ πρεσβυτερίῳ[17] ὡς νόμῳ Ἰησοῦ Χριστοῦ.

3 Καὶ ὑμῖν δὲ πρέπει[18] μὴ συγχρᾶσθαι[19] τῇ ἡλικίᾳ[20] τοῦ ἐπισκόπου,[21] ἀλλὰ κατὰ δύναμιν Θεοῦ πατρὸς πᾶσαν ἐντροπὴν[22] αὐτῷ ἀπονέμειν,[23] καθὼς ἔγνων καὶ τοὺς ἁγίους πρεσβυτέρους[24] οὐ προσειληφότας[25] τὴν φαινομένην νεωτερικὴν[26] τάξιν,[27] ἀλλ' ὡς φρονίμῳ[28] ἐν Θεῷ

---

1 ἐπήρεια, ας, ἡ, hostility, ill-treatment
2 διαφεύγω aor act ptcp m.p.nom., escape
3 τυγχάνω fut mid ind 1p, experience, attain
4 ἐπεί, conj, since
5 ἀξιόω aor pass ind 1s, consider worthy, deserve, privilege
6 Δαμᾶς, ᾶ, ὁ, Damas
7 ἀξιόθεος, ον, worthy of God, godly
8 ἐπίσκοπος, ου, ὁ, bishop, overseer
9 πρεσβύτερος, ου, ὁ, presbyter
10 Βάσσος, ου, ὁ, Bassus
11 Ἀπολλώνιος, ου, ὁ, Apollonius
12 σύνδουλος, ου, ὁ, fellow-slave, fellow-servant
13 διάκονος, ου, ὁ, ἡ, deacon, servant
14 Ζωτίων, ωνος, ὁ, Zotion
15 ὀνίνημι aor mid opt 1s, receive joy, benefit
16 ἐπίσκοπος, ου, ὁ, bishop, overseer
17 πρεσβυτέριον, ου, τό, presbytery
18 πρέπω pres act ind 3s, fitting, becoming, proper
19 συγχράομαι pres mid/pass inf, presume upon, associate on friendly terms
20 ἡλικία, ας, ἡ, youthfulness
21 ἐπίσκοπος, ου, ὁ, bishop, overseer
22 ἐντροπή, ῆς, ἡ, regard, respect, reverence
23 ἀπονέμω pres act inf, render
24 πρεσβύτερος, ου, ὁ, presbyter
25 προσλαμβάνω perf act ptcp m.p.acc., exploit, take advantage of
26 νεωτερικός, ή, όν, youthful
27 τάξις, εως, ἡ, estate, nature, appearance
28 φρόνιμος, ον, wise, prudent

## ΠΡΟΣ ΜΑΓΝΗΤΑΣ ΙΓΝΑΤΙΟΣ

συγχωροῦντας[1] αὐτῷ· οὐκ αὐτῷ δέ, ἀλλὰ τῷ πατρὶ Ἰησοῦ Χριστοῦ, τῷ πάντων ἐπισκόπῳ.[2] ²εἰς τιμὴν οὖν ἐκείνου τοῦ θελήσαντος ὑμᾶς πρέπον[3] ἐστὶν ὑπακούειν[4] κατὰ μηδεμίαν ὑπόκρισιν·[5] ἐπεὶ[6] οὐχ ὅτι τὸν ἐπίσκοπον[7] τοῦτον τὸν βλεπόμενον πλανᾷ τις, ἀλλὰ τὸν ἀόρατον[8] παραλογίζεται.[9] τὸ δὲ τοιοῦτον, οὐ πρὸς σάρκα ὁ λόγος ἀλλὰ πρὸς Θεὸν τὸν τὰ κρύφια[10] εἰδότα.

4 Πρέπον[11] οὖν ἐστιν μὴ μόνον καλεῖσθαι Χριστιανούς,[12] ἀλλὰ καὶ εἶναι· ὥσπερ καί τινες ἐπίσκοπον[13] μὲν καλοῦσιν, χωρὶς δὲ αὐτοῦ πάντα πράσσουσιν. οἱ τοιοῦτοι δὲ οὐκ εὐσυνείδητοί[14] μοι εἶναι φαίνονται διὰ τὸ μὴ βεβαίως[15] κατ᾽ ἐντολὴν συναθροίζεσθαι.[16]

5 Ἐπεὶ[17] οὖν τέλος τὰ πράγματα[18] ἔχει, καὶ πρόκειται[19] τὰ δύο ὁμοῦ,[20] ὅ τε θάνατος καὶ ἡ ζωή, καὶ ἕκαστος εἰς τὸν ἴδιον τόπον μέλλει χωρεῖν.[21] ²ὥσπερ γάρ ἐστιν νομίσματα[22] δύο, ὃ μὲν Θεοῦ, ὃ δὲ κόσμου, καὶ ἕκαστον

---

[1] συγχωρέω pres act ptcp m.p.acc., yield, concede, submit
[2] ἐπίσκοπος, ου, ὁ, bishop, overseer
[3] πρέπω pres act ptcp n.s.nom., fitting, becoming, proper
[4] ὑπακούω pres act inf, listen to, heed, obey
[5] ὑπόκρισις, εως, ἡ, hypocrisy
[6] ἐπεί, conj, since
[7] ἐπίσκοπος, ου, ὁ, bishop, overseer
[8] ἀόρατος, ον, invisible, unseen
[9] παραλογίζομαι pres mid/pass ind 3s, deceive, cheat
[10] κρύφιος, ία, ιον, hidden, secret
[11] πρέπω pres act ptcp n.s.nom., fitting, becoming, proper
[12] Χριστιανός, οῦ, ὁ, Christian
[13] ἐπίσκοπος, ου, ὁ, bishop, overseer
[14] εὐσυνείδητος, ον, good conscience
[15] βεβαίως, adv, legitimate, lawful, proper
[16] συναθροίζω pres mid/pass inf, gather together, congregate
[17] ἐπεί, conj, since
[18] πρᾶγμα, ατος, τό, thing, matter
[19] πρόκειμαι pres mid/pass ind 3s, set before, lie before
[20] ὁμοῦ, adv, together
[21] χωρέω pres act inf, go, depart
[22] νόμισμα, ατος, τό, coin

## ΠΡΟΣ ΜΑΓΝΗΤΑΣ ΙΓΝΑΤΙΟΣ

αὐτῶν ἴδιον χαρακτῆρα[1] ἐπικείμενον[2] ἔχει, οἱ ἄπιστοι τοῦ κόσμου τούτου, οἱ δὲ πιστοὶ[3] ἐν ἀγάπῃ χαρακτῆρα[4] Θεοῦ πατρὸς διὰ Ἰησοῦ Χριστοῦ, δι' οὗ ἐὰν μὴ αὐθαιρέτως[5] ἔχωμεν τὸ ἀποθανεῖν εἰς τὸ αὐτοῦ πάθος,[6] τὸ ζῆν αὐτοῦ οὐκ ἔστιν ἐν ἡμῖν.

**6** Ἐπεὶ[7] οὖν ἐν τοῖς προγεγραμμένοις[8] προσώποις τὸ πᾶν πλῆθος ἐθεώρησα ἐν πίστει καὶ ἠγάπησα, παραινῶ,[9] ἐν ὁμονοίᾳ[10] Θεοῦ σπουδάζετε[11] πάντα πράσσειν, προκαθημένου[12] τοῦ ἐπισκόπου[13] εἰς τόπον Θεοῦ καὶ τῶν πρεσβυτέρων[14] εἰς τόπον συνεδρίου[15] τῶν ἀποστόλων, καὶ τῶν διακόνων[16] τῶν ἐμοὶ γλυκυτάτων,[17] πεπιστευμένων διακονίαν Ἰησοῦ Χριστοῦ, ὃς πρὸ αἰώνων παρὰ πατρὶ ἦν καὶ ἐν τέλει ἐφάνη. ²πάντες οὖν ὁμοήθειαν[18] Θεοῦ λαβόντες ἐντρέπεσθε[19] ἀλλήλους, καὶ μηδεὶς κατὰ σάρκα βλεπέτω τὸν πλησίον,[20] ἀλλ' ἐν Ἰησοῦ Χριστῷ ἀλλήλους διὰ παντὸς ἀγαπᾶτε. μηδὲν ἔστω ἐν ὑμῖν ὃ δυνήσεται ὑμᾶς

---

1. χαρακτήρ, ῆρος, ὁ, exact representation
2. ἐπίκειμαι pres mid/pass ptcp m.s.acc., impress, stamp
3. ἄπιστος, ον, unbelieving
4. χαρακτήρ, ῆρος, ὁ, exact representation, character
5. αὐθαιρέτως, adv, voluntarily, of one's own accord
6. πάθος, ους, τό, suffering, passion
7. ἐπεί, conj, since
8. προγράφω perf mid/pass ptcp n.p.dat., written above, mentioned before
9. παραινέω pres act ind 1s, urge, exhort
10. ὁμόνοια, ας, ἡ, unity, oneness of mind
11. σπουδάζω pres act impv 2p, make every effort, zealous
12. προκάθημαι pres mid/pass ptcp m.s.gen., preside
13. ἐπίσκοπος, ου, ὁ, bishop, overseer
14. πρεσβύτερος, ου, ὁ, presbyter
15. συνέδριον, ου, τό, council, synod
16. διάκονος, ου, ὁ, ἡ, deacon, servant
17. γλυκύς, εῖα, ύ, very dear, sweet
18. ὁμοήθεια, ας, ἡ, shared conviction
19. ἐντρέπω pres mid/pass impv 2p, respect, reverence
20. πλησίον, adv, neighbor

## ΠΡΟΣ ΜΑΓΝΗΤΑΣ ΙΓΝΑΤΙΟΣ

μερίσαι,[1] ἀλλ' ἑνώθητε[2] τῷ ἐπισκόπῳ[3] καὶ τοῖς προκαθημένοις[4] εἰς τύπον[5] καὶ διδαχὴν ἀφθαρσίας.[6]

**7** Ὥσπερ οὖν ὁ Κύριος ἄνευ[7] τοῦ πατρὸς οὐδὲν ἐποίησεν ἡνωμένος[8] ὤν, οὔτε δι' ἑαυτοῦ οὔτε διὰ τῶν ἀποστόλων, οὕτως μηδὲ ὑμεῖς ἄνευ[9] τοῦ ἐπισκόπου[10] καὶ τῶν πρεσβυτέρων[11] μηδὲν πράσσετε· μηδὲ πειράσητε εὔλογόν[12] τι φαίνεσθαι ἰδίᾳ ὑμῖν, ἀλλ' ἐπὶ τὸ αὐτὸ μία προσευχή, μία δέησις,[13] εἷς νοῦς,[14] μία ἐλπίς, ἐν ἀγάπῃ ἐν τῇ χαρᾷ τῇ ἀμώμῳ,[15] ὅς ἐστιν Ἰησοῦς Χριστός, οὗ ἄμεινον[16] οὐθέν[17] ἐστιν. ²πάντες ὡς εἰς ἕνα ναὸν συντρέχετε[18] Θεοῦ, ὡς ἐπὶ ἓν θυσιαστήριον,[19] ἐπὶ ἕνα Ἰησοῦν Χριστόν, τὸν ἀφ' ἑνὸς πατρὸς προελθόντα[20] καὶ εἰς ἕνα ὄντα καὶ χωρήσαντα.[21]

**8** Μὴ πλανᾶσθε ταῖς ἑτεροδοξίαις[22] μηδὲ μυθεύμασιν[23] τοῖς παλαιοῖς[24] ἀνωφελέσιν[25] οὖσιν· εἰ γὰρ μέχρι[26] νῦν κατὰ Ἰουδαϊσμὸν[27] ζῶμεν, ὁμολογοῦμεν[28] χάριν μὴ

---

1 μερίζω aor act inf, divide
2 ἑνόω aor pass impv 2p, unity
3 ἐπίσκοπος, ου, ὁ, bishop, overseer
4 προκάθημαι pres mid/pass ptcp m.p.dat., preside
5 τύπος, ου, τό, example, pattern
6 ἀφθαρσία, ας, ἡ, incorruptible, immortal
7 ἄνευ, prep, without
8 ἑνόω perf mid/pass ptcp m.s.nom., unity
9 ἄνευ, prep, without
10 ἐπίσκοπος, ου, ὁ, bishop, overseer
11 πρεσβυτέρος, ου, ὁ, presbyter
12 εὔλογος, ον, reasonable
13 δέησις, εως, ἡ, prayer
14 νοῦς, ός, ὁ, mind, attitude
15 ἄμωμος, ον, blameless
16 ἀμείνων, ον, better
17 οὐθείς, nothing
18 συντρέχω pres act impv 2p, run together
19 θυσιαστήριον, ου, τό, altar
20 προέρχομαι aor act ptcp m.s.acc., come forth, proceed
21 χωρέω aor act ptcp m.s.acc., go, depart
22 ἑτεροδοξία, ας, ἡ, heretical, strange
23 μύθευμα, ατος, τό, fables
24 παλαιός, ά, όν, old
25 ἀνωφελής, ές, useless, unprofitable
26 μέχρι, improp prep (+gen), until
27 Ἰουδαϊσμός, οῦ, ὁ, Judaism
28 ὁμολογέω pres act ind 1p, admit, confess

## ΠΡΟΣ ΜΑΓΝΗΤΑΣ ΙΓΝΑΤΙΟΣ

εἰληφέναι. ²οἱ γὰρ θειότατοι¹ προφῆται κατὰ Χριστὸν Ἰησοῦν ἔζησαν. διὰ τοῦτο καὶ ἐδιώχθησαν, ἐμπνεόμενοι² ὑπὸ τῆς χάριτος αὐτοῦ εἰς τὸ πληροφορηθῆναι³ τοὺς ἀπειθοῦντας,⁴ ὅτι εἷς Θεός ἐστιν ὁ φανερώσας ἑαυτὸν διὰ Ἰησοῦ Χριστοῦ τοῦ υἱοῦ αὐτοῦ, ὅς ἐστιν αὐτοῦ λόγος ἀπὸ σιγῆς⁵ προελθών,⁶ ὃς κατὰ πάντα εὐηρέστησεν⁷ τῷ πέμψαντι αὐτόν.

**9** Εἰ οὖν οἱ ἐν παλαιοῖς⁸ πράγμασιν⁹ ἀναστραφέντες¹⁰ εἰς καινότητα¹¹ ἐλπίδος ἦλθον, μηκέτι¹² σαββατίζοντες,¹³ ἀλλὰ κατὰ κυριακὴν¹⁴ ζῶντες, ἐν ᾗ καὶ ἡ ζωὴ ἡμῶν ἀνέτειλεν¹⁵ δι' αὐτοῦ καὶ τοῦ θανάτου αὐτοῦ, ²ὅν τινες ἀρνοῦνται· δι' οὗ μυστηρίου¹⁶ ἐλάβομεν τὸ πιστεύειν, καὶ διὰ τοῦτο ὑπομένομεν,¹⁷ ἵνα εὑρεθῶμεν μαθηταὶ Ἰησοῦ Χριστοῦ τοῦ μόνου διδασκάλου ἡμῶν· πῶς ἡμεῖς δυνησόμεθα ζῆσαι χωρὶς αὐτοῦ, οὗ καὶ οἱ προφῆται μαθηταὶ ὄντες τῷ πνεύματι ὡς διδάσκαλον αὐτὸν προσεδόκων;¹⁸ καὶ

---

1  θεῖος, θεία, θεῖον, superl, divine
2  ἐμπνέω pres mid/pass ptcp m.p.nom., inspired
3  πληροφορέω aor pass inf, convince fully, persuade
4  ἀπειθέω pres act ptcp m.p.acc., disobedient
5  σιγή, ῆς, ἡ, silence
6  προέρχομαι aor act ptcp m.s.nom., come forth, proceed
7  εὐαρεστέω aor act ind 3s, pleasing
8  παλαιός, ά, όν, old
9  πρᾶγμα, ατος, τό, thing, matter
10 ἀναστρέφω aor pass ptcp m.p.nom., customs, life, conduct, practice, order
11 καινότης, ητος, ἡ, newness, new
12 μηκέτι, adv, no longer
13 σαββατίζω pres act ptcp m.p.nom., observing the Sabbath
14 κυριακός, ή, όν, the Lord's, belonging to the Lord
15 ἀνατέλλω, aor act ind 3s, arisen spring up
16 μυστήριον, ου, τό, mystery, secret
17 ὑπομένω pres act ind 1p, stand firm, endure
18 προσδοκάω imp act ind 3p, expect, look for, wait for

διὰ τοῦτο, ὃν δικαίως¹ ἀνέμενον,² παρὼν³ ἤγειρεν αὐτοὺς ἐκ νεκρῶν.

**10** Μὴ οὖν ἀναισθητῶμεν⁴ τῆς χρηστότητος⁵ αὐτοῦ. ἂν γὰρ ἡμᾶς μιμήσηται⁶ καθὰ⁷ πράσσομεν, οὐκέτι ἐσμέν. διὰ τοῦτο, μαθηταὶ αὐτοῦ γενόμενοι, μάθωμεν⁸ κατὰ Χριστιανισμὸν⁹ ζῆν. ὃς γὰρ ἄλλῳ ὀνόματι καλεῖται πλέον τούτου, οὐκ ἔστιν τοῦ Θεοῦ. ²ὑπέρθεσθε¹⁰ οὖν τὴν κακὴν ζύμην,¹¹ τὴν παλαιωθεῖσαν¹² καὶ ἐνοξίσασαν,¹³ καὶ μεταβάλεσθε¹⁴ εἰς νέαν¹⁵ ζύμην,¹⁶ ὅς ἐστιν Ἰησοῦς Χριστός. ἀλίσθητε¹⁷ ἐν αὐτῷ, ἵνα μὴ διαφθαρῇ¹⁸ τις ἐν ὑμῖν, ἐπεὶ¹⁹ ἀπὸ τῆς ὀσμῆς²⁰ ἐλεγχθήσεσθε.²¹ ³ἄτοπόν²² ἐστιν Ἰησοῦν Χριστὸν λαλεῖν καὶ ἰουδαΐζειν.²³ ὁ γὰρ χριστιανισμὸς²⁴ οὐκ εἰς ἰουδαϊσμὸν²⁵ ἐπίστευσεν, ἀλλ'

---

1 δικαίως, adv, uprightly, justly
2 ἀναμένω imp act ind 3p, wait for, expect
3 πάρειμι pres act ptcp m.s.nom., came
4 ἀναισθητέω pres act sub 1p, insensible, without feeling
5 χρηστότης, ητος, ἡ, goodness, kindness
6 μιμέομαι aor mid sub 3s, imitate, follow
7 καθά, adv, according to, just as
8 μανθάνω aor act sub 1p, learn, appropriate
9 Χριστιανισμός, οῦ, ὁ, Christianity, the Christian way
10 ὑπερτίθημι aor mid impv 2p, set aside
11 ζύμη, ης, ἡ, leaven
12 παλαιόω aor pass ptcp f.s.acc., old, stale
13 ἐνοξίζω aor act ptcp f.s.acc., sour, fermented
14 μεταβάλλω aor mid impv 2p, change
15 νέος, α, ον, new, fresh
16 ζύμη, ης, ἡ, leaven
17 ἁλίζω aor pass impv 2p, salted
18 διαφθείρω aor pass sub 3s, spoil
19 ἐπεί, conj, since
20 ὀσμή, ῆς, ἡ, smell, fragrance, savor
21 ἐλέγχω fut pass ind 2p, tested, proved
22 ἄτοπος, ον, absurd, improper, wrong
23 ἰουδαΐζω pres act inf, practice Judaism, the Jewish way
24 Χριστιανισμός, οῦ, ὁ, Christianity, the Christian way
25 Ἰουδαϊσμός, οῦ, ὁ, Judaism

## ΠΡΟΣ ΜΑΓΝΗΤΑΣ ΙΓΝΑΤΙΟΣ

ἰουδαϊσμὸς[1] εἰς χριστιανισμόν,[2] ᾧ πᾶσα γλῶσσα πιστεύσασα εἰς Θεὸν συνήχθη.

**11** Ταῦτα δέ, ἀγαπητοί μου, οὐκ ἐπεὶ[3] ἔγνων τινὰς ἐξ ὑμῶν οὕτως ἔχοντας, ἀλλ' ὡς μικρότερος ὑμῶν θέλω προφυλάσσεσθαι[4] ὑμᾶς μὴ ἐμπεσεῖν[5] εἰς τὰ ἄγκιστρα[6] τῆς κενοδοξίας,[7] ἀλλὰ πεπληροφορῆσθαι[8] ἐν τῇ γεννήσει[9] καὶ τῷ πάθει[10] καὶ τῇ ἀναστάσει τῇ γενομένῃ ἐν καιρῷ τῆς ἡγεμονίας[11] Ποντίου[12] Πιλάτου· πραχθέντα ἀληθῶς[13] καὶ βεβαίως[14] ὑπὸ Ἰησοῦ Χριστοῦ, τῆς ἐλπίδος ἡμῶν, ἧς ἐκτραπῆναι[15] μηδενὶ ὑμῶν γένοιτο.

**12** Ὀναίμην[16] ὑμῶν κατὰ πάντα, ἐάνπερ[17] ἄξιος ὦ. εἰ γὰρ καὶ δέδεμαι, πρὸς ἕνα τῶν λελυμένων ὑμῶν οὐκ εἰμί. οἶδα ὅτι οὐ φυσιοῦσθε·[18] Ἰησοῦν γὰρ Χριστὸν ἔχετε ἐν ἑαυτοῖς. καὶ μᾶλλον, ὅταν ἐπαινῶ[19] ὑμᾶς, οἶδα ὅτι ἐντρέπεσθε,[20] ὡς γέγραπται ὅτι ὁ δίκαιος ἑαυτοῦ κατήγορος.[21]

---

1 Ἰουδαϊσμός, οῦ, ὁ, Judaism
2 Χριστιανισμός, οῦ, ὁ, Christianity, the Christian way
3 ἐπεί, conj, because, since
4 προφυλάσσω pres mid/pass inf, guard, protect
5 ἐμπίπτω aor act inf, fall into, be caught
6 ἄγκιστρον, ου, τό, hooks
7 κενοδοξία, ας, ἡ, vain, error
8 πληροφορέω perf mid/pass inf, convince fully, persuade
9 γέννησις, εως, ἡ, birth
10 πάθος, ους, τό, passion, suffering
11 ἡγεμονία, ας, ἡ, prefectship, governorship
12 Πόντιος, ου, ὁ, Pontius
13 ἀληθῶς, adv, truly
14 βεβαίως, adv, certainly
15 ἐκτρέπω aor pass inf, turn aside, turn away
16 ὀνίνημι aor mid opt 1s, receive joy, have benefit of
17 ἐάνπερ, conj, if
18 φυσιόω pres mid/pass ind 2p, proud, puffed up
19 ἐπαινέω pres act sub 1s, commend, praise
20 ἐντρέπω pres mid/pass ind 2p, shame
21 κατήγορος, ου, ὁ, accuser

## ΠΡΟΣ ΜΑΓΝΗΤΑΣ ΙΓΝΑΤΙΟΣ

**13** Σπουδάζετε[1] οὖν βεβαιωθῆναι[2] ἐν τοῖς δόγμασιν[3] τοῦ Κυρίου καὶ τῶν ἀποστόλων, ἵνα πάντα ὅσα ποιεῖτε, κατευοδωθῆτε[4] σαρκὶ καὶ πνεύματι, πίστει καὶ ἀγάπῃ, ἐν υἱῷ καὶ πατρὶ καὶ ἐν πνεύματι, ἐν ἀρχῇ καὶ ἐν τέλει, μετὰ τοῦ ἀξιοπρεπεστάτου[5] ἐπισκόπου[6] ὑμῶν καὶ ἀξιοπλόκου[7] πνευματικοῦ[8] στεφάνου[9] τοῦ πρεσβυτερίου[10] ὑμῶν καὶ τῶν κατὰ Θεὸν διακόνων.[11] ²ὑποτάγητε τῷ ἐπισκόπῳ[12] καὶ ἀλλήλοις, ὡς Ἰησοῦς Χριστὸς τῷ πατρὶ κατὰ σάρκα καὶ οἱ ἀπόστολοι τῷ Χριστῷ καὶ τῷ πατρί, ἵνα ἕνωσις[13] ᾖ σαρκική[14] τε καὶ πνευματική.[15]

**14** Εἰδὼς ὅτι Θεοῦ γέμετε,[16] συντόμως[17] παρεκάλεσα ὑμᾶς. μνημονεύετέ[18] μου ἐν ταῖς προσευχαῖς ὑμῶν, ἵνα Θεοῦ ἐπιτύχω,[19] καὶ τῆς ἐν Συρίᾳ[20] ἐκκλησίας, ὅθεν[21] οὐκ ἄξιός εἰμι καλεῖσθαι. ἐπιδέομαι[22] γὰρ τῆς ἡνωμένης[23] ὑμῶν ἐν Θεῷ προσευχῆς καὶ ἀγάπης, εἰς τὸ

---

1 σπουδάζω pres act impv 2p, make every effort, zealous
2 βεβαιόω aor pass inf, firm in commitment, establish
3 δόγμα, ατος, τό, doctrine, ordinance
4 κατευοδόω aor pass sub 2p, prosper
5 ἀξιοπρεπής, worthy of honor
6 ἐπίσκοπος, ου, ὁ, bishop, overseer
7 ἀξιοπρεπής, ές, worthily woven
8 πνευματικός, ή, όν, spiritual
9 στέφανος, ου, ὁ, crown
10 πρεσβυτέριον, ου, τό, presbytery
11 διάκονος, ου, ὁ, ἡ, deacon, servant
12 ἐπίσκοπος, ου, ὁ, bishop, overseer
13 ἕνωσις, εως, ἡ, being in complete accord, union, unity
14 σαρκικός, ή, όν, fleshly
15 πνευματικός, ή, όν, spiritual
16 γέμω pres act ind 2p, full
17 συντόμως, adv, briefly, concisely
18 μνημονεύω pres act impv 2p, remember
19 ἐπιτυγχάνω aor act sub 1s, attain, seek
20 Συρία, ας, ἡ, Syria
21 ὅθεν, adv, from where
22 ἐπιδέω pres mid/pass ind 1s, need
23 ἑνόω perf mid/pass ptcp f.s.gen., united, unified

## ΠΡΟΣ ΜΑΓΝΗΤΑΣ ΙΓΝΑΤΙΟΣ

ἀξιωθῆναι[1] τὴν ἐν Συρίᾳ[2] ἐκκλησίαν διὰ τῆς ἐκτενείας[3] ὑμῶν δροσισθῆναι.[4]

**15** Ἀσπάζονται ὑμᾶς Ἐφέσιοι[5] ἀπὸ Σμύρνης,[6] ὅθεν[7] καὶ γράφω ὑμῖν, παρόντες[8] εἰς δόξαν Θεοῦ, ὥσπερ καὶ ὑμεῖς, οἱ κατὰ πάντα με ἀνέπαυσαν,[9] ἅμα[10] Πολυκάρπῳ[11] ἐπισκόπῳ[12] Σμυρναίων.[13] καὶ αἱ λοιπαὶ δὲ ἐκκλησίαι ἐν τιμῇ Ἰησοῦ Χριστοῦ ἀσπάζονται ὑμᾶς. ἔρρωσθε[14] ἐν ὁμονοίᾳ[15] Θεοῦ κεκτημένοι[16] ἀδιάκριτον[17] πνεῦμα, ὅς ἐστιν Ἰησοῦς Χριστός.

---

[1] ἀξιόω aor pass inf, considered worthy, deserving
[2] Συρία, ας, ἡ, Syria
[3] ἐκτένεια, ας, ἡ, devotion, perseverance
[4] δροσίζω aor pass inf, refreshed with dew (fig.)
[5] Ἐφέσιος, ία, ιον, Ephesians
[6] Σμύρνα, ης, ἡ, Smyrna
[7] ὅθεν, adv, from where
[8] πάρειμι pres act ptcp m.p.nom., present
[9] ἀναπαύω aor act ind 3p, refresh, rest, relief
[10] ἅμα, improp prep (+dat), together with
[11] Πολύκαρπος, ου, ὁ, Polycarp
[12] ἐπίσκοπος, ου, ὁ, bishop, overseer
[13] Σμυρναῖος, α, ον, Smyrnaeans
[14] ῥώννυμι aor mid impv 2p, be well
[15] ὁμόνοια, ας, ἡ, unity, oneness of mind
[16] κτάομαι perf mid/pass ptcp m.p.nom., possess
[17] ἀδιάκριτος, ον, harmonious

# ΠΡΟΣ ΤΡΑΛΛΙΑΝΟΥΣ ΙΓΝΑΤΙΟΣ

ἸΓΝΑΤΙΟΣ,¹ ὁ καὶ Θεοφόρος² ἠγαπημένῃ Θεῷ πατρὶ Ἰησοῦ Χριστοῦ, ἐκκλησίᾳ ἁγίᾳ τῇ οὔσῃ ἐν Τράλλεσιν³ τῆς Ἀσίας,⁴ ἐκλεκτῇ⁵ καὶ ἀξιοθέῳ,⁶ εἰρηνευούσῃ⁷ ἐν σαρκὶ καὶ πνεύματι. τῷ πάθει.⁸ Ἰησοῦ Χριστοῦ, τῆς ἐλπίδος ἡμῶν ἐν τῇ εἰς αὐτὸν ἀναστάσει· ἣν καὶ ἀσπάζομαι ἐν τῷ πληρώματι⁹ ἐν ἀποστολικῷ¹⁰ χαρακτῆρι¹¹ καὶ εὔχομαι¹² πλεῖστα χαίρειν.

1 Ἄμωμον¹³ διάνοιαν¹⁴ καὶ ἀδιάκριτον¹⁵ ἐν ὑπομονῇ ἔγνων ὑμᾶς ἔχοντας, οὐ κατὰ χρῆσιν¹⁶ ἀλλὰ κατὰ φύσιν,¹⁷ καθὼς ἐδήλωσέν¹⁸ μοι Πολύβιος¹⁹ ὁ ἐπίσκοπος²⁰ ὑμῶν, ὃς παρεγένετο θελήματι Θεοῦ καὶ Ἰησοῦ Χριστοῦ ἐν Σμύρνῃ,²¹ καὶ οὕτως μοι συνεχάρη²² δεδεμένῳ ἐν Χριστῷ Ἰησοῦ, ὥστε με τὸ πᾶν πλῆθος ὑμῶν ἐν αὐτῷ θεωρῆσαι.

---

1 Ἰγνάτιος, ου, ὁ, Ignatius
2 Θεοφόρος, ου, ὁ, Theophorus, (lit.) God-bearer
3 Τράλλεις, εων, αἱ, Tralles, a city in Caria
4 Ἀσία, ας, ἡ, Asia
5 ἐκλεκτός, ή, όν, chosen, elect
6 ἀξιόθεος, ον, worthy of God
7 εἰρηνεύω pres act ptcp f.s.dat., be at peace
8 πάθος, ους, τό, suffering, passion
9 πλήρωμα, ατος, τό, fullness
10 ἀποστολικός ή, όν, apostolic
11 χαρακτήρ, ῆρος, ὁ, fashion, characteristic trait, distinctive mark
12 εὔχομαι pres mid/pass ind 1s, pray
13 ἄμωμος, ον, blameless
14 διάνοια, ας, ἡ, thought, mind
15 ἀδιάκριτος, ον, unwavering
16 χρῆσις, εως, ἡ, habit, usage
17 φύσις, εως, ἡ, nature
18 δηλόω aor act ind 3s, reveal
19 Πολύβιος ου, ὁ, Polybius, bishop of Tralles
20 ἐπίσκοπος, ου, ὁ, overseer
21 Σμύρνα, ης, ἡ, Smyrna
22 συγχαίρω aor pass ind 3s, rejoice with (someone)

## ΠΡΟΣ ΤΡΑΛΛΙΑΝΟΥΣ ΙΓΝΑΤΙΟΣ

²ἀποδεξάμενος¹ οὖν τὴν κατὰ Θεὸν εὔνοιαν² δι' αὐτοῦ, ἐδόξασα εὑρὼν ὑμᾶς, ὡς ἔγνων, μιμητὰς³ ὄντας Θεοῦ.

2 Ὅταν γὰρ τῷ ἐπισκόπῳ⁴ ὑποτάσσησθε ὡς Ἰησοῦ Χριστῷ, φαίνεσθέ μοι οὐ κατὰ ἀνθρώπους ζῶντες, ἀλλὰ κατὰ Ἰησοῦν Χριστόν, τὸν δι' ἡμᾶς ἀποθανόντα ἵνα πιστεύσαντες εἰς τὸν θάνατον αὐτοῦ τὸ ἀποθανεῖν ἐκφύγητε.⁵ ²ἀναγκαῖον⁶ οὖν ἐστιν, ὥσπερ ποιεῖτε, ἄνευ⁷ τοῦ ἐπισκόπου⁸ μηδὲν πράσσειν ὑμᾶς, ἀλλ' ὑποτάσσεσθε καὶ τῷ πρεσβυτερίῳ,⁹ ὡς τοῖς ἀποστόλοις Ἰησοῦ Χριστοῦ, τῆς ἐλπίδος ἡμῶν, ἐν ᾧ διάγοντες¹⁰ ἐν αὐτῷ εὑρεθησόμεθα. ³δεῖ δὲ καὶ τοὺς διακόνους¹¹ ὄντας μυστηρίων¹² Ἰησοῦ Χριστοῦ κατὰ πάντα τρόπον¹³ πᾶσιν ἀρέσκειν.¹⁴ οὐ γὰρ βρωμάτων¹⁵ καὶ ποτῶν¹⁶ εἰσιν διάκονοι, ἀλλ' ἐκκλησίας Θεοῦ ὑπηρέται.¹⁷ δέον οὖν αὐτοὺς φυλάσσεσθαι τὰ ἐγκλήματα¹⁸ ὡς πῦρ.

3 Ὁμοίως πάντες ἐντρεπέσθωσαν¹⁹ τοὺς διακόνους²⁰ ὡς Ἰησοῦν Χριστόν, ὡς καὶ τὸν ἐπίσκοπον²¹ ὄντα

---

1 ἀποδέχομαι aor mid ptcp m.s.nom., welcome
2 εὔνοια, ας, ἡ, benevolence
3 μιμητής, οῦ, ὁ, imitator
4 ἐπίσκοπος, ου, ὁ, overseer
5 ἐκφεύγω aor act sub 2p, escape
6 ἀναγκαῖος, α, ον, necessary
7 ἄνευ, prep (+gen), without
8 ἐπίσκοπος, ου, ὁ, overseer, supervisor, bishop
9 πρεσβυτέριον, ου, τό, council of elders, presbytery
10 διάγω pres act ptcp m.p.nom., live, spend one's life
11 διάκονος, ου, ὁ, ἡ, deacon, agent, assistant
12 μυστήριον, ου, τό, mystery, transcendent reality
13 τρόπος, ου, ὁ, manner, way
14 ἀρέσκω pres act inf, please, accomodate
15 βρῶμα, ατος, τό, food
16 ποτόν, οῦ, τό, drink
17 ὑπηρέτης, ου, ὁ, helper
18 ἔγκλημα, τος, τό, reproach
19 ἐντρέπω pres mid/pass impv 3p, have regard for, respect
20 διάκονος, ου, ὁ, ἡ, deacon
21 ἐπίσκοπος, ου, ὁ, overseer

## ΠΡΟΣ ΤΡΑΛΛΙΑΝΟΥΣ ΙΓΝΑΤΙΟΣ

τύπον[1] τοῦ πατρός, τοὺς δὲ πρεσβυτέρους ὡς συνέδριον[2] Θεοῦ καὶ ὡς σύνδεσμον[3] ἀποστόλων· χωρὶς τούτων ἐκκλησία οὐ καλεῖται.

²περὶ ὧν πέπεισμαι ὑμᾶς οὕτως ἔχειν· τὸ γὰρ ἐξεμπλάριον[4] τῆς ἀγάπης ὑμῶν ἔλαβον καὶ ἔχω μεθ' ἑαυτοῦ ἐν τῷ ἐπισκόπῳ[5] ὑμῶν, οὗ αὐτὸ τὸ κατάστημα[6] μεγάλη μαθητεία,[7] ἡ δὲ πραότης[8] αὐτοῦ δύναμις· ὃν λογίζομαι καὶ τοὺς ἀθέους[9] ἐντρέπεσθαι.[10] ³ἀγαπῶν ὑμᾶς οὕτως φείδομαι,[11] συντονώτερον[12] δυνάμενος γράφειν ὑπὲρ τούτου· ἀλλ' οὐχ ἱκανὸν ἑαυτὸν εἰς τοῦτο ᾠήθην,[13] ἵνα ὢν κατάκριτος[14] ὡς ἀπόστολος ὑμῖν διατάσσωμαι.[15]

4 Πολλὰ φρονῶ[16] ἐν Θεῷ, ἀλλ' ἐμαυτὸν μετρῶ,[17] ἵνα μὴ ἐν καυχήσει[18] ἀπόλωμαι. νῦν γάρ με δεῖ πλέον φοβεῖσθαι καὶ μὴ προσέχειν[19] τοῖς φυσιοῦσίν[20] με· οἱ γὰρ λέγοντές μοι μαστιγοῦσίν[21] με. ²ἀγαπῶ μὲν γὰρ τὸ παθεῖν, ἀλλ' οὐκ οἶδα εἰ ἄξιός εἰμι· τὸ γὰρ ζῆλος[22] πολλοῖς

---

[1] τύπος, ου, ὁ, type
[2] συνέδριον, ου, τό, council (of elders)
[3] σύνδεσμος, ου, ὁ, fellowship
[4] ἐξεμπλάριον, ίου, τό, living example, embodiment
[5] ἐπίσκοπος, ου, ὁ, overseer
[6] κατάστημα, ατος, τό, demeanor
[7] μαθητεία, ας, ἡ, lesson, instruction
[8] πραότης, ητος, ἡ, humility, gentleness, courtesy
[9] ἄθεος, ον, godless
[10] ἐντρέπω pres mid/pass inf, have regard for, respect
[11] φείδομαι pres mid/pass ind 1s, refrain, abstain from
[12] σύντονος, ον, sharply, zeal
[13] οἴομαι aor pass ind 1s, think, suppose, expect
[14] κατάκριτος, ον, condemned
[15] διατάσσω pres mid/pass sub 1s, order, command
[16] φρονέω pres act ind 1s, think, form opinion, judge
[17] μετρέω pres act ind 1s, measured, in bounds
[18] καύχησις, εως, ἡ, boasting, bragging
[19] προσέχω pres act inf, pay attention to
[20] φυσιόω pres act ptcp m.p.dat., puff up
[21] μαστιγόω pres act ind 3p, afflict
[22] ζῆλος, ους, τό, zeal, ardor

37

μὲν οὐ φαίνεται, ἐμὲ δὲ πλέον πολεμεῖ.¹ χρῄζω² οὖν πραότητος,³ ἐν ᾗ καταλύεται⁴ ὁ ἄρχων τοῦ αἰῶνος τούτου.

**5** Μὴ οὐ δύναμαι ὑμῖν τὰ ἐπουράνια⁵ γράψαι; ἀλλὰ φοβοῦμαι μὴ νηπίοις⁶ οὖσιν ὑμῖν βλάβην⁷ παραθῶ.⁸ καὶ συγγνωμονεῖτέ⁹ μοι, μήποτε¹⁰ οὐ δυνηθέντες χωρῆσαι¹¹ στραγγαλωθῆτε.¹² ²καὶ γὰρ ἐγώ, οὐ καθότι¹³ δέδεμαι καὶ δύναμαι νοεῖν¹⁴ τὰ ἐπουράνια¹⁵ καὶ τὰς τοποθεσίας¹⁶ τὰς ἀγγελικὰς¹⁷ καὶ τὰς συστάσεις¹⁸ τὰς ἀρχοντικάς,¹⁹ ὁρατά²⁰ τε καὶ ἀόρατα,²¹ παρὰ τοῦτο ἤδη καὶ μαθητής εἰμι. πολλὰ γὰρ ἡμῖν λείπει,²² ἵνα Θεοῦ μὴ λειπώμεθα.²³

**6** Παρακαλῶ οὖν ὑμᾶς, οὐκ ἐγὼ ἀλλ᾽ ἡ ἀγάπη Ἰησοῦ Χριστοῦ, μόνῃ τῇ χριστιανῇ²⁴ τροφῇ²⁵ χρῆσθε,²⁶ ἀλλοτρίας²⁷ δὲ βοτάνης²⁸ ἀπέχεσθε,²⁹ ἥτις ἐστὶν αἵρεσις.³⁰

---

1. πολεμέω pres act ind 3s, pressing hard, hostile, wages war
2. χρῄζω pres act ind 1s, have need of
3. πραότης, ητος, ἡ, humility, gentleness, courtesy
4. καταλύω pres mid/pass ind 3s, deposed, brought down
5. ἐπουράνιος, ον, heavenly things
6. νήπιος, ία, ιον, immature, children
7. βλάβη, ης, ἡ, harm
8. παρατίθημι aor act sub 1s, do to, cause
9. συγγνωμονέω pres act impv 2p, make allowance for, pardon
10. μήποτε, adv, lest
11. χωρέω aor act inf, go reach, go out, make progress
12. στραγγαλόω aor pass sub 2p, choke
13. καθότι, because, in view of the fact that
14. νοέω pres act inf, understand
15. ἐπουράνιος, ον, heavenly things
16. τοποθεσία, ας, ἡ, placement, station, rank
17. ἀγγελικός, ή, όν, angelic, pertaining to a heavenly messenger
18. σύστασις, εως, ἡ, assemblage, association, gathering, union
19. ἀρχοντικός, ή, όν, commander
20. ὁρατός, ή, όν, visible
21. ἀόρατος, ον, invisible
22. λείπω pres act ind 3s, lack
23. λείπω pres mid/pass sub 1p, lack
24. Χριστιανός, οῦ, ὁ, Christian
25. τροφή, ῆς, ἡ, nourishment, food
26. χράομαι aor mid impv 2p, make use of, employ
27. ἀλλότριος, ία, ον alien, unsuitable
28. βοτάνη, ης, ἡ, plant
29. ἀπέχω pres mid/pass impv 2p, keep away
30. αἵρεσις, έσεως, ἡ, heretical sect

²οἳ καὶ ἰῷ¹ παρεμπλέκουσιν² Ἰησοῦν Χριστὸν καταξιοπιστευόμενοι,³ ὥσπερ θανάσιμον⁴ φάρμακον⁵ διδόντες μετὰ οἰνομέλιτος,⁶ ὅπερ ὁ ἀγνοῶν⁷ ἀδεῶς⁸ λαμβάνει ἐν ἡδονῇ⁹ κακῇ τὸ ἀποθανεῖν.

**7** Φυλάττεσθε οὖν τοὺς τοιούτους. τοῦτο δὲ ἔσται ὑμῖν μὴ φυσιουμένοις¹⁰ καὶ οὖσιν ἀχωρίστοις¹¹ Θεοῦ Ἰησοῦ Χριστοῦ καὶ τοῦ ἐπισκόπου¹² καὶ τῶν διαταγμάτων¹³ τῶν ἀποστόλων. ²ὁ ἐντὸς¹⁴ θυσιαστηρίου¹⁵ ὢν καθαρός¹⁶ ἐστιν, ὁ δὲ ἐκτὸς θυσιαστηρίου¹⁷ ὢν οὐ καθαρός¹⁸ ἐστιν· τοῦτ' ἔστιν, ὁ χωρὶς ἐπισκόπου¹⁹ καὶ πρεσβυτερίου²⁰ καὶ διακόνων²¹ πράσσων τι, οὗτος οὐ καθαρός²² ἐστιν τῇ συνειδήσει.

**8** Οὐκ ἐπεὶ ἔγνων τοιοῦτόν τι ἐν ὑμῖν, ἀλλὰ προφυλάσσω²³ ὑμᾶς ὄντας μου ἀγαπητούς, προορῶν²⁴ τὰς ἐνέδρας²⁵ τοῦ διαβόλου. ὑμεῖς οὖν τὴν πραϋπάθειαν²⁶

---

1 ἰός, οῦ, ὁ, poison, venom
2 παρεμπλέκω pres act ind 3p, mix, mingle
3 καταξιοπιστεύομαι pres mid/pass ptcp m.p.nom., appearing trustworthy
4 θανάσιμος, ον, deadly
5 φάρμακον, ου, τό, drug, poison
6 οἰνόμελι, ιτος, τό, honeyed wine
7 ἀγνοέω pres act ptcp m.s.nom., be ignorant of, not to know
8 ἀδεῶς, adv, without fear
9 ἡδονή, ῆς, ἡ, pleasure, delight
10 φυσιόω pres mid/pass ptcp m.p.dat., puff up, make proud
11 ἀχώριστος, ον, inseparable
12 ἐπίσκοπος, ου, ὁ, overseer
13 διάταγμα, ατος, τό, edict, command
14 ἐντός, inside, within
15 θυσιαστήριον, ου, τό, altar, sanctuary
16 καθαρός, ά, όν, guiltless, pure
17 θυσιαστήριον, ου, τό, altar, sanctuary
18 καθαρός, ά, όν, guiltless, pure
19 ἐπίσκοπος, ου, ὁ, overseer
20 πρεσβυτέριον, ου, τό, council of elders
21 διάκονος, ου, ὁ, ἡ, deacon
22 καθαρός, ά, όν, guiltless, pure
23 προφυλάσσω pres act ind 1s, guard, protect
24 προοράω pres act ptcp m.s.nom., foresee
25 ἐνέδρα, ας, ἡ, ambush, entrapment
26 πραϋπάθεια, ας, ἡ, gentleness, not overbearing

## ΠΡΟΣ ΤΡΑΛΛΙΑΝΟΥΣ ΙΓΝΑΤΙΟΣ

ἀναλαβόντες[1] ἀνακτήσασθε[2] ἑαυτοὺς ἐν πίστει, ὅ ἐστιν σάρξ τοῦ Κυρίου, καὶ ἐν ἀγάπῃ, ὅ ἐστιν αἷμα Ἰησοῦ Χριστοῦ. [2]μηδεὶς ὑμῶν κατὰ τοῦ πλησίον[3] ἐχέτω. μὴ ἀφορμὰς[4] δίδοτε τοῖς ἔθνεσιν, ἵνα μὴ δι' ὀλίγους ἄφρονας[5] τὸ ἔνθεον[6] πλῆθος βλασφημῆται. Οὐαὶ γάρ, δι' οὗ ἐπὶ ματαιότητι[7] τὸ ὄνομά μου ἐπί τινων βλασφημεῖται.

**9** Κωφώθητε[8] οὖν, ὅταν ὑμῖν χωρὶς Ἰησοῦ Χριστοῦ λαλῇ τις, τοῦ ἐκ γένους[9] Δαυείδ, τοῦ ἐκ Μαρίας,[10] ὃς ἀληθῶς[11] ἐγεννήθη, ἔφαγέν τε καὶ ἔπιεν, ἀληθῶς[12] ἐδιώχθη ἐπὶ Ποντίου[13] Πιλάτου, ἀληθῶς[14] ἐσταυρώθη καὶ ἀπέθανεν, βλεπόντων τῶν ἐπουρανίων[15] καὶ ἐπιγείων[16] καὶ ὑποχθονίων·[17] [2]ὃς καὶ ἀληθῶς[18] ἠγέρθη ἀπὸ νεκρῶν, ἐγείραντος αὐτὸν τοῦ πατρὸς αὐτοῦ, ὃς καὶ κατὰ τὸ ὁμοίωμα[19] ἡμᾶς τοὺς πιστεύοντας αὐτῷ οὕτως ἐγερεῖ ὁ πατὴρ αὐτοῦ ἐν Χριστῷ Ἰησοῦ, οὗ χωρὶς τὸ ἀληθινὸν[20] ζῆν οὐκ ἔχομεν.

**10** Εἰ δέ, ὥσπερ τινὲς ἄθεοι[21] ὄντες, τουτέστιν[22] ἄπιστοι,[23] λέγουσιν, τὸ δοκεῖν πεπονθέναι αὐτόν,

---

1 ἀναλαμβάνω aor act ptcp m.p.nom., take to one's self, adopt
2 ἀνακτάομαι aor mid impv 2p, regain one's strength, renew one's energy
3 πλησίον, adv, neighbor
4 ἀφορμή, ῆς, ἡ, occasion, opportunity
5 ἄφρων, ον, ονος, foolish, ignorant
6 ἔνθεος, ον, inspired by God
7 ματαιότης, ητος, ἡ, folly, futility
8 κωφόω aor pass impv 2p, become deaf,
9 γένος, ους, τό, descendent
10 Μαρία, ας, ἡ, Mary
11 ἀληθῶς, adv, truly, in truth
12 ἀληθῶς, adv, truly, in truth
13 Πόντιος, ου, ὁ, Pontius
14 ἀληθῶς, adv, truly, in truth
15 ἐπουράνιος, ον, heavenly beings
16 ἐπίγειος, ον, earthly beings, those on earth
17 ὑποχθόνιος, (ία), ιον, the powers under the earth, those under the earth
18 ἀληθῶς, adv, truly, in truth
19 ὁμοίωμα, ητος, ἡ, likeness
20 ἀληθινός, ή, όν, real, authentic
21 ἄθεος, ον, godless, those without God
22 τουτέστιν pres ind 3s, that is, meaning
23 ἄπιστος, ον, unbelievers, those without faith

## ΠΡΟΣ ΤΡΑΛΛΙΑΝΟΥΣ ΙΓΝΑΤΙΟΣ

αὐτοὶ ὄντες τὸ δοκεῖν, ἐγὼ τί δέδεμαι; τί δὲ καὶ εὔχομαι¹ θηριομαχῆσαι;² δωρεάν³ οὖν ἀποθνήσκω. ἄρα οὖν καταψεύδομαι⁴ τοῦ Κυρίου.

**11** Φεύγετε⁵ οὖν τὰς κακὰς παραφυάδας⁶ τὰς γεννώσας καρπὸν θανατηφόρον,⁷ οὗ ἐὰν γεύσηταί⁸ τις, παραυτὰ⁹ ἀποθνήσκει· οὗτοι γὰρ οὐκ εἰσιν φυτεία¹⁰ πατρός. ²εἰ γὰρ ἦσαν, ἐφαίνοντο ἂν κλάδοι¹¹ τοῦ σταυροῦ,¹² καὶ ἦν ἂν ὁ καρπὸς αὐτῶν ἄφθαρτος·¹³ δι' οὗ ἐν τῷ πάθει¹⁴ αὐτοῦ προσκαλεῖται¹⁵ ὑμᾶς ὄντας μέλη αὐτοῦ. οὐ δύναται οὖν κεφαλὴ χωρὶς γεννηθῆναι ἄνευ¹⁶ μελῶν, τοῦ Θεοῦ ἕνωσιν¹⁷ ἐπαγγελλομένου,¹⁸ ὅς ἐστιν αὐτός.

**12** Ἀσπάζομαι ὑμᾶς ἀπὸ Σμύρνης,¹⁹ ἅμα²⁰ ταῖς συμπαρούσαις²¹ μοι ἐκκλησίαις τοῦ Θεοῦ, οἱ κατὰ πάντα με ἀνέπαυσαν²² σαρκί τε καὶ πνεύματι. ²παρακαλεῖ ὑμᾶς τὰ δεσμά²³ μου, ἃ ἕνεκεν²⁴ Ἰησοῦ Χριστοῦ

---

1. εὔχομαι pres mid/pass ind 1s, wish
2. θηριομαχέω aor act inf, fight with wild animals
3. δωρεάν, adv, in vain
4. καταψεύδομαι pres mid/pass ind 1s, tell lies against
5. φεύγω pres act impv 2p, flee from, avoid
6. παραφυάς, άδος, ἡ, offshoot
7. θανατηφόρος, ον, death-dealing
8. γεύομαι aor mid sub 3s, partake of
9. παραυτά, adv, on the spot, at once
10. φυτεία, ας, ἡ, a plant
11. κλάδος, ου, ὁ, branch
12. σταυρός, οῦ, ὁ, cross
13. ἄφθαρτος, ον, imperishable, incorruptible, immortal
14. πάθος, ους, τό, suffering
15. προσκαλέω pres mid/pass ind 3s, summon, call to
16. ἄνευ, prep, without
17. ἕνωσις, εως, ἡ, union, unity
18. ἐπαγγέλλομαι, pres mid/pass ptcp m.s.gen., promise
19. Σμύρνα, ης, ἡ, Smyrna
20. ἅμα, adv, together
21. συμπάρειμι pres act ptcp f.p.dat., be together, be present with
22. ἀναπαύω aor act ind 3p, cause to rest, give (someone) rest
23. δεσμός, οῦ, ὁ, bonds, fetters
24. ἕνεκα, prep (+gen), because of

περιφέρω[1] αἰτούμενος Θεοῦ ἐπιτυχεῖν·[2] διαμένετε[3] ἐν τῇ ὁμονοίᾳ[4] ὑμῶν καὶ τῇ μετ' ἀλλήλων προσευχῇ. πρέπει[5] γὰρ ὑμῖν τοῖς καθ' ἕνα, ἐξαιρέτως[6] καὶ τοῖς πρεσβυτέροις, ἀναψύχειν[7] τὸν ἐπίσκοπον[8] εἰς τιμὴν πατρὸς καὶ εἰς τιμὴν Ἰησοῦ Χριστοῦ καὶ τῶν ἀποστόλων. ³εὔχομαι[9] ὑμᾶς ἐν ἀγάπῃ ἀκοῦσαί μου, ἵνα μὴ εἰς μαρτύριον[10] ὦ ἐν ὑμῖν γράψας. καὶ περὶ ἐμοῦ δὲ προσεύχεσθε, τῆς ἀφ' ὑμῶν ἀγάπης χρῄζοντος[11] ἐν τῷ ἐλέει[12] τοῦ Θεοῦ, εἰς τὸ καταξιωθῆναί[13] με τοῦ κλήρου[14] οὗπερ[15] ἔγκειμαι[16] ἐπιτυχεῖν,[17] ἵνα μὴ ἀδόκιμος[18] εὑρεθῶ.

13 Ἀσπάζεται ὑμᾶς ἡ ἀγάπη Σμυρναίων[19] καὶ Ἐφεσίων.[20] μνημονεύετε[21] ἐν ταῖς προσευχαῖς ὑμῶν τῆς ἐν Συρίᾳ[22] ἐκκλησίας, ὅθεν[23] καὶ οὐκ ἄξιός εἰμι λέγεσθαι, ὢν ἔσχατος ἐκείνων. ²ἔρρωσθε[24] ἐν Ἰησοῦ Χριστῷ, ὑποτασσόμενοι τῷ ἐπισκόπῳ[25] ὡς τῇ ἐντολῇ, ὁμοίως καὶ

---

1 περιφέρω pres act ind 1s, carry about, carry here and there
2 ἐπιτυγχάνω aor act inf, obtain, reach
3 διαμένω pres act impv 2p, remain, continue in
4 ὁμόνοια, ας, ἡ, oneness of mind, harmony
5 πρέπω pres act ind 3s, be fitting, be suitable
6 ἐξαιρέτως, adv, especially
7 ἀναψύχω pres act inf, provide a relief from obligation or trouble
8 ἐπίσκοπος, ου, ὁ, overseer
9 εὔχομαι pres mid/pass ind 1s, wish
10 μαρτύριον, ου, τό, testimony
11 χρῄζω pres act ptcp m.s.gen., have need of
12 ἔλεος, ους, τό, mercy, compassion
13 καταξιόω aor pass inf, consider worthy
14 κλῆρος, ου, ὁ, lot, destiny
15 οὗπερ, adv, so that
16 ἔγκειμαι pres mid/pass ind 1s, insist, warn urgently
17 ἐπιτυγχάνω aor act inf, obtain, reach
18 ἀδόκιμος, ον, unqualified, worthless
19 Σμυρναῖος, α, ον, Smyrnaean
20 Ἐφέσιος, ια, ιον, Ephesian
21 μνημονεύω pres act impv 2p, remember
22 Συρία, ας, ἡ, Syria
23 ὅθεν, adv, from which
24 ῥώννυμι perf mid/pass impv 2p, farewell
25 ἐπίσκοπος, ου, ὁ, overseer

## ΠΡΟΣ ΤΡΑΛΛΙΑΝΟΥΣ ΙΓΝΑΤΙΟΣ

τῷ πρεσβυτερίῳ. καὶ οἱ κατ' ἄνδρα ἀλλήλους ἀγαπᾶτε ἐν ἀμερίστῳ[1] καρδίᾳ. ³ἁγνίζεται[2] ὑμῶν τὸ ἐμὸν πνεῦμα, οὐ μόνον νῦν ἀλλὰ καὶ ὅταν Θεοῦ ἐπιτύχω.[3] ἔτι γὰρ ὑπὸ κίνδυνόν[4] εἰμι· ἀλλὰ πιστὸς ὁ πατὴρ ἐν Ἰησοῦ Χριστῷ πληρῶσαί μου τὴν αἴτησιν[5] καὶ ὑμῶν· ἐν ᾧ εὑρεθείημεν ἄμωμοι.[6]

---

1 ἀμέριστος, ον, undivided
2 ἁγνίζω pres mid/pass ind 3s, to dedicate oneself
3 ἐπιτυγχάνω aor act sub 1s, obtain, reach
4 κίνδυνος, ου, ὁ, danger, risk
5 αἴτησις, εως, ἡ, request
6 ἄμωμος, ον, blameless

# ΠΡΟΣ ΡΩΜΑΙΟΥΣ ΙΓΝΑΤΙΟΣ

ἸΓΝΑΤΙΟΣ,[1] ὁ καὶ Θεοφόρος,[2] τῇ ἠλεημένῃ[3] ἐν μεγαλειότητι[4] πατρὸς ὑψίστου[5] καὶ Ἰησοῦ Χριστοῦ τοῦ μόνου υἱοῦ αὐτοῦ, ἐκκλησίᾳ ἠγαπημένῃ καὶ πεφωτισμένῃ[6] ἐν θελήματι τοῦ θελήσαντος τὰ πάντα ἃ ἔστιν, κατὰ πίστιν καὶ ἀγάπην Ἰησοῦ Χριστοῦ τοῦ Θεοῦ ἡμῶν, ἥτις καὶ προκάθηται[7] ἐν τόπῳ χωρίου[8] Ῥωμαίων,[9] ἀξιόθεος,[10] ἀξιοπρεπής,[11] ἀξιομακάριστος,[12] ἀξιέπαινος,[13] ἀξιοεπίτευκτος,[14] ἀξίαγνος,[15] καὶ προκαθημένη[16] τῆς ἀγάπης, χριστόνομος,[17] πατρώνυμος,[18] ἣν καὶ ἀσπάζομαι ἐν ὀνόματι Ἰησοῦ Χριστοῦ, υἱοῦ πατρός· κατὰ σάρκα καὶ πνεῦμα ἡνωμένοις[19] πάσῃ ἐντολῇ αὐτοῦ, πεπληρωμένοις χάριτος Θεοῦ ἀδιακρίτως,[20] καὶ ἀποδιϋλισμένοις[21] ἀπὸ

1 Ἰγνάτιος, ου, ἡ, Ignatius
2 Θεοφόρος, ου, ὁ, Theophorus, (lit.) God-bearer
3 ἐλεέω perf mid/pass ptcp f.s.dat., show mercy
4 μεγαλειότης, ητος, ἡ, majesty
5 ὕψιστος, η, ον, highest, Most High
6 φωτίζω perf mid/pass ptcp f.s.dat., enlightened
7 προκάθημαι pres mid/pass ind 3s, preside over
8 χωρίον, ου, τό, place
9 Ῥωμαῖος, α, ον, Roman
10 ἀξιόθεος, ον, worthy of God
11 ἀξιοπρεπής, ές, worthy of honor
12 ἀξιομακάριστος, ον, worthy of blessing
13 ἀξιέπαινος, ον, worthy of praise
14 ἀξιοεπίτευκτος, ον, worthy of success
15 ἀξιόαγνος, ον, worthy of sanctification
16 προκάθημαι pres mid/pass ptcp f.s.nom., preside over
17 χριστόνομος, ον, τό, keeping the law of Christ
18 πατρώνυμος, ον, τό, named after the father
19 ἑνόω perf mid/pass ptcp m.p.dat., unite
20 ἀδιακρίτως, ον, without wavering
21 ἀποδιϋλίζω perf mid/pass ptcp m.p.dat., filter

## ΠΡΟΣ ΡΩΜΑΙΟΥΣ ΙΓΝΑΤΙΟΣ

παντὸς ἀλλοτρίου¹ χρώματος,² πλεῖστα ἐν Ἰησοῦ Χριστῷ τῷ Θεῷ ἡμῶν ἀμώμως³ χαίρειν.

1 Ἐπεὶ⁴ εὐξάμενος⁵ Θεῷ ἐπέτυχον⁶ ἰδεῖν ὑμῶν τὰ ἀξιόθεα πρόσωπα, ὡς καὶ πλέον ἢ ᾐτούμην λαβεῖν· δεδεμένος γὰρ ἐν Χριστῷ Ἰησοῦ ἐλπίζω ὑμᾶς ἀσπάσασθαι, ἐάνπερ⁷ θέλημα ᾖ τοῦ ἀξιωθῆναί⁸ με εἰς τέλος εἶναι. ²ἡ μὲν γὰρ ἀρχὴ εὐοικονόμητός⁹ ἐστιν, ἐάνπερ χάριτος ἐπιτύχω¹⁰ εἰς τὸ τὸν κλῆρόν¹¹ μου ἀνεμποδίστως¹² ἀπολαβεῖν.¹³ φοβοῦμαι γὰρ τὴν ὑμῶν ἀγάπην, μὴ αὐτή με ἀδικήσῃ·¹⁴ ὑμῖν γὰρ εὐχερές¹⁵ ἐστιν, ὃ θέλετε ποιῆσαι, ἐμοὶ δὲ δύσκολόν¹⁶ ἐστιν τοῦ Θεοῦ ἐπιτυχεῖν,¹⁷ ἐάνπερ ὑμεῖς μὴ φείσησθέ¹⁸ μου.

2 Οὐ γὰρ θέλω ὑμᾶς ἀνθρωπαρεσκῆσαι,¹⁹ ἀλλὰ Θεῷ ἀρέσαι,²⁰ ὥσπερ καὶ ἀρέσκετε.²¹ οὔτε γὰρ ἐγώ ποτε²² ἕξω καιρὸν τοιοῦτον Θεοῦ ἐπιτυχεῖν,²³ οὔτε ὑμεῖς, ἐὰν σιωπήσητε,²⁴ κρείττονι²⁵ ἔργῳ ἔχετε ἐπιγραφῆναι.²⁶ ἐὰν γὰρ σιωπήσητε²⁷ ἀπ' ἐμοῦ, ἐγὼ λόγος Θεοῦ· ἐὰν δὲ

---

1 ἀλλότριος, ία, ον, alien
2 χρῶμα, ατος, τό, color
3 ἀμώμως, adv, blamelessly
4 ἐπεί, conj, since
5 εὔχομαι aor mid ptcp m.s.nom., pray
6 ἐπιτυγχάνω aor act ind 1s, reach
7 ἐάν, conj, if
8 ἀξιόω aor pass inf, consider worthy
9 ἀξιόθεος, ον, well-ordered
10 ἐπιτυγχάνω aor act sub 1s, obtain
11 κλῆρος, ου, ὁ, destiny
12 ἀνεμποδίστως, ον, unhindered
13 ἀπολαμβάνω aor act inf, receive
14 ἀδικέω aor act ind 3s, cause damage to
15 εὐχερής, ες, ους, easy
16 δύσκολος, ον, difficult
17 ἐπιτυγχάνω aor act inf, reach
18 φείδομαι aor mid sub 2p, spare
19 ἀνθρωπαρεσκέω aor act inf, be a people-pleaser
20 ἀρέσκω aor act inf, please
21 ἀρέσκω pres act ind 2p, please
22 ποτέ, adv, never
23 ἐπιτυγχάνω aor act inf, reach
24 σιωπάω aor act sub 2p, remain silent
25 κρείττων, ον, preferable
26 ἐπιγράφω aor pass inf, recorded in
27 σιωπάω aor act sub 2p, keep silent, say nothing

ἐρασθῆτε¹ τῆς σαρκός μου, πάλιν ἔσομαι φωνή. ²πλέον δέ μοι μὴ παράσχησθε² τοῦ σπονδισθῆναι³ Θεῷ, ὡς ἔτι θυσιαστήριον⁴ ἕτοιμόν⁵ ἐστιν, ἵνα ἐν ἀγάπῃ χορὸς⁶ γενόμενοι ᾄσητε⁷ τῷ πατρὶ ἐν Ἰησοῦ Χριστῷ, ὅτι τὸν ἐπίσκοπον⁸ Συρίας⁹ κατηξίωσεν¹⁰ ὁ Θεὸς εὑρεθῆναι εἰς δύσιν¹¹ ἀπὸ ἀνατολῆς¹² μεταπεμψάμενος.¹³ καλὸν τὸ δῦναι¹⁴ ἀπὸ κόσμου πρὸς Θεόν, ἵνα εἰς αὐτὸν ἀνατείλω.¹⁵

3 Οὐδέποτε¹⁶ ἐβασκάνατε¹⁷ οὐδενί· ἄλλους ἐδιδάξατε. ἐγὼ δὲ θέλω ἵνα κἀκεῖνα βέβαια¹⁸ ᾖ ἃ μαθητεύοντες¹⁹ ἐντέλλεσθε.²⁰ ²μόνον μοι δύναμιν αἰτεῖσθε ἔσωθέν²¹ τε καὶ ἔξωθεν,²² ἵνα μὴ μόνον λέγω ἀλλὰ καὶ θέλω, ἵνα μὴ μόνον λέγωμαι Χριστιανός, ἀλλὰ καὶ εὑρεθῶ. ἐὰν γὰρ εὑρεθῶ, καὶ λέγεσθαι δύναμαι, καὶ τότε πιστὸς εἶναι, ὅταν κόσμῳ μὴ φαίνωμαι. ³οὐδὲν φαινόμενον καλόν. ὁ γὰρ Θεὸς ἡμῶν Ἰησοῦς Χριστός, ἐν πατρὶ ὤν, μᾶλλον φαίνεται. οὐ πεισμονῆς²³ τὸ ἔργον, ἀλλὰ μεγέθους²⁴ ἐστὶν ὁ Χριστιανισμός,²⁵ ὅταν μισῆται ὑπὸ κόσμου.

---

1 ἐράω aor pass sub 2p, long for
2 παρέχω aor mid sub 2p, grant more
3 σπονδίζω aor pass inf, pour out as a drink offering
4 θυσιαστήριον, ου, τό, altar
5 ἕτοιμος, η, ον, really
6 χορός, οῦ, ὁ, chorus
7 ᾄδω aor act sub 2p, sing
8 ἐπίσκοπος, ου, ὁ, overseer
9 Συρία, ας, ἡ, Syria
10 καταξιόω aor act ind 3s, consider worthy
11 δύσις, εως, ἡ, West
12 ἀνατολή, ῆς, ἡ, East
13 μεταπέμπω aor mid ptcp m.s.nom., summon
14 δύνω aor act inf, set as the sun sets
15 ἀνατέλλω aor act sub 1s, rise
16 οὐδέποτε, adv, never
17 βασκαίνω aor act ind, envy
18 βέβαιος, α, ον, in force
19 μαθητεύω pres act ptcp m.p.nom., teaching disciples
20 ἐντέλλω pres mid/pass ind 2p, give instructions
21 ἔσωθεν, adv, inwardly
22 ἔξωθεν, adv, outwardly
23 πεισμονή, ῆς ἡ, persuasion
24 μέγεθος, ους, τό, greatness
25 Χριστιανισμός, οῦ, ὁ, Christianity

## ΠΡΟΣ ΡΩΜΑΙΟΥΣ ΙΓΝΑΤΙΟΣ

4 Ἐγὼ γράφω πάσαις ταῖς ἐκκλησίαις καὶ ἐντέλλομαι[1] πᾶσιν ὅτι ἐγὼ ἑκὼν[2] ὑπὲρ Θεοῦ ἀποθνήσκω, ἐάνπερ ὑμεῖς μὴ κωλύσητε.[3] παρακαλῶ ὑμᾶς, μὴ εὐνοια[4] ἄκαιρος[5] γένησθέ μοι. ἄφετέ με θηρίων εἶναι βοράν,[6] δι' ὧν ἔν ἐστιν,[7] Θεοῦ ἐπιτυχεῖν.[8] σῖτός[9] εἰμι Θεοῦ, καὶ δι' ὀδόντων[10] θηρίων ἀλήθομαι,[11] ἵνα καθαρὸς[12] ἄρτος εὑρεθῶ τοῦ Χριστοῦ. ²μᾶλλον κολακεύσατε[13] τὰ θηρία, ἵνα μοι τάφος[14] γένωνται καὶ μηθὲν[15] καταλίπωσιν[16] τῶν τοῦ σώματός μου, ἵνα μὴ κοιμηθεὶς[17] βαρύς[18] τινι γένωμαι. τότε ἔσομαι μαθητὴς ἀληθῶς[19] Ἰησοῦ Χριστοῦ, ὅτε οὐδὲ τὸ σῶμά μου ὁ κόσμος ὄψεται. λιτανεύσατε[20] τὸν Κύριον ὑπὲρ ἐμοῦ, ἵνα διὰ τῶν ὀργάνων[21] τούτων Θεοῦ θυσία[22] εὑρεθῶ. ³οὐχ ὡς Πέτρος καὶ Παῦλος διατάσσομαι[23] ὑμῖν· ἐκεῖνοι ἀπόστολοι, ἐγὼ κατάκριτος·[24] ἐκεῖνοι ἐλεύθεροι,[25] ἐγὼ δὲ μέχρι[26] νῦν δοῦλος. ἀλλ' ἐὰν πάθω,

---

1 ἐντέλλω pres mid/pass ind 1s, command
2 ἑκών, οῦσα, όν, willingly
3 κωλύω aor act sub 2p, prevent
4 εὔνοια, ας, ἡ, favor, affection
5 ἄκαιρος, ον, untimely
6 βορά, ᾶς, ἡ, food
7 ἔνειμι pres ind 3s, it is possible
8 ἐπιτυγχάνω aor act inf, reach
9 σῖτος, ου, ὁ, wheat
10 ὀδούς, ὀδόντος, ὁ, tooth
11 ἀλήθω pres mid/pass ind 1s, grind
12 καθαρός, ά, όν, pure
13 κολακεύω aor act impv 2p, deal graciously with
14 τάφος, ου, ὁ, tomb
15 μηδείς, μηδεμία, μηδέν, no, nothing
16 καταλείπω aor act sub 3p, leave over
17 κοιμάω aor pass ptcp m.s.nom., fall asleep, die
18 βαρύς, εῖα, ύ, burdensome
19 ἀληθῶς, adv, truly
20 λιτανεύω aor act impv 2p, petition
21 ὄργανον, ου, τό, tool
22 θυσία, ας, ἡ, sacrifice, offering
23 διατάσσω pres mid/pass ind 1s, order
24 κατάκριτος, ον, τό, condemned
25 ἐλεύθερος, έρα, ον, free
26 μέχρι, adv, as far as, until

## ΠΡΟΣ ΡΩΜΑΙΟΥΣ ΙΓΝΑΤΙΟΣ

ἀπελεύθερος[1] Ἰησοῦ Χριστοῦ, καὶ ἀναστήσομαι ἐν αὐτῷ ἐλεύθερος.[2] νῦν μανθάνω[3] δεδεμένος μηδὲν ἐπιθυμεῖν.[4]

5 Ἀπὸ Συρίας[5] μέχρι[6] Ῥώμης[7] θηριομαχῶ,[8] διὰ γῆς καὶ θαλάσσης, νυκτὸς καὶ ἡμέρας, ἐνδεδεμένος[9] δέκα[10] λεοπάρδοις,[11] ὅ ἐστιν στρατιωτικὸν[12] τάγμα[13] οἳ καὶ εὐεργετούμενοι[14] χείρους[15] γίνονται. ἐν δὲ τοῖς ἀδικήμασιν[16] αὐτῶν μᾶλλον μαθητεύομαι·[17] ἀλλ' οὐ παρὰ τοῦτο δεδικαίωμαι. ²ὀναίμην[18] τῶν θηρίων τῶν ἐμοὶ ἡτοιμασμένων, ἃ καὶ εὔχομαι[19] σύντομά[20] μοι εὑρεθῆναι· ἃ καὶ κολακεύσω[21] συντόμως[22] με καταφαγεῖν,[23] οὐχ ὥσπερ τινῶν δειλαινόμενα[24] οὐχ ἥψαντο. κἂν αὐτὰ δὲ ἑκόντα[25] μὴ θέλῃ, ἐγὼ προσβιάσομαι.[26] ³συγγνώμην[27] μοι ἔχετε· τί μοι συμφέρει[28] ἐγὼ γινώσκω. νῦν ἄρχομαι μαθητὴς εἶναι. μηθέν[29] με ζηλῶσαι[30] τῶν ὁρατῶν[31] καὶ ἀοράτων,[32] ἵνα Ἰησοῦ

---

1 ἀπελεύθερος, ου, ὁ, freedperson
2 ἐλεύθερος, έρα, ον, free
3 μανθάνω pres act ind 1s, learn
4 ἐπιθυμέω pres act inf, desire
5 Συρία, ας, ἡ, Syria
6 μέχρι, adv, as far as, until
7 Ῥώμη, ης, ἡ, Rome
8 θηριομαχέω pres act ind 1s, fight with wild animals
9 ἐνδέω perf mid/pass ptcp m.s.nom., bind to
10 δέκα, ten
11 λεόπαρδος, ου, ὁ, leopard
12 στρατιωτικός, ή, όν, belonging to, or composed of, soldiers
13 τάγμα, ατος, τό, a detachment of soldiers
14 εὐεργετέω pres mid/pass ptcp m.p.nom., benefit
15 χείρων, ον, worse
16 ἀδίκημα, ατος, τό, mistreatment
17 μαθητεύω pres mid/pass ind, be a disciple
18 ὀνίνημι aor mid opt 1s, enjoy
19 εὔχομαι pres mid/pass ind 1s, pray
20 σύντομος, ον, shortly, briefly
21 κολακεύω fut act ind 1s, deal graciously with
22 συντόμως, adv, promptly
23 κατεσθίω aor act inf, devour
24 δειλαίνω pres mid/pass ptcp n.p.nom., be fearful
25 ἑκών, οῦσα, όν, willingly
26 προσβιάζομαι fut mid ind 1s, use force
27 συγγνώμη, ης, ἡ, pardon
28 συμφέρω pres act ind 3s, be profitable
29 μηδείς, μηδεμία, μηδέν, nothing
30 ζηλόω aor act inf, fill with desire
31 ὁρατός, ή, όν, visible
32 ἀόρατος, ον, invisible

Χριστοῦ ἐπιτύχω.¹ πῦρ καὶ σταυρὸς² θηρίων τε συστάσεις,³ ἀνατομαί,⁴ διαιρέσεις,⁵ σκορπισμοὶ⁶ ὀστέων,⁷ συγκοπαὶ⁸ μελῶν, ἀλεσμοὶ⁹ ὅλου τοῦ σώματος, κακαὶ κολάσεις¹⁰ τοῦ διαβόλου ἐπ᾽ ἐμὲ ἐρχέσθωσαν, μόνον ἵνα Ἰησοῦ Χριστοῦ ἐπιτύχω.¹¹

**6** Οὐδέν με ὠφελήσει¹² τὰ πέρατα¹³ τοῦ κόσμου, οὐδὲ αἱ βασιλεῖαι τοῦ αἰῶνος τούτου· καλόν μοι ἀποθανεῖν διὰ Ἰησοῦν Χριστόν, ἢ βασιλεύειν¹⁴ τῶν περάτων¹⁵ τῆς γῆς. ἐκεῖνον ζητῶ, τὸν ὑπὲρ ἡμῶν ἀποθανόντα· ἐκεῖνον θέλω, τὸν δι᾽ ἡμᾶς ἀναστάντα. ὁ δὲ τοκετός¹⁶ μοι ἐπίκειται.¹⁷ ²σύγγνωτέ¹⁸ μοι, ἀδελφοί· μὴ ἐμποδίσητέ¹⁹ μοι ζῆσαι, μὴ θελήσητέ με ἀποθανεῖν. τὸν τοῦ Θεοῦ θέλοντα εἶναι κόσμῳ μὴ χαρίσησθε,²⁰ μηδὲ ὕλῃ²¹ κολακεύσητε²² ἀφετέ με καθαρὸν²³ φῶς λαβεῖν· ἐκεῖ παραγενόμενος ἄνθρωπος ἔσομαι. ³ἐπιτρέψατέ²⁴ μοι μιμητὴν²⁵ εἶναι τοῦ πάθους²⁶ τοῦ Θεοῦ μου. εἴ τις αὐτὸν ἐν ἑαυτῷ ἔχει,

---

1 ἐπιτυγχάνω aor act sub 1s, reach
2 σταυρός, οῦ, ὁ, cross
3 σύστασις, εως, ἡ, struggle
4 ἀνατομή, ῆς, ἡ, mutilation
5 διαίρεσις, εως, ἡ, tearing apart
6 σκορπισμός, οῦ, ὁ, scattering
7 ὀστέον, ου, bone
8 συγκοπή, ῆς, ἡ, mangling
9 ἀλεσμός, οῦ, ὁ, grinding of the body in torture
10 κόλασις, εως, ἡ, punishment
11 ἐπιτυγχάνω aor act sub 1s, reach
12 ὠφελέω fut act ind 3s, benefit
13 πέρας, ατος, τό, end
14 βασιλεύω pres act inf, rule
15 πέρας, ατος, τό, end
16 τοκετός, οῦ, ὁ, childbearing
17 ἐπίκειμαι pres mid/pass ind 3s, be upon
18 συγγινώσκω aor act impv 2p, bear with me
19 ἐμποδίζω aor act sub 2p, hinder, keep
20 χαρίζομαι aor mid sub 2p, give
21 ὕλη, ης, ἡ, material things
22 κολακεύω aor act sub 2p, entice
23 καθαρός, ά, όν, pure
24 ἐπιτρέπω aor act impv, allow
25 μιμητής, οῦ, ὁ, imitator
26 πάθος, ους, τό, suffering

νοησάτω¹ ὃ θέλω καὶ συμπαθείτω² μοι, εἰδὼς τὰ συνέχοντά³ με.

7 Ὁ ἄρχων τοῦ αἰῶνος τούτου διαρπάσαι⁴ με βούλεται καὶ τὴν εἰς Θεόν μου γνώμην⁵ διαφθεῖραι.⁶ μηδεὶς οὖν τῶν παρόντων⁷ ὑμῶν βοηθείτω⁸ αὐτῷ· μᾶλλον ἐμοί γίνεσθε, τουτέστιν τοῦ Θεοῦ. μὴ λαλεῖτε Ἰησοῦν Χριστὸν κόσμον δὲ ἐπιθυμεῖτε.⁹ ²βασκανία¹⁰ ἐν ὑμῖν μὴ κατοικείτω. μηδ' ἂν ἐγὼ παρὼν¹¹ παρακαλῶ ὑμᾶς, πείσθητέ μοι· τούτοις δὲ μᾶλλον πιστεύσατε, οἷς γράφω ὑμῖν. ζῶν γὰρ γράφω ὑμῖν, ἐρῶν¹² τοῦ ἀποθανεῖν. ὁ ἐμὸς ἔρως¹³ ἐσταύρωται, καὶ οὐκ ἔστιν ἐν ἐμοὶ πῦρ φιλόϋλον,¹⁴ ὕδωρ δὲ ζῶν καὶ λαλοῦν ἐν ἐμοί, ἔσωθέν¹⁵ μοι λέγον· Δεῦρο¹⁶ πρὸς τὸν πατέρα. ³οὐχ ἥδομαι¹⁷ τροφῇ¹⁸ φθορᾶς¹⁹ οὐδὲ ἡδοναῖς²⁰ τοῦ βίου²¹ τούτου. ἄρτον Θεοῦ θέλω, ὅ ἐστιν σὰρξ τοῦ Χριστοῦ τοῦ ἐκ σπέρματος Δαυείδ, καὶ πόμα²² θέλω τὸ αἷμα αὐτοῦ, ὅ ἐστιν ἀγάπη ἄφθαρτος.²³

---

1 νοέω aor act impv 3s, understand
2 συμπαθέω aor act impv 3s, sympathize with
3 συνέχω pres act ptcp n.p.acc., distress
4 διαρπάζω aor act inf, plunder
5 γνώμη, ης, ἡ, intention
6 διαφθείρω aor act inf, destroy
7 πάρειμι pres act ptcp m.p.gen, be present
8 βοηθέω pres act impv 3s, assist
9 ἐπιθυμέω pres act impv 2p, desire
10 βασκανία, ας, ἡ, envy
11 πάρειμι pres act ptcp m.s.nom., be present
12 ἐράω pres act ptcp m.s.nom., long for
13 ἔρως, ωτος, ὁ, fondness
14 φιλόϋλος, ον, loving material things
15 ἔσωθεν, adv, inwardly
16 δεῦρο, adv, come here, come!
17 ἥδομαι pres mid/pass ind 1s, take pleasure
18 τροφή, ῆς, ἡ, food
19 φθορά, ᾶς, ἡ, corruption
20 ἡδονή, ῆς, ἡ, delight
21 βίος, ου, ὁ, life
22 πόμα, ατος, τό, drink
23 ἄφθαρτος, ον, incorruptible

## ΠΡΟΣ ΡΩΜΑΙΟΥΣ ΙΓΝΑΤΙΟΣ

**8** Οὐκέτι θέλω κατὰ ἀνθρώπους ζῆν. τοῦτο δὲ ἔσται, ἐὰν ὑμεῖς θελήσητε. θελήσατε, ἵνα καὶ ὑμεῖς θεληθῆτε. ²δι' ὀλίγων γραμμάτων¹ αἰτοῦμαι ὑμᾶς· πιστεύσατέ μοι. Ἰησοῦς δὲ Χριστὸς ὑμῖν ταῦτα φανερώσει ὅτι ἀληθῶς² λέγω· τὸ ἀψευδὲς³ στόμα, ἐν ᾧ ὁ πατὴρ ἐλάλησεν ἀληθῶς.⁴ ³αἰτήσασθε περὶ ἐμοῦ, ἵνα ἐπιτύχω⁵ ἐν πνεύματι ἁγίῳ. οὐ κατὰ σάρκα ὑμῖν ἔγραψα, ἀλλὰ κατὰ γνώμην⁶ Θεοῦ. ἐὰν πάθω, ἠθελήσατε· ἐὰν ἀποδοκιμασθῶ,⁷ ἐμισήσατε.

**9** Μνημονεύετε⁸ ἐν τῇ προσευχῇ ὑμῶν τῆς ἐν Συρίᾳ⁹ ἐκκλησίας, ἥτις ἀντὶ¹⁰ ἐμοῦ ποιμένι¹¹ τῷ Θεῷ χρῆται.¹² μόνος αὐτὴν Ἰησοῦς Χριστὸς ἐπισκοπήσει¹³ καὶ ἡ ὑμῶν ἀγάπη. ²ἐγὼ δὲ αἰσχύνομαι¹⁴ ἐξ αὐτῶν λέγεσθαι· οὐδὲ γὰρ ἄξιός εἰμι, ὢν ἔσχατος αὐτῶν καὶ ἔκτρωμα·¹⁵ ἀλλ' ἠλέημαί¹⁶ τις εἶναι, ἐὰν Θεοῦ ἐπιτύχω.¹⁷ ³ἀσπάζεται ὑμᾶς τὸ ἐμὸν πνεῦμα καὶ ἡ ἀγάπη τῶν ἐκκλησιῶν τῶν δεξαμένων με εἰς ὄνομα Ἰησοῦ Χριστοῦ, οὐχ ὡς παροδεύοντα.¹⁸

---

1 γράμμα, ατος, τό, few lines
2 ἀληθῶς, adv, truly
3 ἀψευδής, ές, truthfully
4 ἀληθῶς, adv, truly
5 ἐπιτυγχάνω aor act sub 1s, reach
6 γνώμη, ης, ἡ, will
7 ἀποδοκιμάζω aor pass sub 1s, reject
8 μνημονεύω pres act impv 2p, remember
9 Συρία, ας, ἡ, Syria
10 ἀντί, prep, in place of
11 ποιμήν, ένος, ὁ, shepherd
12 χράομαι pres mid/pass ind 3s, make use of
13 ἐπισκοπέω fut act ind 3s, overseer
14 αἰσχύνω pres mid/pass ind 1s, be ashamed
15 ἔκτρωμα, ατος, τό, one untimely born
16 ἐλεέω perf mid/pass ind 1s, have mercy
17 ἐπιτυγχάνω aor act sub 1s, reach
18 παροδεύω pres act ptcp m.s.acc., pass by

## ΠΡΟΣ ΡΩΜΑΙΟΥΣ ΙΓΝΑΤΙΟΣ

καὶ γὰρ αἱ μὴ προσήκουσαί[1] μοι τῇ ὁδῷ τῇ κατὰ σάρκα κατὰ πόλιν με προῆγον.[2]

**10** Γράφω δὲ ὑμῖν ταῦτα ἀπὸ Σμύρνης[3] δι' Ἐφεσίων[4] τῶν ἀξιομακαρίστων.[5] ἔστιν δὲ καὶ ἅμα[6] ἐμοὶ σὺν ἄλλοις πολλοῖς καὶ Κρόκος,[7] τὸ ποθητόν[8] μοι ὄνομα. ²περὶ τῶν προελθόντων[9] με ἀπὸ Συρίας[10] εἰς Ῥώμην[11] εἰς δόξαν τοῦ Θεοῦ πιστεύω ὑμᾶς ἐπεγνωκέναι. οἷς καὶ δηλώσατε[12] ἐγγύς με ὄντα, πάντες γάρ εἰσιν ἄξιοι τοῦ Θεοῦ καὶ ὑμῶν· οὓς πρέπον[13] ὑμῖν ἐστιν κατὰ πάντα ἀναπαῦσαι.[14] ³ἔγραψα δὲ ὑμῖν ταῦτα τῇ πρὸ ἐννέα[15] καλανδῶν[16] Σεπτεμβρίων.[17] ἔρρωσθε[18] εἰς τέλος ἐν ὑπομονῇ Ἰησοῦ Χριστοῦ.

---

1 προσήκω pres act ptcp f.p.nom., come to
2 προάγω imp act ind 3p, go before
3 Σμύρνα, ης, ἡ, Smyrna
4 Ἐφέσιος, ία, ιον, Ephesian
5 ἀξιομακάριστος, ον, worthy of blessing
6 ἅμα, adv, at the same time
7 Κρόκος, ου, ὁ, Crocus
8 ποθητός, ή, όν, dearly beloved
9 προέρχομαι aor act ptcp m.p.gen., go before
10 Συρία, ας, ἡ, Syria
11 Ῥώμη, ης, ἡ, Rome
12 δηλόω aor act impv 2p, reveal
13 πρέπω pres act ptcp n.s.nom., be fitting
14 ἀναπαύω aor act inf, refresh
15 ἐννέα, nine
16 καλάνδαι, ῶν, αἱ, calends
17 Σεπτέμβριος, ου, ὁ, September
18 ῥώννυμι perf mid/pass impv 2p, farewell

# ΠΡΟΣ ΦΙΛΑΔΕΛΦΕΙΣ ΙΓΝΑΤΙΟΣ

ἸΓΝΑΤΙΟΣ,[1] ὁ καὶ Θεοφόρος,[2] ἐκκλησίᾳ Θεοῦ πατρὸς καὶ Ἰησοῦ Χριστοῦ τῇ οὔσῃ ἐν Φιλαδελφίᾳ[3] τῆς Ἀσίας,[4] ἠλεημένῃ[5] καὶ ἡδρασμένῃ[6] ἐν ὁμονοίᾳ[7] Θεοῦ καὶ ἀγαλλιωμένῃ[8] ἐν τῷ πάθει[9] τοῦ Κυρίου ἡμῶν ἀδιακρίτως[10] καὶ ἐν τῇ ἀναστάσει αὐτοῦ πεπληροφορημένῃ[11] ἐν παντὶ ἐλέει,[12] ἣν ἀσπάζομαι ἐν αἵματι Ἰησοῦ Χριστοῦ, ἥτις ἐστὶν χαρὰ αἰώνιος καὶ παράμονος,[13] μάλιστα[14] ἐὰν ἐν ἑνὶ ὦσιν σὺν τῷ ἐπισκόπῳ[15] καὶ τοῖς σὺν αὐτῷ πρεσβυτέροις καὶ διακόνοις[16] ἀποδεδειγμένοις[17] ἐν γνώμῃ[18] Ἰησοῦ Χριστοῦ, οὓς κατὰ τὸ ἴδιον θέλημα ἐστήριξεν[19] ἐν βεβαιωσύνῃ[20] τῷ ἁγίῳ αὐτοῦ πνεύματι.

---

[1] Ἰγνάτιος, ου, ὁ, Ignatius
[2] Θεοφόρος, ον, ὁ, Theophorus, (lit.) God-bearer
[3] Φιλαδελφία, ας, ἡ, Philadelphia
[4] Ἀσία, ας, ἡ, Asia
[5] ἐλεέω perf mid/pass ptcp f.s.dat., find mercy, be favored
[6] ἑδράζω perf mid/pass ptcp f.s.dat., establish
[7] ὁμόνοια, ας, ἡ, harmony
[8] ἀγαλλιάω pres mid/pass ptcp f.s.dat., be overjoyed, rejoice
[9] πάθος, ους, τό, passion, suffering
[10] ἀδιακρίτως, adv, without wavering
[11] πληροφορέω perf mid/pass ptcp f.s.dat., fill, convince fully
[12] ἔλεος, ους, τό, mercy, compassion
[13] παράμονος, ον, enduring, persistent
[14] μάλιστα, adv, above all, especially
[15] ἐπίσκοπος, ου, ὁ, overseer
[16] διάκονος, ου, ὁ, assistant, deacon
[17] ἀποδείκνυμι perf mid/pass ptcp m.p.dat., show, appoint
[18] γνώμη, ης, ἡ, purpose, mind-set, approval
[19] στηρίζω aor act ind 3s, establish, confirm, strengthen
[20] βεβαιωσύνη, ης, ἡ, confirming, establishing

## ΠΡΟΣ ΦΙΛΑΔΕΛΦΕΙΣ ΙΓΝΑΤΙΟΣ

1 Ὃν ἐπίσκοπον[1] ἔγνων οὐκ ἀφ' ἑαυτοῦ οὐδὲ δι' ἀνθρώπων κεκτῆσθαι[2] τὴν διακονίαν τὴν εἰς τὸ κοινὸν[3] ἀνήκουσαν[4] οὐδὲ κατὰ κενοδοξίαν,[5] ἀλλ' ἐν ἀγάπῃ Θεοῦ πατρὸς καὶ Κυρίου Ἰησοῦ Χριστοῦ· οὗ καταπέπληγμαι[6] τὴν ἐπιείκειαν,[7] ὃς σιγῶν[8] πλείονα δύναται τῶν λαλούντων. ²συνευρύθμισται[9] γὰρ ταῖς ἐντολαῖς ὡς χορδαῖς[10] κιθάρα.[11] διὸ μακαρίζει[12] μου ἡ ψυχὴ τὴν εἰς Θεὸν αὐτοῦ γνώμην,[13] ἐπιγνοὺς ἐνάρετον[14] καὶ τέλειον[15] οὖσαν, τὸ ἀκίνητον[16] αὐτοῦ καὶ τὸ ἀόργητον[17] αὐτοῦ ἐν πάσῃ ἐπιεικείᾳ[18] Θεοῦ ζῶντος.

2 Τέκνα οὖν φωτὸς ἀληθείας, φεύγετε[19] τὸν μερισμὸν[20] καὶ τὰς κακοδιδασκαλίας·[21] ὅπου δὲ ὁ ποιμὴν[22] ἐστιν, ἐκεῖ ὡς πρόβατα ἀκολουθεῖτε. ²πολλοὶ γὰρ λύκοι[23]

---

1 ἐπίσκοπος, ου, ὁ, overseer
2 κτάομαι perf mid/pass inf, acquire, possess
3 κοινός, ή, όν, common, communal, community
4 ἀνήκω pres act ptcp f.s.acc., relate to, belong to
5 κενοδοξία, ας, ἡ, vanity, excessive ambition
6 καταπλήσσω perf mid/pass ind 1s, amaze, astound
7 ἐπιείκεια, ας, ἡ, gentleness, graciousness, tolerance
8 σιγάω pres act ptcp m.s.nom., be silent
9 συνευρυθμίζω perf mid/pass ind 3s, bring into harmony with
10 χορδή, ῆς, ἡ, string
11 κιθάρα, ας, ἡ, lyre, harp
12 μακαρίζω pres act ind 3s, bless
13 γνώμη, ης, ἡ, purpose, mind-set, approval
14 ἐνάρετος, ον, exceptional, virtuous
15 τέλειος, α, ον, perfect, mature, whole
16 ἀκίνητος, ον, unwavering, steadfast
17 ἀόργητος, ον, free from anger
18 ἐπιείκεια, ας, ἡ, gentleness, graciousness, tolerance
19 φεύγω pres act impv 2p, flee
20 μερισμός, οῦ, ὁ, division, separation
21 κακοδιδασκαλία, ας, ἡ, evil/false teaching
22 ποιμήν, ένος, ὁ, shepherd, pastor
23 λύκος, ου, ὁ, wolf

## ΠΡΟΣ ΦΙΛΑΔΕΛΦΕΙΣ ΙΓΝΑΤΙΟΣ

ἀξιόπιστοι[1] ἡδονῇ[2] κακῇ αἰχμαλωτίζουσιν[3] τοὺς Θεοδρόμους·[4] ἀλλ' ἐν τῇ ἑνότητι[5] ὑμῶν οὐχ ἕξουσιν τόπον.

3 Ἀπέχεσθε[6] τῶν κακῶν βοτανῶν,[7] ἅστινας οὐ γεωργεῖ[8] Ἰησοῦς Χριστός, διὰ τὸ μὴ εἶναι αὐτοὺς φυτείαν[9] πατρός. οὐχ ὅτι παρ' ὑμῖν μερισμὸν[10] εὗρον, ἀλλ' ἀποδιϋλισμόν.[11] ²ὅσοι γὰρ Θεοῦ εἰσιν καὶ Ἰησοῦ Χριστοῦ, οὗτοι μετὰ τοῦ ἐπισκόπου[12] εἰσίν· καὶ ὅσοι ἂν μετανοήσαντες ἔλθωσιν ἐπὶ τὴν ἑνότητα[13] τῆς ἐκκλησίας, καὶ οὗτοι Θεοῦ ἔσονται, ἵνα ὦσιν κατὰ Ἰησοῦν Χριστὸν ζῶντες. ³μὴ πλανᾶσθε, ἀδελφοί μου· εἴ τις σχίζοντι[14] ἀκολουθεῖ, βασιλείαν Θεοῦ οὐ κληρονομεῖ·[15] εἴ τις ἐν ἀλλοτρίᾳ[16] γνώμῃ[17] περιπατεῖ, οὗτος τῷ πάθει[18] οὐ συγκατατίθεται.[19]

4 Σπουδάσατε[20] οὖν μιᾷ εὐχαριστίᾳ[21] χρῆσθαι·[22] μία γὰρ σὰρξ τοῦ Κυρίου ἡμῶν Ἰησοῦ Χριστοῦ, καὶ ἓν ποτήριον εἰς ἕνωσιν[23] τοῦ αἵματος αὐτοῦ· ἓν

---

1 ἀξιόπιστος, ον, trustworthy, specious
2 ἡδονή, ῆς, ἡ, pleasure, delight
3 αἰχμαλωτίζω pres act ind 3p, take captive, mislead
4 Θεοδρόμος, ου, ὁ, God's runner
5 ἑνότης, ητος, ἡ, unity
6 ἀπέχω pres mid/pass impv 2p, refrain from
7 βοτάνη, ης, ἡ, plant
8 γεωργέω pres act ind 3s, cultivate
9 φυτεία, ας, ἡ, planting
10 μερισμός, οῦ, ὁ, division, separation
11 ἀποδιϋλισμός, οῦ, ὁ, filtering, purification
12 ἐπίσκοπος, ου, ὁ, overseer
13 ἑνότης, ητος, ἡ, unity
14 σχίζω pres act ptcp m.s.dat., split, cause division
15 κληρονομέω pres act ind 3s, inherit
16 ἀλλότριος, ία, ον, strange, unsuitable
17 γνώμη, ης, ἡ, purpose, mind-set, approval
18 πάθος, ους, τό, passion, suffering
19 συγκατατίθημι pres mid/pass ind 3s, agree with, consent to
20 σπουδάζω aor act impv 2p, hurry, make every effort
21 εὐχαριστία, ας, ἡ, gratitude, thanksgiving, Eucharist
22 χράομαι pres mid/pass inf, make use of, observe
23 ἕνωσις, εως, ἡ, union, unity

## ΠΡΟΣ ΦΙΛΑΔΕΛΦΕΙΣ ΙΓΝΑΤΙΟΣ

θυσιαστήριον,[1] ὡς εἷς ἐπίσκοπος,[2] ἅμα[3] τῷ πρεσβυτερίῳ[4] καὶ διακόνοις,[5] τοῖς συνδούλοις[6] μου· ἵνα ὃ ἐὰν πράσσητε, κατὰ Θεὸν πράσσητε.

5 Ἀδελφοί μου, λίαν[7] ἐκκέχυμαι[8] ἀγαπῶν ὑμᾶς, καὶ ὑπεραγαλλόμενος[9] ἀσφαλίζομαι[10] ὑμᾶς· οὐκ ἐγὼ δέ, ἀλλ' Ἰησοῦς Χριστός, ἐν ᾧ δεδεμένος φοβοῦμαι μᾶλλον, ὡς ἔτι ὢν ἀναπάρτιστος.[11] ἀλλ' ἡ προσευχὴ ὑμῶν εἰς Θεόν με ἀπαρτίσει,[12] ἵνα ἐν ᾧ κλήρῳ[13] ἠλεήθην[14] ἐπιτύχω,[15] προσφυγὼν[16] τῷ εὐαγγελίῳ ὡς σαρκὶ Ἰησοῦ καὶ τοῖς ἀποστόλοις ὡς πρεσβυτερίῳ[17] ἐκκλησίας. ²καὶ τοὺς προφήτας δὲ ἀγαπῶμεν, διὰ τὸ καὶ αὐτοὺς εἰς τὸ εὐαγγέλιον κατηγγελκέναι[18] καὶ εἰς αὐτὸν ἐλπίζειν καὶ αὐτὸν ἀναμένειν·[19] ἐν ᾧ καὶ πιστεύσαντες ἐσώθησαν, ἐν ἑνότητι[20] Ἰησοῦ Χριστοῦ ὄντες ἀξιαγάπητοι[21] καὶ ἀξιοθαύμαστοι[22]

---

1. θυσιαστήριον, ου, τό, altar, sanctuary
2. ἐπίσκοπος, ου, ὁ, overseer
3. ἅμα, at the same time, together
4. πρεσβυτέριον, ου, τό, council of elders
5. διάκονος, ου, ὁ, assistant, deacon
6. σύνδουλος, ου, ὁ, fellow-slave/servant
7. λίαν, adv, very, exceedingly
8. ἐκχέω perf mid/pass ind 1s, pour out, dedicate oneself
9. ὑπεραγάλλομαι pres mid/pass ptcp m.s.nom., rejoice greatly
10. ἀσφαλίζω pres mid/pass ind 1s, guard, make secure, watch over
11. ἀναπάρτιστος, ον, imperfect
12. ἀπαρτίζω fut act ind 3s, finish, complete
13. κλῆρος, ου, ὁ, lot, portion, destiny
14. ἐλεέω aor pass ind 1s, find mercy, be favored
15. ἐπιτυγχάνω aor act sub 1s, attain
16. προσφεύγω aor act ptcp m.s.nom., flee for refuge to
17. πρεσβυτέριον, ου, τό, council of elders
18. καταγγέλλω perf act inf, proclaim, announce
19. ἀναμένω pres act inf, wait for, expect
20. ἑνότης, ητος, ἡ, unity
21. ἀξιαγάπητος, ον, worthy of love
22. ἀξιοθαύμαστος, ον, worthy of admiration

ἅγιοι, ὑπὸ Ἰησοῦ Χριστοῦ μεμαρτυρημένοι καὶ συνηριθμημένοι[1] ἐν τῷ εὐαγγελίῳ τῆς κοινῆς[2] ἐλπίδος.

**6** Ἐὰν δέ τις Ἰουδαϊσμὸν[3] ἑρμηνεύῃ[4] ὑμῖν, μὴ ἀκούετε αὐτοῦ. ἄμεινον[5] γάρ ἐστιν παρὰ ἀνδρὸς περιτομὴν ἔχοντος Χριστιανισμὸν[6] ἀκούειν ἢ παρὰ ἀκροβύστου[7] Ἰουδαϊσμόν.[8] ἐὰν δὲ ἀμφότεροι[9] περὶ Ἰησοῦ Χριστοῦ μὴ λαλῶσιν, οὗτοι ἐμοὶ στῆλαί[10] εἰσιν καὶ τάφοι[11] νεκρῶν, ἐφ' οἷς γέγραπται μόνον ὀνόματα ἀνθρώπων. ²φεύγετε[12] οὖν τὰ κακοτεχνίας[13] καὶ ἐνέδρας[14] τοῦ ἄρχοντος τοῦ αἰῶνος τούτου, μήποτε[15] θλιβέντες[16] τῇ γνώμῃ[17] αὐτοῦ ἐξασθενήσετε[18] ἐν τῇ ἀγάπῃ· ἀλλὰ πάντες ἐπὶ τὸ αὐτὸ γίνεσθε ἐν ἀμερίστῳ[19] καρδίᾳ. ³εὐχαριστῶ δὲ τῷ Θεῷ μου, ὅτι εὐσυνείδητός[20] εἰμι ἐν ὑμῖν, καὶ οὐκ ἔχει τις καυχήσασθαι οὔτε λάθρα[21] οὔτε φανερῶς,[22] ὅτι ἐβάρησά[23]

---

1 συναριθμέω perf mid/pass ptcp m.p.nom., count/number together
2 κοινός, ή, όν, common, communal, community
3 Ἰουδαϊσμός, οῦ, ὁ, Judaism
4 ἑρμηνεύω pres act sub 3s, explain, interpret
5 ἀμείνων, better (comp of ἀγαθός)
6 Χριστιανισμός, οῦ, ὁ, Christianity
7 ἀκρόβυστος, ου, ὁ, an uncircumcised person
8 Ἰουδαϊσμός, οῦ, ὁ, Judaism
9 ἀμφότεροι, αι, α, both, all, either
10 στήλη, ης, ἡ, monument, pillar
11 τάφος, ου, ὁ, grave, tomb
12 φεύγω pres act impv 2p, flee
13 κακοτεχνία, ας, ἡ, craftiness, deceit
14 ἐνέδρα, ας, ἡ, ambush, entrapments
15 μήποτε, adv, lest, perhaps
16 θλίβω aor pass ptcp m.p.nom., oppress, afflict
17 γνώμη, ης, ἡ, purpose, mind-set, approval
18 ἐξασθενέω fut act ind 2p, become weak
19 ἀμέριστος, ον, undivided
20 εὐσυνείδητος, ον, with a good conscience
21 λάθρα, adv, secretly
22 φανερῶς, adv, openly, publicly, plainly
23 βαρέω aor act ind 1s, weigh down, burden

## ΠΡΟΣ ΦΙΛΑΔΕΛΦΕΙΣ ΙΓΝΑΤΙΟΣ

τινα ἐν μικρῷ ἢ ἐν μεγάλῳ. καὶ πᾶσι δὲ ἐν οἷς ἐλάλησα, εὔχομαι[1] ἵνα μὴ εἰς μαρτύριον[2] αὐτὸ κτήσωνται.[3]

**7** Εἰ γὰρ καὶ κατὰ σάρκα μέ τινες ἠθέλησαν πλανῆσαι, ἀλλὰ τὸ πνεῦμα οὐ πλανᾶται, ἀπὸ Θεοῦ ὄν· οἶδεν γὰρ πόθεν[4] ἔρχεται καὶ ποῦ ὑπάγει, καὶ τὰ κρυπτὰ[5] ἐλέγχει.[6] ἐκραύγασα[7] μεταξὺ[8] ὤν, ἐλάλουν μεγάλῃ φωνῇ, Θεοῦ φωνῇ· Τῷ ἐπισκόπῳ[9] προσέχετε[10] καὶ τῷ πρεσβυτερίῳ[11] καὶ διακόνοις.[12] **2** οἱ δ' ὑποπτεύσαντές[13] με ὡς προειδότα[14] τὸν μερισμόν[15] τινων λέγειν ταῦτα. μάρτυς δέ μοι ἐν ᾧ δέδεμαι, ὅτι ἀπὸ σαρκὸς ἀνθρωπίνης[16] οὐκ ἔγνων. τὸ δὲ πνεῦμα ἐκήρυσσεν, λέγον τάδε·[17] Χωρὶς τοῦ ἐπισκόπου[18] μηδὲν ποιεῖτε· τὴν σάρκα ὑμῶν ὡς ναὸν Θεοῦ τηρεῖτε· τὴν ἕνωσιν[19] ἀγαπᾶτε· τοὺς μερισμοὺς[20] φεύγετε·[21] μιμηταὶ[22] γίνεσθε Ἰησοῦ Χριστοῦ, ὡς καὶ αὐτὸς τοῦ πατρὸς αὐτοῦ.

**8** Ἐγὼ μὲν οὖν τὸ ἴδιον ἐποίουν, ὡς ἄνθρωπος εἰς ἕνωσιν[23] κατηρτισμένος.[24] οὗ δὲ μερισμός[25] ἐστιν καὶ

---

1. εὔχομαι pres mid/pass ind 1s, pray, wish
2. μαρτύριον, ου, τό, a testimony, proof, martyrdom
3. κτάομαι aor mid sub 3p, acquire, possess
4. πόθεν, adv, from where
5. κρυπτός, ή, όν, hidden, secret
6. ἐλέγχω pres act ind 3s, expose, set forth, convict, convince
7. κραυγάζω aor act ind 1s, cry out
8. μεταξύ, adv, between
9. ἐπίσκοπος, ου, ὁ, overseer
10. προσέχω pres act impv 2p, pay attention to, listen to
11. πρεσβυτέριον, ου, τό, council of elders
12. διάκονος, ου, ὁ, assistant, deacon
13. ὑποπτεύω aor act ptcp m.p.nom., suspect
14. πρόοιδα perf act ptcp m.s.acc., know beforehand/previously
15. μερισμός, οῦ, ὁ, division, separation
16. ἀνθρώπινος, η, ον, human
17. ὅδε, ἥδε, τόδε, this
18. ἐπίσκοπος, ου, ὁ, overseer
19. ἕνωσις, εως, ἡ, union, unity
20. μερισμός, οῦ, ὁ, division, separation
21. φεύγω pres act impv 2p, flee
22. μιμητής, οῦ, ὁ, imitator
23. ἕνωσις, εως, ἡ, union, unity
24. καταρτίζω perf mid/pass ptcp m.s.nom., restore, prepare, make
25. μερισμός, οῦ, ὁ, division, separation

## ΠΡΟΣ ΦΙΛΑΔΕΛΦΕΙΣ ΙΓΝΑΤΙΟΣ

ὀργή, Θεὸς οὐ κατοικεῖ. πᾶσιν οὖν μετανοοῦσιν ἀφίει ὁ Κύριος, ἐὰν μετανοήσωσιν εἰς ἑνότητα[1] Θεοῦ καὶ συνέδριον[2] τοῦ ἐπισκόπου.[3] πιστεύω τῇ χάριτι Ἰησοῦ Χριστοῦ, ὃς λύσει ἀφ' ὑμῶν πάντα δεσμόν.[4] ²παρακαλῶ δὲ ὑμᾶς μηδὲν κατ' ἐρίθειαν[5] πράσσειν, ἀλλὰ κατὰ χριστομαθίαν.[6] ἐπεὶ[7] ἤκουσά τινων λεγόντων ὅτι Ἐὰν μὴ ἐν τοῖς ἀρχείοις[8] εὕρω, ἐν τῷ εὐαγγελίῳ οὐ πιστεύω· καὶ λέγοντός μου αὐτοῖς ὅτι Γέγραπται, ἀπεκρίθησάν μοι ὅτι Πρόκειται.[9] ἐμοὶ δὲ ἀρχεῖά[10] ἐστιν Ἰησοῦς Χριστός, τὰ ἄθικτα[11] ἀρχεῖα[12] ὁ σταυρὸς[13] αὐτοῦ καὶ ὁ θάνατος καὶ ἡ ἀνάστασις αὐτοῦ καὶ ἡ πίστις ἡ δι' αὐτοῦ· ἐν οἷς θέλω ἐν τῇ προσευχῇ ὑμῶν δικαιωθῆναι.

**9** Καλοὶ καὶ οἱ ἱερεῖς, κρεῖσσον[14] δὲ ὁ ἀρχιερεὺς ὁ πεπιστευμένος τὰ ἅγια τῶν ἁγίων, ὃς μόνος πεπίστευται τὰ κρυπτὰ[15] τοῦ Θεοῦ· αὐτὸς ὢν θύρα τοῦ πατρός, δι' ἧς εἰσέρχονται Ἀβραὰμ καὶ Ἰσαὰκ[16] καὶ Ἰακὼβ[17] καὶ οἱ προφῆται καὶ οἱ ἀπόστολοι καὶ ἡ ἐκκλησία. πάντα ταῦτα εἰς ἑνότητα[18] Θεοῦ.

---

1 ἑνότης, ητος, ἡ, unity
2 συνέδριον, ου, τό, council
3 ἐπίσκοπος, ου, ὁ, overseer
4 δεσμός, οῦ, ὁ, bond
5 ἐρίθεια, ας, ἡ, contentiousness, selfish ambition
6 χριστομαθία, ας, ἡ, discipleship with Christ, teaching of Christ
7 ἐπεί, conj, after, since, because
8 ἀρχεῖον, ου, τό, official records, original documents
9 πρόκειμαι pres mid/pass ind 3s, lie before, be present
10 ἀρχεῖον, ου, τό, official records, original documents
11 ἄθικτος, ον, inviolable, sacred
12 ἀρχεῖον, ου, τό, official records, original documents
13 σταυρός, οῦ, ὁ, cross
14 κρείττων, ον, comp, better
15 κρυπτός, ή, όν, hidden, secret
16 Ἰσαάκ, ὁ, Isaac
17 Ἰακώβ, ὁ, Jacob
18 ἑνότης, ητος, ἡ, unity

## ΠΡΟΣ ΦΙΛΑΔΕΛΦΕΙΣ ΙΓΝΑΤΙΟΣ

²ἐξαίρετον¹ δέ τι ἔχει τὸ εὐαγγέλιον, τὴν παρουσίαν² τοῦ σωτῆρος,³ Κυρίου ἡμῶν Ἰησοῦ Χριστοῦ, τὸ πάθος⁴ αὐτοῦ, καὶ τὴν ἀνάστασιν. οἱ γὰρ ἀγαπητοὶ προφῆται κατήγγειλαν⁵ εἰς αὐτόν· τὸ δὲ εὐαγγέλιον ἀπάρτισμά⁶ ἐστιν ἀφθαρσίας.⁷ πάντα ὁμοῦ⁸ καλά ἐστιν, ἐὰν ἐν ἀγάπῃ πιστεύητε.

**10** Ἐπειδὴ⁹ κατὰ τὴν προσευχὴν ὑμῶν καὶ κατὰ τὰ σπλάγχνα¹⁰ ἃ ἔχετε ἐν Χριστῷ Ἰησοῦ ἀπηγγέλη μοι εἰρηνεύειν¹¹ τὴν ἐκκλησίαν τὴν ἐν Ἀντιοχείᾳ¹² τῆς Συρίας,¹³ πρέπον¹⁴ ἐστὶν ὑμῖν, ὡς ἐκκλησίᾳ Θεοῦ, χειροτονῆσαι¹⁵ διάκονον¹⁶ εἰς τὸ πρεσβεῦσαι¹⁷ ἐκεῖ Θεοῦ πρεσβείαν,¹⁸ εἰς τὸ συγχαρῆναι¹⁹ αὐτοῖς ἐπὶ τὸ αὐτὸ γενομένοις καὶ δοξάσαι τὸ ὄνομα. ²μακάριος ἐν Χριστῷ Ἰησοῦ, ὃς καταξιωθήσεται²⁰ τῆς τοιαύτης διακονίας, καὶ ὑμεῖς δοξασθήσεσθε. θέλουσιν δὲ ὑμῖν οὐκ ἔστιν ἀδύνα-

---

1 ἐξαίρετος, ον, separated, excellent, remarkable
2 παρουσία, ας, ἡ, presence, coming, advent
3 σωτήρ, ῆρος, ὁ, savior
4 πάθος, ους, τό, passion, suffering
5 καταγγέλλω aor act ind 3p, proclaim, announce
6 ἀπάρτισμα, ατος, τό, completion
7 ἀφθαρσία, ας, ἡ, incorruptibility, immortality
8 ὁμοῦ, adv, together, at the same time
9 ἐπειδή, conj, when, after, because
10 σπλάγχνον, ου, τό, inward parts, affection
11 εἰρηνεύω pres act inf, reconcile, be at peace
12 Ἀντιόχεια, ας, ἡ, Antioch
13 Συρία, ας, ἡ, Syria
14 πρέπω pres act ptcp n.s.nom., be fitting, suitable
15 χειροτονέω aor act inf, choose, appoint
16 διάκονος, ου, ὁ, assistant, deacon
17 πρεσβεύω aor act inf, be a representative, work/travel as an ambassador
18 πρεσβεία, ας, ἡ, representative, ambassador
19 συγχαίρω aor pass inf, rejoice with, congratulate
20 καταξιόω fut pass ind 3s, consider worthy

## ΠΡΟΣ ΦΙΛΑΔΕΛΦΕΙΣ ΙΓΝΑΤΙΟΣ

τον[1] ὑπὲρ ὀνόματος Θεοῦ· ὡς καὶ αἱ ἔγγιστα ἐκκλησίαι ἔπεμψαν ἐπισκόπους,[2] αἱ δὲ πρεσβυτέρους καὶ διακόνους.[3]

**11** Περὶ δὲ Φίλωνος[4] τοῦ διακόνου[5] ἀπὸ Κιλικίας,[6] ἀνδρὸς μεμαρτυρημένου, ὃς καὶ νῦν ἐν λόγῳ Θεοῦ ὑπηρετεῖ[7] μοι, ἅμα[8] Ῥαίῳ[9] Ἀγαθόποδι,[10] ἀνδρὶ ἐκλεκτῷ,[11] ὃς ἀπὸ Συρίας[12] μοι ἀκολουθεῖ ἀποταξάμενος[13] τῷ βίῳ·[14] οἳ καὶ μαρτυροῦσιν ὑμῖν, κἀγὼ τῷ Θεῷ εὐχαριστῶ ὑπὲρ ὑμῶν, ὅτι ἐδέξασθε αὐτούς, ὡς καὶ ὑμᾶς ὁ Κύριος. οἱ δὲ ἀτιμάσαντες[15] αὐτοὺς λυτρωθείησαν[16] ἐν τῇ χάριτι Ἰησοῦ Χριστοῦ. ²ἀσπάζεται ὑμᾶς ἡ ἀγάπη τῶν ἀδελφῶν τῶν ἐν Τρωάδι·[17] ὅθεν[18] καὶ γράφω ὑμῖν διὰ Βούρρου[19] πεμφθέντος ἅμα[20] ἐμοὶ ἀπὸ Ἐφεσίων[21] καὶ Σμυρναίων[22] εἰς λόγον τιμῆς. τιμήσει[23] αὐτοὺς ὁ Κύριος Ἰησοῦς Χριστός, εἰς ὃν ἐλπίζουσιν σαρκί, ψυχῇ, πνεύμα-

---

[1] ἀδύνατος, ον, powerless, impossible
[2] ἐπίσκοπος, ου, ὁ, overseer
[3] διάκονος, ου, ὁ, assistant, deacon
[4] Φίλων, ωνος, ὁ, Philo
[5] διάκονος, ου, ὁ, assistant, deacon
[6] Κιλικία, ας, ἡ, Cilicia
[7] ὑπηρετέω pres act ind 3s, serve, be helpful
[8] ἅμα, adv, at the same time, together
[9] Ῥαῖος, ου, ὁ, Rhaius
[10] Ἀγαθόπους, ποδος, ὁ, Agathopus
[11] ἐκλεκτός, ή, όν, chosen, elect, excellent
[12] Συρία, ας, ἡ, Syria
[13] ἀποτάσσω aor mid ptcp m.s.nom., say farewell to, take leave of
[14] βίος, ου, ὁ, life, possessions
[15] ἀτιμάζω aor act ptcp m.p.nom., dishonor, shame
[16] λυτρόω aor pass opt 3p, redeem
[17] Τρῳάς, άδος, ἡ, Troas
[18] ὅθεν, adv, from where, whence, for which reason
[19] Βοῦρρος, ου, ὁ, Burrus
[20] ἅμα, adv, at the same time, together
[21] Ἐφέσιος, ια, ιον, Ephesian
[22] Σμυρναῖος, α, ον, coming from Smyrna
[23] τιμάω fut act ind 3s, honor

## ΠΡΟΣ ΦΙΛΑΔΕΛΦΕΙΣ ΙΓΝΑΤΙΟΣ

τι, πίστει, ἀγάπῃ, ὁμονοίᾳ.¹ ἔρρωσθε² ἐν Χριστῷ Ἰησοῦ, τῇ κοινῇ³ ἐλπίδι ἡμῶν.

---

1 ὁμόνοια, ας, ἡ, harmony
2 ῥώννυμι perf mid/pass impv 2p, be in good health
3 κοινός, ή, όν, common, communal, community

# ΠΡΟΣ ΣΜΥΡΝΑΙΟΥΣ ΙΓΝΑΤΙΟΣ

ΙΓΝΑΤΙΟΣ,[1] ὁ καὶ Θεοφόρος,[2] ἐκκλησίᾳ Θεοῦ πατρὸς καὶ τοῦ ἠγαπημένου Ἰησοῦ Χριστοῦ, ἠλεημένῃ[3] ἐν παντὶ χαρίσματι,[4] πεπληρωμένῃ ἐν πίστει καὶ ἀγάπῃ, ἀνυστερήτῳ[5] οὔσῃ παντὸς χαρίσματος,[6] θεοπρεπεστάτῃ[7] καὶ ἁγιοφόρῳ,[8] τῇ οὔσῃ ἐν Σμύρνῃ[9] τῆς Ἀσίας,[10] ἐν ἀμώμῳ[11] πνεύματι καὶ λόγῳ Θεοῦ πλεῖστα χαίρειν.

1 Δοξάζω Ἰησοῦν Χριστὸν τὸν Θεὸν τὸν οὕτως ὑμᾶς σοφίσαντα·[12] ἐνόησα[13] γὰρ ὑμᾶς κατηρτισμένους[14] ἐν ἀκινήτῳ[15] πίστει, ὥσπερ καθηλωμένους[16] ἐν τῷ σταυρῷ[17] τοῦ Κυρίου Ἰησοῦ Χριστοῦ σαρκί τε καὶ πνεύματι, καὶ ἡδρασμένους[18] ἐν ἀγάπῃ ἐν τῷ αἵματι Χριστοῦ, πεπληροφορημένους[19] εἰς τὸν Κύριον ἡμῶν ἀληθῶς[20] ὄντα ἐκ γένους[21] Δαυεὶδ κατὰ σάρκα, υἱὸν Θεοῦ κατὰ θέλημα καὶ

---

[1] Ἰγνάτιος, ου, ὁ, Ignatius
[2] Θεοφόρος, ου, ὁ, Theophorus, (lit.) God-bearer
[3] ἐλεέω perf mid/pass ptcp f.s.dat., have mercy, compassion, pity
[4] χάρισμα, ατος, τό, gift
[5] ἀνυστέρητος, η, ον, not lacking
[6] χάρισμα, ατος, τό, gift
[7] θεοπρεπής, ος, ον, superl, worthy of God, revered, godly
[8] ἁγιοφόρος, α, ον, bearing holy things
[9] Σμύρνα, ης, ἡ, Smyrna
[10] Ἀσία, ας, ἡ, Asia
[11] ἄμωμος, η, ον, blameless
[12] σοφίζω aor act ptcp m.s.acc., make wise, give wisdom
[13] νοέω aor act ind 1s, consider, observe, understand
[14] καταρτίζω perf mid/pass ptcp m.p.acc., establish, strengthen
[15] ἀκίνητος, η, ον, immovable, steadfast
[16] καθηλόω perf mid/pass ptcp m.p.acc., nail, fasten
[17] σταυρός, οῦ, ὁ, cross
[18] ἑδράζω perf mid/pass ptcp m.p.acc., firmly establish
[19] πληροφορέω perf mid/pass ptcp m.p.acc., fully convince
[20] ἀληθῶς, adv, truly
[21] γένος, ους, τό, family, descendant

## ΠΡΟΣ ΣΜΥΡΝΑΙΟΥΣ ΙΓΝΑΤΙΟΣ

δύναμιν, γεγεννημένον ἀληθῶς[1] ἐκ παρθένου,[2] βεβαπτισμένον ὑπὸ Ἰωάννου ἵνα πληρωθῇ πᾶσα δικαιοσύνη ὑπ᾽ αὐτοῦ, ²ἀληθῶς[3] ἐπὶ Ποντίου[4] Πιλάτου καὶ Ἡρώδου τετράρχου[5] καθηλωμένον[6] ὑπὲρ ἡμῶν ἐν σαρκί, ἀφ᾽ οὗ καρποῦ ἡμεῖς ἀπὸ τοῦ Θεομακαρίστου[7] αὐτοῦ πάθους,[8] ἵνα ἄρῃ σύσσημον[9] εἰς τοὺς αἰῶνας διὰ τῆς ἀναστάσεως εἰς τοὺς ἁγίους καὶ πιστοὺς αὐτοῦ, εἴτε ἐν Ἰουδαίοις εἴτε ἐν ἔθνεσιν, ἐν ἑνὶ σώματι τῆς ἐκκλησίας αὐτοῦ.

2 Ταῦτα γὰρ πάντα ἔπαθεν δι᾽ ἡμᾶς ἵνα σωθῶμεν· καὶ ἀληθῶς[10] ἔπαθεν, ὡς καὶ ἀληθῶς[11] ἀνέστησεν ἑαυτόν, οὐχ ὥσπερ ἄπιστοί[12] τινες λέγουσιν τὸ δοκεῖν αὐτὸν πεπονθέναι, αὐτοὶ τὸ δοκεῖν ὄντες· καὶ καθὼς φρονοῦσιν,[13] καὶ συμβήσεται[14] αὐτοῖς, οὖσιν ἀσωμάτοις[15] καὶ δαιμονικοῖς.[16]

3 Ἐγὼ γὰρ καὶ μετὰ τὴν ἀνάστασιν ἐν σαρκὶ αὐτὸν οἶδα καὶ πιστεύω ὄντα· ²καὶ ὅτε πρὸς τοὺς περὶ Πέτρον ἦλθεν, ἔφη αὐτοῖς· Λάβετε, ψηλαφήσατέ[17] με καὶ ἴδετε ὅτι οὐκ εἰμὶ δαιμόνιον ἀσώματον.[18] καὶ εὐθὺς αὐτοῦ

---

1 ἀληθῶς, adv, truly
2 παρθένος, ου, ἡ, virgin
3 ἀληθῶς, adv, truly
4 Πόντιος, ου, ὁ, Pontius
5 τετράρχης, ου, ὁ, tetrach
6 καθηλόω perf mid/pass ptcp m.s.acc., nail, fasten
7 Θεομακάριστος, ου, ὁ, blessed by God
8 πάθος, ους, τό, suffering
9 σύσσημον, ου, τό, banner, signal, sign
10 ἀληθῶς, adv, truly
11 ἀληθῶς, adv, truly
12 ἄπιστος, η, ον, unbeliever
13 φρονέω pres act ind 3p, think
14 συμβαίνω fut mid ind 3s, happen, befall
15 ἀσώματος, η, ον, bodiless, disembodied
16 δαιμονικός, ή, όν, spirit-like, being like a spirit or phantom
17 ψηλαφάω aor act impv 2p, touch, feel
18 ἀσώματος, η, ον, bodiless, disembodied

## ΠΡΟΣ ΣΜΥΡΝΑΙΟΥΣ ΙΓΝΑΤΙΟΣ

ἤψαντο καὶ ἐπίστευσαν, κραθέντες¹ τῇ σαρκὶ αὐτοῦ καὶ τῷ αἵματι. διὰ τοῦτο καὶ θανάτου κατεφρόνησαν,² ηὑρέθησαν δὲ ὑπὲρ θάνατον. ³μετὰ δὲ τὴν ἀνάστασιν καὶ συνέφαγεν³ αὐτοῖς καὶ συνέπιεν⁴ ὡς σαρκικός,⁵ καίπερ⁶ πνευματικῶς⁷ ἡνωμένος⁸ τῷ πατρί.

4 Ταῦτα δὲ παραινῶ⁹ ὑμῖν, ἀγαπητοί, εἰδὼς ὅτι καὶ ὑμεῖς οὕτως ἔχετε. προφυλάσσω¹⁰ δὲ ὑμᾶς ἀπὸ τῶν θηρίων τῶν ἀνθρωπομόρφων,¹¹ οὓς οὐ μόνον δεῖ ὑμᾶς μὴ παραδέχεσθαι,¹² ἀλλ᾽, εἰ δυνατόν, μηδὲ συναντᾶν¹³ αὐτοῖς· μόνον δὲ προσεύχεσθε ὑπὲρ αὐτῶν, ἐάν πως¹⁴ μετανοήσωσιν, ὅπερ¹⁵ δύσκολον.¹⁶ τούτου δὲ ἔχει ἐξουσίαν Ἰησοῦς Χριστός, τὸ ἀληθινὸν¹⁷ ἡμῶν ζῆν. ²εἰ γὰρ τὸ δοκεῖν ταῦτα ἐπράχθη ὑπὸ τοῦ Κυρίου ἡμῶν, κἀγὼ τὸ δοκεῖν δέδεμαι. τί δὲ καὶ ἑαυτὸν ἔκδοτον¹⁸ δέδωκα τῷ θανάτῳ, πρὸς πῦρ, πρὸς μάχαιραν,¹⁹ πρὸς θηρία; ἀλλ᾽ ὁ ἐγγὺς μαχαίρας,²⁰ ἐγγὺς Θεοῦ· μεταξὺ²¹ θηρίων, μεταξὺ²² Θεοῦ· μόνον ἐν τῷ

---

1 κεράννυμι aor pass ptcp m.p.nom., unite, mix, mingle
2 καταφρονέω aor act ind 3p, despise, scorn, look down on
3 συνεσθίω aor act ind 3s, eat with
4 συμπίνω aor act ind 3s, drink with
5 σαρκικός, ή, όν, physical, material, flesh
6 καίπερ, conj, although, though
7 πνευματικῶς, adv, spiritually
8 ἑνόω perf mid/pass ptcp m.s.nom., to unite
9 παραινέω pres act ind 1s, advise strongly, urge
10 προφυλάσσω pres act ind 1s, guard, take precautions
11 ἀνθρωπόμορφος, η, ον, in human form
12 παραδέχομαι pres mid/pass inf, welcome, receive
13 συναντάω pres act inf, meet, happen upon
14 πως, adv, somehow, in some way
15 ὅσπερ, indeed
16 δύσκολος, η, ον, difficult, hard
17 ἀληθινός, ή, όν, true
18 ἔκδοτος, η, ον, delivered, given up
19 μάχαιρα, ης, ἡ sword, dagger
20 μάχαιρα, ης, ἡ, sword, dagger
21 μεταξύ, impr prep (+ gen), next to, between
22 μεταξύ, impr prep (+ gen), next to, between

## ΠΡΟΣ ΣΜΥΡΝΑΙΟΥΣ ΙΓΝΑΤΙΟΣ

ὀνόματι Ἰησοῦ Χριστοῦ, εἰς τὸ συμπαθεῖν[1] αὐτῷ. πάντα ὑπομένω,[2] αὐτοῦ με ἐνδυναμοῦντος[3] τοῦ τελείου[4] ἀνθρώπου.

**5** Ὃν τινες ἀγνοοῦντες[5] ἀρνοῦνται, μᾶλλον δὲ ἠρνήθησαν ὑπ' αὐτοῦ, ὄντες συνήγοροι[6] τοῦ θανάτου μᾶλλον ἢ τῆς ἀληθείας· οὓς οὐκ ἔπεισαν αἱ προφητεῖαι[7] οὐδὲ ὁ νόμος Μωσέως, ἀλλ' οὐδὲ μέχρι[8] νῦν τὸ εὐαγγέλιον οὐδὲ τὰ ἡμέτερα[9] τῶν κατ' ἄνδρα παθήματα·[10] ²καὶ γὰρ περὶ ἡμῶν τὸ αὐτὸ φρονοῦσιν.[11] τί γάρ με ὠφελεῖ,[12] εἰ ἐμὲ ἐπαινεῖ[13] τις, τὸν δὲ Κύριόν μου βλασφημεῖ, μὴ ὁμολογῶν[14] αὐτὸν σαρκοφόρον;[15] ὁ δὲ τοῦτο μὴ λέγων τελείως[16] αὐτὸν ἀπήρνηται,[17] ὢν νεκροφόρος.[18] ³τὰ δὲ ὀνόματα αὐτῶν, ὄντα ἄπιστα,[19] οὐκ ἔδοξέν μοι ἐγγράψαι.[20] ἀλλὰ μηδὲ γένοιτό μοι αὐτῶν μνημονεύειν,[21] μέχρι[22] οὗ μετανοήσωσιν εἰς τὸ πάθος,[23] ὅ ἐστιν ἡμῶν ἀνάστασις.

---

[1] συμπάσχω aor act inf, suffer with
[2] ὑπομένω pres act ind 1s, endure
[3] ἐνδυναμόω pres act ptcp m.s.gen., strengthen, empower
[4] τέλειος, α, ον, perfect
[5] ἀγνοέω pres act ptcp m.p.nom., be ignorant, ignore
[6] συνήγορος, α, ον, attorney, advocate
[7] προφητεία, ας, ἡ, prophecy
[8] μέχρι, impr prep (+ gen), as far as
[9] ἡμέτερος, α, ον, our
[10] πάθημα, ατος, τό, suffering
[11] φρονέω pres act ind 3p, think
[12] ὠφελέω pres act ind 3s, benefit, gain
[13] ἐπαινέω pres act ind 3s, praise
[14] ὁμολογέω pres act ptcp m.s.nom., confess, admit
[15] σαρκοφόρος, α, ον, flesh-bearing, clothed in flesh
[16] τελείως, adv, completely, perfectly
[17] ἀπαρνέομαι perf mid/pass ind 3s, deny, renounce
[18] νεκροφόρος, α, ον, corpse-bearing
[19] ἄπιστος, η, ον, unbeliever, unbelieving
[20] ἐγγράφω aor act inf, record, inscribe
[21] μνημονεύω pres act inf, remember
[22] μέχρι, impr prep (+ gen), as far as, until
[23] πάθος, ους, τό, passion, suffering

**6** Μηδεὶς πλανάσθω. καὶ τὰ ἐπουράνια[1] καὶ ἡ δόξα τῶν ἀγγέλων καὶ οἱ ἄρχοντες ὁρατοί[2] τε καὶ ἀόρατοι,[3] ἐὰν μὴ πιστεύσωσιν εἰς τὸ αἷμα Χριστοῦ τοῦ Θεοῦ, κἀκείνοις κρίσις ἐστίν. ὁ χωρῶν[4] χωρείτω.[5] τόπος μηδένα φυσιούτω·[6] τὸ γὰρ ὅλον ἐστὶν πίστις καὶ ἀγάπη, ὧν οὐδὲν προκέκριται.[7]

[2]Καταμάθετε[8] δὲ τοὺς ἑτεροδοξοῦντας[9] εἰς τὴν χάριν Ἰησοῦ Χριστοῦ τὴν εἰς ἡμᾶς ἐλθοῦσαν, πῶς ἐναντίοι[10] εἰσὶν τῇ γνώμῃ[11] τοῦ Θεοῦ. περὶ ἀγάπης οὐ μέλει αὐτοῖς, οὐ περὶ χήρας,[12] οὐ περὶ ὀρφανοῦ,[13] οὐ περὶ θλιβομένου,[14] οὐ περὶ δεδεμένου ἢ λελυμένου, οὐ περὶ πεινῶντος[15] ἢ διψῶντος·[16] εὐχαριστίας[17] καὶ προσευχῆς ἀπέχονται,[18] διὰ τὸ μὴ ὁμολογεῖν[19] τὴν εὐχαριστίαν[20] σάρκα εἶναι τοῦ σωτῆρος[21] ἡμῶν Ἰησοῦ Χριστοῦ, τὴν ὑπὲρ τῶν ἁμαρτιῶν ἡμῶν παθοῦσαν, ἣν τῇ χρηστότητι[22] ὁ πατὴρ ἤγειρεν.

---

1 ἐπουράνια, ας, ἡ, heavenly
2 ὁρατός, ή, όν, visible
3 ἀόρατος, η, ον, invisible
4 χωρέω pres act ptcp m.s.nom., grasp, accept, comprehend
5 χωρέω pres act impv 3s, grasp, accept, comprehend
6 φυσιόω pres act impv 3s, make proud, puff up
7 προκρίνω perf mid/pass ind 3s, prefer
8 καταμανθάνω aor act impv 2p, observe well, notice
9 ἑτεροδοξέω pres act ptcp m.p.acc., hold heretical opinions, different opinions
10 ἐναντίος, α, ον, opposed, contrary
11 γνώμη, ης, ἡ, mind, purpose, intent
12 χήρα, ας, ἡ, widow
13 ὀρφανός, ου, ὁ, orphan
14 θλίβω pres mid/pass ptcp m.s.gen., oppress, afflict
15 πεινάω pres act ptcp m.s.gen., be hungry
16 διψάω pres act ptcp m.s.gen., be thirsty
17 εὐχαριστία, ας, ἡ, Eucharist
18 ἀπέχω pres mid/pass ind 3p, abstain, keep away
19 ὁμολογέω pres act inf, confess, acknowledge
20 εὐχαριστία, ας, ἡ, Eucharist
21 σωτήρ, ῆρος, ὁ, savior, deliverer
22 χρηστότης, ητος, ἡ, goodness, kindness, generosity

## ΠΡΟΣ ΣΜΥΡΝΑΙΟΥΣ ΙΓΝΑΤΙΟΣ

7 Οἱ οὖν ἀντιλέγοντες¹ τῇ δωρεᾷ² τοῦ Θεοῦ συζητοῦντες³ ἀποθνήσκουσιν. συνέφερεν⁴ δὲ αὐτοῖς ἀγαπᾶν, ἵνα καὶ ἀναστῶσιν. ²πρέπον⁵ πρέπον οὖν ἐστὶν ἀπέχεσθαι⁶ τῶν τοιούτων, καὶ μήτε κατ' ἰδίαν περὶ αὐτῶν λαλεῖν μήτε κοινῇ·⁷ προσέχειν⁸ δὲ τοῖς προφήταις, ἐξαιρέτως⁹ δὲ τῷ εὐαγγελίῳ, ἐν ᾧ τὸ πάθος¹⁰ ἡμῖν δεδήλωται¹¹ καὶ ἡ ἀνάστασις τετελείωται.¹²

8 Τοὺς δὲ μερισμοὺς¹³ φεύγετε,¹⁴ ὡς ἀρχὴν κακῶν. πάντες τῷ ἐπισκόπῳ¹⁵ ἀκολουθεῖτε, ὡς Ἰησοῦς Χριστὸς τῷ πατρί, καὶ τῷ πρεσβυτερίῳ¹⁶ ὡς τοῖς ἀποστόλοις· τοὺς δὲ διακόνους¹⁷ ἐντρέπεσθε¹⁸ ὡς Θεοῦ ἐντολήν. μηδεὶς χωρὶς ἐπισκόπου¹⁹ τι πρασσέτω τῶν ἀνηκόντων²⁰ εἰς τὴν ἐκκλησίαν. ἐκείνη βεβαία²¹ εὐχαριστία²² ἡγείσθω²³ ἡ ὑπὸ τὸν ἐπίσκοπον²⁴ οὖσα, ἢ ᾧ ἂν αὐτὸς ἐπιτρέψῃ.²⁵ ²ὅπου ἂν

---

1 ἀντιλέγω pres act ptcp m.p.nom., deny, speak against, oppose
2 δωρεά, ᾶς, ἡ, gift, bounty
3 συζητέω pres act ptcp m.p.nom., debate, dispute
4 συμφέρω imp act ind 3s, be advantageous, profitable
5 πρέπω pres act ptcp n.s.nom., be proper, fitting
6 ἀπέχω pres mid/pass inf, keep away, avoid, abstain
7 κοινός, ή, όν, common, commonwealth, public
8 προσέχω pres act inf, pay attention, be concerned about
9 ἐξαιρέτως, adv, especially
10 πάθος, ους, τό, passion, suffering
11 δηλόω perf mid/pass ind 3s, made clear, show
12 τελειόω perf mid/pass ind 3s, accomplish, complete, perfect
13 μερισμός, οῦ, ὁ, division truly
14 φεύγω pres act impv 2p, flee
15 ἐπίσκοπος, ου, ὁ, bishop, overseer
16 πρεσβυτέριον, ου, τό, elder, presbyter
17 διάκονος, ου, ὁ, ἡ, deacon
18 ἐντρέπω pres mid/pass impv 2p, respect
19 ἐπίσκοπος, ου, ὁ, bishop, overseer
20 ἀνήκω pres act ptcp n.p.gen., relates to, belongs to
21 βέβαιος, α, ον, sure, firm, certain
22 εὐχαριστία, ας, ἡ, Eucharist
23 ἡγέομαι pres mid/pass impv 3s, consider
24 ἐπίσκοπος, ου, ὁ, bishop, overseer
25 ἐπιτρέπω aor act sub 3s, entrust, permit

φανῇ ὁ ἐπίσκοπος,[1] ἐκεῖ τὸ πλῆθος ἔστω, ὥσπερ ὅπου ἂν ᾖ Χριστὸς Ἰησοῦς, ἐκεῖ ἡ καθολικὴ[2] ἐκκλησία. οὐκ ἐξόν ἐστιν χωρὶς τοῦ ἐπισκόπου[3] οὔτε βαπτίζειν οὔτε ἀγάπην ποιεῖν· ἀλλ' ὃ ἂν ἐκεῖνος δοκιμάσῃ,[4] τοῦτο καὶ τῷ Θεῷ εὐάρεστον,[5] ἵνα ἀσφαλὲς[6] ᾖ καὶ βέβαιον[7] πᾶν ὃ πράσσετε.

**9** Εὔλογόν[8] ἐστιν λοιπὸν ἀνανῆψαι[9] ἡμᾶς ὡς ἔτι καιρὸν ἔχομεν εἰς Θεὸν μετανοεῖν. καλῶς ἔχει Θεὸν καὶ ἐπίσκοπον[10] εἰδέναι. ὁ τιμῶν[11] ἐπίσκοπον[12] ὑπὸ Θεοῦ τετίμηται·[13] ὁ λάθρα[14] ἐπισκόπου[15] τι πράσσων τῷ διαβόλῳ λατρεύει.[16] ²πάντα οὖν ὑμῖν ἐν χάριτι περισσευέτω, ἄξιοι γάρ ἐστε. κατὰ πάντα με ἀνεπαύσατε,[17] καὶ ὑμᾶς Ἰησοῦς Χριστός. ἀπόντα[18] με καὶ παρόντα[19] ἠγαπήσατε. ἀμείβοι[20] ὑμῖν Θεός· δι' ὃν πάντα ὑπομένοντες[21] αὐτοῦ τεύξεσθε.[22]

---

1 ἐπίσκοπος, ου, ὁ, bishop, overseer
2 καθολικός, ή, όν, catholic, universal
3 ἐπίσκοπος, ου, ὁ, bishop, overseer
4 δοκιμάζω aor act sub 3s, approve
5 εὐάρεστος, η, ον, acceptable, pleasing
6 ἀσφαλής, ές, certain, secure, trustworthy
7 βέβαιος, α, ον, reliable, sure firm
8 εὔλογος, η, ον, reasonable, wrong
9 ἀνανήφω aor act inf, regain senses
10 ἐπίσκοπος, ου, ὁ, bishop, overseer
11 τιμάω pres act ptcp m.s.nom., honor
12 ἐπίσκοπος, ου, ὁ, bishop, overseer
13 τιμάω perf mid/pass ind 3s, honor
14 λάθρα, adv, secretly
15 ἐπίσκοπος, ου, ὁ, bishop, overseer
16 λατρεύω pres act ind 3s, serve, worship
17 ἀναπαύω aor act ind 2p, refresh, rest
18 ἄπειμι pres act ptcp m.s.acc., be absent, away
19 πάρειμι pres act ptcp m.s.acc., be present
20 ἀμείβομαι pres mid/pass opt 3s, recompense, return
21 ὑπομένω pres act ptcp m.p.nom., remain, endure
22 τυγχάνω fut mid ind 2p, obtain, reach

## ΠΡΟΣ ΣΜΥΡΝΑΙΟΥΣ ΙΓΝΑΤΙΟΣ

**10** Φίλωνα¹ καὶ Ῥαῖον² Ἀγαθόπουν,³ οἳ ἐπηκολούθησάν⁴ μοι εἰς λόγον Θεοῦ, καλῶς ἐποιήσατε ὑποδεξάμενοι⁵ ὡς φυλάσσεσθαι διακόνους⁶ Χριστοῦ Θεοῦ· οἳ καὶ εὐχαριστοῦσιν τῷ Κυρίῳ ὑπὲρ ὑμῶν, ὅτι αὐτοὺς ἀνεπαύσατε⁷ κατὰ πάντα τρόπον.⁸ οὐδὲν ὑμῖν οὐ μὴ ἀπολεῖται. ²ἀντίψυχον⁹ ὑμῶν τὸ πνεῦμά μου, καὶ τὰ δεσμά¹⁰ μου, ἃ οὐχ ὑπερηφανήσατε¹¹ οὐδὲ ἐπῃσχύνθητε.¹² ὐδὲ ὑμᾶς ἐπαισχυνθήσεται¹³ ἡ τελεία¹⁴ πίστις, Ἰησοῦς Χριστός.

**11** Ἡ προσευχὴ ὑμῶν ἀπῆλθεν ἐπὶ τὴν ἐκκλησίαν τὴν ἐν Ἀντιοχείᾳ¹⁵ τῆς Συρίας·¹⁶ ὅθεν¹⁷ ἐδεμένος θεοπρεπεστάτοις¹⁸ δεσμοῖς¹⁹ πάντας ἀσπάζομαι, οὐκ ὢν ἄξιος ἐκεῖθεν εἶναι, ἔσχατος αὐτῶν ὤν· κατὰ θέλημα κατηξιώθην,²⁰ οὐκ ἐκ συνειδότος,²¹ ἀλλ' ἐκ χάριτος Θεοῦ, ἣν εὔχομαι²² τελείαν²³ μοι δοθῆναι, ἵνα ἐν τῇ προς-

---

1 Φίλων, ωνος, ὁ, Philo
2 Ῥαῖος, ου, ὁ, Raius
3 Ἀγαθόπους, ποδος, ὁ, Agathopus
4 ἐπακολουθέω aor act ind 3p, follow
5 ὑποδέχομαι aor mid ptcp m.p.nom., welcome, receive
6 διάκονος, ου, ὁ, ἡ, deacon
7 ἀναπαύω aor act ind 2p, refresh, rest
8 τρόπος, ου, ὁ, manner, why
9 ἀντίψυχος, ου, τό, ransom
10 δεσμός, οῦ, ὁ, chain, imprisonment
11 ὑπερηφανέω aor act ind 2p, despise, disdain
12 ἐπαισχύνομαι aor pass ind 2p, be ashamed
13 ἐπαισχύνομαι fut pass ind 3s, be ashamed
14 τέλειος, α, ον, complete, perfect
15 Ἀντιόχεια, ας, ἡ, Antioch
16 Συρία, ας, ἡ, Syria
17 ὅθεν, adv, from where
18 θεοπρεπής, ες, godly, worthy of God
19 δεσμός, οῦ, ὁ, chain, imprisonment
20 καταξιόω aor pass ind 1s, consider worthy
21 σύνοιδα perf act ptcp n.s.gen., conscience
22 εὔχομαι pres mid/pass ind 1s, pray, wish
23 τέλειος, α, ον, complete, perfect

εὐχῇ ὑμῶν Θεοῦ ἐπιτύχω.¹ ²ἵνα οὖν τέλειον² ὑμῶν γένηται τὸ ἔργον καὶ ἐπὶ γῆς καὶ ἐν οὐρανῷ, πρέπει³ εἰς τιμὴν Θεοῦ χειροτονῆσαι⁴ τὴν ἐκκλησίαν ὑμῶν θεοπρεσβύτην⁵ εἰς τὸ γενόμενον ἕως Συρίας⁶ συγχαρῆναι⁷ αὐτοῖς ὅτι εἰρηνεύουσιν⁸ καὶ ἀπέλαβον⁹ τὸ ἴδιον μέγεθος¹⁰ καὶ ἀπεκατεστάθη¹¹ αὐτοῖς τὸ ἴδιον σωματεῖον.¹² ³ἐφάνη μοι οὖν ἄξιον πρᾶγμα¹³ πέμψαι τινὰ τῶν ὑμετέρων¹⁴ μετ' ἐπιστολῆς, ἵνα συνδοξάσῃ¹⁵ τὴν κατὰ Θεὸν αὐτοῖς γενομένην εὐδίαν,¹⁶ καὶ ὅτι λιμένος¹⁷ ἤδη ἐτύγχανον¹⁸ τῇ προσευχῇ ὑμῶν. τέλειοι¹⁹ ὄντες τέλεια²⁰ καὶ φρονεῖτε·²¹ θέλουσιν γὰρ ὑμῖν εὖ²² πράσσειν Θεὸς ἕτοιμος²³ εἰς τὸ παρασχεῖν.²⁴

**12** Ἀσπάζεται ὑμᾶς ἡ ἀγάπη τῶν ἀδελφῶν τῶν ἐν Τρωάδι,²⁵ ὅθεν²⁶ καὶ γράφω ὑμῖν διὰ Βούρρου,²⁷

---

| | | | |
|---|---|---|---|
| 1 | ἐπιτυγχάνω aor act sub 1s, reach, obtain, attain | 12 | σωματεῖον, ου, τό, corporate body, life |
| 2 | τέλειος, α, ον, complete, perfect | 13 | πρᾶγμα, ατος, τό, deed, thing |
| 3 | πρέπω pres act ind 3s, be appropriate, fitting | 14 | ὑμέτερος, α, ον, your |
| 4 | χειροτονέω aor act inf, appoint, choose, install | 15 | συνδοξάζω aor act sub 3s, share in glory |
| 5 | θεοπρεσβυτής, οῦ, ὁ, ambassabor of God | 16 | εὐδία, ας, ἡ, tranquility, peace |
| 6 | Συρία, ας, ἡ, Syria | 17 | λιμήν, ένος, ὁ, harbor |
| 7 | συγχαίρω aor pass inf, rejoice with | 18 | τυγχάνω imp act ind 3p, obtain, reach |
| 8 | εἰρηνεύω pres act ind 3p, have peace | 19 | τέλειος, ου, ὁ, complete, perfect |
| 9 | ἀπολαμβάνω aor act ind 1s, recover, regain, receive | 20 | τέλειος, ου, ὁ, complete, perfect |
| 10 | μέγεθος, ους, τό, greatness, size | 21 | φρονέω pres act impv 2p, think |
| 11 | ἀποκαθίστημι aor pass ind 3s, restore, return | 22 | εὖ, adv, well, good |
| | | 23 | ἕτοιμος, η, ον, ready |
| | | 24 | παρέχω aor act inf, help, provide |
| | | 25 | Τρωάς, άδος, ἡ, Troas |
| | | 26 | ὅθεν, adv, from where |
| | | 27 | Βοῦρρος, ου, ὁ, Burrus |

ὃν ἀπεστείλατε μετ' ἐμοῦ ἅμα¹ Ἐφεσίοις² τοῖς ἀδελφοῖς ὑμῶν· ὃς κατὰ πάντα με ἀνέπαυσεν.³ καὶ ὄφελον πάντες αὐτὸν ἐμιμοῦντο,⁴ ὄντα ἐξεμπλάριον⁵ Θεοῦ διακονίας. ἀμείψεται⁶ αὐτὸν ἡ χάρις κατὰ πάντα. ²ἀσπάζομαι τὸν ἀξιόθεον⁷ ἐπίσκοπον⁸ καὶ θεοπρεπὲς⁹ πρεσβυτέριον,¹⁰ καὶ τοὺς συνδούλους¹¹ μου διακόνους¹² καὶ τοὺς κατ' ἄνδρα καὶ κοινῇ¹³ πάντας, ἐν ὀνόματι Ἰησοῦ Χριστοῦ καὶ τῇ σαρκὶ αὐτοῦ καὶ τῷ αἵματι, πάθει¹⁴ τε καὶ ἀναστάσει σαρκικῇ¹⁵ τε καὶ πνευματικῇ,¹⁶ ἐν ἑνότητι¹⁷ Θεοῦ καὶ ὑμῶν. χάρις ὑμῖν, ἔλεος,¹⁸ εἰρήνη, ὑπομονὴ διὰ παντός.

**13** Ἀσπάζομαι τοὺς οἴκους τῶν ἀδελφῶν μου σὺν γυναιξὶν καὶ τέκνοις, καὶ τὰς παρθένους¹⁹ τὰς λεγομένας χήρας.²⁰ ἔρρωσθέ²¹ μοι ἐν δυνάμει πατρός. ἀσπάζεται ὑμᾶς Φίλων,²² σὺν ἐμοὶ ὤν. ²ἀσπάζομαι τὸν οἶκον Γαουΐας,²³ ἣν εὔχομαι²⁴ ἑδρᾶσθαι²⁵ πίστει καὶ ἀγάπῃ

---

1 ἅμα, impr prep (+ dat), together, at the same time
2 Ἐφέσιος, ία, ιον, Ephesian
3 ἀναπαύω aor act ind 3s, refresh, rest
4 μιμέομαι imp mid/pass ind 3p, imitate
5 ἐξεμπλάριον, ίου, τό, model, example
6 ἀμείβομαι fut mid ind 3s, reward
7 ἀξιόθεος, α, ον, worthy of God
8 ἐπίσκοπος, ου, ὁ, bishop, overseer
9 θεοπρεπής, ές, godly
10 πρεσβυτέριον, ου, τό, presbyter, elder
11 σύνδουλος, ου, ὁ, fellow servant
12 διάκονος, ου, ὁ, ἡ, servant, minister
13 κοινός, ή, όν, common, collective
14 πάθος, ους, τό, suffering, passion
15 σαρκικός, ή, όν, physical, material
16 πνευματικός, ή, όν, spiritual
17 ἑνότης, ητος, ἡ, unity
18 ἔλεος, ους, τό, mercy
19 παρθένος, ου, ἡ, virgin
20 χήρα, ας, ἡ, widow
21 ῥώννυμι perf mid/pass impv 2p, strengthen
22 Φίλων, ωνος, ὁ, Philo
23 Γαουΐα, ας, ἡ, Gavia
24 εὔχομαι pres mid/pass ind 1s, pray
25 ἑδράζω pres mid/pass inf, settle, establish

## ΠΡΟΣ ΣΜΥΡΝΑΙΟΥΣ ΙΓΝΑΤΙΟΣ

σαρκικῇ¹ τε καὶ πνευματικῇ.² ἀσπάζομαι Ἄλκην,³ τὸ ποθητόν⁴ μοι ὄνομα, καὶ Δάφνον⁵ τὸν ἀσύγκριτον⁶ καὶ Εὔτεκνον⁷ καὶ πάντας κατ' ὄνομα. ἔρρωσθε⁸ ἐν χάριτι Θεοῦ.

---

1 σαρκικός, ή, όν, physical, material
2 πνευματικός, ή, όν, spiritual
3 Ἄλκη, ης, ἡ, Alce
4 ποθητός, ή, όν, dearly loved
5 Δάφνος, ου, ὁ, Daphnus
6 ἀσύγκριτος, η, ον, incomparable, unlike
7 Εὔτεκνος, ου, ὁ, Eutecnus
8 ῥώννυμι perf mid/pass impv 2p, farewell, goodbye

# ΠΡΟΣ ΠΟΛΥΚΑΡΠΟΝ ΙΓΝΑΤΙΟΣ

ἸΓΝΑΤΙΟΣ,[1] ὁ καὶ Θεοφόρος,[2] Πολυκάρπῳ[3] ἐπισκόπῳ[4] ἐκκλησίας Σμυρναίων[5] μᾶλλον ἐπισκοπημένῳ[6] ὑπὸ Θεοῦ πατρὸς καὶ Ἰησοῦ Χριστοῦ, πλεῖστα χαίρειν.

1 Ἀποδεχόμενός[7] σου τὴν ἐν Θεῷ γνώμην[8] ἡδρασμένην[9] ὡς ἐπὶ πέτραν[10] ἀκίνητον[11] ὑπερδοξάζω,[12] καταξιωθεὶς[13] προσώπου σου τοῦ ἀμώμου,[14] οὗ ὀναίμην[15] ἐν Θεῷ.

**2** Παρακαλῶ σε ἐν χάριτι, ᾗ ἐνδέδυσαι,[16] προσθεῖναι[17] τῷ δρόμῳ[18] σου καὶ πάντας παρακαλεῖν ἵνα σώζωνται. ἐκδίκει[19] σου τὸν τόπον ἐν πάσῃ ἐπιμελείᾳ[20] σαρκικῇ[21] τε καὶ πνευματικῇ.[22] τῆς ἑνώσεως[23] φρόντιζε,[24] ἧς οὐδὲν ἄμεινον.[25] πάντας βάσταζε,[26] ὡς καὶ σὲ ὁ Κύριος· πάντων ἀνέχου[27] ἐν ἀγάπῃ, ὥσπερ καὶ ποιεῖς. **3** προσευχαῖς

---

[1] Ἰγνάτιος, ου, ὁ, Ignatius
[2] Θεοφόρος, ου, ὁ, Theophorus, (lit.) God-bearer
[3] Πολύκαρπος, ου, ὁ, Polycarp
[4] ἐπίσκοπος, ου, ὁ, overseer
[5] Σμυρναῖος, α, ον, coming from Smyrna
[6] ἐπισκοπέω perf mid/pass ptcp m.p.gen., oversee
[7] ἀποδέχομαι pres mid/pass ptcp m.s.nom., acknowledge, praise
[8] γνώμη, ης, ἡ, purpose, intention
[9] ἑδράζω perf mid/pass ptcp f.s.acc., establish, fix
[10] πέτρα, ας, ἡ, rock
[11] ἀκίνητος, ον, immovable
[12] ὑπερδοξάζω pres act ind 1s, glory exceedingly
[13] καταξιόωτου aor pass ptcp m.s.nom., consider worthy
[14] ἄμωμος, ον, unblemished
[15] ὀνίνημι aor mid opt 1s, enjoy
[16] ἐνδύω perf mid/pass ind 2s, put on, clothe oneself in
[17] προστίθημι aor act inf, add
[18] δρόμος, ου, ὁ, course
[19] ἐκδικέω pres act impv 2s, do justice
[20] ἐπιμέλεια, ας, ἡ, diligence
[21] σαρκικός, ή, όν, flesh
[22] πνευματικός, ή, όν, spirit
[23] ἕνωσις, εως, ἡ, unity
[24] φροντίζω pres act impv 2s, be intent on, consider
[25] ἀμείνων, better (comp of ἀγαθός)
[26] βαστάζω pres act impv 2s, bear, carry
[27] ἀνέχω pres mid/pass impv 2s, endure

## ΠΡΟΣ ΠΟΛΥΚΑΡΠΟΝ ΙΓΝΑΤΙΟΣ

σχόλαζε[1] ἀδιαλείπτοις·[2] αἰτοῦ σύνεσιν[3] πλείονα ἧς ἔχεις· γρηγόρει[4] ἀκοίμητον[5] πνεῦμα κεκτημένος·[6] τοῖς κατ' ἄνδρα κατὰ ὁμοήθειαν[7] Θεοῦ λάλει· πάντων τὰς νόσους[8] βάσταζε,[9] ὡς τέλειος[10] ἀθλητής·[11] ὅπου πλείων κόπος[12] πολὺ κέρδος.[13]

2 Καλοὺς μαθητὰς ἐὰν φιλῇς,[14] χάρις σοι οὐκ ἔστιν· μᾶλλον τοὺς λοιμοτέρους[15] ἐν πραΰτητι[16] ὑπότασσε. οὐ πᾶν τραῦμα[17] τῇ αὐτῇ ἐμπλάστρῳ[18] θεραπεύεται· τοὺς παροξυσμοὺς[19] ἐμβροχαῖς[20] παῦε.[21] ²φρόνιμος[22] γίνου ὡς ὁ ὄφις[23] ἐν πᾶσιν καὶ ἀκέραιος[24] εἰς ἀεὶ[25] ὡς ἡ περιστερά.[26] διὰ τοῦτο σαρκικὸς[27] εἶ καὶ πνευματικός,[28] ἵνα τὰ φαινόμενά σου εἰς πρόσωπον κολακεύῃς·[29] τὰ δὲ ἀόρατα[30] αἴτει ἵνα σοι φανερωθῇ, ἵνα μηδενὸς λείπῃ[31] καὶ παντὸς χαρίσματος περισσεύῃς. ³ὁ καιρὸς ἀπαιτεῖ[32] σε, ὡς

---

1 σχολάζω pres act impv 2s, busy oneself, devote
2 ἀδιάλειπτος, όν, unceasing
3 σύνεσις, εως, ἡ, insight, understanding
4 γρηγορέω pres act impv 2s, be vigilant, watch out
5 ἀκοίμητος, ον, restless
6 κτάομαι perf mid/pass ptcp m.s.nom., possess
7 ὁμοήθεια, ας, ἡ, unity
8 νόσος, ου, ἡ, disease, illness
9 βαστάζω pres act impv 2s, bear, carry
10 τέλειος, α, ον, complete, perfect
11 ἀθλητής, οῦ, ὁ, athlete
12 κόπος, ου, ὁ, labor
13 κέρδος, ους, τό, reward
14 φιλέω pres act sub 2s, love
15 λοιμός, ή, όν, troublesome comp
16 πραΰτης, ητος, ἡ, humility
17 τραῦμα, ατος, τό, wound
18 ἔμπλαστρος, ου, ἡ, plaster
19 παροξυσμός, οῦ, ὁ, attack of fever
20 ἐμβροχή, ῆς, ἡ, cold compress
21 παύω pres act impv 2s, relieve, cure
22 φρόνιμος, ον, sensible, wise
23 ὄφις, εως, ἡ, snake
24 ἀκέραιος, ον, pure, innocent
25 ἀεί, adv, always
26 περιστερά, ᾶς, ἡ, dove
27 σαρκικός, ή, όν, consisting of flesh
28 πνευματικός, ή, όν, spiritual
29 κολακεύω pres act sub 2s, deal graciously with
30 ἀόρατος, ον, unseen, invisible
31 λείπω pres act sub 3s, lack, fall short
32 ἀπαιτέω pres act ind 3s, demand

## ΠΡΟΣ ΠΟΛΥΠΑΡΠΟΝ ΙΓΝΑΤΙΟΣ

κυβερνῆται[1] ἀνέμους καὶ ὡς χειμαζόμενος[2] λιμένα[3] εἰς τὸ Θεοῦ ἐπιτυχεῖν.[4] νῆφε,[5] ὡς Θεοῦ ἀθλητής·[6] τὸ θέμα[7] ἀφθαρσία[8] καὶ ζωὴ αἰώνιος, περὶ ἧς καὶ σὺ πέπεισαι. κατὰ πάντα σου ἀντίψυχον[9] ἐγὼ καὶ τὰ δεσμά[10] μου ἃ ἠγάπησας.

3 Οἱ δοκοῦντες ἀξιόπιστοι[11] εἶναι καὶ ἑτεροδιδασκαλοῦντες[12] μή σε καταπλησσέτωσαν[13] στῆθι ἑδραῖος[14] ὡς ἄκμων[15] τυπτόμενος.[16] μεγάλου ἐστὶν ἀθλητοῦ[17] τὸ δέρεσθαι[18] καὶ νικᾶν.[19] μάλιστα[20] δὲ ἕνεκεν[21] Θεοῦ πάντα ὑπομένειν[22] ἡμᾶς δεῖ, ἵνα καὶ αὐτὸς ἡμᾶς ὑπομείνῃ.[23] ²πλέον σπουδαῖος[24] γίνου οὗ εἶ. τοὺς καιροὺς καταμάνθανε.[25] τὸν ὑπὲρ καιρὸν προσδόκα,[26] τὸν ἄχρονον[27] τὸν ἀόρατον,[28] τὸν δι᾽ ἡμᾶς ὁρατόν[29] τὸν ἀψηλάφητον,[30] τὸν

---

1 κυβερνήτης, ου, ὁ, shipmaster
2 χειμάζω pres mid/pass ptcp m.s.nom., toss in a storm
3 λιμήν, ένος, ὁ, harbor
4 ἐπιτυγχάνω aor act inf, to reach, attain
5 νήφω pres act impv 2s, be self-controlled
6 ἀθλητής, οῦ, ὁ, athlete
7 θέμα, ατος, τό, prize
8 ἀφθαρσία, ας, ἡ, immortality, incoruptability
9 ἀντίψυχος, ου, τό, ransom
10 δεσμός, οῦ, ὁ, bond, fetter
11 ἀξιόπιστος, όν, trustworthy
12 ἑτεροδιδασκαλέω pres act ptcp m.p.nom., teach contrary
13 καταπλήσσω pres act impv 3p, reconcile
14 ἑδραῖος, αία, αῖον, firm, steadfast
15 ἄκμων, ονος, ὁ, anvil
16 τύπτω pres mid/pass ptcp m.s.nom., strike, beat
17 ἀθλητής, οῦ, ὁ, athlete
18 δέρω pres mid/pass inf, punish, beat
19 νικάω pres act inf, be victorious
20 μάλιστα most of all (superl of μάλα)
21 ἕνεκα, prep, for the sake of
22 ὑπομένω pres act inf, endure
23 ὑπομένω aor act sub 3s, endure
24 σπουδαῖος, α, ον, diligent, ernest
25 καταμανθάνω pres act impv 2s, observe
26 προσδοκάω pres act impv 2s, expect
27 ἄχρονος, ον, timeless
28 ἀόρατος, ον, invisible
29 ὁρατός, ή, όν, visible
30 ἀψηλάφητος, ον, untouchable

## ΠΡΟΣ ΠΟΛΥΚΑΡΠΟΝ ΙΓΝΑΤΙΟΣ

ἀπαθῆ,¹ τὸν δι' ἡμᾶς παθητόν,² τὸν κατὰ πάντα τρόπον³ δι' ἡμᾶς ὑπομείναντα.⁴

4 Χῆραι⁵ μὴ ἀμελείσθωσαν·⁶ μετὰ τὸν Κύριον σὺ αὐτῶν φροντιστὴς⁷ ἔσο. μηδὲν ἄνευ⁸ γνώμης⁹ σου γινέσθω, μηδὲ σὺ ἄνευ Θεοῦ γνώμης τι πράσσε, ὅπερ¹⁰ οὐδὲ πράσσεις. εὐστάθει.¹¹ ²πυκνότερον¹² συναγωγαὶ γινέσθωσαν· ἐξ ὀνόματος πάντας ζήτει. ³δούλους καὶ δούλας¹³ μὴ ὑπερηφάνει·¹⁴ ἀλλὰ μηδὲ αὐτοὶ φυσιούσθωσαν,¹⁵ ἀλλ' εἰς δόξαν Θεοῦ πλέον δουλευέτωσαν,¹⁶ ἵνα κρείττονος¹⁷ ἐλευθερίας¹⁸ ἀπὸ Θεοῦ τύχωσιν.¹⁹ μὴ ἐράτωσαν²⁰ ἀπὸ τοῦ κοινοῦ²¹ ἐλευθεροῦσθαι,²² ἵνα μὴ δοῦλοι εὑρεθῶσιν ἐπιθυμίας.

5 Τὰς κακοτεχνίας²³ φεῦγε,²⁴ μᾶλλον δὲ περὶ τούτων ὁμιλίαν²⁵ ποιοῦ. ταῖς ἀδελφαῖς²⁶ μου προσλάλει²⁷ ἀγαπᾶν τὸν Κύριον καὶ τοῖς συμβίοις²⁸ ἀρκεῖσθαι²⁹

---

1 ἀπαθής, ές, free of suffering
2 παθητός, ή, όν, suffering
3 τρόπος, ου, ὁ, way, kind
4 ὑπομένω aor act ptcp m.s.acc., endure
5 χήρα, ας, ἡ, widow
6 ἀμελέω pres mid/pass impv 3p, neglect
7 φροντιστής, οῦ, ὁ, protector
8 ἄνευ, prep, without
9 γνώμη, ης, ἡ, purpose, intention
10 ὅσπερ, conj, which indeed
11 εὐσταθέω pres act impv 2s, be stable
12 πυκνός, ή, όν, more often
13 δούλη, ης, ἡ, female slave
14 ὑπερηφανέω pres act impv 2s, despise
15 φυσιόω pres mid/pass impv 3p, make proud
16 δουλεύω pres act impv 3p, submit, obey
17 κρείττων, better (comp of ἀγαθός)
18 ἐλευθερία, ας, ἡ, freedom
19 τυγχάνω aor act sub 2p, obtain
20 ἐράω aor act impv 3p, long for
21 κοινός, ή, όν, common
22 ἐλευθερόω pres mid/pass inf, set free
23 κακοτεχνία, ας, ἡ, evil arts
24 φεύγω pres act impv 2s, flee
25 ὁμιλία, ας, ἡ, lecture
26 ἀδελφή, ῆς, ἡ, sister
27 προσλαλέω pres act impv 2s, speak with
28 σύμβιος, ον, living together
29 ἀρκέω pres mid/pass inf, please

σαρκὶ καὶ πνεύματι. ὁμοίως καὶ τοῖς ἀδελφοῖς μου παράγγελλε ἐν ὀνόματι Ἰησοῦ Χριστοῦ ἀγαπᾶν τὰς συμβίους,¹ ὡς ὁ Κύριος τὴν ἐκκλησίαν. ²εἴ τις δύναται ἐν ἁγνείᾳ² μένειν εἰς τιμὴν τῆς σαρκὸς τοῦ Κυρίου, ἐν ἀκαυχησίᾳ³ μενέτω. ἐὰν καυχήσηται, ἀπώλετο· καὶ ἐὰν γνωσθῇ πλέον τοῦ ἐπισκόπου,⁴ ἔφθαρται.⁵ πρέπει⁶ δὲ τοῖς γαμοῦσι⁷ καὶ ταῖς γαμούσαις⁸ μετὰ γνώμης⁹ τοῦ ἐπισκόπου τὴν ἕνωσιν¹⁰ ποιεῖσθαι, ἵνα ὁ γάμος ᾖ κατὰ Κύριον καὶ μὴ κατ' ἐπιθυμίαν. πάντα εἰς τιμὴν Θεοῦ γινέσθω.

**6** Τῷ ἐπισκόπῳ¹¹ προσέχετε¹² ἵνα καὶ ὁ Θεὸς ὑμῖν. ἀντίψυχον¹³ ἐγὼ τῶν ὑποτασσομένων τῷ ἐπισκόπῳ,¹⁴ πρεσβυτέροις, διακόνοις·¹⁵ μετ' αὐτῶν μοι τὸ μέρος γένοιτο σχεῖν παρὰ Θεῷ. συγκοπιᾶτε¹⁶ ἀλλήλοις, συναθλεῖτε,¹⁷ συντρέχετε¹⁸ συμπάσχετε,¹⁹ συγκοιμᾶσθε,²⁰ συνεγείρεσθε,²¹ ὡς Θεοῦ οἰκονόμοι²² καὶ πάρεδροι²³ καὶ

---

1 σύμβιος, ον, living together
2 ἁγνεία, ας, ἡ, purity
3 ἀκαυχησία, ας, ἡ, without boasting
4 ἐπίσκοπος, ου, ὁ, overseer
5 φθείρω perf mid/pass ind 3s, destroy, ruin
6 πρέπω pres act ind 3s, be fitting
7 γαμέω pres act ptcp m.p.dat., marry
8 γαμέω pres act ptcp f.p.dat., marry
9 γνώμη, ης, ἡ, purpose, intention
10 ἕνωσις, εως, ἡ, union
11 ἐπίσκοπος, ου, ὁ, overseer
12 προσέχω pres act impv 2p, take care
13 ἀντίψυχος, ου, τό, ransom
14 ἐπίσκοπος, ου, ὁ, overseer
15 διάκονος, ου, ὁ, servant
16 συγκοπιάω pres act impv 2p, labor together
17 συναθλέω pres act impv 2p, contend together
18 συντρέχω pres act impv 2p, run together
19 συμπάσχω pres act impv 2p, suffer together
20 συγκοιμάομαι pres mid/pass impv 2p, die together
21 συνεγείρω pres mid/pass impv 2p, rise together
22 οἰκονόμος, ου, ὁ, steward, manager
23 πάρεδρος, ου, ὁ, assistant

## ΠΡΟΣ ΠΟΛΥΠΑΡΠΟΝ ΙΓΝΑΤΙΟΣ

ὑπηρέται.¹ ²ἀρέσκετε² ᾧ στρατεύεσθε,³ ἀφ' οὗ καὶ τὰ ὀ-
ψώνια⁴ κομίζεσθε.⁵ μήτις ὑμῶν δεσέρτωρ⁶ εὑρεθῇ. τὸ βά-
πτισμα⁷ ὑμῶν μενέτω ὡς ὅπλα,⁸ ἡ πίστις ὡς περικεφαλαί-
α⁹ ἡ ἀγάπη ὡς δόρυ,¹⁰ ἡ ὑπομονὴ ὡς πανοπλία· τὰ δεπό-
σιτα¹¹ ὑμῶν τὰ ἔργα ὑμῶν, ἵνα τὰ ἄκκεπτα¹² ὑμῶν ἄξια
κομίσησθε¹³ μακροθυμήσατε¹⁴ οὖν μετ' ἀλλήλων ἐν πρα-
ΰτητι¹⁵ ὡς ὁ Θεὸς μεθ' ὑμῶν. ὀναίμην¹⁶ ὑμῶν διὰ παντός.

**7** Ἐπειδὴ¹⁷ ἡ ἐκκλησία ἡ ἐν Ἀντιοχείᾳ¹⁸ τῆς Συρίας¹⁹
εἰρηνεύει,²⁰ ὡς ἐδηλώθη²¹ μοι, διὰ τῆς προσευχῆς ὑ-
μῶν, κἀγὼ εὐθυμότερος²² ἐγενόμην ἐν ἀμεριμνίᾳ²³ Θεοῦ,
ἐάνπερ²⁴ διὰ τοῦ παθεῖν Θεοῦ ἐπιτύχω,²⁵ εἰς τὸ εὑρεθῆναι
με ἐν τῇ αἰτήσει²⁶ ὑμῶν μαθητήν. ²πρέπει,²⁷ Πολύκαρ-
πε²⁸ Θεομακαριστότατε,²⁹ συμβούλιον³⁰ ἀγαγεῖν θεοπρε-
πέστατον³¹ καὶ χειροτονῆσαι³² τινα ὃν ἀγαπητὸν λίαν³³

---

| | | | |
|---|---|---|---|
| 1 | ὑπηρέτης, ου, ὁ, helper | 18 | Ἀντιόχεια, ας, ἡ, Antioch |
| 2 | ἀρέσκω pres act impv 2p, please | 19 | Συρία, ας, ἡ, Syria |
| 3 | στρατεύω pres mid/pass impv 2p, fight | 20 | εἰρηνεύω pres act ind 2s, be at peace |
| 4 | ὀψώνιον, ου, τό, wages | 21 | δηλόω aor pass ind 3s, reveal, make known |
| 5 | κομίζω pres mid/pass ind 2p, receive | 22 | εὔθυμος, ον, cheerful |
| 6 | δεσέρτωρ, ορος, ὁ, deserter | 23 | ἀμεριμνία, ας, ἡ, confidence |
| 7 | βάπτισμα, ατος, τό, baptism | 24 | ἐάνπερ, conj, if indeed |
| 8 | ὅπλον, ου, τό, weapon | 25 | ἐπιτυγχάνω aor act sub 1s, obtain, reach |
| 9 | περικεφαλαία, ας, ἡ, helmet | 26 | αἴτησις, εως, ἡ, request |
| 10 | δόρυ, ρατος, τό, spear | 27 | πρέπω pres act ind 3s, it is fitting |
| 11 | δεπόσιτα, ων, τά, deposits | 28 | Πολύκαρπος, ου, ὁ, Polycarp |
| 12 | ἄκκεπτα, ων, τά, back pay | 29 | θεομακάριστος, ον, blessed by God |
| 13 | κομίζω aor mid sub 2p, receive | 30 | συμβούλιον, ου, τό, council |
| 14 | μακροθυμέω aor act impv 2p, be patient | 31 | θεοπρεπής, ές, worthy of God |
| 15 | πραΰτης, ητος, ἡ, humility | 32 | χειροτονέω aor act inf, choose |
| 16 | ὀνίνημι aor mid opt 1s, enjoy | 33 | λίαν, adv, much |
| 17 | ἐπειδή, conj, because | | |

## ΠΡΟΣ ΠΟΛΥΚΑΡΠΟΝ ΙΓΝΑΤΙΟΣ

ἔχετε καὶ ἄοκνον,[1] ὃς δυνήσεται Θεοδρόμος[2] καλεῖσθαι· τοῦτον καταξιῶσαι,[3] ἵνα πορευθεὶς εἰς Συρίαν[4] δοξάσῃ ὑμῶν τὴν ἄοκνον[5] ἀγάπην εἰς δόξαν Θεοῦ. [3]χριστιανὸς[6] ἑαυτοῦ ἐξουσίαν οὐκ ἔχει ἀλλὰ Θεῷ σχολάζει.[7] τοῦτο τὸ ἔργον Θεοῦ ἐστιν καὶ ὑμῶν, ὅταν αὐτὸ ἀπαρτίσητε.[8] πιστεύω γὰρ τῇ χάριτι, ὅτι ἕτοιμοί[9] ἐστε εἰς εὐποΐαν[10] Θεῷ ἀνήκουσαν.[11] εἰδὼς ὑμῶν τὸ σύντονον[12] τῆς ἀληθείας, δι' ὀλίγων ὑμᾶς γραμμάτων[13] παρεκάλεσα.

8 Ἐπεὶ[14] πάσαις ταῖς ἐκκλησίαις οὐκ ἠδυνήθην γράψαι διὰ τὸ ἐξαίφνης[15] πλεῖν[16] με ἀπὸ Τρωάδος[17] εἰς Νεάπολιν,[18] ὡς τὸ θέλημα προστάσσει,[19] γράψεις ταῖς ἔμπροσθεν ἐκκλησίαις, ὡς Θεοῦ γνώμην[20] κεκτημένος,[21] εἰς τὸ καὶ αὐτοὺς τὸ αὐτὸ ποιῆσαι οἱ μὲν δυνάμενοι πεζοὺς[22] πέμψαι, οἱ δὲ ἐπιστολὰς διὰ τῶν ὑπό σου πεμπομένων, ἵνα δοξασθῆτε αἰωνίῳ ἔργῳ ὡς ἄξιος ὤν.

[2]Ἀσπάζομαι πάντας ἐξ ὀνόματος, καὶ τὴν τοῦ Ἐπιτρόπου[23] σὺν ὅλῳ τῷ οἴκῳ αὐτῆς καὶ τῶν τέκνων. ἀσπάζομαι Ἄτταλον[24] τὸν ἀγαπητόν μου. ἀσπάζομαι τὸν

---

1  ἄοκνος, ον, untiring
2  Θεοδρόμος, ου, ὁ, God's runner
3  καταξιόω aor act inf, consider worthy
4  Συρία, ας, ἡ, Syria
5  ἄοκνος, ον, untiring
6  Χριστιανός, οῦ, ὁ, Christian
7  σχολάζω pres act ind 3s, devote
8  ἀπαρτίζω aor act sub 2p, finish, complete
9  ἕτοιμος, η, ον, ready
10 εὐποΐα, ας, ἡ, good deed
11 ἀνήκω pres act ptcp f.s.acc., refer, relate
12 σύντονος, όν, intense desire
13 γράμμα, ατος, τό, letter
14 ἐπεί, conj, when, after
15 ἐξαίφνης, adv, unexpectedly
16 πλέω pres act inf, sail
17 Τρωάς, άδος, ἡ, Troas
18 Νεάπολις, εως, ἡ, Neapolis
19 προστάσσω pres act ind 3s, command, instruct
20 γνώμη, ης, ἡ, will, consent
21 κτάομαι perf mid/pass ptcp m.s.nom., possess
22 πέζος, ή, όν, going by land
23 Ἐπίτροπος, ου, ὁ, steward
24 Ἄτταλος, ου, ὁ, Attalus

## ΠΡΟΣ ΠΟΛΥΚΑΡΠΟΝ ΙΓΝΑΤΙΟΣ

μέλλοντα καταξιοῦσθαι[1] τοῦ εἰς Συρίαν[2] πορεύεσθαι· ἔσται ἡ χάρις μετ' αὐτοῦ διὰ παντός, καὶ τοῦ πέμποντος αὐτὸν Πολυκάρπου.[3] ³ἐρρῶσθαι[4] ὑμᾶς διὰ παντὸς ἐν Θεῷ ἡμῶν Ἰησοῦ Χριστῷ εὔχομαι,[5] ἐν ᾧ διαμείνητε[6] ἐν ἑνότητι[7] Θεοῦ καὶ ἐπισκοπῇ.[8] ἀσπάζομαι Ἄλκην[9] τὸ ποθητόν[10] μοι ὄνομα. ἔρρωσθε[11] ἐν Κυρίῳ.

---

[1] καταξιόω pres mid/pass inf, consider worthy
[2] Συρία, ας, ἡ, Syria
[3] Πολύκαρπος, ου, ὁ, Polycarp
[4] ῥώννυμι perf mid/pass inf, be strong
[5] εὔχομαι pres mid/pass ind 1s, pray, wish
[6] διαμένω aor act sub 2p, continue
[7] ἑνότης, ης, ἡ, unity
[8] ἐπισκοπή, ης, ἡ, protection
[9] Ἄλκη, ης, ἡ, Alce
[10] ποθητός, ή, όν, dearly beloved
[11] ῥώννυμι perf mid/pass impv 2p, be strong

# The Didache

APOSTOLIC FATHERS GREEK READER

VOLUME 2

# INTRODUCTION TO THE DIDACHE

Ever since its discovery in 1873, the *Didache*, or *The Teaching of the Twelve Apostles*, has been at the forefront of discussion regarding the formation of early Christian ethics and ecclesiology. Amazingly, despite a century and a half of fairly intense discussion of this document, there is still little consensus about who the author(s) was, its provenance, its date, and the relationship of the different sections of the text to one another. Hence, F. E. Vokes comments from 1935 still ring *somewhat* true in that the *Didache* is a riddle.[1] It is debated whether or not the *Didache* reflects a unified whole[2] or is comprised of composite redaction.[3] Although its general date is *c*. 90–130 CE, it is debated if portions of the text pre-date the Gospel of Matthew[4] or reflect a 2nd century Christian community.[5]

Despite general consensus on such issues, the document nonetheless is extremely helpful in understanding the way that early Christians in the Levant responded to a range of ethical matters and ecclesiological issues.

---

[1] F. E. Vokes, *The Riddle of the Didache: Fact or Fiction, Heresy or Catholicism?* (London: SPCK, 1938).

[2] Aaron Milavec, *The Didache: Faith, Hope, & Life of the Earliest Christian Communities, 50–70 C.E.* (New York: Newman Press, 2003); Aaron Milavec, *The Didache: Text, Translation, Analysis, and Commentary* (Collegeville, MN: Liturgical Press, 2003); William Varner, *The Way of the Didache: The First Christian Handbook* (New York: University Press of America, 2007).

[3] Clayton N. Jefford, *The Sayings of Jesus in the Teaching of the Twelve Apostles* (SVC 11; Leiden: Brill, 1989); Alan J. P. Garrow, The Gospel of Matthew's Dependence on the Didache (JSNTSS 254; New York: T&T Clark International, 2004); Nancy Pardee, *The Genre and Development of the Didache* (WUNT 2, Reihe 339; Tübingen, Germany: Mohr Siebeck, 2012).

[4] Garrow, *Matthew's Dependence on the Didache*.

[5] Jonathan A. Draper, "The Jesus Tradition in the Didache," in *The Didache in Modern Research*, ed. Jonathan A. Draper (AGAJ 37; Leiden: Brill, 1996), 72–91.

ΔΙΔΑΧΗ

The general structure of the books is as follows:
  I. Two-Ways Tradition (*Did.* 1–6)
  II. Baptism, Fasting, Prayers, Eucharist (*Did.* 7–10)
  III. Regulations for Itinerate Ministers (*Did.* 11–13)
  IV. Instructions for the Lord's Day and Basic Ecclesial Structure (*Did.* 14–15)
  V. Mini-Apocalypse (*Did.* 16).

The Two Ways tradition begins the *Didache* and offers a Torah influenced list of virtues and vices. These traditions are reminiscient of other Two Ways texts in ancient Jewish and early Christian literature (cf. 1QS 3–4; Barn. 18–20; Hermas Mand. 6.1–2 [35–36]; *De Doctrina apostolorum*). It's ethical introduction invites catechumens (*Did.* 7:1) to consider the way of life or the way of death (*Did.* 1:1–2) prior to baptism. By inserting the *sectio evangelica* (*Did.* 1:3–2:1), the Didachist attempts to *Christianize* its version of the Two-Ways tradition with the addition of Sermon on the Mount Jesus tradition (Matt 5; Luke 6).

The *Didache* also instructs how should baptism take place (*Did.* 7:1–4). Although it appears to evoke Matthean language, the *Didache* commends its reader to fast and pray in a different manner than the "hypocrite" (*Did.* 8:1–2) and requires the Lord's Prayer to be recited three times a day (*Did.* 8:3). Furthermore, it gives instruction on how to celebrate the Eucharist (*Did.* 9–10) and how to respond to teachers and itinerant apostles and prophets (*Did.* 11–13).

The *Didache* concludes on an eschatological note: a reflection on some of the details at the end of history (*Did.* 16). Its parallels and differences with both New Testament material and other literature from the Apostolic Fathers makes it a fascinating text to both study and on which to meditate.

Michael A. G. Haykin
Shawn J. Wilhite

# ADDITIONAL RESOURCES FOR FURTHER STUDY

**Didache Beginning**

Draper, Jonathan A. "The *Didache*." Pages 13-20 in *The Writings of the Apostolic Fathers*, edited by Paul Foster. London and New York: T&T Clark, 2007.

Jefford, Clayton N. "Locating the Didache." *Forum* 3, no. 1 (2014): 39–68.

Milavec, Aaron. *The Didache: Text, Translation, Analysis, and Commentary*. Collegeville: Liturgical Press, 2004.

O'Loughlin, Thomas. *The Didache: A Window on the Earliest Christians*. Grand Rapids: Baker, 2010.

**Didache Intermediate**

Giambrone, Anthony. "'According to the Commandment' (Did. 1.5): Lexical Reflections on Almsgiving as 'The Commandment'." *NTS* 60, no. 4 (2014): 448–65.

Draper, Jonathan A. "Eschatology in the Didache." Pages 567-82 in *Eschatology of the New Testament and Some Related Documents*. WUNT 2.315, edited by Jan G. van der Watt. Tübingen: Mohr Siebeck, 2011.

Kloppenborg, John S. "*Didache* 1. 16. 1, James, Matthew, and the Torah." Pages 193-221 in *Trajectories through the New Testament and the Apostolic Fathers*, vol. 2 of *The New Testament and the Apostolic Fathers*, edited by Andrew Gregory and Christopher Tuckett, Oxford: Oxford University Press, 2005.

Milavec, Aaron. *The Didache: Faith, Hope, and Life of the Earliest Christian Communities, 50–70 C.E.* Mahwah, NJ: Paulist Press, 2003.

Niederwimmer, Kurt. *The Didache: A Commentary*. Edited by Harold W. Attridge. Translated by Linda M. Maloney. Minneapolis: Fortress Press, 1998.

Pardee, Nancy. "Visualizing the Christian Community at Antioch." *Forum* 3, no. 1 (2014): 69–90.

Tuckett, Christopher. "The *Didache* and the Writings That Later Formed the New Testament." Pages 83-127 in *The Reception of the New Testament in the Apostolic Fathers*, vol. 1 of *The New Testament and the Apostolic Fathers*, edited by Andrew Gregory and Christopher Tuckett. Oxford: Oxford University Press, 2005.

## Didache Advanced

Jefford, Clayton N., ed. *The Didache in Context: Essays on Its Text, History, and Transmission*. NovTSup 77. Leiden: Brill, 1995.

Koch, Dietrich-Alex. "Die Debatte über den Titel der 'Didache'." *ZNW* 105, no. 2 (2014): 264–88.

Myllykoski, Matti. *Ohne Dekret: das Götzenopferfleisch und die Frühgeschichte der Didache*. WUNT 1.280. Tübingen: Mohr Siebeck, 2011.

Pardee, Nancy. *The Genre and Development of the Didache: A Test-Linguistic Analysis*. WUNT 2.339. Tübingen: Mohr Siebeck, 2004

Sandt, Huub van de and Jürgen K. Zangenberg, eds. *Matthew, James, and Didache: Three Related Documents in Their Jewish and Christian Settings*. Symposium 45. Atlanta: SBL Press, 2008.

# ΔΙΔΑΧΗ
ΤΩΝ ΔΩΔΕΚΑ ΑΠΟΣΤΟΛΩΝ

Διδαχὴ[1] κυρίου διὰ τῶν δώδεκα ἀποστόλων τοῖς ἔθνεσιν.

**1:1** Ὁδοὶ δύο εἰσί, μία τῆς ζωῆς καὶ μία τοῦ θανάτου, διαφορὰ[2] δὲ πολλὴ μεταξὺ[3] τῶν δύο ὁδῶν. 2 Ἡ μὲν οὖν ὁδὸς τῆς ζωῆς ἐστιν αὕτη· πρῶτον ἀγαπήσεις τὸν Θεὸν τὸν ποιήσαντά σε, δεύτερον τὸν πλησίον[4] σου ὡς σεαυτόν· πάντα δὲ ὅσα ἐὰν θελήσῃς μὴ γίνεσθαί σοι, καὶ σὺ ἄλλῳ μὴ ποίει. 3 Τούτων δὲ τῶν λόγων ἡ διδαχή[5] ἐστιν αὕτη· εὐλογεῖτε τοὺς καταρωμένους[6] ὑμῖν καὶ προσεύχεσθε ὑπὲρ τῶν ἐχθρῶν ὑμῶν, νηστεύετε[7] δὲ ὑπὲρ τῶν διωκόντων ὑμᾶς· ποία γὰρ χάρις, ἐὰν ἀγαπᾶτε τοὺς ἀγαπῶντας ὑμᾶς; οὐχὶ καὶ τὰ ἔθνη τὸ αὐτὸ ποιοῦσιν; ὑμεῖς δὲ ἀγαπᾶτε τοὺς μισοῦντας ὑμᾶς, καὶ οὐχ ἕξετε ἐχθρόν. 4 ἀπέχου[8] τῶν σαρκικῶν[9] καὶ σωματικῶν[10] ἐπιθυμιῶν· ἐὰν τίς σοι δῷ ῥάπισμα[11] εἰς τὴν δεξιὰν σιαγόνα,[12] στρέψον[13] αὐτῷ καὶ τὴν ἄλλην, καὶ ἔσῃ τέλειος.[14] ἐὰν ἀγγαρεύσῃ[15] σέ τις μίλιον[16] ἕν, ὕπαγε μετ' αὐτοῦ

---

[1] διδαχή, ῆς, ἡ, teaching
[2] διαφορά, ᾶς, ἡ, difference
[3] μεταξύ, prep, between
[4] πλησίον, adv, neighbor
[5] διδαχή, ῆς, ἡ, teaching
[6] καταράομαι pres mid/pass ptcp m.p.acc., curse
[7] νηστεύω pres act impv 2p, fast
[8] ἀπέχω pres mid/pass impv 2s, abstain
[9] σαρκικός, ή, όν, fleshly
[10] σωματικός, ή, όν, bodily
[11] ῥάπισμα, ατος, τό, blow to the face
[12] σιαγών, όνος, ἡ, cheek
[13] στρέφω aor act impv 2p, turn
[14] τέλειος, α, ον, perfect
[15] ἀγγαρεύω aor act sub 3s, force, require
[16] μίλιον, ου, τό, mile

# ΔΙΔΑΧΗ

δύο· ἐὰν ἄρῃ τις τὸ ἱμάτιόν σου, δὸς αὐτῷ καὶ τὸν χιτῶνα.[1] ἐὰν λάβῃ τις ἀπὸ σοῦ τὸ σόν, μὴ ἀπαίτει·[2] οὐδὲ γὰρ δύνασαι. 5 παντὶ τῷ αἰτοῦντί[3] σε δίδου, καὶ μὴ ἀπαίτει· πᾶσι γὰρ θέλει δίδοσθαι ὁ πατὴρ ἐκ τῶν ἰδίων χαρισμάτων.[4] μακάριος ὁ διδοὺς κατὰ τὴν ἐντολήν· ἀθῷος[5] γάρ ἐστιν. οὐαὶ τῷ λαμβάνοντι εἰ μὲν γὰρ χρείαν ἔχων λαμβάνει τις, ἀθῷος[6] ἔσται· ὁ δὲ μὴ χρείαν ἔχων δώσει δίκην,[7] ἱνατί ἔλαβε καὶ εἰς τί· ἐν συνοχῇ[8] δὲ γενόμενος ἐξετασθήσεται[9] περὶ ὧν ἔπραξε, καὶ οὐκ ἐξελεύσεται ἐκεῖθεν, μέχρις[10] οὗ ἀποδῷ τὸν ἔσχατον κοδράντην.[11] 6 ἀλλὰ καὶ περὶ τούτου δὲ εἴρηται· Ἱδρωσάτω[12] ἡ ἐλεημοσύνη·[13] σου εἰς τὰς χεῖράς σου, μέχρις[14] ἂν γνῷς, τίνι δῷς.

**2:1** Δευτέρα δὲ ἐντολὴ τῆς διδαχῆς·[15] **2** Οὐ φονεύσεις,[16] οὐ μοιχεύσεις,[17] οὐ παιδοφθορήσεις,[18] οὐ πορνεύσεις,[19] οὐ κλέψεις,[20] οὐ μαγεύσεις,[21] οὐ φαρμακεύσεις,[22] οὐ φονεύσεις[23] τέκνον ἐν φθορᾷ,[24] οὐδὲ γεννηθὲν ἀποκτενεῖς, οὐκ ἐπιθυμήσεις[25] τὰ τοῦ πλησίον.[26] **3** οὐκ ἐπιορκήσεις,[27] οὐ ψευδομαρτυρήσεις,[28] οὐ

---

[1] χιτών, ῶνος, ὁ, inner tunic
[2] ἀπαιτέω pres act impv 2s, ask
[3] αἰτέω pres act ptcp m.s.dat., ask
[4] χάρισμα, ατος, τό, gift
[5] ἀθῷος, ον, innocent
[6] ἀθῷος, ον, innocent
[7] δίκη, ης, ἡ, justice, punishment
[8] συνοχή, ῆς, ἡ, distress
[9] ἐξετάζω fut pass ind 3s, inquire
[10] μέχρι, adv, until
[11] κοδράντης, ου, ὁ, penny
[12] ἱδρόω aor act impv 3s, sweat
[13] ἐλεημοσύνη, ης, ἡ, alms, charitable gifts
[14] μέχρι, adv, until
[15] διδαχή, ῆς, ἡ, teaching
[16] φονεύω fut act ind 2s, murder
[17] μοιχεύω fut act ind 2s, commit adultery
[18] παιδοφθορέω fut act ind 2s, commit sodomy
[19] πορνεύω fut act ind 2s, commit sexual immorality
[20] κλέπτω fut act ind 2s, steal
[21] μαγεύω fut act ind 2s, practice magic
[22] φαρμακεύω fut act ind 2s, use potions
[23] φονεύω fut act ind 2s, murder
[24] φθορά, ᾶς, ἡ, destruction of a fetus, abortion
[25] ἐπιθυμέω fut act ind 2s, desire
[26] πλησίον, adv, neighbor
[27] ἐπιορκέω fut act ind 2s, swear falsely
[28] ψευδομαρτυρέω fut act ind 2s, bear false witness

# ΔΙΔΑΧΗ

κακολογήσεις,[1] οὐ μνησικακήσεις.[2] 4 οὐκ ἔσῃ διγνώμων[3] οὐδὲ δίγλωσσος·[4] παγὶς[5] γὰρ θανάτου ἡ διγλωσσία.[6] 5 οὐκ ἔσται ὁ λόγος σου ψευδής,[7] οὐ κενός,[8] ἀλλὰ μεμεστωμένος[9] πράξει.[10] 6 οὐκ ἔσῃ πλεονέκτης[11] οὐδὲ ἅρπαξ[12] οὐδὲ ὑποκριτής[13] οὐδὲ κακοήθης[14] οὐδὲ ὑπερήφανος.[15] οὐ λήψῃ βουλὴν[16] πονηρὰν κατὰ τοῦ πλησίον[17] σου. 7 οὐ μισήσεις πάντα ἄνθρωπον, ἀλλὰ οὓς μὲν ἐλέγξεις,[18] περὶ δὲ ὧν προσεύξῃ, οὓς δὲ ἀγαπήσεις ὑπὲρ τὴν ψυχήν σου.

3:1 Τέκνον μου, φεῦγε[19] ἀπὸ παντὸς πονηροῦ καὶ ἀπὸ παντὸς ὁμοίου αὐτοῦ. 2 μὴ γίνου ὀργίλος,[20] ὁδηγεῖ[21] γὰρ ἡ ὀργὴ πρὸς τὸν φόνον.[22] μηδὲ ζηλωτὴς[23] μηδὲ ἐριστικὸς[24] μηδὲ θυμικός·[25] ἐκ γὰρ τούτων ἁπάντων φόνοι[26] γεννῶνται. 3 τέκνον μου, μὴ γίνου ἐπιθυμητής,[27] ὁδηγεῖ[28] γὰρ ἡ ἐπιθυμία πρὸς τὴν πορνείαν·[29] μηδὲ αἰσχρολόγος[30] μηδὲ ὑψηλόφθαλμος,[31] ἐκ γὰρ τούτων

---

[1] κακολογέω fut act ind 2s, speak evil
[2] μνησικακέω fut act ind 2s, bear a grudge, remember evil
[3] διγνώμων, ον, double-minded
[4] δίγλωσσος, ον, insincere
[5] παγίς, ίδος, ἡ, trap
[6] διγλωσσία, ας, ἡ, double-tongued
[7] ψευδής, ές, false, lying
[8] κενός, ή, όν, empty, vain
[9] μεστόω perf mid/pass ptcp m.s.gen., fill, fulfill
[10] πρᾶξις, εως, ἡ, act, deed
[11] πλεονέκτης, ου, ὁ, greedy person
[12] ἅρπαξ, αγος, robber, rapacious
[13] ὑποκριτής, οῦ, ὁ, hypocrite
[14] κακοήθης, ες, spiteful, malicious
[15] ὑπερήφανος, ον, arrogant, haughty
[16] βουλή, ῆς, ἡ, plan
[17] πλησίον, adv, neighbor
[18] ἐλέγχω fut act ind 2s, reprove, correct
[19] φεύγω pres act impv 2s, flee
[20] φεύγω pres act impv 2s, flee
[21] ὁδηγέω pres act ind 3s, lead, guide
[22] φόνος, ου, ὁ, murder
[23] ζηλωτής, οῦ, ὁ, zealous
[24] ἐριστικός, ή, όν, quarrelsome
[25] θυμικός, ή, όν, hot-tempered
[26] φόνος, ου, ὁ, murder
[27] ἐπιθυμητής, οῦ, ὁ, desirous, lustful
[28] ὁδηγέω pres act ind 3s, lead, guide
[29] πορνεία, ας, ἡ, sexual immorality
[30] αἰσχρολόγος, ου, ὁ, foul-mouthed
[31] ὑψηλόφθαλμος, ον, lifting up the eyes, wandering eyes

# ΔΙΔΑΧΗ

ἁπάντων μοιχεῖαι[1] γεννῶνται. **4** τέκνον μου, μὴ γίνου οἰωνοσκόπος,[2] ἐπειδὴ[3] ὁδηγεῖ[4] εἰς τὴν εἰδωλολατρίαν·[5] μηδὲ ἐπαοιδὸς[6] μηδὲ μαθηματικὸς[7] μηδὲ περικαθαίρων[8] μηδὲ θέλε αὐτὰ βλέπειν· ἐκ γὰρ τούτων ἁπάντων εἰδωλολατρία[9] γεννᾶται. **5** τέκνον μου, μὴ γίνου ψεύστης,[10] ἐπειδὴ[11] ὁδηγεῖ[12] τὸ ψεῦσμα[13] εἰς τὴν κλοπήν·[14] μηδὲ φιλάργυρος[15] μηδὲ κενόδοξος.[16] ἐκ γὰρ τούτων ἁπάντων κλοπαὶ[17] γεννῶνται. **6** τέκνον μου, μὴ γίνου γόγγυσος,[18] ἐπειδὴ[19] ὁδηγεῖ[20] εἰς τὴν βλασφημίαν,[21] μηδὲ αὐθάδης[22] μηδὲ πονηρόφρων·[23] ἐκ γὰρ τούτων ἁπάντων βλασφημίαι[24] γεννῶνται. **7** ἴσθι δὲ πραΰς,[25] ἐπεὶ[26] οἱ πραεῖς[27] κληρονομήσουσι[28] τὴν γῆν. **8** γίνου μακρόθυμος[29] καὶ ἐλεήμων[30] καὶ ἄκακος[31] καὶ ἡσύχιος[32] καὶ ἀγαθὸς καὶ τρέμων[33] τοὺς λόγους διὰ παντός, οὓς ἤκουσας. **9** οὐχ ὑψώσεις[34] σεαυτὸν οὐδὲ δώσεις τῇ ψυχῇ σου θράσος.[35] οὐ κολληθήσεται[36] ἡ ψυχή σου μετὰ

---

[1] μοιχεία, ας, ἡ, adultery
[2] οἰωνοσκόπος, ου, ὁ, soothsayer
[3] ἐπειδή, conj, because, since
[4] ὁδηγέω pres act ind 3s, lead, guide
[5] εἰδωλολατρία, ας, ἡ, idolatry
[6] ἐπαοιδός, οῦ, ὁ, enchanter
[7] μαθηματικός, ή, όν, astrologer
[8] περικαθαίρω pres act ptcp m.s.nom., magician
[9] εἰδωλολατρία, ας, ἡ, idolatry
[10] ψεύστης, ου, ὁ, liar
[11] ἐπειδή, conj, because, since
[12] ὁδηγέω pres act ind 3s, lead, guide
[13] ψεῦσμα, ατος, τό, lying, untruthfulness
[14] κλοπή, ῆς, ἡ, theft
[15] φιλάργυρος, ον, avaricious, fond of money
[16] κενόδοξος, ον, conceited, boastful
[17] κλοπή, ῆς, ἡ, theft
[18] γόγγυσος, ον, grumbler
[19] ἐπειδή, conj, because, since
[20] ὁδηγέω pres act ind 3s, lead, guide
[21] βλασφημία, ας, ἡ, blasphemy
[22] αὐθάδης, ες, self-willed
[23] πονηρόφρων, ον, evil-minded
[24] βλασφημία, ας, ἡ, blasphemy
[25] πραΰς, πραεῖα, πραΰ, gentle, humble
[26] ἐπεί, conj, since
[27] πραΰς, πραεῖα, πραΰ, gentle, humble
[28] κληρονομέω fut act ind 3p, inherit
[29] μακρόθυμος, ον, even-tempered, patient
[30] ἐλεήμων, ον, merciful
[31] ἄκακος, ον, innocent, guileless
[32] ἡσύχιος, ον, quiet, well-ordered
[33] τρέμω pres act ptcp m.s.nom., tremble
[34] ὑψόω fut act ind 2s, lift up, exalt
[35] θράσος, ους, τό, arrogance
[36] κολλάω fut pass ind 3s, unite

## ΔΙΔΑΧΗ

ὑψηλῶν,[1] ἀλλὰ μετὰ δικαίων καὶ ταπεινῶν[2] ἀναστραφήσῃ.[3] **10** τὰ συμβαίνοντά[4] σοι ἐνεργήματα[5] ὡς ἀγαθὰ προσδέξῃ,[6] εἰδὼς ὅτι ἄτερ[7] Θεοῦ οὐδὲν γίνεται.

**4:1** Τέκνον μου, τοῦ λαλοῦντός σοι τὸν λόγον τοῦ Θεοῦ μνησθήσῃ[8] νυκτὸς καὶ ἡμέρας, τιμήσεις[9] δὲ αὐτὸν ὡς κύριον· ὅθεν[10] γὰρ ἡ κυριότης[11] λαλεῖται, ἐκεῖ κύριός ἐστιν. **2** ἐκζητήσεις[12] δὲ καθ' ἡμέραν τὰ πρόσωπα τῶν ἁγίων, ἵνα ἐπαναπαῇς[13] τοῖς λόγοις αὐτῶν. **3** οὐ ποθήσεις[14] σχίσμα,[15] εἰρηνεύσεις[16] δὲ μαχομένους·[17] κρινεῖς δικαίως,[18] οὐ λήψῃ πρόσωπον ἐλέγξαι[19] ἐπὶ παραπτώμασιν.[20] **4** οὐ διψυχήσεις,[21] πότερον[22] ἔσται ἢ οὔ. **5** Μὴ γίνου πρὸς μὲν τὸ λαβεῖν ἐκτείνων[23] τὰς χεῖρας, πρὸς δὲ τὸ δοῦναι συσπῶν.[24] **6** ἐὰν ἔχῃς διὰ τῶν χειρῶν σου, δώσεις λύτρωσιν[25] ἁμαρτιῶν σου. **7** οὐ διστάσεις[26] δοῦναι οὐδὲ διδοὺς γογγύσεις.[27] γνώσῃ γὰρ, τίς ἐστιν ὁ τοῦ

---

[1] ὑψηλός, ή, όν, arrogant, proud
[2] ταπεινόω pres act ptcp m.s.nom., humble
[3] ταπεινόω pres act ptcp m.s.nom., humble
[4] συμβαίνω pres act ptcp n.p.acc., happen, come about
[5] ἐνέργημα, ατος, τό, effect, experiences
[6] προσδέχομαι fut mid ind 2s, receive favorably
[7] ἄτερ, prep, without
[8] μιμνήσκομαι fut pass ind 2s, remember
[9] τιμάω fut act ind 2s, honor
[10] ὅθεν, adv, from where
[11] κυριότης, ητος, ἡ, Lord's nature
[12] ἐκζητέω fut act ind 2s, search for
[13] ἐπαναπαύομαι aor pass sub 2s, find comfort, support
[14] ποθέω fut act ind 2p, desire, wish, be anxious
[15] σχίσμα, ατος, τό, division
[16] εἰρηνεύω fut act ind 2s, make peace
[17] μάχομαι pres mid/pass ptcp m.p.acc., quarrel
[18] δικαίως, adv, justly
[19] ἐλέγχω aor act inf, bring to light, expose
[20] παράπτωμα, ατος τό, sin, transgression
[21] διψυχέω fut act ind 2s, undecided
[22] πότερος, α, ον, whether
[23] ἐκτείνω pres act ptcp m.s.nom., stretch out
[24] συσπάω pres act ptcp m.s.nom., draw together
[25] λύτρωσις, εως, ἡ, ransom, redemption
[26] διστάζω fut act ind 2s, hesitate
[27] γογγύζω fut act ind 2s, grumble

# ΔΙΔΑΧΗ

μισθοῦ[1] καλὸς[2] ἀνταποδότης.[3] **8** οὐκ ἀποστραφήσῃ[4] τὸν ἐνδεόμενον,[5] συγκοινωνήσεις[6] δὲ πάντα τῷ ἀδελφῷ σοῦ καὶ οὐκ ἐρεῖς ἴδια εἶναι· εἰ γὰρ ἐν τῷ ἀθανάτῳ[7] κοινωνοί[8] ἐστε, πόσῳ[9] μᾶλλον ἐν τοῖς θνητοῖς;[10] **9** Οὐκ ἀρεῖς τὴν χεῖρα σου ἀπὸ τοῦ υἱοῦ σου ἢ ἀπὸ τῆς θυγατρός[11] σου, ἀλλὰ ἀπὸ νεότητος[12] διδάξεις τὸν φόβον τοῦ θεοῦ. **10** οὐκ ἐπιτάξεις[13] δούλῳ σου ἢ παιδίσκῃ,[14] τοῖς ἐπὶ τὸν αὐτὸν θεὸν ἐλπίζουσιν, ἐν πικρίᾳ[15] σου, μήποτε,[16] οὐ μὴ φοβηθήσονται τὸν ἐπ᾽ ἀμφοτέροις[17] θεόν· οὐ γὰρ ἔρχεται κατὰ πρόσωπον καλέσαι, ἀλλ᾽ ἐφ᾽ οὓς τὸ πνεῦμα ἡτοίμασεν. **11** ὑμεῖς δὲ οἱ δοῦλοι ὑποταγήσεσθε[18] τοῖς κυρίοις ὑμῶν ὡς τύπῳ[19] θεοῦ ἐν αἰσχύνῃ[20] καὶ φόβῳ. **12** Μισήσεις πᾶσαν ὑπόκρισιν[21] καὶ πᾶν ὃ μὴ ἀρεστὸν[22] τῷ κυρίῳ. **13** οὐ μὴ ἐγκαταλίπῃς[23] ἐντολὰς κυρίου, φυλάξεις δὲ ἃ παρέλαβες, μήτε προστιθεὶς[24] μήτε ἀφαιρῶν.[25] **14** ἐν ἐκκλησίᾳ ἐξομολογήσῃ[26] τὰ παραπτώματά[27] σου, καὶ οὐ προσελεύσῃ ἐπὶ προσευχήν σου ἐν συνειδήσει[28] πονηρᾷ· αὕτη· ἐστὶν ἡ ὁδὸς τῆς ζωῆς.

---

[1] μισθός, οῦ, ὁ, reward
[2] καλός, ή, όν, good
[3] ἀνταποδότης, ου, ὁ, paymaster
[4] ἀποστρέφω fut pass ind 2s, turn away
[5] ἐνδέομαι pres mid/pass ptcp m.s.acc., to be in need
[6] συγκοινωνέω fut act ind 2s, share
[7] ἀθάνατος, ον, immortal
[8] κοινωνός, οῦ, ὁ and ἡ, sharer
[9] πόσος, η, ον, how much?
[10] θνητός, ή, όν, mortal
[11] θυγάτηρ, τρός, ἡ, daughter
[12] νεότης, τητος, ἡ, youth
[13] ἐπιτάσσω fut act ind 2s, command, order
[14] παιδίσκη, ης, ἡ, female servant/slave
[15] πικρία, ας, ἡ, anger
[16] μήποτε, adv, never
[17] ἀμφότεροι, αι, α, both
[18] ὑποτάσσω fut pass ind 2p, submit, subject
[19] τύπος, ου, ὁ, copy, image
[20] αἰσχύνη, ης, ἡ, modesty, reverence
[21] ὑπόκρισις, εως, ἡ, hypocrisy
[22] ἀρεστός, ή, όν, pleasing
[23] ἐγκαταλείπω aor act sub 2s, forsake
[24] προστίθημι pres act ptcp m.s.nom., add
[25] ἀφαιρέω pres act ptcp m.s.nom., take away
[26] ἐξομολογέω fut mid ind 2s, confess, admit
[27] παράπτωμα, ατος, τό, transgression
[28] συνείδησις, εως, ἡ, conscience

ΔΙΔΑΧΗ

**5:1** Ἡ δὲ τοῦ θανάτου ὁδός ἐστιν αὕτη· πρῶτον πάντων πονηρά ἐστι καὶ κατάρας[1] μεστή·[2] φόνοι,[3] μοιχεῖαι,[4] ἐπιθυμίαι, πορνεῖαι,[5] κλοπαί,[6] εἰδωλολατρίαι,[7] μαγεῖαι,[8] φαρμακίαι,[9] ἁρπαγαί,[10] ψευδομαρτυρίαι,[11] ὑποκρίσεις,[12] διπλοκαρδία,[13] δόλος,[14] ὑπερηφανία,[15] κακία,[16] αὐθάδεια,[17] πλεονεξία,[18] αἰσχρολογία,[19] ζηλοτυπία,[20] θρασύτης,[21] ὕψος,[22] ἀλαζονεία.[23] **2** διῶκται[24] ἀγαθῶν, μισοῦντες ἀλήθειαν, ἀγαπῶντες ψεῦδος,[25] οὐ γινώσκοντες μισθὸν[26] δικαιοσύνης, οὐ κολλώμενοι[27] ἀγαθῷ οὐδὲ κρίσει δικαίᾳ, ἀγρυπνοῦντες[28] οὐκ εἰς τὸ ἀγαθόν, ἀλλ᾽ εἰς τὸ πονηρόν, ὧν μακρὰν[29] πραΰτης[30] καὶ ὑπομονή, μάταια[31] ἀγαπῶντες, διώκοντες ἀνταπόδομα,[32] οὐκ ἐλεοῦντες[33] πτωχόν, οὐ πονοῦντες[34] ἐπὶ καταπονουμένῳ,[35] οὐ γινώσκοντες τὸν

---

[1] κατάρα, ας, ἡ, curse
[2] μεστός, ή, όν, full of
[3] φόνος, ου, ὁ, murder
[4] μοιχεία, ας, ἡ, adultery
[5] πορνεία, ας, ἡ, sexual immorality
[6] κλοπή, ῆς, ἡ, theif
[7] εἰδωλολατρία, ας, ἡ, image-worship, idolatry
[8] μαγεία, ας, ἡ, magic
[9] φαρμακεία, ας, ἡ, sorcery
[10] ἁρπαγή, ῆς, ἡ, robbery, plunder
[11] ψευδομαρτυρία, ας, ἡ, false witness
[12] ὑπόκρισις, εως, ἡ, hypocrite
[13] διπλοκαρδία, ας, ἡ, double-hearted
[14] δόλος, ου, ὁ, deceit
[15] ὑπερηφανία, ας, ἡ, arrogance
[16] κακία, ας, ἡ, malice, ill-will
[17] αὐθάδεια, ας, ἡ, arrogance, stubbornness
[18] πλεονεξία, ας, ἡ, greediness
[19] αἰσχρολογία, ας, ἡ, obsene speech, lewd talk
[20] ζηλοτυπία, ας, ἡ, jealousy
[21] θρασύτης, ητος, ἡ, arrogance
[22] ὕψος, ους, τό, exaltation
[23] ἀλαζονεία, ας, ἡ, pretension, boastfulness
[24] διώκτης, ου, ὁ, persecutor
[25] ψεῦδος, ους, τό, lie, falsehood
[26] μισθός, οῦ, ὁ, reward
[27] κολλάω pres mid/pass ptcp m.p.nom., cling to
[28] ἀγρυπνέω pres act ptcp m.p.nom., look after, care for
[29] μακράν, adv, far (away)
[30] πραΰτης, ητος, ἡ, gentleness, humility
[31] μάταιος, αία, αιον, fruitless, empty
[32] ἀνταπόδομα, ατος, τό, repayment
[33] ἐλεέω pres act ptcp m.p.nom., have compassion, mercy
[34] πονέω pres act ptcp m.p.nom., toil, labor
[35] καταπονέω pres mid/pass ptcp m.s.dat., oppress

## ΔΙΔΑΧΗ

ποιήσαντα αὐτούς, φονεῖς[1] τέκνων, φθορεῖς[2] πλάσματος,[3] ἀποστρεφόμενοι[4] τὸν ἐνδεόμενον,[5] καταπονοῦντες[6] τὸν θλιβόμενον,[7] πλουσίων[8] παράκλητοι,[9] πενήτων[10] ἄνομοι[11] κριταί,[12] πανθαμαρτητοί.[13] ῥυσθείητε,[14] τέκνα, ἀπὸ τούτων ἁπάντων.

**6:1** Ὅρα, μή τίς σε πλανήσῃ ἀπὸ ταύτης τῆς ὁδοῦ τῆς διδαχῆς,[15] ἐπεὶ[16] παρεκτὸς[17] θεοῦ σε διδάσκει. **2** εἰ μὲν γὰρ δύνασαι βαστάσαι[18] ὅλον τὸν ζυγὸν[19] τοῦ κυρίου, τέλειος[20] ἔσῃ· εἰ δ' οὐ δύνασαι, ὃ δύνῃ, τοῦτο ποίει. **3** Περὶ δὲ τῆς βρώσεως,[21] ὃ δύνασαι βάστασον·[22] ἀπὸ δὲ τοῦ εἰδωλοθύτου[23] λίαν[24] πρόσεχε·[25] λατρεία[26] γάρ ἐστιν θεῶν νεκρῶν.

**7:1** Περὶ δὲ τοῦ βαπτίσματος,[27] οὕτω βαπτίσατε· ταῦτα πάντα προειπόντες,[28] βαπτίσατε εἰς τὸ ὄνομα τοῦ πατρὸς καὶ τοῦ υἱοῦ

---

[1] φονεύς, έως, ὁ, murderer
[2] φθορεύς, έως, ὁ, abortionist, corruptor
[3] πλάσμα, ατος, τό, image
[4] ἀποστρέφω pres mid/pass ptcp m.p.nom., turn away
[5] ἐνδέομαι pres mid/pass ptcp m.s.acc., be in need
[6] καταπονέω pres mid/pass ptcp m.p.nom., oppress
[7] θλίβω pres mid/pass ptcp m.s.acc., oppress
[8] πλούσιος, ια, ιον, rich, wealthy
[9] παράκλητος, ου, ὁ, mediator, advocate
[10] πένης, ητος, poor
[11] ἄνομος, ον, lawless, unjust
[12] κριτής, οῦ, ὁ, judge
[13] πανθαμάρτητος, ον, altogether sinful
[14] ῥύομαι aor pass opt 2p, deliver, save, rescue
[15] διδαχή, ῆς, ἡ, teaching
[16] ἐπεὶ, conj, since
[17] παρεκτός, prep, apart from, except for
[18] βαστάζω aor act inf, bear, carry
[19] ζυγός, οῦ, ὁ, yoke
[20] τέλειος, α, ον, complete, mature
[21] βρῶσις, εως, ἡ, eating
[22] βαστάζω aor act impv 2s, bear, carry
[23] εἰδωλόθυτος, ον, meat offered to an idol
[24] λίαν, adv, exceedingly
[25] προσέχω pres act impv 2s, beware
[26] λατρεία, ας, ἡ, service, worship
[27] βάπτισμα, ατος, τό, baptism
[28] προεῖπον aor act ptcp m.p.nom., said beforehand

## ΔΙΔΑΧΗ

καὶ τοῦ ἁγίου πνεύματος ἐν ὕδατι ζῶντι. **2** ἐὰν δὲ μὴ ἔχῃς ὕδωρ ζῶν, εἰς ἄλλο ὕδωρ βάπτισον· εἰ δ' οὐ δύνασαι ἐν ψυχρῷ,[1] ἐν θερμῷ.[2] **3** ἐὰν δὲ ἀμφότερα[3] μὴ ἔχῃς, ἔκχεον[4] εἰς τὴν κεφαλὴν τρὶς[5] ὕδωρ εἰς ὄνομα πατρὸς καὶ υἱοῦ καὶ ἁγίου πνεύματος. **4** πρὸ δὲ τοῦ βαπτίσματος[6] προνηστευσάτω[7] ὁ βαπτίζων καὶ ὁ βαπτιζόμενος καὶ εἴ τινες ἄλλοι δύνανται· κελεύεις[8] δὲ νηστεῦσαι[9] τὸν βαπτιζόμενον πρὸ μιᾶς ἢ δύο.

**8:1** Αἱ δὲ νηστεῖαι[10] ὑμῶν μὴ ἔστωσαν μετὰ τῶν ὑποκριτῶν.[11] νηστεύουσι[12] γὰρ δευτέρᾳ σαββάτων καὶ πέμπτῃ·[13] ὑμεῖς δὲ νηστεύσατε[14] τετράδα[15] καὶ παρασκευήν.[16] **2** μηδὲ προσεύχεσθε ὡς οἱ ὑποκριταί,[17] ἀλλ' ὡς ἐκέλευσεν[18] ὁ κύριος ἐν τῷ εὐαγγελίῳ αὐτοῦ, οὕτω προσεύχεσθε· Πάτερ ἡμῶν ὁ ἐν τῷ οὐρανῷ, ἁγιασθήτω[19] τὸ ὄνομά σου, ἐλθέτω ἡ βασιλεία σου, γενηθήτω τὸ θέλημά σου ὡς ἐν οὐρανῷ καὶ ἐπὶ γῆς· τὸν ἄρτον ἡμῶν τὸν ἐπιούσιον[20] δὸς ἡμῖν σήμερον, καὶ ἄφες ἡμῖν τὴν ὀφειλὴν[21] ἡμῶν, ὡς καὶ ἡμεῖς ἀφίεμεν τοῖς ὀφειλέταις[22] ἡμῶν, καὶ μὴ εἰσενέγκῃς[23] ἡμᾶς εἰς πειρασμόν,[24] ἀλλὰ ῥῦσαι[25] ἡμᾶς ἀπὸ τοῦ πονηροῦ· ὅτι σοῦ ἐστιν ἡ δύναμις καὶ ἡ δόξα εἰς τοὺς αἰῶνας. **3** τρὶς[26] τῆς ἡμέρας οὕτω προσεύχεσθε.

---

[1] ψυχρός, ά, όν, cold
[2] θερμός, ή, όν, warm
[3] ἀμφότεροι, αι, α, both
[4] ἐκχέω aor act impv 2s, pour
[5] τρίς, adv, three times
[6] βάπτισμα, ατος, τό, baptism
[7] προνηστεύω aor act impv 3s, fast beforehand
[8] κελεύω pres act ind 2s, command
[9] νηστεύω aor act inf, fast
[10] νεστεία, ας, ἡ, fast, go hungry
[11] ὑποκριτής, οῦ, ὁ, pretender, hypocrite
[12] νηστεύω pres act ind 3p, fast
[13] πέμπτος, η, ον, fifth i.e. fifth day; Thursday
[14] νηστεύω aor act impv 2p, fast
[15] τετράς, άδος, ἡ, four i.e. fourth day; Wednesday
[16] παρασκευή, ῆς, ἡ, day of preparation i.e. Friday of Passover week
[17] ὑποκριτής, οῦ, ὁ, hypocrite
[18] κελεύω aor act ind 3s, command
[19] ἁγιάζω aor pass impv 3s, hallow
[20] ἐπιούσιος, ον, daily
[21] ὀφειλή, ῆς, ἡ, debt
[22] ὀφειλέτης, ου, ὁ, debtor
[23] εἰσφέρω aor act sub 2s, lead
[24] πειρασμός, οῦ, ὁ, temptation
[25] ῥύομαι aor mid impv 2s, deliver
[26] τρίς, adv, three times

ΔΙΔΑΧΗ

**9:1** Περὶ δὲ τῆς εὐχαριστίας,[1] οὕτως εὐχαριστήσατε. **2** πρῶτον περὶ τοῦ ποτηρίου· Εὐχαριστοῦμέν σοι, πάτερ ἡμῶν, ὑπὲρ τῆς ἁγίας ἀμπέλου[2] Δαυὶδ τοῦ παιδός[3] σου, ἧς ἐγνώρισας[4] ἡμῖν διὰ Ἰησοῦ τοῦ παιδός[5] σου· σοὶ ἡ δόξα εἰς τοὺς αἰῶνας. **3** περὶ δὲ τοῦ κλάσματος·[6] Εὐχαριστοῦμέν σοι, πάτερ ἡμῶν, ὑπὲρ τῆς ζωῆς καὶ γνώσεως,[7] ἧς ἐγνώρισας[8] ἡμῖν διὰ Ἰησοῦ τοῦ παιδός[9] σου. σοὶ ἡ δόξα εἰς τοὺς αἰῶνας. **4** ὥσπερ ἦν τοῦτο τὸ κλάσμα[10] διεσκορπισμένον[11] ἐπάνω[12] τῶν ὀρέων καὶ συναχθὲν ἐγένετο ἕν, οὕτω συναχθήτω σου ἡ ἐκκλησία ἀπὸ τῶν περάτων[13] τῆς γῆς εἰς τὴν σὴν βασιλείαν. ὅτι σοῦ ἐστιν ἡ δόξα καὶ ἡ δύναμις διὰ Ἰησοῦ Χριστοῦ εἰς τοὺς αἰῶνας. **5** μηδεὶς δὲ φαγέτω μηδὲ πιέτω ἀπὸ τῆς εὐχαριστίας[14] ὑμῶν, ἀλλ' οἱ βαπτισθέντες εἰς ὄνομα κυρίου· καὶ γὰρ περὶ τούτου εἴρηκεν ὁ κύριος· Μὴ δῶτε τὸ ἅγιον τοῖς κυσί.[15]

**10:1** Μετὰ δὲ τὸ ἐμπλησθῆναι[16] οὕτως εὐχαριστήσατε· **2** Εὐχαριστοῦμέν σοι, πάτερ ἅγιε, ὑπὲρ τοῦ ἁγίου ὀνόματός σου, οὗ κατεσκήνωσας[17] ἐν ταῖς καρδίαις ἡμῶν, καὶ ὑπὲρ τῆς γνώσεως[18] καὶ πίστεως καὶ ἀθανασίας,[19] ἧς ἐγνώρισας[20] ἡμῖν διὰ Ἰησοῦ

---

[1] εὐχαριστία, ας, ἡ, Eucharist
[2] ἄμπελος, ου, ἡ, vine
[3] παῖς, παιδός, ὁ or ἡ, servant
[4] γνωρίζω aor act ind 2s, make known
[5] παῖς, παιδός, ὁ or ἡ, servant
[6] κλάσμα, ατος, τό, piece (i.e. broken bread)
[7] γνῶσις, εως, ἡ, knowledge
[8] γνωρίζω aor act ind 2s, reveal
[9] παῖς, παιδός, ὁ or ἡ, servant or slave
[10] κλάσμα, ατος, τό, piece (i.e., broken bread)
[11] διασκορπίζω perf mid/pass ptcp n.s.nom., scatter
[12] ἐπάνω, prep, upon
[13] πέρας, ατος, τό, end
[14] εὐχαριστία, ας, ἡ, Eucharist
[15] κύων, κυνός, ὁ, dog
[16] ἐμπίπλημι aor pass inf, satisfied
[17] κατασκηνόω aor act ind 2s, cause to live
[18] γνῶσις, εως, ἡ, knowledge
[19] ἀθανασία, ας, ἡ, immortality
[20] γνωρίζω aor act ind 2s, to make known

## ΔΙΔΑΧΗ

τοῦ παιδός[1] σου· σοὶ ἡ δόξα εἰς τοὺς αἰῶνας. 3 σύ, δέσποτα[2] παντοκράτορ,[3] ἔκτισας[4] τὰ πάντα ἕνεκεν[5] τοῦ ὀνόματός σου, τροφήν[6] τε καὶ ποτὸν[7] ἔδωκας τοῖς ἀνθρώποις εἰς ἀπόλαυσιν,[8] ἵνα σοι εὐχαριστήσωσιν, ἡμῖν δὲ ἐχαρίσω[9] πνευματικὴν[10] τροφὴν[11] καὶ ποτόν[12] καὶ ζωὴν αἰώνιον διὰ τοῦ παιδός[13] σου. 4 πρὸ πάντων εὐχαριστοῦμέν σοι, ὅτι δυνατὸς εἶ· σοὶ ἡ δόξα εἰς τοὺς αἰῶνας. 5 μνήσθητι,[14] κύριε, τῆς ἐκκλησίας σου, τοῦ ῥύσασθαι[15] αὐτὴν ἀπὸ παντὸς πονηροῦ καὶ τελειῶσαι[16] αὐτὴν ἐν τῇ ἀγάπῃ σου, καὶ σύναξον αὐτὴν ἀπὸ τῶν τεσσάρων ἀνέμων, τὴν ἁγιασθεῖσαν,[17] εἰς τὴν σὴν βασιλείαν, ἣν ἡτοίμασας αὐτῇ· ὅτι σοῦ ἐστιν ἡ δύναμις καὶ ἡ δόξα εἰς τοὺς αἰῶνας. 6 ἐλθέτω χάρις καὶ παρελθέτω[18] ὁ κόσμος οὗτος. Ὡσαννὰ[19] τῷ θεῷ Δαυείδ. εἴ τις ἅγιός ἐστιν, ἐρχέσθω· εἴ τις οὐκ ἔστι, μετανοείτω· μαρὰν ἀθά.[20] ἀμήν. 7 τοῖς δὲ προφήταις ἐπιτρέπετε[21] εὐχαριστεῖν ὅσα θέλουσιν.

**11:1** Ὃς ἂν οὖν ἐλθὼν διδάξῃ ὑμᾶς ταῦτα πάντα τὰ προειρημένα,[22] δέξασθε αὐτόν· 2 ἐὰν δὲ αὐτὸς ὁ διδάσκων στραφεὶς[23] διδάσκῃ ἄλλην διδαχὴν[24] εἰς τὸ καταλῦσαι,[25] μὴ

---

[1] παῖς, παιδός, ὁ or ἡ, servant
[2] δεσπότης, οῦ, ὁ, master
[3] παντοκράτωρ, ορος, ὁ, Almighty
[4] κτίζω aor act ind 2s, create
[5] ἕνεκα, prep, because of, on account of
[6] τροφή, ῆς, ἡ, food
[7] πότος, ου, ὁ, drinking party
[8] ἀπόλαυσις, εως, ἡ, enjoyment
[9] χαρίζομαι aor mid ind 2s, give graciously
[10] πνευματικός, ή, όν, spiritual
[11] τροφή, ῆς, ἡ, food
[12] πότος, ου, ὁ, drinking party
[13] παῖς, παιδός, ὁ or ἡ, servant
[14] μιμνήσκομαι aor pass impv 2s, remember
[15] ῥύσασθαι aor mid inf, deliver
[16] τελειόω aor act inf, make perfect
[17] ἁγιάζω aor pass ptcp f.s.acc., make holy, consecrate
[18] παρέρχομαι aor act impv 3s, pass away
[19] ὡσαννά, hosanna
[20] μαραναθά, marantha
[21] ἐπιτρέπω pres act impv 2p, permit
[22] προλέγω perf mid/pass ptcp n.p.acc., told beforehand
[23] στρέφω aor pass ptcp m.s.nom., turn
[24] διδαχή, ῆς, ἡ, teaching
[25] καταλῦσαι aor act inf, destroy

# ΔΙΔΑΧΗ

αὐτοῦ ἀκούσητε· εἰς δὲ τὸ προσθεῖναι¹ δικαιοσύνην καὶ γνῶσιν² κυρίου, δέξασθε αὐτὸν ὡς κύριον. **3** Περὶ δὲ τῶν ἀποστόλων καὶ προφητῶν, κατὰ τὸ δόγμα³ τοῦ εὐαγγελίου οὕτω ποιήσατε. **4** πᾶς δὲ ἀπόστολος ἐρχόμενος πρὸς ὑμᾶς δεχθήτω ὡς κύριος· **5** οὐ μενεῖ δὲ εἰ μὴ ἡμέραν μίαν· ἐὰν δὲ ᾖ χρεία, καὶ τὴν ἄλλην· τρεῖς δὲ ἐὰν μείνῃ, ψευδοπροφήτης⁴ ἐστίν. **6** ἐξερχόμενος δὲ ὁ ἀπόστολος μηδὲν λαμβανέτω εἰ μὴ ἄρτον, ἕως οὗ αὐλισθῇ·⁵ ἐὰν δὲ ἀργύριον⁶ αἰτῇ, ψευδοπροφήτης⁷ ἐστί. **7** Καὶ πάντα προφήτην λαλοῦντα ἐν πνεύματι οὐ πειράσετε οὐδὲ διακρινεῖτε·⁸ πᾶσα γὰρ ἁμαρτία ἀφεθήσεται, αὕτη· δὲ ἡ ἁμαρτία οὐκ ἀφεθήσεται. **8** οὐ πᾶς δὲ ὁ λαλῶν ἐν πνεύματι προφήτης ἐστίν, ἀλλ' ἐὰν ἔχῃ τοὺς τρόπους⁹ κυρίου. ἀπὸ οὖν τῶν τρόπων¹⁰ γνωσθήσεται ὁ ψευδοπροφήτης¹¹ καὶ ὁ προφήτης. **9** καὶ πᾶς προφήτης ὁρίζων¹² τράπεζαν¹³ ἐν πνεύματι οὐ φάγεται ἀπ' αὐτῆς, εἰ δὲ μήγε¹⁴ ψευδοπροφήτης¹⁵ ἐστί. **10** πᾶς δὲ προφήτης διδάσκων τὴν ἀλήθειαν, εἰ ἃ διδάσκει οὐ ποιεῖ, ψευδοπροφήτης¹⁶ ἐστίν. **11** πᾶς δὲ προφήτης δεδοκιμασμένος,¹⁷ ἀληθινός,¹⁸ ποιῶν εἰς μυστήριον¹⁹ κοσμικὸν²⁰ ἐκκλησίας, μὴ διδάσκων δὲ ποιεῖν, ὅσα αὐτὸς ποιεῖ, οὐ κριθήσεται ἐφ' ὑμῶν· μετὰ θεοῦ γὰρ ἔχει τὴν

---

¹ προστίθημι aor act inf, add to
² γνῶσις, εως, ἡ, knowledge
³ δόγμα, ατος, τό, ordinance, decision
⁴ ψευδοπροφήτης, ου, ὁ, false prophet
⁵ αὐλίζομαι aor pass sub 3s, spend the night
⁶ ἀργύριον, ου, τό, silver money
⁷ ψευδοπροφήτης, ου, ὁ, false prophet
⁸ διακρίνω fut act ind 2p, evaluation, judge
⁹ τρόπος, ου, ὁ, ways, kind of life
¹⁰ τρόπος, ου, ὁ, ways, kind of life
¹¹ ψευδοπροφήτης, ου, ὁ, false prophet
¹² ὁρίζων pres act ptcp m.s.nom., orders
¹³ τράπεζα, ης, ἡ, table
¹⁴ μήγε, part, otherwise
¹⁵ ψευδοπροφήτης, ου, ὁ, false prophet
¹⁶ ψευδοπροφήτης, ου, ὁ, false prophet
¹⁷ δοκιμάζω perf mid/pass ptcp m.s.nom., put to the test, examine
¹⁸ ἀληθινός, ή, όν, true
¹⁹ μυστήριον, ου, τό, mystery
²⁰ κοσμικός, ή, όν, wordly, earthly

## ΔΙΔΑΧΗ

κρίσιν· ὡσαύτως¹ γὰρ ἐποίησαν καὶ οἱ ἀρχαῖοι² προφῆται. **12** ὃς δ' ἂν εἴπῃ ἐν πνεύματι· δός μοι ἀργύρια³ ἢ ἕτερά τινα, οὐκ ἀκούσεσθε αὐτοῦ· ἐὰν δὲ περὶ ἄλλων ὑστερούντων⁴ εἴπῃ δοῦναι, μηδεὶς αὐτὸν κρινέτω.

**12:1** Πᾶς δὲ ὁ ἐρχόμενος ἐν ὀνόματι κυρίου δεχθήτω. ἔπειτα⁵ δὲ δοκιμάσαντες⁶ αὐτὸν γνώσεσθε, σύνεσιν⁷ γὰρ ἕξετε δεξιὰν καὶ ἀριστεράν.⁸ **2** εἰ μὲν παρόδιός⁹ ἐστιν ὁ ἐρχόμενος, βοηθεῖτε¹⁰ αὐτῷ, ὅσον δύνασθε· οὐ μενεῖ δὲ πρὸς ὑμᾶς εἰ μὴ δύο ἢ τρεῖς ἡμέρας, ἐὰν ᾖ ἀνάγκη.¹¹ **3** εἰ δὲ θέλει πρὸς ὑμᾶς καθῆσθαι, τεχνίτης¹² ὤν, ἐργαζέσθω καὶ φαγέτω. **4** εἰ δὲ οὐκ ἔχει τέχνην,¹³ κατὰ τὴν σύνεσιν¹⁴ ὑμῶν προνοήσατε,¹⁵ πῶς μὴ ἀργὸς¹⁶ μεθ' ὑμῶν ζήσεται Χριστιανός.¹⁷ **5** εἰ δ' οὐ θέλει οὕτω ποιεῖν, χριστέμπορός¹⁸ ἐστι· προσέχετε¹⁹ ἀπὸ τῶν τοιούτων.

**13:1** Πᾶς δὲ προφήτης ἀληθινὸς²⁰ θέλων καθῆσθαι πρὸς ὑμᾶς ἄξιός ἐστι τῆς τροφῆς²¹ αὐτοῦ. **2** ὡσαύτως²² διδάσκαλος ἀληθινός²³ ἐστιν ἄξιος καὶ αὐτὸς ὥσπερ ὁ ἐργάτης,²⁴ τῆς τροφῆς²⁵ αὐτοῦ. **3** πᾶσαν οὖν ἀπαρχὴν²⁶ γεννημάτων²⁷ ληνοῦ²⁸ καὶ

---

[1] ὡσαύτως, adv, in the same manner
[2] ἀρχαῖος, αία, αῖον, ancient
[3] ἀργύριον, ου, τό, silver money
[4] ὑστερέω pres act ptcp m.p.gen., be needy
[5] ἔπειτα, adv, then
[6] δοκιμάζω aor act ptcp m.p.nom., put to the test, examine
[7] σύνεσις, εως, ἡ, understanding
[8] ἀριστερός, ά, όν, left
[9] παρόδιος, ον, one who is traveling by
[10] βοηθέω pres act impv 2p, assist, help
[11] ἀνάγκη, ης, ἡ, necessity
[12] τεχνίτης, ου, ὁ, craftsman, artisan
[13] τέχνη, ης, ἡ, skill, trade
[14] σύνεσις, εως, ἡ, understanding
[15] προνοέω, aor act impv 2p, take into consideration
[16] ἀργός, ή, όν, lazy
[17] Χριστιανός, οῦ, ὁ, Christian
[18] χριστέμπορος, ου, ὁ, Christ-monger
[19] προσέχω pres act impv 2p, pay attention, beware
[20] ἀληθινός, ή, όν, true
[21] τροφή, ῆς, ἡ, food
[22] ὡσαύτως, adv, similarly, likewise
[23] ἀληθινός, ή, όν, true
[24] ἐργάτης, ου, ὁ, laborer, worker
[25] τροφή, ῆς, ἡ, food
[26] ἀπαρχή, ῆς, ἡ, first-fruits
[27] γέννημα, ατος, τό, offspring
[28] ληνός, οῦ, ἡ, wine-press

# ΔΙΔΑΧΗ

ἄλωνος,¹ βοῶν² τε καὶ προβάτων λαβὼν δώσεις τὴν ἀπαρχὴν³ τοῖς προφήταις· αὐτοὶ γάρ εἰσιν οἱ ἀρχιερεῖς ὑμῶν. **4** ἐὰν δὲ μὴ ἔχητε προφήτην, δότε τοῖς πτωχοῖς. **5** ἐὰν σιτίαν⁴ ποιῇς, τὴν ἀπαρχὴν⁵ λαβὼν δὸς κατὰ τὴν ἐντολήν. **6** ὡσαύτως⁶ κεράμιον⁷ οἴνου ἢ ἐλαίου⁸ ἀνοίξας, τὴν ἀπαρχὴν⁹ λαβὼν δὸς τοῖς προφήταις· **7** ἀργυρίου¹⁰ δὲ καὶ ἱματισμοῦ¹¹ καὶ παντὸς κτήματος¹² λαβὼν τὴν ἀπαρχήν,¹³ ὡς ἄν σοι δόξῃ, δὸς κατὰ τὴν ἐντολήν.

**14:1** Κατὰ κυριακὴν¹⁴ δὲ κυρίου συναχθέντες κλάσατε¹⁵ ἄρτον καὶ εὐχαριστήσατε, προεξομολογησάμενοι¹⁶ τὰ παραπτώματα¹⁷ ὑμῶν, ὅπως καθαρὰ¹⁸ ἡ θυσία¹⁹ ὑμῶν ᾖ. **2** πᾶς δὲ ἔχων τὴν ἀμφιβολίαν²⁰ μετὰ τοῦ ἑταίρου²¹ αὐτοῦ μὴ συνελθέτω²² ὑμῖν, ἕως οὗ διαλλαγῶσιν,²³ ἵνα μὴ κοινωθῇ²⁴ ἡ θυσία²⁵ ὑμῶν. **3** αὕτη· γάρ ἐστιν ἡ ῥηθεῖσα ὑπὸ κυρίου· Ἐν παντὶ τόπῳ καὶ χρόνῳ προσφέρειν μοι θυσίαν²⁶ καθαράν.²⁷ ὅτι βασιλεὺς μέγας εἰμί, λέγει κύριος, καὶ τὸ ὄνομά μου θαυμαστὸν²⁸ ἐν τοῖς ἔθνεσι.

---

¹ ἅλων, ωνος, ἡ, threshing-floor
² βοῦς, βοός, cow, ox
³ ἀπαρχή, ῆς, ἡ, first-fruits
⁴ σιτία, ας, ἡ, dough, bread
⁵ ἀπαρχή, ῆς, ἡ, first-fruits
⁶ ὡσαύτως, adv, similarly, likewise
⁷ κεράμιον, ου, τό, earthenware vessel, jar
⁸ ἔλαιον, ου, τό, olive oil
⁹ ἀπαρχή, ῆς, ἡ, first-fruits
¹⁰ ἀργύριον, ου, τό, silver
¹¹ ἱματισμός, οῦ, ὁ, clothing
¹² κτῆμα, ατος, τό, property, possessions
¹³ ἀπαρχή, ῆς, ἡ, first-fruits
¹⁴ κυριακός, ή, όν, the Lord's
¹⁵ κλάω aor act impv 2s, break
¹⁶ προεξομολογέομαι aor mid ptcp m.p.nom., confess beforehand
¹⁷ παράπτωμα, ατος, τό, transgression
¹⁸ καθαρός, ά, όν, clean, pure
¹⁹ θυσία, ας, ἡ, sacrifice
²⁰ ἀμφιβολία, ας, ἡ, quarrel
²¹ ἑταῖρος, ου, ὁ, comrade, friend
²² συνέρχομαι aor act impv 3s, come together
²³ διαλλάσσομαι aor act sub 3p, become reconciled
²⁴ κοινόω aor pass sub 3s, become defiled
²⁵ θυσία, ας, ἡ, sacrifice
²⁶ θυσία, ας, ἡ, sacrifice
²⁷ καθαρός, ά, όν, clean, pure
²⁸ θαυμαστός, ή, όν, wonderful, marvelous

## ΔΙΔΑΧΗ

**15:1** Χειροτονήσατε[1] οὖν ἑαυτοῖς ἐπισκόπους[2] καὶ διακόνους[3] ἀξίους τοῦ κυρίου, ἄνδρας πραεῖς[4] καὶ ἀφιλαργύρους[5] καὶ ἀληθεῖς[6] καὶ δεδοκιμασμένους·[7] ὑμῖν γὰρ λειτουργοῦσι[8] καὶ αὐτοὶ τὴν λειτουργίαν[9] τῶν προφητῶν καὶ διδασκάλων. **2** μὴ οὖν ὑπερίδητε[10] αὐτούς· αὐτοὶ γάρ εἰσιν οἱ τετιμημένοι[11] ὑμῶν μετὰ τῶν προφητῶν καὶ διδασκάλων. **3** Ἐλέγχετε[12] δὲ ἀλλήλους μὴ ἐν ὀργῇ, ἀλλ' ἐν εἰρήνῃ ὡς ἔχετε ἐν τῷ εὐαγγελίῳ· καὶ παντὶ ἀστοχοῦντι[13] κατὰ τοῦ ἑτέρου μηδεὶς λαλείτω μηδὲ παρ' ὑμῶν ἀκουέτω, ἕως οὗ μετανοήσῃ. **4** τὰς δὲ εὐχὰς[14] ὑμῶν καὶ τὰς ἐλεημοσύνας[15] καὶ πάσας τὰς πράξεις[16] οὕτω ποιήσατε, ὡς ἔχετε ἐν τῷ εὐαγγελίῳ τοῦ κυρίου ἡμῶν.

**16:1** Γρηγορεῖτε[17] ὑπὲρ τῆς ζωῆς ὑμῶν· οἱ λύχνοι[18] ὑμῶν μὴ σβεσθήτωσαν,[19] καὶ αἱ ὀσφύες[20] ὑμῶν μὴ ἐκλυέσθωσαν,[21] ἀλλὰ γίνεσθε ἕτοιμοι·[22] οὐ γὰρ οἴδατε τὴν ὥραν, ἐν ᾗ ὁ κύριος ἡμῶν ἔρχεται. **2** πυκνῶς[23] δὲ συναχθήσεσθε ζητοῦντες τὰ ἀνήκοντα[24]

---

[1] χειροτονέω aor act impv 2p, choose, elect by raising hands
[2] ἐπίσκοπος, ου, ὁ, overseer
[3] διάκονος, ου, ὁ or ἡ, servant
[4] πραΰς, πραεῖα, πραΰ, gentle, humble
[5] ἀφιλάργυρος, ον, not a lover of money
[6] ἀληθής, ές, truthful, honest
[7] δοκιμάζω perf mid/pass ptcp m.p.acc., tested, approved
[8] λειτουργέω pres act ind 3p, perform, serve
[9] λειτουργία, ας, ἡ, service
[10] ὑπεροράω aor act sub 2p, disdain, despise
[11] τιμάω perf mid/pass ptcp m.p.nom., esteem, honor
[12] ἐλέγχω pres act impv 2p, bring to light, expose
[13] ἀστοχέω pres act ptcp m.s.dat., wrong someone
[14] εὐχή, ῆς, ἡ, prayer
[15] ἐλεημοσύνη, ης, ἡ, alms, charitable gift
[16] πρᾶξις, εως, ἡ, action, deed
[17] γρηγορέω pres act impv 2p, be watchful
[18] λύχνος, ου, ὁ, lamp
[19] σβέννυμι aor pass impv 3p, extinguish, be put out
[20] ὀσφῦς, ύος, ἡ, waist, loins
[21] ἐκλύω aor sub pass 3p, ungirded waist
[22] ἕτοιμος, η, ον, ready
[23] πυκνῶς, frequently, often
[24] ἀνήκω pres act ptcp n.s.acc., belong, relate

# ΔΙΔΑΧΗ

ταῖς ψυχαῖς ὑμῶν· οὐ γὰρ ὠφελήσει[1] ὑμᾶς ὁ πᾶς χρόνος τῆς πίστεως ὑμῶν, ἐὰν μὴ ἐν τῷ ἐσχάτῳ καιρῷ τελειωθῆτε.[2] **3** ἐν γὰρ ταῖς ἐσχάταις ἡμέραις πληθυνθήσονται[3] οἱ ψευδοπροφῆται[4] καὶ οἱ φθορεῖς,[5] καὶ στραφήσονται[6] τὰ πρόβατα εἰς λύκους,[7] καὶ ἡ ἀγάπη· στραφήσεται[8] εἰς μῖσος. **4** αὐξανούσης[9] γὰρ τῆς ἀνομίας[10] μισήσουσιν ἀλλήλους καὶ διώξουσι καὶ παραδώσουσι. καὶ τότε φανήσεται ὁ κοσμοπλανὴς[11] ὡς υἱὸς θεοῦ, καὶ ποιήσει σημεῖα καὶ τέρατα,[12] καὶ ἡ γῆ παραδοθήσεται εἰς χεῖρας αὐτοῦ, καὶ ποιήσει ἀθέμιτα,[13] ἃ οὐδέποτε[14] γέγονεν ἐξ αἰῶνος. **5** τότε ἥξει[15] ἡ κτίσις[16] τῶν ἀνθρώπων εἰς τὴν πύρωσιν[17] τῆς δοκιμασίας,[18] καὶ σκανδαλισθήσονται[19] πολλοὶ καὶ ἀπολοῦνται, οἱ δὲ ὑπομείναντες[20] ἐν τῇ πίστει αὐτῶν σωθήσονται ὑπ' αὐτοῦ τοῦ καταθέματος.[21] **6** καὶ τότε φανήσεται τὰ σημεῖα τῆς ἀληθείας· πρῶτον σημεῖον ἐκπετάσεως[22] ἐν οὐρανῷ, εἶτα[23] σημεῖον φωνῆς σάλπιγγος,[24] καὶ τὸ τρίτον ἀνάστασις νεκρῶν. **7** οὐ πάντων δέ, ἀλλ' ὡς ἐρρέθη· Ἥξει[25] ὁ κύριος καὶ πάντες οἱ ἅγιοι μετ' αὐτοῦ. **8** τότε ὄψεται ὁ κόσμος τὸν κύριον ἐρχόμενον ἐπάνω[26] τῶν νεφελῶν[27] τοῦ οὐρανοῦ.

[1] ὠφελέω fut act ind 3s, provide assistance, benefit
[2] τελειόω aor pass sub 2s, complete
[3] πληθύνω fut pass ind 3p, increase grow
[4] ψευδοπροφήτης, ου, ὁ, false prophet
[5] φθορεύς, έως, ὁ, corrupter
[6] στρέφω fut pass ind 3p, turn around
[7] λύκος, ου, ὁ, wolf
[8] στρέφω fut pass ind 3s, turn around
[9] αὐξάνω pres act ptcp f.s.gen., grow
[10] ἀνομία, ας, ἡ, lawlessness
[11] κοσμοπλανής, ῆτος, ὁ, deceiver of the world
[12] τέρας, ατος, τό, wonder
[13] ἀθέμιτος, ον, wanton, commit lawless acts
[14] οὐδέποτε, adv, never
[15] ἥκω fut act ind 3s, come
[16] κτίσις, εως, ἡ, creation
[17] πύρωσις, εως, ἡ, burning
[18] δοκιμασία, ας, ἡ, testing, examination
[19] σκανδαλίζω fut pass ind 3p, cause to sin
[20] ὑπομένω aor act ptcp m.p.nom., endure
[21] κατάθεμα, ατος, τό, curse
[22] ἐκπέτασις, εως, ἡ, opening
[23] εἶτα, adv, next
[24] σάλπιγξ, ιγγος, ἡ, trumpet
[25] ἥκω fut act ind 3s, come
[26] ἐπάνω, prep, above
[27] νεφέλη, ης, ἡ, cloud

# Barnabas
APOSTOLIC FATHERS GREEK READER

VOLUME 2

## INTRODUCTION TO *The EPISTLE OF BARNABAS*

Although some early Christian authors like Clement of Alexandria regarded *The Epistle of Barnabas* as canonical Scripture from the Apostolic era,[1] the work is today recognized as an important witness to early second-century Christianity's search for an identity distinct from Judaism. The letter thus seeks to address the relationship between the Christian Faith and its Jewish parentage as well as the proper way to read the Old Testament.[2]

*Date and Author*

The beginning (1.1–5) and ending (21.9) are reminiscent of a genuine letter. The author speaks at some length of the joy that he had when he was with his readers and saw first-hand the way that the Holy Spirit had been richly poured out upon their community (1.3). The text does not directly identify a particular author, however. Rather, the writer identifies himself as a spiritual father (1.1; 7.1; 9.7), a servant of the community to which he is writing (6.5), and their teacher (6.10; 14.1; 16.1; 17.1–2). Although there are no actual citations of New Testament texts, there are definite allusions to New Testament passages (e.g., cf. 4.14 with Matt 22:14; 5.9 with Matt 9:13 and Mark 2:17; 7.11 with Acts 14:22; 16.10 with Eph 2:22).[3] And with the explicit mention of the name of Jesus (2.6; 7.7, 10–11; 8.5; 9.7; 11.11; 12.6, 8–10; 14.5), the incarnation and crucifixion (5.1–14; 7.2–11; 8.5; 9.8–9; 11.1; 12.1–11), there is little doubt that this is a Christian text.

The historical Barnabas (Acts 11–15; Gal 2) was regarded as the author by early Christian authors like Clement of Alexandria and

---

[1] Eusebius of Caesarea, *Church History* 6.14.

[2] Michael W. Holmes, *The Apostolic Fathers: Greek Texts and English Translations*, 3rd ed. (Grand Rapids, MI: Baker Academic, 2007), 370.

[3] James Clareton-Paget, "The Epistle of Barnabas and the Writings That Later Formed the New Testament" in The Reception of the New Testament in the Apostolic Fathers, ed. Andrew F. Gregory and Christopher M. Tuckett,(Oxford: Oxford University Press, 2005), 229–49.

Jerome, but contemporary commentators agree that the text is an anonymous creation of the second century.[4] Without a clearly identified author, precise dating is difficult, although a good case can be made for the first half of the second century—possibly even before the Second Jewish Revolt of 132–35 CE and the possible locale of Alexandria as the site of authorship.[5]

*Text Traditions*

The *Epistle of Barnabas* appears in two complete Greek texts and nine partial Greek texts. It first appears in Codex Sinaiticus (4th century AD). After the complete New Testament in this codex comes both *Barnabas* and *Shepherd of Hermas*, which may be an indication of the way in which these text two texts were regarded as canonical like the rest of the New Testament. Second, it appears in Codex Hierosolymitanus (1056 CE). This is a famous codex that was identified by Philotheos Bryennios (1833–1917), the Greek Orthodox metropolitan of Nicomedia, in 1873. Other texts from the Apostolic Fathers were found in this codex, namely the *Didache*, *1 and 2 Clement*, and the longer recession of the Ignatian Letters.

Noteworthy in *Barnabas* is the Two Ways tradition (18–21). Much of this version of the Two Ways tradition is similar to the Two Ways material in the *Didache* (1–6). However, the consensus among scholars of early Christianity recognizes no literary influence between the *Didache* and *Barnabas*.[6] Rather, *Barnabas'* grounding of the Two Ways tradition in an angelic cosmology reflects more the Qumran "Treatise of the Two Spirits" (1QS 3–4).

---

[4] Clayton N. Jefford, *Reading the Apostolic Fathers: A Student's Introduction*, 2nd ed. (Grand Rapids, MI: Baker Academic, 2012), 5–7.

[5] Stephanie Kershner, "The Epistle to Barnabas" (B.A. thesis, University of Michigan, 2009), 1–6.

[6] Jonathan A. Draper, "Barnabas and the Riddle of the Didache Revisited," *Journal for the Study of the New Testament* 58 (1995): 89–113. See also the discussion of Kershner, "The Epistle to Barnabas," 40–48.

*Theology*

*Barnabas* seeks to provide a coherent rationale for the ongoing use of the Old Testament in a Christian context. The author's anti-Jewish polemic is reflected in his Christian allegorical reading of the Old Testament. Entering the land filled with "milk and honey" (Exod 33:1, 3) now relates to entering the gathered church, where God dwells in the hearts of his saints, being nourished by the Word of God and faith (6.8–18). Jesus was considered a "type" (τύπος) in relation to the Day of Atonement scapegoat (7.7–10). The heifer (8), circumcision (9), and the various food laws (10) are all given Christian allegorical interpretations. Both the cross and baptism (11.1) were foreshadowed in Old Testament literature. *Barnabas* also discusses the present relevance of the Sabbath (15). What is now important is the day on which Christians are able to celebrate the death, resurrection, and ascension of Jesus, that is, the eighth day, the day after the sabbath (15.9). Similarly, the temple is no longer a tangible building. Rather it is those people who have received forgiveness of their sins and who have put their hope in Christ; it is these people alone who are the true spiritual temple (16.8–10).

*Concluding Word*

The *Epistle of Barnabas* is an early witness to the divide between Christianity and Judaism and the Church's attempt to find an identity distinct from its Jewish matrix. Although both the allegorical interpretations of *Barnabas* and the Two-Ways tradition are inextricably yoked to Old Testament texts and Jewish influence, they actually reveal the thoroughgoing Christianization of this Jewish background in the (Alexandrian?) community that gave rise to what we know as *The Epistle to Barnabas*. This Christianization of the Old Testament would prove to be especially vital in the Church's battle with the Gnostics, who were determined to deprive the Old Testament of its canonical status.[7]

Michael A. G. Haykin

---

[7] See Kershner, "The Epistle to Barnabas," 48–49.

# ADDITIONAL RESOURCES FOR FURTHER STUDY

**Epistle of Barnabas-Beginning**

Ferguson, Everett. "Christian and Jewish Baptism According to the Epistle of Barnabas." Pages 207-23 in *Dimensions of Baptism: Biblical and Theological Studies*, edited by Stanley E. Porter and Anthony R. Cross, London and New York: Sheffield Academic Press, 2002.

Loman, Janni. "The Letter of Barnabas in Early Second-Century Egypt." Pages 247-65 in *The Wisdom of Egypt: Jewish, Early Christian, and Gnostic Essays in Honour of Gerard P. Luttikhuizen*, edited by Anthony Hilhorst and Geurt Hendrik van Kooten, Ancient Judaism and early Christianity 59. Leiden and Boston: Brill, 2005.

Carleton Paget, James. "The *Epistle of Barnabas*." Pages 72-80 in *The Writings of the Apostolic Fathers*, edited by Paul Foster. London and New York: T&T Clark, 2007.

———. "The *Epistle of Barnabas* and the Writings That Later Formed the New Testament." Pages 229-49 in *The Reception of the New Testament in the Apostolic Fathers*, vol. 1 of The New Testament and the Apostolic Fathers, edited by Andrew Gregory and Christopher Tuckett. Oxford: Oxford University Press, 2005.

Prostmeier, Ferdinand R. "The Epistle of Barnabas." Pages 27-44 in *Apostolic Fathers: An Introduction*, edited by Wilhelm Pratscher, translated by Elisabeth G. Wolfe. Waco, TX: Baylor University Press, 2010.

**Epistle of Barnabas-Intermediate**

Draper, Jonathan A. "Barnabas and the Riddle of the Didache Revisited." *JSNT* 17, no. 58 (1995): 89–113.

Menken, Martinus J. J. "Old Testament Quotations in the *Epistle of Barnabas* with Parallels in the New Testament." Pages 295-321 in *Textual History and the Reception of Scripture in Early Christianity*. Septuagint and Cognate Studies 60. Atlanta: SBL Press, 2013.

Rhodes, James N. *The Epistle of Barnabas and the Deuteronomic Tradition: Polemics, Paraenesis, and the Legacy of the Golden-Calf Incident.* WUNT 2.188. Tübingen: Mohr Siebeck, 2004.

———. "The Two Ways Tradition in the Epistle of Barnabas: Revisiting an Old Question." *Catholic Biblical Quarterly* 73, no. 4 (2011): 797–816.

Smith, Julien C. H. "The Epistle of Barnabas and the Two Ways of Teaching Authority." *Vigiliae Christianae* 68, no. 5 (2014): 465–97.

## Epistle of Barnabas-Advanced

Carleton Paget, James. *The Epistle of Barnabas: Outlook and Background.* WUNT 2.64. Tübingen: Mohr Siebeck, 1994.

Hvalvik, Raidar. *The Struggle for Scripture and Covenant: The Purpose of the Epistle of Barnabas and Jewish-Christian Competition in the Second Century.* WUNT 2.82. Tübingen: Mohr Siebeck, 1996.

Prigent, Pierre and Robert A. Kraft. *Épitre de Barnabé.* SC 172. Paris: Cerf, 1971.

Prostmeier, Ferdinand R. *Der Barnabasbrief.* KAV 8. Göttingen: Vandenhoeck und Ruprecht, 1999.

Wengst, Klaus. *Tradition und Theologie des Barnabasbriefes.* Arbeiten zur Kirchengeschicte 42. Berlin and New York: de Gruyter, 1971.

# ΒΑΡΝΑΒΑΣ

**1:1** ΧΑΙΡΕΤΕ, υἱοὶ καὶ θυγατέρες,¹ ἐν ὀνόματι Κυρίου τοῦ ἀγαπήσαντος ἡμᾶς, ἐν εἰρήνῃ.

**1:2** Μεγάλων μὲν ὄντων καὶ πλουσίων² τῶν τοῦ Θεοῦ δικαιωμάτων³ εἰς ὑμᾶς, ὑπέρ τι καὶ καθ' ὑπερβολὴν⁴ ὑπερευφραίνομαι⁵ ἐπὶ τοῖς μακαρίοις καὶ ἐνδόξοις⁶ ὑμῶν πνεύμασιν· οὕτως ἔμφυτον⁷ τῆς δωρεᾶς⁸ πνευματικῆς⁹ χάριν εἰλήφατε. **3** διὸ καὶ μᾶλλον συγχαίρω¹⁰ ἐμαυτῷ ἐλπίζων σωθῆναι, ὅτι ἀληθῶς¹¹ βλέπω ἐν ὑμῖν ἐκκεχυμένον¹² ἀπὸ τοῦ πλουσίου¹³ τῆς πηγῆς¹⁴ Κυρίου πνεῦμα ἐφ' ὑμᾶς. οὕτω με ἐξέπληξεν¹⁵ ἐπὶ ὑμῶν ἡ ἐπιπόθητη¹⁶ ὄψις¹⁷ ὑμῶν. **4** πεπεισμένος οὖν τοῦτο καὶ συνειδὼς¹⁸ ἐμαυτῷ, ὅτι ἐν ὑμῖν λαλήσας πολλὰ

---

¹ θυγάτηρ, τρός, ἡ, daughter
² πλούσιος, ία, ιον, rich
³ δικαίωμα, ατος, τό, regulation, righteous deed
⁴ ὑπερβολή, ῆς, ἡ, excess
⁵ ὑπερευφραίνομαι pres mid/pass ind 1s, rejoice exceedingly
⁶ ἔνδοξος, ον, honored, glorious
⁷ ἔμφυτος, ον, implanted
⁸ δωρεά, ᾶς, ἡ, gift
⁹ πνευματικός, ή, όν, spiritual
¹⁰ συγχαίρω pres act ind 1s, rejoice with, congratulate
¹¹ ἀληθῶς, adv, truly
¹² ἐκχύννω perf mid/pass ptcp n.s.acc., pour out
¹³ πλούσιος, ία, ιον, rich
¹⁴ πηγή, ῆς, ἡ, spring, fountain
¹⁵ ἐκπλήσσω aor act ind 3s, amaze, astound
¹⁶ ἐπιπόθητος, ον, longed for, desired
¹⁷ ὄψις, εως, ἡ, sight, outward appearance
¹⁸ σύνοιδα perf act ptcp m.s.nom., be conscious of

ἐπίσταμαι,¹ ὅτι ἐμοὶ συνώδευσεν² ἐν ὁδῷ δικαιοσύνης Κύριος, καὶ πάντως³ ἀναγκάζομαι⁴ κἀγὼ εἰς τοῦτο, ἀγαπᾶν ὑμᾶς ὑπὲρ τὴν ψυχήν μου, ὅτι μεγάλη πίστις καὶ ἀγάπη ἐγκατοικεῖ⁵ ἐν ὑμῖν ἐλπίδι ζωῆς αὐτοῦ. 5 λογισάμενος οὖν τοῦτο, ὅτι ἐὰν μελήσῃ⁶ μοι περὶ ὑμῶν τοῦ μέρος τι μεταδοῦναι⁷ ἀφ' οὗ ἔλαβον, ὅτι ἔσται μοι τοιούτοις πνεύμασιν ὑπηρετήσαντι⁸ εἰς μισθόν,⁹ ἐσπούδασα¹⁰ κατὰ μικρὸν ὑμῖν πέμπειν, ἵνα μετὰ τῆς πίστεως ὑμῶν τελείαν¹¹ ἔχητε τὴν γνῶσιν.¹²

**1:6** Τρία οὖν δόγματά¹³ ἐστιν Κυρίου· ζωῆς ἐλπίς, ἀρχὴ καὶ τέλος πίστεως ἡμῶν· καὶ δικαιοσύνη, κρίσεως ἀρχὴ καὶ τέλος· ἀγάπη εὐφροσύνης¹⁴ καὶ ἀγαλλιάσεως,¹⁵ ἔργων δικαιοσύνης μαρτυρία. **7** ἐγνώρισεν¹⁶ γὰρ ἡμῖν ὁ δεσπότης¹⁷ διὰ τῶν προφητῶν τὰ παρεληλυθότα¹⁸ καὶ τὰ ἐνεστῶτα,¹⁹ καὶ τῶν μελλόντων δοὺς ἀπαρχὰς²⁰ ἡμῖν γεύσεως.²¹ ὧν τὰ καθ' ἕκαστα βλέποντες ἐνεργούμενα,²² καθὼς ἐλάλησεν, ὀφείλομεν πλουσιώτερον²³ καὶ ὑψηλότερον²⁴ προσάγειν²⁵ τῷ φόβῳ αὐτοῦ. **8** ἐγὼ

---

[1] ἐπίσταμαι pres mid/pass ind 1s, know
[2] συνοδεύω aor act ind 3s, travel with
[3] πάντως, adv, totally
[4] ἀναγκάζω pres mid/pass ind 1s, compelled
[5] ἐγκατοικέω pres act ind 3s, reside
[6] μέλω aor act sub 3s, be an object of care, be a cause of concern
[7] μεταδίδωμι aor act inf, impart, share
[8] ὑπηρετέω aor act ptcp m.s.dat., serve, be helpful
[9] μισθός, οῦ, ὁ, pay, wages
[10] σπουδάζω aor act ind 1s, be zealous or eager, make every effort
[11] τέλειος, α, ον, perfect, mature
[12] γνῶσις, εως, ἡ, knowledge
[13] δόγμα, ατος, τό, decree
[14] εὐφροσύνη, ης, ἡ, joy
[15] ἀγαλλίασις, εως, ἡ, exultation
[16] γνωρίζω aor act ind 3s, reveal
[17] δεσπότης, ου, ὁ, lord, master
[18] παρέρχομαι perf act ptcp n.p.acc., pass
[19] ἐνίστημι pres act ptcp n.p.acc., be now, happen now
[20] ἀπαρχή, ῆς, ἡ, first fruits, first portion
[21] γεῦσις, εως, ἡ, taste
[22] ἐνεργέω pres mid/pass ptcp n.p.acc., work
[23] πλούσιος, ια, ιον, comp, rich
[24] ὑψηλός, ή, όν, comp, noble
[25] προσάγω pres act inf, approach

δέ, οὐχ ὡς διδάσκαλος ἀλλ' ὡς εἷς ἐξ ὑμῶν, ὑποδείξω[1] ὀλίγα δι' ὧν ἐν τοῖς παροῦσιν[2] εὐφρανθήσεσθε.[3]

**2:1** Ἡμερῶν οὖν οὐσῶν πονηρῶν καὶ αὐτοῦ τοῦ ἐνεργοῦντος[4] ἔχοντος τὴν ἐξουσίαν, ὀφείλομεν ἑαυτοῖς προσέχοντες[5] ἐκζητεῖν[6] τὰ δικαιώματα[7] Κυρίου. **2** τῆς οὖν πίστεως ἡμῶν εἰσὶν βοηθοὶ[8] φόβος καὶ ὑπομονή, τὰ δὲ συμμαχοῦντα[9] ἡμῖν μακροθυμία[10] καὶ ἐγκράτεια.[11] **3** τούτων μενόντων τὰ πρὸς Κύριον ἁγνῶς,[12] συνευφραίνονται[13] αὐτοῖς σοφία, σύνεσις,[14] ἐπιστήμη,[15] γνῶσις.[16] **4** πεφανέρωκεν γὰρ ἡμῖν διὰ πάντων τῶν προφητῶν ὅτι οὔτε θυσιῶν[17] οὔτε ὁλοκαυτωμάτων[18] οὔτε προσφορῶν[19] χρῄζει,[20] λέγων ὁτὲ[21] μέν· **5** Τί μοι πλῆθος τῶν θυσιῶν[22] ὑμῶν; λέγει Κύριος. πλήρης[23] εἰμὶ ὁλοκαυτωμάτων,[24] καὶ στέαρ[25] ἀρνῶν[26] καὶ αἷμα ταύρων[27] καὶ τράγων[28] οὐ βούλομαι,

---

[1] ὑποδείκνυμι fut act ind 1s, show, indicate
[2] πάρειμι pres act ptcp n.p.dat., be present
[3] εὐφραίνω fut pass ind 2p, be glad, enjoy oneself
[4] ἐνεργέω pres act ptcp m.s.gen., be active, be at work
[5] προσέχω pres act ptcp m.p.nom., care for
[6] ἐκζητέω pres act inf, desire, search for
[7] δικαίωμα, ατος, τό, regulation, righteous deed
[8] βοηθός, όν, helpful
[9] συμμαχέω pres act ptcp n.p.acc., help, assist
[10] μακροθυμία, ας, ἡ, patience, forbearance
[11] ἐγκράτεια, είας, ἡ, self-control
[12] ἁγνῶς, adv, purely, sincerely
[13] συνευφραίνω pres mid/pass ind 3p, rejoice together with
[14] σύνεσις, εως, ἡ, intelligence, insight
[15] ἐπιστήμη, ης, ἡ, understanding, knowledge
[16] γνῶσις, εως, ἡ, knowledge
[17] θυσία, ας, ἡ, offering, sacrifice
[18] ὁλοκαύτωμα, ατος, τό, whole burnt offering
[19] προσφορά, ᾶς, ἡ, sacrifice, offering
[20] χρῄζω pres act ind 3s, (have) need (of)
[21] ὁτέ, adv, at one point, on one occasion
[22] θυσία, ας, ἡ, offering, sacrifice
[23] πλήρης, ες, full, complete
[24] ὁλοκαύτωμα, ατος, τό, whole burnt offering
[25] στέαρ, ατος, τό, fat
[26] ἀρήν, ἀρνός, ὁ, lamb
[27] ταῦρος, ου, ὁ, bull, ox
[28] τράγος, ου, ὁ, male goat

οὐδ' ἂν ἔρχησθε ὀφθῆναί μοι. τίς γὰρ ἐξεζήτησεν[1] ταῦτα ἐκ τῶν χειρῶν ὑμῶν; πατεῖν[2] μου τὴν αὐλὴν[3] οὐ προσθήσεσθε.[4] Ἐὰν φέρητε σεμίδαλιν,[5] μάταιον[6]·θυμίαμα[7] βδέλυγμά[8] μοί ἐστιν· τὰς νεομηνίας[9] ὑμῶν καὶ τὰ σάββατα οὐκ ἀνέχομαι.[10] **6** ταῦτα οὖν κατήργησεν,[11] ἵνα ὁ καινὸς νόμος τοῦ Κυρίου ἡμῶν Ἰησοῦ Χριστοῦ, ἄνευ[12] ζυγοῦ[13] ἀνάγκης[14] ὤν, μὴ ἀνθρωποποίητον[15] ἔχῃ τὴν προσφοράν.[16] **7** λέγει δὲ πάλιν πρὸς αὐτούς· Μὴ ἐγὼ ἐνετειλάμην[17] τοῖς πατράσιν ὑμῶν ἐκπορευομένοις ἐκ γῆς Αἰγύπτου,[18] προσενέγκαι μοι ὁλοκαυτώματα[19] καὶ θυσίας;[20] **8** ἀλλ' ἢ τοῦτο ἐνετειλάμην[21] αὐτοῖς· Ἕκαστος ὑμῶν κατὰ τοῦ πλησίον[22] ἐν τῇ καρδίᾳ αὐτοῦ κακίαν[23] μὴ μνησικακείτω,[24] καὶ ὅρκον[25] ψευδῆ[26] μὴ ἀγαπᾶτε. **9** Αἰσθάνεσθαι[27] οὖν ὀφείλομεν, μὴ ὄντες ἀσύνετοι,[28] τὴν γνώμην[29] τῆς ἀγαθωσύνης[30] τοῦ πατρὸς ἡμῶν, ὅτι ἡμῖν λέγει, θέλων ἡμᾶς μὴ ὁμοίως πλανωμένους

---

[1] ἐκζητέω aor act ind 3s, desire, search for
[2] πατέω pres act inf, tread, walk
[3] αὐλή, ῆς, ἡ, courtyard
[4] προστίθημι fut pass ind 2p, no longer (lit. add)
[5] σεμίδαλις, εως, ἡ, flour of the best quality
[6] μάταιος, αία, αιον, useless
[7] θυμίαμα, ατος, τό, incense, burnt offering
[8] βδέλυγμα, ατος, τό, loathsome thing, abomination
[9] νεομηνία, ας, ἡ, new moon
[10] ἀνέχω pres mid/pass ind 1s, endure, bear with
[11] καταργέω aor act ind 3s, abolish, invalidate
[12] ἄνευ, prep, without
[13] ζυγός, οῦ, ὁ, yoke
[14] ἀνάγκη, ης, ἡ, necessity
[15] ἀνθρωποποίητος, ον, offering of human origin
[16] προσφορά, ᾶς, ἡ, sacrifice, offering
[17] ἐντέλλω aor mid ind 1s, command
[18] Αἴγυπτος, ου, ἡ, Egypt
[19] ὁλοκαύτωμα, ατος, τό, whole burnt offering
[20] θυσία, ας, ἡ, offering, sacrifice
[21] ἐντέλλω aor mid ind 1s, command
[22] πλησίον, subst: neighbor
[23] κακία, ας, ἡ, depravity, wickedness
[24] μνησικακέω pres act impv 3s, remember evil, bear a grudge
[25] ὅρκος, ου, ὁ, oath
[26] ψευδής, ές, false, lying
[27] αἰσθάνομαι pres mid/pass inf, understand
[28] ἀσύνετος, ον, senseless, foolish
[29] γνώμη, ης, ἡ, mindset, intention
[30] ἀγαθωσύνη, ης, ἡ, goodness, generosity

ἐκείνοις ζητεῖν πῶς προσάγωμεν¹ αὐτῷ. **10** ἡμῖν οὖν οὕτως λέγει· Θυσία² τῷ Θεῷ καρδία συντετριμμένη,³ ὀσμὴ⁴ εὐωδίας⁵ τῷ Κυρίῳ καρδία δοξάζουσα τὸν πεπλακότα⁶ αὐτήν. ἀκριβεύεσθαι⁷ οὖν ὀφείλομεν, ἀδελφοί, περὶ τῆς σωτηρίας ἡμῶν, ἵνα μὴ ὁ πονηρὸς παρείσδυσιν⁸ πλάνης⁹ ποιήσας ἐν ἡμῖν ἐκσφενδονήσῃ¹⁰ ἡμᾶς ἀπὸ τῆς ζωῆς ἡμῶν.

**3:1** Λέγει οὖν πάλιν περὶ τούτων πρὸς αὐτούς· Ἵνα τί μοι νηστεύετε,¹¹ λέγει Κύριος, ὡς σήμερον ἀκουσθῆναι ἐν κραυγῇ¹² τὴν φωνὴν ὑμῶν; οὐ ταύτην τὴν νηστείαν¹³ ἐξελεξάμην,¹⁴ λέγει Κύριος, οὐκ ἄνθρωπον ταπεινοῦντα¹⁵ τὴν ψυχὴν αὐτοῦ· **2** οὐδ᾽ ἂν κάμψητε¹⁶ ὡς κρίκον¹⁷ τὸν τράχηλον¹⁸ ὑμῶν καὶ σάκκον¹⁹ ἐνδύσησθε²⁰ καὶ σποδὸν²¹ ὑποστρώσητε,²² οὐδ᾽ οὕτως καλέσετε νηστείαν²³ δεκτήν.²⁴ **3** πρὸς ἡμᾶς δὲ λέγει· Ἰδοὺ αὕτη ἡ νηστεία²⁵

---

¹ προσάγω pres act sub 1p, approach, come near
² θυσία, ας, ἡ, offering, sacrifice
³ συντρίβω perf mid/pass ptcp f.s.nom., be broken
⁴ ὀσμή, ῆς, ἡ, odor, smell
⁵ εὐωδία, ας, ἡ, aroma, fragrance
⁶ πλάσσω perf act ptcp m.s.acc., form, mold
⁷ ἀκριβεύω pres mid/pass inf, pay strict attention
⁸ παρείσδυσις, εως, ἡ, slipping in (stealthily), sneaking in
⁹ πλάνη, ης, ἡ, error, delusion, deceit
¹⁰ ἐκσφενδονάω aor act sub 3s, hurl away
¹¹ νηστεύω pres act ind 2p, fast
¹² κραυγή, ῆς, ἡ, loud call or cry, shout
¹³ νηστεία, ας, ἡ, going hungry, fast
¹⁴ ἐκλέγομαι aor mid ind 1s, choose (for oneself), select someone or something for oneself
¹⁵ ταπεινόω pres act ptcp m.s.acc., lower, humble, humiliate
¹⁶ κάμπτω aor act sub 2p, bend, bow
¹⁷ κρίκος, ου, ὁ, ring
¹⁸ τράχηλος, ου, ὁ, neck, throat
¹⁹ σάκκος, ου, ὁ, sack, sackcloth
²⁰ ἐνδύω aor mid sub 2p, clothe oneself in, put on
²¹ σποδός, οῦ, ἡ, ashes
²² ὑποστρωννύω/ὑποστρώννυμι aor act sub 2p, spread out underneath
²³ νηστεία, ας, ἡ, going hungry, fast
²⁴ δεκτός, ή, όν, pleasing, acceptable
²⁵ νηστεία, ας, ἡ, going hungry, fast

## ΒΑΡΝΑΒΑΣ

ἣν ἐγὼ ἐξελεξάμην,[1] λέγει Κύριος· λῦε πᾶν σύνδεσμον[2] ἀδικίας,[3] διάλυε[4] στραγγαλιὰς[5] βιαίων[6] συναλλαγμάτων,[7] ἀπόστελλε τεθραυσμένους[8] ἐν ἀφέσει,[9] καὶ πᾶσαν ἄδικον[10] συγγραφὴν[11] διάσπα.[12] διάθρυπτε[13] πεινῶσιν[14] τὸν ἄρτον σου, καὶ γυμνὸν[15] ἐὰν ἴδῃς περίβαλε·[16] ἀστέγους[17] εἴσαγε[18] εἰς τὸν οἶκόν σου, καὶ ἐὰν ἴδῃς ταπεινόν,[19] οὐχ ὑπερόψῃ[20] αὐτόν, οὐδὲ ἀπὸ τῶν οἰκείων[21] τοῦ σπέρματός σου. 4 τότε ῥαγήσεται[22] πρώϊμον[23] τὸ φῶς σου, καὶ τὰ ἰάματά[24] σου ταχέως[25] ἀνατελεῖ,[26] καὶ προπορεύσεται[27] ἔμπροσθέν σου ἡ δικαιοσύνη, καὶ ἡ δόξα τοῦ Θεοῦ περιστελεῖ[28] σε. 5 τότε βοήσεις,[29] καὶ ὁ Θεὸς ἐπακούσεταί[30] σου, ἔτι

---

[1] ἐκλέγομαι aor mid ind 1s, choose (for oneself), select someone or something for oneself
[2] σύνδεσμος, ου, ὁ, fastener, uniting bond
[3] ἀδικία, ας, ἡ, wrongdoing, unrighteousness
[4] διαλύω pres act impv 2s, destroy
[5] στραγγαλιά, ᾶς, ἡ, knot
[6] βίαιος, α, ον, violent, forcible
[7] συνάλλαγμα, ατος, τό, contract, agreement
[8] θραύω perf mid/pass ptcp m.p.acc., break
[9] ἄφεσις, έσεως, ἡ, pardon, cancellation
[10] ἄδικος, ον, unjust
[11] συγγραφή, ῆς, ἡ, document, contract
[12] διασπάω pres act impv 2s, tear apart, tear up
[13] διαθρύπτω pres act impv 2s, break
[14] πεινάω pres act ptcp m.p.dat., hunger, be hungry
[15] γυμνός, ή, όν, naked, uncovered
[16] περιβάλλω aor act impv 2s, put on, clothe
[17] ἄστεγος, ον, homeless
[18] εἰσάγω pres act impv 2s, bring in, lead in
[19] ταπεινός, ή, όν, lowly, humble
[20] ὑπεροράω fut mid ind 2s, disdain, despise
[21] οἰκεῖος, α, ον, members of a household
[22] ῥήγνυμι fut pass ind 3s, tear, break
[23] πρόϊμος, ον, early rain, early crops
[24] ἴαμα, ατος, τό, healing
[25] ταχέως, adv, quickly, at once
[26] ἀνατέλλω fut act ind 3s, cause to spring up, shine brightly
[27] προπορεύομαι fut mid ind 3s, go on before
[28] περιστέλλω fut act ind 3s, clothe
[29] βοάω fut act ind 2s, call, shout, cry out
[30] ἐπακούω fut mid ind 3s, hear, listen to

λαλοῦντός σου ἐρεῖ, Ἰδοὺ πάρειμι·¹ ἐὰν ἀφέλῃς² ἀπὸ σοῦ σύνδεσμον³ καὶ χειροτονίαν⁴ καὶ ῥῆμα γογγυσμοῦ,⁵ καὶ δῷς πεινῶντι⁶ τὸν ἄρτον σου ἐκ ψυχῆς σου, καὶ ψυχὴν τεταπεινωμένην⁷ ἐλεήσῃς.⁸ **6** εἰς τοῦτο οὖν, ἀδελφοί, ὁ μακρόθυμος⁹ προβλέψας,¹⁰ ὡς ἐν ἀκεραιοσύνῃ¹¹ πιστεύσει ὁ λαὸς ὃν ἡτοίμασεν ἐν τῷ ἠγαπημένῳ αὐτοῦ, προεφανέρωσεν¹² ἡμῖν περὶ πάντων, ἵνα μὴ προσρησσώμεθα¹³ ὡς ἐπήλυτοι¹⁴ τῷ ἐκείνων νόμῳ.

**4:1** Δεῖ οὖν ἡμᾶς περὶ τῶν ἐνεστώτων¹⁵ ἐπιπολὺ¹⁶ ἐραυνῶντας¹⁷ ἐκζητεῖν¹⁸ τὰ δυνάμενα ἡμᾶς σώζειν. φύγωμεν¹⁹ οὖν τελείως²⁰ ἀπὸ πάντων τῶν ἔργων τῆς ἀνομίας,²¹ μήποτε²² καταλάβῃ²³ ἡμᾶς τὰ ἔργα τῆς ἀνομίας.²⁴ καὶ μισήσωμεν τὴν πλάνην²⁵ τοῦ νῦν καιροῦ, ἵνα εἰς τὸν μέλλοντα ἀγαπηθῶμεν. **2** μὴ δῶμεν τῇ

---

¹ πάρειμι pres act ind 1s, be present
² ἀφαιρέω aor act sub 2s, take away, remove
³ σύνδεσμος, ου, ὁ, fastener, uniting bond
⁴ χειροτονία, ας, ἡ, scornful gesture
⁵ γογγυσμός, οῦ, ὁ, behind-the-scenes talk
⁶ πεινάω pres act ptcp m.s.dat., hunger, be hungry
⁷ ταπεινόω perf mid/pass ptcp f.s.acc., lower, humble, humiliate
⁸ ἐλεέω aor act sub 2s, have compassion, pity
⁹ μακρόθυμος, ον, patient, forbearing
¹⁰ προβλέπω aor act ptcp m.s.nom., foresee, provide
¹¹ ἀκεραιοσύνη, ης, ἡ, purity
¹² προφανερόω aor act ind 3s, reveal beforehand
¹³ προσρήσσω pres mid/pass sub 1p, break into pieces, shatter
¹⁴ ἐπήλυτος, ον, come lately, come after
¹⁵ ἐνίστημι perf act ptcp n.p.gen., be now, happen now
¹⁶ ἐπιπολύ, adv, to a greater extent, further
¹⁷ ἐραυνάω pres act ptcp m.p.acc., search, examine, investigate
¹⁸ ἐκζητέω pres act inf, seek out, search for
¹⁹ φεύγω aor act sub 1p, flee from, avoid
²⁰ τελείως, adv, fully, perfectly, completely
²¹ ἀνομία, ας, ἡ, lawlessness
²² μήποτε, conj, lest
²³ καταλαμβάνω aor act sub 3s, catch up with, seize
²⁴ ἀνομία, ας, ἡ, lawlessness
²⁵ πλάνη, ης, ἡ, error, delusion, deceit

## ΒΑΡΝΑΒΑΣ

ἑαυτῶν ψυχῇ ἄνεσιν,[1] ὥστε ἔχειν αὐτὴν ἐξουσίαν μετὰ ἁμαρτωλῶν καὶ πονηρῶν συντρέχειν,[2] μήποτε[3] ὁμοιωθῶμεν[4] αὐτοῖς. **3** τὸ τέλειον[5] σκάνδαλον[6] ἤγγικεν, περὶ οὗ γέγραπται, ὡς Ἐνώχ[7] λέγει. εἰς τοῦτο γὰρ ὁ δεσπότης[8] συντέτμηκεν[9] τοὺς καιροὺς καὶ τὰς ἡμέρας, ἵνα ταχύνῃ[10] ὁ ἠγαπημένος αὐτοῦ καὶ ἐπὶ τὴν κληρονομίαν[11] ἥξῃ.[12] **4** λέγει δὲ οὕτως καὶ ὁ προφήτης· Βασιλεῖαι δέκα[13] ἐπὶ τῆς γῆς βασιλεύσουσιν,[14] καὶ ἐξαναστήσεται[15] ὄπισθεν[16] αὐτῶν μικρὸς βασιλεύς, ὃς ταπεινώσει[17] τρεῖς ὑφ' ἓν τῶν βασιλειῶν. **5** ὁμοίως περὶ τοῦ αὐτοῦ λέγει Δανιήλ·[18] καὶ εἶδον τὸ τέταρτον[19] θηρίον πονηρὸν καὶ ἰσχυρὸν[20] καὶ χαλεπώτερον[21] παρὰ πάντα τὰ θηρία τῆς γῆς, καὶ ὡς ἐξ αὐτοῦ ἀνέτειλεν[22] δέκα[23] κέρατα,[24] καὶ ἐξ αὐτῶν μικρὸν κέρας[25] παραφυάδιον,[26] καὶ ὡς ἐταπείνωσεν[27] ὑφ' ἓν τρία τῶν μεγάλων κεράτων.[28] **6** συνιέναι[29] οὖν ὀφείλετε. Ἔτι δὲ καὶ τοῦτο ἐρωτῶ

---

[1] ἄνεσις, εως, ἡ, rest, relaxation
[2] συντρέχω pres act inf, be in league with, go with
[3] μήποτε, conj, lest
[4] ὁμοιόω aor pass sub 1p, make like
[5] τέλειος, α, ον, perfect, mature
[6] σκάνδαλον, ου, τό, temptation to sin, enticement
[7] Ἐνώχ, ὁ, Enoch
[8] δεσπότης, ου, ὁ, lord, master
[9] συντέμνω perf act ind 3s, cut short, shorten, limit
[10] ταχύνω pres act sub 3s, hasten, hurry
[11] κληρονομία, ας, ἡ, inheritance, possession
[12] ἥκω aor act sub 3s, come
[13] δέκα, ten
[14] βασιλεύω fut act ind 3p, be king, rule
[15] ἐξανίστημι fut mid ind 3s, rise up
[16] ὄπισθεν, prep, after
[17] ταπεινόω fut act ind 3s, lower, humble, humiliate
[18] Δανιήλ, ὁ, Daniel
[19] τέταρτος, η, ον, fourth
[20] ἰσχυρός, ά, όν, strong
[21] χαλεπός, ή, όν, hard, difficult, comp
[22] ἀνατέλλω aor act ind 3s, cause to spring, cause to rise up
[23] δέκα, ten
[24] κέρας, ατος, τό, horn
[25] κέρας, ατος, τό, horn
[26] παραφυάδιον, ου, τό, little offshoot
[27] ταπεινόω aor act ind 3s, lower, humble, humiliate
[28] κέρας, ατος, τό, horn
[29] συνίημι pres act inf, understand, comprehend

ὑμᾶς ὡς εἷς ἐξ ὑμῶν ὤν, ἰδίως¹ δὲ καὶ πάντας ἀγαπῶν ὑπὲρ τὴν ψυχήν μου, προσέχειν² νῦν ἑαυτοῖς καὶ μὴ ὁμοιοῦσθαί³ τισιν, ἐπισωρεύοντας⁴ ταῖς ἁμαρτίαις ὑμῶν λέγοντας ὅτι ἡ διαθήκη ὑμῶν ὑμῖν μένει. ἡμῶν μέν· ἀλλ' ἐκεῖνοι οὕτως εἰς τέλος ἀπώλεσαν αὐτήν, λαβόντος ἤδη τοῦ Μωϋσέω 7 λέγει γὰρ ἡ γραφή· Καὶ ἦν Μωϋσῆς ἐν τῷ ὄρει νηστεύων⁵ ἡμέρας τεσσεράκοντα⁶ καὶ νύκτας τεσσεράκοντα⁷ καὶ ἔλαβεν τὴν διαθήκην ἀπὸ τοῦ Κυρίου, πλάκας⁸ λιθίνας⁹ γεγραμμένας τῷ δακτύλῳ¹⁰ τῆς χειρὸς τοῦ Κυρίου. 8 ἀλλὰ ἐπιστραφέντες ἐπὶ τὰ εἴδωλα¹¹ ἀπώλεσαν αὐτήν. λέγει γὰρ οὕτως Κύριος· Μωϋσῆ Μωϋσῆ, κατάβηθι τὸ τάχος,¹² ὅτι ἠνόμησεν¹³ ὁ λαός σου, οὓς ἐξήγαγες¹⁴ ἐκ γῆς Αἰγύπτου.¹⁵ καὶ συνῆκεν¹⁶ Μωϋσῆς καὶ ἔριψεν¹⁷ τὰς δύο πλάκας¹⁸ ἐκ τῶν χειρῶν αὐτοῦ, καὶ συνετρίβη¹⁹ αὐτῶν ἡ διαθήκη, ἵνα ἡ τοῦ ἠγαπημένου Ἰησοῦ ἐνκατασφραγισθῇ²⁰ εἰς τὴν καρδίαν ἡμῶν ἐν ἐλπίδι τῆς πίστεως αὐτοῦ. 9 Πολλὰ δὲ θέλων γράφειν, οὐχ ὡς διδάσκαλος ἀλλ' ὡς πρέπει²¹ ἀγαπῶντι ἀφ' ὧν ἔχομεν μὴ ἐλλείπειν,²² γράφειν

---

[1] ἰδίως, adv, in a special way, especially
[2] προσέχω pres act inf, care for
[3] ὁμοιόω pres mid/pass inf, make like
[4] ἐπισωρεύω pres act ptcp m.p.acc., heap up
[5] νηστεύω pres act ptcp m.s.nom., fast
[6] τεσσεράκοντα, forty
[7] τεσσεράκοντα, forty
[8] πλάξ, πλακός, ἡ, tablet
[9] λίθινος, ίνη, ον, (made of) stone
[10] δάκτυλος, ου, ὁ, finger
[11] εἴδωλον, ου, τό, idol
[12] τάχος, ους, τό, speed, haste, very quickly
[13] ἀνομέω aor act ind 3s, be lawless, sin
[14] ἐξάγω aor act ind 2s, lead out, bring out
[15] Αἴγυπτος, ου, ἡ, Egypt
[16] συνίημι aor act ind 3s, understand, comprehend
[17] ῥίπτω, ῥιπτέω aor act ind 3s, throw
[18] πλάξ, πλακός, ἡ, tablet
[19] συντρίβω aor pass ind 3s, shatter, smash
[20] ἐγκατασφραγίζω aor pass sub 3s, seal
[21] πρέπω pres act ind 3s, be fitting, be suitable
[22] ἐλλείπω pres act inf, leave off

# ΒΑΡΝΑΒΑΣ

ἐσπούδασα,¹ περίψημα² ὑμῶν. διὸ προσέχωμεν³ ἐν ταῖς ἐσχάταις ἡμέραις, οὐδὲν γὰρ ὠφελήσει⁴ ἡμᾶς ὁ πᾶς χρόνος τῆς πίστεως ἡμῶν, ἐὰν μὴ νῦν ἐν τῷ ἀνόμῳ⁵ καιρῷ καὶ τοῖς μέλλουσιν σκανδάλοις,⁶ ὡς πρέπει⁷ υἱοῖς Θεοῦ, ἀντιστῶμεν, ἵνα μὴ σχῇ παρείσδυσιν⁸ ὁ μέλας.⁹ **10** φύγωμεν¹⁰ ἀπὸ πάσης ματαιότητος,¹¹ μισήσωμεν τελείως¹² τὰ ἔργα τῆς πονηρᾶς ὁδοῦ. Μὴ καθ' ἑαυτοὺς ἐνδύνοντες¹³ μονάζετε¹⁴ ὡς ἤδη δεδικαιωμένοι, ἀλλ' ἐπὶ τὸ αὐτὸ συνερχόμενοι συνζητεῖτε¹⁵ περὶ τοῦ κοινῇ¹⁶ συμφέροντος.¹⁷ **11** λέγει γὰρ ἡ γραφή· Οὐαὶ οἱ συνετοὶ¹⁸ ἑαυτοῖς καὶ ἐνώπιον ἑαυτῶν ἐπιστήμονες.¹⁹ γενώμεθα πνευματικοί,²⁰ γενώμεθα ναὸς τέλειος²¹ τῷ Θεῷ. ἐφ' ὅσον ἐστὶν ἐν ἡμῖν, μελετῶμεν²² τὸν φόβον τοῦ Θεοῦ καὶ φυλάσσειν ἀγωνιζώμεθα²³ τὰς ἐντολὰς αὐτοῦ, ἵνα ἐν τοῖς δικαιώμασιν²⁴ αὐτοῦ

---

¹ σπουδάζω aor act ind 1s, be zealous, make every effort
² περίψημα, ατος, τό, dirt, off-scouring
³ προσέχω pres act sub 1p, care for
⁴ ὠφελέω fut act ind 3s, help, aid, benefit
⁵ ἄνομος, ον, lawless
⁶ σκάνδαλον, ου, τό, temptation to sin, enticement
⁷ πρέπω pres act ind 3s, be fitting, be suitable
⁸ παρείσδυσις, εως, ἡ, slipping in (stealthily), sneaking in
⁹ μέλας, μέλαινα, μέλαν, black
¹⁰ φεύγω aor act sub 1p, flee from, avoid
¹¹ ματαιότης, ητος, ἡ emptiness, futility
¹² τελείως, adv, perfectly, completely
¹³ ἐνδύνω pres act ptcp m.p.nom., slip in, retire within
¹⁴ μονάζω pres act impv 2p, live alone, separate oneself
¹⁵ συνζητέω pres act impv 2p, seek with, seek together
¹⁶ κοινός, ή, όν, communal, common
¹⁷ συμφέρω pres act ptcp n.s.gen., bring together, help, confer a benefit
¹⁸ συνετός, ή, όν, intelligent, sagacious
¹⁹ ἐπιστήμων, ον, expert, learned, understanding
²⁰ πνευματικός, ή, όν, spiritual
²¹ τέλειος, α, ον, perfect, mature
²² μελετάω pres act sub 1p, cultivate, think upon
²³ ἀγωνίζομαι pres mid/pass sub 1p, fight struggle
²⁴ δικαίωμα, ατος, τό, regulation, righteous deed

ΒΑΡΝΑΒΑΣ

εὐφρανθῶμεν.¹ **12** ὁ Κύριος ἀπροσωπολήμπτως² κρινεῖ τὸν κόσμον. ἕκαστος καθὼς ἐποίησεν κομιεῖται³·ἐὰν ᾖ ἀγαθός, ἡ δικαιοσύνη αὐτοῦ προηγήσεται⁴ αὐτοῦ· ἐὰν ᾖ πονηρός, ὁ μισθὸς⁵ τῆς πονηρίας⁶ ἔμπροσθεν αὐτοῦ· **13** ἵνα μήποτε⁷ ἐπαναπαυόμενοι⁸ ὡς κλητοὶ⁹ ἐπικαθυπνώσωμεν¹⁰ ταῖς ἁμαρτίαις ἡμῶν, καὶ ὁ πονηρὸς ἄρχων λαβὼν τὴν καθ' ἡμῶν ἐξουσίαν ἀπώσηται¹¹ ἡμᾶς ἀπὸ τῆς βασιλείας τοῦ Κυρίου. **14** Ἔτι δὲ κἀκεῖνο, ἀδελφοί μου, νοεῖτε·¹² ὅταν βλέπετε μετὰ τηλικαῦτα¹³ σημεῖα καὶ τέρατα¹⁴ γεγονότα ἐν τῷ Ἰσραήλ, καὶ οὕτως ἐνκαταλελεῖφθαι¹⁵ αὐτούς, προσέχωμεν,¹⁶ μήποτε,¹⁷ ὡς γέγραπται, πολλοὶ κλητοί,¹⁸ ὀλίγοι δὲ ἐκλεκτοὶ¹⁹ εὑρεθῶμεν.

**5:1** Εἰς τοῦτο γὰρ ὑπέμεινεν²⁰ ὁ Κύριος παραδοῦναι τὴν σάρκα εἰς καταφθοράν,²¹ ἵνα τῇ ἀφέσει²² τῶν ἁμαρτιῶν ἁγνισθῶμεν,²³ ὅ ἐστιν ἐν τῷ αἵματι τοῦ ῥαντίσματος²⁴ αὐτοῦ. **2** γέγραπται

---

¹ εὐφραίνω aor pass sub 1p, gladden, cheer up
² ἀπροσωπολήμπτως, adv, impartially
³ κομίζω fut mid ind 3s, get back, recover
⁴ προηγέομαι fut mid ind 3s, go before and show the way
⁵ μισθός, οῦ, ὁ, pay, wages
⁶ πονηρία, ας, ἡ, wickedness, baseness
⁷ μήποτε, conj, lest
⁸ ἐπαναπαύομαι pres mid/pass ptcp m.p.nom., rest, take one's rest
⁹ κλητός, ή, όν, called, invited
¹⁰ ἐπικαθυπνόω aor act sub 1p, fall asleep over
¹¹ ἀπωθέω aor mid sub 3s, reject, force someone out of something
¹² νοέω pres act impv 2p, consider, take note of
¹³ τηλικοῦτος, αὐτη, οῦτο, so great, so large
¹⁴ τέρας, ατος, τό, prodigy, portent, wonder
¹⁵ ἐγκαταλείπω pres mid/pass inf, forsake, abandon
¹⁶ προσέχω pres act sub 1p, care for
¹⁷ μήποτε, conj, lest
¹⁸ κλητός, ή, όν, called, invited
¹⁹ ἐκλεκτός, ή, όν, chosen, elect
²⁰ ὑπομένω aor act ind 3s, hold fast, endure
²¹ καταφθορά, ᾶς, ἡ, destruction, downfall, corruption
²² ἄφεσις, έσεως, ἡ, pardon, cancellation
²³ ἁγνίζω aor pass sub 1p, purify, dedicate oneself
²⁴ ῥάντισμα, ατος, τό, sprinkling

γὰρ περὶ αὐτοῦ ἃ μὲν πρὸς τὸν Ἰσραήλ, ἃ δὲ πρὸς ἡμᾶς· λέγει δὲ οὕτως· Ἐτραυματίσθη¹ διὰ τὰς ἀνομίας² ἡμῶν καὶ μεμαλάκισται³ διὰ τὰς ἁμαρτίας ἡμῶν· τῷ μώλωπι⁴ αὐτοῦ ἡμεῖς ἰάθημεν.⁵ ὡς πρόβατον ἐπὶ σφαγὴν⁶ ἤχθη καὶ ὡς ἀμνὸς⁷ ἄφωνος⁸ ἐναντίον⁹ τοῦ κείραντος¹⁰ αὐτόν. 3 οὐκοῦν¹¹ ὑπερευχαριστεῖν¹² ὀφείλομεν τῷ Κυρίῳ, ὅτι καὶ τὰ παρεληλυθότα¹³ ἡμῖν ἐγνώρισεν¹⁴ καὶ ἐν τοῖς ἐνεστῶσιν¹⁵ ἡμᾶς ἐσόφισεν,¹⁶ καὶ εἰς τὰ μέλλοντα οὐκ ἐσμὲν ἀσύνετοι.¹⁷ 4 λέγει δὲ ἡ γραφή· Οὐκ ἀδίκως¹⁸ ἐκτείνεται¹⁹ δίκτυα²⁰ πτερωτοῖς.²¹ τοῦτο λέγει ὅτι δικαίως²² ἀπολεῖται ἄνθρωπος, ὃς ἔχων ὁδοῦ δικαιοσύνης γνῶσιν,²³ ἑαυτὸν εἰς ὁδὸν σκότους ἀποσυνέχει.²⁴ 5 Ἔτι δὲ καὶ τοῦτο, ἀδελφοί μου· εἰ ὁ Κύριος ὑπέμεινεν²⁵ παθεῖν περὶ τῆς ψυχῆς ἡμῶν, ὢν παντὸς τοῦ κόσμου Κύριος, ᾧ εἶπεν ὁ Θεὸς ἀπὸ καταβολῆς²⁶ κόσμου· Ποιήσωμεν ἄνθρωπον κατ' εἰκόνα²⁷ καὶ

---

¹ τραυματίζω aor pass ind 3s, wound
² ἀνομία, ας, ἡ, lawlessness
³ μαλακίζομαι perf mid/pass ind 3s, be or become weak, discouraged, sick
⁴ μώλωψ, ωπος ὁ, welt, bruise, wound
⁵ ἰάομαι aor pass ind 1p, heal, cure
⁶ σφαγή, ῆς, ἡ, slaughter
⁷ ἀμνός, οῦ, ὁ, lamb
⁸ ἄφωνος, ον, silent, mute
⁹ ἐναντίον, prep, before, in the sight of
¹⁰ κείρω aor act ptcp m.s.gen., shear
¹¹ οὐκοῦν, conj, therefore, so, accordingly
¹² ὑπερευχαριστέω pres act inf, give heartiest thanks
¹³ παρέρχομαι perf act ptcp n.p.acc., pass
¹⁴ γνωρίζω aor act ind 3s, reveal
¹⁵ ἐνίστημι pres act ptcp n.p.dat., be now, happen now
¹⁶ σοφίζω aor act ind 3s, make wise
¹⁷ ἀσύνετος, ον, senseless, foolish
¹⁸ ἀδίκως, adv, unjustly
¹⁹ ἐκτείνω pres mid/pass ind 3s, stretch out
²⁰ δίκτυον, ου, τό, fishnet
²¹ πτερωτός, ή, όν, feathered, winged
²² δικαίως, adv, justly
²³ γνῶσις, εως, ἡ, knowledge
²⁴ ἀποσυνέχω pres act ind 3s, hold, keep
²⁵ ὑπομένω aor act ind 3s, hold fast, endure
²⁶ καταβολή, ῆς, ἡ, foundation
²⁷ εἰκών, όνος, ἡ, form, appearance

καθ' ὁμοίωσιν¹ ἡμετέραν,² πῶς οὖν ὑπέμεινεν³ ὑπὸ χειρὸς ἀνθρώπων παθεῖν; μάθετε.⁴ **6** οἱ προφῆται, ἀπ' αὐτοῦ ἔχοντες τὴν χάριν, εἰς αὐτὸν ἐπροφήτευσαν.⁵ αὐτὸς δὲ ἵνα καταργήσῃ⁶ τὸν θάνατον καὶ τὴν ἐκ νεκρῶν ἀνάστασιν δείξῃ, ὅτι ἐν σαρκὶ ἔδει αὐτὸν φανερωθῆναι, ὑπέμεινεν,⁷ **7** ἵνα καὶ τοῖς πατράσιν τὴν ἐπαγγελίαν ἀποδῷ καὶ αὐτὸς ἑαυτῷ τὸν λαὸν τὸν καινὸν ἑτοιμάζων ἐπιδείξῃ,⁸ ἐπὶ τῆς γῆς ὤν, ὅτι τὴν ἀνάστασιν αὐτὸς ποιήσας κρινεῖ. **8** πέρας⁹ γέ¹⁰ τοι¹¹ διδάσκων τὸν Ἰσραὴλ καὶ τηλικαῦτα¹² τέρατα¹³ καὶ σημεῖα ποιῶν, ἐκήρυσσεν καὶ ὑπερηγάπησεν¹⁴ αὐτόν. **9** ὅτε δὲ τοὺς ἰδίους ἀποστόλους τοὺς μέλλοντας κηρύσσειν τὸ εὐαγγέλιον αὐτοῦ ἐξελέξατο,¹⁵ ὄντας ὑπὲρ πᾶσαν ἁμαρτίαν ἀνομωτέρους¹⁶ ἵνα δείξῃ ὅτι οὐκ ἦλθεν καλέσαι δικαίους ἀλλὰ ἁμαρτωλούς, τότε ἐφανέρωσεν ἑαυτὸν εἶναι υἱὸν Θεοῦ. **10** Εἰ γὰρ μὴ ἦλθεν ἐν σαρκί, οὐδ' ἂν πως¹⁷ οἱ ἄνθρωποι ἐσώθησαν βλέποντες αὐτόν· ὅτε τὸν μέλλοντα μὴ εἶναι ἥλιον, ἔργον τῶν χειρῶν αὐτοῦ ὑπάρχοντα, ἐμβλέποντες¹⁸ οὐκ ἰσχύουσιν¹⁹ εἰς τὰς ἀκτίνας²⁰ αὐτοῦ ἀντοφθαλμῆσαι.²¹

---

¹ ὁμοίωσις, εως, ἡ, likeness, resemblance
² ἡμέτερος, α, ον, our
³ ὑπομένω aor act ind 3s, hold fast, endure
⁴ μανθάνω aor act impv 2p, learn
⁵ προφητεύω aor act ind 3s, prophesy
⁶ καταργέω aor act sub 3s, abolish, invalidate
⁷ ὑπομένω aor act ind 3s, hold fast, endure
⁸ ἐπιδείκνυμι aor act sub 3s, demonstrate, show
⁹ πέρας, adv, finally, in conclusion
¹⁰ γέ, conj, at least, even, indeed
¹¹ τοί, surely
¹² τηλικοῦτος, αύτη, οῦτο, so great, so large
¹³ τέρας, ατος, τό, prodigy, portent, wonder
¹⁴ ὑπεραγαπάω aor act ind 3s, love most dearly
¹⁵ ἐκλέγομαι aor mid ind 3s, choose (for oneself), select someone or something for oneself
¹⁶ ἄνομος, ον, comp, lawless
¹⁷ πως, somehow, in some way
¹⁸ ἐμβλέπω pres act ptcp m.p.nom., look at, gaze on
¹⁹ ἰσχύω pres act ind 3p, be able
²⁰ ἀκτίς, ῖνος, ἡ, ray, beam
²¹ ἀντοφθαλμέω aor act inf, look directly at

**11** οὐκοῦν[1] ὁ υἱὸς τοῦ Θεοῦ εἰς τοῦτο ἐν σαρκὶ ἦλθεν, ἵνα τὸ τέλειον[2] τῶν ἁμαρτιῶν ἀνακεφαλαιώσῃ[3] τοῖς διώξασιν ἐν θανάτῳ τοὺς προφήτας αὐτοῦ. **12** οὐκοῦν[4] εἰς τοῦτο ὑπέμεινεν.[5] λέγει γὰρ ὁ Θεὸς τὴν πληγὴν[6] τῆς σαρκὸς αὐτοῦ ὅτι ἐξ αὐτῶν· Ὅταν πατάξωσιν[7] τὸν ποιμένα[8] ἑαυτῶν, τότε ἀπολεῖται τὰ πρόβατα τῆς ποίμνης.[9] **13** Αὐτὸς δὲ ἠθέλησεν οὕτω παθεῖν, ἔδει γὰρ ἵνα ἐπὶ ξύλου[10] πάθῃ. λέγει γὰρ ὁ προφητεύων[11] ἐπ' αὐτῷ· Φεῖσαί[12] μου τῆς ψυχῆς ἀπὸ ῥομφαίας,[13] καί· Καθήλωσόν[14] μου τὰς σάρκας, ὅτι πονηρευομένων[15] συναγωγαὶ ἐπανέστησάν[16] μοι. **14** καὶ πάλιν λέγει· Ἰδοὺ τέθεικά μου τὸν νῶτον[17] εἰς μάστιγας,[18] τὰς δὲ σιαγόνας[19] μου εἰς ῥαπίσματα,[20] τὸ δὲ πρόσωπόν μου ἔθηκα ὡς στερεὰν[21] πέτραν.[22]

**6:1** Ὅτε οὖν ἐποίησεν τὴν ἐντολήν, τί λέγει; Τίς ὁ κρινόμενός μοι; ἀντιστήτω[23] μοι· ἢ τίς ὁ δικαιούμενός μοι; ἐγγισάτω τῷ παιδὶ[24] Κυρίου. **2** οὐαὶ ὑμῖν, ὅτι ὑμεῖς πάντες ὡς ἱμάτιον

---

[1] οὐκοῦν, conj, therefore, so, accordingly
[2] τέλειος, α, ον, perfect, mature
[3] ἀνακεφαλαιόω aor act sub 3s, sum up, recapitulate
[4] οὐκοῦν, conj, therefore, so, accordingly
[5] ὑπομένω aor act ind 3s, hold fast, endure
[6] πληγή, ῆς, ἡ, wound, bruise
[7] πατάσσω aor act sub 3p, strike down, slay
[8] ποιμήν, ένος, ὁ, shepherd
[9] ποιμήν, ένος, ὁ, shepherd
[10] ξύλον, ου, τό, wood
[11] προφητεύω pres act ptcp m.s.nom., prophesy
[12] φείδομαι aor mid impv 2s, spare
[13] ῥομφαία, ας, ἡ, sword
[14] καθηλόω aor act impv 2s, nail on
[15] πονηρεύομαι pres mid/pass ptcp m.p.gen., do wrong, commit sin
[16] ἐπανίστημι aor act ind 3p, rise up, rise up in rebellion
[17] νῶτος, ου, ὁ, back
[18] μάστιξ, ιγος, ἡ, whip, lash
[19] σιαγών, όνος, ἡ, cheek
[20] ῥάντισμα, ατος, τό, sprinkling
[21] στερεός, ά, όν, firm, solid
[22] πέτρα, ας, ἡ, rock
[23] ἀνθίστημι aor act impv 3s, set oneself against, oppose
[24] παῖς, παιδός, ὁ, ἡ, child

ΒΑΡΝΑΒΑΣ

παλαιωθήσεσθε,¹ καὶ σὴς² καταφάγεται³ ὑμᾶς. καὶ πάλιν λέγει ὁ προφήτης, ἐπεὶ⁴ ὡς λίθος ἰσχυρὸς⁵ ἐτέθη εἰς συντριβήν.⁶ Ἰδοὺ ἐμβαλῶ⁷ εἰς τὰ θεμέλια⁸ Σιὼν⁹ λίθον πολυτελῆ,¹⁰ ἐκλεκτόν,¹¹ ἀκρογωνιαῖον,¹² ἔντιμον.¹³ **3** εἶτα¹⁴ τί λέγει; Καὶ ὃς ἐλπίσει ἐπ' αὐτὸν ζήσεται εἰς τὸν αἰῶνα. ἐπὶ λίθον οὖν ἡμῶν ἡ ἐλπίς; μὴ γένοιτο· ἀλλ' ἐπεὶ¹⁵ ἐν ἰσχύϊ¹⁶ τέθεικεν τὴν σάρκα αὐτοῦ ὁ Κύριος. λέγει γάρ· Καὶ ἔθηκέν με ὡς στερεὰν¹⁷ πέτραν.¹⁸ **4** λέγει δὲ πάλιν ὁ προφήτης· Λίθον ὃν ἀπεδοκίμασαν¹⁹ οἱ οἰκοδομοῦντες, οὗτος ἐγενήθη εἰς κεφαλὴν γωνίας.²⁰ καὶ πάλιν λέγει· Αὕτη ἐστὶν ἡ ἡμέρα ἡ μεγάλη καὶ θαυμαστή,²¹ ἣν ἐποίησεν ὁ Κύριος. **5** Ἁπλούστερον²² ὑμῖν γράφω, ἵνα συνιῆτε,²³ ἐγὼ περίψημα²⁴ τῆς ἀγάπης ὑμῶν. **6** τί οὖν λέγει πάλιν ὁ προφήτης; Περιέσχεν²⁵ με συναγωγὴ πονηρευομένων,²⁶ ἐκύκλωσάν²⁷ με ὡσεὶ²⁸ μέλισσαι²⁹ κηρίον,³⁰ καὶ· Ἐπὶ τὸν

---

¹ παλαιόω fut pass sub 2p, become old
² σής, σητός, ὁ, moth
³ κατεσθίω/κατέσθω fut mid ind 3s, eat up, consume, devour
⁴ ἐπεί, conj, because, since, for
⁵ ἰσχυρός, ά, όν, strong
⁶ συντριβή, ῆς, ἡ, crushing, destruction
⁷ ἐμβάλλω fut act ind 1s, throw
⁸ θεμέλιον, ου, τό, foundation, basis
⁹ Σιών, ἡ, Mt. Zion, the people of God
¹⁰ πολυτελής, ές, expensive, costly
¹¹ ἐκλεκτός, ή, όν, chosen, elect
¹² ἀκρογωνιαῖος, α, ον, cornerstone
¹³ ἔντιμος, ον, valuable, precious
¹⁴ εἶτα, adv, furthermore, then, next
¹⁵ ἐπεί, conj, because, since, for
¹⁶ ἰσχύς, ύος, ἡ, strength, power, might
¹⁷ στερεός, ά, όν, firm, solid
¹⁸ πέτρα, ας, ἡ, rock
¹⁹ ἀποδοκιμάζω aor act ind 3p, reject
²⁰ γωνία, ας, ἡ, corner
²¹ θαυμαστός, ή, όν, wonderful, marvelous, remarkable
²² ἁπλοῦς, ῆ, οῦν, comp, simple, sincere, straightforward
²³ συνίημι pres act sub 2p, understand, comprehend
²⁴ περίψημα, ατος, τό, dirt, off-scouring
²⁵ περιέχω aor act ind 3s, surround, encircle
²⁶ πονηρεύομαι pres mid/pass ptcp m.p.gen., do wrong, commit sin
²⁷ κυκλόω aor act ind 3p, surround, encircle
²⁸ ὡσεί, as, like
²⁹ μέλισσα, ης, ἡ, bee
³⁰ κηρίον, ου, τό, wax, honeycomb

ἱματισμόν¹ μου ἔβαλον κλῆρον² **7** ἐν σαρκὶ οὖν αὐτοῦ μέλλοντος φανεροῦσθαι καὶ πάσχειν, προεφανερώθη³ τὸ πάθος⁴ λέγει γὰρ ὁ προφήτης ἐπὶ τὸν Ἰσραήλ· Οὐαὶ τῇ ψυχῇ αὐτῶν, ὅτι βεβούλευνται⁵ βουλὴν⁶ πονηρὰν καθ᾿ ἑαυτῶν, εἰπόντες· Δήσωμεν τὸν δίκαιον, ὅτι δύσχρηστος⁷ ἡμῖν ἐστίν. **8** τί λέγει ὁ ἄλλος προφήτης Μωϋσῆς αὐτοῖς; Ἰδοὺ τάδε⁸ λέγει Κύριος ὁ Θεός· Εἰσέλθατε εἰς τὴν γῆν τὴν ἀγαθήν, ἣν ὤμοσεν⁹ Κύριος τῷ Ἀβραὰμ καὶ Ἰσαὰκ¹⁰ καὶ Ἰακώβ,¹¹ καὶ κατακληρονομήσατε¹² αὐτήν, γῆν ῥέουσαν¹³ γάλα¹⁴ καὶ μέλι.¹⁵ **9** τί δὲ λέγει ἡ γνῶσις,¹⁶ μάθετε·¹⁷ Ἐλπίσατε ἐπὶ τὸν ἐν σαρκὶ μέλλοντα φανεροῦσθαι ὑμῖν Ἰησοῦν. ἄνθρωπος γὰρ γῆ ἐστιν πάσχουσα· ἀπὸ προσώπου γὰρ τῆς γῆς ἡ πλάσις¹⁸ τοῦ Ἀδὰμ¹⁹ ἐγένετο. **10** τί οὖν λέγει· Εἰς τὴν γῆν τὴν ἀγαθήν, γῆν ῥέουσαν²⁰ γάλα²¹ καὶ μέλι;²² εὐλογητὸς²³ ὁ Κύριος ἡμῶν, ἀδελφοί, ὁ σοφίαν καὶ νοῦν²⁴ θέμενος ἐν ἡμῖν τῶν κρυφίων²⁵ αὐτοῦ. λέγει γὰρ ὁ προφήτης παραβολὴν Κυρίου· τίς νοήσει,²⁶ εἰ μὴ σοφὸς²⁷ καὶ ἐπιστήμων²⁸

---

¹ ἱματισμός, οῦ, ὁ, clothing, apparel
² κλῆρος, ου, ὁ, lot, portion
³ προφανερόω aor pass ind 3s, reveal beforehand
⁴ πάθος, ους, τό, suffering
⁵ βουλεύω perf mid/pass ind 3p, deliberate, decide
⁶ βουλή, ῆς, ἡ, resolution, decision
⁷ δύσχρηστος, ον, inconvenient, annoying
⁸ ὅδε, ἥδε, τόδε, this, such and such
⁹ ὀμνύω aor act ind 3s, swear, take an oath
¹⁰ Ἰσαάκ, ὁ, Isaac
¹¹ Ἰακώβ, ὁ, Jacob
¹² κατακληρονομέω aor act impv 2p, take possession of, occupy
¹³ ῥέω pres act ptcp f.s.acc., flow, (over)flow with
¹⁴ γάλα, γάλακτος, τό, milk
¹⁵ μέλι, ιτος, τό, honey
¹⁶ γνῶσις, εως, ἡ, knowledge
¹⁷ μανθάνω aor act impv 2p, learn
¹⁸ πλάσις, εως, ἡ, formation, molding, creation
¹⁹ Ἀδάμ, ὁ, Adam
²⁰ ῥέω pres act ptcp f.s.acc., flow, (over)flow with
²¹ γάλα, γάλακτος, τό, milk
²² μέλι, ιτος, τό, honey
²³ εὐλογητός, ή, όν, blessed, praised
²⁴ νοῦς, νοός, νοΐ, νοῦν, ὁ, understanding, mind
²⁵ κρύφιος, ια, ιον, hidden, secret
²⁶ νοέω fut act ind 3s, consider, take note of
²⁷ σοφός, ή, όν, wise, clever
²⁸ ἐπιστήμων, ον, expert, learned, understanding

ΒΑΡΝΑΒΑΣ

καὶ ἀγαπῶν τὸν Κύριον αὐτοῦ; **11** ἐπεὶ¹ οὖν ἀνακαινίσας² ἡμᾶς ἐν τῇ ἀφέσει³ τῶν ἁμαρτιῶν, ἐποίησεν ἡμᾶς ἄλλον τύπον,⁴ ὡς παιδίων ἔχειν τὴν ψυχήν, ὡς ἂν δή⁵ ἀναπλάσσοντος⁶ αὐτοῦ ἡμᾶς. **12** λέγει γὰρ ἡ γραφὴ περὶ ἡμῶν, ὡς λέγει τῷ υἱῷ· Ποιήσωμεν κατ᾽ εἰκόνα⁷ καὶ καθ᾽ ὁμοίωσιν⁸ ἡμῶν τὸν ἄνθρωπον, καὶ ἀρχέτωσαν τῶν θηρίων τῆς γῆς καὶ τῶν πετεινῶν⁹ τοῦ οὐρανοῦ καὶ τῶν ἰχθύων¹⁰ τῆς θαλάσσης. καὶ εἶπεν Κύριος, ἰδὼν τὸ καλὸν πλάσμα¹¹ ἡμῶν· Αὐξάνεσθε¹² καὶ πληθύνεσθε¹³ καὶ πληρώσατε τὴν γῆν. ταῦτα πρὸς τὸν υἱόν. **13** πάλιν σοι ἐπιδείξω¹⁴ πῶς πρὸς ἡμᾶς λέγει Κύριος. δευτέραν πλάσιν¹⁵ ἐπ᾽ ἐσχάτων ἐποίησεν. λέγει δὲ Κύριος· Ἰδοὺ ποιῶ τὰ ἔσχατα ὡς τὰ πρῶτα. εἰς τοῦτο οὖν ἐκήρυξεν ὁ προφήτης· Εἰσέλθατε εἰς γῆν ῥέουσαν¹⁶ γάλα¹⁷ καὶ μέλι,¹⁸ καὶ κατακυριεύσατε¹⁹ αὐτῆς. **14** ἴδε²⁰ οὖν ἡμεῖς ἀναπεπλάσμεθα,²¹ καθὼς πάλιν ἐν ἑτέρῳ προφήτῃ λέγει· Ἰδού, λέγει Κύριος, ἐξελῶ²² τούτων, τουτέστιν²³ ὧν προέβλεπεν²⁴ τὸ

---

¹ ἐπεί, conj, because, since, for
² ἀνακαινίζω, aor act ptcp m.s.nom., renew, restore
³ ἄφεσις, έσεως, ἡ, pardon, cancellation
⁴ τύπος, ου, ὁ, type
⁵ δή, indeed, then, therefore
⁶ ἀναπλάσσω pres act ptcp m.s.gen., form, remold
⁷ εἰκών, όνος, ἡ, form, appearance
⁸ ὁμοίωσις, εως, ἡ, likeness, resemblance
⁹ πετεινόν, οῦ, τό, bird
¹⁰ ἰχθύς, ύος, ὁ, fish
¹¹ πλάσμα, ατος, τό, image, figure
¹² αὐξάνω/αὔξω pres mid/pass impv 2p, grow, increase
¹³ πληθύνω pres mid/pass impv 2p, multiply, increase
¹⁴ ἐπιδείκνυμι fut act ind 1s, demonstrate, show
¹⁵ πλάσις, εως, ἡ, formation, molding, creation
¹⁶ ῥέω pres act ptcp f.s.acc., (over)flow with
¹⁷ γάλα, γάλακτος, τό, milk
¹⁸ μέλι, ιτος, τό, honey
¹⁹ κατακυριεύω aor act impv 2p, be master, rule
²⁰ εἶδον aor act impv 2s, behold, look, see, take notice
²¹ ἀναπλάσσω perf mid/pass ind 1p, form, remold
²² ἐξαιρέω fut act ind 1s, take out, tear out
²³ τουτέστιν pres act ind 3s, that is to say
²⁴ προβλέπω imp act ind 3s, foresee, provide

ΒΑΡΝΑΒΑΣ

πνεῦμα Κυρίου, τὰς λιθίνας¹ καρδίας, καὶ ἐμβαλῶ² σαρκίνας,³ ὅτι αὐτὸς ἐν σαρκὶ ἔμελλεν φανεροῦσθαι καὶ ἐν ἡμῖν κατοικεῖν. **15** ναὸς γὰρ ἅγιος, ἀδελφοί μου, τῷ Κυρίῳ τὸ κατοικητήριον⁴ ἡμῶν τῆς καρδίας. **16** λέγει γὰρ Κύριος πάλιν· Καὶ ἐν τίνι ὀφθήσομαι τῷ Κυρίῳ τῷ Θεῷ μου καὶ δοξασθήσομαι; Ἐξομολογήσομαί⁵ σοι ἐν ἐκκλησίᾳ ἀδελφῶν μου, καὶ ψαλῶ⁶ σοι ἀναμέσον⁷ ἐκκλησίας ἁγίων. οὐκοῦν⁸ ἡμεῖς ἐσμέν οὓς εἰσήγαγεν⁹ εἰς τὴν γῆν τὴν ἀγαθήν. **17** τί οὖν τὸ γάλα¹⁰ καὶ τὸ μέλι;¹¹ ὅτι πρῶτον τὸ παιδίον μέλιτι,¹² εἶτα¹³ γάλακτι¹⁴ ζωοποιεῖται.¹⁵ οὕτως οὖν καὶ ἡμεῖς τῇ πίστει τῆς ἐπαγγελίας καὶ τῷ λόγῳ ζωοποιούμενοι¹⁶ ζήσομεν κατακυριεύοντες¹⁷ τῆς γῆς. **18** προειρήκαμεν¹⁸ δὲ ἐπάνω.¹⁹ Καὶ αὐξανέσθωσαν²⁰ καὶ πληθυνέσθωσαν²¹ καὶ ἀρχέτωσαν τῶν ἰχθύων.²² τίς οὖν ὁ δυνάμενος νῦν ἄρχειν θηρίων ἢ ἰχθύων²³ ἢ πετεινῶν²⁴ τοῦ οὐρανοῦ; αἰσθάνεσθαι²⁵ γὰρ ὀφείλομεν ὅτι τὸ ἄρχειν ἐξουσίας

---

¹ λίθινος, ίνη, ον, (made of) stone
² ἐμβάλλω fut act ind 1s, throw
³ σάρκινος, η, ον, fleshly
⁴ κατοικητήριον, ου, τό, dwelling-place
⁵ ἐξομολογέω fut mid ind 1s, confess, praise
⁶ ψάλλω fut act ind 1s, sing, sing praise
⁷ ἀναμέσον, prep, among, in the midst of
⁸ οὐκοῦν, conj, therefore, so, accordingly
⁹ εἰσάγω aor act ind 3s, bring in, lead in
¹⁰ γάλα, γάλακτος, τό, milk
¹¹ μέλι, ιτος, τό, honey
¹² μέλι, ιτος, τό, honey
¹³ εἶτα, adv, furthermore, then, next
¹⁴ γάλα, γάλακτος, τό, milk
¹⁵ ζωοποιέω pres mid/pass ind 3s, make alive, sustain life
¹⁶ ζωοποιέω pres mid/pass ptcp m.p.nom., make alive, sustain life
¹⁷ κατακυριεύω pres act ptcp m.p.nom., be master, rule
¹⁸ προλέγω perf act ind 1p, tell beforehand
¹⁹ ἐπάνω, adv, above, over
²⁰ αὐξάνω/αὔξω pres mid/pass impv 3p, grow, increase
²¹ πληθύνω pres mid/pass impv 3p, multiply, increase
²² ἰχθύς, ύος, ὁ, fish
²³ ἰχθύς, ύος, ὁ, fish
²⁴ πετεινόν, οῦ, τό, bird
²⁵ αἰσθάνομαι pres mid/pass inf, understand

ἐστίν, ἵνα τις ἐπιτάξας¹ κυριεύσῃ.² **19** εἰ οὖν οὐ γίνεται τοῦτο νῦν, ἄρα ἡμῖν εἴρηκεν πότε·³ ὅταν καὶ αὐτοὶ τελειωθῶμεν⁴ κληρονόμοι⁵ τῆς διαθήκης Κυρίου γενέσθαι.

**7:1** Οὐκοῦν⁶ νοεῖτε,⁷ τέκνα εὐφροσύνης,⁸ ὅτι πάντα ὁ καλὸς Κύριος προεφανέρωσεν⁹ ἡμῖν, ἵνα γνῶμεν ᾧ κατὰ πάντα εὐχαριστοῦντες ὀφείλομεν αἰνεῖν.¹⁰ **2** εἰ οὖν ὁ υἱὸς τοῦ Θεοῦ, ὢν Κύριος καὶ μέλλων κρίνειν ζῶντας καὶ νεκρούς, ἔπαθεν ἵνα ἡ πληγὴ¹¹ αὐτοῦ ζωοποιήσῃ¹² ἡμᾶς, πιστεύσωμεν ὅτι ὁ υἱὸς τοῦ Θεοῦ οὐκ ἠδύνατο παθεῖν εἰ μὴ δι' ἡμᾶς.

**7:3** Ἀλλὰ καὶ σταυρωθεὶς ἐποτίζετο¹³ ὄξει¹⁴ καὶ χολῇ.¹⁵ ἀκούσατε πῶς περὶ τούτου πεφανέρωκαν οἱ ἱερεῖς τοῦ ναοῦ· γεγραμμένης ἐντολῆς, Ὃς ἂν μὴ νηστεύσῃ¹⁶ τὴν νηστείαν,¹⁷ θανάτῳ ἐξολεθρευθήσεται,¹⁸ ἐνετείλατο¹⁹ Κύριος ἐπεὶ²⁰ καὶ αὐτὸς ὑπὲρ τῶν ἡμετέρων²¹ ἁμαρτιῶν ἔμελλεν τὸ σκεῦος²² τοῦ πνεύματος προσφέρειν θυσίαν,²³ ἵνα καὶ ὁ τύπος²⁴ ὁ γενόμενος

---

¹ ἐπιτάσσω aor act ptcp m.s.nom., order, command
² κυριεύω aor act sub 3s, rule
³ πότε, when
⁴ τελειόω aor pass sub 1p, make perfect
⁵ κληρονόμος, ου, ὁ, heir, beneficiary
⁶ οὐκοῦν, conj, therefore, so, accordingly
⁷ νοέω pres act impv 2p, consider, take note of
⁸ εὐφροσύνη, ης, ἡ, joy
⁹ προφανερόω aor act ind 3s, reveal beforehand
¹⁰ αἰνέω pres act inf, praise
¹¹ πληγή, ῆς, ἡ, wound, bruise
¹² ζωοποιέω aor act sub 3s, make alive, sustain life
¹³ ποτίζω imp mid/pass ind 3s, give to drink, drink
¹⁴ ὄξος, ους, τό, sour wine, wine vinegar
¹⁵ χολή, ῆς, ἡ, bitter, gall
¹⁶ νηστεύω aor act sub 3s, fast
¹⁷ νηστεία, ας, ἡ, going hungry, fast
¹⁸ ἐξολεθρεύω fut pass ind 3s, utterly destroy, root out
¹⁹ ἐντέλλω aor mid ind 3s, command
²⁰ ἐπεί, conj, because, since, for
²¹ ἡμέτερος, α, ον, our
²² σκεῦος, ους, τό, instrument, vessel
²³ θυσία, ας, ἡ, offering, sacrifice
²⁴ τύπος, ου, ὁ, type

ἐπὶ Ἰσαὰκ¹ τοῦ προσενεχθέντος ἐπὶ τὸ θυσιαστήριον² τελεσθῇ.³ **4** τί οὖν λέγει ἐν τῷ προφήτῃ; Καὶ φαγέτωσαν ἐκ τοῦ τράγου⁴ τοῦ προσφερομένου τῇ νηστείᾳ⁵ ὑπὲρ πασῶν τῶν ἁμαρτιῶν. προσέχετε⁶ ἀκριβῶς·⁷ Καὶ φαγέτωσαν οἱ ἱερεῖς μόνοι πάντες τὸ ἔντερον⁸ ἄπλυτον⁹ μετὰ ὄξους.¹⁰ **5** πρὸς τί; ἐπειδὴ¹¹ ἐμὲ, ὑπὲρ ἁμαρτιῶν μέλλοντα τοῦ λαοῦ μου τοῦ καινοῦ προσφέρειν τὴν σάρκα μου, μέλλετε ποτίζειν¹² χολὴν¹³ μετὰ ὄξους,¹⁴ φάγετε ὑμεῖς μόνοι, τοῦ λαοῦ νηστεύοντος¹⁵ καὶ κοπτομένου¹⁶ ἐπὶ σάκκου¹⁷ καὶ σποδοῦ·¹⁸ ἵνα δείξῃ ὅτι δεῖ αὐτὸν παθεῖν ὑπ' αὐτῶν. **6** ἃ ἐνετείλατο¹⁹ προσέχετε.²⁰ Λάβετε δύο τράγους²¹ καλοὺς καὶ ὁμοίους καὶ προσενέγκατε, καὶ λαβέτω ὁ ἱερεὺς τὸν ἕνα εἰς ὁλοκαύτωμα²² ὑπὲρ ἁμαρτιῶν. **7** τὸν δὲ ἕνα τί ποιήσωσιν; Ἐπικατάρατος,²³ φησίν, ὁ εἷς. προσέχετε²⁴ πῶς ὁ τύπος²⁵ τοῦ Ἰησοῦ φανεροῦται. **8** Καὶ ἐμπτύσατε²⁶ πάντες καὶ

---

[1] Ἰσαάκ, ὁ, Isaac
[2] θυσιαστήριον, ου, τό, altar
[3] τελέω aor pass sub 3s, fulfill
[4] τράγος, ου, ὁ, male goat
[5] νηστεία, ας, ἡ, going hungry, fast
[6] προσέχω pres act impv 2p, care for
[7] ἀκριβῶς, adv, accurately, carefully, well
[8] ἔντερον, ου, τό, entrails
[9] ἄπλυτος, ον, unwashed
[10] ὄξος, ους, τό, sour wine, wine vinegar
[11] ἐπειδή, conj, because
[12] ποτίζω pres act inf, give to drink, drink
[13] χολή, ῆς, ἡ, bitter, gall
[14] ὄξος, ους, τό, sour wine, wine vinegar
[15] νηστεύω pres act ptcp m.s.gen., fast
[16] κόπτω pres mid/pass ptcp m.s.gen., mourn
[17] σάκκος, ου, ὁ, sack, sackcloth
[18] σποδός, οῦ, ἡ, ashes
[19] ἐντέλλω aor mid ind 3s, command
[20] προσέχω pres act impv 2p, care for
[21] τράγος, ου, ὁ, male goat
[22] ὁλοκαύτωμα, ατος, τό, whole burnt offering
[23] ἐπικατάρατος, ον, cursed
[24] προσέχω pres act impv 2p, care for
[25] τύπος, ου, ὁ, type
[26] ἐμπτύω aor act impv 2p, spit on, spit at

## ΒΑΡΝΑΒΑΣ

κατακεντήσατε[1] καὶ περίθετε[2] τὸ ἔριον[3] τὸ κόκκινον[4] περὶ τὴν κεφαλὴν αὐτοῦ, καὶ οὕτως εἰς ἔρημον βληθήτω. καὶ ὅταν γένηται οὕτως, ἄγει ὁ βαστάζων[5] τὸν τράγον[6] εἰς τὴν ἔρημον, καὶ ἀφαιρεῖ[7] τὸ ἔριον[8] καὶ ἐπιτίθησιν αὐτὸ ἐπὶ φρύγανον[9] τὸ λεγόμενον ῥαχή,[10] οὗ καὶ τοὺς βλαστοὺς[11] εἰώθαμεν[12] τρώγειν[13] ἐν τῇ χώρᾳ[14] εὑρίσκοντες· οὕτω μόνης τῆς ῥαχῆς[15] οἱ καρποὶ γλυκεῖς[16] εἰσίν. **9** τί οὖν τοῦτό ἐστιν; προσέχετε·[17] Τὸν μὲν ἕνα ἐπὶ τὸ θυσιαστήριον,[18] τὸν δὲ ἕνα ἐπικατάρατον,[19] καὶ ὅτι τὸν ἐπικατάρατον[20] ἐστεφανωμένον.[21] ἐπειδὴ[22] ὄψονται αὐτὸν τότε τῇ ἡμέρᾳ τὸν ποδήρη[23] ἔχοντα τὸν κόκκινον[24] περὶ τὴν σάρκα καὶ ἐροῦσιν· Οὐχ οὗτός ἐστιν ὅν ποτε[25] ἡμεῖς ἐσταυρώσαμεν καὶ ἐξουθενήσαμεν[26] ἐμπτύσαντες.[27] ἀληθῶς[28] οὗτος ἦν ὁ τότε λέγων ἑαυτὸν υἱὸν τοῦ Θεοῦ εἶναι. **10** πῶς γὰρ ὅμοιος ἐκείνῳ; εἰς τοῦτο ὁμοίους τοὺς τράγους,[29] καλούς, ἴσους,[30] ἵνα ὅταν ἴδωσιν αὐτὸν

---

[1] κατακεντέω aor act impv 2p, pierce, stab
[2] περιτίθημι aor act impv 2p, put on, place around
[3] ἔριον, ου, τό, wool
[4] κόκκινος, η, ον, scarlet, red
[5] βαστάζω pres act ptcp m.s.nom., carry, bear
[6] τράγος, ου, ὁ, male goat
[7] ἀφαιρέω pres act ind 3s, take away, remove
[8] ἔριον, ου, τό, wool
[9] φρύγανον, ου, τό, bush, shrub
[10] ῥαχή, ἡ, blackberry
[11] βλαστός, οῦ, ὁ, bud, sprout
[12] εἴωθα perf act ind 1p, be accustomed
[13] τρώγω pres act inf, eat
[14] χώρα, ας, ἡ, country, field
[15] ῥαχή, ἡ, blackberry
[16] γλυκύς, εῖα, ύ, sweet
[17] προσέχω pres act impv 2p, care for
[18] θυσιαστήριον, ου, τό, altar
[19] ἐπικατάρατος, ον, cursed
[20] ἐπικατάρατος, ον, cursed
[21] στεφανόω perf mid/pass ptcp m.s.acc., crown
[22] ἐπειδή, conj, because
[23] ποδήρης, ες, reaching to the feet
[24] κόκκινος, η, ον, scarlet, red
[25] ποτέ, conj, once
[26] ἐξουθενέω/ἐξουθενόω aor act ind 1p, treat with contempt
[27] ἐμπτύω aor act ptcp m.p.nom., spit on, spit at
[28] ἀληθῶς, adv, truly
[29] τράγος, ου, ὁ, male goat
[30] ἴσος, η, ον, equal

τότε ἐρχόμενον, ἐκπλαγῶσιν[1] ἐπὶ τῇ ὁμοιότητι[2] τοῦ τράγου.[3] οὐκοῦν[4] ἴδε[5] τὸν τύπον[6] τοῦ μέλλοντος πάσχειν Ἰησοῦ. **11** Τί δέ ὅτι τὸ ἔριον[7] εἰς μέσον τῶν ἀκανθῶν[8] τιθέασιν; τύπος[9] ἐστὶν τοῦ Ἰησοῦ τῇ ἐκκλησίᾳ θέμενος, ὅτι ὃς ἐὰν θέλῃ τὸ ἔριον[10] ἆραι τὸ κόκκινον,[11] δεῖ αὐτὸν πολλὰ παθεῖν διὰ τὸ εἶναι φοβερὰν[12] τὴν ἄκανθαν,[13] καὶ θλιβέντα[14] κυριεῦσαι[15] αὐτοῦ. Οὕτω, φησίν, οἱ θέλοντές με ἰδεῖν καὶ ἅψασθαί μου τῆς βασιλείας ὀφείλουσιν θλιβέντες[16] καὶ παθόντες λαβεῖν με.

**8:1** Τίνα δὲ δοκεῖτε τύπον[17] εἶναι, ὅτι ἐντέταλται[18] τῷ Ἰσραὴλ προσφέρειν δάμαλιν[19] τοὺς ἄνδρας ἐν οἷς εἰσιν ἁμαρτίαι τέλειαι,[20] καὶ σφάξαντας[21] κατακαίειν,[22] καὶ αἴρειν τότε τὰ παιδία σποδὸν[23] καὶ βάλλειν εἰς ἄγγη,[24] καὶ περιτιθέναι[25] τὸ ἔριον[26] τὸ κόκκινον[27] ἐπὶ ξύλον[28] ἴδε[29] πάλιν ὁ τύπος[30] ὁ τοῦ

---

[1] ἐκπλήσσω aor pass sub 3p, amaze, astound
[2] ὁμοιότης, ητος, ἡ, likeness, similarity, agreement
[3] τράγος, ου, ὁ, male goat
[4] οὐκοῦν, conj, therefore, so, accordingly
[5] ἴδε, see, pay attention to
[6] τύπος, ου, ὁ, type
[7] ἔριον, ου, τό, wool
[8] ἄκανθα, ης, ἡ, thorn-plant
[9] τύπος, ου, ὁ, type
[10] ἔριον, ου, τό, wool
[11] κόκκινος, η, ον, scarlet, red
[12] φοβερός, ά, όν, causing fear, fearful, terrible
[13] ἄκανθα, ης, ἡ, thorn-plant
[14] θλίβω aor pass ptcp m.s.acc., oppress, afflict
[15] κυριεύω aor act inf, rule
[16] θλίβω aor pass ptcp m.p.nom., oppress, afflict
[17] τύπος, ου, ὁ, type
[18] ἐντέλλω perf mid/pass ind 3s, command
[19] δάμαλις, εως, ἡ, heifer, young cow
[20] τέλειος, α, ον, perfect, mature
[21] σφάζω aor act ptcp m.p.acc., slaughter
[22] κατακαίω pres act inf, burn down, burn up, consume
[23] σποδός, οῦ, ἡ, ashes
[24] ἄγγος, ους, τό, vessel, container
[25] περιτίθημι pres act inf, put on, place around
[26] ἔριον, ου, τό, wool
[27] κόκκινος, η, ον, scarlet, red
[28] ξύλον, ου, τό, wood
[29] εἶδον aor act impv 2s, behold, look, see, pay attention to
[30] τύπος, ου, ὁ, type

σταυροῦ¹ καὶ τὸ ἔριον² τὸ κόκκινον³ καὶ τὸ ὕσσωπον,⁴ καὶ οὕτως ῥαντίζειν⁵ τὰ παιδία καθ' ἕνα τὸν λαόν, ἵνα ἁγνίζωνται⁶ ἀπὸ τῶν ἁμαρτιῶν; **2** νοεῖτε⁷ πῶς ἐν ἁπλότητι⁸ λέγεται ὑμῖν· ὁ μόσχος⁹ ὁ Ἰησοῦς ἐστίν, οἱ προσφέροντες ἄνδρες ἁμαρτωλοὶ οἱ προσενέγκαντες αὐτὸν ἐπὶ τὴν σφαγήν.¹⁰ εἶτα¹¹ οὐκέτι ἄνδρες, οὐκέτι ἁμαρτωλῶν ἡ δόξα. **3** Οἱ ῥαντίζοντες¹² παῖδες¹³ οἱ εὐαγγελισάμενοι ἡμῖν τὴν ἄφεσιν¹⁴ τῶν ἁμαρτιῶν καὶ τὸν ἁγνισμὸν¹⁵ τῆς καρδίας, οἷς ἔδωκεν τοῦ εὐαγγελίου τὴν ἐξουσίαν, οὖσιν δεκαδύο¹⁶ εἰς μαρτύριον¹⁷ τῶν φυλῶν ὅτι δεκαδύο¹⁸ φυλαὶ τοῦ Ἰσραήλ, εἰς τὸ κηρύσσειν. **4** διατί¹⁹ δὲ τρεῖς παῖδες²⁰ οἱ ῥαντίζοντες;²¹ εἰς μαρτύριον²² Ἀβραάμ, Ἰσαάκ,²³ Ἰακώβ,²⁴ ὅτι οὗτοι μεγάλοι τῷ Θεῷ. **5** Ὅτι δὲ τὸ ἔριον²⁵ ἐπὶ τὸ ξύλον·²⁶ ὅτι ἡ βασιλεία Ἰησοῦ ἐπὶ ξύλου,²⁷ καὶ ὅτι οἱ ἐλπίζοντες ἐπ' αὐτὸν ζήσονται εἰς τὸν αἰῶνα. **6** Διατί²⁸ δὲ ἅμα²⁹ τὸ ἔριον³⁰ καὶ τὸ ὕσσωπον;³¹ ὅτι ἐν τῇ βασιλείᾳ αὐτοῦ ἡμέραι

---

¹ σταυρός, οῦ, ὁ, cross
² ἔριον, ου, τό, wool
³ κόκκινος, η, ον, scarlet, red
⁴ ὕσσωπος, ου, ἡ, hyssop
⁵ ῥαντίζω pres act inf, sprinkle
⁶ ἁγνίζω pres mid/pass sub 3p, purify, dedicate oneself
⁷ νοέω pres act impv 2p, consider, take note of
⁸ ἁπλότης, ητος, ἡ, simplicity, sincerity
⁹ μόσχος, ου, ὁ, calf, young bull
¹⁰ σφαγή, ῆς, ἡ, slaughter
¹¹ εἶτα, adv, furthermore, then, next
¹² ῥαντίζω pres act ptcp m.p.nom., sprinkle
¹³ παῖς, παιδός, ὁ, ἡ, child
¹⁴ ἄφεσις, έσεως, ἡ, pardon, cancellation
¹⁵ ἁγνισμός, οῦ, ὁ, purification
¹⁶ δεκαδύο, twelve
¹⁷ μαρτύριον, ου, τό, testimony, proof
¹⁸ δεκαδύο, twelve
¹⁹ διατί, why?
²⁰ παῖς, παιδός, ὁ, ἡ, child
²¹ ῥαντίζω pres act ptcp m.p.nom., sprinkle
²² μαρτύριον, ου, τό, testimony, proof
²³ Ἰσαάκ, ὁ, Isaac
²⁴ Ἰακώβ, ὁ, Jacob
²⁵ ἔριον, ου, τό, wool
²⁶ ξύλον, ου, τό, wood
²⁷ ξύλον, ου, τό, wood
²⁸ διατί, why?
²⁹ ἅμα, adv, at the same time, together
³⁰ ἔριον, ου, τό, wool
³¹ ὕσσωπος, ου, ἡ, hyssop

ἔσονται πονηραὶ καὶ ῥυπαραί,¹ ἐν αἷς ἡμεῖς σωθησόμεθα, ὅτι καὶ ὁ ἀλγῶν² σάρκα διὰ τοῦ ῥύπου³ τοῦ ὑσσώπου⁴ ἰᾶται.⁵ **7** καὶ διὰ τοῦτο οὕτως γενόμενα ἡμῖν μέν ἐστιν φανερά,⁶ ἐκείνοις δὲ σκοτεινά,⁷ ὅτι οὐκ ἤκουσαν φωνῆς Κυρίου.

**9:1** Λέγει γὰρ πάλιν περὶ τῶν ὠτίων,⁸ πῶς περιέτεμεν⁹ ἡμῶν τὴν καρδίαν. λέγει Κύριος ἐν τῷ προφήτῃ· Εἰς ἀκοὴν¹⁰ ὠτίου¹¹ ὑπήκουσάν¹² μου. καὶ πάλιν λέγει· Ἀκοῇ¹³ ἀκούσονται οἱ πόρρωθεν,¹⁴ ἃ ἐποίησα γνώσονται· καί· Περιτμήθητε,¹⁵ λέγει Κύριος, τὰς καρδίας ὑμῶν. **2** καὶ πάλιν λέγει· Ἄκουε, Ἰσραήλ, ὅτι τάδε¹⁶ λέγει Κύριος ὁ Θεός σου. καὶ πάλιν τὸ πνεῦμα Κυρίου προφητεύει.¹⁷ Τίς ἐστιν ὁ θέλων ζῆσαι εἰς τὸν αἰῶνα; ἀκοῇ¹⁸ ἀκουσάτω τῆς φωνῆς τοῦ παιδός¹⁹ μου. **3** καὶ πάλιν λέγει· Ἄκουε οὐρανέ, καὶ ἐνωτίζου²⁰ γῆ, ὅτι Κύριος ἐλάλησεν ταῦτα εἰς μαρτύριον.²¹ καὶ πάλιν λέγει· Ἀκούσατε λόγον Κυρίου, ἄρχοντες τοῦ λαοῦ τούτου. καὶ πάλιν λέγει· Ἀκούσατε, τέκνα, φωνῆς βοῶντος²² ἐν τῇ ἐρήμῳ. **4** οὐκοῦν²³ περιέτεμεν²⁴ ἡμῶν τὰς

---

¹ ῥυπαρός, ά, όν, filthy, unclean
² ἀλγέω pres act ptcp m.s.nom., feel pain
³ ῥύπος, ου, ὁ, uncleanness
⁴ ὕσσωπος, ου, ἡ, hyssop
⁵ ἰάομαι pres mid/pass ind 3s, heal, cure
⁶ φανερός, ά, όν, visible, clear, known
⁷ σκοτεινός, ή, όν, dark
⁸ ὠτίον, ου, τό, ear
⁹ περιτέμνω aor act ind 3s, circumcize
¹⁰ ἀκοή, ῆς, ἡ, hearing, listening
¹¹ ὠτίον, ου, τό, ear
¹² ὑπακούω aor act ind 3p, obey, follow
¹³ ἀκοή, ῆς, ἡ, hearing, listening
¹⁴ πόρρωθεν, adv, from a distance
¹⁵ περιτέμνω aor pass impv 2p, circumcize
¹⁶ ὅδε, ἥδε, τόδε, this
¹⁷ προφητεύω pres act ind 3s, prophesy
¹⁸ ἀκοή, ῆς, ἡ, hearing, listening
¹⁹ παῖς, παιδός, ὁ, ἡ, child
²⁰ ἐνωτίζομαι pres mid/pass impv 2s, give ear, pay attention to
²¹ μαρτύριον, ου, τό, testimony, proof
²² βοάω pres act ptcp m.s.gen., call, shout, cry out
²³ οὐκοῦν, conj, therefore, so, accordingly
²⁴ περιτέμνω aor act ind 3s, circumcize

ἀκοάς,[1] ἵνα ἀκούσαντες λόγον πιστεύσωμεν ἡμεῖς. Ἀλλὰ καὶ ἡ περιτομὴ ἐφ' ᾗ πεποίθασιν κατήργηται,[2] περιτομὴν γὰρ εἴρηκεν οὐ σαρκὸς γενηθῆναι. ἀλλὰ παρέβησαν,[3] ὅτι ἄγγελος πονηρὸς ἐσόφιζεν[4] αὐτούς. **5** λέγει πρὸς αὐτούς· Τάδε[5] λέγει Κύριος ὁ Θεὸς ὑμῶν ὧδε εὑρίσκω ἐντολήν· Μὴ σπείρετε ἐπ' ἀκάνθαις,[6] περιτμήθητε[7] τῷ Κυρίῳ ὑμῶν. καὶ τί λέγει; Περιτμήθητε[8] τὴν σκληροκαρδίαν[9] ὑμῶν, καὶ τὸν τράχηλον[10] ὑμῶν οὐ σκληρυνεῖτε.[11] λάβε πάλιν· Ἰδού, λέγει Κύριος, πάντα τὰ ἔθνη ἀπερίτμητα[12] ἀκροβυστίαν,[13] ὁ δὲ λαὸς οὗτος ἀπερίτμητος[14] καρδίας.

**9:6** Ἀλλ' ἐρεῖς· Καὶ μὴν[15] περιτέτμηται[16] ὁ λαὸς εἰς σφραγῖδα.[17] ἀλλὰ καὶ πᾶς Σύρος[18] καὶ Ἄραψ[19] καὶ πάντες οἱ ἱερεῖς τῶν εἰδώλων.[20] ἆρα οὖν κἀκεῖνοι ἐκ τῆς διαθήκης αὐτῶν εἰσίν; ἀλλὰ καὶ οἱ Αἰγύπτιοι[21] ἐν περιτομῇ εἰσίν. **7** Μάθετε[22] οὖν, τέκνα ἀγάπης, περὶ πάντων πλουσίως,[23] ὅτι Ἀβραάμ, πρῶτος περιτομὴν δούς, ἐν πνεύματι προβλέψας[24] εἰς τὸν Ἰησοῦν

---

[1] ἀκοή, ῆς, ἡ, ears, hearing, listening
[2] καταργέω perf mid/pass ind 3s, abolish, invalidate
[3] παραβαίνω aor act ind 3p, transgress, break
[4] σοφίζω imp act ind 3s, make wise, teach
[5] ὅδε, ἥδε, τόδε, this
[6] ἄκανθα, ης, ἡ, thorn-plant
[7] περιτέμνω aor pass impv 2p, circumcize
[8] περιτέμνω aor pass impv 2p, circumcize
[9] σκληροκαρδία, ας, ἡ, hardness of heart, coldness
[10] τράχηλος, ου, ὁ, neck, throat
[11] σκληρύνω fut act ind 2p, harden
[12] ἀπερίτμητος, ον, uncircumcized, obdurate
[13] ἀκροβυστία, ας, ἡ, uncircumcision
[14] ἀπερίτμητος, ον, uncircumcized, obdurate
[15] μήν, indeed, yet
[16] περιτέμνω perf mid/pass ind 3s, circumcize
[17] σφραγίς, ῖδος, ἡ, seal, attestation
[18] Σύρος, ου, ὁ, Syrian
[19] Ἄραψ, βος, ὁ, Arab
[20] εἴδωλον, ου, τό, idol
[21] Αἰγύπτιος, ία, ιον, Egyptian
[22] μανθάνω aor act impv 2p, learn
[23] πλουσίως, adv, richly, abundantly
[24] προβλέπω aor act ptcp m.s.nom., foresee, provide

περιέτεμεν,¹ λαβὼν τριῶν γραμμάτων² δόγματα.³ **8** λέγει γάρ· Καὶ περιέτεμεν⁴ Ἀβραὰμ ἐκ τοῦ οἴκου αὐτοῦ ἄνδρας δεκαοκτὼ⁵ καὶ τριακοσίους.⁶ τίς οὖν ἡ δοθεῖσα αὐτῷ γνῶσις;⁷ μάθετε⁸ ὅτι τοὺς δεκαοκτὼ⁹ πρώτους, καὶ διάστημα¹⁰ ποιήσας λέγει τριακοσίους.¹¹ τὸ δεκαοκτώ,¹² Ι¹³ δέκα,¹⁴ Η¹⁵ ὀκτώ·¹⁶ ἔχεις Ἰησοῦν. ὅτι δὲ ὁ σταυρὸς¹⁷ ἐν τῷ Τ¹⁸ ἤμελλεν ἔχειν τὴν χάριν, λέγει καὶ τριακοσίους.¹⁹ δηλοῖ²⁰ οὖν τὸν μὲν Ἰησοῦν ἐν τοῖς δυσὶ γράμμασιν,²¹ καὶ ἐν τῷ ἑνὶ τὸν σταυρόν.²² **9** οἶδεν ὁ τὴν ἔμφυτον²³ δωρεὰν²⁴ τῆς διαθήκης αὐτοῦ θέμενος ἐν ἡμῖν. οὐδεὶς γνησιώτερον²⁵ ἔμαθεν²⁶ ἀπ' ἐμοῦ λόγον, ἀλλὰ οἶδα ὅτι ἄξιοί ἐστε ὑμεῖς.

**10:1** Ὅτι δὲ Μωϋσῆς εἶπεν· Οὐ φάγεσθε χοῖρον²⁷ οὔτε ἀετὸν²⁸ οὔτε ὀξύπτερον²⁹ οὔτε κόρακα,³⁰ οὔτε πάντα ἰχθὺν³¹ ὃς οὐκ ἔχει λεπίδα³² ἐν ἑαυτῷ, τρία ἔλαβεν ἐν τῇ συνέσει³³ δόγματα.³⁴

---

¹ περιτέμνω aor act ind 3s, circumcize
² γράμμα, ατος, τό, letter
³ δόγμα, ατος, τό, ordinance, command
⁴ περιτέμνω aor act ind 3s, circumcize
⁵ δεκαοκτώ, eighteen
⁶ τριακόσιοι, αι, α, three hundred
⁷ γνῶσις, εως, ἡ, knowledge
⁸ μανθάνω aor act impv 2p, learn
⁹ δεκαοκτώ, eighteen
¹⁰ διάστημα, ατος, τό, interval
¹¹ τριακόσιοι, αι, α, three hundred
¹² δεκαοκτώ, eighteen
¹³ ι´, ten
¹⁴ δέκα, ten
¹⁵ η´, eight
¹⁶ ὀκτώ, eight
¹⁷ σταυρός, οῦ, ὁ, cross
¹⁸ τ´, three hundred
¹⁹ τριακόσιοι, αι, α, three hundred
²⁰ δηλόω pres act ind 3s, explain, clarify
²¹ γράμμα, ατος, τό, letter
²² σταυρός, οῦ, ὁ, cross
²³ ἔμφυτος, ον, implanted
²⁴ δωρεάν, adv, as a gift, without payment, gratis
²⁵ γνήσιος, α, ον, legitimate, true, genuine, comp
²⁶ μανθάνω aor act ind 3s, learn
²⁷ χοῖρος, ου, ὁ, swine
²⁸ ἀετός, οῦ, ὁ, eagle
²⁹ ὀξύπτερος, ον, hawk
³⁰ κόραξ, ακος, ὁ, crow, raven
³¹ ἰχθύς, ύος, ὁ, fish
³² λεπίς, ίδος, ἡ, scales, scale
³³ σύνεσις, εως, ἡ, intelligence, insight
³⁴ δόγμα, ατος, τό, ordinance, command

**2** πέρας¹ γέ² τοι³ λέγει αὐτοῖς ἐν τῷ Δευτερονομίῳ·⁴ Καὶ διαθήσομαι⁵ πρὸς τὸν λαὸν τοῦτον τὰ δικαιώματά⁶ μου. ἄρα οὖν οὐκ ἔστιν ἐντολὴ Θεοῦ τὸ μὴ τρώγειν,⁷ Μωϋσῆς δὲ ἐν πνεύματι ἐλάλησεν. **3** τὸ οὖν χοιρίον⁸ πρὸς τοῦτο εἶπεν· οὐ κολληθήσῃ,⁹ φησίν, ἀνθρώποις τοιούτοις, οἵτινές εἰσιν ὅμοιοι χοίρων·¹⁰ τουτέστιν¹¹ ὅταν σπαταλῶσιν,¹² ἐπιλανθάνονται¹³ τοῦ Κυρίου, ὅταν δὲ ὑστεροῦνται,¹⁴ ἐπιγινώσκουσιν τὸν Κύριον, ὡς καὶ ὁ χοῖρος¹⁵ ὅταν τρώγει¹⁶ τὸν Κύριον οὐκ οἶδεν, ὅταν δὲ πεινᾷ¹⁷ κραυγάζει,¹⁸ καὶ λαβὼν πάλιν σιωπᾷ.¹⁹ **4** Οὔτε φάγῃ τὸν ἀετὸν²⁰ οὐδὲ τὸν ὀξύπτερον²¹ οὐδὲ τὸν ἰκτῖνα²² οὐδὲ τὸν κόρακα·²³ οὐ μή, φησίν, κολληθήσῃ²⁴ οὐδὲ ὁμοιωθήσῃ²⁵ ἀνθρώποις τοιούτοις, οἵτινες οὐκ οἴδασιν διὰ κόπου²⁶ καὶ ἱδρῶτος²⁷ ἑαυτοῖς πορίζειν²⁸

---

¹ πέρας, adv, finally, in conclusion
² γέ, conj, at least, even, indeed
³ τοί, surely
⁴ Δευτερονόμιον, ου, τό, Deuteronomy
⁵ διατίθημι fut mid ind 1s, decree, ordain
⁶ δικαίωμα, ατος, τό, regulation, righteous deed
⁷ τρώγω pres act inf, eat
⁸ χοιρίον, ου, τό, swine
⁹ κολλάω fut pass ind 2s, cling to, attach to
¹⁰ χοῖρος, ου, ὁ, swine
¹¹ τουτέστιν pres act ind 3s, that is to say
¹² σπαταλάω pres act sub 3p, live luxuriously
¹³ ἐπιλανθάνομαι pres mid/pass ind 3p, forget
¹⁴ ὑστερέω pres mid/pass ind 3p, lack, be lacking
¹⁵ χοῖρος, ου, ὁ, swine
¹⁶ τρώγω pres act ind 3s, eat
¹⁷ πεινάω pres act sub 3s, hunger, be hungry
¹⁸ κραυγάζω pres act ind 3s, cry (out)
¹⁹ σιωπάω pres act sub 3s, stop speaking, become quiet
²⁰ ἀετός, οῦ, ὁ, eagle
²¹ ὀξύπτερος, ον, hawk
²² ἰκτῖνος, ου, ὁ, hawk, kite
²³ κόραξ, ακος, ὁ, crow, raven
²⁴ κολλάω fut pass ind 2s, cling to, attach to
²⁵ ὁμοιόω fut pass sub 2s, make like, compare
²⁶ κόπος, ου, ὁ, labor, work, toil
²⁷ ἱδρώς, ῶτος, ὁ, sweat, perspiration
²⁸ πορίζω pres act inf, procure, provide

τὴν τροφήν,[1] ἀλλὰ ἁρπάζουσιν[2] τὰ ἀλλότρια[3] ἐν ἀνομίᾳ[4] αὐτῶν καὶ ἐπιτηροῦσιν,[5] ἐν ἀκεραιοσύνῃ[6] περιπατοῦντες, καὶ περιβλέπονται[7] τίνα ἐκδύσωσιν[8] διὰ τὴν πλεονεξίαν,[9] ὡς καὶ τὰ ὄρνεα[10] ταῦτα μόνα ἑαυτοῖς οὐ πορίζει[11] τὴν τροφήν,[12] ἀλλὰ ἀργὰ[13] καθήμενα ἐκζητεῖ[14] πῶς ἀλλοτρίας[15] σάρκας φάγῃ, ὄντα λοιμὰ[16] τῇ πονηρίᾳ[17] αὐτῶν. **5** Καὶ οὐ φάγῃ, φησίν, σμύραιναν[18] οὐδὲ πώλυπα[19] οὐδὲ σηπίαν.[20] οὐ μή, φησίν, ὁμοιωθήσῃ[21] ἀνθρώποις τοιούτοις, οἵτινες εἰς τέλος εἰσὶν ἀσεβεῖς[22] καὶ κεκριμένοι ἤδη τῷ θανάτῳ, ὡς καὶ ταῦτα τὰ ἰχθύδια[23] μόνα ἐπικατάρατα[24] ἐν τῷ βυθῷ[25] νήχεται,[26] μὴ κολυμβῶντα[27] ὡς τὰ λοιπά, ἀλλὰ ἐν τῇ γῇ κάτω[28] τοῦ βυθοῦ[29] κατοικεῖ. **6** Ἀλλὰ καὶ τὸν δασύποδα[30] οὐ μὴ φάγῃ. πρὸς τί; οὐ μὴ γένῃ, φησίν, παιδοφθόρος[31] οὐδὲ ὁμοιωθήσῃ[32] τοῖς τοιούτοις, ὅτι ὁ λαγωὸς[33]

---

[1] τροφή, ῆς, ἡ, food, nourishment
[2] ἁρπάζω pres act ind 3p, steal, carry off, drag away
[3] ἀλλότριος, ία, ον, not one's own, strange
[4] ἀνομία, ας, ἡ, lawlessness
[5] ἐπιτηρέω pres act ind 3p, watch carefully, lie in wait
[6] ἀκεραιοσύνη, ης, ἡ, purity
[7] περιβλέπω pres mid/pass ind 3p, look for, hunt
[8] ἐκδύω aor pass sub 3p, plunder
[9] πλεονεξία, ας, ἡ, greediness, insatiableness
[10] ὄρνεον, ου, τό, bird
[11] πορίζω pres act ind 3s, procure, provide
[12] τροφή, ῆς, ἡ, food, nourishment
[13] ἀργός, ή, όν, idle, lazy
[14] ἐκζητέω pres act ind 3s, seek out, search for
[15] ἀλλότριος, ία, ον, not one's own, strange
[16] λοιμός, ή, όν, pestilential, diseased
[17] πονηρία, ας, ἡ, wickedness, baseness
[18] σμύραινα, ης, ἡ, sea eel
[19] πῶλυψ, πος, ὁ, octopus
[20] σηπία, ας, ἡ, cuttle-fish, sepia
[21] ὁμοιόω fut pass sub 2s, make like, compare
[22] ἀσεβής, ές, irreverent, impious, ungodly
[23] ἰχθύδιον, ου, τό, little fish
[24] ἐπικατάρατος, ον, cursed
[25] βυθός, οῦ, ὁ, sea, deep water
[26] νήχω pres mid/pass ind 3s, swim
[27] κολυμβάω pres act ptcp n.p.acc., swimming back and forth
[28] κάτω, adv, below
[29] βυθός, οῦ, ὁ, sea, deep water
[30] δασύπους, οδος, ὁ, hare
[31] παιδοφθόρος, ου, ὁ, pederast
[32] ὁμοιόω fut pass sub 2s, make like, compare
[33] λαγωός, οῦ, ὁ, hare

κατ' ἐνιαυτὸν¹ πλεονεκτεῖ² τὴν ἀφόδευσιν.³ ὅσα γὰρ ἔτη ζῇ, τοσαύτας⁴ ἔχει τρύπας.⁵ **7** Ἀλλὰ οὐδὲ τὴν ὕαιναν⁶ φάγῃ· οὐ μή, φησίν, γένῃ μοιχὸς⁷ οὐδὲ φθορεὺς⁸ οὐδὲ ὁμοιωθήσῃ⁹ τοῖς τοιούτοις. πρὸς τί; ὅτι τὸ ζῷον¹⁰ τοῦτο παρ' ἐνιαυτὸν¹¹ ἀλλάσσει¹² τὴν φύσιν,¹³ καὶ ποτὲ¹⁴ μὲν ἄρρεν,¹⁵ ποτὲ¹⁶ δὲ θῆλυ¹⁷ γίνεται. **8** Ἀλλὰ καὶ τὴν γαλῆν¹⁸ ἐμίσησεν καλῶς. οὐ μή, φησίν, γενηθῇς τοιοῦτος, οἵους¹⁹ ἀκούομεν ἀνομίαν²⁰ ποιοῦντας ἐν τῷ στόματι δι' ἀκαθαρσίαν,²¹ οὐδὲ κολληθήσῃ²² ταῖς ἀκαθάρτοις ταῖς τὴν ἀνομίαν²³ ποιούσαις ἐν τῷ στόματι. τὸ γὰρ ζῷον²⁴ τοῦτο τῷ στόματι κύει.²⁵ **9** Περὶ μὲν τῶν βρωμάτων²⁶ λαβὼν Μωϋσῆς τρία δόγματα²⁷ οὕτως ἐν πνεύματι ἐλάλησεν, οἱ δὲ κατ' ἐπιθυμίαν τῆς σαρκὸς ὡς περὶ βρώσεως²⁸ προσεδέξαντο.²⁹ **10** Λαμβάνει δὲ τῶν αὐτῶν τριῶν δογμάτων³⁰ γνῶσιν³¹ Δαυείδ, καὶ λέγει·

---

¹ ἐνιαυτός, οῦ, ὁ, year
² πλεονεκτέω pres act ind 3s, increase the number of
³ ἀφόδευσις, εως, ἡ, anus of a hare
⁴ τοσοῦτος, αύτη, οῦτον, so many, so great
⁵ τρύπη, ης, ἡ, hole, opening
⁶ ὕαινα, ης, ἡ, hyena
⁷ μοιχός, οῦ, ὁ, adulterer
⁸ φθορεύς, έως, ὁ, seducer
⁹ ὁμοιόω fut pass sub 2s, make like, compare
¹⁰ ζῷον, ου, τό, animal, living creature
¹¹ ἐνιαυτός, οῦ, ὁ, year
¹² ἀλλάσσω pres act ind 3s, change, exchange
¹³ φύσις, εως, ἡ, nature, natural disposition
¹⁴ ποτέ, conj, at some time or other (past)
¹⁵ ἄρσην, εν, ενος, male
¹⁶ ποτέ, conj, at some time or other (past)
¹⁷ θῆλυς, εια, υ, female
¹⁸ γάλα, γάλακτος, τό, milk
¹⁹ οἷος, α, ον, of what sort (such)
²⁰ ἀνομία, ας, ἡ, lawlessness
²¹ ἀκαθαρσία, ας, ἡ, refuse, immorality
²² κολλάω fut pass ind 2s, cling to, attach to
²³ ἀνομία, ας, ἡ, lawlessness
²⁴ ζῷον, ου, τό, animal, living creature
²⁵ κύω pres act ind 3s, conceive, become pregnant
²⁶ βρῶμα, ατος, τό, food
²⁷ δόγμα, ατος, τό, ordinance, command
²⁸ βρῶσις, εως, ἡ, eating, consuming
²⁹ προσδέχομαι aor mid ind 3p, welcome, receive
³⁰ δόγμα, ατος, τό, ordinance, command
³¹ γνῶσις, εως, ἡ, knowledge

# ΒΑΡΝΑΒΑΣ

Μακάριος ἀνήρ ὃς οὐκ ἐπορεύθη ἐν βουλῇ¹ ἀσεβῶν,² καθὼς καὶ οἱ ἰχθύες³ πορεύονται ἐν σκότει εἰς τὰ βάθη,⁴ καὶ ἐν ὁδῷ ἁμαρτωλῶν οὐκ ἔστη, καθὼς οἱ δοκοῦντες φοβεῖσθαι τὸν Κύριον ἁμαρτάνουσιν ὡς ὁ χοῖρος,⁵ καὶ ἐπὶ καθέδραν⁶ λοιμῶν⁷ οὐκ ἐκάθισεν, καθὼς τὰ πετεινὰ⁸ τὰ καθήμενα εἰς ἁρπαγήν.⁹ ἔχετε τελείως¹⁰ καὶ περὶ τῆς βρώσεως.¹¹ **11** Πάλιν λέγει Μωϋσῆς· Φάγεσθε πᾶν διχηλοῦν¹² καὶ μαρυκώμενον.¹³ τί λέγει; ὅτι τὴν τροφὴν¹⁴ λαμβάνων οἶδεν τὸν τρέφοντα¹⁵ αὐτόν, καὶ ἐπ' αὐτῷ ἀναπαυόμενος¹⁶ εὐφραίνεσθαι¹⁷ δοκεῖ. καλῶς εἶπεν βλέπων τὴν ἐντολήν. τί οὖν λέγει; κολλᾶσθε¹⁸ μετὰ τῶν φοβουμένων τὸν Κύριον, μετὰ τῶν μελετώντων¹⁹ ὃ ἔλαβον διάσταλμα²⁰ ῥήματος ἐν τῇ καρδίᾳ, μετὰ τῶν λαλούντων τὰ δικαιώματα²¹ Κυρίου καὶ τηρούντων, μετὰ τῶν εἰδότων ὅτι ἡ μελέτη²² ἐστὶν ἔργον εὐφροσύνης²³ καὶ ἀναμαρυκωμένων²⁴ τὸν λόγον Κυρίου. τί δὲ τὸ διχηλοῦν;²⁵ ὅτι ὁ δίκαιος καὶ ἐν τούτῳ τῷ κόσμῳ περιπατεῖ καὶ τὸν ἅγιον αἰῶνα ἐκδέχεται.²⁶ βλέπετε πῶς

---

[1] βουλή, ῆς, ἡ, plan, purpose
[2] ἀσεβής, ές, irreverent, impious, ungodly
[3] ἰχθύς, ύος, ὁ, fish
[4] βάθος, ους, τό, depth
[5] χοῖρος, ου, ὁ, swine
[6] καθέδρα, ας, ἡ, chair, seat
[7] λοιμός, ή, όν, public menace, enemy
[8] πετεινόν, οῦ, τό, bird
[9] ἁρπαγή, ῆς, ἡ, robbery, plunder
[10] τελείως, adv, fully, perfectly, completely
[11] βρῶσις, εως, ἡ, eating, consuming
[12] διχηλέω pres act ptcp n.s.acc., have a divided hoof
[13] μαρυκάομαι pres act ptcp n.s.acc., ruminate, chew the cud
[14] τροφή, ῆς, ἡ, food, nourishment
[15] τρέφω pres act ptcp m.s.acc., feed, nourish, support
[16] ἀναπαύω pres mid/pass ptcp m.s.nom., rest
[17] εὐφραίνω pres mid/pass inf, be glad, rejoice
[18] κολλάω pres mid/pass impv 2p, cling to, attach to
[19] μελετάω pres act ptcp m.p.gen., cultivate, think upon
[20] διάσταλμα, ατος, τό, distinguishing
[21] δικαίωμα, ατος, τό, regulation, righteous deed
[22] μελέτη, ης, ἡ, meditation, study
[23] εὐφροσύνη, ης, ἡ, joy
[24] ἀναμαρυκάομαι pres mid/pass ptcp m.p.gen., ruminate
[25] διχηλέω pres act ptcp n.s.nom., have a divided hoof
[26] ἐκδέχομαι pres mid/pass ind 3s, expect, wait

ἐνομοθέτησεν¹ Μωϋσῆς καλῶς. **12** ἀλλὰ πόθεν² ἐκείνοις ταῦτα νοῆσαι³ ἢ συνιέναι;⁴ ἡμεῖς δὲ δικαίως⁵ νοήσαντες⁶ τὰς ἐντολάς, λαλοῦμεν ὡς ἠθέλησεν ὁ Κύριος. διὰ τοῦτο περιέτεμεν⁷ τὰς ἀκοὰς⁸ ἡμῶν καὶ τὰς καρδίας, ἵνα συνιῶμεν⁹ ταῦτα.

**11:1** Ζητήσωμεν δὲ εἰ ἐμέλησεν¹⁰ τῷ Κυρίῳ προφανερῶσαι¹¹ περὶ τοῦ ὕδατος καὶ περὶ τοῦ σταυροῦ.¹² περὶ μὲν τοῦ ὕδατος, γέγραπται ἐπὶ τὸν Ἰσραὴλ πῶς τὸ βάπτισμα¹³ τὸ φέρον ἄφεσιν¹⁴ ἁμαρτιῶν οὐ μὴ προσδέξονται,¹⁵ ἀλλ' ἑαυτοῖς οἰκοδομήσουσιν. **2** λέγει γὰρ ὁ προφήτης· Ἔκστηθι¹⁶ οὐρανέ, καὶ ἐπὶ τούτῳ πλεῖον φριξάτω¹⁷ ἡ γῆ, ὅτι δύο καὶ πονηρὰ ἐποίησεν ὁ λαὸς οὗτος· ἐμὲ ἐγκατέλιπον,¹⁸ πηγὴν¹⁹ ζωῆς, καὶ ἑαυτοῖς ὤρυξαν²⁰ βόθρον²¹ θανάτου. **3** Μὴ πέτρα²² ἔρημός ἐστιν τὸ ὄρος τὸ ἅγιόν μου Σινᾶ;²³ ἔσεσθε γὰρ ὡς πετεινοῦ²⁴ νοσσοὶ²⁵ ἀνιπτάμενοι²⁶

---

¹ νομοθετέω aor act ind 3s, legislate
² πόθεν, adv, from where
³ νοέω aor act inf, consider, take note of
⁴ συνίημι pres act inf, understand, comprehend
⁵ δικαίως, adv, justly
⁶ νοέω aor act ptcp m.p.nom., consider, take note of
⁷ περιτέμνω aor act ind 3s, circumcize
⁸ ἀκοή, ῆς, ἡ, ears, hearing, listening
⁹ συνίημι pres act sub 1p, understand, comprehend
¹⁰ μέλει aor act ind 3s, is a concern, is of interest to someone
¹¹ προφανερόω aor act inf, reveal beforehand
¹² σταυρός, οῦ, ὁ, cross
¹³ βάπτισμα, ατος, τό, baptism
¹⁴ ἄφεσις, έσεως, ἡ, pardon, cancellation
¹⁵ προσδέχομαι fut mid ind 3p, welcome, receive
¹⁶ ἐξίστημι aor act impv 2s, be amazed, be astonished
¹⁷ φρίσσω aor act impv 3s, shudder
¹⁸ ἐγκαταλείπω aor act ind 3p, forsake, abandon
¹⁹ πηγή, ῆς, ἡ, spring, fountain
²⁰ ὀρύσσω aor act ind 3p, dig
²¹ βόθρος, ου, ὁ, hole
²² πέτρα, ας, ἡ, rock
²³ Σινᾶ, Sinai
²⁴ πετεινόν, οῦ, τό, bird
²⁵ νοσσός, οῦ, ὁ, the young of a bird
²⁶ ἀνίπταμαι pres mid/pass ptcp m.p.nom., fly up, flutter about

ΒΑΡΝΑΒΑΣ

νοσσιᾶς¹ ἀφῃρημένοι.² **4** καὶ πάλιν λέγει ὁ προφήτης· Ἐγὼ πορεύσομαι ἔμπροσθέν σου καὶ ὄρη ὁμαλιῶ³ καὶ πύλας⁴ χαλκᾶς⁵ συντρίψω⁶ καὶ μοχλοὺς⁷ σιδηροῦς⁸ συνκλάσω,⁹ καὶ δώσω σοι θησαυροὺς¹⁰ σκοτεινούς,¹¹ ἀποκρύφους,¹² ἀοράτους,¹³ ἵνα γνῶσιν ὅτι ἐγὼ Κύριος ὁ Θεός. καὶ· Κατοικήσεις ἐν ὑψηλῷ¹⁴ σπηλαίῳ¹⁵ πέτρας¹⁶ ἰσχυρᾶς.¹⁷ **5** καὶ· Τὸ ὕδωρ αὐτοῦ πιστόν· βασιλέα μετὰ δόξης ὄψεσθε, καὶ ἡ ψυχὴ ὑμῶν μελετήσει¹⁸ φόβον Κυρίου. **6** καὶ πάλιν ἐν ἄλλῳ προφήτῃ λέγει· Καὶ ἔσται ὁ ταῦτα ποιῶν ὡς τὸ ξύλον¹⁹ τὸ πεφυτευμένον²⁰ παρὰ τὰς διεξόδους²¹ τῶν ὑδάτων, ὃ τὸν καρπὸν αὐτοῦ δώσει ἐν καιρῷ αὐτοῦ, καὶ τὸ φύλλον²² αὐτοῦ οὐκ ἀπορυήσεται,²³ καὶ πάντα ὅσα ἂν ποιῇ κατευοδωθήσεται.²⁴ **7** οὐχ οὕτως οἱ ἀσεβεῖς,²⁵ οὐχ οὕτως, ἀλλ' ἢ ὡς ὁ χνοῦς²⁶ ὃν ἐκρίπτει²⁷ ὁ ἄνεμος ἀπὸ προσώπου τῆς γῆς. διὰ τοῦτο οὐκ ἀναστήσονται οἱ ἀσεβεῖς²⁸ ἐν κρίσει, οὐδὲ ἁμαρτωλοὶ ἐν βουλῇ²⁹ δικαίων, ὅτι γινώσκει Κύριος ὁδὸν δικαίων, καὶ ὁδὸς

---

[1] νοσσιά, ᾶς, ἡ, nest
[2] ἀφαιρέω perf mid/pass ptcp m.p.nom, take away
[3] ὁμαλίζω fut act ind 1s, make level
[4] πύλη, ης, ἡ, gate, door
[5] χαλκοῦς, ῆ, οῦν, made of copper, brass, or bronze
[6] συντρίβω fut act ind 1s, shatter, smash, crush
[7] μοχλός, οῦ, ὁ, bar bolt
[8] σιδηροῦς, ᾶ, οῦν, made of iron
[9] συγκλάω fut act ind 1s, shatter
[10] θησαυρός, οῦ, ὁ, treasure
[11] σκοτεινός, ή, όν, dark
[12] ἀπόκρυφος, ον, hidden
[13] ἀόρατος, ον, unseen, invisible
[14] ὑψηλός, ή, όν, noble
[15] σπήλαιον, ου, τό, hideout
[16] πέτρα, ας, ἡ, rock
[17] ἰσχυρός, ά, όν, strong
[18] μελετάω fut act ind 3s, cultivate, think upon
[19] ξύλον, ου, τό, wood
[20] φυτεύω perf mid/pass ptcp n.s.nom., plant
[21] διέξοδος, ου, ἡ, outlet, way out of town
[22] φύλλον, ου, τό, leaf
[23] ἀπορρέω fut pass ind 3s, fall down
[24] κατευοδόω fut pass ind 3s, prosper
[25] ἀσεβής, ές, irreverent, impious, ungodly
[26] χνοῦς, χνοῦ, ὁ, dust, chaff
[27] ἐκρίπτω pres act ind 3s, drive away, blow away
[28] ἀσεβής, ές, irreverent, impious, ungodly
[29] βουλή, ῆς, ἡ, plan, purpose

ἀσεβῶν[1] ἀπολεῖται. **8** αἰσθάνεσθε[2] πῶς τὸ ὕδωρ καὶ τὸν σταυρὸν[3] ἐπὶ τὸ αὐτὸ ὥρισεν.[4] τοῦτο γὰρ λέγει· Μακάριοι οἳ ἐπὶ τὸν σταυρὸν[5] ἐλπίσαντες κατέβησαν εἰς τὸ ὕδωρ, ὅτι τὸν μὲν μισθὸν[6] λέγει ἐν καιρῷ αὐτοῦ· τότε, φησίν, ἀποδώσω. νῦν δὲ ὃ λέγει· Τὰ φύλλα[7] οὐκ ἀπορυήσεται.[8] τοῦτο λέγει ὅτι πᾶν ῥῆμα ὃ ἐὰν ἐξελεύσεται ἐξ ὑμῶν διὰ τοῦ στόματος ὑμῶν ἐν πίστει καὶ ἀγάπῃ ἔσται εἰς ἐπιστροφὴν[9] καὶ ἐλπίδα πολλοῖς. **9** καὶ πάλιν ἕτερος προφήτης λέγει· Καὶ ἦν ἡ γῆ τοῦ Ἰακὼβ[10] ἐπαινουμένη[11] παρὰ πᾶσαν τὴν γῆν. τοῦτο λέγει· τὸ σκεῦος[12] τοῦ πνεύματος αὐτοῦ δοξάζει. **10** εἶτα[13] τί λέγει; Καὶ ἦν ποταμὸς[14] ἕλκων[15] ἐκ δεξιῶν, καὶ ἀνέβαινεν ἐξ αὐτοῦ δένδρα[16] ὡραῖα·[17] καὶ ὃς ἂν φάγῃ ἐξ αὐτῶν ζήσεται εἰς τὸν αἰῶνα. **11** τοῦτο λέγει ὅτι ἡμεῖς μὲν καταβαίνομεν εἰς τὸ ὕδωρ γέμοντες[18] ἁμαρτιῶν καὶ ῥύπου,[19] καὶ ἀναβαίνομεν καρποφοροῦντες[20] ἐν τῇ καρδίᾳ, καὶ τὸν φόβον καὶ τὴν ἐλπίδα εἰς τὸν Ἰησοῦν ἐν τῷ πνεύματι ἔχοντες. Καὶ ὃς ἂν φάγῃ ἀπὸ τούτων ζήσεται εἰς τὸν αἰῶνα, τοῦτο λέγει· ὃς ἄν, φησίν, ἀκούσῃ τούτων λαλουμένων καὶ πιστεύσῃ ζήσεται εἰς τὸν αἰῶνα.

**12:1** Ὁμοίως πάλιν περὶ τοῦ σταυροῦ[21] ὁρίζει[22] ἐν ἄλλῳ

---

[1] ἀσεβής, ές, irreverent, impious, ungodly
[2] αἰσθάνομαι pres mid/pass impv 2p, understand
[3] σταυρός, οῦ, ὁ, cross
[4] ὁρίζω aor act ind 3s, set limits to, define, explain
[5] σταυρός, οῦ, ὁ, cross
[6] μισθός, οῦ, ὁ, pay, wages
[7] φύλλον, ου, τό, foliage (pl.)
[8] ἀπορρέω fut pass ind 3s, fall down
[9] ἐπιστροφή, ῆς, ἡ, attention
[10] Ἰακώβ, ὁ, Jacob
[11] ἐπαινέω pres mid/pass ptcp f.s.nom., praise
[12] σκεῦος, ους, τό, vessel
[13] εἶτα, adv, then, next
[14] ποταμός, οῦ, ὁ, river, stream
[15] ἕλκω pres act ptcp m.s.nom., flow
[16] δένδρον, ου, τό, tree
[17] ὡραῖος, α, ον, beautiful, fair
[18] γέμω pres act ptcp m.p.nom., be full
[19] ῥύπος, ου, ὁ, uncleanness
[20] καρποφορέω pres act ptcp m.p.nom., bear fruit
[21] σταυρός, οῦ, ὁ, cross
[22] ὁρίζω pres act ind 3s, set limits to, define, explain

προφήτῃ λέγοντι· Καὶ πότε[1] ταῦτα συντελεσθήσεται;[2] λέγει Κύριος· Ὅταν ξύλον[3] κλιθῇ[4] καὶ ἀναστῇ, καὶ ὅταν ἐκ ξύλου[5] αἷμα στάξῃ.[6] ἔχεις πάλιν περὶ τοῦ σταυροῦ[7] καὶ τοῦ σταυροῦσθαι μέλλοντος. **2** λέγει δὲ πάλιν ἐν τῷ Μωϋσῇ, πολεμουμένου[8] τοῦ Ἰσραὴλ ὑπὸ τῶν ἀλλοφύλων,[9] καὶ ἵνα ὑπομνήσῃ[10] αὐτοὺς πολεμουμένους[11] ὅτι διὰ τὰς ἁμαρτίας αὐτῶν παρεδόθησαν εἰς θάνατον, λέγει εἰς τὴν καρδίαν Μωϋσέως τὸ πνεῦμα, ἵνα ποιήσῃ τύπον[12] σταυροῦ[13] καὶ τοῦ μέλλοντος πάσχειν, ὅτι ἐὰν μή, φησίν, ἐλπίσωσιν ἐπ' αὐτῷ, εἰς τὸν αἰῶνα πολεμηθήσονται.[14] τίθησιν οὖν Μωϋσῆς ἓν ἐφ' ἓν ὅπλον[15] ἐν μέσῳ τῆς πυγμῆς,[16] καὶ σταθεὶς ὑψηλότερος[17] πάντων ἐξέτεινεν[18] τὰς χεῖρας, καὶ οὕτως πάλιν ἐνίκα[19] ὁ Ἰσραήλ. εἶτα,[20] ὁπόταν[21] καθεῖλεν,[22] ἐθανατοῦντο.[23]

**12:4** καὶ πάλιν ἐν ἑτέρῳ προφήτῃ λέγει· Ὅλην τὴν ἡμέραν ἐξεπέτασα[24] τὰς χεῖράς μου πρὸς λαὸν ἀπειθῆ[25] καὶ ἀντιλέγοντα[26] ὁδῷ δικαίᾳ μου. **5** Πάλιν Μωϋσῆς ποιεῖ τύπον[27]

---

[1] πότε, when
[2] συντελέω fut pass ind 3s, carry out, fulfill, accomplish
[3] ξύλον, ου, τό, wood
[4] κλίνω aor pass sub 3s, cause to lean
[5] ξύλον, ου, τό, wood
[6] στάζω aor act sub 3s, drip, trickle
[7] σταυρός, οῦ, ὁ, cross
[8] πολεμέω pres mid/pass ptcp m.s.gen., wage war
[9] ἀλλόφυλος, ον, alien, foreign
[10] ὑπομιμνήσκω aor act sub 3s, remind
[11] πολεμέω pres mid/pass ptcp m.p.acc., wage war
[12] τύπος, ου, ὁ, type
[13] σταυρός, οῦ, ὁ, cross
[14] πολεμέω fut pass ind 3p, wage war
[15] ὅπλον, ου, τό, weapon
[16] πυγμή, ῆς, ἡ, fist-fight
[17] ὑψηλός, ή, όν, noble, comp
[18] ἐκτείνω aor act ind 3s, stretch out
[19] νικάω imp act ind 3s, be victor, conquer
[20] εἶτα, adv, then, next
[21] ὁπόταν, conj, whenever
[22] καθαιρέω aor act ind 3s, take down, bring down, lower
[23] θανατόω imp mid/pass ind 3p, put to death
[24] ἐκπετάννυμι aor act ind 1s, spread out, hold out
[25] ἀπειθής, ές, disobedient
[26] ἀντιλέγω pres act ptcp m.s.acc., oppose, refuse
[27] τύπος, ου, ὁ, type

τοῦ Ἰησοῦ, ὅτι δεῖ αὐτὸν παθεῖν, καὶ αὐτὸς ζωοποιήσει[1] ὃν δόξουσιν ἀπολωλεκέναι ἐν σημείῳ, πίπτοντος τοῦ Ἰσραήλ. ἐποίησεν γὰρ Κύριος πάντα ὄφιν[2] δάκνειν[3] αὐτούς, καὶ ἀπέθνησκον ἐπειδὴ[4] ἡ παράβασις[5] διὰ τοῦ ὄφεως[6] ἐν Εὕᾳ[7] ἐγένετο, ἵνα ἐλέγξῃ[8] αὐτούς ὅτι διὰ τὴν παράβασιν[9] αὐτῶν εἰς θλῖψιν θανάτου παραδοθήσονται. **6** πέρας[10] γέ[11] τοι[12] αὐτὸς Μωϋσῆς ἐντειλάμενος·[13] Οὐκ ἔσται ὑμῖν οὔτε χωνευτὸν[14] οὔτε γλυπτὸν[15] εἰς Θεὸν ὑμῖν, αὐτὸς ποιεῖ, ἵνα τύπον[16] τοῦ Ἰησοῦ δείξῃ. ποιεῖ οὖν Μωϋσῆς χαλκοῦν[17] ὄφιν[18] καὶ τίθησιν ἐνδόξως,[19] καὶ κηρύγματι[20] καλεῖ τὸν λαόν. **7** ἐλθόντες οὖν ἐπὶ τὸ αὐτὸ ἐδέοντο[21] Μωϋσέως ἵνα περὶ αὐτῶν ἀνενέγκῃ[22] δέησιν[23] περὶ τῆς ἰάσεως[24] αὐτῶν. εἶπεν δὲ πρὸς αὐτοὺς Μωϋσῆς· Ὅταν, φησίν, δηχθῇ[25] τις ὑμῶν, ἐλθέτω ἐπὶ τὸν ὄφιν[26] τὸν ἐπὶ τοῦ ξύλου[27] ἐπικείμενον[28] καὶ ἐλπισάτω, πιστεύσας ὅτι αὐτὸς ὢν νεκρὸς δύναται ζωοποιῆσαι,[29] καὶ παραχρῆμα[30] σωθήσεται. καὶ οὕτως ἐποίουν. ἔχεις πάλιν καὶ ἐν τούτοις τὴν δόξαν τοῦ Ἰησοῦ,

---

[1] ζωοποιέω fut act ind 3s, make alive, sustain life
[2] ὄφις, εως, ὁ, snake, serpent
[3] δάκνω pres act inf, bite
[4] ἐπειδή, conj, because
[5] παράβασις, εως, ἡ, transgression
[6] ὄφις, εως, ὁ, snake, serpent
[7] Εὕα, ας, ἡ, Eve
[8] ἐλέγχω aor act sub 3s, convict, convince
[9] παράβασις, εως, ἡ, transgression
[10] πέρας, conj, finally, in conclusion
[11] γέ, conj, at least, even, indeed
[12] τοί, surely
[13] ἐντέλλω aor mid ptcp m.s.gen., command, order
[14] χωνευτός, ή, όν, cast, poured
[15] γλυπτός, ή, όν, carved
[16] τύπος, ου, ὁ, type
[17] χαλκοῦς, ῆ, οῦν, made of copper, brass, or bronze
[18] ὄφις, εως, ὁ, snake, serpent
[19] ἐνδόξως, adv, in splendor
[20] κήρυγμα, ατος, τό, proclamation
[21] δέομαι imp mid/pass ind 3p, ask, request
[22] ἀναφέρω aor act sub 3s, offer up
[23] δέησις, εως, ἡ, prayer
[24] ἴασις, εως, ἡ, healing, cure
[25] δάκνω aor pass sub 3s, bite
[26] ὄφις, εως, ὁ, snake, serpent
[27] ξύλον, ου, τό, wood
[28] ἐπίκειμαι pres mid/pass ptcp m.s.acc., lie upon
[29] ζωοποιέω aor act inf, make alive, sustain life
[30] παραχρῆμα, adv, at once, immediately

ΒΑΡΝΑΒΑΣ

ὅτι ἐν αὐτῷ πάντα καὶ εἰς αὐτόν.

**12:8** Τί λέγει πάλιν Μωϋσῆς Ἰησοῦ υἱῷ Ναυή,[1] ἐπιθεὶς αὐτῷ τοῦτο τὸ ὄνομα, ὄντι προφήτῃ, ἵνα μόνον ἀκούσῃ πᾶς ὁ λαός ὅτι ὁ πατὴρ πάντα φανεροῖ περὶ τοῦ υἱοῦ Ἰησοῦ; **9** λέγει οὖν Μωϋσῆς Ἰησοῦ υἱῷ Ναυή,[2] ἐπιθεὶς τοῦτο ὄνομα, ὁπότε[3] ἔπεμψεν αὐτὸν κατάσκοπον[4] τῆς γῆς· Λάβε βιβλίον εἰς τὰς χεῖράς σου καὶ γράψον ἃ λέγει Κύριος, ὅτι ἐκκόψει[5] ἐκ ῥιζῶν[6] τὸν οἶκον πάντα τοῦ Ἀμαλὴκ[7] ὁ υἱὸς τοῦ Θεοῦ ἐπ' ἐσχάτων τῶν ἡμερῶν. **10** ἴδε[8] πάλιν Ἰησοῦς, οὐχὶ υἱὸς ἀνθρώπου ἀλλὰ υἱὸς τοῦ Θεοῦ, τύπῳ[9] δὲ ἐν σαρκὶ φανερωθείς. Ἐπεὶ[10] οὖν μέλλουσιν λέγειν ὅτι ὁ Χριστὸς υἱὸς Δαυείδ ἐστιν, αὐτὸς προφητεύει[11] Δαυείδ, φοβούμενος καὶ συνίων[12] τὴν πλάνην[13] τῶν ἁμαρτωλῶν· Εἶπεν Κύριος τῷ Κυρίῳ μου· Κάθου ἐκ δεξιῶν μου ἕως ἂν θῶ τοὺς ἐχθρούς σου ὑποπόδιον[14] τῶν ποδῶν σου. **11** καὶ πάλιν λέγει οὕτως Ἠσαΐας.[15] Εἶπεν Κύριος τῷ Χριστῷ μου Κυρίῳ, οὗ ἐκράτησα τῆς δεξιᾶς αὐτοῦ, ἐπακοῦσαι[16] ἔμπροσθεν αὐτοῦ ἔθνη, καὶ ἰσχὺν[17] βασιλέων διαρρήξω.[18] ἴδε[19] πῶς Δαυείδ λέγει αὐτὸν Κύριον, καὶ υἱὸν οὐ λέγει.

---

[1] Ναυή, ὁ, Nun
[2] Ναυή, ὁ, Nun
[3] ὁπότε, adv, when
[4] κατάσκοπος, ου, ὁ, spy
[5] ἐκκόπτω fut act ind 3s, exterminate
[6] ῥίζα, ης, ἡ, root
[7] Ἀμαλήκ, ὁ, Amalek
[8] εἶδον aor act impv 2s, behold, see, pay attention to
[9] τύπος, ου, ὁ, type
[10] ἐπεί, conj, because, since, for
[11] προφητεύω pres act ind 3s, prophesy
[12] συνίημι pres act ptcp m.s.nom., understand, comprehend
[13] πλάνη, ης, ἡ, error, delusion, deceit
[14] ὑποπόδιον, ου, τό, footstool
[15] Ἠσαΐας, ου, ὁ, Isaiah
[16] ἐπακούω aor act inf, head, obey
[17] ἰσχύς, ύος, ἡ, strength, power, might
[18] δια(ρ)ρήγνυμι/διαρήσσω fut act ind 1s, shatter, destroy
[19] ἴδε, see, pay attention to

**13:1** Ἴδωμεν δέ εἰ οὗτος ὁ λαὸς κληρονομεῖ[1] ἢ ὁ πρῶτος, καὶ ἡ διαθήκη εἰς ἡμᾶς ἢ εἰς ἐκείνους. **2** ἀκούσατε οὖν περὶ τοῦ λαοῦ τί λέγει ἡ γραφή· Ἐδεῖτο[2] δὲ Ἰσαὰκ[3] περὶ Ῥεβέκκας[4] τῆς γυναικὸς αὐτοῦ, ὅτι στεῖρα[5] ἦν· καὶ συνέλαβεν.[6] εἶτα[7] ἐξῆλθεν Ῥεβέκκα[8] πυθέσθαι[9] παρὰ Κυρίου. καὶ εἶπεν Κύριος πρὸς αὐτήν· Δύο ἔθνη ἐν τῇ γαστρί[10] σου καὶ δύο λαοὶ ἐν τῇ κοιλίᾳ[11] σου, καὶ ὑπερέξει[12] λαὸς λαοῦ, καὶ ὁ μείζων δουλεύσει[13] τῷ ἐλάσσονι.[14] **3** αἰσθάνεσθαι[15] ὀφείλετε τίς ὁ Ἰσαὰκ[16] καὶ τίς ἡ Ῥεβέκκα,[17] καὶ ἐπὶ τίνων δέδειχεν ὅτι μείζων ὁ λαὸς οὗτος ἢ ἐκεῖνος. **4** Καὶ ἐν ἄλλῃ προφητείᾳ[18] λέγει φανερώτερον[19] ὁ Ἰακὼβ[20] πρὸς Ἰωσὴφ τὸν υἱὸν αὐτοῦ, λέγων· Ἰδού, οὐκ ἐστέρησέν[21] με Κύριος τοῦ προσώπου σου· προσάγαγέ[22] μοι τοὺς υἱούς σου, ἵνα εὐλογήσω αὐτούς. **5** καὶ προσήγαγεν[23] Ἐφραὶμ[24] καὶ Μανασσῆ,[25] τὸν Μανασσῆ[26] θέλων ἵνα εὐλογηθῇ, ὅτι πρεσβύτερος ἦν· ὁ γὰρ Ἰωσὴφ προσήγαγεν εἰς τὴν δεξιὰν χεῖρα

---

[1] κληρονομέω pres act ind 3s, inherit
[2] δέομαι imp mid/pass ind 3s, ask, request
[3] Ἰσαάκ, ὁ, Isaac
[4] Ῥεβέκκα, ας, ἡ, Rebecca
[5] στεῖρα, ας, ἡ, incapable of bearing children, barren, infertile
[6] συλλαμβάνω aor act ind 3s, conceive
[7] εἶτα, adv, then, next
[8] Ῥεβέκκα, ας, ἡ, Rebecca
[9] πυνθάνομαι aor mid inf, inquire, ask
[10] γαστήρ, τρός, ἡ, womb
[11] κοιλία, ας, ἡ, womb, uterus
[12] ὑπερέχω fut act ind 3s, have power over, be in authority (over), be highly placed
[13] δουλεύω fut act ind 3s, be a slave, be subjected
[14] ἐλάσσων, ἔλασσον, younger, comp of ἐλαχύς
[15] αἰσθάνομαι pres mid/pass inf, understand
[16] Ἰσαάκ, ὁ, Isaac
[17] Ῥεβέκκα, ας, ἡ, Rebecca
[18] προφητεία, ας, ἡ, prophecy
[19] φανερός, ά, όν, visible, clear, known, comp
[20] Ἰακώβ, ὁ, Jacob
[21] στερέω aor act ind 3s, deprive
[22] προσάγω aor act impv 2s, bring (forward)
[23] προσάγω aor act ind 3s, bring (forward)
[24] Ἐφραίμ, ὁ, Ephraim
[25] Μανασσῆς, ῆ, Manasseh
[26] Μανασσῆς, ῆ, Manasseh

τοῦ πατρὸς Ἰακώβ.¹ εἶδεν δὲ Ἰακὼβ² τύπον³ τῷ πνεύματι τοῦ λαοῦ τοῦ μεταξύ.⁴ καὶ τί λέγει; Καὶ ἐποίησεν Ἰακὼβ⁵ ἐναλλὰξ⁶ τὰς χεῖρας αὐτοῦ καὶ ἐπέθηκεν τὴν δεξιὰν ἐπὶ τὴν κεφαλὴν Ἐφραὶμ⁷ τοῦ δευτέρου καὶ νεωτέρου,⁸ καὶ εὐλόγησεν αὐτόν. καὶ εἶπεν Ἰωσὴφ πρὸς Ἰακώβ.⁹ Μετάθες¹⁰ σου τὴν δεξιὰν ἐπὶ τὴν κεφαλὴν Μανασσῆ,¹¹ ὅτι πρωτότοκός¹² μου υἱός ἐστιν. καὶ εἶπεν Ἰακὼβ¹³ πρὸς Ἰωσήφ· Οἶδα, τέκνον, οἶδα· ἀλλ' ὁ μείζων δουλεύσει¹⁴ τῷ ἐλάσσονι.¹⁵ καὶ οὗτος δὲ εὐλογηθήσεται. **6** Βλέπετε ἐπὶ τίνων τέθεικεν τὸν λαὸν τοῦτον εἶναι πρῶτον, καὶ τῆς διαθήκης κληρονόμον.¹⁶ **7** εἰ οὖν ἔτι καὶ διὰ τοῦ Ἀβραὰμ ἐμνήσθη,¹⁷ ἀπέχομεν¹⁸ τὸ τέλειον¹⁹ τῆς γνώσεως²⁰ ἡμῶν. τί οὖν λέγει τῷ Ἀβραάμ, ὅτε μόνος πιστεύσας ἐτέθη εἰς δικαιοσύνην; Ἰδοὺ τέθεικά σε, Ἀβραάμ, πατέρα ἐθνῶν τῶν πιστευόντων δι' ἀκροβυστίας²¹ τῷ Θεῷ.

**14:1** Ναί. ἀλλὰ ἴδωμεν εἰ ἡ διαθήκη ἣν ὤμοσεν²² τοῖς πατράσιν δοῦναι τῷ λαῷ, εἰ δέδωκεν δέδωκεν· αὐτοὶ δὲ οὐκ ἐγένοντο ἄξιοι λαβεῖν διὰ τὰς ἁμαρτίας αὐτῶν. **2** λέγει γὰρ ὁ προφήτης· Καὶ ἦν Μωϋσῆς νηστεύων²³ ἐν ὄρει Σινᾶ,²⁴ τοῦ λαβεῖν τὴν δια-

---

¹ Ἰακώβ, ὁ, Jacob
² Ἰακώβ, ὁ, Jacob
³ τύπος, ου, ὁ, type
⁴ μεταξύ, adv, next
⁵ Ἰακώβ, ὁ, Jacob
⁶ ἐναλλάξ, adv, crosswise
⁷ Ἐφραίμ, ὁ, Ephraim
⁸ νέος, α, ον, young, comp
⁹ Ἰακώβ, ὁ, Jacob
¹⁰ μετατίθημι aor act impv 2s, transfer
¹¹ Μανασσῆς, ῆ, Manasseh
¹² πρωτότοκος, ον, firstborn
¹³ Ἰακώβ, ὁ, Jacob
¹⁴ δουλεύω fut act ind 3s, be a slave, be subjected
¹⁵ ἐλάσσων, ἔλασσον, comp of ἐλαχύς, younger
¹⁶ κληρονόμος, ου, ὁ, heir
¹⁷ μιμνήσκομαι aor pass ind 3s, make mention of someone
¹⁸ ἀπέχω pres act ind 1p, be paid in full, receive in full
¹⁹ τέλειος, α, ον, perfect, mature
²⁰ γνῶσις, εως, ἡ, knowledge
²¹ ἀκροβυστία, ας, ἡ, uncircumcision
²² ὀμνύω aor act ind 3s, swear, take an oath
²³ νηστεύω pres act ptcp m.s.nom., fast
²⁴ Σινᾶ, Sinai

ΒΑΡΝΑΒΑΣ

θήκην Κυρίου πρὸς τὸν λαόν, ἡμέρας τεσσεράκοντα[1] καὶ νύκτας τεσσεράκοντα.[2] καὶ ἔλαβεν Μωϋσῆς παρὰ Κυρίου τὰς δύο πλάκας[3] τὰς γεγραμμένας τῷ δακτύλῳ[4] τῆς χειρὸς Κυρίου ἐν πνεύματι. καὶ λαβὼν Μωϋσῆς κατέφερεν[5] πρὸς τὸν λαὸν δοῦναι. 3 καὶ εἶπεν Κύριος πρὸς Μωϋσῆν· Μωϋσῆ Μωϋσῆ, κατάβηθι τὸ τάχος[6] ὅτι ὁ λαός σου, ὃν ἐξήγαγες[7] ἐκ γῆς Αἰγύπτου,[8] ἠνόμησεν.[9] καὶ συνῆκεν[10] Μωϋσῆς ὅτι ἐποίησαν ἑαυτοῖς πάλιν χωνεύματα,[11] καὶ ἔριψεν[12] ἐκ τῶν χειρῶν τὰς πλάκας,[13] καὶ συνετρίβησαν[14] αἱ πλάκες[15] τῆς διαθήκης Κυρίου. 4 Μωϋσῆς μὲν ἔλαβεν, αὐτοὶ δὲ οὐκ ἐγένοντο ἄξιοι. πῶς δὲ ἡμεῖς ἐλάβομεν; μάθετε.[16] Μωϋσῆς θεράπων[17] ὢν ἔλαβεν, αὐτὸς δὲ ὁ Κύριος ἡμῖν ἔδωκεν εἰς λαὸν κληρονομίας,[18] δι' ἡμᾶς ὑπομείνας.[19] 5 ἐφανερώθη δὲ ἵνα κἀκεῖνοι τελειωθῶσιν[20] τοῖς ἁμαρτήμασιν[21] καὶ ἡμεῖς διὰ τοῦ κληρονομοῦντος[22] διαθήκην Κυρίου Ἰησοῦ λάβωμεν, ὃς εἰς τοῦτο ἡτοιμάσθη, ἵνα αὐτὸς φανεὶς τὰς ἤδη δεδαπανημένας[23] ἡμῶν καρδίας τῷ θανάτῳ καὶ

---

[1] τεσσεράκοντα, forty
[2] τεσσεράκοντα, forty
[3] πλάξ, πλακός, ἡ, tablet
[4] δάκτυλος, ου, ὁ, finger
[5] καταφέρω imp act ind 3s, bring down
[6] τάχος, ους, τό, speed, haste, very quickly
[7] ἐξάγω aor act ind 2s, lead out, bring out
[8] Αἴγυπτος, ου, ἡ, Egypt
[9] ἀνομέω aor act ind 3s, be lawless, sin
[10] συνίημι aor act ind 3s, understand, comprehend
[11] χώνευμα, ατος, τό, cast image
[12] ῥίπτω, ῥιπτέω aor act ind 3s, throw
[13] πλάξ, πλακός, ἡ, tablet
[14] συντρίβω aor pass ind 3p, shatter, smash
[15] πλάξ, πλακός, ἡ, tablet
[16] μανθάνω aor act impv 2p, learn
[17] θεράπων, οντος, ὁ, attendant, aide, servant
[18] κληρονομία, ας, ἡ, inheritance, possession
[19] ὑπομένω aor act ptcp m.p.acc., endure
[20] τελειόω aor pass sub 3p, make perfect
[21] ἁμάρτημα, τος, τό, sin, transgression
[22] κληρονομέω pres act ptcp m.s.gen., inherit
[23] δαπανάω perf mid/pass ptcp f.p.acc., spend, spend freely

παραδεδομένας τῇ τῆς πλάνης¹ ἀνομίᾳ² λυτρωσάμενος³ ἐκ τοῦ σκότους, διάθηται⁴ ἐν ἡμῖν διαθήκην λόγῳ. **6** γέγραπται γὰρ πῶς αὐτῷ ὁ πατὴρ ἐντέλλεται,⁵ λυτρωσάμενον⁶ ἡμᾶς ἐκ τοῦ σκότους, ἑτοιμάσαι ἑαυτῷ λαὸν ἅγιον. **7** λέγει οὖν ὁ προφήτης· Ἐγὼ Κύριος ὁ Θεός σου ἐκάλεσά σε ἐν δικαιοσύνῃ, καὶ κρατήσω τῆς χειρός σου καὶ ἐνισχύσω⁷ σε, καὶ ἔδωκά σε εἰς διαθήκην γένους,⁸ εἰς φῶς ἐθνῶν, ἀνοῖξαι ὀφθαλμοὺς τυφλῶν, καὶ ἐξαγαγεῖν⁹ ἐκ δεσμῶν¹⁰ πεπεδημένους¹¹ καὶ ἐξ οἴκου φυλακῆς καθημένους ἐν σκότει. γινώσκομεν οὖν πόθεν¹² ἐλυτρώθημεν.¹³ **8** πάλιν ὁ προφήτης λέγει· Ἰδού, τέθεικά σε εἰς φῶς ἐθνῶν, τοῦ εἶναί σε εἰς σωτηρίαν ἕως ἐσχάτου τῆς γῆς· οὕτως λέγει Κύριος ὁ λυτρωσάμενός¹⁴ σε Θεός. **9** πάλιν ὁ προφήτης λέγει· Πνεῦμα Κυρίου ἐπ' ἐμέ, οὗ εἵνεκεν¹⁵ ἔχρισέν¹⁶ με εὐαγγελίσασθαι ταπεινοῖς¹⁷ χάριν, ἀπέσταλκέν με ἰάσασθαι¹⁸ τοὺς συντετριμμένους¹⁹ τὴν καρδίαν, κηρῦξαι αἰχμαλώτοις²⁰ ἄφεσιν²¹ καὶ τυφλοῖς ἀνάβλεψιν,²² καλέσαι ἐνιαυτὸν²³ Κυρίου

---

¹ πλάνη, ης, ἡ, error, delusion, deceit
² ἀνομία, ας, ἡ, lawlessness
³ λυτρόω aor mid ptcp m.s.nom., set free, rescue, redeem
⁴ διατίθημι aor mid sub 3s, decree, ordain
⁵ ἐντέλλω pres mid/pass ind 3s, command, order
⁶ λυτρόω aor mid ptcp m.s.acc., set free, rescue, redeem
⁷ ἐνισχύω fut act ind 1s, strengthen
⁸ γένος, ους, τό, class, kind
⁹ ἐξάγω aor act inf, free
¹⁰ δεσμός, οῦ, ὁ, bond
¹¹ πεδάω perf mid/pass ptcp m.p.acc., bind
¹² πόθεν, adv, from where
¹³ λυτρόω aor pass ind 1p, set free, rescue, redeem
¹⁴ λυτρόω aor mid ptcp m.s.nom., set free, rescue, redeem
¹⁵ εἵνεκα/εἵνεκα, prep, because of, on account of
¹⁶ χρίω aor act ind 3s, anoint
¹⁷ ταπεινός, ή, όν, lowly, humble
¹⁸ ἰάομαι aor mid inf, heal
¹⁹ συντρίβω perf mid/pass ptcp m.p.acc., shatter, smash
²⁰ αἰχμάλωτος, ώτου, ὁ, captive
²¹ ἄφεσις, έσεως, ἡ, pardon, cancellation
²² ἀνάβλεψις, εως, ἡ, recovery of sight
²³ ἐνιαυτός, οῦ, ὁ, year

δεκτόν¹ καὶ ἡμέραν ἀνταποδόσεως,² παρακαλέσαι πάντας τοὺς πενθοῦντας.³

**15:1** Ἔτι οὖν καὶ περὶ τοῦ σαββάτου γέγραπται ἐν τοῖς δέκα⁴ λόγοις, ἐν οἷς ἐλάλησεν ἐν τῷ ὄρει Σινᾶ⁵ πρὸς Μωϋσῆν κατὰ πρόσωπον· Καὶ ἁγιάσατε⁶ τὸ σάββατον Κυρίου χερσὶν καθαραῖς⁷ καὶ καρδίᾳ καθαρᾷ.⁸ **2** καὶ ἐν ἑτέρῳ λέγει· Ἐὰν φυλάξωσιν οἱ υἱοί μου τὸ σάββατον, τότε ἐπιθήσω τὸ ἔλεός⁹ μου ἐπ' αὐτούς. **3** τὸ σάββατον λέγει ἐν ἀρχῇ τῆς κτίσεως·¹⁰ καὶ ἐποίησεν ὁ Θεὸς ἐν ἓξ¹¹ ἡμέραις τὰ ἔργα τῶν χειρῶν αὐτοῦ, καὶ συνετέλεσεν¹² ἐν τῇ ἡμέρᾳ τῇ ἑβδόμῃ¹³ καὶ κατέπαυσεν¹⁴ ἐν αὐτῇ, καὶ ἡγίασεν¹⁵ αὐτήν. **4** προσέχετε,¹⁶ τέκνα, τί λέγει τό· Συνετέλεσεν¹⁷ ἐν ἓξ¹⁸ ἡμέραις. τοῦτο λέγει· ὅτι ἐν ἑξακισχιλίοις¹⁹ ἔτεσιν συντελέσει²⁰ Κύριος τὰ σύμπαντα,²¹ ἡ γὰρ ἡμέρα παρ' αὐτῷ σημαίνει²² χίλια²³ ἔτη. αὐτὸς δέ μοι μαρτυρεῖ λέγων· Ἰδοὺ ἡμέρα Κυρίου ἔσται ὡς χίλια²⁴ ἔτη. οὐκοῦν,²⁵ τέκνα, ἐν ἓξ²⁶ ἡμέραις, ἐν τοῖς ἑξακισχιλίοις²⁷ ἔτεσιν,

---

[1] δεκτός, ή, όν, favorable
[2] ἀνταπόδοσις, εως, ἡ, repaying, reward
[3] πενθέω pres act ptcp m.p.acc., grieve, mourn
[4] δέκα, ten
[5] Σινᾶ, Sinai
[6] ἁγιάζω aor act impv 2p, reverence
[7] καθαρός, ά, όν, pure, clean
[8] καθαρός, ά, όν, pure, clean
[9] ἔλεος, ους, τό, mercy, compassion
[10] κτίσις, εως, ἡ, that which is created
[11] ἕξ, six
[12] συντελέω aor act ind 3s, bring to an end, complete
[13] ἕβδομος, η, ον, seventh
[14] καταπαύω aor act ind 3s, rest
[15] ἁγιάζω aor act ind 3s, reverence
[16] προσέχω pres act impv 2p, care for
[17] συντελέω aor act ind 3s, bring to an end, complete
[18] ἕξ, six
[19] ἑξακισχίλιοι, αι, α, six thousand
[20] συντελέω fut act ind 3s, bring to an end, complete
[21] σύμπας, ασα, αν, all (together), whole
[22] σημαίνω pres act ind 3s, mean, signify
[23] χίλιοι, αι, α, one thousand
[24] χίλιοι, αι, α, one thousand
[25] οὐκοῦν, conj, therefore, so, accordingly
[26] ἕξ, six
[27] ἑξακισχίλιοι, αι, α, six thousand

συντελεσθήσεται¹ τὰ σύμπαντα.² **5** καὶ κατέπαυσεν³ τῇ ἡμέρᾳ τῇ ἑβδόμῃ.⁴ τοῦτο λέγει· ὅταν ἐλθὼν ὁ υἱὸς αὐτοῦ καταργήσει⁵ τὸν καιρὸν τοῦ ἀνόμου⁶ καὶ κρινεῖ τοὺς ἀσεβεῖς⁷ καὶ ἀλλάξει⁸ τὸν ἥλιον καὶ τὴν σελήνην⁹ καὶ τοὺς ἀστέρας,¹⁰ τότε καλῶς καταπαύσεται¹¹ ἐν τῇ ἡμέρᾳ τῇ ἑβδόμῃ.¹² **6** πέρας¹³ γέ¹⁴ τοι¹⁵ λέγει· Ἁγιάσεις¹⁶ αὐτὴν χερσὶν καθαραῖς¹⁷ καὶ καρδίᾳ καθαρᾷ.¹⁸ εἰ οὖν ἦν ὁ Θεὸς ἡμέραν ἡγίασεν,¹⁹ νῦν τις δύναται ἁγιάσαι²⁰ καθαρὸς²¹ ὢν τῇ καρδίᾳ, ἐν πᾶσιν πεπλανήμεθα. **7** εἰ δὲ οὔ, ἄρα τότε καλῶς καταπαυόμενοι²² ἁγιάσομεν²³ αὐτὴν ὅτε δυνησόμεθα αὐτοὶ δικαιωθέντες καὶ ἀπολαβόντες²⁴ τὴν ἐπαγγελίαν, μηκέτι²⁵ οὔσης τῆς ἀνομίας,²⁶ καινῶν δὲ γεγονότων πάντων ὑπὸ Κυρίου, τότε δυνησόμεθα αὐτὴν ἁγιάσαι,²⁷ αὐτοὶ ἁγιασθέντες²⁸ πρῶτον. **8** πέρας²⁹ γέ³⁰ τοι³¹ λέγει αὐτοῖς· Τὰς νεομηνίας³² ὑμῶν καὶ τὰ σάββατα οὐκ ἀνέχομαι.³³ ὁρᾶτε πῶς λέγει· Οὐ τὰ νῦν σάββατα ἐμοὶ δεκτά,³⁴ ἀλλὰ ὃ πεποίηκα· ἐν ᾧ

---

¹ συντελέω fut pass ind 3s, bring to an end, complete
² σύμπας, ασα, αν, all (together), whole
³ καταπαύω aor act ind 3s, rest
⁴ ἕβδομος, η, ον, seventh
⁵ καταργέω fut act ind 3s, abolish, wipe out
⁶ ἄνομος, ον, lawless
⁷ ἀσεβής, ές, irreverent, impious, ungodly
⁸ ἀλλάσσω fut act ind 3s, change
⁹ σελήνη, ης, ἡ, moon
¹⁰ ἀστήρ, έρος, ὁ, star
¹¹ καταπαύω fut mid ind 3s, rest
¹² ἕβδομος, η, ον, seventh
¹³ πέρας, adv, finally, in conclusion
¹⁴ γέ, conj, at least, even, indeed
¹⁵ τοί, surely
¹⁶ ἁγιάζω fut act ind 2s, reverence
¹⁷ καθαρός, ά, όν, pure, clean
¹⁸ καθαρός, ά, όν, pure, clean
¹⁹ ἁγιάζω aor act ind 3s, reverence
²⁰ ἁγιάζω aor act inf, reverence
²¹ καθαρός, ά, όν, pure, clean
²² καταπαύω pres mid/pass ptcp m.p.nom., rest
²³ ἁγιάζω fut act ind 1p, reverence
²⁴ ἀπολαμβάνω aor act ptcp m.p.nom., receive
²⁵ μηκέτι, adv, no longer
²⁶ ἀνομία, ας, ἡ, lawlessness
²⁷ ἁγιάζω aor act inf, reverence
²⁸ ἁγιάζω aor pass ptcp m.p.nom., reverence
²⁹ πέρας, adv, finally, in conclusion
³⁰ γέ, conj, at least, even, indeed
³¹ τοί, surely
³² νεομηνία, ας, ἡ, new moon
³³ ἀνέχω pres mid/pass ind 1s, endure, bear with
³⁴ δεκτός, ή, όν, favorable

καταπαύσας¹ τὰ πάντα ἀρχὴν ἡμέρας ὀγδόης² ποιήσω, ὅ ἐστιν ἄλλου κόσμου ἀρχήν. **9** διὸ καὶ ἄγομεν τὴν ἡμέραν τὴν ὀγδόην³ εἰς εὐφροσύνην,⁴ ἐν ᾗ καὶ ὁ Ἰησοῦς ἀνέστη ἐκ νεκρῶν καὶ φανερωθεὶς ἀνέβη εἰς οὐρανούς.

**16:1** Ἔτι δὲ καὶ περὶ τοῦ ναοῦ ἐρῶ ὑμῖν, πῶς πλανώμενοι οἱ ταλαίπωροι⁵ εἰς τὴν οἰκοδομὴν⁶ ἤλπισαν, καὶ οὐκ ἐπὶ τὸν Θεὸν αὐτῶν τὸν ποιήσαντα αὐτούς, ὡς ὄντα οἶκον Θεοῦ. **2** σχεδὸν⁷ γὰρ ὡς τὰ ἔθνη ἀφιέρωσαν⁸ αὐτὸν ἐν τῷ ναῷ. ἀλλὰ πῶς λέγει Κύριος καταργῶν⁹ αὐτόν; μάθετε·¹⁰ Τίς ἐμέτρησεν¹¹ τὸν οὐρανὸν σπιθαμῇ¹² ἢ τὴν γῆν δρακί;¹³ οὐκ ἐγώ, λέγει Κύριος; Ὁ οὐρανός μοι θρόνος, ἡ δὲ γῆ ὑποπόδιον¹⁴ τῶν ποδῶν μου· ποῖον οἶκον οἰκοδομήσετέ μοι, ἢ τίς τόπος τῆς καταπαύσεώς¹⁵ μου; ἐγνώκατε ὅτι ματαία¹⁶ ἡ ἐλπὶς αὐτῶν. **3** πέρας¹⁷ γέ¹⁸ τοι¹⁹ πάλιν λέγει· Ἰδοὺ οἱ καθελόντες²⁰ τὸν ναὸν τοῦτον, αὐτοὶ αὐτὸν οἰκοδομήσουσιν. **4** γίνεται. διὰ γὰρ τὸ πολεμεῖν²¹ αὐτοὺς καθῃρέθη²² ὑπὸ τῶν ἐχθρῶν, νῦν καὶ αὐτοὶ οἱ τῶν ἐχθρῶν ὑπηρέται²³ ἀνοικοδομήσουσιν²⁴ αὐτόν. **5** πάλιν ὡς ἔμελλεν ἡ πόλις καὶ ὁ ναὸς καὶ ὁ λαὸς Ἰσραὴλ παραδίδοσθαι, ἐφανερώθη.

---

[1] καταπαύω aor act ptcp m.s.nom., rest
[2] ὄγδοος, η, ον, eighth
[3] ὄγδοος, η, ον, eighth
[4] εὐφροσύνη, ης, ἡ, joy
[5] ταλαίπωρος, ον, miserable, wretched
[6] οἰκοδομή, ῆς, ἡ, building
[7] σχεδόν, adv, nearly, almost
[8] ἀφιερόω aor act ind 3p, consecrate
[9] καταργέω pres act ptcp m.s.nom., abolish, wipe out
[10] μανθάνω aor act impv 2p, learn
[11] μετρέω aor act ind 3s, measure
[12] σπιθαμή, ῆς, ἡ, span
[13] δράξ, δρακός, ἡ, hand
[14] ὑποπόδιον, ου, τό, footstool
[15] κατάπαυσις, εως, ἡ, rest
[16] μάταιος, αία, αιον, idle, empty, fruitless
[17] πέρας, adv, finally, in conclusion
[18] γέ, conj, at least, even, indeed
[19] τοί, surely
[20] καθαιρέω aor act ptcp m.p.nom., tear down, destroy
[21] πολεμέω pres act inf, wage war
[22] καθαιρέω aor pass ind 3s, tear down, destroy
[23] ὑπηρέτης, ου, ὁ, helper, assistant
[24] ἀνοικοδομέω fut act ind 3p, build up again

ΒΑΡΝΑΒΑΣ

λέγει γὰρ ἡ γραφή· Καὶ ἔσται ἐπ' ἐσχάτων τῶν ἡμερῶν, καὶ παραδώσει Κύριος τὰ πρόβατα τῆς νομῆς¹ καὶ τὴν μάνδραν² καὶ τὸν πύργον³ αὐτῶν εἰς καταφθοράν.⁴ καὶ ἐγένετο καθ' ἃ ἐλάλησεν Κύριος. 6 ζητήσωμεν δὲ εἰ ἔστιν ναὸς Θεοῦ. ἔστιν, ὅπου αὐτὸς λέγει ποιεῖν καὶ καταρτίζειν.⁵ γέγραπται γάρ· Καὶ ἔσται τῆς ἑβδομάδος⁶ συντελουμένης,⁷ οἰκοδομηθήσεται ναὸς Θεοῦ ἐνδόξως⁸ ἐπὶ τῷ ὀνόματι Κυρίου. 7 εὑρίσκω οὖν ὅτι ἔστιν ναός. πῶς οὖν οἰκοδομηθήσεται ἐπὶ τῷ ὀνόματι Κυρίου; μάθετε·⁹ πρὸ τοῦ ἡμᾶς πιστεῦσαι τῷ Θεῷ ἦν ἡμῶν τὸ κατοικητήριον¹⁰ τῆς καρδίας φθαρτὸν¹¹ καὶ ἀσθενές,¹² ὡς ἀληθῶς¹³ οἰκοδομητὸς¹⁴ ναὸς διὰ χειρός, ὅτι ἦν πλήρης¹⁵ μὲν εἰδωλολατρείας¹⁶ καὶ ἦν οἶκος δαιμονίων, διὰ τὸ ποιεῖν ὅσα ἦν ἐναντία¹⁷ τῷ Θεῷ. 8 Οἰκοδομηθήσεται δὲ ἐπὶ τῷ ὀνόματι Κυρίου. προσέχετε¹⁸ δέ, ἵνα ὁ ναὸς τοῦ Κυρίου ἐνδόξως¹⁹ οἰκοδομηθῇ. πῶς; μάθετε.²⁰ λαβόντες τὴν ἄφεσιν²¹ τῶν ἁμαρτιῶν καὶ ἐλπίσαντες ἐπὶ τὸ ὄνομα ἐγενόμεθα καινοί, πάλιν ἐξ ἀρχῆς κτιζόμενοι·²² διὸ ἐν τῷ κατοικητηρίῳ²³ ἡμῶν ἀληθῶς²⁴ ὁ Θεὸς κατοικεῖ ἐν ἡμῖν. 9 πῶς; ὁ λόγος αὐτοῦ τῆς

---

¹ νομή, ῆς, ἡ, pasturage
² μάνδρα, ας, ἡ, sheep-fold
³ πύργος, ου, ὁ, tower
⁴ καταφθορά, ᾶς, ἡ, destruction, downfall, corruption
⁵ καταρτίζω pres act inf, prepare, make
⁶ ἑβδομάς, άδος, ἡ, week
⁷ συντελέω pres mid/pass ptcp f.s.gen., carry out, fulfill, accomplish
⁸ ἐνδόξως, adv, in splendor
⁹ μανθάνω aor act impv 2p, learn
¹⁰ κατοικητήριον, ου, τό, dwelling-place
¹¹ φθαρτός, ή, όν, perishable
¹² ἀσθενής, ές, weak
¹³ ἀληθῶς, adv, truly
¹⁴ οἰκοδομητός, ή, όν, built
¹⁵ πλήρης, ες, full, complete
¹⁶ εἰδωλολατρία, ας, ἡ, image-worship, idolatry
¹⁷ ἐναντίος, α, ον, opposed, contrary
¹⁸ προσέχω pres act impv 2p, care for
¹⁹ ἐνδόξως, adv, in splendor
²⁰ μανθάνω aor act impv 2p, learn
²¹ ἄφεσις, έσεως, ἡ, pardon, cancellation
²² κτίζω pres act ptcp m.p.nom., create
²³ κατοικητήριον, ου, τό, dwelling-place
²⁴ ἀληθῶς, adv, truly

πίστεως, ἡ κλῆσις¹ αὐτοῦ τῆς ἐπαγγελίας, ἡ σοφία τῶν δικαιωμάτων,² αἱ ἐντολαὶ τῆς διδαχῆς, αὐτὸς ἐν ἡμῖν προφητεύων,³ αὐτὸς ἐν ἡμῖν κατοικῶν, τοῖς τῷ θανάτῳ δεδουλωμένοις⁴ ἀνοίγων ἡμῖν τὴν θύραν τοῦ ναοῦ, ὅ ἐστιν στόμα, μετάνοιαν⁵ διδοὺς ἡμῖν εἰσάγει⁶ εἰς τὸν ἄφθαρτον⁷ ναόν. **10** ὁ γὰρ ποθῶν⁸ σωθῆναι βλέπει οὐκ εἰς τὸν ἄνθρωπον ἀλλ' εἰς τὸν ἐν αὐτῷ κατοικοῦντα καὶ λαλοῦντα, ἐπ' αὐτῷ ἐκπλησσόμενος⁹ ἐπὶ τῷ μηδέποτε¹⁰ μήτε τοῦ λέγοντος τὰ ῥήματα ἀκηκοέναι ἐκ τοῦ στόματος μήτε αὐτός ποτε¹¹ ἐπιτεθυμηκέναι¹² ἀκούειν. τοῦτό ἐστιν πνευματικὸς¹³ ναὸς οἰκοδομούμενος τῷ Κυρίῳ.

**17:1** Ἐφ' ὅσον ἦν ἐν δυνατῷ καὶ ἁπλότητι¹⁴ δηλῶσαι¹⁵ ὑμῖν, ἐλπίζει μου ἡ ψυχὴ τῇ ἐπιθυμίᾳ μου μὴ παραλελοιπέναι¹⁶ τι τῶν ἀνηκόντων¹⁷ εἰς σωτηρίαν. **2** ἐὰν γὰρ περὶ τῶν ἐνεστώτων¹⁸ ἢ μελλόντων γράφω ὑμῖν, οὐ μὴ νοήσητε¹⁹ διὰ τὸ ἐν παραβολαῖς κεῖσθαι.²⁰ ταῦτα μὲν οὕτως.

---

¹ κλῆσις, εως, ἡ, call, calling, invitation
² δικαίωμα, ατος, τό, regulation, righteous deed
³ προφητεύω pres act ptcp m.s.nom., prophesy
⁴ δουλόω perf mid/pass ptcp m.p.dat., cause to be like a slave
⁵ μετάνοια, ας, ἡ, repentance
⁶ εἰσάγω pres act ind 3s, bring in, lead in
⁷ ἄφθαρτος, ον, imperishable, incorruptible
⁸ ποθέω pres act ptcp m.s.nom., desire, wish (for)
⁹ ἐκπλήσσω pres mid/pass ptcp m.s.nom., amaze, astound
¹⁰ μηδέποτε, adv, never
¹¹ ποτέ, conj, once, formerly
¹² ἐπιθυμέω perf act inf, desire, long for
¹³ πνευματικός, ή, όν, spiritual
¹⁴ ἁπλότης, ητος, ἡ, simplicity, sincerity
¹⁵ δηλόω aor act inf, explain, clarify
¹⁶ παραλείπω perf act inf, leave out, omit
¹⁷ ἀνήκω pres act ptcp n.p.gen., refer, relate
¹⁸ ἐνίστημι perf act ptcp n.p.gen., be now, happen now
¹⁹ νοέω aor act sub 2p, perceive, apprehend, understand
²⁰ κεῖμαι pres mid/pass inf, occur, appear, be found

**18:1** Μεταβῶμεν¹ δὲ καὶ ἐπὶ ἑτέραν γνῶσιν² καὶ διδαχήν. Ὁδοὶ δύο εἰσὶν διδαχῆς καὶ ἐξουσίας, ἥ τε τοῦ φωτὸς καὶ ἡ τοῦ σκότους· διαφορὰ³ δὲ πολλὴ τῶν δύο ὁδῶν. ἐφ' ἧς μὲν γάρ εἰσιν τεταγμένοι⁴ φωταγωγοὶ⁵ ἄγγελοι τοῦ Θεοῦ, ἐφ' ἧς δὲ ἄγγελοι τοῦ Σατανᾶ. **2** καὶ ὁ μέν ἐστιν Κύριος ἀπὸ αἰώνων καὶ εἰς τοὺς αἰῶνας, ὁ δὲ ἄρχων καιροῦ τοῦ νῦν τῆς ἀνομίας.⁶

**19:1** Ἡ οὖν ὁδὸς τοῦ φωτός ἐστιν αὕτη· ἐάν τις θέλων ὁδὸν ὁδεύειν⁷ ἐπὶ τὸν ὡρισμένον⁸ τόπον σπεύσῃ⁹ τοῖς ἔργοις αὐτοῦ. ἔστιν οὖν ἡ δοθεῖσα ἡμῖν γνῶσις¹⁰ τοῦ περιπατεῖν ἐν αὐτῇ τοιαύτη· **2** Ἀγαπήσεις τὸν ποιήσαντά σε, φοβηθήσῃ τόν σε πλάσαντα,¹¹ δοξάσεις τόν σε λυτρωσάμενον¹² ἐκ θανάτου. ἔσῃ ἁπλοῦς¹³ τῇ καρδίᾳ καὶ πλούσιος¹⁴ τῷ πνεύματι. οὐ κολληθήσῃ¹⁵ μετὰ τῶν πορευομένων ἐν ὁδῷ θανάτου, μισήσεις πᾶν ὃ οὐκ ἔστιν ἀρεστὸν¹⁶ τῷ Θεῷ, μισήσεις πᾶσαν ὑπόκρισιν·¹⁷ οὐ μὴ ἐγκαταλίπῃς¹⁸ ἐντολὰς Κυρίου. **3** οὐχ ὑψώσεις¹⁹ σεαυτόν, ἔσῃ δὲ ταπεινόφρων²⁰ κατὰ πάντα. οὐκ ἀρεῖς ἐπὶ σεαυτὸν δόξαν. οὐ λήμψῃ βουλὴν²¹ πονηρὰν κατὰ τοῦ πλησίον²² σου. οὐ δώσεις τῇ

---

¹ μεταβαίνω aor act sub 1p, pass over, pass on
² γνῶσις, εως, ἡ, knowledge
³ διαφορά, ᾶς, ἡ, difference
⁴ τάσσω perf mid/pass ptcp m.p.nom., arrange, put in place
⁵ φωταγωγός, ον, light-bringing, light-giving
⁶ ἀνομία, ας, ἡ, lawlessness
⁷ ὁδεύω pres act inf, go, travel
⁸ ὁρίζω perf mid/pass ptcp m.s.acc., determine, appoint
⁹ σπεύδω aor act sub 3s, be zealous, exert oneself
¹⁰ γνῶσις, εως, ἡ, knowledge
¹¹ πλάσσω aor act ptcp m.s.acc., form, mold
¹² λυτρόω aor mid ptcp m.s.acc., set free, rescue, redeem
¹³ ἁπλοῦς, ῆ, οῦν, without guile, sincere
¹⁴ πλούσιος, ία, ιον, rich
¹⁵ κολλάω fut pass ind 2s, cling to, attach to
¹⁶ ἀρεστός, ή, όν, pleasing
¹⁷ ὑπόκρισις, εως, ἡ, pretense, hypocrisy
¹⁸ ἐγκαταλείπω aor act sub 2s
¹⁹ ὑψόω fut act ind 2s, exalt
²⁰ ταπεινόφρων, ον, humble
²¹ βουλή, ῆς, ἡ, plan, purpose
²² πλησίον, subst: neighbor

ψυχῇ σου θράσος.¹ **4** οὐ πορνεύσεις,² οὐ μοιχεύσεις,³ οὐ παιδοφθορήσεις.⁴ οὐ μή σου ὁ λόγος τοῦ Θεοῦ ἐξέλθῃ ἐν ἀκαθαρσίᾳ⁵ τινῶν. οὐ λήμψῃ πρόσωπον ἐλέγξαι⁶ τινὰ ἐπὶ παραπτώματι.⁷ ἔσῃ πραΰς,⁸ ἔσῃ ἡσύχιος,⁹ ἔσῃ τρέμων¹⁰ τοὺς λόγους οὓς ἤκουσας. οὐ μνησικακήσεις¹¹ τῷ ἀδελφῷ σου. **5** οὐ μὴ διψυχήσῃς¹² πότερον¹³ ἔσται ἢ οὔ. οὐ μὴ λάβῃς ἐπὶ ματαίῳ¹⁴ τὸ ὄνομα Κυρίου. ἀγαπήσεις τὸν πλησίον¹⁵ σου ὑπὲρ τὴν ψυχήν σου. οὐ φονεύσεις¹⁶ τέκνον ἐν φθορᾷ,¹⁷ οὐδὲ πάλιν γεννηθὲν ἀποκτενεῖς. οὐ μὴ ἄρῃς τὴν χεῖρά σου ἀπὸ τοῦ υἱοῦ σου ἢ ἀπὸ τῆς θυγατρός¹⁸ σου, ἀλλὰ ἀπὸ νεότητος¹⁹ διδάξεις φόβον Θεοῦ. **6** οὐ μὴ γένῃ ἐπιθυμῶν²⁰ τὰ τοῦ πλησίον²¹ σου, οὐ μὴ γένῃ πλεονέκτης.²² οὐδὲ κολληθήσῃ²³ ἐκ ψυχῆς σου μετὰ ὑψηλῶν,²⁴ ἀλλὰ μετὰ ταπεινῶν²⁵ καὶ δικαίων ἀναστραφήσῃ.²⁶ τὰ συμβαίνοντά²⁷ σοι ἐνεργήματα²⁸ ὡς ἀγαθὰ προσδέξῃ,²⁹ εἰδὼς ὅτι

---

[1] θράσος, ους, τό, arrogance, shamelessness
[2] πορνεύω fut act ind 2s, engage in illicit sex, fornicate
[3] μοιχεύω fut act ind 2s, commit adultery
[4] παιδοφθορέω fut act ind 2s, commit sodomy
[5] ἀκαθαρσία, ας, ἡ, refuse, immorality
[6] ἐλέγχω aor act inf, reprove, correct
[7] παράπτωμα, ατος τό, offense, wrongdoing
[8] πραΰς, πραεῖα, πραΰ, gentle, humble
[9] ἡσύχιος, ον, quiet, well-ordered
[10] τρέμω pres act ptcp m.s.nom., tremble, be in awe
[11] μνησικακέω fut act ind 2s, remember evil, bear malice
[12] διψυχέω aor act sub 2s, be undecided, be changeable, doubt
[13] πότερος, α, ον, whether
[14] μάταιος, αία, αιον, idle, empty, fruitless
[15] πλησίον, subst: neighbor
[16] φονεύω fut act ind 2s, murder, kill
[17] φθορά, ᾶς, ἡ, abortion
[18] θυγάτηρ, τρός, ἡ, daughter
[19] νεότης, τητος, ἡ, youth
[20] ἐπιθυμέω pres act ptcp m.s.nom., desire, long for
[21] πλησίον, subst: neighbor
[22] πλεονέκτης, ου, ὁ, greedy person
[23] κολλάω fut pass ind 2s, cling to, attach to
[24] ὑψηλός, ή, όν, noble
[25] ταπεινός, ή, όν, lowly, humble
[26] ἀναστρέφω fut pass ind 2s, associate with
[27] συμβαίνω pres act ptcp n.p.acc., happen, come about
[28] ἐνέργημα, ατος, τό, experience
[29] προσδέχομαι fut mid ind 2s, welcome, receive

ἄνευ¹ Θεοῦ οὐδὲν γίνεται. **7** οὐκ ἔσῃ διγνώμων² οὐδὲ δίγλωσσος.³ ὑποταγήσῃ Κυρίοις ὡς τύπῳ⁴ Θεοῦ ἐν αἰσχύνῃ⁵ καὶ φόβῳ. οὐ μὴ ἐπιτάξῃς⁶ δούλῳ σου ἢ παιδίσκῃ⁷ ἐν πικρίᾳ,⁸ τοῖς ἐπὶ τὸν αὐτὸν Θεὸν ἐλπίζουσιν, μήποτε⁹ οὐ μὴ φοβηθήσονται τὸν ἐπ' ἀμφοτέροις¹⁰ Θεόν, ὅτι ἦλθεν οὐ κατὰ πρόσωπον καλέσαι, ἀλλ' ἐφ' οὓς τὸ πνεῦμα ἡτοίμασεν. **8** κοινωνήσεις¹¹ ἐν πᾶσιν τῷ πλησίον¹² σου, καὶ οὐκ ἐρεῖς ἴδια εἶναι. εἰ γὰρ ἐν τῷ ἀφθάρτῳ¹³ κοινωνοί¹⁴ ἐστε, πόσῳ¹⁵ μᾶλλον ἐν τοῖς φθαρτοῖς.¹⁶ οὐκ ἔσῃ πρόγλωσσος,¹⁷ παγὶς¹⁸ γὰρ τὸ στόμα θανάτου. ὅσον δύνασαι ὑπὲρ τῆς ψυχῆς σου ἁγνεύσεις.¹⁹ **9** μὴ γίνου πρὸς μὲν τὸ λαβεῖν ἐκτείνων²⁰ τὰς χεῖρας, πρὸς δὲ τὸ δοῦναι συσπῶν.²¹ ἀγαπήσεις ὡς κόρην²² τοῦ ὀφθαλμοῦ σου πάντα τὸν λαλοῦντά σοι τὸν λόγον Κυρίου. **10** μνησθήσῃ²³ ἡμέραν κρίσεως νυκτὸς καὶ ἡμέρας, καὶ ἐκζητήσεις²⁴ καθ' ἑκάστην ἡμέραν τὰ πρόσωπα τῶν ἁγίων, ἢ διὰ λόγου κοπιῶν²⁵ καὶ πορευόμενος εἰς τὸ παρακαλέσαι καὶ μελετῶν²⁶ εἰς τὸ σῶσαι ψυχὴν τῷ λόγῳ, ἢ διὰ τῶν χειρῶν σου

---

¹ ἄνευ, prep, without
² διγνώμων, ον, double-minded, fickle
³ δίγλωσσος, ον, insincere, deceitful
⁴ τύπος, ου, ὁ, type
⁵ αἰσχύνη, ης, ἡ, modesty
⁶ ἐπιτάσσω aor act sub 2s, order, command
⁷ παιδίσκη, ης, ἡ, female slave
⁸ πικρία, ας, ἡ, anger, harshness
⁹ μήποτε, conj, lest
¹⁰ ἀμφότεροι, αι, α, both
¹¹ κοινωνέω fut act ind 2s, give a share, contribute a share
¹² πλησίον, subst: neighbor
¹³ ἄφθαρτος, ον, imperishable, incorruptible
¹⁴ κοινωνός, οῦ, ὁ and ἡ, companion, partner, sharer
¹⁵ πόσος, η, ον, how great
¹⁶ φθαρτός, ή, όν, perishable
¹⁷ πρόγλωσσος, ον, hasty of tongue, talkative
¹⁸ παγίς, ίδος, ἡ, trap, snare
¹⁹ ἁγνεύω fut act ind 2s, be pure
²⁰ ἐκτείνω pres act ptcp m.s.nom., stretch out
²¹ συσπάω pres act ptcp m.s.nom., draw together
²² κόρη, ης, ἡ, pupil
²³ μιμνήσκομαι fut pass sub 2s, remember
²⁴ ἐκζητέω fut act ind 2s, seek out, search for
²⁵ κοπιάω, pres act ptcp m.s.nom., work hard, toil
²⁶ μελετάω pres act ptcp m.s.nom., take care, endeavor

ἐργάσῃ εἰς λύτρον¹ ἁμαρτιῶν σου. **11** οὐ διστάσεις² δοῦναι οὐδὲ διδοὺς γογγύσεις,³ γνώσῃ δὲ τίς ὁ τοῦ μισθοῦ⁴ καλὸς ἀνταποδότης.⁵ φυλάξεις ἃ παρέλαβες, μήτε προστιθεὶς⁶ μήτε ἀφαιρῶν.⁷ εἰς τέλος μισήσεις τὸν πονηρόν. κρινεῖς δικαίως.⁸ **12** οὐ ποιήσεις σχίσμα,⁹ εἰρηνεύσεις¹⁰ δὲ μαχομένους¹¹ συναγαγών. ἐξομολογήσῃ¹² ἐπὶ ἁμαρτίαις σου. οὐ προσήξεις¹³ ἐπὶ προσευχὴν ἐν συνειδήσει πονηρᾷ. αὕτη ἐστὶν ἡ ὁδὸς τοῦ φωτός.

**20:1** Ἡ δὲ τοῦ μέλανος¹⁴ ὁδός ἐστιν σκολιὰ¹⁵ καὶ κατάρας¹⁶ μεστή.¹⁷ ὁδὸς γάρ ἐστιν θανάτου αἰωνίου μετὰ τιμωρίας,¹⁸ ἐν ᾗ ἐστιν τὰ ἀπολλύντα τὴν ψυχὴν αὐτῶν· εἰδωλολατρεία,¹⁹ θρασύτης,²⁰ ὕψος²¹ δυνάμεως, ὑπόκρισις,²² διπλοκαρδία,²³ μοιχεία,²⁴ φόνος,²⁵ ἁρπαγή,²⁶ ὑπερηφανία,²⁷ παράβασις,²⁸

---

¹ λύτρον, ου, τό, price of release, ransom
² διστάζω fut act ind 2s, hesitate
³ γογγύζω fut act ind 2s, grumble, murmur
⁴ μισθός, οῦ, ὁ, pay, wages
⁵ ἀνταποδότης, ου, ὁ, recompenser, paymaster
⁶ προστίθημι pres act ptcp m.s.nom., add, put to
⁷ ἀφαιρέω pres act ptcp m.s.nom., take away
⁸ δικαίως, adv, justly
⁹ σχίσμα, ατος, τό, division, dissension
¹⁰ εἰρηνεύω fut act ind 2s, reconcile
¹¹ μάχομαι pres mid/pass ptcp m.p.acc., fight, quarrel
¹² ἐξομολογέω fut mid ind 2s, confess, admit
¹³ προσήκω fut act ind 2s, come to, approach
¹⁴ μέλας, μέλαινα, μέλαν, black
¹⁵ σκολιός, ά, όν, crooked
¹⁶ κατάρα, ας, ἡ, curse, imprecation
¹⁷ μεστός, ή, όν, filled with
¹⁸ τιμωρία, ας, ἡ, punishment
¹⁹ εἰδωλολατρία, ας, ἡ, image-worship, idolatry
²⁰ θρασύτης, ητος, ἡ, boldness, arrogance
²¹ ὕψος, ους, τό, pride, arrogance
²² ὑπόκρισις, εως, ἡ, pretense, hypocrisy
²³ διπλοκαρδία, ας, ἡ, duplicity
²⁴ μοιχεία, ας, ἡ, adultery
²⁵ φόνος, ου, ὁ, murder, killing
²⁶ ἁρπαγή, ῆς, ἡ, robbery, plunder
²⁷ ὑπερηφανία, ας, ἡ, arrogance, haughtiness
²⁸ παράβασις, εως, ἡ, transgression

δόλος,¹ κακία,² αὐθάδεια,³ φαρμακεία,⁴ μαγεία,⁵ πλεονεξία,⁶ ἀφοβία⁷ Θεοῦ. **2** διῶκται⁸ τῶν ἀγαθῶν, μισοῦντες ἀλήθειαν, ἀγαπῶντες ψεῦδος,⁹ οὐ γινώσκοντες μισθὸν¹⁰ δικαιοσύνης, οὐ κολλώμενοι¹¹ ἀγαθῷ, οὐ κρίσει δικαίᾳ, χήρᾳ¹² καὶ ὀρφανῷ¹³ οὐ προσέχοντες,¹⁴ ἀγρυπνοῦντες¹⁵ οὐκ εἰς φόβον Θεοῦ, ἀλλὰ ἐπὶ τὸ πονηρόν, ὧν μακρὰν¹⁶ καὶ πόρρω¹⁷ πραΰτης¹⁸ καὶ ὑπομονή, ἀγαπῶντες μάταια,¹⁹ διώκοντες ἀνταπόδομα,²⁰ οὐκ ἐλεοῦντες²¹ πτωχόν, οὐ πονοῦντες²² ἐπὶ καταπονουμένῳ,²³ εὐχερεῖς²⁴ ἐν καταλαλιᾷ,²⁵ οὐ γινώσκοντες τὸν ποιήσαντα αὐτούς, φονεῖς²⁶ τέκνων, φθορεῖς²⁷ πλάσματος²⁸ Θεοῦ, ἀποστρεφόμενοι²⁹ τὸν

---

¹ δόλος, ου, ὁ, deceit, cunning
² κακία, ας, ἡ, depravity, wickedness
³ αὐθάδεια, ας, ἡ, arrogance, willfulness
⁴ φαρμακεία, ας, ἡ, sorcery, magic
⁵ μαγεία, ας, ἡ, magic
⁶ πλεονεξία, ας, ἡ, greediness, insatiableness
⁷ ἀφοβία, ας, ἡ, lack of reverence
⁸ διώκτης, ου, ὁ, persecutor
⁹ ψεῦδος, ους, τό, lie, falsehood
¹⁰ μισθός, οῦ, ὁ, pay, wages
¹¹ κολλάω pres mid/pass ptcp m.p.nom., cling to, attach to
¹² χήρα, ας, ἡ, widow
¹³ ὀρφανός, ή, όν, orphan
¹⁴ προσέχω pres act ptcp m.p.nom., care for
¹⁵ ἀγρυπνέω pres act ptcp m.p.nom., look after, care for
¹⁶ μακράν, adv, far (away)
¹⁷ πόρρω, adv, far (away)
¹⁸ πραΰτης, ητος, ἡ, gentleness, humility
¹⁹ μάταιος, αία, αιον, idle, empty, fruitless
²⁰ ἀνταπόδομα, ατος, τό, repayment, reward
²¹ ἐλεέω pres act ptcp m.p.nom., have compassion, have mercy, pity
²² πονέω pres act ptcp m.p.nom., toil, undergo trouble
²³ καταπονέω pres mid/pass ptcp m.s.dat., subdue, torment, wear out, oppress
²⁴ εὐχερής, ές, ους, easily inclined, prone
²⁵ καταλαλιά, ᾶς, ἡ, evil speech, slander
²⁶ φονεύς, έως, ὁ, murderer
²⁷ φθορεύς, έως, ὁ, seducer
²⁸ πλάσμα, ατος, τό, image, figure
²⁹ ἀποστρέφω pres mid/pass ptcp m.p.nom., reject, repudiate

ἐνδεόμενον,¹ καταπονοῦντες² τὸν θλιβόμενον,³ πλουσίων⁴ παράκλητοι,⁵ πενήτων⁶ ἄνομοι⁷ κριταί,⁸ πανταμάρτητοι.

**21:1** Καλὸν οὖν ἐστίν, μαθόντα⁹ τὰ δικαιώματα¹⁰ τοῦ Κυρίου ὅσα γέγραπται, ἐν τούτοις περιπατεῖν. ὁ γὰρ ταῦτα ποιῶν ἐν τῇ βασιλείᾳ τοῦ Θεοῦ δοξασθήσεται· ὁ ἐκεῖνα ἐκλεγόμενος¹¹ μετὰ τῶν ἔργων αὐτοῦ συναπολεῖται.¹² διὰ τοῦτο ἀνάστασις, διὰ τοῦτο ἀνταπόδομα.¹³ **2** Ἐρωτῶ τοὺς ὑπερέχοντας,¹⁴ εἴ τινά μου γνώμης¹⁵ ἀγαθῆς λαμβάνετε συμβουλίαν.¹⁶ ἔχετε μεθ' ἑαυτῶν εἰς οὓς ἐργάσεσθε τὸ καλόν· μὴ ἐλλείπητε.¹⁷ **3** ἐγγὺς ἡ ἡμέρα ἐν ᾗ συναπολεῖται¹⁸ πάντα τῷ πονηρῷ. ἐγγὺς ὁ Κύριος καὶ ὁ μισθὸς¹⁹ αὐτοῦ. **4** ἔτι καὶ ἔτι ἐρωτῶ ὑμᾶς· ἑαυτῶν γίνεσθε νομοθέται²⁰ ἀγαθοί, ἑαυτῶν μένετε σύμβουλοι²¹ πιστοί, ἄρατε ἐξ ὑμῶν πᾶσαν ὑπόκρισιν.²² **5** ὁ δὲ Θεός, ὁ τοῦ παντὸς κόσμου

---

¹ ἐνδέω pres mid/pass ptcp m.s.acc., be in want
² καταπονέω pres mid/pass ptcp m.p.nom., subdue, torment, wear out, oppress
³ θλίβω pres mid/pass ptcp m.s.acc., oppress, afflict
⁴ πλούσιος, ία, ιον, rich
⁵ παράκλητος, ου, ὁ, mediator, intercessor
⁶ πένης, ητος, poor, needy
⁷ ἄνομος, ον, lawless
⁸ κριτής, οῦ, ὁ, judge
⁹ μανθάνω aor act ptcp m.s.acc., learn
¹⁰ δικαίωμα, ατος, τό, regulation, righteous deed
¹¹ ἐκλέγομαι pres mid/pass ptcp m.s.nom., select someone or something for oneself
¹² συναπόλλυμι fut mid ind 3s, destroy with
¹³ ἀνταπόδομα, ατος, τό, recompense
¹⁴ ὑπερέχω pres act ptcp m.p.acc., have power over, be in authority (over), be highly placed
¹⁵ φθορεύς, έως, ὁ, seducer
¹⁶ συμβουλία, ας, ἡ, advice, counsel
¹⁷ ἐλλείπω pres mid/pass sub 2p, leave off
¹⁸ συναπόλλυμι fut mid ind 3s, destroy with
¹⁹ μισθός, οῦ, ὁ, pay, wages
²⁰ νομοθέτης, ου, ὁ, lawgiver
²¹ σύμβουλος, ου, ὁ, adviser, counsellor
²² ὑπόκρισις, εως, ἡ, pretense, hypocrisy

κυριεύων,¹ δώῃ ὑμῖν σοφίαν, σύνεσιν,² ἐπιστήμην,³ γνῶσιν⁴ τῶν δικαιωμάτων⁵ αὐτοῦ, ὑπομονήν. **6** γίνεσθε δὲ Θεοδίδακτοι,⁶ ἐκζητοῦντες⁷ τί ζητεῖ Κύριος ἀφ' ὑμῶν, καὶ ποιεῖτε ἵνα εὑρεθῆτε ἐν ἡμέρᾳ κρίσεως. **7** εἰ δέ τίς ἐστιν ἀγαθοῦ μνεῖα,⁸ μνημονεύετέ⁹ μου μελετῶντες¹⁰ ταῦτα, ἵνα καὶ ἡ ἐπιθυμία καὶ ἡ ἀγρυπνία¹¹ εἴς τι ἀγαθὸν χωρήσῃ.¹² ἐρωτῶ ὑμᾶς, χάριν αἰτούμενος. **8** ἕως ἔτι τὸ καλὸν σκεῦός¹³ ἐστιν μεθ' ὑμῶν, μὴ ἐλλείπητε¹⁴ μηδενὶ ἑαυτῶν, ἀλλὰ συνεχῶς¹⁵ ἐκζητεῖτε¹⁶ ταῦτα καὶ ἀναπληροῦτε¹⁷ πᾶσαν ἐντολήν, ἔστιν γὰρ ἄξια. **9** διὸ μᾶλλον ἐσπούδασα¹⁸ γράψαι ἀφ' ὧν ἠδυνήθην, εἰς τὸ εὐφρᾶναι¹⁹ ὑμᾶς. Σώζεσθε, ἀγάπης τέκνα καὶ εἰρήνης. ὁ Κύριος τῆς δόξης καὶ πάσης χάριτος μετὰ τοῦ πνεύματος ὑμῶν.

---

¹ κυριεύω pres act ptcp m.s.nom., rule
² σύνεσις, εως, ἡ, intelligence, insight
³ ἐπιστήμη, ης, ἡ, understanding, knowledge
⁴ γνῶσις, εως, ἡ, knowledge
⁵ δικαίωμα, ατος, τό, regulation, righteous deed
⁶ Θεοδίδακτος, ον, taught by God
⁷ ἐκζητέω pres act ptcp m.p.nom., seek out, search for
⁸ μνεία, ας, ἡ, remembrance, memory
⁹ μνημονεύω pres act impv 2p, remember, keep in mind
¹⁰ μελετάω pres act ptcp m.p.nom., practice, cultivate
¹¹ ἀγρυπνία, ας, ἡ, care
¹² χωρέω aor act sub 3s, go, reach
¹³ σκεῦος, ους, τό, vessel
¹⁴ ἐλλείπω pres mid/pass sub 2p, leave off
¹⁵ συνεχῶς, adv, continually, unremittingly
¹⁶ ἐκζητέω pres act impv 2p, seek out, search for
¹⁷ ἀναπληρόω pres act impv 2p, fulfill
¹⁸ σπουδάζω aor act ind 1s, be zealous, be eager
¹⁹ εὐφραίνω aor act inf, gladden, cheer (up)

# Polycarp

APOSTOLIC FATHERS GREEK READER

VOLUME 3

# POLYCARP

# AN INTRODUCTION

Charles E. Hill has recently reiterated the statement of Helmut Koester that Polycarp of Smyrna is "doubtlessly the most significant ecclesiastical leader of the first half" of the second century AD.[1] The letter by the martyr Ignatius to him would have made his name known throughout the eastern Mediterranean, since collections of Ignatius's letters circulated widely. And in the account of his martyrdom, he is described by his pagan persecutors as "the teacher of Asia, the father of the Christians, the destroyer of our gods."[2]

Now, in the long history of reflection upon the witness of the Ancient Church, Polycarp has been mostly cited for his sterling witness to Christ, sealed in the gift of martyrdom, and not so much for his ability as a theologian. Yet, in recent days there has been a growing appreciation of his one extant letter: what it tells us about the second-century development of the New Testament canon, the reception of the ethical admonitions of the Apostolic household tables, an early second-century understanding of the nature of Christian righteousness, and its response to theological error. On the surface, the letter looks fairly simple. Yet, like the Johannine epistles, there are hidden riches and challenges, and, according to Irenaeus of Lyons, Polycarp is to be located within the Johannine community.

While Martyrdom of Polycarp is a witness to many of the details of the actual death of Polycarp, there are some problematic elements. For example, consider both the smell of Polycarp's body as it was being burned and the appearance of the dove during Polycarp's martyrdom (Mart. Pol. 15–16). And yet, in both of these events, as well as in the rest of the document, what we have in addition to historical detail, is an important early attempt to frame a theology of persecution

---

[1] *From the Lost Teaching of Polycarp: Identifying Irenaeus' Apostolic Presbyter and the Author of* Ad Diognetum, WUNT 186 (Tübingen: Mohr Siebeck, 2006), 1.

[2] Mart. Pol. 12.2.

and martyrdom. Polycarp's death helped then-contemporary congregations to understand the meaning of suffering and dying for Christ.

This second-century text details three different martyrdom accounts. It praises the nobility of Germanicus, who fought with wild beasts and encouraged the "God-fearing race of Christians" through his death (Mart. Pol. 3.1–2). It discourages the concept of voluntary martyrdom as Quintus "turned coward" when he saw the wild beasts. Such voluntary pursuit of martyrdom does not evoke praise from fellow sisters and brothers because the "gospel does not teach this" (Mart. Pol. 4).

The narrative details the "blessed Polycarp" and his noble death (Mart. Pol. 1.1). These events aim to demonstrate how the "Lord might show us once again a martyrdom that is in accord with the Gospel" (Mart. Pol. 1.1). So, the narrative models for the reader a martyrdom that is worthy of imitation as it is patterned after "the Gospel."[1]

In both of these documents, we have a valuable witness to post-New Testament theological reflection before the rise of such remarkable theologians as Irenaeus (himself a pupil of Polycarp) and Tertullian.

Michael A. G. Haykin

---

[1] Michael W. Holmes, "The Martyrdom of Polycarp and the New Testament Passion Narratives," in *Trajectories Through the New Testament and the Apostolic Fathers*, ed. Andrew F. Gregory and Christopher M. Tuckett (Oxford: Oxford University Press, 2005), 407–32; Paul Hartog, "The Christology of the *Martyrdom of Polycarp*: Martyrdom as Both Imitation of Christ and Election by Christ," *Perichoresis* 12. 2 (2014): 137–51; Shawn J. Wilhite, "'That We Too Might Be Imitators of Him': The *Martyrdom of Polycarp* as *Imitatio Christi*," *Churchman* 129.4 (Winter 2015): 319–36.

# ADDITIONAL RESOURCES FOR FURTHER STUDY

## Polycarp to the Philippians Beginning

Dehandschutter, Boudewijn. "The Epistle of Polycarp." Pages 117–29 in *Apostolic Fathers: An Introduction*, edited by Wilhelm Pratscher, trans. Elisabeth G. Wolfe. Waco, TX: Baylor University Press, 2010.

Hartog, Paul A. "The Opponents of Polycarp, *Philippians*, and 1 John." Pages 375–91 in *Trajectories through the New Testament and the Apostolic Fathers*, vol. 2 of *The New Testament and the Apostolic Fathers*, ed. Andrew Gregory and Christopher Tuckett. Oxford: Oxford University Press, 2005.

Holmes, Michael. "Polycarp of Smyrna, Letter to the Philippians." Pages 108–25 in *The Writings of the Apostolic Fathers*, ed. Paul Foster. London: T&T Clark, 2007.

Oakes, Peter. "Leadership and Suffering in the Letters of Polycarp and Paul to the Philippians." Pages 353–73 in *Trajectories through the New Testament and the Apostolic Fathers*, vol. 2 of *The New Testament and the Apostolic Fathers*, ed. Andrew Gregory and Christopher Tuckett. Oxford: Oxford University Press, 2005.

## Polycarp to the Philippians Intermediate

Berding, Kenneth Andrew. "Polycarp of Smyrna's View of the Authorship of 1 and 2 Timothy." *VC* 53.4 (1999): 349–60.

Hartog, Paul A. *Polycarp and the New Testament: The Occasion, Rhetoric, Theme, and Unity of the Epistle to the Philippians and Its Allusions to New Testament Literature*. WUNT 2/134. Tübingen: Mohr Siebeck, 2002.

———. *Polycarp's Epistle to the Philippians and the Martyrdom of Polycarp: Introduction, Text, and Commentary*. Oxford Apostolic Fathers. Oxford: Oxford University Press, 2013.

Hill, Charles E. *From the Lost Teaching of Polycarp: Identifying Irenaeus' Apostolic Presbyter and the Author of* Ad Diognetum. WUNT 186. Tübingen: Mohr Siebeck, 2006.

Holmes, Michael. "Polycarp's *Letter to the Philippians* and the Writings That Later Formed the New Testame nt." Pages 187–227in *The Reception of the New Testament in the Apostolic Fathers*, vol. 1 of *The New Testament and the Apostolic Fathers*, ed. Andrew Gregory and Christopher Tuckett. Oxford: Oxford University Press, 2005.

Maier, Harry. "Purity and Danger in Polycarp's Epistle to the Philippians: The Sin of Valens in Social Perspective." *JECS* 1.3 (1993): 229–47.

## Polycarp to the Philippians Advanced

Bauer, J. B. *Die Polykarpbriefe*. KAV 5. Göttingen: Vandenhoeck und Ruprecht, 1995.

Berding, Kenneth Andrew. *Polycarp and Paul: An Analysis of Their Literary and Theological Relationship in Light of Polycarp's Use of Biblical and Extra-Biblical Literature*. VCSup 62. Leiden: Brill, 2002.

Dehandschutter, Boudewijn. *Polycarpiana. Studies on Martyrdom and Persecution in Early Christianity: Collected Essays*. BETL 205. Leuven: Leuven University Press, 2007.

Schoedel, William R. "Polycarp of Smyrna and Ignatius of Antioch." Pages 272–358 in *ANRW* 2.27.1. Berlin: de Gruyter, 1993.

———. "Polycarp's Witness to Ignatius of Antioch." *VC* 41.1 (1987): 1–10.

## Martyrdom of Polycarp Beginning

Buschmann, Gerd. "The Martyrdom of Polycarp." Pages 135–53 in *Apostolic Fathers: An Introduction*, ed. Wilhelm Pratscher, trans. Elisabeth G. Wolfe. Waco, TX: Baylor Uni-versity Press, 2010.

Dehandschutter, B. "The New Testament and the *Martyrdom of Polycarp*." Pages 395–405 in *Trajectories through the New Testament and the Apostolic Fathers*, vol. 2 of *The New Testament and the Apostolic Fathers*, ed. Andrew Gregory and Christopher Tuckett. Oxford: Oxford University Press, 2005.

Holmes, Michael. "The *Martyrdom of Polycarp* and the New Testament Passion Narratives." Pages 407–32 in *Trajectories through the New Testament and the Apostolic Fathers*, vol. 2 of *The New Testament and the Apostolic Fathers*, ed. Andrew Gregory and Christopher Tuckett. Oxford: Oxford University Press, 2005.

Parvis, Sara. "The Martyrdom of Polycarp." Pages 126–46 in *The Writings of the Apostolic Fathers*, ed. Paul Foster. London: T&T Clark, 2007.

Wilhite, Shawn J. "That We Too Might Be Imitators of Him': The Martyrdom of Polycarp as *Imitatio Christi*." *Churchman* 129.4 (2015): 319–36.

## Martyrdom of Polycarp Intermediate

Cobb, L. Stephanie. "Polycarp's Cup: Imitatio in the Martyrdom of Polycarp." *Journal of Religious History* 38.2 (2014): 224–40.

Dehandschutter, Boudewijn. "The Martyrium Polycarpi: A Century of Research." Pages 485–522 in *ANRW* 2.27.1. Berlin and New York: de Gruyter, 1993.

Gibson, E Leigh. "The Jews and Christians in the Martyrdom of Polycarp: Entangled or Parted Ways?" Pages 145–58 in *The Ways*

*That Never Parted: Jews and Christians in Late Antiquity and the Early Middle Ages*, ed. Adam H. Becker and Annette Yoshiko Reed. Tübingen: Mohr Siebeck, 2003.

Hartog, Paul A. "The Christology of the Martyrdom of Polycarp: Martyrdom as Both Imitation of Christ and Election by Christ." *Perichoresis* 12.2 (2014): 137–52.

———. *Polycarp's Epistle to the Philippians and the Martyrdom of Polycarp: Introduction, Text, and Commentary*. Oxford Apostolic Fathers. Oxford: Oxford University Press, 2013.

Moss, Candida R. "Nailing Down and Tying Up: Lessons in Intertextual Impossibility from the Martyrdom of Polycarp." *VC* 67.2 (2013): 117–36.

## Martyrdom of Polycarp Advanced

Buschmann, Gerd. *Das Martyrium Des Polykarp*. KAV 6. Göttingen: Vandenhoeck & Ruprecht, 1998.

Dehandschutter, B. *Polycarpiana. Studies on Martyrdom and Persecution in Early Christianity: Collected Essays*. BETL 205. Leuven: Leuven University Press, 2007.

Hoover, Jesse. "False Lives, False Martyrs: 'Pseudo-Pionius' and the Redating of the Martyrdom of Polycarp." *VC* 67.5 (2013): 471–98.

Khomych, Taras. "The Martyrdom of Polycarp in Church Slavonic: An Evidence of the Academic Menologion." *VC* 67. 4 (2013): 393–406.

Moss, Candida R. *Ancient Christian Martyrdom: Diverse Practices, Theologies, and Traditions*. New Haven: Yale University Press, 2012.

———. "On the Dating of Polycarp: Rethinking the Place of the Martyrdom of Polycarp in the History of Christianity." *EC* 1.4 (2010): 539–74.

# ΠΟΛΥΚΑΡΠΟΥ ΕΠΙΣΤΟΛΗ
# ΠΡΟΣ ΦΙΛΙΠΠΗΣΙΟΥΣ

ΠΟΛΥΚΑΡΠΟΣ[1] καὶ οἱ σὺν αὐτῷ πρεσβύτεροι τῇ ἐκκλησίᾳ τοῦ Θεοῦ τῇ παροικούσῃ[2] Φιλίππους·[3] ἔλεος[4] ὑμῖν καὶ εἰρήνη παρὰ Θεοῦ παντοκράτορος[5] καὶ Ἰησοῦ Χριστοῦ τοῦ σωτῆρος[6] ἡμῶν πληθυνθείη.[7]

**1:1** Συνεχάρην[8] ὑμῖν μεγάλως[9] ἐν τῷ Κυρίῳ ἡμῶν Ἰησοῦ Χριστῷ, δεξαμένοις τὰ μιμήματα[10] τῆς ἀληθοῦς[11] ἀγάπης καὶ προπέμψασιν,[12] ὡς ἐπέβαλεν[13] ὑμῖν, τοὺς ἐνειλημένους[14] τοῖς ἁγιοπρεπέσιν[15] δεσμοῖς,[16] ἅτινά ἐστιν διαδήματα[17] τῶν ἀληθῶς[18] ὑπὸ Θεοῦ καὶ τοῦ Κυρίου ἡμῶν ἐκλελεγμένων.[19] **2** καὶ ὅτι ἡ βεβαία[20] τῆς πίστεως ὑμῶν ῥίζα[21] ἐξ ἀρχαίων[22] καταγγελλομένη[23] χρόνων, μέχρι[24] νῦν διαμένει[25] καὶ

---

[1] Πολύκαρπος, ου, ὁ, Polycarp
[2] παροικεω pres act ptcp f.s.dat., inhabit a place as a foreigner, be a stranger
[3] Φίλιπποι, ων, οἱ, Philippi
[4] ἔλεος, ους, τό, mercy, compassion
[5] παντοκράτωρ, ορος, ὁ, almighty, omnipotent (one)
[6] σωτηρ, ηρος, ὁ, savior, deliverer
[7] πληθύνω aor pass opt 3s, increase, grow, multiply
[8] συγχαίρω aor pass ind 1s, rejoice with
[9] μεγάλως, adv, greatly
[10] μίμημα, ατος, τό, copy, image
[11] αληθής, ές, true
[12] προπέμπω aor act ptcp m.p.dat., assist someone in making a journey
[13] ἐπιβάλλω aor act ind 3s, lay on, put on
[14] ἐνειλέω perf mid/pass ptcp m.p.acc., wrap up in
[15] ἁγιοπρεπής, ές, fitting, proper, holy
[16] δεσμός, ου, ὁ, bond, fetter
[17] διάδημα, ατος, τό, royal headband, crown
[18] ἀληθῶς, adv, truly
[19] ἐκλέγομαι perf mid/pass ptcp m.p.gen., choose, select
[20] βέβαιος, α, ον, reliable, abiding
[21] ῥίζα, ης, ἡ, root
[22] ἀρχαῖος, αία, αῖον, from the beginning
[23] καταγγέλλω pres mid/pass ptcp f.s.nom., proclaim, announce
[24] μέχρι, adv, until
[25] διαμένω pres act ind 3s, remain

## ΠΟΛΥΚΑΡΠΟΥ ΕΠΙΣΤΟΛΗ ΠΡΟΣ ΦΙΛΙΠΠΗΣΙΟΥΣ

καρποφορεῖ[1] εἰς τὸν Κύριον ἡμῶν Ἰησοῦν Χριστόν, ὃς ὑπέμεινεν[2] ὑπὲρ τῶν ἁμαρτιῶν ἡμῶν ἕως θανάτου καταντῆσαι[3] ὃν ἤγειρεν ὁ Θεός, λύσας τὰς ὠδίνας[4] τοῦ ᾅδου.[5] 3 εἰς ὃν οὐκ ἰδόντες πιστεύετε χαρᾷ ἀνεκλαλήτῳ[6] καὶ δεδοξασμένῃ εἰς ἣν πολλοὶ ἐπιθυμοῦσιν[7] εἰσελθεῖν, εἰδότες ὅτι χάριτι ἐστε σεσωσμένοι, οὐκ ἐξ ἔργων, ἀλλὰ θελήματι Θεοῦ διὰ Ἰησοῦ Χριστοῦ.

**2:1** Διὸ ἀναζωσάμενοι[8] τὰς ὀσφύας[9] δουλεύσατε[10] τῷ Θεῷ ἐν φόβῳ καὶ ἀληθείᾳ, ἀπολιπόντες[11] τὴν κενὴν[12] ματαιολογίαν[13] καὶ τὴν τῶν πολλῶν πλάνην[14] πιστεύσαντες εἰς τὸν ἐγείραντα τὸν Κύριον ἡμῶν Ἰησοῦν Χριστὸν ἐκ νεκρῶν καὶ δόντα αὐτῷ δόξαν καὶ θρόνον ἐκ δεξιῶν αὐτοῦ· ᾧ ὑπετάγη τὰ πάντα ἐπουράνια[15] καὶ ἐπίγεια[16] ᾧ πᾶσα πνοὴ[17] λατρεύει,[18] ὃς ἔρχεται κριτὴς[19] ζώντων καὶ νεκρῶν, οὗ τὸ αἷμα ἐκζητήσει[20] ὁ Θεὸς ἀπὸ τῶν ἀπειθούντων[21] αὐτῷ. 2 ὁ δὲ ἐγείρας αὐτὸν ἐκ νεκρῶν καὶ ἡμᾶς ἐγερεῖ, ἐὰν ποιῶμεν αὐτοῦ τὸ θέλημα καὶ πορευώμεθα ἐν ταῖς ἐντολαῖς αὐτοῦ καὶ ἀγαπῶμεν ἃ ἠγάπησεν, ἀπεχόμενοι[22]

---

[1] καρποφορέω pres act ind 3s, bear fruit
[2] ὑπομένω aor act ind 3s, endure, remain
[3] καταντάω aor act inf, meet
[4] ὠδίν, ῖνος, ἡ, great pain, birth-pain
[5] ᾅδης, ου, ὁ, Hades
[6] ἀνεκλάλητος, ον, inexpressible
[7] ἐπιθυμέω pres act ind 3p, desire
[8] ἀναζώννυμι aor mid ptcp m.p.nom., bind up, gird up
[9] ὀσφύς, ύος, ἡ, loins, waist
[10] δουλεύω aor act impv 2p, be a slave, serve, obey
[11] ἀπολείπω aor act ptcp m.p.nom., put aside, give up
[12] κενός, ή, όν, empty
[13] ματαιολογία, ας, ἡ, empty, fruitless talk
[14] πλάνη, ης, ἡ, error
[15] ἐπουράνιος, ον, heavenly
[16] ἐπίγειος, ον, earthly
[17] πνοή, ῆς, ἡ, wind, breath
[18] λατρεύω pres act ind 3s, serve
[19] κριτής, οῦ, ὁ, a judge
[20] ἐκζητέω fut act ind 3s, look for, seek
[21] ἀπειθέω pres act ptcp m.p.gen., disobey
[22] ἀπέχω pres mid/pass ptcp m.p.nom., avoid, abstain

## ΠΟΛΥΚΑΡΠΟΥ ΕΠΙΣΤΟΛΗ ΠΡΟΣ ΦΙΛΙΠΠΗΣΙΟΥΣ

πάσης ἀδικίας,[1] πλεονεξίας,[2] φιλαργυρίας,[3] καταλαλιάς,[4] ψευδομαρτυρίας·[5] μὴ ἀποδιδόντες κακὸν ἀντὶ[6] κακοῦ ἢ λοιδορίαν[7] ἀντὶ[8] λοιδορίας[9] ἢ γρόνθον[10] ἀντὶ[11] γρόνθου[12] ἢ κατάραν[13] ἀντὶ[14] κατάρας,[15] **3** μνημονεύοντες[16] δὲ ὧν εἶπεν ὁ Κύριος διδάσκων· μὴ κρίνετε, ἵνα μὴ κριθῆτε· ἀφίετε, καὶ ἀφεθήσεται ὑμῖν· ἐλεᾶτε[17] ἵνα ἐλεηθῆτε·[18] ᾧ μέτρῳ[19] μετρεῖτε,[20] ἀντιμετρηθήσεται[21] ὑμῖν· καὶ ὅτι μακάριοι οἱ πτωχοὶ καὶ οἱ διωκόμενοι ἕνεκεν[22] δικαιοσύνης, ὅτι αὐτῶν ἐστιν ἡ βασιλεία τοῦ Θεοῦ.

**3:1** Ταῦτα, ἀδελφοί, οὐκ ἐμαυτῷ ἐπιτρέψας[23] γράφω ὑμῖν περὶ τῆς δικαιοσύνης ἀλλ᾽ ἐπεὶ[24] ὑμεῖς προεπεκαλέσασθέ[25] με. **2** οὔτε γὰρ ἐγὼ οὔτε ἄλλος ὅμοιος ἐμοὶ δύναται κατακολουθῆσαι[26] τῇ σοφίᾳ τοῦ μακαρίου καὶ ἐνδόξου[27] Παύλου, ὃς γενόμενος ἐν ὑμῖν κατὰ πρόσωπον τῶν τότε ἀνθρώπων, ἐδίδαξεν ἀκριβῶς[28] καὶ βεβαίως[29] τὸν περὶ ἀληθείας

---

[1] ἀδικία, ας, ἡ, unrighteousness
[2] πλεονεξία, ας, ἡ, covetousness
[3] φιλαργυρία, ας, ἡ, avarice, love of money
[4] καταλαλιά, άς, ἡ, evil speech, slander
[5] ψευδομαρτυρία, ας, ἡ, false witness
[6] ἀντί, prep, for, instead of
[7] λοιδορία, ας, ἡ, reproach, reviling
[8] ἀντί, prep, for, instead of
[9] λοιδορία, ας, ἡ, reproach, reviling
[10] γρόνθος, ου, ὁ, blow, fist
[11] ἀντί, prep, for, instead of
[12] γρόνθος, ου, ὁ, blow, fist
[13] κατάρα, ας, ἡ, curse
[14] ἀντί, prep, for, instead of
[15] κατάρα, ας, ἡ, curse
[16] μνημονεύω pres act ptcp m.p.nom., remember
[17] ἐλεάω pres act impv 2p, have mercy
[18] ἐλεάω aor pass sub 2p, have mercy
[19] μέτρον, ου, τό, measure
[20] μετρέω pres act ind 2p, measure
[21] ἀντιμετρέω fut pass ind 3s, measure in return
[22] ἕνεκα, prep, because of, on account of
[23] ἐπιτρέπω aor act ptcp m.s.nom., to allow, permit
[24] ἐπεί, conj, since
[25] προεπικαλέω aor mid ind 2p, request
[26] κατακολουθέω aor act inf, follow
[27] ἔνδοξος, ον, honored
[28] ἀκριβῶς, adv, accurately
[29] βεβαίως, adv, reliably

## ΠΟΛΥΚΑΡΠΟΥ ΕΠΙΣΤΟΛΗ ΠΡΟΣ ΦΙΛΙΠΠΗΣΙΟΥΣ

λόγον, ὃς καὶ ἀπὼν[1] ὑμῖν ἔγραψεν ἐπιστολάς· εἰς ἃς ἐὰν ἐγκύπτητε,[2] δυνηθήσεσθε οἰκοδομεῖσθαι εἰς τὴν δοθεῖσαν ὑμῖν πίστιν, **3** ἥτις ἐστὶν μήτηρ πάντων ἡμῶν, ἐπακολουθούσης[3] τῆς ἐλπίδος, προαγούσης[4] τῆς ἀγάπης τῆς εἰς Θεὸν καὶ Χριστὸν καὶ εἰς τὸν πλησίον.[5] ἐὰν γάρ τις τούτων ἐντὸς[6] ᾖ, πεπλήρωκεν ἐντολὴν δικαιοσύνης· ὁ γὰρ ἔχων ἀγάπην μακρὰν[7] ἐστιν πάσης ἁμαρτίας.

**4:1** Ἀρχὴ δὲ πάντων χαλεπῶν[8] φιλαργυρία.[9] εἰδότες οὖν ὅτι οὐδὲν εἰσηνέγκαμεν[10] εἰς τὸν κόσμον, ἀλλ' οὐδὲ ἐξενεγκεῖν[11] τι ἔχομεν, ὁπλισώμεθα[12] τοῖς ὅπλοις[13] τῆς δικαιοσύνης καὶ διδάξωμεν ἑαυτοὺς πρῶτον πορεύεσθαι ἐν τῇ ἐντολῇ τοῦ Κυρίου· **2** ἔπειτα[14] καὶ τὰς γυναῖκας ὑμῶν ἐν τῇ δοθείσῃ αὐταῖς πίστει καὶ ἀγάπῃ καὶ ἁγνείᾳ,[15] στεργούσας[16] τοὺς ἑαυτῶν ἄνδρας ἐν πάσῃ ἀληθείᾳ καὶ ἀγαπώσας πάντας ἐξ ἴσου[17] ἐν πάσῃ ἐγκρατείᾳ,[18] καὶ τὰ τέκνα παιδεύειν[19] τὴν παιδείαν[20] τοῦ φόβου τοῦ Θεοῦ· **3** τὰς χήρας[21] σωφρονούσας[22] περὶ τὴν τοῦ Κυρίου πίστιν, ἐντυγχανούσας[23] ἀδιαλείπτως[24] περὶ πάντων,

---

[1] ἄπειμι pres act ptcp m.s.nom., be absent
[2] ἐγκύπτω pres act sub 2p, examine
[3] ἐπακολουθέω pres act ptcp f.s.gen., follow
[4] προάγω pres act ptcp f.s.gen., leads the way
[5] πλησίον, adv, neighbor
[6] ἐντός, prep (+ gen), inside, within, within the limits of
[7] μακράν, adv, far from
[8] χαλεπός, ή, όν, hard, difficult
[9] φιλαργυρία, ας, ἡ, love of money, avarice
[10] εἰσφέρω aor act ind 1p, bring in
[11] ἐκφέρω aor act inf, bring out
[12] ὁπλίζω aor mid sub 1p, equip, arm
[13] ὅπλον, ου, τό, weapon, tool
[14] ἔπειτα, adv, then
[15] ἁγνεία, ας, ἡ, purity
[16] στέργω pres act ptcp f.p.acc., love
[17] ἴσος, η, ον, equal
[18] ἐγκράτεια, ας, ἡ, self-control
[19] παιδεύω pres act inf, educate
[20] παιδεία, ας, ἡ, instruction
[21] χήρα, ας, ἡ, widow
[22] σωφρονέω pres act ptcp f.p.acc., sensible
[23] ἐντυγχάνω pres act ptcp f.p.acc., pray
[24] ἀδιαλείπτως, adv, unceasingly

## ΠΟΛΥΚΑΡΠΟΥ ΕΠΙΣΤΟΛΗ ΠΡΟΣ ΦΙΛΙΠΠΗΣΙΟΥΣ

μακρὰν[1] οὔσας πάσης διαβολῆς,[2] καταλαλιᾶς,[3] ψευδομαρτυρίας,[4] φιλαργυρίας,[5] καὶ παντὸς κακοῦ, γινωσκούσας ὅτι εἰσὶ θυσιαστήριον[6] Θεοῦ καὶ ὅτι πάντα μωμοσκοπεῖται,[7] καὶ λέληθεν[8] αὐτὸν οὐδὲν οὔτε λογισμῶν[9] οὔτε ἐννοιῶν[10] οὔτε τι τῶν κρυπτῶν[11] τῆς καρδίας.

**5:1** Εἰδότες οὖν ὅτι Θεὸς οὐ μυκτηρίζεται,[12] ὀφείλομεν ἀξίως[13] τῆς ἐντολῆς αὐτοῦ καὶ δόξης περιπατεῖν. **2** ὁμοίως διάκονοι[14] ἄμεμπτοι[15] κατενώπιον[16] αὐτοῦ τῆς δικαιοσύνης, ὡς Θεοῦ καὶ Χριστοῦ διάκονοι,[17] καὶ οὐκ ἀνθρώπων· μὴ διάβολοι, μὴ δίλογοι,[18] ἀφιλάργυροι,[19] ἐγκρατεῖς[20] περὶ πάντα, εὔσπλαγχνοι,[21] ἐπιμελεῖς,[22] πορευόμενοι κατὰ τὴν ἀλήθειαν τοῦ Κυρίου, ὃς ἐγένετο διάκονος[23] πάντων· ᾧ ἐὰν εὐαρεστήσωμεν[24] ἐν τῷ νῦν αἰῶνι, ἀποληψόμεθα[25] καὶ τὸν μέλλοντα, καθὼς ὑπέσχετο[26] ἡμῖν ἐγεῖραι ἡμᾶς ἐκ νεκρῶν καὶ ὅτι, ἐὰν πολιτευσώμεθα[27] ἀξίως[28] αὐτοῦ, καὶ συμβασιλεύσομεν[29]

---

[1] μακράν, adv, far away from
[2] διαβολή, ης, ἡ, slander
[3] καταλαλιά, ᾶς, ἡ, evil speech
[4] ψευδομαρτυρία, ας, ἡ, false witness
[5] φιλαργυρία, ας, ἡ, love of money, avarice
[6] θυσιαστήριον, ου, ὁ, altar
[7] μωμοσκοπέομαι pres mid/pass ind 3s, examine for blemishes
[8] λανθάνω perf act ind 3s, be hidden, escape notice
[9] λογισμός, οῦ, ὁ, thought
[10] ἔννοια, ας, ἡ, knowledge
[11] κρυπτός, ή, όν, hidden, secret
[12] μυκτηρίζω pres mid/pass ind 3s, treat with contempt
[13] ἀξίως, adv, worthily
[14] διάκονος, ου, ὁ, servant, assistant
[15] ἄμεμπτος, ον, blameless, faultless
[16] κατενώπιον, prep (+ gen), before
[17] διάκονος, ου, ὁ, servant, assistant
[18] δίλογος, ον, insincere
[19] ἀφιλάργυρος, ον, not greedy
[20] ἐγκρατής, ές, self-controlled
[21] εὔσπλαγχνος, ον, compassionate
[22] ἐπιμελής, ές, careful, attentive
[23] διάκονος, ου, ὁ, servant, assistant
[24] εὐαρεστέω aor act sub 1p, please
[25] ἀπολαμβάνω fut mid ind 1p, receive, take
[26] ὑπισχνέομαι aor mid ind 3s, promise
[27] πολιτεύομαι aor mid sub 1p, have one's citizenship, home
[28] ἀξίως, adv, worthily
[29] συμβασιλεύω fut act ind 1p, reign jointly, rule with someone

αὐτῷ, εἴγε¹ πιστεύομεν. **3** Ὁμοίως καὶ νεώτεροι² ἄμεμπτοι³ ἐν πᾶσιν· πρὸ παντὸς προνοοῦντες⁴ ἁγνείας⁵ καὶ χαλιναγωγοῦντες⁶ ἑαυτοὺς ἀπὸ παντὸς κακοῦ. καλὸν γὰρ τὸ ἀνακόπτεσθαι⁷ ἀπὸ τῶν ἐπιθυμιῶν ἐν τῷ κόσμῳ, ὅτι πᾶσα ἐπιθυμία κατὰ τοῦ πνεύματος στρατεύεται,⁸ καὶ οὔτε πόρνοι⁹ οὔτε μαλακοὶ¹⁰ οὔτε ἀρσενοκοῖται¹¹ βασιλείαν Θεοῦ κληρονομήσουσιν,¹² οὔτε οἱ ποιοῦντες τὰ ἄτοπα.¹³ διὸ δέον ἀπέχεσθαι¹⁴ ἀπὸ πάντων τούτων, ὑποτασσομένους τοῖς πρεσβυτέροις καὶ διακόνοις¹⁵ ὡς Θεῷ καὶ Χριστῷ. τὰς παρθένους¹⁶ ἐν ἀμώμῳ¹⁷ καὶ ἁγνῇ¹⁸ συνειδήσει περιπατεῖν.

**6:1** Καὶ οἱ πρεσβύτεροι δὲ εὔσπλαγχνοι,¹⁹ εἰς πάντας ἐλεήμονες,²⁰ ἐπιστρέφοντες τὰ ἀποπεπλανημένα,²¹ ἐπισκεπτόμενοι²² πάντας ἀσθενεῖς,²³ μὴ ἀμελοῦντες²⁴ χήρας ἢ ὀρφανοῦ²⁵ ἢ πένητος,²⁶ ἀλλὰ προνοοῦντες²⁷ ἀεὶ²⁸ τοῦ καλοῦ ἐνώπιον Θεοῦ

---

¹ εἴγε, conj, if indeed
² νέος, νέα, young
³ ἄμεμπτος, ον, blameless, without reproach
⁴ προνοέω pres act ptcp m.p.nom., forsee
⁵ ἁγνεία, ας, ἡ, purity
⁶ χαλιναγωγέω pres act ptcp m.p.nom., bridle
⁷ ἀνακόπτω pres mid/pass inf, hinder, restrain
⁸ στρατεύω pres mid/pass ind 3s, fight
⁹ πόρνος, ου, ὁ, fornicator
¹⁰ μαλακός, ή, όν, soft
¹¹ ἀρσενοκοίτης, ου, ὁ, homosexual
¹² κληρονομέω fut act ind 3p, inherit
¹³ ἄτοπος, ον, improper
¹⁴ ἀπέχω pres mid/pass inf, receive in full
¹⁵ διάκονος, ου, ὁ, servant, assistant
¹⁶ παρθένος, ου, ἡ, virgin
¹⁷ ἄμωμος, ον, blameless, unblemished
¹⁸ ἁγνός, ή, όν, pure, holy
¹⁹ εὔσπλαγχνος, ον, compassionate
²⁰ ἐλεήμων, ον, merciful, compassionate
²¹ ἀποπλανάω perf mid/pass ptcp n.p.acc., go astray
²² ἐπισκέπτομαι pres mid/pass ptcp m.p.nom., visit
²³ ἀσθενής, ές, sick, ill
²⁴ ἀμελέω pres act ptcp m.p.nom., neglect, be unconcerned
²⁵ ὀρφανός, ου, ὁ, orphan
²⁶ πένης, ητος, ὁ, poor, needy
²⁷ προνοέω pres act ptcp m.p.nom., have regard for
²⁸ ἀεί, adv, always

## ΠΟΛΥΚΑΡΠΟΥ ΕΠΙΣΤΟΛΗ ΠΡΟΣ ΦΙΛΙΠΠΗΣΙΟΥΣ

καὶ ἀνθρώπων, ἀπεχόμενοι[1] πάσης ὀργῆς, προσωποληψίας,[2] κρίσεως ἀδίκου,[3] μακρὰν[4] ὄντες πάσης φιλαργυρίας,[5] μὴ ταχέως[6] πιστεύοντες κατά τινος, μὴ ἀπότομοι[7] ἐν κρίσει, εἰδότες ὅτι πάντες ὀφειλέται[8] ἐσμὲν ἁμαρτίας. **2** εἰ οὖν δεόμεθα[9] τοῦ Κυρίου ἵνα ἡμῖν ἀφῇ, ὀφείλομεν καὶ ἡμεῖς ἀφιέναι· ἀπέναντι[10] γὰρ τῶν τοῦ Κυρίου καὶ Θεοῦ ἐσμὲν ὀφθαλμῶν, καὶ πάντας δεῖ παραστῆναι τῷ βήματι[11] τοῦ Χριστοῦ, καὶ ἕκαστον ὑπὲρ ἑαυτοῦ λόγον δοῦναι. **3** οὕτως οὖν δουλεύσωμεν[12] αὐτῷ μετὰ φόβου καὶ πάσης εὐλαβείας,[13] καθὼς αὐτὸς ἐνετείλατο[14] καὶ οἱ εὐαγγελισάμενοι ἡμᾶς ἀπόστολοι καὶ οἱ προφῆται οἱ προκηρύξαντες[15] τὴν ἔλευσιν[16] τοῦ Κυρίου ἡμῶν, ζηλωταὶ[17] περὶ τὸ καλόν, ἀπεχόμενοι[18] τῶν σκανδάλων[19] καὶ τῶν ψευδαδέλφων[20] καὶ τῶν ἐν ὑποκρίσει[21] φερόντων τὸ ὄνομα τοῦ Κυρίου, οἵτινες ἀποπλανῶσι[22] κενοὺς[23] ἀνθρώπους

**7:1** Πᾶς γὰρ ὃς ἂν μὴ ὁμολογῇ[24] Ἰησοῦν Χριστὸν ἐν σαρκὶ ἐληλυθέναι ἀντίχριστό[25] ἐστιν· καὶ ὃς ἂν μὴ ὁμολογῇ[26] τὸ μαρτύριον τοῦ σταυροῦ[27] ἐκ τοῦ διαβόλου ἐστίν· καὶ ὃς ἂν

---

[1] ἀπέχω pres mid/pass ptcp m.p.nom., keep away, refrain from
[2] προσωποληψία, ας, ἡ, partiality
[3] ἄδικος, ον, unjust, crooked
[4] μακράν, adv, far (away)
[5] φιλαργυρία, ας, ἡ, love of money, miserliness
[6] ταχέως, adv, quickly
[7] ἀπότομος, ον, relentless
[8] ὀφειλέτης, ου, ὁ, debtor
[9] δέομαι pres mid/pass ind 1p, ask, request
[10] ἀπέναντι, prep (+ gen), opposite
[11] βῆμα, ατος, τό, judgment seat
[12] δουλεύω aor act sub 1p, serve
[13] εὐλάβεια, ας, ἡ, awe, fear of God
[14] ἐντέλλω aor mid ind 3s, command, give orders
[15] προκηρύσσω aor act ptcp m.p.nom., proclaim publicly
[16] ἔλευσις, εως, ἡ, arrival
[17] ζηλωτής, οῦ, ὁ, adherent, loyalist
[18] ἀπέχω pres mid/pass ptcp m.p.nom., keep away, refrain from
[19] σκάνδαλον, ου, τό, temptation to sin
[20] ψευδάδελφος, ου, ὁ, false brother
[21] ὑπόκρισις, εως, ἡ, insincerely
[22] ἀποπλανάω pres act ind 3p, mislead
[23] κενός, ή, όν, empty, vain
[24] ὁμολογέω pres act sub 3s, confess
[25] ἀντίχριστος, ου, ὁ, antichrist
[26] ὁμολογέω pres act sub 3s, confess
[27] σταυρός, οῦ, ὁ, cross

## ΠΟΛΥΚΑΡΠΟΥ ΕΠΙΣΤΟΛΗ ΠΡΟΣ ΦΙΛΙΠΠΗΣΙΟΥΣ

μεθοδεύῃ[1] τὰ λόγια[2] τοῦ Κυρίου πρὸς τὰς ἰδίας ἐπιθυμίας καὶ λέγῃ μήτε ἀνάστασιν μήτε κρίσιν, οὗτος πρωτότοκός[3] ἐστι τοῦ Σατανᾶ. **2** διὸ ἀπολιπόντες[4] τὴν ματαιότητα τῶν πολλῶν καὶ τὰς ψευδοδιδασκαλίας,[5] ἐπὶ τὸν ἐξ ἀρχῆς ἡμῖν παραδοθέντα λόγον ἐπιστρέψωμεν, νήφοντες[6] πρὸς τὰς εὐχὰς[7] καὶ προσκαρτεροῦντες[8] νηστείαις,[9] δεήσεσιν[10] αἰτούμενοι τὸν παντεπόπτην[11] Θεὸν μὴ εἰσενεγκεῖν[12] ἡμᾶς εἰς πειρασμόν,[13] καθὼς εἶπεν ὁ Κύριος· τὸ μὲν πνεῦμα πρόθυμον,[14] ἡ δὲ σὰρξ ἀσθενής.[15]

**8:1** Ἀδιαλείπτως[16] οὖν προσκαρτερῶμεν[17] τῇ ἐλπίδι ἡμῶν καὶ τῷ ἀρραβῶνι[18] τῆς δικαιοσύνης ἡμῶν, ὅς ἐστι Χριστὸς Ἰησοῦς, ὃς ἀνήνεγκεν[19] ἡμῶν τὰς ἁμαρτίας τῷ ἰδίῳ σώματι ἐπὶ τὸ ξύλον,[20] ὃς ἁμαρτίαν οὐκ ἐποίησεν, οὐδὲ εὑρέθη δόλος[21] ἐν τῷ στόματι αὐτοῦ· ἀλλὰ δι᾿ ἡμᾶς, ἵνα ζήσωμεν ἐν αὐτῷ, πάντα ὑπέμεινεν.[22] **2** μιμηταὶ[23] οὖν γενώμεθα τῆς ὑπομονῆς αὐτοῦ, καὶ ἐὰν πάσχομεν διὰ τὸ ὄνομα αὐτοῦ, δοξάζωμεν αὐτόν. τοῦτον γὰρ ἡμῖν τὸν ὑπογραμμὸν[24] ἔθηκε δι᾿ ἑαυτοῦ, καὶ ἡμεῖς τοῦτο ἐπιστεύσαμεν.

---

[1] μεθοδεύω pres act subj 3s, pervert
[2] λόγιον, ου, τό, saying
[3] πρωτότοκος, ον, firstborn
[4] ἀπολείπω aor act ptcp m.p.nom., put aside, leave behind
[5] ψευδοδιδασκαλία, ας, ἡ, false teaching
[6] νήφω pres act ptcp m.p.nom., self-controlled
[7] εὐχή, ῆς, ἡ, prayer
[8] προσκαρτερέω pres act ptcp m.p.nom., continue in
[9] νηστεία, ας, ἡ, fast
[10] δέησις, εως, ἡ, prayer
[11] παντεπόπτης, ου, ὁ, one who is all-seeing
[12] εἰσφέρω aor act inf, bring in
[13] πειρασμός, ου, ὁ, temptation
[14] πρόθυμος, ον, willing
[15] ἀσθενής, ές, weak
[16] ἀδιαλείπτως, adv, constantly, unceasingly
[17] προσκαρτερέω pres act sub 1p, hold fast to, persevere in
[18] ἀρραβών, ῶνος, ὁ, pledge
[19] ἀναφέρω aor act ind 3s, take up
[20] ξύλον, ου, τό, tree
[21] δόλος, ου, ὁ, deceit, cunning
[22] ὑπομένω aor act ind 3s, endure
[23] μιμητής, οῦ, ὁ, imitator
[24] ὑπογραμμός, οῦ, ὁ, example

## ΠΟΛΥΚΑΡΠΟΥ ΕΠΙΣΤΟΛΗ ΠΡΟΣ ΦΙΛΙΠΠΗΣΙΟΥΣ

**9:1** Παρακαλῶ οὖν πάντας ὑμᾶς πειθαρχεῖν[1] τῷ λόγῳ τῆς δικαιοσύνης καὶ ἀσκεῖν[2] πᾶσαν ὑπομονήν, ἣν καὶ εἴδατε κατ' ὀφθαλμοὺς οὐ μόνον ἐν τοῖς μακαρίοις Ἰγνατίῳ[3] καὶ Ζωσίμῳ[4] καὶ Ῥούφῳ[5] ἀλλὰ καὶ ἐν ἄλλοις τοῖς ἐξ ὑμῶν καὶ ἐν αὐτῷ Παύλῳ καὶ τοῖς λοιποῖς ἀποστόλοις· **2** πεπεισμένους ὅτι οὗτοι πάντες οὐκ εἰς κενὸν[6] ἔδραμον[7] ἀλλ' ἐν πίστει καὶ δικαιοσύνῃ, καὶ ὅτι εἰς τὸν ὀφειλόμενον αὐτοῖς τόπον εἰσὶ παρὰ τῷ Κυρίῳ, ᾧ καὶ συνέπαθον.[8] οὐ γὰρ τὸν νῦν ἠγάπησαν αἰῶνα, ἀλλὰ τὸν ὑπὲρ ἡμῶν ἀποθανόντα καὶ δι' ἡμᾶς ὑπὸ τοῦ Θεοῦ ἀναστάντα...

... **13** Ἐγράψατέ μοι καὶ ὑμεῖς καὶ Ἰγνάτιος[9] ἵνα, ἐάν τις ἀπέρχηται εἰς Συρίαν,[10] καὶ τὰ παρ' ὑμῶν ἀποκομίσῃ[11] γράμματα· ὅπερ[12] ποιήσω, ἐὰν λάβω καιρὸν εὔθετον,[13] εἴτε ἐγὼ εἴτε ὃν πέμψω πρεσβεύσοντα[14] καὶ περὶ ὑμῶν. **2** τὰς ἐπιστολὰς Ἰγνατίου[15] τὰς πεμφθείσας ἡμῖν ὑπ' αὐτοῦ, καὶ ἄλλας ὅσας εἴχομεν παρ' ἡμῖν, ἐπέμψαμεν ὑμῖν, καθὼς ἐνετείλασθε·[16] αἵτινες ὑποτεταγμέναι εἰσὶν τῇ ἐπιστολῇ ταύτῃ· ἐξ ὧν μεγάλα ὠφεληθῆναι[17] δυνήσεσθε. περιέχουσι γὰρ πίστιν καὶ ὑπομονὴν καὶ πᾶσαν οἰκοδομὴν[18] τὴν εἰς τὸν Κύριον ἡμῶν ἀνήκουσαν.[19]

---

[1] πειθαρχέω pres act inf, obey
[2] ἀσκέω pres act inf, practice
[3] Ἰγνάτιος, ου, ὁ, Ignatius
[4] Ζώσιμος, ου, ὁ, Zosimus
[5] Ῥοῦφος, ου, ὁ, Rufus
[6] κενός, ή, όν, vain
[7] τρέχω aor act ind 3p, run
[8] συμπάσχω aor act ind 3p, suffer with
[9] Ἰγνάτιος, ου, ὁ, Ignatius
[10] Συρία, ας, ἡ, Syria
[11] ἀποκομίζω aor act sub 3s, take along
[12] ὅσπερ, ἥπερ, ὅπερ, this
[13] εὔθετος, ον, fit, suitable
[14] πρεσβεύω fut act ptcp m.s.acc., be an ambassador
[15] Ἰγνάτιος, ου, ὁ, Ignatius
[16] ἐντέλλω aor mid ind 2p, command, order
[17] περιέχω pres act ind 3p, contain
[18] οἰκοδομή, ῆς, ἡ, building
[19] ἀνήκω pres act ptcp f.s.acc., belong, pertain

# ΜΑΡΤΥΡΙΟΝ ΤΟΥ ΑΓΙΟΥ ΠΟΛΥΚΑΡΠΟΥ ΕΠΙΣΚΟΠΟΥ ΣΜΥΡΝΗΣ

Ἡ ἐκκλησία τοῦ θεοῦ ἡ παροικοῦσα[1] Σμύρναν[2] τῇ ἐκκλησίᾳ τοῦ θεοῦ τῇ παροικούσῃ[3] ἐν Φιλομηλίῳ[4] καὶ πάσαις ταῖς κατὰ πάντα τόπον τῆς ἁγίας καὶ καθολικῆς[5] ἐκκλησίας παροικίαις·[6] ἔλεος[7] εἰρήνη καὶ ἀγάπη θεοῦ πατρὸς καὶ κυρίου ἡμῶν Ἰησοῦ Χριστοῦ πληθυνθείη·[8]

**1:1** Ἐγράψαμεν ὑμῖν, ἀδελφοί, τὰ κατὰ τοὺς μαρτυρήσαντας καὶ τὸν μακάριον Πολύκαρπον,[9] ὅστις ὥσπερ ἐπισφραγίσας[10] διὰ τῆς μαρτυρίας αὐτοῦ κατέπαυσεν[11] τὸν διωγμόν.[12] σχεδὸν[13] γὰρ πάντα τὰ προάγοντα[14] ἐγένετο, ἵνα ἡμῖν ὁ κύριος ἄνωθεν[15] ἐπιδείξῃ[16] τὸ κατὰ τὸ εὐαγγέλιον μαρτύριον.[17] **2** περιέμενεν[18] γὰρ ἵνα παραδοθῇ, ὡς καὶ ὁ κύριος, ἵνα μιμηταὶ[19] καὶ ἡμεῖς αὐτοῦ γενώμεθα, μὴ μόνον σκοποῦντες[20] τὸ καθ' ἑαυτοὺς, ἀλλὰ

---

[1] παροικέω pres act ptcp f.s.nom., dwell as a foreigner, be a stranger
[2] Σμύρνα, ης, ἡ, Smyrna
[3] παροικέω pres act ptcp f.s.dat., inhabit a place as a foreigner, be a stranger
[4] Φιλομήλιον, ου, τό, Philomelium
[5] καθολικός, ή, όν, general, universal
[6] παροικία, ας, ἡ, sojourn
[7] ἔλεος, ους, τό, mercy
[8] πληθύνω aor pass opt 3s, increase, multiply
[9] Πολύκαρπος, ου, ὁ, Polycarp
[10] ἐπισφραγίζω aor act ptcp m.s.nom., seal, put a seal on
[11] καταπαύω aor act ind 3s, cease, rest, bring to an end
[12] διωγμός, οῦ, ὁ, persecution
[13] σχεδόν, adv, nearly, almost
[14] προάγω pres act ptcp n.p.nom., go before, precede
[15] ἄνωθεν, adv, from above
[16] ἐπιδείκνυμι aor act sub 3s, point out, demonstrate
[17] μαρτύριον, ου, τό, martyrdom
[18] περιμένω imp act ind 3s, wait for
[19] μιμητής, οῦ, ὁ, imitator
[20] σκοπέω pres act ptcp m.p.nom., pay careful attention to, look out for

## ΜΑΡΤΥΡΙΟΝ ΤΟΥ ΑΓΙΟΥ ΠΟΛΥΚΑΡΠΟΥ

καὶ τὸ κατὰ τοὺς πέλας.[1] ἀγάπης γὰρ ἀληθοῦς[2] καὶ βεβαίας[3] ἐστὶν, μὴ μόνον ἑαυτὸν θέλειν σῴζεσθαι, ἀλλὰ καὶ πάντας τοὺς ἀδελφούς.

**2:1** Μακάρια μὲν οὖν καὶ γενναῖα[4] τὰ μαρτύρια[5] πάντα τὰ κατὰ τὸ θέλημα τοῦ θεοῦ γεγονότα. δεῖ γὰρ εὐλαβεστέρους[6] ἡμᾶς ὑπάρχοντας τῷ θεῷ τὴν κατὰ πάντων ἐξουσίαν ἀνατιθέναι.[7] **2** τὸ γὰρ γενναῖον[8] αὐτῶν καὶ ὑπομονητικὸν[9] καὶ φιλοδέσποτον[10] τίς οὐκ ἂν θαυμάσειεν; οἳ μάστιξιν[11] μὲν καταξανθέντες,[12] ὥστε μέχρι[13] τῶν ἔσω[14] φλεβῶν[15] καὶ ἀρτηριῶν[16] τὴν τῆς σαρκὸς οἰκονομίαν[17] θεωρεῖσθαι, ὑπέμειναν,[18] ὡς καὶ τοὺς περιεστῶτας[19] ἐλεεῖν[20] καὶ ὀδύρεσθαι.[21] τοὺς δὲ καὶ εἰς τοσοῦτον[22] γενναιότητος[23] ἐλθεῖν, ὥστε μήτε γρύξαι[24] μήτε στενάξαι[25] τινὰ αὐτῶν, ἐπιδεικνυμένους,[26] ἅπασιν ἡμῖν, ὅτι ἐκείνῃ τῇ ὥρᾳ

---

[1] πέλας, adv, near
[2] ἀληθής, ές, true
[3] βέβαιος, α, ον, reliable, unshifting, steadfast
[4] γενναῖος, α, ον, noble
[5] μαρτύριον, ου, τό, martyrdom
[6] εὐλαβής, ές, devout, god-fearing
[7] ἀνατίθημι pres act inf, ascribe, attribute
[8] γενναῖος, α, ον, noble
[9] ὑπομονητικός, ή, όν, patient, showing endurance
[10] φιλοδέσποτος, ον, loving one's master
[11] μάστιξ, ιγος, ἡ, whip, lash
[12] καταξαίνω aor pass ptcp m.p.nom., tear to shreds
[13] μέχρι, adv, until
[14] ἔσω, adv, inside
[15] φλέψ, φλεβός, ἡ, vein
[16] ἀρτηρία, ας, ἡ, artery
[17] οἰκονομία, ας, ἡ, structure, arrangement
[18] ὑπομένω aor act ind 3p, endure, remain
[19] περιίστημι perf act ptcp m.p.acc., stand around
[20] ἐλεέω pres act inf, have mercy, pity
[21] ὀδύρομαι pres mid/pass inf, mourn, lament
[22] τοσοῦτος, αύτη, οῦτον, so great, so many
[23] γενναιότης, ητος, ἡ, nobility, bravery
[24] γρύζω aor act inf, mutter, complain
[25] στενάζω aor act inf, sigh, groan
[26] ἐπιδείκνυμι pres mid/pass ptcp m.p.acc. point out, demonstrate

## ΜΑΡΤΥΡΙΟΝ ΤΟΥ ΑΓΙΟΥ ΠΟΛΥΚΑΡΠΟΥ

βασανιζόμενοι[1] τῆς σαρκὸς ἀπεδήμουν[2] οἱ γενναιότατοι[3] μάρτυρες τοῦ Χριστοῦ, μᾶλλον δέ, ὅτι παρεστὼς ὁ κύριος ὡμίλει[4] αὐτοῖς. 3 καὶ προσέχοντες[5] τῇ τοῦ Χριστοῦ χάριτι τῶν κοσμικῶν[6] κατεφρόνουν[7] βασάνων,[8] διὰ μιᾶς ὥρας τὴν αἰώνιον ζωὴν ἐξαγοραζόμενοι.[9] καὶ τὸ πῦρ ἦν αὐτοῖς ψυχρὸν[10] τὸ τῶν ἀπηνῶν[11] βασανιστῶν.[12] πρὸ ὀφθαλμῶν γὰρ εἶχον φυγεῖν[13] τὸ αἰώνιον καὶ μηδέποτε[14] σβεννύμενον,[15] καὶ τοῖς τῆς καρδίας ὀφθαλμοῖς ἀνέβλεπον[16] τὰ τηρούμενα τοῖς ὑπομείνασιν[17] ἀγαθά, ἃ οὔτε οὖς ἤκουσεν οὔτε ὀφθαλμὸς εἶδεν οὔτε ἐπὶ καρδίαν ἀνθρώπου ἀνέβη, ἐκείνοις δὲ ὑπεδείκνυτο[18] ὑπὸ τοῦ κυρίου, οἵπερ[19] μηκέτι[20] ἄνθρωποι, ἀλλ' ἤδη ἄγγελοι ἦσαν.

**4** ὁμοίως[21] δὲ καὶ οἱ εἰς τὰ θηρία κατακριθέντες,[22] ὑπέμειναν[23] δεινὰς[24] κολάσεις,[25] κήρυκας[26] ὑποστρωννύμενοι[27] καὶ ἄλλαις

---

[1] βασανίζω pres mid/pass ptcp m.p.nom., torture
[2] ἀποδημέω imp act ind 3p, absent
[3] γενναιότης, ητος, ἡ, nobility, bravery
[4] ὁμιλέω imp act ind 3s, converse, address
[5] προσέχω pres act ptcp m.p.nom., pay attention to, devote oneself to
[6] κοσμικός, ή, όν, wordily
[7] καταφρονέω imp act ind 3p, look down upon, despise
[8] βάσανος, ου, ἡ, torture
[9] ἐξαγοράζω pres mid/pass ptcp m.p.nom., deliver, liberate
[10] ψυχρός, ά, όν, cold (lit.), without enthusiasm
[11] ἀπηνής, ής, ές, rough, wild
[12] βασανιστής, οῦ, ὁ, oppressive jailer, torturer
[13] φεύγω aor act inf, flee, escape
[14] μηδέποτε, adv, never
[15] σβέννυμι pres mid/pass ptcp n.s.acc., quench, extinguish
[16] ἀναβλέπω imp act ind 3p, look upon, regain sight
[17] ὑπομένω aor act ptcp m.p.dat., endure, remain
[18] ὑποδείκνυμι imp act ind 3s, point out, show
[19] ὅς, ἥ, ὅ, who, which, what
[20] μηκέτι, adv, no longer
[21] ὁμοίως, adv, likewise
[22] κατακρίνω aor pass ptcp m.p.nom., pronounce a sentence, condemn
[23] ὑπομένω aor act ind 3p, endure, remain
[24] δεινός, ή, όν, fearful, terrible
[25] κόλασις, εως, ἡ, punishment
[26] κῆρυξ, υκος, ὁ, trumpet shell
[27] ὑποστρωννύω/ὑποστρώννυμι pres mid/pass ptcp m.p.nom., spread out underneath

## ΜΑΡΤΥΡΙΟΝ ΤΟΥ ΑΓΙΟΥ ΠΟΛΥΚΑΡΠΟΥ

ποικίλων¹ βασάνων² ἰδέαις³ κολαζόμενοι,⁴ ἵνα, εἰ δυνηθείη, διὰ τῆς ἐπιμόνου⁵ κολάσεως⁶ εἰς ἄρνησιν⁷ αὐτοὺς τρέψῃ.⁸ πολλὰ γὰρ ἐμηχανᾶτο⁹ κατ' αὐτῶν ὁ διάβολος.

**3:1** Ἀλλὰ χάρις τῷ θεῷ κατὰ πάντων γὰρ οὐκ ἴσχυσεν.¹⁰ ὁ γὰρ γενναιότατος¹¹ Γερμανικὸς¹² ἐπερρώννυεν¹³ αὐτῶν τὴν δειλίαν¹⁴ διὰ τῆς ἐν αὐτῷ ὑπομονῆς· ὃς καὶ ἐπισήμως¹⁵ ἐθηριομάχησεν.¹⁶ βουλομένου γὰρ τοῦ ἀνθυπάτου¹⁷ πείθειν αὐτὸν καὶ λέγοντος, τὴν ἡλικίαν¹⁸ αὐτοῦ κατοικτεῖραι,¹⁹ ἑαυτῷ ἐπεσπάσατο²⁰ τὸ θηρίον προσβιασάμενος,²¹ τάχιον²² τοῦ ἀδίκου²³ καὶ ἀνόμου²⁴ βίου²⁵ αὐτῶν ἀπαλλαγῆναι²⁶ βουλόμενος. **2** ἐκ τούτου οὖν πᾶν τὸ πλῆθος, θαυμάσαν τὴν γενναιότητα²⁷ τοῦ θεοφιλοῦς²⁸ καὶ θεοσεβοῦς γένους²⁹ τῶν Χριστιανῶν,³⁰ ἐπεβόησεν·³¹ Αἶρε τοὺς ἀθέους·³² ζητείσθω Πολύκαρπος.³³

---

¹ ποικίλος, η, ον, diverse, variegated
² βάσανος, ου, ἡ, torture
³ ἰδέα, ας, ἡ, appearance
⁴ κολάζω pres mid/pass ptcp m.p.nom., penalize, punish
⁵ ἐπίμονος, ον, continuous
⁶ κόλασις, εως, ἡ, punishment
⁷ ἄρνησις, εως, ἡ, rejection, denial
⁸ τρέπω aor act sub 3s, turn
⁹ μηχανάομαι imp mid/pass ind 3s, devise, contrive
¹⁰ ἰσχύω aor act ind 3s, be able, be strong
¹¹ γενναῖος, α, ον, noble
¹² Γερμανικός, οῦ, ὁ, Germanicus
¹³ ἐπιρρώννυμι imp act ind 3s, strengthen, encourage
¹⁴ δειλία, ας, ἡ, cowardice
¹⁵ ἐπισήμως, adv, in an outstanding manner
¹⁶ θηριομαχέω aor act ind 3s, fight with animals
¹⁷ ἀνθύπατος, ου, ὁ, procounsul
¹⁸ ἡλικία, ας, ἡ, age, time of life
¹⁹ κατοικτίρω pres act inf, have mercy
²⁰ ἐπισπάω aor mid ind 3s, draw to oneself
²¹ προσβιάζομαι aor mid ptcp m.s.nom., compel, use force
²² ταχέως, adv, quickly
²³ ἄδικος, ον, unjust
²⁴ ἄνομος, ον, lawless
²⁵ βίος, ου, ὁ, life
²⁶ ἀπαλλάσσω aor pass inf, free, release
²⁷ γενναιότης, ητος, ἡ, nobility, bravery
²⁸ θεοφιλής, ές, loving God
²⁹ γένος, ους, τό, nation, race
³⁰ Χριστιανός, οῦ, ὁ, Christian
³¹ ἐπιβοάω aor act ind 3s, cry out loudly
³² ἄθεος, ον, without God, athiest
³³ Πολύκαρπος, ου, ὁ, Polycarp

## ΜΑΡΤΥΡΙΟΝ ΤΟΥ ΑΓΙΟΥ ΠΟΛΥΚΑΡΠΟΥ

**4:1** Εἷς δέ, ὀνόματι Κόϊντος,¹ Φρύξ² προσφάτως³ ἐληλυθὼς ἀπὸ τῆς Φρυγίας,⁴ ἰδὼν τὰ θηρία ἐδειλίασεν.⁵ οὗτος δὲ ἦν ὁ παραβιασάμενος⁶ ἑαυτόν τε καί τινας προσελθεῖν ἑκόντας.⁷ τοῦτον ὁ ἀνθύπατος⁸ πολλὰ ἐκλιπαρήσας⁹ ἔπεισεν ὀμόσαι¹⁰ καὶ ἐπιθῦσαι.¹¹ διὰ τοῦτο οὖν, ἀδελφοί, οὐκ ἐπαινοῦμεν¹² τοὺς προδιδόντας¹³ ἑαυτούς, ἐπειδὴ¹⁴ οὐχ οὕτως διδάσκει τὸ εὐαγγέλιον.

**5:1** Ὁ δὲ θαυμασιώτατος¹⁵ Πολύκαρπος¹⁶ τὸ μὲν πρῶτον ἀκούσας οὐκ ἐταράχθη,¹⁷ ἀλλ' ἐβούλετο κατὰ πόλιν μένειν· οἱ δὲ πλείους ἔπειθον αὐτὸν ὑπεξελθεῖν.¹⁸ καὶ ὑπεξῆλθεν¹⁹ εἰς ἀγρίδιον²⁰ οὐ μακρὰν²¹ ἀπέχον²² ἀπὸ τῆς πόλεως καὶ διέτριβεν²³ μετ' ὀλίγων, νύκτα καὶ ἡμέραν οὐδὲν ἕτερον ποιῶν ἢ προσευχόμενος περὶ πάντων καὶ τῶν κατὰ τὴν οἰκουμένην²⁴ ἐκκλησιῶν, ὅπερ²⁵ ἦν σύνηθες²⁶ αὐτῷ. **2** καὶ προσευχόμενος ἐν

---

¹ Κόϊντος, ου, ὁ, Quintus
² Φρύξ, γός, ὁ, Phrygian
³ προσφάτως, adv, recently
⁴ Φρυγία, ας, ἡ, Phrygia
⁵ δειλιάω aor act ind 3s, be cowardly, be fearful
⁶ παραβιάζομαι aor mid ptcp m.s.nom., urge strongly, prevail upon
⁷ ἑκών, οῦσα, όν, willingly, gladly
⁸ ἀνθύπατος, ου, ὁ, proconsul
⁹ ἐκλιπαρέω aor act ptcp m.s.nom., beg, entreat
¹⁰ ὀμνύω aor act inf, swear, take an oath
¹¹ ἐπιθύω aor act inf, offer a sacrifice
¹² ἐπαινέω pres act ind 1p, praise
¹³ προδίδωμι pres act ptcp m.p.acc., hand over, betray
¹⁴ ἐπειδή, conj, since, because
¹⁵ θαυμάσιος, α, ον, wonderful, remarkable
¹⁶ Πολύκαρπος, ου, ὁ, Polycarp
¹⁷ ταράσσω aor pass ind 3s, inward turmoil, disturb
¹⁸ ὑπεξέρχομαι aor act inf, go out quietly, go out secretly
¹⁹ ὑπεξέρχομαι aor act ind 3s, go out quietly, go out secretly
²⁰ ἀγρίδιον, ου, τό, little farm, country house
²¹ μακράν, adv, far away
²² ἀπέχω pres act ptcp n.s.acc., distant
²³ διατρίβω imp act ind 3s, spend time
²⁴ οἰκουμένη, ης, ἡ, inhabited earth, the world
²⁵ ὅσπερ, ἥπερ, ὅπερ, who indeed
²⁶ συνήθης, ες, habitual, customary

## ΜΑΡΤΥΡΙΟΝ ΤΟΥ ΑΓΙΟΥ ΠΟΛΥΚΑΡΠΟΥ

ὀπτασίᾳ[1] γέγονεν πρὸ τριῶν ἡμερῶν τοῦ συλληφθῆναι[2] αὐτόν, καὶ εἶδεν τὸ προσκεφάλαιον[3] αὐτοῦ ὑπὸ πυρὸς κατακαιόμενον·[4] καὶ στραφεὶς[5] εἶπεν πρὸς τοὺς σὺν αὐτῷ Δεῖ με ζῶντα καῆναι.[6]

**6:1** Καὶ ἐπιμενόντων[7] τῶν ζητούντων αὐτόν μετέβη·[8] εἰς ἕτερον ἀγρίδιον,[9] καὶ μὴ εὑρόντες συνελάβοντο[10] παιδάρια[11] δύο, ὧν τὸ ἕτερον βασανιζόμενον[12] ὡμολόγησεν.[13] **2** ἦν γὰρ καὶ ἀδύνατον[14] λαθεῖν[15] αὐτόν, ἐπεὶ[16] καὶ οἱ προδιδόντες[17] αὐτὸν οἰκεῖοι[18] ὑπῆρχον, καὶ ὁ εἰρήναρχος,[19] ὁ κεκληρωμένος[20] τὸ αὐτὸ ὄνομα, Ἡρῴδης ἐπιλεγόμενος,[21] ἔσπευδεν[22] εἰς τὸ στάδιον[23] αὐτὸν εἰσαγαγεῖν,[24] ἵνα ἐκεῖνος μὲν τὸν ἴδιον κλῆρον[25] ἀπαρτίσῃ[26] Χριστοῦ κοινωνὸς[27] γενόμενος, οἱ δὲ προδόντες[28] αὐτὸν τὴν

---

[1] ὀπτασία, ας, ἡ, vision, trance
[2] συλλαμβάνω aor pass inf, seize, grasp, apprehend
[3] προσκεφάλαιον, ου, τό, pillow, cushion
[4] κατακαίω pres mid/pass ptcp n.s.acc., consume, burn up
[5] στρέφω aor pass ptcp m.s.nom., turn around
[6] καίω aor pass inf, burn, light
[7] ἐπιμένω pres act ptcp m.p.gen., continue, persevere
[8] μεταβαίνω aor act ind 3s, go/pass over
[9] ἀγρίδιον, ου, τό, little farm, country
[10] συλλαμβάνω aor mid ind 3p, seize, grasp, apprehend
[11] παιδάριον, ου, τό, young slave
[12] βασανίζω pres mid/pass ptcp n.s.acc., torture
[13] ὁμολογέω aor act ind 3s, confess, admit
[14] ἀδύνατος, ον, impossible
[15] λανθάνω aor act inf, be hidden, escape notice
[16] ἐπεί, conj, because, since
[17] προδίδωμι pres act ptcp m.p.nom., betray
[18] οἰκεῖος, (α), ον, members of a household
[19] εἰρήναρχος, ου, ὁ, chief of police, police captain
[20] κληρόω perf mid/pass ptcp m.s.nom., obtain by lot
[21] ἐπιλέγω pres mid/pass ptcp m.s.nom., call/name (in addition)
[22] σπεύδω imp act ind 3s, hurry, hasten
[23] στάδιον, ου, τό, stadium, arena
[24] εἰσάγω aor act inf, bring or lead into
[25] κλῆρος, ου, ὁ, lot, destiny
[26] ἀπαρτίζω aor act sub 3s, finish, complete
[27] κοινωνός, οῦ, ὁ, companion, sharer
[28] προδίδωμι aor act ptcp m.p.nom., betray

## ΜΑΡΤΥΡΙΟΝ ΤΟΥ ΑΓΙΟΥ ΠΟΛΥΚΑΡΠΟΥ

αὐτοῦ τοῦ Ἰούδα[1] ὑπόσχοιεν[2] τιμωρίαν.[3]

**7:1** Ἔχοντες οὖν τὸ παιδάριον,[4] τῇ παρασκευῇ[5] περὶ δείπνου[6] ὥραν ἐξῆλθον διωγμῖται[7] καὶ ἱππεῖς[8] μετὰ τῶν συνήθων[9] αὐτοῖς ὅπλων[10] ὡς ἐπὶ λῃστὴν[11] τρέχοντες.[12] καὶ ὀψὲ[13] τῆς ὥρας συνεπελθόντες[14] ἐκεῖνον μὲν εὗρον ἐν ὑπερῴῳ[15] κατακείμενον· κἀκεῖθεν[16] δὲ ἠδύνατο εἰς ἕτερον χωρίον[17] ἀπελθεῖν, ἀλλ' οὐκ ἠβουλήθη εἰπών· Τὸ θέλημα τοῦ θεοῦ γενέσθω. **2** ἀκούσας οὖν παρόντας[18] αὐτούς, καταβὰς διελέχθη[19] αὐτοῖς, θαυμαζόντων τῶν παρόντων[20] τὴν ἡλικίαν[21] αὐτοῦ καὶ τὸ εὐσταθές,[22] καὶ εἰ τοσαύτη[23] σπουδὴ[24] ἦν τοῦ συλληφθῆναι[25] τοιοῦτον πρεσβύτην[26] ἄνδρα. εὐθέως οὖν αὐτοῖς ἐκέλευσεν[27] παρατεθῆναι[28] φαγεῖν καὶ πιεῖν ἐν ἐκείνῃ τῇ ὥρᾳ, ὅσον ἂν βούλωνται, ἐξῃτήσατο[29] δὲ

---

[1] Ἰούδας, α, ὁ, Judas
[2] ὑπέχω aor act opt 3p, undergo punishment
[3] τιμωρία, ας, ἡ, punishment
[4] παιδάριον, ου, τό, young slave
[5] παρασκευή, ῆς, ἡ, Friday (day of preparation)
[6] δεῖπνον, ου, τό, dinner
[7] διωγμίτης, ου, ὁ, detective, (mounted) security officer
[8] ἱππεύς, έως, ὁ, horse rider
[9] συνήθης, ες, usual, customary
[10] ὅπλον, ου, τό, weapon
[11] λῃστής, οῦ, ὁ, robber, bandit
[12] τρέχω pres act ptcp m.p.nom., run, advance
[13] ὀψέ, adv, late
[14] συνεπέρχομαι aor act ptcp m.p.nom., come together against, attack together
[15] ὑπερῷος, (α), ον, upstairs, in the upper story under the roof
[16] κἀκεῖθεν, adv, from there
[17] χωρίον, ου, τό, place, piece of land
[18] πάρειμι pres act ptcp m.p.acc., present
[19] διαλέγομαι aor pass ind 3s, converse, discuss
[20] πάρειμι pres act ptcp m.p.gen., present
[21] ἡλικία, ας, ἡ, age, time of life
[22] εὐσταθής, ές, composure, calm
[23] τοσοῦτος, αύτη, οῦτον, so great, to such extent
[24] σπουδή, ῆς, ἡ, eagerness, diligence, zeal
[25] συλλαμβάνω aor pass inf, sieze, apprehend
[26] πρεσβύτης, ου, ὁ, old man, aged man
[27] κελεύω aor act ind 3s, command, urge
[28] παρατίθημι aor pass inf, set before
[29] ἐξαιτέω aor mid ind 3s, ask

## ΜΑΡΤΥΡΙΟΝ ΤΟΥ ΑΓΙΟΥ ΠΟΛΥΚΑΡΠΟΥ

αὐτούς, ἵνα δῶσιν αὐτῷ ὥραν πρὸς τὸ προσεύξασθαι ἀδεῶς.[1] 3 τῶν δὲ ἐπιτρεψάντων,[2] σταθεὶς προσηύξατο πλήρης[3] ὢν τῆς χάριτος τοῦ θεοῦ οὕτως ὥστε ἐπὶ δύο ὥρας μὴ δύνασθαι σιγῆσαι[4] καὶ ἐκπλήττεσθαι[5] τοὺς ἀκούοντας, πολλούς τε μετανοεῖν ἐπὶ τῷ ἐληλυθέναι ἐπὶ τοιοῦτον θεοπρεπῆ[6] πρεσβύτην.[7]

8:1 Ἐπεὶ[8] δέ ποτε[9] κατέπαυσεν[10] τὴν προσευχήν, μνημονεύσας[11] ἁπάντων καὶ τῶν πώποτε[12] συμβεβληκότων[13] αὐτῷ, μικρῶν τε καὶ μεγάλων, ἐνδόξων[14] τε καὶ ἀδόξων[15] καὶ πάσης τῆς κατὰ τὴν οἰκουμένην[16] καθολικῆς[17] ἐκκλησίας, τῆς ὥρας ἐλθούσης τοῦ ἐξιέναι,[18] ὄνῳ[19] καθίσαντες αὐτὸν ἤγαγον εἰς τὴν πόλιν, ὄντος σαββάτου μεγάλου. 2 καὶ ὑπήντα[20] αὐτῷ ὁ εἰρήναρχος[21] Ἡρώδης καὶ ὁ πατὴρ αὐτοῦ Νικήτης,[22] οἳ καὶ μεταθέντες[23] αὐτὸν ἐπὶ τὴν καροῦχαν[24] ἔπειθον

---

[1] ἀδεῶς, adv, without disturbance
[2] ἐπιτρέπω aor act ptcp m.p.gen., allow, permit
[3] πλήρης, ες, full, filled
[4] σιγάω aor act inf, stop speaking, become silent
[5] ἐκπλήσσω pres mid/pass inf, amaze, astound
[6] θεοπρεπής, ές, worthy of God, godly
[7] πρεσβύτης, ου, ὁ, old man, aged man
[8] ἐπεί, conj, because, since
[9] ποτέ, adv, at some time
[10] καταπαύω aor act ind 3s, cease, bring to an end
[11] μνημονεύω aor act ptcp m.s.nom., remember, think of
[12] πώποτε, adv, ever, at any time
[13] συμβάλλω perf act ptcp m.p.gen., meet
[14] ἔνδοξος, ον, honored, distinguished
[15] ἄδοξος, ον, without reputation, obscure
[16] οἰκουμένη, ης, ἡ, inhabited earth, world
[17] καθολικός, ή, όν, general, universal
[18] ἔξειμι pres act inf, depart, go away
[19] ὄνος, ου, ὁ, (domesticated) ass, donkey
[20] ὑπαντάω imp act ind 3s, meet
[21] εἰρήναρχος, ου, ὁ, chief of police, police captain
[22] Νικήτης, ου, Nicetes
[23] μετατίθημι aor act ptcp m.p.nom., put in another place, transfer
[24] καροῦχα, ας, ἡ, carriage

## ΜΑΡΤΥΡΙΟΝ ΤΟΥ ΑΓΙΟΥ ΠΟΛΥΚΑΡΠΟΥ

παρακαθεζόμενοι[1] καὶ λέγοντες· Τί γὰρ κακόν ἐστιν εἰπεῖν· Κύριος καῖσαρ,[2] καὶ ἐπιθῦσαι[3] καὶ τὰ τούτοις ἀκόλουθα[4] καὶ διασώζεσθαι;[5] ὁ δὲ τὰ μὲν πρῶτα οὐκ ἀπεκρίνατο αὐτοῖς, ἐπιμενόντων[6] δὲ αὐτῶν ἔφη· Οὐ μέλλω ποιεῖν, ὃ συμβουλεύετέ[7] μοι. 3 οἱ δέ ἀποτυχόντες[8] τοῦ πεῖσαι αὐτόν δεινὰ[9] ῥήματα ἔλεγον αὐτῷ καὶ μετὰ σπουδῆς[10] καθῄρουν[11] αὐτόν, ὡς κατιόντα[12] ἀπὸ τῆς καρούχας[13] ἀποσῦραι[14] τὸ ἀντικνήμιον.[15] καὶ μὴ ἐπιστραφείς, ὡς οὐδὲν πεπονθώς προθύμως[16] μετὰ σπουδῆς[17] ἐπορεύετο, ἀγόμενος εἰς τὸ στάδιον,[18] θορύβου[19] τηλικούτου[20] ὄντος ἐν τῷ σταδίῳ,[21] ὡς μηδὲ ἀκουσθῆναί τινα δύνασθαι.

9:1 Τῷ δὲ Πολυκάρπῳ[22] εἰσιόντι[23] εἰς τὸ στάδιον[24] φωνὴ ἐξ οὐρανοῦ ἐγένετο· Ἴσχυε,[25] Πολύκαρπε,[26] καὶ ἀνδρίζου.[27] καὶ τὸν μὲν εἰπόντα οὐδεὶς εἶδεν, τὴν δὲ φωνὴν τῶν ἡμετέρων[28] οἱ

---

[1] παρακαθέζομαι pres mid/pass ptcp m.p.nom., set aside
[2] καῖσαρ, αρος, ὁ, Caesar
[3] ἐπιθύω aor act inf, offer a sacrifice
[4] ἀκόλουθος, ον, following (sequence)
[5] διασώζω pres mid/pass inf, bring safely through, rescuer
[6] ἐπιμένω pres act ptcp m.p.gen., stay, remain, persist
[7] συμβουλεύω pres act ind 2p, advise
[8] ἀποτυγχάνω aor act ptcp m.p.nom., fail
[9] δεινός, ή, όν, fearful, terrible
[10] σπουδή, ῆς, ἡ, haste, speed
[11] καθαιρέω imp act ind 3p, take down, bring down, lower
[12] κάτειμι pres act ptcp m.s.acc., come down, get down
[13] καροῦχα, ας, ἡ, carriage
[14] ἀποσύρω aor act inf, tear away, scrape off
[15] ἀντικνήμιον, ου, τό, shin
[16] προθύμως, adv, willingly, freely
[17] σπουδή, ῆς, ἡ, haste, speed
[18] στάδιον, ου, τό, stadium, arena
[19] θόρυβος, ου, ὁ, noise, clamor, confusion
[20] τηλικοῦτος, αύτη, οῦτο, so great, important
[21] στάδιον, ου, τό, stadium, arena
[22] Πολύκαρπος, ου, ὁ, Polycarp
[23] εἴσειμι pres act ptcp m.s.dat., go into
[24] στάδιον, ου, τό, stadium, arena
[25] ἰσχύω pres act impv 2s, have power, be mighty
[26] Πολύκαρπος, ου, ὁ, Polycarp
[27] ἀνδρίζομαι pres mid/pass impv 2s, conduct oneself courageously
[28] ἡμέτερος, α, ον, our

## ΜΑΡΤΥΡΙΟΝ ΤΟΥ ΑΓΙΟΥ ΠΟΛΥΚΑΡΠΟΥ

παρόντες[1] ἤκουσαν. καὶ λοιπὸν προσαχθέντος[2] αὐτοῦ, θόρυβος[3] ἦν μέγας ἀκουσάντων, ὅτι Πολύκαρπος[4] συνείληπται.[5] **2** προσαχθέντα[6] οὖν αὐτὸν ἀνηρώτα[7] ὁ ἀνθύπατος,[8] εἰ αὐτὸς εἴη· Πολύκαρπος.[9] τοῦ δὲ ὁμολογοῦντος,[10] ἔπειθεν ἀρνεῖσθαι λέγων· Αἰδέσθητί[11] σου τὴν ἡλικίαν,[12] καὶ ἕτερα τούτοις ἀκόλουθα,[13] ὡς ἔθος[14] αὐτοῖς λέγειν· Ὄμοσον[15] τὴν Καίσαρος[16] τύχην,[17] μετανόησον, εἰπόν· Αἶρε τοὺς ἀθέους.[18] ὁ δὲ Πολύκαρπος[19] ἐμβριθεῖ[20] τῷ προσώπῳ εἰς πάντα τὸν ὄχλον τὸν ἐν τῷ σταδίῳ[21] ἀνόμων[22] ἐθνῶν ἐμβλέψας[23] καὶ ἐπισείσας[24] αὐτοῖς τὴν χεῖρα, στενάξας[25] τε καὶ ἀναβλέψας[26] εἰς τὸν οὐρανὸν εἶπεν· Αἶρε τοὺς ἀθέους.[27] **3** ἐγκειμένου[28] δὲ τοῦ ἀνθυπάτου[29] καὶ λέγοντος· Ὄμοσον,[30] καὶ ἀπολύω σε, λοιδόρησον[31] τὸν Χριστόν, ἔφη·

---

[1] πάρειμι pres act ptcp m.p.nom., present
[2] προσάγω aor pass ptcp m.s.gen., bring (forward)
[3] θόρυβος, ου, ὁ, noise, clamor, confusion
[4] Πολύκαρπος, ου, ὁ, Polycarp
[5] συλλαμβάνω perf mid/pass ind 3s, seize, grasp, apprehend
[6] προσάγω aor pass ptcp m.s.acc., bring (forward)
[7] ἀνερωτάω aor act ind 3s, ask
[8] ἀνθύπατος, ου, ὁ, proconsul
[9] Πολύκαρπος, ου, ὁ, Polycarp
[10] ὁμολογέω pres act ptcp m.s.gen., admit, confess
[11] αἰδέομαι aor pass impv 2s, respect
[12] ἡλικία, ας, ἡ, age, time of life
[13] ἀκόλουθος, ον, following (sequence)
[14] ἔθος, ους, τό, habit, usage
[15] ὀμνύω aor act impv 2s, swear, take an oath
[16] Καῖσαρ, αρος, ὁ, caesar
[17] τύχη, ης, ἡ, fortune
[18] ἄθεος, ον, without God, athiest
[19] Πολύκαρπος, ου, ὁ, Polycarp
[20] ἐμβριθής, ές, dignified, serious
[21] στάδιον, ου, τό, stadium, arena
[22] ἄνομος, ον, lawless
[23] ἐμβλέπω aor act ptcp m.s.nom., look at, gaze on
[24] ἐπισείω aor act ptcp m.s.nom., shake at/against
[25] στενάζω aor act ptcp m.s.nom., sigh, groan
[26] ἀναβλέπω aor act ptcp m.s.nom., look up
[27] ἄθεος, ον, without God, atheist
[28] ἔγκειμαι pres mid/pass ptcp m.s.gen., insist, warn urgently
[29] ἀνθύπατος, ου, ὁ, proconsul
[30] ὀμνύω aor act impv 2s, swear, take an oath
[31] λοιδορέω aor act impv 2s, revile, abuse

## ΜΑΡΤΥΡΙΟΝ ΤΟΥ ΑΓΙΟΥ ΠΟΛΥΚΑΡΠΟΥ

ὁ Πολύκαρπος·[1] Ὀγδοήκοντα[2] καὶ ἓξ[3] ἔτη δουλεύω[4] αὐτῷ, καὶ οὐδέν με ἠδίκησεν·[5] καὶ πῶς δύναμαι βλασφημῆσαι τὸν βασιλέα μου τὸν σώσαντά με;

**10:1** Ἐπιμένοντος[6] δὲ πάλιν αὐτοῦ καὶ λέγοντος· Ὄμοσον[7] τὴν Καίσαρος[8] τύχην,[9] ἀπεκρίνατο· Εἰ κενοδοξεῖς,[10] ἵνα ὀμόσω[11] τὴν καίσαρος[12] τύχην,[13] ὡς σὺ λέγεις, προσποιεῖ[14] δὲ ἀγνοεῖν[15] με, τίς εἰμι, μετὰ παρρησίας ἄκουε· Χριστιανός[16] εἰμι. εἰ δὲ θέλεις τὸν τοῦ Χριστιανισμοῦ[17] μαθεῖν[18] λόγον, δὸς ἡμέραν καὶ ἄκουσον. **2** ἔφη· ὁ ἀνθύπατος·[19] Πεῖσον τὸν δῆμον.[20] ὁ δὲ Πολύκαρπος[21] εἶπεν· Σὲ μὲν κἂν λόγου ἠξίωσα·[22] δεδιδάγμεθα γὰρ ἀρχαῖς καὶ ἐξουσίαις ὑπὸ θεοῦ τεταγμέναις[23] τιμὴν κατὰ τὸ προσῆκον,[24] τὴν μὴ βλάπτουσαν[25] ἡμᾶς, ἀπονέμειν·[26] ἐκείνους δὲ οὐκ ἀξίους ἡγοῦμαι[27] τοῦ ἀπολογεῖσθαι[28] αὐτοῖς.

---

[1] Πολύκαρπος, ου, ὁ, Polycarp
[2] ὀγδοήκοντα, eighty
[3] ἕξ, six
[4] δουλεύω pres act ind 1s, serve, obey
[5] ἀδικέω aor act ind 3s, do wrong
[6] ἐπιμένω pres act ptcp m.s.gen., continue, persist
[7] ὀμνύω aor act impv 2s, swear, take an oath
[8] Καῖσαρ, αρος, ὁ, caesar
[9] τύχη, ης, ἡ, fortune
[10] κενοδοξέω pres act ind 2s, vainly imagine
[11] ὀμνύω aor act sub 1s, swear, take an oath
[12] Καῖσαρ, αρος, ὁ, caesar
[13] τύχη, ης, ἡ, fortune
[14] προσποιέω pres act ind 3s, pretend
[15] ἀγνοέω pres act inf, not know, be ignorant (of)
[16] Χριστιανός, οῦ, ὁ, Christian
[17] Χριστιανισμός, οῦ, ὁ, Christianity
[18] μανθάνω aor act inf, learn
[19] ἀνθύπατος, ου, ὁ, proconsul
[20] δῆμος, ου, ὁ, people, crowd
[21] Πολύκαρπος, ου, ὁ, Polycarp
[22] ἀξιόω aor act ind 1s, consider worthy, deserving
[23] τάσσω perf mid/pass ptcp f.p.dat., arrange, put in place
[24] προσήκω pres act ptcp n.s.acc., suitable, proper
[25] βλάπτω pres act ptcp f.s.acc., harm, injure
[26] ἀπονέμω pres act inf, assign, show
[27] ἡγέομαι pres mid/pass ind 1s, lead, guide
[28] ἀπολογέομαι pres mid/pass inf, defend oneself

# ΜΑΡΤΥΡΙΟΝ ΤΟΥ ΑΓΙΟΥ ΠΟΛΥΚΑΡΠΟΥ

**11:1** Ὁ δὲ ἀνθύπατος[1] εἶπεν· Θηρία ἔχω, τούτοις σε παραβαλῶ,[2] ἐὰν μὴ μετανοήσῃς. ὁ δὲ εἶπεν· Κάλει· ἀμετάθετος[3] γὰρ ἡμῖν ἡ ἀπὸ τῶν κρειττόνων[4] ἐπὶ τὰ χείρω[5] μετάνοια·[6] καλὸν δὲ μετατίθεσθαι[7] ἀπὸ τῶν χαλεπῶν[8] ἐπὶ τὰ δίκαια. **2** ὁ δὲ πάλιν πρὸς αὐτόν· Πυρί σε ποιήσω δαπανηθῆναι,[9] εἰ τῶν θηρίων καταφρονεῖς,[10] ἐὰν μὴ μετανοήσῃς. ὁ δὲ Πολύκαρπος[11] εἶπεν· Πῦρ ἀπειλεῖς[12] τὸ πρὸς ὥραν καιόμενον[13] καὶ μετ' ὀλίγον σβεννύμενον·[14] ἀγνοεῖς[15] γὰρ τὸ τῆς μελλούσης κρίσεως καὶ αἰωνίου κολάσεως[16] τοῖς ἀσεβέσι[17] τηρούμενον πῦρ. ἀλλὰ τί βραδύνεις;[18] φέρε, ὃ βούλει.

**12:1** Ταῦτα δὲ καὶ ἕτερα πλείονα λέγων θάρσους[19] καὶ χαρᾶς ἐνεπίμπλατο,[20] καὶ τὸ πρόσωπον αὐτοῦ χάριτος ἐπληροῦτο, ὥστε οὐ μόνον μὴ συμπεσεῖν[21] ταραχθέντα[22] ὑπὸ τῶν λεγομένων πρὸς αὐτόν, ἀλλὰ τοὐναντίον[23] τὸν ἀνθύπατον[24] ἐκστῆναι,[25]

---

[1] ἀνθύπατος, ου, ὁ, proconsul
[2] παραβάλλω fut act ind 1s, throw to
[3] ἀμετάθετος, ον, impossible
[4] κρείττων, ον, higher in rank, better
[5] χείρων, ον, worse, more severe
[6] μετάνοια, ας, ἡ, repentance
[7] μετατίθημι pres mid/pass inf, change one's mind, turn away
[8] χαλεπός, ή, όν, hard, difficult
[9] δαπανάω aor pass inf, wear out, destroy
[10] καταφρονέω pres act ind 2s, care nothing for, disregard
[11] Πολύκαρπος, ου, ὁ, Polycarp
[12] ἀπειλέω pres act ind 2s, threaten, warn
[13] καίω pres mid/pass ptcp n.s.acc., keep burning
[14] σβέννυμι pres mid/pass ptcp n.s.acc., extinguish, put something out
[15] ἀγνοέω pres act ind 2s, not to know
[16] κόλασις, εως, ἡ, punishment
[17] ἀσεβής, ές, impious, ungodly
[18] βραδύνω pres act ind 2s, hesitate, delay
[19] θάρσος, ους, τό, courage
[20] ἐμπί(μ)πλημι imp mid/pass ind 3s, fill
[21] συμπίπτω aor act inf, collapse
[22] ταράσσω aor pass ptcp m.s.acc., unsettle, throw into confusion
[23] ἐναντίον, adv, on the other hand
[24] ἀνθύπατος, ου, ὁ, proconsul
[25] ἐξίστημι aor act inf, be amazed, be astonished

## ΜΑΡΤΥΡΙΟΝ ΤΟΥ ΑΓΙΟΥ ΠΟΛΥΚΑΡΠΟΥ

πέμψαι τε τὸν ἑαυτοῦ κήρυκα[1] ἐν μέσῳ τοῦ σταδίου[2] κηρύξαι τρίς·[3] Πολύκαρπος[4] ὡμολόγησεν[5] ἑαυτὸν Χριστιανὸν[6] εἶναι. **2** τούτου λεχθέντος ὑπὸ τοῦ κήρυκος,[7] ἅπαν τὸ πλῆθος ἐθνῶν τε καὶ Ἰουδαίων τῶν τὴν Σμύρναν[8] κατοικούντων ἀκατασχέτῳ[9] θυμῷ[10] καὶ μεγάλῃ φωνῇ ἐπεβόα·[11] Οὗτός ἐστιν ὁ τῆς Ἀσίας[12] διδάσκαλος, ὁ πατὴρ τῶν Χριστιανῶν,[13] ὁ τῶν ἡμετέρων[14] θεῶν καθαιρέτης,[15] ὁ πολλοὺς διδάσκων μὴ θύειν[16] μηδὲ προσκυνεῖν. ταῦτα λέγοντες ἐπεβόων[17] καὶ ἠρώτων τὸν Ἀσιάρχην[18] Φίλιππον, ἵνα ἐπαφῇ τῷ Πολυκάρπῳ[19] λέοντα.[20] ὁ δὲ ἔφη·, μὴ εἶναι ἐξὸν αὐτῷ, ἐπειδὴ[21] πεπληρώκει τὰ κυνηγέσια.[22] **3** τότε ἔδοξεν αὐτοῖς ὁμοθυμαδὸν[23] ἐπιβοῆσαι,[24] ὥστε τὸν Πολύκαρπον[25] ζῶντα κατακαῦσαι.[26] ἔδει γὰρ τὸ τῆς φανερωθείσης αὐτῷ ἐπὶ τοῦ προσκεφαλαίου[27] ὀπτασίας[28] πληρωθῆναι, ὅτε ἰδὼν αὐτὸ καιόμενον[29] προσευχόμενος εἶπεν ἐπιστραφεὶς τοῖς σὺν αὐτῷ πιστοῖς προφητικῶς·[30] Δεῖ με ζῶντα καῆναι.[31]

---

[1] κῆρυξ, υκος, ὁ, herald
[2] στάδιον, ου, τό, stadium, arena
[3] τρίς, adv, three times
[4] Πολύκαρπος, ου, ὁ, Polycarp
[5] ὁμολογέω aor act ind 3s, confess
[6] Χριστιανός, οῦ, ὁ, Christian
[7] κῆρυξ, υκος, ὁ, herald
[8] Σμύρνα, ης, ἡ, Smyrna
[9] ἀκατάσχετος, ον, uncontrollable
[10] θυμός, οῦ, ὁ, anger, rage
[11] ἐπιβοάω imp act ind 3s, cry out loudly
[12] Ἀσία, ας, ἡ, Asia
[13] Χριστιανός, οῦ, ὁ, Christian
[14] ἡμέτερος, α, ον, our
[15] καθαιρέτης, ου, ὁ, destroyer
[16] θύω pres act inf, sacrifice
[17] ἐπιβοάω imp act ind 3p, cry out loudly
[18] Ἀσιάρχης, ου, ὁ, Asiarch
[19] Πολύκαρπος, ου, ὁ, Polycarp
[20] λέων, οντος, ὁ, lion
[21] ἐπειδή, conj, since, because
[22] κυνηγέσιον, ου, τό, animal hunt
[23] ὁμοθυμαδόν, adv, together, with one mind
[24] ἐπιβοάω aor act inf, cry out loudly
[25] Πολύκαρπος, ου, ὁ, Polycarp
[26] κατακαίω aor act inf, burn up, consume
[27] προσκεφάλαιον, ου, τό, pillow, cushion
[28] ὀπτασία, ας, ἡ, vision, celestial sight
[29] καίω pres mid/pass ptcp n.s.acc., consumed, burn up
[30] προφητικῶς, adv, prophetically
[31] καίω pres mid/pass ptcp n.s.acc., consumed, burn up

## ΜΑΡΤΥΡΙΟΝ ΤΟΥ ΑΓΙΟΥ ΠΟΛΥΚΑΡΠΟΥ

**13:1** Ταῦτα οὖν μετὰ τοσούτου[1] τάχους[2] ἐγένετο, θᾶττον[3] ἢ ἐλέγετο, τῶν ὄχλων παραχρῆμα[4] συναγόντων ἔκ τε τῶν ἐργαστηρίων[5] καὶ βαλανείων[6] ξύλα[7] καὶ φρύγανα,[8] μάλιστα[9] Ἰουδαίων προθύμως,[10] ὡς ἔθος[11] αὐτοῖς, εἰς ταῦτα ὑπουργούντων.[12] **2** ὅτε δὲ ἡ πυρκαϊὰ[13] ἡτοιμάσθη, ἀποθέμενος[14] ἑαυτῷ πάντα τὰ ἱμάτια καὶ λύσας τὴν ζώνην[15] ἐπειρᾶτο[16] καὶ ὑπολύειν[17] ἑαυτόν, μὴ πρότερον[18] τοῦτο ποιῶν διὰ τὸ ἀεὶ[19] ἕκαστον τῶν πιστῶν σπουδάζειν,[20] ὅστις τάχιον[21] τοῦ χρωτὸς[22] αὐτοῦ ἅψηται· παντὶ γὰρ καλῷ ἀγαθῆς ἕνεκεν πολιτείας[23] καὶ πρὸ τῆς μαρτυρίας ἐκεκόσμητο.[24] **3** εὐθέως οὖν αὐτῷ περιετίθετο[25] τὰ πρὸς τὴν πυρὰν[26] ἡρμοσμένα[27] ὄργανα.[28] μελλόντων δὲ αὐτῶν καὶ προσηλοῦν,[29] εἶπεν· Ἄφετέ με οὕτως· ὁ γὰρ δοὺς ὑπομεῖναι[30] τὸ πῦρ δώσει καὶ χωρὶς τῆς ὑμετέρας[31]

---

[1] τοσοῦτος, αύτη, οῦτον, so great, so strong
[2] τάχος, ους, τό, speed, swiftness
[3] ταχέως, adv, with haste, quickly
[4] παραχρῆμα, adv, immediately
[5] ἐργαστήριον, ίου, τό, workshop
[6] βαλανεῖον, ου, τό, bathhouse
[7] ξύλον, ου, τό, wood
[8] φρύγανον, ου, τό, brushwood
[9] μάλιστα, adv, most of all, especially
[10] προθύμως, adv, willingly, eagerly
[11] ἔθος, ους, τό, habit, custom
[12] ὑπουργέω pres act ptcp m.p.gen., be helpful, assist
[13] πυρκαϊά, ᾶς, ἡ, funeral pyre
[14] ἀποτίθημι aor mid ptcp m.s.nom., take off
[15] ζώνη, ης, ἡ, belt
[16] πειράω imp mid/pass ind 3s, try, attempt
[17] ὑπολύω pres act inf, take off one's shoes
[18] πρότερος, α, ον, formerly
[19] ἀεί, adv, constantly, continually
[20] σπουδάζω pres act inf, hurry, hasten
[21] ταχέως, adv, faster, quicker
[22] χρώς, χρωτός, ὁ, skin
[23] πολιτεία, ας, ἡ, way of life, conduct
[24] κοσμέω plupf mid/pass ind 3s, adorn, decorate
[25] περιτίθημι imp mid/pass ind 3s, place around
[26] πυρά, ᾶς, ἡ, fire, pyre
[27] ἁρμόζω perf mid/pass ptcp n.p.acc., join
[28] ὄργανον, ου, τό, tool
[29] προσηλόω pres act inf, nail
[30] ὑπομένω aor act inf, endure
[31] ὑμέτερος, α, ον, belong to

## ΜΑΡΤΥΡΙΟΝ ΤΟΥ ΑΓΙΟΥ ΠΟΛΥΚΑΡΠΟΥ

ἐκ τῶν ἥλων[1] ἀσφαλείας[2] ἄσκυλτον[3] ἐπιμεῖναι[4] τῇ πυρᾷ.[5]

**14:1** Οἱ δὲ οὐ καθήλωσαν[6] μέν, προσέδησαν[7] δὲ αὐτόν. ὁ δὲ ὀπίσω τὰς χεῖρας ποιήσας καὶ προσδεθείς,[8] ὥσπερ κριὸς[9] ἐπίσημος[10] ἐκ μεγάλου ποιμνίου[11] εἰς προσφοράν,[12] ὁλοκαύτωμα[13] δεκτὸν[14] τῷ θεῷ ἡτοιμασμένον, ἀναβλέψας[15] εἰς τὸν οὐρανὸν εἶπεν· Κύριε ὁ θεὸς ὁ παντοκράτωρ,[16] ὁ τοῦ ἀγαπητοῦ καὶ εὐλογητοῦ[17] παιδός[18] σου Ἰησοῦ Χριστοῦ πατήρ, δι' οὗ τὴν περὶ σοῦ ἐπίγνωσιν[19] εἰλήφαμεν, ὁ θεὸς ἀγγέλων καὶ δυνάμεων καὶ πάσης τῆς κτίσεως,[20] παντός τε τοῦ γένους[21] τῶν δικαίων, οἳ ζῶσιν ἐνώπιόν σου· **2** εὐλογῶ σε, ὅτι ἠξίωσάς[22] με τῆς ἡμέρας καὶ ὥρας ταύτης, τοῦ λαβεῖν με μέρος ἐν ἀριθμῷ[23] τῶν μαρτύρων ἐν τῷ ποτηρίῳ τοῦ Χριστοῦ σου εἰς ἀνάστασιν ζωῆς αἰωνίου ψυχῆς τε καὶ σώματος ἐν ἀφθαρσίᾳ[24] πνεύματος ἁγίου· ἐν οἷς προσδεχθείην[25] ἐνώπιόν σου σήμερον ἐν θυσίᾳ[26] πίονι[27] καὶ προσδεκτῇ,[28] καθὼς προητοίμασας[29] καὶ

---

[1] ἧλος, ου, ὁ, nail
[2] ἀσφάλεια, ας, ἡ, security
[3] ἄσκυλτος, ον, unmoved
[4] ἐπιμένω aor act inf, remain
[5] πυρά, ᾶς, ἡ, fire, pyre
[6] καθηλόω aor act ind 3p, fasten with nails
[7] προσδέω aor act ind 3p, tie, bind
[8] προσδέω aor pass ptcp m.s.nom., tie, bind
[9] κριός, οῦ, ὁ, male sheep, ram
[10] ἐπίσημος, ον, splendid
[11] ποίμνιον, ου, τό, flock
[12] προσφορά, ᾶς, ἡ, offering
[13] ὁλοκαύτωμα, ατος, τό, burnt offering
[14] δεκτός, ή, όν, pleasing, acceptable
[15] ἀναβλέπω aor act ptcp m.s.nom., look up
[16] παντοκράτωρ, ορος, ὁ, Almighty
[17] εὐλογητός, ή, όν, blessed
[18] παῖς, παιδός, ὁ, servant
[19] ἐπίγνωσις, εως, ἡ, knowledge
[20] κτίσις, εως, ἡ, creation
[21] γένος, ους, τό, nation, people
[22] αξιόω aor act ind 2s, consider worthy
[23] ἀριθμός, οῦ, ὁ, number
[24] ἀφθαρσία, ας, ἡ, incorruptibility, immortal
[25] προσδέχομαι aor pass opt 1s, receive in a friendly manner
[26] θυσία, ας, ἡ, sacrifice, offering
[27] πίων, πῖον, fat
[28] προσδεκτός, ή, όν, acceptable
[29] προετοιμάζω aor act ind 2s, prepare beforehand

## ΜΑΡΤΥΡΙΟΝ ΤΟΥ ΑΓΙΟΥ ΠΟΛΥΚΑΡΠΟΥ

προεφανέρωσας[1] καὶ ἐπλήρωσας, ὁ ἀψευδὴς[2] καὶ ἀληθινὸς[3] θεός. **3** διὰ τοῦτο καὶ περὶ πάντων σὲ αἰνῶ,[4] σὲ εὐλογῶ, σὲ δοξάζω διὰ τοῦ αἰωνίου καὶ ἐπουρανίου[5] ἀρχιερέως Ἰησοῦ Χριστοῦ, ἀγαπητοῦ σου παιδός,[6] δι' οὗ σοὶ σὺν αὐτῷ καὶ πνεύματι ἁγίῳ δόξα καὶ νῦν καὶ εἰς τοὺς μέλλοντας αἰῶνας. ἀμήν.

**15:1** Ἀναπέμψαντος[7] δὲ αὐτοῦ τὸ ἀμὴν καὶ πληρώσαντος τὴν εὐχήν,[8] οἱ τοῦ πυρὸς ἄνθρωποι ἐξῆψαν[9] τὸ πῦρ. μεγάλης δὲ ἐκλαμψάσης[10] φλογός,[11] θαῦμα[12] εἴδομεν, οἷς ἰδεῖν ἐδόθη· οἳ καὶ ἐτηρήθημεν εἰς τὸ ἀναγγεῖλαι[13] τοῖς λοιποῖς τὰ γενόμενα. **2** τὸ γὰρ πῦρ καμάρας[14] εἶδος[15] ποιῆσαν, ὥσπερ ὀθόνη·[16] πλοίου ὑπὸ πνεύματος πληρουμένη, κύκλῳ[17] περιετείχισεν[18] τὸ σῶμα τοῦ μάρτυρος· καὶ ἦν μέσον οὐχ ὡς σὰρξ καιομένη[19] ἀλλ' ὡς ἄρτος ὀπτώμενος[20] ἢ ὡς χρυσὸς[21] καὶ ἄργυρος[22] ἐν καμίνῳ[23] πυρούμενος.[24] καὶ γὰρ εὐωδίας[25] τοσαύτης[26] ἀντελαβόμεθα,[27] ὡς

---

[1] προφανερόω aor act ind 2s, reveal beforehand
[2] ἀψευδής, ές, trustworthy, truthful
[3] ἀληθινός, ή, όν, true, trustworthy
[4] αἰνέω pres act ind 1s, praise
[5] ἐπουράνιος, ον, heaven, heavenly
[6] παῖς, παιδός, ὁ, servant
[7] ἀναπέμπω aor act ptcp m.s.gen., send up
[8] εὐχή, ῆς, ἡ, prayer
[9] ἐξάπτω aor act ind 3p, set fire, kindle
[10] ἐκλάμπω aor act ptcp f.s.gen., shine forth
[11] φλόξ, φλογός, ἡ, flame
[12] θαῦμα, ατος, τό, miracle
[13] ἀναγγέλλω aor act inf, disclose, report
[14] καμάρα, ας, ἡ, arch
[15] εἶδος, ους, τό, form, outward appearance
[16] ὀθόνη, ης, ἡ, linen cloth, sheet
[17] κύκλῳ, adv, around
[18] περιτειχίζω aor act ind 3s, surround
[19] καίω pres mid/pass ptcp f.s.nom., burn up
[20] ὀπτάω pres mid/pass ptcp m.s.nom., bake
[21] χρυσός, οῦ, ὁ, gold
[22] ἄργυρος, ου, ὁ, silver
[23] κάμινος, ου, ἡ, furnace
[24] πυρόω pres mid/pass ptcp m.s.nom., heat thoroughly
[25] εὐωδία, ας, ἡ, aroma, fragrance
[26] τοσοῦτος, αύτη, οῦτον, so great
[27] ἀντιλαμβάνω aor mid ind 1p, perceive, notice

## ΜΑΡΤΥΡΙΟΝ ΤΟΥ ΑΓΙΟΥ ΠΟΛΥΚΑΡΠΟΥ

λιβανωτοῦ[1] πνέοντος[2] ἢ ἄλλου τινὸς τῶν τιμίων[3] ἀρωμάτων.[4]

**16:1** Πέρας[5] γοῦν[6] ἰδόντες οἱ ἄνομοι[7] μὴ δυνάμενον αὐτοῦ τὸ σῶμα ὑπὸ τοῦ πυρὸς δαπανηθῆναι,[8] ἐκέλευσαν[9] προσελθόντα αὐτῷ κομφέκτορα[10] παραβῦσαι[11] ξιφίδιον.[12] καὶ τοῦτο ποιήσαντος, ἐξῆλθεν περιστερὰ[13] καὶ πλῆθος αἵματος, ὥστε κατασβέσαι[14] τὸ πῦρ καὶ θαυμάσαι πάντα τὸν ὄχλον, εἰ τοσαύτη[15] τις διαφορὰ[16] μεταξὺ[17] τῶν τε ἀπίστων[18] καὶ τῶν ἐκλεκτῶν·[19] **2** ὧν εἷς καὶ οὗτος γεγόνει ὁ θαυμασιώτατος[20] μάρτυς Πολύκαρπος,[21] ἐν τοῖς καθ' ἡμᾶς χρόνοις διδάσκαλος ἀποστολικὸς[22] καὶ προφητικὸς[23] γενόμενος, ἐπίσκοπος[24] τῆς ἐν Σμύρνῃ[25] καθολικῆς[26] ἐκκλησίας. πᾶν γὰρ ῥῆμα, ὃ ἀφῆκεν ἐκ τοῦ στόματος αὐτοῦ, ἐτελειώθη·[27] καὶ τελειωθήσεται.[28]

---

[1] λιβανωτός, οῦ, ὁ, incense
[2] πνέω pres act ptcp m.s.gen., breathe out
[3] τίμιος, α, ον, costly, precious
[4] ἄρωμα, ατος, τό, fragrant spice
[5] πέρας, ατος, τό, finally, in conclusion
[6] γοῦν, part, then
[7] ἄνομος, ον, lawless
[8] δαπανάω aor pass inf, wear out, destroy
[9] κελεύω aor act ind 3p, command, urge
[10] κομφέκτωρ, ορος, ὁ, executioner
[11] παραβύω aor act inf, plunge into
[12] ξιφίδιον, ου, τό, short sword, dagger
[13] περιστερά, ᾶς, ἡ, dove
[14] κατασβέννυμι aor act inf, put out, quench
[15] τοσοῦτος, αύτη, οῦτον, so great
[16] διαφορά, ᾶς, ἡ, difference
[17] μεταξύ, adv, between
[18] ἄπιστος, ον, unbelieving
[19] ἐκλεκτός, ή, όν, elect
[20] θαυμάσιος, α, ον, remarkable
[21] Πολύκαρπος, ου, ὁ, Polycarp
[22] ἀποστολικός, ή, όν, apostolic
[23] προφητικός, ή, όν, prophetic
[24] ἐπίσκοπος, ου, ὁ, bishop
[25] Σμύρνα, ης, ἡ, Smyrna
[26] καθολικός, ή, όν, general, universal
[27] τελειόω aor pass ind 3s, fulfill, accomplish
[28] τελειόω fut pass ind 3s, fulfill, accomplish

# ΜΑΡΤΥΡΙΟΝ ΤΟΥ ΑΓΙΟΥ ΠΟΛΥΚΑΡΠΟΥ

**17:1** Ὁ δὲ ἀντίζηλος[1] καὶ βάσκανος[2] καὶ πονηρός, ὁ ἀντικείμενος[3] τῷ γένει[4] τῶν δικαίων, ἰδὼν τό τε μέγεθος[5] αὐτοῦ τῆς μαρτυρίας καὶ τὴν ἀπ' ἀρχῆς ἀνεπίληπτον[6] πολιτείαν,[7] ἐστεφανωμένον[8] τε τὸν τῆς ἀφθαρσίας[9] στέφανον[10] καὶ βραβεῖον[11] ἀναντίρρητον[12] ἀπενηνεγμένον,[13] ἐπετήδευσεν,[14] ὡς μηδὲ τὸ σωμάτιον[15] αὐτοῦ ὑφ' ἡμῶν ληφθῆναι, καίπερ[16] πολλῶν ἐπιθυμούντων[17] τοῦτο ποιῆσαι καὶ κοινωνῆσαι[18] τῷ ἁγίῳ αὐτοῦ σαρκίῳ.[19] **2** ὑπέβαλεν[20] γοῦν[21] Νικήτην[22] τὸν τοῦ Ἡρώδου πατέρα, ἀδελφὸν δὲ Ἄλκης,[23] ἐντυχεῖν[24] τῷ ἄρχοντι, ὥστε μὴ δοῦναι αὐτοῦ τὸ σῶμα· μή, φησίν, ἀφέντες τὸν ἐσταυρωμένον τοῦτον ἄρξωνται σέβεσθαι.[25] καὶ ταῦτα εἶπον ὑποβαλλόντων[26] καὶ ἐνισχυόντων[27] τῶν Ἰουδαίων, οἳ καὶ ἐτήρησαν, μελλόντων ἡμῶν ἐκ τοῦ πυρὸς αὐτὸν λαμβάνειν· ἀγνοοῦντες,[28] ὅτι οὔτε τὸν Χριστόν ποτε[29] καταλιπεῖν[30] δυνησόμεθα, τὸν ὑπὲρ τῆς τοῦ παντὸς κόσμου τῶν σῳζομένων σωτηρίας παθόντα ἄμωμον[31]

---

[1] ἀντίζηλος, ου, ὁ, jealous one
[2] βάσκανος, ου, ὁ, envious one
[3] ἀντίκειμαι pres mid/pass ptcp m.s.nom., be in opposition to
[4] γένος, ους, τό, race, people
[5] μέγεθος, ους, τό, greatness
[6] ἀνεπίλη(μ)πτος, ον, irreproachable
[7] πολιτεία, ας, ἡ, way of life, conduct
[8] στεφανόω perf mid/pass ptcp m.s.acc., crown, reward
[9] ἀφθαρσία, ας, ἡ, immortality
[10] στέφανος, ου, ὁ, crown
[11] βραβεῖον, ου, τό, prize, award
[12] ἀναντίρρητος, ον, undeniable, not to be contradicted
[13] ἀποφέρω perf mid/pass ptcp m.s.acc., carry off, win
[14] ἐπιτηδεύω aor act ind 3s, take care
[15] σωμάτιον, ου, τό, poor body
[16] καίπερ, conj, although
[17] ἐπιθυμέω pres act ptcp m.p.gen., desire, long for
[18] κοινωνέω aor act inf, share
[19] σαρκίον, ου, τό, piece of flesh
[20] ὑποβάλλω aor act ind 3s, instigate
[21] γοῦν, part, then
[22] Νικήτης, ου, Nicetes
[23] Ἄλκη, ης, ἡ, Alce
[24] ἐντυγχάνω aor act inf, approach
[25] σέβω pres mid/pass inf, worship
[26] ὑποβάλλω pres act ptcp m.p.gen., instigate
[27] ἐνισχύω pres act ptcp m.p.gen., strengthen
[28] ἀγνοέω pres act ptcp m.p.nom., be ignorant
[29] ποτέ, adv, some time
[30] καταλείπω aor act inf, leave behind
[31] ἄμωμος, ον, blameless

## ΜΑΡΤΥΡΙΟΝ ΤΟΥ ΑΓΙΟΥ ΠΟΛΥΚΑΡΠΟΥ

ὑπὲρ ἁμαρτωλῶν, οὔτε ἕτερόν τινα σέβεσθαι.[1] **3** τοῦτον μὲν γὰρ υἱὸν ὄντα τοῦ θεοῦ προσκυνοῦμεν, τοὺς δὲ μάρτυρας ὡς μαθητὰς καὶ μιμητὰς[2] τοῦ κυρίου ἀγαπῶμεν ἀξίως[3] ἕνεκεν[4] εὐνοίας[5] ἀνυπερβλήτου[6] τῆς εἰς τὸν ἴδιον βασιλέα καὶ διδάσκαλον· ὧν γένοιτο καὶ ἡμᾶς κοινωνούς[7] τε καὶ συμμαθητὰς[8] γενέσθαι.

**18:1** Ἰδὼν οὖν ὁ κεντυρίων[9] τὴν τῶν Ἰουδαίων γενομένην φιλονεικίαν,[10] θεὶς αὐτὸν ἐν μέσῳ, ὡς ἔθος[11] αὐτοῖς, ἔκαυσεν.[12] **2** οὕτως τε ἡμεῖς ὕστερον[13] ἀνελόμενοι[14] τὰ τιμιώτερα[15] λίθων πολυτελῶν[16] καὶ δοκιμώτερα[17] ὑπὲρ χρυσίον[18] ὀστᾶ[19] αὐτοῦ ἀπεθέμεθα,[20] ὅπου καὶ ἀκόλουθον[21] ἦν. **3** ἔνθα[22] ὡς δυνατὸν ἡμῖν συναγομένοις ἐν ἀγαλλιάσει[23] καὶ χαρᾷ· παρέξει[24] ὁ κύριος ἐπιτελεῖν[25] τὴν τοῦ μαρτυρίου[26] αὐτοῦ ἡμέραν γενέθλιον,[27] εἴς τε τὴν τῶν προηθληκότων[28] μνήμην[29] καὶ τῶν μελλόντων

---

[1] σέβω pres mid/pass inf, worship
[2] μιμητής, οῦ, ὁ, imitator
[3] ἀξίως, adv, worthily
[4] ἕνεκα, prep, on account of
[5] εὔνοια, ας, ἡ, favor, affection
[6] ἀνυπέρβλητος, ον, unsurpassable, unexcelled
[7] κοινωνός, οῦ, ὁ, participant, partner
[8] συμμαθητής, οῦ, ὁ, fellow-disciple
[9] κεντυρίων, ωνος, ὁ, centurion
[10] φιλονεικία, ας, ἡ, contentiousness
[11] ἔθος, ους, τό, habit, custom
[12] καίω aor act ind 3s, burn up
[13] ὕστερος, α, ον, later, thereafter
[14] ἀναιρέω aor mid ptcp m.p.nom., take up, claim for oneself
[15] τίμιος, α, ον, honor
[16] πολυτελής, ές, costly, expensive
[17] δόκιμος, ον, precious
[18] χρυσίον, ου, τό, gold
[19] ὀστέον, ου, bone
[20] ἀποτίθημι aor mid ind 1p, put away, lay down
[21] ἀκόλουθος, ον, following (sequence)
[22] ἔνθα, adv, there
[23] ἀγαλλίασις, εως, ἡ, exultation
[24] παρέχω fut act ind 3s, present, offer
[25] ἐπιτελέω pres act inf, fulfill, complete
[26] μαρτύριον, ου, τό, martyrdom
[27] γενέθλιος, ον, birthday
[28] προαθλέω perf act ptcp m.p.gen., compete in former times
[29] μνήμη, ης, ἡ, memory, remembrance

## ΜΑΡΤΥΡΙΟΝ ΤΟΥ ΑΓΙΟΥ ΠΟΛΥΚΑΡΠΟΥ

ἄσκησίν[1] τε καὶ ἑτοιμασίαν.[2]

**19:1** Τοιαῦτα τὰ κατὰ τὸν μακάριον Πολύκαρπον,[3] ὃς σὺν τοῖς ἀπὸ Φιλαδελφίας[4] δωδέκατος[5] ἐν Σμύρνῃ[6] μαρτυρήσας, μόνος ὑπὸ πάντων μᾶλλον μνημονεύεται,[7] ὥστε καὶ ὑπὸ τῶν ἐθνῶν ἐν παντὶ τόπῳ λαλεῖσθαι· οὐ μόνον διδάσκαλος γενόμενος ἐπίσημος,[8] ἀλλὰ καὶ μάρτυς ἔξοχος,[9] οὗ τὸ μαρτύριον[10] πάντες ἐπιθυμοῦσιν[11] μιμεῖσθαι[12] κατὰ τὸ εὐαγγέλιον Χριστοῦ γενόμενον. **2** διὰ τῆς ὑπομονῆς καταγωνισάμενος[13] τὸν ἄδικον[14] ἄρχοντα καὶ οὕτως τὸν τῆς ἀφθαρσίας[15] στέφανον[16] ἀπολαβών,[17] σὺν τοῖς ἀποστόλοις καὶ πᾶσιν δικαίοις ἀγαλλιώμενος[18] δοξάζει τὸν θεὸν καὶ πατέρα παντοκράτορα[19] καὶ εὐλογεῖ τὸν κύριον ἡμῶν Ἰησοῦν Χριστόν, τὸν σωτῆρα[20] τῶν ψυχῶν ἡμῶν καὶ κυβερνήτην[21] τῶν σωμάτων ἡμῶν καὶ ποιμένα[22] τῆς κατὰ τὴν οἰκουμένην[23] καθολικῆς[24] ἐκκλησίας.

**20:1** Ὑμεῖς μὲν οὖν ἠξιώσατε[25] διὰ πλειόνων δηλωθῆναι[26] ὑμῖν

---

[1] ἄσκησις, εως, ἡ, practice
[2] ἑτοιμασία, ας, ἡ, readiness, preparation
[3] Πολύκαρπος, ου, ὁ, Polycarp
[4] φιλαδελφία, ας, ἡ, Philadelphia
[5] δωδέκατος, η, ον, twelfth
[6] Σμύρνα, ης, ἡ, Smyrna
[7] μνημονεύω pres mid/pass ind 3s, remember
[8] ἐπίσημος, ον, prominent, outstanding
[9] ἔξοχος, ον, punishment
[10] μαρτύριον, ου, τό, martyrdom
[11] ἐπιθυμέω pres act ind 3p, desire, long for
[12] μιμέομαι pres mid/pass inf, imitate
[13] καταγωνίζομαι aor mid ptcp m.s.nom., conquer, defeat
[14] ἄδικος, ον, unjust
[15] ἀφθαρσία, ας, ἡ, incorruptibility, immortality
[16] στέφανος, ου, ὁ, prize, reward
[17] ἀπολαμβάνω aor act ptcp m.s.nom., receive
[18] ἀγαλλιάω pres mid/pass ptcp m.s.nom., be glad, rejoice
[19] παντοκράτωρ, ορος, ὁ, Almighty
[20] σωτήρ, ῆρος, ὁ, savior
[21] κυβερνήτης, ου, ὁ, pilot
[22] ποιμήν, ένος, ὁ, shepherd
[23] οἰκουμένη, ης, ἡ, world
[24] καθολικός, ή, όν, general, universal
[25] ἀξιόω aor act ind 2p, worthy
[26] δηλόω aor pass inf, reveal, make clear

τὰ γενόμενα, ἡμεῖς δὲ κατὰ τὸ παρὸν[1] ἐπὶ κεφαλαίῳ[2] μεμηνύκαμεν[3] διὰ τοῦ ἀδελφοῦ ἡμῶν Μαρκίωνος.[4] μαθόντες[5] οὖν ταῦτα καὶ τοῖς ἐπέκεινα[6] ἀδελφοῖς τὴν ἐπιστολὴν διαπέμψασθε,[7] ἵνα καὶ ἐκεῖνοι δοξάζωσιν τὸν κύριον τὸν ἐκλογὰς[8] ποιοῦντα ἀπὸ τῶν ἰδίων δούλων. 2 τῷ δὲ δυναμένῳ πάντας ἡμᾶς εἰσαγαγεῖν[9] ἐν τῇ αὐτοῦ χάριτι καὶ δωρεᾷ[10] εἰς τὴν ἐπουράνιον[11] αὐτοῦ βασιλείαν διὰ τοῦ μονογενοῦς[12] παιδὸς[13] αὐτοῦ Ἰησοῦ Χριστοῦ, δόξα, τιμή, κράτος,[14] μεγαλωσύνη·[15] εἰς τοὺς αἰῶνας. προσαγορεύετε[16] πάντας τοὺς ἁγίους. ὑμᾶς οἱ σὺν ἡμῖν προσαγορεύουσιν[17] καὶ Εὔαρεστος[18] ὁ γράψας πανοικεί.[19]

**21:1** Μαρτυρεῖ δὲ ὁ μακάριος Πολύκαρπος[20] μηνὸς[21] Ξανθικοῦ[22] δευτέρᾳ ἱσταμένου, πρὸ ἑπτὰ καλανδῶν[23] Μαρτίων,[24] σαββάτῳ μεγάλῳ, ὥρᾳ ὀγδόῃ.[25] συνελήφθη·[26] δὲ ὑπὸ Ἡρώδου ἐπὶ ἀρχιερέως Φιλίππου Τραλλιανοῦ,[27] ἀνθυπατεύοντος[28] Στατίου[29] Κοδράτου,[30] βασιλεύοντος[31] δὲ εἰς τοὺς αἰῶνας

---

[1] πάρειμι pres act ptcp n.s.acc., be present
[2] κεφάλαιον, ου, τό, main point
[3] μηνύω perf act ind 1p, inform
[4] Μαρκίων, ωνος, ὁ, Marcion
[5] μανθάνω aor act ptcp m.p.nom., learn
[6] ἐπέκεινα, adv, beyond
[7] διαπέμπω aor mid impv 2p, send on
[8] ἐκλογή, ῆς, ἡ, selection, election
[9] εἰσάγω aor act inf, bring, lead into
[10] δωρεά, ᾶς, ἡ, bounty, gift
[11] ἐπουράνιος, ον, heavenly
[12] μονογενής, ές, unique, begotten
[13] παῖς, παιδός, ὁ, servant
[14] κράτος, ους, τό, power
[15] μεγαλωσύνη, ης, ἡ, majesty
[16] προσαγορεύω pres act impv 2p, greet
[17] προσαγορεύω pres act ind 3p, greet
[18] Εὔαρεστος, ου, ὁ, Evarestus
[19] πανοικεί/πανοικί (πᾶς + οἶκος), one's whole household
[20] Πολύκαρπος, ου, ὁ, Polycarp
[21] μήν, μηνός, ὁ, month
[22] Ξανθικός, οῦ, ὁ, Xanthicus
[23] καλάνδαι, ῶν, αἱ, calends
[24] Μάρτιος, ίου, ὁ, March
[25] ὄγδοος, η, ον, eighth
[26] συλλαμβάνω aor pass ind 3s, seize, grasp
[27] Τραλλιανός, οῦ, ὁ, Tralles
[28] ἀνθυπατεύω pres act ptcp m.s.gen., be proconsul
[29] Στάτιος, ου, ὁ, Statius
[30] Κοδράτος, ου, ὁ, Quadratus
[31] βασιλεύω pres act ptcp m.s.gen., reign

## ΜΑΡΤΥΡΙΟΝ ΤΟΥ ΑΓΙΟΥ ΠΟΛΥΚΑΡΠΟΥ

Ἰησοῦ Χριστοῦ· ᾧ ἡ δόξα, τιμή, μεγαλωσύνη,[1] θρόνος αἰώνιος ἀπὸ γενεᾶς εἰς γενεάν. ἀμήν.

**22:1** Ἐρρῶσθαι[2] ὑμᾶς εὐχόμεθα,[3] ἀδελφοί, στοιχοῦντας[4] τῷ κατὰ τὸ εὐαγγέλιον λόγῳ Ἰησοῦ Χριστοῦ, μεθ' οὗ δόξα τῷ θεῷ καὶ πατρὶ καὶ ἁγίῳ πνεύματι, ἐπὶ σωτηρίᾳ τῇ τῶν ἁγίων ἐκλεκτῶν,[5] καθὼς ἐμαρτύρησεν ὁ μακάριος Πολύκαρπος,[6] οὗ γένοιτο ἐν τῇ βασιλείᾳ Ἰησοῦ Χριστοῦ πρὸς τὰ ἴχνη·[7] εὑρεθῆναι ἡμᾶς.

**22:2** Ταῦτα μετεγράψατο[8] μὲν Γάϊος[9] ἐκ τῶν Εἰρηναίου,[10] μαθητοῦ τοῦ Πολυκάρπου, ὃς καὶ συνεπολιτεύσατο[11] τῷ Εἰρηναίῳ.[12] ἐγὼ δὲ Σωκράτης[13] ἐν Κορίνθῳ[14] ἐκ τῶν Γαΐου[15] ἀντιγράφων[16] ἔγραψα. ἡ χάρις μετὰ πάντων.

**22:3** Ἐγὼ δὲ πάλιν Πιόνιος[17] ἐκ τοῦ προγεγραμμένου[18] ἔγραψα ἀναζητήσας[19] αὐτά, κατὰ ἀποκάλυψιν[20] φανερώσαντός μοι τοῦ μακαρίου Πολυκάρπου,[21] καθὼς δηλώσω[22] ἐν τῷ καθεξῆς,[23] συναγαγὼν αὐτὰ ἤδη σχεδὸν[24] ἐκ τοῦ χρόνου κεκμηκότα,[25] ἵνα

---

[1] μεγαλωσύνη, ης, ἡ, majesty
[2] ῥώννυμι perf mid/pass inf, goodbye, be strengthened
[3] εὔχομαι pres mid/pass ind 1p, wish
[4] στοιχέω pres act ptcp m.p.acc., agree, conform
[5] ἐκλεκτός, ή, όν, selected, chosen
[6] Πολύκαρπος, ου, ὁ, Polycarp
[7] ἴχνος, ους, τό, footprint
[8] μεταγράφω aor mid ind 3s, copy, transcribe
[9] Γάϊος, ου, ὁ, Gaius
[10] Εἰρηναῖος, ου, ὁ, Irenaeus
[11] συμπολιτεύομαι aor mid ind 3s, be a fellow citizen
[12] Εἰρηναῖος, ου, ὁ, Irenaeus
[13] Σωκράτης, ους, ὁ, Socrates
[14] Κόρινθος, ου, ἡ, Corinth
[15] Γάϊος, ου, ὁ, Gaius
[16] ἀντίγραφον, ου, τό, copy
[17] Πιόνιος, ου, ὁ, Pionius
[18] προγράφω perf mid/pass ptcp n.s.gen., write beforehand
[19] ἀναζητέω aor act ptcp m.s.nom., look, search
[20] ἀποκάλυψις, εως, ἡ, revelation
[21] Πολύκαρπος, ου, ὁ, Polycarp
[22] δηλόω fut act ind 1s, reveal, make clear
[23] καθεξῆς, adv, in order, one after the other
[24] σχεδόν, adv, nearly, almost
[25] κάμνω perf act ptcp m.s.acc., weary, fatigued

## ΜΑΡΤΥΡΙΟΝ ΤΟΥ ΑΓΙΟΥ ΠΟΛΥΚΑΡΠΟΥ

κἀμὲ συναγάγῃ ὁ κύριος Ἰησοῦς Χριστὸς μετὰ τῶν ἐκλεκτῶν[1] αὐτοῦ εἰς τὴν οὐράνιον[2] βασιλείαν αὐτοῦ, ᾧ ἡ δόξα σὺν πατρὶ καὶ ἁγίῳ πνεύματι εἰς τοὺς αἰῶνας τῶν αἰώνων, ἀμήν.

**23:1 (22.2)** Ταῦτα μετεγράψατο[3] μὲν Γάϊος[4] ἐκ τῶν Εἰρηναίου[5] συγγραμμάτων,[6] ὃς καὶ συνεπολιτεύσατο[7] τῷ Εἰρηναίῳ,[8] μαθητῇ γεγονότι τοῦ ἁγίου Πολυκάρπου.[9] οὗτος γὰρ ὁ Εἰρηναῖος,[10] κατὰ τὸν καιρὸν τοῦ μαρτυρίου[11] τοῦ ἐπισκόπου[12] Πολυκάρπου[13] γενόμενος ἐν Ῥώμῃ,[14] πολλοὺς ἐδίδαξεν· οὗ καὶ πολλὰ αὐτοῦ συγγράμματα[15] κάλλιστα καὶ ὀρθότατα[16] φέρεται· ἐν οἷς μέμνηται[17] Πολυκάρπου,[18] ὅτι παρ' αὐτοῦ ἔμαθεν.[19] ἱκανῶς[20] τε πᾶσαν αἵρεσιν[21] ἤλεγξεν[22] καὶ τὸν ἐκκλησιαστικὸν[23] κανόνα[24] καὶ καθολικόν,[25] ὡς παρέλαβεν παρὰ τοῦ ἁγίου, καὶ παρέδωκεν. λέγει δὲ καὶ τοῦτο, ὅτι συναντήσαντός[26] ποτε[27] τῷ ἁγίῳ Πολυκάρπῳ[28] Μαρκίωνος,[29] ἀφ' οὗ οἱ λεγόμενοι Μαρκιωνισταί,[30] καὶ εἰπόντος· Ἐπιγίνωσκε ἡμᾶς,

---

[1] ἐκλεκτός, ή, όν, chosen, elect
[2] οὐράνιος, ον, heavenly
[3] μεταγράφω aor mid ind 3s, copy
[4] Γάϊος, ου, ὁ, Gaius
[5] Εἰρηναῖος, ου, ὁ, Irenaeus
[6] σύγγραμμα, ατος, τό, book, written work
[7] συμπολιτεύομαι aor mid ind 3s, fellow citizen
[8] Εἰρηναῖος, ου, ὁ, Irenaeus
[9] Πολύκαρπος, ου, ὁ, Polycarp
[10] Εἰρηναῖος, ου, ὁ, Irenaeus
[11] μαρτύριον, ου, τό, martyrdom
[12] ἐπίσκοπος, ου, ὁ, bishop
[13] Πολύκαρπος, ου, ὁ, Polycarp
[14] Ῥώμη, ης, ἡ, Rome
[15] σύγγραμμα, ατος, τό, book, written work
[16] ὀρθός, ή, όν, correct, orthodox
[17] μιμνήσκομαι perf mid/pass ind 3s, remember
[18] Πολύκαρπος, ου, ὁ, Polycarp
[19] μανθάνω aor act ind 3s, learn
[20] ἱκανῶς, adv, sufficiently
[21] αἵρεσις, έσεως, ἡ, faction, heresy
[22] ἐλέγχω aor act ind 3s, correct, reprove
[23] ἐκκλησιαστικός, ή, όν, ecclesiastical
[24] κανών, όνος, ὁ, rule
[25] καθολικός, ή, όν, universal, general
[26] συναντάω aor act ptcp m.s.gen., meet
[27] ποτέ, adv, at some time
[28] Πολύκαρπος, ου, ὁ, Polycarp
[29] Μαρκίων, ωνος, ὁ, Marcion
[30] Μαρκιωνιστής, οῦ, ὁ, Marcionite

## ΜΑΡΤΥΡΙΟΝ ΤΟΥ ΑΓΙΟΥ ΠΟΛΥΚΑΡΠΟΥ

Πολύκαρπε,[1] εἶπεν αὐτὸς τῷ Μαρκίωνι·[2] Ἐπιγινώσκω, ἐπιγινώσκω τὸν πρωτότοκον[3] τοῦ σατανᾶ. καὶ τοῦτο δὲ φέρεται ἐν τοῖς τοῦ Εἰρηναίου[4] συγγράμμασιν,[5] ὅτι ᾗ ἡμέρᾳ καὶ ὥρᾳ ἐν Σμύρνῃ[6] ἐμαρτύρησεν ὁ Πολύκαρπος,[7] ἤκουσεν φωνὴν ἐν τῇ Ῥωμαίων[8] πόλει ὑπάρχων ὁ Εἰρηναῖος,[9] ὡς σάλπιγγος[10] λεγούσης· Πολύκαρπος[11] ἐμαρτύρησεν. ἐκ τούτων οὖν, ὡς προλέλεκται,[12] τῶν τοῦ Εἰρηναίου[13] συγγραμμάτων[14] Γάϊος[15] μετεγράψατο,[16] ἐκ δὲ τῶν Γαΐου[17] ἀντιγράφων[18] Ἰσοκράτης[19] ἐν Κορίνθῳ.[20]

**23:2 (22.3)** Ἐγὼ δὲ πάλιν Πιόνιος[21] ἐκ τῶν Ἰσοκράτους[22] ἀντιγράφων[23] ἔγραψα, κατὰ ἀποκάλυψιν[24] τοῦ ἁγίου Πολυκάρπου[25] ζητήσας αὐτά, συναγαγὼν αὐτὰ ἤδη σχεδὸν[26] ἐκ τοῦ χρόνου κεκμηκότα,[27] ἵνα κἀμὲ συναγάγῃ ὁ κύριος Ἰησοῦς Χριστὸς μετὰ τῶν ἐκλεκτῶν[28] αὐτοῦ εἰς τὴν ἐπουράνιον[29] αὐτοῦ βασιλείαν· ᾧ ἡ δόξα σὺν τῷ πατρὶ καὶ τῷ υἱῷ καὶ τῷ ἁγίῳ πνεύματι εἰς τοὺς αἰῶνας τῶν αἰώνων, ἀμήν.

---

[1] Πολύκαρπος, ου, ὁ, Polycarp
[2] Μαρκίων, ωνος, ὁ, Marcion
[3] πρωτότοκος, ον, firstborn
[4] Εἰρηναῖος, ου, ὁ, Irenaeus
[5] σύγγραμμα, ατος, τό, book, written work
[6] Σμύρνα, ης, ἡ, Smyrna
[7] Πολύκαρπος, ου, ὁ, Polycarp
[8] Ῥωμαῖος, α, ον, Roman
[9] Εἰρηναῖος, ου, ὁ, Irenaeus
[10] σάλπιγξ, ιγγος, ἡ, trumpet
[11] Πολύκαρπος, ου, ὁ, Polycarp
[12] προλέγω perf mid/pass ind 3s, tell beforehand
[13] Εἰρηναῖος, ου, ὁ, Irenaeus
[14] σύγγραμμα, ατος, τό, book, written work
[15] Γάϊος, ου, ὁ, Gaius
[16] μεταγράφω aor mid ind 3s, copy
[17] Γάϊος, ου, ὁ, Gaius
[18] ἀντίγραφον, ου, τό, copy
[19] Ἰσοκράτης, ους, ὁ, Isocrates
[20] Κόρινθος, ου, ἡ, Corinth
[21] Πιόνιος, ου, ὁ, Pionius
[22] Ἰσοκράτης, ους, ὁ, Isocrates
[23] ἀντίγραφον, ου, τό, copy
[24] ἀποκάλυψις, εως, ἡ, revelation
[25] Πολύκαρπος, ου, ὁ, Polycarp
[26] σχεδόν, adv, almost
[27] κάμνω perf act ptcp m.s.acc., worn out by age, fatigued
[28] ἐκλεκτός, ή, όν, elect, chosen
[29] ἐπουράνιος, ον, heavenly

# Papias

APOSTOLIC FATHERS GREEK READER

VOLUME 3

# Papias

## An Introduction[*]

Papias, according to Eusebius, served as bishop in Hierapolis,[1] a city north of Laodicea and Colossae. He was associated with the Apostle John and was a contemporary of Polycarp (*ca.* pre-155–167?).[2] Irenaeus appeals to Papias as a proponent of Millenialism.[3] Papias's major work, entitled "Exposition of the Sayings of the Lord," serves as one of the earliest traditions that describes early Gospel composition.

*Dating Papias*

The minimal information about Papias prohibits definitive dates for his life. He is named among the early Christian leaders with Polycarp and Ignatius (*d.* 105–135).[4] Irenaeus calls him "a man of antiquity" (ἀρχαῖος ἀνήρ).[5] Papias is also a companion of Polycarp and a "hearer of John" the Apostle.[6] Papias's self-testimony indicates he prefers to hear from the living apostles as opposed to information in books.[7] These arguments support the arugment that Papias flourishes at least at the turn of the second century.[8]

---

[*] The current introduction to Papias is an edited version of Shawn J. Wilhite, "Papias," in *The Lexham Bible Dictionary*, ed. John D. Barry and Lazarus Wentz (Bellingham, WA: Lexham Press, 2015).

[1] Eusebius *Hist.eccl.* III.36.1–2.

[2] Hubertus R. Drobner, *The Fathers of the Church: A Comprehensive Introduction*, trans. Siegried S. Schatzmann (Peabody, MA: Hendrickson, 2007), 45.

[3] Irenaeus *Adv. Haer.* V.33.4.

[4] Drobner, *Fathers of the Church*, 50.

[5] *Adv. Haer.* V.33.4; *Eccl. Hist.* III.39.1.

[6] *Adv. Haer.* V.33.4.

[7] Papias *Frag.* 3.4. Papias's enumeration depends upon: Michael W. Holmes, ed., *The Apostolic Fathers: Greek Texts and English Translations*, 3rd ed. (Grand Rapids: Baker Academic, 2007).

[8] Robert W. Yarbrough, "The Date of Papias: A Reassessment," *Journal of the Evangelical Theological Society* 26.2 (1983): 186.

Other arguments also demonstrate Papias living in a slightly later era. Older scholarship affirmed a late date for Papias's death (*ca.* 160).[1] Harnock[2] and Lightfoot[3] appeal to an anti-gnostic message found in his literature.[4] Papias fails to make clear who composed the Johannine material.[5] Even Eusebius further clarifies Papias's statments by suggesting that Papias mentions one John among the disciples and another John with Aristion (cf. the two tombs in Ephesus mentioned in *Eccl. Hist.* VII.25.17). The debate over two Johns and the Johannine material arose some years later.[6] Therefore, these arguments also support a later date for Papias's life.

One more consideration for dating Papias depends on how one understands his prologue.[7] Papias wrote his works after Mark, Matthew, 1 Peter, and 1 John. As a contemporary to Polycarp, Papias pre-dates Irenaeus (*d.* around 200).[8] Therefore, these chronological anchors help place Papias in an earlier historical context. Assuming the historical accuracy of his prologue, he is placed among the early disciples. "And if by chance someone who had been a follower of the elders should come my way, I inquired about the words of the elders—what Andrew or Peter said, or Philip or Thomas or James or John or Matthew or any other of the Lord's disciples, and whatever Aristion and the elder John, the Lord's disciples, were saying. For I did not think that information from books would profit me as much as information from a

---

[1] Yarbrough, "Date of Papias," 182.

[2] Adolf Harnack, *Geschichte der altchristlichen Literatur bis Eusebius*, 2nd ed. (Leipzig: Hinrichs, 1958).

[3] J. B. Lightfoot, *Essays on the Work Entitled Supernatural Religion* (London, UK: Macmillan, 1889).

[4] Yarbrough, "Date of Papias," 183.

[5] Papias *Frag.* 3.3–4.

[6] Yarbrough, "Date of Papias," 184.

[7] William R. Schoedel, *Polycarp, Martyrdom of Polycarp, Fragments of Papias*, Vol. 5, The Apostolic Fathers: A New Translation and Commentary (London: Thomas Nelson, 1967), 136.

[8] Drobner, *Fathers of the Church*, 117.

living and abiding voice."[1] Therefore, Richard Bauckham dates Papias's birth early (*ca.* 50).[2] Monte Shanks dates Papias at around the same time as Polycarp (*ca.* 70).[3]

Even less information is extant detailing Papias's death. According to an anonymous seventh-century work, *Chronicon Paschale*,[4] Papias is among those martyred in Pergamum. If true, Papias dies as a martyr in his early nineties. This martyrdom account, however, remains debated. The manuscript copyist may have mistakenly written Papias in lieu of Papylas.[5] If a copy error is present, then Papias may have died much earlier, as traditionally dated (*ca.* 130).[6]

*Papias's Literature*

Papias wrote five books entitled Λογίων Κυριακῶν Ἐξηγήσεως ("Exposition of the Sayings of the Lord").[7] However, they are no longer extant and we only have portions embedded in other early literature.[8] Eusebius's *Ecclesiastical History* contains the most amount of Papias's work.[9] Irenaeus is second in his *Against Heresies*.[10] Other sayings are found in the works of Apollinaris of Laodicea, Jerome, Philip Sidetes, Andrew of Caesarea, Maximus the Confessor, and others.[11] The fragments, as we currently possess them, are intertwined

---

[1] Papias *Frag.* 3.4.

[2] Richard Bauckham, *Jesus and the Eyewitnesses: The Gospels as Eyewitness Testimony* (Grand Rapids: Eerdmans, 2006), 18.

[3] Monte A. Shanks, *Papias and the New Testament* (Eugene, OR: Pickwick, 2013), 65.

[4] PG 92.627.

[5] *Eccl. Hist.* IV.15.48.

[6] Shanks, *Papias*, 103–4; William R. Schoedel, "Papias," in *The Anchor Bible Dictionary*, Vol. 5 (New York: Double Day, 1992), 140.

[7] *Eccl. Hist.* III.39.1.

[8] Holmes, *Apostolic Fathers*, 722.

[9] *Eccl. Hist.* III.36.1–2; III.39.

[10] *Adv. Haer.* V.38.4.

[11] Clayton N. Jefford, *Reading the Apostolic Fathers: A Student's Introduction*, 2nd ed. (Grand Rapids: Baker Academic, 2012), 64–65.

with sayings and quotes from other literature. These fragments appear as either extended quotes of Papias, sayings about Papias, or a combination of both.[1]

It is impossible to determine the purpose of his letter given its fragmentary nature. The title, "Exposition of the Sayings of the Lord," may be an interpretation of either the words of Jesus or the words and deeds of Jesus. The meaning of the λογίων is difficult and has been taken in various ways.[2] The most probable meaning is "accounts of what Jesus said and did."[3] Schoedel summarizes how scholarship has viewed the purpose of Papias's book: to combat Gnosticism, Paulinism, the Gospel of John; or to establish the accuracy of the materials about Jesus though granting Matthew's superiority, Mark's lack of order, and John's gospel concern for historical order.[4]

Papias does, however, highlight the sources of his writings. "I will not hesitate to set down for you, along with my interpretations, everything I carefully learned then from the elders and carefully remembered, guaranteeing their truth."[5] The elders are later called John and Aristion.

### Relevance to New Testament Studies and Christian Theology

Papias is more known for his comments on Matthew, Peter's relationship to Mark, and early views on Chiliasm. The following briefly highlights portions of Papias's comments and his relevance to biblical studies.

Papias provides an early tradition on Gospel composition. The Gospel of Mark has a Petrine tradition. Mark interprets all that he

---

[1] Jefford, *Reading the Apostolic Fathers*, 64.
[2] William R. Schoedel, "Papias," in *Principat 27.1*, ed. Wolfgang Haase, *ANRW* (Berlin, Germany: de Gruyter, 1993), 262–63; F. David Farnell, "The Synoptic Gospels in the Ancient Church: The Testimony to the Priority of Matthew's Gospel," *Master's Seminary Journal* 10.1 (Spring 1999): 56–69.
[3] Bauckham, *Jesus and the Eyewitnesses*, 12n2.
[4] Schoedel, "Papias," in *Principat 27.1*, 246–47.
[5] Papias *Frag.* 3.3.

remembers from the apostle Peter. "Mark, having become Peter's interpreter, wrote down accurately everything he remembered, though not in order, of the things either said or done by Christ. For he neither heard the Lord nor followed him, but afterward, as I said, followed Peter, who adapted his teachings as needed but had no intention of giving an ordered account of the Lord's sayings. Consequently Mark did nothing wrong in writing down some things as he remembered them, for he made it his one concern not to omit anything that he heard or to make any false statement in them."[1] According to this quote, Mark is the interpreter and redactor of Peter's eyewitness accounts. Papias also claims Mark is not written in historical order.[2]

According to Papias, the Gospel of Matthew has a Semitic background. "So Matthew composed the oracles in the Hebrew language and each person interpreted them as best he could."[3] Though no extant Aramaic or Hebrew MS exists of the Gospel of Matthew, Papias says Matthew originally composed the oracles Ἑβραΐδι διαλέκτῳ ("to/in the Hebrew dialect"). This phrase is interpreted variously within scholarship too.[4] Either Matthew composed it *to the Hebrew dialect*, saying something about a Semitic audience, or *in the Hebrew dialect*, saying something about language of composition or style.[5] Papias's comments on Matthew and Mark have influenced some discussions related to the Synoptic Problem.[6]

Papias also holds to Millinarianism, or Chiliasm, and gives early testimony to a particular eschatological position. Eusebius, in response, critiques his intelligence for holding such views. "Among other things he says that after the resurrection of the dead there will be a period of a thousand years when the kingdom of Christ will be

---

[1] Papias *Frag.* 3.15.

[2] Richard Bauckham, *The Testimony of the Beloved Disciple: Narrative, History, and Theology in the Gospel of John* (Grand Rapids: Baker Academic, 2007), 51–58; Bauckham, *Jesus and the Eyewitnesses*, 202–39.

[3] Papias *Frag.* 3.16.

[4] Schoedel, "Papias," in *Principat* 27.1, 262.

[5] Bauckham, *Jesus and the Eyewitnesses*, 222–24.

[6] Schoedel, "Papias," in *Principat* 27.1, 265–67.

set up in material form on this earth. These ideas, I suppose, he though through a misunderstanding of the apostolic accounts, not realizing that the things recorded in figurative language were spoken by them mystically. For he certainly appears to be a man of very little intelligence, as one may say judging from his own words."[1] Moreover, Irenaeus and others expressed similar ideas.[2]

Papias's comments may have two different John's involved in the composition of the Johannine literature.[3] Philip Sidetes says, "some think that this John (i.e. John the Elder) is the author of the two short Catholic Epistles that circulate under the name John, because the people of the earliest period accept only the first epistle."[4] Jerome provides a similar observation.[5]

Another influence of Papias's literature concerns the *Pericope Adulterate* (John 7:53–8:11). Eusebius recalls Papias telling the account "about a woman accused of many sins before the Lord, which the *Gospel according to the Hebrews* contains."[6] This comment assists early traditions and text-critical observations for this form unit. Later traditions credit Papias for inserting this pericope into the Gospel of John.[7] Moreover, Codex Vaticanus Alexandrinus (ninth-century) credits Papias as John's amanuensis for his Gospel.[8]

Papias also contributes to the history of interpretation for Acts 1:18. Apollinaris of Laodicaea (4th century) records a large portion from the *Expositions of the Sayings of the Lord*. "Judas was a terrible, walking example of ungodliness in this world, his flesh so bloated that he was not able to pass through a place where a wagon passes easily, not even his bloated head by itself. For his eyelids, they say, were so

---

[1] Papias *Frag.* 3.12–13.
[2] *Eccl. His.* III.39.13; *Adv. Haer.* V.33.4.
[3] Papias *Frag.* 3.3–4.
[4] Papias *Frag.* 5.3.
[5] Papias *Frag.* 7.5–7; In *Beloved Disciple*, Bauckham provides a definitive work interacting with the historical tradition of Papias and John.
[6] Papias *Frag.* 3.17.
[7] Papias *Frag.* 26.
[8] Papias *Frag.* 19.

swollen that he could not see the light at all, and his eyes could not be seen, even by a doctor using an optical instrument, so far had they sunk below the outer surface. His genitals appeared more loathsome and larger than anyone else's, and when he relieved himself there passed through it pus and worms from every part of his body, much to his shame. After much agony and punishment, they say, he finally died in his own place, and because of the stench the area is deserted and uninhabitable even now; in fact, to this day one cannot pass that place without holding one's nose, so great was the discharge from his body, and so far did it spread over the ground."[1] So rather than hanging and immediately dying, Papias provides an early interpretation and testimony that Judas lived and miserably died at a later time.

Shawn J. Wilhite

---

[1] Papias *Frag.* 18.4–7.

# Additional Resources for Further Study

## Fragments of Papias Beginning

Bauckham, Richard. *Jesus and the Eyewitnesses: The Gospels as Eyewitness Testimony*. Grand Rapids: Eerdmans, 2006.

Hill, Charles E. "The Fragments of Papias." Pages 42–51 in *The Writings of the Apostolic Fathers*, ed. by Paul Foster. London: T&T Clark, 2007.

Tasmuth, Randar. "Authority, Authorship, and Apostolicity as a Part of the Johannine Question: The Role of Papias in the Search for the Authoritative Author of the Gospel of John." *Concordia* 33.1 (2007): 26–42.

Yarbrough, Robert W. "The Date of Papias: A Reassessment." *JETS* 26.2 (1983): 181–91.

## Fragments of Papias Intermediate

Bauckham, Richard. "Papias and Polycrates on the Origin of the Fourth Gospel." *JTS* 44.1 (1993): 24–69.

Hill, Charles E. "What Papias Said About John (and Luke): A 'New' Papian Fragment." *JTS* 49.2 (1998): 582–629.

Hughes, Kyle R. "The Lukan Special Material and the Tradition History of the Pericope Adulterae." *NovT* 55.3 (2013): 232–51.

Manor, T. Scott. "Papias, Origen, and Eusebius: The Criticisms and Defense of the Gospel of John." *VC* 67.1 (2013): 1–21.

Shanks, Monte A. *Papias and the New Testament*. Eugene, OR: Wipf & Stock, 2013.

## Fragments of Papias Advanced

Baum, Armin Daniel. "Papias als Kommentator evangelischer Aussprüche Jesu: Erwägungen zur Art seines Werkes." *NovT* 38.3 (1996): 257–76.

Black, Matthew. "The Use of Rhetorical Terminology in Papias on Mark and Matthew." *JSNT* 37 (1989): 31–41.

Körtner, Ulrich and Martin Leutzsch. *Schriften des Urchristentums. Teil 3: Papiasfragmente. Hirt des Hermas. Eingeleitet, herausgegeben, übertragen und erläutert*. Darmstadt: Wissenschaftliche Buchgesellschaft, 1998.

MacDonald, Dennis Ronald. *Two Shipwrecked Gospels: The Logoi of Jesus and Papias's Exposition of Logia about the Lord*. ECL 8. Atlanta: Society of Biblical Literature, 2012.

Schoedel, William R. "Papias." Pages 235–70 in *ANRW* 2.27.1. Berlin: de Gruyter, 1993.

# Fragments of Papias

**1:1** Ἰωάννην τὸν θεολόγον,¹ καὶ ἀπόστολον Εἰρηναῖος² καὶ ἄλλοι ἱστοροῦσι³ παραμεῖναι⁴ τῷ βίῳ⁵ ἕως τῶν χρόνων Τραϊανοῦ·⁶ μεθ' ὃν Παπίας⁷ Ἱεραπολίτης⁸ καὶ Πολύκαρπος⁹ Σμύρνης¹⁰ ἐπίσκοπος¹¹ ἀκουσταὶ¹² αὐτοῦ ἐγνωρίζοντο.¹³

**2:1** Διέπρεπέ¹⁴ γε¹⁵ μὴν κατὰ τούτους ἐπὶ τῆς Ἀσίας¹⁶ τῶν ἀποστόλων ὁμιλητὴς¹⁷ Πολύκαρπος,¹⁸ τῆς κατὰ Σμύρναν¹⁹ ἐκκλησίας πρὸς τῶν αὐτοπτῶν²⁰ καὶ ὑπηρετῶν²¹ τοῦ Κυρίου τὴν ἐπισκοπὴν²² ἐγκεχειρισμένος.²³ καθ' ὃν ἐγνωρίζετο²⁴ Παπίας²⁵ τῆς ἐν Ἱεραπόλει²⁶ παροικίας²⁷ καὶ αὐτὸς ἐπίσκοπος.²⁸

**3:1** Τοῦ δὲ Παπία²⁹ συγγράμματα³⁰ πέντε τὸν ἀριθμὸν³¹ φέρεται, ἃ καὶ ἐπιγέγραπται³² λογίων³³ κυριακῶν³⁴ ἐξηγήσεως³⁵

---

¹ θεολόγος, ου, ὁ, theologian, herald
² Εἰρηναῖος, ου, ὁ, Irenaeus
³ ἱστορέω pres act ind 3p, record
⁴ παραμένω aor act inf, remain
⁵ βίος, ου, ὁ, life
⁶ Τραϊανός, ου, ὁ, Trajan
⁷ Παπίας, α or ου, ὁ, Papias
⁸ Ἱεραπολίτης, ου, ὁ, Hierapolite; an citizen of Hierapolis
⁹ Πολύκαρπος, ου, ὁ, Polycarp
¹⁰ Σμύρνα, ης, ἡ, Smyrna
¹¹ ἐπίσκοπος, ου, ὁ, bishop
¹² ἀκουστής, οῦ, ὁ, hearer
¹³ γνωρίζω imp mid/pass ind 3p, make known
¹⁴ διαπρέπω imp act ind 3s, flourish
¹⁵ γέ, part, indeed
¹⁶ Ἀσία, ας, ἡ, Asia
¹⁷ ὁμιλητής, οῦ, ὁ, disciple
¹⁸ Πολύκαρπος, ου, ὁ, Polycarp
¹⁹ Σμύρνα, ης, ἡ, Smyrna
²⁰ αὐτόπτης, ου, ὁ, eyewitness
²¹ ὑπηρέτης, ου, ὁ, minister
²² ἐπίσκοπος, ου, ὁ, bishop
²³ ἐγχειρίζω perf mid/pass ptcp m.s.nom., entrust
²⁴ γνωρίζω imp mid/pass ind 3p, make known
²⁵ Παπίας, α or ου, ὁ, Papias
²⁶ Ἱεράπολις, εως, ἡ, Hierapolis
²⁷ παροικία, ας, ἡ, district
²⁸ ἐπίσκοπος, ου, ὁ, bishop
²⁹ Παπίας, α or ου, ὁ, Papias
³⁰ σύγγραμμα, ατος, τό, book
³¹ ἀριθμός, οῦ, ὁ, number
³² ἐπιγράφω perf mid/pass ind 3s, write
³³ λόγιον, ου, τό, saying
³⁴ κυριακός, ή, όν, belonging to the Lord
³⁵ ἐξήγησις, εως, ἡ, narrative

## ΠΑΠΙΑΣ

τούτων καὶ Εἰρηναῖος¹ ὡς μόνων αὐτῷ γραφέντων μνημονεύει,² ὧδε πως³ λέγων· ταῦτα δὲ καὶ Παπίας⁴ ὁ Ἰωάννου μὲν ἀκουστὴς⁵ Πολυκάρπου⁶ δὲ ἑταῖρος⁷ γεγονώς, ἀρχαῖος⁸ ἀνήρ, ἐγγράφως⁹ ἐπιμαρτυρεῖ¹⁰ ἐν τῇ τετάρτῃ¹¹ τῶν ἑαυτοῦ βιβλίων· ἔστιν γὰρ αὐτῷ πέντε βιβλία συντεταγμένα.¹² **2** Καὶ ὁ μὲν Εἰρηναῖος¹³ ταῦτα. Αὐτός γε¹⁴ μὴν ὁ Παπίας¹⁵ κατὰ τὸ προοίμιον¹⁶ τῶν αὐτοῦ λόγων ἀκροατὴν¹⁷ μὲν καὶ αὐτόπτην¹⁸ οὐδαμῶς¹⁹ ἑαυτὸν γενέσθαι τῶν ἱερῶν²⁰ ἀποστόλων ἐμφαίνει,²¹ παρειληφέναι δὲ τὰ τῆς πίστεως παρὰ τῶν ἐκείνοις γνωρίμων²² διδάσκει δι᾽ ὧν φησιν λέξεων·²³

**3:3** Οὐκ ὀκνήσω²⁴ δέ σοι καὶ ὅσα ποτὲ²⁵ παρὰ τῶν πρεσβυτέρων καλῶς ἔμαθον²⁶ καὶ καλῶς ἐμνημόνευσα,²⁷ συγκατατάξαι²⁸ ταῖς ἑρμηνείαις,²⁹ διαβεβαιούμενος³⁰ ὑπὲρ αὐτῶν ἀλήθειαν. οὐ γὰρ τοῖς τὰ πολλὰ λέγουσιν ἔχαιρον ὥσπερ οἱ πολλοί, ἀλλὰ τοῖς τἀληθῆ³¹ διδάσκουσιν, οὐδὲ τοῖς τὰς ἀλλοτρίας³² ἐντολὰς

---

¹ Εἰρηναῖος, ου, ὁ, Irenaeus
² μνημονεύω pres act ind 3s, remember, mention
³ πως, adv, manner, in some way
⁴ Παπίας, α or ου, ὁ, Papias
⁵ ἀκουστής, οῦ, ὁ, hearer
⁶ Πολύκαρπος, ου, ὁ, Polycarp
⁷ ἑταῖρος, ου, ὁ, companion
⁸ ἀρχαῖος, αία, αῖον, ancient
⁹ ἐγγράφως, adv, in writing
¹⁰ ἐπιμαρτυρέω pres act ind 3s, bear witness
¹¹ τέταρτος, η, ον, fourth
¹² συντάσσω perf mid/pass ptcp n.p.nom., appoint, arrange, compose
¹³ Εἰρηναῖος, ου, ὁ, Irenaeus
¹⁴ γέ, part, indeed
¹⁵ Παπίας, α or ου, ὁ, Papias
¹⁶ προοίμιον, ου, τό, preface
¹⁷ ἀκροατής, οῦ, ὁ, hearer
¹⁸ αὐτόπτης, ου, ὁ, eyewitness
¹⁹ οὐδαμῶς, adv, by no means
²⁰ ἱερός, ά, όν, holy
²¹ ἐμφαίνω pres act ind 3s, exhibit
²² γνώριμος, ον, acquainted
²³ λέξις, εως, ἡ, speech
²⁴ ὀκνέω fut act ind 1s, hesitate
²⁵ ποτέ, conj, at some time
²⁶ μανθάνω aor act ind 1s, learn
²⁷ μνημονεύω aor act ind 1s, remember
²⁸ συγκατατάσσω aor act inf, set forth things along with
²⁹ ἑρμηνεία, ας, ἡ, interpretation
³⁰ διαβεβαιόω pres mid/pass ptcp m.s.nom., 1s, confirm
³¹ ἀληθής, ές, true
³² ἀλλότριος, ία, ον, belonging to another

μνημονεύουσιν,¹ ἀλλὰ τοῖς τὰς παρὰ τοῦ Κυρίου τῇ πίστει δεδομένας καὶ ἀπ' αὐτῆς παραγινομένας τῆς ἀληθείας. **4** Εἰ δέ που² καὶ παρηκολουθηκώς³ τις τοῖς πρεσβυτέροις ἔλθοι, τοὺς τῶν πρεσβυτέρων ἀνέκρινον⁴ λόγους· τί Ἀνδρέας⁵ ἢ τί Πέτρος εἶπεν ἢ τί Φίλιππος ἢ τί Θωμᾶς⁶ ἢ Ἰάκωβος ἢ τί Ἰωάννης ἢ Ματθαῖος⁷ ἢ τις ἕτερος τῶν τοῦ Κυρίου μαθητῶν, ἅ τε Ἀριστίων⁸ καὶ ὁ πρεσβύτερος Ἰωάννης, οἱ τοῦ Κυρίου μαθηταί, λέγουσιν. οὐ γὰρ τὰ ἐκ τῶν βιβλίων τοσοῦτόν⁹ με ὠφελεῖν¹⁰ ὑπελάμβανον,¹¹ ὅσον τὰ παρὰ ζώσης φωνῆς καὶ μενούσης.

**3:5** Ἔνθα¹² καὶ ἐπιστῆσαι¹³ ἄξιον δὶς¹⁴ καταριθμοῦντι¹⁵ αὐτῷ τὸ Ἰωάννου ὄνομα, ὧν τὸν μὲν πρότερον¹⁶ Πέτρῳ καὶ Ἰακώβῳ καὶ Ματθαίῳ¹⁷ καὶ τοῖς λοιποῖς ἀποστόλοις συγκαταλέγει,¹⁸ σαφῶς¹⁹ δηλῶν²⁰ τὸν εὐαγγελιστήν,²¹ τὸν δ' ἕτερον Ἰωάννην διαστείλας²² τὸν λόγον ἑτέροις παρὰ τὸν τῶν ἀποστόλων ἀριθμὸν²³ κατατάσσει,²⁴ προτάξας²⁵ αὐτοῦ τὸν Ἀριστίωνα,²⁶ **6** σαφῶς²⁷ τε αὐτὸν πρεσβύτερον ὀνομάζει·²⁸ ὡς καὶ διὰ τούτων

---

¹ μνημονεύω pres act ptcp m.p.dat., remember
² πού, adv, somewhere
³ παρακολουθέω perf act ptcp m.s.nom., follow
⁴ ἀνακρίνω imp act ind 1s, examine
⁵ Ἀνδρέας, ου, ὁ, Andrew
⁶ Θωμᾶς, ᾶ, ὁ, Thomas
⁷ Ματθαῖος, ου, ὁ, Matthew
⁸ Ἀριστίων, ωνος, ὁ, Aristion
⁹ τοσοῦτος, αύτη, οῦτον, so much
¹⁰ ὠφελέω imp act ind 1s, help, aid, profit
¹¹ ὑπολαμβάνω pres act inf, think
¹² ἔνθα, adv, there
¹³ ἐφίστημι aor act inf, set
¹⁴ δίς, adv, twice
¹⁵ καταριθμέω pres act ptcp m.s.dat., enumerate
¹⁶ πρότερος, adv, formerly
¹⁷ Ματθαῖος, ου, ὁ, Matthew
¹⁸ συγκαταλέγω pres act ind 3s, lay down with, mention
¹⁹ σαφῶς, adv, clearly
²⁰ δηλόω pres act ptcp m.s.nom., make clear, indicate
²¹ εὐαγγελιστής, οῦ, ὁ, evangelist
²² διαστέλλω aor act ptcp m.s.nom., command
²³ ἀριθμός, οῦ, ὁ, number
²⁴ κατατάσσω pres act ind 3s, appoint
²⁵ προτάσσω aor act ptcp, m.s.nom., ordain, put before
²⁶ Ἀριστίων, ωνος, ὁ, Aristion
²⁷ σαφῶς, adv, clearly
²⁸ ὀνομάζω pres act ind 3s, name

## ΠΑΠΙΑΣ

ἀποδείκνυσθαι¹ τὴν ἱστορίαν² ἀληθῆ³ τῶν δύο κατὰ τὴν Ἀσίαν⁴ ὁμωνυμίᾳ⁵ κεχρῆσθαι⁶ εἰρηκότων, δύο τε ἐν Ἐφέσῳ⁷ γενέσθαι μνήματα⁸ καὶ ἑκάτερον⁹ Ἰωάννου ἔτι νῦν λέγεσθαι. Οἷς καὶ ἀναγκαῖον¹⁰ προσέχειν¹¹ τὸν νοῦν·¹² εἰκὸς¹³ γὰρ τὸν δεύτερον, εἰ μή τις ἐθέλοι τὸν πρῶτον, τὴν ἐπ' ὀνόματος φερομένην Ἰωάννου ἀποκάλυψιν¹⁴ ἑωρακέναι. **7** Καὶ ὁ νῦν δὲ ἡμῖν δηλούμενος¹⁵ Παπίας¹⁶ τοὺς μὲν τῶν ἀποστόλων λόγους παρὰ τῶν αὐτοῖς παρηκολουθηκότων¹⁷ ὁμολογεῖ¹⁸ παρειληφέναι, Ἀριστίωνος¹⁹ δὲ καὶ τοῦ πρεσβυτέρου Ἰωάννου αὐτήκοον²⁰ ἑαυτόν φησι γενέσθαι. Ὀνομαστὶ²¹ γοῦν²² πολλάκις²³ αὐτῶν μνημονεύσας,²⁴ ἐν τοῖς αὐτοῦ συγγράμμασι²⁵ τίθησιν αὐτῶν καὶ παραδόσεις.²⁶ Καὶ ταῦτα δ' ἡμῖν οὐκ εἰς τὸ ἄχρηστον²⁷ εἰρήσθω.

**3:8** Ἄξιον δὲ ταῖς ἀποδοθείσαις τοῦ Παπία²⁸ φωναῖς προσάψαι²⁹ λέξεις³⁰ ἑτέρας αὐτοῦ, δι' ὧν παράδοξά³¹ τινα

---

[1] ἀποδείκνυμι pres mid/pass inf, show, confirm
[2] ἱστορία, ας, ἡ, account, story
[3] ἀληθής, ές, true
[4] Ἀσία, ας, ἡ, Asia
[5] ὁμωνυμία, ας, ἡ, having the same name
[6] χράομαι perf mid/pass inf, use
[7] Ἔφεσος, ου, ἡ, Ephesus
[8] μνῆμα, ατος, τό, grave, tomb
[9] ἑκάτερος, α, ον, each, both
[10] ἀναγκαῖος, α, ον, necessary
[11] προσέχω pres act inf, pay attention, notice
[12] νοῦς, ός, ὁ, mind, intellect
[13] εἰκός, ότος, τό, probable, reasonable
[14] ἀποκάλυψις, εως, ἡ, revelation
[15] δηλόω pres mid/pass ptcp m.s.nom., make known, speak
[16] Παπίας, α or ου, ὁ, Papias
[17] παρακολουθέω perf act ptcp m.p.gen., follow
[18] ὁμολογέω pres act ind 3s, promise, acknowledge
[19] Ἀριστίων, ωνος, ὁ, Aristion
[20] αὐτήκοος, ον, hearer
[21] ὀνομαστί, adv, by name
[22] γοῦν, part, hence, in any event
[23] πολλάκις, adv, frequently
[24] μνημονεύω aor act ptcp m.s.nom., remember, mention
[25] σύγγραμμα, ατος, τό, writing, book
[26] παράδοσις, εως, ἡ, tradition
[27] ἄχρηστος, ον, useless
[28] Παπίας, α or ου, ὁ, Papias
[29] προσάπτω aor act inf, add
[30] λέξις, εως, ἡ, speech; a word
[31] παράδοξος, ον, strange, remarkable

## ΠΑΠΙΑΣ

ἱστορεῖ[1] καὶ ἄλλα, ὡς ἂν ἐκ παραδόσεως[2] εἰς αὐτὸν ἐλθόντα. **9** Τὸ μὲν οὖν κατὰ τὴν Ἱεράπολιν[3] Φίλιππον τὸν ἀπόστολον ἅμα[4] ταῖς θυγατράσι[5] διατρῖψαι,[6] διὰ τῶν πρόσθεν[7] δεδήλωται,[8] ὡς δὲ κατὰ τοὺς αὐτοὺς ὁ Παπίας[9] γενόμενος διήγησιν[10] παρειληφέναι θαυμασίαν[11] ὑπὸ τῶν τοῦ Φιλίππου θυγατέρων[12] μνημονεύει,[13] τὰ νῦν σημειωτέον.[14] Νεκροῦ γὰρ ἀνάστασιν κατ' αὐτὸν γεγονυῖαν ἱστορεῖ,[15] καὶ αὖ[16] πάλιν ἕτερον παράδοξον[17] περὶ Ἰοῦστον[18] τὸν ἐπικληθέντα Βαρσαββᾶν[19] γεγονός, ὡς δηλητήριον[20] φάρμακον[21] ἐμπιόντος[22] καὶ μηδὲν ἀηδὲς[23] διὰ τὴν τοῦ Κυρίου χάριν ὑπομείναντος.[24] **10** Τοῦτον δὲ τὸν Ἰοῦστον[25] μετὰ τὴν τοῦ σωτῆρος[26] ἀνάληψιν[27] τοὺς ἱεροὺς[28] ἀποστόλους μετὰ Ματθία[29] στῆσαί τε καὶ ἐπεύξασθαι[30] ἀντὶ[31] τοῦ προδότου[32] Ἰούδα[33] ἐπὶ τὸν κλῆρον[34] τῆς ἀναπληρώσεως[35] τοῦ

---

[1] ἱστορέω pres act ind 3s, record
[2] παράδοσις, εως, ἡ, tradition
[3] Ἱεράπολις, εως, ἡ, Hierapolis
[4] ἅμα, impr prep, together, at the same time
[5] θυγάτηρ, τρός, ἡ, daughter
[6] διατρίβω aor act inf, stay in the same place, reside
[7] πρόσθεν, adv, earlier, former
[8] δηλόω perf mid/pass ind 3s, reveal, make clear
[9] Παπίας, α or ου, ὁ, Papias
[10] διήγησις, εως, ἡ, narrative, account
[11] θαυμάσιος, α, ον, amazing
[12] θυγάτηρ, τρός, ἡ, daughter
[13] μνημονεύω pres act ind 3s, remember, mention
[14] σημειωτέος, α, ον, one must point out
[15] ἱστορέω pres act ind 3s, record
[16] αὖ, adv, anew, afresh
[17] παράδοξος, ον, strange, remarkable
[18] Ἰοῦστος, ου, ὁ, Justus
[19] Βαρσαβᾶς, ᾶ, ὁ, Barsabbas
[20] δηλητήριος, α, ον, lethal
[21] φάρμακον, ου, τό, poison
[22] ἐμπίνω aor act ptcp m.s.gen., drink
[23] ἀηδής, ές, unpleasant
[24] ὑπομένω aor act ptcp m.s.gen., endure
[25] Ἰοῦστος, ου, ὁ, Justus
[26] σωτήρ, ῆρος, ὁ, Savior
[27] ἀνάλημψις, εως, ἡ, revelation, Apocalypse
[28] ἱερός, ά, όν, holy
[29] Μαθθίας, ου, ὁ, Matthias
[30] ἐπεύχομαι aor mid inf, pray
[31] ἀντί, prep, in place of
[32] προδότης, ου, ὁ, traitor
[33] Ἰούδα, Judas
[34] κλῆρος, ου, ὁ, lot
[35] ἀναπλήρωσις, εως, ἡ, fill up

αὐτῶν ἀριθμοῦ,[1] ἡ τῶν πράξεων[2] ὧδε πως[3] ἱστορεῖ[4] γραφή· Καὶ ἔστησαν δύο, Ἰωσὴφ τὸν καλούμενον Βαρσαββᾶν,[5] ὃς ἐπεκλήθη Ἰοῦστος,[6] καὶ Ματθίαν·[7] καὶ προσευξάμενοι εἶπαν. **11** Καὶ ἄλλα δὲ ὁ αὐτὸς ὡσὰν[8] ἐκ παραδόσεως[9] ἀγράφου[10] εἰς αὐτὸν ἥκοντα[11] παρατέθειται,[12] ξένας[13] τέ τινας παραβολὰς τοῦ Σωτῆρος[14] καὶ διδασκαλίας[15] αὐτοῦ, καί τινα ἄλλα μυθικώτερα.[16] **12** Ἐν οἷς καὶ χιλιάδα[17] τινά φησιν ἐτῶν ἔσεσθαι μετὰ τὴν ἐκ νεκρῶν ἀνάστασιν, σωματικῶς[18] τῆς Χριστοῦ βασιλείας ἐπὶ ταυτησὶ[19] τῆς γῆς ὑποστησομένης.[20] Ἃ καὶ ἡγοῦμαι[21] τὰς ἀποστολικὰς[22] παρεκδεξάμενον[23] διηγήσεις[24] ὑπολαβεῖν,[25] τὰ ἐν ὑποδείγμασι[26] πρὸς αὐτῶν μυστικῶς[27] εἰρημένα μὴ συνεωρακότα.[28] **13** Σφόδρα[29] γάρ τοι[30] σμικρὸς ὢν τὸν νοῦν,[31] ὡς ἂν ἐκ τῶν αὐτοῦ λόγων τεκμηράμενον[32] εἰπεῖν, φαίνεται· πλὴν καὶ τοῖς μετ' αὐτὸν πλείστοις ὅσοις τῶν

---

[1] ἀριθμός, οῦ, ὁ, number
[2] πρᾶξις, εως, ἡ, action, undertaking, deed
[3] πως, part, in some way
[4] ἱστορέω pres act ind 3s, record
[5] Βαρσαβᾶς, ᾶ, ὁ, Barsabbas
[6] Ἰοῦστος, ου, ὁ, Justus
[7] Μαθθίας, ου, ὁ, Matthias
[8] ὡσάν, conj, as if
[9] παράδοσις, εως, ἡ, tradition
[10] ἄγραφος, α, ον, unwritten
[11] ἥκω pres act ptcp m.s.acc., to have come
[12] παρατίθημι perf mid/pass ind 3s, set before
[13] ξένος, η, ον, unfamiliar, strange
[14] σωτήρ, ῆρος, ὁ, savior
[15] διδασκαλία, ας, ἡ, teaching
[16] μυθικός, ή, όν, mythical
[17] χιλιάς, άδος, ἡ, a thousand
[18] σωματικῶς, adv, bodily, materially
[19] οὑτοσί, adv, here
[20] ὑφίστημι fut mid ptcp f.s.gen., set up
[21] ἡγέομαι pres mid/pass ind 3s, think, suppose
[22] ἀποστολικός, ή, όν, apostolic
[23] παρεκδέχομαι aor mid ptcp, m.s.nom., misinterpret
[24] διήγησις, εως, ἡ, account
[25] ὑπολαμβάνω aor act inf, take up
[26] ὑπόδειγμα, ατος, τό, symbol
[27] μυστικῶς, adv, mystically
[28] συνοράω perf act ptcp n.p.acc., perceive, realize
[29] σφόδρα, adv, very
[30] τοί, part, surely
[31] νοῦς, ός, ὁ, intellect
[32] τεκμαίρομαι aor mid ptcp m.s.acc., judge

## ΠΑΠΙΑΣ

ἐκκλησιαστικῶν[1] τῆς ὁμοίας αὐτῷ δόξης παραίτιος[2] γέγονεν, τὴν ἀρχαιότητα[3] τἀνδρὸς προβεβλημένοις,[4] ὥσπερ οὖν Εἰρηναίῳ,[5] καὶ εἴ τις ἄλλος τὰ ὅμοια φρονῶν[6] ἀναπέφηνεν.[7] **14** Καὶ ἄλλας δὲ τῇ ἑαυτοῦ γραφῇ παραδίδωσιν Ἀριστίωνος[8] τοῦ πρόσθεν[9] δεδηλωμένου[10] τῶν τοῦ Κυρίου λόγων διηγήσεις[11] καὶ τοῦ πρεσβυτέρου Ἰωάννου παραδόσεις,[12] ἐφ᾽ ἃς τοὺς φιλομαθεῖς[13] ἀναπέμψαντες,[14] ἀναγκαίως[15] νῦν προσθήσομεν[16] ταῖς προεκτεθείσαις[17] αὐτοῦ φωναῖς παράδοσιν,[18] ἣν περὶ Μάρκου[19] τοῦ τὸ εὐαγγέλιον γεγραφότος ἐκτέθειται[20] διὰ τούτων·

**3:15** Καὶ τοῦτο ὁ πρεσβύτερος ἔλεγε· Μάρκος[21] μὲν ἑρμηνευτὴς[22] Πέτρου γενόμενος, ὅσα ἐμνημόνευσεν,[23] ἀκριβῶς[24] ἔγραψεν, οὐ μέντοι[25] τάξει,[26] τὰ ὑπὸ τοῦ Χριστοῦ ἢ λεχθέντα ἢ πραχθέντα. οὔτε γὰρ ἤκουσε τοῦ Κυρίου, οὔτε παρηκολούθησεν[27] αὐτῷ, ὕστερον[28] δέ, ὡς ἔφην, Πέτρῳ, ὃς πρὸς

---

[1] ἐκκλησιαστικός, ή, όν, ecclesiastical
[2] παραίτιος, ον, share
[3] ἀρχαιότης, ητος, ἡ, antiquity, early period
[4] προβάλλω perf mid/pass ptcp m.p.dat., put forward
[5] Εἰρηναῖος, ου, ὁ, Irenaeus
[6] φρονέω pres act ptcp m.s.nom., hold an opinion
[7] ἀναφαίνω perf act ind 3s, appear
[8] Ἀριστίων, ωνος, ὁ, Aristion
[9] πρόσθεν, adv, formerly
[10] δηλόω perf mid/pass ptcp m.s.gen., reveal, mention
[11] διήγησις, εως, ἡ, narrative, account
[12] παράδοσις, εως, ἡ, tradition
[13] φιλομαθής, ές, fond of learning, eager after knowledge
[14] ἀναπέμπω aor act ptcp m.p.nom., send, refer
[15] ἀναγκαίως, adv, necessarily
[16] προστίθημι fut act ind 1p, add
[17] προεκτίθημι aor pass ptcp f.p.dat., set forth, expound before
[18] παράδοσις, εως, ἡ, tradition
[19] Μᾶρκος, ου, ὁ, Mark
[20] ἐκτίθημι perf mid/pass ind 3s, explain
[21] Μᾶρκος, ου, ὁ, Mark
[22] ἑρμηνευτής, οῦ, ὁ, interpreter
[23] μνημονεύω aor act ind 3s, remember
[24] ἀκριβῶς, adv, accurately
[25] μέντοι, part, though
[26] τάξις, εως, ἡ, sequence, order
[27] παρακολουθέω aor act ind 3s, follow
[28] ὕστερος, α, ον, later, thereafter

# ΠΑΠΙΑΣ

τὰς χρείας ἐποιεῖτο τὰς διδασκαλίας,¹ ἀλλ' οὐχ ὥσπερ σύνταξιν² τῶν κυριακῶν³ ποιούμενος λογίων,⁴ ὥστε οὐδὲν ἥμαρτε Μᾶρκος,⁵ οὕτως ἔνια⁶ γράψας ὡς ἀπεμνημόνευσεν.⁷ ἑνὸς γὰρ ἐποιήσατο πρόνοιαν,⁸ τοῦ μηδὲν ὧν ἤκουσε παραλιπεῖν⁹ ἢ ψεύσασθαί¹⁰ τι ἐν αὐτοῖς. Ταῦτα μὲν οὖν ἱστόρηται¹¹ τῷ Παπίᾳ¹² περὶ τοῦ Μάρκου.¹³ **16** Περὶ δὲ τοῦ Ματθαίου¹⁴ ταῦτ' εἴρηται· Ματθαῖος¹⁵ μὲν οὖν Ἑβραΐδι¹⁶ διαλέκτῳ¹⁷ τὰ λόγια¹⁸ συνετάξατο,¹⁹ ἡρμήνευσε²⁰ δ' αὐτὰ ὡς ἦν δυνατὸς ἕκαστος.

**3:17** Κέχρηται²¹ δ' αὐτὸς μαρτυρίαις ἀπὸ τῆς Ἰωάννου προτέρας²² ἐπιστολῆς καὶ ἀπὸ τῆς Πέτρου ὁμοίως. ἐκτέθειται²³ δὲ καὶ ἄλλην ἱστορίαν²⁴ περὶ γυναικὸς ἐπὶ πολλαῖς ἁμαρτίαις διαβληθείσης²⁵ ἐπὶ τοῦ Κυρίου, ἣν τὸ κατ' Ἑβραίους²⁶ εὐαγγέλιον περιέχει.²⁷ Καὶ ταῦτα δ' ἡμῖν ἀναγκαίως²⁸ πρὸς τοῖς ἐκτεθεῖσιν²⁹ ἐπιτετηρήσθω.³⁰

---

[1] διδασκαλία, ας, ἡ, teaching
[2] σύνταξις, εως, ἡ, organized account
[3] κυριακός, ή, όν, belonging to the Lord
[4] λόγιον, ου, τό, saying
[5] Μᾶρκος, ου, ὁ, Mark
[6] ἔνιοι, αι, α, some, several
[7] ἀπομνημονεύω aor act ind 3s, remember
[8] πρόνοια, ας, ἡ, forethought, concern
[9] παραλείπω aor act inf, omit
[10] ψεύδομαι aor mid inf, tell a lie
[11] ἱστορέω perf mid/pass ind 3s, record
[12] Παπίας, α or ου, ὁ, Papias
[13] Μᾶρκος, ου, ὁ, Mark
[14] Μαθθίας, ου, ὁ, Matthias
[15] Μαθθίας, ου, ὁ, Matthias
[16] Ἑβραΐς, ΐδος, ἡ, Hebrew
[17] διάλεκτος, ου, ἡ, language
[18] λόγιον, ου, τό, saying
[19] συντάσσω aor mid ind 3s, arrange, compose
[20] ἑρμηνεύω aor act ind 3s, interpret
[21] χράομαι perf mid/pass ind 3s, make use of, employ
[22] πρότερος, α, ον, earlier, former
[23] ἐκτίθημι perf mid/pass ind 3s, explain, relate
[24] ἱστορία, ας, ἡ, account
[25] διαβάλλω aor pass ptcp f.s.gen., accuse
[26] Ἑβραῖος, ου, ὁ, Hebrew
[27] περιέχω pres act ind 3s, surround, contain
[28] ἀναγκαίως, adv, necessarily
[29] ἐκτίθημι aor pass ptcp m.p.dat., explain, relate, state
[30] ἐπιτηρέω perf mid/pass impv 3s, look out for, consider carefully, take into account

# ΠΑΠΙΑΣ

**4:1** Καὶ ἐπορεύθησαν ἕκαστος εἰς τὸν οἶκον αὐτοῦ, Ἰησοῦς δὲ ἐπορεύθη εἰς τὸ Ὄρος τῶν Ἐλαιῶν.[1] ὄρθρου[2] δὲ πάλιν παρεγένετο εἰς τὸ ἱερόν, καὶ πᾶς ὁ λαὸς ἤρχετο πρὸς αὐτόν, καὶ καθίσας ἐδίδασκεν. ἄγουσιν δὲ οἱ γραμματεῖς καὶ οἱ Φαρισαῖοι γυναῖκα ἐπὶ μοιχείᾳ[3] κατειλημμένην,[4] καὶ στήσαντες αὐτὴν ἐν μέσῳ λέγουσιν αὐτῷ Διδάσκαλε, αὕτη ἡ γυνὴ κατείληπται[5] ἐπ' αὐτοφώρῳ[6] μοιχευομένη.[7] ἐν δὲ τῷ νόμῳ ἡμῖν Μωυσῆς ἐνετείλατο[8] τὰς τοιαύτας λιθάζειν·[9] σὺ οὖν τί λέγεις; τοῦτο δὲ ἔλεγον πειράζοντες αὐτόν, ἵνα ἔχωσιν κατηγορεῖν[10] αὐτοῦ. ὁ δὲ Ἰησοῦς κάτω[11] κύψας[12] τῷ δακτύλῳ[13] κατέγραφεν[14] εἰς τὴν γῆν. ὡς δὲ ἐπέμενον[15] ἐρωτῶντες αὐτόν, ἀνέκυψεν[16] καὶ εἶπεν αὐτοῖς Ὁ ἀναμάρτητος[17] ὑμῶν πρῶτος ἐπ' αὐτὴν βαλέτω λίθον· καὶ πάλιν κατακύψας[18] ἔγραφεν εἰς τὴν γῆν. οἱ δὲ ἀκούσαντες ἐξήρχετο εἷς καθ' εἷς ἀρξάμενοι ἀπὸ τῶν πρεσβυτέρων, καὶ κατελείφθη[19] μόνος, καὶ ἡ γυνὴ ἐν μέσῳ οὖσα. ἀνακύψας[20] δὲ ὁ Ἰησοῦς εἶπεν αὐτῇ Γύναι, ποῦ εἰσίν; οὐδείς σε κατέκρινεν;[21] ἡ δὲ εἶπεν Οὐδείς, κύριε. εἶπεν δὲ ὁ Ἰησοῦς Οὐδὲ ἐγώ σε κατακρίνω·[22] πορεύου, ἀπὸ τοῦ νῦν μηκέτι[23] ἁμάρτανε.

---

[1] ἔλαιον, ου, τό, olive
[2] ὄρθρος, ου, ὁ, early in the morning, dawn
[3] μοιχεία, ας, ἡ, adultery
[4] καταλαμβάνω perf mid/pass ptcp f.s.acc., attain, seize, catch
[5] καταλαμβάνω perf mid/pass ind 3s, attain, seize, catch
[6] αὐτόφωρος, ον, in the act
[7] μοιχεύω pres mid/pass ptcp f.s.nom., commit adultery
[8] ἐντέλλω aor mid ind 3s, command, order
[9] λιθάζω pres act inf, stone
[10] κατηγορέω pres act inf, accuse
[11] κάτω, adv, down
[12] κύπτω aor act ptcp m.s.nom., bend down
[13] δάκτυλος, ου, ὁ, finger
[14] καταγράφω imp act ind 3s, write, draw
[15] ἐπιμένω imp act ind 3s, remain
[16] ἀνακύπτω aor act ind 3s, stand up
[17] ἀναμάρτητος, ον, without sin
[18] κατακύπτω aor act ptcp m.s.nom., bend down
[19] καταλαμβάνω aor pass ind 3s, catch, seize, to be left (pass)
[20] ἀνακύπτω aor act ptcp m.s.nom., stand up
[21] κατακρίνω imp act ind 3s, condemn
[22] κατακρίνω pres act ind 1s, condemn
[23] μηκέτι, adv, no longer, no more

# ΠΑΠΙΑΣ

**5:1** Παπίας¹ Ἱεραπόλεως² ἐπίσκοπος³ ἀκουστὴς⁴ τοῦ θεολόγου⁵ Ἰωάννου γενόμενος, Πολυκάρπου⁶ δὲ ἑταῖρος,⁷ πέντε λόγους κυριακῶν⁸ λογίων⁹ ἔγραψεν, ἐν οἷς ἀπαρίθμησιν¹⁰ ἀποστόλων ποιούμενος μετὰ Πέτρον καὶ Ἰωάννην, Φίλιππον καὶ Θωμᾶν¹¹ καὶ Ματθαῖον¹² εἰς μαθητὰς τοῦ Κυρίου ἀνέγραψεν¹³ Ἀριστίωνα¹⁴ καὶ Ἰωάννην ἕτερον, ὃν καὶ πρεσβύτερον ἐκάλεσεν. ὥς τινας οἴεσθαι,¹⁵ ὅτι τούτου τοῦ Ἰωάννου εἰσὶν αἱ δύο ἐπιστολαὶ αἱ μικραὶ καὶ καθολικαί,¹⁶ αἱ ἐξ ὀνόματος Ἰωάννου φερόμεναι, διὰ τὸ τοὺς ἀρχαίους¹⁷ τὴν πρώτην μόνην ἐγκρίνειν·¹⁸ τινὲς δὲ καὶ τὴν ἀποκάλυψιν¹⁹ τούτου πλανηθέντες ἐνόμισαν.²⁰ καὶ Παπίας²¹ δὲ περὶ τὴν χιλιονταετηρίδα²² σφάλλεται,²³ ἐξ οὗ καὶ ὁ Εἰρηναῖος.²⁴ Παπίας²⁵ ἐν τῷ δευτέρῳ λόγῳ λέγει ὅτι Ἰωάννης ὁ θεολόγος²⁶ καὶ Ἰάκωβος ὁ ἀδελφὸς αὐτοῦ ὑπὸ Ἰουδαίων ἀνῃρέθησαν.²⁷ Παπίας²⁸ ὁ εἰρημένος ἱστόρησεν²⁹ ὡς παραλαβὼν ἀπὸ τῶν θυγατέρων³⁰ Φιλίππου, ὅτι

---

¹ Παπίας, α or ου, ὁ, Papias
² Ἱεράπολις, εως, ἡ, Hieropolis
³ ἐπίσκοπος, ου, ὁ, bishop
⁴ ἀκουστής, οῦ, ὁ, hearer, disciple
⁵ θεολόγος, ου, ὁ, theologian, herald
⁶ Πολύκαρπος, ου, ὁ, Polycarp
⁷ ἑταῖρος, ου, ὁ, companion
⁸ κυριακός, ή, όν, belonging to the Lord
⁹ λόγιον, ου, τό, saying
¹⁰ ἀπαρίθμησις, εως, ἡ, counting, list
¹¹ Θωμᾶς, ᾶ, ὁ, Thomas
¹² Μαθθίας, ου, ὁ, Matthias
¹³ ἀναγράφω aor act ind 3s, record
¹⁴ Ἀριστίων, ωνος, ὁ, Aristion
¹⁵ οἴομαι pres mid/pass inf, suppose
¹⁶ καθολικός, ή, όν, catholic, general, universal
¹⁷ ἀρχαῖος, αία, αῖον, ancient, old
¹⁸ ἐγκρίνω pres act inf, classify, accept
¹⁹ ἀποκάλυψις, εως, ἡ, revelation, Apocalypse
²⁰ νομίζω aor act ind 3p, think, suppose
²¹ Παπίας, α or ου, ὁ, Papias
²² χιλιονταετηρίς, ίδος, ἡ, period of the millennium
²³ σφάλλω pres mid/pass ind 3s, stumble, be in error
²⁴ Εἰρηναῖος, ου, ὁ, Irenaeus
²⁵ Παπίας, α or ου, ὁ, Papias
²⁶ θεολόγος, ου, ὁ, theologian, herald
²⁷ ἀναιρέω aor pass ind 3p, take away, execute
²⁸ Παπίας, α or ου, ὁ, Papias
²⁹ ἱστορέω aor act ind 3s, record
³⁰ θυγάτηρ, τρός, ἡ, daughter

# ΠΑΠΙΑΣ

Βαρσαβᾶς[1] ὁ καὶ Ἰοῦστος[2] δοκιμαζόμενος[3] ὑπὸ τῶν ἀπίστων[4] ἰὸν[5] ἐχίδνης[6] πιὼν ἐν ὀνόματι τοῦ Χριστοῦ ἀπαθὴς[7] διεφυλάχθη.[8] ἱστορεῖ[9] δὲ καὶ ἄλλα θαύματα[10] καὶ μάλιστα[11] τὸ κατὰ τὴν μητέρα Μαναΐμου[12] τὴν ἐκ νεκρῶν ἀνάστασιν· περὶ τῶν ὑπὸ τοῦ Χριστοῦ ἐκ νεκρῶν ἀναστάντων, ὅτι ἕως Ἀριανοῦ[13] ἔζων.

**6:1** Μετὰ δὲ Δομετιανὸν[14] ἐβασίλευσε[15] Νερούας[16] ἔτος ἕν, ὃς ἀνακαλεσάμενος[17] Ἰωάννην ἐκ τῆς νήσου[18] ἀπέλυσεν οἰκεῖν[19] ἐν Ἐφέσῳ.[20] μόνος τότε περιὼν[21] τῷ βίῳ[22] ἐκ τῶν δώδεκα μαθητῶν καὶ συγγραψάμενος[23] τὸ κατ' αὐτὸν εὐαγγέλιον μαρτυρίου[24] κατηξίωται.[25] Παπίας[26] γὰρ ὁ Ἱεραπόλεως[27] ἐπίσκοπος,[28] αὐτόπτης[29] τούτου γενόμενος, ἐν τῷ δευτέρῳ λόγῳ τῶν κυριακῶν[30] λογίων[31] φάσκει,[32] ὅτι ὑπὸ Ἰουδαίων ἀνῃρέθη.[33]

---

[1] Βαρσαβᾶς, ᾶ, ὁ, Barsabbas
[2] Ἰοῦστος, ου, ὁ, Justus
[3] δοκιμάζω pres mid/pass ptcp m.s.nom., put to the test
[4] ἄπιστος, ον, unbelieving
[5] ἰός, οῦ, ὁ, poison
[6] ἔχιδνα, ης, ἡ, snake
[7] ἀπαθής, ές, without suffering, unharmed
[8] διαφυλάσσω aor pass ind 3s, protect
[9] ἱστορέω pres act ind 3s, record
[10] θαῦμα, ατος, τό, wonder, amazement
[11] μάλιστα, superl, most of all, especially
[12] Μαναΐμος, ου, Manaimos
[13] Ἀριανός, ου, ὁ, Hadrian
[14] Δομετιανός, ου, ὁ, Domitian
[15] βασιλεύω aor act ind 3s, reign
[16] Νερούας, Nerva
[17] ἀνακαλέω aor mid ptcp m.s.nom., call again, recall
[18] νῆσος, ου, ἡ, island
[19] οἰκέω pres act inf, live
[20] Ἔφεσος, ου, ἡ, Ephesus
[21] περίειμι pres ptcp m.s.nom., be around, survive
[22] βίος, ου, ὁ, life
[23] συγγράφω aor mid ptcp m.s.nom., write
[24] μαρτύριον, ου, τό, testimony, martyrdom
[25] καταξιόω perf mid/pass ind 3s, consider worthy, honor
[26] Παπίας, α or ου, ὁ, Papias
[27] Ἱεράπολις, εως, ἡ, Hierapolis
[28] ἐπίσκοπος, ου, ὁ, bishop
[29] αὐτόπτης, ου, ὁ, eyewitness
[30] κυριακός, ή, όν, belonging to the Lord
[31] λόγιον, ου, τό, saying
[32] φάσκω pres act ind 3s, assert
[33] ἀναιρέω aor pass ind 3s, take away, execute

# ΠΑΠΙΑΣ

πληρώσας δηλαδὴ¹ μετὰ τοῦ ἀδελφοῦ τὴν τοῦ Χριστοῦ περὶ αὐτῶν πρόρρησιν² καὶ τὴν ἑαυτῶν ὁμολογίαν³ περὶ τούτου καὶ συγκατάθεσιν·⁴ εἰπὼν γὰρ ὁ Κύριος πρὸς αὐτούς· Δύνασθε πιεῖν τὸ ποτήριον ὃ ἐγὼ πίνω; καὶ κατανευσάντων⁵ προθύμως⁶ καὶ συνθεμένων·⁷ Τὸ ποτήριόν μου, φησίν, πίεσθε καὶ τὸ βάπτισμα⁸ ὃ ἐγὼ βαπτίζομαι βαπτισθήσεσθε. καὶ εἰκότως.⁹ ἀδύνατον¹⁰ γὰρ Θεὸν ψεύσασθαι.¹¹ **6** οὕτω δὲ καὶ ὁ πολυμαθὴς¹² Ὠριγένης¹³ ἐν τῇ κατὰ Ματθαῖον¹⁴ ἑρμηνείᾳ¹⁵ διαβεβαιοῦται,¹⁶ ὡς ὅτι μεμαρτύρηκεν Ἰωάννης, ἐκ τῶν διαδόχων¹⁷ τῶν ἀποστόλων ὑποσημαινάμενος¹⁸ τοῦτο μεμαθηκέναι.¹⁹ **7** καὶ μὲν δὴ²⁰ καὶ ὁ πολυΐστωρ²¹ Εὐσέβιος²² ἐν τῇ ἐκκλησιαστικῇ²³ ἱστορίᾳ²⁴ φησί· Θωμᾶς²⁵ μὲν τὴν Παρθίαν²⁶ εἴληχεν,²⁷ Ἰωάννης δὲ τὴν Ἀσίαν,²⁸ πρὸς οὓς καὶ διατρίψας²⁹ ἐτελεύτησεν³⁰ ἐν Ἐφέσῳ.³¹

---

¹ δηλαδή, adv, plainly
² πρόρρησις, εως, ἡ, prediction, prophecy
³ ὁμολογία, ας, ἡ, confession
⁴ συγκατάθεσις, εως, ἡ, agreement
⁵ κατανεύω aor act ptcp m.s.nom., signal, nod in agreement, assent
⁶ προθύμως, adv, eagerly
⁷ συντίθημι aor mid ptcp m.p.gen., place together, agree
⁸ βάπτισμα, ατος, τό, baptism
⁹ εἰκότως, adv, appropriate, good reason
¹⁰ ἀδύνατος, ον, impossible
¹¹ ψεύδομαι aor pass inf, lie
¹² πολυμαθής, ές, knowing much, encyclopedic
¹³ Ὠριγένης, ου, ὁ, Origen
¹⁴ Μαθθίας, ου, ὁ, Matthias
¹⁵ ἑρμηνεία, ας, ἡ, translation, interpretation
¹⁶ διαβεβαιόω pres mid/pass ind 3s, affirm
¹⁷ διάδοχος, ου, ὁ, successor
¹⁸ ὑποσημαίνω aor mid ind m.s.nom., indicate
¹⁹ μανθάνω perf act inf, learn
²⁰ δή, part, then, now, indeed
²¹ πολυΐστωρ, ορος, ὁ, very learned, well-informed
²² Εὐσέβιος, ου, ὁ, Eusebius
²³ ἐκκλησιαστικός, ή, όν, church
²⁴ ἱστορία, ας, ἡ, history
²⁵ Θωμᾶς, ᾶ, ὁ, Thomas
²⁶ Πάρθος, ου, Parthia
²⁷ λαγχάνω perf act ind 3s, receive
²⁸ Ἀσία, ας, ἡ, Asia
²⁹ διατρίβω aor act ptcp m.s.nom., remain, stay
³⁰ τελευτάω aor act ind 3s, die
³¹ Ἔφεσος, ου, ἡ, Ephesus

**10:1** Περὶ μέντοι¹ τοῦ θεοπνεύστου² τῆς βίβλου³ τῆς ἀποκαλύψεως⁴ Ἰωάννου περιττὸν⁵ μηκύνειν⁶ τὸν λόγον ἡγούμεθα,⁷ τῶν μακαρίων Γρηγορίου⁸ φημὶ τοῦ θεολόγου⁹ καὶ Κυρίλλου,¹⁰ προσέτι¹¹ δὲ καὶ τῶν ἀρχαιοτέρων¹² Παπίου,¹³ Εἰρηναίου,¹⁴ Μεθοδίου¹⁵ καὶ Ἱππολύτου¹⁶ ταύτῃ προσμαρτυρούντων¹⁷ τὸ ἀξιόπιστον.¹⁸

**11:1** Παπίας¹⁹ δὲ οὕτως ἐπὶ λέξεως·²⁰ Ἐνίοις²¹ δὲ αὐτῶν, δηλαδὴ²² τῶν πάλαι²³ θείων²⁴ ἀγγέλων, καὶ τῆς περὶ τὴν γῆν διακοσμήσεως²⁵ ἔδωκεν ἄρχειν καὶ καλῶς ἄρχειν παρηγγύησε.²⁶ καὶ ἑξῆς²⁷ φησίν· Εἰς οὐδὲν δέον²⁸ συνέβη²⁹ τελευτῆσαι³⁰ τὴν τάξιν³¹ αὐτῶν. Καὶ ἐβλήθη ὁ δράκων³² ὁ μέγας, ὁ ὄφις³³ ὁ ἀρχαῖος³⁴ ὁ καλούμενος διάβολος καὶ ὁ Σατανᾶς, ὁ πλανῶν τὴν

---

1. μέντοι, conj, though, however
2. θεόπνευστος, ον, God-breathed, inspired by God
3. βίβλος, ου, ἡ, book
4. ἀποκάλυψις, εως, ἡ, revelation, apocalypse
5. περισσός, ή, όν, extraordinary, superfluous
6. μηκύνω pres act inf, make long
7. ἡγέομαι pres mid/pass ind 1p, lead, consider
8. Γρηγόριος, ου, ὁ, Gregory
9. θεολόγος, ου, ὁ, theologian, herald
10. Κύριλλος, ου, ὁ, Cyril
11. προσέτι, adv, over and above, still more
12. ἀρχαῖος, αία, αῖον, old, ancient
13. Παπίας, α or ου, ὁ, Papias
14. Εἰρηναῖος, ου, ὁ, Irenaeus
15. Μεθόδιος, ου, ὁ, Methodius
16. Ἱππόλυτος, ου, ὁ, Hippolytus
17. προσμαρτυρέω pres act ptcp m.p.gen., confirm
18. ἀξιόπιστος, ον, trustworthy, genuine
19. Παπίας, α or ου, ὁ, Papias
20. λέξις, εως, ἡ, speech, expression, word for word
21. ἔνιοι, αι, α, some
22. δηλαδή, adv, plainly, clearly
23. πάλαι, adv, long ago, formerly
24. θεῖος, θεία, θεῖον, divine, holy
25. διακόσμησις, εως, ἡ, orderly arrangement
26. παρεγγυάω aor act ind 3s, command
27. ἑξῆς, adv, next
28. δέον, οντος, τό, necessary
29. συμβαίνω aor act ind 3s, come about
30. τελευτάω aor act inf, come to an end
31. τάξις, εως, ἡ, administration
32. δράκων, οντος, ὁ, dragon
33. ὄφις, εως, ὁ, serpent
34. ἀρχαῖος, αία, αῖον, ancient

ΠΑΠΙΑΣ

οἰκουμένην[1] ὅλην ἐβλήθη εἰς τὴν γῆν, καὶ οἱ ἄγγελοι αὐτοῦ.

**12:1** Λαβόντες τὰς ἀφορμὰς[2] ἐκ Παπίου[3] τοῦ πάνυ[4] τοῦ Ἱεραπολίτου,[5] τοῦ ἐν τῷ ἐπιστηθίῳ[6] φοιτήσαντος,[7] καὶ Κλήμεντος,[8] Πανταίνου[9] τῆς Ἀλεξανδρέων[10] ἱερέως καὶ Ἀμμωνίου[11] σοφωτάτου,[12] τῶν ἀρχαίων[13] καὶ πρώτων συνῳδῶν[14] ἐξηγητῶν,[15] εἰς Χριστὸν καὶ τὴν ἐκκλησίαν πᾶσαν τὴν ἑξαήμερον[16] νοησάντων.[17]

**13:1** Οἱ μὲν οὖν ἀρχαιότεροι[18] τῶν ἐκκλησιῶν ἐξηγητικῶν,[19] λέγω δὴ[20] Φίλων[21] ὁ φιλόσοφος[22] καὶ τῶν ἀποστόλων ὁμόχρονος[23] καὶ Παπίας[24] ὁ πολὺς ὁ Ἰωάννου τοῦ εὐαγγελιστοῦ[25] φοιτητὴς[26] ὁ Ἱεραπολίτης,[27] Εἰρηναῖός τε ὁ Λουγδουνεὺς[28] καὶ Ἰουστίνος[29] ὁ μάρτυς καὶ φιλόσοφος,[30] Πανταῖνός[31] τε ὁ Ἀλεξανδρείας[32] καὶ Κλήμης[33] ὁ Στρωματεὺς[34] καὶ οἱ ἀμφ᾽[35] αὐτοὺς πνευματικῶς[36] τὰ

---

[1] οἰκουμένη, ης, ἡ, world
[2] ἀφορμή, ῆς, ἡ, starting-point, cue
[3] Παπίας, α or ου, ὁ, Papias
[4] πάνυ, adv, altogether, very, renowned
[5] Ἱεραπολίτης, ου, ὁ, Hierapolite; a citizen of Hierapolis
[6] ἐπιστήθιος, ου, ὁ, close friend
[7] φοιτάω aor act ptcp m.s.gen., move about, be an intimate of
[8] Κλήμης, εντος, ὁ, Clement
[9] Πανταῖνος, ου, ὁ, Pantaenus
[10] Ἀλεξανδρεύς, έως, ὁ, Alexandrian
[11] Ἀμμώνιος, ου, ὁ, Ammonius
[12] σοφός, ή, όν, superl, wise, learned
[13] ἀρχαῖος, αία, αῖον, ancient
[14] συνῳδός, όν, in agreement
[15] ἐξηγητής, οῦ, ὁ, interpreter
[16] ἑξαήμερος, ον, six days
[17] νοέω aor act ptcp m.p.gen., understand
[18] ἀρχαῖος, αία, αῖον, ancient
[19] ἐξηγητικός, ή, όν, interpretation, interpretor
[20] δή, part, indeed
[21] Φίλων, ωνος, ὁ, Philo
[22] φιλόσοφος, ου, ὁ, philosopher
[23] ὁμόχρονος, ον, contemporaneous
[24] Παπίας, α or ου, ὁ, Papias
[25] εὐαγγελιστής, οῦ, ὁ, evangelist
[26] φοιτητής, οῦ, ὁ, disciple
[27] Ἱεραπολίτης, ου, ὁ, Hierapolite; a citizen of Hierapolis
[28] Λουγδουνεὺς, έως, ὁ, citizen of Lyons
[29] Ἰουστίνος, ου, ὁ, Justin
[30] φιλόσοφος, ου, ὁ, philosopher
[31] Πανταῖνος, ου, ὁ, Pantaenus
[32] Ἀλεξανδρεία, ας, ἡ, Alexandrian
[33] Κλήμης, εντος, ὁ, Clement
[34] Στρωματεύς, έως, ὁ, Stromateus
[35] ἀμφί, prep, on both sides, around
[36] πνευματικῶς, adv, spiritually

ΠΑΠΙΑΣ

περὶ παραδείσου¹ ἐθεώρησαν εἰς τὴν Χριστοῦ ἐκκλησίαν ἀναφερόμενοι.²

**14:4** Ταῦτα δὲ καὶ Παπίας³ ὁ Ἰωάννου μὲν ἀκουστής,⁴ Πολυκάρπου⁵ δὲ ἑταῖρος⁶ γεγονώς, ἀρχαῖος⁷ ἀνήρ, ἐγγράφως⁸ ἐπιμαρτυρεῖ⁹ ἐν τῇ τετάρτῃ¹⁰ τῶν ἑαυτοῦ βιβλίων· ἔστι γὰρ αὐτῷ πέντε βιβλία συντεταγμένα.¹¹

**15:1** Τοὺς κατὰ θεὸν ἀκακίαν¹² ἀσκοῦντας¹³ παῖδας¹⁴ ἐκάλουν, ὡς καὶ Παπίας¹⁵ δηλοῖ¹⁶ βιβλίῳ πρώτῳ τῶν κυριακῶν¹⁷ ἐξηγήσεων¹⁸ καὶ Κλήμης¹⁹ ὁ Ἀλεξανδρεὺς²⁰ ἐν τῷ Παιδαγωγῷ.²¹

**16:1** Ταῦτά φησιν αἰνιττόμενος²² οἶμαι²³ Παπίαν²⁴ τὸν Ἱεραπόλεως²⁵ τῆς κατ' Ἀσίαν²⁶ τότε γενόμενον ἐπίσκοπον²⁷ καὶ

---

¹ παράδεισος, ου, ὁ, paradise
² ἀναφέρω pres mid/pass ptcp m.p.nom., lead up, bring up
³ Παπίας, α or ου, ὁ, Papias
⁴ ἀκουστής, οῦ, ὁ, hearer
⁵ Πολύκαρπος, ου, ὁ, Polycarp
⁶ ἑταῖρος, ου, ὁ, companion
⁷ ἀρχαῖος, αία, αῖον, former times, ancient, early period
⁸ ἐγγράφως, adv, in writing
⁹ ἐπιμαρτυρέω pres act ind 3s, bear witness
¹⁰ τέταρτος, η, ον, fourth
¹¹ συντάσσω perf mid/pass ptcp n.p.nom., order, compose
¹² ἀκακία, ας, ἡ, innocence
¹³ ἀσκέω pres act ptcp m.p.acc., practice
¹⁴ παῖς, παιδός, ὁ, child
¹⁵ Παπίας, α or ου, ὁ, Papias
¹⁶ δηλόω pres act ind 3s, make clear, show
¹⁷ κυριακός, ή, όν, belonging to the Lord
¹⁸ ἐξήγησις, εως, ἡ, explanation, exposition
¹⁹ Κλήμης, εντος, ὁ, Clement
²⁰ Ἀλεξανδρεύς, έως, ὁ, Alexandrian
²¹ παιδαγωγός, οῦ, ὁ, guardian, pedagogue
²² αἰνίσσομαι pres mid/pass ptcp m.s.nom., intimate, hint at
²³ οἴομαι pres mid/pass ind 1s, think, suppose
²⁴ Παπίας, α or ου, ὁ, Papias
²⁵ Ἱεράπολις, εως, ἡ, Hierapolis
²⁶ Ἀσία, ας, ἡ, Asia
²⁷ ἐπίσκοπος, ου, ὁ, bishop

συνακμάσαντα[1] τῷ θείῳ[2] εὐαγγελιστῇ[3] Ἰωάννῃ. οὗτος γὰρ ὁ Παπίας[4] ἐν τῷ τετάρτῳ[5] αὐτοῦ βιβλίῳ τῶν κυριακῶν[6] ἐξηγήσεων[7] τὰς διὰ βρωμάτων[8] εἶπεν ἐν τῇ ἀναστάσει ἀπολαύσεις·[9] εἰς ὅπερ[10] δόγμα[11] μετὰ ταῦτα ἐπίστευσεν Ἀπολλινάριος,[12] ὃ καλοῦσί τινες χιλιονταετηρίδα[13] καὶ Εἰρηναῖος[14] δὲ ὁ Λουγδούνου[15] ἐν τῷ κατὰ αἱρέσεων[16] πέμπτῳ[17] λόγῳ τὸ αὐτό φησι καὶ παράγει[18] μάρτυρα τῶν ὑπ' αὐτοῦ εἰρημένων τὸν λεχθέντα Παπίαν.[19]

**17:1** Οὐ μὴν ἀλλ' οὐδὲ Παπίαν[20] τὸν Ἱεραπόλεως[21] ἐπίσκοπον[22] καὶ μάρτυρα, οὐδὲ Εἰρηναῖον[23] τὸν ὅσιον[24] ἐπίσκοπον[25] Λουγδούνων[26] ἀποδέχεται[27] Στέφανος,[28] ἐν οἷς λέγουσιν αἰσθητῶν[29] τινῶν βρωμάτων[30] ἀπόλαυσιν[31] εἶναι τὴν τῶν οὐρανῶν βασιλείαν.

---

[1] συνακμάζω aor act ptcp m.s.acc., flourish
[2] θεῖος, θεία, θεῖον, divine, holy
[3] εὐαγγελιστής, οῦ, ὁ, evangelist
[4] Παπίας, α or ου, ὁ, Papias
[5] τέταρτος, η, ον, fourth
[6] κυριακός, ή, όν, belonging to the Lord
[7] ἐξήγησις, εως, ἡ, explanation, exposition
[8] βρῶμα, ατος, τό, food
[9] ἀπόλαυσις, εως, ἡ, enjoyment
[10] ὅσπερ, ἥπερ, ὅπερ, this very
[11] δόγμα, ατος, τό, ordinance, doctrine
[12] Ἀπολλινάριος, ου, ὁ, Apollinarius
[13] χιλιονταετηρίς, ίδος, ἡ, the millennium
[14] Εἰρηναῖος, ου, ὁ, Irenaeus
[15] Λουγδουνεύς, έως, ὁ, citizen of Lyons
[16] αἵρεσις, έσεως, ἡ, heresy
[17] πέμπτος, η, ον, fifth
[18] παράγω pres act ind 3s, bring in, introduce
[19] Παπίας, α or ου, ὁ, Papias
[20] Παπίας, α or ου, ὁ, Papias
[21] Ἱεράπολις, εως, ἡ, Hierapolis
[22] ἐπίσκοπος, ου, ὁ, bishop
[23] Εἰρηναῖος, ου, ὁ, Irenaeus
[24] ὅσιος, ια, ον, devout, holy
[25] ἐπίσκοπος, ου, ὁ, bishop
[26] Λουγδουνεύς, έως, ὁ, citizen of Lyons
[27] ἀποδέχομαι pres mid/pass ind 3s, welcome, accept, follow
[28] Στέφανος, ου, ὁ, Stephen
[29] αἰσθητός, ή, όν, sensible, perceptible
[30] βρῶμα, ατος, τό, food
[31] ἀπόλαυσις, εως, ἡ, enjoyment

# ΠΑΠΙΑΣ

**18:1** Ἀπολιναρίου·[1] Οὐκ ἀπέθανε[2] τῇ ἀγχόνῃ[3] Ἰούδας, ἀλλ' ἐπεβίω[4] καθαιρεθεὶς[5] πρὸ τοῦ ἀποπνιγῆναι.[6] καὶ τοῦτο δηλοῦσιν[7] αἱ τῶν ἀποστόλων πράξεις,[8] ὅτι πρηνὴς[9] γενόμενος ἐλάκησε[10] μέσος, καὶ ἐξεχύθη[11] τὰ σπλάγχνα[12] αὐτοῦ. τοῦτο δὲ σαφέστερον[13] ἱστορεῖ[14] Παπίας[15] ὁ Ἰωάννου μαθητὴς λέγων οὕτως ἐν τῷ τετάρτῳ[16] τῆς ἐξηγήσεως[17] τῶν κυριακῶν[18] λόγων·

Μέγα δὲ ἀσεβείας[19] ὑπόδειγμα[20] ἐν τούτῳ τῷ κόσμῳ περιεπάτησεν ὁ Ἰούδας πρησθεὶς[21] ἐπὶ τοσοῦτον[22] τὴν σάρκα, ὥστε μηδὲ ὁπόθεν[23] ἅμαξα[24] ῥᾳδίως[25] διέρχεται ἐκεῖνον δύνασθαι διελθεῖν, ἀλλὰ μηδὲ αὐτὸν μόνον τὸν τῆς κεφαλῆς ὄγκον[26] αὐτοῦ. τὰ μὲν γὰρ βλέφαρα[27] τῶν ὀφθαλμῶν αὐτοῦ φασὶ τοσοῦτον[28] ἐξοιδῆσαι,[29] ὡς αὐτὸν μὲν καθόλου[30] τὸ φῶς μὴ βλέπειν, τοὺς ὀφθαλμοὺς δὲ αὐτοῦ μηδὲ ὑπὸ ἰατροῦ[31] διὰ

---

[1] Ἀπολιναρίου, ου, ὁ, Apollinarius
[2] ἀποθνῄσκω aor act ind 3s, die
[3] ἀγχόνη, ἡ, hanging
[4] ἐπιβιόω aor act ind 1s, live after, survive
[5] καθαιρέω aor pass ptcp m.s.nom., take down
[6] ἀποπνίγω aor pass inf, choke to death
[7] δηλόω pres act ind 3p, make clear
[8] πρᾶξις, εως, ἡ, act
[9] πρηνής, ές, head first
[10] λακάω aor act ind 3s, burst open
[11] ἐκχύνω aor pass ind 3s, pour out
[12] σπλάγχνον, ου, τό, inward parts, entrails
[13] σαφής, comp, clearly
[14] ἱστορέω pres act ind 3s, recount
[15] Παπίας, α or ου, ὁ, Papias
[16] τέταρτος, η, ον, fourth
[17] ἐξήγησις, εως, ἡ, explanation, exposition
[18] κυριακός, ή, όν, belonging to the Lord
[19] ἀσέβεια, ας, ἡ, ungodliness
[20] ὑπόδειγμα, ατος, τό, example
[21] πρήθω aor pass ptcp m.s.nom., swell up
[22] τοσοῦτος, αύτη, οῦτον, so much, so great
[23] ὁπόθεν, adv, where
[24] ἅμαξα, ης, ἡ, wagon
[25] ῥᾳδίως, adv, readily, easily
[26] ὄγκος, ου, ὁ, bulk
[27] βλέφαρον, ου, τό, eyelid
[28] τοσοῦτος, αύτη, οῦτον, so much, so great
[29] ἐξοιδέω aor act inf, swell up
[30] καθόλου, adv, entirely
[31] ἰατρός, οῦ, ὁ, physician

διόπτρας¹ ὀφθῆναι δύνασθαι· τοσοῦτον² βάθος³ εἶχον ἀπὸ τῆς ἔξωθεν⁴ ἐπιφανείας·⁵ τὸ δὲ αἰδοῖον⁶ αὐτοῦ πάσης μὲν ἀσχημοσύνης⁷ ἀηδέστερον⁸ καὶ μεῖζον φαίνεσθαι, φέρεσθαι δὲ δι' αὐτοῦ ἐκ παντὸς τοῦ σώματος συρρέοντας⁹ ἰχῶράς¹⁰ τε καὶ σκώληκας¹¹ εἰς ὕβριν¹² δ' αὐτῶν μόνων τῶν ἀναγκαίων.¹³ μετὰ πολλὰς δὲ βασάνους¹⁴ καὶ τιμωρίας¹⁵ ἐν ἰδίῳ, φασί, χωρίῳ¹⁶ τελευτήσαντος,¹⁷ ἀπὸ τῆς ὀδμῆς¹⁸ ἔρημον καὶ ἀοίκητον¹⁹ τὸ χωρίον²⁰ μέχρι²¹ τῆς νῦν γενέσθαι, ἀλλ' οὐδὲ μέχρι²² τῆς σήμερον δύνασθαί τινα ἐκεῖνον τὸν τόπον παρελθεῖν,²³ ἐὰν μὴ τὰς ῥῖνας²⁴ ταῖς χερσὶν ἐπιφράξῃ.²⁵ τοσαύτη²⁶ διὰ τῆς σαρκὸς αὐτοῦ καὶ ἐπὶ τῆς γῆς ἔκρυσις²⁷ ἐχώρησεν.²⁸

**20:1** Ὕστατος²⁹ γὰρ τούτων Ἰωάννης ὁ τῆς βροντῆς³⁰ υἱὸς μετακληθείς,³¹ πάνυ³² γηραλέου³³ αὐτοῦ γενομένου, ὡς

---

¹ διόπτρα, ας, ἡ, optical instrument
² τοσοῦτος, αύτη, οῦτον, so much, so great
³ βάθος, ους, τό, depth, below the surface
⁴ ἔξωθεν, adv, outside, outer
⁵ ἐπιφάνεια, ας, ἡ, appearance, surface
⁶ αἰδοῖον, ου, τό, private parts, genitals
⁷ ἀσχημοσύνη, ης, ἡ, shameless, unbecoming
⁸ ἀηδής, ές, unpleasant
⁹ συρρέω pres act ptcp m.s.acc., flow together
¹⁰ ἰχώρ, ῶρος, ὁ, discharge, push
¹¹ σκώληξ, ηκος, ὁ, worm
¹² ὕβρις, εως, ἡ, insolence, shame
¹³ ἀναγκαῖος, α, ον, applying force
¹⁴ βάσανος, ου, ἡ, torment, agony
¹⁵ τιμωρία, ας, ἡ, punishment
¹⁶ χωρίον, ου, τό, place
¹⁷ τελευτάω aor act ptcp m.s.gen., die
¹⁸ ὀσμή, ῆς, ἡ, odor, stench
¹⁹ ἀοίκητος, ον, uninhabited
²⁰ χωρίον, ου, τό, place
²¹ μέχρι, prep, until
²² μέχρι, prep, until
²³ παρέρχομαι aor act inf, pass by
²⁴ ῥίς, ῥινός, ἡ, nose
²⁵ ἐπιφράσσω aor act sub 3s, close
²⁶ τοσοῦτος, αύτη, οῦτον, so much, so great
²⁷ ἔκρυσις, εως, ἡ, outflow, discharge
²⁸ χωρέω aor act ind 3s, reach, spread
²⁹ ὕστερος, α, ον, superl, later, last
³⁰ βροντή, ῆς, ἡ, thunder
³¹ μετακαλέω aor pass ptcp m.s.nom., call
³² πάνυ, adv, very
³³ γηραλέος, α, ον, aged

## ΠΑΠΙΑΣ

παρέδοσαν ἡμῖν ὅ τε Εἰρηναῖος[1] καὶ Εὐσέβιος[2] καὶ ἄλλοι πιστοὶ κατὰ διαδοχὴν[3] γεγονότες ἱστορικοί,[4] κατ' ἐκεῖνο καιροῦ αἱρέσεων[5] ἀναφυεισῶν[6] δεινῶν[7] ὑπηγόρευσε[8] τὸ εὐαγγέλιον τῷ ἑαυτοῦ μαθητῇ Παπίᾳ[9] εὐβιώτῳ[10] τῷ Ἱεραπολίτῃ,[11] πρὸς ἀναπλήρωσιν[12] τῶν πρὸ αὐτοῦ κηρυξάντων τὸν λόγον τοῖς ἀνὰ[13] πᾶσαν τὴν οἰκουμένην[14] ἔθνεσιν.

---

[1] Εἰρηναῖος, ου, ὁ, Irenaeus
[2] Εὐσέβιος, ου, ὁ, Eusebius
[3] διαδοχή, ῆς, ἡ, succession
[4] ἱστορικός, ή, όν, historian
[5] αἵρεσις, έσεως, ἡ, heresy
[6] ἀναφύω aor pass ptcp f.p.gen., spring up
[7] δεινός, ή, όν, terrible
[8] ὑπαγορεύω aor act ind 3s, dictate
[9] Παπίας, α or ου, ὁ, Papias
[10] εὐβίωτος, ου, ὁ, virtuous
[11] Ἱεραπολίτης, ου, ὁ, Hierapolite; a citizen of Hierapolis
[12] ἀναπλήρωσις, εως, ἡ, filling up
[13] ἀνά, adv, each
[14] οἰκουμένη, ῆς, ἡ, world

# Diognetus

APOSTOLIC FATHERS GREEK READER

VOLUME 3

# DIOGNETUS

## AN INTRODUCTION

By and large, the writings of the New Testament era as well as those from the period immediately following (i.e., the works of the so-called Apostolic Fathers[1]) are concerned with establishing the faith and discipline of Christian communities. They are works that generally address those within the fold of Christianity. After AD 150, there is a noticeable shift in the orientation of Christian literature. There is now a significant stress on apologetics; that is, a genre of literature that presents reasons for holding to the Christian faith, attempts to answer the ridicule and objections of unbelievers, and attacks on alternative world-views in the Græco-Roman world. Although *The Letter to Diognetus* is classified among the Apostolic Fathers, by genre it is actually part of apologetic literature. This class of writings is thus probably to be dated to the latter half of the second century.[2] Avery Dulles has rightly described this letter as "the pearl of early Christian apologetics."[3] *In nuce*, this anonymous work is the joyous expression in Pauline terms of a man who stands utterly amazed at the gracious revelation of God's love in the death of his Son for sinners.

The original authorship of the letter is now lost to us. From the elegant Greek of the treatise, it is probably correct to observe that the author experienced a classical education and "possessed considerable

---

[1] See Clare K. Rothschild, "On the Invention of *Patres Apostolici*," in *New Essays on the Apostolic Fathers*, WUNT 375 (Tübingen: Mohr Siebeck, 2007), 7–34; David Lincicum, "Paratextual Invention of the Term 'Apostolic Fathers,'" *JTS* 66 (2015): 139–48.

[2] For this dating, see Robert M. Grant, *Greek Apologists of the Second Century* (Philadelphia: Westminster Press, 1988), 178–79; Theofried Baumeister, "Zur Datierung der Schrift an Diognet," *Vigiliae Christianae* 42 (1988): 105–11; W. S. Walford, *Epistle to Diognetus* (London: James Nisbet & Co., 1908), 7–9; and L. W. Barnard, "The Enigma of the Epistle to Diognetus," in *Studies in the Apostolic Fathers and Their Background* (New York: Shocken Books, 1966), 172–73, would date it no later than 140.

[3] *A History of Apologetics* (Philadelphia: Westminster, 1971), 28.

literary skill and style." Equally lost is the historical and geographical context of the work and audience.[1] Also noteworthy are three major gaps in the text, at 7.7; 10.1; and 10.8. The last of these lacunae is the most serious for it comes right at the conclusion of the treatise, and so how the text actually ends is not known. This accords with the opinion of most scholars that Diogn. 11 and 12 are a separate work by a different author.

In the first chapter of the treatise, the author notes that Diognetus is interested in learning about the Christian faith. In fact, he has three specific questions that he wants answered. The first question is multifaceted: Who is the God that is worshipped by the Christians, such that they reject the reverence paid to the Græco-Roman deities, does no one practice the distinctive features of Judaism, and in sum, are none afraid to be viewed as nonconformists? Second, why do Christians love each other the way they do? And finally, why has Christianity only recently appeared on the scene of history?

The first question is rooted in the frequent accusation made against the early Christians that they were "atheists," since they refused to worship the Greek and Roman gods. However, the question also seeks to understand the differentiation of Christianity from Judaism—an indication that the difference between church and synagogue was readily apparent to outsiders[2]—and how the worship of the Christian God could have such remarkable fruit: a determination to live above the fashion of the world and a refusal to fear death. The latter is probably a response to having seen or heard of Christians who had died as

---

[1] For some speculation as to the identity of Diognetus, see the discussion of Dulles, *History of Apologetics*, 28–9. See Charles E. Hill, *From the Lost Teaching of Polycarp: Identifying Irenaeus' Apostolic Presbyter and the Author of* Ad Diognetum, WUNT 186 (Tübingen: Mohr Siebeck, 2006); he has argued for Polycarp as the author. As proof of his thesis that Polycarp is the author of Diogn., Hill points to the way that the author describes himself in Diogn. 11–12, which dovetails with the description of Polycarp elsewhere. Hill finds further evidence in the similarity of themes between Pol. *Phil.* and Mart. Pol., on the one hand, and Diogn., on the other.

[2] This was not the case in the era of the New Testament. See, for instance, Acts 18:12–16.

martyrs. The author's answer to this question and its sub-points occupies him in Diogn. 2–8.

The second question—asking about the source of the love Christians had for one another—reflects an observation not infrequently made by those outside of Christian communities yet familiar to some degree with them. These pagans were struck by the way that these early Christian communities were communities of love, something quite different from their own experience of social relationships. Diognetus 10 seeks to answer this query.

The third question has its basis in Græco-Roman reverence for antiquity. What was true had to be ancient. If it was recent, it was suspect.[1] Thus, if Christianity was true, why had the ancients of the Græco-Roman world not known of it? The recent origin of Christianity thus posed a significant stumbling-block for acceptance of its truth claims. Theophilus of Antioch, in his apologetic work *To Autolycus* also mentions this charge being hurled against the Christian faith.[2] The author devotes some of Chapter 8 and then Chapter 9 to answering this question.

As Markus Bockmuehl has noted, the theological center of the Letter to Diognetus is found in chapters 7–9.[3] Having developed a high Christology in Diogn. 7 in his delineation of the nature of the Christian God, the author now explains the recent appearance of Christianity in terms of a soteriological affirmation that is deeply indebted to Pauline and Petrine categories of thought about the cross as a place of substitution, justification, and imputation. And in these

---

[1] Stephen Benko, *Pagan Rome and the Early Christians* (Bloomington: Indiana University Press, 1984), 21–22; Wolfram Kinzig, "The Idea of Progress in the Early Church until the Age of Constantine," *Studia Patristica* 24 (1993): 123–25.

[2] *To Autolycus* 3.4. After mentioning such charges against Christianity as incest and cannibalism, Theophlius notes a third charge, that of Christianity being novel: "They also say that our message has been made public only recently, and that we have nothing to say in proof of our truth and our teaching; they call our message foolishness" (trans. Robert M. Grant in his ed., *Theophilus of Antioch: Ad Autolycum* [Oxford: Clarendon, 1970], 105).

[3] Markus Bockmuehl, *Revelation and Mystery in Ancient Judaism and Pauline Christianity* (Grand Rapids: Eerdmans, 1997), 219.

chapters the author's deep sense of joy for what God has done for humanity in Christ especially comes to the fore. His Pauline crucicentrism is thus interwoven with praise and doxology as he thinks about the cross: "O the sweet exchange! O the inscrutable work of God! O blessings beyond all expectation!"[1]

Diognetus 11–12 is probably best seen as a separate text: they are a homiletical reflection on the Christ as the Word and the tree of knowledge in the Garden of Eden.

Michael A. G. Haykin

---

[1] Diogn. 9.5.

# ADDITIONAL RESOURCES FOR FURTHER STUDY

## Letter to Diognetus Beginning

Costache, Doru. "Christianity and the World in the Letter to Diognetus: Inferences for Contemporary Ecclesial Experience." *Phronema* 27.1 (2012): 29–50.

Dunning, Benjamin H. *Aliens and Sojourners: Self as Other in Early Christianity*. Philadelphia: University of Pennsylvania Press, 2009.

Foster, Paul. "The *Epistle to Diognetus*." Pages 147–56 in *The Writings of the Apostolic Fathers*, ed. Paul Foster. London: T&T Clark, 2007.

Hollon, Bryan C. "Is the Epistle to Diognetus an Apology? A Rhetorical Analysis." *Journal of Communication and Religion* 29.1 (2006): 127–46.

## Letter to Diognetus Intermediate

Bird, Michael F. "The Reception of Paul in the *Epistle to Diognetus*." Pages 70–90 in *Paul and the Second Century*, ed. Michael F. Bird and Joseph R. Dodson. London: T&T Clark, 2011.

Crowe, Brandon D. "Oh Sweet Exchange! The Soteriological Significance of the Incarnation in the *Epistle to Diognetus*." ZNW 102.1 (2011): 96–109.

Hill, Charles E. *From the Lost Teaching of Polycarp: Identifying Irenaeus' Apostolic Presbyter and the Author of* Ad Diognetum. WUNT 186. Tübingen: Mohr Siebeck, 2006.

Jefford, Clayton N. *The Epistle to Diognetus (with the Fragment of Quadratus): Introduction, Text, and Commentary*. Oxford Apostolic Fathers. Oxford: Oxford University Press, 2013.

Perendy, László. "The Threads of Tradition: The Parallelisms between Ad Diognetum and Ad Autolycum." *Studia Patristica* 65 (2013): 197–207.

Reis, David Michael. "Thinking with Soul: Psyche and Psychikos in the Construction of Early Christian Identities." *JECS* 17.4 (2009): 563–603.

**Letter to Diognetus Advanced**

Baumeister, Theofried. "Zur Datierung der Schrift an Diognet." *Vigiliae Christianae* 42.2 (1988): 105–11.

Bourlet, Michel, Roland Minnerath, Marie-Hélène Congourdeau, and Xavier Morales, eds. *Apologie à Diognète. Exhortation aux Grecs*. Les Pères Dans La Foi 83. La Ferrière: Littéral, 2002.

Heintz, Michael. "Mimētēs Theou in the Epistle to Diognetus." *JECS* 12.1 (2004): 107–19.

Lona, Horacio. "Zur Struktur von Diog 5–6." *VC* 54.1 (2000): 32–43.

Rizzi, Marco. "*La questione dell'unità dell' 'Ad Diognetum'*." *Studia Patristica Mediolanensia* 16 (1989): 162–70.

# ΕΠΙΣΤΟΛΗ
# ΠΡΟΣ ΔΙΟΓΝΗΤΟΝ

Ἡ ἐκκλησία τοῦ θεοῦ ἡ παροικοῦσα[1] Σμύρναν

**1:1** ἘΠΕΙΔΗ[2] ὁρῶ, κράτιστε[3] Διόγνητε,[4] ὑπερεσπουδακότα[5] σε τὴν θεοσέβειαν[6] τῶν Χριστιανῶν μαθεῖν[7] καὶ πάνυ[8] σαφῶς[9] καὶ ἐπιμελῶς[10] πυνθανόμενον[11] περὶ αὐτῶν, τίνι τε Θεῷ πεποιθότες καὶ πῶς θρησκεύοντες[12] αὐτὸν τόν τε κόσμον ὑπερορῶσι[13] πάντες καὶ θανάτου καταφρονοῦσι,[14] καὶ οὔτε τοὺς νομιζομένους[15] ὑπὸ τῶν Ἑλλήνων[16] θεοὺς λογίζονται οὔτε τὴν Ἰουδαίων δεισιδαιμονίαν[17] φυλάσσουσι, καὶ τίνα τὴν φιλοστοργίαν[18] ἔχουσι πρὸς ἀλλήλους, καὶ τί δήποτε[19] καινὸν τοῦτο γένος[20] ἢ ἐπιτήδευμα[21] εἰσῆλθεν εἰς τὸν βίον[22] νῦν καὶ οὐ

---

[1] παροικέω pres act ptcp f.s.nom., inhabit a place as a foreigner, be a stranger
[2] ἐπειδή, conj, when, after
[3] κράτιστος, η, ον, superl, most noble, most excellent
[4] Διόγνητος, ου, ὁ, Diognetus
[5] ὑπερσπουδάζω perf act ptcp m.s.acc., take great pains, be very eager
[6] θεοσέβεια, ας, ἡ, piety, godliness
[7] μανθάνω aor act inf, learn
[8] πάνυ, adv, altogether, very
[9] σαφῶς, adv, clearly, exactly, very well
[10] ἐπιμελῶς, adv, carefully, diligently
[11] πυνθάνομαι pres mid/pass part m.s.acc., inquire, ask, learn
[12] θρησκεύω pres act ptcp m.p.nom., worship
[13] ὑπεροράω pres act ind 3p, disdain, despise, disregard
[14] καταφρονέω pres act ind 3p, look down on
[15] νομίζω pres mid/pass ptcp m.p.acc., think, believe, consider
[16] Ἕλλην, ηνος, ὁ, Greek
[17] δεισιδαιμονία, ας, ἡ, religious, religion
[18] φιλοστοργία, ας, ἡ, heartfelt love, strong affection
[19] δήποτε, adv, at any time
[20] γένος, ους, τό, descendant, people, class
[21] ἐπιτήδευμα, ατος, τό, pursuit, way of living
[22] βίος, ου, ὁ, life

## ΕΠΙΣΤΟΛΗ ΠΡΟΣ ΔΙΟΓΝΗΤΟΝ

πρότερον;[1] **2** ἀποδέχομαί[2] γε[3] τῆς προθυμίας[4] σε ταύτης καὶ παρὰ τοῦ Θεοῦ, τοῦ καὶ τὸ λέγειν καὶ τὸ ἀκούειν ἡμῖν χορηγοῦντος,[5] αἰτοῦμαι δοθῆναι ἐμοὶ μὲν εἰπεῖν οὕτως ὡς μάλιστα[6] ἂν ἀκούσαντά σε βελτίω[7] γενέσθαι, σοί τε οὕτως ἀκοῦσαι ὡς μὴ λυπηθῆναι[8] τὸν εἰπόντα.

**2:1** Ἄγε δή,[9] καθάρας[10] σεαυτὸν ἀπὸ πάντων τῶν προκατεχόντων[11] σου τὴν διάνοιαν[12] λογισμῶν,[13] καὶ τὴν ἀπατῶσάν[14] σε συνήθειαν[15] ἀποσκευασάμενος,[16] καὶ γενόμενος ὥσπερ ἐξ ἀρχῆς καινὸς ἄνθρωπος, ὡς ἂν καὶ λόγου καινοῦ, καθάπερ[17] καὶ αὐτὸς ὡμολόγησας,[18] ἀκροατὴς[19] ἐσόμενος· ἴδε[20] μὴ μόνον τοῖς ὀφθαλμοῖς ἀλλὰ καὶ τῇ φρονήσει[21] τίνος ὑποστάσεως[22] ἢ τίνος εἴδους[23] τυγχάνουσιν[24] οὓς ἐρεῖτε καὶ

---

[1] πρότερος, α, ον, former, earlier
[2] ἀποδέχομαι pres mid/pass ind 1s, welcome, accept
[3] γέ, part, at least, even, indeed
[4] προθυμία, ας, ἡ, willingness, readiness, goodwill
[5] χορηγέω pres act ptcp m.s.gen., provide, supply
[6] μάλιστα, superl, most of all, above all
[7] βελτίων, ον, superl, better
[8] λυπέω aor pass inf, vex, irritate, offend, insult
[9] δή, part, indeed, now
[10] καθαίρω aor act ptcp m.s.nom., make clean
[11] προκατέχω pres act ptcp m.p.gen., gain possession of previously, occupy previously
[12] διάνοια, ας, ἡ, understanding, mind, thought
[13] λογισμός, οῦ, ὁ, reasoning, reasoning power, wisdom
[14] ἀπατάω pres act ptcp f.s.acc., deceive, mislead
[15] συνήθεια, ας, ἡ, friendship, fellowship, intimacy,
[16] ἀποσκευάζω aor mid ptcp m.s.nom., lay aside, get rid of
[17] καθάπερ, conj, just as
[18] ὁμολογέω aor act ind 2s, promise, confess
[19] ἀκροατής, οῦ, ὁ, a hearer
[20] ἴδε, interj, look!, see!
[21] φρόνησις, εως, ἡ, way of thinking, (frame of) mind
[22] ὑπόστασις, εως, ἡ, substantial nature, essence
[23] εἶδος, ους, τό, form, outward appearance
[24] τυγχάνω pres act ind 3p, meet, find

## ΕΠΙΣΤΟΛΗ ΠΡΟΣ ΔΙΟΓΝΗΤΟΝ

νομίζετε¹ Θεούς. **2** οὐχ ὁ μέν τις λίθος ἐστὶν ὅμοιος τῷ πατουμένῳ,² ὁ δ᾽ ἐστὶ χαλκὸς³ οὐ κρείσσων⁴ τῶν εἰς τὴν χρῆσιν⁵ ἡμῖν κεχαλκευμένων⁶ σκευῶν,⁷ ὁ δὲ ξύλον⁸ ἤδη καὶ σεσηπός,⁹ ὁ δὲ ἄργυρος¹⁰ χρῄζων¹¹ ἀνθρώπου τοῦ φυλάξαντος ἵνα μὴ κλαπῇ,¹² ὁ δὲ σίδηρος¹³ ὑπὸ ἰοῦ¹⁴ διεφθαρμένος,¹⁵ ὁ δὲ ὄστρακον,¹⁶ οὐδὲν τοῦ κατεσκευασμένου¹⁷ πρὸς τὴν ἀτιμοτάτην¹⁸ ὑπηρεσίαν εὐπρεπέστερον;¹⁹ **3** οὐ φθαρτῆς²⁰ ὕλης²¹ ταῦτα πάντα; οὐχ ὑπὸ σιδήρου²² καὶ πυρὸς κεχαλκευμένα;²³ οὐχ ὁ μὲν αὐτῶν λιθοξόος²⁴ ὁ δὲ χαλκεὺς²⁵ ὁ δὲ ἀργυροκόπος²⁶ ὁ δὲ κεραμεὺς²⁷ ἔπλασεν;²⁸ οὐ πρὶν²⁹ ἢ ταῖς τέχναις³⁰ τούτων εἰς τὴν μορφὴν³¹ ταύτην

---

¹ νομίζω pres act ind 2p, have in common use, think
² πατέω pres mid/pass ptcp m.s.dat., tread, walk, trample
³ χαλκός, οῦ, ὁ, brass, bronze
⁴ κρείττων, ον, more prominent, higher in rank
⁵ χρῆσις, εως, ἡ, use, usage, usefulness
⁶ χαλκεύω perf mid/pass ptcp n.p.gen., forge
⁷ σκεῦος, ους, τό, thing, object, vessel
⁸ ξύλον, ου, τό, wood, tree
⁹ σήπω perf act ptcp n.s.nom., decay, rot
¹⁰ ἄργυρος, ου, ὁ, silver, money
¹¹ χρῄζω pres act ptcp m.s.nom., need, (have) need (of)
¹² κλέπτω aor pass sub 3s, steal
¹³ σίδηρος, ου, ὁ, iron
¹⁴ ἰός, οῦ, ὁ, poison, venom, corrosion, rust
¹⁵ διαφθείρω perf mid/pass ptcp m.s.nom., spoil, destroy, deprave, ruin
¹⁶ ὄστρακον, ου, τό, baked clay, pottery
¹⁷ κατασκευάζω perf mid/pass ptcp m.s.gen., make ready
¹⁸ ἄτιμος, ον, superl, dishonored, despised, insignificant
¹⁹ εὐπρεπής, ές, looking well, suited
²⁰ φθαρτός, ή, όν, perishable
²¹ ὕλη, ης, ἡ, forest, wood, material
²² σίδηρος, ου, ὁ, iron
²³ χαλκεύω perf mid/pass ptcp n.p.nom., forge
²⁴ λιθοξόος, ου, ὁ, sculptor
²⁵ χαλκεύς, έως, ὁ, (black)smith, metalworker
²⁶ ἀργυροκόπος, ου, ὁ, silversmith
²⁷ κεραμεύς, έως, ὁ, potter
²⁸ πλάσσω aor act ind 3s, form, mold, shape
²⁹ πρίν, conj/adv, before
³⁰ τέχνη, ης, ἡ, skill, trade
³¹ μορφή, ῆς, ἡ, form, outward appearance, shape

## ΕΠΙΣΤΟΛΗ ΠΡΟΣ ΔΙΟΓΝΗΤΟΝ

ἐκτυπωθῆναι[1] ἣν ἕκαστον αὐτῶν ἑκάστῳ εἰκάζειν[2] μεταμεμορφωμένον;[3] οὐ τὰ νῦν ἐκ τῆς αὐτῆς ὕλης[4] ὄντα σκεύη[5] γένοιτ' ἄν, εἰ τύχοι[6] τῶν αὐτῶν τεχνιτῶν,[7] ὅμοια τοιούτοις; **4** οὐ ταῦτα πάλιν τὰ νῦν ὑφ' ὑμῶν προσκυνούμενα δύναιτ' ἂν ὑπὸ ἀνθρώπων σκεύη[8] ὅμοια γενέσθαι τοῖς λοιποῖς; οὐ κωφὰ[9] πάντα, οὐ τυφλά, οὐκ ἄψυχα,[10] οὐκ ἀναίσθητα,[11] οὐκ ἀκίνητα;[12] οὐ πάντα σηπόμενα,[13] οὐ πάντα φθειρόμενα.[14] **5** ταῦτα Θεοὺς καλεῖτε, τούτοις δουλεύετε,[15] τούτοις προσκυνεῖτε· τέλεον[16] δ' αὐτοῖς ἐξομοιοῦσθε.[17] **6** διὰ τοῦτο μισεῖτε Χριστιανούς,[18] ὅτι τούτους οὐχ ἡγοῦνται[19] θεούς. **7** ὑμεῖς γὰρ οἱ νῦν νομίζοντες[20] καὶ σεβόμενοι,[21] οὐ πολὺ πλέον αὐτῶν καταφρονεῖτε;[22] οὐ πολὺ μᾶλλον αὐτοὺς χλευάζετε[23] καὶ ὑβρίζετε,[24] τοὺς μὲν λιθίνους[25]

---

[1] ἐκτυπόω aor pass inf, shape
[2] εἰκάζω pres act inf, suppose, imagine
[3] μεταμορφόω perf mid/pass ptcp n.s.acc., be transfigured, be changed, be transformed
[4] ὕλη, ης, ἡ, forest, wood, material
[5] σκεῦος, ους, τό, thing, object, vessel
[6] τυγχάνω aor act opt 3s, meet, find
[7] τεχνίτης, ου, ὁ, craftsperson, artisan, designer
[8] σκεῦος, ους, τό, thing, object, vessel
[9] κωφός, ή, όν, mute, deaf
[10] ἄψυχος, ον, inanimate, lifeless
[11] ἀναίσθητος, ον, without feeling/perception
[12] ἀκίνητος, ον, immovable, unable to move
[13] σήπω pres mid/pass ptcp n.p.nom., decay, rot
[14] φθείρω pres mid/pass ptcp n.p.nom., destroy, ruin, corrupt
[15] δουλεύω pres act ind 2p, be a slave, be subjected
[16] τέλειος, α, ον, perfect, complete, mature
[17] ἐξομοιόω pres mid/pass ind 3p, become just like/similar
[18] Χριστιανός, οῦ, ὁ, Christ-partisan, Christian
[19] ἡγέομαι pres mid/pass ind 3p, lead, guide, think
[20] νομίζω pres act ptcp m.p.nom., have in common use, think
[21] σέβω pres mid/pass ptcp m.p.nom., worship, show reverence/respect for
[22] καταφρονέω pres act impv 2p, look down on, despise
[23] χλευάζω pres act ind 2p, mock, sneer, scoff
[24] ὑβρίζω pres act ind 2p, mistreat, insult
[25] λίθινος, ίνη, ον, (made of) stone

## ΕΠΙΣΤΟΛΗ ΠΡΟΣ ΔΙΟΓΝΗΤΟΝ

καὶ ὀστρακίνους¹ σέβοντες² ἀφυλάκτως,³ τοὺς δὲ ἀργυρέους⁴ καὶ χρυσοῦς⁵ ἐγκλείοντες⁶ ταῖς νυξί, καὶ ταῖς ἡμέραις φύλακας⁷ παρακαθιστάντες,⁸ ἵνα μὴ κλαπῶσιν;⁹ **8** αἷς δὲ δοκεῖτε τιμαῖς προσφέρειν, εἰ μὲν αἰσθάνονται,¹⁰ κολάζετε¹¹ μᾶλλον αὐτούς· εἰ δὲ ἀναισθητοῦσιν,¹² ἐλέγχοντες¹³ αἵματι καὶ κνίσαις¹⁴ αὐτοὺς θρησκεύετε.¹⁵ **9** ταῦθ' ὑμῶν τις ὑπομεινάτω,¹⁶ ταῦτα ἀνασχέσθω¹⁷ τις ἑαυτῷ γενέσθαι. ἀλλὰ ἄνθρωπος μὲν οὐδὲ εἷς ταύτης τῆς κολάσεως¹⁸ ἑκὼν¹⁹ ἀνέξεται,²⁰ αἴσθησιν²¹ γὰρ ἔχει καὶ λογισμόν·²² ὁ δὲ λίθος ἀνέχεται,²³ ἀναισθητεῖ²⁴ γάρ· οὐκοῦν²⁵ τὴν αἴσθησιν²⁶ αὐτοῦ ἐλέγχετε.²⁷ **10** περὶ μὲν οὖν τοῦ μὴ δεδουλῶσθαι²⁸ Χριστιανοὺς²⁹ τοιούτοις θεοῖς πολλὰ μὲν ἂν

---

¹ ὀστράκινος, η, ον, made of earth/clay
² σέβω pres act ptcp m.p.nom., worship, show reverence/respect for
³ ἀφυλάκτως, adv, without guarding
⁴ ἀργυροῦς, ᾶ, οῦν, silver
⁵ χρυσός, οῦ, ὁ, gold, coined gold, money
⁶ ἐγκλείω pres act ptcp m.p.nom., lock up, shut up, enclose
⁷ φύλαξ, ακος, ὁ, guard, sentinel
⁸ παρακαθίστημι pres act ptcp m.p.nom., post
⁹ κλέπτω aor pass sub 3p, steal
¹⁰ αἰσθάνομαι pres mid/pass ind 3p, notice, understand
¹¹ κολάζω pres act ind 2p, penalize, punish
¹² ἀναισθητέω pres act ind 3p, be unfeeling, insensible
¹³ ἐλέγχω pres act ptcp m.p.nom., bring to light
¹⁴ κνῖσα, ης, ἡ, the odor of burning fat
¹⁵ θρησκεύω pres act ind 2p, worship
¹⁶ ὑπομένω aor act impv 3s, endure
¹⁷ ἀνέχω aor mid impv 3s, endure, bear with
¹⁸ κόλασις, εως, ἡ, punishment
¹⁹ ἑκών, οῦσα, όν, willing(ly), glad(ly)
²⁰ ἀνέχω fut mid ind 3s, endure, bear with
²¹ αἴσθησις, εως, ἡ, perception, sensation, discernment
²² λογισμός, οῦ, ὁ, reasoning, wisdom
²³ ἀνέχω pres mid/pass ind 3s, endure, bear with
²⁴ ἀναισθητέω pres act ind 3s be unfeeling, insensible
²⁵ οὐκοῦν, conj, therefore, so
²⁶ αἴσθησις, εως, ἡ, perception, discernment
²⁷ ἐλέγχω pres act ind 2p, expose
²⁸ δουλόω perf mid/pass inf, enslave, cause to be like a slave
²⁹ Χριστιανός, οῦ, ὁ, Christ-partisan, Christian

## ΕΠΙΣΤΟΛΗ ΠΡΟΣ ΔΙΟΓΝΗΤΟΝ

καὶ ἄλλα εἰπεῖν ἔχοιμι· εἰ δέ τινι μὴ δοκοίη κἂν ταῦτα ἱκανά, περισσὸν[1] ἡγοῦμαι[2] καὶ τὸ πλείω λέγειν.

**3:1** Ἑξῆς[3] δὲ περὶ τοῦ μὴ κατὰ τὰ αὐτὰ Ἰουδαίοις θεοσεβεῖν[4] αὐτοὺς οἶμαί[5] σε μάλιστα[6] ποθεῖν[7] ἀκοῦσαι. **2** Ἰουδαῖοι τοίνυν,[8] εἰ μὲν ἀπέχονται[9] ταύτης τῆς προειρημένης[10] λατρείας,[11] καλῶς Θεὸν ἕνα τῶν πάντων σέβειν[12] καὶ δεσπότην[13] ἀξιοῦσι[14] φρονεῖν·[15] εἰ δὲ τοῖς προειρημένοις[16] ὁμοιοτρόπως[17] τὴν θρησκείαν[18] προσάγουσιν[19] αὐτῷ ταύτην, διαμαρτάνουσιν.[20] **3** ἃ γὰρ τοῖς ἀναισθήτοις[21] καὶ κωφοῖς[22] προσφέροντες οἱ Ἕλληνες[23] ἀφροσύνης[24] δεῖγμα[25] παρέχουσι,[26] ταῦθ᾽ οὗτοι,

---

[1] περισσός, ή, όν, extraordinary, remarkable
[2] ἡγέομαι pres mid/pass ind 1s, lead, guide
[3] ἑξῆς, adv, in the next place
[4] θεοσεβέω pres act inf, worship God
[5] οἴομαι pres mid/pass ind 1s, think, suppose
[6] μάλιστα, superl, most of all, above all
[7] ποθέω pres act inf, desire, wish (for)
[8] τοίνυν, conj, hence, so, well (then)
[9] ἀπέχω pres mid/pass ind 3p, be paid in full
[10] προλέγω perf mid/pass ptcp f.s.gen., tell beforehand/in advance
[11] λατρεία, ας, ἡ, service, worship (of God)
[12] σέβω pres act inf, worship, show reverence/respect for
[13] δεσπότης, ου, ὁ, lord, master, owner
[14] ἀξιόω pres act ind 3p, consider worthy
[15] φρονέω pres act inf, think
[16] προλέγω perf mid/pass ptcp m.p.dat., tell beforehand/in advance
[17] ὁμοιοτρόπως, adv, in the same way
[18] θρησκεία, ας, ἡ, worship
[19] προσάγω pres act ind 3p, bring (forward), come near
[20] διαμαρτάνω pres act ind 3p, miss the mark badly, be quite wrong
[21] ἀναίσθητος, ον, without feeling, perception
[22] κωφός, ή, όν, mute, deaf
[23] Ἕλλην, ηνος, ὁ, Greek, gentile
[24] ἀφροσύνη, ης, ἡ, foolishness, lack of sense
[25] δεῖγμα, ατος, τό, indicator, proof, example
[26] παρέχω pres act in 3p, give up

## ΕΠΙΣΤΟΛΗ ΠΡΟΣ ΔΙΟΓΝΗΤΟΝ

καθάπερ¹ προσδεομένῳ² τῷ Θεῷ λογιζόμενοι παρέχειν,³ μωρίαν⁴ εἰκὸς⁵ μᾶλλον ἡγοῖντ'⁶ ἄν, οὐ θεοσέβειαν.⁷ **4** ὁ γὰρ ποιήσας τὸν οὐρανὸν καὶ τὴν γῆν καὶ πάντα τὰ ἐν αὐτοῖς καὶ πᾶσιν ἡμῖν χορηγῶν⁸ ὧν προσδεόμεθα,⁹ οὐδενὸς ἂν αὐτὸς προσδέοιτο¹⁰ τούτων ὧν τοῖς οἰομένοις¹¹ διδόναι παρέχει¹² αὐτός. **5** οἱ δέ γε¹³ θυσίας¹⁴ αὐτῷ δι' αἵματος καὶ κνίσης¹⁵ καὶ ὁλοκαυτωμάτων¹⁶ ἐπιτελεῖν¹⁷ οἰόμενοι¹⁸ καὶ ταύταις ταῖς τιμαῖς αὐτὸν γεραίρειν,¹⁹ οὐδέν μοι δοκοῦσι διαφέρειν²⁰ τῶν εἰς τὰ κωφὰ²¹ τὴν αὐτὴν ἐνδεικνυμένων²² φιλοτιμίαν·²³ τῶν μὲν μὴ δυναμένοις τῆς τιμῆς μεταλαμβάνειν,²⁴ τῶν δὲ δοκούντων παρέχειν²⁵ τῷ μηδενὸς προσδεομένῳ.²⁶

---

¹ καθάπερ, conj, just as
² προσδέομαι pres mid/pass ptcp m.s.dat., need
³ παρέχω pres act inf, give up, offer, present, grant, show
⁴ μωρία, ας, ἡ, foolishness
⁵ εἰκός, ότος, τo, probable, reasonable
⁶ ἡγέομαι pres mid/pass opt 3p, lead, guide
⁷ θεοσέβεια, ας, ἡ, piety, godliness
⁸ χορηγέω pres act ptcp m.s.nom., provide, supply (in abundance)
⁹ προσδέομαι pres mid/pass ind 1p, need
¹⁰ προσδέομαι pres mid/pass opt 3s, need
¹¹ οἴομαι pres mid/pass ptcp m.p.dat., think, suppose
¹² παρέχω pres act ind 3s, give up, offer, present
¹³ γέ, part, at least, even, indeed
¹⁴ θυσία, ας, ἡ, offering, sacrifice
¹⁵ κνῖσα, ης, ἡ, the odor of burning fat
¹⁶ ὁλοκαύτωμα, ατος, τό, whole burnt offering, holocaust
¹⁷ ἐπιτελέω pres act inf, end, complete
¹⁸ οἴομαι pres mid/pass ptcp m.p.nom., think, suppose
¹⁹ γεραίρω pres act inf, honor
²⁰ διαφέρω pres act inf, carry through, differ, be different
²¹ κωφός, ή, όν, mute, deaf
²² ἐνδείκνυμι pres mid/pass ptcp m.p.gen., show, demonstrate
²³ φιλοτιμία, ας, ἡ, generous zeal
²⁴ μεταλαμβάνω pres act inf, have a share in, receive
²⁵ παρέχω pres act inf, give up, offer present
²⁶ προσδέομαι pres mid/pass ptcp m.s.dat., need

# ΕΠΙΣΤΟΛΗ ΠΡΟΣ ΔΙΟΓΝΗΤΟΝ

**4:1** Ἀλλὰ μὴν[1] τό γε[2] περὶ τὰς βρώσεις[3] αὐτῶν ψοφοδεές,[4] καὶ τὴν περὶ τὰ σάββατα δεισιδαιμονίαν,[5] καὶ τὴν τῆς περιτομῆς ἀλαζονείαν,[6] καὶ τὴν τῆς νηστείας[7] καὶ νουμηνίας[8] εἰρωνείαν,[9] καταγέλαστα[10] καὶ οὐδενὸς ἄξια λόγου οὐ νομίζω[11] σε χρῄζειν[12] παρ' ἐμοῦ μαθεῖν.[13] **2** τό τε γὰρ τῶν ὑπὸ τοῦ Θεοῦ κτισθέντων[14] εἰς χρῆσιν[15] ἀνθρώπων ἃ μὲν ὡς καλῶς κτισθέντα[16] παραδέχεσθαι,[17] ἃ δ' ὡς ἄχρηστα[18] καὶ περισσὰ[19] παραιτεῖσθαι,[20] πῶς οὐκ ἀθέμιστον;[21] **3** τὸ δὲ καταψεύδεσθαι[22] Θεοῦ ὡς κωλύοντος[23] ἐν τῇ τῶν σαββάτων ἡμέρᾳ καλόν τι ποιεῖν, πῶς οὐκ ἀσεβές;[24] **4** τὸ δὲ καὶ τὴν μείνωσιν[25] τῆς σαρκὸς μαρτύριον[26] ἐκλογῆς[27] ἀλαζονεύεσθαι[28] ὡς διὰ τοῦτο ἐξαιρέτως[29]

---

[1] μήν, part, indeed, on the other hand
[2] γέ, part, even, indeed
[3] βρῶσις, εως, ἡ, eating, food
[4] ψοφοδεής, ές, timid, anxious
[5] δεισιδαιμονία, ας, ἡ, religious scruple, religion
[6] ἀλαζονεία, ας, ἡ, pretension, arrogance
[7] νηστεία, ας, ἡ, going hungry, fast
[8] νουμηνία, ας, ἡ, new moon, new moon festival
[9] εἰρωνεία, ας, ἡ, pretense, posturing
[10] καταγέλαστος, ον, ridiculous
[11] νομίζω pres act ind 1s, think, consider
[12] χρῄζω pres act inf, (have) need (of)
[13] μανθάνω aor act inf, learn, appropriate to oneself, hear
[14] κτίζω aor pass ptcp n.p.gen., create
[15] χρῆσις, εως, ἡ, use, relations, function
[16] κτίζω aor pass ptcp n.p.acc., create
[17] παραδέχομαι pres mid/pass inf, accept, receive
[18] ἄχρηστος, ον, useless, worthless
[19] περισσός, ή, όν, extraordinary, remarkable
[20] παραιτέομαι pres mid/pass inf, ask for, request
[21] ἀθέμιτος, ον, forbidden, unseemly
[22] καταψεύδω pres mid/pass inf, speak falsely
[23] κωλύω pres act ptcp m.s.gen., hinder, prevent, forbid
[24] ἀσεβής, ές, irreverent, ungodly
[25] μείνωσις, εως, ἡ, diminution, mutilation
[26] μαρτύριον, ου, τό, testimony, proof
[27] ἐκλογή, ῆς, ἡ, selection, choice, election
[28] ἀλαζονεύομαι pres mid/pass inf, boast
[29] ἐξαιρέτως, adv, especially

## ΕΠΙΣΤΟΛΗ ΠΡΟΣ ΔΙΟΓΝΗΤΟΝ

ἠγαπημένους ὑπὸ Θεοῦ, πῶς οὐ χλεύης[1] ἄξιον; **5** τὸ δὲ παρεδρεύοντας[2] αὐτοὺς ἄστροις[3] καὶ σελήνῃ[4] τὴν παρατήρησιν[5] τῶν μηνῶν[6] καὶ τῶν ἡμερῶν ποιεῖσθαι, καὶ τὰς οἰκονομίας[7] Θεοῦ καὶ τὰς τῶν καιρῶν ἀλλαγὰς[8] καταδιαιρεῖν[9] πρὸς τὰς αὐτῶν ὁρμάς,[10] ἃς μὲν εἰς ἑορτάς,[11] ἃς δὲ εἰς πένθη·[12] τίς ἂν θεοσεβείας[13] καὶ οὐκ ἀφροσύνης[14] πολὺ πλέον ἡγήσαιτο[15] δεῖγμα;[16] **6** τῆς μὲν οὖν κοινῆς[17] εἰκαιότητος[18] καὶ ἀπάτης[19] καὶ τῆς Ἰουδαίων πολυπραγμοσύνης[20] καὶ ἀλαζονείας[21] ὡς ὀρθῶς[22] ἀπέχονται[23] Χριστιανοί,[24] ἀρκούντως[25] σε νομίζω[26] μεμαθηκέναι·[27] τὸ δὲ τῆς ἰδίας αὐτῶν θεοσεβείας[28] μυστήριον[29] μὴ προσδοκήσῃς[30] δύνασθαι παρὰ ἀνθρώπου μαθεῖν.[31]

---

[1] χλεύη, ης, ἡ, scorn, ridicule
[2] παρεδρεύω pres act ptcp m.p.acc., apply oneself to, concern oneself with
[3] ἄστρον, ου, τό, star, constellation
[4] σελήνη, ης, ἡ, moon
[5] παρατήρησις, εως, ἡ, observation, observance
[6] μήν, μηνός, ὁ, month, new moon
[7] οἰκονομία, ας, ἡ, management, arrangement
[8] ἀλλαγή, ῆς, ἡ, a change
[9] καταδιαιρέω pres act inf, divide, make a distinction between
[10] ὁρμή, ῆς, ἡ, impulse, inclination, desire
[11] ἑορτή, ῆς, ἡ, festival, celebration
[12] πένθος, ους, τό, grief, sadness, mourning
[13] θεοσέβεια, ας, ἡ, piety, godliness
[14] ἀφροσύνη, ης, ἡ, foolishness, lack of sense
[15] ἡγέομαι aor mid opt 3s, lead, guide
[16] δεῖγμα, ατος, τό, indicator, proof, example
[17] κοινός, ή, όν, communal, ordinary, profane
[18] εἰκαιότης, ητος, ἡ, silliness
[19] ἀπάτη, ης, ἡ, deception, deceitfulness, pleasure, pleasantness
[20] πολυπραγμοσύνη, ης, ἡ, fussiness
[21] ἀλαζονεία, ας, ἡ, pretension, arrogance
[22] ὀρθῶς, adv, rightly, correctly
[23] ἀπέχω pres mid/pass ind 3p, be paid/receive in full
[24] Χριστιανός, οῦ, ὁ, Christ-partisan, Christian
[25] ἀρκούντως, adv, sufficiently
[26] νομίζω pres act ind 1s, think, consider
[27] μανθάνω perf act inf, learn
[28] θεοσέβεια, ας, ἡ, piety, godliness
[29] μυστήριον, ου, τό, (God's) secret, transcendent/ultimate reality
[30] προσδοκάω aor act sub, wait for, look for
[31] μανθάνω aor act inf, learn

# ΕΠΙΣΤΟΛΗ ΠΡΟΣ ΔΙΟΓΝΗΤΟΝ

**5:1** Χριστιανοὶ[1] γὰρ οὔτε γῇ οὔτε φωνῇ οὔτε ἐσθεσι[2] διακεκριμένοι[3] τῶν λοιπῶν εἰσὶν ἀνθρώπων. **2** οὔτε γάρ που[4] πόλεις ἰδίας κατοικοῦσιν οὔτε διαλέκτῳ[5] τινὶ παρηλλαγμένῃ[6] χρῶνται[7] οὔτε βίον[8] παράσημον[9] ἀσκοῦσιν.[10] **3** οὐ μὴν[11] ἐπινοίᾳ[12] τινὶ καὶ φροντίδι[13] πολυπραγμόνων[14] ἀνθρώπων μάθημα[15] τοιοῦτ' αὐτοῖς ἐστιν εὑρημένον, οὐδὲ δόγματος[16] ἀνθρωπίνου[17] προεστᾶσιν[18] ὥσπερ ἔνιοι.[19] **4** κατοικοῦντες δὲ πόλεις Ἑλληνίδας[20] τε καὶ βαρβάρους[21] ὡς ἕκαστος ἐκληρώθη,[22] καὶ τοῖς ἐγχωρίοις[23] ἔθεσιν[24] ἀκολουθοῦντες ἔν τε ἐσθῆτι[25] καὶ διαίτῃ[26] καὶ τῷ λοιπῷ βίῳ,[27] θαυμαστὴν[28] καὶ ὁμολογουμένως[29] παράδοξον[30] ἐνδείκνυνται[31] τὴν κατάστασιν τῆς ἑαυτῶν

---

[1] Χριστιανός, οῦ, ὁ, Christ-partisan, Christian
[2] ἐσθής, ῆτος, ἡ, clothing
[3] διακρίνω perf mid/pass ptcp m.p.nom., separate
[4] πού, part, where
[5] διάλεκτος, ου, ἡ, language
[6] παραλλάσσω perf mid/pass ptcp f.s.dat., change
[7] χράομαι pres mid/pass ind 3p, make use of, employ
[8] βίος, ου, ὁ, life, means of subsistence
[9] παράσημος, ον, peculiar, odd
[10] ἀσκέω pres act ind 3p, practice, engage in
[11] μήν, part, indeed, on the other hand
[12] ἐπίνοια, ας, ἡ, thought, conception
[13] φροντίς, ίδος, ἡ, reflection, thought
[14] πολυπράγμων, ον, inquisitive
[15] μάθημα, ατος, τό, knowledge, teaching
[16] δόγμα, ατος, τό, ordinance, decision
[17] ἀνθρώπινος, η, ον, human
[18] προΐστημι aor act ind 3p, rule
[19] ἔνιοι, αι, α, some, several
[20] Ἑλληνίς, ίδος, ἡ, Greek
[21] βάρβαρος, ον, foreign-speaking, non-Hellenic, foreigner
[22] κληρόω aor pass ind 3s, appoint by lot, obtain by lot
[23] ἐγχώριος, ον, local
[24] ἔθος, ους, τό, habit, custom
[25] ἐσθής, ῆτος, ἡ, clothing
[26] δίαιτα, ης, ἡ, food, diet
[27] βίος, ου, ὁ, life
[28] θαυμαστός, ή, όν, wonderful, marvelous
[29] ὁμολογουμένως, adv, incontestable, undeniably
[30] παράδοξος, ον, strange, wonderful
[31] ἐνδείκνυμι pres mid/pass ind 3p, show, demonstrate

## ΕΠΙΣΤΟΛΗ ΠΡΟΣ ΔΙΟΓΝΗΤΟΝ

πολιτείας.¹ **5** πατρίδας² οἰκοῦσιν³ ἰδίας, ἀλλ' ὡς πάροικοι·⁴ μετέχουσι⁵ πάντων ὡς πολῖται,⁶ καὶ πάνθ' ὑπομένουσιν⁷ ὡς ξένοι·⁸ πᾶσα ξένη⁹ πατρίς¹⁰ ἐστιν αὐτῶν, καὶ πᾶσα πατρὶς¹¹ ξένη.¹² **6** γαμοῦσιν¹³ ὡς πάντες, τεκνογονοῦσιν·¹⁴ ἀλλ' οὐ ῥίπτουσι¹⁵ τὰ γεννώμενα. **7** τράπεζαν¹⁶ κοινὴν¹⁷ παρατίθενται,¹⁸ ἀλλ' οὐ κοίτην.¹⁹ **8** ἐν σαρκὶ τυγχάνουσιν,²⁰ ἀλλ' οὐ κατὰ σάρκα ζῶσιν. **9** ἐπὶ γῆς διατρίβουσιν,²¹ ἀλλ' ἐν οὐρανῷ πολιτεύονται.²² **10** πείθονται τοῖς ὡρισμένοις²³ νόμοις, καὶ τοῖς ἰδίοις βίοις²⁴ νικῶσι²⁵ τοὺς νόμους. **11** ἀγαπῶσι πάντας, καὶ ὑπὸ πάντων διώκονται. **12** ἀγνοοῦνται,²⁶ καὶ κατακρίνονται·²⁷ θανατοῦνται,²⁸ καὶ ζωοποιοῦνται.²⁹ **13** πτωχεύουσι,³⁰ καὶ

---

[1] πολιτεία, ας, ἡ, state
[2] πατρίς, ίδος, ἡ, fatherland, homeland
[3] οἰκέω pres act ind 3p, live, dwell
[4] πάροικος, ον, strange, stranger
[5] μετέχω pres act ind 3p, share, participate
[6] πολίτης, ου, ὁ, citizen, fellow-citizen
[7] ὑπομένω pres act ind 3p, remain/stay (behind), endure
[8] ξένος, η, ον, strange, stranger
[9] ξένος, η, ον, strange, stranger
[10] πατρίς, ίδος, ἡ, fatherland, homeland
[11] πατρίς, ίδος, ἡ, fatherland, homeland
[12] ξένος, η, ον, strange, stranger
[13] γαμέω pres act ind 3p, marry
[14] τεκνογονέω pres act ind 3p, bear/beget children
[15] ῥίπτω pres act ind 3p, throw, put/lay down
[16] τράπεζα, ης, ἡ, table, meal, food
[17] κοινός, ή, όν, common, ordinary
[18] παρατίθημι pres mid/pass ind 3p, set/put before, demonstrate
[19] κοίτη, ης, ἡ, bed, marriage-bed
[20] τυγχάνω pres act ind 3p, meet, attain, find
[21] διατρίβω pres act in 3p, spend time
[22] πολιτεύομαι pres mid/pass ind 3p, have one's citizenship/home
[23] ὁρίζω perf mid/pass ptcp m.p.dat., set limits to, define
[24] βιός, οῦ, ὁ, life
[25] νικάω pres act. ind 3p, conquer, overcome, excel
[26] ἀγνοέω pres mid/pass ind 3p, not to know
[27] κατακρίνω pres mid/pass ind 3p, pronounce a sentence on
[28] θανατόω pres mid/pass ind 3p, put to death, bring death
[29] ζωοποιέω pres mid/pass ind 3p, make alive, give life to
[30] πτωχεύω pres act ind 3p, be poor

## ΕΠΙΣΤΟΛΗ ΠΡΟΣ ΔΙΟΓΝΗΤΟΝ

πλουτίζουσι[1] πολλούς· πάντων ὑστεροῦνται,[2] καὶ ἐν πᾶσι περισσεύουσιν. **14** ἀτιμοῦνται,[3] καὶ ἐν ταῖς ἀτιμίαις[4] δοξάζονται· βλασφημοῦνται, καὶ δικαιοῦνται. **15** λοιδοροῦνται,[5] καὶ εὐλογοῦσιν· ὑβρίζονται,[6] καὶ τιμῶσιν.[7] **16** ἀγαθοποιοῦντες[8] ὡς κακοὶ κολάζονται·[9] κολαζόμενοι[10] χαίρουσιν ὡς ζωοποιούμενοι.[11] **17** ὑπὸ Ἰουδαίων ὡς ἀλλόφυλοι[12] πολεμοῦνται,[13] καὶ ὑπὸ Ἑλλήνων[14] διώκονται, καὶ τὴν αἰτίαν[15] τῆς ἔχθρας[16] εἰπεῖν οἱ μισοῦντες οὐκ ἔχουσιν.

**6:1** Ἁπλῶς[17] δ' εἰπεῖν, ὅπερ[18] ἐστὶν ἐν σώματι ψυχή, τοῦτ' εἰσὶν ἐν κόσμῳ Χριστιανοί.[19] **2** ἔσπαρται κατὰ πάντων τῶν τοῦ σώματος μελῶν ἡ ψυχή, καὶ Χριστιανοὶ[20] κατὰ τὰς τοῦ κόσμου πόλεις. **3** οἰκεῖ[21] μὲν ἐν τῷ σώματι ψυχή, οὐκ ἔστι δὲ ἐκ τοῦ σώματος· καὶ Χριστιανοὶ[22] ἐν κόσμῳ οἰκοῦσιν,[23] οὐκ εἰσὶ δὲ ἐκ

---

[1] πλουτίζω pres act ind 3p, make wealthy, make rich
[2] ὑστερέω pres mid/pass ind 3p, miss
[3] ἀτιμόω pres mid/pass ind 3p, dishonor
[4] ἀτιμία, ας, ἡ, dishonor
[5] λοιδορέω pres mid/pass ind 3p, revile, abuse
[6] ὑβρίζω pres mid/pass ind 3p, mistreat, scoff at, insult
[7] τιμάω pres act ind 3p, estimate, value
[8] ἀγαθοποιέω pres act ptcp m.p.nom., do good
[9] κολάζω pres mid/pass ind 3p, penalize, punish
[10] κολάζω pres mid/pass ptcp m.p.nom., penalize punish
[11] ζωοποιέω pres mid/pass ptcp m.p. nom., make alive, give life to
[12] ἀλλόφυλος, ον, alien, foreign
[13] πολεμέω pres mid/pass ind 3p, wage war, be hostile
[14] Ἕλλην, ηνος, ὁ, Greek, gentile
[15] αἰτία, ας, ἡ, cause, reason
[16] ἔχθρα, ας, ἡ, enmity
[17] ἁπλῶς, adv, simply, sincerely
[18] ὅσπερ, ἥ, ὅ, who indeed, which indeed
[19] Χριστιανός, οῦ, ὁ, Christ-partisan, Christian
[20] Χριστιανός, οῦ, ὁ, Christ-partisan, Christian
[21] οἰκέω pres act ind 3s, live, dwell
[22] Χριστιανός, οῦ, ὁ, Christ-partisan, Christian
[23] οἰκέω pres act ind 3p, live, dwell

## ΕΠΙΣΤΟΛΗ ΠΡΟΣ ΔΙΟΓΝΗΤΟΝ

τοῦ κόσμου. **4** ἀόρατος[1] ἡ ψυχὴ ἐν ὁρατῷ[2] φρουρεῖται[3] τῷ σώματι· καὶ Χριστιανοὶ[4] γινώσκονται μὲν ὄντες ἐν τῷ κόσμῳ, ἀόρατος[5] δὲ αὐτῶν ἡ θεοσέβεια[6] μένει. **5** μισεῖ τὴν ψυχὴν ἡ σὰρξ καὶ πολεμεῖ[7] μηδὲν ἀδικουμένη,[8] διότι[9] ταῖς ἡδοναῖς[10] κωλύεται[11] χρῆσθαι·[12] μισεῖ καὶ Χριστιανοὺς[13] ὁ κόσμος μηδὲν ἀδικούμενος,[14] ὅτι ταῖς ἡδοναῖς[15] ἀντιτάσσονται.[16] **6** ἡ ψυχὴ τὴν μισοῦσαν ἀγαπᾷ σάρκα καὶ τὰ μέλη· καὶ Χριστιανοὶ[17] τοὺς μισοῦντας ἀγαπῶσιν. **7** ἐγκέκλεισται[18] μὲν ἡ ψυχὴ τῷ σώματι, συνέχει[19] δὲ αὐτὴ τὸ σῶμα· καὶ Χριστιανοὶ[20] κατέχονται[21] μὲν ὡς ἐν φρουρᾷ[22] τῷ κόσμῳ, αὐτοὶ δὲ συνέχουσι[23] τὸν κόσμον. **8** ἀθάνατος[24] ἡ ψυχὴ ἐν θνητῷ[25] σκηνώματι[26] κατοικεῖ· καὶ Χριστιανοὶ[27] παροικοῦσιν[28] ἐν φθαρτοῖς, τὴν ἐν οὐρανοῖς[29]

---

[1] ἀόρατος, ον, unseen, invisible
[2] ὁρατός, ή, όν, visible
[3] φρουρέω pres mid/pass ind 3s, guard, detain
[4] Χριστιανός, οῦ, ὁ, Christ-partisan, Christian
[5] ἀόρατος, ον, unseen, invisible
[6] θεοσέβεια, ας, ἡ, piety, godliness
[7] πολεμέω pres act ind 3s, wage war, be hostile
[8] ἀδικέω pres mid/pass ptcp f.s.nom., do wrong, injure
[9] διότι, conj, because, therefore, that
[10] ἡδονή, ῆς, ἡ, delight, enjoyment
[11] κωλύω pres mid/pass ind 3s, prevent, forbid
[12] χράομαι pres mid/pass inf, make use of
[13] Χριστιανός, οῦ, ὁ, Christ-partisan, Christian
[14] ἀδικέω pres mid/pass ptcp m.s.nom., do wrong, injure
[15] ἡδονή, ῆς, ἡ, delight, enjoyment
[16] ἀντιτάσσω pres mid/pass ind 3p, oppose, resist
[17] Χριστιανός, οῦ, ὁ, Christ-partisan, Christian
[18] ἐγκλείω perf mid/pass ind 3s, lock up, shut up, enclose
[19] συνέχω pres act ind 3s, hold together, sustain
[20] Χριστιανός, οῦ, ὁ, Christ-partisan, Christian
[21] κατέχω pres mid/pass ind 3p, prevent, hinder
[22] φρουρά, ᾶς, ἡ, guard-duty, service as sentinel, prison
[23] συνέχω pres act ind 3p, hold together, sustain
[24] ἀθάνατος, ον, immortal
[25] θνητός, ή, όν, mortal
[26] σκήνωμα, ατος, τό, habitation
[27] Χριστιανός, οῦ, ὁ, Christ-partisan, Christian
[28] παροικέω pres act ind 3p, live nearby, dwell beside
[29] φθαρτός, ή, όν, perishable

## ΕΠΙΣΤΟΛΗ ΠΡΟΣ ΔΙΟΓΝΗΤΟΝ

ἀφθαρσίαν¹ προσδεχόμενοι.² **9** κακουργουμένη³ σιτίοις⁴ καὶ ποτοῖς⁵ ἡ ψυχὴ βελτιοῦται·⁶ καὶ Χριστιανοὶ⁷ κολαζόμενοι⁸ καθ' ἡμέραν πλεονάζουσι⁹ μᾶλλον. **10** εἰς τοσαύτην¹⁰ αὐτοὺς τάξιν¹¹ ἔθετο ὁ Θεός, ἣν οὐ θεμιτὸν¹² αὐτοῖς παραιτήσασθαι.¹³

**7:1** Οὐ γὰρ ἐπίγειον,¹⁴ ὡς ἔφην, εὕρημα¹⁵ τοῦτ' αὐτοῖς παρεδόθη, οὐδὲ θνητὴν¹⁶ ἐπίνοιαν¹⁷ φυλάσσειν οὕτως ἀξιοῦσιν¹⁸ ἐπιμελῶς,¹⁹ οὐδὲ ἀνθρωπίνων²⁰ οἰκονομίαν²¹ μυστηρίων²² πεπίστευνται. **2** ἀλλ' αὐτὸς ἀληθῶς²³ ὁ παντοκράτωρ²⁴ καὶ παντοκτίστης²⁵ καὶ ἀόρατος²⁶ Θεός, αὐτὸς ἀπ' οὐρανῶν τὴν ἀλήθειαν καὶ τὸν λόγον τὸν ἅγιον καὶ ἀπερινόητον²⁷ ἀνθρώποις

---

¹ ἀφθαρσία, ας, ἡ, incorruptibility, immortality
² προσδέχομαι pres mid/pass ptcp m.p.nom., take up, receive, welcome, wait for
³ κακουργέω pres mid/pass ptcp f.s.nom., treat badly
⁴ σιτίον, ου, τό, food
⁵ ποτόν, οῦ, τό, drink
⁶ βελτιόω pres mid/pass ind 3s, improve, become better
⁷ Χριστιανός, οῦ, ὁ, Christ-partisan, Christian
⁸ κολάζω pres mid/pass ptcp m.p.nom., penalize, punish
⁹ πλεονάζω pres act ind 3p, be/become more, increase
¹⁰ τοσοῦτος, αύτη, οῦτον, so many, so much
¹¹ τάξις, εως, ἡ, fixed succession, order
¹² θεμιτός, ή, όν, allowed, permitted, right
¹³ παραιτέομαι aor mid inf, ask for, request
¹⁴ ἐπίγειος, ον, earthly, worldly things
¹⁵ εὕρημα, ατος, τό, discovery, invention
¹⁶ θνητός, ή, όν, mortal
¹⁷ ἐπίνοια, ας, ἡ, thought, conception
¹⁸ ἀξιόω pres act ind 3p, consider worthy
¹⁹ ἐπιμελῶς, adv, carefully, diligently
²⁰ ἀνθρώπινος, η, ον, human
²¹ οἰκονομία, ας, ἡ, management, arrangement
²² μυστήριον, ου, τό, (God's) secret, transcendent/ultimate reality, secret
²³ ἀληθῶς, adv, truly, actually
²⁴ παντοκράτωρ, ορος, ὁ, Almighty, All-powerful
²⁵ παντοκτίστης, ου, ἡ, creator of the universe
²⁶ ἀόρατος, ον, unseen, invisible
²⁷ ἀπερινόητος, ον, incomprehensible

## ΕΠΙΣΤΟΛΗ ΠΡΟΣ ΔΙΟΓΝΗΤΟΝ

ἐνίδρυσε¹ καὶ ἐγκατεστήριξε² ταῖς καρδίαις αὐτῶν, οὐ καθάπερ³ ἄν τις εἰκάσειεν⁴ ἄνθρωπος ὑπηρέτην⁵ τινὰ πέμψας ἢ ἄγγελον ἢ ἄρχοντα ἢ τινα τῶν διεπόντων⁶ τὰ ἐπίγεια⁷ ἢ τινα τῶν πεπιστευμένων τὰς ἐν οὐρανοῖς διοικήσεις,⁸ ἀλλ' αὐτὸν τὸν τεχνίτην⁹ καὶ δημιουργὸν¹⁰ τῶν ὅλων, ᾧ τοὺς οὐρανοὺς ἔκτισεν,¹¹ ᾧ τὴν θάλασσαν ἰδίοις ὅροις¹² ἐνέκλεισεν,¹³ οὗ τὰ μυστήρια¹⁴ πιστῶς¹⁵ πάντα φυλάσσει τὰ στοιχεῖα,¹⁶ παρ' οὗ τὰ μέτρα¹⁷ τῶν τῆς ἡμέρας δρόμων¹⁸ ἥλιος εἴληφε φυλάσσειν, ᾧ πειθαρχεῖ¹⁹ σελήνη²⁰ νυκτὶ φαίνειν κελεύοντι,²¹ ᾧ πειθαρχεῖ²² τὰ ἄστρα²³ τῷ τῆς σελήνης²⁴ ἀκολουθοῦντα δρόμῳ,²⁵ ᾧ πάντα διατέτακται²⁶ καὶ διώρισται²⁷ καὶ ὑποτέτακται, οὐρανοὶ καὶ τὰ ἐν οὐρανοῖς, γῆ καὶ τὰ ἐν τῇ γῇ, θάλασσα καὶ τὰ ἐν τῇ θαλάσσῃ, πῦρ, ἀήρ,²⁸

---

[1] ἐνιδρύω aor act ind 3s, place/establish in
[2] ἐγκαταστηρίζω aor act ind 3s, establish
[3] καθάπερ, conj, just as
[4] εἰκάζω aor act opt 3s, suppose, imagine
[5] ὑπηρέτης, ου, ὁ, helper, assistant
[6] διέπω pres act ptcp m.p.gen., conduct, administer
[7] ἐπίγειος, ον, earthly, worldly things
[8] διοίκησις, εως, ἡ, administration, management
[9] τεχνίτης, ου, ὁ, craftsperson, artisan, designer
[10] δημιουργός, οῦ, ὁ, builder, maker, creator
[11] κτίζω aor act ind 3s, create
[12] ὅρος, ους, τό, mountain, mount, hill
[13] ἐγκλείω aor act ind 3s, lock up, shut up
[14] μυστήριον, ου, τό, (God's) secret, transcendent/ultimate reality
[15] πιστῶς, adv, faithfully
[16] στοιχεῖον, ου, τό, elements, heavenly bodies, fundamental principles
[17] μέτρον, ου, τό, measure, quantity
[18] δρόμος, ου, ὁ, course, course of life
[19] πειθαρχέω pres act ind 3s, obey
[20] σελήνη, ης, ἡ, moon
[21] κελεύω pres act ptcp m.s.dat., command, order, urge
[22] πειθαρχέω pres act ind 3s, obey
[23] ἄστρον, ου, τό, star, constellation
[24] σελήνη, ης, ἡ, moon
[25] δρόμος, ου, ὁ, course, course of life, mission
[26] διατάσσω perf mid/pass ind 3s, make arrangements, order
[27] διορίζω perf mid/pass ind 3s, set limits to
[28] ἀήρ, έρος, ὁ, air, sky, space

## ΕΠΙΣΤΟΛΗ ΠΡΟΣ ΔΙΟΓΝΗΤΟΝ

ἄβυσσος,[1] τὰ ἐν ὕψεσι,[2] τὰ ἐν βάθεσι,[3] τὰ ἐν τῷ μεταξύ·[4] τοῦτον πρὸς αὐτοὺς ἀπέστειλεν. 3 ἆρά[5] γε,[6] ὡς ἀνθρώπων ἄν τις λογίσαιτο, ἐπὶ τυραννίδι[7] καὶ φόβῳ καὶ καταπλήξει;[8] 4 οὐμενοῦν· ἀλλ' ἐν ἐπιεικείᾳ[9] καὶ πραΰτητι[10] ὡς βασιλεὺς πέμπων υἱὸν βασιλέα ἔπεμψεν, ὡς Θεὸν ἔπεμψεν, ὡς ἄνθρωπον πρὸς ἀνθρώπους ἔπεμψεν, ὡς σῴζων ἔπεμψεν, ὡς πείθων, οὐ βιαζόμενος·[11] βία[12] γὰρ οὐ πρόσεστι[13] τῷ Θεῷ. 5 ἔπεμψεν ὡς καλῶν, οὐ διώκων· ἔπεμψεν ὡς ἀγαπῶν, οὐ κρίνων. 6 πέμψει γὰρ αὐτὸν κρίνοντα, καὶ τίς αὐτοῦ τὴν παρουσίαν[14] ὑποστήσεται;[15] 7 Οὐχ ὁρᾷς παραβαλλομένους[16] θηρίοις, ἵνα ἀρνήσωνται τὸν Κύριον, καὶ μὴ νικωμένους;[17] 8 οὐχ ὁρᾷς ὅσῳ πλείονες κολάζονται,[18] τοσούτῳ[19] πλεονάζοντας[20] ἄλλους; 9 ταῦτα ἀνθρώπου οὐ δοκεῖ τὰ ἔργα, ταῦτα δύναμίς ἐστι Θεοῦ· ταῦτα τῆς παρουσίας[21] αὐτοῦ δείγματα.[22]

---

[1] ἄβυσσος, ου, ἡ, depth, abyss, netherworld
[2] ὕψος, ους, τό, height, pride
[3] βάθος, ους, τό, depth
[4] μεταξύ, adv, between, next
[5] ἆρα, conj, so, then
[6] γέ, part, at least, even
[7] τυραννίς, ίδος, ἡ, despotic rule, tyranny
[8] καταπλήσσω fut act ind 3s, amaze, astound
[9] ἐπιείκεια, ας, ἡ, clemency, gentleness
[10] πραΰτης, ητος, ἡ, gentleness, humility
[11] βιάζω pres mid/pass ptcp m.s.nom., dominate, constrain
[12] βία, ας, ἡ, force
[13] πρόσειμι pres act ind 3s, belong to, be present with
[14] παρουσία, ας, ἡ, presence, coming
[15] ὑφίστημι fut mid ind 3s, resist, face, endure
[16] παραβάλλω pres mid/pass ptcp m.p.acc., throw to, give up
[17] νικάω pres mid/pass ptcp m.p.acc., conquer, prevail
[18] κολάζω pres mid/pass ind 3p, penalize, punish
[19] τοσοῦτος, αύτη, οῦτον, so many, so much
[20] πλεονάζω pres act ptcp m.p.acc., be/become more, increase
[21] παρουσία, ας, ἡ, presence, coming
[22] δεῖγμα, ατος, τό, indicator, proof

# ΕΠΙΣΤΟΛΗ ΠΡΟΣ ΔΙΟΓΝΗΤΟΝ

**8:1** Τίς γὰρ ὅλως[1] ἀνθρώπων ἠπίστατο[2] τί ποτ᾽[3] ἐστὶ Θεός, πρὶν[4] αὐτὸν ἐλθεῖν; **2** ἢ τοὺς κενοὺς[5] καὶ ληρώδεις[6] ἐκείνων λόγους ἀποδέχῃ[7] τῶν ἀξιοπίστων[8] φιλοσόφων;[9] ὧν οἱ μέν τινες πῦρ ἔφασαν εἶναι τὸν θεόν (οὗ μέλλουσι χωρήσειν[10] αὐτοί, τοῦτο καλοῦσι θεόν) οἱ δὲ ὕδωρ, οἱ δ᾽ ἄλλο τι τῶν στοιχείων[11] τῶν ἐκτισμένων[12] ὑπὸ Θεοῦ. **3** καίτοι[13] γε[14] εἴ τις τούτων τῶν λόγων ἀπόδεκτός[15] ἐστι, δύναιτ᾽ ἂν καὶ τῶν λοιπῶν κτισμάτων[16] ἓν ἕκαστον ὁμοίως ἀποφαίνεσθαι[17] Θεόν. **4** ἀλλὰ ταῦτα μὲν τερατεία[18] καὶ τερατεία[19] τῶν γοήτων[20] ἐστίν. **5** ἀνθρώπων δὲ οὐδεὶς οὔτε εἶδεν οὔτε ἐγνώρισεν,[21] αὐτὸς δὲ ἑαυτὸν ἐπέδειξεν.[22] **6** ἐπέδειξε[23] δὲ διὰ πίστεως, ᾗ μόνῃ Θεὸν ἰδεῖν συγκεχώρηται.[24] **7** ὁ γὰρ δεσπότης[25] καὶ δημιουργὸς[26] τῶν ὅλων Θεός, ὁ ποιήσας

---

[1] ὅλως, adv, completely, wholly
[2] ἐπίσταμαι imp mid/pass ind 3s, understand, know
[3] ποτέ, conj, at some time or other
[4] πρίν, conj/adv, before
[5] κενός, ή, όν, empty, in vain
[6] ληρώδης, ες, foolish, frivolous
[7] ἀποδέχομαι pres mid/pass ind 2s, welcome, acknowledge
[8] ἀξιόπιστος, ον, trustworthy, pretentiousness
[9] φιλόσοφος, ου, ὁ, philosopher
[10] χωρέω fut act inf, go, go out/away, reach
[11] στοιχεῖον, ου, τό, elements, heavenly bodies, fundamental principles
[12] κτίζω perf mid/pass ptcp n.p.gen., create
[13] καίτοι, conj, yet, on the other hand
[14] γέ, part, at least, even
[15] ἀπόδεκτος, ον, acceptable, welcome
[16] κτίσμα, ατος, τό, that which is created, creature
[17] ἀποφαίνω pres mid/pass inf, show forth, display
[18] τερατεία, ας, ἡ, illusion, trickery
[19] τερατεία, ας, ἡ, illusion, trickery
[20] γόης, ητος, ὁ, swindler, cheat
[21] γνωρίζω aor act ind 3s, make known, reveal
[22] ἐπιδείκνυμι aor act ind 3s, show, point out
[23] ἐπιδείκνυμι aor act ind 3s, show, point out
[24] συγχωρέω perf mid/pass ind 3s, grant a little ground, grant
[25] δεσπότης, ου, ὁ, lord, master, owner
[26] δημιουργός, οῦ, ὁ, crafts worker, builder

## ΕΠΙΣΤΟΛΗ ΠΡΟΣ ΔΙΟΓΝΗΤΟΝ

τὰ πάντα καὶ κατὰ τάξιν[1] διακρίνας,[2] οὐ μόνον φιλάνθρωπος[3] ἐγένετο ἀλλὰ καὶ μακρόθυμος.[4] **8** ἀλλ' οὗτος ἦν μὲν ἀεὶ[5] τοιοῦτος, καὶ ἔστι, καὶ ἔσται· χρηστὸς[6] καὶ ἀγαθὸς καὶ ἀόργητος[7] καὶ ἀληθής,[8] καὶ μόνος ἀγαθός ἐστιν. **9** ἐννοήσας[9] δὲ μεγάλην καὶ ἄφραστον[10] ἔννοιαν[11] ἀνεκοινώσατο[12] μόνῳ τῷ παιδί.[13] **10** ἐν ὅσῳ μὲν οὖν κατεῖχεν[14] ἐν μυστηρίῳ[15] καὶ διετήρει[16] τὴν σοφὴν[17] αὐτοῦ βουλήν,[18] ἀμελεῖν[19] ἡμῶν καὶ ἀφροντιστεῖν[20] ἐδόκει· **11** ἐπεὶ[21] δὲ ἀπεκάλυψε[22] διὰ τοῦ ἀγαπητοῦ παιδὸς[23] καὶ ἐφανέρωσε τὰ ἐξ ἀρχῆς ἡτοιμασμένα, πάνθ' ἅμα[24] παρέσχεν[25] ἡμῖν, καὶ μετασχεῖν[26] τῶν εὐεργεσιῶν[27] αὐτοῦ καὶ ἰδεῖν καὶ νοῆσαι,[28] ἃ τίς ἂν πώποτε[29] προσεδόκησεν[30] ἡμῶν;

---

[1] τάξις, εως, ἡ, fixed succession/order
[2] διακρίνω aor act ptcp m.s.nom., separate, arrange
[3] φιλάνθρωπος, ον, loving humanity, benevolent
[4] μακρόθυμος, ον, patient, forbearing
[5] ἀεί, adv, always, continually
[6] χρηστός, ή, όν, easy, fine, reputable
[7] ἀόργητος, ον, free from anger
[8] ἀληθής, ές, truthful, honest
[9] ἐννοέω aor act ptcp m.s.nom., have in mind, consider
[10] ἄφραστος, ον, too wonderful for words
[11] ἔννοια, ας, ἡ, thought, knowledge
[12] ἀνακοινόω aor mid ind 3s, communicate to someone
[13] παῖς, παιδός, ὁ/ἡ, child, servant
[14] κατέχω imp act ind 3s, prevent, hinder, restrain
[15] μυστήριον, ου, τό, (God's) secret, ultimate/transcendent reality
[16] διατηρέω imp act ind 3s, keep, keep free of
[17] σοφός, ή, όν, clever, skillful, wise
[18] βουλή, ῆς, ἡ, plan, purpose,
[19] ἀμελέω pres act inf, neglect
[20] ἀφροντιστέω pres act inf, be careless, unconcerned
[21] ἐπεί, conj, when, because, since
[22] ἀποκαλύπτω aor act ind 3s, reveal, disclose, bring to light
[23] παῖς, παιδός, ὁ/ἡ, child, servant
[24] ἅμα, impr prep, at the same time, together
[25] παρέχω aor act ind 3s, give up, offer, grant
[26] μετέχω aor act inf, share, participate
[27] εὐεργεσία, ας, ἡ, doing of good, service
[28] νοέω aor act inf, perceive, apprehend
[29] πώποτε, adv, ever, at any time
[30] προσδοκάω aor act ind 3s, wait for, look for

## ΕΠΙΣΤΟΛΗ ΠΡΟΣ ΔΙΟΓΝΗΤΟΝ

**9:1** Πάντ' οὖν ἤδη παρ' ἑαυτῷ σὺν τῷ παιδὶ[1] οἰκονομηκώς,[2] μέχρι[3] μὲν τοῦ πρόσθεν[4] χρόνου εἴασεν[5] ἡμᾶς ὡς ἐβουλόμεθα ἀτάκτοις[6] φοραῖς[7] φέρεσθαι, ἡδοναῖς[8] καὶ ἐπιθυμίαις ἀπαγομένους,[9] οὐ πάντως[10] ἐφηδόμενος[11] τοῖς ἁμαρτήμασιν[12] ἡμῶν, ἀλλ' ἀνεχόμενος,[13] οὐδὲ τῷ τότε τῆς ἀδικίας[14] καιρῷ συνευδοκῶν,[15] ἀλλὰ τὸν νῦν τῆς δικαιοσύνης δημιουργῶν,[16] ἵνα ἐν τῷ τότε χρόνῳ ἐλεγχθέντες[17] ἐκ τῶν ἰδίων ἔργων ἀνάξιοι[18] ζωῆς νῦν ὑπὸ τῆς τοῦ Θεοῦ χρηστότητος[19] ἀξιωθῶμεν,[20] καὶ τὸ καθ' ἑαυτοὺς φανερώσαντες ἀδύνατον[21] εἰσελθεῖν εἰς τὴν βασιλείαν τοῦ Θεοῦ τῇ δυνάμει τοῦ Θεοῦ δυνατοὶ γενηθῶμεν. **2** ἐπεὶ[22] δὲ πεπλήρωτο μὲν ἡ ἡμετέρα[23] ἀδικία,[24] καὶ τελείως[25] πεφανέρωτο ὅτι ὁ μισθὸς[26] αὐτῆς κόλασις[27] καὶ θάνατος

---

[1] παῖς, παιδός, ὁ/ἡ, child, servant
[2] οἰκονομέω perf act ptcp m.s.nom., administer, manage
[3] μέχρι, impr prep, as far as, until
[4] πρόσθεν, adv, earlier, former
[5] ἐάω aor act ind 3s, let, permit
[6] ἄτακτος, ον, disorderly, insubordinate
[7] φορά, ᾶς, ἡ, impulse, passion
[8] ἡδονή, ῆς, ἡ, pleasure, delight, enjoyment
[9] ἀπάγω pres mid/pass ptcp m.p.acc., lead off, take away
[10] πάντως, adv, by all means, certainly
[11] ἐφήδομαι pres mid/pass ptcp m.s.nom., (take) delight in
[12] ἁμάρτημα, τος, τό, sin, transgression
[13] ἀνέχομαι pres mid/pass ptcp m.s.nom., endure, bear with
[14] ἀδικία, ας, ἡ, wrongdoing, unrighteousness
[15] συνευδοκέω pres act ptcp m.s.nom., agree with, approve of
[16] δημιουργέω pres act ptcp m.s.nom., create
[17] ἐλέγχω aor pass ptcp m.p.nom., bring to light, expose, set forth
[18] ἀνάξιος, ον, unworthy
[19] χρηστότης, ητος, ἡ, uprightness, goodness
[20] ἀξιόω aor pass sub 1p, consider worthy, deserving
[21] ἀδύνατος, ον, powerless, unable
[22] ἐπεί, conj, when, after, because
[23] ἡμέτερος, α, ον, our
[24] ἀδικία, ας, ἡ, wrongdoing, unrighteousness
[25] τελείως, adv, perfectly, completely
[26] μισθός, οῦ, ὁ, pay, wages, recompense
[27] κόλασις, εως, ἡ, punishment

## ΕΠΙΣΤΟΛΗ ΠΡΟΣ ΔΙΟΓΝΗΤΟΝ

προσεδοκᾶτο,¹ ἦλθε δὲ ὁ καιρὸς ὃν Θεὸς προέθετο² λοιπὸν φανερῶσαι τὴν ἑαυτοῦ χρηστότητα³ καὶ δύναμιν (ὢ⁴ τῆς ὑπερβαλλούσης⁵ φιλανθρωπίας⁶ καὶ ἀγάπης τοῦ Θεοῦ), οὐκ ἐμίσησεν ἡμᾶς οὐδὲ ἀπώσατο⁷ οὐδὲ ἐμνησικάκησεν,⁸ ἀλλὰ ἐμακροθύμησεν,⁹ ἠνέσχετο,¹⁰ ἐλεῶν¹¹ αὐτὸς τὰς ἡμετέρας¹² ἁμαρτίας ἀνεδέξατο,¹³ αὐτὸς τὸν ἴδιον υἱὸν ἀπέδοτο λύτρον¹⁴ ὑπὲρ ἡμῶν, τὸν ἅγιον ὑπὲρ ἀνόμων,¹⁵ τὸν ἄκακον¹⁶ ὑπὲρ τῶν κακῶν, τὸν δίκαιον ὑπὲρ τῶν ἀδίκων,¹⁷ τὸν ἄφθαρτον¹⁸ ὑπὲρ τῶν φθαρτῶν,¹⁹ τὸν ἀθάνατον²⁰ ὑπὲρ τῶν θνητῶν.²¹ **3** τί γὰρ ἄλλο τὰς ἁμαρτίας ἡμῶν ἠδυνήθη καλύψαι²² ἢ ἐκείνου δικαιοσύνη; **4** ἐν τίνι δικαιωθῆναι δυνατὸν τοὺς ἀνόμους²³ ἡμᾶς καὶ ἀσεβεῖς²⁴ ἢ ἐν μόνῳ τῷ υἱῷ τοῦ Θεοῦ; **5** ὢ²⁵ τῆς γλυκείας²⁶ ἀνταλλαγῆς,²⁷ ὢ²⁸ τῆς ἀνεξιχνιάστου²⁹ δημιουργίας,³⁰ ὢ³¹ τῶν ἀπροσδοκήτων³²

---

¹ προσδοκάω imp mid/pass ind 3s, wait for, look for
² προστίθημι aor mid ind 3s, add, put to, provide
³ χρηστότης, ητος, ἡ, uprightness, goodness
⁴ ὢ, interj, O, How!
⁵ ὑπερβάλλω pres act ptcp f.s.gen., go beyond, surpass, outdo
⁶ φιλανθρωπία, ας, ἡ, (loving) kindness
⁷ ἀπωθέω aor mid ind 3s, push aside, reject, repudiate
⁸ μνησικακέω aor act ind 3s, remember evil
⁹ μακροθυμέω aor act ind 3s, have patience
¹⁰ ἀνέχω aor mid ind 3s, endure, bear with
¹¹ ἐλεέω pres act ptcp m.s.nom., have compassion/mercy/pity
¹² ἡμέτερος, α, ον, our
¹³ ἀναδέχομαι aor mid ind 3s, accept, welcome
¹⁴ λύτρον, ου, τό, price of release, ransom
¹⁵ ἄνομος, ον, lawless, outside law
¹⁶ ἄκακος, ον, innocent, guileless
¹⁷ ἄδικος, ον, unjust, crooked
¹⁸ ἄφθαρτος, ον, imperishable, incorruptible
¹⁹ φθαρτός, όν, perishable
²⁰ ἀθάνατος, ον, immortal
²¹ θνητός, ή, όν, mortal
²² καλύπτω aor act inf, cover someone (up)
²³ ἄνομος, ον, lawless, outside law
²⁴ ἀσεβής, ές, irreverent, ungodly
²⁵ ὢ, interj, O, How!
²⁶ γλυκύς, εῖα, ύ sweet
²⁷ ἀνταλλαγή, ῆς, ἡ, exchange
²⁸ ὢ, interj, O, How!
²⁹ ἀνεξιχνίαστος, ον, inscrutable, incomprehensible
³⁰ δημιουργία, ας, ἡ, creative act
³¹ ὢ, interj, O, How!
³² ἀπροσδόκητος, ον, unexpected

## ΕΠΙΣΤΟΛΗ ΠΡΟΣ ΔΙΟΓΝΗΤΟΝ

εὐεργεσιῶν·[1] ἵνα ἀνομία[2] μὲν πολλῶν ἐν δικαίῳ ἑνὶ κρυβῇ,[3] δικαιοσύνη δὲ ἑνὸς πολλοὺς ἀνόμους[4] δικαιώσῃ. **6** ἐλέγξας[5] οὖν ἐν μὲν τῷ πρόσθεν[6] χρόνῳ τὸ ἀδύνατον[7] τῆς ἡμετέρας[8] φύσεως[9] εἰς τὸ τυχεῖν[10] ζωῆς, νῦν δὲ τὸν σωτῆρα[11] δείξας δυνατὸν σῴζειν καὶ τὰ ἀδύνατα,[12] ἐξ ἀμφοτέρων[13] ἐβουλήθη πιστεύειν ἡμᾶς τῇ χρηστότητι[14] αὐτοῦ, αὐτὸν ἡγεῖσθαι[15] τροφέα,[16] πατέρα, διδάσκαλον, σύμβουλον,[17] ἰατρόν,[18] νοῦν,[19] φῶς, τιμήν, δόξαν, ἰσχύν,[20] ζωήν.

**10:1** Ταύτην καὶ σὺ τὴν πίστιν ἐὰν ποθήσῃς,[21] κατάλαβε[22] πρῶτον μὲν ἐπίγνωσιν[23] πατρός. **2** ὁ γὰρ Θεὸς τοὺς ἀνθρώπους ἠγάπησε, δι' οὓς ἐποίησε τὸν κόσμον, οἷς ὑπέταξε πάντα τὰ ἐν τῇ γῇ, οἷς λόγον ἔδωκεν, οἷς νοῦν,[24] οἷς μόνοις ἄνω[25] πρὸς οὐρανὸν ὁρᾶν ἐπέτρεψεν,[26] οὓς ἐκ τῆς ἰδίας εἰκόνος[27] ἔπλασε,[28]

---

[1] εὐεργεσία, ας, ἡ, doing of good, service
[2] ἀνομία, ας, ἡ, lawlessness
[3] κρύπτω aor pass sub 3s, hide, conceal
[4] ἄνομος, ον, lawless, outside law
[5] ἐλέγχω aor act ptcp m.s.nom., bring to light, expose
[6] πρόσθεν, adv, earlier, former
[7] ἀδύνατος, ον, powerless, impossible
[8] ἡμέτερος, α, ον, our
[9] φύσις, εως, ἡ, natural
[10] τυγχάνω aor act inf, meet, attain, gain, find, experience
[11] σωτήρ, ῆρος, ὁ, savior, deliverer, preserver
[12] ἀδύνατος, ον, powerless, impotent, impossible
[13] ἀμφότεροι, αι, α, both, all
[14] χρηστότης, ητος, ἡ, uprightness, goodness
[15] ἡγέομαι pres mid/pass inf, lead, guide, think
[16] τροφεύς, έως, ὁ, nourisher
[17] σύμβουλος, ου, ὁ, adviser, counsellor
[18] ἰατρός, οῦ, ὁ, physician
[19] νοῦς, νοός, νοΐ, νοῦν, ὁ, mind, intellect
[20] ἰσχύς, ύος, ἡ, strength, power
[21] ποθέω aor act sub 2s, desire, wish
[22] καταλαμβάνω aor act impv 2s, win, attain
[23] ἐπίγνωσις, εως, ἡ, knowledge, recognition
[24] νοῦς, νοός, νοΐ, νοῦν, ὁ, mind, intellect
[25] ἄνω, adv, above, upward(s), up
[26] ἐπιτρέπω aor act ind 3s, allow, permit
[27] εἰκών, όνος, ἡ, likeness, portrait
[28] πλάσσω aor act ind 3s, form, mold, shape

## ΕΠΙΣΤΟΛΗ ΠΡΟΣ ΔΙΟΓΝΗΤΟΝ

πρὸς οὓς ἀπέστειλε τὸν υἱὸν αὐτοῦ τὸν μονογενῆ,¹ οἷς τὴν ἐν οὐρανῷ βασιλείαν ἐπηγγείλατο² καὶ δώσει τοῖς ἀγαπήσασιν αὐτόν. **3** ἐπιγνοὺς δέ, τίνος οἴει³ πληρωθήσεσθαι χαρᾶς; ἢ πῶς ἀγαπήσεις τὸν οὕτως προαγαπήσαντά⁴ σε; **4** ἀγαπήσας δὲ μιμητὴς⁵ ἔσῃ αὐτοῦ τῆς χρηστότητος.⁶ καὶ μὴ θαυμάσῃς εἰ δύναται μιμητὴς⁷ ἄνθρωπος γενέσθαι Θεοῦ· δύναται θέλοντος αὐτοῦ. **5** οὐ γὰρ τὸ καταδυναστεύειν⁸ τῶν πλησίον⁹ οὐδὲ τὸ πλέον ἔχειν βούλεσθαι τῶν ἀσθενεστέρων¹⁰ οὐδὲ τὸ πλουτεῖν¹¹ καὶ βιάζεσθαι¹² τοὺς ὑποδεεστέρους¹³ εὐδαιμονεῖν¹⁴ ἐστίν, οὐδὲ ἐν τούτοις δύναταί τις μιμήσασθαι¹⁵ Θεόν, ἀλλὰ ταῦτα ἐκτὸς¹⁶ τῆς ἐκείνου μεγαλειότητος.¹⁷ **6** ἀλλ' ὅστις τὸ τοῦ πλησίον¹⁸ ἀναδέχεται¹⁹ βάρος,²⁰ ὃς ἐν ᾧ κρείσσων²¹ ἐστὶν ἕτερον τὸν ἐλαττούμενον²²εὐεργετεῖν²³ ἐθέλει, ὃς ἃ παρὰ τοῦ Θεοῦ λαβὼν

---

¹ μονογενής, ές, one and only, unique (in kind)
² ἐπαγγέλλω aor mid ind 3s, tell, proclaim, announce
³ οἴομαι pres mid/pass ind 2s, think, suppose
⁴ προαγαπάω aor act ptcp m.s.acc., love before, love first
⁵ μιμητής, οῦ, ὁ, imitator
⁶ χρηστότης, ητος, ἡ, uprightness, goodness
⁷ μιμητής, οῦ, ὁ, imitator
⁸ καταδυναστεύω pres act inf, oppress, exploit
⁹ πλησίον, adv, near, close, neighbor
¹⁰ ἀσθενής, ές, sick, ill, weak
¹¹ πλουτέω pres act inf, be rich
¹² βιάζω pres mid/pass inf, dominate, constrain
¹³ ὑποδεής, ές, inferior, subservient
¹⁴ εὐδαιμονέω pres act inf, be happy, fortunate
¹⁵ μιμέομαι aor mid inf, imitate, emulate
¹⁶ ἐκτός, impr prep, the outside, except
¹⁷ μεγαλειότης, ητος, ἡ, grandeur, sublimity
¹⁸ πλησίον, adv, near, close, neighbor
¹⁹ ἀναδέχομαι pres mid/pass ind 3s, accept, receive, welcome
²⁰ βάρος, ους, τό, burden, claim of importance, fullness
²¹ κρείττων, ον, prominent, higher in rank
²² ἐλασσόω pres mid/pass ptcp m.s.acc., make lower, inferior
²³ εὐεργετέω pres act inf, do good to, benefit

## ΕΠΙΣΤΟΛΗ ΠΡΟΣ ΔΙΟΓΝΗΤΟΝ

ἔχει, ταῦτα τοῖς ἐπιδεομένοις[1] χορηγῶν,[2] Θεὸς γίνεται τῶν λαμβανόντων, οὗτος μιμητής[3] ἐστι Θεοῦ. **7** τότε θεάσῃ[4] τυγχάνων[5] ἐπὶ γῆς ὅτι Θεὸς ἐν οὐρανοῖς πολιτεύεται,[6] τότε μυστήρια[7] Θεοῦ λαλεῖν ἄρξῃ, τότε τοὺς κολαζομένους[8] ἐπὶ τῷ μὴ θέλει ἀρνήσασθαι Θεὸν καὶ ἀγαπήσεις καὶ θαυμάσεις, τότε τῆς ἀπάτης[9] τοῦ κόσμου καὶ τῆς πλάνης[10] καταγνώσῃ,[11] ὅταν τὸ ἀληθῶς[12] ἐν οὐρανῷ ζῆν ἐπιγνῷς, ὅταν τοῦ δοκοῦντος ἐνθάδε[13] θανάτου καταφρονήσῃς,[14] ὅταν τὸν ὄντως[15] θάνατον φοβηθῇς, ὃς φυλάσσεται τοῖς κατακριθησομένοις[16] εἰς τὸ πῦρ τὸ αἰώνιον, ὃ τοὺς παραδοθέντας αὐτῷ μέχρι[17] τέλους κολάσει.[18] **8** τότε τοὺς ὑπομένοντας[19] ὑπὲρ δικαιοσύνης θαυμάσεις τὸ πῦρ τὸ πρόσκαιρον,[20] καὶ μακαρίσεις,[21] ὅταν ἐκεῖνο τὸ πῦρ ἐπιγνῷς.

**11:1** Οὐ ξένα [22]ὁμιλῶ[23] οὐδὲ παραλόγως[24] ζητῶ, ἀλλὰ στόλων γενόμενος μαθητὴς γίνομαι διδάσκαλος ἐθνῶν· τὰ

---

[1] ἐπιδέομαι pres mid/pass ptcp m.p.dat., need, be in need
[2] χορηγέω pres act ptcp m.s.nom., provide, supply (in abundance)
[3] μιμητής, οῦ, ὁ, imitator
[4] θεάομαι fut mid ind 2s, see, look at
[5] τυγχάνω pres act ptcp m.s.nom., meet, attain
[6] πολιτεύομαι pres mid/pass ind 3s, have one's citizenship
[7] μυστήριον, ου, τό, (God's) secret, transcendent/ultimate reality
[8] κολάζω pres mid/pass ptcp m.p.acc., penalize, punish
[9] ἀπάτη, ης, ἡ, deception, deceitfulness
[10] πλάνη, ης, ἡ, error, delusion
[11] καταγινώσκω fut mid ind 2s, condemn, convict
[12] ἀληθῶς, adv, truly, actually
[13] ἐνθάδε, adv, here
[14] καταφρονέω aor act sub 2s, look down on, despise
[15] ὄντως, adv, really, certainly
[16] κατακρίνω fut pass ptcp m.p.dat., pronounce a sentence on
[17] μέχρι, impr prep, as far as, until
[18] κόλασις, εως, ἡ, punishment
[19] ὑπομένω pres act ptcp m.p.acc., remain/stay (behind), hold out, endure
[20] πρόσκαιρος, ον, temporary, transitory
[21] μακαρίζω fut act ind 2s, call/consider blessed, happy
[22] ξένος, η, ον, strange, alien
[23] ὁμιλέω pres act ind 1s, speak, address
[24] παραλόγως, adv, in an unreasonable manner

## ΕΠΙΣΤΟΛΗ ΠΡΟΣ ΔΙΟΓΝΗΤΟΝ

παραδοθέντα ἀξίως[1] ὑπηρετῶν[2] γινομένοις ἀληθείας μαθηταῖς. **2** τίς γὰρ ὀρθῶς[3] διδαχθεὶς καὶ λόγῳ[4] προσφιλὴς[5] γενηθεὶς οὐκ ἐπιζητεῖ[6] σαφῶς[7] μαθεῖν[8] τὰ διὰ Λόγου[9] δειχθέντα φανερῶς[10] μαθηταῖς; οἷς ἐφανέρωσεν ὁ Λόγος[11] φανείς, παρρησίᾳ λαλῶν, ὑπὸ ἀπίστων[12] μὴ νοούμενος,[13] μαθηταῖς δὲ διηγούμενος,[14] οἱ πιστοὶ λογισθέντες ὑπ' αὐτοῦ ἔγνωσαν πατρὸς μυστήρια.[15] **3** οὗ χάριν[16] ἀπέστειλε Λόγον,[17] ἵνα κόσμῳ φανῇ, ὃς ὑπὸ λαοῦ ἀτιμασθείς,[18] διὰ ἀποστόλων κηρυχθείς, ὑπὸ ἐθνῶν ἐπιστεύθη. **4** οὗτος ὁ ἀπ' ἀρχῆς, ὁ καινὸς φανεὶς καὶ παλαιὸς[19] εὑρεθεὶς καὶ πάντοτε νέος[20] ἐν ἁγίων καρδίαις γεννώμενος. **5** οὗτος ὁ ἀεί,[21] ὁ σήμερον υἱὸς λογισθείς, δι' οὗ πλουτίζεται[22] ἡ ἐκκλησία καὶ χάρις ἁπλουμένη[23] ἐν ἁγίοις πληθύνεται,[24] παρέχουσα[25] νοῦν,[26] φανεροῦσα μυστήρια,[27] διαγγέλλουσα[28] καιρούς, χαίρουσα ἐπὶ

---

[1] ἀξίως, adv, worthily
[2] ὑπηρετέω pres act ptcp m.s.nom., serve, be helpful
[3] ὀρθῶς, adv, rightly, correctly
[4] Λόγος, ου, ὁ, word, the Logos
[5] προσφιλής, ές, pleasing, agreeable
[6] ἐπιζητέω pres act ind 3s, search for
[7] σαφῶς, adv, clearly, exactly
[8] μανθάνω aor act inf, learn
[9] Λόγος, ου, ὁ, word, the Logos
[10] φανερῶς, adv, openly, publicly
[11] Λόγος, ου, ὁ, word, the Logos
[12] ἄπιστος, ον, unbelievable
[13] νοέω pres mid/pass ptcp m.s.nom., perceive
[14] διηγέομαι pres mid/pass ptcp m.s.nom., tell, relate, describe
[15] μυστήριον, ου, τό, (God's) secret, transcendent/ultimate reality
[16] χάριν, impr prep, for the sake of, on behalf of
[17] Λόγος, ου, ὁ, word, the Logos
[18] ἀτιμάζω aor pass ptcp m.s.nom., dishonor/shame
[19] παλαιός, ά, όν, old, obsolete
[20] νέος, α, ον, new, young, novice
[21] ἀεί, adv, always, continually
[22] πλουτίζω pres mid/pass ind 3s, make wealthy, make rich
[23] ἁπλόω pres mid/pass ptcp f.s.nom., make single, unfold
[24] πληθύνω pres mid/pass ind 3s, increase, multiply
[25] παρέχω pres act ptcp f.s.nom., give up, offer
[26] νοῦς, νοός, νοΐ, νοῦν, ὁ, mind
[27] μυστήριον, ου, τό, (God's) secret, transcendent/ultimate reality
[28] διαγγέλλω pres act ptcp f.s.nom., proclaim

## ΕΠΙΣΤΟΛΗ ΠΡΟΣ ΔΙΟΓΝΗΤΟΝ

πιστοῖς, ἐπιζητοῦσι¹ δωρουμένη,² οἷς ὅρκια.³ πίστεως οὐ θραύεται⁴ οὐδὲ ὅρια⁵ πατέρων παρορίζεται.⁶ **6** εἶτα⁷ φόβος νόμου ᾄδεται⁸ καὶ προφητῶν χάρις γινώσκεται καὶ εὐαγγελίων πίστις ἵδρυται⁹ καὶ ἀποστόλων παράδοσις¹⁰ φυλάσσεται καὶ ἐκκλησίας χαρὰ σκιρτᾷ.¹¹ **7** ἣν χάριν μὴ λυπῶν¹² ἐπιγνώσῃ ἃ Λόγος¹³ ὁμιλεῖ¹⁴ δι' ὧν βούλεται, ὅτε θέλει. **8** ὅσα γὰρ θελήματι τοῦ κελεύοντος¹⁵ Λόγου¹⁶ ἐκινήθημεν¹⁷ ἐξειπεῖν¹⁸ μετὰ πόνου,¹⁹ ἐξ ἀγάπης τῶν ἀποκαλυφθέντων²⁰ ἡμῖν γινόμεθα ὑμῖν κοινωνοί.²¹

**12:1** Οἷς ἐντυχόντες²² καὶ ἀκούσαντες μετὰ σπουδῆς²³ εἴσεσθε ὅσα παρέχει²⁴ ὁ Θεὸς τοῖς ἀγαπῶσιν ὀρθῶς,²⁵ οἱ γενόμενοι

---

¹ ἐπιζητέω pres act ptcp m.p.dat., search for
² δωρέω pres mid/pass ptcp f.s.nom., give, present
³ ὅρκιον, ου, τό, oath, vow, pledge
⁴ θραύω pres mid/pass ind 3s, break, weaken, oppress
⁵ ὅριον, ου, τό, boundary
⁶ παρορίζω pres mid/pass ind 3s, overstep, transgress
⁷ εἶτα, adv, then, next, furthermore
⁸ ᾄδω pres mid/pass ind 3s, sing (in praise)
⁹ ἱδρύω pres mid/pass ind 3s, be seated, be established
¹⁰ παράδοσις, εως, ἡ, surrender, arrest, tradition
¹¹ σκιρτάω pres act ind 3s, leap, spring about
¹² λυπέω pres act ptcp m.s.nom., vex
¹³ Λόγος, ου, ὁ, word, the Logos
¹⁴ ὁμιλέω pres act ind 3s, speak, address
¹⁵ κελεύω pres act ptcp m.s.gen., command, order, urge
¹⁶ Λόγος, ου, ὁ, word, the Logos
¹⁷ κινέω aor pass ind 1p, move away, set in motion
¹⁸ ἐξαγορεύω aor act inf, express
¹⁹ πόνος, ου, ὁ, (hard) labor, toil
²⁰ ἀποκαλύπτω aor pass ptcp n.p.gen., reveal
²¹ κοινωνός, οῦ, ὁ/ἡ, companion, sharer
²² ἐντυγχάνω aor act ptcp m.p.nom., approach, appeal
²³ σπουδή, ῆς, ἡ, haste, speed, eagerness
²⁴ παρέχω pres act ind 3s, give up, offer, present
²⁵ ὀρθῶς, adv, rightly, correctly

## ΕΠΙΣΤΟΛΗ ΠΡΟΣ ΔΙΟΓΝΗΤΟΝ

παράδεισος¹ τρυφῆς,² πάγκαρπον³ ξύλον,⁴ εὐθαλοῦν,⁵ ἀνατείλαντες⁶ ἐν ἑαυτοῖς, ποικίλοις⁷ καρποῖς κεκοσμημένοι.⁸ **2** ἐν γὰρ τούτῳ τῷ χωρίῳ⁹ ξύλον¹⁰ γνώσεως¹¹ καὶ ξύλον¹² ζωῆς πεφύτευται·¹³ ἀλλ' οὐ τὸ τῆς γνώσεως¹⁴ ἀναιρεῖ,¹⁵ ἀλλ' ἡ παρακοὴ¹⁶ ἀναιρεῖ.¹⁷ **3** οὐδὲ γὰρ ἄσημα¹⁸ τὰ γεγραμμένα, ὡς Θεὸς ἀπ' ἀρχῆς ξύλον¹⁹ γνώσεως²⁰ καὶ ξύλον²¹ ζωῆς ἐν μέσῳ παραδείσου²² ἐφύτευσε,²³ διὰ γνώσεως²⁴ ζωὴν ἐπιδεικνύς·²⁵ ᾗ μὴ καθαρῶς²⁶ χρη-σάμενοι²⁷ οἱ ἀπ' ἀρχῆς πλάνῃ²⁸ τοῦ ὄφεως²⁹ γεγύμνωνται.³⁰ **4** οὐδὲ γὰρ ζωὴ ἄνευ³¹ γνώσεως,³² οὐδὲ γνῶσις³³ ἀσφαλὴς³⁴ ἄνευ³⁵ ζωῆς ἀληθοῦς·³⁶ διὸ πλησίον³⁷ ἑκάτερον³⁸

---

¹ παράδεισος, ου, ὁ, paradise
² τρυφή, ῆς, ἡ, indulgence
³ πάγκαρπος, ον, bearing much fruit
⁴ ξύλον, ου, τό, wood, tree
⁵ εὐθαλέω pres act ptcp n.s.nom., flourish, thrive
⁶ ἀνατέλλω aor act ptcp m.p.nom., rise
⁷ ποικίλος, η, ον, diversified
⁸ κοσμέω perf mid/pass ptcp m.p.nom., make neat
⁹ χωρίον, ου, τό, place, piece of land, field, (a city and its) environs
¹⁰ ξύλον, ου, τό, wood, tree
¹¹ γνῶσις, εως, ἡ, knowledge
¹² ξύλον, ου, τό, wood, tree
¹³ φυτεύω perf mid/pass ind 3s, plant
¹⁴ γνῶσις, εως, ἡ, knowledge
¹⁵ ἀναιρέω pres act ind 3s, take away
¹⁶ παρακοή, ῆς, ἡ, disobedience
¹⁷ ἀναιρέω pres act ind 3s, take away
¹⁸ ἄσημος, ον, insignificant
¹⁹ ξύλον, ου, τό, wood, tree
²⁰ γνῶσις, εως, ἡ, knowledge
²¹ ξύλον, ου, τό, wood, tree
²² παράδεισος, ου, ὁ, paradise
²³ φυτεύω aor act ind 3s, plant
²⁴ γνῶσις, εως, ἡ, knowledge
²⁵ ἐπιδείκνυμι pres act ptcp m.s.nom., show, point out
²⁶ καθαρῶς, adv, in purity
²⁷ χράομαι aor mid ptcp m.p.nom., employ
²⁸ πλάνη, ης, ἡ, error, delusion
²⁹ ὄφις, εως, ἡ, snake, serpent
³⁰ γυμνόω perf mid/pass ind 3p, strip, lay bare
³¹ ἄνευ, prep, without
³² γνῶσις, εως, ἡ, knowledge
³³ γνῶσις, εως, ἡ, knowledge
³⁴ ἀσφαλής, ές, firm, certain
³⁵ ἄνευ, prep, without
³⁶ ἀληθής, ές, truthful, honest, true
³⁷ πλησίον, α, ον, nearby, near, neighbor
³⁸ ἑκάτερος, α, ον, each of two, both

## ΕΠΙΣΤΟΛΗ ΠΡΟΣ ΔΙΟΓΝΗΤΟΝ

πεφύτευται.¹ **5** ἣν δύναμιν ἐνιδὼν² ὁ ἀπόστολος τήν τε ἄνευ³ ἀληθείας προστάγματος⁴ εἰς ζωὴν ἀσκουμένην⁵ γνῶσιν⁶ μεμφόμενος⁷ λέγει· Ἡ γνῶσις⁸ φυσιοῖ,⁹ ἡ δὲ ἀγάπη οἰκοδομεῖ. **6** ὁ γὰρ νομίζων¹⁰ εἰδέναι τι ἄνευ¹¹ γνώσεως¹² ἀληθοῦς¹³ καὶ μαρτυρουμένης ὑπὸ τῆς ζωῆς, οὐκ ἔγνω· ὑπὸ τοῦ ὄφεως¹⁴ πλανᾶται, μὴ ἀγαπήσας τὸ ζῆν. ὁ δὲ μετὰ φόβου ἐπιγνοὺς καὶ ζωὴν ἐπιζητῶν¹⁵ ἐπ᾽ ἐλπίδι φυτεύει,¹⁶ καρπὸν προσδοκῶν.¹⁷ **7** ἤτω σοι καρδία γνῶσις,¹⁸ ζωὴ δὲ λόγος ἀληθής,¹⁹ χωρούμενος.²⁰ **8** οὗ ξύλον²¹ φέρων καὶ καρπὸν αἴρων²² τρυγήσεις²³ ἀεὶ²⁴ τὰ παρὰ Θεῷ ποθούμενα,²⁵ ὧν ὄφις²⁶ οὐχ ἅπτεται οὐδὲ πλάνη²⁷ συγχρωτίζεται·²⁸ οὐδὲ Εὕα²⁹ φθείρεται,³⁰ ἀλλὰ παρθένος³¹

---

¹ φυτεύω perf mid/pass ind 3s, plant
² ἐνοράω aor act ptcp m.s.nom., see, perceive
³ ἄνευ, prep, without
⁴ πρόσταγμα, ατος, τό, command(ment), injunction
⁵ ἀσκέω pres mid/pass ptcp f.s.acc., practice, engage in
⁶ γνῶσις, εως, ἡ, knowledge
⁷ μέμφομαι pres mid/pass ptcp m.s.nom., find fault with, blame
⁸ γνῶσις, εως, ἡ, knowledge
⁹ φυσιόω pres act ind 3s, puff up, make proud
¹⁰ νομίζω pres act ptcp m.s.nom., think, consider
¹¹ ἄνευ, prep, without
¹² γνῶσις, εως, ἡ, knowledge, what is known
¹³ ἀληθής, ές, truthful, honest, true
¹⁴ ὄφις, εως, ἡ, snake, serpent
¹⁵ ἐπιζητέω pres act ptcp m.s.nom., search for, seek after
¹⁶ φυτεύω pres act ind 3s, plant
¹⁷ προσδοκάω pres act ptcp m.s.nom., wait for, look for
¹⁸ γνῶσις, εως, ἡ, knowledge
¹⁹ ἀληθής, ές, truthful, true
²⁰ χωρέω pres mid/pass ptcp m.s.nom., go, go out/away
²¹ ξύλον, ου, τό, wood, tree
²² αἱρέω pres act ptcp m.s.nom., lift up
²³ τρυγάω fut act ind 2s, harvest grapes
²⁴ ἀεί, adv, always, continually
²⁵ ποθέω pres mid/pass ptcp n.p.acc., desire, wish (for)
²⁶ ὄφις, εως, ἡ, snake, serpent
²⁷ πλάνη, ης, ἡ, error, delusion
²⁸ συγχρωτίζομαι pres mid/pass ind 3s, defile by touching
²⁹ Εὕα, ας, ἡ, Eve
³⁰ φθείρω pres mid/pass ind 3s, destroy
³¹ παρθένος, ου, ἡ, virgin, chaste person

## ΕΠΙΣΤΟΛΗ ΠΡΟΣ ΔΙΟΓΝΗΤΟΝ

πιστεύεται. **9** καὶ σωτήριον[1] δείκνυται, καὶ ἀπόστολοι συνετίζονται,[2] καὶ τὸ Κυρίου πάσχα[3] προέρχεται,[4] καὶ κλῆροι[5] συνάγονται καὶ πάντα μετὰ κόσμου ἁρμόζεται,[6] καὶ διδάσκων ἁγίους ὁ Λόγος[7] εὐφραίνεται,[8] δι' οὗ Πατὴρ δοξάζεται· ᾧ ἡ δόξα εἰς τοὺς αἰῶνας. Ἀμήν.

---

[1] σωτήριον, ου, τό, deliverance, salvation
[2] συνετίζω pres mid/pass ind 3p, cause to understand
[3] πάσχα, τό, the Passover
[4] προέρχομαι pres mid/pass ind 3s, go forward
[5] κλῆρος, ου, ὁ, lot, portion
[6] ἁρμόζω pres mid/pass ind 3s, fit, join
[7] Λόγος, ου, ὁ, word, the Logos
[8] εὐφραίνω pres mid/pass ind 3s, gladden

# 1 Clement

APOSTOLIC FATHERS GREEK READER

VOLUME 4

# 1 Clement

# An Introduction

*Author*

According to Irenaeus, Clement was the bishop of Rome after two otherwise unknown figures, Linus and Anacletus.[1] Although there is no indication in 1 Clement that an episcopacy as it was known to Irenaeus was present in the Christian communities in Rome at the time of the composition of the letter, this does not mean that Clement was not a bishop/elder in Rome.[2] Though we may hope to more precisely identify the author of 1 Clement, Peter Lampe notes that he "… cannot be more closely defined, and hypotheses that claim otherwise are mistaken."[3] And after a very careful study, Lampe concluded: "All in all, the individual author of 1 Clem. remains remarkably in darkness, in spite of the abundance of material."[4]

And yet, there is the remark in Herm. Vis. 2.4.3 (8.3) which may well identify the Clement who actually, physically wrote the letter we know as 1 Clement: "You shall write two little books and you shall send one to Clement and one to Grapte. Then Clement will send one to the other cities, for that has been entrusted to him." This is the earliest reference to a man named Clement belonging to the church at Rome.[5] It is evident from the text that this Clement serves as "a foreign correspondent or church secretary."[6] Usually, The Shepherd of Hermas is dated AD 100–120. It is quite likely then that this is the same person as the person

---

[1] *Haer.* 3.3.1.

[2] Odd Magne Bakke, *"Concord and Peace": A Rhetorical Analysis of the First letter of Clement with an Emphasis on the Language of Unity and Sedition*, WUNT 2/143 (Tübingen: Mohr Siebeck, 2001), 2.

[3] Peter Lampe, *From Paul to Valentinus: Christians at Rome in the First Two Centuries*, trans. Michael Steinhauser and ed. Marshall D. Johnson (Minneapolis: Fortress, 2003), 206.

[4] Lampe, *From Paul to Valentinus*, 217. The study runs from pages 206–17.

[5] There is a Clement mentioned in Phil 4:3.

[6] Bakke, *Concord and Peace*, 2–3.

who penned 1 Clement. If this is the case, then this text also contains one of the reasons for the growth of episcopal church government in the second century: One of the elders became the regular correspondent with other churches and thus became known as *the* elder of the church.

But according to the letter itself, who is its author? The preface of 1 Clement says, "the Church of God at Rome." The letter identifies itself as a communal work. It is noteworthy that the Greek patristic tradition remembered this communal aspect of the letter's authorship.[1] This does not mean that the community convened to write the letter. Rather, Clement wrote the letter on behalf of the entire congregation.

## *The Date of the Letter*

The date of the letter to the Corinthians is generally accepted to be around AD 96.[2] Partial support for this dating is found in the reference to the bearers of the letter in 1 Clem. 63.3. At least two generations are in view here, about forty or fifty years or so. Since the church at Rome was founded around the mid-40s, this would suggest an AD 90s date. On the other hand, there is 1 Clem. 5, which speaks of Paul and Peter dying in Clement's generation. Another time indicator can be found in 1 Clem. 44, where the generation of elders appointed by the Apostles has died. And finally, the reference to the Church at Corinth being "ancient" (1 Clem. 47) speaks of a later rather than earlier dating.

## *Purpose of the Letter?*

First Clement has been written to cure a prominent schism among the Corinthians (1 Clem. 1; 3.2; 46.5) and thus safeguard the elect (1 Clem. 2.4; 59.2). Little information is given regarding the exact cause of the schism, although it would appear that the congregation's elders

---

[1] Bakke, *Concord and Peace*, 3–4.
[2] Andrew Louth, "Clement of Rome," in Maxwell Staniforth trans., *Early Christian Writings: The Apostolic Fathers* (1968 ed.; repr. Harmondsworth, Middlesex: Penguin, 1987), 20. Thomas J. Herron has argued for a date around AD 70 ("The Most Probable Date of the First Epistle of Clement to the Corinthians," *StPatr* 21 [1989]: 106–21).

have been removed without reason (1 Clem. 44). This is primarily identified as the action of a few (1 Clem. 1.1; 47.6 ["one or two persons"]; 57.1). Yet, the community has acquiesced—thus the need for 1 Clement's exhortation—and even unbelievers know of the problems (1 Clem. 47). This over-riding concern shapes the entire letter. For instance, a faint allusion to 1 Cor 13 in 1 Clem. 49 addresses this issue: "Love knows of no divisions, love promotes no discord, all the works of love are done in perfect fellowship."[1]

*Text*

The text of 1 Clement, unavailable throughout the medieval era, came to light again with the discovery of the fifth-century *Codex Alexandrinus*, which was sent by Cyril Lucaris (1572–1638), the Calvinistic Greek Patriarch of Constantinople as a New Year's present to King Charles I (1600–1649) of England in 1627. Alexandrinus' copy of 1 Clement lacks 57.7–63.3. Six years later, the Royal Librarian and Scottish patristic scholar Patrick Young (1584–1652) edited and published 1 Clement, along with 2 Clement, which was also in Codex Alexandrinus with modern chapter notation. Young was the first to assign what became the traditional dating of 1 Clement to around AD 96.[2] The full text, complete with the remarkable prayers of 1 Clem. 59–61, is found only in Codex Hierosolymitanus (AD 1056), which was identified by Philotheos Bryennios (1833–1917), the Greek Orthodox metropolitan of Nicomedia, in 1873.

Michael A. G. Haykin

---

[1] E. A. Russell, "Godly Concord: en homonoia (1 Clement 9.4)," *Irish Biblical Studies* 11 (October 1989): 190.

[2] Herron, "Most Probable Date," 106.

# ADDITIONAL RESOURCES FOR FURTHER STUDY

## 1 Clement

Bakke, Odd Magne. *"Concord and Peace": A Rhetorical Analysis of the First letter of Clement with an Emphasis on the Language of Unity and Sedition*. WUNT 2/143. Tübingen: Mohr Siebeck, 2001.

Bowe, Barbara Ellen. *A Church in Crisis: Ecclesiology and Paraenesis in Clement of Rome*. Minneapolis: Fortress, 1988.

Breytenbach, Cilliers and Laurence L. Welborn. *Encounters with Hellenism: Studies on the First Letter of Clement*. AGJU 53. Leiden: Brill, 2004.

Erhman, Bart D. *The Apostolic Fathers, Vol. 1*. Edited by Jeffrey Henderson. LCL 24. Cambridge: Harvard University Press, 2003.

Grant, Robert M. and Holt H. Graham. *The Apostolic Fathers: A New Translation and Commentary*. Vol. 2. New York: Thomas Nelson, 1965.

Gregory, Andrew. "1 Clement: An Introduction." *Expository Times* 117, no. 6 (March 2006): 223–30.

Hagner, Donald A. *The Use of the Old and New Testaments in Clement of Rome*. NovTSup 34. Leiden: Brill, 1973.

Harnack, Adolf von. *Einführung in die Alte Kirchengeschichte*. Leipzig: J. C. Hinrichs Buchhandlung, 1929.

Herron, Thomas J. *Clement and the Early Church of Rome: On the Dating of Clement's First Epistle to the Corinthians*. Seubenville: Emmaus Road, 2008.

Herron, Thomas J. "The Most Probable Date of the First Epistle of Clement to the Corinthian." *Studia Patristica* 21 (1989): 106–21.

Lampe, Peter. *From Paul to Valentinus: Christians at Rome in the First Two Centuries.* Translated by Michael Steinhauser and edited by Marshall D. Johnson. Minneapolis: Fortress, 2003.

Lindemann, Andreas. *Die Apostolischen Väter I: Die Clemensbriefe.* Handbuch zum Neuen Testament 17. Tübingen: Mohr Siebeck, 1992.

Lona, Horacio E. *Der Erste Clemensbrief.* Kommentar zu den Apostolischen Vätern 8. Göttingen: Vandenhoeck & Ruprecht, 1998.

Louth, Andrew. *Early Christian Writings: The Apostolic Fathers.* Translated by Maxwell Staniforth. 1968 edition. Reproduced by Hardmondsworth, Middlesex: Penguin, 1987.

Maier, H. O. *The Social Setting of the Ministry as Reflected in the Writigns of Hermas, Clement and Ignatius.* Waterloo: Wilfrid Laurier University Press, 1991.

Russell, E. A. "Godly Concord: en homonoia (1 Clement 9.4)." *Irish Biblical Studies* 11 (October 1989): 186–96.

van Unnik, E. C. "Is 1 Clement 20 Purely Stoic?" *Vigiliae Christianae* 4 (1950): 181–89.

Welborn, Laurence L. "On the Date of First Clement." *Biblical Research* 29 (1984): 35–54.

# ΚΛΗΜΕΝΤΟΣ
## ΠΡΟΣ ΚΟΡΙΝΘΙΟΥΣ Α

Ἡ ἘΚΚΛΗΣΙΑ τοῦ Θεοῦ ἡ παροικοῦσα[1] Ῥώμην[2] τῇ ἐκκλησίᾳ τοῦ Θεοῦ τῇ παροικούσῃ[3] Κόρινθον,[4] κλητοῖς,[5] ἡγιασμένοις[6] ἐν θελήματι Θεοῦ διὰ τοῦ Κυρίου ἡμῶν Ἰησοῦ Χριστοῦ. χάρις ὑμῖν καὶ εἰρήνη ἀπὸ παντοκράτορος[7] Θεοῦ διὰ Ἰησοῦ Χριστοῦ πληθυνθείη.[8]

**1:1** Διὰ τὰς αἰφνιδίους[9] καὶ ἐπαλλήλους[10] γενομένας ἡμῖν συμφορὰς[11] καὶ περιπτώσεις,[12] ἀδελφοί, βράδιον[13] νομίζομεν[14] ἐπιστροφὴν[15] πεποιῆσθαι περὶ τῶν ἐπιζητουμένων[16] παρ' ὑμῖν πραγμάτων,[17] ἀγαπητοί, τῆς τε ἀλλοτρίας[18] καὶ ξένης[19] τοῖς ἐκλεκτοῖς[20] τοῦ Θεοῦ μιαρᾶς[21] καὶ ἀνοσίου[22] στάσεως,[23] ἣν ὀλίγα πρόσωπα προπετῆ[24] καὶ αὐθάδη[25] ὑπάρχοντα εἰς τοσοῦτον[26]

---

[1] παροικέω pres act ptcp f.s.nom., sojourn
[2] Ῥώμη, ης, ἡ, Rome
[3] παροικέω pres act ptcp f.s.dat., sojourn
[4] Κόρινθος, ου, ἡ, Corinth
[5] κλητός, ή, όν, called
[6] ἁγιάζω perf pass ptcp m.p.dat., sanctify
[7] παντοκράτωρ, ορος, ὁ, Almighty, Omnipotent
[8] πληθύνω aor pass opt 3s, increase, multiply
[9] αἰφνίδιος, ον, sudden
[10] ἐπάλληλος, ον, repeated, in rapid succession
[11] συμφορά, ᾶς, ἡ, misfortune, calamity
[12] περίπτωσις, εως, ἡ, experience, happening
[13] βραδύς, εῖα, ύ, slow
[14] νομίζω pres act ind 1p, consider, pay attention to
[15] ἐπιστροφή, ῆς, ἡ, turn one's attention
[16] ἐπιζητέω pres mid ptcp n.p.gen., dispute
[17] πρᾶγμα, ατος, τό, thing, matter
[18] ἀλλότριος, ία, ον, foreign, alien
[19] ξένος, η, ον, strange
[20] ἐκλεκτός, ή, όν, chosen
[21] μιαρός, ά, όν, abominable, wretched, foul
[22] ἀνόσιος, ον, unholy
[23] στάσις, εως, ἡ, uprising, riot, revolt
[24] προπετής, ές, reckless, rash
[25] αὐθάδης, ες, arrogant, self-willed
[26] τοσοῦτος, αύτη, οῦτον, so much, so great

ἀπονοίας¹ ἐξέκαυσαν,² ὥστε τὸ σεμνὸν³ καὶ περιβόητον⁴ καὶ πᾶσιν ἀνθρώποις ἀξιαγάπητον⁵ ὄνομα ὑμῶν μεγάλως⁶ βλασφημηθῆναι. 2 τίς γὰρ παρεπιδημήσας⁷ πρὸς ὑμᾶς τὴν πανάρετον⁸ καὶ βεβαίαν⁹ ὑμῶν πίστιν οὐκ ἐδοκίμασεν;¹⁰ τήν τε σώφρονα¹¹ καὶ ἐπιεικῆ¹² ἐν Χριστῷ εὐσέβειαν¹³ οὐκ ἐθαύμασεν; καὶ τὸ μεγαλοπρεπὲς¹⁴ τῆς φιλοξενίας¹⁵ ὑμῶν ἦθος¹⁶ οὐκ ἐκήρυξεν; καὶ τὴν τελείαν¹⁷ καὶ ἀσφαλῆ¹⁸ γνῶσιν¹⁹ οὐκ ἐμακάρισεν;²⁰ 3 ἀπροσωπολήμπτως²¹ γὰρ πάντα ἐποιεῖτε, καὶ τοῖς νομίμοις²² τοῦ Θεοῦ ἐπορεύεσθε, ὑποτασσόμενοι τοῖς ἡγουμένοις²³ ὑμῶν καὶ τιμὴν τὴν καθήκουσαν²⁴ ἀπονέμοντες²⁵ τοῖς παρ' ὑμῖν πρεσβυτέροις· νέοις²⁶ τε μέτρια²⁷ καὶ σεμνὰ²⁸ νοεῖν²⁹ ἐπετρέπετε·³⁰ γυναιξίν τε ἐν ἀμώμῳ³¹ καὶ σεμνῇ³² καὶ

---

¹ ἀπόνοια, ας, ἡ, madness, frenzy
² ἐκκαίω aor act ind 3p, kindle, start (a schism)
³ σεμνός, ή, όν, worthy of respect
⁴ περιβόητος, ον, renowned, famous
⁵ ἀξιαγάπητος, ον, worthy of love
⁶ μεγάλως, adv, greatly
⁷ παρεπιδημέω aor act ptcp m.s.nom., visit
⁸ πανάρετος, ον, most excellent
⁹ βέβαιος, α, ον, firm, steadfast
¹⁰ δοκιμάζω aor act ind 3s, approve
¹¹ σώφρων, ον, sober, self-controlled
¹² ἐπιεικής, ές, gentle, kind
¹³ εὐσέβεια, ας, ἡ, piety, godliness
¹⁴ μεγαλοπρεπής, ές, magnificent, sublime
¹⁵ φιλοξενία, ας, ἡ, hospitality
¹⁶ ἦθος, ους, τό, character, habit, custom
¹⁷ τέλειος, α, ον, complete, perfect
¹⁸ ἀσφαλής, ές, sound, firm, stable
¹⁹ γνῶσις, εως, ἡ, knowledge
²⁰ μακαρίζω aor act ind 3s, call blessed, fortunate
²¹ ἀπροσωπολήμπτως, adv, impartiality
²² νόμιμος, η, ον, lawful, in accordance with the law
²³ ἡγέομαι pres mid ptcp m.p.dat., lead
²⁴ καθήκω pres act ptcp f.s.acc., proper, due
²⁵ ἀπονέμω pres act ptcp m.p.nom., showing, giving
²⁶ νέος, α, ον, young
²⁷ μέτριος, ια, ιον, moderate, temperate
²⁸ σεμνός, ή, όν, reverent, worthy of respect
²⁹ νοέω pres act inf, to think
³⁰ ἐπιτρέπω imp act ind 2p, command, instruct
³¹ ἄμωμος, ον, blameless
³² σεμνός, ή, όν, reverent, worthy of respect

## ΚΛΗΜΕΝΤΟΣ Α

ἁγνῇ[1] συνειδήσει[2] πάντα ἐπιτελεῖν[3] παρηγγέλλετε, στεργούσας[4] καθηκόντως[5] τοὺς ἄνδρας ἑαυτῶν· ἔν τε τῷ κανόνι[6] τῆς ὑποταγῆς[7] ὑπαρχούσας τὰ κατὰ τὸν οἶκον σεμνῶς[8] οἰκουργεῖν[9] ἐδιδάσκετε, πάνυ[10] σωφρονούσας.[11]

**2:1** Πάντες τε ἐταπεινοφρονεῖτε,[12] μηδὲν ἀλαζονευόμενοι,[13] ὑποτασσόμενοι μᾶλλον ἢ ὑποτάσσοντες, ἥδιον[14] διδόντες ἢ λαμβάνοντες, τοῖς ἐφοδίοις[15] τοῦ Θεοῦ ἀρκούμενοι·[16] καὶ προσέχοντες[17] τοὺς λόγους αὐτοῦ ἐπιμελῶς[18] ἐνεστερνισμένοι[19] ἦτε τοῖς σπλάγχνοις,[20] καὶ τὰ παθήματα[21] αὐτοῦ ἦν πρὸ ὀφθαλμῶν ὑμῶν. **2** Οὕτως εἰρήνη βαθεῖα[22] καὶ λιπαρὰ[23] ἐδέδοτο πᾶσιν καὶ ἀκόρεστος[24] πόθος[25] εἰς ἀγαθοποιΐαν,[26] καὶ πλήρης[27] πνεύματος ἁγίου ἔκχυσις[28] ἐπὶ πάντας ἐγίνετο· **3** μεστοί[29] τε ὁσίας[30] βουλῆς[31] ἐν ἀγαθῇ προθυμίᾳ[32] μετ' εὐσεβοῦς

---

[1] ἁγνός, ή, όν, pure
[2] συνείδησις, εως, ἡ, conscience
[3] ἐπιτελέω pres act inf, command
[4] στέργω pres act ptcp f.p.acc., love, feel affection for
[5] καθηκόντως, adv, fitting
[6] κανών, όνος, ὁ, rule
[7] ὑποταγή, ῆς, ἡ, obedience, subjection, subordination
[8] σεμνῶς, adv, honorably, worthily
[9] οἰκουργέω pres act inf, household affairs, responsibilities
[10] πάνυ, adv, altogether
[11] σωφρονέω pres act ptcp f.p.acc., sound mind, discretion
[12] ταπεινοφρονέω imp act ind 2p, humble
[13] ἀλαζονεύομαι pres mid ptcp m.p.nom., boast, be boastful
[14] ἡδέως, adv, gladly
[15] ἐφόδιον, ου, τό, provision(s)
[16] ἀρκέω pres mid ptcp m.p.nom., be enough, sufficient
[17] προσέχω pres act ptcp m.p.nom., take care, be concerned
[18] ἐπιμελῶς, adv, carefully, diligently
[19] ἐνστερνίζομαι perf mid ptcp m.p.nom., store away within oneself
[20] σπλάγχνον, ου, τό, affections, heart, inward parts
[21] πάθημα, ατος, τό, suffering
[22] βαθύς, εῖα, ύ, deep, profound
[23] λιπαρός, ά, όν, rich
[24] ἀκόρεστος, ον, insatiable
[25] πόθος, ου, ὁ, desire, longing
[26] ἀγαθοποιΐα, ας, ἡ, doing good
[27] πλήρης, ες, full, abundant
[28] ἔκχυσις, εως, ἡ, outpouring
[29] μεστός, ή, όν, full
[30] ὅσιος, ία, ον, holy, devout, pious
[31] βουλή, ῆς, ἡ, council
[32] προθυμία, ας, ἡ, willingness, readiness, goodwill

πεποιθήσεως¹ ἐξετείνετε² τὰς χεῖρας ὑμῶν πρὸς τὸν παντοκράτορα³ Θεόν, ἱκετεύοντες⁴ αὐτὸν ἵλεως⁵ γενέσθαι, εἴ τι ἄκοντες⁶ ἡμάρτετε. 4 ἀγὼν⁷ ἦν ὑμῖν ἡμέρας τε καὶ νυκτὸς ὑπὲρ πάσης τῆς ἀδελφότητος,⁸ εἰς τὸ σῴζεσθαι μετὰ δέους⁹ καὶ συνειδήσεως τὸν ἀριθμὸν¹⁰ τῶν ἐκλεκτῶν¹¹ αὐτοῦ. 5 εἰλικρινεῖς¹² καὶ ἀκέραιοι¹³ ἦτε καὶ ἀμνησίκακοι¹⁴ εἰς ἀλλήλους. 6 πᾶσα στάσις¹⁵ καὶ πᾶν σχίσμα¹⁶ βδελυκτὸν¹⁷ ὑμῖν. ἐπὶ τοῖς παραπτώμασιν¹⁸ τοῖς πλησίον¹⁹ ἐπενθεῖτε·²⁰ τὰ ὑστερήματα²¹ αὐτῶν ἴδια ἐκρίνετε. 7 ἀμεταμέλητοι²² ἦτε ἐπὶ πάσῃ ἀγαθοποιΐᾳ,²³ ἕτοιμοι²⁴ εἰς πᾶν ἔργον ἀγαθόν. 8 τῇ παναρέτῳ²⁵ καὶ σεβασμίῳ²⁶ πολιτείᾳ²⁷ κεκοσμημένοι²⁸ πάντα ἐν τῷ φόβῳ

---

¹ πεποίθησις, εως, ἡ, confidence, trust
² ἐκτείνω aor act ind 2p, stretch out
³ παντοκράτωρ, ορος, ὁ, almighty
⁴ ἱκετεύω pres act ptcp m.p.nom., supplicate, beseech
⁵ ἵλεως, ων, adv, gracious, merciful
⁶ ἄκων, ἄκουσα, ἄκον, unwilling, inadvertently
⁷ ἀγών, ἀγῶνος, ὁ, struggle, contest
⁸ ἀδελφότης, ητος, ἡ, fellowship
⁹ δέος, ους, τό, fear, awe
¹⁰ ἀριθμός, οῦ, ὁ, number
¹¹ ἐκλεκτός, ή, όν, elect
¹² εἰλικρινής, ές, pure
¹³ ἀκέραιος, ον, pure, innocent
¹⁴ ἀμνησίκακος, ον, having no malice
¹⁵ στάσις, εως, ἡ, strife, discord, uprising
¹⁶ σχίσμα, ατος, τό, schism
¹⁷ βδελυκτός, ή, όν, abominable, abhorrent, detestable
¹⁸ παράπτωμα, ατος, τό, transgression, offense, wrongdoing
¹⁹ πλησίον, adv, neighbor
²⁰ πενθέω imp act ind 2p, mourn
²¹ ὑστέρημα, ατος, τό, deficiency, shortcoming
²² ἀμεταμέλητος, ον, not to be regretted, without regret, feeling no remorse
²³ ἀγαθοποιΐα, ας, ἡ, doing good
²⁴ ἕτοιμος, η, ον, ready
²⁵ πανάρετος, ον, most excellent, all-virtuous
²⁶ σεβάσμιος, ον, honorable
²⁷ πολιτεία, ας, ἡ, way of life, conduct
²⁸ κοσμέω perf pass ptcp m.p.nom., adorn

ΚΛΗΜΕΝΤΟΣ Α

αὐτοῦ ἐπετελεῖτε·[1] τὰ προστάγματα[2] καὶ τὰ δικαιώματα[3] τοῦ Κυρίου ἐπὶ τὰ πλάτη[4] τῆς καρδίας ὑμῶν ἐγέγραπτο.

**3:1** Πᾶσα δόξα καὶ πλατυσμὸς[5] ἐδόθη ὑμῖν, καὶ ἐπετελέσθη[6] τὸ γεγραμμένον· Ἔφαγεν καὶ ἔπιεν καὶ ἐπλατύνθη[7] καὶ ἐπαχύνθη[8] καὶ ἀπελάκτισεν[9] ὁ ἠγαπημένος. **2** Ἐκ τούτου ζῆλος[10] καὶ φθόνος,[11] καὶ ἔρις[12] καὶ στάσις,[13] διωγμὸς[14] καὶ ἀκαταστασία,[15] πόλεμος[16] καὶ αἰχμαλωσία.[17] **3** οὕτως ἐπηγέρθησαν[18] οἱ ἄτιμοι[19] ἐπὶ τοὺς ἐντίμους,[20] οἱ ἄδοξοι[21] ἐπὶ τοὺς ἐνδόξους,[22] οἱ ἄφρονες[23] ἐπὶ τοὺς φρονίμους,[24] οἱ νέοι[25] ἐπὶ τοὺς πρεσβυτέρους. **4** διὰ τοῦτο πόρρω[26] ἄπεστιν[27] ἡ δικαιοσύνη καὶ εἰρήνη, ἐν τῷ ἀπολείπειν[28] ἕκαστον τὸν φόβον τοῦ Θεοῦ καὶ ἐν τῇ πίστει αὐτοῦ

---

[1] ἐπιτελέω imp act ind 2p, accomplish, complete
[2] πρόσταγμα, ατος, τό, commandment
[3] δικαίωμα, ατος, τό, ordinance, regulation
[4] πλάτος, ους, τό, side to side, breadth, width
[5] πλατυσμός, οῦ, ὁ, extension, enlargement, expansion, growth
[6] ἐπιτελέω aor pass ind 3s, fulfill, complete, end
[7] πλατύνω aor pass ind 3s, make broad, enlarge
[8] παχύνω aor pass ind 3s, make fat, well-nourished
[9] ἀπολακτίζω aor act ind 3s, kick (up the heels)
[10] ζῆλος, ου, ὁ, jealousy, zeal
[11] φθόνος, ου, ὁ, envy, jealousy
[12] ἔρις, ιδος, ἡ, strife, discord, contention
[13] στάσις, εως, ἡ, rebellion, uprising, sedition
[14] διωγμός, οῦ, ὁ, persecution
[15] ἀκαταστασία, ας, ἡ, disorder, unruliness
[16] πόλεμος, ου, ὁ, war, battle, fight
[17] αἰχμαλωσία, ας, ἡ, captivity
[18] ἐπεγείρω aor pass ind 3p, arise, excite, stir up
[19] ἄτιμος, ον, dishonored, despised
[20] ἔντιμος, ον, honored, respected
[21] ἄδοξος, ον, without reputation
[22] ἔνδοξος, ον, honored, distinguished
[23] ἄφρων, ον, foolish, ignorant
[24] φρόνιμος, ον, wise, prudent
[25] νέος, α, ον, young, new, fresh
[26] πόρρω, adv, far, distance
[27] ἄπειμι pres act ind 3s, be absent, away
[28] ἀπολείπω pres act inf, abandon, leave behind, desert

ἀμβλυωπῆσαι,¹ μηδὲ ἐν τοῖς νομίμοις² τῶν προσταγμάτων³ αὐτοῦ πορεύεσθαι μηδὲ πολιτεύεσθαι⁴ κατὰ τὸ καθῆκον⁵ τῷ Χριστῷ, ἀλλὰ ἕκαστον βαδίζειν⁶ κατὰ τὰς ἐπιθυμίας τῆς καρδίας αὐτοῦ τῆς πονηρᾶς, ζῆλον⁷ ἄδικον⁸ καὶ ἀσεβῆ⁹ ἀνειληφότας,¹⁰ δι' οὗ καὶ θάνατος εἰσῆλθεν εἰς τὸν κόσμον.

**4:1** Γέγραπται γὰρ οὕτως· Καὶ ἐγένετο μεθ' ἡμέρας ἤνεγκεν Κάϊν¹¹ ἀπὸ τῶν καρπῶν τῆς γῆς θυσίαν¹² τῷ Θεῷ, καὶ Ἄβελ¹³ ἤνεγκεν καὶ αὐτὸς ἀπὸ τῶν πρωτοτόκων¹⁴ τῶν προβάτων καὶ ἀπὸ τῶν στεάτων¹⁵ αὐτῶν. **2** καὶ ἐπεῖδεν¹⁶ ὁ Θεὸς ἐπὶ Ἄβελ¹⁷ καὶ ἐπὶ τοῖς δώροις¹⁸ αὐτοῦ, ἐπὶ δὲ Κάϊν¹⁹ καὶ ἐπὶ ταῖς θυσίαις²⁰ αὐτοῦ οὐ προσέσχεν.²¹ **3** καὶ ἐλυπήθη²² Κάϊν²³ λίαν²⁴ καὶ συνέπεσεν²⁵ τῷ προσώπῳ αὐτοῦ. **4** καὶ εἶπεν ὁ Θεὸς πρὸς Κάϊν·²⁶ Ἱνατί²⁷ περίλυπος²⁸ ἐγένου, καὶ ἱνατί²⁹ συνέπεσεν³⁰ τὸ πρόσωπόν σου; οὐκ

---

¹ ἀμβλυωπέω aor act inf, be dim-sighted
² νόμιμος, η, ον, law, lawful
³ πρόσταγμα, ατος, τό, injunction, commandment
⁴ πολιτεύομαι pres mid inf, live, lead one's life
⁵ καθήκω pres act ptcp n.s.acc., be appropriate, fitting, proper
⁶ βαδίζω pres act inf, walk
⁷ ζῆλος, ου, ὁ, jealousy, zeal
⁸ ἄδικος, ον, unjust, crooked, unrighteous
⁹ ἀσεβής, ές, irreverent, impious, ungodly
¹⁰ ἀναλαμβάνω perf act ptcp m.p.acc., take up
¹¹ Κάϊν, ὁ, Cain
¹² θυσία, ας, ἡ, offering, sacrifice
¹³ Ἄβελ, ὁ, Abel
¹⁴ πρωτότοκος, ον, firstborn
¹⁵ στέαρ, ατος, τό, fat
¹⁶ ἐφοράω aor act ind 3s, look, gaze upon
¹⁷ Ἄβελ, ὁ, Abel
¹⁸ δῶρον, ου, τό, gift
¹⁹ Κάϊν, ὁ, Cain
²⁰ θυσία, ας, ἡ, offering, sacrifice
²¹ προσέχω aor act ind 3s, be concerned with, pay attention to
²² λυπέω aor pass ind 3s, distressed, sad
²³ Κάϊν, ὁ, Cain
²⁴ λίαν, adv, very, exceedingly
²⁵ συμπίπτω aor act ind 3s, fall
²⁶ Κάϊν, ὁ, Cain
²⁷ ἱνατί, adv, why
²⁸ περίλυπος, ον, distressed, sad, deeply grieved
²⁹ ἱνατί, adv, why
³⁰ συμπίπτω aor act ind 3s, fall

ἐὰν ὀρθῶς¹ προσενέγκῃς ὀρθῶς² δὲ μὴ διέλῃς,³ ἥμαρτες;
5 ἡσύχασον·⁴ πρὸς σὲ ἡ ἀποστροφὴ⁵ αὐτοῦ, καὶ σὺ ἄρξεις αὐτοῦ.
6 καὶ εἶπεν Κάϊν⁶ πρὸς Ἄβελ⁷ τὸν ἀδελφὸν αὐτοῦ· Διέλθωμεν εἰς τὸ πεδίον.⁸ καὶ ἐγένετο ἐν τῷ εἶναι αὐτοὺς ἐν τῷ πεδίῳ⁹ ἀνέστη Κάϊν¹⁰ ἐπὶ Ἄβελ¹¹ τὸν ἀδελφὸν αὐτοῦ καὶ ἀπέκτεινεν αὐτόν.
7 Ὁρᾶτε, ἀδελφοί, ζῆλος¹² καὶ φθόνος¹³ ἀδελφοκτονίαν¹⁴ κατειργάσατο.¹⁵ 8 διὰ ζῆλος¹⁶ ὁ πατὴρ ἡμῶν Ἰακὼβ¹⁷ ἀπέδρα¹⁸ ἀπὸ προσώπου Ἡσαῦ¹⁹ τοῦ ἀδελφοῦ αὐτοῦ. 9 ζῆλος²⁰ ἐποίησεν Ἰωσὴφ μέχρι²¹ θανάτου διωχθῆναι καὶ μέχρι²² δουλείας²³ εἰσελθεῖν.
10 ζῆλος²⁴ φυγεῖν²⁵ ἠνάγκασεν²⁶ Μωϋσῆν ἀπὸ προσώπου Φαραὼ²⁷ βασιλέως Αἰγύπτου²⁸ ἐν τῷ ἀκοῦσαι αὐτὸν ἀπὸ τοῦ ὁμοφύλου·²⁹ Τίς σε κατέστησεν³⁰ κριτὴν³¹ ἢ δικαστὴν³² ἐφ' ἡμῶν; μὴ ἀνελεῖν³³

---

¹ ὀρθῶς, adv, correctly, rightly
² ὀρθῶς, adv, correctly, rightly
³ διαιρέω aor act sub 2s, divide, distribute
⁴ ἡσυχάζω aor act impv 2s, be quiet, remain silent
⁵ ἀποστροφή, ῆς, ἡ, turning
⁶ Κάϊν, ὁ, Cain
⁷ Ἄβελ, ὁ, Abel
⁸ πεδίον, ου, τό, field
⁹ πεδίον, ου, τό, field
¹⁰ Κάϊν, ὁ, Cain
¹¹ Ἄβελ, ὁ, Abel
¹² ζῆλος, ου, ὁ, jeaslousy, zeal
¹³ φθόνος, ου, ὁ, envy, jealousy
¹⁴ ἀδελφοκτονία, ας, ἡ, brother's murder, fratricide
¹⁵ κατεργάζομαι aor mid ind 3s, bring about, produce
¹⁶ ζῆλος, ου, ὁ, jealousy, zeal
¹⁷ Ἰακώβ, ὁ, Jacob
¹⁸ ἀποδιδράσκω aor act ind 3s, run away, escape
¹⁹ Ἡσαῦ, ὁ, Esau
²⁰ ζῆλος, ου, ὁ, jealousy, zeal
²¹ μέχρι impr prep (+ gen), until
²² μέχρι impr prep (+ gen), until
²³ δουλεία, ας, ἡ, slavery
²⁴ ζῆλος, ου, ὁ, jealousy, zeal
²⁵ φεύγω aor act inf, flee, escape
²⁶ ἀναγκάζω aor act ind 3s, compel, force
²⁷ Φαραώ, ὁ, Pharaoh
²⁸ Αἴγυπτος, ου, ἡ, Egypt
²⁹ ὁμόφυλος, ον, fellow-tribesman, compatriot
³⁰ καθίστημι aor act ind 3s, make, cause
³¹ κριτής, οῦ, ὁ, judge
³² δικαστής, οῦ, ὁ, judge, ruler, arbitrator
³³ ἀναιρέω aor act inf, do away with, destroy, kill

μέ συ θέλεις, ὃν τρόπον¹ ἀνεῖλες² ἐχθὲς³ τὸν Αἰγύπτιον.⁴ **11** διὰ ζῆλος⁵ Ἀαρὼν⁶ καὶ Μαριὰμ⁷ ἔξω τῆς παρεμβολῆς⁸ ηὐλίσθησαν.⁹ **12** ζῆλος¹⁰ Δαθὰν¹¹ καὶ Ἀβειρὼν¹² ζῶντας κατήγαγεν¹³ εἰς ᾅδου¹⁴ διὰ τὸ στασιάσαι¹⁵ αὐτοὺς πρὸς τὸν θεράποντα¹⁶ τοῦ Θεοῦ Μωϋσῆν. **13** διὰ ζῆλος¹⁷ Δαυεὶδ φθόνον¹⁸ ἔσχεν οὐ μόνον ὑπὸ τῶν ἀλλοφύλων,¹⁹ ἀλλὰ καὶ ὑπὸ Σαοὺλ²⁰ βασιλέως Ἰσραὴλ ἐδιώχθη.

**5:1** Ἀλλ' ἵνα τῶν ἀρχαίων²¹ ὑποδειγμάτων²² παυσώμεθα,²³ ἔλθωμεν ἐπὶ τοὺς ἔγγιστα γενομένους ἀθλητάς·²⁴ λάβωμεν τῆς γενεᾶς ἡμῶν τὰ γενναῖα²⁵ ὑποδείγματα.²⁶ **2** Διὰ ζῆλον²⁷ καὶ φθόνον²⁸ οἱ μέγιστοι καὶ δικαιότατοι στῦλοι²⁹ ἐδιώχθησαν καὶ ἕως θανάτου ἤθλησαν.³⁰ **3** λάβωμεν πρὸ ὀφθαλμῶν ἡμῶν τοὺς ἀγαθοὺς ἀποστόλους·

**5:4** Πέτρον, ὃς διὰ ζῆλον³¹ ἄδικον³² οὐχ ἕνα οὐδὲ δύο ἀλλὰ πλείονας ὑπήνεγκεν³³ πόνους,³⁴ καὶ οὕτω μαρτυρήσας ἐπορεύθη

---

¹ τρόπος, ου, ὁ, manner, way
² ἀναιρέω aor act ind 2s, do away with, destroy, kill
³ ἐχθές, adv, yesterday
⁴ Αἰγύπτιος, ία, ιον, Egyptian
⁵ ζῆλος, ου, ὁ, jealousy, zeal
⁶ Ἀαρών, ὁ, Aaron
⁷ Μαριά, ἡ, Miriam
⁸ παρεμβολή, ῆς, ἡ, fortified camp
⁹ αὐλίζομαι aor pass ind 3p, spend the night, lodge
¹⁰ ζῆλος, ου, ὁ, jealousy, zeal
¹¹ Δαθάν, ὁ, Dathan
¹² Ἀβιρών, ὁ, Abiram
¹³ κατάγω aor act ind 3s, lead down
¹⁴ ᾅδης, ου, ὁ, Hades
¹⁵ στασιάζω aor act inf, rebel
¹⁶ θεράπων, οντος, ὁ, servant, attendant, aide
¹⁷ ζῆλος, ου, ὁ, jealousy, zeal
¹⁸ φθόνος, ου, ὁ, envy, jealousy
¹⁹ ἀλλόφυλος, ον, Philistine
²⁰ Σαούλ, ὁ, Saul
²¹ ἀρχαῖος, αία, αῖον, ancient, old
²² ὑπόδειγμα, ατος, τό, example
²³ παύω aor mid sub 1p, leave, cease
²⁴ ἀθλητής, οῦ, ὁ, contender, athlete
²⁵ γενναῖος, α, ον, noble, illustrious
²⁶ ὑπόδειγμα, ατος, τό, example
²⁷ ζῆλος, ου, ὁ, jealousy, zeal
²⁸ φθόνος, ου, ὁ, envy
²⁹ στῦλος, ου, ὁ, pillar, column
³⁰ ἀθλέω aor act ind 3p, compete
³¹ ζῆλος, ου, ὁ, jealousy, zeal
³² ἄδικος, ον, unjust, unrighteous
³³ ὑποφέρω aor act ind 3s, endure, submit to
³⁴ πόνος, ου, ὁ, pain, distress, affliction

## ΚΛΗΜΕΝΤΟΣ Α

εἰς τὸν ὀφειλόμενον τόπον τῆς δόξης. **5** Διὰ ζῆλον[1] καὶ ἔριν[2] Παῦλος ὑπομονῆς βραβεῖον[3] ὑπέδειξεν,[4] **6** ἑπτάκις[5] δεσμὰ[6] φορέσας,[7] φυγαδευθείς,[8] λιθασθείς,[9] κῆρυξ[10] γενόμενος ἔν τε τῇ ἀνατολῇ[11] καὶ ἐν τῇ δύσει,[12] τὸ γενναῖον[13] τῆς πίστεως αὐτοῦ κλέος[14] ἔλαβεν, **7** δικαιοσύνην διδάξας ὅλον τὸν κόσμον καὶ ἐπὶ τὸ τέρμα[15] τῆς δύσεως[16] ἐλθών· καὶ μαρτυρήσας ἐπὶ τῶν ἡγουμένων,[17] οὕτως ἀπηλλάγη[18] τοῦ κόσμου καὶ εἰς τὸν ἅγιον τόπον ἐπορεύθη, ὑπομονῆς γενόμενος μέγιστος ὑπογραμμός.[19]

**6:1** Τούτοις τοῖς ἀνδράσιν ὁσίως[20] πολιτευσαμένοις[21] συνηθροίσθη[22] πολὺ πλῆθος ἐκλεκτῶν,[23] οἵτινες πολλαῖς αἰκίαις[24] καὶ βασάνοις[25] διὰ ζῆλος[26] παθόντες, ὑπόδειγμα[27] κάλλιστον ἐγένοντο ἐν ἡμῖν. **2** Διὰ ζῆλος[28] διωχθεῖσαι γυναῖκες, Δαναΐδες[29] καὶ Δίρκαι,[30] αἰκίσματα[31] δεινὰ[32] καὶ ἀνόσια[33]

---

[1] ζῆλος, ου, ὁ, jealousy, zeal
[2] ἔρις, ιδος, ἡ, strife, discord, contention
[3] βραβεῖον, ου, τό, prize, award
[4] ὑποδείκνυμι aor act ind 3s, show, give direction
[5] ἑπτάκις, seven times
[6] δεσμίς, οῦ, ὁ, chain, bond, fetter
[7] φορέω aor act ptcp m.s.nom., wear, bear
[8] φυγαδεύω aor pass ptcp m.s.nom., banish from the country, live in exile
[9] λιθάζω aor pass ptcp m.s.nom., stone
[10] κῆρυξ, υκος, ὁ, herald, proclaimer
[11] ἀνατολή, ῆς, ἡ, east
[12] δύσις, εως, ἡ, west
[13] γενναῖος, α, ον, illustrious, noble
[14] κλέος, ους, τό, fame, glory
[15] τέρμα, ατος, τό, end, limit, boundary
[16] δύσις, εως, ἡ, west
[17] ἡγέομαι pres mid ptcp m.p.gen., lead
[18] ἀπαλλάσσω aor pass ind 3s, leave, depart
[19] ὑπογραμμός, οῦ, ὁ, example
[20] ὁσίως, adv, holy, devoutly
[21] πολιτεύομαι aor mid ptcp m.p.dat., live, lead one's life
[22] συναθροίζω aor pass ind 3s, gather join, unite
[23] ἐκλεκτός, ή, όν, elect, chosen
[24] αἰκία, ίας, ἡ, mistreatment, torture
[25] βάσανος, ου, ἡ, torture, torment
[26] ζῆλος, ου, ὁ, jealousy, zeal
[27] ὑπόδειγμα, ατος, τό, example
[28] ζῆλος, ου, ὁ, jealousy, zeal
[29] Δαναΐδες, ων, αἱ, Danaids
[30] Δίρκη, ης, ἡ, Dirce
[31] αἴκιμα, ατος, τό, mistreatment, torment
[32] δεινός, ή, όν, terrible, fearful
[33] ἀνόσιος, ον, unholy

παθοῦσαι ἐπὶ τὸν τῆς πίστεως βέβαιον[1] δρόμον[2] κατήντησαν[3] καὶ ἔλαβον γέρας[4] γενναῖον[5] αἱ ἀσθενεῖς[6] τῷ σώματι. **3** ζῆλος[7] ἀπηλλοτρίωσεν[8] γαμετὰς[9] ἀνδρῶν καὶ ἠλλοίωσεν[10] τὸ ῥηθὲν ὑπὸ τοῦ πατρὸς ἡμῶν Ἀδάμ·[11] Τοῦτο νῦν ὀστοῦν[12] ἐκ τῶν ὀστέων[13] μου καὶ σὰρξ ἐκ τῆς σαρκός μου. **4** ζῆλος[14] καὶ ἔρις[15] πόλεις μεγάλας κατέστρεψεν[16] καὶ ἔθνη μεγάλα ἐξερίζωσεν.[17]

**7:1** Ταῦτα, ἀγαπητοί, οὐ μόνον ὑμᾶς νουθετοῦντες[18] ἐπιστέλλομεν,[19] ἀλλὰ καὶ ἑαυτοὺς ὑπομνήσκοντες ·[20] ἐν γὰρ τῷ αὐτῷ ἐσμὲν σκάμματι,[21] καὶ ὁ αὐτὸς ἡμῖν ἀγὼν[22] ἐπίκειται.[23] **2** Διὸ ἀπολείπωμεν[24] τὰς κενὰς καὶ ματαίας[25] φροντίδας,[26] καὶ ἔλθωμεν ἐπὶ τὸν εὐκλεῆ[27] καὶ σεμνὸν[28] τῆς παραδόσεως[29] ἡμῶν κανόνα,[30]

---

[1] βέβαιος, α, ον, reliable, firm, certain
[2] δρόμος, ου, ὁ, course, course of life
[3] καταντάω aor act ind 3p, reach, arrive
[4] γέρας, ως, τό, prize, reward
[5] γενναῖος, α, ον, illustrious, noble
[6] ἀσθενής, ές, weak, illness, sick
[7] ζῆλος, ου, ὁ, jealousy, zeal
[8] ἀπαλλοτριόω aor act ind 3s, estrange, alienate
[9] γαμετή, ῆς, ἡ, married woman, wife
[10] ἀλλοιόω aor act ind 3s, change, cause to be different
[11] Ἀδάμ, ὁ, Adam
[12] ὀστέον, ου, τό, bone
[13] ὀστεον, ου, τό, bone
[14] ζῆλος, ου, ὁ, jealousy, zeal
[15] ἔρις, ιδος, ἡ, strife, discord, contention
[16] καταστρέφω aor act ind 3s, overthrow, upset, overturn
[17] ἐκριζόω aor act ind 3s, uproot, utterly destroy
[18] νουθετέω pres act ptcp m.p.nom., admonish, warn, instruct
[19] ἐπιστέλλω pres act ind 1p, inform, instruct by letter, write
[20] ὑπομιμνήσκω pres act ptcp m.p.nom., remind, call to mind
[21] σκάμμα, ατος, τό, arena
[22] ἀγών, ἀγῶνος, ὁ, competition, contest, race
[23] ἐπίκειμαι pres mid ind 3s, lie upon, press upon, confront
[24] ἀπολείπω pres act sub 1p, leave behind, desert
[25] μάταιος, αία, αιον, idle, empty, fruitless, useless
[26] φροντός, ίδος, ἡ, reflection, thought, care, concern
[27] εὐκλεής, ές, famous, renowned
[28] σεμνός, ή, όν, worthy of reverence, august, sublime, holy
[29] παράδοσις, εως, ἡ, tradition
[30] κανών, όνος, ὁ, rule, standard

## ΚΛΗΜΕΝΤΟΣ Α

**3** καὶ ἴδωμεν τί καλὸν καὶ τί τερπνὸν[1] καὶ τί προσδεκτὸν[2] ἐνώπιον τοῦ ποιήσαντος ἡμᾶς. **4** ἀτενίσωμεν[3] εἰς τὸ αἷμα τοῦ Χριστοῦ καὶ γνῶμεν ὡς ἔστιν τίμιον[4] τῷ πατρὶ αὐτοῦ, ὅτι διὰ τὴν ἡμετέραν[5] σωτηρίαν ἐκχυθὲν[6] παντὶ τῷ κόσμῳ μετανοίας[7] χάριν ὑπήνεγκεν.[8] **5** διέλθωμεν εἰς τὰς γενεὰς πάσας καὶ καταμάθωμεν[9] ὅτι ἐν γενεᾷ καὶ γενεᾷ μετανοίας τόπον ἔδωκεν ὁ δεσπότης[10] τοῖς βουλομένοις ἐπιστραφῆναι ἐπ' αὐτόν. **6** Νῶε[11] ἐκήρυξεν μετάνοιαν[12] καὶ οἱ ὑπακούσαντες[13] ἐσώθησαν. **7** Ἰωνᾶς[14] Νινευΐταις[15] καταστροφὴν[16] ἐκήρυξεν, οἱ δὲ μετανοήσαντες ἐπὶ τοῖς ἁμαρτήμασιν[17] αὐτῶν ἐξιλάσαντο[18] τὸν Θεὸν ἱκετεύσαντες[19] καὶ ἔλαβον σωτηρίαν, καίπερ[20] ἀλλότριοι[21] τοῦ Θεοῦ ὄντες.

**8:1** Οἱ λειτουργοὶ[22] τῆς χάριτος τοῦ Θεοῦ διὰ πνεύματος ἁγίου περὶ μετανοίας[23] ἐλάλησαν, **2** καὶ αὐτὸς δὲ ὁ δεσπότης[24] τῶν

---

[1] τερπνός, ή, όν, delightful, pleasing, pleasant
[2] προσδεκτός, ή, όν, acceptable
[3] ἀτενίζω aor act sub 1p, look intently at, stare at
[4] τίμιος, α, ον, costly, precious
[5] ἡμέτερος, α, ον, our
[6] ἐκχέω aor pass ptcp n.s.nom., pour out
[7] μετάνοια, ας, ἡ, repentance, turning about, conversion
[8] ὑποφέρω aor act ind 3s, bear, bring, effect
[9] καταμανθάνω aor act sub 1p, observe, notice, learn
[10] δεσπότης, ου, ὁ, lord, master
[11] Νῶε, ὁ, Noah
[12] μετάνοια, ας, ἡ, repentance, turning about, conversion
[13] ὑπακούω aor act ptcp m.p.nom., obey, follow, be subject to
[14] Ἰωνᾶς, ᾶ, ὁ, Jonah
[15] Νινευίτης, ου, ὁ, Ninevite
[16] καταστροφή, ῆς, ἡ, destruction, ruin
[17] ἁμάρτημα, τος, τό, sin, transgression
[18] ἐξιλάσκομαι aor mid ind 3p, appease, propitiate, make atonement
[19] ἱκετεύω aor act ptcp m.p.nom., supplicate, beseech, beg, entreat
[20] καίπερ, adv, although
[21] ἀλλότριος, ία, ον, alien, unsuitable, hostile, enemy
[22] λειτουργός, οῦ, ὁ, servant, minister
[23] μετάνοια, ας, ἡ, repentance, turning about, conversion
[24] δεσπότης, ου, ὁ, lord, master

## ΚΛΗΜΕΝΤΟΣ Α

ἁπάντων περὶ μετανοίας[1] ἐλάλησεν μετὰ ὅρκου·[2] Ζῶ γὰρ ἐγώ, λέγει Κύριος, οὐ βούλομαι τὸν θάνατον τοῦ ἁμαρτωλοῦ, ὡς τὴν μετάνοιαν.[3] προστιθεὶς[4] καὶ γνώμην[5] ἀγαθήν· 3 Μετανοήσατε, οἶκος Ἰσραήλ, ἀπὸ τῆς ἀνομίας[6] ὑμῶν· εἶπον τοῖς υἱοῖς τοῦ λαοῦ μου· Ἐὰν ὦσιν αἱ ἁμαρτίαι ὑμῶν ἀπὸ τῆς γῆς ἕως τοῦ οὐρανοῦ, καὶ ἐὰν ὦσιν πυρρότεραι[7] κόκκου[8] καὶ μελανώτεραι[9] σάκκου,[10] καὶ ἐπιστραφῆτε πρός με ἐξ ὅλης τῆς καρδίας καὶ εἴπητε, Πάτερ, ἐπακούσομαι[11] ὑμῶν ὡς λαοῦ ἁγίου. 4 καὶ ἐν ἑτέρῳ τόπῳ λέγει οὕτως· Λούσασθε[12] καὶ καθαροὶ[13] γένεσθε, ἀφέλεσθε[14] τὰς πονηρίας[15] ἀπὸ τῶν ψυχῶν ὑμῶν ἀπέναντι[16] τῶν ὀφθαλμῶν μου· παύσασθε[17] ἀπὸ τῶν πονηριῶν[18] ὑμῶν, μάθετε[19] καλὸν ποιεῖν, ἐκζητήσατε[20] κρίσιν, ῥύσασθε[21] ἀδικούμενον,[22] κρίνατε ὀρφανῷ[23] καὶ δικαιώσατε χήρᾳ,[24] καὶ δεῦτε[25] καὶ διελεγχθῶμεν,[26] λέγει· καὶ

---

[1] μετανοία, ας, ἡ, repentance, turning about, conversion
[2] ὅρκος, ου, ὁ, oath
[3] μετανοία, ας, ἡ, repentance, turning about, conversion
[4] προστίθημι pres act ptcp m.s.nom., add, put to
[5] γνώμη, ης, ἡ, declaration, decision, resolution
[6] ἀνομία, ας, ἡ, lawlessness, a lawless deed
[7] πυρρός, ά, όν, fiery red
[8] κόκκος, ου, ὁ, scarlet
[9] μέλας, μέλαινα, μέλαν, black
[10] σάκκος, ου, ὁ, sack, sackcloth
[11] ἐπακούω fut mid ind 1s, hear, listen
[12] λούω aor mid impv 2p, wash, bathe
[13] καθαρός, ά, όν, clean, pure
[14] ἀφαιρέω aor mid impv 2p, take away, do away with, remove
[15] πονηρία, ας, ἡ, wickedness, baseness, maliciousness, sinfulness
[16] ἀπέναντι, adv, opposite, before
[17] παύω aor mid impv 2p, stop, cause to stop, cease
[18] πονηρία, ας, ἡ, wickedness, baseness, maliciousness, sinfulness
[19] μανθάνω aor act impv 2p, learn
[20] ἐκζητέω seek out, search for
[21] ῥύομαι aor mid impv 2p, save, rescue, deliver, preserve
[22] ἀδικέω pres pass ptcp m.s.acc., do wrong, injure
[23] ὀρφανός, ή, όν, orphan
[24] χήρα, ας, ἡ, widow
[25] δεῦτε, adv, come
[26] διελέγχω aor pass sub 1p, engage in dispute, debate, argue

ἐὰν ὦσιν αἱ ἁμαρτίαι ὑμῶν ὡς φοινικοῦν,¹ ὡς χιόνα² λευκανῶ·³ ἐὰν δὲ ὦσιν ὡς κόκκινον,⁴ ὡς ἔριον⁵ λευκανῶ·⁶ καὶ ἐὰν θέλητε καὶ εἰσακούσητέ⁷ μου, τὰ ἀγαθὰ τῆς γῆς φάγεσθε· ἐὰν δὲ μὴ θέλητε μηδὲ εἰσακούσητέ⁸ μου, μάχαιρα⁹ ὑμᾶς κατέδεται·¹⁰ τὸ γὰρ στόμα Κυρίου ἐλάλησεν ταῦτα. 5 Πάντας οὖν τοὺς ἀγαπητοὺς αὐτοῦ βουλόμενος μετανοίας¹¹ μετασχεῖν¹² ἐστήριξεν¹³ τῷ παντοκρατορικῷ¹⁴ βουλήματι¹⁵ αὐτοῦ.

**9:1** Διὸ ὑπακούσωμεν¹⁶ τῇ μεγαλοπρεπεῖ¹⁷ καὶ ἐνδόξῳ¹⁸ βουλήσει¹⁹ αὐτοῦ, καὶ ἱκέται²⁰ γενόμενοι τοῦ ἐλέους²¹ καὶ τῆς χρηστότητος²² αὐτοῦ προσπέσωμεν²³ καὶ ἐπιστρέψωμεν ἐπὶ τοὺς οἰκτιρμοὺς²⁴ αὐτοῦ, ἀπολιπόντες²⁵ τὴν ματαιοπονίαν²⁶ τήν τε ἔριν²⁷ καὶ τὸ εἰς θάνατον ἄγον ζῆλος. 2 Ἀτενίσωμεν²⁸ εἰς τοὺς

---

[1] φοινικοῦς, ῆ, οῦν, purple(-red) color
[2] χιών, όνος, ἡ, snow
[3] λευκαίνω fut act ind 1s, make white
[4] κόκκινος, η, ον, red, scarlet
[5] ἔριον, ου, τό, wool
[6] λευκαίνω fut act ind 1s, make white
[7] εἰσακούω aor act sub 2p, obey, hear
[8] εἰσακούω aor act sub 2p, obey, hear
[9] μάχαιρα, ης, ἡ, sword, dagger
[10] κατεσθίω fut mid ind 3s, eat up, consume, devour, swallow
[11] μετάνοια, ας, ἡ, repentance, turning about, conversion
[12] μετέχω aor act inf, share, have a share, participate
[13] στηρίζω aor act ind 3s, set up, establish, support
[14] παντοκρατορικός, ον, almighty
[15] βούλημα, ατος, τό, intention, will
[16] ὑπακούω aor act sub 1p, be subject to, obey, follow
[17] μεγαλοπρεπής, ές, magnificent, sublime, majestic, impressive
[18] ἔνδοξος, ον, honored, distinguished, eminent
[19] βούλησις, εως, ἡ, will
[20] ἱκέτης, ου, ὁ, suppliant
[21] ἔλεος, ους, τό, mercy, compassion, pity, clemency
[22] χρηστότης, ητος, ἡ, uprightness, kindness, generosity
[23] προσπίπτω aor act sub 1p, fall down before/at the feet of
[24] οἰκτιρμός, οῦ, ὁ, pity, mercy, compassion
[25] ἀπολείπω aor act ptcp m.p.nom., put aside, give up
[26] ματαιοπονία, ας, ἡ, fruitless toil
[27] ἔρις, ιδος, ἡ, strife, discord, contention
[28] ἀτενίζω aor act sub 1p, look intently at, stare at

τελείως¹ λειτουργήσαντας² τῇ μεγαλοπρεπεῖ³ δόξῃ αὐτοῦ. **3** λάβωμεν Ἐνώχ,⁴ ὃς ἐν ὑπακοῇ⁵ δίκαιος εὑρεθεὶς μετετέθη,⁶ καὶ οὐχ εὑρέθη αὐτοῦ θάνατος. **4** Νῶε⁷ πιστὸς εὑρεθεὶς διὰ τῆς λειτουργίας⁸ αὐτοῦ παλιγγενεσίαν⁹ κόσμῳ ἐκήρυξεν, καὶ διέσωσεν¹⁰ δι' αὐτοῦ ὁ δεσπότης¹¹ τὰ εἰσελθόντα ἐν ὁμονοίᾳ¹² ζῶα¹³ εἰς τὴν κιβωτόν.¹⁴

**10:1** Ἀβραάμ, ὁ φίλος¹⁵ προσαγορευθείς,¹⁶ πιστὸς εὑρέθη ἐν τῷ αὐτὸν ὑπήκοον¹⁷ γενέσθαι τοῖς ῥήμασιν τοῦ Θεοῦ. **2** οὗτος δι' ὑπακοῆς¹⁸ ἐξῆλθεν ἐκ τῆς γῆς αὐτοῦ καὶ ἐκ τῆς συγγενείας¹⁹ αὐτοῦ καὶ ἐκ τοῦ οἴκου τοῦ πατρὸς αὐτοῦ, ὅπως γῆν ὀλίγην καὶ συγγένειαν²⁰ ἀσθενῆ²¹ καὶ οἶκον μικρὸν καταλιπὼν²² κληρονομήσῃ²³ τὰς ἐπαγγελίας τοῦ Θεοῦ. λέγει γὰρ αὐτῷ· **3** Ἄπελθε ἐκ τῆς γῆς σου καὶ ἐκ τῆς συγγενείας²⁴ σου καὶ ἐκ τοῦ οἴκου τοῦ πατρός σου εἰς τὴν γῆν ἣν ἄν σοι δείξω, καὶ ποιήσω σε

---

¹ τελείως, adv, fully, perfectly, completely, altogether
² λειτουργέω aor act ptcp m.p.acc., serve, render service
³ μεγαλοπρεπής, ές, magnificent, sublime, majestic, impressive
⁴ ἐνώχ, ὁ, Enoch
⁵ ὑπακοή, ῆς, ἡ, obedience
⁶ μετατίθημι aor pass ind 3s, put in another place, transfer
⁷ Νῶε, ὁ, Noah
⁸ λειτουργία, ας, ἡ, service, assistance, ministry
⁹ παλιγγενεσία, ας, ἡ, renewal, rebirth
¹⁰ διασῴζω aor act ind 3s, save, rescue
¹¹ δεσπότης, ου, ὁ, lord, master
¹² ὁμόνοια, ας, ἡ, oneness of mind, unanimity, concord, harmony
¹³ ζῶον, ου, τό, animal, living being
¹⁴ κιβωτός, οῦ, ἡ, boat, ark
¹⁵ φίλος, η, ον, friend, beloved, dear
¹⁶ προσαγορεύω aor pass ptcp m.s.nom., call, name, designate
¹⁷ ὑπήκοος, ον, obedient
¹⁸ ὑπήκοος, ον, obedient
¹⁹ συγγένεια, ας, ἡ, extended family, relationship, kinship
²⁰ συγγένεια, ας, ἡ, extended family, relationship, kinship
²¹ ἀσθενής, ές, sick, ill, weak
²² καταλείπω aor act ptcp m.s.nom., leave behind
²³ κληρονομέω aor act sub 3s, inherit, acquire, obtain, come into possession of
²⁴ συγγένεια, ας, ἡ, extended family, relationship, kinship

εἰς ἔθνος μέγα καὶ εὐλογήσω σε καὶ μεγαλυνῶ[1] τὸ ὄνομά σου, καὶ ἔσῃ εὐλογημένος· καὶ εὐλογήσω τοὺς εὐλογοῦντάς σε καὶ καταράσομαι[2] τοὺς καταρωμένους[3] σε, καὶ εὐλογηθήσονται ἐν σοὶ πᾶσαι αἱ φυλαὶ τῆς γῆς. 4 καὶ πάλιν ἐν τῷ διαχωρισθῆναι[4] αὐτὸν ἀπὸ Λὼτ[5] εἶπεν αὐτῷ ὁ Θεός· Ἀναβλέψας[6] τοῖς ὀφθαλμοῖς σου, ἴδε[7] ἀπὸ τοῦ τόπου οὗ νῦν σὺ εἶ, πρὸς βορρᾶν[8] καὶ λίβα[9] καὶ ἀνατολὰς[10] καὶ θάλασσαν· ὅτι πᾶσαν τὴν γῆν ἣν σὺ ὁρᾷς, σοὶ δώσω αὐτὴν καὶ τῷ σπέρματί σου ἕως αἰῶνος. 5 καὶ ποιήσω τὸ σπέρμα σου ὡς τὴν ἄμμον[11] τῆς γῆς· εἰ δύναταί τις ἐξαριθμῆσαι[12] τὴν ἄμμον[13] τῆς γῆς, καὶ τὸ σπέρμα σου ἐξαριθμηθήσεται.[14] 6 καὶ πάλιν λέγει· Ἐξήγαγεν[15] ὁ Θεὸς τὸν Ἀβραὰμ καὶ εἶπεν αὐτῷ· Ἀνάβλεψον[16] εἰς τὸν οὐρανὸν καὶ ἀρίθμησον[17] τοὺς ἀστέρας,[18] εἰ δυνήσῃ ἐξαριθμῆσαι[19] αὐτούς· οὕτως ἔσται τὸ σπέρμα σου. ἐπίστευσεν δὲ Ἀβραὰμ τῷ Θεῷ, καὶ ἐλογίσθη αὐτῷ εἰς δικαιοσύνην. 7 Διὰ πίστιν καὶ φιλοξενίαν[20] ἐδόθη αὐτῷ υἱὸς ἐν γήρᾳ,[21] καὶ δι' ὑπακοῆς[22] προσήνεγκεν αὐτὸν θυσίαν[23] τῷ Θεῷ πρὸς ἓν τῶν ὀρέων ὧν ἔδειξεν αὐτῷ.

---

[1] μεγαλύνω fut act ind 1s, make large/long, make great
[2] καταράομαι fut mid ind 1s, curse
[3] καταράομαι pres mid ptcp m.p.acc., curse
[4] διαχωρίζω aor pass inf, separate
[5] Λώτ, ὁ, Lot
[6] ἀναβλέπω aor act ptcp m.s.nom., look up, regain sight
[7] ἴδε, intj, look! see!
[8] βορρᾶς, ᾶ, ὁ, north
[9] λίψ, λιβός, ὁ, southwest
[10] ἀνατολή, ῆς, ἡ, sunrise, east
[11] ἄμμος, ου, ἡ, sand
[12] ἐξαριθμέω aor act inf, count
[13] ἄμμος, ου, ἡ, sand
[14] ἐξαριθμέω fut pass ind 3s, count
[15] ἐξάγω aor act ind 3s, lead out, bring out
[16] ἀναβλέπω aor act impv 2s, look up
[17] ἀριθμέω aor act impv 2s, count
[18] ἀστήρ, έρος, ὁ, star
[19] ἐξαριθμέω aor act inf, count
[20] φιλοξενία, ας, ἡ, hospitality
[21] γῆρας, ως, old age
[22] ὑπακοή, ῆς, ἡ, obedience
[23] θυσία, ας, ἡ, offering, sacrifice

## ΚΛΗΜΕΝΤΟΣ Α

**11:1** Διὰ φιλοξενίαν[1] καὶ εὐσέβειαν[2] Λώτ[3] ἐσώθη ἐκ Σοδόμων,[4] τῆς περιχώρου[5] πάσης κριθείσης διὰ πυρὸς καὶ θείου·[6] πρόδηλον[7] ποιήσας ὁ δεσπότης[8] ὅτι τοὺς ἐλπίζοντας ἐπ' αὐτὸν οὐκ ἐγκαταλείπει,[9] τοὺς δὲ ἑτεροκλινεῖς[10] ὑπάρχοντας εἰς κόλασιν[11] καὶ αἰκισμὸν[12] τίθησιν. **2** συνεξελθούσης[13] γὰρ αὐτῷ τῆς γυναικός, ἑτερογνώμονος[14] ὑπαρχούσης καὶ οὐκ ἐν ὁμονοίᾳ,[15] εἰς τοῦτο σημεῖον ἐτέθη, ὥστε γενέσθαι αὐτὴν στήλην[16] ἁλὸς[17] ἕως τῆς ἡμέρας ταύτης, εἰς τὸ γνωστὸν[18] εἶναι πᾶσιν ὅτι οἱ δίψυχοι[19] καὶ οἱ διστάζοντες[20] περὶ τῆς τοῦ Θεοῦ δυνάμεως εἰς κρίμα[21] καὶ εἰς σημείωσιν[22] πάσαις ταῖς γενεαῖς γίνονται.

**12:1** Διὰ πίστιν καὶ φιλοξενίαν[23] ἐσώθη Ῥαὰβ[24] ἡ πόρνη.[25] **2** ἐκπεμφθέντων[26] γὰρ ὑπὸ Ἰησοῦ τοῦ τοῦ Ναυῆ[27] κατασκόπων[28] εἰς τὴν Ἰεριχώ,[29] ἔγνω ὁ βασιλεὺς τῆς γῆς ὅτι ἥκασιν[30]

---

[1] φιλοξενίαν, ας, ἡ, hospitality
[2] εὐσέβεια, ας, ἡ, devoutness, piety, godliness
[3] Λώτ, ὁ, Lot
[4] Σόδομα, ων, τά, Sodom
[5] περίχωρος, ον, neighboring, region around
[6] θεῖον, ου, τό, sulphur
[7] πρόδηλος, ον, clear, evident, known (to all)
[8] δεσπότης, ου, ὁ, lord, master
[9] ἐγκαταλείπω pres act ind 3s, leave, forsake, abandon, desert
[10] ἑτεροκλινής, ές, inclined to, having a propensity for
[11] κόλασις, εως, ἡ, punishment
[12] αἰκισμός, οῦ, ὁ, mistreatment
[13] συνεξέρχομαι aor act ptcp f.s.gen., go out with
[14] ἑτερογνώμων, ον, of a different opinion
[15] ὁμόνοια, ας, ἡ, oneness of mind, unanimity, concord, harmony
[16] στήλη, ης, ἡ, monument, pillar
[17] ἅλς, ἁλός, ὁ, salt
[18] γνωστός, ή, όν, known
[19] δίψυχος, ον, doubting, hesitating
[20] διστάζω pres act ptcp m.p.nom., doubt, waver
[21] κρίμα, ατος, τό, judgment
[22] σημείωσις, εως, ἡ, sign, signal
[23] φιλοξενία, ας, ἡ, hospitality
[24] Ῥαάβ, ἡ, Rahab
[25] πόρνη, ης, ἡ, prostitute, whore
[26] ἐκπέμπω aor pass ptcp m.p.gen., send out
[27] Ναυῆ, ὁ, Nun
[28] κατάσκοπος, ου, ὁ, a spy
[29] Ἰεριχώ, ἡ, Jericho
[30] ἥκω pres act ind 3p, have come, be present

κατασκοπεῦσαι¹ τὴν χώραν² αὐτῶν, καὶ ἐξέπεμψεν³ ἄνδρας τοὺς συλλημψομένους⁴ αὐτούς, ὅπως συλλημφθέντες⁵ θανατωθῶσιν.⁶ **3** ἡ οὖν φιλόξενος⁷ Ῥαὰβ⁸ εἰσδεξαμένη⁹ αὐτοὺς ἔκρυψεν¹⁰ εἰς τὸ ὑπερῷον¹¹ ὑπὸ τὴν λινοκαλάμην.¹² **4** ἐπισταθέντων¹³ δὲ τῶν παρὰ τοῦ βασιλέως καὶ λεγόντων· Πρός σε εἰσῆλθον οἱ κατάσκοποι¹⁴ τῆς γῆς ἡμῶν· ἐξάγαγε¹⁵ αὐτούς, ὁ γὰρ βασιλεὺς οὕτως κελεύει.¹⁶ ἡ δὲ ἀπεκρίθη· Εἰσῆλθον μὲν οἱ ἄνδρες οὓς ζητεῖτε πρός με, ἀλλὰ εὐθέως ἀπῆλθον καὶ πορεύονται τῇ ὁδῷ· ὑποδεικνύουσα¹⁷ αὐτοῖς ἐναλλάξ.¹⁸ **5** Καὶ εἶπεν πρὸς τοὺς ἄνδρας· Γινώσκουσα γινώσκω ἐγὼ ὅτι Κύριος ὁ Θεὸς ὑμῶν παραδίδωσιν ὑμῖν τὴν γῆν ταύτην, ὁ γὰρ φόβος καὶ ὁ τρόμος¹⁹ ὑμῶν ἐπέπεσεν²⁰ τοῖς κατοικοῦσιν αὐτήν. ὡς ἐὰν οὖν γένηται λαβεῖν αὐτὴν ὑμᾶς, διασώσατέ²¹ με καὶ τὸν οἶκον τοῦ πατρός μου. **6** καὶ εἶπαν αὐτῇ· Ἔσται οὕτως ὡς ἐλάλησας ἡμῖν. ὡς ἐὰν οὖν γνῷς παραγινομένους ἡμᾶς, συνάξεις πάντας τοὺς σοὺς²² ὑπὸ τὸ τέγος²³ σου, καὶ διασωθήσονται·²⁴ ὅσοι γὰρ ἐὰν εὑρεθῶσιν ἔξω τῆς οἰκίας, ἀπολοῦνται. **7** καὶ

---

¹ κατασκοπεύω aor act inf, spy out
² χώρα, ας, ἡ, land, district, region, place
³ ἐκπέμπω aor act ind 3s, send out
⁴ συλλαμβάνω seize, grasp, apprehend, capture
⁵ συλλαμβάνω aor pass ptcp m.p.nom., seize, grasp, apprehend, capture
⁶ θανατόω aor pass sub 3p, put to death
⁷ φιλόξενος, ον, hospitable
⁸ Ῥαάβ, ἡ, Rahab
⁹ εἰσδέχομαι aor mid ptcp f.s.nom., receive, welcome, take in
¹⁰ κρύπτω aor act ind 3s, hide
¹¹ ὑπερῷον, ου, τό, upper story, room upstairs
¹² λινοκαλάμη, ης, ἡ, stalk of flax
¹³ ἐφίστημι aor pass ptcp m.p.gen., stand by, be present
¹⁴ κατάσκοπος, ου, ὁ, a spy
¹⁵ ἐξάγω aor act impv 2s, lead out, bring out
¹⁶ κελεύω pres act ind 3s, command, order, urge
¹⁷ ὑποδείκνυμι pres act ptcp f.s.nom., indate, point out
¹⁸ ἐναλλάξ, adv, in the opposite direction
¹⁹ τρόμος, ου, ὁ, trembling, quivering
²⁰ ἐπιπίπτω aor act ind 3s, fall on
²¹ διασῴζω aor act impv 2p, save, rescue
²² σός, σή, σόν, your
²³ τέγος, ους, τό, roof
²⁴ διασῴζω fut pass ind 3p, save, rescue

προσέθεντο¹ αὐτῇ δοῦναι σημεῖον, ὅπως κρεμάσῃ² ἐκ τοῦ οἴκου αὐτῆς κόκκινον,³ πρόδηλον⁴ ποιοῦντες ὅτι διὰ τοῦ αἵματος τοῦ Κυρίου λύτρωσις⁵ ἔσται πᾶσιν τοῖς πιστεύουσιν καὶ ἐλπίζουσιν ἐπὶ τὸν Θεόν. 8 Ὁρᾶτε, ἀγαπητοί, οὐ μόνον πίστις ἀλλὰ προφητεία⁶ ἐν τῇ γυναικὶ γέγονεν.

**13:1** Ταπεινοφρονήσωμεν⁷ οὖν, ἀδελφοί, ἀποθέμενοι⁸ πᾶσαν ἀλαζονείαν⁹ καὶ τῦφος¹⁰ καὶ ἀφροσύνην¹¹ καὶ ὀργάς, καὶ ποιήσωμεν τὸ γεγραμμένον. λέγει γὰρ τὸ πνεῦμα τὸ ἅγιον· μὴ καυχάσθω ὁ σοφὸς¹² ἐν τῇ σοφίᾳ αὐτοῦ, μηδὲ ὁ ἰσχυρὸς¹³ ἐν τῇ ἰσχύϊ¹⁴ αὐτοῦ, μηδὲ ὁ πλούσιος¹⁵ ἐν τῷ πλούτῳ¹⁶ αὐτοῦ, ἀλλ' ἢ ὁ καυχώμενος ἐν Κυρίῳ καυχάσθω, τοῦ ἐκζητεῖν¹⁷ αὐτὸν καὶ ποιεῖν κρίμα¹⁸ καὶ δικαιοσύνην. μάλιστα¹⁹ μεμνημένοι²⁰ τῶν λόγων τοῦ Κυρίου Ἰησοῦ, οὓς ἐλάλησεν διδάσκων ἐπιείκειαν²¹ καὶ μακροθυμίαν.²² **2** οὕτως γὰρ εἶπεν· Ἐλεᾶτε²³ ἵνα ἐλεηθῆτε,²⁴

---

¹ προστίθημι aor mid ind 3p, add, put to
² ἐκκρεμάννυμι aor act sub 3s, hang out
³ κόκκινος, η, ον, red, scarlet
⁴ πρόδηλος, ον, clear, evident, known (to all)
⁵ λύτρωσις, εως, ἡ, ransoming, releasing, redemption
⁶ προφητεία, ας, ἡ, prophecy
⁷ ταπεινοφρονέω aor act sub 1p, be modest, unassuming, humble
⁸ ἀποτίθημι aor mid ptcp m.p.nom., take off, lay aside, put away, lay down
⁹ ἀλαζονεία, ας, ἡ, pretense, arrogance
¹⁰ τῦφος, ους, τό, delusion, conceit, arrogance
¹¹ ἀφροσύνη, ης, ἡ, foolishness, lack of sense
¹² σοφός, ή, όν, wise
¹³ ἰσχυρός, ά, όν, strong
¹⁴ ἰσχύς, ύος, ἡ, strength, power, might
¹⁵ πλούσιος, ία, ιον, rich, wealthy
¹⁶ πλοῦτος, ου, ὁ, wealth
¹⁷ ἐκζητέω pres act inf, seek out, search for
¹⁸ κρίμα, ατος, τό, justice, judgment, degree
¹⁹ μάλιστα, adv, most of all, especially, particularly
²⁰ μιμνήσκομαι perf mid ptcp m.p.nom., remember
²¹ ἐπιείκεια, ας, ἡ, gentleness, graciousness, courtesy, indulgence, tolerance
²² μακροθυμία, ας, ἡ, patience, steadfastness, endurance
²³ ἐλεάω pres act impv 2p, have mercy on
²⁴ ἐλεάω aor pass sub 2p, have mercy on

ΚΛΗΜΕΝΤΟΣ Α

ἀφίετε ἵνα ἀφεθῇ ὑμῖν· ὡς ποιεῖτε, οὕτω ποιηθήσεται ὑμῖν· ὡς δίδοτε, οὕτως δοθήσεται ὑμῖν· ὡς κρίνετε, οὕτως κριθήσεσθε· ὡς χρηστεύεσθε,[1] οὕτως χρηστευθήσεται[2] ὑμῖν· ᾧ μέτρῳ[3] μετρεῖτε,[4] ἐν αὐτῷ μετρηθήσεται[5] ὑμῖν. **3** Ταύτῃ τῇ ἐντολῇ καὶ τοῖς παραγγέλμασιν[6] τούτοις στηρίξωμεν[7] ἑαυτοὺς εἰς τὸ πορεύεσθαι ὑπηκόους[8] ὄντας τοῖς ἁγιοπρεπέσι[9] λόγοις αὐτοῦ, ταπεινοφρονοῦντες.[10] φησὶν γὰρ ὁ ἅγιος λόγος· **4** Ἐπὶ τίνα ἐπιβλέψω,[11] ἀλλ᾽ ἢ ἐπὶ τὸν πραῢν[12] καὶ ἡσύχιον[13] καὶ τρέμοντά[14] μου τὰ λόγια;[15]

**14:1** Δίκαιον οὖν καὶ ὅσιον,[16] ἄνδρες ἀδελφοί, ὑπηκόους[17] ἡμᾶς μᾶλλον γενέσθαι τῷ Θεῷ ἢ τοῖς ἐν ἀλαζονείᾳ[18] καὶ ἀκαταστασίᾳ[19] μυσεροῦ[20] ζήλους[21] ἀρχηγοῖς[22] ἐξακολουθεῖν.[23] **2** βλάβην[24] γὰρ οὐ τὴν τυχοῦσαν,[25] μᾶλλον δὲ κίνδυνον[26] ὑποίσομεν[27] μέγαν, ἐὰν

---

[1] χρηστεύομαι pres mid ind 2p, be kind, loving, merciful
[2] χρηστεύομαι fut pass ind 3s, be kind, loving, merciful
[3] μέτρον, ου, τό, a measure
[4] μετρέω pres act ind 2p, measure
[5] μετρέω fut pass ind 3s, measure
[6] παράγγελμα, ατος, τό, order, direction, instruction, precept
[7] στηρίζω aor act sub 1p, strengthen, set up, establish support
[8] ὑπήκοος, ον, obedient
[9] ἁγιοπρεπής, ές, holy
[10] ταπεινοφρονέω pres act ptcp m.p.nom., be modest, unassuming, humble
[11] ἐπιβλέπω fut act ind 1s, look upon, gaze
[12] πραΰς, πραεῖα, πραΰ, gentle, humble, considerate, meek
[13] ἡσύχιος, ον, quiet, well-ordered
[14] τρέμω pres act ptcp m.s.acc., tremble, quiver
[15] λόγιον, ου, τό, a saying
[16] ὅσιος, ία, ον, holy, devout, pious, pleasing to God
[17] ὑπήκοος, ον, obedient
[18] ἀλαζονεία, ας, ἡ, pretension, arrogance
[19] ἀκαταστασία, ας, ἡ, disturbance, disorder, unruliness
[20] μυσερός, ά, όν, loathsome, abominable, detestable
[21] ζῆλος, ου, ὁ, jealousy, zeal
[22] ἀρχηγός, οῦ, ὁ, leader, ruler, prince
[23] ἐξακολουθέω pres act inf, obey, follow
[24] βλάβη, ης, ἡ, damage, harm
[25] τυγχάνω aor act ptcp f.s.acc., meet, attain, gain, find, experience
[26] κίνδυνος, ου, ὁ, danger, risk
[27] ὑποφέρω fut act ind 1p, submit to, endure

ῥιψοκινδύνως[1] ἐπιδῶμεν[2] ἑαυτοὺς τοῖς θελήμασιν τῶν ἀνθρώπων, οἵτινες ἐξακοντίζουσιν[3] εἰς ἔριν[4] καὶ στάσεις[5] εἰς τὸ ἀπαλλοτριῶσαι[6] ἡμᾶς τοῦ καλῶς ἔχοντος. 3 χρηστευσώμεθα[7] αὐτοῖς κατὰ τὴν εὐσπλαγχνίαν[8] καὶ γλυκύτητα[9] τοῦ ποιήσαντος ἡμᾶς. 4 γέγραπται γάρ· Χρηστοὶ[10] ἔσονται οἰκήτορες[11] γῆς, ἄκακοι[12] δὲ ὑπολειφθήσονται[13] ἐπ' αὐτῆς· οἱ δὲ παρανομοῦντες[14] ἐξολεθρευθήσονται[15] ἀπ' αὐτῆς. 5 καὶ πάλιν λέγει· Εἶδον ἀσεβῆ[16] ὑπερυψούμενον[17] καὶ ἐπαιρόμενον[18] ὡς τὰς κέδρους[19] τοῦ Λιβάνου,[20] καὶ παρῆλθον,[21] καὶ ἰδού, οὐκ ἦν, καὶ ἐξεζήτησα[22] τὸν τόπον αὐτοῦ καὶ οὐχ εὗρον. φύλασσε ἀκακίαν[23] καὶ ἴδε[24] εὐθύτητα,[25] ὅτι ἐστὶν ἐγκατάλειμμα[26] ἀνθρώπῳ εἰρηνικῷ.[27]

---

[1] ῥιψοκινδύνως, adv, rashly, recklessly
[2] ἐπιδίδωμι aor act sub 1p, surrender, hand over, deliver
[3] ἐξακοντίζω pres act ind 3p, hurl out
[4] ἔρις, ιδος, ἡ, strife, discord, contention
[5] στάσις, εως, ἡ, uprising, riot, revolt, rebellion
[6] ἀπαλλοτρίω aor act inf, estrange, alienate
[7] χρηστεύομαι aor mid sub 1p, be kind, loving, merciful
[8] εὐσπλαγχία, ας, ἡ, tenderheartedness, benevolence
[9] γλυκύτης, ητος, ἡ, sweetness, tenderness
[10] χρηστός, ή, όν, easy, fine, good, benevolent
[11] οἰκήτωρ, ορος, ὁ, inhabitant
[12] ἄκακος, ον, innocent, guileless
[13] ὑπολείπω fut pass ind 3p, leave, remaining
[14] παρανομέω pres act ptcp m.p.nom., break the law, act contrary to the law
[15] ἐξολεθρεύω fut pass ind 3p, destroy, utterly, root out
[16] ἀσεβής, ές, irreverent, impious, ungodly
[17] ὑπερυψόω pres pass ptcp m.s.acc., raise, exalt
[18] ἐπαίρω pres pass ptcp m.s.acc., lift up, hold up, exalt
[19] κέδρος, ου, ἡ, cedar tree
[20] Λίβανος, ου, ὁ, Lebanon
[21] παρέρχομαι aor act ind 1s, go by, pass by
[22] ἐκζητέω aor act ind 1s, seek out, search for
[23] ἀκακία, ας, ἡ, innocence, guilelessness
[24] ἴδε, intj, look! see!
[25] εὐθύτης, ητος, ἡ, righteousness, uprightness
[26] ἐγκατάλειμμα, ατος, τό, remnant, posterity
[27] εἰρηνικός, ή, όν, peaceable, peaceful

**15:1** Τοίνυν¹ κολληθῶμεν² τοῖς μετ' εὐσεβείας³ εἰρηνεύουσιν,⁴ καὶ μὴ τοῖς μεθ' ὑποκρίσεως⁵ βουλομένοις εἰρήνην. **2** λέγει γάρ που·⁶ Οὗτος ὁ λαὸς τοῖς χείλεσίν⁷ με τιμᾷ,⁸ ἡ δὲ καρδία αὐτῶν πόρρω⁹ ἄπεστιν¹⁰ ἀπ' ἐμοῦ. **3** καὶ πάλιν· Τῷ στόματι αὐτῶν εὐλογοῦσαν, τῇ δὲ καρδίᾳ αὐτῶν κατηρῶντο.¹¹ **4** καὶ πάλιν λέγει· Ἠγάπησαν αὐτὸν τῷ στόματι αὐτῶν καὶ τῇ γλώσσῃ αὐτῶν ἐψεύσαντο¹² αὐτόν, ἡ δὲ καρδία αὐτῶν οὐκ εὐθεῖα¹³ μετ' αὐτοῦ, οὐδὲ ἐπιστώθησαν¹⁴ ἐν τῇ διαθήκῃ αὐτοῦ. **5** διὰ τοῦτο ἄλαλα¹⁵ γενηθήτω τὰ χείλη¹⁶ τὰ δόλια¹⁷ τὰ λαλοῦντα κατὰ τοῦ δικαίου ἀνομίαν.¹⁸ καὶ πάλιν· Ἐξολεθρεύσαι¹⁹ Κύριος πάντα τὰ χείλη²⁰ τὰ δόλια,²¹ γλῶσσαν μεγαλορήμονα,²² τοὺς εἰπόντας· Τὴν γλῶσσαν ἡμῶν μεγαλύνωμεν,²³ τὰ χείλη²⁴ ἡμῶν παρ' ἡμῖν ἐστιν· τίς ἡμῶν κύριός ἐστιν; **6** ἀπὸ τῆς ταλαιπωρίας²⁵ τῶν πτωχῶν καὶ ἀπὸ τοῦ

---

¹ τοίνυν, adv, hence, so, well (then), indeed
² κολλάω aor pass sub 1p, bind closely, unite
³ εὐσέβεια, ας, ἡ, devoutness, piety, godliness
⁴ εἰρηνεύω pres act ptcp m.p.dat., reconcile, be at peace
⁵ ὑπόκρισις, εως, ἡ, play-acting, hypocritically
⁶ ποῦ, adv, somewhere, where, at which place
⁷ χεῖλος, ους, τό, lips
⁸ τιμάω pres act ind 3s, honor, revere
⁹ πόρρω, adv, far
¹⁰ ἄπειμι, pres act ind 3s, be absent/away
¹¹ καταράομαι imp mid ind 3p, curse
¹² ψεύδομαι aor mid ind 3p, lie
¹³ εὐθύς, εῖα, ύ, straight, proper, right
¹⁴ πιστόω aor pass ind 3p, show oneself faithful
¹⁵ ἄλαλος, ον, mute, unable to speak
¹⁶ χεῖλος, ους, τό, lips
¹⁷ δόλιος, ία, ον, deceitful, treacherous
¹⁸ ἀνομία, ας, ἡ, lawlessness
¹⁹ ἐξολεθρεύω aor mid opt 3s, destroy utterly, root out
²⁰ χεῖλος, ους, τό, lips
²¹ δόλιος, ία, ον, deceitful, treacherous
²² μεγαλορρήμων, ονος, boastful
²³ μεγαλύνω pres act sub 1p, exalt, glorify, magnify, speak highly of
²⁴ χεῖλος, ους, τό, lips
²⁵ ταλαιπωρία, ας, ἡ, wretchedness, distress, trouble, misery

στεναγμοῦ¹ τῶν πενήτων² νῦν ἀναστήσομαι, λέγει Κύριος· θήσομαι ἐν σωτηρίῳ,³ **7** παρρησιάσομαι⁴ ἐν αὐτῷ.

**16:1** Ταπεινοφρονούντων⁵ γάρ ἐστιν ὁ Χριστός, οὐκ ἐπαιρομένων⁶ ἐπὶ τὸ ποίμνιον⁷ αὐτοῦ. **2** τὸ σκῆπτρον⁸ τῆς μεγαλωσύνης⁹ τοῦ Θεοῦ, ὁ Κύριος ἡμῶν Χριστὸς Ἰησοῦς, οὐκ ἦλθεν ἐν κόμπῳ¹⁰ ἀλαζονείας¹¹ οὐδὲ ὑπερηφανίας,¹² καίπερ¹³ δυνάμενος, ἀλλὰ ταπεινοφρονῶν,¹⁴ καθὼς τὸ πνεῦμα τὸ ἅγιον περὶ αὐτοῦ ἐλάλησεν. φησὶν γάρ· **3** Κύριε, τίς ἐπίστευσεν τῇ ἀκοῇ¹⁵ ἡμῶν; καὶ ὁ βραχίων¹⁶ Κυρίου τίνι ἀπεκαλύφθη;¹⁷ ἀνηγγείλαμεν¹⁸ ἐναντίον¹⁹ αὐτοῦ, ὡς παιδίον, ὡς ῥίζα²⁰ ἐν γῇ διψώσῃ·²¹ οὐκ ἔστιν εἶδος²² αὐτῷ οὐδὲ δόξα. καὶ εἴδομεν αὐτόν, καὶ οὐκ εἶχεν εἶδος²³ οὐδὲ κάλλος,²⁴

---

¹ στεναγμός, οῦ, ὁ, sigh, groan, groaning
² πένης, ητος, poor, needy
³ σωτήριος, ον, saving, delivering, preserving, bringing salvation
⁴ παρρησιάζομαι fut mid ind 1s, speak freely, openly, fearlessly
⁵ ταπεινοφρονέω pres act ptcp m.p.gen., be modest, unassuming, humble
⁶ ἐπαίρω pres mid ptcp m.p.gen., lift up, exalt
⁷ ποίμνιον, ου, τό, flock
⁸ σκῆπτρον, ου, τό, scepter
⁹ μεγαλωσύνη, ης, ἡ, majestic
¹⁰ κόμπος, ου, ὁ, boasting
¹¹ ἀλαζονεία, ας, ἡ, arrogance, pretension
¹² ὑπερηφανία, ας, ἡ, pride, arrogance, haughtiness
¹³ καίπερ, adv, although
¹⁴ ταπεινοφρονέω pres act ptcp m.s.nom., modest, unassuming, humble
¹⁵ ἀκοή, ῆς, ἡ, hearing, listening, report
¹⁶ βραχίων, ονος, ὁ, arm
¹⁷ ἀποκαλύπτω aor pass ind 3s, reveal, disclose, bring to light
¹⁸ ἀναγγέλλω aor act ind 1p, report, disclose, announce
¹⁹ ἐναντίον, prep, in the sight of, before
²⁰ ῥίζα, ης, ἡ, root
²¹ διψάω pres act ptcp f.s.dat., be thirsty
²² εἶδος, ους, τό, form, outward appearance
²³ εἶδος, ους, τό, form, outward appearance
²⁴ κάλλος, ους, τό, beauty

ἀλλὰ τὸ εἶδος[1] αὐτοῦ ἄτιμον,[2] ἐκλεῖπον[3] παρὰ τὸ εἶδος[4] τῶν ἀνθρώπων· ἄνθρωπος ἐν πληγῇ[5] ὢν καὶ πόνῳ[6] καὶ εἰδὼς φέρειν μαλακίαν,[7] ὅτι ἀπέστραπται[8] τὸ πρόσωπον αὐτοῦ, ἠτιμάσθη[9] καὶ οὐκ ἐλογίσθη. **4** οὗτος τὰς ἁμαρτίας ἡμῶν φέρει καὶ περὶ ἡμῶν ὀδυνᾶται,[10] καὶ ἡμεῖς ἐλογισάμεθα αὐτὸν εἶναι ἐν πόνῳ[11] καὶ ἐν πληγῇ[12] καὶ ἐν κακώσει.[13] **5** αὐτὸς δὲ ἐτραυματίσθη[14] διὰ τὰς ἁμαρτίας ἡμῶν καὶ μεμαλάκισται[15] διὰ τὰς ἀνομίας[16] ἡμῶν. παιδεία[17] εἰρήνης ἡμῶν ἐπ' αὐτόν· τῷ μώλωπι[18] αὐτοῦ ἡμεῖς ἰάθημεν.[19] **6** πάντες ὡς πρόβατα ἐπλανήθημεν, ἄνθρωπος τῇ ὁδῷ αὐτοῦ ἐπλανήθη. **7** καὶ Κύριος παρέδωκεν αὐτὸν ὑπὲρ τῶν ἁμαρτιῶν ἡμῶν, καὶ αὐτὸς διὰ τὸ κεκακῶσθαι[20] οὐκ ἀνοίγει τὸ στόμα· ὡς πρόβατον ἐπὶ σφαγὴν[21] ἤχθη, καὶ ὡς ἀμνὸς[22] ἐναντίον[23] τοῦ κείραντος[24] ἄφωνος,[25] οὕτως οὐκ ἀνοίγει τὸ στόμα αὐτοῦ. ἐν τῇ ταπεινώσει[26] ἡ κρίσις αὐτοῦ ἤρθη; **8** τὴν γενεὰν αὐτοῦ τίς διηγήσεται;[27] ὅτι αἴρεται ἀπὸ τῆς γῆς ἡ ζωὴ αὐτοῦ. **9** ἀπὸ τῶν

---

[1] εἶδος, ους, τό, form, outward appearance
[2] ἄτιμος, ον, dishonored, despised, insignificant
[3] ἐκλείπω pres act ptcp n.s.nom., fail, give out, be gone, depart
[4] εἶδος, ους, τό, form, outward appearance
[5] πληγή, ῆς, ἡ, blow, stroke, wound, bruise
[6] πόνος, ου, ὁ, labor, toil
[7] μαλακία, ας, ἡ, weakness, sickness
[8] ἀποστρέφω perf pass ind 3s, turn away
[9] ἀτιμάζω aor pass ind 3s, dishonor, shame
[10] ὀδυνάω pres mid ind 3s, suffer pain
[11] πόνος, ου, ὁ, labor, toil
[12] πληγή, ῆς, ἡ, blow, strike
[13] κάκωσις, εως, ἡ, mistreatment, oppression
[14] τραυματίζω aor pass ind 3s, wound
[15] μαλακίζομαι perf pass ind 3s, be weak, discouraged, sick
[16] ἀνομία, ας, ἡ, lawlessness
[17] παιδεία, ας, ἡ, discipline, correction
[18] μώλωψ, ωπος, ὁ, welt, wale, bruise, wound
[19] ἰάομαι aor pass ind 1p, heal, cure
[20] κακόω perf pass inf, harm, mistreat
[21] σφαγή, ῆς, ἡ, slaughter
[22] ἀμνός, οῦ, ὁ, lamb
[23] ἐναντίον, prep, in the sight of, before
[24] κείρω aor act ptcp m.s.gen., shear
[25] ἄφωνος, ον, silent, mute
[26] ταπείνωσις, εως, ἡ, humiliation
[27] διηγέομαι fut mid inf, tell, relate, describe

ἀνομιῶν¹ τοῦ λαοῦ μου ἥκει² εἰς θάνατον. **10** καὶ δώσω τοὺς πονηροὺς ἀντὶ³ τῆς ταφῆς⁴ αὐτοῦ καὶ τοὺς πλουσίους⁵ ἀντὶ⁶ τοῦ θανάτου αὐτοῦ· ὅτι ἀνομίαν⁷ οὐκ ἐποίησεν, οὐδὲ εὑρέθη δόλος⁸ ἐν τῷ στόματι αὐτοῦ. καὶ Κύριος βούλεται καθαρίσαι αὐτὸν τῆς πληγῆς.⁹ **11** ἐὰν δῶτε περὶ ἁμαρτίας, ἡ ψυχὴ ὑμῶν ὄψεται σπέρμα μακρόβιον.¹⁰ **12** καὶ Κύριος βούλεται ἀφελεῖν¹¹ ἀπὸ τοῦ πόνου¹² τῆς ψυχῆς αὐτοῦ, δεῖξαι αὐτῷ φῶς καὶ πλάσαι¹³ τῇ συνέσει,¹⁴ δικαιῶσαι δίκαιον εὖ¹⁵ δουλεύοντα¹⁶ πολλοῖς· καὶ τὰς ἁμαρτίας αὐτῶν αὐτὸς ἀνοίσει.¹⁷ **13** διὰ τοῦτο αὐτὸς κληρονομήσει¹⁸ πολλοὺς καὶ τῶν ἰσχυρῶν¹⁹ μεριεῖ²⁰ σκῦλα,²¹ ἀνθ'²² ὧν παρεδόθη εἰς θάνατον ἡ ψυχὴ αὐτοῦ καὶ τοῖς ἀνόμοις²³ ἐλογίσθη· **14** καὶ αὐτὸς ἁμαρτίας πολλῶν ἀνήνεγκεν²⁴ καὶ διὰ τὰς ἁμαρτίας αὐτῶν παρεδόθη. **15** καὶ πάλιν αὐτός φησιν· Ἐγὼ δέ εἰμι σκώληξ²⁵ καὶ οὐκ ἄνθρωπος, ὄνειδος²⁶ ἀνθρώπων καὶ ἐξουθένημα²⁷ λαοῦ.

---

[1] ἀνομία, ας, ἡ, lawlessness, transgressions
[2] ἥκω pres act ind 3s, have come, be present
[3] ἀντί, prep, instead of
[4] ταφή, ῆς, ἡ, burial
[5] πλούσιος, ία, ιον, rich, wealthy
[6] ἀντί, prep, instead of
[7] ἀνομία, ας, ἡ, lawlessness, sin
[8] δόλος, ου, ὁ, deceit, cunning, treachery
[9] πληγή, ῆς, ἡ, blow, stroke, wound, bruise
[10] μακρόβιος, ον, long-lived
[11] ἀφαιρέω aor act inf, take away, remove, cut off
[12] πόνος, ου, ὁ, labor, toil
[13] πλάσσω aor act inf, form, mold
[14] σύνεσις, εως, ἡ, intelligence, acuteness, shrewdness
[15] εὖ, adv, well, good
[16] δουλεύω pres act ptcp m.s.acc., be a slave, be subjected
[17] ἀναφέρω fut act ind 3s, take, lead, bring up, bear
[18] κληρονομέω fut act ind 3s, inherit
[19] ἰσχυρός, ά, όν, strong
[20] μερίζω fut act ind 3s, divide, distribute
[21] σκῦλον, ου, τό, booty, spoils
[22] ἀντί, prep, because of, for the purpose of
[23] ἄνομος, ον, lawless, outside the law, transgressor
[24] ἀναφέρω aor act ind 3s, take, lead, bring up, bear
[25] σκώληξ, ηκος, ὁ, worm
[26] ὄνειδος, ους, τό, disgrace, reproach, insult
[27] ἐξουθένημα, ατος, τό, despised thing

**16** πάντες οἱ θεωροῦντές με ἐξεμυκτήρισάν[1] με, ἐλάλησαν ἐν χείλεσιν,[2] ἐκίνησαν[3] κεφαλήν· Ἤλπισεν ἐπὶ Κύριον, ῥυσάσθω[4] αὐτόν· σωσάτω αὐτόν, ὅτι θέλει αὐτόν. **17** Ὁρᾶτε, ἄνδρες ἀγαπητοί, τίς ὁ ὑπογραμμὸς[5] ὁ δεδομένος ἡμῖν· εἰ γὰρ ὁ Κύριος οὕτως ἐταπεινοφρόνησεν,[6] τί ποιήσωμεν ἡμεῖς οἱ ὑπὸ τὸν ζυγὸν[7] τῆς χάριτος αὐτοῦ δι' αὐτοῦ ἐλθόντες;

**17:1** Μιμηταὶ[8] γενώμεθα κἀκείνων, οἵτινες ἐν δέρμασιν[9] αἰγείοις[10] καὶ μηλωταῖς[11] περιεπάτησαν κηρύσσοντες τὴν ἔλευσιν[12] τοῦ Χριστοῦ· λέγομεν δὲ Ἠλίαν[13] καὶ Ἐλισαιέ,[14] ἔτι δὲ καὶ Ἰεζεκιήλ,[15] τοὺς προφήτας, πρὸς τούτοις καὶ τοὺς μεμαρτυρημένους. **2** ἐμαρτυρήθη μεγάλως[16] Ἀβραὰμ καὶ φίλος[17] προσηγορεύθη[18] τοῦ Θεοῦ, καὶ λέγει ἀτενίζων[19] εἰς τὴν δόξαν τοῦ Θεοῦ ταπεινοφρονῶν·[20] Ἐγὼ δέ εἰμι γῆ καὶ σποδός.[21] **3** ἔτι δὲ καὶ περὶ Ἰώβ[22] οὕτως γέγραπται· Ἰὼβ[23] δὲ ἦν δίκαιος καὶ ἄμεμπτος,[24] ἀληθινός,[25] θεοσεβής,[26] ἀπεχόμενος[27] ἀπὸ παντὸς κακοῦ. **4** ἀλλ'

---

[1] ἐκμυκτηρίζω aor act ind 3p, ridicule, sneer
[2] χεῖλος, ους, τό, lips
[3] κινέω aor act ind 3p, move away, remove
[4] ῥύομαι aor mid ind 3s, save, rescue, deliver, preserve
[5] ὑπογραμμός, οῦ, ὁ, example
[6] ταπεινοφρονέω aor act ind 3s, humble
[7] ζυγός, οῦ, ὁ, yoke
[8] μιμητής, οῦ, ὁ, imitator
[9] δέρμα, ατος, τό, skin, hide
[10] αἴγειος, εία, ειον, of a goat
[11] μηλωτή, ῆς, ἡ, sheepskin
[12] ἔλευσις, εως, ἡ, coming, arrival
[13] Ἠλίας, ου, ὁ, Elijah
[14] Ἐλισαιέ, ὁ, Elisha
[15] Ἰεζεκιήλ, ὁ, Ezekiel
[16] μεγάλως, adv, greatly
[17] φίλος, η, ον, friend
[18] προσαγορεύω aor pass ind 3s, call, name, designate, greet
[19] ἀτενίζω pres act ptcp m.s.nom., look intently at, stare at
[20] ταπεινοφρονέω pres act ptcp m.s.nom., be modest, unassuming, humble
[21] σποδός, οῦ, ἡ, ashes
[22] Ἰώβ, ὁ, Job
[23] Ἰώβ, ὁ, Job
[24] ἄμεμπτος, ον, blameles, faultless
[25] ἀληθινός, ή, όν true, trustworthy
[26] θεοσεβής, ές, god-fearing, devout
[27] ἀπέχω pres mid ptcp m.s.nom., keep away, abstain, refrain from

ΚΛΗΜΕΝΤΟΣ Α

αὐτὸς ἑαυτοῦ κατηγορεῖ[1] λέγων· Οὐδεὶς καθαρὸς[2] ἀπὸ ῥύπου,[3] οὐδ' ἂν μιᾶς ἡμέρας ᾖ ἡ ζωὴ αὐτοῦ. **5** Μωϋσῆς πιστὸς ἐν ὅλῳ τῷ οἴκῳ αὐτοῦ ἐκλήθη, καὶ διὰ τῆς ὑπηρεσίας[4] αὐτοῦ ἔκρινεν ὁ Θεὸς Αἴγυπτον[5] διὰ τῶν μαστίγων[6] καὶ τῶν αἰκισμάτων[7] αὐτῶν. ἀλλὰ κἀκεῖνος δοξασθεὶς μεγάλως[8] οὐκ ἐμεγαλορημόνησεν,[9] ἀλλ' εἶπεν, ἐπὶ τῆς βάτου[10] χρηματισμοῦ[11] αὐτῷ διδομένου· Τίς εἰμι ἐγώ, ὅτι με πέμπεις; Ἐγὼ δέ εἰμι ἰσχνόφωνος[12] καὶ βραδύγλωσσος.[13] **6** καὶ πάλιν λέγει· Ἐγὼ δέ εἰμι ἀτμὶς[14] ἀπὸ κύθρας.[15]

**18:1** Τί δὲ εἴπωμεν ἐπὶ τῷ μεμαρτυρημένῳ Δαυείδ; πρὸς ὃν εἶπεν ὁ Θεός· Εὗρον ἄνδρα κατὰ τὴν καρδίαν μου, Δαυεὶδ τὸν τοῦ Ἰεσσαί·[16] ἐν ἐλέει[17] mercy αἰωνίῳ ἔχρισα[18] αὐτόν. **2** ἀλλὰ καὶ αὐτὸς λέγει πρὸς τὸν Θεόν· Ἐλέησόν[19] με, ὁ Θεός, κατὰ τὸ μέγα ἔλεός[20] σου, καὶ κατὰ τὸ πλῆθος τῶν οἰκτιρμῶν[21] σου ἐξάλειψον[22] τὸ ἀνόμημά[23] μου. **3** ἐπὶ πλεῖον πλῦνόν[24] με ἀπὸ τῆς ἀνομίας[25] μου,

---

[1] κατηγορέω pres act ind 3s, bring charges, accuse
[2] καθαρός, ά, όν, clean, pure
[3] ῥύπος, ου, ὁ, dirt, uncleanness
[4] ὑπηρεσία, ας, ἡ, service
[5] Αἴγυπτος, ου, ἡ, Egypt
[6] μάστιξ, ιγος, ἡ, whip, lash, torment, suffering
[7] αἴκισμα, ατος, τό, mistreatment, torment
[8] μεγάλως, adv, greatly
[9] μεγαλορημονέω aor act ind 3s, use great words, boast
[10] βάτος, ου, ἡ, ὁ, thorn-bush
[11] χρηματισμός, οῦ, ὁ, a divine statement, answer
[12] ἰσχνόφωνος, ον, weak-voiced, having an impediment in ones speech
[13] βραδύγλωσσος, ον, slow of tongue
[14] ἀτμίς, ίδος, ἡ, vapor
[15] κύθρα, ας, ἡ, pot
[16] Ἰεσσαί, ὁ, Jesse
[17] ἔλεος, ους, τό, mercy, compassion, pity
[18] χρίω aor act ind 1s, anoint
[19] ἐλεέω aor act impv 2s, have mercy, pity, compassion
[20] ἔλεος, ους, τό, mercy, compassion, pity
[21] οἰκτιρμός, οῦ, ὁ, pity, mercy, compassion
[22] ἐξαλείφω aor act impv 2s, wipe away, erase
[23] ἀνόμημα, ατος, τό, iniquity, lawless action
[24] πλύνω aor act impv 2s, wash
[25] ἀνομία, ας, ἡ, lawlessness, transgression

καὶ ἀπὸ τῆς ἁμαρτίας μου καθάρισόν με· ὅτι τὴν ἀνομίαν¹ μου ἐγὼ γινώσκω, καὶ ἡ ἁμαρτία μου ἐνώπιόν μου ἐστὶν διὰ παντός. **4** σοὶ μόνῳ ἥμαρτον, καὶ τὸ πονηρὸν ἐνώπιόν σου ἐποίησα· ὅπως ἂν δικαιωθῇς ἐν τοῖς λόγοις σου, καὶ νικήσῃς² ἐν τῷ κρίνεσθαί σε. **5** ἰδοὺ γὰρ ἐν ἀνομίαις³ συνελήμφθην,⁴ καὶ ἐν ἁμαρτίαις ἐκίσσησέν⁵ με ἡ μήτηρ μου. **6** ἰδοὺ γὰρ ἀλήθειαν ἠγάπησας· τὰ ἄδηλα⁶ καὶ τὰ κρύφια⁷ τῆς σοφίας σου ἐδήλωσάς⁸ μοι. **7** ῥαντιεῖς⁹ με ὑσσώπῳ,¹⁰ καὶ καθαρισθήσομαι· πλυνεῖς με, καὶ ὑπὲρ χιόνα¹¹ λευκανθήσομαι.¹² **8** ἀκουτιεῖς¹³ με ἀγαλλίασιν¹⁴ καὶ εὐφροσύνην·¹⁵ ἀγαλλιάσονται¹⁶ ὀστᾶ¹⁷ τεταπεινωμένα.¹⁸ **9** ἀπόστρεψον¹⁹ τὸ πρόσωπόν σου ἀπὸ τῶν ἁμαρτιῶν μου, καὶ πάσας τὰς ἀνομίας²⁰ μου ἐξάλειψον.²¹ **10** καρδίαν καθαρὰν²² κτίσον²³ ἐν ἐμοί, ὁ Θεός, καὶ πνεῦμα εὐθὲς²⁴ ἐγκαίνισον²⁵ ἐν τοῖς ἐγκάτοις²⁶ μου. **11** μὴ ἀπορίψῃς²⁷ με ἀπὸ τοῦ προσώπου σου, καὶ

---

¹ ἀνομία, ας, ἡ, lawlessness, iniquity
² νικάω aor act sub 2s, be victor, conquer, overcome, prevail
³ ἀνομία, ας, ἡ, lawlessness, transgression
⁴ συλλαμβάνω aor pass ind 1s, seize, grasp, apprehend
⁵ κισσάω aor act ind 3s, become pregnant with, bear
⁶ ἄδηλος, ον, unseen, not clear, latent
⁷ κρύφιος, ία, ιον, hidden, secret
⁸ δηλόω aor act ind 2s, reveal, make clear, show
⁹ ῥαντίζω fut act ind 2s, sprinkle
¹⁰ ὕσσωπος, ου, ἡ, ὁ, τό, hyssop
¹¹ χιών, όνος, ἡ, snow
¹² λευκαίνω fut pass ind 1s, make white
¹³ ἀκουτίζω fut act ind 2s, cause to hear
¹⁴ ἀγαλλίασις, εως, ἡ, exultation
¹⁵ εὐφροσύνη, ης, ἡ, joy, gladness, cheerfulness
¹⁶ ἀγαλλιάομαι fut mid ind 3p, exult, rejoice
¹⁷ ὀστέον, ου, bone
¹⁸ ταπεινόω perf pass ptcp n.p.nom., lower, humble, humiliate, abase
¹⁹ ἀποστρέφω aor act impv 2s, turn away, turn back
²⁰ ἀνομία, ας, ἡ, lawlessness, transgression
²¹ ἐξαλείφω aor act impv 2s, wipe away, erase
²² καθαρός, ά, όν, clean, pure
²³ κτίζω aor act impv 2s, create
²⁴ εὐθής, ές, upright
²⁵ ἐγκαινίζω aor act impv 2s, renew, ratify, inaugurate, dedicate
²⁶ ἔγκατα, άτων, τά, inmost parts
²⁷ ἀπορίπτω aor act sub 2s, throw away, drive away

τὸ πνεῦμα τὸ ἅγιόν σου μὴ ἀντανέλῃς[1] ἀπ' ἐμοῦ. **12** ἀπόδος μοι τὴν ἀγαλλίασιν[2] τοῦ σωτηρίου[3] σου, καὶ πνεύματι ἡγεμονικῷ[4] στήρισόν[5] με. **13** διδάξω ἀνόμους[6] τὰς ὁδούς σου, καὶ ἀσεβεῖς[7] ἐπιστρέψουσιν ἐπὶ σέ. **14** ῥῦσαί[8] με ἐξ αἱμάτων, ὁ Θεός, ὁ Θεὸς τῆς σωτηρίας μου· **15** ἀγαλλιάσεται[9] ἡ γλῶσσά μου τὴν δικαιοσύνην σου. Κύριε, τὸ στόμα μου ἀνοίξεις, καὶ τὰ χείλη[10] μου ἀναγγελεῖ[11] τὴν αἴνεσίν[12] σου. **16** ὅτι εἰ ἠθέλησας θυσίαν,[13] ἔδωκα ἄν· ὁλοκαυτώματα[14] οὐκ εὐδοκήσεις.[15] **17** θυσία[16] τῷ Θεῷ πνεῦμα συντετριμμένον·[17] καρδίαν συντετριμμένην[18] καὶ τεταπεινωμένην[19] ὁ Θεὸς οὐκ ἐξουθενώσει.[20]

**19:1** Τῶν τοσούτων[21] οὖν καὶ τοιούτων οὕτως μεμαρτυρημένων τὸ ταπεινοφροῦν[22] καὶ τὸ ὑποδεὲς[23] διὰ τῆς ὑπακοῆς[24] οὐ μόνον ἡμᾶς ἀλλὰ καὶ τὰς πρὸ ἡμῶν γενεὰς βελτίους[25] ἐποίησεν, τούς τε

---

[1] ἀνταναιρέω aor act sub 2s, take away
[2] ἀγαλλίασις, εως, ἡ, exultation, joy
[3] σωτήριος, ον, salvation
[4] ἡγεμονικός, όν, guiding, leading
[5] στηρίζω aor act impv 2s, set up, establish, support, strengthen
[6] ἄνομος, ον, lawless, transgressor, sinner
[7] ἀσεβής, ές, irreverent, impious, ungodly
[8] ῥύομαι aor mid impv 2s, save, rescue, deliver, preserve
[9] ἀγαλλιάομαι fut mid ind 3s, exult, rejoice
[10] χεῖλος, ους, τό, lips
[11] ἀναγγέλλω fut act ind 3s, report, announce, proclaim, teach
[12] αἴνεσις, εως, ἡ, praise
[13] θυσία, ας, ἡ, offering, sacrifice
[14] ὁλοκαύτωμα, ατος, τό, whole burnt offerings
[15] εὐδοκέω fut act ind 2s, consent, determine, resolve
[16] θυσία, ας, ἡ, sacrifice, offering
[17] συντρίβω perf pass ptcp n.s.nom., shatter, smash, crush
[18] συντρίβω perf pass ptcp f.s.acc., shatter, smash, crush
[19] ταπεινόω perf pass ptcp f.s.acc., humble, humiliate, abase
[20] ἐξουθενέω fut act ind 3s, disdain, reject disdainfully, treat with contempt
[21] τοσοῦτος, αύτη, οῦτον, so many
[22] ταπεινόφρων, ον, ονος, humble
[23] ὑποδεής, ές, inferior, subservient
[24] ὑπακοή, ῆς, ἡ, obedience
[25] βελτίων, ον, superior, better

καταδεξαμένους¹ τὰ λόγια² αὐτοῦ ἐν φόβῳ καὶ ἀληθείᾳ. **2** Πολλῶν οὖν καὶ μεγάλων καὶ ἐνδόξων³ μετειληφότες⁴ πράξεως,⁵ ἐπαναδράμωμεν⁶ ἐπὶ τὸν ἐξ ἀρχῆς παραδεδομένον ἡμῖν τῆς εἰρήνης σκοπόν,⁷ καὶ ἀτενίσωμεν⁸ εἰς τὸν πατέρα καὶ κτίστην⁹ τοῦ σύμπαντος¹⁰ κόσμου, καὶ ταῖς μεγαλοπρεπέσι¹¹ καὶ ὑπερβαλλούσαις¹² αὐτοῦ δωρεαῖς¹³ τῆς εἰρήνης εὐεργεσίαις¹⁴ τε κολληθῶμεν.¹⁵ **3** ἴδωμεν αὐτὸν κατὰ διάνοιαν¹⁶ καὶ ἐμβλέψωμεν¹⁷ τοῖς ὄμμασιν¹⁸ τῆς ψυχῆς εἰς τὸ μακρόθυμον¹⁹ αὐτοῦ βούλημα·²⁰ νοήσωμεν²¹ πῶς ἀόργητος²² ὑπάρχει πρὸς πᾶσαν τὴν κτίσιν²³ αὐτοῦ.

**20:1** Οἱ οὐρανοὶ τῇ διοικήσει²⁴ αὐτοῦ σαλευόμενοι²⁵ ἐν εἰρήνῃ ὑποτάσσονται αὐτῷ. **2** ἡμέρα τε καὶ νὺξ τὸν τεταγμένον²⁶ ὑπ᾽ αὐτοῦ δρόμον²⁷ διανύουσιν,²⁸ μηδὲν ἀλλήλοις ἐμποδίζοντα.²⁹

---

¹ καταδέχομαι aor mid ptcp m.p.acc., receive, accept
² λόγιον, ου, τό, a saying
³ ἔνδοξος, ον, glorious, splendid
⁴ μεταλαμβάνω perf act ptcp m.p.nom., have a share in
⁵ πρᾶξις, εως, ἡ, deed, act, action
⁶ ἐπανατρέχω aor act sub 1p, race
⁷ σκοπός, οῦ, ὁ, goal, mark
⁸ ἀτενίζω aor act sub 1p, look intently at, stare at
⁹ κτίστης, ου, ὁ, the Creator
¹⁰ σύμπας, ασα, αν, all together, whole
¹¹ μεγαλοπρεπής, ές, magnificient, sublime, majestic, impressive
¹² ὑπερβάλλω pres act ptcp f.p.dat., go beyond, surpass, outdo
¹³ δωρεά, ᾶς, ἡ, gift, bounty
¹⁴ εὐεργεσία, ας, ἡ, service, doing of good
¹⁵ κολλάω aor pass sub 1p, bind closely, unite, cling to
¹⁶ διάνοια, ας, ἡ, understanding, intelligence, mind
¹⁷ ἐμβλέπω aor act sub 1p, look at, gaze on
¹⁸ ὄμμα, ατος, τό, eye
¹⁹ μακρόθυμος, ον, patient, forbearing, tolerant, even-tempered
²⁰ βούλημα, ατος, τό, intention, will
²¹ νοέω aor act sub 1p, apprehend, understand, gain an insight into
²² ἀόργητος, ον, free from anger
²³ κτίσις, εως, ἡ, creation
²⁴ διοίκησις, εως, ἡ, administration, management
²⁵ σαλεύω pres mid ptcp m.p.nom., be shaken, made to waver
²⁶ τάσσω perf mid ptcp m.s.acc., arrange, put in place
²⁷ δρόμος, ου, ὁ, course
²⁸ διανύω pres act ind 3p, complete
²⁹ ἐμποδίζω pres act ptcp m.s.acc., hinder

3 ἥλιός τε καὶ σελήνη¹ ἀστέρων² τε χοροὶ³ κατὰ τὴν διαταγὴν⁴ αὐτοῦ ἐν ὁμονοίᾳ⁵ δίχα⁶ πάσης παρεκβάσεως⁷ ἐξελίσσουσιν⁸ τοὺς ἐπιτεταγμένους⁹ αὐτοῖς ὁρισμούς.¹⁰ 4 γῆ κυοφοροῦσα¹¹ κατὰ τὸ θέλημα αὐτοῦ τοῖς ἰδίοις καιροῖς τὴν πανπληθῆ¹² ἀνθρώποις τε καὶ θηρσὶν¹³ καὶ πᾶσιν τοῖς οὖσιν ἐπ᾽ αὐτὴν ζώοις¹⁴ ἀνατέλλει¹⁵ τροφήν,¹⁶ μὴ διχοστατοῦσα¹⁷ μηδὲ ἀλλοιοῦσά¹⁸ τι τῶν δεδογματισμένων¹⁹ ὑπ᾽ αὐτοῦ. 5 ἀβύσσων²⁰ τε ἀνεξιχνίαστα²¹ καὶ νερτέρων²² ἀνεκδιήγητα²³ κρίματα²⁴ τοῖς αὐτοῖς συνέχεται²⁵ προστάγμασιν.²⁶ 6 τὸ κύτος²⁷ τῆς ἀπείρου²⁸ θαλάσσης κατὰ τὴν δημιουργίαν²⁹ αὐτοῦ συσταθὲν³⁰ εἰς τὰς συναγωγὰς οὐ παρεκβαίνει³¹ τὰ περιτεθειμένα³² αὐτῇ κλεῖθρα,³³ ἀλλὰ καθὼς

---

¹ σελήνη, ης, ἡ, moon
² ἀστήρ, έρος, ὁ, star, single star, planet
³ χορός, οῦ, ὁ, chorus, choir
⁴ διαταγή, ῆς, ἡ, ordinance, direction
⁵ ὁμόνοια, ας, ἡ, oneness of mind, unanimity, concord, harmony
⁶ δίχα, adv, apart from, without
⁷ παρέκβασις, εως, ἡ, deviation
⁸ ἐξελίσσω pres act ind 3p, unroll
⁹ ἐπιτάσσω perf mid ptcp m.p.acc., order, command
¹⁰ ὁρισμός, οῦ, ὁ, fixed course
¹¹ κυοφορέω pres act ptcp f.s.nom., be pregnant, fruitful
¹² παμπληθής, ές, in full abundance, a vast amount of
¹³ θήρ, ός, ὁ, (wild) animal
¹⁴ ζῶον, ου, τό, animal, living thing
¹⁵ ἀνατέλλω pres act ind 3s, spring up, rise up
¹⁶ τροφή, ῆς, ἡ, nourishment, food
¹⁷ διχοστατέω pres act ptcp f.s.nom., disagree, feel doubts, be insecure
¹⁸ ἀλλοιόω pres act ptcp f.s.nom., cause to be different, change
¹⁹ δογματίζω perf mid ptcp n.p.gen., obligate
²⁰ ἄβυσσος, ου, ἡ, depth, abyss
²¹ ἀνεξιχνίαστος, ον, inscrutable, incomprehensible
²² νέρτερος, α, ον, belonging to the underworld
²³ ἀνεκδιήγητος, ον, indescribable
²⁴ κρίμα, ατος, τό, judgment, decision, decree
²⁵ συνέχω pres mid ind 3s, hold together, sustain
²⁶ πρόσταγμα, ατος, τό, order, commandment, injunction
²⁷ κύτος, ους, τό, hollow (place)
²⁸ ἄπειρος, ον, unacquainted with, unaccustomed to
²⁹ δημιουργία, ας, ἡ, creative act
³⁰ συνίστημι aor pass ptcp n.s.nom., unite, collect, gather together
³¹ παρεκβαίνω pres act ind 3s, go beyond, transgress
³² περιτίθημι perf mid ptcp n.p.acc., put, place around, on
³³ κλεῖθρον, ου, τό, barrier

## ΚΛΗΜΕΝΤΟΣ Α

διέταξεν[1] αὐτῇ, οὕτως ποιεῖ. 7 εἶπεν γάρ· Ἕως ὧδε ἥξεις,[2] καὶ τὰ κύματά[3] σου ἐν σοὶ συντριβήσεται.[4] 8 ὠκεανὸς[5] ἀνθρώποις ἀπέρατος[6] καὶ οἱ μετ' αὐτὸν κόσμοι ταῖς αὐταῖς ταγαῖς[7] τοῦ δεσπότου[8] διευθύνονται.[9] 9 καιροὶ ἐαρινοὶ[10] καὶ θερινοὶ[11] καὶ μετοπωρινοὶ[12] καὶ χειμερινοὶ[13] ἐν εἰρήνῃ μεταπαραδιδόασιν[14] ἀλλήλοις. 10 ἀνέμων σταθμοὶ[15] κατὰ τὸν ἴδιον καιρὸν τὴν λειτουργίαν[16] αὐτῶν ἀπροσκόπως[17] ἐπιτελοῦσιν·[18] ἀέναοί[19] τε πηγαί,[20] πρὸς ἀπόλαυσιν[21] καὶ ὑγείαν[22] δημιουργηθεῖσαι,[23] δίχα[24] ἐλλείψεως[25] παρέχονται[26] τοὺς πρὸς ζωῆς ἀνθρώποις μαζούς.[27] τά τε ἐλάχιστα[28] τῶν ζώων[29] τὰς συνελεύσεις[30] αὐτῶν ἐν ὁμονοίᾳ[31] καὶ εἰρήνῃ ποιοῦνται. 11 Ταῦτα πάντα ὁ μέγας δημιουργὸς[32] καὶ

---

[1] διατάσσω aor act ind 3s, order
[2] ἥκω fut act ind 2s, have come, be present
[3] κῦμα, ατος, τό, wave
[4] συντρίβω fut pass ind 3s, shatter, smash, crush
[5] ὠκεανός, οῦ, ὁ, ocean
[6] ἀπέρατος, ον, not passed, impassible
[7] ταγή, ῆς, ἡ, command, decree
[8] δεσπότης, ου, ὁ, lord, master
[9] διευθύνω pres pass ind 3p, guide, direct, govern
[10] ἐαρινός, ή, όν, spring
[11] θερινός, ή, όν, summer
[12] μετοπωρινός, όν, autumn
[13] χειμερινός, ή, όν, winter
[14] μεταπαραδίδωμι pres act ind 3p, give place to succeed, follow
[15] σταθμός, οῦ, ὁ, station, weight
[16] λειτουργία, ας, ἡ, service, ministry
[17] ἀπροσκόπως, without stumbling
[18] ἐπιτελέω pres act ind 3p, finish, complete
[19] ἀέναος, ον, ever-flowing, eternal
[20] πηγή, ῆς, ἡ, spring, fountain, flow
[21] ἀπόλαυσις, εως, ἡ, enjoyment
[22] ὑγεία, ας, ἡ, health
[23] δημιουργέω aor pass ptcp f.p.nom., create
[24] δίχα, adv, apart from, without
[25] ἔλλειψις, εως, ἡ, failing
[26] παρέχω pres mid ind 3p, give up, offer, present
[27] μαζός, οῦ, ὁ, breast
[28] ἐλάχιστος, ίστη, ον, least, very small, short
[29] ζῷον, ου, τό, animal, living thing
[30] συνέλευσις, εως, ἡ, come together, intercourse
[31] ὁμόνοια, ας, ἡ, oneness of mind, unanimity, concord, harmony
[32] δημιουργός, οῦ, ὁ, craftsworker, builder, maker, creator

δεσπότης¹ τῶν ἁπάντων ἐν εἰρήνῃ καὶ ὁμονοίᾳ² προσέταξεν³ εἶναι, εὐεργετῶν⁴ τὰ πάντα, ὑπερεκπερισσῶς⁵ δὲ ἡμᾶς τοὺς προσπεφευγότας⁶ τοῖς οἰκτιρμοῖς⁷ αὐτοῦ διὰ τοῦ Κυρίου ἡμῶν Ἰησοῦ Χριστοῦ, **12** ᾧ ἡ δόξα καὶ ἡ μεγαλωσύνη⁸ εἰς τοὺς αἰῶνας τῶν αἰώνων. ἀμήν.

**21:1** Ὁρᾶτε, ἀγαπητοί, μὴ αἱ εὐεργεσίαι⁹ αὐτοῦ αἱ πολλαὶ γένωνται εἰς κρίμα¹⁰ πᾶσιν ἡμῖν, ἐὰν μὴ ἀξίως¹¹ αὐτοῦ πολιτευόμενοι¹² τὰ καλὰ καὶ εὐάρεστα¹³ ἐνώπιον αὐτοῦ ποιῶμεν μεθ' ὁμονοίας.¹⁴ **2** λέγει γάρ που·¹⁵ Πνεῦμα Κυρίου λύχνος¹⁶ ἐρευνῶν¹⁷ τὰ ταμιεῖα¹⁸ τῆς γαστρός.¹⁹ **3** Ἴδωμεν πῶς ἐγγύς ἐστιν, καὶ ὅτι οὐδὲν λέληθεν²⁰ αὐτὸν τῶν ἐννοιῶν²¹ ἡμῶν οὐδὲ τῶν διαλογισμῶν²² ὧν ποιούμεθα. **4** δίκαιον οὖν ἐστιν μὴ λειποτακτεῖν²³ ἡμᾶς ἀπὸ τοῦ θελήματος αὐτοῦ. **5** μᾶλλον

---

¹ δεσπότης, ου, ὁ, lord, master
² ὁμόνοια, ας, ἡ, oneness of mind, unanimity, concord, harmony
³ προστάσσω aor act ind 3s, command, order, give instructions
⁴ εὐεργετέω pres act ptcp m.s.nom., do good to, benefit
⁵ ὑπερεκπερισσῶς, adv, beyond all measure, most highly
⁶ προσφεύγω perf act ptcp m.p.acc., flee for refuge
⁷ οἰκτιρμός, οῦ, ὁ, mercy, compassion
⁸ μεγαλωσύνη, ης, ἡ, majesty
⁹ εὐεργεσία, ας, ἡ, good, deed, benefit, a kindness
¹⁰ κρίμα, ατος, τό, dispute, lawsuit, judging, judgment
¹¹ ἀξίως, adv, worthily, suitably
¹² πολιτεύομαι pres mid ptcp m.p.nom, live, lead one's life
¹³ εὐάρεστος, ον, pleasing, acceptable
¹⁴ ὁμόνοια, ας, ἡ, oneness of mind, unanimity, concord, harmony
¹⁵ πού, adv, somewhere
¹⁶ λύχνος, ου, ὁ, lamp
¹⁷ ἐρευνάω pres act ptcp m.s.nom., search, examine, investigate
¹⁸ ταμιεῖον, ου, τό, hidden, secret
¹⁹ γαστήρ, τρός, ἡ, belly, womb
²⁰ λανθάνω perf act ind 3s, be hidden, escape
²¹ ἔννοια, ας, ἡ, thought, knowledge, insight
²² διαλογισμός, οῦ, ὁ, reasoning, thought, opinion, design
²³ λειποτακτέω pres act inf, turn away

## ΚΛΗΜΕΝΤΟΣ Α

ἀνθρώποις ἄφροσι[1] καὶ ἀνοήτοις[2] καὶ ἐπαιρομένοις[3] καὶ ἐγκαυχωμένοις[4] ἐν ἀλαζονείᾳ[5] τοῦ λόγου αὐτῶν προσκόψωμεν[6] ἢ τῷ Θεῷ. **6** τὸν Κύριον Ἰησοῦν Χριστόν, οὗ τὸ αἷμα ὑπὲρ ἡμῶν ἐδόθη, ἐντραπῶμεν·[7] τοὺς προηγουμένους[8] ἡμῶν αἰδεσθῶμεν,[9] τοὺς πρεσβυτέρους ἡμῶν τιμήσωμεν,[10] τοὺς νέους[11] παιδεύσωμεν[12] τὴν παιδείαν[13] τοῦ φόβου τοῦ Θεοῦ, τὰς γυναῖκας ἡμῶν ἐπὶ τὸ ἀγαθὸν διορθωσώμεθα·[14] **7** τὸ ἀξιαγάπητον[15] τῆς ἁγνείας[16] ἦθος[17] ἐνδειξάσθωσαν,[18] τὸ ἀκέραιον[19] τῆς πραΰτητος[20] αὐτῶν βούλημα[21] ἀποδειξάτωσαν,[22] τὸ ἐπιεικὲς[23] τῆς γλώσσης αὐτῶν διὰ τῆς σιγῆς[24] φανερὸν[25] ποιησάτωσαν, τὴν ἀγάπην αὐτῶν μὴ κατὰ προσκλίσεις[26] ἀλλὰ πᾶσιν τοῖς φοβουμένοις τὸν Θεὸν ὁσίως[27]

---

[1] ἄφρων, ον, ονος, foolish, ignorant
[2] ἀνόητος, ον, unintelligent, foolish, dull-witted
[3] ἐπαίρω pres mid ptcp m.p.dat., lift up, hold up, exalt
[4] ἐγκαυχάομαι pres mid ptcp m.p.dat., boast
[5] ἀλαζονεία, ας, ἡ, pretension, arrogance
[6] προσκόπτω aor act sub 1p, give offense, strike against, stumble
[7] ἐντρέπω aor pass sub 1p, regard for, respect
[8] προηγέομαι pres mid ptcp m.p.acc., go before, show the way, preside
[9] αἰδέομαι aor pass sub 1p, respect
[10] τιμάω aor act sub 1p, estimate, value, esteem
[11] νέος, α, ον, young
[12] παιδεύω aor act sub 1p, educate, instruct
[13] παιδεία, ας, ἡ, discipline, correction
[14] διορθόω aor mid sub 1p, set on the right path
[15] ἀξιαγάπητος, ον, worthy of love
[16] ἁγνεία, ας, ἡ, purity, chastity
[17] ἦθος, ους, τό, custom, usage, habit
[18] ἐνδείκνυμι aor mid impv 3p, show, demonstrate
[19] ἀκέραιος, ον, pure, innocent
[20] πραΰτης, ητος, ἡ, gentleness, humility, courtesy, meekness
[21] βούλημα, ατος, τό, intention
[22] ἀποδείκνυμι aor act impv 3p, make, render, proclaim, appoint
[23] ἐπιεικής, ές, yielding, gentle, kind, courteous, tolerant
[24] σιγή, ῆς, ἡ, silence, quiet
[25] φανερός, ά, όν, plain, evident, known
[26] πρόσκλισις, εως, ἡ, partisanship, favoritism, inclination
[27] ὁσίως, adv, devoutly

ἴσην¹ παρεχέτωσαν.² **8** τὰ τέκνα ἡμῶν τῆς ἐν Χριστῷ παιδείας³ μεταλαμβανέτωσαν·⁴ μαθέτωσαν,⁵ τί ταπεινοφροσύνη⁶ παρὰ Θεῷ ἰσχύει,⁷ τί ἀγάπη ἁγνὴ⁸ παρὰ τῷ Θεῷ δύναται, πῶς ὁ φόβος αὐτοῦ καλὸς καὶ μέγας καὶ σῴζων πάντας τοὺς ἐν αὐτῷ ὁσίως⁹ ἀναστρεφομένους¹⁰ ἐν καθαρᾷ¹¹ διανοίᾳ.¹² **9** ἐρευνητὴς¹³ γάρ ἐστιν ἐννοιῶν¹⁴ καὶ ἐνθυμήσεων·¹⁵ οὗ ἡ πνοὴ¹⁶ αὐτοῦ ἐν ἡμῖν ἐστίν, καὶ ὅταν θέλῃ ἀνελεῖ¹⁷ αὐτήν.

**22:1** Ταῦτα δὲ πάντα βεβαιοῖ¹⁸ ἡ ἐν Χριστῷ πίστις· καὶ γὰρ αὐτὸς διὰ τοῦ πνεύματος τοῦ ἁγίου οὕτως προσκαλεῖται¹⁹ ἡμᾶς· Δεῦτε²⁰ τέκνα, ἀκούσατέ μου, φόβον Κυρίου διδάξω ὑμᾶς. **2** τίς ἐστιν ἄνθρωπος ὁ θέλων ζωήν, ἀγαπῶν ἡμέρας ἰδεῖν ἀγαθάς; **3** παῦσον²¹ τὴν γλῶσσάν σου ἀπὸ κακοῦ, καὶ χείλη²² τοῦ μὴ λαλῆσαι δόλον.²³ **4** ἔκκλινον²⁴ ἀπὸ κακοῦ καὶ ποίησον ἀγαθόν. **5** ζήτησον εἰρήνην καὶ δίωξον αὐτήν.

---

¹ ἴσος, η, ον, equal, without partiality
² παρέχω pres act impv 3p, present, grant, show, give up
³ παιδεία, ας, ἡ, upbringing, training, instruction
⁴ μεταλαμβάνω pres act impv 3p, have a share in
⁵ μανθάνω aor act impv 3p, learn
⁶ ταπεινοφροσύνη, ης, ἡ, humility, modesty
⁷ ἰσχύω pres act ind 3s, have power, be competent, be able
⁸ ἁγνός, ή, όν, pure, holy
⁹ ὁσίως, adv, devoutly, manner pleasing to God
¹⁰ ἀνατρέφω pres pass ptcp m.p.acc., bring up, care for, rear, train
¹¹ καθαρός, ά, όν, clean, pure
¹² διάνοια, ας, ἡ, mind, understanding, intelligence
¹³ ἐρευνητής, οῦ, ὁ, searcher, examiner
¹⁴ ἔννοια, ας, ἡ, thought, knowledge, insight
¹⁵ ἐνθύμησις, εως, ἡ, thought, reflection, idea
¹⁶ πνοή, ῆς, ἡ, wind, breath
¹⁷ ἀναιρέω fut act ind 3s, take away, destroy
¹⁸ βεβαιόω pres act ind 3s, confirm, establish
¹⁹ προσκαλέω pres mid ind 3s, call on, call to oneself, invite
²⁰ δεῦτε, adv, come
²¹ παύω aor act impv 2s, stop, quiet, relieve
²² χεῖλος, ους, τό, lips
²³ δόλος, ου, ὁ, deceit, cunning, treachery
²⁴ ἐκκλίνω aor act impv 2s, steer clear of, cease

**22:6** ὀφθαλμοὶ Κυρίου ἐπὶ δικαίους, καὶ ὦτα αὐτοῦ πρὸς δέησιν αὐτῶν·[1] πρόσωπον δὲ Κυρίου ἐπὶ ποιοῦντας κακά, τοῦ ἐξολεθρεῦσαι[2] ἐκ γῆς τὸ μνημόσυνον[3] αὐτῶν. **7** ἐκέκραξεν ὁ δίκαιος, καὶ ὁ Κύριος εἰσήκουσεν[4] αὐτοῦ, καὶ ἐκ πασῶν τῶν θλίψεων αὐτοῦ ἐρύσατο[5] αὐτόν. **8** πολλαὶ αἱ θλίψεις τοῦ δικαίου καὶ ἐκ πασῶν αὐτῶν ῥύσεται[6] αὐτὸν ὁ Κύριος· εἶτα·[7] Πολλαὶ αἱ μάστιγες[8] τοῦ ἁμαρτωλοῦ, τοὺς δὲ ἐλπίζοντας ἐπὶ Κύριον ἔλεος[9] κυκλώσει.[10]

**23:1** Ὁ οἰκτίρμων[11] κατὰ πάντα καὶ εὐεργετικὸς[12] πατὴρ ἔχει σπλάγχνα[13] ἐπὶ τοὺς φοβουμένους αὐτόν, ἠπίως[14] τε καὶ προσηνῶς[15] τὰς χάριτας αὐτοῦ ἀποδιδοῖ τοῖς προσερχομένοις αὐτῷ ἁπλῇ[16] διανοίᾳ.[17] **2** διὸ μὴ διψυχῶμεν,[18] μηδὲ ἰνδαλλέσθω[19] ἡ ψυχὴ ἡμῶν ἐπὶ ταῖς ὑπερβαλλούσαις[20] καὶ ἐνδόξοις[21] δωρεαῖς[22] αὐτοῦ. **3** πόρρω[23] γενέσθω ἀφ' ἡμῶν ἡ γραφὴ αὕτη, ὅπου λέγει·

---

[1] δέησις, εως, ἡ, prayer
[2] ἐξολεθρεύω aor act inf, destroy utterly, root out
[3] μνημόσυνον, ου, τό, memory, remembrance
[4] ἰσακούω aor act ind 3s, obey, hear
[5] ῥύομαι aor mid ind 3s, save, rescue, deliver, preserve
[6] ῥύομαι fut mid ind 3s, save, rescue, deliver, preserve
[7] εἶτα, adv, then, next, futhermore
[8] μάστιξ, ιγος, ἡ, whip, lash, torment, suffering
[9] ἔλεος, ους, τό, mercy, compassion, pity, clemency
[10] κυκλόω fut act ind 3s, surround, encircle
[11] οἰκτίρμων, ον, merciful, compassionate
[12] εὐεργετικός, ή, όν, beneficent
[13] σπλάγχνον, ου, τό, inward parts, entrails, love, affection
[14] ἠπίως, adv, kindly
[15] προηνῶς, adv, gently, lovingly, kindly
[16] ἁπλοῦς, ῆ, οῦν, single, without guile, sincere, straightforward
[17] διάνοια, ας, ἡ, mind, understanding, intelligence
[18] διψυχέω pres act sub 1p, be undecided, changeable, doubt
[19] ἰνδάλλομαι pres mid impv 3s, form false ideas, entertain strange notions
[20] ὑπερβάλλω pres act ptcp f.p.dat., go beyond, surpass, outdo
[21] ἔνδοξος, ον, honored, distinguished, eminent, glorious, splendid
[22] δωρεά, ᾶς, ἡ, gift, bounty
[23] πόρρω, adv, far (away)

## ΚΛΗΜΕΝΤΟΣ Α

Ταλαίπωροί[1] εἰσιν οἱ δίψυχοι,[2] οἱ διστάζοντες[3] τὴν ψυχὴν, οἱ λέγοντες· Ταῦτα ἠκούσαμεν καὶ ἐπὶ τῶν πατέρων ἡμῶν, καὶ ἰδού, γεγηράκαμεν[4] καὶ οὐδὲν ἡμῖν τούτων συνβέβηκεν.[5] **4** ὦ[6] ἀνόητοι,[7] συμβάλετε[8] ἑαυτοὺς ξύλῳ·[9] λάβετε ἄμπελον·[10] πρῶτον μὲν φυλλοροεῖ,[11] εἶτα[12] βλαστὸς[13] γίνεται, εἶτα[14] φύλλον,[15] εἶτα[16] ἄνθος,[17] καὶ μετὰ ταῦτα ὄμφαξ,[18] εἶτα[19] σταφυλὴ[20] παρεστηκυῖα. Ὁρᾶτε ὅτι ἐν καιρῷ ὀλίγῳ εἰς πέπειρον[21] καταντᾷ[22] ὁ καρπὸς τοῦ ξύλου.[23] **5** ἐπ' ἀληθείας ταχὺ[24] καὶ ἐξαίφνης[25] τελειωθήσεται[26] τὸ βούλημα[27] αὐτοῦ, συνεπιμαρτυρούσης[28] καὶ τῆς γραφῆς ὅτι· Ταχὺ[29] ἥξει[30] καὶ οὐ χρονιεῖ,[31] καὶ ἐξαίφνης[32] ἥξει[33] ὁ Κύριος εἰς τὸν ναὸν αὐτοῦ, καὶ ὁ ἅγιος ὃν ὑμεῖς προσδοκᾶτε.[34]

---

[1] ταλαίπωρος, ον, miserable, wretched, distressed
[2] δίψυχος, ον, double-minded, doubting, hesitating
[3] διστάζω pres act ptcp m.p.nom., doubt, waver
[4] γηράσκω perf act ind 1p, grow old
[5] συμβαίνω perf act ind 3s, happen, come about
[6] ὦ, intj, Oh!
[7] ἀνόητος, ον, foolish, unintelligent, dull-witted
[8] συμβάλλω aor act impv 2p, compare
[9] ξύλον, ου, τό, wood, tree
[10] ἄμπελος, ου, ἡ, vine, grapevine
[11] φυλλορροέω pres act ind 3s, shed leaves
[12] εἶτα, adv, then, next
[13] βλαστός, οῦ, ὁ, bud, sprout
[14] εἶτα, adv, next, then
[15] φύλλον, ου, τό, leaf, foilage
[16] εἶτα, adv, next, then
[17] ἄνθος, ους, τό, blossom, flower
[18] ὄμφαξ, ακος, ἡ, ὁ, unripe grape
[19] εἶτα, adv, next, then
[20] σταφυλή, ῆς, ἡ, (a bunch of) grapes
[21] πέπειρος, ον, ripe
[22] καταντάω pres act ind 3s, come, arrive, reach
[23] ξύλον, ου, τό, wood, tree
[24] ταχύ, adv, quickly
[25] ἐξαίφνης, adv, suddenly, unexpectedly
[26] τελειόω fut pass ind 3s, complete, bring to an end, accomplish
[27] βούλημα, ατος, τό, intention, will
[28] συνεπιμαρτυρέω pres act ptcp f.s.gen., testify at the same time
[29] ταχύ, adv, quickly
[30] ἥκω fut act ind 3s, come, present
[31] χρονίζω fut act ind 3s, take time, stay away for a long time
[32] ἐξαίφνης, adv, suddenly, unexpectedly
[33] ἥκω fut act ind 3s, come, present
[34] προσδοκάω pres act ind 2p, wait for, look for, expect

## ΚΛΗΜΕΝΤΟΣ Α

**24:1** Κατανοήσωμεν,¹ ἀγαπητοί, πῶς ὁ δεσπότης² ἐπιδείκνυται³ διηνεκῶς⁴ ἡμῖν τὴν μέλλουσαν ἀνάστασιν ἔσεσθαι, ἧς τὴν ἀπαρχὴν⁵ ἐποιήσατο τὸν Κύριον Ἰησοῦν Χριστὸν ἐκ νεκρῶν ἀναστήσας. **2** ἴδωμεν, ἀγαπητοί, τὴν κατὰ καιρὸν γινομένην ἀνάστασιν.

**24:3** ἡμέρα καὶ νὺξ ἀνάστασιν ἡμῖν δηλοῦσιν·⁶ κοιμᾶται⁷ ἡ νύξ, ἀνίσταται ἡ ἡμέρα· ἡ ἡμέρα ἄπεισιν,⁸ νὺξ ἐπέρχεται.⁹ **4** λάβωμεν τοὺς καρπούς· ὁ σπόρος¹⁰ πῶς καὶ τίνα τρόπον¹¹ γίνεται; **5** ἐξῆλθεν ὁ σπείρων καὶ ἔβαλεν εἰς τὴν γῆν ἕκαστον τῶν σπερμάτων, ἅτινα πεσόντα εἰς τὴν γῆν ξηρὰ¹² καὶ γυμνὰ¹³ διαλύεται·¹⁴ εἶτ'¹⁵ ἐκ τῆς διαλύσεως¹⁶ ἡ μεγαλειότης¹⁷ τῆς προνοίας¹⁸ τοῦ δεσπότου¹⁹ ἀνίστησιν αὐτά, καὶ ἐκ τοῦ ἑνὸς πλείονα αὔξει²⁰ καὶ ἐκφέρει²¹ καρπόν.

---

¹ κατανοέω aor act sub 1p, notice, observe, consider
² δεσπότης, ου, ὁ, lord, master
³ ἐπιδείκνυμι pres mid ind 3s, show, point out
⁴ διηνεκῶς, adv, continually, without
⁵ ἀπαρχή, ῆς, ἡ, first fruit, first portion
⁶ δηλόω pres act ind 3p, make clear, reveal, show
⁷ κοιμάω pres mid ind 3s, sleep, fall asleep
⁸ ἄπειμι pres act ind 3s, go away, go, come
⁹ ἐπέρχομαι pres mid ind 3s, come, arrive, happen
¹⁰ σπόρος, ου, ὁ, sowing, seed
¹¹ τρόπος, ου, ὁ, manner, way, kind, guise
¹² ξηρός, ά, όν, dry
¹³ γυμνός, ή, όν, naked, stripped, bare
¹⁴ διαλύω pres mid ind 3s, break up, dissolve
¹⁵ εἶτα, adv, then, next
¹⁶ διάλυσις, εως, ἡ, dissolution, decay
¹⁷ μεγαλειότης, ητος, ἡ, grandeur, sublimity, majesty
¹⁸ πρόνοια, ας, ἡ, forethought, foresight, providence
¹⁹ δεσπότης, ου, ὁ, lord, master
²⁰ αὔξω pres act ind 3s, increase, grow
²¹ ἐκφέρω pres act ind 3s, carry, bring out, bring

**25:1** Ἴδωμεν τὸ παράδοξον[1] σημεῖον τὸ γινόμενον ἐν τοῖς ἀνατολικοῖς[2] τόποις, τουτέστιν[3] τοῖς περὶ τὴν Ἀραβίαν.[4] **2** ὄρνεον[5] γάρ ἐστιν, ὃ προσονομάζεται[6] φοῖνιξ·[7] τοῦτο μονογενὲς[8] ὑπάρχον ζῇ ἔτη πεντακόσια·[9] γενόμενόν τε ἤδη πρὸς ἀπόλυσιν[10] τοῦ ἀποθανεῖν αὐτό, σηκὸν[11] ἑαυτῷ ποιεῖ ἐκ λιβάνου[12] καὶ σμύρνης[13] καὶ τῶν λοιπῶν ἀρωμάτων,[14] εἰς ὃν πληρωθέντος τοῦ χρόνου εἰσέρχεται καὶ τελευτᾷ.[15] **3** σηπομένης[16] δὲ τῆς σαρκὸς σκώληξ[17] τις γεννᾶται, ὃς ἐκ τῆς ἰκμάδος[18] τοῦ τετελευτηκότος[19] ζώου[20] ἀνατρεφόμενος[21] πτεροφυεῖ·[22] εἶτα[23] γενναῖος[24] γενόμενος αἴρει τὸν σηκὸν[25] ἐκεῖνον ὅπου τὰ ὀστᾶ[26] τοῦ προγεγονότος[27] ἐστίν, καὶ ταῦτα βαστάζων[28] διανύει[29] ἀπὸ τῆς Ἀραβικῆς[30] χώρας[31]

---

[1] παράδοξος, ον, wonderful, remarkable, strange
[2] ἀνατολικός, ή, όν, eastern
[3] τουτέστιν, pres act ind 3s, that is
[4] Ἀραβία, ας, ἡ, Arabia
[5] ὄρνεον, ου, τό, bird
[6] προσονομάζω pres pass ind 3s, give a name, name
[7] φοῖνιξ, ικος, ὁ, phoenix
[8] μονογενής, ές, only
[9] πεντακόσιοι, αι, α, five hundred
[10] ἀπόλυσις, εως, ἡ, dissolution
[11] σηκός, οῦ, ὁ, burial-place, sepulcher, tomb
[12] λίβανος, ου, ὁ, frankincense
[13] σμύρνα, ης, ἡ, myrrh
[14] ἄρωμα, ατος, τό, fragrant spice, salve, oil, perfume
[15] τελευτάω pres act ind 3s, come to an end, die
[16] σήπω pres mid ptcp f.s.gen., decay, rot
[17] σκώληξ, ηκος, ὁ, worm
[18] ἰκμάς, άδος, ἡ, moisture
[19] τελευτάω perf act ptcp n.s.gen., come to an end, die
[20] ζῷον, ον, τό, animal, living thing, being
[21] ἀνατρέφω pres mid ptcp m.s.nom., bring up, care for, rear, train
[22] πτεροφυέω pres act ind 3s, get/grow feathers/wings
[23] εἶτα, adv, then, next
[24] γενναῖος, α, ον, strong, powerful
[25] σηκός, οῦ, ὁ, burial-place, sepulcher, tomb
[26] ὀστέον, ου, bone
[27] προγίνομαι perf act ptcp n.s.gen., be born earlier, happen, done before, trans. of the former one, predecessor (i.e., the Phoenix)
[28] βαστάζω pres act ptcp m.s.nom., pick up, take up, carry, bear
[29] διανύω pres act ind 3s, complete, arrive (at)
[30] Ἀραβικός, ή, όν, Arabian
[31] χώρα, ας, ἡ, land, district, region, place, country

ἕως τῆς Αἰγύπτου¹ εἰς τὴν λεγομένην Ἡλιούπολιν.² **4** καὶ ἡμέρας, βλεπόντων πάντων, ἐπιπτὰς³ ἐπὶ τὸν τοῦ ἡλίου βωμὸν⁴ τίθησιν αὐτά, καὶ οὕτως εἰς τοὐπίσω⁵ ἀφορμᾷ.⁶ **5** οἱ οὖν ἱερεῖς ἐπισκέπτονται⁷ τὰς ἀναγραφὰς⁸ τῶν χρόνων καὶ εὑρίσκουσιν αὐτὸν πεντακοσιοστοῦ⁹ ἔτους ἔτους πεπληρωμένου.

**26:1** Μέγα καὶ θαυμαστὸν¹⁰ οὖν νομίζομεν¹¹ εἶναι, εἰ ὁ δημιουργὸς¹² τῶν ἁπάντων ἀνάστασιν ποιήσεται τῶν ὁσίως¹³ αὐτῷ δουλευσάντων¹⁴ ἐν πεποιθήσει¹⁵ πίστεως ἀγαθῆς, ὅπου καὶ δι' ὀρνέου¹⁶ δείκνυσιν ἡμῖν τὸ μεγαλεῖον¹⁷ τῆς ἐπαγγελίας αὐτοῦ; **2** λέγει γάρ που·¹⁸ Καὶ ἐξαναστήσεις¹⁹ με, καὶ ἐξομολογήσομαί²⁰ σοι, καί· Ἐκοιμήθην²¹ καὶ ὕπνωσα,²² ἐξηγέρθην,²³ ὅτι σὺ μετ' ἐμοῦ εἶ. **3** καὶ πάλιν Ἰὼβ²⁴ λέγει· καὶ ἀναστήσεις τὴν σάρκα μου ταύτην τὴν ἀναντλήσασαν²⁵ ταῦτα πάντα.

---

¹ Αἴγυπτος, ου, ἡ, Egypt
² Ἡλιούπολις, εως, ἡ, Heliopolis
³ ἐπιπέτομαι aor act ptcp m.s.nom., fly upon
⁴ βωμός, οῦ, ὁ, altar
⁵ trans., back, return (composed of τό and ὀπίσω)
⁶ ἀφορμάω pres act ind 3s, start, set out
⁷ ἐπισκέπτομαι pres mid ind 3p, look at, examine, inspect
⁸ ἀναγραφή, ῆς, ἡ, public records
⁹ πεντακοσιοστός, ή, όν, five hundredth
¹⁰ θαυμαστός, ή, όν, wonderful, marvelous, remarkable
¹¹ νομίζω pres act ind 1p, common use, think, believe, hold, consider
¹² δημιουργός, οῦ, ὁ, craftsworker, builder, maker, creator
¹³ ὁσίως, adv, devoutly
¹⁴ δουλεύω aor act ptcp m.p.gen., be a slave, subjected
¹⁵ πεποίθησις, εως, ἡ, confidence, trust
¹⁶ ὄρνεον, ου, τό, bird
¹⁷ μεγαλεῖος, α, ον, greatness, sublimity
¹⁸ πού, adv, somewhere
¹⁹ ἐξανίστημι fut act ind 2s, raise up, awaken
²⁰ ἐξομολογέω fut mid ind 1p, praise, confess, profess
²¹ κοιμάω aor pass ind 1s, lay down, sleep, fall asleep
²² ὑπνόω aor act ind 1s, sleep, go to sleep
²³ ἐξεγείρω aor pass ind 1s, awaken, raise
²⁴ Ἰώβ, ὁ, Job
²⁵ ἀναντλέω aor act ptcp f.s.acc., bear patiently, drain out, empty

**27:1** Ταύτῃ οὖν τῇ ἐλπίδι προσδεδέσθωσαν¹ αἱ ψυχαὶ ἡμῶν τῷ πιστῷ ἐν ταῖς ἐπαγγελίαις καὶ τῷ δικαίῳ ἐν τοῖς κρίμασιν.² **2** ὁ παραγγείλας μὴ ψεύδεσθαι³ πολλῷ μᾶλλον αὐτὸς οὐ ψεύσεται·⁴ οὐδὲν γὰρ ἀδύνατον⁵ παρὰ τῷ Θεῷ, εἰ μὴ τὸ ψεύσασθαι.⁶ **3** ἀναζωπυρησάτω⁷ οὖν ἡ πίστις αὐτοῦ ἐν ἡμῖν, καὶ νοήσωμεν⁸ ὅτι πάντα ἐγγὺς αὐτῷ ἐστίν. **4** ἐν λόγῳ τῆς μεγαλωσύνης⁹ αὐτοῦ συνεστήσατο¹⁰ τὰ πάντα, καὶ ἐν λόγῳ δύναται αὐτὰ καταστρέψαι.¹¹ **5** Τίς ἐρεῖ αὐτῷ· Τί ἐποίησας; ἢ τίς ἀντιστήσεται¹² τῷ κράτει¹³ τῆς ἰσχύος¹⁴ αὐτοῦ; ὅτε θέλει καὶ ὡς θέλει ποιήσει πάντα, καὶ οὐδὲν μὴ παρέλθῃ¹⁵ τῶν δεδογματισμένων¹⁶ ὑπ' αὐτοῦ. **6** πάντα ἐνώπιον αὐτοῦ εἰσίν, καὶ οὐδὲν λέληθεν¹⁷ τὴν βουλὴν¹⁸ αὐτοῦ, **7** εἰ Οἱ οὐρανοὶ διηγοῦνται¹⁹ δόξαν Θεοῦ, ποίησιν²⁰ δὲ χειρῶν αὐτοῦ ἀναγγέλλει²¹ τὸ

---

¹ προσδέω perf pass impv 3p, tie bind
² κρίμα, ατος, τό, judgment, decision, decree
³ ψεύδομαι pres mid inf, lie, tell a falsehood
⁴ ψεύδομαι fut mid ind 3s, lie, tell a falsehood
⁵ ἀδύνατος, ον, powerless, impotent, impossible
⁶ ψεύδομαι aor mid inf, lie, tell a falsehood
⁷ ἀναζωπυρέω aor act impv 3s, rekindle
⁸ νοέω aor act sub 1p, perceive, apprehend, understand, gain an insight into
⁹ μεγαλωσύνη, ης, ἡ, majesty
¹⁰ συνίστημι aor mid ind 3s, put together, consitute, establish
¹¹ καταστρέφω aor act inf, destroy, ruin
¹² ἀνθίστημι fut mid ind 3s, set oneself against, oppose
¹³ κράτος, ους, τό, might
¹⁴ ἰσχύς, ύος, ἡ, strength, power, might
¹⁵ παρέρχομαι aor act sub 3s, go by, pass by, disappear, transgress, neglect, disobey
¹⁶ δογματίζω perf mid ptcp n.p.gen., obligate, decree
¹⁷ λανθάνω perf act ind 3s, escape notice, hidden
¹⁸ βουλή, ῆς, ἡ, plan, purpose, intention, will
¹⁹ διηγέομαι pres mid ind 3p, tell, relate, describe
²⁰ ποίησις, εως, ἡ, doing, working, work, creation
²¹ ἀναγγέλλω pres act ind 3s, report, disclose, announce, proclaim, teach

στερέωμα·¹ ἡ ἡμέρα τῇ ἡμέρᾳ ἐρεύγεται² ῥῆμα, καὶ νὺξ νυκτὶ ἀναγγέλλει³ γνῶσιν·⁴ καὶ οὐκ εἰσὶν λόγοι οὐδὲ λαλιαί,⁵ ὧν οὐχὶ ἀκούονται αἱ φωναὶ αὐτῶν.

**28:1** Πάντων οὖν βλεπομένων καὶ ἀκουομένων, φοβηθῶμεν αὐτὸν καὶ ἀπολείπωμεν⁶ φαύλων⁷ ἔργων μιαρὰς⁸ ἐπιθυμίας, ἵνα τῷ ἐλέει⁹ αὐτοῦ σκεπασθῶμεν¹⁰ ἀπὸ τῶν μελλόντων κριμάτων¹¹ **2** ποῦ γάρ τις ἡμῶν δύναται φυγεῖν¹² ἀπὸ τῆς κραταιᾶς¹³ χειρὸς αὐτοῦ; ποῖος δὲ κόσμος δέξεταί τινα τῶν αὐτομολούντων¹⁴ ἀπ᾽ αὐτοῦ; λέγει γάρ που¹⁵ τὸ γραφεῖον·¹⁶ **3** Ποῦ ἀφήξω¹⁷ καὶ ποῦ κρυβήσομαι¹⁸ ἀπὸ τοῦ προσώπου σου; ἐὰν ἀναβῶ εἰς τὸν οὐρανόν, σὺ ἐκεῖ εἶ· ἐὰν ἀπέλθω εἰς τὰ ἔσχατα τῆς γῆς, ἐκεῖ ἡ δεξιά σου· ἐὰν καταστρώσω¹⁹ εἰς τὰς ἀβύσσους,²⁰ ἐκεῖ τὸ πνεῦμά σου. **4** ποῖ²¹ οὖν τις ἀπέλθῃ ἢ ποῦ ἀποδράσῃ²² ἀπὸ τοῦ τὰ πάντα ἐμπεριέχοντος.²³

---

¹ στερέωμα, ατος, τό, firmament, firmness, steadfastness
² ἐρεύγομαι pres mid ind 3s, utter, proclaim
³ ἀναγγέλλω pres act ind 3s, report, disclose, announce
⁴ γνῶσις, εως, ἡ, knowledge
⁵ λαλιά, ᾶς, ἡ, speech, speaking
⁶ ἀπολείπω pres act sub 1p, leave behind, abandon
⁷ φαῦλος, η, ον, base
⁸ μιαρός, ά, όν, abominable, wretched, foul, depraved, wanton
⁹ ἔλεος, ους, τό, mercy, compassion, pity
¹⁰ σκεπάζω aor pass sub 1p, cover, protect, shelter
¹¹ κρίμα, ατος, τό, judgment, decision
¹² φεύγω aor act inf, flee, escape
¹³ κραταιός, ά, όν, powerful, mighty
¹⁴ αὐτομολέω pres act ptcp m.p.gen., desert
¹⁵ πού, adv, somewhere
¹⁶ γραφεῖον, ου, τό, scripture, the thing written, writing
¹⁷ ἀφήκω fut act ind 1s, go away
¹⁸ κρύπτω fut pass ind 1s, hide
¹⁹ καταστρώννυμι aor act sub 1p, make a bed
²⁰ ἄβυσσος, ου, ἡ, depth, abyss
²¹ ποῖ, adv, where? whither?
²² ἀποδιδράσκω aor act sub 3s, run away, escape
²³ ἐμπεριέχω pres act ptcp m.s.gen., embrace

ΚΛΗΜΕΝΤΟΣ Α

**29:1** Προσέλθωμεν οὖν αὐτῷ ἐν ὁσιότητι[1] ψυχῆς, ἁγνὰς[2] καὶ ἀμιάντους[3] χεῖρας αἴροντες πρὸς αὐτόν, ἀγαπῶντες τὸν ἐπιεικῆ[4] καὶ εὔσπλαγχνον[5] πατέρα ἡμῶν ὃς ἐκλογῆς[6] μέρος ἡμᾶς ἐποίησεν ἑαυτῷ. **2** Οὕτω γὰρ γέγραπται· Ὅτε διεμέριζεν[7] ὁ ὕψιστος[8] ἔθνη, ὡς διέσπειρεν[9] υἱοὺς Ἀδάμ,[10] ἔστησεν ὅρια[11] ἐθνῶν κατὰ ἀριθμὸν[12] ἀγγέλων Θεοῦ. ἐγενήθη μερὶς[13] Κυρίου λαὸς αὐτοῦ Ἰακώβ,[14] σχοίνισμα[15] κληρονομίας[16] αὐτοῦ Ἰσραήλ. **3** καὶ ἐν ἑτέρῳ τόπῳ λέγει· Ἰδοὺ Κύριος λαμβάνει ἑαυτῷ ἔθνος ἐκ μέσου ἐθνῶν ὥσπερ λαμβάνει ἄνθρωπος τὴν ἀπαρχὴν[17] αὐτοῦ τῆς ἅλω·[18] καὶ ἐξελεύσεται ἐκ τοῦ ἔθνους ἐκείνου ἅγια ἁγίων.

**30:1** Ἁγίου οὖν μερὶς[19] ὑπάρχοντες ποιήσωμεν τὰ τοῦ ἁγιασμοῦ[20] πάντα, φεύγοντες[21] καταλαλιάς,[22] μιαρᾶς[23] τε καὶ ἀνάγνους[24] συμπλοκάς,[25] μέθας[26] τε καὶ νεωτερισμοὺς[27] καὶ βδελυκτὰς[28]

---

[1] ὁσιότης, τητος, ἡ, devoutness, piety, holiness
[2] ἁγνός, ή, όν, pure, holy
[3] ἀμίαντος, ον, undefiled, pure
[4] ἐπιεικής, ές, gentle, kind, courteous
[5] εὔσπλαγχνος, ον, tenderhearted, compassionate
[6] ἐκλογή, ῆς, ἡ, selection, choice, election
[7] διαμερίζω imp act ind 3s, divide, separate
[8] ὕψιστος, η, ον, Most High, highest
[9] διασπείρω imp act ind 3s, scatter
[10] Ἀδάμ, ὁ, Adam
[11] ὅριον, ου, τό, boundary
[12] ἀριθμός, οῦ, ὁ, number
[13] μερίς, ίδος, ἡ, part, share, portion
[14] Ἰακώβ, ὁ, Jacob
[15] σχοίνισμα, ατος, τό, allotment
[16] κληρονομία, ας, ἡ, inheritance
[17] ἀπαρχή, ῆς, ἡ, first fruits, first portion
[18] ἅλων, ωνος, ἡ, threshing floor
[19] μερίς, ίδος, ἡ, part, portion
[20] ἁγιασμός, οῦ, ὁ, holiness, consecration, sanctification
[21] φεύγω pres act ptcp m.p.nom., flee, escape
[22] καταλαλιά, ᾶς, ἡ, evil speech, slander, defamation, detraction
[23] μιαρός, ά, όν, abominable, wretched, foul, depraved
[24] ἄναγνος, ον, unchaste
[25] συμπλοκή, ῆς, ἡ, intimate embrace, intercourse
[26] μέθη, ης, ἡ, drunkenness
[27] νεωτερισμός, οῦ, ὁ, uprising, revolution, rebellion
[28] βδελυκτός, ή, όν, abhorrent, detestable

ἐπιθυμίας, μυσερὰν¹ μοιχείαν,² βδελυκτὴν³ ὑπερηφανίαν.⁴ **2** Θεὸς γάρ, φησίν, ὑπερηφάνοις⁵ ἀντιτάσσεται,⁶ ταπεινοῖς⁷ δὲ δίδωσιν χάριν. **3** Κολληθῶμεν⁸ οὖν ἐκείνοις οἷς ἡ χάρις ἀπὸ τοῦ Θεοῦ δέδοται· ἐνδυσώμεθα⁹ τὴν ὁμόνοιαν,¹⁰ ταπεινοφρονοῦντες,¹¹ ἐγκρατευόμενοι,¹² ἀπὸ παντὸς ψιθυρισμοῦ¹³ καὶ καταλαλιᾶς¹⁴ πόρρω¹⁵ ἑαυτοὺς ποιοῦντες, ἔργοις δικαιούμενοι καὶ μὴ λόγοις. **4** λέγει γάρ· Ὁ τὰ πολλὰ λέγων καὶ ἀντακούσεται·¹⁶ ἢ ὁ εὔλαλος¹⁷ οἴεται¹⁸ εἶναι δίκαιος; **5** εὐλογημένος γεννητὸς¹⁹ γυναικὸς ὀλιγόβιος.²⁰ μὴ πολὺς ἐν ῥήμασιν γίνου. **6** Ὁ ἔπαινος²¹ ἡμῶν ἔστω ἐν Θεῷ καὶ μὴ ἐξ αὐτῶν, αὐτεπαινετοὺς²² γὰρ μισεῖ ὁ Θεός. **7** ἡ μαρτυρία τῆς ἀγαθῆς πράξεως²³ ἡμῶν διδόσθω ὑπ᾽ ἄλλων, καθὼς ἐδόθη τοῖς πατράσιν ἡμῶν τοῖς δικαίοις. **8** θράσος²⁴ καὶ

---

[1] μυσερός, ά, όν, loathsome, abominable, detestable
[2] μοιχεία, ας, ἡ, adultery
[3] βδελυκτός, ή, όν, abhorrent, detestable
[4] ὑπερηφανία, ας, ἡ, arrogance, haughtiness, pride
[5] ὑπερήφανος, ον, arrogant, haughty, proud
[6] ἀντιτάσσω pres mid ind 3s, oppose, resist
[7] ταπεινός, ή, όν, humble, lowly, undistinguished
[8] κολλάω aor pass sub 1p, bind closely, unit, join
[9] ἐνδύω aor mid sub 1p, dress, clothe
[10] ὁμόνοια, ας, ἡ, oneness of mind, unanimity, concord, harmony
[11] ταπεινοφρονέω pres act ptcp m.p.nom., be humble, modest, unassuming
[12] ἐγκρατεύομαι pres mid ptcp m.p.nom., control oneself, abstain
[13] ψιθυρισμός, οῦ, ὁ, (secret) gossip, tale-bearing
[14] καταλαλιά, ᾶς, ἡ, evil speech, slander, defamation, detraction
[15] πόρρω, adv, far (away)
[16] ἀντακούω fut mid ind 3s, hear in turn
[17] εὔλαλος, ον, talkative, glib
[18] οἴομαι pres mid ind 3s, think, suppose, expect
[19] γεννητός, ή, όν, born
[20] ὀλιγόβιος, ον, short-lived
[21] ἔπαινος, ου, ὁ, praise, approval, recognition
[22] αὐτεπαίνετος, ον, praising oneself
[23] πρᾶξις, εως, ἡ, act, action, deed
[24] θράσος, ους, τό, arrogance, shamelessness

αὐθάδεια¹ καὶ τόλμα² τοῖς κατηραμένοις³ ὑπὸ τοῦ Θεοῦ· ἐπιείκεια⁴ καὶ ταπεινοφροσύνη⁵ καὶ πραΰτης⁶ παρὰ τοῖς ηὐλογημένοις ὑπὸ τοῦ Θεοῦ.

**31:1** Κολληθῶμεν⁷ οὖν τῇ εὐλογίᾳ⁸ αὐτοῦ, καὶ ἴδωμεν τίνες αἱ ὁδοὶ τῆς εὐλογίας.⁹ ἀνατυλίξωμεν¹⁰ τὰ ἀπ' ἀρχῆς γενόμενα. **2** τίνος χάριν¹¹ ηὐλογήθη ὁ πατὴρ ἡμῶν Ἀβραάμ; οὐχὶ δικαιοσύνην καὶ ἀλήθειαν διὰ πίστεως ποιήσας; **3** Ἰσαὰκ¹² μετὰ πεποιθήσεως¹³ γινώσκων τὸ μέλλον ἡδέως¹⁴ προσήγετο¹⁵ θυσία.¹⁶ **4** Ἰακὼβ¹⁷ μετὰ ταπεινοφροσύνης¹⁸ ἐξεχώρησεν¹⁹ τῆς γῆς αὐτοῦ δι' ἀδελφὸν καὶ ἐπορεύθη πρὸς Λαβάν²⁰ καὶ ἐδούλευσεν,²¹ καὶ ἐδόθη αὐτῷ τὸ δωδεκάσκηπτρον²² τοῦ Ἰσραήλ.

---

[1] αὐθάδεια, ας, ἡ, arrogance, willfulness, stubbornness
[2] τόμα, ης, ἡ, audacity
[3] καταράομαι perf pass ptcp m.p.dat., curse, execrate
[4] ἐπιείκεια, ας, ἡ, gentleness, graciousness, courtesy, indulgence
[5] ταπεινοφροσύνη, ης, ἡ, humility, modesty
[6] πραΰτης, ητος, ἡ, gentleness, humility, courtesy
[7] κολλάω aor pass sub 1p, bind closely, unite, join
[8] εὐλογία, ας, ἡ, praise, blessing
[9] εὐλογία, ας, ἡ, praise, blessing
[10] ἀνατυλίσσω aor act sub 1p, think over, call to mind again
[11] χάριν, impr prep, for the sake of, on behalf of, on account of
[12] Ἰσαάκ, ὁ, Isaac
[13] πεποίθησις, εως, ἡ, trust, confidence
[14] ἡδέως, adv, gladly
[15] προσάγω imp mid ind 3s, bring (forward), come near, approach
[16] θυσία, ας, ἡ, offering, sacrifice, offering
[17] Ἰακώβ, ὁ, Jacob
[18] ταπεινοφροσύνη, ης, ἡ, humility, modesty
[19] ἐκχωρέω aor act ind 3s, go out, go away, depart
[20] Λαβάν, ὁ, Laban
[21] δουλεύω aor act ind 3s, serve, be a slave, be subjected
[22] δωδεκάσκηπτρον, ου, τό, scepter of the twelve tribes

## ΚΛΗΜΕΝΤΟΣ Α

**32:1** Ἐάν τις καθ' ἓν ἕκαστον εἰλικρινῶς[1] κατανοήσῃ,[2] ἐπιγνώσεται μεγαλεῖα[3] τῶν ὑπ' αὐτοῦ δεδομένων δωρεῶν.[4] **2** ἐξ αὐτοῦ γὰρ ἱερεῖς καὶ λευῖται[5] πάντες οἱ λειτουργοῦντες[6] τῷ θυσιαστηρίῳ[7] τοῦ Θεοῦ· ἐξ αὐτοῦ ὁ Κύριος Ἰησοῦς τὸ κατὰ σάρκα· ἐξ αὐτοῦ βασιλεῖς καὶ ἄρχοντες καὶ ἡγούμενοι[8] κατὰ τὸν Ἰούδαν· τὰ δὲ λοιπὰ σκῆπτρα[9] αὐτοῦ οὐκ ἐν μικρᾷ δόξῃ ὑπάρχουσιν, ὡς ἐπαγγειλαμένου[10] τοῦ Θεοῦ ὅτι Ἔσται τὸ σπέρμα σου ὡς οἱ ἀστέρες[11] τοῦ οὐρανοῦ. **3** Πάντες οὖν ἐδοξάσθησαν καὶ ἐμεγαλύνθησαν[12] οὐ δι' αὐτῶν ἢ τῶν ἔργων αὐτῶν ἢ τῆς δικαιοπραγίας[13] ἧς κατειργάσαντο,[14] ἀλλὰ διὰ τοῦ θελήματος αὐτοῦ. **4** καὶ ἡμεῖς οὖν, διὰ θελήματος αὐτοῦ ἐν Χριστῷ Ἰησοῦ κληθέντες, οὐ δι' ἑαυτῶν δικαιούμεθα οὐδὲ διὰ τῆς ἡμετέρας[15] σοφίας ἢ συνέσεως[16] ἢ εὐσεβείας[17] ἢ ἔργων ὧν κατειργασάμεθα[18] ἐν ὁσιότητι[19] καρδίας, ἀλλὰ διὰ τῆς πίστεως, δι' ἧς πάντας τοὺς ἀπ' αἰῶνος ὁ παντοκράτωρ[20] Θεὸς ἐδικαίωσεν· ᾧ ἔστω ἡ δόξα εἰς τοὺς αἰῶνας τῶν αἰώνων. ἀμήν.

---

[1] εἰλικρινῶς, adv, sincerely, candidly
[2] κατανοέω aor act sub 3s, noice, observe, consider
[3] μεγαλεῖος, α, ον, greatness, sublimity
[4] δωρεά, ᾶς, ἡ, gift, bounty
[5] Λευίτης, ου, ὁ, Levite
[6] λειτουργέω pres act ptcp m.p.nom., serve, minister
[7] θυσιαστήριον, ου, τό, altar
[8] ἡγέομαι pres mid ptcp m.p.nom., lead, guide
[9] σκῆπτρον, ου, τό, tribe
[10] ἐπαγγέλλομαι aor mid ptcp m.s.gen, promise, offer
[11] ἀστήρ, έρος, ὁ, star
[12] μεγαλύνω aor pass ind 3p, make large/long, make great
[13] δικαιοπραγία, ας, ἡ, righteous action
[14] κατεργάζομαι aor mid ind 3p, achieve, accomplish, do
[15] ἡμέτερος, α, ον, our
[16] σύνεσις, εως, ἡ, intelligence, acuteness, shrewdness
[17] εὐσέβεια, ας, ἡ, devoutness, piety, godliness
[18] κατεργάζομαι aor mid ind 1p, achieve, accomplish, do
[19] ὁσιότης, τητος, ἡ, devoutness, piety, holiness
[20] παντοκράτωρ, ορος, ὁ, Almighty, All-Powerful, Omnipotent

## ΚΛΗΜΕΝΤΟΣ Α

**33:1** Τί οὖν ποιήσωμεν, ἀδελφοί; ἀργήσωμεν[1] ἀπὸ τῆς ἀγαθοποιΐας[2] καὶ ἐγκαταλείπωμεν[3] τὴν ἀγάπην; μηθαμῶς[4] τοῦτο ἐάσαι[5] ὁ δεσπότης[6] ἐφ᾽ ἡμῖν γε[7] γενηθῆναι, ἀλλὰ σπεύσωμεν[8] μετὰ ἐκτενείας[9] καὶ προθυμίας[10] πᾶν ἔργον ἀγαθὸν ἐπιτελεῖν.[11] **2** αὐτὸς γὰρ ὁ δημιουργὸς[12] καὶ δεσπότης[13] τῶν ἁπάντων ἐπὶ τοῖς ἔργοις αὐτοῦ ἀγαλλιᾶται.[14] **3** τῷ γὰρ παμμεγεθεστάτῳ[15] αὐτοῦ κράτει[16] οὐρανοὺς ἐστήρισεν[17] καὶ τῇ ἀκαταλήπτῳ[18] αὐτοῦ συνέσει[19] διεκόσμησεν[20] αὐτούς· γῆν τε διεχώρισεν[21] ἀπὸ τοῦ περιέχοντος[22] αὐτὴν ὕδατος καὶ ἥδρασεν[23] ἐπὶ τὸν ἀσφαλῆ[24] τοῦ ἰδίου βουλήματος[25] θεμέλιον·[26] τά τε ἐν αὐτῇ ζῷα[27] φοιτῶντα[28] τῇ ἑαυτοῦ διατάξει[29] ἐκέλευσεν[30] εἶναι· θάλασσαν καὶ τὰ ἐν αὐτῇ

---

[1] ἀργέω aor act sub 1p, slack off, become idle
[2] ἀγαθοποιΐα, ας, ἡ, doing good
[3] ἐγκαταλείπω pres act sub 1p, leave, forsake, abandon, desert
[4] μηδαμῶς, adv, by no means, certainly not, no
[5] ἐάω aor act opt 3s, let, permit
[6] δεσπότης, ου, ὁ, lord, master
[7] γέ, part, at least, even, indeed
[8] σπεύδω aor act sub 1p, hurry, hasten
[9] ἐκτένεια, ας, ἡ, perseverance, earnestness
[10] προθυμία, ας, ἡ, willingness, readiness, goodwill
[11] ἐπιτελέω pres act inf, end, finish, complete, accomplish
[12] δημιουργός, οῦ, ὁ, craftsworker, builder, maker, creator
[13] δεσπότης, ου, ὁ, lord, master
[14] ἀγαλλιάω pres mid ind 3s, exult, be glad, overjoyed
[15] πραμμεγέθης, ες, immense
[16] κράτος, ους, τό, might
[17] στηρίζω aor act ind 3s, set up, establish, support
[18] ἀκατάληπτος, ον, incomprehensible
[19] σύνεσις, εως, ἡ, intelligence, acuteness, shrewdness
[20] διακοσμέω aor act ind 3s, set in order, regulate
[21] διαχωρίζω aor act ind 3s, separate
[22] περιέχω pres act ptcp n.s.gen., surround, encircle
[23] ἑδράζω aor act ind 3s, establish, fix, settle
[24] ἀσφαλής, ές, firm, certain, safe, secure
[25] βούλημα, ατος, τό, intention
[26] θεμέλιος, ου, ὁ, foundation
[27] ζῷον, ου, τό, animal, living thing/being
[28] φοιτάω pres act ptcp n.p.acc., go back and forth, move about
[29] διάταξις, εως, ἡ, command
[30] κελεύω aor act ind 3s, command, order, urge

ζῶα¹ προδημιουργήσας² ἐνέκλεισεν³ τῇ ἑαυτοῦ δυνάμει. **4** ἐπὶ πᾶσι τὸ ἐξοχώτατον⁴ καὶ παμμέγεθες⁵ κατὰ διάνοιαν,⁶ ἄνθρωπον ταῖς ἱεραῖς⁷ καὶ ἀμώμοις⁸ χερσὶν ἔπλασεν⁹ τῆς ἑαυτοῦ εἰκόνος¹⁰ χαρακτῆρα.¹¹ **5** οὕτως γάρ φησιν ὁ Θεός· Ποιήσωμεν ἄνθρωπον κατ' εἰκόνα¹² καὶ καθ' ὁμοίωσιν¹³ ἡμετέραν.¹⁴ καὶ ἐποίησεν ὁ Θεὸς τὸν ἄνθρωπον, ἄρσεν¹⁵ καὶ θῆλυ¹⁶ ἐποίησεν αὐτούς. **6** Ταῦτα οὖν πάντα τελειώσας¹⁷ ἐπῄνεσεν¹⁸ αὐτὰ καὶ ηὐλόγησεν καὶ εἶπεν· Αὐξάνεσθε¹⁹ καὶ πληθύνεσθε.²⁰ **7** Εἴδομεν ὅτι ἐν ἔργοις ἀγαθοῖς πάντες ἐκοσμήθησαν²¹ οἱ δίκαιοι· καὶ αὐτὸς οὖν ὁ Κύριος ἔργοις ἑαυτὸν κοσμήσας²² ἐχάρη. **8** ἔχοντες οὖν τοῦτον τὸν ὑπογραμμὸν²³ ἀόκνως²⁴ προσέλθωμεν τῷ θελήματι αὐτοῦ· ἐξ ὅλης τῆς ἰσχύος²⁵ ἡμῶν ἐργασώμεθα ἔργον δικαιοσύνης.

---

¹ ζῷον, ου, τό, animal, living thing/being
² προετοιμάζω aor act ptcp m.s.nom., prepare beforehand
³ ἐγκλείω aor act ind 3s, lock up, shut up, enclose
⁴ ἔξοχος, ον, prominent
⁵ παμμεγέθης, ες, immense
⁶ διάνοια, ας, ἡ, understanding, intelligence, mind
⁷ ἱερός, ά, όν, holy, holy thing
⁸ ἄμωμος, ον, unblemished
⁹ πλάσσω aor act ind 3s, form, mold, shape
¹⁰ εἰκών, όνος, ἡ, likeness, portrait, living image
¹¹ χαρακτήρ, ῆρος, ὁ, impress, reproduction, representation, trademark
¹² εἰκών, όνος, ἡ, likeness, portrait
¹³ ὁμοίωσις, εως, ἡ, likeness, resemblance
¹⁴ ἡμέτερος, α, ον, our
¹⁵ ἄρσην, εν, ενος, male
¹⁶ θῆλυς, εια, υ, female
¹⁷ τελειόω aor act ptcp m.s.nom., complete, bring to an end, finish
¹⁸ ἐπαινέω aor act ind 3s, praise
¹⁹ αὐξάνω pres mid impv 2p, increase, grow
²⁰ πληθύνω pres mid impv 2p, multiply
²¹ κοσμέω aor pass ind 3p, adorn, decorate
²² κοσμέω aor act ptcp m.s.nom., adorn, decorate
²³ ὑπογραμμός, οῦ, ὁ, example
²⁴ ἀόκνως, adv, without hesitation
²⁵ ἰσχύς, ύος, ἡ, strength, power, might

**34:1** Ὁ ἀγαθὸς ἐργάτης¹ μετὰ παρρησίας λαμβάνει τὸν ἄρτον τοῦ ἔργου αὐτοῦ, ὁ νωθρὸς² καὶ παρειμένος³ οὐκ ἀντοφθαλμεῖ⁴ τῷ ἐργοπαρέκτῃ⁵ αὐτοῦ. **2** δέον οὖν ἐστὶν προθύμους⁶ ἡμᾶς εἶναι εἰς ἀγαθοποιΐαν·⁷ ἐξ αὐτοῦ γάρ ἐστιν τὰ πάντα. **3** προλέγει⁸ γὰρ ἡμῖν· Ἰδοὺ ὁ Κύριος, καὶ ὁ μισθὸς⁹ αὐτοῦ πρὸ προσώπου αὐτοῦ, ἀποδοῦναι ἑκάστῳ κατὰ τὸ ἔργον αὐτοῦ. **4** Προτρέπεται¹⁰ οὖν ἡμᾶς πιστεύοντας ἐξ ὅλης τῆς καρδίας ἐπ' αὐτῷ μὴ ἀργοὺς¹¹ μηδὲ παρειμένους¹² εἶναι ἐπὶ πᾶν ἔργον ἀγαθόν. **5** τὸ καύχημα¹³ ἡμῶν καὶ ἡ παρρησία ἔστω ἐν αὐτῷ· ὑποτασσώμεθα τῷ θελήματι αὐτοῦ· κατανοήσωμεν¹⁴ τὸ πᾶν πλῆθος τῶν ἀγγέλων αὐτοῦ, πῶς τῷ θελήματι αὐτοῦ λειτουργοῦσιν¹⁵ παρεστῶτες. **6** λέγει γὰρ ἡ γραφή· Μύριαι¹⁶ μυριάδες¹⁷ παρειστήκεισαν αὐτῷ, καὶ χίλιαι¹⁸ χιλιάδες¹⁹ ἐλειτούργουν²⁰ αὐτῷ, καὶ ἐκέκραγον· Ἅγιος, ἅγιος, ἅγιος Κύριος Σαβαώθ,²¹ πλήρης²² πᾶσα ἡ κτίσις²³ τῆς δόξης αὐτοῦ. **7** Καὶ ἡμεῖς οὖν, ἐν ὁμονοίᾳ²⁴ ἐπὶ τὸ αὐτὸ συναχθέντες τῇ

---

¹ ἐργάτης, ου, ὁ, worker, laborer
² νωθρός, ά, όν, lazy, sluggish
³ παρίημι pef mid ptcp m.s.nom., neglect, careless, indolent
⁴ ἀντοφθαλμέω pres act ind 3s, look directly
⁵ ἐργοπαρέκτης, ου, ὁ, employer
⁶ πρόθυμος, ον, ready, willing, eager
⁷ ἀγαθοποιΐα, ας, ἡ, doing good
⁸ προλέγω pres act ind 3s, tell beforehand/in advance
⁹ μισθός, οῦ, ὁ, pay, wages
¹⁰ προτρέπω pres mid ind 3s, urge, encourage, impel
¹¹ ἀργός, ή, όν, unemployed, idle, lazy
¹² παρίημι perf mid ptcp m.p.acc., neglect, careless, indolent
¹³ καύχημα, ατος, τό, boast
¹⁴ κατανοέω aor act sub 1p, notice, observe, consider
¹⁵ λειτουργέω pres act ind 3p, serve, minister
¹⁶ μυρίος, α, ον, innumerable, countless
¹⁷ μυριάς, άδος, ἡ, 10,000, myriad
¹⁸ χίλιοι, αι, α, a thousand
¹⁹ χιλιάς, άδος, ἡ, a thousand
²⁰ λειτουργέω imp act ind 3p, serve, minister
²¹ σαβαώθ, Sabaoth, Lord of Hosts
²² πλήρης, ες, filled, full
²³ κτίσις, εως, ἡ, creation, created
²⁴ ὁμόνοια, ας, ἡ, oneness of mind, unanimity, concord, harmony

συνειδήσει, ὡς ἐξ ἑνὸς στόματος βοήσωμεν¹ πρὸς αὐτὸν ἐκτενῶς² εἰς τὸ μετόχους³ ἡμᾶς γενέσθαι τῶν μεγάλων καὶ ἐνδόξων⁴ ἐπαγγελιῶν αὐτοῦ. **8** λέγει γάρ· Ὀφθαλμὸς οὐκ εἶδεν καὶ οὖς οὐκ ἤκουσεν, καὶ ἐπὶ καρδίαν ἀνθρώπου οὐκ ἀνέβη, ὅσα ἡτοίμασεν τοῖς ὑπομένουσιν⁵ αὐτόν.

**35:1** Ὡς μακάρια καὶ θαυμαστὰ⁶ τὰ δῶρα⁷ τοῦ Θεοῦ, ἀγαπητοί. **2** ζωὴ ἐν ἀθανασίᾳ,⁸ λαμπρότης⁹ ἐν δικαιοσύνῃ, ἀλήθεια ἐν παρρησίᾳ, πίστις ἐν πεποιθήσει,¹⁰ ἐγκράτεια¹¹ ἐν ἁγιασμῷ·¹² καὶ ταῦτα ὑπέπιπτεν¹³ πάντα ὑπὸ τὴν διάνοιαν¹⁴ ἡμῶν. **3** τίνα οὖν ἄρα ἐστὶν τὰ ἑτοιμαζόμενα τοῖς ὑπομένουσιν;¹⁵ ὁ δημιουργὸς¹⁶ καὶ πατὴρ τῶν αἰώνων ὁ πανάγιος¹⁷ αὐτὸς γινώσκει τὴν ποσότητα¹⁸ καὶ τὴν καλλονὴν¹⁹ αὐτῶν. **4** ἡμεῖς οὖν ἀγωνισώμεθα²⁰ εὑρεθῆναι ἐν τῷ ἀριθμῷ²¹ τῶν ὑπομενόντων²² αὐτόν, ὅπως μεταλάβωμεν²³ τῶν

---

[1] βοάω aor act sub 1p, call, shout, cry out
[2] ἐκτενῶς, adv, eagerly, fervently, constantly
[3] μέτοχος, ον, sharing/participating in, partner, companion
[4] ἔνδοξος, ον, honored, distinguished, eminent, glorious, splendid
[5] ὑπομένω pres act ptcp m.p.dat., wait for
[6] θαυμαστός, ή, όν, wonderful, marvelous, remarkable
[7] δῶρον, ου, τό, gift, present
[8] ἀθανασία, ας, ἡ, immortality
[9] λαμπρότης, ητος, ἡ, shining, distinction, brilliance
[10] πεποίθησις, εως, ἡ, confidence, trust
[11] ἐγκράτεια, είας, ἡ, self-control
[12] ἁγιασμός, οῦ, ὁ, holiness, consecration, sanctification
[13] ὑποπίπτω imp act ind 3s, fall down before, fall under/within
[14] διάνοια, ας, ἡ, understanding, intelligence, mind
[15] ὑπομένω pres act ptcp m.p.dat., wait for, remain/stay (behind), endure
[16] δημιουργός, οῦ, ὁ, craftsworker, builder, maker, creator
[17] πανάγιος, ον, all-holy
[18] ποσότης, ητος, ἡ, quantity, amount
[19] καλλονή, ῆς, ἡ, beauty
[20] ἀγωνίζομαι aor mid sub 1p, engage in a contest, fight, struggle
[21] ἀριθμός, οῦ, ὁ, number
[22] ὑπομένω pres act ptcp m.p.gen., wait for, remain/stay (behind), endure
[23] μεταλαμβάνω aor act sub 1p, have a share in

# ΚΛΗΜΕΝΤΟΣ Α

ἐπηγγελμένων[1] δωρεῶν.[2] **5** πῶς δὲ ἔσται τοῦτο, ἀγαπητοί; ἐὰν ἐστηριγμένη[3] ᾖ ἡ διάνοια[4] ἡμῶν διὰ πίστεως πρὸς τὸν Θεόν· ἐὰν ἐκζητῶμεν[5] τὰ εὐάρεστα[6] καὶ εὐπρόσδεκτα[7] αὐτῷ· ἐὰν ἐπιτελέσωμεν[8] τὰ ἀνήκοντα[9] τῇ ἀμώμῳ[10] βουλήσει[11] αὐτοῦ καὶ ἀκολουθήσωμεν τῇ ὁδῷ τῆς ἀληθείας, ἀπορρίψαντες[12] ἀφ᾽ ἑαυτῶν πᾶσαν ἀδικίαν[13] καὶ ἀνομίαν,[14] πλεονεξίαν,[15] ἔρεις,[16] κακοηθείας[17] τε καὶ δόλους,[18] ψιθυρισμούς[19] τε καὶ καταλαλιάς,[20] θεοστυγίαν,[21] ὑπερηφανίαν[22] τε καὶ ἀλαζονείαν,[23] κενοδοξίαν[24] τε καὶ ἀφιλοξενίαν.[25] **6** ταῦτα γὰρ οἱ πράσσοντες στυγητοὶ[26] τῷ Θεῷ ὑπάρχουσιν· οὐ μόνον δὲ οἱ πράσσοντες αὐτά, ἀλλὰ καὶ οἱ συνευδοκοῦντες[27] αὐτοῖς. **7** λέγει γὰρ ἡ γραφή· Τῷ δὲ ἁμαρτωλῷ

---

[1] ἐπαγγέλλομαι perf mid ptcp f.p.gen., promise, offer
[2] δωρεά, ᾶς, ἡ, gift, bounty
[3] στηρίζω perf pass ptcp f.s.nom., set up, establish, support
[4] διάνοια, ας, ἡ, understanding, intelligence, mind
[5] ἐκζητέω pres act sub 1p, seek out, search for
[6] εὐάρεστος, ον, pleasing, acceptable
[7] εὐπρόσδεκτος, ον, acceptable
[8] ἐπιτελέω aor act sub 1p, end, finish, complete
[9] ἀνήκω pres act ptcp n.p.acc., refer, relate, belong
[10] ἄμωμος, ον, unblemished, blameless
[11] βούλησις, εως, ἡ, will
[12] ἀπορρίπτω aor act ptcp m.p.nom., throw away, drive/scare away
[13] ἀδικία, ας, ἡ, wrongdoing, unrighteousness, injustice
[14] ἀνομία, ας, ἡ, lawlessness
[15] πλεονεξία, ας, ἡ, greediness, insatiableness, avarice, covetousness
[16] ἔρις, ιδος, ἡ, strife, discord, contention
[17] κακοήθεια, ας, ἡ, meanspiritedness, malice, malignity, craftiness
[18] δόλος, ου, ὁ, deceit, cunning, treachery
[19] ψιθυρισμός, οῦ, ὁ, (secret) gossip, tale-bearing
[20] καταλαλιά, ᾶς, ἡ, evil speech, slander, defamation, detraction
[21] θεοστυγία, ας, ἡ, hatred/enmity toward God
[22] ὑπερηφανία, ας, ἡ, arrogance, haughtiness, pride
[23] ἀλαζονεία, ας, ἡ, pretension, arrogance
[24] κενοδοξία, ας, ἡ, vanity, conceit, excessive ambition
[25] ἀφιλοξενία, ας, ἡ, inhospitality
[26] στυγητός, ή, όν, loathsome, despicable
[27] συνευδοκέω pres act ptcp m.p.nom., agree with, approve of, consent to

## ΚΛΗΜΕΝΤΟΣ Α

εἶπεν ὁ Θεός· "Ἵνα τί σὺ διηγῇ¹ τὰ δικαιώματά² μου καὶ ἀναλαμβάνεις³ τὴν διαθήκην μου ἐπὶ στόματός σου; **8** σὺ δὲ ἐμίσησας παιδείαν⁴ καὶ ἐξέβαλλες τοὺς λόγους μου εἰς τὰ ὀπίσω. εἰ ἐθεώρεις κλέπτην,⁵ συνέτρεχες⁶ αὐτῷ, καὶ μετὰ μοιχῶν⁷ τὴν μερίδα⁸ σου ἐτίθεις. τὸ στόμα σου ἐπλεόνασεν⁹ κακίαν,¹⁰ καὶ ἡ γλῶσσά σου περιέπλεκεν¹¹ δολιότητα.¹² καθήμενος κατὰ τοῦ ἀδελφοῦ σου κατελάλεις,¹³ καὶ κατὰ τοῦ υἱοῦ τῆς μητρός σου ἐτίθεις σκάνδαλον.¹⁴ **9** ταῦτα ἐποίησας, καὶ ἐσίγησα.¹⁵ ὑπέλαβες,¹⁶ ἄνομε,¹⁷ ὅτι ἔσομαί σοι ὅμοιος. **10** ἐλέγξω¹⁸ σε καὶ παραστήσω σε κατὰ πρόσωπόν σου. **11** σύνετε¹⁹ δὴ²⁰ ταῦτα, οἱ ἐπιλανθανόμενοι²¹ τοῦ Θεοῦ, μήποτε²² ἁρπάσῃ²³ ὡς λέων,²⁴ καὶ μὴ ᾖ ὁ ῥυόμενος.²⁵ **12** θυσία²⁶ αἰνέσεως²⁷ δοξάσει με, καὶ ἐκεῖ ὁδὸς ᾗ δείξω αὐτῷ τὸ σωτήριον²⁸ τοῦ Θεοῦ.

---

¹ διηγέομαι pres mid ind 2s, tell, relate, describe
² δικαίωμα, ατος, τό, regulation, requirement, commandment
³ ἀναλαμβάνω pres act ind 2s, take up
⁴ παιδεία, ας, ἡ, instruction, discipline, correction
⁵ κλέπτης, ου, ὁ, thief
⁶ συντρέχω imp act ind 2s, run together, go with, agree with
⁷ μοιχός, οῦ, ὁ, adulterer
⁸ μερίς, ίδος, ἡ, part, share, portion
⁹ πλεονάζω aor act ind 3s, bring forth in abundance, increase
¹⁰ κακία, ας, ἡ, baseness, depravity, wickedness
¹¹ περιπλέκω imp act ind 3s, weave/twine around
¹² δολιότης, ητος, ἡ, deceit
¹³ καταλαλέω imp act ind 2s, speak degradingly of, speak evil of, defame, slander
¹⁴ σκάνδαλον, ου, τό, trap, block
¹⁵ σιγάω aor act ind 1s, be silent, say nothing, keep still
¹⁶ ὑπολαμβάνω aor act ind 2s, think, believe, be of the opinion (that)
¹⁷ ἄνομος, ον, lawless, unrighteous
¹⁸ ἐλέγχω fut act ind 1s, bring light, expose, set forth, reprove, correct
¹⁹ συνίημι, aor act impv 2p, understand, comprehend
²⁰ δή, part, indeed, then, now
²¹ ἐπιλανθάνομαι pres mid ptcp m.p.nom., forget
²² μήποτε, adv, never
²³ ἁρπάζω aor act sub 3s, steal, seize, carry off, drag away
²⁴ λέων, οντος, ὁ, lion
²⁵ ῥύομαι pres mid ptcp m.s.nom., save, rescue, deliver, preserve
²⁶ θυσία, ας, ἡ, sacrifice, offering
²⁷ αἴνεσις, εως, ἡ, praise
²⁸ σωτήριον, ου, τό, salvation

**36:1** Αὕτη ἡ ὁδός, ἀγαπητοί, ἐν ᾗ εὕρομεν τὸ σωτήριον¹ ἡμῶν, Ἰησοῦν Χριστόν, τὸν ἀρχιερέα τῶν προσφορῶν² ἡμῶν, τὸν προστάτην³ καὶ βοηθὸν⁴ τῆς ἀσθενείας⁵ ἡμῶν. **2** διὰ τούτου ἀτενίσωμεν⁶ εἰς τὰ ὕψη⁷ τῶν οὐρανῶν· διὰ τούτου ἐνοπτριζόμεθα⁸ τὴν ἄμωμον⁹ καὶ ὑπερτάτην¹⁰ ὄψιν¹¹ αὐτοῦ· διὰ τούτου ἠνεῴχθησαν ἡμῶν οἱ ὀφθαλμοὶ τῆς καρδίας· διὰ τούτου ἡ ἀσύνετος¹² καὶ ἐσκοτωμένη¹³ διάνοια¹⁴ ἡμῶν ἀναθάλλει¹⁵ εἰς τὸ φῶς· διὰ τούτου ἠθέλησεν ὁ δεσπότης¹⁶ τῆς ἀθανάτου¹⁷ γνώσεως¹⁸ ἡμᾶς γεύσασθαι·¹⁹ ὃς ὢν ἀπαύγασμα²⁰ τῆς μεγαλωσύνης²¹ αὐτοῦ τοσούτῳ²² μείζων ἐστὶν ἀγγέλων, ὅσῳ διαφορώτερον²³ ὄνομα κεκληρονόμηκεν.²⁴ **3** γέγραπται γὰρ οὕτως· Ὁ ποιῶν τοὺς ἀγγέλους αὐτοῦ πνεύματα καὶ τοὺς λειτουργοὺς²⁵ αὐτοῦ πυρὸς φλόγα.²⁶ **4** Ἐπὶ δὲ τῷ υἱῷ αὐτοῦ οὕτως εἶπεν ὁ δεσπότης·²⁷ Υἱός μου εἶ σύ, ἐγὼ σήμερον γεγέννηκά σε· αἴτησαι παρ᾿ ἐμοῦ, καὶ

---

¹ σωτήριον, ου, τό, salvation
² προσφορά, ᾶς, ἡ, sacrificing, offering
³ προστάτης, ου, ὁ, defender, guardian, benefactor
⁴ βοηθός, όν, helper
⁵ ἀσθένεια, ας, ἡ, sickness, disease, weakness
⁶ ἀτενίζω aor act sub 1p, look intently at, stare at
⁷ ὕψος, ους, τό, height
⁸ ἐνοπτρίζομαι pres mid ind 1p, see (as) in a mirror
⁹ ἄμωμος, ον, unblemished, blameless
¹⁰ ὑπέρτατος, η, ον, uppermost, loftiest, supreme
¹¹ ὄψις, εως, ἡ, seeing, sight, outward appearance, aspect
¹² ἀσύνετος, ον, senseless, foolish
¹³ σκοτόω perf pass ptcp f.s.nom., be darkened, darkened in mind
¹⁴ διάνοια, ας, ἡ, understanding, intelligence, mind
¹⁵ ἀναθάλλω pres act ind 3s, grow up again, bloom again
¹⁶ δεσπότης, ου, ὁ, lord, master
¹⁷ ἀθάνατος, ον, immortal
¹⁸ γνῶσις, εως, ἡ, knowledge
¹⁹ γεύομαι aor mid inf, taste, partake of
²⁰ ἀπαύγασμα, ατος, τό, radiance, effulgence
²¹ μεγαλωσύνη, ης, ἡ, majesty
²² τοσοῦτος, αύτη, οῦτον, so many, so much, so great
²³ διάφορος, ον, different, outstanding, excellent
²⁴ κληρονομέω perf act ind 3s, inherit, acquire, obtain
²⁵ λετουργός, οῦ, ὁ, servant, minister
²⁶ φλόξ, φλογός, ἡ, flame
²⁷ δεσπότης, ου, ὁ, lord, master

δώσω σοι ἔθνη τὴν κληρονομίαν[1] σου, καὶ τὴν κατάσχεσίν[2] σου τὰ πέρατα[3] τῆς γῆς. **5** καὶ πάλιν λέγει πρὸς αὐτόν· Κάθου ἐκ δεξιῶν μου, ἕως ἂν θῶ τοὺς ἐχθρούς σου ὑποπόδιον[4] τῶν ποδῶν σου. **6** Τίνες οὖν οἱ ἐχθροί; οἱ φαῦλοι[5] καὶ ἀντιτασσόμενοι[6] τῷ θελήματι αὐτοῦ.

**37:1** Στρατευσώμεθα[7] οὖν, ἄνδρες ἀδελφοί, μετὰ πάσης ἐκτενείας[8] ἐν τοῖς ἀμώμοις[9] προστάγμασιν[10] αὐτοῦ. **2** κατανοήσωμεν[11] τοὺς στρατευομένους[12] τοῖς ἡγουμένοις[13] ἡμῶν, πῶς εὐτάκτως,[14] πῶς εἰκτικῶς,[15] πῶς ὑποτεταγμένως[16] ἐπιτελοῦσιν[17] τὰ διατασσόμενα.[18] **3** οὐ πάντες εἰσὶν ἔπαρχοι[19] οὐδὲ χιλίαρχοι[20] οὐδὲ ἑκατόνταρχοι[21] οὐδὲ πεντηκόνταρχοι[22] οὐδὲ τὸ καθεξῆς,[23] ἀλλ' ἕκαστος ἐν τῷ ἰδίῳ τάγματι[24] τὰ

---

[1] κληρονομία, ας, ἡ, inheritance
[2] κατάσχεσις, εως, ἡ, possession, taking into possession
[3] πέρας, ατος, τό, end, limit, boundary
[4] ὑποπόδιον, ου, τό, footstool
[5] φαῦλος, η, ον, base, ordinary
[6] ἀντιτάσσω pres mid ptcp m.p.nom., oppose, resist
[7] στρατεύω aor mid sub 1p, serve in the army
[8] ἐκτένεια, ας, ἡ, perseverance, earnestness
[9] ἄμωμος, ον, unblemished
[10] πρόσταγμα, ατος, τό, order, command(ment), injunction
[11] καταννοέω aor act sub 1p, notice, observe, consider, contemplate
[12] στρατεύω pres mid ptcp m.p.acc., serve in the army
[13] ἡγέομαι pres mid ptcp m.p.dat., lead, guide
[14] εὐτάκτως, adv, in good order
[15] εἰκτικῶς, adv, readily yielding
[16] ὑποτεταγμένως, adv, submissively
[17] ἐπιτελέω pres act ind 3s, complete, accomplish, fulfill
[18] διατάσσω pres pass ptcp n.p.acc., order, make arrangements
[19] ἔπαρχος, ου, ὁ, prefect, commanding officer
[20] χιλίαρχος, ου, ὁ, military tribune
[21] ἑκατόνταρχης, ου, ὁ, centurion, captain
[22] πεντηκόνταρχος, ου, ὁ, company commander
[23] καθεξῆς, adv, in order, one after the other
[24] τάγμα, ατος, τό, division, group, class

ἐπιτασσόμενα[1] ὑπὸ τοῦ βασιλέως καὶ τῶν ἡγουμένων[2] ἐπιτελεῖ.[3] 4 οἱ μεγάλοι δίχα[4] τῶν μικρῶν οὐ δύνανται εἶναι, οὔτε οἱ μικροὶ δίχα [5]τῶν μεγάλων· σύγκρασίς[6] τίς ἐστιν ἐν πᾶσιν, καὶ ἐν τούτοις χρῆσις.[7] 5 λάβωμεν τὸ σῶμα ἡμῶν· ἡ κεφαλὴ δίχα[8] τῶν ποδῶν οὐδέν ἐστιν, οὕτως οὐδὲ οἱ πόδες δίχα[9] τῆς κεφαλῆς· τὰ δὲ ἐλάχιστα[10] μέλη τοῦ σώματος ἡμῶν ἀναγκαῖα[11] καὶ εὔχρηστά[12] εἰσιν ὅλῳ τῷ σώματι· ἀλλὰ πάντα συνπνεῖ[13] καὶ ὑποταγῇ[14] μιᾷ χρῆται[15] εἰς τὸ σῴζεσθαι ὅλον τὸ σῶμα.

**38:1** Σῳζέσθω οὖν ἡμῶν ὅλον τὸ σῶμα ἐν Χριστῷ Ἰησοῦ, καὶ ὑποτασσέσθω ἕκαστος τῷ πλησίον[16] αὐτοῦ, καθὼς καὶ ἐτέθη ἐν τῷ χαρίσματι[17] αὐτοῦ. **2** ὁ ἰσχυρὸς[18] μὴ ἀτημελείτω[19] τὸν ἀσθενῆ,[20] ὁ δὲ ἀσθενὴς[21] ἐντρεπέσθω[22] τὸν ἰσχυρόν·[23] ὁ πλούσιος[24] ἐπιχορηγείτω[25] τῷ πτωχῷ, ὁ δὲ πτωχὸς εὐχαριστείτω τῷ Θεῷ, ὅτι ἔδωκεν αὐτῷ δι' οὗ ἀναπληρωθῇ[26] αὐτοῦ τὸ ὑστέρημα.[27] ὁ σοφὸς[28]

---

[1] ἐπιτάσσω pres pass ptcp n.p.acc., order, command
[2] ἡγέομαι pres mid ptcp m.p.gen., lead, guide
[3] ἐπιτελέω pres act ind 3s, complete, accomplish, perform, bring about
[4] δίχα, adv, apart from, without
[5] δίχα, adv, apart from, without
[6] σύγκρασις, εως, ἡ, assemblage, combination
[7] χρῆσις, εως, ἡ, usefulness, function
[8] δίχα, adv, apart from, without
[9] δίχα, adv, apart from, without
[10] ἐλάχιστος, ίστη, ον, insignificant, trivial
[11] ἀναγκαῖος, α, ον, necessary
[12] εὔχρηστος, ον, useful, beneficial, serviceable
[13] συμπνέω pres act ind 3s, agree, coincide, coalesce
[14] ὑποταγή, ῆς, ἡ, subjection, subordination
[15] χράομαι pres mid ind 3s, make use of, employ
[16] πλησίον, α, ον neighbor
[17] χάρισμα, ατος, τό, gift, favor bestowed
[18] ἰσχυρός, ά, όν strong
[19] ἀτημελέω pres act impv 3s, neglect
[20] ἀσθενής, ές, weak, sick, ill
[21] ἀσθενής, ές, weak, sick, ill
[22] ἐντρέπω pres mid impv 3s, respect
[23] ἰσχυρός, ά, όν, strong
[24] πλούσιος, ία, ιον, rich, wealthy
[25] ἐπιχορηγέω pres act impv 3s, support
[26] ἀναπληρόω aor pass sub 3s, made complete, fulfilled
[27] ὑστέρημα, ατος, τό, need, want deficiency
[28] σοφός, ή, όν, wise

ἐνδεικνύσθω¹ τὴν σοφίαν αὐτοῦ μὴ ἐν λόγοις ἀλλ' ἐν ἔργοις ἀγαθοῖς· ὁ ταπεινοφρονῶν² μὴ ἑαυτῷ μαρτυρείτω, ἀλλ' ἐάτω³ ὑφ' ἑτέρου ἑαυτὸν μαρτυρεῖσθαι· ὁ ἁγνὸς⁴ ἐν τῇ σαρκὶ ἤτω καὶ μὴ ἀλαζονευέσθω,⁵ γινώσκων ὅτι ἕτερός ἐστιν ὁ ἐπιχορηγῶν⁶ αὐτῷ τὴν ἐγκράτειαν. 3 Ἀναλογισώμεθα⁷ οὖν, ἀδελφοί, ἐκ ποίας ὕλης⁸ ἐγενήθημεν, ποῖοι καὶ τίνες εἰσήλθαμεν εἰς τὸν κόσμον· ἐκ ποίου τάφου⁹ καὶ σκότους ὁ πλάσας¹⁰ ἡμᾶς καὶ δημιουργήσας¹¹ εἰσήγαγεν¹² εἰς τὸν κόσμον αὐτοῦ, προετοιμάσας¹³ τὰς εὐεργεσίας¹⁴ αὐτοῦ πρὶν¹⁵ ἡμᾶς γεννηθῆναι.

**39:1** Ἄφρονες¹⁶ καὶ ἀσύνετοι¹⁷ καὶ μωροὶ¹⁸ καὶ ἀπαίδευτοι¹⁹ χλευάζουσιν²⁰ ἡμᾶς καὶ μυκτηρίζουσιν,²¹ ἑαυτοὺς βουλόμενοι ἐπαίρεσθαι²² ταῖς διανοίαις²³ αὐτῶν. **2** τί γὰρ δύναται θνητός;²⁴ ἢ

---

[1] ἐνδείκνυμι pres mid impv 3s, show, demonstrate
[2] ταπεινοφρονέω pres act ptcp m.s.nom, be humble, modest, unassuming
[3] ἐάω pres act impv 3s, let go, leave alone, permit
[4] ἁγνός, ή, όν, pure
[5] ἀλαζονεύομαι pres mid impv 3s, boast
[6] ἐπιχορηγέω pres act ptcp m.s.nom., give, grant
[7] ἀναλογίζομαι aor act sub 1p, consider
[8] ὕλη, ης, ἡ, material, matter, stuff
[9] τάφος, ου, ὁ, grave, tomb
[10] πλάσσω aor act ptcp m.s.nom., shape, form, make
[11] δημιουρέω aor act ptcp m.s.nom., create
[12] εἰσάγω aor act ind 3s, bring or lead in/into
[13] προετοιμάζω aor act ptcp m.s.nom., prepare beforehand
[14] εὐεργεσία, ας, ἡ, good deed, benefit, a kindness
[15] πρίν, prep, before
[16] ἄφρων, ον, ονος, foolish, ignorant
[17] ἀσύνετος, ον, senseless, foolish
[18] μωρός, ά, όν, stupid, ignorant, foolish
[19] ἀπαίδευτος, ον, uninstructed, uneducated
[20] χλευάζω pres act ind 3p, mock, sneer, scoff
[21] μυκτηρίζω pres act ind 3p, treat with contempt, turn up the nose at
[22] ἐπαίρω pres mid inf, lift up, hold up, be presumptuous, put on airs
[23] διάνοια, ας, ἡ, mind, understanding, intelligence
[24] θνητός, ή, όν, mortal

## ΚΛΗΜΕΝΤΟΣ Α

τίς ἰσχὺς¹ γηγενούς;² 3 γέγραπται γάρ· Οὐκ ἦν μορφὴ³ πρὸ ὀφθαλμῶν μου, ἀλλ' ἢ αὔραν⁴ καὶ φωνὴν ἤκουον· 4 Τί γάρ; μὴ καθαρὸς⁵ ἔσται βροτὸς⁶ ἔναντι⁷ Κυρίου; ἢ ἀπὸ τῶν ἔργων αὐτοῦ ἄμεμπτος⁸ ἀνήρ, εἰ κατὰ παίδων⁹ αὐτοῦ οὐ πιστεύει, κατὰ δὲ ἀγγέλων αὐτοῦ σκολιόν¹⁰ τι ἐπενόησεν;¹¹ 5 οὐρανὸς δὲ οὐ καθαρὸς¹² ἐνώπιον αὐτοῦ· ἔα¹³ δέ, οἱ κατοικοῦντες οἰκίας πηλίνας,¹⁴ ἐξ ὧν καὶ αὐτοὶ ἐκ τοῦ αὐτοῦ πηλοῦ¹⁵ ἐσμέν. ἔπαισεν¹⁶ αὐτοὺς σητὸς¹⁷ τρόπον,¹⁸ καὶ ἀπὸ πρωΐθεν¹⁹ ἕως ἑσπέρας²⁰ οὐκ ἔτι εἰσίν· παρὰ τὸ μὴ δύνασθαι αὐτοὺς ἑαυτοῖς βοηθῆσαι²¹ ἀπώλοντο. 6 ἐνεφύσησεν²² αὐτοῖς καὶ ἐτελεύτησαν,²³ παρὰ τὸ μὴ ἔχειν αὐτοὺς σοφίαν. 7 ἐπικάλεσαι δέ, εἴ τίς σοι ὑπακούσεται,²⁴ ἢ εἴ τινα ἁγίων ἀγγέλων ὄψη· καὶ γὰρ ἄφρονα²⁵ ἀναιρεῖ²⁶ ὀργή, πεπλανημένον δὲ θανατοῖ²⁷ ζῆλος.²⁸ 8 ἐγὼ δὲ ἑώρακα ἄφρονας²⁹ ῥίζας³⁰ βάλοντας, ἀλλ' εὐθέως ἐβρώθη³¹ αὐτῶν ἡ δίαιτα.³²

---

[1] ἰσχύς, ύος, ἡ, strength, power, might
[2] γηγενής, ές, earth-born
[3] μορφή, ῆς, ἡ, form, outward appearance, shape
[4] αὔρα, ας, ἡ, breeze, breath
[5] καθαρός, ά, όν, clean, pure
[6] βροτός, ή, όν, mortal
[7] ἔναντι, adv, before
[8] ἄμεμπτος, ον, blameless, faultless
[9] παῖς, παιδός, ὁ, ἡ, slave, servant
[10] σκολιός, ά, όν, wrong, crooked
[11] ἐπινοέω aor act ind 3s, take notice
[12] καθαρός, ά, όν, clean, pure
[13] ἔα, intj, let alone
[14] πήλινος, η, ον, made of clay
[15] πηλός, οῦ, ὁ, clay
[16] παίω aor act ind 3s, strike
[17] σής, σητός, ὁ, moth
[18] τρόπος, ου, ὁ, manner, in the same way
[19] πρωΐθεν, adv, morning
[20] ἑσπέρα, ας, ἡ, evening
[21] βοηθέω aor act inf, help, come to the aid
[22] ἐμφυσάω aor act ind 3s, breath on
[23] τελευτάω aor act ind 3p, die, come to an end
[24] ὑπακούω fut mid ind 3s, obey, follow, be subject to
[25] ἄφρων, ον, ονος, foolish, ignorant
[26] ἀναιρέω pres act ind 3s, do away with, destroy
[27] θανατόω pres act ind 3s, put to death, kill
[28] ζῆλος, ου, ὁ, jealousy, envy
[29] ἄφρων, ον, ονος, fools, foolish
[30] ῥίζα, ης, ἡ, root
[31] βιβρώσκω aor pass ind 3s, eat, consume
[32] δίαιτα, ης, ἡ, food, diet, habitation, dwelling-place

**9** πόρρω¹ γένοιντο οἱ υἱοὶ αὐτῶν ἀπὸ σωτηρίας· κολαβρισθείησαν² ἐπὶ θύραις ἡσσόνων,³ καὶ οὐκ ἔσται ὁ ἐξαιρούμενος.⁴ ἃ γὰρ ἐκείνοις ἡτοίμασται, δίκαιοι ἔδονται· αὐτοὶ δὲ ἐκ κακῶν οὐκ ἐξαίρετοι⁵ ἔσονται.

**40:1** Προδήλων⁶ οὖν ἡμῖν ὄντων τούτων καὶ ἐγκεκυφότες⁷ εἰς τὰ βάθη⁸ τῆς θείας⁹ γνώσεως,¹⁰ πάντα τάξει¹¹ ποιεῖν ὀφείλομεν ὅσα ὁ δεσπότης¹² ἐπιτελεῖν¹³ ἐκέλευσεν¹⁴ κατὰ καιροὺς τεταγ-μένους.¹⁵ **2** τάς τε προσφορὰς¹⁶ καὶ λειτουργίας¹⁷ ἐπιμελῶς¹⁸ ἐπιτελεῖσθαι,¹⁹ καὶ οὐκ εἰκῇ²⁰ ἢ ἀτάκτως²¹ ἐκέλευσεν²² γίνεσθαι, ἀλλ' ὡρισμένοις²³ καιροῖς καὶ ὥραις· **3** ποῦ τε καὶ διὰ τίνων ἐπιτελεῖσθαι²⁴ θέλει, αὐτὸς ὥρισεν²⁵ τῇ ὑπερτάτῳ²⁶ αὐτοῦ βουλήσει,²⁷ ἵν' ὁσίως²⁸ πάντα γινόμενα ἐν εὐδοκήσει²⁹

---

[1] πόρρω, adv, far (away)
[2] κολαβρίζομαι aor pass opt 3p, be derided, mocked
[3] ἥσσων, ον, ονος, lesser, inferior, weaker
[4] ἐξαιρέω pres mid ptcp m.s.nom., set free, deliver, rescue
[5] ἐξαίρετος, ον, delivered, excepted, separated
[6] πρόδηλος, ον, clear, evident, known
[7] ἐγκύπτω perf act ptcp m.p.nom., give, attention, look closely
[8] βάθος, ους, τό, depth
[9] θεῖος, θεία, θεῖον, divine
[10] γνῶσις, εως, ἡ, knowledge
[11] τάξις, εως, ἡ, fixed succession, order
[12] δεσπότης, ου, ὁ, lord, master
[13] ἐπιτελέω pres act inf, complete, accomplish, perform, bring about
[14] κελεύω aor act ind 3s, command, order
[15] τάσσω perf mid ptcp m.p.acc., arrange, put in place
[16] προσφορά, ᾶς, ἡ, offering, sacrificing
[17] λειτουργία, ας, ἡ, service
[18] ἐπιμελῶς, adv, carefully, diligently
[19] ἐπιτελέω pres mid inf, complete, accomplish, perform, bring about
[20] εἰκῇ, adv, in a haphazard manner
[21] ἀτάκτως, adv, disorderly
[22] κελεύω aor act ind 3s, command, order, urge
[23] ὁρίζω perf mid ptcp m.p.dat., determine, appoint, fix, set
[24] ἐπιτελέω pres pass inf, complete, accomplish, perform, bring about
[25] ὁρίζω aor act ind 3s, determine, appoint, fix, set
[26] ὑπέρτατος, η, ον, uppermost, loftiest, supreme
[27] βούλησις, εως, ἡ, will
[28] ὁσίως, adv, devoutly
[29] εὐδόκησις, εως, ἡ, approval, satisfaction, good pleasure

ΚΛΗΜΕΝΤΟΣ Α

εὐπρόσδεκτα¹ εἴη τῷ θελήματι αὐτοῦ. 4 Οἱ οὖν τοῖς προστεταγμένοις² καιροῖς ποιοῦντες τὰς προσφορὰς³ αὐτῶν εὐπρόσδεκτοί⁴ τε καὶ μακάριοι· τοῖς γὰρ νομίμοις⁵ τοῦ δεσπότου⁶ ἀκολουθοῦντες οὐ διαμαρτάνουσιν.⁷ 5 τῷ γὰρ ἀρχιερεῖ ἴδιαι λειτουργίαι⁸ δεδομέναι εἰσίν, καὶ τοῖς ἱερεῦσιν ἴδιος ὁ τόπος προστέτακται,⁹ καὶ λευΐταις¹⁰ ἴδιαι διακονίαι ἐπίκεινται·¹¹ ὁ λαϊκὸς¹² ἄνθρωπος τοῖς λαϊκοῖς¹³ προστάγμασιν δέδεται.¹⁴

**41:1** Ἕκαστος ὑμῶν, ἀδελφοί, ἐν τῷ ἰδίῳ τάγματι¹⁵ εὐχαριστείτω Θεῷ ἐν ἀγαθῇ συνειδήσει ὑπάρχων, μὴ παρεκβαίνων¹⁶ τὸν ὡρισμένον¹⁷ τῆς λειτουργίας¹⁸ αὐτοῦ κανόνα,¹⁹ ἐν σεμνότητι.²⁰ **2** Οὐ πανταχοῦ,²¹ ἀδελφοί, προσφέρονται θυσίαι²² ἐνδελεχισμοῦ²³ ἢ εὐχῶν²⁴ ἢ περὶ ἁμαρτίας καὶ πλημμελείας,²⁵ ἀλλ᾽ ἢ ἐν Ἰερουσαλὴμ μόνῃ· κἀκεῖ δὲ οὐκ ἐν παντὶ τόπῳ προσφέρεται, ἀλλ᾽ ἔμπροσθεν τοῦ ναοῦ πρὸς τὸ θυσιαστήριον,²⁶ μωμοσκοπηθὲν²⁷ τὸ

---

[1] εὐπρόσδεκτος, ον, acceptable, favorable
[2] προστάσσω perf mid ptcp m.p.dat., determine, command, order, give instructions
[3] προσφορά, ᾶς, ἡ, sacrificing, offering
[4] εὐπρόσδεκτος, ον, acceptable
[5] νόμιμος, η, ον, lawful
[6] δεσπότης, ου, ὁ, lord, master
[7] διαμαρτάνω pres act ind 3p, miss the mark badly, be quite wrong
[8] λειτουργία, ας, ἡ, service
[9] προστάσσω perf pass ind 3s, determine, command, order, give instructions
[10] λευΐτης, ου, ὁ, Levite
[11] ἐπίκειμαι pres pass ind 3p, impose
[12] λαϊκός, ή, όν, layman
[13] λαϊκός, ή, όν, layman
[14] πρόσταγμα, ατος, τό, order, commandment, injunction
[15] τάγμα, ατος, τό, division, group
[16] παρεκβαίνω pres act ptcp m.s.nom., go beyond, transgress, overstep
[17] ὁρίζω perf pass ptcp m.s.acc., determine, appoint, fix, set
[18] λειτουργία, ας, ἡ, service
[19] κανών, όνος, ὁ, rule, standard
[20] σεμνότης, τητος, ἡ, dignity, seriousness, probity, holiness
[21] πανταχοῦ, adv, everywhere
[22] θυσία, ας, ἡ, sacrifice, offering
[23] ἐνδελεχισμός, οῦ, ὁ, continual
[24] εὐχή, ῆς, ἡ, freewill/votive offering
[25] πλημμέλεια, ας, ἡ, fault, error, sin, offense
[26] θυσιαστήριον, ου, τό, altar, sanctuary
[27] μωμοσκοπέομαι aor pass ptcp n.s.acc., examine for blemishes

προσφερόμενον διὰ τοῦ ἀρχιερέως καὶ τῶν προειρημένων[1] λειτουργῶν.[2] **3** οἱ οὖν παρὰ τὸ καθῆκον[3] τῆς βουλήσεως[4] αὐτοῦ ποιοῦντές τι θάνατον τὸ πρόστιμον[5] ἔχουσιν. **4** Ὁρᾶτε, ἀδελφοί, ὅσῳ πλείονος κατηξιώθημεν[6] γνώσεως,[7] τοσούτῳ[8] μᾶλλον ὑποκείμεθα[9] κινδύνῳ.[10]

**42:1** Οἱ ἀπόστολοι ἡμῖν εὐηγγελίσθησαν ἀπὸ τοῦ Κυρίου Ἰησοῦ Χριστοῦ, Ἰησοῦς ὁ Χριστὸς ἀπὸ τοῦ Θεοῦ ἐξεπέμφθη.[11] **2** ὁ Χριστὸς οὖν ἀπὸ τοῦ Θεοῦ, καὶ οἱ ἀπόστολοι ἀπὸ τοῦ Χριστοῦ· ἐγένοντο οὖν ἀμφότερα[12] εὐτάκτως[13] ἐκ θελήματος Θεοῦ. **3** παραγγελίας[14] οὖν λαβόντες καὶ πληροφορηθέντες[15] διὰ τῆς ἀναστάσεως τοῦ Κυρίου ἡμῶν Ἰησοῦ Χριστοῦ καὶ πιστωθέντες[16] ἐν τῷ λόγῳ τοῦ Θεοῦ μετὰ πληροφορίας[17] πνεύματος ἁγίου ἐξῆλθον, εὐαγγελιζόμενοι τὴν βασιλείαν τοῦ Θεοῦ μέλλειν ἔρχεσθαι. **4** κατὰ χώρας[18] οὖν καὶ πόλεις κηρύσσοντες καθίστανον[19] τὰς ἀπαρχὰς[20] αὐτῶν, δοκιμάσαντες[21] τῷ πνεύματι,

---

[1] προλέγω perf mid ptcp m.p.gen., tell beforehand, in advance
[2] λειτουργός, οῦ, ὁ, servant, minister
[3] καθήκω pres act ptcp n.s.acc., proper, fitting
[4] βούλησις, εως, ἡ, will
[5] πρόστιμον, ου, τό, penalty
[6] καταξιόω aor pass ind 1p, consider worthy
[7] γνῶσις, εως, ἡ, knowledge
[8] τοσοῦτος, αύτη, οῦτον, so many, so much
[9] ὑπόκειμαι pres mid ind 1p, be exposed to
[10] κίνδυνος, ου, ὁ, danger, risk
[11] ἐκπέμπω aor pass ind 3s, send out
[12] ἀμφότεροι, αι, α, both
[13] εὐτάκτως, adv, in good order
[14] παραγγελία, ας, ἡ, order, command
[15] πληροφορέω aor pass ptcp m.p.nom., convince fully
[16] πιστόω aor pass ptcp m.p.nom., show oneself faithful, feel confidence, be convinced
[17] πληροφορία, ας, ἡ, full assurance, certainty
[18] χώρα, ας, ἡ, district, region, country
[19] καθιστάνω imp act ind 3p, appoint, put in charge
[20] ἀπαρχή, ῆς, ἡ, first fruits
[21] δοκιμάζω aor act ptcp m.p.nom., test, examine

## ΚΛΗΜΕΝΤΟΣ Α

εἰς ἐπισκόπους[1] καὶ διακόνους[2] τῶν μελλόντων πιστεύειν. **5** καὶ τοῦτο οὐ καινῶς,[3] ἐκ γὰρ δὴ[4] πολλῶν χρόνων ἐγέγραπτο περὶ ἐπισκόπων[5] καὶ διακόνων·[6] οὕτως γάρ που[7] λέγει ἡ γραφή· Καταστήσω[8] τοὺς ἐπισκόπους[9] αὐτῶν ἐν δικαιοσύνῃ καὶ τοὺς διακόνους[10] αὐτῶν ἐν πίστει.

**43:1** Καὶ τί θαυμαστόν[11] εἰ οἱ ἐν Χριστῷ πιστευθέντες παρὰ Θεοῦ ἔργον τοιοῦτο κατέστησαν[12] τοὺς προειρημένους;[13] ὅπου καὶ ὁ μακάριος πιστὸς θεράπων[14] ἐν ὅλῳ τῷ οἴκῳ Μωϋσῆς τὰ διατεταγμένα[15] αὐτῷ πάντα ἐσημειώσατο[16] ἐν ταῖς ἱεραῖς[17] βίβλοις,[18] ᾧ καὶ ἐπηκολούθησαν[19] οἱ λοιποὶ προφῆται συνεπιμαρτυροῦντες[20] τοῖς ὑπ᾽ αὐτοῦ νενομοθετημένοις.[21] **2** ἐκεῖνος γάρ, ζήλου[22] ἐμπεσόντος[23] περὶ τῆς ἱερωσύνης[24] καὶ στασιαζουσῶν[25] τῶν φυλῶν ὁποία[26] αὐτῶν εἴη τῷ ἐνδόξῳ[27] ὀνόματι

---

[1] ἐπίσκοπος, ου, ὁ, overseer, supervisor
[2] διάκονος, ου, ὁ, ἡ, assistant, deacon
[3] καινῶς, adv, new
[4] δή, adv, indeed
[5] ἐπίσκοπος, ου, ὁ, overseer, supervisor
[6] διάκονος, ου, ὁ, ἡ, assistant, deacon
[7] πού, adv, somewhere
[8] καθίστημι fut act ind 1s, appoint, put in charge
[9] ἐπίσκοπος, ου, ὁ, overseer, supervisor
[10] διάκονος, ου, ὁ, ἡ, assistant, deacon
[11] θαυμαστός, ή, όν, wonderful, marvelous, remarkable
[12] καθίστημι aor act ind 3p, appoint, put in charge
[13] προλέγω aor mid ptcp m.p.acc., state beforehand/earlier
[14] θεράπων, οντος, ὁ, attendant, aide, servant
[15] διατάσσω perf mid ptcp n.p.acc., make arrangements, order
[16] σημειόω aor mid ind 3s, note down, write, mark
[17] ἱερός, ά, όν, holy
[18] βίβλος, ου, ἡ, book
[19] ἐπακολουθέω aor act ind 3p, follow
[20] συνεπιμαρτυρέω pres act ptcp m.p.nom., testify at the same time
[21] νομοθετέω perf mid ptcp n.p.dat., legislate, ordain, found by law
[22] ζῆλος, ου, ὁ, jealousy, zeal
[23] ἐμπίπτω aor act ptcp m.s.gen., set in, arise
[24] ἱερωσύνη, ης, ἡ, priestly office, priesthood
[25] στασιάζω pres act ptcp f.p.gen., rebel
[26] ὁποῖος, οία, οῖον, of what sort, as
[27] ἔνδοξος, ον, honored, distinguished, eminent

κεκοσμημένη,¹ ἐκέλευσεν² τοὺς δώδεκα φυλάρχους³ προσενεγκεῖν αὐτῷ ῥάβδους⁴ ἐπιγεγραμμένας⁵ ἑκάστης φυλῆς κατ' ὄνομα· καὶ λαβὼν αὐτὰς ἔδησεν καὶ ἐσφράγισεν⁶ τοῖς δακτυλίοις⁷ τῶν φυλάρχων,⁸ καὶ ἀπέθετο⁹ αὐτὰς εἰς τὴν σκηνὴν¹⁰ τοῦ μαρτυρίου¹¹ ἐπὶ τὴν τράπεζαν¹² τοῦ Θεοῦ· 3 καὶ κλείσας¹³ τὴν σκηνὴν¹⁴ ἐσφράγισεν¹⁵ τὰς κλεῖδας¹⁶ ὡσαύτως¹⁷ καὶ τὰς θύρας, 4 καὶ εἶπεν αὐτοῖς, Ἄνδρες ἀδελφοί, ἧς ἂν φυλῆς ἡ ῥάβδος¹⁸ βλαστήσῃ,¹⁹ ταύτην ἐκλέλεκται²⁰ ὁ Θεὸς εἰς τὸ ἱερατεύειν²¹ καὶ λειτουργεῖν²² αὐτῷ. 5 πρωΐας²³ δὲ γενομένης συνεκάλεσεν²⁴ πάντα τὸν Ἰσραήλ, τὰς ἑξακοσίας²⁵ χιλιάδας²⁶ τῶν ἀνδρῶν, καὶ ἐπεδείξατο²⁷ τοῖς φυλάρχοις²⁸ τὰς σφραγῖδας²⁹ καὶ ἤνοιξεν τὴν σκηνὴν³⁰ τοῦ μαρτυρίου³¹ καὶ προεῖλεν³² τὰς ῥάβδους·³³ καὶ

---

[1] κοσμέω perf pass ptcp f.s.nom., adorn, decorate
[2] κελεύω aor act ind 3s, command, order, urge
[3] φύλαρχος, ου, ὁ, head of a tribe
[4] ῥάβδος, ου, ἡ, rod, staff, stick
[5] ἐπιγράφω perf mid ptcp f.p.acc., write on/in, inscribe
[6] σφραγίζω aor act ind 3s, seal
[7] δακτύλιος, ου, ὁ, ring
[8] φύλαρχος, ου, ὁ, head of a tribe
[9] ἀποτίθημι aor mid ind 3s, take off, lay aside, put away, lay down
[10] σκηνή, ῆς, ἡ, tent, hut
[11] μαρτύριον, ου, τό, testimony, proof
[12] τράπεζα, ης, ἡ, table
[13] κλείω aor act ptcp m.s.nom., shut, lock, bar
[14] σκηνή, ῆς, ἡ, tent, hut
[15] σφραγίζω aor act ind 3s, seal
[16] κλείς, κλειδός, ἡ, key
[17] ὡσαύτως, adv, in the same way, similarly, likewise
[18] ῥάβδος, ου, ἡ, staff, stick, rod
[19] βλαστάνω aor act sub 3s, grow, bud, sprout
[20] ἐκλέγομαι perf mid ind 3s, choose
[21] ἱερατεύω pres act inf, perform the service of a priest
[22] λειτουργέω pres act inf, serve, render service
[23] πρωΐα, ας, ἡ, morning
[24] συγκαλέω aor act ind 3s, summon
[25] ἑξακόσιοι, αι, α, six hundred
[26] χιλιάς, άδος, ἡ, a thousand
[27] ἐπιδείκνυμι aor mid ind 3s, show, point out
[28] φύλαρχος, ου, ὁ, head of a tribe
[29] σφραγίς, ῖδος, ἡ, seal, signet
[30] σκηνή, ῆς, ἡ, tent, hut
[31] μαρτύριον, ου, τό, testimony, proof
[32] προαιρέω aor act ind 3s, bring, take out
[33] ῥάβδος, ου, ἡ, staff, rod, stick

εὑρέθη ἡ ῥάβδος[1] Ἀαρὼν[2] οὐ μόνον βεβλαστηκυῖα,[3] ἀλλὰ καὶ καρπὸν ἔχουσα. **6** τί δοκεῖτε, ἀγαπητοί; οὐ προῄδει[4] Μωϋσῆς τοῦτο μέλλειν ἔσεσθαι; μάλιστα[5] ᾔδει· ἀλλ᾿ ἵνα μὴ ἀκαταστασία[6] γένηται ἐν τῷ Ἰσραήλ, οὕτως ἐποίησεν, εἰς τὸ δοξασθῆναι τὸ ὄνομα τοῦ ἀληθινοῦ[7] καὶ μόνου Κυρίου· ᾧ ἡ δόξα εἰς τοὺς αἰῶνας τῶν αἰώνων. ἀμήν.

**44:1** Καὶ οἱ ἀπόστολοι ἡμῶν ἔγνωσαν διὰ τοῦ Κυρίου ἡμῶν Ἰησοῦ Χριστοῦ ὅτι ἔρις[8] ἔσται ἐπὶ τοῦ ὀνόματος τῆς ἐπισκοπῆς.[9] **2** Διὰ ταύτην οὖν τὴν αἰτίαν[10] πρόγνωσιν[11] εἰληφότες τελείαν[12] κατέστησαν[13] τοὺς προειρημένους[14] καὶ μεταξὺ[15] ἐπιμονὴν[16] δεδώκασιν ὅπως, ἐὰν κοιμηθῶσιν,[17] διαδέξωνται[18] ἕτεροι δεδοκιμασμένοι[19] ἄνδρες τὴν λειτουργίαν[20] αὐτῶν. **3** Τοὺς οὖν κατασταθέντας[21] ὑπ᾿ ἐκείνων ἢ μεταξὺ[22] ὑφ᾿ ἑτέρων ἐλλογίμων[23] ἀνδρῶν συνευδοκησάσης[24] τῆς ἐκκλησίας πάσης, καὶ

---

[1] ῥάβδος, ου, ἡ, staff, rod, stick
[2] Ἀαρών, ὁ, Aaron
[3] βλαστάνω perf act ptcp f.s.nom., grow, bud, sprout
[4] πρόοιδα plupf act ind 3s, know beforehand/previously
[5] μάλιστα, adv, certainly
[6] ἀκαταστασία, ας, ἡ, disturbance, tumult, disorder, unruliness
[7] ἀληθινός, ή, όν, true, trustworthy
[8] ἔρις, ιδος, ἡ, strife, discord, contention
[9] ἐπισκοπή, ῆς, ἡ, overseer, supervision
[10] αἰτία, ας, ἡ, reason, cause
[11] πρόγνωσις, εως, ἡ, foreknowledge
[12] τέλειος, α, ον, complete, perfect
[13] καθίστημι aor act ind 3p, appoint
[14] προλέγω aor mid ptcp m.p.acc., tell beforehand/in advance
[15] μεταξύ, impr prep, afterward, next
[16] ἐπίμονος, ον, lasting
[17] κοιμάω aor pass sub 3p, sleep, fall asleep
[18] διαδέχομαι perf mid ptcp m.p.nom., succeed to, receive in turn
[19] δοκιμάζω perf mid ptcp m.p.nom., test, examine, approve
[20] λειτουργία, ας, ἡ, service, minister
[21] καθίστημι aor pass ptcp m.p.acc., appoint, put in charge
[22] μεταξύ, impr prep, afterward, next
[23] ἐλλόγιμος, ον, reputable, eminent
[24] συνευδοκέω aor act ptcp f.s.gen., consent to, sympathize with

λειτουργήσαντας¹ ἀμέμπτως² τῷ ποιμνίῳ³ τοῦ Χριστοῦ μετὰ ταπεινοφροσύνης, ἡσύχως,⁴ καὶ ἀβαναύσως,⁵ μεμαρτυρημένους τε πολλοῖς χρόνοις ὑπὸ πάντων, τούτους οὐ δικαίως⁶ νομίζομεν⁷ ἀποβάλλεσθαι⁸ τῆς λειτουργίας.⁹ **4** ἁμαρτία γὰρ οὐ μικρὰ ἡμῖν ἔσται, ἐὰν τοὺς ἀμέμπτως¹⁰ καὶ ὁσίως¹¹ προσενεγκόντας τὰ δῶρα¹² τῆς ἐπισκοπῆς¹³ ἀποβάλωμεν.¹⁴ **5** μακάριοι οἱ προοδοιπορήσαντες¹⁵ πρεσβύτεροι, οἵτινες ἔγκαρπον¹⁶ καὶ τελείαν¹⁷ ἔσχον τὴν ἀνάλυσιν·¹⁸ οὐ γὰρ εὐλαβοῦνται¹⁹ μή τις αὐτοὺς μεταστήσῃ²⁰ ἀπὸ τοῦ ἱδρυμένου²¹ αὐτοῖς τόπου. **6** ὁρῶμεν γὰρ ὅτι ἐνίους²² ὑμεῖς μετηγάγετε²³ καλῶς πολιτευομένους²⁴ ἐκ τῆς ἀμέμπτως²⁵ αὐτοῖς τετιμημένης²⁶ λειτουργίας.²⁷

---

¹ λειτουργέω aor act ptcp m.p.acc., serve, minister
² ἀμέμπτως, adv, blamelessly
³ ποίμνιον, ου, τό, flock
⁴ ἡσύχως, adv, quietly
⁵ ἀβαναύσως, unselfishly, nobly
⁶ δικαίως, adv, justly, in an upright manner
⁷ νομίζω pres act ind 1p, think, believe, hold, consider
⁸ ἀποβάλλω pres mid inf, remove, depose
⁹ λειτουργία, ας, ἡ, service, ministry
¹⁰ ἀμέμπτως, adv, blamelessly
¹¹ ὁσίως, adv, devoutly, holiness
¹² δῶρον, ου, τό, gift, present
¹³ ἐπισκοπή, ῆς, ἡ, overseer, supervision
¹⁴ ἀποβάλλω aor act sub 1p, remove, depose
¹⁵ προοδοιπορέω aor act ptcp m.p.nom., die before now
¹⁶ ἔγκαρπος, ον, fruitful
¹⁷ τέλειος, α, ον, perfect, complete
¹⁸ ἀνάλυσις, εως, ἡ, departure
¹⁹ εὐλαβέομαι pres mid ind 3p, reverence, respect
²⁰ μεθίστημι aor act sub 3s, remove
²¹ ἱδρύω perf mid ptcp m.s.gen., be seated, sit, be established
²² ἔνιοι, αι, α, some, several
²³ μετάγω aor act ind 2p, move, remove
²⁴ πολιτεύομαι pres mid ptcp m.p.acc., live, lead one's life
²⁵ ἀμέμπτως, adv, blamelessly
²⁶ τιμάω perf pass ptcp f.s.gen., honor, revere
²⁷ λειτουργία, ας, ἡ, service, minister

**45:1** Φιλόνεικοί[1] ἐστε, ἀδελφοί, καὶ ζηλωταὶ[2] περὶ τῶν ἀνηκόντων[3] εἰς σωτηρίαν. **2** ἐνκεκύφατε[4] εἰς τὰς γραφάς, τὰς ἀληθεῖς,[5] τὰς διὰ τοῦ πνεύματος τοῦ ἁγίου. **3** ἐπίστασθε[6] ὅτι οὐδὲν ἄδικον[7] οὐδὲ παραπεποιημένον[8] γέγραπται ἐν αὐταῖς. οὐχ εὑρήσετε δικαίους ἀποβεβλημένους[9] ἀπὸ ὁσίων[10] ἀνδρῶν. **4** ἐδιώχθησαν δίκαιοι, ἀλλ' ὑπὸ ἀνόμων·[11] ἐφυλακίσθησαν,[12] ἀλλ' ὑπὸ ἀνοσίων·[13] ἐλιθάσθησαν[14] ὑπὸ παρανόμων·[15] ἀπεκτάνθησαν ὑπὸ τῶν μιαρὸν[16] καὶ ἄδικον[17] ζῆλον[18] ἀνειληφότων.[19] **5** ταῦτα πάσχοντες εὐκλεῶς[20] ἤνεγκαν. **6** Τί γὰρ εἴπωμεν, ἀδελφοί; Δανιὴλ[21] ὑπὸ τῶν φοβουμένων τὸν Θεὸν ἐβλήθη εἰς λάκκον[22] λεόντων;[23] **7** ἢ Ἀνανίας[24] καὶ Ἀζαρίας[25] καὶ Μισαὴλ[26] ὑπὸ τῶν θρησκευόντων[27] τὴν μεγαλοπρεπῆ[28] καὶ ἔνδοξον[29] θρησκείαν[30] τοῦ

---

[1] φιλόνεικος, ον, quarrelsome, contentious
[2] ζηλωτής, οῦ, ὁ, enthusiast, adherent, loyalist
[3] ἀνήκω pres act ptcp n.p.gen., refer, relate, belong
[4] ἐγκύπτω perf act ind 2p, examine, search
[5] ἀληθής, ές, truthful, righteous, honest, true
[6] ἐπίσταμαι pres mid ind 2p, understand, know, be acquainted with
[7] ἄδικος, ον, unjust, crooked
[8] παραποιέω perf pass ptcp n.s.nom., imitate, falsify, counterfeit
[9] ἀποβάλλω perf pass ptcp m.p.acc., throw away, reject
[10] ὅσιος, ία, ον, devout, pious, holy
[11] ἄνομος, ον, lawless
[12] φυλακίζω aor pass ind 3p, take into custody, imprison
[13] ἀνόσιος, ον, unholy
[14] λιθάζω aor pass ind 3p, stone
[15] παράνομος, ον, lawless (person), transgressor
[16] μιαρός, ά, όν, abominable, wretched, foul, depraved, wanton
[17] ἄδικος, ον, unjust, crooked
[18] ζῆλος, ου, ὁ, jealousy, zeal
[19] ἀναλαμβάνω perf act ptcp m.p.gen., take up, take to one's self, adopt
[20] εὐκλεῶς, adv, gloriously
[21] Δανιήλ, ὁ, Daniel
[22] λάκκος, ου, ὁ, pit, den
[23] λέων, οντος, ὁ, lion
[24] Ἀνανίας, ου, ὁ, Ananias
[25] Ἀζαρίας, ου, ὁ, Azariah
[26] Μισαήλ, ὁ, Mishael
[27] θρησκεύω pres act ptcp m.p.gen., worship
[28] μεγαλοπρεπής, ές, magnificent, sublime, majestic, impressive
[29] ἔνδοξος, ον, honored, distinguished, eminent
[30] θρησκεία, ας, ἡ, worship

## ΚΛΗΜΕΝΤΟΣ Α

ὑψίστου[1] κατείρχθησαν[2] εἰς κάμινον[3] πυρός; μηθαμῶς[4] τοῦτο γένοιτο. Τίνες οὖν οἱ ταῦτα δράσαντες;[5] οἱ στυγητοὶ[6] καὶ πάσης κακίας[7] πλήρεις[8] εἰς τοσοῦτο[9] ἐξήρισαν[10] θυμοῦ[11] ὥστε τοὺς ἐν ὁσίᾳ[12] καὶ ἀμώμῳ[13] προθέσει[14] δουλεύοντας[15] τῷ Θεῷ εἰς αἰκίαν[16] περιβαλεῖν,[17] μὴ εἰδότες ὅτι ὁ ὕψιστος[18] ὑπέρμαχος[19] καὶ ὑπερασπιστής[20] ἐστιν τῶν ἐν καθαρᾷ[21] συνειδήσει λατρευόντων[22] τῷ παναρέτῳ[23] ὀνόματι αὐτοῦ· ᾧ ἡ δόξα εἰς τοὺς αἰῶνας τῶν αἰώνων. ἀμήν. **8** οἱ δὲ ὑπομένοντες[24] ἐν πεποιθήσει[25] δόξαν καὶ τιμὴν ἐκληρονόμησαν,[26] ἐπήρθησάν[27] τε καὶ ἔγγραφοι[28] ἐγένοντο ἀπὸ τοῦ Θεοῦ ἐν τῷ μνημοσύνῳ[29] αὐτῶν εἰς τοὺς αἰῶνας τῶν αἰώνων. ἀμήν.

---

[1] ὕψιστος, η, ον, Most High
[2] κατείργω aor pass ind 3p, shut up, enclose
[3] κάμινος, ου, ἡ, oven, furnace
[4] μηδαμῶς, adv, by no means, certainly not, no
[5] δράω aor act ptcp m.p.nom., do, accomplish
[6] στυγητός, ή, όν, loathsome, despicable
[7] κακία, ας, ἡ, baseness, depravity, wickedness, vice
[8] πλήρης, ες, filled, full
[9] τοσοῦτος, αύτη, οῦτον, so many, so much, so great
[10] ἐξερίζω aor act ind 3p, be factious, contentious
[11] θυμός, οῦ, ὁ, passion, passionate, longing, wrath, rage, indignation
[12] ὅσιος, ία, ον, devout, pious, pleasing to God, holy
[13] ἄμωμος, ον, unblemished, blameless
[14] πρόθεσις, εως, ἡ, plan, purpose, resolve, will
[15] δουλεύω pres act ptcp m.p.acc., serve
[16] αἰκία, ίας, ἡ, mistreatment, torture
[17] περιβάλλω aor act inf, lay, put around, put on
[18] ὕψιστος, η, ον, Most High
[19] ὑπέρμαχος, ου, ὁ, champion, defender
[20] ὑπερασπιστής, οῦ, ὁ, protector
[21] καθαρός, ά, όν, clean, pure
[22] λατρεύω pres act ptcp m.p.gen., serve, minister
[23] πανάρετος, ον, most excellent
[24] ὑπομένω pres act ptcp m.p.nom., endure, hold up
[25] πεποίθησις, εως, ἡ, confidence, trust
[26] κληρονομέω aor act ind 3p, inherit
[27] ἐπαίρω aor pass ind 3s, lift up, hold up
[28] ἔγγραφος, ον, recorded
[29] μνημόσυνον, ου, τό, memory, memorial offering

**46:1** Τοιούτοις οὖν ὑποδείγμασιν¹ κολληθῆναι² καὶ ἡμᾶς δεῖ, ἀδελφοί. **2** γέγραπται γάρ· Κολλᾶσθε³ τοῖς ἁγίοις, ὅτι οἱ κολλώμενοι⁴ αὐτοῖς ἁγιασθήσονται.⁵ **3** καὶ πάλιν ἐν ἑτέρῳ τόπῳ λέγει· Μετὰ ἀνδρὸς ἀθῴου⁶ ἀθῷος⁷ ἔσῃ, καὶ μετὰ ἐκλεκτοῦ⁸ ἐκλεκτὸς⁹ ἔσῃ, καὶ μετὰ στρεβλοῦ¹⁰ διαστρέψεις.¹¹ **4** κολληθῶμεν¹² οὖν τοῖς ἀθῴοις¹³ καὶ δικαίοις· εἰσὶν δὲ οὗτοι ἐκλεκτοὶ¹⁴ τοῦ Θεοῦ. **5** Ἵνα τί ἔρεις¹⁵ καὶ θυμοὶ¹⁶ καὶ διχοστασίαι¹⁷ καὶ σχίσματα¹⁸ πόλεμός¹⁹ τε ἐν ὑμῖν; **6** ἢ οὐχὶ ἕνα Θεὸν ἔχομεν καὶ ἕνα Χριστὸν καὶ ἓν πνεῦμα τῆς χάριτος τὸ ἐκχυθὲν²⁰ ἐφ᾽ ἡμᾶς, καὶ μία κλῆσις²¹ ἐν Χριστῷ; **7** ἵνα τί διέλκομεν²² καὶ διασπῶμεν²³ τὰ μέλη τοῦ Χριστοῦ, καὶ στασιάζομεν²⁴ πρὸς τὸ σῶμα τὸ ἴδιον, καὶ εἰς τοσαύτην²⁵ ἀπόνοιαν²⁶ ἐρχόμεθα ὥστε ἐπιλαθέσθαι²⁷ ἡμᾶς ὅτι μέλη ἐσμὲν

---

[1] ὑπόδειγμα, ατος, τό, example, model, pattern
[2] κολλάω aor pass inf, bind together, unite, follow
[3] κολλάω pres mid impv 2p, bind together, unite, follow
[4] κολλάω pres mid ptcp m.p.nom., bind together, unite, follow
[5] ἁγιάζω fut pass ind 3p, consecrate, sanctify
[6] ἀθῷος, ον, innocent
[7] ἀθῷος, ον, innocent
[8] ἐκλεκτός, ή, όν, chosen, elect
[9] ἐκλεκτός, ή, όν, chosen, elect
[10] στρεβλός, ή, όν, crooked, perverse
[11] διαστρέφω fut act ind 2s, deform, crooked, pervert
[12] κολλάω aor pass sub 1p, bind closely, unite
[13] ἀθῷος, ον, innocent
[14] ἐκλεκτός, ή, όν, chosen, elect
[15] ἔρις, ιδος, ἡ, strife, discord, contention
[16] θυμός, οῦ, ὁ, anger, wrath, rage, indignation
[17] διχοστασία, ας, ἡ, dissension
[18] σχίσμα, ατος, τό, division, dissension, schism
[19] πόλεμος, ου, ὁ, conflict, quarrel
[20] ἐκχύννω aor pass ptcp n.s.acc., pour out
[21] κλῆσις, εως, ἡ, calling, invitation
[22] διέλκω pres act ind 1p, rend, tear apart
[23] διασπάω pres act sub 1p, tear apart, tear up
[24] στασιάζω pres act ind 1p, rebel
[25] τοσοῦτος, αύτη, οῦτον, so many, so much, so great
[26] ἀπόνοια, ας, ἡ, madness, frenzy
[27] ἐπιλανθάνομαι aor mid inf, forget

ἀλλήλων; μνήσθητε[1] τῶν λόγων Ἰησοῦ τοῦ Κυρίου ἡμῶν, **8** εἶπεν γάρ· Οὐαὶ τῷ ἀνθρώπῳ ἐκείνῳ· καλὸν ἦν αὐτῷ εἰ οὐκ ἐγεννήθη, ἢ ἕνα τῶν ἐκλεκτῶν[2] μου σκανδαλίσαι·[3] κρεῖττον[4] ἦν αὐτῷ περιτεθῆναι[5] μύλον[6] καὶ καταποντισθῆναι[7] εἰς τὴν θάλασσαν, ἢ ἕνα τῶν ἐκλεκτῶν[8] μου διαστρέψαι.[9] **9** τὸ σχίσμα[10] ὑμῶν πολλοὺς διέστρεψεν,[11] πολλοὺς εἰς ἀθυμίαν[12] ἔβαλεν, πολλοὺς εἰς δισταγμόν,[13] τοὺς πάντας ἡμᾶς εἰς λύπην·[14] καὶ ἐπίμονος[15] ὑμῶν ἐστιν ἡ στάσις.[16]

**47:1** Ἀναλάβετε[17] τὴν ἐπιστολὴν τοῦ μακαρίου Παύλου τοῦ ἀποστόλου. **2** τί πρῶτον ὑμῖν ἐν ἀρχῇ τοῦ εὐαγγελίου ἔγραψεν;

**47:3** ἐπ᾽ ἀληθείας πνευματικῶς[18] ἐπέστειλεν[19] ὑμῖν περὶ αὐτοῦ τε καὶ Κηφᾶ[20] τε καὶ Ἀπολλῶ,[21] διὰ τὸ καὶ τότε προσκλίσεις[22] ὑμᾶς πεποιῆσθαι. **4** ἀλλ᾽ ἡ πρόσκλισις[23] ἐκείνη ἧττον[24] ἁμαρτίαν ὑμῖν προσήνεγκεν· προσεκλίθητε[25] γὰρ ἀποστόλοις μεμαρτυρη-

---

[1] μιμνήσκομαι aor pass impv 2p, remember, recollect, remind oneself
[2] ἐκλεκτός, ή, όν, chosen, elect
[3] σκανδαλίζω aor act inf, cause to sin, give offense to, anger, shock
[4] κρείττων, ον, ονος, higher in rank, preferable, better
[5] περιτίθημι aor pass inf, put on/around
[6] μύλος, ου, ὁ, mill, millstone
[7] καταποντίζω aor pass inf, drown
[8] ἐκλεκτός, ή, όν, chosen, elect
[9] διαστρέφω aor act inf, make crooked, pervert
[10] σχίσμα, ατος, τό, schism
[11] διαστρέφω aor act ind 3s, crooked, pervert
[12] ἀθυμία, ας, ἡ, discouragement
[13] δισταγμός, οῦ, ὁ, doubt
[14] λύπη, ης, ἡ, grief, sorrow, affliction
[15] ἐπίμονος, ον, lasting
[16] στάσις, εως, ἡ, uprising, riot, revolt, rebellion
[17] ἀναλαμβάνω aor act impv 2p, take up
[18] πνευματικῶς, in the Spirit, in keeping with the Spirit
[19] ἐπιστέλλω aor act ind 3s, inform/instruct by letter
[20] Κηφᾶς, ᾶ, ὁ, Cephas
[21] Ἀπολλῶς, ῶ, ὁ, Apollos
[22] πρόσκλισις, εως, ἡ, engage in partisan strife
[23] πρόσκλισις, εως, ἡ, engage in partisan strife
[24] ἥσσων, lesser, inferior, weaker
[25] προσκλίνω aor pass ind 2p, attach oneself to, join someone

ΚΛΗΜΕΝΤΟΣ Α

μένοις καὶ ἀνδρὶ δεδοκιμασμένῳ¹ παρ' αὐτοῖς. **5** νυνὶ² δὲ κατανοήσατε³ τίνες ὑμᾶς διέστρεψαν⁴ καὶ τὸ σεμνὸν⁵ τῆς περιβοήτου⁶ φιλαδελφίας⁷ ὑμῶν ἐμείωσαν.⁸ **6** αἰσχρά,⁹ ἀγαπητοί, καὶ λίαν¹⁰ αἰσχρὰ¹¹ καὶ ἀνάξια¹² τῆς ἐν Χριστῷ ἀγωγῆς,¹³ ἀκούεσθαι τὴν βεβαιοτάτην¹⁴ καὶ ἀρχαίαν¹⁵ Κορινθίων¹⁶ ἐκκλησίαν δι' ἓν ἢ δύο πρόσωπα στασιάζειν¹⁷ πρὸς τοὺς πρεσβυτέρους. **7** καὶ αὕτη ἡ ἀκοὴ¹⁸ οὐ μόνον εἰς ἡμᾶς ἐχώρησεν,¹⁹ ἀλλὰ καὶ εἰς τοὺς ἑτεροκλινεῖς²⁰ ὑπάρχοντας ἀφ' ἡμῶν, ὥστε καὶ βλασφημίας²¹ ἐπιφέρεσθαι²² τῷ ὀνόματι Κυρίου διὰ τὴν ὑμετέραν²³ ἀφροσύνην,²⁴ ἑαυτοῖς δὲ κίνδυνον²⁵ ἐπεξεργάζεσθαι.²⁶

---

[1] δοκιμάζω perf pass ptcp m.s.dat., test, examine, approve
[2] νυνί, adv, now
[3] κατανοέω aor act impv 2p, think about, notice
[4] διαστρέφω aor act ind 3p, crooked, pervert
[5] σεμνός, ή, όν, noble, dignified, serious
[6] περιβόητος, ον, well known, far famed, celebrated
[7] φιλαδελφία, ας, ἡ, love of brother/sister
[8] μειόω aor act ind 3p, lessen
[9] αἰσχρός, ά, όν, shameful, base
[10] λίαν, adv, very (much), exceedingly
[11] αἰσχρός, ά, όν, shameful, base
[12] ἀνάξιος, ον, unworthy
[13] ἀγωγή, ῆς, ἡ, way of life, conduct
[14] βέβαιος, α, ον, reliable
[15] ἀρχαῖος, αία, αῖον, old, ancient
[16] Κορίνθιος, ου, ὁ, Corinthian
[17] στασιάζω pres act inf, rebel
[18] ἀκοή, ῆς, ἡ, report, hearing
[19] χωρέω aor act ind 3s, reach, go, go out, away
[20] ἑτεροκλινής, ές, οῦς, inclined to, having a propensity for
[21] βλασφημία, ας, ἡ, blasphemy, reviling, denigration, slander
[22] ἐπιφέρω pres mid inf, add, bring, pronounce
[23] ὑμέτερος, α, ον, your
[24] ἀφροσύνη, ης, ἡ, foolishness, lack of sense
[25] κίνδυνος, ου, ὁ, danger, risk
[26] ἐπεξεργάζομαι pres mid inf, cause besides

## ΚΛΗΜΕΝΤΟΣ Α

**48:1** Ἐξάρωμεν¹ οὖν τοῦτο ἐν τάχει² καὶ προσπέσωμεν³ τῷ δεσπότῃ⁴ καὶ κλαύσωμεν ἱκετεύοντες⁵ αὐτόν, ὅπως ἵλεως⁶ γενόμενος ἐπικαταλλαγῇ⁷ ἡμῖν καὶ ἐπὶ τὴν σεμνὴν⁸ τῆς φιλαδελφίας⁹ ἡμῶν ἁγνὴν¹⁰ ἀγωγὴν¹¹ ἀποκαταστήσῃ¹² ἡμᾶς. **2** πύλη¹³ γὰρ δικαιοσύνης ἀνεῳγυῖα εἰς ζωὴν αὕτη, καθὼς γέγραπται· Ἀνοίξατέ μοι πύλας¹⁴ δικαιοσύνης, ἵνα εἰσελθὼν ἐν αὐταῖς ἐξομολογήσωμαι¹⁵ τῷ Κυρίῳ. **3** αὕτη ἡ πύλη¹⁶ τοῦ Κυρίου· δίκαιοι εἰσελεύσονται ἐν αὐτῇ. **4** Πολλῶν οὖν πυλῶν¹⁷ ἀνεῳγυιῶν, ἡ ἐν δικαιοσύνῃ αὕτη ἐστὶν ἡ ἐν Χριστῷ, ἐν ᾗ μακάριοι πάντες οἱ εἰσελθόντες καὶ κατευθύνοντες¹⁸ τὴν πορείαν¹⁹ αὐτῶν ἐν ὁσιότητι²⁰ καὶ δικαιοσύνῃ, ἀταράχως²¹ πάντα ἐπιτελοῦντες.²² **5** ἤτω τις πιστός, ἤτω δυνατὸς γνῶσιν²³ ἐξειπεῖν,²⁴ ἤτω σοφὸς²⁵ ἐν διακρίσει²⁶ λόγων, **6** τοσούτῳ²⁷ γὰρ μᾶλλον ταπεινοφρονεῖν²⁸

---

¹ ἐξαίρω aor act sub 1p, remove, drive away
² τάχος, ους, τό, speed, quickness, swiftness, haste
³ προσπίπτω aor act sub 1p, fall down before, at the feet of
⁴ δεσπότης, ου, ὁ, lord, master
⁵ ἱκετεύω pres act ptcp m.p.nom., supplicate, beseech
⁶ ἵλεως, ων, gracious, merciful
⁷ ἐπικαταλλάσσομαι aor pass sub 3s, be reconciled to someone
⁸ σεμνός, ή, όν, worthy of respect/honor, noble, dignified, serious
⁹ φιλαδελφία, ας, ἡ, love of brother/sister
¹⁰ ἁγνός, ή, όν, pure, holy
¹¹ ἀγωγή, ῆς, ἡ, way of life, conduct
¹² ἀποκαθίστημι aor act sub 3s, restore, reestablish, bring back, restore
¹³ πύλη, ης, ἡ, gate, door
¹⁴ πύλη, ης, ἡ, gate, door
¹⁵ ἐξομολογέω aor mid sub 1s, praise
¹⁶ πύλη, ης, ἡ, gate, door
¹⁷ πύλη, ης, ἡ, gate, door
¹⁸ κατευθύνω pres act ptcp m.p.nom., lead, direct
¹⁹ πορεία, ας, ἡ, path, trip
²⁰ ὁσιότης, τητος, ἡ, devoutness, piety, holiness
²¹ ἀταράχως, without confusion, undisturbed
²² ἐπιτελέω pres act ptcp m.p.nom., complete, accomplish, perform
²³ γνῶσις, εως, ἡ, knowledge
²⁴ ἐξεῖπον aor act inf, express, proclaim
²⁵ σοφός, ή, όν, clever, skillful, experienced
²⁶ διάκρισις, εως, ἡ, distinguishing, differentiation
²⁷ τοσοῦτος, αύτη, οῦτον, so much, so great, to such an extent
²⁸ ταπεινοφρονέω pres act inf, humble, modest, unassuming

ὀφείλει, ὅσῳ δοκεῖ μᾶλλον μείζων εἶναι, καὶ ζητεῖν τὸ κοινωφελὲς¹ πᾶσιν, καὶ μὴ τὸ ἑαυτοῦ.

**49:1** Ὁ ἔχων ἀγάπην ἐν Χριστῷ ποιησάτω τὰ τοῦ Χριστοῦ παραγγέλματα.² **2** τὸν δεσμὸν³ τῆς ἀγάπης τοῦ Θεοῦ τίς δύναται ἐξηγήσασθαι;⁴ **3** τὸ μεγαλεῖον⁵ τῆς καλλονῆς⁶ αὐτοῦ τίς ἀρκετὸς⁷ ἐξειπεῖν;⁸ **4** τὸ ὕψος⁹ εἰς ὃ ἀνάγει¹⁰ ἡ ἀγάπη ἀνεκδιήγητόν¹¹ ἐστιν. **5** ἀγάπη κολλᾷ¹² ἡμᾶς τῷ Θεῷ, ἀγάπη καλύπτει¹³ πλῆθος ἁμαρτιῶν, ἀγάπη πάντα ἀνέχεται,¹⁴ πάντα μακροθυμεῖ·¹⁵ οὐδὲν βάναυσον¹⁶ ἐν ἀγάπῃ, οὐδὲν ὑπερήφανον·¹⁷ ἀγάπη σχίσμα¹⁸ οὐκ ἔχει, ἀγάπη οὐ στασιάζει,¹⁹ ἀγάπη πάντα ποιεῖ ἐν ὁμονοίᾳ·²⁰ ἐν τῇ ἀγάπῃ ἐτελειώθησαν²¹ πάντες οἱ ἐκλεκτοὶ²² τοῦ Θεοῦ· δίχα²³ ἀγάπης οὐδὲν εὐάρεστόν²⁴ ἐστιν τῷ Θεῷ. **6** ἐν ἀγάπῃ προσελάβετο²⁵ ἡμᾶς ὁ δεσπότης·²⁶ διὰ τὴν ἀγάπην, ἣν ἔσχεν πρὸς

---

¹ κοινωφελής, ές, generally useful
² παράγγελμα, ατος, τό, order, direction, instruction, precept
³ δεσμός, οῦ, ὁ, bond, chain, imprisonment
⁴ ἐξηγέομαι aor mid inf, tell, report, describe, expound
⁵ μεγαλεῖος, α, ον, greatness, sublimity
⁶ καλλονή, ῆς, ἡ, beauty
⁷ ἀρκετός, ή, όν, enough, sufficient, adequate
⁸ ἐξεῖπον aor act inf, express, proclaim
⁹ ὕψος, ους, τό, height
¹⁰ ἀνάγω pres act ind 3s, lead, bring up
¹¹ ἀνεκδιήγητος, ον, indescribable
¹² κολλάω pres act ind 3s, bind closely, unite
¹³ καλύπτω pres act ind 3s, cover, hide, conceal
¹⁴ ἀνέχω pres mid ind 3s, endure, bear with, put up with
¹⁵ μακροθυμέω pres act ind 3s, have patience, wait
¹⁶ βάναυσος, ον, base, vulgar
¹⁷ ὑπερήφανος, ον, arrogant, haughty, proud
¹⁸ σχίσμα, ατος, τό, schism
¹⁹ στασιάζω pres act ind 3s, rebel
²⁰ ὁμόνοια, ας, ἡ, harmony, oneness of mind, unanimity, concord
²¹ τελειόω aor pass ind 3p, complete, bring to an end, finish, completion, perfection
²² ἐκλεκτός, ή, όν, elect, chosen
²³ δίχα, adv, without, apart from
²⁴ εὐάρεστος, ον, pleasing, acceptable
²⁵ προσλαμβάνω aor mid ind 3s, receive
²⁶ δεσπότης, ου, ὁ, lord, master

ΚΛΗΜΕΝΤΟΣ Α

ἡμᾶς, τὸ αἷμα αὐτοῦ ἔδωκεν ὑπὲρ ἡμῶν Ἰησοῦς Χριστὸς ὁ Κύριος ἡμῶν ἐν θελήματι Θεοῦ, καὶ τὴν σάρκα ὑπὲρ τῆς σαρκὸς ἡμῶν καὶ τὴν ψυχὴν ὑπὲρ τῶν ψυχῶν ἡμῶν.

**50:1** Ὁρᾶτε, ἀγαπητοί, πῶς μέγα καὶ θαυμαστόν[1] ἐστιν ἡ ἀγάπη, καὶ τῆς τελειότητος[2] αὐτῆς οὐκ ἔστιν ἐξήγησις.[3] **2** τίς ἱκανὸς ἐν αὐτῇ εὑρεθῆναι, εἰ μὴ οὓς ἂν καταξιώσῃ[4] ὁ Θεός; δεώμεθα[5] οὖν καὶ αἰτώμεθα ἀπὸ τοῦ ἐλέους[6] αὐτοῦ, ἵνα ἐν ἀγάπῃ εὑρεθῶμεν δίχα[7] προσκλίσεως[8] ἀνθρωπίνης[9] ἄμωμοι.[10] **3** Αἱ γενεαὶ πᾶσαι ἀπὸ Ἀδὰμ[11] ἕως τῆσδε[12] τῆς ἡμέρας παρῆλθον,[13] ἀλλ' οἱ ἐν ἀγάπῃ τελειωθέντες[14] κατὰ τὴν τοῦ Θεοῦ χάριν ἔχουσιν χῶρον[15] εὐσεβῶν·[16] οἳ φανερωθήσονται ἐν τῇ ἐπισκοπῇ[17] τῆς βασιλείας τοῦ Θεοῦ. **4** γέγραπται γάρ· Εἰσέλθετε εἰς τὰ ταμεῖα[18] μικρὸν ὅσον ὅσον, ἕως οὗ παρέλθῃ[19] ἡ ὀργὴ καὶ ὁ θυμός[20] μου, καὶ μνησθήσομαι[21] ἡμέρας ἀγαθῆς καὶ ἀναστήσω ὑμᾶς ἐκ τῶν θηκῶν[22] ὑμῶν. **5** Μακάριοί ἦμεν, ἀγαπητοί, εἰ τὰ προστάγματα[23]

---

[1] θαυμαστός, ή, όν, wonderful, marvelous, remarkable
[2] τελειότης, ητος, ἡ, perfection, completeness
[3] ἐξήγησις, εως, ἡ, narrative, description
[4] καταξιόω aor act sub 3s, consider worthy
[5] δέομαι pres mid sub 1p, ask, request
[6] ἔλεος, ους, τό, mercy, compassion, pity
[7] δίχα, adv, without, apart
[8] πρόσκλισις, εως, ἡ, partisanship, partisan strife
[9] ἀνθρώπινος, η, ον, human
[10] ἄμωμος, ον, unblemished, blameless
[11] Ἀδάμ, ὁ, Adam
[12] ὅδε, this
[13] παρέρχομαι aor act ind 3p, go by, pass by
[14] τελειόω aor pass ptcp m.p.nom., make perfect
[15] χῶρος, οῦ, ὁ, place
[16] εὐσεβής, ές, devout, godly, pious
[17] ἐπισκοπή, ῆς, ἡ, visitation
[18] ταμεῖον, ου, τό, storeroom, inner room
[19] παρέρχομαι aor act sub 3s, go by, pass by
[20] θυμός, οῦ, ὁ, anger, wrath, rage, indignation
[21] μιμνήσκομαι fut pass ind 1s, remember
[22] θήκη, ης, ἡ, grave, sheath
[23] πρόσταγμα, ατος, τό, command(ment), injunction

## ΚΛΗΜΕΝΤΟΣ Α

τοῦ Θεοῦ ἐποιοῦμεν ἐν ὁμονοίᾳ¹ ἀγάπης, εἰς τὸ ἀφεθῆναι ἡμῖν δι᾽ ἀγάπης τὰς ἁμαρτίας. **6** γέγραπται γάρ· Μακάριοι ὧν ἀφέθησαν αἱ ἀνομίαι,² καὶ ὧν ἐπεκαλύφθησαν³ αἱ ἁμαρτίαι· μακάριος ἀνὴρ οὗ οὐ μὴ λογίσηται Κύριος ἁμαρτίαν, οὐδέ ἐστιν ἐν τῷ στόματι αὐτοῦ δόλος.⁴ **7** Οὗτος ὁ μακαρισμὸς⁵ ἐγένετο ἐπὶ τοὺς ἐκλελεγμένους⁶ ὑπὸ τοῦ Θεοῦ διὰ Ἰησοῦ Χριστοῦ τοῦ Κυρίου ἡμῶν, ᾧ ἡ δόξα εἰς τοὺς αἰῶνας τῶν αἰώνων. ἀμήν.

**51:1** Ὅσα οὖν παρεπέσαμεν⁷ καὶ ἐποιήσαμεν διά τινος τῶν τοῦ ἀντικειμένου,⁸ ἀξιώσωμεν⁹ ἀφεθῆναι ἡμῖν· καὶ ἐκεῖνοι δὲ οἵτινες ἀρχηγοὶ¹⁰ στάσεως¹¹ καὶ διχοστασίας¹² ἐγενήθησαν, ὀφείλουσιν τὸ κοινὸν¹³ τῆς ἐλπίδος σκοπεῖν.¹⁴ **2** οἱ γὰρ μετὰ φόβου καὶ ἀγάπης πολιτευόμενοι¹⁵ ἑαυτοὺς θέλουσιν μᾶλλον αἰκίαις¹⁶ περιπίπτειν¹⁷ ἢ τοὺς πλησίον,¹⁸ μᾶλλον δὲ ἑαυτῶν κατάγνωσιν¹⁹ φέρουσιν ἢ τῆς παραδεδομένης ἡμῖν καλῶς καὶ δικαίως²⁰ ὁμοφωνίας.²¹ **3** καλὸν γὰρ ἀνθρώπῳ ἐξομολογεῖσθαι²² περὶ τῶν παραπτωμάτων²³ ἢ σκληρῦναι²⁴ τὴν καρδίαν αὐτοῦ, καθὼς

---

¹ ὁμόνοια, ας, ἡ, harmony, oneness of mind, unanimity, concord
² ἀνομία, ας, ἡ, lawless deeds, iniquities
³ ἐπικαλύπτω aor pass ind 3p, cover up
⁴ δόλος, ου, ὁ, deceit, cunning, treachery
⁵ μακαρισμός, οῦ, ὁ, blessing
⁶ ἐκλέγομαι perf pass ptcp m.p.acc., choose, elect
⁷ παραπίπτω aor act ind 1p, fall away
⁸ ἀντίκειμαι pres mid ptcp m.s.gen., be in opposition to
⁹ ἀξιόω aor act sub 1p, request, ask
¹⁰ ἀρχηγός, οῦ, ὁ, leader, ruler, prince
¹¹ στάσις, εως, ἡ, rebellion, revolt
¹² διχοστασία, ας, ἡ, dissension
¹³ κοινός, ή, όν, common ground
¹⁴ σκοπέω pres act inf, look (out) for, notice
¹⁵ πολιτεύομαι pres mid ptcp m.p.nom., live, lead one's life
¹⁶ αἰκία, ίας, ἡ, mistreatment, torture
¹⁷ περιπίπτω pres act inf, fall in with, fall into
¹⁸ πλησίον, α, ον, neighbor
¹⁹ κατάγνωσις, εως, ἡ, condemnation
²⁰ δικαίως, adv, righteously
²¹ ὁμοφωνία, ας, ἡ, harmony
²² ἐξομολογέω pres mid inf, confess, admit
²³ παράπτωμα, ατος, τό, offense, wrongdoing, sin
²⁴ σκληρύνω aor act inf, harden

ἐσκληρύνθη¹ ἡ καρδία τῶν στασιαζόντων² πρὸς τὸν θεράποντα³ τοῦ Θεοῦ Μωϋσῆν, ὧν τὸ κρίμα⁴ πρόδηλον⁵ ἐγενήθη. **4** κατέβησαν γὰρ εἰς ᾅδου⁶ ζῶντες, καὶ θάνατος ποιμανεῖ⁷ αὐτούς. **5** Φαραὼ⁸ καὶ ἡ στρατιὰ⁹ αὐτοῦ καὶ πάντες οἱ ἡγούμενοι¹⁰ Αἰγύπτου,¹¹ τά τε ἅρματα¹² καὶ οἱ ἀναβάται¹³ αὐτῶν, οὐ δι' ἄλλην τινὰ αἰτίαν¹⁴ ἐβυθίσθησαν¹⁵ εἰς θάλασσαν ἐρυθρὰν¹⁶ καὶ ἀπώλοντο, ἀλλὰ διὰ τὸ σκληρυνθῆναι¹⁷ αὐτῶν τὰ ἀσυνέτους¹⁸ καρδίας μετὰ τὸ γενέσθαι τὰ σημεῖα καὶ τὰ Τέρατα¹⁹ ἐν γῇ Αἰγύπτου²⁰ διὰ τοῦ θεράποντος²¹ τοῦ Θεοῦ Μωϋσέως.

**52:1** Ἀπροσδεής,²² ἀδελφοί, ὁ δεσπότης²³ ὑπάρχει τῶν ἁπάντων· οὐδὲν οὐδενὸς χρῄζει²⁴ εἰ μὴ τὸ ἐξομολογεῖσθαι²⁵ αὐτῷ. **2** φησὶν γὰρ ὁ ἐκλεκτὸς²⁶ Δαυείδ· Ἐξομολογήσομαι²⁷ τῷ Κυρίῳ, καὶ ἀρέσει²⁸ αὐτῷ ὑπὲρ μόσχον²⁹ νέον³⁰ κέρατα³¹ ἐκφέροντα³² καὶ

---

¹ σκληρύνω aor pass ind 3s, harden
² στασιάζω pres act ptcp m.p.gen., rebel
³ θεράπων, οντος, ὁ, servant, aide
⁴ κρίμα, ατος, τό, decision, decree, judgment
⁵ πρόδηλος, ον, clear, evident
⁶ ᾅδης, ου, ὁ, Hades
⁷ ποιμαίνω fut act ind 3s, (lead to) pasture, shepherd
⁸ φαραώ, ὁ, Pharaoh
⁹ στρατιά, ᾶς, ἡ, army
¹⁰ ἡγέομαι pres mid ptcp m.p.nom., lead, guide
¹¹ Αἴγυπτος, ου, ἡ, Egypt
¹² ἅρμα, ατος, τό, chariot
¹³ ἀναβάτης, ου, ὁ, rider
¹⁴ αἰτία, ας, ἡ, reason, cause
¹⁵ βυθίζω aor pass ind 3p, sink, plunge
¹⁶ ἐρυθρός, ά, όν, red
¹⁷ σκληρύνω aor pass inf, harden
¹⁸ ἀσύνετος, ον, senseless, foolish
¹⁹ τέρας, ατος, τό, wonder
²⁰ Αἴγυπτος, ου, ἡ, Egypt
²¹ θεράπων, οντος, ὁ, servant, minister
²² ἀπροσδεής, ές, needing nothing
²³ δεσπότης, ου, ὁ, lord, master
²⁴ χρῄζω pres act ind 3s, (have) need (of)
²⁵ ἐξομολογέω pres mid inf, confess, admit
²⁶ ἐκλεκτός, ή, όν, elect, chosen
²⁷ ἐξομολογέω fut mid inf, confess, admit
²⁸ ἀρέσκω fut act ind 3s, please, flatter
²⁹ μόσχος, ου, ὁ, calf, young bull, ox
³⁰ νέος, α, ον, new
³¹ κέρας, ατος, τό, horn
³² ἐκφέρω pres act ptcp m.s.acc., grow

## ΚΛΗΜΕΝΤΟΣ Α

ὁπλάς·¹ ἰδέτωσαν πτωχοὶ καὶ εὐφρανθήτωσαν.² **3** καὶ πάλιν λέγει· Θῦσον³ τῷ Θεῷ θυσίαν⁴ αἰνέσεως⁵ καὶ ἀπόδος τῷ ὑψίστῳ⁶ τὰς εὐχάς⁷ σου· καὶ ἐπικάλεσαί με ἐν ἡμέρᾳ θλίψεώς σου, καὶ ἐξελοῦμαί⁸ σε, καὶ δοξάσεις με. **4** θυσία⁹ γὰρ τῷ Θεῷ πνεῦμα συντετριμμένον.¹⁰

**53:1** Ἐπίστασθε¹¹ γὰρ καὶ καλῶς ἐπίστασθε¹² τὰς ἱερὰς¹³ γραφάς, ἀγαπητοί, καὶ ἐγκεκύφατε¹⁴ εἰς τὰ λόγια¹⁵ τοῦ Θεοῦ· πρὸς ἀνάμνησιν¹⁶ οὖν ταῦτα γράφομεν. **2** Μωϋσέως γὰρ ἀναβαίνοντος εἰς τὸ ὄρος καὶ ποιήσαντος τεσσεράκοντα¹⁷ ἡμέρας καὶ τεσσεράκοντα¹⁸ νύκτας ἐν νηστείᾳ¹⁹ καὶ ταπεινώσει,²⁰ εἶπεν πρὸς αὐτὸν ὁ Θεός· Μωϋσῆ, Μωϋσῆ, κατάβηθι τὸ τάχος²¹ ἐντεῦθεν,²² ὅτι ἠνόμησεν²³ ὁ λαός σου οὓς ἐξήγαγες²⁴ ἐκ γῆς Αἰγύπτου·²⁵ παρέβησαν²⁶ ταχὺ²⁷ ἐκ τῆς ὁδοῦ ἧς ἐνετείλω²⁸ αὐτοῖς, ἐποίησαν ἑαυτοῖς χωνεύματα.²⁹ **3** Καὶ εἶπεν Κύριος πρὸς αὐτόν· Λελάληκα πρός σε ἅπαξ³⁰ καὶ δὶς³¹ λέγων, Ἑώρακα τὸν λαὸν

---

[1] ὁπλή, ῆς, ἡ, hoof
[2] εὐφραίνω aor pass impv 3p, rejoice, be glad, celebrate
[3] θύω aor act impv 2s, sacrifice
[4] θυσία, ας, ἡ, sacrifice, offering
[5] αἴνεσις, εως, ἡ, praise
[6] ὕψιστος, η, ον, Most High
[7] εὐχή, ῆς, ἡ, vow, prayer
[8] ἐξαιρέω fut mid ind 1s, set free, deliver, rescue
[9] θυσία, ας, ἡ, sacrifice, offering
[10] συντρίβω fut mid ind 1s, broken
[11] ἐπίσταμαι pres mid ind 2p, know
[12] ἐπίσταμαι pres mid ind 2p, know
[13] ἱερός, ά, όν, holy
[14] ἐγκύπτω perf act ind 2p, examine
[15] λόγιον, ου, τό, saying, oracle
[16] ἀνάμνησις, εως, ἡ, reminder, remembrance
[17] τεσσεράκοντα, forty
[18] τεσσεράκοντα, forty
[19] νηστεία, ας, ἡ, fast
[20] ταπείνωσις, εως, ἡ, humiliation
[21] τάχος, ους, τό, speed, quickness, swiftness, haste
[22] ἐντεῦθεν, adv, from here
[23] ἀνομέω aor act ind 3s, be lawless, sin
[24] ἐξάγω aor act ind 2s, lead out, bring out
[25] Αἴγυπτος, ου, ἡ, Egypt
[26] παραβαίνω aor act ind 3p, transgress, break
[27] ταχύ, adv, quickly
[28] ἐντέλλω aor mid ind 2s, command, order
[29] χώνευμα, ατος, τό, cast image
[30] ἅπαξ, adv, once
[31] δίς, adv, twice

τοῦτον, καὶ ἰδού ἐστιν σκληροτράχηλος·[1] ἔασόν[2] με ἐξολεθρεῦσαι[3] αὐτούς, καὶ ἐξαλείψω[4] τὸ ὄνομα αὐτῶν ὑποκάτωθεν[5] τοῦ οὐρανοῦ, καὶ ποιήσω σε εἰς ἔθνος μέγα καὶ θαυμαστὸν[6] καὶ πολὺ μᾶλλον ἢ τοῦτο. 4 Καὶ εἶπε Μωϋσῆς· Μηθαμῶς,[7] Κύριε· ἄφες τὴν ἁμαρτίαν τῷ λαῷ τούτῳ, ἢ κἀμὲ ἐξάλειψον[8] ἐκ βίβλου[9] ζώντων. 5 ὦ[10] μεγάλης ἀγάπης, ὦ[11] τελειότητος[12] ἀνυπερβλήτου·[13] παρρησιάζεται[14] θεράπων[15] πρὸς Κύριον, αἰτεῖται ἄφεσιν[16] τῷ πλήθει, ἢ καὶ ἑαυτὸν ἐξαλειφθῆναι[17] μετ' αὐτῶν ἀξιοί.

**54:1** Τίς οὖν ἐν ὑμῖν γενναῖος,[18] τίς εὔσπλαγχνος,[19] τίς πεπληροφορημένος[20] ἀγάπης; **2** εἰπάτω· Εἰ δι' ἐμὲ στάσις[21] καὶ ἔρις[22] καὶ σχίσματα,[23] ἐκχωρῶ,[24] ἄπειμι[25] οὗ ἐὰν βούλησθε, καὶ ποιῶ τὰ προστασσόμενα[26] ὑπὸ τοῦ πλήθους· μόνον τὸ ποίμνιον[27]

---

[1] σκληροτράχηλος, ον, stiff-necked
[2] ἐάω aor act impv 2s, let, permit
[3] ἐξολεθρεύω aor act inf, destroy utterly, root out
[4] ἐξαλείφω fut act ind 1s, wipe away
[5] ὑποκάτωθεν, adv, (from) under
[6] θαυμαστός, ή, όν, wonderful, marvelous, remarkable
[7] μηδαμῶς, adv, by no means, certainly not, no
[8] ἐξαλείφω aor act impv 2s, wipe away, erase
[9] βίβλος, ου, ἡ, book
[10] ὦ, intj, oh
[11] ὦ, intj, oh
[12] τελειότης, ητος, ἡ, maturity
[13] ἀνυπέρβλητος, ον, unsurpassable, unexcelled
[14] παρρησιάζω pres mid ind, speak or act openly
[15] θεράπων, οντος, ὁ, servent minister
[16] ἄφεσις, έσεως, ἡ, forgiveness, pardon, cancellation
[17] ἐξαλείφω aor pass inf, wipe away, erase
[18] γενναῖος, α, ον, noble, illustrious
[19] εὔσπλαγχνος, ον, tenderhearted, compassionate
[20] πληροφορέω perf pass ind 3s, fill, fulfill
[21] στάσις, εως, ἡ, rebellion, uprising
[22] ἔρις, ιδος, ἡ, strife, discord, contention
[23] σχίσμα, ατος, τό, schism
[24] ἐκχωρέω pres act ind 1s, go away, depart
[25] ἄπειμι pres act ind 1s, go away, go, come
[26] προστάσσω pres pass ptcp n.p.acc., command, order, give instructions
[27] ποίμνιον, ου, τό, flock

## ΚΛΗΜΕΝΤΟΣ Α

τοῦ Χριστοῦ εἰρηνευέτω¹ μετὰ τῶν καθεσταμένων² πρεσβυτέρων. **3** τοῦτο ὁ ποιήσας ἑαυτῷ μέγα κλέος³ ἐν Χριστῷ περιποιήσεται,⁴ καὶ πᾶς τόπος δέξεται αὐτόν, τοῦ γὰρ Κυρίου ἡ γῆ καὶ τὸ πλήρωμα⁵ αὐτῆς. **4** ταῦτα οἱ πολιτευόμενοι⁶ τὴν ἀμεταμέλητον⁷ πολιτείαν⁸ τοῦ Θεοῦ ἐποίησαν καὶ ποιήσουσιν.

**55:1** Ἵνα δὲ καὶ ὑποδείγματα⁹ ἐθνῶν ἐνέγκωμεν· πολλοὶ βασιλεῖς καὶ ἡγούμενοι,¹⁰ λοιμικοῦ¹¹ τινος ἐνστάντος¹² καιροῦ, χρησμοδοτηθέντες¹³ παρέδωκαν ἑαυτοὺς εἰς θάνατον, ἵνα ῥύσωνται¹⁴ διὰ τοῦ ἑαυτῶν αἵματος τοὺς πολίτας.¹⁵ πολλοὶ ἐξεχώρησαν¹⁶ ἰδίων πόλεων, ἵνα μὴ στασιάζωσιν¹⁷ ἐπὶ πλεῖον. **2** ἐπιστάμεθα¹⁸ πολλοὺς ἐν ἡμῖν παραδεδωκότας ἑαυτοὺς εἰς δεσμά,¹⁹ ὅπως ἑτέρους λυτρώσονται.²⁰ πολλοὶ ἑαυτοὺς παρέδωκαν εἰς δουλείαν²¹ καὶ λαβόντες τὰς τιμὰς αὐτῶν ἑτέρους ἐψώμισαν.²² **3** πολλαὶ γυναῖκες ἐνδυναμωθεῖσαι²³ διὰ τῆς χάριτος τοῦ Θεοῦ

---

¹ εἰρηνεύω pres act impv 3s, be at peace, reconcile
² καθίστημι pres pass m.p.gen., appoint, put in charge
³ κλέος, ους, τό, fame, glory
⁴ περιποιέω fut mid ind 3s, acquire, obtain, gain for oneself
⁵ πλήρωμα, ατος, τό, that which fills
⁶ πολιτεύομαι pres mid ptcp m.p.nom., live, lead one's life
⁷ ἀμεταμέλητος, ον, not to be regretted, without regret
⁸ πολιτεία, ας, ἡ, citizenship
⁹ ὑπόδειγμα, ατος, τό, example, model, pattern
¹⁰ ἡγέομαι pres mid ptcp m.p.nom., lead, guide
¹¹ λοιμικός, ή, όν, pestilence
¹² ἐνίστημι aor act ptcp m.s.gen., imminent, impending, happen now, hand, arrive, come
¹³ χρησμοδοτέω aor pass ptcp m.p.nom., give an oracular response
¹⁴ ῥύομαι aor mid sub 3p, save, rescue, deliver, preserve
¹⁵ πολίτης, ου, ὁ, citizen
¹⁶ ἐκχωρέω aor act ind 3p, go out, go away, depart
¹⁷ στασιάζω pres act sub 3p, rebel
¹⁸ ἐπίσταμαι pres mid ind 1p, know, be acquainted with
¹⁹ δεσμός, οῦ, ὁ, bond, fetter
²⁰ λυτρόω fut mid ind 3p, redeem
²¹ δουλεία, ας, ἡ, slavery
²² ψωμίζω aor act ind 3p, feed, give away, dole out
²³ ἐνδυναμόω aor pass ptcp f.p.nom., strengthen, become strong

ἐπετελέσαντο¹ πολλὰ ἀνδρεῖα.² **4** Ἰουδὶθ³ ἡ μακαρία, ἐν συγκλεισμῷ⁴ οὔσης τῆς πόλεως, ᾐτήσατο παρὰ τῶν πρεσβυτέρων ἐαθῆναι⁵ αὐτὴν ἐξελθεῖν εἰς τὴν παρεμβολὴν⁶ τῶν ἀλλοφύλων.⁷ **5** παραδοῦσα οὖν ἑαυτὴν τῷ κινδύνῳ⁸ ἐξῆλθεν δι᾽ ἀγάπην τῆς πατρίδος⁹ καὶ τοῦ λαοῦ τοῦ ὄντος ἐν συγκλεισμῷ,¹⁰ καὶ παρέδωκεν Κύριος Ὀλοφέρνην¹¹ ἐν χειρὶ θηλείας.¹² **6** οὐχ ἥττονι¹³ καὶ ἡ τελεία¹⁴ κατὰ πίστιν Ἐσθὴρ¹⁵ κινδύνῳ¹⁶ ἑαυτὴν παρέβαλεν,¹⁷ ἵνα τὸ δωδεκάφυλον¹⁸ τοῦ Ἰσραὴλ μέλλον ἀπολέσθαι ῥύσηται·¹⁹ διὰ γὰρ τῆς νηστείας²⁰ καὶ τῆς ταπεινώσεως²¹ αὐτῆς ἠξίωσεν²² τὸν παντεπόπτην²³ δεσπότην,²⁴ Θεὸν τῶν αἰώνων· ὃς ἰδὼν τὸ ταπεινὸν²⁵ τῆς ψυχῆς αὐτῆς ἐρύσατο²⁶ τὸν λαόν, ὧν χάριν²⁷ ἐκινδύνευσεν.²⁸

---

[1] ἐπιτελέω aor mid ind 3p, complete, accomplish, perform, bring about
[2] ἀνδρεῖος, εία, εῖον, manly, courageous
[3] Ἰουδίθ, ἡ, Judith
[4] συγκλεισμός, οῦ, ὁ, confinement, encirclement
[5] ἐάω aor pass inf, let, permit
[6] παρεμβολή, ῆς, ἡ, a (fortified) camp
[7] ἀλλόφυλος, ον, foreigner, alien
[8] κίνδυνος, ου, ὁ, danger, risk
[9] πατρίς, ίδος, ἡ, fatherland, homeland, country
[10] συγκλεισμός, οῦ, ὁ, confinement, encirclement
[11] Ὀλοφέρνης, ου, ὁ, Holofernes
[12] θῆλυς, εια, υ, female
[13] ἥσσων, adv, lesser, inferior, weaker
[14] τέλειος, α, ον, perfect
[15] Ἐσθήρ, ἡ, Esther
[16] κίνδυνος, ου, ὁ, danger, risk
[17] παραβάλλω aor act ind 3s, expose to hazard, give up
[18] δωδεκάφυλος, ον, of the twelve tribes
[19] ῥύομαι aor mid sub 3s, save, rescue, deliver, preserve
[20] νηστεία, ας, ἡ, fast
[21] ταπείνωσις, εως, ἡ, humiliation
[22] ἀξιόω aor act ind 3s, request, ask
[23] παντεπόπτης, ου, ὁ, one who sees all, one who is all-seeing
[24] δεσπότης, ου, ὁ, lord, master
[25] ταπεινός, ή, όν, humble, lowly, undistinguished
[26] ῥύομαι aor mid ind 3s, save, rescue, deliver, preserve
[27] χάριν, adv, for the sake of, on behalf of, on account of
[28] κινδυνεύω aor act ind 3s, be in danger, run a risk

**56:1** Καὶ ἡμεῖς οὖν ἐντύχωμεν¹ περὶ τῶν ἔν τινι παραπτώματι² ὑπαρχόντων, ὅπως δοθῇ αὐτοῖς ἐπιείκεια³ καὶ ταπεινοφροσύνη⁴ εἰς τὸ εἶξαι⁵ αὐτοὺς μὴ ἡμῖν ἀλλὰ τῷ θελήματι τοῦ Θεοῦ. οὕτως γὰρ ἔσται αὐτοῖς ἔγκαρπος⁶ καὶ τελεία⁷ ἡ πρὸς τὸν Θεὸν καὶ τοὺς ἁγίους μετ' οἰκτιρμῶν⁸ μνεῖα.⁹ **2** ἀναλάβωμεν¹⁰ παιδείαν,¹¹ ἐφ' ᾗ οὐδεὶς ὀφείλει ἀγανακτεῖν,¹² ἀγαπητοί. ἡ νουθέτησις,¹³ ἣν ποιούμεθα εἰς ἀλλήλους, καλή ἐστιν καὶ ὑπεράγαν¹⁴ ὠφέλιμος·¹⁵ κολλᾷ¹⁶ γὰρ ἡμᾶς τῷ θελήματι τοῦ Θεοῦ. **3** οὕτως γὰρ φησιν ὁ ἅγιος λόγος· Παιδεύων¹⁷ ἐπαίδευσέν¹⁸ με ὁ Κύριος, καὶ τῷ θανάτῳ οὐ παρέδωκέν με. **4** ὃν γὰρ ἀγαπᾷ Κύριος παιδεύει,¹⁹ μαστιγοῖ²⁰ δὲ πάντα υἱὸν ὃν παραδέχεται.²¹ **5** Παιδεύσει²² με γάρ, φησίν, δίκαιος ἐν ἐλέει²³ καὶ ἐλέγξει²⁴ με, ἔλεος²⁵ δὲ ἁμαρτωλῶν μὴ λιπανάτω²⁶ τὴν κεφαλήν μου. **6** Καὶ πάλιν λέγει· Μακάριος

---

¹ ἐντυγχάνω aor act sub 1p, pray
² παράπτωμα, ατος, τό, offense, wrongdoing, sin
³ ἐπιείκεια, ας, ἡ, forbearance, gentleness, graciousness, tolerance
⁴ ταπεινοφροσύνη, ης, ἡ, humility, modesty
⁵ εἴκω aor act inf, yield
⁶ ἔγκαρπος, ον, fruitful
⁷ τέλειος, α, ον, perfect
⁸ οἰκτιρμός, οῦ, ὁ, mercy, compassion
⁹ μνεία, ας, ἡ, remembrance, memory
¹⁰ ἀναλαμβάνω aor act sub 1p, take up, receive
¹¹ παιδεία, ας, ἡ, discipline, correction
¹² ἀγανακτέω pres act inf, be aroused, indignant, angry
¹³ νουθέτησις, εως, ἡ, admonition, warning, reproof
¹⁴ ὑπεράγαν, adv, beyond measure
¹⁵ ὠφέλιμος, ον, useful, beneficial, advantageous
¹⁶ κολλάω pres act ind 3s, bind closely, unite
¹⁷ παιδεύω pres act ptcp m.s.nom., discipline
¹⁸ παιδεύω aor act ind 3s, discipline
¹⁹ παιδεύω pres act ind 3s, discipline
²⁰ μαστιγόω pres act ind 3s, punish, chastise
²¹ παραδέχομαι pres mid ind 3s, accept
²² παιδεύω fut act ind 3s, disciple
²³ ἔλεος, ους, τό, mercy, compassion, pity
²⁴ ἐλέγχω fut act ind 3s, convict, convince, reprove, correct
²⁵ ἔλεος, ους, τό, mercy, compassion
²⁶ λιπαίνω aor act impv 3s, anoint

## ΚΛΗΜΕΝΤΟΣ Α

ἄνθρωπος ὃν ἤλεγξεν[1] ὁ Κύριος, νουθέτημα[2] δὲ παντοκράτορος[3] μὴ ἀπαναίνου·[4] αὐτὸς γὰρ ἀλγεῖν[5] ποιεῖ, καὶ πάλιν ἀποκαθίστησιν·[6] **7** ἔπαισεν,[7] καὶ αἱ χεῖρες αὐτοῦ ἰάσαντο.[8] **8** ἑξάκις[9] ἐξ ἀναγκῶν[10] ἐξελεῖταί[11] σε, ἐν δὲ τῷ ἑβδόμῳ[12] οὐχ ἅψεταί σου κακόν. **9** ἐν λιμῷ[13] ῥύσεταί[14] σε ἐκ θανάτου, ἐν πολέμῳ[15] δὲ ἐκ χειρὸς σιδήρου[16] λύσει σε· **10** καὶ ἀπὸ μάστιγος[17] γλώσσης σε κρύψει,[18] καὶ οὐ μὴ φοβηθήσῃ κακῶν ἐπερχομένων.[19] **11** ἀδίκων[20] καὶ ἀνόμων[21] καταγελάσῃ,[22] ἀπὸ δὲ θηρίων ἀγρίων[23] οὐ μὴ φοβηθῇς, **12** θῆρες[24] γὰρ ἄγριοι[25] εἰρηνεύσουσίν[26] σοι. **13** εἶτα[27] γνώσῃ ὅτι εἰρηνεύσει[28] σου ὁ οἶκος· ἡ δὲ δίαιτα[29] τῆς σκηνῆς[30] σου οὐ μὴ ἁμάρτῃ. **14** γνώσῃ δὲ ὅτι πολὺ τὸ σπέρμα σου, τὰ δὲ τέκνα σου ὥσπερ τὸ παμβότανον[31] τοῦ ἀγροῦ· **15** ἐλεύσῃ δὲ

---

[1] ἐλέγχω aor act ind 3s, convict, convince, reprove, correct
[2] νουθέτημα, ατος, τό, admonition, discipline
[3] παντοκράτωρ, ορος, ὁ, Almighty, All-Powerful, Omnipotent (One)
[4] ἀπαναίνομαι pres mid impv 2s, reject, disown
[5] ἀλγέω pres act inf, feel pain
[6] ἀποκαθίστημι pres act ind 3s, restore, reestablish
[7] παίω aor act ind 3s, strike, wound
[8] ἰάομαι aor mid ind 3p, heal, cure
[9] ἑξάκις, adv, six times
[10] ἀνάγκη, ης, ἡ, distress, calamity, pressure
[11] ἐξαιρέω fut mid ind 3s, set free, deliver, rescue
[12] ἕβδομος, η, ον, seventh
[13] λιμός, οῦ, ὁ, ἡ, famine, hunger
[14] ῥύομαι fut mid ind 3s, save, rescue, deliver, preserve
[15] πόλεμος, ου, ὁ, war
[16] σίδηρος, ου, ὁ, sword, iron
[17] μάστιξ, ιγος, ἡ, whip, lash
[18] κρύπτω fut act ind 3s, hide, conceal
[19] ἐπέρχομαι pres mid ptcp n.p.gen., come, arrive
[20] ἄδικος, ον, unjust, crooked
[21] ἄνομος, ον, lawless, wicked
[22] καταγελάω fut mid ind 2s, laugh at, ridicule
[23] ἄγριος, ια, ον, wild beast
[24] θήρ, ός, ὁ, (wild) animal
[25] ἄγριος, ια, ον, wild
[26] εἰρηνεύω fut act ind 3p, be at peace, live in peace
[27] εἶτα, adv, then, next
[28] εἰρηνεύω fut act ind 3s, be at peace, live in peace
[29] δίαιτα, ης, ἡ, dwelling-place, habitation
[30] σκηνή, ῆς, ἡ, tent, hut
[31] παμβότανον, ου, τό, all(-covering) herbage

## ΚΛΗΜΕΝΤΟΣ Α

ἐν τάφῳ[1] ὥσπερ σῖτος[2] ὥριμος[3] κατὰ καιρὸν θεριζόμενος,[4] ἢ ὥσπερ θημωνιὰ[5] ἅλωνος[6] καθ' ὥραν συγκομισθεῖσα.[7] **16** Βλέπετε, ἀγαπητοί, πόσος[8] ὑπερασπισμός[9] ἐστιν τοῖς παιδευομένοις[10] ὑπὸ τοῦ δεσπότου·[11] πατὴρ γὰρ ἀγαθὸς ὢν παιδεύει[12] εἰς τὸ ἐλεηθῆναι[13] ἡμᾶς διὰ τῆς ὁσίας[14] παιδείας[15] αὐτοῦ.

**57:1** Ὑμεῖς οὖν, οἱ τὴν καταβολὴν[16] τῆς στάσεως[17] ποιήσαντες, ὑποτάγητε τοῖς πρεσβυτέροις καὶ παιδεύθητε[18] εἰς μετάνοιαν,[19] κάμψαντες[20] τὰ γόνατα[21] τῆς καρδίας ὑμῶν. **2** μάθετε[22] ὑποτάσσεσθαι, ἀποθέμενοι[23] τὴν ἀλαζόνα[24] καὶ ὑπερήφανον[25] τῆς γλώσσης ὑμῶν αὐθάδειαν·[26] ἄμεινον[27] γάρ ἐστιν ὑμῖν ἐν τῷ ποιμνίῳ[28] τοῦ Χριστοῦ μικροὺς καὶ ἐλλογίμους[29] εὑρεθῆναι, ἢ

---

[1] τάφος, ου, ὁ, tomb, grave
[2] σῖτος, ου, ὁ, wheat, grain
[3] ὥριμος, ον, ripe
[4] θερίζω pres pass ptcp m.s.nom., reap, harvest
[5] θημωνιά, ᾶς, ἡ, heap (of sheaves)
[6] ἅλων, ωνος, ἡ, threshing floor
[7] συγκομίζω aor pass ptcp f.s.nom., bring in
[8] πόσος, η, ον, how great, how many, how much
[9] ὑπερασπισμός, οῦ, ὁ, protection
[10] παιδεύω pres pass ptcp m.p.dat., discipline, educate
[11] δεσπότης, ου, ὁ, lord, master
[12] παιδεύω pres act ind 3s, discipline, educate
[13] ἐλεέω aor pass inf, have compassion, mercy, pity
[14] ὅσιος, ία, ον, holy, devout, pious, pleasing to God
[15] παιδεία, ας, ἡ, discipline, correction
[16] καταβολή, ῆς, ἡ, foundation
[17] στάσις, εως, ἡ, revolt, rebellion, uprising
[18] παιδεύω aor pass impv 2p, discipline, educate
[19] μετάνοια, ας, ἡ, repentance, turning about, conversion
[20] κάμπτω aor act ptcp m.p.nom., bend, bow
[21] γόνυ, ατος, τό, knee
[22] μανθάνω aor act impv 2p, learn
[23] ἀποτίθημι aor mid ptcp m.p.nom., lay aside, lay down, put away
[24] ἀλαζών, όνος, ὁ, ἡ, boaster, braggart
[25] ὑπερήφανος, ον, arrogant, haughty, proud
[26] αὐθάδεια, ας, ἡ, arrogance, willfulness, stubbornness
[27] ἀμείνων, ον, better
[28] ποίμνιον, ου, τό, flock
[29] ἐλλόγιμος, ον, included, reputable, eminent

## ΚΛΗΜΕΝΤΟΣ Α

καθ' ὑπεροχὴν¹ δοκοῦντας ἐκριφῆναι² ἐκ τῆς ἐλπίδος αὐτοῦ. **3** οὕτως γὰρ λέγει ἡ πανάρετος³ σοφία· Ἰδοὺ προήσομαι⁴ ὑμῖν ἐμῆς πνοῆς⁵ ῥῆσιν,⁶ διδάξω δὲ ὑμᾶς τὸν ἐμὸν λόγον. **4** ἐπειδὴ⁷ ἐκάλουν καὶ οὐχ ὑπηκούσατε,⁸ καὶ ἐξέτεινον⁹ λόγους καὶ οὐ προσείχετε,¹⁰ ἀλλὰ ἀκύρους¹¹ ἐποιεῖτε τὰς ἐμὰς βουλὰς¹² τοῖς δὲ ἐμοῖς ἐλέγχοις ἠπειθήσατε·¹³ τοιγαροῦν¹⁴ κἀγὼ τῇ ὑμετέρᾳ¹⁵ ἀπωλείᾳ¹⁶ ἐπιγελάσομαι,¹⁷ καταχαροῦμαι¹⁸ δὲ ἡνίκα¹⁹ ἂν ἔρχηται ὑμῖν ὄλεθρος²⁰ καὶ ὡς ἂν ἀφίκηται²¹ ὑμῖν ἄφνω²² θόρυβος,²³ ἡ δὲ καταστροφὴ²⁴ ὁμοία καταιγίδι²⁵ παρῇ,²⁶ ἢ ὅταν ἔρχηται ὑμῖν θλῖψις καὶ πολιορκία.²⁷ **5** ἔσται γάρ, ὅταν ἐπικαλέσησθέ με, ἐγὼ δὲ οὐκ εἰσακούσομαι²⁸ ὑμῶν· ζητήσουσίν με κακοὶ καὶ οὐχ εὑρήσουσιν· ἐμίσησαν γὰρ σοφίαν, τὸν δὲ φόβον τοῦ Κυρίου οὐ προείλαντο,²⁹ οὐδὲ ἤθελον ἐμαῖς προσέχειν³⁰ βουλαῖς,³¹

---

¹ ὑπεροχή, ῆς, ἡ, superiority, preeminence
² ἐκρίπτω aor pass inf, be deprived of
³ πανάρετος, ον, most excellent
⁴ προΐημι fut mid ind 1s, bring forth, express
⁵ πνοή, ῆς, ἡ, breath, wind, spirit
⁶ ῥῆσις, εως, ἡ, word, expression
⁷ ἐπειδή, conj, because, when, after
⁸ ὑπακούω aor act ind 2p, obey, follow, be subject to
⁹ ἐκτείνω imp act ind 1s, stretch out
¹⁰ προσέχω imp act ind 2p, pay attention to, give heed to, follow
¹¹ ἄκυρος, ον, void, of no effect
¹² βουλή, ῆς, ἡ, advice, council
¹³ ἀπειθέω aor act ind 2p, disobey, be disobedient
¹⁴ τοιγαροῦν, conj, therefore, then, for that very reason
¹⁵ ὑμέτερος, α, ον, your
¹⁶ ἀπώλεια, ας, ἡ, destruction, waste
¹⁷ ἐπιγελάω fut mid ind 1p, laugh at
¹⁸ καταχαίρω fut mid ind 1s, rejoice
¹⁹ ἡνίκα, adv, when, at the time when
²⁰ ὄλεθρος, ου, ὁ, destruction, ruin, death
²¹ ἀφικνέομαι aor mid sub 3s, reach
²² ἄφνω, adv, suddenly
²³ θόρυβος, ου, ὁ, noise, clamor, confusion, unrest
²⁴ καταστροφή, ῆς, ἡ, ruin, destruction
²⁵ καταιγίς, ίδος, ἡ, a sudden blast of wind
²⁶ πάρειμι pres act sub 3s, be present
²⁷ πολιορκία, ας, ἡ, siege, tribulation
²⁸ εἰσακούω fut mid ind 1s, hear, listen, obey
²⁹ προαιρέω aor mid ind 3p, choose, commit oneself to, prefer
³⁰ προσέχω pres act inf, pay attention to, give heed to, follow
³¹ βουλή, ῆς, ἡ, council, advice, will

ἐμυκτήριζον¹ δὲ ἐμοὺς ἐλέγχους.² **6** τοιγαροῦν³ ἔδονται τῆς ἑαυτῶν ὁδοῦ τοὺς καρπούς, καὶ τῆς ἑαυτῶν ἀσεβείας⁴ πλησθήσονται.⁵ **7** ἀνθ'⁶ ὧν γὰρ ἠδίκουν⁷ νηπίους,⁸ φονευθήσονται,⁹ καὶ ἐξετασμὸς¹⁰ ἀσεβεῖς¹¹ ὀλεῖ·¹² ὁ δὲ ἐμοῦ ἀκούων κατασκηνώσει¹³ ἐπ' ἐλπίδι πεποιθώς, καὶ ἡσυχάσει¹⁴ ἀφόβως¹⁵ ἀπὸ παντὸς κακοῦ.

**58:1** Ὑπακούσωμεν¹⁶ οὖν τῷ παναγίῳ¹⁷ καὶ ἐνδόξῳ¹⁸ ὀνόματι αὐτοῦ, φυγόντες¹⁹ τὰς προειρημένας²⁰ διὰ τῆς σοφίας τοῖς ἀπειθοῦσιν²¹ ἀπειλάς,²² ἵνα κατασκηνώσωμεν²³ πεποιθότες ἐπὶ τὸ ὁσιώτατον²⁴ τῆς μεγαλωσύνης²⁵ αὐτοῦ ὄνομα. **2** δέξασθε τὴν συμβουλὴν²⁶ ἡμῶν, καὶ ἔσται ἀμεταμέλητα²⁷ ὑμῖν. ζῇ γὰρ ὁ Θεὸς καὶ ζῇ ὁ Κύριος Ἰησοῦς Χριστὸς καὶ τὸ πνεῦμα τὸ ἅγιον, ἥ τε πίστις καὶ ἡ ἐλπὶς τῶν ἐκλεκτῶν,²⁸ ὅτι ὁ ποιήσας ἐν

---

[1] μυκτηρίζω imp act ind 3p, turn up the nose at, treat with contempt
[2] ἔλεγχος, ου, ὁ, reproof, censure, correction
[3] τοιγαροῦν,, conj, therefore
[4] ἀσέβεια, ας, ἡ, impiety, ungodliness
[5] πίμπλημι fut pass ind 3p, fill
[6] ἀντί, prep, because of, for the purpose of
[7] ἀδικέω imp act ind 3p, do wrong
[8] νήπιος, ία, ιον, infant, child
[9] φονεύω fut pass ind 3p, murder, kill
[10] ἐξετασμός, οῦ, ὁ, examination, inquiry
[11] ἀσεβής, ές, irreverent, impious, ungodly
[12] ὄλλυμι fut act ind 3s, destroy
[13] κατασκηνόω fut act ind 3s, cause to dwell
[14] ἡσυχάζω fut act ind 3s, be quiet, remain silent, rest
[15] ἀφόβως, adv, without fear, fearlessly
[16] ὑπακούω aor act sub 1p, obey, follow, be subject to
[17] πανάγιος, ον, all-holy
[18] ἔνδοξος, ον, glorious, splendid
[19] φεύγω aor act ptcp m.p.nom., flee, escape
[20] προλέγω perf mid ptcp f.p.acc., tell beforehand/in advance
[21] ἀπειθέω pres act ptcp m.p.dat., disobey, disobedient
[22] ἀπειλή, ῆς, ἡ, threat
[23] κατασκηνόω aor act sub 1p, cause to dwell, live, settle
[24] ὅσιος, ία, ον, most holy, devout, pious
[25] μεγαλωσύνη, ης, ἡ, majesty
[26] συμνουλή, ῆς, ἡ, advice, council
[27] ἀμεταμέλητος, ον, not to be regretted, without regret
[28] ἐκλεκτός, ἡ, όν, elect, chosen

ταπεινοφροσύνῃ[1] μετ' ἐκτενοῦς[2] ἐπιεικείας[3] ἀμεταμελήτως[4] τὰ ὑπὸ τοῦ Θεοῦ δεδομένα δικαιώματα[5] καὶ προστάγματα,[6] οὗτος ἐντεταγμένος[7] καὶ ἐλλόγιμος[8] ἔσται εἰς τὸν ἀριθμὸν[9] τῶν σῳζομένων διὰ Ἰησοῦ Χριστοῦ, δι' οὗ ἐστὶν αὐτῷ ἡ δόξα εἰς τοὺς αἰῶνας τῶν αἰώνων. ἀμήν.

**59:1** Ἐὰν δέ τινες ἀπειθήσωσιν[10] τοῖς ὑπ' αὐτοῦ δι' ἡμῶν εἰρημένοις, γινωσκέτωσαν ὅτι παραπτώσει[11] καὶ κινδύνῳ[12] οὐ μικρῷ ἑαυτοὺς ἐνδήσουσιν.[13] **2** ἡμεῖς δὲ ἀθῷοι[14] ἐσόμεθα ἀπὸ ταύτης τῆς ἁμαρτίας καὶ αἰτησόμεθα, ἐκτενῆ[15] τὴν δέησιν[16] καὶ ἱκεσίαν[17] ποιούμενοι, ὅπως τὸν ἀριθμὸν[18] τὸν κατηριθμημένον[19] τῶν ἐκλεκτῶν[20] αὐτοῦ ἐν ὅλῳ τῷ κόσμῳ διαφυλάξῃ[21] ἄθραυστον[22] ὁ δημιουργὸς[23] τῶν ἁπάντων διὰ τοῦ ἠγαπημένου παιδὸς[24] αὐτοῦ Ἰησοῦ Χριστοῦ, δι' οὗ ἐκάλεσεν ἡμᾶς ἀπὸ σκότους εἰς φῶς, ἀπὸ ἀγνωσίας[25] εἰς ἐπίγνωσιν[26] δόξης ὀνόματος αὐτοῦ. **3** Δὸς ἡμῖν,

---

[1] ταπεινοφροσύνη, ης, ἡ, humility, modesty
[2] ἐκτενής, ές, eager, earnest
[3] ἐπιείκεια, ας, ἡ, courtesy, indulgence, tolerance
[4] ἀμεταμελήτως, adv, without feeling regret
[5] δικαίωμα, ατος, τό, regulation, requirement, commandment
[6] πρόσταγμα, ατος, τό, commandment, order, injunction
[7] ἐντάσσω perf mid ptcp m.s.nom., cause to be enrolled
[8] ἐλλόγιμος, ον, included, reputable, eminent
[9] ἀριθμός, οῦ, ὁ, number
[10] ἀπειθέω aor act sub 3p, disobey, be disobedient
[11] παράπτωσις, εως, ἡ, wrongdoing, sin
[12] κίνδυνος, ου, ὁ, danger, risk
[13] ἐνδέω fut act ind 3p, bind to, entangle, involve
[14] ἀθῷος, ον, innocent
[15] ἐκτενής, ές, eager, earnest
[16] δέησις, εως, ἡ, prayer
[17] ἱκεσία, ας, ἡ, supplication
[18] ἀριθμός, οῦ, ὁ, number
[19] καταιριθμέω perf mid ptcp m.s.acc., count, count among
[20] ἐκλεκτός, ή, όν, elect, chosen
[21] διαφυλάσσω aor act sub 3s, guard, protect
[22] ἄθραυστος, ον, unbroken
[23] δημιουργός, οῦ, ὁ, craftsworker, builder, maker, creator
[24] παῖς, παιδός, ὁ, ἡ, servant
[25] ἀγνωσία, ας, ἡ, ignorance
[26] ἐπίγνωσις, εως, ἡ, knowledge, recognition

Κύριε, ἐλπίζειν ἐπὶ τὸ ἀρχέγονον¹ πάσης κτίσεως² ὄνομά σου, ἀνοίξας τοὺς ὀφθαλμοὺς τῆς καρδίας ἡμῶν εἰς τὸ γινώσκειν σε, τὸν μόνον ὕψιστον³ ἐν ὑψηλοῖς,⁴ ἅγιον ἐν ἁγίοις ἀναπαυόμενον·⁵ τὸν ταπεινοῦντα⁶ ὕβριν⁷ ὑπερηφάνων,⁸ τὸν διαλύοντα⁹ λογισμοὺς¹⁰ ἐθνῶν, τὸν ποιοῦντα ταπεινοὺς¹¹ εἰς ὕψος¹² καὶ τοὺς ὑψηλοὺς¹³ ταπεινοῦντα,¹⁴ τὸν πλουτίζοντα¹⁵ καὶ πτωχίζοντα,¹⁶ τὸν ἀποκτείνοντα καὶ ζῆν ποιοῦντα, μόνον εὐεργέτην¹⁷ πνευμάτων καὶ Θεὸν πάσης σαρκός, τὸν ἐπιβλέποντα¹⁸ ἐν ταῖς ἀβύσσοις,¹⁹ τὸν ἐπόπτην²⁰ ἀνθρωπίνων²¹ ἔργων, τὸν τῶν κινδυνευόντων²² βοηθόν,²³ τὸν τῶν ἀπηλπισμένων²⁴ σωτῆρα,²⁵ τὸν παντὸς πνεύματος κτίστην²⁶ καὶ ἐπίσκοπον,²⁷ τὸν πληθύνοντα²⁸ ἔθνη ἐπὶ γῆς καὶ ἐκ πάντων ἐκλεξάμενον²⁹ τοὺς ἀγαπῶντάς σε διὰ Ἰησοῦ

---

[1] ἀρχέγονος, ον, original author, originator, source
[2] κτίσις, εως, ἡ, creation
[3] ὕψιστος, η, ον, highest
[4] ὕψιστος, η, ον, high, highest
[5] ἀναπαύω pres mid ptcp m.s.acc., rest upon, rest
[6] ταπεινόω pres act ptcp m.s.acc., humble, lower, abase
[7] ὕβρις, εως, ἡ, insolence, arrogance, pride
[8] ὑπερήφανος, ον, arrogant, haughty, proud
[9] διαλύω pres act ptcp m.s.acc., break up, dissolve, destroy
[10] λογισμός, οῦ, ὁ, reasoning, power, wisdom
[11] ταπεινός, ή, όν, humble, lowly
[12] ὕψος, ους, τό, height, high place
[13] ὑψηλός, ή, όν, proud, haughty
[14] ταπεινόω pres act ptcp m.s.acc., humble, lower, abase
[15] πλουτίζω pres act ptcp m.s.acc., make wealthy, rich
[16] πτωχίζω pres act ptcp m.s.acc., make (extremely) poor
[17] εὐεργέτης, ου, ὁ, benefactor
[18] ἐπιβλέπω pres act ptcp m.s.acc., look, gaze
[19] ἄβυσσος, ου, ἡ, depth, abyss
[20] ἐπόπτης, ου, ὁ, a watchful observer, eyewitness
[21] ἀνθρώπινος, η, ον, human
[22] κινδυνεύω pres act ptcp m.p.gen., be in danger, run a risk
[23] βοηθός, όν, helpful
[24] ἀπελπίζω perf mid ptcp m.p.gen., despair, expect back
[25] σωτήρ, ῆρος, ὁ, savior, deliverer, preserver
[26] κτίστης, ου, ὁ, the Creator
[27] ἐπίσκοπος, ου, ὁ, overseer, supervisor
[28] πληθύνω pres act ptcp m.s.acc., increase, multiply, grow
[29] ἐκλέγομαι aor mid ptcp m.s.acc., choose, select something

## ΚΛΗΜΕΝΤΟΣ Α

Χριστοῦ τοῦ ἠγαπημένου παιδός[1] σου, δι' οὗ ἡμᾶς ἐπαίδευσας,[2] ἡγίασας,[3] ἐτίμησας.[4] **4** Ἀξιοῦμέν[5] σε, δέσποτα,[6] βοηθὸν[7] γενέσθαι καὶ ἀντιλήπτορα[8] ἡμῶν. τοὺς ἐν θλίψει ἡμῶν σῶσον· τοὺς ταπεινοὺς[9] ἐλέησον·[10] τοὺς πεπτωκότας ἔγειρον· τοῖς δεομένοις[11] ἐπιφάνηθι·[12] τοὺς ἀσεβεῖς[13] ἴασαι·[14] τοὺς πλανωμένους τοῦ λαοῦ σου ἐπίστρεψον· χόρτασον[15] τοὺς πεινῶντας·[16] λύτρωσαι[17] τοὺς δεσμίους[18] ἡμῶν· ἐξανάστησον[19] τοὺς ἀσθενοῦντας· παρακάλεσον τοὺς ὀλιγοψυχοῦντας·[20] γνώτωσαν ἅπαντα τὰ ἔθνη ὅτι σὺ εἶ ὁ Θεὸς μόνος, καὶ Ἰησοῦς Χριστὸς ὁ παῖς[21] σου, καὶ ἡμεῖς λαός σου καὶ πρόβατα τῆς νομῆς[22] σου.

**60:1** Σὺ τὴν ἀέναον[23] τοῦ κόσμου σύστασιν[24] διὰ τῶν ἐνεργουμένων[25] ἐφανεροποίησας· σύ, Κύριε, τὴν οἰκουμένην[26] ἔκτισας,[27] ὁ πιστὸς ἐν πάσαις ταῖς γενεαῖς, δίκαιος ἐν τοῖς

---

[1] παῖς, παιδός, ὁ, ἡ, servant
[2] παιδεύω aor act ind 2s, discipline, educate
[3] ἁγιάζω aor act ind 2s, consecrate, dedicate, sanctify
[4] τιμάω aor act ind 2s, honor, estimate, value
[5] ἀξιόω pres act ind 1p, request, ask
[6] δεσπότης, ου, ὁ, lord, master
[7] βοηθός, όν, helpful
[8] ἀντιλήπτωρ, ορος, ὁ, protector, helper
[9] ταπεινός, ή, όν, humble, lowly, undistinguished
[10] ἐλεέω aor act impv 2s, have compassion, mercy, pity
[11] δέομαι pres mid ptcp m.p.dat., ask, request
[12] ἐπιφαίνω aor pass impv 2s, show, give light to, become apparent, make an appearance
[13] ἀσθενής, ές, sick, ill, weak
[14] ἰάομαι aor mid impv 2s, heal, cure
[15] χορτάζω aor act impv 2s, feed, fill
[16] πεινάω pres act ptcp m.p.acc., hungry, be hungry, hunger for
[17] λυτρόω aor mid impv 2s, redeem, set free, rescue
[18] δέσμιος, ου, ὁ, prisoner
[19] ἐξανίστημι aor act impv 2s, raise up, awake
[20] ὀλιγοψυχέω pres act ptcp m.p.acc., be faint-hearted, discouraged
[21] παῖς, παιδός, ὁ, ἡ, servant
[22] νομή, ῆς, ἡ, pasturage
[23] ἀέναος, ον, ever-flowing, eternal
[24] σύστασις, εως, ἡ, structure, constitution, nature
[25] ἐνεργέω pres mid ptcp n.p.gen., work, be at work, be active
[26] οἰκουμένη, ης, ἡ, inhabited earth, world
[27] κτίζω aor act ind 2s, create

κρίμασιν,¹ θαυμαστὸς² ἐν ἰσχύϊ³ καὶ μεγαλοπρεπείᾳ,⁴ ὁ σοφὸς⁵ ἐν τῷ κτίζειν⁶ καὶ συνετὸς⁷ ἐν τῷ τὰ γενόμενα ἑδράσαι,⁸ ὁ ἀγαθὸς ἐν τοῖς ὁρωμένοις καὶ πιστὸς ἐν τοῖς πεποιθόσιν ἐπὶ σέ, ἐλεῆμον⁹ καὶ οἰκτίρμον,¹⁰ ἄφες ἡμῖν τὰς ἀνομίας¹¹ ἡμῶν καὶ τὰς ἀδικίας¹² καὶ τὰ παραπτώματα¹³ καὶ πλημμελείας.¹⁴ **2** μὴ λογίσῃ πᾶσαν ἁμαρτίαν δούλων σου καὶ παιδισκῶν,¹⁵ ἀλλὰ καθάρισον ἡμᾶς τὸν καθαρισμὸν¹⁶ τῆς σῆς¹⁷ ἀληθείας, καὶ κατεύθυνον¹⁸ τὰ διαβήματα¹⁹ ἡμῶν ἐν ὁσιότητι²⁰ καὶ δικαιοσύνῃ καὶ ἁπλότητι²¹ καρδίας πορεύεσθαι καὶ ποιεῖν τὰ καλὰ καὶ εὐάρεστα²² ἐνώπιόν σου καὶ ἐνώπιον τῶν ἀρχόντων ἡμῶν. **3** ναί, δέσποτα,²³ ἐπίφανον²⁴ τὸ πρόσωπόν σου ἐφ᾽ ἡμᾶς εἰς ἀγαθὰ ἐν εἰρήνῃ, εἰς τὸ σκεπασθῆναι²⁵ ἡμᾶς τῇ χειρί σου τῇ κραταιᾷ²⁶ καὶ ῥυσθῆναι²⁷

---

¹ κρίμα, ατος, τό, judgment, decision, decree
² θαυμαστός, ή, όν, wonderful, marvelous, remarkable
³ ἰσχύς, ύος, ἡ, strength, power, might
⁴ μεγαλοπρέπεια, ας, ἡ, majesty, sublimity
⁵ σοφός, ή, όν, wise, clever, skillful
⁶ κτίζω pres act inf, create
⁷ συνετός, ή, όν, intelligent, sagacious, wise, with good sense
⁸ ἑδράζω aor act inf, establish, fix, settle
⁹ ἐλεήμων, ον, ονος, merciful, sympathetic, compassionate
¹⁰ οἰκτίρμων, ον, merciful, compassionate
¹¹ ἀνομία, ας, ἡ, lawlessness, transgression
¹² ἀδικία, ας, ἡ, wrongdoing, wickedness, injustice
¹³ παράπτωμα, ατος, τό, offense, wrongdoing, sin
¹⁴ πλημμέλεια, ας, ἡ, fault, error, sin, offense
¹⁵ παιδίσκη, ης, ἡ, female slave
¹⁶ καθαρισμός, οῦ, ὁ, purification, cleansing
¹⁷ σός, σή, σόν, your
¹⁸ κατευθύνω aor act impv 2s, lead, direct
¹⁹ διάβημα, ατος, τό, step
²⁰ ὁσιότης, τητος, ἡ, devoutness, piety, holiness
²¹ ἁπλότης, ητος, ἡ, simplicity, sincerity, uprightness
²² εὐάρεστος, ον, pleasing, acceptable
²³ δεσπότης, ου, ὁ, lord, master
²⁴ ἐπιφαίνω aor act impv 2s, show, give light to
²⁵ σκεπάζω aor pass inf, cover, shelter
²⁶ κραταιός, ά, όν, powerful, mighty
²⁷ ῥύομαι aor pass inf, save, rescue, deliver, preserve

## ΚΛΗΜΕΝΤΟΣ Α

ἀπὸ πάσης ἁμαρτίας τῷ βραχίονί¹ σου τῷ ὑψηλῷ·² καὶ ῥῦσαι³ ἡμᾶς ἀπὸ τῶν μισούντων ἡμᾶς ἀδίκως.⁴ **4** δὸς ὁμόνοιαν⁵ καὶ εἰρήνην ἡμῖν τε καὶ πᾶσιν τοῖς κατοικοῦσιν τὴν γῆν, καθὼς ἔδωκας τοῖς πατράσιν ἡμῶν, ἐπικαλουμένων σε αὐτῶν ὁσίως⁶ ἐν πίστει καὶ ἀληθείᾳ, ὥστε σῴζεσθαι ἡμᾶς ὑπηκόους⁷ γινομένους τῷ παντοκράτορι⁸ καὶ παναρέτῳ⁹ ὀνόματί σου, τοῖς τε ἄρχουσιν καὶ ἡγουμένοις¹⁰ ἡμῶν ἐπὶ τῆς γῆς.

**61:1** Σύ, δέσποτα,¹¹ ἔδωκας τὴν ἐξουσίαν τῆς βασιλείας αὐτοῖς διὰ τοῦ μεγαλοπρεποῦς¹² καὶ ἀνεκδιηγήτου¹³ κράτους¹⁴ σου, εἰς τὸ γινώσκοντας ἡμᾶς τὴν ὑπὸ σοῦ αὐτοῖς δεδομένην δόξαν καὶ τιμὴν ὑποτάσσεσθαι αὐτοῖς, μηδὲν ἐναντιουμένους¹⁵ τῷ θελήματί σου· οἷς δός, Κύριε, ὑγείαν,¹⁶ εἰρήνην, ὁμόνοιαν,¹⁷ εὐστάθειαν,¹⁸ εἰς τὸ διέπειν¹⁹ αὐτοὺς τὴν ὑπὸ σοῦ δεδομένην αὐτοῖς ἡγεμονίαν²⁰ ἀπροσκόπως.²¹ **2** σὺ γάρ, δέσποτα²² ἐπουράνιε,²³ βασιλεῦ τῶν αἰώνων, δίδως τοῖς υἱοῖς τῶν ἀνθρώπων δόξαν καὶ τιμὴν καὶ ἐξουσίαν τῶν ἐπὶ τῆς γῆς ὑπαρχόντων· σύ,

---

¹ βραχίων, ονος, ὁ, arm
² ὑψηλός, ή, όν, exalted, high
³ ῥύομαι aor mid impv 2s, save, rescue, deliver, preserve
⁴ ἀδίκως, adv, undeservedly, unjustly
⁵ ὁμόνοια, ας, ἡ, oneness of mind, unanimity, concord, harmony
⁶ ὁσίως, adv, devoutly
⁷ ὑπήκοος, ον, obedient
⁸ παντοκράτωρ, ορος, ὁ, Almighty, All-Powerful, Omnipotent (One)
⁹ πανάρετος, ον, most excellent
¹⁰ ἡγέομαι pres mid ptcp m.p.dat., lead, guide
¹¹ δεσπότης, ου, ὁ, lord, master
¹² μεγαλοπρεπής, ές, magnificent, sublime, majestic, impressive
¹³ ἀνεκδιήγητος, ον, indescribable
¹⁴ κράτος, ους, τό, might, power
¹⁵ ἐναντιόομαι pres mid ptcp m.p.acc., oppose
¹⁶ ὑγεία, ας, ἡ, health
¹⁷ ὁμόνοια, ας, ἡ, oneness of mind, unanimity, concord, harmony
¹⁸ εὐστάθεια, ας, ἡ, tranquility, stability, firmness
¹⁹ διέπω pres act inf, conduct, administer
²⁰ ἡγεμονία, ας, ἡ, chief command, direction, management
²¹ ἀπροσκόπως, adv, without stumbling
²² δεσπότης, ου, ὁ, lord, master
²³ ἐπουράνιος, ον, celestial, heavenly

Κύριε, διεύθυνον¹ τὴν βουλὴν² αὐτῶν κατὰ τὸ καλὸν καὶ εὐάρεστον³ ἐνώπιόν σου, ὅπως διέποντες⁴ ἐν εἰρήνῃ καὶ πραΰτητι⁵ εὐσεβῶς⁶ τὴν ὑπὸ σοῦ αὐτοῖς δεδομένην ἐξουσίαν ἵλεῳ⁷ σου τυγχάνωσιν.⁸ 3 Ὁ μόνος δυνατὸς ποιῆσαι ταῦτα καὶ περισσότερα⁹ ἀγαθὰ μεθ' ἡμῶν, σοι ἐξομολογούμεθα¹⁰ διὰ τοῦ ἀρχιερέως καὶ προστάτου¹¹ τῶν ψυχῶν ἡμῶν Ἰησοῦ Χριστοῦ, δι' οὗ σοι ἡ δόξα καὶ ἡ μεγαλωσύνη¹² καὶ νῦν καὶ εἰς γενεὰν γενεῶν καὶ εἰς τοὺς αἰῶνας τῶν αἰώνων. ἀμήν.

**62:1** Περὶ μὲν τῶν ἀνηκόντων¹³ τῇ θρησκείᾳ¹⁴ ἡμῶν καὶ τῶν ὠφελιμωτάτων¹⁵ εἰς ἐνάρετον¹⁶ βίον¹⁷ τοῖς θέλουσιν εὐσεβῶς¹⁸ καὶ δικαίως¹⁹ διευθύνειν²⁰ τὴν πορείαν²¹ αὐτῶν, ἱκανῶς²² ἐπεστείλαμεν²³ ὑμῖν, ἄνδρες ἀδελφοί. **2** περὶ γὰρ πίστεως καὶ μετανοίας²⁴ καὶ γνησίας²⁵ ἀγάπης καὶ ἐγκρατείας²⁶ καὶ

---

¹ διευθύνω aor act impv 2s, guide, direct, govern
² βουλή, ῆς, ἡ, plan, purpose, intention
³ εὐάρεστος, ον, pleasing, acceptable
⁴ διέπω pres act ptcp m.p.nom., conduct, administer
⁵ πραΰτης, ητος, ἡ, gentleness, humility, courtesy, considerateness, meekness
⁶ εὐσεβῶς, adv, in a godly manner
⁷ ἵλεως, ων, gracious, merciful
⁸ τυγχάνω pres act sub 3p, experience, attain, gain, find
⁹ περισσότερος, τέρα, ον, greater, more, even more
¹⁰ ἐξομολογέω pres mid ind 1p, praise
¹¹ προστάτης, ου, ὁ, benefactor, defender, guardian
¹² μεγαλωσύνη, ης, ἡ, majesty
¹³ ἀνήκω pres act ptcp n.p.gen., refer, relate, belong
¹⁴ θρησκεία, ας, ἡ, religion, worship
¹⁵ ὠφέλιμος, ον, useful, beneficial, advantageous
¹⁶ ἐνάρετος, ον, exceptional, virtuous
¹⁷ βίος, ου, ὁ, life
¹⁸ εὐσεβῶς, adv, in a godly manner
¹⁹ δικαίως, adv, justly, in an upright manner
²⁰ διευθύνω pres act inf, guide, direct, govern
²¹ πορεία, ας, ἡ, journey, trip
²² ἱκανῶς, adv, sufficiently, capably
²³ ἐπιστέλλω aor act ind 1p, inform, instruct by letter, write
²⁴ μετάνοια, ας, ἡ, repentance, turning about, conversion
²⁵ γνήσιος, α, ον, true
²⁶ ἐγκράτεια, είας, ἡ, self-control

## ΚΛΗΜΕΝΤΟΣ Α

σωφροσύνης¹ καὶ ὑπομονῆς πάντα τόπον ἐψηλαφήσαμεν,² ὑπομιμνήσκοντες³ δεῖν ὑμᾶς ἐν δικαιοσύνῃ καὶ ἀληθείᾳ καὶ μακροθυμίᾳ⁴ τῷ παντοκράτορι⁵ Θεῷ ὁσίως⁶ εὐαρεστεῖν,⁷ ὁμονοοῦντας⁸ ἀμνησικάκως⁹ ἐν ἀγάπῃ καὶ εἰρήνῃ μετὰ ἐκτενοῦς¹⁰ ἐπιεικείας,¹¹ καθὼς καὶ οἱ προδεδηλωμένοι¹² πατέρες ἡμῶν εὐηρέστησαν¹³ ταπεινοφρονοῦντες¹⁴ τὰ πρὸς τὸν πατέρα καὶ Θεὸν καὶ κτίστην¹⁵ καὶ πρὸς πάντας ἀνθρώπους. 3 καὶ ταῦτα τοσούτῳ¹⁶ ἥδιον ὑπεμνήσαμεν,¹⁷ ἐπειδὴ¹⁸ σαφῶς¹⁹ ᾔδειμεν γράφειν ἡμᾶς ἀνδράσιν πιστοῖς καὶ ἐλλογιμωτάτοις²⁰ καὶ ἐγκεκυφόσιν²¹ εἰς τὰ λόγια τῆς παιδείας²² τοῦ Θεοῦ.

---

¹ σωφροσύνη, ης, ἡ, reasonableness, rationality
² ψηλαφάω aor act ind 1p, touch, handle
³ ὑπομιμνήσκω pres act ptcp m.p.nom., remind
⁴ μακροθυμία, ας, ἡ, patience, steadfastness, endurance
⁵ παντοκράτωρ, ορος, ὁ, Almighty, All-Powerful, Omnipotent (One)
⁶ ὁσίως, adv, devoutly
⁷ εὐαρεστέω pres act inf, pleasing, take delight
⁸ ὁμονοέω pres act ptcp m.p.acc., be in agreement, live in harmony
⁹ ἀμνησικάκως, adv, without bearing malice
¹⁰ ἐκτενής, ές, eager, earnest
¹¹ ἐπιείκεια, ας, ἡ, clemency, gentleness, graciousness, courtesy, indulgence, tolerance
¹² προδηλόω perf mid ptcp m.p.nom., reveal
¹³ εὐαρεστέω aor act ind 3p, please, take delight
¹⁴ ταπεινοφρονέω pres act ptcp m.p.nom., be modest, unassuming
¹⁵ κτίστης, ου, ὁ, the Creator
¹⁶ τοσοῦτος, αύτη, οῦτον, so many, so much, so great
¹⁷ ὑπομιμνήσκω aor act ind 1p, remind
¹⁸ ἐπειδή, conj, since, when, after
¹⁹ σαφῶς, adv, clearly, exactly, very well
²⁰ ἐλλόγιμος, ον, included, reputable, eminent
²¹ ἐγκύπτω perf act ptcp m.p.dat., close attention, examine
²² παιδεία, ας, ἡ, upbringing, training, instruction, discipline, correction

**63:1** Θεμιτὸν¹ οὖν ἐστὶν τοῖς τοιούτοις καὶ τοσούτοις ὑποδείγμασιν² προσελθόντας ὑποθεῖναι³ τὸν τράχηλον⁴ καὶ τὸν τῆς ὑπακοῆς⁵ τόπον ἀναπληρώσαντας⁶ προσκλιθῆναι⁷ τοῖς ὑπάρχουσιν ἀρχηγοῖς⁸ τῶν ψυχῶν ἡμῶν, ὅπως ἡσυχάσαντες⁹ τῆς ματαίας¹⁰ στάσεως¹¹ ἐπὶ τὸν προκείμενον¹² ἡμῖν ἐν ἀληθείᾳ σκοπὸν¹³ δίχα¹⁴ παντὸς μώμου¹⁵ καταντήσωμεν.¹⁶ **2** χαρὰν γὰρ καὶ ἀγαλλίασιν¹⁷ ἡμῖν παρέξετε,¹⁸ ἐὰν ὑπήκοοι¹⁹ γενόμενοι τοῖς ὑφ' ἡμῶν γεγραμμένοις διὰ τοῦ ἁγίου πνεύματος ἐκκόψητε²⁰ τὴν ἀθέμιτον²¹ τοῦ ζήλους²² ὑμῶν ὀργὴν κατὰ τὴν ἔντευξιν²³ ἣν ἐποιησάμεθα περὶ εἰρήνης καὶ ὁμονοίας²⁴ ἐν τῇδε τῇ ἐπιστολῇ.²⁵ **3** Ἐπέμψαμεν δὲ καὶ ἄνδρας πιστοὺς καὶ σώφρονας²⁶ ἀπὸ

---

¹ θεμιτός, ή, όν, allowed, permitted, right
² ὑπόδειγμα, ατος, τό, example, model, pattern
³ ὑποτίθημι aor act inf, lay down, make known, teach
⁴ τράχηλος, ου, ὁ, neck, throat
⁵ ὑπακοή, ῆς, ἡ, obedience
⁶ ἀναπληρόω aor act ptcp m.p.acc., make complete, fulfill, fill a gap, replace
⁷ προσκλίνω aor pass inf, attach oneself to, join someone
⁸ ἀρχηγός, οῦ, ὁ, leader, ruler, prince
⁹ ἡσυχάζω aor act ptcp m.p.nom., rest, be peaceable/orderly
¹⁰ μάταιος, αία, αιον, idle, empty, fruitless, useless, powerless
¹¹ στάσις, εως, ἡ, rebellion, uprising, riot, revolt
¹² πρόκειμαι pres mid ptcp m.s.acc., be exposed, lie before, present
¹³ σκοπός, οῦ, ὁ, goal, mark
¹⁴ δίχα, adv, without, apart from
¹⁵ μῶμος, ου, ὁ, blame, defect, blemish
¹⁶ καταντάω aor act sub 1p, come, arrive, reach, meet
¹⁷ ἀγαλλίασις, εως, ἡ, exultation
¹⁸ παρέχω fut act ind 2p, give up, grant, show
¹⁹ ὑπήκοος, ον, obedient
²⁰ ἐκκόπτω aor act sub 2p, cut off, cut down, exterminate
²¹ ἀθέμιτος, ον, not allowed, forbidden, wanton, disgusting, unseemly
²² ζῆλος, ου, ὁ, jealousy, zeal
²³ ἔντευξις, εως, ἡ, petition, request, prayer
²⁴ ὁμόνοια, ας, ἡ, harmony, unanimity, concord
²⁵ ἐπιστολή, ῆς, ἡ, letter, epistle
²⁶ σώφρων, ον, ονος, prudent, thoughtful, self-controlled

νεότητος¹ ἀναστραφέντας² ἕως γήρους³ ἀμέμπτως⁴ ἐν ἡμῖν, οἵτινες καὶ μάρτυρες ἔσονται μεταξὺ⁵ ὑμῶν καὶ ἡμῶν. 4 τοῦτο δὲ ἐποιήσαμεν ἵνα εἰδῆτε ὅτι πᾶσα ἡμῖν φροντὶς⁶ καὶ γέγονεν καὶ ἔστιν εἰς τὸ ἐν τάχει⁷ ὑμᾶς εἰρηνεῦσαι.⁸

**64:1** Λοιπὸν ὁ παντεπόπτης⁹ Θεὸς καὶ δεσπότης¹⁰ τῶν πνευμάτων καὶ Κύριος πάσης σαρκός, ὁ ἐκλεξάμενος¹¹ τὸν Κύριον Ἰησοῦν Χριστὸν καὶ ἡμᾶς δι' αὐτοῦ εἰς λαὸν περιούσιον,¹² δῴη πάσῃ ψυχῇ ἐπικεκλημένῃ¹³ τὸ μεγαλοπρεπὲς¹⁴ καὶ ἅγιον ὄνομα αὐτοῦ πίστιν, φόβον, εἰρήνην, ὑπομονὴν,¹⁵ μακροθυμίαν,¹⁶ ἐγκράτειαν,¹⁷ ἁγνείαν¹⁸ καὶ σωφροσύνην,¹⁹ εἰς εὐαρέστησιν²⁰ τῷ ὀνόματι αὐτοῦ διὰ τοῦ ἀρχιερέως καὶ προστάτου²¹ ἡμῶν Ἰησοῦ Χριστοῦ, δι' οὗ αὐτῷ δόξα καὶ μεγαλωσύνη,²² κράτος²³ καὶ τιμή, καὶ νῦν καὶ εἰς πάντας τοὺς αἰῶνας τῶν αἰώνων, ἀμήν.

---

[1] νεότης, τητος, ἡ, state of youthfulness, youth
[2] ἀναστρέφω aor pass ptcp m.p.acc., live, act, behave, conduct oneself
[3] γῆρας, ως or ους, τό, old age
[4] ἀμέμπτως, adv, blamelessly
[5] μεταξύ, impr prep, between, in the middle, next
[6] φροντίς, ίδος, ἡ, reflection, thought, care, concern
[7] τάχος, ους, τό, speed, quickness, swiftness, haste
[8] εἰρηνεύω aor act inf, reconcile, live in peace
[9] παντεπόπτης, ου, ὁ, one who sees all, one who is all-seeing
[10] δεσπότης, ου, ὁ, lord, master
[11] ἐκλέγομαι aor mid ptcp m.s.nom., choose, select
[12] περιούσιος, ον, chosen, special
[13] ἐπικαλέω perf mid ptcp f.s.dat., call upon, call out
[14] μεγαλοπρεπής, ές, magnificent, sublime, majestic, impressive
[15] ὑπομονή, ῆς, ἡ, patience, endurance, fortitude, steadfastness, perseverance
[16] μακροθυμία, ας, ἡ, patience, steadfastness, endurance
[17] ἐγκράτεια, είας, ἡ, self-control
[18] ἁγνεία, ας, ἡ, purity, chastity
[19] σωφροσύνη, ης, ἡ, reasonableness, rationality, good judgment
[20] εὐαρέστησις, εως, ἡ, being pleased
[21] προστάτης, ου, ὁ, defender, guardian, benefactor
[22] μεγαλωσύνη, ης, ἡ, majesty
[23] κράτος, ους, τό, might, power

## ΚΛΗΜΕΝΤΟΣ Α

**65:1** Τοὺς δὲ ἀπεσταλμένους ἀφ' ἡμῶν Κλαύδιον[1] Ἔφηβον[2] καὶ Οὐαλέριον[3] Βίτωνα[4] σὺν καὶ Φορτουνάτῳ[5] ἐν εἰρήνῃ μετὰ χαρᾶς ἐν τάχει[6] ἀναπέμψατε[7] πρὸς ἡμᾶς, ὅπως θᾶττον[8] τὴν εὐκταίαν[9] καὶ ἐπιποθήτην[10] ἡμῖν εἰρήνην καὶ ὁμόνοιαν[11] ἀπαγγέλλωσιν, εἰς τὸ τάχιον[12] καὶ ἡμᾶς χαρῆναι περὶ τῆς εὐσταθείας[13] ὑμῶν.

**65:2** Ἡ χάρις τοῦ Κυρίου ἡμῶν Ἰησοῦ Χριστοῦ μεθ' ὑμῶν καὶ μετὰ πάντων πανταχῇ[14] τῶν κεκλημένων ὑπὸ τοῦ Θεοῦ καὶ δι' αὐτοῦ, δι' οὗ αὐτῷ δόξα, τιμή, κράτος[15] καὶ μεγαλωσύνη,[16] θρόνος αἰώνιος ἀπὸ τῶν αἰώνων εἰς τοὺς αἰῶνας τῶν αἰώνων. ἀμήν.

---

[1] Κλαύδιος, ου, ὁ, Claudius
[2] Ἔφηβος, ου, ὁ, Ephebus
[3] Οὐαλέριος, ου, ὁ, Valerius
[4] Βίτων, ωνος, ὁ, Bito
[5] Φορτουνᾶτος, ου, ὁ, Fortunatus
[6] τάχος, ους, τό, speed, quickness, swiftness, haste
[7] ἀναπέμπω aor act impv 2p, send up, send, send back
[8] ταχέως, adv, quickly, soon
[9] εὐταῖος, α, ον, prayed for, wished for
[10] ἐπιπόθητος, ον, longed for, desired
[11] ὁμόνοια, ας, ἡ, harmony, oneness of mind, unanimity, concord
[12] ταχύς, εῖα, ύ, quick, swift, speedy
[13] εὐστάθεια, ας, ἡ, good disposition, tranquility, stability, firmness
[14] πανταχῇ, adv, everywhere
[15] κράτος, ους, τό, might, power
[16] μεγαλωσύνη, ης, ἡ, majesty

# 2 Clement

APOSTOLIC FATHERS GREEK READER

VOLUME 4

# 2 Clement

## An Introduction

It is commonplace to describe 2 Clement as being neither a letter nor by Clement of Rome, who wrote the first epistle assigned to him. It is clearly a sermon, given to an audience that was once idolatrous in its worship (2 Clem. 1.6; 3.1). An attractive suggestion as to the occasion of the sermon was made by J. B. Lightfoot (1828–1889) in his nineteenth-century edition of the Clementine texts. He suggested that the sermon was given to the Corinthian congregation between AD 120–140, and that being a memorable homily it was preserved along with 1 Clement, and eventually took the name of the letter's author as its own.[1] K. P. Donfried has built upon this compelling hypothesis in his *The Setting of Second Clement in Early Christianity* where he argues that 2 Clement is actually a sermon by one of the elders who had been dismissed by the Corinthian congregation, a situation addressed in 1 Clement. The latter missive had been successful in securing the reinstatement of the elders, and 2 Clement is the homiletic response by one of these elders after he had been reinstated.[2] If Donfried is right, then the homily must be assigned the date that has been given to 1 Clement, which would be around AD 96. But as Lightfoot rightly noted at the conclusion of his own reflections on the provenance of the homily, "we must be content to remain ... in ignorance of the author; nor is it likely now that the veil will ever be withdrawn."[3]

---

[1] J. B. Lightfoot, ed. and trans., *The Apostolic Fathers: Clement, Ignatius, and Polycarp* (1889–1890 ed.; repr. Grand Rapids: Baker, 1981), 194–208 (2 Clem. 1.2).

[2] Karl Paul Donfried, *The Setting of Second Clement in Early Christianity*, NovTSup 38 (Leiden: Brill, 1974), 1–48. See also Karl Paul Donfried, "The Theology of Second Clement," *Harvard Theological Review* 66 (1973): 498–500.

[3] Lightfoot, ed. and trans., *Apostolic Fathers*, 208 (1.2).

*Theology*

Donfried observed that the homily falls into three clearly distinct sections.[1] First, 2 Clem. 1.1–2.7 presents the author/preacher as leading his hearers/readers in a personal mini-reflection on God's saving work in Jesus Christ (2 Clem. 1.2; "how much suffering Jesus Christ endured for our sake"), which forms the theological foundation for the hortatory section that follows in 3.1–14.5. This exhortation is clearly the heart of the text, in which the congregation is encouraged to pursue ardently "holy and righteous works" (2 Clem. 6.9). The final section, 2 Clem. 15.1–18.2, provides eschatological reasons for living a holy life. The text concludes with some general exhortations and a doxology (2 Clem. 19–20).

Donfried rightly noted that the high incidence of participles in the first section—"eleven participles employed within four verses"—marks this section off as unique in the text of 2 Clement.[2] It is definitely a theological confession, which Donfried has further suggested originates from the congregation being addressed in 2 Clement. Donfried has argued that there is some tension between the stress on the present reality of salvation as emphasized in this confession and the ethical demands insisted upon by the author/preacher as necessary if salvation is going to be a future eschatological reality.[3] Donfried attributes this tension to the author/preacher's attempt to correct an over-realized, almost Gnostic, eschatology of the congregation he addresses.

In the exhortatory second section, baptism is depicted as "a seal" (2 Clem. 7.6), but the author/preacher insists that a holy life is the way to keeping one's "baptism pure and undefiled" (2 Clem. 6.9). If the seal of baptism is not preserved, therefore, the baptizand can only expect a fiery judgment (2 Clem. 7.6; see also 8.6). Second Clement 14 brings this paraensis to a climax, "guard the flesh," which is interpreted in the context to mean, "in order that you [the church] may receive the Spirit" (14.3). The gift of the Spirit is dependent upon living in this way of

---

[1] Donfried, "Theology of Second Clement," 487–88.
[2] Donfried, "Theology of Second Clement," 488–89.
[3] Donfried, "Theology of Second Clement," 489–91.

holiness so as not to violate the purity of the church.[1] Donfried states it well: "Instead of the obedience of faith nurtured by the Spirit, a *nova lex*, a new Christian morality appears which in essence is little different from that which was practiced in Hellenistic Judaism."[2]

*Text*

Second Clement exists in three MS copies, all of which also are accompanied with 1 Clement. The most famous of these copies is Codex Alexandrinus from the fifth-century. (See the introduction to 1 Clement for details about this codex.) Only the first twelve chapters can be found in this codex. The entirety of the text is found in Codex Hierosolymitanus (AD 1056). Then there is an extant Syriac translation (AD 1169–1170).[3]

Michael A. G. Haykin

---

[1] Donfried, "Theology of Second Clement," 494–95.
[2] Donfried, "Theology of Second Clement," 498.
[3] R. H. Kennet and R. L. Bensly, *The Epistles of S. Clement to the Corinthians in Syriac* (Cambridge: Cambridge University Press, 1899).

# ADDITIONAL RESOURCES FOR FURTHER STUDY

## 2 Clement

Donfried, Karl Paul. "The Theology of Second Clement," *Harvard Theological Review* 66 (1973): 487–501.

———. *The Setting of Second Clement in Early Christianity.* NTS 171. Leiden: Brill, 1974.

Erhman, Bart D. *The Apostolic Fathers, Vol. 1.* Edited by Jeffrey Henderson. LCL 24. Cambridge: Harvard University Press, 2003.

Grant, Robert M. and Holt H. Graham. *The Apostolic Fathers: A New Translation and Commentary.* Vol. 2. New York: Thomas Nelson, 1965.

Lightfoot J. B. ed. and trans. *The Apostolic Fathers: Clement, Ignatius, and Polycarp.* 1889–1890 edition. Reproduced by Grand Rapids: Baker Books, 1981.

Lindemann, Andreas. *Die Clemensbriefe.* Handbuch zum Neuen Testament 17. Tübingen: Mohr Siebeck, 1992.

Louth, Andrew. *Early Christian Writings: The Apostolic Fathers.* Translated by Maxwell Staniforth. 1968 edition. Reproduced by Hardmondsworth, Middlesex: Penguin, 1987.

Pratscher, Wilhelm. *Der Zweite Clemnsbrief.* Kommentar zu den Apostolischen Vätern 3. Götttingen: Vandenhoeck & Ruprecht, 2007.

Tuckett, Christopher, eds. *2 Clement: Introduction, Text, and Commentary.* Oxford Apostolic Fathers. Oxford: Oxford University Press, 2012.

# ΚΛΗΜΕΝΤΟΣ
## ΠΡΟΣ ΚΟΡΙΝΘΙΟΥΣ Β

**1:1** ἈΔΕΛΦΟΙ, οὕτως δεῖ ἡμᾶς φρονεῖν[1] περὶ Ἰησοῦ Χριστοῦ, ὡς περὶ Θεοῦ, ὡς περὶ κριτοῦ[2] ζώντων καὶ νεκρῶν. καὶ οὐ δεῖ ἡμᾶς μικρὰ φρονεῖν[3] περὶ τῆς σωτηρίας ἡμῶν· **2** ἐν τῷ γὰρ φρονεῖν[4] ἡμᾶς μικρὰ περὶ αὐτοῦ, μικρὰ καὶ ἐλπίζομεν λαβεῖν. καὶ οἱ ἀκούοντες ὡς περὶ μικρῶν ἁμαρτάνουσιν, καὶ ἡμεῖς ἁμαρτάνομεν, οὐκ εἰδότες πόθεν[5] ἐκλήθημεν καὶ ὑπὸ τίνος καὶ εἰς ὃν τόπον, καὶ ὅσα ὑπέμεινεν[6] Ἰησοῦς Χριστὸς παθεῖν ἕνεκα[7] ἡμῶν. **3** τίνα οὖν ἡμεῖς αὐτῷ δώσομεν ἀντιμισθίαν,[8] ἢ τίνα καρπὸν ἄξιον οὗ ἡμῖν αὐτὸς ἔδωκεν; πόσα[9] δὲ αὐτῷ ὀφείλομεν ὅσια;[10] **4** τὸ φῶς γὰρ ἡμῖν ἐχαρίσατο,[11] ὡς πατὴρ υἱοὺς ἡμᾶς προσηγόρευσεν,[12] ἀπολλυμένους ἡμᾶς ἔσωσεν. **5** ποῖον οὖν αἶνον[13] αὐτῷ δώσωμεν ἢ μισθὸν[14] ἀντιμισθίας[15] ὧν ἐλάβομεν; **6** πηροὶ[16] ὄντες τῇ διανοίᾳ,[17] προσκυνοῦντες λίθους καὶ ξύλα[18] καὶ χρυσὸν[19] καὶ ἄργυρον,[20] καὶ χαλκόν,[21] ἔργα ἀνθρώπων· καὶ ὁ βίος[22] ἡμῶν ὅλος ἄλλο οὐδὲν ἦν εἰ μὴ θάνατος. ἀμαύρωσιν[23] οὖν περικείμενοι[24] καὶ τοιαύτης ἀχλύος[25]

---

[1] φρονέω pres act inf, think
[2] κριτής, οῦ, ὁ, judge
[3] φρονέω pres act inf, think
[4] φρονέω pres act inf, think
[5] πόθεν, adv, from what, from where
[6] ὑπομένω aor act ind 3s, endure
[7] ἕνεκα, adv, because of, for the sake of
[8] ἀντιμισθία, ας, ἡ, recompense, exchange
[9] πόσος, η, ον, how much, many
[10] ὅσιος, ία, ον, holy (things, deeds)
[11] χαρίζομαι aor mid ind 3s, give graciously
[12] προσαγορεύω aor act ind 3s, address, call
[13] αἶνος, ου, ὁ, praise
[14] μισθός, οῦ, ὁ, reward
[15] ἀντιμισθία, ας, ἡ, recompense, exchange
[16] πηρός, ά, όν, weakened, blind
[17] διάνοια, ας, ἡ, understanding
[18] ξύλον, ου, τό, wood
[19] χρυσός, οῦ, ὁ, gold
[20] ἄργυρος, ου, ὁ, silver
[21] χαλκός, οῦ, ὁ, brass, bronze
[22] βίος, ου, ὁ, life
[23] ἀμαύρωσις, εως, ἡ, dimness, darkening
[24] περίκειμαι pres mid/pass ptcp m.p.nom., blanketed, surrounded
[25] ἀχλύς, ύος, ἡ, mistiness

γέμοντες¹ ἐν τῇ ὁράσει,² ἀνεβλέψαμεν³ ἀποθέμενοι⁴ ἐκεῖνο ὃ περικείμεθα⁵ νέφος⁶ τῇ αὐτοῦ θελήσει.⁷ **7** ἠλέησεν⁸ γὰρ ἡμᾶς καὶ σπλαγχνισθεὶς⁹ ἔσωσεν, θεασάμενος¹⁰ ἐν ἡμῖν πολλὴν πλάνην¹¹ καὶ ἀπώλειαν,¹² καὶ μηδεμίαν ἐλπίδα ἔχοντας σωτηρίας εἰ μὴ τὴν παρ' αὐτοῦ. **8** ἐκάλεσεν γὰρ ἡμᾶς οὐκ ὄντας καὶ ἠθέλησεν ἐκ μὴ ὄντος εἶναι ἡμᾶς.

**2:1** Εὐφράνθητι,¹³ στεῖρα¹⁴ ἡ οὐ τίκτουσα·¹⁵ ῥῆξον¹⁶ καὶ βόησον,¹⁷ ἡ οὐκ ὠδίνουσα,¹⁸ ὅτι πολλὰ τὰ τέκνα τῆς ἐρήμου μᾶλλον ἢ τῆς ἐχούσης τὸν ἄνδρα. Ὃ εἶπεν· εὐφράνθητι,¹⁹ στεῖρα²⁰ ἡ οὐ τίκτουσα,²¹ ἡμᾶς εἶπεν· στεῖρα²² γὰρ ἦν ἡ ἐκκλησία ἡμῶν πρὸ τοῦ δοθῆναι αὐτῇ τέκνα. **2** ὃ δὲ εἶπεν· Βόησον,²³ ἡ οὐκ ὠδίνουσα,²⁴ τοῦτο λέγει· τὰς προσευχὰς ἡμῶν ἁπλῶς²⁵ ἀναφέρειν²⁶ πρὸς τὸν

---

¹ γέμω pres act ptcp m.p.nom., be full
² ὅρασις, εως, ἡ, eye
³ ἀναβλέπω aor act ind 1p, regain sight
⁴ ἀποτίθημι aor mid ptcp m.p.nom., take off, lay aside, rid oneself of
⁵ περίκειμαι pres mid/pass ind 1p, blanketed, surrounded
⁶ νέφος, ους, τό, cloud
⁷ θέλησις, εως, ἡ, will
⁸ ἐλεέω aor act ind 3s, have compassion, mercy on
⁹ σπλαγχνίζομαι aor pass ptcp m.s.nom., have pity, feel sympathy
¹⁰ θεάομαι aor mid ptcp m.s.nom., see, perceive
¹¹ πλάνη, ης, ἡ, error, deception, delusion
¹² ἀπώλεια, ας, ἡ, destruction, ruin
¹³ εὐφραίνω aor pass impv 2s, be glad, rejoice
¹⁴ στεῖρα, ας, ἡ, barren, infertile
¹⁵ τίκτω aor act ptcp f.s.nom., give birth, bear
¹⁶ ῥήγνυμι aor act impv 2s, break forth, let loose
¹⁷ βοάω aor act impv 2s, shout, cry out
¹⁸ ὠδίνω aor act ptcp f.s.nom., have birth pains
¹⁹ εὐφραίνω aor pass impv 2s, be glad, rejoice
²⁰ στεῖρα, ας, ἡ, barren, infertile
²¹ τίκτω aor act ptcp f.s.nom., give birth, bear
²² στεῖρα, ας, ἡ, barren, infertile
²³ βοάω aor act impv 2s, shout, cry out
²⁴ ὠδίνω aor act ptcp f.s.nom., have birth pains
²⁵ ἁπλῶς, adv, simply
²⁶ ἀναφέρω pres act inf, offer up

Θεόν, μὴ ὡς αἱ ὠδίνουσαι¹ ἐγκακῶμεν.² **3** ὁ δὲ εἶπεν· Ὅτι πολλὰ τὰ τέκνα τῆς ἐρήμου μᾶλλον ἢ τῆς ἐχούσης τὸν ἄνδρα, ἐπεὶ³ ἔρημος ἐδόκει εἶναι ἀπὸ τοῦ Θεοῦ ὁ λαὸς ἡμῶν, νυνὶ⁴ δὲ πιστεύσαντες πλείονες ἐγενόμεθα τῶν δοκούντων ἔχειν Θεόν. **4** καὶ ἑτέρα δὲ γραφὴ λέγει ὅτι Οὐκ ἦλθον καλέσαι δικαίους, ἀλλὰ ἁμαρτωλούς. **5** τοῦτο λέγει· ὅτι δεῖ τοὺς ἀπολλυμένους σῴζειν. **6** ἐκεῖνο γάρ ἐστιν μέγα καὶ θαυμαστόν,⁵ οὐ τὰ ἑστῶτα στηρίζειν⁶ ἀλλὰ τὰ πίπτοντα. **7** οὕτως καὶ ὁ Χριστὸς ἠθέλησεν σῶσαι τὰ ἀπολλύμενα, καὶ ἔσωσεν πολλούς, ἐλθὼν καὶ καλέσας ἡμᾶς ἤδη ἀπολλυμένους.

**3:1** Τοσοῦτον⁷ οὖν ἔλεος⁸ ποιήσαντος αὐτοῦ εἰς ἡμᾶς· πρῶτον μέν, ὅτι ἡμεῖς οἱ ζῶντες τοῖς νεκροῖς θεοῖς οὐ θύομεν⁹ καὶ οὐ προσκυνοῦμεν αὐτοῖς, ἀλλὰ ἔγνωμεν δι' αὐτοῦ τὸν πατέρα τῆς ἀληθείας· τίς ἡ γνῶσις¹⁰ ἡ πρὸς αὐτόν, ἢ τὸ μὴ ἀρνεῖσθαι δι' οὗ ἔγνωμεν αὐτόν; **2** λέγει δὲ καὶ αὐτός· Τὸν ὁμολογήσαντά¹¹ με ἐνώπιον τῶν ἀνθρώπων, ὁμολογήσω¹² αὐτὸν ἐνώπιον τοῦ πατρός μου. **3** Οὗτος οὖν ἐστὶν ὁ μισθὸς¹³ ἡμῶν, ἐὰν οὖν ὁμολογήσωμεν¹⁴ δι' οὗ ἐσώθημεν. **4** ἐν τίνι δὲ αὐτὸν ὁμολογοῦμεν;¹⁵ ἐν τῷ ποιεῖν ἃ λέγει καὶ μὴ παρακούειν¹⁶ αὐτοῦ τῶν ἐντολῶν, καὶ μὴ μόνον

---

¹ ὠδίνω pres act ptcp f.p.nom., have birth pains
² ἐγκακέω pres act sub 1p, be afraid
³ ἐπεί,, conj, since, because, for
⁴ νυνί, adv, now
⁵ θαυμαστός, ή, όν, wonderful, remarkable, marvelous
⁶ στηρίζω pres act inf, confirm, establish, strengthen
⁷ τοσοῦτος, αύτη, οῦτον, so great/strong
⁸ ἔλεος, ους, τό, mercy, clemency
⁹ θύω pres act ind 1p, sacrifice
¹⁰ γνῶσις, εως, ἡ, knowledge
¹¹ ὁμολογέω aor act ptcp m.s.acc., acknowledge, profess
¹² ὁμολογέω fut act ind 1s, acknowledge, profess
¹³ μισθός, οῦ, ὁ, reward
¹⁴ ὁμολογέω aor act sub 1p, acknowledge, profess
¹⁵ ὁμολογέω pres act ind 1p, acknowledge, profess
¹⁶ παρακούω pres act inf, refuse to listen to, disobey

χείλεσιν¹ αὐτὸν τιμᾶν² ἀλλὰ ἐξ ὅλης καρδίας καὶ ἐξ ὅλης τῆς διανοίας.³ **5** λέγει δὲ καὶ ἐν τῷ Ἡσαΐᾳ·⁴ Ὁ λαὸς οὗτος τοῖς χείλεσίν⁵ με τιμᾷ,⁶ ἡ δὲ καρδία αὐτῶν πόρρω⁷ ἄπεστιν⁸ ἀπ' ἐμοῦ.

**4:1** Μὴ μόνον οὖν αὐτὸν καλῶμεν Κύριον, οὐ γὰρ τοῦτο σώσει ἡμᾶς. **2** λέγει γάρ· Οὐ πᾶς ὁ λέγων μοι, Κύριε, Κύριε, σωθήσεται, ἀλλ' ὁ ποιῶν τὴν δικαιοσύνην. **3** ὥστε οὖν, ἀδελφοί, ἐν τοῖς ἔργοις αὐτὸν ὁμολογῶμεν,⁹ ἐν τῷ ἀγαπᾶν ἑαυτούς, ἐν τῷ μὴ μοιχᾶσθαι¹⁰ μηδὲ καταλαλεῖν¹¹ ἀλλήλων μηδὲ ζηλοῦν,¹² ἀλλ' ἐγκρατεῖς¹³ εἶναι, ἐλεήμονας,¹⁴ ἀγαθούς· καὶ συμπάσχειν¹⁵ ἀλλήλοις ὀφείλομεν, καὶ μὴ φιλαργυρεῖν.¹⁶ ἐν τούτοις τοῖς ἔργοις ὁμολογῶμεν¹⁷ αὐτὸν καὶ μὴ ἐν τοῖς ἐναντίοις.¹⁸ **4** καὶ οὐ δεῖ ἡμᾶς φοβεῖσθαι τοὺς ἀνθρώπους μᾶλλον ἀλλὰ τὸν Θεόν. **5** διὰ τοῦτο, ταῦτα ὑμῶν πρασσόντων, εἶπεν ὁ Κύριος· Ἐὰν ἦτε μετ' ἐμοῦ συνηγμένοι ἐν τῷ κόλπῳ¹⁹ μου καὶ μὴ ποιῆτε τὰς ἐντολάς μου, ἀποβαλῶ²⁰ ὑμᾶς καὶ ἐρῶ ὑμῖν· Ὑπάγετε ἀπ' ἐμοῦ, οὐκ οἶδα ὑμᾶς πόθεν²¹ ἐστέ, ἐργάται²² ἀνομίας.²³

---

[1] χεῖλος, ους, τό, lips
[2] τιμάω pres act inf, honor
[3] διάνοια, ας, ἡ, understanding
[4] Ἡσαΐας, ου, ὁ, Isaiah
[5] χεῖλος, ους, τό, lips
[6] τιμάω pres act ind 3s, honor
[7] πόρρω, adv, far (away)
[8] ἄπειμι pres act ind 3s, be absent/away
[9] ὁμολογέω pres act sub 1p, acknowledge, profess
[10] μοιχάω pres mid/pass inf, commit adultery
[11] καταλαλέω pres act inf, slander
[12] ζηλόω pres act inf, be filled with envy, jealousy
[13] ἐγκρατής, ές, self-controlled
[14] ἐλεήμων, ον, merciful
[15] συμπάσχω pres act inf, have sympathy
[16] φιλαργυρέω pres act inf, love money
[17] ὁμολογέω pres act sub 1p, acknowledge, profess
[18] ἐναντίος, α, ον, contrary, opposed
[19] κόλπος, ου, ὁ, bosom
[20] ἀποβάλλω fut act ind 1s, reject, throw away
[21] πόθεν, adv, from where
[22] ἐργάτης, ου, τό, doer
[23] ἀνομία, ας, ἡ, lawlessness

**5:1** Ὅθεν,[1] ἀδελφοί, καταλείψαντες[2] τὴν παροικίαν[3] τοῦ κόσμου τούτου ποιήσωμεν τὸ θέλημα τοῦ καλέσαντος ἡμᾶς, καὶ μὴ φοβηθῶμεν ἐξελθεῖν ἐκ τοῦ κόσμου τούτου. **2** λέγει γὰρ ὁ Κύριος· Ἔσεσθε ὡς ἀρνία ἐν μέσῳ λύκων.[4] **3** ἀποκριθεὶς δὲ ὁ Πέτρος αὐτῷ λέγει· Ἐὰν οὖν διασπαράξωσιν[5] οἱ λύκοι[6] τὰ ἀρνία; **4** εἶπεν ὁ Ἰησοῦς τῷ Πέτρῳ· Μὴ φοβείσθωσαν τὰ ἀρνία τοὺς λύκους[7] μετὰ τὸ ἀποθανεῖν αὐτά· καὶ ὑμεῖς μὴ φοβεῖσθε τοὺς ἀποκτέννοντας ὑμᾶς καὶ μηδὲν ὑμῖν δυναμένους ποιεῖν, ἀλλὰ φοβεῖσθε τὸν μετὰ τὸ ἀποθανεῖν ὑμᾶς ἔχοντα ἐξουσίαν ψυχῆς καὶ σώματος τοῦ βαλεῖν εἰς γέενναν[8] πυρός. **5** Καὶ γινώσκετε, ἀδελφοί, ὅτι ἡ ἐπιδημία[9] ἡ ἐν τῷ κόσμῳ τούτῳ τῆς σαρκὸς ταύτης μικρά ἐστιν καὶ ὀλιγοχρόνιος,[10] ἡ δὲ ἐπαγγελία τοῦ Χριστοῦ μεγάλη καὶ θαυμαστή[11] ἐστιν· καὶ ἀνάπαυσις[12] τῆς μελλούσης βασιλείας καὶ ζωῆς αἰωνίου. **6** τί οὖν ἐστιν ποιήσαντας ἐπιτυχεῖν[13] αὐτῶν, εἰ μὴ τὸ ὁσίως[14] καὶ δικαίως[15] ἀναστρέφεσθαι[16] καὶ τὰ κοσμικὰ[17] ταῦτα ὡς ἀλλότρια[18] ἡγεῖσθαι[19] καὶ μὴ ἐπιθυμεῖν[20] αὐτῶν; **7** ἐν γὰρ τῷ ἐπιθυμεῖν[21] ἡμᾶς κτήσασθαι[22] ταῦτα ἀποπίπτομεν[23] τῆς ὁδοῦ τῆς δικαίας.

---

[1] ὅθεν, adv, for which reason
[2] καταλείπω aor act ptcp m.p.nom., give up
[3] παροικία, ας, ἡ, sojourn, stay
[4] λύκος, ου, ὁ, wolf
[5] διασπαράσσω aor act sub 3p, tear in pieces
[6] λύκος, ου, ὁ, wolf
[7] λύκος, ου, ὁ, wolf
[8] γέεννα, ης, ἡ, Gehenna, hell
[9] ἐπιδημία, ας, ἡ, sojourn, stay
[10] ὀλιγοχρόνιος, ον, short duration, short-lived
[11] θαυμαστός, ή, όν, wonderful, marvelous, remarkable
[12] ἀνάπαυσις, εως, ἡ, rest, relief
[13] ἐπιτυγχάνω aor act inf, reach
[14] ὁσίως, adv, devoutly
[15] δικαίως, adv, justly
[16] ἀναστρέφω pres mid/pass inf, conduct oneself, behave
[17] κοσμικός, ή, όν, earthly
[18] ἀλλότριος, ία, ον, strange, not one's own
[19] ἡγέομαι pres mid/pass inf, consider, regard
[20] ἐπιθυμέω pres act inf, long for, desire
[21] ἐπιθυμέω pres act inf, long for, desire
[22] κτάομαι aor mid inf, acquire, get
[23] ἀποπίπτω pres act ind 1p, deviate, fall from

## ΚΛΗΜΕΝΤΟΣ Β

**6:1** Λέγει δὲ ὁ Κύριος· Οὐδεὶς οἰκέτης[1] δύναται δυσὶ κυρίοις δουλεύειν.[2] ἐὰν ἡμεῖς θέλωμεν καὶ Θεῷ δουλεύειν[3] καὶ μαμωνᾷ,[4] ἀσύμφορον[5] ἡμῖν ἐστίν. **2** τί γὰρ τὸ ὄφελος,[6] ἐάν τις τὸν κόσμον ὅλον κερδήσῃ[7] τὴν δὲ ψυχὴν ζημιωθῇ;[8] **3** ἔστιν δὲ οὗτος ὁ αἰὼν καὶ ὁ μέλλων δύο ἐχθροί. **4** οὗτος λέγει μοιχείαν[9] καὶ φθορὰν[10] καὶ φιλαργυρίαν[11] καὶ ἀπάτην,[12] ἐκεῖνος δὲ τούτοις ἀποτάσσεται.[13] **5** οὐ δυνάμεθα οὖν τῶν δύο φίλοι[14] εἶναι· δεῖ δὲ ἡμᾶς τούτῳ ἀποταξαμένους[15] ἐκείνῳ χρᾶσθαι.[16] **6** οἰόμεθα[17] ὅτι βέλτιόν[18] ἐστιν τὰ ἐνθάδε[19] μισῆσαι, ὅτι μικρὰ καὶ ὀλιγοχρόνια[20] καὶ φθαρτά,[21] ἐκεῖνα δὲ ἀγαπῆσαι, τὰ ἀγαθὰ τὰ ἄφθαρτα.[22] **7** ποιοῦντες γὰρ τὸ θέλημα τοῦ Χριστοῦ εὑρήσομεν ἀνάπαυσιν·[23] εἰ δὲ μήγε,[24] οὐδὲν ἡμᾶς ῥύσεται[25] ἐκ τῆς αἰωνίου κολάσεως,[26] ἐὰν παρακούσωμεν[27] τῶν ἐντολῶν αὐτοῦ. **8** λέγει δὲ καὶ ἡ γραφὴ ἐν τῷ Ἰεζεκιὴλ[28] ὅτι Ἐὰν ἀναστῇ Νῶε[29] καὶ Ἰὼβ[30] καὶ Δανιήλ,[31] οὐ

---

[1] οἰκέτης, ου, ὁ, slave, household slave
[2] δουλεύω pres act inf, serve obey
[3] δουλεύω pres act inf, serve obey
[4] μαμωνᾶς, ᾶ, ἡ, wealth, property
[5] ἀσύμφορος, ον, disadvantageous, harmful
[6] ὄφελος, ους, τό, benefit, good
[7] κερδαίνω aor act sub 3s, gain
[8] ζημιόω aor pass sub 3s, forfeit, suffer loss
[9] μοιχεία, ας, ἡ, adultery
[10] φθορά, ᾶς, ἡ, corruption
[11] φιλαργυρία, ας, ἡ, avarice, love of money
[12] ἀπάτη, ης, ἡ, deception
[13] ἀποτάσσω pres mid/pass ind 3s, renounce, give up
[14] φίλος, η, ον, friend
[15] ἀποτάσσω aor mid ptcp m.p.acc., renounce, give up
[16] χράομαι pres mid/pass inf, make use of, employ
[17] οἴομαι pres mid/pass ind 1p, think, suppose, expect
[18] βελτίων, ον, better
[19] ἐνθάδε, adv, here
[20] ὀλιγοχρόνιος, ον, short duration, short-lived
[21] φθαρτός, ή, όν, perishable
[22] ἄφθαρτος, ον, imperishable
[23] ἀνάπαυσις, εως, ἡ, rest, relief
[24] γέ, part, even, indeed
[25] ῥύομαι fut mid ind 3s, rescue, deliver
[26] κόλασις, εως, ἡ, punishment
[27] παρακούω aor act sub 1p, refuse to listen to, disobey
[28] Ἰεζεκιήλ, ὁ, Ezekiel
[29] Νῶε, ὁ, Noah
[30] Ἰώβ, ὁ, Job
[31] Δανιήλ, ὁ Daniel

ΚΛΗΜΕΝΤΟΣ Β

ῥύσονται[1] τὰ τέκνα αὐτῶν ἐν τῇ αἰχμαλωσίᾳ.[2] **9** εἰ δὲ καὶ οἱ τοιοῦτοι δίκαιοι οὐ δύνανται ταῖς ἑαυτῶν δικαιοσύναις ῥύσασθαι[3] τὰ τέκνα αὐτῶν, ἡμεῖς, ἐὰν μὴ τηρήσωμεν τὸ βάπτισμα[4] ἁγνὸν[5] καὶ ἀμίαντον,[6] ποίᾳ πεποιθήσει[7] εἰσελευσόμεθα εἰς τὸ βασίλειον[8] τοῦ Θεοῦ; ἢ τίς ἡμῶν παράκλητος[9] ἔσται, ἐὰν μὴ εὑρεθῶμεν ἔργα ἔχοντες ὅσια[10] καὶ δίκαια;

**7:1** Ὥστε οὖν, ἀδελφοί μου, ἀγωνισώμεθα,[11] εἰδότες ὅτι ἐν χερσὶν ὁ ἀγών,[12] καὶ ὅτι εἰς τοὺς φθαρτοὺς[13] ἀγῶνας[14] καταπλέουσιν[15] πολλοί, ἀλλ' οὐ πάντες στεφανοῦνται,[16] εἰ μὴ οἱ πολλὰ κοπιάσαντες[17] καὶ καλῶς ἀγωνισάμενοι.[18] **2** ἡμεῖς οὖν ἀγωνισώμεθα,[19] ἵνα πάντες στεφανωθῶμεν.[20] **3** ὥστε θέωμεν[21] τὴν ὁδὸν τὴν εὐθεῖαν,[22] ἀγῶνα[23] τὸν ἄφθαρτον,[24] καὶ πολλοὶ εἰς αὐτὸν καταπλεύσωμεν[25] καὶ ἀγωνισώμεθα,[26] ἵνα καὶ στεφανωθῶμεν·[27] καὶ εἰ μὴ δυνάμεθα πάντες στεφανωθῆναι,[28] κἂν ἐγγὺς τοῦ

---

[1] ῥύομαι fut mid ind 3p, rescue, deliver
[2] αἰχμαλωσία, ας, ἡ, captivity
[3] ῥύομαι aor mid inf, rescue, deliver
[4] βάπτισμα, ατος, τό, baptism
[5] ἁγνός, ή, όν, pure, holy
[6] ἀμίαντος, ον, undefiled
[7] πεποίθησις, εως, ἡ, confidence
[8] βασίλειος, ον, pertaining to a king, royal
[9] παράκλητος, ου, ὁ, mediator, helper
[10] ὅσιος, ία, ον, holy
[11] ἀγωνίζομαι aor mid sub 1p, engage in a contest, compete
[12] ἀγών, ἀγῶνος, ὁ, contest, fight
[13] φθαρτός, ή, όν, perishable
[14] ἀγών, ἀγῶνος, ὁ, contest, fight
[15] καταπλέω pres act ind 3s, go (to the contests)
[16] στεφανόω pres mid/pass ind 3p, crown
[17] κοπιάω aor act ptcp m.p.nom., labor hard, struggle
[18] ἀγωνίζομαι aor mid ptcp m.p.nom., engage in a contest, compete
[19] ἀγωνίζομαι aor mid sub 1p, engage in a contest, compete
[20] στεφανόω aor pass sub 1p, crown
[21] θέω pres act sub 1p, run
[22] εὐθύς, εῖα, ύ, straight
[23] ἀγών, ἀγῶνος, ὁ, contest, fight
[24] ἄφθαρτος, ον, imperishable
[25] καταπλέω aor act sub 1p, go (to the contests)
[26] ἀγωνίζομαι aor mid sub 1p, engage in a contest, compete
[27] στεφανόω aor pass sub 1p, crown
[28] στεφανόω aor pass inf, crown

στεφάνου¹ γενώμεθα. **4** εἰδέναι ἡμᾶς δεῖ, ὅτι ὁ τὸν φθαρτὸν² ἀγῶνα³ ἀγωνιζόμενος,⁴ ἐὰν εὑρεθῇ φθείρων,⁵ μαστιγωθεὶς⁶ αἴρεται καὶ ἔξω βάλλεται τοῦ σταδίου.⁷ **5** τί δοκεῖτε; ὁ τὸν τῆς ἀφθαρσίας⁸ ἀγῶνα⁹ φθείρας,¹⁰ τί παθεῖται; **6** τῶν γὰρ μὴ τηρησάντων, φησίν, τὴν σφραγίδα·¹¹ Ὁ σκώληξ¹² αὐτῶν οὐ τελευτήσει¹³ καὶ τὸ πῦρ αὐτῶν οὐ σβεσθήσεται,¹⁴ καὶ ἔσονται εἰς ὅρασιν¹⁵ πάσῃ σαρκί.

**8:1** Ὡς οὖν ἐσμὲν ἐπὶ γῆς, μετανοήσωμεν. **2** πηλὸς¹⁶ γάρ ἐσμεν εἰς τὴν χεῖρα τοῦ τεχνίτου.¹⁷ ὃν τρόπον¹⁸ γὰρ ὁ κεραμεύς,¹⁹ ἐὰν ποιῇ σκεῦος²⁰ καὶ ἐν ταῖς χερσὶν αὐτοῦ διαστραφῇ²¹ ἢ συντριβῇ,²² πάλιν αὐτὸ ἀναπλάσσει·²³ ἐὰν δὲ προφθάσῃ²⁴ εἰς τὴν κάμινον²⁵ τοῦ πυρὸς αὐτὸ βαλεῖν, οὐκέτι βοηθήσει²⁶ αὐτῷ. οὕτως καὶ ἡμεῖς· ἕως ἐσμὲν ἐν τούτῳ τῷ κόσμῳ, ἐν τῇ σαρκὶ ἃ ἐπράξαμεν πονηρὰ μετανοήσωμεν ἐξ ὅλης τῆς καρδίας, ἵνα σωθῶμεν ὑπὸ τοῦ Κυρίου ἕως ἔχομεν καιρὸν μετανοίας.²⁷ **3** μετὰ γὰρ τὸ ἐξελθεῖν ἡμᾶς ἐκ

---

[1] στέφανος, ου, ὁ, crown
[2] φθαρτός, ή, όν, perishable
[3] ἀγών, ἀγῶνος, ὁ, contest, fight
[4] ἀγωνίζομαι pres mid/pass ptcp m.s.nom., engage in a contest, compete
[5] φθείρω pres act ptcp m.s.nom., violate rules
[6] μαστιγόω aor pass ptcp m.s.nom., flog, scourge
[7] στάδιον, ου, τό, arena, stadium
[8] ἀφθαρσία, ας, ἡ, incorruptibility, immortality
[9] ἀγών, ἀγῶνος, ὁ, contest, fight
[10] φθείρω aor act ptcp m.s.nom., violate rules
[11] σφραγίς, ῖδος, ἡ, seal
[12] σκώληξ, ηκος, ὁ, worm
[13] τελευτάω fut act ind 3s, die
[14] σβέννυμι fut pass ind 3s, quench, extinguish
[15] ὅρασις, εως, ἡ, spectacle
[16] πηλός, οῦ, ὁ, clay
[17] τεχνίτης, ου, ὁ, potter, craftsman
[18] τρόπος, ου, ὁ, manner, way, kind
[19] κεραμεύς, έως, ὁ, potter
[20] σκεῦος, ους, τό, vessel, jar
[21] διαστρέφω aor pass sub 3s, deform
[22] συντρίβω aor pass sub 3s, break, smash
[23] ἀναπλάσσω pres act ind 3s, reshape, remold
[24] προφθάνω aor act sub 3s, do already, do previously
[25] κάμινος, ου, ἡ, kiln, furnace
[26] βοηθέω fut act ind 3s, furnish aid, help
[27] μετάνοια, ας, ἡ, repentance

## ΚΛΗΜΕΝΤΟΣ Β

τοῦ κόσμου, οὐκέτι δυνάμεθα ἐκεῖ ἐξομολογήσασθαι[1] ἢ μετανοεῖν ἔτι. 4 ὥστε, ἀδελφοί, ποιήσαντες τὸ θέλημα τοῦ πατρὸς καὶ τὴν σάρκα ἁγνὴν[2] τηρήσαντες καὶ τὰς ἐντολὰς τοῦ Κυρίου φυλάξαντες ληψόμεθα ζωὴν αἰώνιον. 5 λέγει γὰρ ὁ Κύριος ἐν τῷ εὐαγγελίῳ· Εἰ τὸ μικρὸν οὐκ ἐτηρήσατε, τὸ μέγα τίς ὑμῖν δώσει; λέγω γὰρ ὑμῖν ὅτι ὁ πιστὸς ἐν ἐλαχίστῳ[3] καὶ ἐν πολλῷ πιστός ἐστιν. 6 ἄρα οὖν τοῦτο λέγει· τηρήσατε τὴν σάρκα ἁγνὴν[4] καὶ τὴν σφραγίδα[5] ἄσπιλον,[6] ἵνα τὴν ζωὴν ἀπολάβωμεν.[7]

**9:1** Καὶ μὴ λεγέτω τις ὑμῶν ὅτι αὕτη ἡ σὰρξ οὐ κρίνεται οὐδὲ ἀνίσταται. 2 γνῶτε· ἐν τίνι ἐσώθητε, ἐν τίνι ἀνεβλέψατε,[8] εἰ μὴ ἐν τῇ σαρκὶ ταύτῃ ὄντες; 3 δεῖ οὖν ἡμᾶς ὡς ναὸν Θεοῦ φυλάσσειν τὴν σάρκα. 4 ὃν τρόπον[9] γὰρ ἐν τῇ σαρκὶ ἐκλήθητε, καὶ ἐν τῇ σαρκὶ ἐλεύσεσθε. 5 εἰ Χριστός, ὁ Κύριος ὁ σώσας ἡμᾶς, ὢν μὲν τὸ πρῶτον πνεῦμα, ἐγένετο σὰρξ καὶ οὕτως ἡμᾶς ἐκάλεσεν, οὕτως καὶ ἡμεῖς ἐν ταύτῃ τῇ σαρκὶ ἀποληψόμεθα[10] τὸν μισθόν.[11] 6 ἀγαπῶμεν οὖν ἀλλήλους, ὅπως ἔλθωμεν πάντες εἰς τὴν βασιλείαν τοῦ Θεοῦ. 7 ὡς ἔχομεν καιρὸν τοῦ ἰαθῆναι,[12] ἐπιδῶμεν[13] ἑαυτοὺς τῷ θεραπεύοντι Θεῷ, ἀντιμισθίαν[14] αὐτῷ διδόντες. 8 ποίαν; τὸ μετανοῆσαι ἐξ εἰλικρινοῦς[15] καρδίας. 9 προγνώστης[16] γάρ ἐστιν τῶν πάντων καὶ εἰδὼς ἡμῶν τὰ ἐν καρδίᾳ. 10 δῶμεν οὖν αὐτῷ αἶνον[17] αἰώνιον, μὴ ἀπὸ στόματος μόνον ἀλλὰ καὶ ἀπὸ

---

[1] ἐξομολογέω aor mid inf, confess
[2] ἁγνός, ή, όν, pure, holy
[3] ἐλάχιστος, ίστη, ον, a very little thing
[4] ἁγνός, ή, όν, pure, holy
[5] σφραγίς, ῖδος, ἡ, seal
[6] ἄσπιλος, ον, spotless, without fault
[7] ἀπολαμβάνω aor act sub 1p, receive
[8] ἀναβλέπω aor act ind 2p, regain sight
[9] τρόπος, ου, ὁ, manner, way, kind
[10] ἀπολαμβάνω fut mid ind 1p, receive
[11] μισθός, οῦ, ὁ, reward
[12] ἰάομαι aor pass inf, heal, restore
[13] ἐπιδίδωμι aor act sub 1p, give up, surrender
[14] ἀντιμισθία, ας, ἡ, recompense, exchange
[15] εἰλικρινής, ές, pure
[16] προγνώστης, ου, ὁ, one who knows something beforehand
[17] αἶνος, ου, ὁ, praise

καρδίας, ἵνα ἡμᾶς προσδέξηται¹ ὡς υἱούς. **11** καὶ γὰρ εἶπεν ὁ Κύριος· Ἀδελφοί μου οὗτοι εἰσιν οἱ ποιοῦντες τὸ θέλημα τοῦ πατρός μου.

**10:1** Ὥστε, ἀδελφοί μου, ποιήσωμεν τὸ θέλημα τοῦ πατρὸς τοῦ καλέσαντος ἡμᾶς, ἵνα ζήσωμεν, καὶ διώξωμεν μᾶλλον τὴν ἀρετήν·² τὴν δὲ κακίαν³ καταλείψωμεν⁴ ὡς προοδοιπόρον⁵ τῶν ἁμαρτιῶν ἡμῶν, καὶ φύγωμεν⁶ τὴν ἀσέβειαν,⁷ μὴ ἡμᾶς καταλάβῃ⁸ κακά. **2** ἐὰν γὰρ σπουδάσωμεν⁹ ἀγαθοποιεῖν,¹⁰ διώξεται ἡμᾶς εἰρήνη. **3** Διὰ ταύτην γὰρ τὴν αἰτίαν¹¹ οὐκ ἔστιν εὑρεῖν ἄνθρωπον, οἵτινες παράγουσι¹² φόβους ἀνθρωπίνους,¹³ προῃρημένοι¹⁴ μᾶλλον τὴν ἐνθάδε¹⁵ ἀπόλαυσιν¹⁶ ἢ τὴν μέλλουσαν ἐπαγγελίαν. **4** ἀγνοοῦσιν¹⁷ γὰρ ἡλίκην¹⁸ ἔχει βάσανον¹⁹ ἡ ἐνθάδε²⁰ ἀπόλαυσις,²¹ καὶ οἵαν²² τρυφὴν²³ ἔχει ἡ μέλλουσα ἐπαγγελία. **5** καὶ εἰ μὲν αὐτοὶ μόνοι ταῦτα ἔπρασσον, ἀνεκτὸν²⁴ ἦν· νῦν δὲ ἐπιμένουσιν²⁵ κακοδιδασκαλοῦντες²⁶ τὰς ἀναιτίους²⁷ ψυχάς, οὐκ εἰδότες ὅτι δισσὴν²⁸ ἕξουσιν τὴν κρίσιν, αὐτοί τε καὶ οἱ ἀκούοντες αὐτῶν.

---

[1] προσδέχομαι aor mid sub 3s, welcome, receive
[2] ἀρετή, ῆς, ἡ, virtue
[3] κακία, ας, ἡ, wickedness
[4] καταλείπω aor act sub 1p, give up
[5] προοδοιπόρος, ον, going before
[6] φεύγω aor act sub 1p, flee
[7] ἀσέβεια, ας, ἡ, impiety
[8] καταλαμβάνω aor act sub 3s, overtake
[9] σπουδάζω aor act sub 1p, be eager, make every effort
[10] ἀγαθοποιέω pres act inf, do right
[11] αἰτία, ας, ἡ, cause, reason
[12] παράγω pres act ind 3p, bring in, introduce
[13] ἀνθρώπινος, η, ον, human
[14] προαιρέω perf mid/pass ptcp m.p.nom., prefer
[15] ἐνθάδε, adv, here
[16] ἀπόλαυσις, εως, ἡ, pleasure, enjoyment
[17] ἀγνοέω pres act ind 3p, not know, be ignorant
[18] ἡλίκος, η, ον, how great
[19] βάσανος, ου, ἡ, torture
[20] ἐνθάδε, adv, here
[21] ἀπόλαυσις, εως, ἡ, pleasure, enjoyment
[22] οἷος, α, ον, how great
[23] τρυφή, ῆς, ἡ, joy, delight
[24] ἀνεκτός, όν, bearable, endurable
[25] ἐπιμένω pres act ind 3p, persist, continue
[26] κακοδιδασκαλέω pres act ptcp m.p.nom., teach evil
[27] ἀναίτιος, ον, innocent
[28] δισσός, ή, όν, double

**11:1** Ἡμεῖς οὖν ἐν καθαρᾷ[1] καρδίᾳ δουλεύσωμεν[2] τῷ Θεῷ, καὶ ἐσόμεθα δίκαιοι. ἐὰν δὲ μὴ δουλεύσωμεν[3] διὰ τοῦ μὴ πιστεύειν ἡμᾶς τῇ ἐπαγγελίᾳ τοῦ Θεοῦ, ταλαίπωροι[4] ἐσόμεθα. **2** λέγει γὰρ καὶ ὁ προφητικὸς[5] λόγος· Ταλαίπωροί[6] εἰσιν οἱ δίψυχοι,[7] οἱ διστάζοντες[8] τῇ καρδίᾳ, οἱ λέγοντες· Ταῦτα πάντα ἠκούσαμεν καὶ ἐπὶ τῶν πατέρων ἡμῶν, ἡμεῖς δὲ ἡμέραν ἐξ ἡμέρας προσδεχόμενοι[9] οὐδὲν τούτων ἑωράκαμεν. **3** Ἀνόητοι,[10] συμβάλετε[11] ἑαυτοὺς ξύλῳ,[12] λάβετε ἄμπελον·[13] πρῶτον μὲν φυλλοροεῖ,[14] εἶτα[15] βλαστὸς[16] γίνεται, μετὰ ταῦτα ὄμφαξ,[17] εἶτα[18] σταφυλὴ[19] παρεστηκυῖα. **4** οὕτως καὶ ὁ λαός μου ἀκαταστασίας[20] καὶ θλίψεις ἔσχεν, ἔπειτα[21] ἀπολήψεται[22] τὰ ἀγαθά. **5** Ὥστε, ἀδελφοί μου, μὴ διψυχῶμεν,[23] ἀλλὰ ἐλπίσαντες ὑπομείνωμεν,[24] ἵνα καὶ τὸν μισθὸν[25] κομισώμεθα.[26] **6** πιστὸς γάρ ἐστιν ὁ ἐπαγγειλάμενος[27] τὰς ἀντιμισθίας[28] ἀποδιδόναι ἑκάστῳ τῶν

---

[1] καθαρός, ά, όν, pure
[2] δουλεύω aor act sub 1p, serve, obey
[3] δουλεύω aor act sub 1p, serve, obey
[4] ταλαίπωρος, ον, miserable, wretched
[5] προφητικός, ή, όν, prophetic
[6] ταλαίπωρος, ον, miserable, wretched
[7] δίψυχος, ον, doubting, double-minded
[8] διστάζω pres act ptcp m.p.nom., doubt, waver
[9] προσδέχομαι pres mid/pass ptcp m.p.nom., wait
[10] ἀνόητος, ον, foolish, dim-witted
[11] συμβάλλω aor act impv 2p, compare
[12] ξύλον, ου, τό, tree
[13] ἄμπελος, ου, ἡ, grapevine
[14] φυλλορροέω pres act ind 3s, shed leaves
[15] εἶτα, adv, then
[16] βλαστός, οῦ, ὁ, bud, sprout
[17] ὄμφαξ, ακος, ἡ, unripe grape
[18] εἶτα, adv, then
[19] σταφυλή, ῆς, ἡ, bunch of grapes
[20] ἀκαταστασία, ας, ἡ, disturbance, tumult
[21] ἔπειτα, adv, then
[22] ἀπολαμβάνω fut mid ind 3s, receive
[23] διψυχέω pres act sub 1p, doubt, be changeable
[24] ὑπομένω aor act sub 1p, endure, hold out
[25] μισθός, οῦ, ὁ, reward
[26] κομίζω aor mid sub 1p, carry off, receive
[27] ἐπαγγέλλομαι aor mid ptcp m.s.nom., promise
[28] ἀντιμισθία, ας, ἡ, recompense, exchange

ἔργων αὐτοῦ. 7 ἐὰν οὖν ποιήσωμεν τὴν δικαιοσύνην ἐναντίον¹ τοῦ Θεοῦ, εἰσήξομεν² εἰς τὴν βασιλείαν αὐτοῦ καὶ ληψόμεθα τὰς ἐπαγγελίας ἃς οὖς οὐκ ἤκουσεν οὐδὲ ὀφθαλμὸς εἶδεν οὐδὲ ἐπὶ καρδίαν ἀνθρώπου ἀνέβη.

**12:1** Ἐκδεχώμεθα³ οὖν καθ᾽ ὥραν τὴν βασιλείαν τοῦ Θεοῦ ἐν ἀγάπῃ καὶ δικαιοσύνῃ, ἐπειδὴ⁴ οὐκ οἴδαμεν τὴν ἡμέραν τῆς ἐπιφανείας⁵ τοῦ Θεοῦ. **2** ἐπερωτηθεὶς γὰρ αὐτὸς ὁ Κύριος ὑπό τινος πότε⁶ ἥξει⁷ αὐτοῦ ἡ βασιλεία, εἶπεν· Ὅταν ἔσται τὰ δύο ἕν, καὶ τὸ ἔξω ὡς τὸ ἔσω,⁸ καὶ τὸ ἄρσεν⁹ μετὰ τῆς θηλείας,¹⁰ οὔτε ἄρσεν¹¹ οὔτε θῆλυ.¹² **3** τὰ δύο δὲ ἕν ἐστιν, ὅταν λαλῶμεν ἑαυτοῖς ἀλήθειαν καὶ ἐν δυσὶ σώμασιν ἀνυποκρίτως¹³ εἴη μία ψυχή. **4** καὶ τὸ ἔξω ὡς τὸ ἔσω,¹⁴ τοῦτο λέγει· τὴν ψυχὴν λέγει τὸ ἔσω,¹⁵ τὸ δὲ ἔξω τὸ σῶμα λέγει. ὃν τρόπον¹⁶ οὖν σου τὸ σῶμα φαίνεται, οὕτως καὶ ἡ ψυχή σου δῆλος¹⁷ ἔστω ἐν τοῖς καλοῖς ἔργοις. **5** καὶ τὸ ἄρσεν¹⁸ μετὰ τῆς θηλείας,¹⁹ οὔτε ἄρσεν²⁰ οὔτε θῆλυ,²¹ τοῦτο λέγει· ἵνα ἀδελφὸς ἰδὼν ἀδελφὴν²² μηδὲν φρονῇ²³ περὶ αὐτῆς θηλυκόν,²⁴ μηδὲ φρονῇ²⁵ τι περὶ αὐτοῦ ἀρσενικόν.²⁶ **6** ταῦτα ὑμῶν ποιούντων, φησίν, ἐλεύσεται ἡ βασιλεία τοῦ πατρός μου.

---

[1] ἐναντίον, adv, before
[2] εἰσήκω fut act ind 1p, enter
[3] ἐκδέχομαι pres mid/pass sub 1p, expect
[4] ἐπειδή,, conj, because
[5] ἐπιφάνεια, ας, ἡ, appearance, appearing
[6] πότε, adv, when
[7] ἥκω fut act ind 3s, come
[8] ἔσω, adv, inside, within
[9] ἄρσην, εν, male
[10] θῆλυς, εια, υ, female
[11] ἄρσην, εν, male
[12] θῆλυς, εια, υ, female
[13] ἀνυποκρίτως, adv, with no insincerity
[14] ἔσω, adv, inside, within
[15] ἔσω, adv, inside, within
[16] τρόπος, ου, ὁ, manner, way, kind
[17] δῆλος, η, ον, clear, plain
[18] ἄρσην, εν, male
[19] θῆλυς, εια, υ, female
[20] ἄρσην, εν, male
[21] θῆλυς, εια, υ, female
[22] ἀδελφή, ῆς, ἡ, sister
[23] φρονέω pres act sub 3s, think
[24] θηλυκός, ή, όν, female
[25] φρονέω pres act sub 3s, think
[26] ἀρσενικός, ή, όν, male

**13:1** Ἀδελφοὶ οὖν ἤδη ποτὲ¹ μετανοήσωμεν· νήψωμεν² ἐπὶ τὸ ἀγαθόν, μεστοὶ³ γάρ ἐσμεν πολλῆς ἀνοίας⁴ καὶ πονηρίας.⁵ ἐξαλείψωμεν⁶ ἀφ' ἡμῶν τὰ πρότερα⁷ ἁμαρτήματα⁸ καὶ μετανοήσαντες ἐκ ψυχῆς σωθῶμεν. καὶ μὴ γινώμεθα ἀνθρωπάρεσκοι,⁹ μηδὲ θέλωμεν μόνον ἑαυτοῖς ἀρέσκειν,¹⁰ ἀλλὰ καὶ τοῖς ἔξω ἀνθρώποις ἐπὶ τῇ δικαιοσύνῃ, ἵνα τὸ ὄνομα δι' ἡμᾶς μὴ βλασφημῆται. **2** Λέγει γὰρ ὁ Κύριος· Διὰ παντὸς τὸ ὄνομά μου βλασφημεῖται ἐν πᾶσιν τοῖς ἔθνεσιν, καὶ πάλιν· Οὐαὶ δι' ὃν βλασφημεῖται τὸ ὄνομά μου. ἐν τίνι βλασφημεῖται; ἐν τῷ μὴ ποιεῖν ὑμᾶς ἃ βούλομαι. **3** τὰ ἔθνη γάρ, ἀκούοντα ἐκ τοῦ στόματος ἡμῶν τὰ λόγια¹¹ τοῦ Θεοῦ, ὡς καλὰ καὶ μεγάλα θαυμάζει· ἔπειτα¹² καταμαθόντα¹³ τὰ ἔργα ἡμῶν ὅτι οὐκ ἔστιν ἄξια τῶν ῥημάτων ὧν λέγομεν, ἔνθεν¹⁴ εἰς βλασφημίαν¹⁵ τρέπονται,¹⁶ λέγοντες εἶναι μῦθόν¹⁷ τινα καὶ πλάνην.¹⁸ **4** ὅταν γὰρ ἀκούσωσιν παρ' ἡμῶν ὅτι λέγει ὁ Θεός· Οὐ χάρις ὑμῖν εἰ ἀγαπᾶτε τοὺς ἀγαπῶντας ὑμᾶς, ἀλλὰ χάρις ὑμῖν εἰ ἀγαπᾶτε τοὺς ἐχθροὺς καὶ τοὺς μισοῦντας ὑμᾶς· ταῦτα ὅταν ἀκούσωσιν, θαυμάζουσιν τὴν ὑπερβολὴν¹⁹ τῆς ἀγαθότητος.²⁰ ὅταν δὲ ἴδωσιν ὅτι οὐ μόνον τοὺς μισοῦντας οὐκ ἀγαπῶμεν, ἀλλ' ὅτι οὐδὲ τοὺς ἀγαπῶντας, καταγελῶσιν²¹ ἡμῶν καὶ βλασφημεῖται τὸ ὄνομα.

---

[1] ποτέ, adv, at last
[2] νήφω aor act sub 1p, be well-balanced, self-controlled
[3] μεστός, ή, όν, filled with
[4] ἄνοια, ας, ἡ, folly
[5] πονηρία, ας, ἡ, wickedness
[6] ἐξαλείφω fut act ind 1p, remove, obliterate
[7] πρότερος, α, ον, former
[8] ἁμάρτημα, ατος, τό, sin, transgression
[9] ἀνθρωπάρεσκος, ον, people-pleaser
[10] ἀρέσκω pres act inf, please
[11] λόγιον, ου, τό, saying
[12] ἔπειτα,, conj, then
[13] καταμανθάνω aor act ptcp n.p.acc., observe, learn
[14] ἔνθεν, adv, from then on
[15] βλασφημία, ας, ἡ, denigration, blasphemy
[16] τρέπω pres mid/pass ind 3p, turn
[17] μῦθος, ου, ὁ, tale, story
[18] πλάνη, ης, ἡ, delusion, deception
[19] ὑπερβολή, ῆς, ἡ, extraordinary character/quality
[20] ἀγαθότης, ητος, ἡ, goodness
[21] καταγελάω pres act ind 3p, laugh at, ridicule

**14:1** Ὥστε, ἀδελφοί, ποιοῦντες τὸ θέλημα τοῦ πατρὸς ἡμῶν Θεοῦ ἐσόμεθα ἐκ τῆς ἐκκλησίας τῆς πρώτης, τῆς πνευματικῆς,[1] τῆς πρὸ ἡλίου καὶ σελήνης[2] ἐκτισμένης·[3] ἐὰν δὲ μὴ ποιήσωμεν τὸ θέλημα Κυρίου, ἐσόμεθα ἐκ τῆς γραφῆς τῆς λεγούσης· Ἐγενήθη ὁ οἶκός μου σπήλαιον[4] λῃστῶν.[5] ὥστε οὖν αἱρετισώμεθα[6] ἀπὸ τῆς ἐκκλησίας τῆς ζωῆς εἶναι, ἵνα σωθῶμεν. **2** οὐκ οἴομαι[7] δὲ ὑμᾶς ἀγνοεῖν[8] ὅτι ἐκκλησία ζῶσα σῶμά ἐστιν Χριστοῦ, λέγει γὰρ ἡ γραφή· Ἐποίησεν ὁ Θεὸς τὸν ἄνθρωπον ἄρσεν[9] καὶ θῆλυ·[10] τὸ ἄρσεν[11] ἐστὶν ὁ Χριστός, τὸ θῆλυ[12] ἡ ἐκκλησία. καὶ ὅτι τὰ βιβλία καὶ οἱ ἀπόστολοι τὴν ἐκκλησίαν οὐ νῦν εἶναι, ἀλλὰ ἄνωθεν[13] λέγουσιν, δῆλον·[14] ἦν γὰρ πνευματική,[15] ὡς καὶ ὁ Ἰησοῦς ἡμῶν, ἐφανερώθη δὲ ἐπ' ἐσχάτων τῶν ἡμερῶν, ἵνα ἡμᾶς σώσῃ. **3** ἡ ἐκκλησία δὲ πνευματικὴ[16] οὖσα ἐφανερώθη ἐν τῇ σαρκὶ Χριστοῦ, δηλοῦσα[17] ἡμῖν ὅτι ἐάν τις ἡμῶν τηρήσῃ αὐτὴν ἐν τῇ σαρκὶ καὶ μὴ φθείρῃ,[18] ἀπολήψεται[19] αὐτὴν ἐν τῷ πνεύματι τῷ ἁγίῳ. ἡ γὰρ σὰρξ αὕτη ἀντίτυπός[20] ἐστιν τοῦ πνεύματος· οὐδεὶς οὖν τὸ ἀντίτυπον[21] φθείρας[22] τὸ αὐθεντικὸν[23] μεταλήψεται.[24] ἄρα οὖν τοῦτο λέγει, ἀδελφοί· Τηρήσατε τὴν σάρκα ἵνα τοῦ

---

[1] πνευματικός, ή, όν, spiritual
[2] σελήνη, ης, ἡ, moon
[3] κτίζω perf mid/pass ptcp f.s.gen., create
[4] σπήλαιον, ου, τό, hideout
[5] λῃστής, οῦ, ὁ, robber
[6] αἱρετίζω aor mid sub 1p, choose
[7] οἴομαι pres mid/pass ind 1s, think, suppose, expect
[8] ἀγνοέω pres act inf, not know, be ignorant
[9] ἄρσην, εν, male
[10] θῆλυς, εια, υ, female
[11] ἄρσην, εν, male
[12] θῆλυς, εια, υ, female
[13] ἄνωθεν, adv, from the beginning
[14] δῆλος, η, ον, clear, plain
[15] πνευματικός, ή, όν, spiritual
[16] πνευματικός, ή, όν, spiritual
[17] δηλόω pres act ptcp f.s.nom., reveal, make clear
[18] φθείρω pres act sub 3s, corrupt, ruin
[19] ἀπολαμβάνω fut mid ind 3s, receive
[20] ἀντίτυπος, ον, copy, representation
[21] ἀντίτυπος, ον, copy, representation
[22] φθείρω aor act ptcp m.s.nom., corrupt, ruin
[23] αὐθεντικός, ή, όν, original
[24] μεταλαμβάνω fut mid ind 3s, have a share in, receive

πνεύματος μεταλάβητε.¹ **4** εἰ δὲ λέγομεν εἶναι τὴν σάρκα τὴν ἐκκλησίαν καὶ τὸ πνεῦμα Χριστόν, ἄρα οὖν ὁ ὑβρίσας² τὴν σάρκα ὕβρισεν³ τὴν ἐκκλησίαν. ὁ τοιοῦτος οὖν οὐ μεταλήψεται⁴ τοῦ πνεύματος, ὅ ἐστιν ὁ Χριστός. **5** τοσαύτην⁵ δύναται ἡ σὰρξ αὕτη μεταλαβεῖν⁶ ζωὴν καὶ ἀθανασίαν,⁷ κολληθέντος⁸ αὐτῇ τοῦ πνεύματος τοῦ ἁγίου, οὔτε ἐξειπεῖν⁹ τις δύναται οὔτε λαλῆσαι ἃ ἡτοίμασεν ὁ Κύριος τοῖς ἐκλεκτοῖς¹⁰ αὐτοῦ.

**15:1** Οὐκ οἴομαι¹¹ δέ ὅτι μικρὰν συμβουλίαν¹² ἐποιησάμην περὶ ἐγκρατείας·¹³ ἣν ποιήσας τις οὐ μετανοήσει, ἀλλὰ καὶ ἑαυτὸν σώσει κἀμὲ τὸν συμβουλεύσαντα.¹⁴ μισθὸς¹⁵ γὰρ οὐκ ἔστιν μικρὸς πλανωμένην ψυχὴν καὶ ἀπολλυμένην ἀποστρέψαι¹⁶ εἰς τὸ σωθῆναι. **2** ταύτην γὰρ ἔχομεν τὴν ἀντιμισθίαν¹⁷ ἀποδοῦναι τῷ Θεῷ τῷ κτίσαντι¹⁸ ἡμᾶς, ἐὰν ὁ λέγων καὶ ἀκούων μετὰ πίστεως καὶ ἀγάπης καὶ λέγῃ καὶ ἀκούῃ. **3** ἐμμείνωμεν¹⁹ οὖν ἐφ' οἷς ἐπιστεύσαμεν δίκαιοι καὶ ὅσιοι,²⁰ ἵνα μετὰ παρρησίας αἰτῶμεν τὸν Θεὸν τὸν λέγοντα· Ἔτι λαλοῦντός σου ἐρῶ· Ἰδοὺ πάρειμι.²¹ **4** τοῦτο γὰρ τὸ ῥῆμα μεγάλης ἐστὶν ἐπαγγελίας σημεῖον,

---

¹ μεταλαμβάνω aor act sub 2p, have a share in, receive
² ὑβρίζω aor act ptcp m.s.nom., scoff at, insult
³ ὑβρίζω aor act ind 3s, scoff at, insult
⁴ μεταλαμβάνω fut mid ind 3s, have a share in, receive
⁵ τοσοῦτος, αύτη, οῦτον, so great/strong, to such an extent
⁶ μεταλαμβάνω aor act inf, have a share in, receive
⁷ ἀθανασία, ας, ἡ, immortality
⁸ κολλάω aor pass ptcp n.s.gen., join to, attach to
⁹ ἐξαγορεύω aor act inf, express, proclaim
¹⁰ ἐκλεκτός, ή, όν, chosen
¹¹ οἴομαι pres mid/pass ind 1s, think, suppose, expect
¹² συμβουλία, ας, ἡ, advice, counsel
¹³ ἐγκράτεια, είας, ἡ, self-control
¹⁴ συμβουλεύω aor act ptcp m.s.acc., advise
¹⁵ μισθός, οῦ, ὁ, reward
¹⁶ ἀποστρέφω aor act inf, turn
¹⁷ ἀντιμισθία, ας, ἡ, recompense, exchange
¹⁸ κτίζω aor act ptcp m.s.dat., create
¹⁹ ἐμμένω aor act sub 1p, persevere in, remain true
²⁰ ὅσιος, ία, ον, holy
²¹ πάρειμι pres act ind 1s, be present

ἑτοιμότερον[1] γὰρ ἑαυτὸν λέγει ὁ Κύριος εἰς τὸ διδόναι τοῦ αἰτοῦντος. **5** τοσαύτης[2] οὖν χρηστότητος[3] μεταλαμβάνοντες[4] μὴ φθονήσωμεν[5] ἑαυτοῖς τυχεῖν[6] τοσούτων[7] ἀγαθῶν. ὅσην γὰρ ἡδονὴν[8] ἔχει τὰ ῥήματα ταῦτα τοῖς ποιήσασιν αὐτά, τοσαύτην[9] κατάκρισιν[10] ἔχει τοῖς παρακούσασιν.[11]

**16:1** Ὥστε, ἀδελφοί, ἀφορμὴν[12] λαβόντες οὐ μικρὰν εἰς τὸ μετανοῆσαι, καιρὸν ἔχοντες ἐπιστρέψωμεν ἐπὶ τὸν καλέσαντα ἡμᾶς Θεόν, ἕως ἔτι ἔχομεν τὸν παραδεχόμενον[13] ἡμᾶς. **2** ἐὰν γὰρ ταῖς ἡδυπαθείαις[14] ταύταις ἀποταξώμεθα[15] καὶ τὴν ψυχὴν ἡμῶν νικήσωμεν[16] ἐν τῷ μὴ ποιεῖν τὰς ἐπιθυμίας αὐτῆς τὰς πονηράς, μεταληψόμεθα[17] τοῦ ἐλέους[18] Ἰησοῦ. **3** Γινώσκετε δέ ὅτι ἔρχεται ἤδη ἡ ἡμέρα τῆς κρίσεως ὡς κλίβανος[19] καιόμενος,[20] καὶ τακήσονταί[21] αἱ δυνάμεις τῶν οὐρανῶν, καὶ πᾶσα ἡ γῆ ὡς μόλιβος[22] ἐπὶ πυρὶ τηκόμενος,[23] καὶ τότε φανήσεται τὰ κρύφια[24]

---

[1] ἕτοιμος, η, ον, ready, willing
[2] τοσοῦτος, αύτη, οῦτον, so great/strong, to such an extent
[3] χρηστότης, ητος, ἡ, kindness
[4] μεταλαμβάνω pres act ptcp m.p.nom., have share in, receive
[5] φθονέω aor act sub 1p, envy, begrudge
[6] τυγχάνω aor act inf, attain, find
[7] τοσοῦτος, αύτη, οῦτον, so great/strong, to such an extent
[8] ἡδονή, ῆς, ἡ, pleasure, delight
[9] τοσοῦτος, αύτη, οῦτον, so great/strong, to such an extent
[10] κατάκρισις, εως, ἡ, condemnation
[11] παρακούω aor act ptcp m.p.dat., refuse to listen to, disobey
[12] ἀφορμή, ῆς, ἡ, opportunity, occasion
[13] παραδέχομαι pres mid/pass ptcp m.s.acc., accept, receive
[14] ἡδυπάθεια, ας, ἡ, enjoyment, comfort
[15] ἀποτάσσω aor mid sub 1p, renounce, give up
[16] νικάω aor act sub 1p, overcome, win a victory
[17] μεταλαμβάνω fut mid ind 1p, have a share in, receive
[18] ἔλεος, ους, τό, mercy
[19] κλίβανος, ου, ὁ, oven
[20] καίω pres mid/pass ptcp m.s.nom., burn
[21] τήκω fut pass ind 3p, melt
[22] μόλιβος, ου, ὁ, lead
[23] τήκω pres pass ptcp m.s.nom., melt
[24] κρύφιος, ία, ιον, hidden, secret

καὶ φανερὰ¹ ἔργα τῶν ἀνθρώπων. **4** καλὸν οὖν ἐλεημοσύνη² ὡς μετάνοια³ ἁμαρτίας. κρείσσων⁴ νηστεία⁵ προσευχῆς, ἐλεημοσύνη⁶ δὲ ἀμφοτέρων,⁷ ἀγάπη δὲ καλύπτει⁸ πλῆθος ἁμαρτιῶν, προσευχὴ δὲ ἐκ καλῆς συνειδήσεως ἐκ θανάτου ῥύεται.⁹ μακάριος πᾶς ὁ εὑρεθεὶς ἐν τούτοις πλήρης,¹⁰ ἐλεημοσύνη¹¹ γὰρ κούφισμα¹² ἁμαρτίας γίνεται.

**17:1** Μετανοήσωμεν οὖν ἐξ ὅλης καρδίας, ἵνα μή τις ἡμῶν παραπόληται.¹³ εἰ γὰρ ἐντολὰς ἔχομεν ἵνα καὶ τοῦτο πράσσωμεν ἀπὸ τῶν εἰδώλων¹⁴ ἀποσπᾶν¹⁵ καὶ κατηχεῖν,¹⁶ πόσῳ¹⁷ μᾶλλον ψυχὴν ἤδη γινώσκουσαν τὸν Θεὸν οὐ δεῖ ἀπόλλυσθαι; **2** συλλάβωμεν¹⁸ οὖν ἑαυτοῖς καὶ τοὺς ἀσθενοῦντας ἀνάγειν¹⁹ περὶ τὸ ἀγαθόν, ὅπως σωθῶμεν ἅπαντες· καὶ ἐπιστρέψωμεν ἀλλήλους καὶ νουθετήσωμεν.²⁰ **3** καὶ μὴ μόνον ἄρτι δοκῶμεν προσέχειν²¹ καὶ πιστεύειν ἐν τῷ νουθετεῖσθαι²² ἡμᾶς ὑπὸ τῶν πρεσβυτέρων, ἀλλὰ καὶ ὅταν εἰς οἶκον ἀπαλλαγῶμεν²³ μνημονεύωμεν²⁴ τῶν τοῦ

---

¹ φανερός, ά, όν, visible, evident, known
² ἐλεημοσύνη, ης, ἡ, alms
³ μετάνοια, ας, ἡ, repentance
⁴ κρείττων, ον, better, more advantageous than
⁵ νηστεία, ας, ἡ, fast
⁶ ἐλεημοσύνη, ης, ἡ, alms
⁷ ἀμφότεροι, αι, α, both
⁸ καλύπτω pres act ind 3s, hide, conceal
⁹ ῥύομαι pres mid/pass ind 3s, rescue, deliver
¹⁰ πλήρης, ες, complete, full
¹¹ ἐλεημοσύνη, ης, ἡ, alms
¹² κούφισμα, ατος, τό, lightening, alleviation
¹³ παραπόλλυμι aor mid sub 3s, perish, be lost
¹⁴ εἴδωλον, ου, τό, idol
¹⁵ ἀποσπάω pres act inf, draw away
¹⁶ κατηχέω pres act inf, teach, give instruction
¹⁷ πόσος, η, ον, how much
¹⁸ συλλαμβάνω aor act sub 1p, help, aid
¹⁹ ἀνάγω pres act inf, restore, bring back
²⁰ νουθετέω aor act sub 1p, admonish, warn
²¹ προσέχω pres act inf, pay attention
²² νουθετέω pres mid/pass inf, admonish, warn
²³ ἀπαλλάσσω aor act sub 1p, leave, depart
²⁴ μνημονεύω pres act sub 1p, remember

Κυρίου ἐνταλμάτων[1] καὶ μὴ ἀντιπαρελκώμεθα[2] ἀπὸ τῶν κοσμικῶν[3] ἐπιθυμιῶν, ἀλλὰ πυκνότερον[4] προσερχόμενοι πειρώμεθα[5] προκόπτειν[6] ἐν ταῖς ἐντολαῖς τοῦ Κυρίου, ἵνα πάντες τὸ αὐτὸ φρονοῦντες[7] συνηγμένοι ὦμεν ἐπὶ τὴν ζωήν. 4 εἶπεν γὰρ ὁ Κύριος· Ἔρχομαι συναγαγεῖν πάντα τὰ ἔθνη, φυλὰς, καὶ γλώσσας. τοῦτο δὲ λέγει τὴν ἡμέραν τῆς ἐπιφανείας[8] αὐτοῦ, ὅτε ἐλθὼν λυτρώσεται[9] ἡμᾶς, ἕκαστον κατὰ τὰ ἔργα αὐτοῦ. 5 καὶ ὄψονται τὴν δόξαν αὐτοῦ καὶ τὸ κράτος[10] οἱ ἄπιστοι,[11] καὶ ξενισθήσονται[12] ἰδόντες τὸ βασίλειον[13] τοῦ κόσμου ἐν τῷ Ἰησοῦ, λέγοντες· Οὐαὶ ἡμῖν, ὅτι σὺ ἦς καὶ οὐκ ᾔδειμεν καὶ οὐκ ἐπιστεύομεν, καὶ οὐκ ἐπειθόμεθα τοῖς πρεσβυτέροις τοῖς ἀναγγέλλουσιν[14] ἡμῖν περὶ τῆς σωτηρίας ἡμῶν, καὶ· Ὁ σκώληξ[15] αὐτῶν οὐ τελευτήσει[16] καὶ τὸ πῦρ αὐτῶν οὐ σβεσθήσεται,[17] καὶ ἔσονται εἰς ὅρασιν[18] πάσῃ σαρκί. 6 τὴν ἡμέραν ἐκείνην λέγει τῆς κρίσεως, ὅταν ὄψονται τοὺς ἐν ἡμῖν ἀσεβήσαντας[19] καὶ παραλογισαμένους[20] τὰς ἐντολὰς Ἰησοῦ Χριστοῦ. 7 οἱ δὲ δίκαιοι,

---

[1] ἔνταλμα, ατος, τό, commandment
[2] ἀντιπαρέλκω pres mid/pass sub 1p, let oneself be dragged over to the opposite side
[3] κοσμικός, ή, όν, worldly
[4] πυκνός, ή, όν, often
[5] πειράω pres mid/pass sub 1p, attempt, endeavor
[6] προκόπτω pres act inf, progress advance
[7] φρονέω pres act ptcp m.p.nom., think
[8] ἐπιφάνεια, ας, ἡ, appearance, appearing
[9] λυτρόω fut mid ind 3s, redeem, rescue
[10] κράτος, ους, τό, power, might
[11] ἄπιστος, ον, unbelieving
[12] ξενίζω fut pass ind 3p, astonish, surprise
[13] βασίλειος, ον, pertaining to a king, royal
[14] ἀναγγέλλω pres act ptcp m.p.dat., proclaim
[15] σκώληξ, ηκος, ὁ, worm
[16] τελευτάω fut act ind 3s, die
[17] σβέννυμι fut pass ind 3s, quench, extinguish
[18] ὅρασις, εως, ἡ, spectacle
[19] ἀσεβέω aor act ptcp m.p.acc., act impiously
[20] παραλογίζομαι aor mid ptcp m.p.acc., reckon fraudulently, defraud

ΚΛΗΜΕΝΤΟΣ Β

εὐπραγήσαντες[1] καὶ ὑπομείναντες[2] τὰς βασάνους[3] καὶ μισήσαντες τὰς ἡδυπαθείας[4] τῆς ψυχῆς, ὅταν θεάσωνται[5] τοὺς ἀστοχήσαντας[6] καὶ ἀρνησαμένους διὰ τῶν λόγων ἢ διὰ τῶν ἔργων τὸν Ἰησοῦν, ὅπως κολάζονται[7] δειναῖς[8] βασάνοις[9] πυρὶ ἀσβέστῳ,[10] ἔσονται δόξαν διδόντες τῷ Θεῷ αὐτῶν, λέγοντες ὅτι Ἔσται ἐλπὶς τῷ δεδουλευκότι[11] Θεῷ ἐξ ὅλης καρδίας.

**18:1** Καὶ ἡμεῖς οὖν γενώμεθα ἐκ τῶν εὐχαριστούντων, τῶν δεδουλευκότων[12] τῷ Θεῷ, καὶ μὴ ἐκ τῶν κρινομένων ἀσεβῶν.[13] **2** καὶ γὰρ αὐτὸς πανθαμαρτωλὸς[14] ὢν καὶ μήπω[15] φυγὼν[16] τὸν πειρασμόν,[17] ἀλλ' ἔτι ὢν ἐν μέσοις τοῖς ὀργάνοις[18] τοῦ διαβόλου, σπουδάζω[19] τὴν δικαιοσύνην διώκειν, ὅπως ἰσχύσω[20] κἂν ἐγγὺς αὐτῆς γενέσθαι, φοβούμενος τὴν κρίσιν τὴν μέλλουσαν.

**19:1** Ὥστε, ἀδελφοὶ καὶ ἀδελφαί,[21] μετὰ τὸν Θεὸν τῆς ἀληθείας ἀναγινώσκω ὑμῖν ἔντευξιν[22] εἰς τὸ προσέχειν[23] τοῖς γεγραμμένοις, ἵνα καὶ ἑαυτοὺς σώσητε καὶ τὸν ἀναγινώσκοντα ἐν ὑμῖν. μισθὸν[24] γὰρ αἰτῶ ὑμᾶς τὸ μετανοῆσαι ἐξ ὅλης καρδίας, σωτηρίαν ἑαυτοῖς καὶ ζωὴν διδόντας. τοῦτο γὰρ ποιήσαντες

---

[1] εὐπραγέω aor act ptcp m.p.nom., do what is right
[2] ὑπομένω aor act ptcp m.p.nom., endure, hold out
[3] βάσανος, ου, ἡ, torture
[4] ἡδυπάθεια, ας, ἡ, enjoyment, comfort
[5] θεάομαι aor mid sub 3p, see
[6] ἀστοχέω aor act ptcp m.p.acc., deviate, depart
[7] κολάζω pres mid/pass ind 3p, punish
[8] δεῖνα, ἡ, όν, fearful, terrible
[9] βάσανος, ου, ἡ, torture
[10] ἄσβεστος, ον, inextinguishable
[11] δουλεύω perf act ptcp m.s.dat., serve, obey
[12] δουλεύω perf act ptcp m.p.gen., serve, obey
[13] ἀσεβής, ές, ungodly
[14] πανθαμαρτωλός, όν, utterly sinful
[15] μήπω, adv, not yet
[16] φεύγω aor act ptcp m.s.nom., flee
[17] πειρασμός, οῦ, ὁ, temptation
[18] ὄργανον, ου, τό, tool
[19] σπουδάζω pres act ind 1s, be eager, make ever effort
[20] ἰσχύω fut act ind 1s, be able, have power
[21] ἀδελφή, ῆς, ἡ, sister
[22] ἔντευξις, εως, ἡ, petition, request
[23] προσέχω pres act inf, pay attention
[24] μισθός, οῦ, ὁ, reward

σκοπὸν¹ πᾶσιν τοῖς νέοις² θήσομεν τοῖς βουλομένοις περὶ τὴν εὐσέβειαν³ καὶ τὴν χρηστότητα⁴ τοῦ Θεοῦ φιλοπονεῖν.⁵ **2** καὶ μὴ ἀηδῶς⁶ ἔχωμεν καὶ ἀγανακτῶμεν⁷ οἱ ἄσοφοι,⁸ ὅταν τις ἡμᾶς νουθετῇ⁹ καὶ ἐπιστρέφῃ ἀπὸ τῆς ἀδικίας¹⁰ εἰς τὴν δικαιοσύνην. ἐνίοτε¹¹ γὰρ πονηρὰ πράσσοντες οὐ γινώσκομεν διὰ τὴν διψυχίαν¹² καὶ ἀπιστίαν¹³ τὴν ἐνοῦσαν¹⁴ ἐν τοῖς στήθεσιν¹⁵ ἡμῶν, καὶ ἐσκοτίσμεθα¹⁶ τὴν διάνοιαν¹⁷ ὑπὸ τῶν ἐπιθυμιῶν τῶν ματαίων.¹⁸ **3** πράξωμεν οὖν τὴν δικαιοσύνην ἵνα εἰς τέλος σωθῶμεν. μακάριοι οἱ τούτοις ὑπακούοντες¹⁹ τοῖς προστάγμασιν·²⁰ κἂν ὀλίγον χρόνον κακοπαθήσωσιν²¹ ἐν τῷ κόσμῳ, τὸν ἀθάνατον²² τῆς ἀναστάσεως καρπὸν τρυγήσουσιν.²³ **4** μὴ οὖν λυπείσθω²⁴ ὁ εὐσεβὴς²⁵ ἐὰν ἐπὶ τοῖς νῦν χρόνοις ταλαιπωρῇ·²⁶ μακάριος αὐτὸν ἀναμένει²⁷ χρόνος. ἐκεῖνος ἄνω²⁸ μετὰ τῶν πατέρων ἀναβιώσας²⁹ εὐφρανθήσεται³⁰ εἰς τὸν ἀλύπητον³¹ αἰῶνα.

---

[1] σκοπός, οῦ, ὁ, goal, mark
[2] νέος, α, ον, young (people)
[3] εὐσέβεια, ας, ἡ, godliness, piety
[4] χρηστότης, ητος, ἡ, kindness
[5] φιλοπονέω pres act inf, devote oneself
[6] ἀηδῶς, adv, unwillingly, reluctantly
[7] ἀγανακτέω pres act sub 1p, be indignant, angry
[8] ἄσοφος, ον, unwise, foolish
[9] νουθετέω pres act sub 3s, admonish, warn
[10] ἀδικία, ας, ἡ, wrongdoing
[11] ἐνίοτε, adv, sometimes
[12] διψυχία, ας, ἡ, indecision, doubt
[13] ἀπιστία, ας, ἡ, unbelief
[14] ἔνειμι pres act ptcp f.s.acc., be in
[15] στῆθος, ους, τό, chest, breast
[16] σκοτίζω perf mid/pass ind 1p, be/become darkened
[17] διάνοια, ας, ἡ, understanding
[18] μάταιος, αία, αιον, futile, empty
[19] ὑπακούω pres act ptcp m.p.nom., obey, subject
[20] πρόσταγμα, ατος, τό, command, instruction
[21] κακοπαθέω aor pass sub 3p, suffer misfortune
[22] ἀθάνατος, ον, immortal
[23] τρυγάω fut act ind 3p, harvest
[24] λυπέω pres mid/pass impv 3s, grieve, be sad
[25] εὐσεβής, ές, godly, pious
[26] ταλαιπωρέω pres act sub 3s, be miserable, endure sorrow
[27] ἀναμένω pres act ind 3s, wait for, expect
[28] ἄνω, adv, above
[29] ἀναβιόω aor act ptcp m.s.nom., come to life again
[30] εὐφραίνω fut pass ind 3s, be glad, rejoice
[31] ἀλύπητος, ον, without sorrow

**20:1** Ἀλλὰ μηδὲ ἐκεῖνο τὴν διάνοιαν¹ ὑμῶν ταρασσέτω² ὅτι βλέπομεν τοὺς ἀδίκους³ πλουτοῦντας⁴ καὶ στενοχωρουμένους⁵ τοὺς τοῦ Θεοῦ δούλους. **2** πιστεύωμεν οὖν, ἀδελφοὶ καὶ ἀδελφαί·⁶ Θεοῦ ζῶντος πεῖραν⁷ ἀθλοῦμεν,⁸ καὶ γυμναζόμεθα⁹ τῷ νῦν βίῳ¹⁰ ἵνα τῷ μέλλοντι στεφανωθῶμεν.¹¹ **3** οὐδεὶς τῶν δικαίων ταχὺν¹² καρπὸν ἔλαβεν, ἀλλ' ἐκδέχεται¹³ αὐτόν. **4** εἰ γὰρ τὸν μισθὸν¹⁴ τῶν δικαίων ὁ Θεὸς συντόμως¹⁵ ἀπεδίδου, εὐθέως ἐμπορίαν¹⁶ ἠσκοῦμεν¹⁷ καὶ οὐ θεοσέβειαν·¹⁸ ἐδοκοῦμεν γὰρ εἶναι δίκαιοι, οὐ τὸ εὐσεβές,¹⁹ ἀλλὰ τὸ κερδαλέον²⁰ διώκοντες. καὶ διὰ τοῦτο θεῖα²¹ κρίσις ἔβλαψεν²² πνεῦμα μὴ ὂν δίκαιον, καὶ ἐβάρυνεν²³ δεσμοῖς.²⁴

**20:5** Τῷ μόνῳ Θεῷ ἀοράτῳ,²⁵ πατρὶ τῆς ἀληθείας, τῷ ἐξαποστείλαντι²⁶ ἡμῖν τὸν σωτῆρα²⁷ καὶ ἀρχηγὸν²⁸ τῆς ἀφθαρσίας,²⁹ δι' οὗ καὶ ἐφανέρωσεν ἡμῖν τὴν ἀλήθειαν καὶ τὴν ἐπουράνιον³⁰ ζωήν, αὐτῷ ἡ δόξα εἰς τοὺς αἰῶνας τῶν αἰώνων. ἀμήν.

---

[1] διάνοια, ας, ἡ, disposition, thought
[2] ταράσσω pres act impv 3s, stir up, disturb
[3] ἄδικος, ον, unjust, crooked
[4] πλουτέω pres act ptcp m.p.acc., be rich
[5] στενοχωρέω pres mid/pass ptcp m.p.acc., be distressed
[6] ἀδελφή, ῆς, ἡ, sister
[7] πεῖρα, ας, ἡ, attempt, experiement
[8] ἀθλέω pres act ind 1p, compete
[9] γυμνάζω pres mid/pass ind 1p, train, undergo discipline
[10] βίος, ου, ὁ, life
[11] στεφανόω aor pass sub 1p, crown
[12] ταχύς, εῖα, ύ, quick, quickly
[13] ἐκδέχομαι pres mid ind 3s, expect await
[14] μισθός, οῦ, ὁ, reward
[15] συντόμως, adv, promptly, readily
[16] ἐμπορία, ας, ἡ, business, trade
[17] ἀσκέω imp act ind 1p, practice, engage in
[18] θεοσέβεια, ας, ἡ, piety, godliness
[19] εὐσεβής, ές, godly, pious
[20] κερδαλέος, α, ον, profitable, gainful
[21] θεῖος, θεία, θεῖον, divine
[22] βλάπτω aor act ind 3s, harm, injure
[23] βαρύνω imp act ind 3s, burden, weigh down
[24] δεσμός, οῦ, ὁ, bond, fetter
[25] ἀόρατος, ον, unseen, invisible
[26] ἐξαποστέλλω aor act ptcp m.s.dat., send out, send away
[27] σωτήρ, ῆρος, ὁ, savior
[28] ἀρχηγός, οῦ, ὁ, ruler, prince
[29] ἀφθαρσία, ας, ἡ, incorruptibility, immortality
[30] ἐπουράνιος, ον, heavenly, in heaven

# The Shepherd of Hermas

APOSTOLIC FATHERS GREEK READER

VOLUME 5

# THE SHEPHERD OF HERMAS
## AN INTRODUCTION*

*Origin and Authorship*

The Shepherd of Hermas was likely written in or around Rome and quite possibly over a stretch of time ranging from the late first-century CE to the middle of the second-century CE. Dating the work with certainty is not entirely possible due to a conflagration of data including a mention of Hermas in Rom 16:14, an internal reference in Vision 2.4.3 to Clement of Rome, and its mention in the Muratorian Canon as being composed in the 240s.[1] The question of authorship by multiple persons would also affect the dating of the work; opinions range between *The Shepherd of Hermas* being written by multiple hands over much time, or one hand, or multiple hands with one redactor.[2] Regardless, the original author self-identifies as a freedman of Rome.[3]

The work itself survives in a fragmentary state in two major Greek codices (*Athous* and *Sinaiticus*) and two major Greek papyri (*Michigan* and *Bodmer*), and is complete in two early Latin translations.[4] Hermas's Greek reflects a simple, "non-elite" style.[5] It was very well known to and mentioned by the church fathers; Clement of Alexandria

---

* This introduction to *The Shepherd of Hermas* is an edited version of Charles Meeks, "Shepherd of Hermas," in *The Lexham Bible Dictionary*, ed. John D. Barry et al. (Bellingham, WA: Lexham Press, 2015).

[1] Carolyn Osiek, *Shepherd of Hermas: A Commentary,* Hermeneia (Minneapolis: Fortress, 1999), 18; Jozef Verheyden, "The Shepherd of Hermas," *Expository Times* 117.10 (2006), 397.

[2] Osiek, *Shepherd of Hermas*, 8–10; idem, "The Genre and Function of the Shepherd of Hermas," *Semeia* 36 (1986): 114–15; J. Christian Wilson, *Toward a Reassessment of the Shepherd of Hermas: Its Date and Its Pneumatology* (Lewiston, NY: Edwin Mellen, 1993), 10–23.

[3] Osiek, *Shepherd of Hermas*, 21; Verheyden, "Shepherd of Hermas," 398.

[4] Osiek, *Shepherd of Hermas*, 1–2. Osiek briefly describes the more recent uncovering of portions of Hermas in "The Second Century through the Eyes of Hermas: Continuity and Change," *Biblical Theology Bulletin* 20.3 (1990), 116.

[5] Osiek, *Shepherd of Hermas*, 21.

and Origen especially were supporters of the work.[6] Only Tertullian seems to have been ardently against *The Shepherd* as an edifying text, at least at first.[7] Perhaps due to the Muratorian Canon's influence as well as to its diminutive Christology, *The Shepherd* was gradually considered not to be inspired, although its readership in the Church continued on in both the West and the East for many centuries.[8]

*Structure*

The work is divided into three separate sections joined by a thematic unity: five Visions (the fifth of which serves as an introduction to the following section), twelve Mandates, and ten Similitudes. Following Carolyn Osiek's outline,[9] *The Shepherd* proceeds as follows:

- Visions (1–25): Five visions consisting of a woman, Rhoda; two visions of the Church as a woman, and messages of judgment; a vision of the building of a tower and its meaning, which bears on the Church; and a vision of a great beast, which is an eschatological reckoning
- Mandates (26–49): Twelve mandates or sets of teachings on the subjects of faith, simplicity, truth, sexual purity, marriage, the Two Ways, fearing God, restraint from certain behaviors, being single-minded, sadness, and discerning prophecy and desires
- Similitudes (50–114): A series of ten allegories on various aspects of moral piety, holiness, and asceticism

Jozef Verheyden contends that the widely-accepted core message of the work revolves around the question of whether an opportunity exists after baptism for the forgiveness of sins.[10]

---

[6] Osiek, *Shepherd of Hermas*, 4–6; Verheyden, "Shepherd of Hermas," 397.

[7] Osiek, *Shepherd of Hermas*, 4–6.

[8] Osiek, *Shepherd of Hermas*, 6–7.

[9] Osiek, *Shepherd of Hermas*, vii–viii.

[10] Jozef Verheyden, "The *Shepherd of Hermas* and the Writings that later formed the New Testament," in *The Reception of the New Testament in the Apostolic Fathers*, ed. Andrew F. Gregory and Christopher M. Tuckett (Oxford: Oxford University Press, 2005), 295.

## Genre

Although generally regarded as apocalyptic in genre, *The Shepherd* lacks many elements present in other apocalyptic literature; Osiek defines it more accurately as *"paraenesis* ... with an apocalyptic framework."[11] It certainly bears great similarity to Jewish "Two Ways" moral theology.[12] It also has much in common with the New Testament book of James.[13] The author[s]' knowledge of the New Testament is debated, but it seems likely that they would have known at least the earliest of Christian writings, including Matthew and 1 Corinthians.[14] The main theme in light of these influences appears to be that of μετάνοια ("repentance" or "conversion").[15] The work reflects an interesting tradition of pneumatology and angelology that may betray influences beyond Judeo-Christian thought.[16] Furthermore, its Christology is very notable since on the surface it appears to have none. Jesus's personal name is never mentioned in the work, and the title "Christ" is only present three times—and only in variants.[17] However, as Robert J. Hauck has explicated, the Christology especially represented by Similitude 5 is in keeping with a moral, purifying Christ who is truly God, possesses the same Spirit as the Trinity, and who desires his followers to be of like mind.[18]

## Social Setting

*The Shepherd of Hermas* has much to say, both implicitly and explicitly, concerning early Christian life in Rome. Much of its thematic

---

[11] Osiek, *Shepherd of Hermas*, 11; idem, "Genre and Function," 115–19; idem, "Second Century," 118–21; Verheyden, "Shepherd of Hermas," 398.

[12] Osiek, *Shepherd of Hermas*, 24.

[13] Osiek, *Shepherd of Hermas*, 26.

[14] Verheyden, "The *Shepherd of Hermas* and the New Testament," 293–94, 329.

[15] Osiek, *Shepherd of Hermas*, 28–30; Verheyden, "Shepherd of Hermas," 399.

[16] Osiek, *Shepherd of Hermas*, 31–34; cf. Halvor Moxnes, "God and His Angel in the Shepherd of Hermas," *Studia Theologia* 28 (1974): 55–56.

[17] Osiek, *Shepherd of Hermas*, 34.

[18] Robert J. Hauck, "The Great Fast: Christology in the Shepherd of Hermas," *Anglican Theological Review* 75 (1993): 195–98.

emphases reveals a Jewish-Christian orientation with Graeco-Roman influences.[19] Osiek notes that it is assumed in the text that churches at this time were still primarily located in the home, and despite mention of certain leaders' titles (including apostles, overseers, presbyters, etc.), there seems to be no true formal structure.[20] However, it is likely that the Mandates and the Similitudes reflect an increasingly affluent Christian community that is quickly increasing in social status.[21] Kirsopp Lake highlights the implicit early understandings of practices such as baptism that are consonant with other early sources such as the Didache.[22]

## Bibliography

Hauck, Robert J. "The Great Fast: Christology in the Shepherd of Hermas." *Anglican Theological Review* 75.2 (1993): 187–98.

Lake, Kirsopp. "The Shepherd of Hermas and Christian Life in Rome in the Second Century." *HTR* 4 (1911): 25–46.

Moxnes, Halvor. "God and His Angel in the Shepherd of Hermas." *Studia Theologia* 28 (1974): 49–56.

Osiek, Carolyn. "The Genre and Function of the Shepherd of Hermas." *Semeia* 36 (1986): 113–21.

_____. "The Second Century through the Eyes of Hermas: Continuity and Change." *Biblical Theology Bulletin* 20.3 (1990): 116–22.

_____. *Shepherd of Hermas: A Commentary*. Hermeneia. Minneapolis: Fortress, 1999.

Verheyden, Jozef. "The Shepherd of Hermas." *Expository Times* 117.10 (2006): 397–401.

_____. "The *Shepherd of Hermas* and the Writings that later formed the New Testament." Pages 293–329 in *The Reception of the New Testament in the Apostolic Fathers*. Ed. A. F. Gregory and C. M. Tuckett. Oxford: Oxford University Press, 2005.

---

[19] Osiek, "Second Century," 117; idem, *Shepherd of Hermas*, 24–28.

[20] Osiek, *Shepherd of Hermas*, 22–23; idem, "Second Century," 118–19; Kirsopp Lake, "The Shepherd of Hermas and Christian Life in Rome in the Second Century," *HTR* 4 (1911): 37–40.

[21] Osiek, "Second Century," 117–18.

[22] Lake, "Shepherd of Hermas," 28–32.

Wilson, J. Christian. *Toward a Reassessment of the Shepherd of Hermas: Its Date and Its Pneumatology*. Lewiston, NY: Edwin Mellen, 1993.

Charles Meeks

## ADDITIONAL RESOURCES FOR FURTHER STUDY

### *The Shepherd of Hermas*—Beginning

Jeffers, James. *Conflict at Rome: Social Order and Hierarchy in Early Christianity*. Minneapolis: Fortress, 1991.

Hellholm, David. "The Shepherd of Hermas." Pages 215–38 in *Apostolic Fathers: An Introduction*. Ed. Wilhelm Pratscher; trans. Elisabeth G. Wolfe. Waco, TX: Baylor University Press, 2010.

Maier, Harry. *The Social Setting of the Ministry as Reflected in the Writings of Hermas, Clement and Ignatius*. Studies in Christianity and Judaism 12. Waterloo, ON: Wilfrid Laurier University Press, 1991.

Muddiman, John. "The Church in Ephesians, *2 Clement*, and the *Shepherd of Hermas*." Pages 107–21 in *Trajectories through the New Testament and the Apostolic Fathers*, vol. 2 of *The New Testament and the Apostolic Fathers*, ed. Andrew Gregory and Christopher Tuckett. Oxford: Oxford University Press, 2005.

Osiek, Carolyn. *Shepherd of Hermas: A Commentary*. Hermeneia. Philadelphia: Fortress, 1999.

Wilson, J. Christian. *Five Problems in the Interpretation of the Shepherd of Hermas: Authorship, Genre, Canonicity, Apocalyptic, and the Absence of the Name 'Jesus Christ'*. Mellen Biblical Press Series 34. Lewiston, NY: Mellen, 1995.

### *The Shepherd of Hermas*—Intermediate

Batovici, Dan. "'Diakonia', 'Diakonoi', 'Episkopoi' and 'Presbyteroi' in the *Shepherd of Hermas* and Ignatius of Antioch's *Letters*." *Augustinianum* 51 (2011): 303–14.

Bucur, Bogdan G. "The Son of God and the Angelomorphic Holy Spirit: A Rereading of the Shepherd's Christology." *ZNW* 98 (2007): 120–42.

Humphrey, Edith McEwan. *The Ladies and the Cities: Transformation and Apocalyptic Identity in Joseph and Aseneth, 4 Ezra, the Apocalypse and the Shepherd of Hermas*. Journal for the Study of the Pseudepigrapha Supplement Series 17. Sheffield: Sheffield Academic Press, 1995.

Lipsett, Barbara Diane. *Desiring Conversion: Hermas, Thecla, Aseneth*. Oxford: Oxford University Press, 2011.

Weiss, Alexander. "Hermas' 'Biography': Social Upward and Downward Mobility of an Independent Freedman." *Ancient Society* 39 (2009): 185–202.

**Shepherd of Hermas—Advanced**

Henne, Philippe. *L'unité du Pasteur d'Hermas: tradition et rédaction*. Cahiers de la Revue biblique 31. Paris: Gabalda, 1992.

Joly, Robert. *Le Pasteur: Introduction, texte critique, traduction et notes*. Sources chrétiennes 53. Paris: Cerf, 1968.

Rüpke, Jörg. "Two Cities and One Self: Transformations of Jerusalem and Reflexive Individuality in the Shepherd of Hermas." Pages 49–65 in *Religious Dimensions of the Self in the Second Century CE*. Studien und Texte zu Antike und Christentum 76. Tübingen: Mohr Siebeck, 2013.

Schmidt, Josef. *Petrus und sein Grab in Rom: Gemeindegründung, Martyrium und Petrusnachfolge in der Offenbarung des Johannes und im Hirt des Hermas*. Theologische Texte und Studien 16. Zürich: Olms, 2010.

Torrance, Alexis. "The Angel and the Spirit of Repentance: Hermas and the Early Monastic Concept of Metanoia." *Studia Patristica* 64 (2013): 15–20.

ΠΟΙΜΗΝ—Ὁράσεις

## Ὁράσεις

**1:1 (ά 1)** Ὁ θρέψας¹ με πέπρακέν² με Ῥόδῃ³ τινὶ εἰς Ῥώμην.⁴ μετὰ πολλὰ ἔτη ταύτην ἀνεγνωρισάμην⁵ καὶ ἠρξάμην αὐτὴν ἀγαπᾶν ὡς ἀδελφήν.⁶ **2** μετὰ χρόνον τινὰ λουομένην⁷ εἰς τὸν ποταμὸν⁸ τὸν Τίβεριν⁹ εἶδον, καὶ ἐπέδωκα¹⁰ αὐτῇ τὴν χεῖρα καὶ ἐξήγαγον¹¹ αὐτὴν ἐκ τοῦ ποταμοῦ.¹² ταύτης οὖν ἰδὼν τὸ κάλλος¹³ διελογιζόμην¹⁴ ἐν τῇ καρδίᾳ μου λέγων· Μακάριος ἤμην εἰ τοιαύτην γυναῖκα εἶχον καὶ τῷ κάλλει¹⁵ καὶ τῷ τρόπῳ.¹⁶ μόνον τοῦτο ἐβουλευσάμην,¹⁷ ἕτερον δὲ οὐδέν. **3** μετὰ χρόνον τινὰ πορευομένου μου εἰς Κούμας¹⁸ καὶ δοξάζοντος τὰς κτίσεις¹⁹ τοῦ Θεοῦ, ὡς μεγάλαι καὶ ἐκπρεπεῖς²⁰ καὶ δυναταί εἰσιν, περιπατῶν ἀφύπνωσα.²¹ καὶ πνεῦμά με ἔλαβεν καὶ ἀπήνεγκέν²² με δι' ἀνοδίας²³ τινός, δι' ἧς ἄνθρωπος οὐκ ἐδύνατο ὁδεῦσαι·²⁴ ἦν δὲ ὁ τόπος κρημνώδης²⁵ καὶ ἀπερρηγὼς²⁶ ἀπὸ τῶν ὑδάτων. διαβὰς²⁷ οὖν τὸν ποταμὸν²⁸ ἐκεῖνον ἦλθον εἰς τὰ ὁμαλά,²⁹ καὶ τιθῶ τὰ γόνατα³⁰

---

¹ τρέφω aor act ptcp m.s.nom., bring up, rear
² πιπράσκω perf act ind 3s, sell
³ Ῥόδη, ης, ἡ, Rhoda
⁴ Ῥώμη, ης, ἡ, Rome
⁵ ἀναγνωρίζω aor mid ind 1s, become reacquainted
⁶ ἀδελφή, ης, ἡ, sister
⁷ λούω pres mid/pass ptcp f.s.acc., bathe, cleanse
⁸ ποταμός, οῦ, ὁ, river
⁹ Τίβερις, εως, ὁ, Tiber river
¹⁰ ἐπιδίδωμι aor act ind 1s, give
¹¹ ἐξάγω aor act ind 1s, bring out
¹² ποταμός, οῦ, ὁ, river
¹³ κάλλος, ους, τό, beauty
¹⁴ διαλογίζομαι imp mid/pass ind 1s, think, ponder
¹⁵ κάλλος, ους, τό, beauty
¹⁶ τρόπος, ου, ὁ, manner, way
¹⁷ βουλεύω aor mid 1s, deliberate, think
¹⁸ Κοῦμαι, ῶν, αἱ, Cumae
¹⁹ κτίσις, εως, ἡ, creature
²⁰ ἐκπρεπής, ές, remarkable, outstanding
²¹ ἀφυπνόω aor act ind 1s, fall asleep
²² ἀποφέρω aor act ind 3s, take away, lead away
²³ ἀνοδία, ας, ἡ, pathless
²⁴ ὁδεύω aor act inf, travel, go
²⁵ κρημνώδης, ες, steep, precipitous
²⁶ ἀπορρήγνυμι perf act ptcp m.s.nom., break up
²⁷ διαβαίνω aor act ptcp m.s.nom., cross
²⁸ ποταμός, οῦ, ὁ, river
²⁹ ὁμαλός, ή, όν, level
³⁰ γόνυ, ατος, τό, knee

καὶ ἠρξάμην προσεύχεσθαι τῷ Κυρίῳ καὶ ἐξομολογεῖσθαί[1] μου τὰς ἁμαρτίας. **4** προσευχομένου δέ μου ἠνοίγη ὁ οὐρανός, καὶ βλέπω τὴν γυναῖκα ἐκείνην ἣν ἐπεθύμησα[2] ἀσπαζομένην με ἐκ τοῦ οὐρανοῦ, λέγουσαν· Ἑρμᾶ[3] χαῖρε. **5** βλέψας δὲ εἰς αὐτὴν λέγω αὐτῇ· Κυρία,[4] τί σὺ ὧδε ποιεῖς; ἡ δὲ ἀπεκρίθη μοι· Ἀνελήμφθην[5] ἵνα σου τὰς ἁμαρτίας ἐλέγξω[6] πρὸς τὸν Κύριον. **6** λέγω αὐτῇ· Νῦν σύ μου ἔλεγχος[7] εἶ; Οὔ, φησίν, ἀλλὰ ἄκουσον τὰ ῥήματα ἅ σοι μέλλω λέγειν. ὁ Θεὸς ὁ ἐν τοῖς οὐρανοῖς κατοικῶν καὶ κτίσας[8] ἐκ τοῦ μὴ ὄντος τὰ ὄντα, καὶ πληθύνας[9] καὶ αὐξήσας[10] ἕνεκεν[11] τῆς ἁγίας ἐκκλησίας αὐτοῦ, ὀργίζεταί[12] σοι ὅτι ἥμαρτες εἰς ἐμέ. **7** ἀποκριθεὶς αὐτῇ λέγω· Εἰς σὲ ἥμαρτον; ποίῳ τρόπῳ,[13] ἢ πότε[14] σοι αἰσχρὸν[15] ῥῆμα ἐλάλησα; οὐ πάντοτέ σε ὡς θεὰν[16] ἡγησάμην;[17] οὐ πάντοτέ σε ἐνετράπην[18] ὡς ἀδελφήν;[19] τί μου ἐνετράπην,[20] ὦ[21] γύναι, τὰ πονηρὰ ταῦτα καὶ ἀκάθαρτα; **8** γελάσασά[22] μοι λέγει· Ἐπὶ τὴν καρδίαν σου ἀνέβη ἡ ἐπιθυμία τῆς πονηρίας.[23] ἢ οὐ δοκεῖ σοι ἀνδρὶ δικαίῳ πονηρὸν πρᾶγμα[24] εἶναι ἐὰν ἀναβῇ αὐτοῦ ἐπὶ τὴν καρδίαν ἡ πονηρὰ ἐπιθυμία; ἁμαρτία γέ[25] ἐστιν, καὶ μεγάλη, φησίν. ὁ γὰρ δίκαιος ἀνὴρ δίκαια βουλεύεται.[26] ἐν τῷ οὖν δίκαια

---

[1] ἐξομολογέω pres mid/pass inf, confess
[2] ἐπιθυμέω aor act ind 1s, desire
[3] Ἑρμᾶς, ᾶ, ὁ, Hermas
[4] κυρία, ας, ἡ, lady
[5] ἀναλαμβάνω aor pass ind 1s, taken up
[6] ἐλέγχω fut act ind 1s, accuse
[7] ἔλεγχος, ου, ὁ, accusation
[8] κτίζω aor act ptcp m.s.nom., create
[9] πληθύνω aor act ptcp m.s.nom., grow, increase
[10] αὐξάνω aor act ptcp m.s.nom., grow, increase
[11] ἕνεκα, impr prep, because of
[12] ὀργίζω pres mid/pass ind 3s, be angry
[13] τρόπος, ου, ὁ, way, manner
[14] πότε, conj, when
[15] αἰσχρός, ά, όν, shameful
[16] θεά, ᾶς, ἡ, goddess
[17] ἡγέομαι aor mid ind 1s, consider, regard
[18] ἐντρέπω aor pass ind 1s, respect
[19] ἀδελφή, ῆς, ἡ, sister
[20] ἐντρέπω aor pass ind 1s, respect
[21] ὦ, intj, oh
[22] γελάω aor act ptcp f.s.nom., laugh
[23] πονηρία, ας, ἡ, wickedness, evil
[24] πρᾶγμα, ματος, τό, deed, thing
[25] γέ, conj, at least, even, indeed
[26] βουλεύω pres mid/pass ind 3s, deliberate, resolve

ΠΟΙΜΗΝ—Ὁράσεις

βουλεύεσθαι¹ αὐτὸν κατορθοῦται² ἡ δόξα αὐτοῦ ἐν τοῖς οὐρανοῖς καὶ εὐκατάλλακτον³ ἔχει τὸν Κύριον ἐν παντὶ πράγματι⁴ αὐτοῦ. οἱ δὲ πονηρὰ βουλευόμενοι⁵ ἐν ταῖς καρδίαις αὐτῶν θάνατον καὶ αἰχμαλωτισμὸν⁶ ἑαυτοῖς ἐπισπῶνται,⁷ μάλιστα⁸ οἱ τὸν αἰῶνα τοῦτον περιποιούμενοι⁹ καὶ γαυριῶντες¹⁰ ἐν τῷ πλούτῳ¹¹ αὐτῶν καὶ μὴ ἀντεχόμενοι¹² τῶν ἀγαθῶν τῶν μελλόντων. 9 μετανοήσουσιν αἱ ψυχαὶ αὐτῶν, οἵτινες οὐκ ἔχουσιν ἐλπίδα, ἀλλὰ ἑαυτοὺς ἀπεγνώκασιν¹³ καὶ τὴν ζωὴν αὐτῶν. ἀλλὰ σὺ προσεύχου πρὸς τὸν Θεόν, καὶ ἰάσεται¹⁴ τὰ ἁμαρτήματά¹⁵ σου καὶ ὅλου τοῦ οἴκου σου καὶ πάντων τῶν ἁγίων.

**2:1 (ά 2)** Μετὰ τὸ λαλῆσαι αὐτὴν τὰ ῥήματα ταῦτα ἐκλείσθησαν¹⁶ οἱ οὐρανοί· κἀγὼ ὅλος ἤμην πεφρικὼς¹⁷ καὶ λυπούμενος.¹⁸ ἔλεγον δὲ ἐν ἐμαυτῷ· Εἰ αὕτη μοι ἡ ἁμαρτία ἀναγράφεται,¹⁹ πῶς δυνήσομαι σωθῆναι; ἢ πῶς ἐξιλάσομαι²⁰ τὸν Θεὸν περὶ τῶν ἁμαρτιῶν μου τῶν τελείων;²¹ ἢ ποίοις ῥήμασιν ἐρωτήσω τὸν Κύριον ἵνα ἱλατεύσηταί²² μοι; **2** ταῦτά μου συμβου-

---

¹ βουλεύω pres mid/pass inf, deliberate, resolve
² κατορθόω pres mid/pass ind 3s, set straight, complete
³ εὐκατάλλακτος, ον, favorable
⁴ πρᾶγμα, ματος, τό, deed, thing
⁵ βουλεύω pres mid/pass ptcp m.p.nom., deliberate, resolve
⁶ αἰχμαλωτισμός, οῦ, ὁ, captivity
⁷ ἐπισπάω pres mid/pass ind 3p, bring upon
⁸ μάλιστα, adv, most of all, especially
⁹ περιποιέω pres mid/pass ptcp m.p.nom., acquire, obtain
¹⁰ γαυριάω pres act ptcp m.p.nom., be proud, exalt
¹¹ πλοῦτος, ου, ὁ, wealth
¹² ἀντέχομαι pres mid/pass ptcp m.p.nom., cling, hold fast
¹³ ἀπογινώσκω perf act ind 3p, despair
¹⁴ ἰάομαι fut mid ind 3s, heal
¹⁵ ἁμάρτημα, ματος, τό, sin
¹⁶ κλείω aor pass ind 3p, shut, close
¹⁷ φρίσσω perf act ptcp m.s.nom., to tremble from fear, shudder
¹⁸ λυπέω pres mid/pass ptcp m.s.nom., to be sad, grieve
¹⁹ ἀναγράφω pres mid/pass ind 3s, record, register
²⁰ ἐξιλάσκομαι fut mid ind 1s, propitiate, appease
²¹ τέλειος, α, ον, full grown, mature, fully developed
²² ἱλατεύομαι aor mid sub 3s, be gracious

## ΠΟΙΜΗΝ—Ὁράσεις

λευομένου¹ καὶ διακρίνοντος² ἐν τῇ καρδίᾳ μου βλέπω κατέναντί³ μου καθέδραν⁴ λευκὴν⁵ ἐξ ἐρίων⁶ χιονίνων⁷ γεγονυῖαν μεγάλην· καὶ ἦλθεν γυνὴ πρεσβῦτις⁸ ἐν ἱματισμῷ⁹ λαμπροτάτῳ¹⁰ ἔχουσα βιβλίον εἰς τὰς χεῖρας, καὶ ἐκάθισεν μόνη, καὶ ἀσπάζεταί με· Ἑρμᾶ¹¹ χαῖρε. κἀγὼ λυπούμενος¹² καὶ κλαίων εἶπον· Κυρία,¹³ χαῖρε. **3** καὶ εἶπέν μοι· Τί στυγνός,¹⁴ Ἑρμᾶ;¹⁵ ὁ μακρόθυμος¹⁶ καὶ ἀστομάχητος,¹⁷ ὁ πάντοτε γελῶν,¹⁸ τί οὕτω κατηφὴς¹⁹ τῇ ἰδέᾳ²⁰ καὶ οὐχ ἱλαρός;²¹ κἀγὼ εἶπον αὐτῇ· Ὑπὸ γυναικὸς ἀγαθωτάτης λεγούσης ὅτι ἥμαρτον εἰς αὐτήν. **4** ἡ δὲ ἔφη· Μηδαμῶς²² ἐπὶ τὸν δοῦλον τοῦ Θεοῦ τὸ πρᾶγμα²³ τοῦτο. ἀλλὰ πάντως²⁴ ἐπὶ τὴν καρδίαν σου ἀνέβη περὶ αὐτῆς. ἔστιν μὲν τοῖς δούλοις τοῦ Θεοῦ ἡ τοιαύτη βουλὴ²⁵ ἁμαρτίαν ἐπιφέρουσα·²⁶ πονηρὰ γὰρ βουλὴ²⁷ καὶ ἔκπληκτος,²⁸ εἰς πάνσεμνον²⁹ πνεῦμα καὶ ἤδη δεδοκιμασμένον,³⁰ ἐὰν ἐπιθυμήσῃ³¹ πονηρὸν ἔργον, καὶ μάλιστα³² Ἑρμᾶς³³ ὁ

---

¹ συμβουλεύω pres mid/pass ptcp m.s.gen., advise, consult, consider
² διακρίνω pres act ptcp m.s.gen., judge, evaluate, distinguish
³ κατέναντι, impr prep, before
⁴ καθέδρα, ας, ἡ, chair, seat
⁵ λευκός, ή, όν, white
⁶ ἔριον, ου, τό, wool
⁷ χιόνινος, η, ον, snowy, snow-white
⁸ πρεσβῦτις, ιδος, ἡ, elderly lady
⁹ ἱματισμός, οῦ, ὁ, clothing, apparel
¹⁰ λαμπρός, ά, όν, bright, shining
¹¹ Ἑρμᾶς, ᾶ, ὁ, Hermas
¹² λυπέω pres mid/pass ptcp m.s.nom., be sad, grieve
¹³ κυρία, ας, ἡ, lady
¹⁴ στυγνός, ή, όν, gloomy, sad
¹⁵ Ἑρμᾶς, ᾶ, ὁ, Hermas
¹⁶ μακρόθυμος, ον, patient
¹⁷ ἀστομάχητος, ον, not easily angered
¹⁸ γελάω pres act ptcp m.s.nom., laugh
¹⁹ κατηφής, ές, downcast
²⁰ ἰδέα, ας, ἡ, appearance, form
²¹ ἱλαρός, ά, όν, cheerful, glad
²² μηδαμῶς, adv, by no means
²³ πρᾶγμα, ματος, τό, deed, matter, thing
²⁴ πάντως, adv, certainly
²⁵ βουλή, ῆς, ἡ, plan, purpose
²⁶ ἐπιφέρω pres act ptcp f.s.nom., bring
²⁷ βουλή, ῆς, ἡ, plan, purpose
²⁸ ἔκπληκτος, ον, shocking, frightful
²⁹ πάνσεμνος, ον, greatly revered
³⁰ δοκιμάζω perf mid/pass ptcp n.s.acc., test, approve
³¹ ἐπιθυμέω aor act sub 3s, desire, long for
³² μάλιστα, adv, most of all, especially
³³ Ἑρμᾶς, ᾶ, ὁ, Hermas

## ΠΟΙΜΗΝ—Ὁράσεις

ἐγκρατής,¹ ὁ ἀπεχόμενος² πάσης ἐπιθυμίας πονηρᾶς καὶ πλήρης³ πάσης ἁπλότητος⁴ καὶ ἀκακίας⁵ μεγάλης.

**3:1 (ἀ 3)** Ἀλλ' οὐχ ἕνεκα⁶ τούτου ὀργίζεταί⁷ σοι ὁ Θεός, ἀλλ' ἵνα τὸν οἶκόν σου τὸν ἀνομήσαντα⁸ εἰς τὸν Κύριον καὶ εἰς ὑμᾶς τοὺς γονεῖς⁹ αὐτῶν ἐπιστρέψῃς. ἀλλὰ φιλότεκνος¹⁰ ὢν οὐκ ἐνουθέτεις¹¹ σου τὸν οἶκον, ἀλλὰ ἀφῆκες αὐτὸν καταφθαρῆναι¹² δεινῶς·¹³ διὰ τοῦτό σοι ὀργίζεται¹⁴ ὁ Κύριος· ἀλλὰ ἰάσεταί¹⁵ σου πάντα τὰ προγεγονότα¹⁶ πονηρὰ ἐν τῷ οἴκῳ σου· διὰ γὰρ τὰς ἐκείνων ἁμαρτίας καὶ ἀνομήματα¹⁷ σὺ κατεφθάρης¹⁸ ἀπὸ τῶν βιωτικῶν¹⁹ πράξεων.²⁰ **2** ἀλλ' ἡ πολυσπλαγχνία²¹ τοῦ Κυρίου ἠλέησέν²² σε καὶ τὸν οἶκόν σου καὶ ἰσχυροποιήσει²³ σε καὶ θεμελιώσει²⁴ σε ἐν τῇ δόξῃ αὐτοῦ. σὺ μόνον μὴ ῥαθυμήσῃς,²⁵ ἀλλὰ εὐψύχει²⁶ καὶ

---

[1] ἐγκρατής, ές, self-controlled, disciplined
[2] ἀπέχω pres mid/pass ptcp m.s.nom., abstain
[3] πλήρης, ες, full
[4] ἁπλότης, τος, ἡ, sincerity, uprightness
[5] ἀκακία, ας, ἡ, innocence
[6] ἕνεκα, impr prep, because of, on account of
[7] ὀργίζω pres mid/pass ind 3s, angry
[8] ἀνομέω aor act ptcp m.s.acc., be lawless, sin
[9] γονεύς, έως, ὁ, parent
[10] φιλότεκνος, ον, loving one's children
[11] νουθετέω imp act ind 2s, admonish, warn
[12] καταφθείρω aor pass inf, destroy, ruin, corrupt
[13] δεινῶς, adv, terribly
[14] ὀργίζω pres mid/pass ind 3s, angry
[15] ἰάομαι fut mid ind 3s, heal
[16] προγίνομαι perf act ptcp n.p.nom., happen before, done before
[17] ἀνόμημα, ματος, τό, lawless action, iniquity
[18] καταφθείρω aor pass ind 2s, ruin, corrupt
[19] βιωτικός, ή, όν, belonging to daily life
[20] πρᾶξις, εως, ἡ, daily activity, business
[21] πολυσπλαγχνία, ας, ἡ, great compassion, sympathy
[22] ἐλεέω aor act ind 3s, have mercy
[23] σχυροποιέω fut act ind 3s, strengthen
[24] θεμελιόω fut act ind 3s, establish
[25] ῥαθυμέω aor act sub 2s, be unconcerned, idle
[26] εὐψυχέω pres act impv 2s, have courage

ΠΟΙΜΗΝ—Ὁράσεις

ἰσχυροποίει¹ σου τὸν οἶκον. ὡς γὰρ ὁ χαλκεὺς² σφυροκοπῶν³ τὸ ἔργον αὐτοῦ περιγίνεται⁴ τοῦ πράγματος⁵ οὗ θέλει, οὕτω καὶ ὁ λόγος ὁ καθημερινὸς⁶ ὁ δίκαιος περιγίνεται⁷ πάσης πονηρίας.⁸ μὴ διαλίπῃς⁹ οὖν νουθετῶν¹⁰ σου τὰ τέκνα· οἶδα γὰρ ὅτι ἐὰν μετανοήσουσιν ἐξ ὅλης καρδίας αὐτῶν, ἐγγραφήσονται¹¹ εἰς τὰς βίβλους¹² τῆς ζωῆς μετὰ τῶν ἁγίων. **3** μετὰ τὸ παῆναι¹³ αὐτῆς τὰ ῥήματα ταῦτα λέγει μοι· Θέλεις ἀκοῦσαί μου ἀναγινωσκούσης; λέγω κἀγώ· Θέλω, Κυρία.¹⁴ λέγει μοι· Γενοῦ ἀκροατὴς¹⁵ καὶ ἄκουε τὰς δόξας τοῦ Θεοῦ. ἤκουσα μεγάλως¹⁶ καὶ θαυμαστῶς¹⁷ ὃ οὐκ ἴσχυσα¹⁸ μνημονεῦσαι·¹⁹ πάντα γὰρ τὰ ῥήματα ἔκφρικτα,²⁰ ἃ οὐ δύναται ἄνθρωπος βαστάσαι.²¹ τὰ οὖν ἔσχατα ῥήματα ἐμνημόνευσα·²² ἦν γὰρ ἡμῖν σύμφορα²³ καὶ ἥμερα.²⁴ **4** Ἰδοὺ ὁ Θεὸς τῶν δυνάμεων, ὁ ἀοράτῳ²⁵ δυνάμει καὶ κραταιᾷ²⁶ καὶ τῇ μεγάλῃ συνέσει²⁷ αὐτοῦ κτίσας²⁸ τὸν κόσμον καὶ τῇ ἐνδόξῳ²⁹ βουλῇ³⁰

---

1 ἰσχυροποιέω pres act impv 2s, strengthen
2 χαλκεύς, έως, ὁ, blacksmith, metalworker
3 σφυροκοπέω pres act ptcp m.s.nom., beat with a hammer
4 περιγίνομαι pres mid/pass ind 3s, prevail over, overcome
5 πρᾶγμα, ματος, τό, deed, thing, matter
6 καθημερινός, ή, όν, daily
7 περιγίνομαι pres mid/pass ind 3s, prevail over, overcome
8 πονηρία, ας, ἡ, wickedness
9 διαλείπω aor act sub 2s, stop, cease
10 νουθετέω pres act ptcp m.s.nom., admonish, warn
11 ἐγγράφω fut pass ind 3p, record
12 βίβλος, ου, ἡ, book
13 παύω aor pass inf, cease
14 κυρία, ας, ἡ, lady
15 ἀκροατής, οῦ, ὁ, hearer
16 μεγάλως, adv, greatly
17 θαυμαστῶς, adv, amazement
18 ἰσχύω aor act ind 1s, be strong
19 μνημονεύω aor act inf, remember
20 ἔκφρικτος, ον, frightening
21 βαστάζω aor act inf, bear
22 μνημονεύω aor act ind 1s, remember
23 σύμφορος, ον, beneficial, advantageous
24 ἥμερος, ον, gentle, kind
25 ἀόρατος, ον, invisible
26 κραταιός, ά, όν, powerful, mighty
27 σύνεσις, εως, ἡ, wisdom, understanding
28 κτίζω aor act ptcp m.s.nom., create
29 ἔνδοξος, ον, glorious
30 βουλή, ῆς, ἡ, plan, purpose

## ΠΟΙΜΗΝ—Ὁράσεις

περιθεὶς[1] τὴν εὐπρέπειαν[2] τῇ κτίσει[3] αὐτοῦ, καὶ τῷ ἰσχυρῷ[4] ῥήματι πήξας[5] τὸν οὐρανὸν καὶ θεμελιώσας[6] τὴν γῆν ἐπὶ ὑδάτων, καὶ τῇ ἰδίᾳ σοφίᾳ καὶ προνοίᾳ[7] κτίσας[8] τὴν ἁγίαν ἐκκλησίαν αὐτοῦ, ἣν καὶ ηὐλόγησεν, ἰδοὺ μεθιστάνει[9] τοὺς οὐρανοὺς καὶ τὰ ὄρη καὶ τοὺς βουνοὺς[10] καὶ τὰς θαλάσσας, καὶ πάντα ὁμαλὰ[11] γίνεται τοῖς ἐκλεκτοῖς[12] αὐτοῦ, ἵνα ἀποδῷ αὐτοῖς τὴν ἐπαγγελίαν ἣν ἐπηγγείλατο[13] μετὰ πολλῆς δόξης καὶ χαρᾶς, ἐὰν τηρήσωσιν τὰ νόμιμα[14] τοῦ Θεοῦ ἃ παρέλαβον ἐν μεγάλῃ πίστει.

**4:1 (ά 4)** Ὅτε οὖν ἐτέλεσεν[15] ἀναγινώσκουσα καὶ ἠγέρθη ἀπὸ τῆς καθέδρας,[16] ἦλθαν τέσσαρες νεανίαι[17] καὶ ἦραν τὴν καθέδραν[18] καὶ ἀπῆλθον πρὸς τὴν ἀνατολήν.[19] **2** προσκαλεῖται[20] δέ με καὶ ἥψατο τοῦ στήθους[21] μου καὶ λέγει μοι· Ἤρεσέν[22] σοι ἡ ἀνάγνωσίς[23] μου; καὶ λέγω αὐτῇ· Κυρία,[24] ταῦτά μοι τὰ ἔσχατα ἀρέσκει,[25] τὰ δὲ πρότερα[26] χαλεπὰ[27] καὶ σκληρά.[28] ἡ δὲ ἔφη μοι λέγουσα· Ταῦτα τὰ ἔσχατα τοῖς δικαίοις, τὰ δὲ πρότερα[29] τοῖς ἔθνεσιν καὶ τοῖς ἀποστάταις.[30] **3** λαλούσης αὐτῆς μετ' ἐμοῦ δύο

---

[1] περιτίθημι aor pass ptcp m.s.nom., put on, put around
[2] εὐπρέπεια, ας, ἡ, beauty
[3] κτίσις, εως, ἡ, creation
[4] ἰσχυρός, ά, όν, strong
[5] πήγνυμι aor act ptcp m.s.nom., make firm, fix
[6] θεμλιόω aor act ptcp m.s.nom., lay a foundation, establish
[7] πρόνοια, ας, ἡ, forethought, providence
[8] κτίζω aor act ptcp m.s.nom., create
[9] μεθιστάνω pres act ind 3s, remove
[10] βουνός, οῦ, ὁ, hill
[11] ὁμαλής, ή, όν, level, smooth
[12] ἐκλεκτός, ή, όν, elect
[13] ἐπαγγέλλω aor mid ind 3s, promise
[14] νόμιμος, η, ον, commandmnets
[15] τελέω aor act ind 3s, finish, complete
[16] καθέδρα, ας, ἡ, chair
[17] νεανίας, ου, ὁ, youth, young man
[18] καθέδρα, ας, ἡ, chair
[19] ἀνατολή, ῆς, ἡ, east
[20] προσκαλέω pres mid/pass ind 3s, call
[21] στῆθος, ους, τό, chest, breast
[22] ἀρέσκω aor act ind 3s, please
[23] ἀνάγνωσις, εως, ἡ, reading
[24] κυρία, ας, ἡ, lady
[25] ἀρέσκω pres act ind 3s, please
[26] πρότερος, α, ον, earlier, former
[27] χαλεπός, ή, όν, hard, difficult
[28] σκληρός, ά, όν, hard
[29] πρότερος, α, ον, earlier, former
[30] ἀποστάτης, ου, ὁ, deserter, apostate

τινὲς ἄνδρες ἐφάνησαν καὶ ἦραν αὐτὴν τῶν ἀγκώνων[1] καὶ ἀπῆλθαν, ὅπου καὶ ἡ καθέδρα,[2] πρὸς τὴν ἀνατολήν.[3] ἱλαρὰ[4] δὲ ἀπῆλθεν, καὶ ὑπάγουσα λέγει μοι· Ἀνδρίζου,[5] Ἑρμᾶ.[6]

**5:1 (β΄ 1)** Πορευομένου μου εἰς Κούμας[7] κατὰ τὸν καιρὸν ὃν καὶ πέρυσι,[8] περιπατῶν ἀνεμνήσθην[9] τῆς περυσινῆς[10] ὁράσεως,[11] καὶ πάλιν με αἴρει πνεῦμα καὶ ἀποφέρει[12] εἰς τὸν αὐτὸν τόπον ὅπου καὶ πέρυσι.[13] **2** ἐλθὼν οὖν εἰς τὸν τόπον τιθῶ τὰ γόνατα[14] καὶ ἠρξάμην προσεύχεσθαι τῷ Κυρίῳ καὶ δοξάζειν αὐτοῦ τὸ ὄνομα, ὅτι με ἄξιον ἡγήσατο[15] καὶ ἐγνώρισέν[16] μοι τὰς ἁμαρτίας μου τὰς πρότερον.[17] **3** μετὰ δὲ τὸ ἐγερθῆναί με ἀπὸ τῆς προσευχῆς βλέπω ἀπέναντί[18] μου τὴν πρεσβυτέραν ἣν καὶ πέρυσιν[19] ἑωράκειν, περιπατοῦσαν καὶ ἀναγινώκουσαν βιβλαρίδιον.[20] καὶ λέγει μοι· Δύνῃ ταῦτα τοῖς ἐκλεκτοῖς[21] τοῦ Θεοῦ ἀναγγεῖλαι;[22] λέγω αὐτῇ· Κυρία,[23] τοσαῦτα[24] μνημονεῦσαι[25] οὐ δύναμαι· δὸς δέ μοι τὸ βιβλίδιον,[26] ἵνα μεταγράψωμαι[27] αὐτό. Λάβε, φησίν, καὶ ἀποδώσεις μοι. **4** ἔλαβον ἐγώ, καὶ εἴς τινα τόπον τοῦ ἀγροῦ

---

[1] ἀγκών, ῶνος, ὁ, arm
[2] καθέδρα, ας, ἡ, chair
[3] ἀνατολή, ῆς, ἡ, east
[4] ἱλαρός, ά, όν, cheerful, glad
[5] ἀνδρίζομαι pres mid/pass impv 2s, conduct oneself in a courageous way
[6] Ἑρμᾶς, ᾶ, ὁ, Hermas
[7] Κοῦμαι, ῶν, αἱ, Cumae
[8] πέρυσι, adv, last year
[9] ἀναμιμνήσκω aor pass ind 1s, remembered
[10] περυσινός, ή, όν, of last year
[11] ὅρασις, εως, ἡ, vision
[12] ἀποφέρω pres act ind 3s, carry away
[13] πέρυσι, adv, last year
[14] γόνυ, ατος, τό, knee
[15] ἡγέομαι aor mid ind 3s, consider
[16] γνωρίζω aor act ind 3s, make known
[17] πρότερος, adv, former
[18] ἀπέναντι, impr prep, before
[19] πέρυσι, adv, last year
[20] βιβλαρίδιον, ου, τό, little scroll
[21] ἐκλεκτός, ή, όν, elect
[22] ἀναγγέλλω aor act inf, report
[23] κυρία, ας, ἡ, lady
[24] τοσοῦτος, αύτη, οῦτον, so many, so great
[25] μνημονεύω aor act inf, remember
[26] βιβλίδιον, ου, τό, little scroll
[27] μεταγράφω aor mid sub 1s, copy

ΠΟΙΜΗΝ—Ὁράσεις

ἀναχωρήσας[1] μετεγραψάμην[2] πάντα πρὸς γράμμα·[3] οὐχ ηὕρισκον γὰρ τὰς συλλαβάς.[4] τελέσαντος[5] οὖν τὰ γράμματα[6] τοῦ βιβλιδίου[7] ἐξαίφνης[8] ἡρπάγη[9] μου ἐκ τῆς χειρὸς τὸ βιβλίδιον·[10] ὑπὸ τίνος δὲ οὐκ εἶδον.

**6:1 (β΄ 2)** Μετὰ δὲ δέκα[11] καὶ πέντε ἡμέρας νηστεύσαντός[12] μου καὶ πολλὰ ἐρωτήσαντος τὸν Κύριον ἀπεκαλύφθη[13] μοι ἡ γνῶσις[14] τῆς γραφῆς. ἦν δὲ γεγραμμένα ταῦτα· **2** τὸ σπέρμα σου, Ἑρμᾶ,[15] ἠθέτησαν[16] εἰς τὸν Θεὸν καὶ ἐβλασφήμησαν εἰς τὸν Κύριον καὶ προέδωκαν[17] τοὺς γονεῖς[18] αὐτῶν ἐν πονηρίᾳ[19] μεγάλῃ, καὶ ἤκουσαν προδόται[20] γονέων[21] καὶ προδόντες[22] οὐκ ὠφελήθησαν,[23] ἀλλὰ ἔτι προσέθηκαν[24] ταῖς ἁμαρτίαις αὐτῶν τὰς ἀσελγείας[25] καὶ συμφυρμοὺς[26] πονηρίας,[27] καὶ οὕτως ἐπλήσθησαν[28] αἱ ἀνομίαι[29] αὐτῶν. **3** ἀλλὰ γνώρισον[30] ταῦτα τὰ ῥήματα τοῖς τέκνοις σου πᾶσιν καὶ τῇ συμβίῳ[31] σου τῇ μελλούσῃ σου ἀδελφῇ·[32] καὶ γὰρ αὕτη οὐκ ἀπέχεται[33] τῆς γλώσσης, ἐν ᾗ πονηρεύεται.[34] ἀλλὰ

---

[1] ἀναχωρέω aor act ptcp m.s.nom., go away, depart
[2] μεταγράφω aor mid ind 1s, copy
[3] γράμμα, ματος, τό, letter
[4] συλλαμβάνω aor act ptcp f.p.acc., grasp, apprehend
[5] τελέω aor act ptcp n.s.gen., finish, complete
[6] γράμμα, ματος, τό, letter
[7] βιβλίδιον, ου, τό, little scroll
[8] ἐξαίφνης, adv, suddenly
[9] ἁρπάζω aor pass ind 3s, snatch
[10] βιβλίδιον, ου, τό, little scroll
[11] δέκα, ten
[12] νηστεύω aor act ptcp m.s.gen., fast
[13] ἀποκαλύπτω aor pass ind 3s, reveal
[14] γνῶσις, εως, ἡ, knowledge
[15] Ἑρμᾶς, ᾶ, ὁ, Hermas
[16] ἀθετέω aor act ind 3p, reject
[17] προδίδωμι aor act ind 3p, betray
[18] γονεύς, έως, ὁ, parent
[19] πονηρία, ας, ἡ, wickedness, sinfulness
[20] προδότης, ου, ὁ, traitor, betrayer
[21] γονεύς, έως, ὁ, parent
[22] προδίδωμι aor act ptcp m.p.nom., betray
[23] ὠφελέω aor pass ind 3p, benefit
[24] προστίθημι aor act ind 3p, add
[25] ἀσέλγεια, ας, ἡ, licentiousness
[26] συμφυρμός, οῦ, ὁ, sexual activities
[27] πονηρία, ας, ἡ, evil, wickedness
[28] πίμπλημι aor pass ind 3p, fill
[29] ἀνομία, ας, ἡ, lawless deeds
[30] γνωρίζω aor act impv 2s, make known
[31] σύμβιος, ον, wife
[32] ἀδελφή, ῆς, ἡ, sister
[33] ἀπέχω pres mid/pass ind 3s, control
[34] πονηρεύομαι pres mid/pass ind 3s, do wrong, commit sin

ἀκούσασα τὰ ῥήματα ταῦτα ἀφέξεται,¹ καὶ ἕξει ἔλεος.² **4** μετὰ τὸ γνωρίσαι³ σε ταῦτα τὰ ῥήματα αὐτοῖς ἃ ἐνετείλατό⁴ μοι ὁ δεσπότης⁵ ἵνα σοι ἀποκαλυφθῇ,⁶ τότε ἀφίενται αὐτοῖς αἱ ἁμαρτίαι πᾶσαι ἃς πρότερον⁷ ἥμαρτον, καὶ πᾶσιν τοῖς ἁγίοις τοῖς ἁμαρτήσασιν μέχρι⁸ ταύτης τῆς ἡμέρας, ἐὰν ἐξ ὅλης τῆς καρδίας μετανοήσωσιν καὶ ἄρωσιν ἀπὸ τῆς καρδίας αὐτῶν τὰς διψυχίας.⁹ **5** ὤμοσεν¹⁰ γὰρ ὁ δεσπότης¹¹ κατὰ τῆς δόξης αὐτοῦ ἐπὶ τοὺς ἐκλεκτοὺς¹² αὐτοῦ· ἐὰν ὡρισμένης¹³ τῆς ἡμέρας ταύτης ἔτι ἁμάρτησις¹⁴ γένηται, μὴ ἔχειν αὐτοὺς σωτηρίαν· ἡ γὰρ μετάνοια¹⁵ τοῖς δικαίοις ἔχει τέλος· πεπλήρωνται αἱ ἡμέραι μετανοίας¹⁶ πᾶσιν τοῖς ἁγίοις· καὶ τοῖς δὲ ἔθνεσιν μετάνοιά¹⁷ ἐστιν ἕως ἐσχάτης ἡμέρας. **6** ἐρεῖς οὖν τοῖς προηγουμένοις¹⁸ τῆς ἐκκλησίας ἵνα κατορθώσωνται¹⁹ τὰς ὁδοὺς αὐτῶν ἐν δικαιοσύνῃ, ἵνα ἀπολάβωσιν²⁰ ἐκ πλήρους²¹ τὰς ἐπαγγελίας μετὰ πολλῆς δόξης. **7** ἐμμείνατε²² οὖν οἱ ἐργαζόμενοι τὴν δικαιοσύνην καὶ μὴ διψυχήσητε,²³ ἵνα γένηται ὑμῶν ἡ πάροδος²⁴ μετὰ τῶν ἀγγέλων τῶν ἁγίων. μακάριοι ὑμεῖς ὅσοι ὑπομένετε²⁵ τὴν θλῖψιν τὴν ἐρχομένην τὴν μεγάλην, καὶ ὅσοι οὐκ ἀρνήσονται τὴν ζωὴν αὐτῶν. **8** ὤμοσεν²⁶ γὰρ Κύριος κατὰ τοῦ υἱοῦ αὐτοῦ, τοὺς ἀρνησαμένους

---

¹ ἀπέχω fut mid ind 3s, control
² ἔλεος, ους, τό, mercy
³ γνωρίζω aor act inf, make known
⁴ ἐντέλλω aor mid ind 3s, command, order
⁵ δεσπότης, ου, ὁ, master, lord
⁶ ἀποκαλύπτω aor pass sub 3s, reveal
⁷ πρότερος, adv, formerly
⁸ μέχρι, impr prep, until
⁹ διψυχία, ας, ἡ, doubt
¹⁰ ὀμνύω aor act ind 3s, swear, take an oath
¹¹ δεσπότης, ου, ὁ, master, lord
¹² ἐκλεκτός, ή, όν, elect
¹³ ὁρίζω perf mid/pass ptcp f.s.gen., determine, set limits to, appoint
¹⁴ ἁμάρτησις, εως, ἡ, sin
¹⁵ μετάνοια, ας, ἡ, repentance
¹⁶ μετάνοια, ας, ἡ, repentance
¹⁷ μετάνοια, ας, ἡ, repentance
¹⁸ προηγέομαι pres mid/pass ptcp m.p.dat., lead
¹⁹ κατορθόω aor mid sub 3p, set straight, complete
²⁰ ἀπολαμβάνω aor act sub 3p, receive
²¹ πλήρης, ες, full
²² ἐμμένω aor act impv 2p, persevere in, remain
²³ διψυχέω aor act sub 2p, doubt
²⁴ πάροδος, ου, ἡ, passage
²⁵ ὑπομένω pres act ind 2p, endure
²⁶ ὀμνύω aor act ind 3s, swear

ΠΟΙΜΗΝ—Ὁράσεις

τὸν Κύριον αὐτῶν ἀπεγνωρίσθαι[1] ἀπὸ τῆς ζωῆς αὐτῶν, τοὺς νῦν μέλλοντας ἀρνεῖσθαι ταῖς ἐρχομέναις ἡμέραις· τοῖς δὲ πρότερον[2] ἀρνησαμένοις διὰ τὴν πολυσπλαγχνίαν[3] ἵλεως[4] ἐγένετο αὐτοῖς.

**7:1 (β´ 3)** Σὺ δέ, Ἑρμᾶ,[5] μηκέτι[6] μνησικακήσῃς[7] τοῖς τέκνοις σου, μηδὲ τὴν ἀδελφήν[8] σου ἐάσῃς,[9] ἵνα καθαρισθῶσιν ἀπὸ τῶν προτέρων[10] ἁμαρτιῶν αὐτῶν. παιδευθήσονται[11] γὰρ παιδείᾳ[12] δικαίᾳ, ἐὰν σὺ μὴ μνησικακήσῃς[13] αὐτοῖς. μνησικακία[14] θάνατον κατεργάζεται.[15] σὺ δέ, Ἑρμᾶ,[16] μεγάλας θλίψεις ἔσχες ἰδιωτικὰς[17] διὰ τὰς παραβάσεις[18] τοῦ οἴκου σου, ὅτι οὐκ ἐμέλησέν[19] σοι περὶ αὐτῶν. ἀλλὰ παρενεθυμήθης[20] καὶ ταῖς πραγματείαις[21] σου συνανεφύρης[22] ταῖς πονηραῖς· **2** ἀλλὰ σώζει σε τὸ μὴ ἀποστῆναί[23] σε ἀπὸ Θεοῦ ζῶντος, καὶ ἡ ἁπλότης[24] σου καὶ ἡ πολλὴ ἐγκράτεια·[25] ταῦτα σέσωκέν σε, ἐὰν ἐμμείνῃς, καὶ πάντας σώζει τοὺς τὰ τοιαῦτα ἐργαζομένους καὶ πορευομένους ἐν ἀκακίᾳ[26] καὶ ἁπλότητι.[27] οὗτοι κατισχύουσιν[28] πάσης πονηρίας[29] καὶ

---

[1] ἀπογνωρίζω perf mid/pass inf, reject
[2] πρότερος, adv, formerly
[3] πολυσπλαγχνία, ας, ἡ, great compassion, mercy
[4] ἵλεως, ων, gracious, merciful
[5] Ἑρμᾶς, ᾶ, ὁ, Hermas
[6] μηκέτι, adv, no longer
[7] μνησικακέω aor act sub 2s, bear a grudge
[8] ἀδελφή, ῆς, ἡ, sister
[9] ἐάω aor act sub 2s, let, permit
[10] πρότερος, α, ον, former
[11] παιδεύω fut pass ind 3p, discipline
[12] παιδεία, ας, ἡ, discipline
[13] μνησικακέω aor act sub 2s, bear a grudge
[14] μνησικακία, ας, ἡ, bearing a grudge, vengefulness
[15] κατεργάζομαι pres mid/pass ind 3s, produces
[16] Ἑρμᾶς, ᾶ, ὁ, Hermas
[17] ἰδιωτικός, ή, όν, private, one's own
[18] παράβασις, εως, ἡ, transgression
[19] μέλει aor act ind 3s, care, concern
[20] παρενθυμέω aor pass ind 2s, disregard, neglect
[21] πραγματεία, ας, ἡ, activity, occupation
[22] συναναφύρω aor pass ind 2s, entangle, involve
[23] ἀφίστημι aor act inf, fall away, withdraw
[24] ἁπλότης, ητος, ἡ, sincerity
[25] ἐγκράτεια, ας, ἡ, self-control
[26] ἀκακία, ας, ἡ, innocence
[27] ἁπλότης, ητος, ἡ, sincerity
[28] κατισχύω pres act ind 3p, prevail
[29] πονηρία, ας, ἡ, evil, wickedness

παραμενοῦσιν¹ εἰς ζωὴν αἰώνιον. **3** μακάριοι πάντες οἱ ἐργαζόμενοι τὴν δικαιοσύνην· οὐ διαφθαρήσονται² ἕως αἰῶνος. **4** ἐρεῖς δὲ Μαξίμῳ·³ Ἰδοὺ θλῖψις ἔρχεται· ἐάν σοι δόκῃ πάλιν ἀρνεῖσθαι. Ἐγγὺς Κύριος τοῖς ἐπιστρεφομένοις, ὡς γέγραπται ἐν τῷ Ἐλδὰδ⁴ καὶ Μωδάτ,⁵ τοῖς προφητεύσασιν⁶ ἐν τῇ ἐρήμῳ τῷ λαῷ.

**8:1 (β´ 4)** Ἀπεκαλύφθη⁷ δέ μοι, ἀδελφοί, κοιμωμένῳ⁸ ὑπὸ νεανίσκου⁹ εὐειδεστάτου¹⁰ λέγοντός μοι· Τὴν πρεσβυτέραν, παρ' ἧς ἔλαβες τὸ βιβλίδιον,¹¹ τίνα δοκεῖς εἶναι; ἐγώ φημι· Τὴν Σίβυλλαν.¹² Πλανᾶσαι, φησίν, οὐκ ἔστιν. Τίς οὖν ἐστίν; φημί. Ἡ Ἐκκλησία, φησίν. εἶπον αὐτῷ· Διατί¹³ οὖν πρεσβυτέρα; Ὅτι, φησίν, πάντων πρώτη ἐκτίσθη·¹⁴ διὰ τοῦτο πρεσβυτέρα, καὶ διὰ ταύτην ὁ κόσμος κατηρτίσθη.¹⁵ **2** μετέπειτα¹⁶ δὲ ὅρασιν¹⁷ εἶδον ἐν τῷ οἴκῳ μου. ἦλθεν ἡ πρεσβυτέρα καὶ ἠρώτησέν με εἰ ἤδη τὸ βιβλίον δέδωκα τοῖς πρεσβυτέροις. ἠρνησάμην δεδωκέναι. καλῶς, φησίν, πεποίηκας· ἔχω γὰρ ῥήματα προσθεῖναι.¹⁸ ὅταν οὖν ἀποτελέσω¹⁹ τὰ ῥήματα πάντα, διὰ σοῦ γνωρισθήσεται²⁰ τοῖς ἐκλεκτοῖς²¹ πᾶσιν. **3** γράψεις οὖν δύο βιβλαρίδια²² καὶ πέμψεις ἓν Κλήμεντι²³ καὶ ἓν Γραπτῇ.²⁴ πέμψει οὖν Κλήμης²⁵ εἰς τὰς ἔξω

---

¹ παραμένω fut act ind 3p, endure
² διαφθείρω fut pass ind 3p, destroy
³ Μάξιμος, ου, ὁ, Maximus
⁴ Ἐλδάδ, ὁ, Eldad
⁵ Μωδάτ, ὁ, Modad
⁶ προφητεύω aor act ptcp m.s.dat., prophesy
⁷ ἀποκαλύπτω aor pass ind 3s, reveal
⁸ κοιμάω pres mid/pass ptcp m.s.dat., sleep
⁹ νεανίσκος, ου, ὁ, young man
¹⁰ εὐειδής, ές, very handsome
¹¹ βιβλίδιον, ου, τό, little scroll
¹² Σίβυλλα, ης, ἡ, the Sibyl
¹³ διατί, conj, why
¹⁴ κτίζω aor pass ind 3s, create
¹⁵ καταρτίζω aor pass ind 3s, prepare, create, make
¹⁶ μετέπειτα, adv, afterwards
¹⁷ ὅρασις, εως, ἡ, vision
¹⁸ προστίθημι aor act inf, add
¹⁹ ἀποτελέω fut act ind 1s, finish
²⁰ γνωρίζω fut pass ind 3s, make known
²¹ ἐκλεκτός, ή, όν, elect
²² βιβλαρίδιον, ου, τό, little scroll
²³ Κλήμης, εντος, ὁ, Clement
²⁴ Γραπτή, ῆς, ἡ, Grapte
²⁵ Κλήμης, εντος, τό, Clement

## ΠΟΙΜΗΝ—Ὁράσεις

πόλεις, ἐκείνῳ γὰρ ἐπιτέτραπται.¹ Γραπτὴ² δὲ νουθετήσει³ τὰς χήρας⁴ καὶ τοὺς ὀρφανοῦς.⁵ σὺ δὲ ἀναγνώσῃ εἰς ταύτην τὴν πόλιν μετὰ τῶν πρεσβυτέρων τῶν προϊσταμένων⁶ τῆς ἐκκλησίας.

**9:1 (γ´ 1)** "Ἣν εἶδον, ἀδελφοί, τοιαύτη. **2** νηστεύσας⁷ πολλάκις⁸ καὶ δεηθεὶς⁹ τοῦ Κυρίου ἵνα μοι φανερώσῃ τὴν ἀποκάλυψιν¹⁰ ἣν μοι ἐπηγγείλατο¹¹ δεῖξαι διὰ τῆς πρεσβυτέρας ἐκείνης, αὐτῇ τῇ νυκτὶ ὤφθη μοι ἡ πρεσβυτέρα καὶ εἶπέν μοι· Ἐπεὶ¹² οὕτως ἐνδεὴς¹³ εἶ καὶ σπουδαῖος¹⁴ εἰς τὸ γνῶναι πάντα, ἐλθὲ εἰς τὸν ἀγρὸν ὅπου χρονίζεις,¹⁵ καὶ περὶ ὥραν πέμπτην¹⁶ ἐμφανισθήσομαί¹⁷ σοι καὶ δείξω σοι ἃ δεῖ σε ἰδεῖν. **3** ἠρώτησα αὐτὴν λέγων· Κυρία,¹⁸ εἰς ποῖον τόπον τοῦ ἀγροῦ; Ὅπου, φησίν, θέλεις. ἐξελεξάμην¹⁹ τόπον καλὸν ἀνακεχωρηκότα.²⁰ πρὶν²¹ δὲ λαλῆσαι αὐτῇ καὶ εἰπεῖν τὸν τόπον, λέγει μοι· Ἥξω²² ἐκεῖ ὅπου θέλεις. **4** ἐγενόμην οὖν, ἀδελφοί, εἰς τὸν ἀγρόν, καὶ συνεψήφισα²³ τὰς ὥρας, καὶ ἦλθον εἰς τὸν τόπον ὅπου διεταξάμην²⁴ αὐτῇ ἐλθεῖν, καὶ βλέπω συμψέλιον²⁵ κείμενον²⁶ ἐλεφάντινον,²⁷ καὶ ἐπὶ τοῦ

---

[1] ἐπιτρέπω perf mid/pass ind 3s, permit, order
[2] Γραπτή, ῆς, ἡ, Grapte
[3] νουθετέω fut act ind 3s, admonish, warn, instruct
[4] χήρα, ας, ἡ, widow
[5] ὀρφανός, οῦ, ὁ, orphan
[6] προΐστημι pres mid/pass ptcp m.p.gen., rule, direct, be at head of
[7] νηστεύω aor act ptcp m.s.nom., fast
[8] πολλάκις, adv, many times, often
[9] δέομαι aor pass ptcp m.s.nom., ask, request
[10] ἀποκάλυψις, εως, ἡ, reveal
[11] ἐπαγγέλλομαι aor mid ind 3s, promise
[12] ἐπεί, conj, since, because
[13] ἐνδεής, ές, poorly instructed
[14] σπουδαῖος, α, ον, eager, zealous
[15] χρονίζω pres act ind 2s, stay
[16] πέμπτος, η, ον, fifth
[17] ἐμφανίζω fut pass ind 1s, make visible
[18] κυρία, ας, ἡ, lady
[19] ἐκλέγομαι aor mid ind 1s, choose
[20] ἀναχωρέω perf act ptcp m.s.acc., go away
[21] πρίν, conj, before
[22] ἥκω fut act ind 1s, go
[23] συμψηφίζω aor act ind 1s, estimate, count
[24] διατάσσω aor mid ind 1s, order, instruct
[25] συμψέλιον, ου, τό, bench
[26] κεῖμαι pres mid/pass ptcp n.s.acc., lie, recline
[27] ἐλεφάντινος, η, ον, of ivory

συμψελίου¹ ἔκειτο² κερβικάριον³ λινοῦν,⁴ καὶ ἐπάνω⁵ λέντιον⁶ ἐξηπλωμένον⁷ λινοῦν⁸ καρπάσιον.⁹ **5** ἰδὼν ταῦτα κείμενα¹⁰ καὶ μηδένα ὄντα ἐν τῷ τόπῳ ἔκθαμβος¹¹ ἐγενόμην, καὶ ὡσεὶ¹² τρόμος¹³ με ἔλαβεν, καὶ αἱ τρίχες¹⁴ μου ὀρθαί·¹⁵ καὶ ὡσεὶ¹⁶ φρίκη¹⁷ μοι προσῆλθεν, μόνου μου ὄντος. ἐν ἐμαυτῷ οὖν γενόμενος καὶ μνησθεὶς¹⁸ τῆς δόξης τοῦ Θεοῦ καὶ λαβὼν θάρσος,¹⁹ θεὶς τὰ γόνατα²⁰ ἐξωμολογούμην²¹ τῷ Κυρίῳ πάλιν τὰς ἁμαρτίας μου ὡς καὶ πρότερον.²² **6** ἡ δὲ ἦλθεν μετὰ νεανίσκων²³ ἕξ,²⁴ οὓς καὶ πρότερον²⁵ ἑωράκειν, καὶ ἐπεστάθη²⁶ μοι καὶ κατηκροᾶτο²⁷ προσευχομένου καὶ ἐξομολογουμένου²⁸ τῷ Κυρίῳ τὰς ἁμαρτίας μου. καὶ ἁψαμένη μου λέγει· Ἑρμᾶ,²⁹ παῦσαι³⁰ περὶ τῶν ἁμαρτιῶν σου πάντα ἐρωτῶν· ἐρώτα καὶ περὶ δικαιοσύνης ἵνα λάβῃς μέρος τι ἐξαυτῆς³¹ εἰς τὸν οἶκόν σου. **7** καὶ ἐξεγείρει³² με τῆς χειρὸς καὶ ἄγει με πρὸς τὸ συμψέλιον,³³ καὶ λέγει τοῖς νεανίσκοις·³⁴ Ὑπάγετε

---

[1] συμψέλιον, ου, τό, bench
[2] κεῖμαι imp mid/pass ind 3s, lie, recline
[3] κερβικάριον, ου, τό, pillow
[4] λινοῦς, ῆ, οῦν, made of linen
[5] ἐπάνω, adv, above
[6] λινοῦς, ῆ, οῦν, made of linen
[7] ἐξαπλόω perf mid/pass ptcp n.s.acc., spread out, unfold
[8] λινοῦς, ῆ, οῦν, made of linen
[9] καρπάσιον, η, ον, made of fine flax
[10] κεῖμαι pres mid/pass ptcp n.p.acc., lie, recline
[11] ἔκθαμβος, ον, utterly astonished
[12] ὡσεί, conj, as, like
[13] τρόμος, ου, ὁ, trembling, quivering
[14] θρίξ, τριχός, ἡ, hair
[15] ὀρθός, ή, όν, straight, correct
[16] ὡσεί, conj, as, like
[17] φρίκη, ης, ἡ, shudder, trembling
[18] μιμνήσκομαι aor pass ptcp m.s.nom., remember
[19] θάρσος, ους, τό, courage
[20] γόνυ, ατος, τό, knee
[21] ἐξομολογέω imp mid/pass ind 1s, confess
[22] πρότερος, adv, formerly, before
[23] νεανίσκος, ου, ὁ, young man, youth
[24] ἕξ, six
[25] πρότερος, adv, formerly, before
[26] ἐφίστημι aor pass ind 3s, stand
[27] κατακροάομαι imp mid/pass ind 3s, listen attentively
[28] ἐξομολογέω pres mid/pass ptcp m.s.gen., confess
[29] Ἑρμᾶς, ᾶ, ὁ, Hermas
[30] παύω aor mid impv 2s, stop
[31] ἐξαυτῆς, adv, at once, immediately, soon thereafter
[32] ἐξεγείρω pres act ind 3s, raise up
[33] συμψέλιον, ου, τό bench
[34] νεανίσκος, ου, ὁ, young man, youth

ΠΟΙΜΗΝ—Ὁράσεις

καὶ οἰκοδομεῖτε. **8** καὶ μετὰ τὸ ἀναχωρῆσαι¹ τοὺς νεανίσκους² καὶ μόνων ἡμῶν γεγονότων λέγει μοι· Κάθισον ὧδε. λέγω αὐτῇ· Κυρία,³ ἄφες τοὺς πρεσβυτέρους πρῶτον καθίσαι. Ὅ σοι λέγω, φησίν, κάθισον. **9** θέλοντος οὖν μου καθίσαι εἰς τὰ δεξιὰ μέρη οὐκ εἴασέν⁴ με, ἀλλ' ἐννεύει⁵ μοι τῇ χειρὶ ἵνα εἰς τὰ ἀριστερὰ⁶ μέρη καθίσω. διαλογιζομένου⁷ μου οὖν καὶ λυπουμένου⁸ ὅτι οὐκ εἴασέν⁹ με εἰς τὰ δεξιὰ μέρη καθίσαι, λέγει μοι· Λυπῇ,¹⁰ Ἑρμᾶ·¹¹ ὁ εἰς τὰ δεξιὰ μέρη τόπος ἄλλων ἐστίν, τῶν ἤδη εὐαρεστηκότων¹² τῷ Θεῷ καὶ παθόντων εἵνεκα¹³ τοῦ ὀνόματος· σοὶ δὲ πολλὰ λείπει¹⁴ ἵνα μετ' αὐτῶν καθίσῃς· ἀλλ' ὡς ἐμμένεις¹⁵ τῇ ἁπλότητί¹⁶ σου, μεῖνον, καὶ καθιῇ μετ' αὐτῶν, καὶ ὅσοι ἐὰν ἐργάσωνται τὰ ἐκείνων ἔργα καὶ ὑπενέγκωσιν¹⁷ ἃ καὶ ἐκεῖνοι ὑπήνεγκαν.¹⁸

**10:1 (γ´ 2)** Τί, φημί, ὑπήνεγκαν;¹⁹ Ἄκουε, φησίν· μάστιγας,²⁰ φυλακάς, θλίψεις μεγάλας, σταυρούς,²¹ θηρία εἵνεκεν τοῦ ὀνόματος· διὰ τοῦτο ἐκείνων²² ἐστὶν τὰ δεξιὰ μέρη τοῦ ἁγιάσματος,²³ καὶ ὃς ἐὰν πάθῃ διὰ τὸ ὄνομα· τῶν δὲ λοιπῶν τὰ ἀριστερὰ²⁴ μέρη ἐστίν. ἀλλὰ ἀμφοτέρων,²⁵ καὶ τῶν ἐκ δεξιῶν καὶ

---

¹ ἀναχωρέω aor act inf, go away
² νεανίσκος, ου, ὁ, young men, youth
³ κυρία, ας, ἡ, lady
⁴ ἐάω aor act ind 3s, let, permit
⁵ ἐννεύω pres act ind 3s, make signs
⁶ ἀριστερός, α, ον, left
⁷ διαλογίζομαι pres mid/pass ptcp m.s.gen., consider
⁸ λυπέω pres mid/pass ptcp m.s.gen., be sad, distressed
⁹ ἐάω aor act ind 3s, let, permit
¹⁰ λυπέω pres mid/pass ind 2s, be sad, distressed
¹¹ Ἑρμᾶς, ᾶ, ὁ, Hermas
¹² εὐαρεστέω perf act ptcp m.p.gen., please
¹³ ἕνεκα, prep, because of, for the sake of
¹⁴ λείπω pres act ind 3s, fall short, lack
¹⁵ ἐμμένω pres act ind 2s, persevere in, remain
¹⁶ ἁπλότης, τος, ἡ, sincerity
¹⁷ ὑποφέρω aor act sub 3p, endure, bear
¹⁸ ὑποφέρω aor act ind 3p, endure, bear
¹⁹ ὑποφέρω aor act ind 3p, endure, bear
²⁰ μάστιξ, γος, ἡ, scourge
²¹ σταυρός, οῦ, ὁ, cross
²² ἕνεκα, prep, because of, for the sake of
²³ ἁγίασμα, ματος, τό, sanctuary
²⁴ ἀριστερός, α, ον, left
²⁵ ἀμφότεροι, αι, α, both

ΠΟΙΜΗΝ—Ὁράσεις

τῶν ἐξ ἀριστερῶν[1] καθημένων, τὰ αὐτὰ δῶρα[2] καὶ αἱ αὐταὶ ἐπαγγελίαι· μόνον ἐκεῖνοι ἐκ δεξιῶν κάθηνται καὶ ἔχουσιν δόξαν τινά. **2** σὺ δὲ κατεπίθυμος[3] εἶ καθίσαι ἐκ δεξιῶν μετ' αὐτῶν, ἀλλὰ τὰ ὑστερήματά[4] σου πολλά· καθαρισθήσῃ δὲ ἀπὸ τῶν ὑστερημάτων[5] σου· καὶ πάντες δὲ οἱ μὴ διψυχοῦντες[6] καθαρισθήσονται ἀπὸ πάντων τῶν ἁμαρτημάτων[7] εἰς ταύτην τὴν ἡμέραν. **3** ταῦτα εἴπασα ἤθελεν ἀπελθεῖν· πεσὼν δὲ αὐτῆς πρὸς τοὺς πόδας ἠρώτησα αὐτὴν κατὰ τοῦ Κυρίου ἵνα μοι ἐπιδείξῃ[8] ὃ ἐπηγγείλατο[9] ὅραμα.[10] **4** ἡ δὲ πάλιν ἐπελάβετο[11] μου τῆς χειρὸς καὶ ἐγείρει με καὶ καθίζει ἐπὶ τὸ συμψέλιον[12] ἐξ εὐωνύμων·[13] ἐκαθέζετο[14] δὲ καὶ αὐτὴ ἐκ δεξιῶν. καὶ ἐπάρασα[15] ῥάβδον[16] τινὰ λαμπρὰν[17] λέγει μοι· Βλέπεις μέγα πρᾶγμα;[18] λέγω αὐτῇ· Κυρία,[19] οὐδὲν βλέπω. λέγει μοι· Σύ, ἰδοὺ οὐχ ὁρᾷς κατέναντί[20] σου πύργον[21] μέγαν οἰκοδομούμενον ἐπὶ ὑδάτων λίθοις τετραγώνοις[22] λαμπροῖς;[23] **5** ἐν τετραγώνῳ[24] δὲ ᾠκοδομεῖτο ὁ πύργος[25] ὑπὸ τῶν ἓξ[26] νεανίσκων[27] τῶν ἐληλυθότων μετ' αὐτῆς· ἄλλαι δὲ μυριάδες[28] ἀνδρῶν παρέφερον[29] λίθους, οἱ μὲν ἐκ τοῦ βυθοῦ,[30] οἱ δὲ ἐκ τῆς γῆς,

---

[1] ἀριστερός, α, ον, left
[2] δῶρον, ου, τό, gift
[3] κατεπίθυμος, ον, very eager, desirous
[4] ὑστέρημα, ματος, τό, lack, shortcoming
[5] ὑστέρημα, ματος, τό, lack, shortcoming
[6] διψυχέω pres act ptcp m.p.nom., be undecided, changeable
[7] ἁμάρτημα, ματος, τό, sin
[8] ἐπιδείκνυμι aor act sub 3s, show
[9] ἐπαγγέλλω aor mid ind 3s, promise
[10] ὅραμα, ματος, τό, vision
[11] ἐπιλαμβάνομαι aor mid ind 3s, take
[12] συμψέλιον, ου, τό, bench
[13] εὐώνυμος, ον, left
[14] καθέζομαι imp mid/pass ind 3s, sit
[15] ἐπαίρω aor act ptcp f.s.nom., lift up
[16] ῥάβδος, ου, ἡ, rod, staff
[17] λαμπρός, ά, όν, bright
[18] πρᾶγμα, ματος, τό, deed, thing
[19] κυρία, ας, ἡ, lady
[20] κατέναντι, impr prep, in the sight of, before
[21] πύργος, ου, ὁ, tower
[22] τετράγωνος, ον, square
[23] λαμπρός, ά, όν, bright
[24] τετράγωνος, ον, square
[25] πύργος, ου, ὁ, tower
[26] ἕξ, six
[27] νεανίσκος, ου, ὁ, young man, youth
[28] μυριάς, δος, ἡ, myriads, countless
[29] παραφέρω imp act ind 3p, bring up
[30] βυθός, οῦ, ὁ, depth of the sea, deep water

## ΠΟΙΜΗΝ—Ὁράσεις

καὶ ἐπεδίδουν¹ τοῖς ἓξ² νεανίσκοις.³ ἐκεῖνοι δὲ ἐλάμβανον καὶ ᾠκοδόμουν· **6** τοὺς μὲν ἐκ τοῦ βυθοῦ⁴ λίθους ἑλκομένους⁵ πάντας οὕτως ἐτίθεσαν εἰς τὴν οἰκοδομήν·⁶ ἡρμοσμένοι⁷ γὰρ ἦσαν καὶ συνεφώνουν⁸ τῇ ἁρμογῇ⁹ μετὰ τῶν ἑτέρων λίθων· καὶ οὕτως ἐκολλῶντο¹⁰ ἀλλήλοις, ὥστε τὴν ἁρμογὴν¹¹ αὐτῶν μὴ φαίνεσθαι· ἐφαίνετο δὲ ἡ οἰκοδομὴ¹² τοῦ πύργου¹³ ὡς ἐξ ἑνὸς λίθου ᾠκοδομημένη. **7** τοὺς δὲ ἑτέρους λίθους τοὺς φερομένους ἀπὸ τῆς ξηρᾶς¹⁴ τοὺς μὲν ἀπέβαλλον,¹⁵ τοὺς δὲ ἐτίθουν εἰς τὴν οἰκοδομήν·¹⁶ ἄλλους δὲ κατέκοπτον¹⁷ καὶ ἔρριπτον¹⁸ μακρὰν¹⁹ ἀπὸ τοῦ πύργου.²⁰ **8** ἄλλοι δὲ λίθοι πολλοὶ κύκλῳ²¹ τοῦ πύργου²² ἔκειντο,²³ καὶ οὐκ ἐχρῶντο²⁴ αὐτοῖς εἰς τὴν οἰκοδομήν·²⁵ ἦσαν γάρ τινες ἐξ αὐτῶν ἐψωριακότες,²⁶ ἕτεροι δὲ σχισμὰς²⁷ ἔχοντες, ἄλλοι δὲ κεκολοβωμένοι,²⁸ ἄλλοι δὲ λευκοὶ²⁹ καὶ στρογγύλοι,³⁰ μὴ ἁρμόζοντες³¹ εἰς τὴν οἰκοδομήν.³² **9** ἔβλεπον δὲ ἑτέρους λίθους

---

[1] ἐπιδίδωμι imp act ind 3p, give
[2] ἕξ, six
[3] νεανίσκος, ου, ὁ, young man, youth
[4] βυθός, οῦ, ὁ, depth of the sea, deep water
[5] ἕλκω pres mid/pass ptcp m.p.acc., drag
[6] οἰκοδομή, ῆς, ἡ, building
[7] ἁρμόζω perf mid/pas ptcp m.p.nom., fit, join
[8] συμφωνέω imp act ind 3p, be in agreement, be in harmony
[9] ἁρμογή, ῆς, ἡ, joint
[10] κολλάω imp act ind 3p, bind closely, cling to
[11] ἁρμογή, ῆς, ἡ, joint
[12] οἰκοδομή, ῆς, ἡ, building
[13] πύργος, ου, ὁ, tower
[14] ξηρός, ά, όν, dry
[15] ἀποβάλλω imp act ind 3p, throw away
[16] οἰκοδομή, ῆς, ἡ, building
[17] κατακόπτω imp act ind 3p, break in pieces
[18] ῥίπτω imp act ind 3p, throw
[19] μακράν, adv, far
[20] πύργος, ου, ὁ, tower
[21] κύκλῳ, impr prep, around
[22] πύργος, ου, ὁ, tower
[23] κεῖμαι imp mid/pass ind 3p, lie
[24] χράομαι imp mid/pass ind 3p, use
[25] οἰκοδομή, ῆς, ἡ, building
[26] ψωριάω perf act ptcp m.p.nom., have a rough surface
[27] σχισμή, ῆς, ἡ, crack
[28] κολοβόω perf mid/pass m.p.nom., shorten
[29] λευκός, ή, όν, white
[30] στρογγύλος, η, ον, round
[31] ἁρμόζω pres act ptcp m.p.nom., fit
[32] οἰκοδομή, ῆς, ἡ, building

ΠΟΙΜΗΝ—Ὁράσεις

ῥιπτομένους¹ μακρὰν² ἀπὸ τοῦ πύργου³ καὶ ἐρχομένους εἰς τὴν ὁδὸν καὶ μὴ μένοντας ἐν τῇ ὁδῷ, ἀλλὰ κυλιομένους⁴ εἰς τὴν ἀνοδίαν·⁵ ἑτέρους δὲ ἐπὶ πῦρ ἐμπίπτοντας⁶ καὶ καιομένους·⁷ ἑτέρους δὲ πίπτοντας ἐγγὺς ὑδάτων καὶ μὴ δυναμένους κυλισθῆναι⁸ εἰς τὸ ὕδωρ, καίπερ⁹ θελόντων κυλισθῆναι¹⁰ καὶ ἐλθεῖν εἰς τὸ ὕδωρ.

**11:1 (γ´ 3)** Δείξασά μοι ταῦτα ἤθελεν ἀποτρέχειν.¹¹ λέγω αὐτῇ· Κυρία,¹² τί μοι ὄφελος¹³ ταῦτα ἑωρακότι καὶ μὴ γινώσκοντι τί ἐστιν τὰ πράγματα;¹⁴ ἀποκριθεῖσά μοι λέγει· Πανοῦργος¹⁵ εἶ ἄνθρωπος, θέλων γινώσκειν τὰ περὶ τὸν πύργον.¹⁶ Ναί, φημί, κυρία,¹⁷ ἵνα τοῖς ἀδελφοῖς ἀναγγείλω,¹⁸ καὶ ἱλαρώτεροι¹⁹ γένωνται, καὶ ταῦτα ἀκούσαντες γινώσκωσιν τὸν Κύριον ἐν πολλῇ δόξῃ. **2** ἡ δὲ ἔφη· Ἀκούσονται μὲν πολλοί· ἀκούσαντες δέ τινες ἐξ αὐτῶν χαρήσονται, τινὲς δὲ κλαύσονται· ἀλλὰ καὶ οὗτοι, ἐὰν ἀκούσωσιν καὶ μετανοήσωσιν, καὶ αὐτοὶ χαρήσονται. ἄκουε οὖν τὰς παραβολὰς τοῦ πύργου·²⁰ ἀποκαλύψω²¹ γάρ σοι πάντα. καὶ μηκέτι²² μοι κόπους²³ πάρεχε²⁴ περὶ ἀποκαλύψεως·²⁵ αἱ γὰρ ἀποκαλύψεις²⁶ αὗται τέλος ἔχουσιν· πεπληρωμέναι γάρ εἰσιν. ἀλλ᾽

---

[1] ῥίπτω pres mid/pass ptcp m.p.acc., throw
[2] μακράν, adv, far
[3] πύργος, ου, ὁ, tower
[4] κυλίω pres mid/pass ptcp m.p.acc., roll
[5] ἀνοδία, ας, ἡ, wasteland
[6] ἐμπίπτω pres act ptcp m.p.acc., fall
[7] καίω pres mid/pass ptcp m.p.acc., to light on fire, to burn
[8] κυλίω aor pass inf, roll
[9] καίπερ, conj, although
[10] κυλίω aor pass inf, roll
[11] ἀποτρέχω pres act inf, hurry away
[12] κυρία, ας, ἡ, lady
[13] ὄφελος, ους, τό, benefit, good
[14] πρᾶγμα, ματος, τό, deed, thing
[15] πανοῦργος, ον, crafty, clever
[16] πύργος, ου, ὁ, tower
[17] κυρία, ας, ἡ, lady
[18] ἀναγγέλλω aor act sub 1s, report, announce
[19] ἱλαρός, ά, όν, cheer, glad, happy
[20] πύργος, ου, ὁ, tower
[21] ἀποκαλύπτω fut act ind 1s, reveal
[22] μηκέτι, adv, no longer
[23] κόπος, ου, ὁ, trouble
[24] παρέχω pres act impv 2s, cause, make happen
[25] ἀποκάλυψις, εως, ἡ, revelation
[26] ἀποκάλυψις, εως, ἡ, revelation

## ΠΟΙΜΗΝ—Ὁράσεις

οὐ παύσῃ[1] αἰτούμενος ἀποκαλύψεις·[2] ἀναιδὴς[3] γὰρ εἶ. **3** ὁ μὲν πύργος[4] ὃν βλέπεις οἰκοδομούμενον ἐγώ εἰμι, ἡ Ἐκκλησία, ἡ ὀφθεῖσά σοι καὶ νῦν καὶ τὸ πρότερον·[5] ὃ ἂν οὖν θελήσῃς ἐπερώτα περὶ τοῦ πύργου,[6] καὶ ἀποκαλύψω[7] σοι, ἵνα χαρῇς μετὰ τῶν ἁγίων. **4** λέγω αὐτῇ· Κυρία,[8] ἐπεὶ[9] ἅπαξ[10] ἄξιόν με ἡγήσω[11] τοῦ πάντα μοι ἀποκαλύψαι,[12] ἀποκάλυψον.[13] ἡ δὲ λέγει μοι· "Ὃ ἐὰν ἐνδέχηταί[14] σοι ἀποκαλυφθῆναι,[15] ἀποκαλυφθήσεται.[16] μόνον ἡ καρδία σου πρὸς τὸν Θεὸν ἤτω καὶ μὴ διψυχήσεις[17] ὃ ἂν ἴδῃς. **5** ἐπηρώτησα αὐτήν· Διατί[18] ὁ πύργος[19] ἐπὶ ὑδάτων ᾠκοδόμηται, Κυρία;[20] Εἶπά σοι, φησίν, καὶ τὸ πρότερον,[21] καὶ ἐκζητεῖς[22] ἐπιμελῶς·[23] ἐκζητῶν[24] οὖν εὑρίσκεις τὴν ἀλήθειαν. διατί[25] οὖν ἐπὶ ὑδάτων ᾠκοδόμηται ὁ πύργος,[26] ἄκουε· ὅτι ἡ ζωὴ ὑμῶν διὰ ὕδατος ἐσώθη καὶ σωθήσεται. τεθεμελίωται[27] δὲ ὁ πύργος[28] τῷ ῥήματι τοῦ παντοκράτορος[29] καὶ ἐνδόξου[30] ὀνόματος, κρατεῖται δὲ ὑπὸ τῆς ἀοράτου[31] δυνάμεως τοῦ δεσπότου.[32]

---

[1] παύω fut mid ind 2s, stop, cease
[2] ἀποκάλυψις, εως, ἡ, revelation
[3] ἀναιδής, ές, shameless, bold
[4] πύργος, ου, ὁ, tower
[5] πρότερος, adv, formerly, before
[6] πύργος, ου, ὁ, tower
[7] ἀποκαλύπτω fut act ind 1s, reveal
[8] κυρία, ας, ἡ, lady
[9] ἐπεί, conj, since, because
[10] ἅπαξ, adv, once
[11] ἡγέομαι aor mid ind 2s, think, consider
[12] ἀποκαλύπτω aor act inf, reveal
[13] ἀποκαλύπτω aor act impv 2s, reveal
[14] ἐνδέχομαι pres mid/pass sub 3s, it is possible
[15] ἀποκαλύπτω aor pass inf, reveal
[16] ἀποκαλύπτω fut pass ind 3s, reveal
[17] διψυχέω fut act ind 2s, be undecided, be changeable
[18] διατί, conj, why
[19] πύργος, ου, ὁ, tower
[20] κυρία, ας, ἡ, lady
[21] πρότερος, adv, formerly, before
[22] ἐκζητέω pres act ind 2s, seek out, search for
[23] ἐπιμελῶς, adv, carefully, diligently
[24] ἐκζητέω pres act ptcp m.s.nom., seek out, search for
[25] διατί, conj, why
[26] πύργος, ου, ὁ, tower
[27] θεμελιόω perf mid/pass ind 3s, lay a foundation, establish
[28] πύργος, ου, ὁ, tower
[29] παντοκράτωρ, ορος, ὁ, almighty
[30] ἔνδοξος, η, ον, glorious, honored
[31] ἀόρατος, ον, invisible, unseen
[32] δεσπότης, ου, ὁ, master

**12:1 (γ´ 4)** Ἀποκριθεὶς λέγω αὐτῇ· Κυρία,¹ μεγάλως² καὶ θαυμαστῶς³ ἔχει τὸ πρᾶγμα⁴ τοῦτο. οἱ δὲ νεανίσκοι⁵ οἱ ἓξ⁶ οἱ οἰκοδομοῦντες τίνες εἰσίν, Κυρία;⁷ Οὗτοί εἰσιν οἱ ἅγιοι ἄγγελοι τοῦ Θεοῦ οἱ πρῶτοι κτισθέντες,⁸ οἷς παρέδωκεν ὁ Κύριος πᾶσαν τὴν κτίσιν αὐτοῦ, αὔξειν⁹ καὶ οἰκοδομεῖν καὶ δεσπόζειν¹⁰ τῆς κτίσεως¹¹ πάσης. διὰ τούτων οὖν τελεσθήσεται ἡ οἰκοδομὴ¹² τοῦ πύργου.¹³ **2** Οἱ δὲ ἕτεροι οἱ παραφέροντες¹⁴ τοὺς λίθους τίνες εἰσίν; Καὶ αὐτοὶ ἅγιοι ἄγγελοι τοῦ Θεοῦ· οὗτοι δὲ οἱ ἓξ¹⁵ ὑπερέχοντες¹⁶ αὐτούς εἰσιν. συντελεσθήσεται¹⁷ οὖν ἡ οἰκοδομὴ¹⁸ τοῦ πύργου,¹⁹ καὶ πάντες ὁμοῦ²⁰ εὐφρανθήσονται²¹ κύκλῳ²² τοῦ πύργου²³ καὶ δοξάσουσιν τὸν Θεόν, ὅτι ἐτελέσθη²⁴ ἡ οἰκοδομὴ²⁵ τοῦ πύργου.²⁶ **3** ἐπηρώτησα αὐτὴν λέγων· Κυρία,²⁷ ἤθελον γνῶναι τῶν λίθων τὴν ἔξοδον²⁸ καὶ τὴν δύναμιν αὐτῶν, ποταπή²⁹ ἐστιν. ἀποκριθεῖσά μοι λέγει· Οὐχ ὅτι σὺ ἐκ πάντων ἀξιώτερος εἶ ἵνα

---

¹ κυρία, ας, ἡ, lady
² μεγάλως, adv, greatly
³ θαυμαστῶς, adv, wonderful
⁴ πρᾶγμα, ματος, τό, deed, thing
⁵ νεανίσκος, ου, ὁ, young man, youth
⁶ ἕξ, six
⁷ κυρία, ας, ἡ, lady
⁸ κτίζω aor pass ptcp m.p.nom., create
⁹ αὔξω pres act inf, grow, increase
¹⁰ δεσπόζω pres act inf, be lord, master
¹¹ κτίσις, εως, ἡ, creation
¹² οἰκοδομή, ῆς, ἡ, building, construction
¹³ πύργος, ου, ὁ, tower
¹⁴ παραφέρω pres act ptcp m.p.nom., bring up
¹⁵ ἕξ, six
¹⁶ ὑπερέχω pres act ptcp m.p.nom., be better than, surpass, excel
¹⁷ συντελέω fut pass ind 3s, complete, bring to an end
¹⁸ οἰκοδομή, ῆς, ἡ, building, construction
¹⁹ πύργος, ου, ὁ, tower
²⁰ ὁμοῦ, adv, together
²¹ εὐφραίνω fut pass ind 3p, be glad, rejoice
²² κύκλῳ, adv, around
²³ πύργος, ου, ὁ, tower
²⁴ τελέω aor pass ind 3s, complete, finish
²⁵ οἰκοδομή, ῆς, ἡ, building, construction
²⁶ πύργος, ου, ὁ, tower
²⁷ κυρία, ας, ἡ, lady
²⁸ ἔξοδος, ου, ἡ, departure, path, course
²⁹ ποταπός, ή, όν, of what sort, kind

## ΠΟΙΜΗΝ—Ὁράσεις

σοι ἀποκαλυφθῇ·¹ ἄλλοι γάρ σου πρότεροί² εἰσιν καὶ βελτίονές³ σου, οἷς ἔδει ἀποκαλυφθῆναι⁴ τὰ ὁράματα⁵ ταῦτα· ἀλλ' ἵνα δοξασθῇ τὸ ὄνομα τοῦ Θεοῦ, σοὶ ἀπεκαλύφθη⁶ καὶ ἀποκαλυφθήσεται⁷ διὰ τοὺς διψύχους,⁸ τοὺς διαλογιζομένους⁹ ἐν ταῖς καρδίαις αὐτῶν εἰ ἄρα ἔστιν ταῦτα ἢ οὐκ ἔστιν. λέγε αὐτοῖς ὅτι ταῦτα πάντα ἐστὶν ἀληθῆ¹⁰ καὶ οὐθὲν ἔξωθέν¹¹ ἐστιν τῆς ἀληθείας, ἀλλὰ πάντα ἰσχυρὰ¹² καὶ βέβαια¹³ καὶ τεθεμελιωμένα¹⁴ ἐστίν.

**13:1 (γ´ 5)** Ἄκουε νῦν περὶ τῶν λίθων τῶν ὑπαγόντων εἰς τὴν οἰκοδομήν.¹⁵ οἱ μὲν οὖν λίθοι οἱ τετράγωνοι¹⁶ καὶ λευκοὶ¹⁷ καὶ συμφωνοῦντες¹⁸ ταῖς ἁρμογαῖς¹⁹ αὐτῶν, οὗτοί εἰσιν οἱ ἀπόστολοι καὶ ἐπίσκοποι²⁰ καὶ διδάσκαλοι καὶ διάκονοι²¹ οἱ πορευθέντες κατὰ τὴν σεμνότητα²² τοῦ Θεοῦ καὶ ἐπισκοπήσαντες²³ καὶ διδάξαντες καὶ διακονήσαντες ἁγνῶς²⁴ καὶ σεμνῶς²⁵ τοῖς ἐκλεκτοῖς²⁶ τοῦ Θεοῦ, οἱ μὲν κεκοιμημένοι,²⁷ οἱ δὲ ἔτι ὄντες· καὶ πάντοτε ἑαυτοῖς συμφωνήσαντες²⁸ καὶ ἐν ἑαυτοῖς εἰρήνην ἔσχαν

---

[1] ἀποκαλύπτω aor pass sub 3s, reveal
[2] πρότερος, α, ον, superior, preferable, more prominent
[3] βελτίων, ον, better
[4] ἀποκαλύπτω aor pass ind, reveal
[5] ὅραμα, ματος, τό, vision
[6] ἀποκαλύπτω aor pass ind 3s, reveal
[7] ἀποκαλύπτω fut pass ind 3s, reveal
[8] δίψυχος, ον, doubting, hesitating
[9] διαλογίζομαι pres mid/pass ptcp m.p.acc., consider, ponder
[10] ἀληθής, ές, true
[11] ἔξωθεν, adv, outside, external
[12] ἰσχυρός, ά, όν, strong
[13] βέβαιος, ον, reliable, abiding, firm
[14] θεμελιόω perf mid/pass ptcp n.p.nom., lay a foundation, establish
[15] οἰκοδομή, ῆς, ἡ, building, construction
[16] τετράγωνος, ον, square
[17] λευκός, ή, όν, white
[18] συμφωνέω pres act ptcp m.p.nom., fit, match
[19] ἁρμογή, ῆς, ἡ, joint
[20] ἐπίσκοπος, ου, ὁ, bishop, overseer
[21] διάκονος, ου, ὁ, deacon
[22] σεμνότης, τητος, ἡ, holiness, dignity
[23] ἐπισκοπέω aor act ptcp m.p.nom., take care, care for
[24] ἁγνῶς, adv, purity, holy
[25] σεμνῶς, adv, honorably, worthily
[26] ἐκλεκτός, ή, όν, elect
[27] κοιμάω perf mid/pass ptcp m.p.nom., sleep, die
[28] συμφωνέω aor act ptcp m.p.nom., agree

## ΠΟΙΜΗΝ—Ὁράσεις

καὶ ἀλλήλων ἤκουον· διὰ τοῦτο ἐν τῇ οἰκοδομῇ[1] τοῦ πύργου[2] συμφωνοῦσιν[3] αἱ ἁρμογαί[4] αὐτῶν. 2 Οἱ δὲ ἐκ τοῦ βυθοῦ[5] ἑλκόμενοι[6] καὶ ἐπιτιθέμενοι εἰς τὴν οἰκοδομὴν[7] καὶ συμφωνοῦντες[8] ταῖς ἁρμογαῖς[9] αὐτῶν μετὰ τῶν ἑτέρων λίθων τῶν ἤδη ᾠκοδομημένων τίνες εἰσίν; Οὗτοί εἰσιν οἱ παθόντες ἕνεκεν[10] τοῦ ὀνόματος τοῦ Κυρίου. 3 Τοὺς δὲ ἑτέρους λίθους τοὺς φερομένους ἀπὸ τῆς ξηρᾶς[11] θέλω γνῶναι τίνες εἰσίν, Κυρία.[12] ἔφη· τοὺς μὲν εἰς τὴν οἰκοδομὴν[13] ὑπάγοντας καὶ μὴ λατομουμένους,[14] τούτους ὁ Κύριος ἐδοκίμασεν,[15] ὅτι ἐπορεύθησαν ἐν τῇ εὐθύτητι[16] τοῦ Κυρίου καὶ κατωρθώσαντο[17] τὰς ἐντολὰς αὐτοῦ. 4 Οἱ δὲ ἀγόμενοι καὶ τιθέμενοι εἰς τὴν οἰκοδομὴν[18] τίνες εἰσίν; Νέοι[19] εἰσὶν ἐν τῇ πίστει καὶ πιστοί· νουθετοῦνται[20] δὲ ὑπὸ τῶν ἀγγέλων εἰς τὸ ἀγαθοποιεῖν,[21] διότι[22] εὑρέθη ἐν αὐτοῖς πονηρία.[23] 5 Οὓς δὲ ἀπέβαλλον[24] καὶ ἔριπτον,[25] τίνες εἰσίν; Οὗτοί εἰσιν ἡμαρτηκότες καὶ θέλοντες μετανοῆσαι·

---

[1] οἰκοδομή, ῆς, ἡ, building, construction
[2] πύργος, ου, ὁ, tower
[3] συμφωνέω pres act ind 3p, fit
[4] ἁρμογή, ῆς, ἡ, joint
[5] βυθός, οῦ, ὁ, depth of the sea, deep water
[6] ἕλκω pres mid/pass ptcp m.p.nom., draw, drag
[7] οἰκοδομή, ῆς, ἡ, building, construction
[8] συμφωνέω pres act ptcp m.p.nom., fit
[9] ἁρμογή, ῆς, ἡ, joint
[10] ἕνεκα, impr prep, on account of, for the sake of
[11] ξηρός, ά, όν, dry
[12] κυρία, ας, ἡ, lady
[13] οἰκοδομή, ῆς, ἡ, building, construction
[14] λατομέω pres mid/pass ptcp m.p.acc., hew
[15] δοκιμάζω aor act ind 3s, approve, test
[16] εὐθύτης, ητος, ἡ, righteousness, uprightness
[17] κατορθόω aor mid ind 3p, complete, bring to a successful conclusion
[18] οἰκοδομή, ῆς, ἡ, building, construction
[19] νέος, ον, new, young
[20] νουθετέω pres mid/pass ind 3p, admonish, warn
[21] ἀγαθοποιέω pres act inf, do good
[22] διότι, conj, because
[23] πονηρία, ας, ἡ, wickedness, evil
[24] ἀποβάλλω imp act ind 3p, reject, throw away
[25] ῥίπτω imp act ind 3p, throw

ΠΟΙΜΗΝ—Ὁράσεις

διὰ τοῦτο μακράν¹ οὐκ ἀπερίφησαν² ἔξω τοῦ πύργου,³ ὅτι εὔχρηστοι⁴ ἔσονται εἰς τὴν οἰκοδομήν,⁵ ἐὰν μετανοήσωσιν. οἱ οὖν μέλλοντες μετανοεῖν, ἐὰν μετανοήσωσιν, ἰσχυροὶ ἔσονται ἐν τῇ πίστει, ἐὰν νῦν μετανοήσωσιν ἐν ᾧ οἰκοδομεῖται ὁ πύργος.⁶ ἐὰν δὲ τελεσθῇ ἡ οἰκοδομή,⁷ οὐκέτι ἔχουσιν τόπον, ἀλλ' ἔσονται ἔκβολοι.⁸ μόνον δὲ τοῦτο ἔχουσιν, παρὰ τῷ πύργῳ⁹ κεῖσθαι.¹⁰

**14:1 (γ´ 6)** Τοὺς δὲ κατακοπτομένους¹¹ καὶ μακρὰν¹² ῥιπτομένους¹³ ἀπὸ τοῦ πύργου¹⁴ θέλεις γνῶναι; οὗτοί εἰσιν οἱ υἱοὶ τῆς ἀνομίας·¹⁵ ἐπίστευσαν δὲ ἐν ὑποκρίσει,¹⁶ καὶ πᾶσα πονηρία¹⁷ οὐκ ἀπέστη¹⁸ ἀπ' αὐτῶν· διὰ τοῦτο οὐκ ἔχουσιν σωτηρίαν, ὅτι οὐκ εἰσιν εὔχρηστοι¹⁹ εἰς οἰκοδομὴν²⁰ διὰ τὰς πονηρίας²¹ αὐτῶν. διὰ τοῦτο συνεκόπησαν²² καὶ πόρρω²³ ἀπερίφησαν²⁴ διὰ τὴν ὀργὴν τοῦ Κυρίου, ὅτι παρώργισαν²⁵ αὐτόν. **2** τοὺς δὲ ἑτέρους οὓς ἑώρακας πολλοὺς κειμένους,²⁶ μὴ ὑπάγοντας εἰς τὴν οἰκοδομήν,²⁷ οὗτοι οἱ μὲν ἐψωριακότες²⁸ εἰσὶν οἱ ἐγνωκότες τὴν ἀλήθειαν, μὴ

---

¹ μακράν, adv, far
² ἀπορίπτω aor pass ind 3p, throw
³ πύργος, ου, ὁ, tower
⁴ εὔχρηστος, η, ον, useful
⁵ οἰκοδομή, ῆς, ἡ, building, construction
⁶ πύργος, ου, ὁ, tower
⁷ οἰκοδομή, ῆς, ἡ, building, construction
⁸ ἔκβολος, ον, rejected, excluded
⁹ πύργος, ου, ὁ, tower
¹⁰ κεῖμαι pres mid/pass inf, lie
¹¹ κατακόπτω pres mid/pass ptcp m.p.acc., break in pieces
¹² μακράν, adv, far
¹³ ῥίπτω pres mid/pass ptcp m.p.acc., throw
¹⁴ πύργος, ου, ὁ, tower
¹⁵ ἀνομία, ας, ἡ, lawlessness
¹⁶ ὑπόκρισις, εως, ἡ, hypocrisy, pretense
¹⁷ πονηρία, ας, ἡ, wickedness, evil
¹⁸ ἀφίστημι aor act ind, depart, abstain from
¹⁹ εὔχρηστος, η, ον, useful
²⁰ οἰκοδομή, ης, ἡ, building, construction
²¹ πονηρία, ας, ἡ, wickedness, evil
²² συγκόπτω aor pass ind 3p, break
²³ πόρρω, adv, far away
²⁴ ἀπορίπτω aor pass ind 3p, throw
²⁵ παροργίζω aor act ind 3p, make angry
²⁶ κεῖμαι pres mid/pass ptcp m.p.acc., lie
²⁷ οἰκοδομή, ῆς, ἡ, building, construction
²⁸ ψωριάω perf act ptcp m.p.nom., have a rough surface

ΠΟΙΜΗΝ—Ὁράσεις

ἐπιμείναντες[1] δὲ ἐν αὐτῇ μηδὲ κολλώμενοι[2] τοῖς ἁγίοις· διὰ τοῦτο ἄχρηστοί[3] εἰσιν. **3** Οἱ δὲ τὰς σχισμὰς[4] ἔχοντες τίνες εἰσίν; Οὗτοί εἰσιν οἱ κατ' ἀλλήλων ἐν ταῖς καρδίαις ἔχοντες καὶ μὴ εἰρηνεύοντες[5] ἐν ἑαυτοῖς, ἀλλὰ πρόσωπον εἰρήνης ἔχοντες, ὅταν δὲ ἀπ' ἀλλήλων ἀποχωρήσωσιν, αἱ πονηρίαι[6] αὐτῶν ἐν ταῖς καρδίαις ἐμμένουσιν.[7] αὗται οὖν αἱ σχισμαί[8] εἰσιν ἃς ἔχουσιν οἱ λίθοι. **4** οἱ δὲ κεκολοβωμένοι,[9] οὗτοί εἰσιν πεπιστευκότες μὲν καὶ τὸ πλεῖον μέρος ἔχοντες ἐν τῇ δικαιοσύνῃ, τινὰ δὲ μέρη ἔχουσιν τῆς ἀνομίας·[10] διὰ τοῦτο κολοβοὶ[11] καὶ οὐχ ὁλοτελεῖς[12] εἰσιν. **5** Οἱ δὲ λευκοὶ[13] καὶ στρογγύλοι[14] καὶ μὴ ἁρμόζοντες[15] εἰς τὴν οἰκοδομὴν[16] τίνες εἰσίν, Κυρία;[17] ἀποκριθεῖσά μοι λέγει· Ἕως πότε[18] μωρὸς[19] εἶ καὶ ἀσύνετος,[20] καὶ πάντα ἐπερωτᾷς καὶ οὐδὲν νοεῖς;[21] οὗτοί εἰσιν ἔχοντες μὲν πίστιν, ἔχοντες δὲ καὶ πλοῦτον[22] τοῦ αἰῶνος τούτου. ὅταν γένηται θλῖψις, διὰ τὸν πλοῦτον[23] αὐτῶν καὶ διὰ τὰς πραγματείας[24] ἀπαρνοῦνται[25] τὸν Κύριον αὐτῶν. **6** καὶ ἀποκριθεὶς αὐτῇ λέγω· Κυρία,[26] πότε[27] οὖν εὔχρηστοι[28] ἔσονται εἰς

---

[1] ἐπιμένω aor act ptcp m.p.nom., stay, remain
[2] κολλάω pres mid/pass m.p.nom., join, cling, associate with
[3] ἄχρηστος, ον, useless
[4] σχισμή, ῆς, ἡ, crack
[5] εἰρηνεύω pres act ptcp m.p.nom., be at peace
[6] πονηρία, ας, ἡ, wickedness, evil
[7] ἐμμένω pres act ind 3p, stay, remain
[8] σχισμή, ῆς, ἡ, crack
[9] κολοβόω perf mid/pass ptcp m.p.nom., shorten
[10] ἀνομία, ας, ἡ, lawlessness
[11] κολοβός, όν, short
[12] ὁλοτελής, ές, perfect, in every way complete
[13] λευκός, ή, όν, white
[14] στρογγύλος, η, ον, round
[15] ἁρμόζω pres act ptcp m.p.nom., fit
[16] οἰκοδομή, ῆς, ἡ, building, construction
[17] κυρία, ας, ἡ, lady
[18] πότε, conj, how long
[19] μωρός, ά, όν, foolish
[20] ἀσύνετος, ον, senseless, foolish
[21] νοέω pres act ind 2s, understanding
[22] πλοῦτος, ου, ὁ, wealth
[23] πλοῦτος, ου, ὁ, wealth
[24] πραγματεία, ας, ἡ, activity, occupation
[25] ἀπαρνέομαι pres mid/pass ind 3p, deny
[26] κυρία, ας, ἡ, lady
[27] πότε, conj, when
[28] εὔχρηστος, η, ον, useful

ΠΟΙΜΗΝ—Ὁράσεις

τὴν οἰκοδομήν;[1] Ὅταν, φησίν, περικοπῇ[2] αὐτῶν ὁ πλοῦτος[3] ὁ ψυχαγωγῶν[4] αὐτούς, τότε εὔχρηστοι[5] ἔσονται τῷ Θεῷ. ὥσπερ γὰρ ὁ λίθος ὁ στρογγύλος,[6] ἐὰν μὴ περικοπῇ[7] καὶ ἀποβάλῃ[8] ἐξ αὐτοῦ τι, οὐ δύναται τετράγωνος[9] γενέσθαι, οὕτω καὶ οἱ πλουτοῦντες[10] ἐν τούτῳ τῷ αἰῶνι, ἐὰν μὴ περικοπῇ[11] αὐτῶν ὁ πλοῦτος,[12] οὐ δύνανται τῷ Κυρίῳ εὔχρηστοι[13] γενέσθαι. 7 ἀπὸ δὲ σεαυτοῦ πρῶτον γνῶθι· ὅτε ἐπλούτεις,[14] ἄχρηστος[15] ἦς, νῦν δὲ εὔχρηστος[16] εἶ καὶ ὠφέλιμος[17] τῇ ζωῇ. εὔχρηστοι[18] γίνεσθε τῷ Θεῷ· καὶ γὰρ σὺ αὐτὸς χρᾶσαι[19] ἐκ τῶν αὐτῶν λίθων.

**15:1 (γ ́ 7)** Τοὺς δὲ ἑτέρους λίθους οὓς εἶδες μακρὰν[20] ἀπὸ τοῦ πύργου[21] ῥιπτομένους[22] καὶ πίπτοντας εἰς τὴν ὁδὸν καὶ κυλιομένους[23] ἐκ τῆς ὁδοῦ εἰς τὰς ἀνοδίας,[24] οὗτοί εἰσιν οἱ πεπιστευκότες μέν, ἀπὸ δὲ τῆς διψυχίας[25] αὐτῶν ἀφίουσιν τὴν ὁδὸν αὐτῶν τὴν ἀληθινήν·[26] δοκοῦντες οὖν βελτίονα[27] ὁδὸν δύνασθαι εὑρεῖν, πλανῶνται καὶ ταλαιπωροῦσιν[28] περιπατοῦντες

---

[1] οἰκοδομή, ῆς, ἡ, building, construction
[2] περικόπτω aor pass sub 3s, cut away, hew all
[3] πλοῦτος, ου, ὁ, wealth
[4] ψυχαγωγέω pres act ptcp m.s.nom., lead away, delude
[5] εὔχρηστος, η, ον, useful
[6] στρογγύλος, η, ον, round
[7] περικόπτω aor pass sub 3s, cut away, hew all
[8] ἀποβάλλω aor act sub 3s, throw away, reject
[9] τετράγωνος, ον, square
[10] πλουτέω pres act ptcp m.p.nom., rich
[11] περικόπτω aor pass sub 3s, cut away, hew all
[12] πλοῦτος, ου, ὁ, wealth
[13] εὔχρηστος, η, ον, useful
[14] πλουτέω imp act ind 2s, rich
[15] ἄχρηστος, ον, useless, worthless
[16] εὔχρηστος, η, ον, useful
[17] ὠφέλιμος, ον, beneficial, advantageous
[18] εὔχρηστος, η, ον, useful
[19] χράομαι pres mid/pass ind 2s, use
[20] μακράν, adv, far
[21] πύργος, ου, ὁ, tower
[22] ῥίπτω pres mid/pass ptcp m.p.acc., throw
[23] κυλίω pres mid/pass ptcp m.p.acc., roll
[24] ἀνοδία, ας, ἡ, wayless area
[25] διψυχία, ας, ἡ, indecision, doubt
[26] ἀληθινός, ή, όν, true
[27] βελτίων, ον, better
[28] ταλαιπωρέω pres act ind 3p, distress, trouble

## ΠΟΙΜΗΝ—Ὁράσεις

ἐν ταῖς ἀνοδίαις.[1] **2** οἱ δὲ πίπτοντες εἰς τὸ πῦρ καὶ καιόμενοι,[2] οὗτοί εἰσιν οἱ εἰς τέλος ἀποστάντες[3] τοῦ Θεοῦ τοῦ ζῶντος, καὶ οὐκέτι αὐτοῖς ἀνέβη ἐπὶ τὴν καρδίαν τοῦ μετανοῆσαι διὰ τὰς ἐπιθυμίας τῆς ἀσελγείας[4] αὐτῶν καὶ τῶν πονηριῶν[5] ὧν ἠργάσαντο. **3** τοὺς δὲ ἑτέρους τοὺς πίπτοντας ἐγγὺς τῶν ὑδάτων καὶ μὴ δυναμένους κυλισθῆναι[6] εἰς τὸ ὕδωρ θέλεις γνῶναι τίνες εἰσίν; οὗτοί εἰσιν οἱ τὸν λόγον ἀκούσαντες καὶ θέλοντες βαπτισθῆναι εἰς τὸ ὄνομα τοῦ Κυρίου· εἶτα[7] ὅταν αὐτοῖς ἔλθῃ εἰς μνεῖαν[8] ἡ ἁγνότης[9] τῆς ἀληθείας, μετανοοῦσιν καὶ πορεύονται πάλιν ὀπίσω τῶν ἐπιθυμιῶν αὐτῶν τῶν πονηρῶν. **4** ἐτέλεσεν[10] οὖν τὴν ἐξήγησιν[11] τοῦ πύργου.[12] **5** ἀναιδευσάμενος[13] ἔτι αὐτὴν ἐπηρώτησα, εἰ ἄρα πάντες οἱ λίθοι οὗτοι οἱ ἀποβεβλημένοι[14] καὶ μὴ ἁρμόζοντες[15] εἰς τὴν οἰκοδομὴν[16] τοῦ πύργου,[17] εἰ ἔστιν αὐτοῖς μετάνοια[18] καὶ ἔχουσιν τόπον εἰς τὸν πύργον[19] τοῦτον. Ἔχουσιν, φησίν, μετάνοιαν,[20] ἀλλὰ εἰς τοῦτον τὸν πύργον[21] οὐ δύνανται ἁρμόσαι.[22] **6** ἑτέρῳ δὲ τόπῳ ἁρμόσουσιν[23] πολὺ ἐλάττονι,[24] καὶ τοῦτο ὅταν βασανισθῶσιν[25] καὶ ἐκπληρώσωσιν[26] τὰς ἡμέρας τῶν

---

[1] ἀνοδία, ας, ἡ, wayless area
[2] καίω pres mid/pass ptcp m.p.nom., burn
[3] ἀφίστημι aor act ptcp m.p.nom., rebel, oppose
[4] ἀσέλγεια, ας, ἡ, licentious
[5] πονηρία, ας, ἡ, wickedness, evil
[6] κυλίω aor pass inf, roll
[7] εἶτα, adv, then
[8] μνεῖα, ας, ἡ, remembrance
[9] ἁγνότης, ητος, ἡ, sincerity, purity
[10] τελέω aor act ind 3s, complete, finish
[11] ἐξήγησις, εως, ἡ, explanation
[12] πύργος, ου, ὁ, tower
[13] ἀναιδεύω aor mid ptcp m.s.nom., unabashed, bold
[14] ἀποβάλλω perf mid/pass ptcp m.p.nom., throw away, reject
[15] ἁρμόζω pres act ptcp m.p.nom., fit
[16] οἰκοδομή, ῆς, ἡ, building, construction
[17] πύργος, ου, ὁ, tower
[18] μετάνοια, ας, ἡ, repentance
[19] πύργος, ου, ὁ, tower
[20] μετάνοια, ας, ἡ, repentance
[21] πύργος, ου, ὁ, tower
[22] ἁρμόζω aor act inf, fit
[23] ἁρμόζω fut act ind 3p, fit
[24] ἐλάσσων, ον, inferior
[25] βασανίζω aor pass sub 3p, torment
[26] ἐκπληρόω aor act sub 3p, fulfill

ἁμαρτιῶν αὐτῶν. καὶ διὰ τοῦτο μετατεθήσονται,[1] ὅτι μετέλαβον[2] τοῦ ῥήματος τοῦ δικαίου. καὶ τότε αὐτοῖς συμβήσεται[3] μετατεθῆναι[4] ἐκ τῶν βασάνων[5] αὐτῶν, ἐὰν ἀναβῇ ἐπὶ τὴν καρδίαν αὐτῶν τὰ ἔργα ἃ εἰργάσαντο πονηρά. ἐὰν δὲ μὴ ἀναβῇ ἐπὶ τὴν καρδίαν αὐτῶν, οὐ σώζονται διὰ τὴν σκληροκαρδίαν[6] αὐτῶν.

**16:1 (γ΄ 8)** Ὅτε οὖν ἐπαυσάμην[7] ἐρωτῶν αὐτὴν περὶ πάντων τούτων, λέγει μοι· Θέλεις ἄλλο ἰδεῖν; κατεπίθυμος[8] ὢν τοῦ θεάσασθαι[9] περιχαρὴς[10] ἐγενόμην τοῦ ἰδεῖν. **2** ἐμβλέψασά[11] μοι ὑπεμειδίασεν[12] καὶ λέγει μοι· Βλέπεις ἑπτὰ γυναῖκας κύκλῳ[13] τοῦ πύργου;[14] Βλέπω, φημί, κυρία.[15] Ὁ πύργος[16] οὗτος ὑπὸ τούτων βαστάζεται[17] κατ' ἐπιταγὴν[18] τοῦ Κυρίου. **3** ἄκουε νῦν τὰς ἐνεργείας[19] αὐτῶν. ἡ μὲν πρώτη αὐτῶν, ἡ κρατοῦσα τὰς χεῖρας, Πίστις καλεῖται· διὰ ταύτης σώζονται οἱ ἐκλεκτοὶ[20] τοῦ Θεοῦ. **4** ἡ δὲ ἑτέρα, ἡ περιεζωσμένη[21] καὶ ἀνδριζομένη,[22] Ἐγκράτεια[23] καλεῖται· αὕτη θυγάτηρ[24] ἐστὶν τῆς Πίστεως. ὃς ἂν οὖν ἀκολουθήσῃ αὐτῇ, μακάριος γίνεται ἐν τῇ ζωῇ αὐτοῦ, ὅτι πάντων

---

[1] μετατίθημι fut pass ind 3p, change, transfer
[2] μεταλαμβάνω aor act ind 3p, receive
[3] συμβαίνω fut mid ind 3s, happen, come about
[4] μετατίθημι aor pass inf, change, transfer
[5] βάσανος, ου, ἡ, torment
[6] σκληροκαρδία, ας, ἡ, stubbornness, hard-heartedness
[7] παύω aor mid ind 1s, stop
[8] κατεπίθυμος, ον, very eager, desirous
[9] θεάομαι aor mid inf, see
[10] περιχαρής, ες, very glad
[11] ἐμβλέπω aor act ptcp f.s.nom., look
[12] ὑπομειδιάω aor act ind 3s, smile a bit
[13] κύκλῳ, impr prep, around
[14] πύργος, ου, ὁ, tower
[15] κυρία, ας, ἡ, lady
[16] πύργος, ου, ὁ, tower
[17] βαστάζω pres mid/pass ind 3s, carry, support
[18] ἐπιταγή, ῆς, ἡ, command
[19] ἐνέργεια, ας, ἡ, working, operation
[20] ἐκλεκτός, ή, όν, elect
[21] περιζώννυμι perf mid/pass ptcp f.s.nom., gird about, gird oneself
[22] ἀνδρίζομαι pres mid/pass ptcp f.s.nom., play the man, act corageously
[23] ἐγκράτεια, ας, ἡ, self-control
[24] θυγάτηρ, τρός, ἡ, daughter

## ΠΟΙΜΗΝ—Ὁράσεις

τῶν πονηρῶν ἔργων ἀφέξεται,[1] πιστεύων ὅτι, ἐὰν ἀφέξηται[2] πάσης ἐπιθυμίας πονηρᾶς, κληρονομήσει[3] ζωὴν αἰώνιον. **5** Αἱ δὲ ἕτεραι, κυρία,[4] τίνες εἰσίν; Θυγατέρες[5] ἀλλήλων εἰσίν· καλοῦνται δὲ ἡ μὲν Ἁπλότης,[6] ἡ δὲ Ἐπιστήμη,[7] ἡ δὲ Ἀκακία,[8] ἡ δὲ Σεμνότης,[9] ἡ δὲ Ἀγάπη. ὅταν οὖν τὰ ἔργα τῆς μητρὸς αὐτῶν πάντα ποιήσῃς, δύνασαι ζῆσαι. **6** Ἤθελον, φημί, γνῶναι, κυρία,[10] τίς τίνα δύναμιν ἔχει αὐτῶν. Ἄκουε, φησίν, τὰς δυνάμεις ἃς ἔχουσιν. **7** κρατοῦνται δὲ ὑπ' ἀλλήλων αἱ δυνάμεις αὐτῶν καὶ ἀκολουθοῦσιν ἀλλήλαις, καθὼς καὶ γεγεννημέναι εἰσίν. ἐκ τῆς Πίστεως γεννᾶται Ἐγκράτεια,[11] ἐκ τῆς Ἐγκρατείας[12] Ἁπλότης,[13] ἐκ τῆς Ἁπλότητος[14] Ἀκακία,[15] ἐκ τῆς Ἀκακίας[16] Σεμνότης,[17] ἐκ τῆς Σεμνότητος[18] Ἐπιστήμη,[19] ἐκ τῆς Ἐπιστήμης[20] Ἀγάπη. τούτων οὖν τὰ ἔργα ἁγνὰ[21] καὶ σεμνὰ[22] καὶ θεῖά[23] ἐστιν. **8** ὃς ἂν οὖν δουλεύσῃ[24] ταύταις καὶ ἰσχύσῃ[25] κρατῆσαι τῶν ἔργων αὐτῶν, ἐν τῷ πύργῳ[26] ἕξει τὴν κατοίκησιν[27] μετὰ τῶν ἁγίων τοῦ Θεοῦ. **9** ἐπηρώτων δὲ αὐτὴν περὶ τῶν καιρῶν, εἰ ἤδη συντέλειά[28] ἐστιν. ἡ δὲ ἀνέκραγε[29] φωνῇ μεγάλῃ λέγουσα· Ἀσύνετε[30] ἄνθρωπε, οὐχ ὁρᾷς τὸν πύργον[31] ἔτι οἰκοδομούμενον; ὡς ἐὰν οὖν συντελεσθῇ[32] ὁ

---

[1] ἀπέχω fut mid ind 3s, keep away, refrain from
[2] ἀπέχω aor mid sub 3s, keep away, refrain from
[3] κληρονομέω fut act ind 3s, inherit
[4] κυρία, ας, ἡ, lady
[5] θυγάτηρ, τρός, ἡ, daughter
[6] ἁπλότης, ητος, ἡ, sincerity
[7] ἐπιστήμη, ης, ἡ, knowledge
[8] ἀκακία, ας, ἡ, innocence
[9] σεμνότης, τητος, ἡ, holiness
[10] κυρία, ας, ἡ, lady
[11] ἐγκράτεια, ας, ἡ, self-control
[12] ἐγκράτεια, ας, ἡ, self-control
[13] ἁπλότης, ητος, ἡ, sincerity
[14] ἁπλότης, ητος, ἡ, sincerity
[15] ἀκακία, ας, ἡ, innocence
[16] ἀκακία, ας, ἡ, innocence
[17] σεμνότης, τητος, ἡ, holiness
[18] σεμνότης, τητος, ἡ, holiness
[19] ἐπιστήμη, ης, ἡ, knowledge
[20] ἐπιστήμη, ης, ἡ, knowledge
[21] ἁγνός, ή, όν, pure, holy
[22] σεμνός, ή, όν, reverent
[23] θεῖος, α, ον, divine
[24] δουλεύω aor act sub 3s, serve
[25] ἰσχύω aor act sub 3s, be strong
[26] πύργος, ου, ὁ, tower
[27] κατοίκησις, εως, ἡ, dwelling
[28] συντέλεια, ας, ἡ, completion, close, end
[29] ἀνακράζω aor act ind 3s, cry out
[30] ἀσύνετος, ον, senseless, foolish
[31] πύργος, ου, ὁ, tower
[32] συντελέω aor pass sub 3s, finish, complete

ΠΟΙΜΗΝ—Ὁράσεις

πύργος¹ οἰκοδομούμενος, ἔχει τέλος. ἀλλὰ ταχὺ² ἐποικοδομηθήσεται.³ μηκέτι⁴ με ἐπερώτα μηδέν· ἀρκετή⁵ σοι ἡ ὑπόμνησις⁶ αὕτη καὶ τοῖς ἁγίοις, καὶ ἡ ἀνακαίνωσις⁷ τῶν πνευμάτων ὑμῶν. **10** ἀλλ' οὐ σοὶ μόνῳ ἀπεκαλύφθη,⁸ ἀλλ' ἵνα πᾶσιν δηλώσῃς⁹ αὐτά. **11** μετὰ τρεῖς ἡμέρας νοῆσαί¹⁰ σε γὰρ δεῖ πρῶτον, ἐντέλλομαι¹¹ δέ σοι πρῶτον, Ἑρμᾶ,¹² τὰ ῥήματα ταῦτα ἅ σοι μέλλω λέγειν λαλῆσαι αὐτὰ πάντα εἰς τὰ ὦτα τῶν ἁγίων, ἵνα ἀκούσαντες αὐτὰ καὶ ποιήσαντες καθαρισθῶσιν ἀπὸ τῶν πονηριῶν¹³ αὐτῶν, καὶ σὺ δὲ μετ' αὐτῶν.

**17:1 (γ´ 9)** Ἀκούσατέ μου, τέκνα· ἐγὼ ὑμᾶς ἐξέθρεψα¹⁴ ἐν πολλῇ ἁπλότητι¹⁵ καὶ ἀκακίᾳ¹⁶ καὶ σεμνότητι¹⁷ διὰ τὸ ἔλεος¹⁸ τοῦ Κυρίου τοῦ ἐφ' ὑμᾶς στάξαντος¹⁹ τὴν δικαιοσύνην, ἵνα δικαιωθῆτε καὶ ἁγιασθῆτε²⁰ ἀπὸ πάσης πονηρίας²¹ καὶ ἀπὸ πάσης σκολιότητος.²² ὑμεῖς δὲ οὐ θέλετε παῆναι²³ ἀπὸ τῆς πονηρίας²⁴ ὑμῶν. **2** νῦν οὖν ἀκούσατέ μου καὶ εἰρηνεύετε²⁵ ἐν ἑαυτοῖς καὶ ἐπισκέπτεσθε²⁶ ἀλλήλους καὶ ἀντιλαμβάνεσθε²⁷

---

¹ πύργος, ου, ὁ, tower
² ταχύ, adv, quickly
³ ἐποικοδομέω fut pass ind 3s, build up
⁴ μηκέτι, adv, no longer
⁵ ἀρκετός, ή, όν, enough, sufficient
⁶ ὑπόμνησις, εως, ἡ, remembrance
⁷ ἀνακαίνωσις, εως, ἡ, renewal
⁸ ἀποκαλύπτω aor pass ind 3s, reveal
⁹ δηλόω aor act sub 2s, show
¹⁰ νοέω aor act inf, understand, consider
¹¹ ἐντέλλω pres mid/pass ind 1s, command
¹² Ἑρμᾶς, ᾶ, ὁ, Hermas
¹³ πονηρία, ας, ἡ, wickedness, evil
¹⁴ ἐκτρέφω aor act ind 1s, bring up, rear
¹⁵ ἁπλότης, ητος, ἡ, sincerity
¹⁶ ἀκακία, ας, ἡ, innocence
¹⁷ σεμνότης, τητος, ἡ, holiness
¹⁸ ἔλεος, ους, τό, mercy, compassion
¹⁹ στάζω aor act ptcp m.s.gen., instill
²⁰ ἁγιάζω aor pass sub 2p, sanctify
²¹ πονηρία, ας, ἡ, wickedness, evil
²² σκολιότης, ητος, ἡ, crookedness, perversity
²³ παύω aor pass inf, cease, stop
²⁴ πονηρία, ας, ἡ, wickedness, evil
²⁵ εἰρηνεύω pres act impv 2p, be at peace
²⁶ ἐπισκέπτομαι pres mid/pass impv 2p, be concerned about, look after
²⁷ ἀντιλαμβάνω pres mid/pass impv 2p, come to the aid of, help

ἀλλήλων, καὶ μὴ μόνοι τὰ κτίσματα¹ τοῦ Θεοῦ μεταλαμβάνετε² ἐκ καταχύματος,³ ἀλλὰ μεταδίδοτε⁴ καὶ τοῖς ὑστερουμένοις.⁵ **3** οἱ μὲν γὰρ ἀπὸ τῶν πολλῶν ἐδεσμάτων⁶ ἀσθένειαν⁷ τῇ σαρκὶ ἐπισπῶνται⁸ καὶ λυμαίνονται⁹ τὴν σάρκα αὐτῶν· τῶν δὲ μὴ ἐχόντων ἐδέσματα¹⁰ λυμαίνεται¹¹ ἡ σὰρξ αὐτῶν διὰ τὸ μὴ ἔχειν τὸ ἀρκετὸν¹² τῆς τροφῆς,¹³ καὶ διαφθείρεται¹⁴ τὸ σῶμα αὐτῶν. **4** αὕτη οὖν ἡ ἀσυνκρασία¹⁵ βλαβερὰ¹⁶ ὑμῖν τοῖς ἔχουσιν καὶ μὴ μεταδιδοῦσιν¹⁷ τοῖς ὑστερουμένοις.¹⁸ **5** βλέπετε τὴν κρίσιν τὴν ἐπερχομένην.¹⁹ οἱ ὑπερέχοντες²⁰ οὖν ἐκζητεῖτε²¹ τοὺς πεινῶντας²² ἕως οὔπω²³ ὁ πύργος²⁴ ἐτελέσθη·²⁵ μετὰ γὰρ τὸ τελεσθῆναι²⁶ τὸν πύργον²⁷ θελήσετε ἀγαθοποιεῖν,²⁸ καὶ οὐχ ἕξετε τόπον. **6** βλέπετε οὖν ὑμεῖς οἱ γαυρούμενοι²⁹ ἐν τῷ πλούτῳ³⁰ ὑμῶν, μήποτε³¹

---

¹ κτίσμα, ματος, τό, creation
² μεταλαμβάνω pres act ind 2p, have a share in
³ κατάχυμα, ματος, τό, sauce, broth, soup
⁴ μεταδίδωμι pres act impv 2p, share
⁵ ὑστερέω pres mid/pass ptcp m.p.dat., lack, need
⁶ ἔδεσμα, ματος, τό, food
⁷ ἀσθένεια, ας, ἡ, sickness, weakness
⁸ ἐπισπάω pres mid/pass ind 3p, bring upon
⁹ λυμαίνω pres mid/pass ind 3p, injure
¹⁰ ἔδεσμα, ματος, τό, food
¹¹ λυμαίνω pres mid/pass ind 3s, injure
¹² ἀρκετός, ή, όν, enough, sufficient
¹³ τροφή, ῆς, ἡ, food
¹⁴ διαφθείρω pres mid/pass ind 3s, spoil, destroy
¹⁵ ἀσυνκρασία, ας, ἡ, lack of sharing, community spirit
¹⁶ βλαβερός, ά, όν, harmful
¹⁷ μεταδίδωμι pres act ptcp m.p.dat., share
¹⁸ ὑστερέω pres mid/pass ptcp m.p.dat., lack, need
¹⁹ ἐπέρχομαι pres mid/pass ptcp f.s.acc., come about, happen
²⁰ ὑπερέχω pres act ptcp m.p.nom., have more
²¹ ἐκζητέω pres act ind 2p, seek out
²² πεινάω pres act ptcp m.p.acc., hunger, be hungry
²³ οὔπω, adv, not yet
²⁴ πύργος, ου, ὁ, tower
²⁵ τελέω aor pass ind 3s, finish, complete
²⁶ τελέω aor pass inf, finsh complete
²⁷ πύργος, ου, ὁ, tower
²⁸ ἀγαθοποιέω pres act inf, do good
²⁹ γαυρόομαι pres mid/pass ptcp m.p.nom., pride oneself
³⁰ πλοῦτος, ου, ὁ, wealth
³¹ μήποτε, conj, lest

## ΠΟΙΜΗΝ—Ὁράσεις

στενάξουσιν¹ οἱ ὑστερούμενοι,² καὶ ὁ στεναγμὸς³ αὐτῶν ἀναβήσεται πρὸς τὸν Κύριον, καὶ ἐκκλεισθήσεσθε⁴ μετὰ τῶν ἀσχέτων⁵ ἀγαθῶν ὑμῶν ἔξω τῆς θύρας τοῦ πύργου.⁶ **7** νῦν οὖν ὑμῖν λέγω τοῖς προηγουμένοις⁷ τῆς ἐκκλησίας καὶ τοῖς πρωτοκαθεδρίταις·⁸ μὴ γίνεσθε ὅμοιοι τοῖς φαρμακοῖς.⁹ οἱ φαρμακοὶ¹⁰ μὲν οὖν τὰ φάρμακα¹¹ ἑαυτῶν εἰς τὰς πυξίδας¹² βαστάζουσιν,¹³ ὑμεῖς δὲ τὸ φάρμακον¹⁴ ὑμῶν καὶ τὸν ἰὸν¹⁵ εἰς τὴν καρδίαν. **8** ἐνεσκιρωμένοι¹⁶ ἐστὲ καὶ οὐ θέλετε καθαρίσαι τὰς καρδίας ὑμῶν καὶ συγκεράσαι¹⁷ ὑμῶν τὴν φρόνησιν¹⁸ ἐπὶ τὸ αὐτὸ ἐν καθαρᾷ¹⁹ καρδίᾳ, ἵνα σχῆτε ἔλεος²⁰ παρὰ τοῦ βασιλέως τοῦ μεγάλου. **9** βλέπετε οὖν, τέκνα, μήποτε²¹ αὗται αἱ διχοστασίαι²² ὑμῶν ἀποστερήσουσιν²³ τὴν ζωὴν ὑμῶν. **10** πῶς ὑμεῖς παιδεύειν²⁴ θέλετε τοὺς ἐκλεκτοὺς²⁵ Κυρίου, αὐτοὶ μὴ ἔχοντες παιδείαν;²⁶ παιδεύετε²⁷ οὖν ἀλλήλους καὶ εἰρηνεύετε²⁸ ἐν αὐτοῖς,²⁹ ἵνα κἀγὼ κατέναντι³⁰ τοῦ πατρὸς ἱλαρὰ³¹ σταθεῖσα λόγον ἀποδῶ ὑπὲρ ὑμῶν πάντων τῷ Κυρίῳ ὑμῶν.

---

¹ στενάζω fut act ind 3p, groan
² ὑστερέω pres mid/pass ptcp m.p.nom., lack, need
³ στεναγμός, οῦ, ὁ, groan
⁴ ἐκκλείω fut pass ind 2p, shut out
⁵ ἄσχετος, ον, irrepressible
⁶ πύργος, ου, ὁ, tower
⁷ προηγέομαι pres mid/pass ptcp m.p.dat., go before, lead
⁸ πρωτοκαθεδρίτης, ου, ὁ, one who occupies a seat of honor
⁹ φαρμακός, οῦ, ὁ, sorcerer
¹⁰ φαρμακός, οῦ, ὁ, sorcerer
¹¹ φάρμακον, ου, τό, drug, remedy
¹² πυξίς, ίδος, ἡ, box, container
¹³ βαστάζω pres act ind 3p, carry
¹⁴ φάρμακον, ου, τό, drug, remedy
¹⁵ ἰός, οῦ, ὁ, poison
¹⁶ ἐνσκιρόω perf mid/pass ptcp m.p.nom., become callous
¹⁷ συγκεράννυμι aor act inf, blend, unite
¹⁸ φρόνησις, εως, ἡ, wisdom
¹⁹ καθαρός, ά, όν, clean, pure
²⁰ ἔλεος, ους, τό, mercy
²¹ μήποτε, conj, lest
²² διχοστασία, ας, ἡ, dissension
²³ ἀποστερέω fut act ind 3p, deprive
²⁴ παιδεύω pres act inf, instruct, educate
²⁵ ἐκλεκτός, ή, όν, elect
²⁶ παιδεία, ας, ἡ, instruction, training
²⁷ παιδεύω pres act impv 2p, educate
²⁸ εἰρηνεύω pres act impv 2p, be at peace
²⁹ ἑαυτοῦ, ῆς, οῦ, self
³⁰ κατέναντι, impr prep, before
³¹ ἱλαρός, ά, όν, joyful, happy

**18:1 (γ´ 10)** Ὅτε οὖν ἐπαύσατο¹ μετ' ἐμοῦ λαλοῦσα, ἦλθον οἱ ἓξ² νεανίσκοι³ οἱ οἰκοδομοῦντες καὶ ἀπήνεγκαν⁴ αὐτὴν πρὸς τὸν πύργον,⁵ καὶ ἄλλοι τέσσαρες ἦραν τὸ συμψέλιον⁶ καὶ ἀπήνεγκαν⁷ καὶ αὐτὸ πρὸς τὸν πύργον.⁸ τούτων τὸ πρόσωπον οὐκ εἶδον, ὅτι ἀπεστραμμένοι⁹ ἦσαν. **2** ὑπάγουσαν δὲ αὐτὴν ἠρώτων ἵνα μοι ἀποκαλύψῃ¹⁰ περὶ τῶν τριῶν μορφῶν¹¹ ἐν αἷς μοι ἐνεφανίσθη.¹² ἀποκριθεῖσά μοι λέγει· Περὶ τούτων ἕτερον δεῖ σε ἐπερωτῆσαι ἵνα σοι ἀποκαλυφθῇ.¹³ **3** ὤφθη δέ μοι, ἀδελφοί, τῇ μὲν πρώτῃ ὁράσει¹⁴ τῇ περυσινῇ¹⁵ λίαν¹⁶ πρεσβυτέρα καὶ ἐν καθέδρᾳ¹⁷ καθημένη. **4** τῇ δὲ ἑτέρᾳ ὁράσει¹⁸ τὴν μὲν ὄψιν¹⁹ νεωτέραν²⁰ εἶχεν, τὴν δὲ σάρκα καὶ τὰς τρίχας²¹ πρεσβυτέρας, καὶ ἑστηκυῖά μοι ἐλάλει· ἱλαρωτέρα²² δὲ ἦν ἢ τὸ πρότερον.²³ **5** τῇ δὲ τρίτῃ ὁράσει²⁴ ὅλη νεωτέρα²⁵ καὶ κάλλει²⁶ ἐκπρεπεστάτῃ,²⁷ μόνας δὲ τὰς τρίχας²⁸ πρεσβυτέρας εἶχεν· ἱλαρὰ²⁹ δὲ εἰς τέλος ἦν καὶ ἐπὶ συμψελίου³⁰ καθημένη. **6** περὶ τούτων περίλυπος³¹ ἤμην λίαν³² τοῦ γνῶναί με τὴν ἀποκάλυψιν³³ ταύτην. καὶ βλέπω τὴν πρεσβυτέραν ἐν ὁράματι³⁴

---

¹ παύω aor mid ind 3s, stop, cease
² ἕξ, six
³ νεανίσκος, ου, ὁ, young man, youth
⁴ ἀποφέρω aor act ind 3p, carry away, take away
⁵ πύργος, ου, ὁ, tower
⁶ συμψέλιον, ου, τό, bench
⁷ ἀποφέρω aor act ind 3p, carry away, take away
⁸ πύργος, ου, ὁ, tower
⁹ ἀποστρέφω perf mid/pass ptcp m.p.nom., turn away
¹⁰ ἀποκαλύπτω aor act sub 3s, reveal
¹¹ μορφή, ῆς, ἡ, form
¹² ἐμφανίζω aor pass ind 3s, appear
¹³ ἀποκαλύπτω aor pass sub 3s, reveal
¹⁴ ὅρασις, εως, ἡ, vision
¹⁵ περυσινός, ή, όν, last year
¹⁶ λίαν, adv, very
¹⁷ καθέδρα, ας, ἡ, chair
¹⁸ ὅρασις, εως, ἡ, vision
¹⁹ ὄψις, εως, ἡ, appearance
²⁰ νέος, ον, young, fresh
²¹ θρίξ, τριχός, ἡ, hair
²² ἱλαρός, ά, όν, cheerful, happy
²³ πρότερος, adv, formerly, before
²⁴ ὅρασις, εως, ἡ, vision
²⁵ νέος, ον, young, fresh
²⁶ κάλλος, ους, τό, beauty
²⁷ ἐκπρεπής, ές, remarkable, outstanding
²⁸ θρίξ, τριχός, ἡ, hair
²⁹ ἱλαρός, ά, όν, cheerful, happy
³⁰ συμψέλιον, ου, τό, bench
³¹ περίλυπος, ον, very sad, deeply grieved
³² λίαν, adv, very
³³ ἀποκάλυψις, εως, ἡ, revelation
³⁴ ὅραμα, ματος, τό, vision

## ΠΟΙΜΗΝ—Ὁράσεις

τῆς νυκτὸς λέγουσάν μοι· Πᾶσα ἐρώτησις[1] ταπεινοφροσύνης[2] χρῄζει·[3] νήστευσον[4] οὖν, καὶ λήμψῃ ὃ αἰτεῖς παρὰ τοῦ Κυρίου. **7** ἐνήστευσα[5] οὖν μίαν ἡμέραν, καὶ αὐτῇ τῇ νυκτί μοι ὤφθη νεανίσκος[6] καὶ λέγει μοι· Ὅτι σὺ ὑπὸ χεῖρα αἰτεῖς ἀποκαλύψεις[7] ἐν δεήσει,[8] βλέπε μήποτε[9] πολλὰ αἰτούμενος βλάψῃς[10] σου τὴν σάρκα. **8** ἀρκοῦσίν[11] σοι αἱ ἀποκαλύψεις[12] αὗται. μήτι[13] δύνῃ ἰσχυροτέρας[14] ἀποκαλύψεις[15] ὧν ἑώρακας ἰδεῖν; **9** ἀποκριθεὶς αὐτῷ λέγω· Κύριε, τοῦτο μόνον αἰτοῦμαι, περὶ τῶν τριῶν μορφῶν[16] τῆς πρεσβυτέρας ἵνα ἀποκάλυψις[17] ὁλοτελὴς[18] γένηται. ἀποκριθείς μοι λέγει· Μέχρι[19] τίνος ἀσύνετοί[20] ἐστε; ἀλλ' αἱ διψυχίαι[21] ὑμῶν ἀσυνέτους[22] ὑμᾶς ποιοῦσιν καὶ τὸ μὴ ἔχειν τὴν καρδίαν ὑμῶν πρὸς τὸν Κύριον. **10** ἀποκριθεὶς αὐτῷ πάλιν εἶπον· Ἀλλ' ἀπὸ σοῦ, κύριε, ἀκριβέστερον[23] αὐτὰ γνωσόμεθα.

**19:1 (γ´ 11)** Ἄκουε, φησίν, περὶ τῶν τριῶν μορφῶν[24] ὧν ἐπιζητεῖς.[25] **2** τῇ μὲν πρώτῃ ὁράσει[26] διατί[27] πρεσβυτέρα ὤφθη σοι καὶ ἐπὶ καθέδραν[28] καθημένη; ὅτι τὸ πνεῦμα ὑμῶν πρεσβύτερον καὶ ἤδη μεμαρασμένον[29] καὶ μὴ ἔχον δύναμιν ἀπὸ τῶν μαλακιῶν[30]

---

[1] ἐρώτησις, εως, ἡ, request
[2] ταπεινοφροσύνη, ης, ἡ, humility
[3] χρῄζω pres act ind 3s, have need of
[4] νηστεύω aor act impv 2s, fast
[5] νηστεύω aor act ind 1s, fast
[6] νεανίσκος, ου, ὁ, young man, youth
[7] ἀποκάλυψις, εως, ἡ, revelation
[8] δέησις, εως, ἡ, prayer
[9] μήποτε, conj, lest
[10] βλάπτω aor act sub 2s, harm, injure
[11] ἀρκέω pres act ind 3p, sufficient, enough
[12] ἀποκάλυψις, εως, ἡ, revelation
[13] μήτι, part, expecting negative response
[14] ἰσχυρός, ά, όν, strong
[15] ἀποκάλυψις, εως, ἡ, revelation
[16] μορφή, ῆς, ἡ, form
[17] ἀποκάλυψις, εως, ἡ, revelation
[18] ὁλοτελής, ες, in every way complete, quite perfect
[19] μέχρι, impr prep, until, how long
[20] ἀσύνετος, ον, senseless, foolish
[21] διψυχία, ας, ἡ, indecsion, doubt
[22] ἀσύνετος, ον, senseless, foolish
[23] ἀκριβής, ές, exact, strict
[24] μορφή, ῆς, ἡ, form
[25] ἐπιζητέω pres act ind 2s, seek after, search for
[26] ὅρασις, εως, ἡ, vision
[27] διατί, conj, why
[28] καθέδρα, ας, ἡ, chair
[29] μαραίνω perf mid/pass ptcp n.s.nom., wither, fade, disappear
[30] μαλακία, ας, ἡ, weakness, sickness

ὑμῶν καὶ διψυχιῶν.¹ **3** ὥσπερ γὰρ οἱ πρεσβύτεροι, μηκέτι² ἔχοντες ἐλπίδα τοῦ ἀνανεῶσαι,³ οὐδὲν ἄλλο προσδοκῶσιν⁴ εἰ μὴ τὴν κοίμησιν⁵ αὐτῶν, οὕτω καὶ ὑμεῖς μαλακισθέντες⁶ ἀπὸ τῶν βιωτικῶν⁷ πραγμάτων⁸ παρεδώκατε ἑαυτοὺς εἰς τὰς ἀκηδίας⁹ καὶ οὐκ ἐπερίψατε¹⁰ ἑαυτῶν τὰς μερίμνας¹¹ ἐπὶ τὸν Κύριον· ἀλλὰ ἐθραύσθη¹² ὑμῶν ἡ διάνοια,¹³ καὶ ἐπαλαιώθητε¹⁴ ταῖς λύπαις¹⁵ ὑμῶν. **4** Διατί¹⁶ οὖν ἐν καθέδρᾳ¹⁷ ἐκάθητο, ἤθελον γνῶναι, κύριε. Ὅτι πᾶς ἀσθενὴς¹⁸ εἰς καθέδραν καθέζεται¹⁹ διὰ τὴν ἀσθένειαν²⁰ αὐτοῦ, ἵνα συνκρατηθῇ²¹ ἡ ἀσθένεια²² τοῦ σώματος αὐτοῦ. ἔχεις τὸν τύπον²³ τῆς πρώτης ὁράσεως.²⁴

**20:1 (γ΄ 12)** Τῇ δὲ δευτέρᾳ ὁράσει²⁵ εἶδες αὐτὴν ἑστηκυῖαν καὶ τὴν ὄψιν²⁶ νεωτέραν²⁷ ἔχουσαν καὶ ἱλαρωτέραν²⁸ παρὰ τὸ πρότερον,²⁹ τὴν δὲ σάρκα καὶ τὰς τρίχας³⁰ πρεσβυτέρας. ἄκουε, φησίν, καὶ ταύτην τὴν παραβολήν. **2** ὅταν πρεσβύτερός τις, ἤδη ἀφηλπικὼς³¹

---

¹ διψυχία, ας, ἡ, doubt, indecision
² μηκέτι, adv, no longer
³ ἀνανεόω aor act inf, renew
⁴ προσδοκάω pres act ind 3p, look for, wait for
⁵ κοίμησις, εως, ἡ, sleep
⁶ μαλακίζομαι aor pass ptcp m.p.nom., be weak, sick
⁷ βιωτικός, ή, όν, belonging to daily life
⁸ πρᾶγμα, ματος, τό, deed, thing, matter
⁹ ἀκηδία, ας, ἡ, apathy, melancholy
¹⁰ ἐπιρίπτω aor act ind 2p, throw, cast upon
¹¹ μέριμνα, ης, ἡ, anxiety, worry
¹² θραύω aor pass ind 3s, break, weaken
¹³ διάνοια, ας, ἡ, mind
¹⁴ παλαιόω aor pass ind 2p, become old
¹⁵ λύπη, ης, ἡ, grief, sorrow
¹⁶ διατί, conj, why
¹⁷ καθέδρα, ας, ἡ, chair
¹⁸ ἀσθενής, ες, weak, sick
¹⁹ καθέζομαι pres mid/pass ind 3s, sit
²⁰ ἀσθένεια, ας, ἡ, weakness
²¹ συνκρατέω aor pass sub 3s, hold together
²² ἀσθένεια, ας, ἡ, weakness
²³ τύπος, ου, ὁ, type, pattern, model
²⁴ ὅρασις, εως, ἡ, vision
²⁵ ὅρασις, εως, ἡ, vision
²⁶ ὄψις, εως, ἡ, appearance
²⁷ νέος, ον, young
²⁸ ἱλαρός, ά, όν, cheerful, happy
²⁹ πρότερος, adv, formerly, before
³⁰ θρίξ, τριχός, ἡ, hair
³¹ ἀπελπίζω perf act ptcp m.s.nom., despair, expect back

ΠΟΙΜΗΝ—Ὁράσεις

ἑαυτὸν διὰ τὴν ἀσθένειαν[1] αὐτοῦ καὶ τὴν πτωχότητα,[2] οὐδὲν ἕτερον προσδέχεται[3] εἰ μὴ τὴν ἐσχάτην ἡμέραν τῆς ζωῆς αὐτοῦ· εἶτα[4] ἐξαίφνης[5] κατελείφθη[6] αὐτῷ κληρονομία,[7] ἀκούσας δὲ ἐξηγέρθη[8] καὶ περιχαρὴς[9] γενόμενος ἐνεδύσατο[10] τὴν ἰσχύν,[11] καὶ οὐκέτι ἀνάκειται,[12] ἀλλὰ ἕστηκεν, καὶ ἀνανεοῦται[13] αὐτοῦ τὸ πνεῦμα τὸ ἤδη ἐφθαρμένον[14] ἀπὸ τῶν προτέρων[15] αὐτοῦ πράξεων,[16] καὶ οὐκέτι κάθηται, ἀλλὰ ἀνδρίζεται·[17] οὕτως καὶ ὑμεῖς, ἀκούσαντες τὴν ἀποκάλυψιν[18] ἣν ὑμῖν ὁ Κύριος ἀπεκάλυψεν.[19] **3** ὅτι ἐσπλαγχνίσθη[20] ἐφ᾽ ὑμᾶς καὶ ἀνενεώσατο[21] τὰ πνεύματα ὑμῶν, καὶ ἀπέθεσθε[22] τὰς μαλακίας[23] ὑμῶν, καὶ προσῆλθεν ὑμῖν ἰσχυρότης[24] καὶ ἐνεδυναμώθητε[25] ἐν τῇ πίστει, καὶ ἰδὼν ὁ Κύριος τὴν ἰσχυροποίησιν[26] ὑμῶν ἐχάρη· καὶ διὰ τοῦτο ἐδήλωσεν[27] ὑμῖν τὴν οἰκοδομὴν[28] τοῦ πύργου,[29] καὶ ἕτερα δηλώσει,[30] ἐὰν ἐξ ὅλης καρδίας εἰρηνεύετε[31] ἐν ἑαυτοῖς.

---

[1] ἀσθένεια, ας, ἡ, weakness
[2] πτωχότης, ητος, ἡ, poverty
[3] προσδέχομαι pres mid/pass ind 3s, wait for
[4] εἶτα, adv, then
[5] ἐξαίφνης, adv, suddenly
[6] καταλείπω aor pass ind 3s, leave behind
[7] κληρονομία, ας, ἡ, inheritance
[8] ἐξεγείρω aor pass ind 3s, raise up
[9] περιχαρής, ες, very glad
[10] ἐνδύω aor mid ind 3s, dress, clothe
[11] ἰσχύς, ος, ἡ, strength
[12] ἀνάκειμαι pres mid/pass ind 3s, lie, recline
[13] ἀνανεόω pres mid/pass ind 3s, renew
[14] φθείρω perf mid/pass ptcp n.s.acc., destroy, ruin
[15] πρότερος, α, ον, earlier, former
[16] πρᾶξις, εως, ἡ, condition, activity
[17] ἀνδρίζομαι pres mid/pass ind 3s, act in a courageous way
[18] ἀποκάλυψις, εως, ἡ, revelation
[19] ἀποκαλύπτω aor act ind 3s, reveal
[20] σπλαγχνίζομαι aor pass ind 3s, have compassion
[21] ἀνανεόω aor mid ind 3s, renew
[22] ἀποτίθημι aor mid ind 2p, lay aside
[23] μαλακία, ας, ἡ, weakness
[24] ἰσχυρότης, ητος, ἡ, strength
[25] ἐνδυναμόω aor pass ind 2p, strengthen
[26] ἰσχυροποίησις, εως, ἡ, strengthening
[27] δηλόω aor act ind 3s, reveal, show
[28] οἰκοδομή, ῆς, ἡ, building
[29] πύργος, ου, ὁ, tower
[30] δηλόω fut act ind 3s, reveal, show
[31] εἰρηνεύω pres act impv 2p, be at peace

ΠΟΙΜΗΝ—Ὁράσεις

**21:1 (γ´ 13)** Τῇ δὲ τρίτῃ ὁράσει[1] εἶδες αὐτὴν νεωτέραν[2] καὶ καλὴν καὶ ἱλαράν,[3] καὶ καλὴν τὴν μορφὴν[4] αὐτῆς· **2** ὡς ἐὰν γάρ τινι λυπουμένῳ[5] ἔλθῃ ἀγγελία[6] ἀγαθή τις, εὐθὺς ἐπελάθετο[7] τῶν προτέρων[8] λυπῶν[9] καὶ οὐδὲν ἄλλο προσδέχεται[10] εἰ μὴ τὴν ἀγγελίαν[11] ἣν ἤκουσεν, καὶ ἰσχυροποιεῖται[12] λοιπὸν εἰς τὸ ἀγαθόν, καὶ ἀνανεοῦται[13] αὐτοῦ τὸ πνεῦμα διὰ τὴν χαρὰν ἣν ἔλαβεν· οὕτως καὶ ὑμεῖς ἀνανέωσιν[14] εἰλήφατε τῶν πνευμάτων ὑμῶν ἰδόντες ταῦτα τὰ ἀγαθά. **3** καὶ ὅτι ἐπὶ συμψελίου[15] εἶδες καθημένην, ἰσχυρὰ ἡ θέσις· ὅτι τέσσαρας πόδας ἔχει τὸ συμψέλιον καὶ ἰσχυρῶς[16] ἕστηκεν· καὶ γὰρ ὁ κόσμος διὰ τεσσάρων στοιχείων[17] κρατεῖται. **4** οἱ οὖν μετανοήσαντες ὁλοτελῶς[18] νέοι[19] ἔσονται καὶ τεθεμελιωμένοι,[20] οἱ ἐξ ὅλης καρδίας μετανοήσαντες. ἀπέχεις[21] ὁλοτελῆ[22] τὴν ἀποκάλυψιν·[23] μηκέτι[24] μηδὲν αἰτήσεις περὶ ἀποκαλύψεως·[25] ἐάν τι δὲ δέῃ, ἀποκαλυφθήσεταί[26] σοι.

---

[1] ὅρασις, εως, ἡ, vision
[2] νέος, ον, young
[3] ἱλαρός, ά, όν, cheerful, happy
[4] μορφή, ῆς, ἡ, form
[5] λυπέω pres mid/pass ptcp m.s.dat., grieve
[6] ἀγγελία, ας, ἡ, message
[7] ἐπιλανθάνομαι aor mid ind 3s, forget
[8] πρότερος, α, ον, former, earlier
[9] λύπη, ης, ἡ, grief
[10] προσδέχομαι pres mid/pass ind 3s, wait for
[11] ἀγγελία, ας, ἡ, message
[12] ἰσχυροποιέω pres mid/pass ind 3s, strengthened
[13] ἀνανεόω pres mid/pass ind 2s, renew
[14] ἀνανέωσις, εως, ἡ, renewal
[15] συμψέλιον, ου, τό, bench
[16] ἰσχυρῶς, ά, όν, strong
[17] στοιχεῖον, ου, τό, elements
[18] ὁλοτελῶς, adv, completely, fully
[19] νέος, ον, young
[20] θεμελιόω perf mid/pass ptcp m.p.nom., establish, founded
[21] ἀπέχω pres act ind 2s, receive in full
[22] ὁλοτελής, ές, complete, full
[23] ἀποκάλυψις, εως, ἡ, revelation
[24] μηκέτι, adv, no longer, from now on
[25] ἀποκάλυψις, εως, ἡ, revelation
[26] ἀποκαλύπτω fut pass ind 3s, reveal

## ΠΟΙΜΗΝ—Ὁράσεις

**22:1 (δ´ 1)** ἣν εἶδον, ἀδελφοί, μετὰ ἡμέρας εἴκοσι¹ τῆς προτέρας² ὁράσεως³ τῆς γενομένης, εἰς τύπον⁴ τῆς θλίψεως τῆς ἐπερχομένης.⁵ **2** ὑπῆγον εἰς ἀγρὸν τῇ ὁδῷ τῇ Καμπανῇ.⁶ ἀπὸ τῆς ὁδοῦ τῆς δημοσίας⁷ ἐστὶν ὡσεὶ στάδια⁸ δέκα·⁹ ῥαδίως¹⁰ δὲ ὁδεύεται¹¹ ὁ τόπος. **3** μόνος οὖν περιπατῶν ἀξιῶ¹² τὸν Κύριον ἵνα τὰς ἀποκαλύψεις¹³ καὶ τὰ ὁράματα¹⁴ ἅ μοι ἔδειξεν διὰ τῆς ἁγίας Ἐκκλησίας αὐτοῦ τελειώσῃ,¹⁵ ἵνα με ἰσχυροποιήσῃ¹⁶ καὶ δῷ τὴν μετάνοιαν¹⁷ τοῖς δούλοις αὐτοῦ τοῖς ἐσκανδαλισμένοις,¹⁸ ἵνα δοξασθῇ τὸ ὄνομα αὐτοῦ τὸ μέγα καὶ ἔνδοξον,¹⁹ ὅτι με ἄξιον ἡγήσατο²⁰ τοῦ δεῖξαί μοι τὰ θαυμάσια²¹ αὐτοῦ. **4** καὶ δοξάζοντός μου καὶ εὐχαριστοῦντος αὐτῷ, ὡς ἦχος²² φωνῆς μοι ἀπεκρίθη· μὴ διψυχήσεις,²³ Ἑρμᾶ.²⁴ ἐν ἐμαυτῷ ἠρξάμην διαλογίζεσθαι²⁵ καὶ λέγειν· Ἐγὼ τί ἔχω διψυχῆσαι,²⁶ οὕτω τεθεμελιωμένος²⁷ ὑπὸ τοῦ Κυρίου καὶ ἰδὼν ἔνδοξα²⁸ πράγματα;²⁹ **5** καὶ προσέβην³⁰ μικρόν,

---

¹ εἴκοσι, twenty
² πρότερος, α, ον, earlier, former
³ ὅρασις, εως, ἡ, vision
⁴ τύπος, ου, ὁ, type, pattern, model
⁵ ἐπέρχομαι pres mid/pass ptcp f.s.gen., happen, come about
⁶ Καμπανός, ή, όν, Campanian
⁷ δημόσιος, α, ον, public
⁸ στάδιον, ου, τό, stade, one-eighth mile
⁹ δέκα, ten
¹⁰ ῥαδίως, adv, easily
¹¹ ὁδεύω pres mid/pass ind 3s, go, travel, make a trip
¹² ἀξιόω pres act ind 1s, consider worthy, deserving
¹³ ἀποκάλυψις, εως, ἡ, revelation
¹⁴ ὅραμα, ματος, τό, vision
¹⁵ τελειόω aor act sub 3s, fulfill, complete
¹⁶ ἰσχυροποιέω aor act sub 3s, make strong, establish
¹⁷ μετάνοια, ας, ἡ, repentance
¹⁸ σκανδαλίζω perf mid/pass ptcp m.p.dat., stumble
¹⁹ ἔνδοξος, η, ον, glorious
²⁰ ἡγέομαι aor mid ind 3s, consider, think
²¹ θαυμάσιος, α, ον, wonderful
²² ἦχος, ου, ὁ, sound, noise
²³ διψυχέω fut act ind 2s, be undecided, doubt
²⁴ Ἑρμᾶς, ᾶ, ὁ, Hermas
²⁵ διαλογίζομαι pres mid/pass inf, discuss, consider
²⁶ διψυχέω aor act inf, be undecided, doubt
²⁷ θεμελιόω perf mid/pass ptcp m.s.nom., establish, founded
²⁸ ἔνδοξος, η, ον, glorious
²⁹ πρᾶγμα, ματος, τό, deed, matter, thing
³⁰ προσβαίνω aor act ind 1s, approach

ἀδελφοί, καὶ ἰδοὺ βλέπω κονιορτὸν¹ ὡς εἰς τὸν οὐρανόν, καὶ ἠρξάμην λέγειν ἐν ἑαυτῷ· Μήποτε² κτήνη³ ἔρχονται καὶ κονιορτὸν⁴ ἐγείρουσιν; οὕτω γὰρ ἦν ἀπ' ἐμοῦ ὡς ἀπὸ σταδίου.⁵ **6** γινομένου μείζονος καὶ μείζονος κονιορτοῦ⁶ ὑπενόησα⁷ εἶναί τι θεῖον·⁸ μικρὸν ἐξέλαμψεν⁹ ὁ ἥλιος, καὶ ἰδοὺ βλέπω θηρίον μέγιστον ὡσεὶ¹⁰ κῆτός¹¹ τι, καὶ ἐκ τοῦ στόματος αὐτοῦ ἀκρίδες¹² πύριναι¹³ ἐξεπορεύοντο. ἦν δὲ τὸ θηρίον τῷ μήκει¹⁴ ὡσεὶ¹⁵ ποδῶν ἑκατὸν¹⁶ τὴν δὲ κεφαλὴν εἶχεν ὡς κεράμου.¹⁷ **7** καὶ ἠρξάμην κλαίειν καὶ ἐρωτᾶν τὸν Κύριον ἵνα με λυτρώσηται¹⁸ ἐξ αὐτοῦ. καὶ ἐπανεμνήσθην¹⁹ τοῦ ῥήματος οὗ ἀκηκόειν· Μὴ διψυχήσεις,²⁰ Ἑρμᾶ.²¹ **8** ἐνδυσάμενος²² οὖν, ἀδελφοί, τὴν πίστιν τοῦ Κυρίου καὶ μνησθεὶς²³ ὧν ἐδίδαξέν με μεγαλείων,²⁴ θαρσήσας²⁵ εἰς τὸ θηρίον ἐμαυτὸν ἔδωκα. οὕτω δὲ ἤρχετο τὸ θηρίον ῥοίζῳ,²⁶ ὥστε δύνασθαι αὐτὸ πόλιν λυμᾶναι.²⁷ **9** ἔρχομαι ἐγγὺς αὐτοῦ, καὶ τὸ τηλικοῦτο²⁸ κῆτος²⁹ ἐκτείνει³⁰ ἑαυτὸ χαμαὶ³¹ καὶ οὐδὲν εἰ μὴ τὴν γλῶσσαν

---

¹ κονιορτός, οῦ, ὁ, dust
² μήποτε, conj, perhaps
³ κτῆνος, ους, τό, cattle, pack-animal
⁴ κονιορτός, οῦ, ὁ, dust
⁵ στάδιον, ου, τό, stade, one-eighth mile
⁶ κονιορτός, οῦ, ὁ, dust
⁷ ὑπονοέω aor act ind 1s, suspect, suppose
⁸ θεῖος, α, ον, divine
⁹ ἐκλάμπω aor act ind 3s, shine
¹⁰ ὡσεί, conj, as, like
¹¹ κῆτος, ους, τό, sea monster
¹² ἀκρίς, ίδος, ἡ, locust
¹³ πύρινος, η, ον, fiery
¹⁴ μῆκος, ους, τό, length
¹⁵ ὡσεί, part, as, like, about
¹⁶ ἑκατόν, one-hundred
¹⁷ κέραμος, ου, ὁ, clay, earthen vessel
¹⁸ λυτρόω aor mid sub 3s, set free, rescue, redeem
¹⁹ ἐπαναμιμνήσκω aor pass ind 1s, remind one of, mention again
²⁰ διψυχέω fut act ind 2s, be undecided, doubt
²¹ Ἑρμᾶς, ᾶ, ὁ, Hermas
²² ἐνδύω aor mid ptcp m.s.nom., dress, clothe
²³ μιμνήσκομαι aor pass ptcp m.s.nom., remember
²⁴ μεγαλεῖος, α, ον, greatness, sublimity
²⁵ θαρσέω aor act ptcp m.s.nom., be courageous
²⁶ ῥοῖζος, ου, ὁ, a whoosh
²⁷ λυμαίνω aor act inf, destroy, ruin
²⁸ τηλικοῦτος, αύτη, οῦτο, so great, so large
²⁹ κῆτος, ους, τό, sea monster
³⁰ ἐκτείνω pres act ind 3s, stretch out
³¹ χαμαί, adv, on the ground

ΠΟΙΜΗΝ—Ὁράσεις

προέβαλλεν,[1] καὶ ὅλως[2] οὐκ ἐκινήθη[3] μέχρις[4] ὅτου παρῆλθον[5] αὐτό· **10** εἶχεν δὲ τὸ θηρίον ἐπὶ τῆς κεφαλῆς χρώματα[6] τέσσερα· μέλαν,[7] εἶτα[8] πυροειδὲς[9] καὶ αἱματῶδες,[10] εἶτα[11] χρυσοῦν,[12] εἶτα[13] λευκόν.[14]

**23:1 (δ´ 2)** Μετὰ δὲ τὸ παρελθεῖν[15] με τὸ θηρίον καὶ προελθεῖν[16] ὡσεὶ[17] πόδας τριάκοντα,[18] ἰδοὺ ὑπαντᾷ[19] μοι παρθένος[20] κεκοσμημένη[21] ὡς ἐκ νυμφῶνος[22] ἐκπορευομένη, ὅλη ἐν λευκοῖς[23] καὶ ὑποδήμασιν[24] λευκοῖς,[25] κατακεκαλυμμένη[26] ἕως τοῦ μετώπου,[27] ἐν μίτρᾳ[28] δὲ ἦν ἡ κατακάλυψις[29] αὐτῆς· εἶχεν δὲ τὰς τρίχας[30] αὐτῆς λευκάς.[31] **2** ἔγνων ἐγὼ ἐκ τῶν προτέρων[32] ὁραμάτων[33] ὅτι ἡ Ἐκκλησία ἐστίν, καὶ ἱλαρώτερος[34] ἐγενόμην. ἀσπάζεταί με λέγουσα· Χαῖρε σύ, ἄνθρωπε· καὶ ἐγὼ αὐτὴν ἀντησπασάμην·[35] Κυρία, χαῖρε. **3** ἀποκριθεῖσά μοι λέγει· Οὐδέν σοι ἀπήντησεν;[36]

---

[1] προβάλλω imp act ind 3s, put forward, put out
[2] ὅλως, adv, wholly, completely
[3] κινέω aor pass ind 3s, move
[4] μέχρι, impr prep, until
[5] παρέρχομαι aor act ind 1s, pass by
[6] χρῶμα, ματος, τό, color
[7] μέλας, αινα, αν, black
[8] εἶτα, adv, then
[9] πυροειδής, ες, color of fire, red as fire
[10] αἱματώδης, ες, blood-red
[11] εἶτα, adv, then
[12] χρυσοῦς, ῆ, οῦν, gold
[13] εἶτα, adv, then
[14] λευκός, ή, όν, white
[15] παρέρχομαι aor act inf, pass by
[16] προέρχομαι aor act inf, go before, proceed
[17] ὡσεί, conj, as, like, about
[18] τριάκοντα, thirty
[19] ὑπαντάω pres act ind 3s, go to meet
[20] παρθένος, ου, ἡ, virgin, young girl
[21] κοσμέω perf mid/pass ptcp f.s.nom., adorn, decorate
[22] νυμφών, νος, ὁ, bridal chamber
[23] λευκός, ή, όν, white
[24] ὑπόδημα, ματος, τό, sandal
[25] λευκός, ή, όν, white
[26] κατακαλύπτω perf mid/pass ptcp f.s.nom., cover, veil
[27] μέτωπον, ου, τό, forehead
[28] μίτρα, ας, ἡ, turban
[29] κατακάλυψις, εως, ἡ, revelation
[30] θρίξ, τριχός, ἡ, hair
[31] λευκός, ή, όν, white
[32] πρότερος, α, ον, earlier, former, before
[33] ὅραμα, ματος, τό, vision
[34] ἱλαρός, ά, όν, cheerful, happy
[35] ἀντασπάζομαι aor mid ind 1s, greet in return
[36] ἀπαντάω aor act ind 3s, meet

## ΠΟΙΜΗΝ—Ὁράσεις

λέγω αὐτῇ· Κυρία, τηλικοῦτο[1] θηρίον, δυνάμενον λαοὺς διαφθεῖραι·[2] ἀλλὰ τῇ δυνάμει τοῦ Κυρίου καὶ τῇ πολυσπλαγχνίᾳ[3] αὐτοῦ ἐξέφυγον[4] αὐτό. **4** Καλῶς ἐξέφυγες,[5] φησίν, ὅτι τὴν μέριμνάν[6] σου ἐπὶ τὸν Θεὸν ἐπέριψας[7] καὶ τὴν καρδίαν σου ἤνοιξας πρὸς τὸν Κύριον, πιστεύσας ὅτι δι' οὐδενὸς δύνῃ σωθῆναι εἰ μὴ διὰ τοῦ μεγάλου καὶ ἐνδόξου[8] ὀνόματος. διὰ τοῦτο ὁ Κύριος ἀπέστειλε τὸν ἄγγελον αὐτοῦ τὸν ἐπὶ τῶν θηρίων ὄντα, οὗ τὸ ὄνομά ἐστιν Σεγρί[9] καὶ ἐνέφραξεν[10] τὸ στόμα αὐτοῦ, ἵνα μή σε λυμάνῃ.[11] μεγάλην θλῖψιν ἐκπέφευγας[12] διὰ τὴν πίστιν σου, καὶ ὅτι τηλικοῦτο[13] θηρίον ἰδὼν οὐκ ἐδιψύχησας·[14] **5** ὕπαγε οὖν καὶ ἐξήγησαι[15] τοῖς ἐκλεκτοῖς[16] τοῦ Κυρίου τὰ μεγαλεῖα[17] αὐτοῦ, καὶ εἰπὲ αὐτοῖς ὅτι τὸ θηρίον τοῦτο τύπος[18] ἐστὶν θλίψεως τῆς μελλούσης τῆς μεγάλης· ἐὰν οὖν προετοιμάσησθε[19] καὶ μετανοήσητε ἐξ ὅλης καρδίας ὑμῶν πρὸς τὸν Κύριον, δυνήσεσθε ἐκφυγεῖν[20] αὐτήν, ἐὰν ἡ καρδία ὑμῶν γένηται καθαρὰ[21] καὶ ἄμωμος,[22] καὶ τὰς λοιπὰς τῆς ζωῆς ἡμέρας ὑμῶν δουλεύσητε[23] τῷ Κυρίῳ ἀμέμπτως.[24] ἐπιρίψατε[25] τὰς μερίμνας[26] ὑμῶν ἐπὶ τὸν Κύριον,

---

[1] τηλικοῦτος, αύτη, οῦτο, so great, so large
[2] διαφθείρω aor act inf, destroy, ruin
[3] πολυσπλαγχνία, ας, ἡ, great mercy, compassion
[4] ἐκφεύγω aor act ind 1s, run away, escape
[5] ἐκφεύγω aor act ind 2s, run away, escape
[6] μέριμνα, ης, ἡ, anxiety, worry, care
[7] ἐπιρρίπτω aor act ind 2s, throw, cast upon
[8] ἔνδοξος, η, ον, glorious
[9] Θεγρί, ὁ, Thegri
[10] ἐμφράσσω aor act ind 3s, stop up, shut
[11] λυμαίνω aor act sub 3s, destroy
[12] ἐκφεύγω perf act ind 2s, run away, escape
[13] τηλικοῦτος, αύτη, οῦτο, so great, so large
[14] διψυχέω aor act ind 2s, be undecided, doubt
[15] ἐξηγέομαι aor mid impv 2s, tell, report, expound
[16] ἐκλεκτός, ή, όν, elect
[17] μεγαλεῖος, α, ον, greatness
[18] τύπος, ου, ὁ, pattern, form, type
[19] προετοιμάζω aor mid sub 2p, prepare beforehand
[20] ἐκφεύγω aor act inf, escape, run away
[21] καθαρός, ά, όν, clean, pure
[22] ἄμωμος, ον, blameless, faultless
[23] δουλεύω aor act sub 2p, serve
[24] ἀμέμπτως, adv, blameless, faultless
[25] ἐπιρρίπτω aor act impv 2p, throw, cast upon
[26] μέριμνα, ης, ἡ, anxiety, worry, care

καὶ αὐτὸς κατορθώσει¹ αὐτάς. **6** πιστεύσατε τῷ Κυρίῳ, οἱ δίψυχοι,² ὅτι πάντα δύναται καὶ ἀποστρέφει³ τὴν ὀργὴν αὐτοῦ ἀφ' ὑμῶν καὶ ἐξαποστέλλει μάστιγας⁴ ὑμῖν τοῖς διψύχοις.⁵ οὐαὶ τοῖς ἀκούσασιν τὰ ῥήματα ταῦτα καὶ παρακούσασιν·⁶ αἱρετώτερον⁷ ἦν αὐτοῖς τὸ μὴ γεννηθῆναι.

**24:1 (δ´ 3)** Ἠρώτησα αὐτὴν περὶ τῶν τεσσάρων χρωμάτων⁸ ὧν εἶχεν τὸ θηρίον εἰς τὴν κεφαλήν. ἡ δὲ ἀποκριθεῖσά μοι λέγει· Πάλιν περίεργος⁹ εἶ περὶ τοιούτων πραγμάτων.¹⁰ Ναί, φημί, κυρία·¹¹ γνώρισόν¹² μοι τί ἐστιν ταῦτα. **2** Ἄκουε, φησίν· τὸ μὲν μέλαν¹³ οὗτος ὁ κόσμος ἐστίν, ἐν ᾧ κατοικεῖτε. **3** τὸ δὲ πυροειδὲς¹⁴ καὶ αἱματῶδες,¹⁵ ὅτι δεῖ τὸν κόσμον τοῦτον δι' αἵματος καὶ πυρὸς ἀπόλλυσθαι· **4** τὸ δὲ χρυσοῦν¹⁶ μέρος ὑμεῖς ἐστὲ οἱ ἐκφυγόντες¹⁷ τὸν κόσμον τοῦτον. ὥσπερ γὰρ τὸ χρυσίον¹⁸ δοκιμάζεται¹⁹ διὰ τοῦ πυρὸς καὶ εὔχρηστον²⁰ γίνεται, οὕτως καὶ ὑμεῖς δοκιμάζεσθε²¹ οἱ κατοικοῦντες ἐν αὐτοῖς. οἱ οὖν μείναντες καὶ πυρωθέντες²² ὑπ'

---

¹ κατορθόω fut act ind 3s, straight, complete
² δίψυχος, ον, doubting, double-minded
³ ἀποστρέφω pres act ind 3s, turn away
⁴ μάστιξ, γος, ἡ, torment, suffering
⁵ δίψυχος, ον, doubting, double-minded
⁶ παρακούω aor act ptcp m.p.dat., ignore, refuse to listen
⁷ αἱρετός, ή, όν, desirable
⁸ χρῶμα, ματος, τό, color
⁹ περίεργος, ον, curious, meddlesome
¹⁰ πρᾶγμα, ματος, τό, deed, matter, thing
¹¹ κυρία, ας, ἡ, lady
¹² γνωρίζω aor act impv 2s, make known, reveal
¹³ μέλας, αινα, αν, black
¹⁴ πυροειδής, ές, color of fire, red as fire
¹⁵ αἱματώδης, ες, blood-red
¹⁶ χρυσοῦς, ῆ, οῦν, gold
¹⁷ ἐκφεύγω aor act ptcp m.p.nom., run away, escape
¹⁸ χρυσίον, ου, τό, gold
¹⁹ δοκιμάζω pres mid/pass ind 3s, put to the test
²⁰ εὔχρηστος, η, ον, useful, serviceable
²¹ δοκιμάζω pres mid/pass ind 2p, put to the test
²² πυρόω aor pass ptcp m.p.nom., burn

ΠΟΙΜΗΝ—Ὁράσεις

αὐτοῦ καθαρισθήσεσθε.¹ ὥσπερ τὸ χρυσίον ἀποβάλλει² τὴν σκωρίαν³ αὐτοῦ, οὕτω καὶ ὑμεῖς ἀποβαλεῖτε⁴ πᾶσαν λύπην⁵ καὶ στενοχωρίαν,⁶ καὶ καθαρισθήσεσθε καὶ χρήσιμοι ἔσεσθε εἰς τὴν οἰκοδομὴν⁷ τοῦ πύργου.⁸ **5** τὸ δὲ λευκὸν⁹ μέρος ὁ αἰὼν ὁ ἐπερχόμενος¹⁰ ἐστιν, ἐν ᾧ κατοικήσουσιν οἱ ἐκλεκτοὶ¹¹ τοῦ Θεοῦ· ὅτι ἄσπιλοι¹² καὶ καθαροὶ¹³ ἔσονται οἱ ἐκλελεγμένοι¹⁴ ὑπὸ τοῦ Θεοῦ εἰς ζωὴν αἰώνιον. **6** σὺ οὖν μὴ διαλίπῃς¹⁵ λαλῶν εἰς τὰ ὦτα τῶν ἁγίων. ἔχετε καὶ τὸν τύπον¹⁶ τῆς θλίψεως τῆς ἐρχομένης μεγάλης. ἐὰν δὲ ὑμεῖς θελήσητε, οὐδὲν ἔσται. μνημονεύετε¹⁷ τὰ προγεγραμμένα.¹⁸ **7** ταῦτα εἴπασα ἀπῆλθεν, καὶ οὐκ εἶδον ποίῳ τόπῳ ἀπῆλθεν· ψόφος¹⁹ γὰρ ἐγένετο· κἀγὼ ἐπεστράφην εἰς τὰ ὀπίσω φοβηθείς, δοκῶν ὅτι τὸ θηρίον ἔρχεται.

## Ἀποκάλυψις

**25:1 (ε΄ 1)** Προσευξαμένου μου ἐν τῷ οἴκῳ καὶ καθίσαντος εἰς τὴν κλίνην²⁰ εἰσῆλθεν ἀνήρ τις ἔνδοξος²¹ τῇ ὄψει,²² σχήματι²³

---

[1] χρυσίον, ου, τό, gold
[2] ἀποβάλλω pres act ind 3s, take off, remove
[3] σκωρία, ας, ἡ, dross, slag
[4] ἀποβάλλω fut act ind 2p, take off, remove
[5] λύπη, ης, ἡ, grief, sorrow
[6] στενοχωρία, ας, ἡ, distress, difficulty
[7] οἰκοδομή, ῆς, ἡ, building, construction
[8] πύργος, ου, ὁ, tower
[9] λευκός, ή, όν, white
[10] ἐπέρχομαι pres mid/pass ptcp m.s.nom., happen, come about
[11] ἐκλεκτός, ή, όν, elect
[12] ἄσπιλος, ον, spotless, pure
[13] καθαρός, ά, όν, clean, pure
[14] ἐκλέγομαι perf mid/pass ptcp m.p.nom., chosen
[15] διαλείπω aor act sub 2s, stop, cease
[16] τύπος, ου, ὁ, type, pattern, model
[17] μνημονεύω pres act impv 2p, remember
[18] προγράφω perf mid/pass ptcp n.p.acc., write beforehand
[19] ψόφος, ου, ὁ, noise, sound
[20] κλίνη, ης, ἡ, bed
[21] ἔνδοξος, η, ον, glorious
[22] ὄψις, εως, ἡ, appearance
[23] σχῆμα, ματος, τό, appearance

ποιμενικῷ,[1] περικείμενος[2] δέρμα[3] λευκόν,[4] καὶ πήραν[5] ἔχων ἐπὶ τὸν ὦμον[6] καὶ ῥάβδον[7] εἰς τὴν χεῖρα. καὶ ἠσπάσατό με, κἀγὼ ἀντησπασάμην[8] αὐτόν. **2** καὶ εὐθὺς παρεκάθισέν[9] μοι καὶ λέγει μοι· Ἀπεστάλην ἀπὸ τοῦ σεμνοτάτου[10] ἀγγέλου, ἵνα μετὰ σοῦ οἰκήσω[11] τὰς λοιπὰς ἡμέρας τῆς ζωῆς σου. **3** ἔδοξα ἐγὼ ὅτι πάρεστιν[12] ἐκπειράζων[13] με, καὶ λέγω αὐτῷ· Σὺ γὰρ τίς εἶ; ἐγὼ γάρ, φημί, γινώσκω ᾧ παρεδόθην. λέγει μοι· οὐκ ἐπιγινώσκεις με; Οὔ, φημί. Ἐγώ, φησίν, εἰμὶ ὁ ποιμὴν[14] ᾧ παρεδόθης. **4** ἔτι λαλοῦντος αὐτοῦ ἠλλοιώθη[15] ἡ ἰδέα[16] αὐτοῦ, καὶ ἐπέγνων αὐτόν, ὅτι ἐκεῖνος ἦν ᾧ παρεδόθην, καὶ εὐθὺς συνεχύθην,[17] καὶ φόβος με ἔλαβεν, καὶ ὅλος συνεκόπην[18] ἀπὸ τῆς λύπης,[19] ὅτι οὕτως αὐτῷ ἀπεκρίθην πονηρῶς[20] καὶ ἀφρόνως.[21] **5** ὁ δὲ ἀποκριθείς μοι λέγει· Μὴ συγχύννου,[22] ἀλλὰ ἰσχυροποιοῦ[23] ἐν ταῖς ἐντολαῖς μου, αἷς σοι μέλλω ἐντέλλεσθαι.[24] ἀπεστάλην γάρ, φησίν, ἵνα ἃ εἶδες πρότερον[25] πάντα σοι πάλιν δείξω, αὐτὰ τὰ κεφάλαια[26] τὰ ὄντα ὑμῖν σύμφορα.[27] πρῶτον πάντων τὰς ἐντολάς μου γράψον καὶ τὰς

---

[1] ποιμενικός, ή, όν, pertaining to a shepherd
[2] περίκειμαι pres mid/pass ptcp m.s.nom., wrapped around
[3] δέρμα, ματος, τό, skin
[4] λευκός, ή, όν, white
[5] πήρα, ας, ἡ, knapsack, traveler's bag
[6] ὦμος, ου, ὁ, shoulder
[7] ῥάβδος, ου, ἡ, staff
[8] ἀντασπάζομαι aor mid ind 1s, greet in return
[9] παρακαθίζω aor act ind 3s, sit down beside
[10] σεμνός, ή, όν, most holy
[11] οἰκέω aor act sub 1s, live, dwell
[12] πάρειμι pres act ind 3s, be present, to have come
[13] ἐκπειράζω pres act ptcp m.s.nom., tempt
[14] ποιμήν, ένος, ὁ, shepherd
[15] ἀλλοιόω aor pass ind 3s, change
[16] ἰδέα, ας, ἡ, appearance, form
[17] συγχέω aor pass ind 1s, confused
[18] συγκόπτω aor pass ind 1s, be overcome
[19] λύπη, ης, ἡ, sorrow, grief, pain
[20] πονηρῶς, adv, wickedly
[21] ἀφρόνως, adv, foolishly
[22] συγχύνω pres mid/pass impv 2s, confuse
[23] ἰσχυροποιέω pres mid/pass impv 2s, make strong
[24] ἐντέλλω pres mid/pass inf, command, order
[25] πρότερος, α, ον, adv, formerly, before
[26] κεφάλαιον, ου, τό, main point, main thing
[27] σύμφορος, ον, beneficial, advantageous

ΠΟΙΜΗΝ—Ὁράσεις

παραβολάς· τὰ δὲ ἕτερα καθώς σοι δείξω οὕτως γράψεις· διὰ τοῦτο, φησίν, ἐντέλλομαί[1] σοι πρῶτον γράψαι τὰς ἐντολὰς καὶ παραβολάς, ἵνα ὑπὸ χεῖρα ἀναγινώσκῃς αὐτὰς καὶ δυνηθῇς φυλάξαι αὐτάς. **6** ἔγραψα οὖν τὰς ἐντολὰς καὶ παραβολάς, καθὼς ἐνετείλατό[2] μοι. **7** ἐὰν οὖν ἀκούσαντες αὐτὰς φυλάξητε καὶ ἐν αὐταῖς πορευθῆτε καὶ ἐργάσησθε αὐτὰς ἐν καθαρᾷ[3] καρδίᾳ, ἀπολήμψεσθε[4] ἀπὸ τοῦ Κυρίου ὅσα ἐπηγγείλατο[5] ὑμῖν· ἐὰν δὲ ἀκούσαντες μὴ μετανοήσητε, ἀλλ' ἔτι προσθῆτε[6] ταῖς ἁμαρτίαις ὑμῶν, ἀπολήμψεσθε[7] παρὰ τοῦ Κυρίου τὰ ἐναντία.[8] ταῦτά μοι πάντα οὕτως γράψαι ὁ ποιμὴν ἐνετείλατο, ὁ ἄγγελος τῆς μετανοίας.[9]

## Ἐντολαί

**26:1 (ά 1)** Πρῶτον πάντων πίστευσον ὅτι εἷς ἐστὶν ὁ Θεός, ὁ τὰ πάντα κτίσας[10] καὶ καταρτίσας,[11] καὶ ποιήσας ἐκ τοῦ μὴ ὄντος εἰς τὸ εἶναι τὰ πάντα, καὶ πάντα χωρῶν,[12] μόνος δὲ ἀχώρητος.[13] **13** πίστευσον οὖν αὐτῷ καὶ φοβήθητι αὐτόν, φοβηθεὶς δὲ ἐνκράτευσαι.[14] ταῦτα φύλασσε καὶ ἀποβαλεῖς[15] πᾶσαν πονηρίαν[16]

---

[1] ἐντέλλω pres mid/pass ind 1s, command, order
[2] ἐντέλλω aor mid ind 3s, command, order
[3] καθαρός, ά, όν, pure, clean
[4] ἀπολαμβάνω fut mid ind 2p, receive
[5] ἐπαγγέλλω aor mid ind 3s, promise, announce
[6] προστίθημι aor act sub 2p, add
[7] ἀπολαμβάνω fut mid ind 2p, receive
[8] ἐναντίος, α, ον, opposite
[9] μετάνοια, ας, ἡ, repentance
[10] κτίζω aor act ptcp m.s.nom., create
[11] καταρτίζω aor act ptcp m.s.nom., put in order, prepare
[12] χωρέω pres act ptcp m.s.nom., go forward, hold, contain
[13] ἀχώρητος, ον, ὤν, uncontained, incomprehensible, infinite, unlimited
[14] ἐγκρατεύομαι aor mid impv 2s, control onself, self-control
[15] ἀποβάλλω fut act ind 2s, throw away, cast off
[16] πονηρία, ας, ἡ, wickedness, evil

## ΠΟΙΜΗΝ—Ἐντολαί

ἀπὸ σεαυτοῦ καὶ ἐνδύσῃ¹ πᾶσαν ἀρετὴν² δικαιοσύνης καὶ ζήσῃ τῷ Θεῷ, ἐὰν φυλάξῃς τὴν ἐντολὴν ταύτην.

**27:1 (β´ 1)** Λέγει μοι· Ἁπλότητα³ ἔχε καὶ ἄκακος⁴ γίνου καὶ ἔσῃ ὡς τὰ νήπια⁵ τὰ μὴ γινώσκοντα τὴν πονηρίαν⁶ τὴν ἀπολλύουσαν τὴν ζωὴν τῶν ἀνθρώπων. **2** πρῶτον μὲν μηδενὸς καταλάλει,⁷ μηδὲ ἡδέως⁸ ἄκουε καταλαλοῦντος·⁹ εἰ δὲ μή, καὶ σὺ ὁ ἀκούων ἔνοχος¹⁰ ἔσῃ τῆς ἁμαρτίας τοῦ καταλαλοῦντος,¹¹ ἐὰν πιστεύσῃς τῇ καταλαλιᾷ¹² ᾗ ἂν ἀκούσῃς· πιστεύσας γὰρ καὶ σὺ αὐτὸς ἕξεις κατὰ τοῦ ἀδελφοῦ σου. οὕτως οὖν ἔνοχος¹³ ἔσῃ τῆς ἁμαρτίας τοῦ καταλαλοῦντος.¹⁴ **3** πονηρὰ ἡ καταλαλία·¹⁵ ἀκατάστατον¹⁶ δαιμόνιόν ἐστιν, μηδέποτε¹⁷ εἰρηνεῦον,¹⁸ ἀλλὰ πάντοτε ἐν διχοστασίαις¹⁹ κατοικοῦν. ἀπέχου²⁰ οὖν ἀπ' αὐτοῦ, καὶ εὐθηνίαν²¹ πάντοτε ἕξεις μετὰ πάντων. **4** ἔνδυσαι²² δὲ τὴν σεμνότητα,²³ ἐν ᾗ οὐδὲν πρόσκομμά²⁴ ἐστιν πονηρόν, ἀλλὰ πάντα ὁμαλὰ²⁵ καὶ ἱλαρά.²⁶

---

¹ ἐνδύω fut mid ind 2s, put on, clothe
² ἀρετή, ῆς, ἡ, virtue
³ ἁπλότης, ητος, ἡ, sincerity, simplicity
⁴ ἄκακος, ον, innocent
⁵ νήπιος, α, ον, infant, child
⁶ πονηρία, ας, ἡ, wickedness, evil
⁷ καταλαλέω pres act impv 2s, speak evil
⁸ ἡδέως, adv, gladly
⁹ καταλαλέω pres act ptcp m.s.gen., speak evil
¹⁰ ἔνοχος, ον, liable, guilty
¹¹ καταλαλέω pres act ptcp m.s.gen., speak evil
¹² καταλαλιά, ᾶς, ἡ, evil speech, slander
¹³ ἔνοχος, ον, liable, guilty
¹⁴ καταλαλέω pres act ptcp m.s.gen., speak evil
¹⁵ καταλαλιά, ᾶς, ἡ, evil speech, slander
¹⁶ ἀκατάστατος, η, ον, unstable, restless
¹⁷ μηδέποτε, adv, never
¹⁸ εἰρηνεύω pres act ptcp n.s.nom., be at peace
¹⁹ διχοστασία, ας, ἡ, dissension
²⁰ ἀπέχω pres mid/pass impv 2s, refrain from, keep away
²¹ εὐθηνία, ας, ἡ, prosperity, rapport, well-being
²² ἐνδύω aor mid impv 2s, put on, clothe
²³ σεμνότης, τητος, ἡ, holiness, dignity
²⁴ πρόσκομμα, ματος, τό, cause for offense
²⁵ ὁμαλός, ή, όν, smooth, level
²⁶ ἱλαρός, ά, όν, cheerful, happy

ἐργάζου τὸ ἀγαθόν, καὶ ἐκ τῶν κόπων[1] σου, ὧν ὁ Θεὸς δίδωσίν σοι, πᾶσιν ὑστερουμένοις[2] δίδου ἁπλῶς,[3] μὴ διστάζων[4] τίνι δῷς ἢ τίνι μὴ δῷς. πᾶσιν δίδου· πᾶσιν γὰρ ὁ Θεὸς δίδοσθαι θέλει ἐκ τῶν ἰδίων δωρημάτων.[5] **5** οἱ οὖν λαμβάνοντες ἀποδώσουσιν λόγον τῷ Θεῷ, διατί[6] ἔλαβον καὶ εἰς τί· οἱ μὲν γὰρ λαμβάνοντες θλιβόμενοι[7] οὐ δικασθήσονται,[8] οἱ δὲ ἐν ὑποκρίσει[9] λαμβάνοντες τίσουσιν[10] δίκην.[11] **6** ὁ οὖν διδοὺς ἀθῷός[12] ἐστιν· ὡς γὰρ ἔλαβεν παρὰ τοῦ Κυρίου τὴν διακονίαν τελέσαι,[13] ἁπλῶς[14] αὐτὴν ἐτέλεσεν,[15] μηθὲν[16] διακρίνων[17] τίνι δῷ ἢ μὴ δῷ. ἐγένετο οὖν ἡ διακονία αὕτη ἁπλῶς[18] τελεσθεῖσα[19] ἔνδοξος[20] παρὰ τῷ Θεῷ. ὁ οὖν οὕτως ἁπλῶς[21] διακονῶν τῷ Θεῷ ζήσεται. **7** φύλασσε οὖν τὴν ἐντολὴν ταύτην, ὥς σοι λελάληκα, ἵνα ἡ μετάνοιά[22] σου καὶ τοῦ οἴκου σου ἐν ἁπλότητι[23] εὑρεθῇ, καὶ ἡ καρδία σου καθαρὰ[24] καὶ ἀμίαντος.[25]

**28:1 (γ´ 1)** Πάλιν μοι λέγει· Ἀλήθειαν ἀγάπα, καὶ πᾶσα ἀλήθεια ἐκ τοῦ στόματός σου ἐκπορευέσθω, ἵνα τὸ πνεῦμα, ὃ ὁ Θεὸς κατῴκισεν ἐν τῇ σαρκὶ ταύτῃ, ἀληθὲς[26] εὑρεθῇ παρὰ πᾶσιν

---

[1] κόπος, ου, ὁ, work, labor
[2] ὑστερέω pres mid/pass ptcp m.p.dat., lack
[3] ἁπλῶς, adv, sincerely, openly
[4] διστάζω pres act ptcp m.s.nom., doubt, waver, hesitate
[5] δώρημα, ματος, τό, gift, present
[6] διατί, conj, why
[7] θλίβω pres mid/pass ptcp m.p.nom., press upon, oppress, afflict
[8] δικάζω fut pass ind 3p, judge, condemn
[9] ὑπόκρισις, εως, ἡ, hypocrisy, false pretense
[10] τίνω fut act ind 3p, pay a penalty
[11] δίκη, ης, ἡ, penalty, punishment
[12] ἀθῷος, ον, innocent
[13] τελέω aor act inf, complete, perform, fulfill
[14] ἁπλῶς, adv, sincerely, openly
[15] τελέω aor act ind 3s, complete, perform, fulfill
[16] μηδείς, μηδεμία, μηδέν, not
[17] διακρίνω pres act ptcp m.s.nom., evaluate, doubt, waver
[18] ἁπλῶς, adv, sincerely, openly
[19] τελέω aor pass ptcp f.s.nom., complete, perform, fulfill
[20] ἔνδοξος, η, ον, glorious
[21] ἁπλῶς, adv, sincerely, openly
[22] μετάνοια, ας, ἡ, repentance
[23] ἁπλότης, ητος, ἡ, sincerity, simplicity
[24] καθαρός, ά, όν, pure, clean
[25] ἀμίαντος, ον, undefiled, pure
[26] ἀληθής, ές, truthful, true

## ΠΟΙΜΗΝ—Ἐντολαί

ἀνθρώποις, καὶ οὕτως δοξασθήσεται ὁ Κύριος ὁ ἐν σοὶ κατοικῶν· ὅτι ὁ Κύριος ἀληθινός[1] ἐν παντὶ ῥήματι, καὶ οὐδὲν παρ' αὐτῷ ψεῦδος.[2] **2** οἱ οὖν ψευδόμενοι[3] ἀθετοῦσι[4] τὸν Κύριον καὶ γίνονται ἀποστερηταὶ[5] τοῦ Κυρίου, μὴ παραδιδόντες αὐτῷ τὴν παρακαταθήκην[6] ἣν ἔλαβον. ἔλαβον γὰρ παρ' αὐτοῦ πνεῦμα ἄψευστον.[7] τοῦτο ἐὰν ψευδὲς[8] ἀποδώσωσιν, ἐμίαναν[9] τὴν ἐντολὴν τοῦ Κυρίου καὶ ἐγένοντο ἀποστερηταί.[10] **3** ταῦτα οὖν ἀκούσας ἐγὼ ἔκλαυσα λίαν.[11] ἰδὼν δέ με κλαίοντα λέγει· Τί κλαίεις; Ὅτι, φημί, κύριε, οὐκ οἶδα εἰ δύναμαι σωθῆναι. Διατί;[12] φησίν. Οὐδέπω[13] γάρ, φημί, κύριε, ἐν τῇ ἐμῇ ζωῇ ἀληθὲς[14] ἐλάλησα ῥῆμα, ἀλλὰ πάντοτε πανοῦργος[15] ἔζησα μετὰ πάντων, καὶ τὸ ψεῦδός[16] μου ἀληθὲς[17] ἐπέδειξα[18] παρὰ πᾶσιν ἀνθρώποις· καὶ οὐδέποτέ[19] μοι οὐδεὶς ἀντεῖπεν,[20] ἀλλ' ἐπιστεύθη τῷ λόγῳ μου. πῶς οὖν, φημί, κύριε, δύναμαι ζῆσαι ταῦτα πράξας; **4** Σὺ μέν, φησί, καλῶς καὶ ἀληθῶς[21] φρονεῖς·[22] ἔδει γάρ σε ὡς Θεοῦ δοῦλον ἐν ἀληθείᾳ πορεύεσθαι καὶ πονηρὰν συνείδησιν μετὰ τοῦ πνεύματος τῆς ἀληθείας μὴ κατοικεῖν, μηδὲ λύπην[23] ἐπάγειν[24] τῷ πνεύματι τῷ σεμνῷ[25] καὶ ἀληθεῖ.[26] Οὐδέποτε,[27] φημί, κύριε, τοιαῦτα ῥήματα ἀκριβῶς[28]

---

[1] ἀληθινός, ή, όν, truthful, true
[2] ψεῦδος, ους, τό, false
[3] ψεύδομαι pres mid/pass ptcp m.p.nom., lie
[4] ἀθετέω pres act ind 3p, reject, ignore
[5] ἀποστερητής, οῦ, ὁ, defrauder, cheat
[6] παρακαταθήκη, ης, ἡ, deposit
[7] ἄψευστος, ον, free from lies, truthful
[8] ψευδής, ές, false lying
[9] μιαίνω aor act ind 3p, stain, defile
[10] ἀποστερητής, οῦ, ὁ, defrauder, cheat
[11] λίαν, adv, very much, exceedingly
[12] διατί, conj, why
[13] οὐδέπω, adv, not yet, still not
[14] ἀληθής, ές, truthful, true
[15] πανοῦργος, ον, crafty, sly
[16] ψεῦδος, ους, τό, lie
[17] ἀληθής, ές, truthful true
[18] ἐπιδείκνυμι aor act ind 1s, show, demonstrate
[19] οὐδέποτε, adv, never
[20] ἀντιλέγω aor act ind 3s, speak against, contradict
[21] ἀληθῶς, adv, truly
[22] φρονέω pres act ind 2s, think
[23] λύπη, ης, ἡ, pain grief, sorrow
[24] ἐπάγω pres act inf, to bring on
[25] σεμνός, ή, όν, holy, godly
[26] ἀληθής, ές, truthful, true
[27] οὐδέποτε, adv, never
[28] ἀκριβῶς, adv, accurately, carefully

ἤκουσα. **5** Νῦν οὖν, φησίν, ἀκούεις· φύλασσε αὐτά, ἵνα καὶ τὰ πρότερα¹ ἃ ἐλάλησας ψευδῆ² ἐν ταῖς πραγματείαις³ σου, τούτων εὑρεθέντων ἀληθινῶν,⁴ κἀκεῖνα πιστὰ γένηται· δύναται γὰρ κἀκεῖνα πιστὰ γενέσθαι. ἐὰν ταῦτα φυλάξῃς καὶ ἀπὸ τοῦ νῦν πᾶσαν ἀλήθειαν λαλήσῃς, δυνήσῃ σεαυτῷ ζωὴν περιποιήσασθαι.⁵ καὶ ὃς ἂν ἀκούσῃ τὴν ἐντολὴν ταύτην καὶ ἀπέχηται⁶ τοῦ πονηροτάτου ψεύσματος,⁷ ζήσεται τῷ Θεῷ.

**29:1 (δ´ 1)** Ἐντέλλομαί⁸ σοι, φησίν, φυλάσσειν τὴν ἁγνείαν,⁹ καὶ μὴ ἀναβαινέτω σου ἐπὶ τὴν καρδίαν περὶ γυναικὸς ἀλλοτρίας¹⁰ ἢ περὶ πορνείας¹¹ τινὸς ἢ περὶ τοιούτων τινῶν ὁμοιωμάτων¹² πονηρῶν. τοῦτο γὰρ ποιῶν μεγάλην ἁμαρτίαν ἐργάζῃ. τῆς δὲ σῆς¹³ μνημονεύων¹⁴ πάντοτε γυναικὸς οὐδέποτε¹⁵ διαμαρτήσεις.¹⁶ **2** ἐὰν γὰρ αὕτη ἡ ἐνθύμησις¹⁷ ἐπὶ τὴν καρδίαν σου ἀναβῇ, διαμαρτήσεις,¹⁸ καὶ ἐὰν ἕτερα οὕτως πονηρά, ἁμαρτίαν ἐργάζῃ. ἡ γὰρ ἐνθύμησις¹⁹ αὕτη Θεοῦ δούλῳ ἁμαρτία μεγάλη ἐστίν· ἐὰν δέ τις ἐργάσηται τὸ ἔργον τὸ πονηρὸν τοῦτο, θάνατον ἑαυτῷ

---

¹ πρότερος, α, ον, earlier, former
² ψευδής, ές, lie
³ πραγματεία, ας, ἡ, activity, occupation
⁴ ἀληθινός, ή, όν, true
⁵ περιποιέω aor mid inf, obtain, acquire
⁶ ἀπέχω pres mid/pass sub 3s, abstain, keep away
⁷ ψεῦσμα, ματος, τό, lying, untruthfulness
⁸ ἐντέλλω pres mid/pass ind 1s, command, order
⁹ ἁγνεία, ας, ἡ, purity, chastity
¹⁰ ἀλλότριος, α, ον, another, not one's own
¹¹ πορνεία, ας, ἡ, fornication, sexual immorality
¹² ὁμοίωμα, ματος, τό, likeness, similar
¹³ σός, ή, όν, your, yours
¹⁴ μνημονεύω pres act ptcp m.s.nom., call to mind, remember, think of
¹⁵ οὐδέποτε, adv, never
¹⁶ διαμαρτάνω fut act ind 2s, miss the mark badly, be quite wrong
¹⁷ ἐνθύμησις, εως, ἡ, thought, idea, reflection
¹⁸ διαμαρτάνω fut act ind 2s, miss the mark badly, be quite wrong
¹⁹ ἐνθύμησις, εως, ἡ, thought, idea, reflection

κατεργάζεται.¹ **3** βλέπε οὖν σύ· ἀπέχου² ἀπὸ τῆς ἐνθυμήσεως³ ταύτης· ὅπου γὰρ σεμνότης⁴ κατοικεῖ, ἐκεῖ ἀνομία⁵ οὐκ ὀφείλει ἀναβαίνειν ἐπὶ καρδίαν ἀνδρὸς δικαίου. **4** λέγω αὐτῷ· Κύριε, ἐπίτρεψόν⁶ μοι ὀλίγα ἐπερωτῆσαί σε. Λέγε, φησίν. Κύριε, φημί, εἰ γυναῖκα ἔχων τις πιστὴν ἐν Κυρίῳ καὶ ταύτην εὕρῃ ἐν μοιχείᾳ⁷ τινί, ἆρα⁸ ἁμαρτάνει ὁ ἀνὴρ συνζῶν⁹ μετ' αὐτῆς; **5** Ἄχρι τῆς ἀγνοίας,¹⁰ φησίν, οὐχ ἁμαρτάνει· ἐὰν δὲ γνῷ ὁ ἀνὴρ τὴν ἁμαρτίαν αὐτῆς, καὶ μὴ μετανοήσῃ ἡ γυνή, ἀλλ' ἐπιμένῃ¹¹ τῇ πορνείᾳ¹² αὐτῆς, καὶ συνζῇ¹³ ὁ ἀνὴρ μετ' αὐτῆς, ἔνοχος¹⁴ γίνεται τῆς ἁμαρτίας αὐτῆς καὶ κοινωνὸς¹⁵ τῆς μοιχείας¹⁶ αὐτῆς. **6** Τί οὖν, φημί, κύριε, ποιήσῃ ὁ ἀνήρ, ἐὰν ἐπιμείνῃ¹⁷ τῷ πάθει¹⁸ τούτῳ ἡ γυνή; Ἀπολυσάτω, φησίν, αὐτήν, καὶ ὁ ἀνὴρ ἐφ' ἑαυτῷ μενέτω· ἐὰν δὲ ἀπολύσας τὴν γυναῖκα ἑτέραν γαμήσῃ,¹⁹ καὶ αὐτὸς μοιχᾶται.²⁰ **7** Ἐὰν οὖν, φημί, κύριε, μετὰ τὸ ἀπολυθῆναι τὴν γυναῖκα μετανοήσῃ ἡ γυνὴ καὶ θελήσῃ ἐπὶ τὸν ἑαυτῆς ἄνδρα ὑποστρέψαι, οὐ παραδεχθήσεται;²¹ **8** Καὶ μήν,²² φησίν, ἐὰν μὴ παραδέξηται²³ αὐτὴν ὁ ἀνήρ, ἁμαρτάνει καὶ

---

[1] κατεργάζομαι pres mid/pass ind 3s, bring about, produce
[2] ἀπέχω pres mid/pass impv 2s, keep away, abstain
[3] ἐνθύμησις, εως, ἡ, thought, idea, reflection
[4] σεμνότης, τητος, ἡ, holiness
[5] ἀνομία, ας, ἡ, lawlessness
[6] ἐπιτρέπω aor act impv 2s, allow, permit
[7] μοιχεία, ας, ἡ, adultery
[8] ἆρα, conj, so, then
[9] συζάω pres act ptcp m.s.nom., live with her
[10] ἄγνοια, ας, ἡ, ingorance, unawareness
[11] ἐπιμένω pres act sub 3s, stay, remain, persist
[12] πορνεία, ας, ἡ, sexual immorality
[13] συζάω pres act ind 3s, live with
[14] ἔνοχος, ον, liable, guilty
[15] κοινωνός, οῦ, ὁ, companion, partner, sharer
[16] μοιχεία, ας, ἡ, adultery
[17] ἐπιμένω aor act sub 3s, stay, remain, persist
[18] πάθος, ους, τό, passion
[19] γαμέω aor act sub 3s, marry
[20] μοιχάω pres mid/pass ind 3s, commit adultery
[21] παραδέχομαι fut pass ind 3s, accept, receive
[22] μήν, conj, indeed
[23] παραδέχομαι aor mid sub 3s, accept, receive

μεγάλην ἁμαρτίαν ἑαυτῷ ἐπισπᾶται,[1] ἀλλὰ δεῖ παραδεχθῆναι[2] τὸν ἡμαρτηκότα καὶ μετανοοῦντα· μὴ ἐπὶ πολὺ δέ· τοῖς γὰρ δούλοις τοῦ Θεοῦ μετάνοιά[3] ἐστιν μία. διὰ τὴν μετάνοιαν[4] οὖν οὐκ ὀφείλει γαμεῖν[5] ὁ ἀνήρ. αὕτη ἡ πρᾶξις[6] ἐπὶ γυναικὶ καὶ ἀνδρὶ κεῖται.[7] **9** οὐ μόνον, φησί, μοιχεία[8] ἐστίν, ἐάν τις τὴν σάρκα αὐτοῦ μιάνῃ,[9] ἀλλὰ καὶ ὃς ἂν τὰ ὁμοιώματα[10] ποιῇ τοῖς ἔθνεσιν, μοιχᾶται.[11] ὥστε καὶ ἐν τοῖς τοιούτοις ἔργοις ἐὰν ἐμμένῃ[12] τις καὶ μὴ μετανοῇ, ἀπέχου[13] ἀπ' αὐτοῦ καὶ μὴ συνζῆθι[14] αὐτῷ· εἰ δὲ μή, καὶ σὺ μέτοχος.[15] εἶ τῆς ἁμαρτίας αὐτοῦ. **10** διὰ τοῦτο προσετάγη[16] ὑμῖν ἐφ' ἑαυτοῖς μένειν, εἴτε ἀνὴρ εἴτε γυνή· δύναται γὰρ ἐν τοῖς τοιούτοις μετάνοια[17] εἶναι. **11** ἐγὼ οὖν, φησίν, οὐ δίδωμι ἀφορμὴν[18] ἵνα αὕτη ἡ πρᾶξις[19] οὕτως συντελῆται,[20] ἀλλὰ εἰς τὸ μηκέτι[21] ἁμαρτάνειν τὸν ἡμαρτηκότα. περὶ δὲ τῆς προτέρας[22] ἁμαρτίας αὐτοῦ ἔστιν ὁ δυνάμενος ἴασιν[23] δοῦναι· αὐτὸς γάρ ἐστιν ὁ ἔχων πάντων τὴν ἐξουσίαν.

**30:1 (δ´ 2)** Ἠρώτησα αὐτὸν πάλιν λέγων· Ἐπεὶ[24] ὁ Κύριος ἄξιόν με ἡγήσατο[25] ἵνα μετ' ἐμοῦ πάντοτε κατοικῇς, ὀλίγα μου ῥήματα

---

[1] ἐπισπάομαι pres mid/pass ind 3s, bring on
[2] παραδέχομαι aor pass inf, accept, receive
[3] μετάνοια, ας, ἡ, repentance
[4] μετάνοια, ας, ἡ, repentance
[5] γαμέω pres act inf, marry
[6] πρᾶξις, εως, ἡ, action
[7] κεῖμαι pres mid/pass ind 3s, be given, exist, be valid
[8] μοιχεία, ας, ἡ, adultery
[9] μιαίνω aor act sub 3s, stain, defile
[10] ὁμοίωμα, ματος, τό, likeness, image, form
[11] μοιχάω pres mid/pass ind 3s, commit adultery
[12] ἐμμένω pres act sub 3s, stay, remain, persist in
[13] ἀπέχω pres mid/pass impv 2s, keep away, abstain
[14] συζάω pres act impv 2s, live with
[15] μέτοχος, ον, partner, companion
[16] προστάσσω aor pass ind 3s, command, order
[17] μετάνοια, ας, ἡ, repentance
[18] ἀφορμή, ῆς, ἡ, occasion, opportunity
[19] πρᾶξις, εως, ἡ, activity
[20] συντελέω pres mid/pass sub 3s, bring to an end, finish
[21] μηκέτι, adv, no longer
[22] πρότερος, α, ον, earlier, former
[23] ἴασις, εως, ἡ, healing, cure
[24] ἐπεί, conj, since, then
[25] ἡγέομαι aor mid ind 3s, think, consider

ΠΟΙΜΗΝ—Ἐντολαί

ἔτι ἀνάσχου,¹ ἐπεὶ² οὐ συνίω³ οὐδέν, καὶ ἡ καρδία μου πεπώρωται⁴ ἀπὸ τῶν προτέρων⁵ μου πράξεων·⁶ συνέτισόν⁷ με, ὅτι λίαν⁸ ἄφρων⁹ εἰμὶ καὶ ὅλως¹⁰ οὐθὲν¹¹ νοῶ.¹² **2** ἀποκριθείς μοι λέγει· Ἐγώ, φησίν, ἐπὶ τῆς μετανοίας¹³ εἰμὶ καὶ πᾶσιν τοῖς μετανοοῦσιν σύνεσιν¹⁴ δίδωμι. ἢ οὐ δοκεῖ σοι, φησίν, αὐτὸ τοῦτο τὸ μετανοῆσαι σύνεσιν¹⁵ εἶναι; τὸ μετανοῆσαι, φησί, σύνεσίς¹⁶ ἐστιν μεγάλη. συνίει¹⁷ γὰρ ὁ ἀνὴρ ὁ ἁμαρτήσας ὅτι πεποίηκεν τὸ πονηρὸν ἔμπροσθεν τοῦ Κυρίου, καὶ ἀναβαίνει ἐπὶ τὴν καρδίαν αὐτοῦ ἡ πρᾶξις¹⁸ ἣν ἔπραξεν, καὶ μετανοεῖ καὶ οὐκέτι ἐργάζεται τὸ πονηρόν, ἀλλὰ τὸ ἀγαθὸν πολυτελῶς¹⁹ ἐργάζεται, καὶ ταπεινοῖ²⁰ τὴν ἑαυτοῦ ψυχὴν καὶ βασανίζει,²¹ ὅτι ἥμαρτεν. βλέπεις οὖν ὅτι ἡ μετάνοια²² σύνεσίς²³ ἐστιν μεγάλη. **3** Διὰ τοῦτο οὖν, φημί, κύριε, ἐξακριβάζομαι²⁴ παρὰ σοῦ πάντα· πρῶτον μὲν ὅτι ἁμαρτωλός εἰμι, εἶτα²⁵ ἀγνοῶ²⁶ ποῖα ἔργα ἐργαζόμενος ζήσομαι, ὅτι πολλαί μοῦ εἰσιν αἱ ἁμαρτίαι καὶ ποικίλαι.²⁷ **4** Ζήσῃ, φησίν, ἐὰν τὰς ἐντολάς μου φυλάξῃς καὶ πορευθῇς ἐν αὐταῖς· καὶ ὃς ἂν ἀκούσας τὰς ἐντολὰς ταύτας φυλάξῃ, ζήσεται τῷ Θεῷ.

---

[1] ἀνέχω aor mid impv 2s, endure, bear with, put up with
[2] ἐπεί, conj, since, then
[3] συνίημι pres act ind 1s, understand, comprehend
[4] πωρόω perf mid/pass ind 3s, harden
[5] πρότερος, α, ον, earlier, former
[6] πρᾶξις, εως, ἡ, activity, deed
[7] συνετίζω aor act impv 2s, understand
[8] λίαν, adv, very much, exceedingly
[9] ἄφρων, ον, foolish, ignorant
[10] ὅλως, adv, completely, absolutely
[11] οὐδείς, οὐδεμία, οὐδέν, nothing
[12] νοέω pres act ind 1s, understand
[13] μετάνοια, ας, ἡ, repentance
[14] σύνεσις, εως, ἡ, understanding
[15] σύνεσις, εως, ἡ, understanding
[16] σύνεσις, εως, ἡ, understanding
[17] συνίημι pres act ind 3s, understand, comprehend
[18] πρᾶξις, εως, ἡ, activity, deed
[19] πολυτελῶς, adv, expensive, costly
[20] ταπεινόω pres act ind 3s, humble
[21] βασανίζω pres act ind 3s, torment
[22] μετάνοια, ας, ἡ, repentance
[23] σύνεσις, εως, ἡ, understanding
[24] ἐξακριβάζομαι pres mid/pass ind 1s, ask or inquire exactly
[25] εἶτα, adv, then
[26] ἀγνοέω pres act ind 1s, not to know, be ignorant of
[27] ποικίλος, η, ον, manifold, variegated

**31:1 (δ´ 3)** Ἔτι, φημί, κύριε, προσθήσω¹ τοῦ ἐπερωτῆσαι. Λέγε, φησίν. Ἤκουσα, φημί, κύριε, παρά τινων διδασκάλων, ὅτι ἑτέρα μετάνοια² οὐκ ἔστιν εἰ μὴ ἐκείνη, ὅτε εἰς ὕδωρ κατέβημεν καὶ ἐλάβομεν ἄφεσιν³ ἁμαρτιῶν ἡμῶν τῶν προτέρων.⁴ **2** λέγει μοι· Καλῶς ἤκουσας· οὕτω γὰρ ἔχει. ἔδει γὰρ τὸν εἰληφότα ἄφεσιν⁵ ἁμαρτιῶν μηκέτι⁶ ἁμαρτάνειν, ἀλλ' ἐν ἁγνείᾳ⁷ κατοικεῖν. **3** ἐπεὶ⁸ δὲ πάντα ἐξακριβάζῃ,⁹ καὶ τοῦτό σοι δηλώσω,¹⁰ μὴ διδοὺς ἀφορμὴν¹¹ τοῖς μέλλουσι πιστεύειν ἢ τοῖς νῦν πιστεύσασιν εἰς τὸν Κύριον. οἱ γὰρ νῦν πιστεύσαντες ἢ μέλλοντες πιστεύειν μετάνοιαν¹² ἁμαρτιῶν οὐκ ἔχουσιν, ἄφεσιν¹³ δὲ ἔχουσι τῶν προτέρων¹⁴ ἁμαρτιῶν αὐτῶν. **4** τοῖς οὖν κληθεῖσι πρὸ τούτων τῶν ἡμερῶν ἔθηκεν ὁ Κύριος μετάνοιαν.¹⁵ καρδιογνώστης¹⁶ γὰρ ὢν ὁ Κύριος καὶ πάντα προγινώσκων,¹⁷ ἔγνω τὴν ἀσθένειαν¹⁸ τῶν ἀνθρώπων καὶ τὴν πολυπλοκίαν¹⁹ τοῦ διαβόλου, ὅτι ποιήσει τι κακὸν τοῖς δούλοις τοῦ Θεοῦ καὶ πονηρεύσεται²⁰ εἰς αὐτούς. **5** πολυεύσπλαγχνος²¹ οὖν ὢν ὁ Κύριος ἐσπλαγχνίσθη²² ἐπὶ τὴν ποίησιν²³ αὐτοῦ καὶ ἔθηκεν τὴν μετάνοιαν²⁴ ταύτην, καὶ ἐμοὶ ἡ ἐξουσία τῆς μετανοίας²⁵ ταύτης ἐδόθη. **6** ἀλλὰ ἐγώ σοι λέγω, φησί,

---

¹ προστίθημι fut act ind 1s, add
² μετάνοια, ας, ἡ, repentance
³ ἄφεσις, εως, ἡ, pardon, forgiveness
⁴ πρότερος, α, ον, earlier, former
⁵ ἄφεσις, εως, ἡ, pardon, forgiveness
⁶ μηκέτι, adv, no longer
⁷ ἁγνεία, ας, ἡ, purity
⁸ ἐπεί, conj, since, then
⁹ ἐξακριβάζομαι pres mid/pass ind 2s, ask or inquire exactly
¹⁰ δηλόω fut act ind 1s, reveal, explain
¹¹ ἀφορμή, ῆς, ἡ, occasion, opportunity
¹² μετάνοια, ας, ἡ, repentance
¹³ ἄφεσις, εως, ἡ, pardon, forgiveness
¹⁴ πρότερος, α, ον, earlier, former
¹⁵ μετάνοια, ας, ἡ, repentance
¹⁶ καρδιογνώστης, ου, ὁ, knower of hearts, one who knows the hearts
¹⁷ προγινώσκω pres act ptcp m.s.nom., know in advance, have foreknowledge
¹⁸ ἀσθένεια, ας, ἡ, weakness
¹⁹ πολυπλοκία, ας, ἡ, cunning, craftiness
²⁰ πονηρεύομαι fut mid ind 3s, do wrong, commit sin
²¹ πολυεύσπλαγχνος, ον, very compassionate, merciful
²² σπλαγχνίζομαι aor pass ind 3s, have mercy, compassion
²³ ποίησις, εως, ἡ, work, creation
²⁴ μετάνοια, ας, ἡ, repentance
²⁵ μετάνοια, ας, ἡ, repentance

μετὰ τὴν κλῆσιν¹ ἐκείνην τὴν μεγάλην καὶ σεμνὴν² ἐάν τις ἐκπειρασθεὶς³ ὑπὸ τοῦ διαβόλου ἁμαρτήσῃ, μίαν μετάνοιαν⁴ ἔχει. ἐὰν δὲ ὑπὸ χεῖρα ἁμαρτάνῃ καὶ μετανοήσῃ, ἀσύμφορόν⁵ ἐστι τῷ ἀνθρώπῳ τῷ τοιούτῳ· δυσκόλως⁶ γὰρ ζήσεται. **7** λέγω αὐτῷ· Ἐζωοποιήθην⁷ ταῦτα παρὰ σοῦ ἀκούσας οὕτως ἀκριβῶς·⁸ οἶδα γὰρ ὅτι, ἐὰν μηκέτι προσθήσω⁹ ταῖς ἁμαρτίαις μου, σωθήσομαι. Σωθήσῃ, φησίν, καὶ πάντες ὅσοι ἐὰν ταῦτα ποιήσωσιν.

**32:1 (δ΄ 4)** Ἠρώτησα αὐτὸν πάλιν λέγων· Κύριε, ἐπεὶ¹⁰ ἅπαξ¹¹ ἀνέχῃ¹² μου, ἔτι μοι καὶ τοῦτο δήλωσον.¹³ Λέγε, φησίν. Ἐὰν γυνή, φημί, κύριε, ἢ πάλιν ἀνήρ τις κοιμηθῇ,¹⁴ καὶ γαμήσῃ¹⁵ τις ἐξ αὐτῶν, μήτι¹⁶ ἁμαρτάνει ὁ γαμῶν;¹⁷ **2** Οὐχ ἁμαρτάνει, φησίν· ἐὰν δὲ ἐφ' ἑαυτῷ μείνῃ τις, περισσοτέραν¹⁸ ἑαυτῷ τιμὴν καὶ μεγάλην δόξαν περιποιεῖται¹⁹ πρὸς τὸν Κύριον· ἐὰν δὲ καὶ γαμήσῃ,²⁰ οὐχ ἁμαρτάνει. **3** τήρει οὖν τὴν ἁγνείαν²¹ καὶ τὴν σεμνότητα,²² καὶ ζήσῃ τῷ Θεῷ. ταῦτά σοι ὅσα λαλῶ καὶ μέλλω λαλεῖν, φύλασσε ἀπὸ τοῦ νῦν, ἀφ' ἧς μοι παρεδόθης ἡμέρας, καὶ εἰς τὸν οἶκόν σου

---

[1] κλῆσις, εως, ἡ, call
[2] σεμνός, ή, όν, holy
[3] ἐκπειράζω aor pass ptcp f.s.nom., tempt
[4] μετάνοια, ας, ἡ, repentance
[5] ἀσύμφορος, ον, harmful, disadvantageous
[6] δυσκόλως, adv, hard, difficult
[7] ζωοποιέω aor pass ind 1s, make alive, give life
[8] ἀκριβῶς, adv, accurately, carefully, well
[9] προστίθημι fut act ind 1s, add
[10] ἐπεί, conj, since, then
[11] ἅπαξ, adv, once
[12] ἀνέχομαι pres mid/pass ind 2s, endure, bear with, put up with
[13] δηλόω aor act impv 2s, reveal, explain
[14] κοιμάω aor pass sub 3s, sleep
[15] γαμέω aor act sub 3s, marry
[16] μήτι, part, marker of a question expecting a negative repsonse
[17] γαμέω pres act ptcp m.s.nom., marry
[18] περισσός, ή, όν, extraordinary, remarkable
[19] περιποιέω pres mid/pass ind 3s, acquire, obtain, gain for oneself
[20] γαμέω aor act sub 3s, marry
[21] ἁγνεία, ας, ἡ, purity
[22] σεμνότης, τητος, ἡ, holiness

ΠΟΙΜΗΝ—Ἐντολαί

κατοικήσω. **4** τοῖς δὲ προτέροις¹ σου παραπτώμασιν² ἄφεσις³ ἔσται, ἐὰν τὰς ἐντολάς μου φυλάξῃς· καὶ πᾶσι δὲ ἄφεσις⁴ ἔσται, ἐὰν τὰς ἐντολάς μου ταύτας φυλάξωσι καὶ πορευθῶσιν ἐν τῇ ἁγνότητι⁵ ταύτῃ.

**33:1 (ε΄ 1)** Μακρόθυμος,⁶ φησί, γίνου καὶ συνετός,⁷ καὶ πάντων τῶν πονηρῶν ἔργων κατακυριεύσεις⁸ καὶ ἐργάσῃ πᾶσαν δικαιοσύνην. **2** ἐὰν γὰρ μακρόθυμος⁹ ἔσῃ, τὸ πνεῦμα τὸ ἅγιον τὸ κατοικοῦν ἐν σοὶ καθαρὸν¹⁰ ἔσται, μὴ ἐπισκοτούμενον¹¹ ὑπὸ ἑτέρου πονηροῦ πνεύματος, ἀλλ᾽ ἐν εὐρυχώρῳ¹² κατοικοῦν ἀγαλλιάσεται¹³ καὶ εὐφρανθήσεται¹⁴ μετὰ τοῦ σκεύους¹⁵ ἐν ᾧ κατοικεῖ, καὶ λειτουργήσει¹⁶ τῷ Θεῷ ἐν ἱλαρότητι¹⁷ πολλῇ, ἔχον τὴν εὐθηνίαν¹⁸ ἐν ἑαυτῷ. **3** ἐὰν δὲ ὀξυχολία¹⁹ τις ἐπέλθῃ,²⁰ εὐθὺς τὸ πνεῦμα τὸ ἅγιον, τρυφερὸν²¹ ὄν, στενοχωρεῖται,²² μὴ ἔχον τὸν τόπον καθαρόν,²³ καὶ ζητεῖ ἀποστῆναι²⁴ ἐκ τοῦ τόπου· πνίγεται²⁵ γὰρ ὑπὸ τοῦ πονηροῦ πνεύματος, μὴ ἔχον τόπον λειτουργῆσαι²⁶ τῷ Κυρίῳ καθὼς

---

¹ πρότερος, α, ον, earlier, former
² παράπτωμα, ματος, τό, wrongdoing, sin
³ ἄφεσις, εως, ἡ, pardon, forgiveness
⁴ ἄφεσις, εως, ἡ, pardon, forgiveness
⁵ ἁγνότης, ητος, ἡ, purity
⁶ μακρόθυμος, ον, patient
⁷ συνετός, ή, όν, wise, intelligent
⁸ κατακυριεύω fut act ind 2s, become master, gain dominion over
⁹ μακρόθυμος, ον, patient
¹⁰ καθαρός, ά, όν, pure, clean
¹¹ ἐπισκοτέω pres mid/pass ptcp n.s.nom., block from seeing, obscure
¹² εὐρύχωρος, ον, broad, spacious, roomy
¹³ ἀγαλλιάω fut mid ind 3s, exult, be glad, overjoyed
¹⁴ εὐφραίνω fut pass ind 3s, be glad
¹⁵ σκεῦος, ους, τό, vessel, object
¹⁶ λειτουργέω fut act ind 3s, serve, render service
¹⁷ ἱλαρότης, ητος, ἡ, cheerfulness, gladness
¹⁸ εὐθηνία, ας, ἡ, rapport, well-being
¹⁹ ὀξυχολία, ας, ἡ, irritability, bad temper
²⁰ ἐπέρχομαι aor act sub 3s, come, happen
²¹ τρυφερός, ά, όν, delicate, gentle
²² στενοχωρέω pres mid/pass ind 3s, be distressed
²³ καθαρός, ά, όν, pure, clean
²⁴ ἀφίστημι aor act inf, go away, withdraw
²⁵ πνίγω pres mid/pass ind 3s, strangle, choke
²⁶ λειτουργέω aor act inf, serve

ΠΟΙΜΗΝ—Ἐντολαί

βούλεται, μιαινόμενον¹ ὑπὸ τῆς ὀξυχολίας.² ἐν γὰρ τῇ μακροθυμίᾳ³ ὁ Κύριος κατοικεῖ, ἐν δὲ τῇ ὀξυχολίᾳ⁴ ὁ διάβολος. **4** ἀμφότερα⁵ οὖν τὰ πνεύματα ἐπὶ τὸ αὐτὸ κατοικοῦντα, ἀσύμφορόν⁶ ἐστιν καὶ πονηρὸν τῷ ἀνθρώπῳ ἐκείνῳ ἐν ᾧ κατοικοῦσιν. **5** ἐὰν γὰρ λαβὼν ἀψίνθιον⁷ μικρὸν εἰς κεράμιον⁸ μέλιτος⁹ ἐπιχέῃς,¹⁰ οὐχὶ ὅλον τὸ μέλι¹¹ ἀφανίζεται,¹² καὶ τοσοῦτον¹³ μέλι¹⁴ ὑπὸ τοῦ ἐλαχίστου¹⁵ ἀψινθίου¹⁶ ἀπόλλυται¹⁷ καὶ ἀπολλύει τὴν γλυκύτητα¹⁸ τοῦ μέλιτος,¹⁹ καὶ οὐκέτι τὴν αὐτὴν χάριν ἔχει παρὰ τῷ δεσπότῃ,²⁰ ὅτι ἐπικράνθη²¹ καὶ τὴν χρῆσιν²² αὐτοῦ ἀπώλεσεν; ἐὰν δὲ εἰς τὸ μέλι²³ μὴ βληθῇ τὸ ἀψίνθιον,²⁴ γλυκὺ²⁵ εὑρίσκεται τὸ μέλι²⁶ καὶ εὔχρηστον²⁷ γίνεται τῷ δεσπότῃ²⁸ αὐτοῦ. **6** βλέπεις οὖν ὅτι ἡ μακροθυμία²⁹ γλυκυτάτη³⁰ ἐστὶν ὑπὲρ τὸ μέλι³¹ καὶ εὔχρηστός³² ἐστι τῷ Κυρίῳ, καὶ ἐν αὐτῇ κατοικεῖ. ἡ δὲ ὀξυχολία³³ πικρὰ³⁴ καὶ

---

¹ μιαίνω pres mid/pass ptcp n.s.nom., stain, defile
² ὀξυχολία, ας, ἡ, irritability, bad temper
³ μακροθυμία, ας, ἡ, patience
⁴ ὀξυχολία, ας, ἡ, irritability, bad temper
⁵ ἀμφότεροι, αι, α, both
⁶ ἀσύμφορος, ον, disadvantageous, harmful
⁷ ἀψίνθιον, ου, τό, wormwood
⁸ κεράμιον, ου, τό, jar
⁹ μέλι, τος, τό, honey
¹⁰ ἐπιχέω pres act sub 2s, pour over, pour in
¹¹ μέλι, τος, τό, honey
¹² ἀφανίζω pres mid/pass ind 3s, be destroyed, perish
¹³ τοσοῦτος, αύτη, οῦτον, so much, so great
¹⁴ μέλι, τος, τό, honey
¹⁵ ἐλάχιστος, η, ον, least, very small
¹⁶ ἀψίνθιον, ου, τό, wormwood
¹⁷ ἀπόλλυμι pres act ind 3s, lose, be lost
¹⁸ γλυκύτης, ητος, ἡ, sweetness
¹⁹ μέλι, τος, τό, honey
²⁰ δεσπότης, ου, ὁ, lord, master, owner
²¹ πικραίνω aor pass ind 3s, make bitter
²² χρῆσις, εως, ἡ, use, usefulness
²³ μέλι, τος, τό, honey
²⁴ ἀψίνθιον, ου, τό, wormwood
²⁵ γλυκύς, εῖα, ύ, sweet
²⁶ μέλι, τος, τό, honey
²⁷ εὔχρηστος, η, ον, useful
²⁸ δεσπότης, ου, ὁ, master, owner
²⁹ μακροθυμία, ας, ἡ, patience
³⁰ γλυκύς, εῖα, ύ, sweet
³¹ μέλι, τος, τό, honey
³² εὔχρηστος, η, ον, useful
³³ ὀξυχολία, ας, ἡ, irritability, bad temper
³⁴ πικρός, όν, bitter

ἄχρηστός¹ ἐστιν. ἐὰν οὖν μιγῇ² ἡ ὀξυχολία³ τῇ μακροθυμίᾳ,⁴ μιαίνεται⁵ ἡ μακροθυμία,⁶ καὶ οὐκ εὔχρηστός⁷ ἐστι τῷ Θεῷ ἡ ἔντευξις⁸ αὐτοῦ. **7** Ἤθελον, φημί, κύριε, γνῶναι τὴν ἐνέργειαν⁹ τῆς ὀξυχολίας,¹⁰ ἵνα φυλάξωμαι ἀπ' αὐτῆς. Καὶ μήν,¹¹ φησίν, ἐὰν μὴ φυλάξῃ ἀπ' αὐτῆς σὺ καὶ ὁ οἶκός σου, ἀπώλεσάς σου τὴν πᾶσαν ἐλπίδα. ἀλλὰ φύλαξαι ἀπ' αὐτῆς· ἐγὼ γὰρ μετὰ σοῦ εἰμί. καὶ πάντες δὲ ἀφέξονται¹² ἀπ' αὐτῆς, ὅσοι ἂν μετανοήσωσιν ἐξ ὅλης τῆς καρδίας αὐτῶν· μετ' αὐτῶν γὰρ ἔσομαι καὶ συντηρήσω¹³ αὐτούς· ἐδικαιώθησαν γὰρ πάντες ὑπὸ τοῦ σεμνοτάτου¹⁴ ἀγγέλου.

**34:1 (ε´ 2)** Ἄκουε νῦν, φησί, τὴν ἐνέργειαν¹⁵ τῆς ὀξυχολίας,¹⁶ πῶς πονηρά ἐστι, καὶ πῶς τοὺς δούλους τοῦ Θεοῦ καταστρέφει¹⁷ τῇ ἑαυτῆς ἐνεργείᾳ,¹⁸ καὶ πῶς ἀποπλανᾷ¹⁹ αὐτοὺς ἀπὸ τῆς δικαιοσύνης. οὐκ ἀποπλανᾷ²⁰ δὲ τοὺς πλήρεις²¹ ὄντας ἐν τῇ πίστει, οὐδὲ ἐνεργῆσαι²² δύναται εἰς αὐτούς, ὅτι ἡ δύναμις τοῦ Κυρίου μετ' αὐτῶν ἐστίν· ἀποπλανᾷ²³ δὲ τοὺς ἀποκένους καὶ διψύχους²⁴ ὄντας. **2** ὅταν γὰρ ἴδῃ τοὺς τοιούτους ἀνθρώπους εὐσταθοῦντας,²⁵

---

¹ ἄχρηστος, ον, useless
² μίγνυμι aor pass sub 3s, mix, mingle
³ ὀξυχολία, ας, ἡ, irritability, bad temper
⁴ μακροθυμία, ας, ἡ, patience
⁵ μιαίνω pres mid/pass ind 3s, stain, defile
⁶ μακροθυμία, ας, ἡ, patience
⁷ εὔχρηστος, η, ον, useful
⁸ ἔντευξις, εως, ἡ, petitions, prayer, request
⁹ ἐνέργεια, ας, ἡ, working, action
¹⁰ ὀξυχολία, ας, ἡ, irritability, bad temper
¹¹ μήν, conj, indeed
¹² ἀπέχω fut mid ind 3p, keep away, abstain
¹³ συντηρέω fut act ind 1s, protect
¹⁴ σεμνός, ή, όν, holy
¹⁵ ἐνέργεια, ας, ἡ, works
¹⁶ ὀξυχολία, ας, ἡ, irritability, bad temper
¹⁷ καταστρέφω pres act ind 3s, overturn, destroy, turn away
¹⁸ ἐνέργεια, ας, ἡ, works
¹⁹ ἀποπλανάω pres act ind 3s, mislead
²⁰ ἀποπλανάω pres act ind 3s, mislead
²¹ πλήρης, ες, full
²² ἐνεργέω aor act inf, work
²³ ἀποπλανάω pres act ind 3s, mislead
²⁴ δίψυχος, ον, doubting, doubleminded
²⁵ εὐσταθέω pres act ptcp m.p.acc., be stable, be tranquil, be at rest

## ΠΟΙΜΗΝ—Ἐντολαί

παρεμβάλλει[1] ἑαυτὴν εἰς τὴν καρδίαν τοῦ ἀνθρώπου, καὶ ἐκ τοῦ μηδενὸς ἡ γυνὴ ἢ ὁ ἀνὴρ ἐν πικρίᾳ[2] γίνεται ἕνεκεν[3] βιωτικῶν[4] πραγμάτων,[5] ἢ περὶ ἐδεσμάτων[6] ἢ μικρολογίας[7] τινος, ἢ περὶ φίλου[8] τινος, ἢ περὶ δόσεως[9] ἢ λήψεως,[10] ἢ περὶ τοιούτων μωρῶν[11] πραγμάτων.[12] ταῦτα γὰρ πάντα μωρά[13] ἐστι καὶ κενὰ[14] καὶ ἄφρονα[15] καὶ ἀσύμφορα[16] τοῖς δούλοις τοῦ Θεοῦ. **3** ἡ δὲ μακροθυμία[17] μεγάλη ἐστὶ καὶ ὀχυρά,[18] καὶ ἰσχυρὰν[19] δύναμιν ἔχουσα καὶ στιβαράν,[20] καὶ εὐθηνουμένην[21] ἐν πλατυσμῷ[22] μεγάλῳ, ἱλαρά,[23] ἀγαλλιωμένη,[24] ἀμέριμνος[25] οὖσα, δοξάζουσα τὸν Κύριον ἐν παντὶ καιρῷ, μηδὲν ἐν ἑαυτῇ ἔχουσα πικρόν,[26] παραμένουσα[27] διὰ παντὸς πραεῖα[28] καὶ ἡσύχιος.[29] αὕτη οὖν ἡ μακροθυμία[30] κατοικεῖ μετὰ τῶν τὴν πίστιν ἐχόντων ὁλόκληρον.[31] **4** ἡ δὲ ὀξυχολία[32] πρῶτον μὲν μωρά[33] ἐστιν,

---

[1] παρεμβάλλω pres act ind 3s, surround, insinuate
[2] πικρία, ας, ἡ, bitterness
[3] ἕνεκα, impr prep, on account of, because of
[4] βιωτικός, ή, όν, belonging to daily life
[5] πρᾶγμα, ματος, τό, deed, matter, thing
[6] ἔδεσμα, ματος, τό, food
[7] μικρολογία, ας, ἡ, trifle, trivial
[8] φίλος, ου, ὁ, friend
[9] δόσις, εως, ἡ, gift, giving
[10] λῆψις, εως, ἡ, receiving
[11] μωρός, ά, όν, foolish
[12] πρᾶγμα, ματος, τό, deed, matter, thing
[13] μωρός, ά, όν, foolish
[14] κενός, ή, όν, empty
[15] ἄφρων, ον, foolish, ignorant
[16] ἀσύμφορος, ον, disadvantageous, harmful
[17] μακροθυμία, ας, ἡ, patience
[18] ὀχυρός, ά, όν, strong, firm
[19] ἰσχυρός, ά, όν, strong
[20] στιβαρός, ά, όν, stout, sturdy
[21] εὐθηνέω pres mid/pass ptcp f.s.acc., thrive, flourish, be in good condition
[22] πλατυσμός, οῦ, ὁ, extension, enlargement, expansion
[23] ἱλαρός, ά, όν, cheerful, happy
[24] ἀγαλλιάω pres mid/pass ptcp f.s.nom., exult, be glad, overjoyed
[25] ἀμέριμνος, ον, free from care
[26] πικρός, όν, bitter
[27] παραμένω pres act ptcp f.s.nom., remain, stay
[28] πρᾶος, ον, gentle, mild
[29] ἡσύχιος, ον, quiet, well-ordered
[30] μακροθυμία, ας, ἡ, patience
[31] ὁλόκληρος, ον, whole, complete, blameless
[32] ὀξυχολία, ας, ἡ, irritability, bad temper
[33] μωρός, ά, όν, foolish

ἐλαφρά¹ τε καὶ ἄφρων.² εἶτα³ ἐκ τῆς ἀφροσύνης⁴ γίνεται πικρία,⁵ ἐκ δὲ τῆς πικρίας⁶ θυμός,⁷ ἐκ δὲ τοῦ θυμοῦ⁸ ὀργή, ἐκ δὲ τῆς ὀργῆς μῆνις·⁹ εἶτα¹⁰ ἡ μῆνις¹¹ ἐκ τοσούτων¹² κακῶν συνισταμένη¹³ γίνεται ἁμαρτία μεγάλη καὶ ἀνίατος.¹⁴ **5** ὅταν γὰρ ταῦτα τὰ πνεύματα πάντα ἐν ἑνὶ ἀγγείῳ¹⁵ κατοικῇ, οὗ καὶ τὸ πνεῦμα τὸ ἅγιον κατοικεῖ, οὐ χωρεῖ¹⁶ τὸ ἄγγος¹⁷ ἐκεῖνο, ἀλλ' ὑπερπλεονάζει.¹⁸ **6** τὸ τρυφερὸν¹⁹ οὖν πνεῦμα, μὴ ἔχον συνήθειαν²⁰ μετὰ πονηροῦ πνεύματος κατοικεῖν μηδὲ μετὰ σκληρότητος,²¹ ἀποχωρεῖ²² ἀπὸ τοῦ ἀνθρώπου τοῦ τοιούτου καὶ ζητεῖ κατοικεῖν μετὰ πραότητος²³ καὶ ἡσυχίας.²⁴ **7** εἶτα²⁵ ὅταν ἀποστῇ²⁶ ἀπὸ τοῦ ἀνθρώπου ἐκείνου οὗ κατοικεῖ, γίνεται ὁ ἄνθρωπος ἐκεῖνος κενὸς²⁷ ἀπὸ τοῦ πνεύματος τοῦ δικαίου, καὶ τὸ λοιπὸν πεπληρωμένος τοῖς πνεύμασι τοῖς πονηροῖς ἀκαταστατεῖ²⁸ ἐν πάσῃ πράξει²⁹ αὐτοῦ, περισπώμενος³⁰ ὧδε κἀκεῖ ἀπὸ τῶν πνευμάτων τῶν πονηρῶν, καὶ ὅλως³¹

---

[1] ἐλαφρός, ά, όν, fickle, vacillating
[2] ἄφρων, ον, foolish
[3] εἶτα, adv, then
[4] ἀφροσύνη, ης, ἡ, foolishness
[5] πικρία, ας, ἡ, bitterness
[6] πικρία, ας, ἡ, bitterness
[7] θυμός, οῦ, ὁ, wrath, anger
[8] θυμός, οῦ, ὁ, wrath
[9] μῆνις, ιδος, ἡ, vengefulness
[10] εἶτα, adv, then
[11] μῆνις, ιδος, ἡ, vengefulness
[12] τοσοῦτος, αύτη, οῦτον, so much, so great
[13] συνίστημι pres mid/pass ptcp f.s.nom., put together, constitute, prepare
[14] ἀνίατος, ον, incurable
[15] ἀγγεῖον, ου, τό, vessel, container
[16] χωρέω pres act ind 3s, hold, contain
[17] ἄγγος, ους, τό, vessel, container
[18] ὑπερπλεονάζω pres act ind 3s, abound, overflow
[19] τρυφερός, ά, όν, delicate, gentle
[20] συνήθεια, ας, ἡ, custom, accustomed
[21] σκληρότης, τος, ἡ, hardness, stubborness
[22] ἀποχωρέω pres act ind 3s, go away
[23] πραότης, τος, ἡ, gentleness
[24] ἡσυχία, ας, ἡ, quietness
[25] εἶτα, adv, then
[26] ἀφίστημι aor act sub 3s, go away, withdraw
[27] κενός, ή, όν, empty
[28] ἀκαταστατέω pres act ind 3s, be unsettled, vacillating
[29] πρᾶξις, εως, ἡ, activity, undertaking
[30] περισπάω pres mid/pass ptcp m.s.nom., be pulled, dragged
[31] ὅλως, adv, wholly, completely

ΠΟΙΜΗΝ—Ἐντολαί

ἀποτυφλοῦται¹ ἀπὸ τῆς διανοίας² τῆς ἀγαθῆς. οὕτως οὖν συμβαίνει³ πᾶσι τοῖς ὀξυχόλοις.⁴ **8** ἀπέχου⁵ οὖν ἀπὸ τῆς ὀξυχολίας,⁶ τοῦ πονηροτάτου πνεύματος· ἔνδυσαι⁷ δὲ τὴν μακροθυμίαν⁸ καὶ ἀντίστα⁹ τῇ ὀξυχολίᾳ¹⁰ καὶ τῇ πικρίᾳ,¹¹ καὶ ἔσῃ εὑρισκόμενος μετὰ τῆς σεμνότητος¹² τῆς ἠγαπημένης ὑπὸ τοῦ Κυρίου. βλέπε οὖν μήποτε¹³ παρενθυμηθῇς¹⁴ τὴν ἐντολὴν ταύτην· ἐὰν γὰρ ταύτης τῆς ἐντολῆς κυριεύσῃς,¹⁵ καὶ τὰς λοιπὰς ἐντολὰς δυνήσῃ φυλάξαι, ἅς σοι μέλλω ἐντέλλεσθαι.¹⁶ ἰσχυροῦ¹⁷ ἐν αὐταῖς καὶ ἐνδυναμοῦ,¹⁸ καὶ πάντες ἐνδυναμούσθωσαν¹⁹ ὅσοι ἐὰν θέλωσιν ἐν αὐταῖς πορεύεσθαι.

**35:1 (ϛ´ 1)** Ἐνετειλάμην²⁰ σοι, φησίν, ἐν τῇ πρώτῃ ἐντολῇ ἵνα φυλάξῃς τὴν πίστιν καὶ τὸν φόβον καὶ τὴν ἐγκράτειαν.²¹ Ναί, φημί, κύριε. Ἀλλὰ νῦν θέλω σοι, φησί, δηλῶσαι²² καὶ τὰς δυνάμεις αὐτῶν, ἵνα νοήσῃς²³ τίς αὐτῶν τίνα δύναμιν ἔχει καὶ ἐνέργειαν.²⁴

---

¹ ἀποτυφλόω pres mid/pass, ind 3s, to blind
² διάνοια, ας, ἡ, thought, mind, understanding
³ συμβαίνω pres act ind 3s, go along with, happen, come about
⁴ ὀξύχολος, ας, ἡ, irritability, bad temper
⁵ ἀπέχω pres mid/pass impv 2s, keep away, abstain
⁶ ὀξυχολία, ας, ἡ, irritability, bad temper
⁷ ἐνδύω aor mid impv 2s, dress, clothe
⁸ μακροθυμία, ας, ἡ, patience
⁹ ἀνθίστημι aor act impv 2s, oppose, resist
¹⁰ ὀξυχολία, ας, ἡ, irritability, bad temper
¹¹ πικρία, ας, ἡ, bitterness
¹² σεμνότης, ητος, ἡ, holiness
¹³ μήποτε, conj, never, that . . . not
¹⁴ παρενθυμέω aor pass sub 2s, neglect, disregard
¹⁵ κυριεύω aor act sub 2s, rule, be master of
¹⁶ ἐντέλλω pres mid/pass impv 2s, command, order
¹⁷ ἰσχυρόω pres mid/pass impv 2s, be strong
¹⁸ ἐνδυναμόω pres mid/pass impv 2s, empower
¹⁹ ἐνδυναμόω pres mid/pass impv 3p, empower
²⁰ ἐντέλλω aor mid ind 1s, command
²¹ ἐγκράτεια, ας, ἡ, self-control
²² δηλόω aor act inf, reveal, explain
²³ νοέω aor act sub 2s, understand, apprehend
²⁴ ἐνέργεια, ας, ἡ, working, action

ΠΟΙΜΗΝ—Ἐντολαί

διπλαί[1] γάρ εἰσιν αἱ ἐνέργειαι[2] αὐτῶν· κεῖνται[3] οὖν ἐπὶ δικαίῳ καὶ ἀδίκῳ·[4] **2** σὺ οὖν πίστευε τῷ δικαίῳ, τῷ δὲ ἀδίκῳ[5] μὴ πιστεύσῃς· τὸ γὰρ δίκαιον ὀρθὴν[6] ὁδὸν ἔχει, τὸ δὲ ἄδικον στρεβλήν.[7] ἀλλὰ σὺ τῇ ὀρθῇ[8] ὁδῷ πορεύου καὶ ὁμαλῇ,[9] τὴν δὲ στρεβλὴν[10] ἔασον.[11] **3** ἡ γὰρ στρεβλὴ[12] ὁδὸς τρίβους[13] οὐκ ἔχει, ἀλλ' ἀνοδίας[14] καὶ προσκόμματα[15] πολλά, καὶ τραχεῖά[16] ἐστι καὶ ἀκανθώδης.[17] βλαβερὰ[18] οὖν ἐστι τοῖς ἐν αὐτῇ πορευομένοις. **4** οἱ δὲ τῇ ὀρθῇ[19] ὁδῷ πορευόμενοι ὁμαλῶς[20] περιπατοῦσι καὶ ἀπροσκόπως·[21] οὔτε γὰρ τραχεῖά[22] ἐστιν οὔτε ἀκανθώδης.[23] βλέπεις οὖν ὅτι συμφορώτερόν[24] ἐστι ταύτῃ τῇ ὁδῷ πορεύεσθαι. **5** Ἀρέσκει[25] μοι, φημί, κύριε, ταύτῃ τῇ ὁδῷ πορεύεσθαι. Πορεύσῃ, φησί, καὶ ὃς ἂν ἐξ ὅλης καρδίας ἐπιτρέψῃ[26] πρὸς Κύριον πορεύσεται ἐν αὐτῇ.

**36:1 (ϛ´ 2)** Ἄκουε νῦν, φησί, περὶ τῆς πίστεως. δύο εἰσὶν ἄγγελοι μετὰ τοῦ ἀνθρώπου, εἷς τῆς δικαιοσύνης καὶ εἷς τῆς πονηρίας.[27] **2** Πῶς οὖν, φημί, κύριε, γνώσομαι τὰς αὐτῶν ἐνεργείας,[28] ὅτι

---

[1] διπλοῦς, ῆ, οῦν, double, two-fold
[2] ἐνέργεια, ας, ἡ, working, action
[3] κεῖμαι pres mid/pass, ind 3p, lie, exist
[4] ἄδικος, ον, unjust
[5] ἄδικος, ον, unjust
[6] ὀρθός, ή, όν, straight, correct
[7] στρεβλός, ή, όν, crooked, perverse
[8] ὀρθός, ή, όν, straight, correct
[9] ὁμαλής, ή, όν, level, smooth
[10] στρεβλός, ή, όν, crooked, perverse
[11] ἐάω aor act impv 2s, let, permit, leave alone
[12] στρεβλός, ή, όν, crooked, perverse
[13] τρίβος, ου, ὁ, path
[14] ἀνοδία, ας, ἡ, wayless area
[15] πρόσκομμα, ματος, τό, stumbling, obstacle, hindrance
[16] τραχύς, εῖα, ῦ, rough, uneven
[17] ἀκανθώδης, ες, thorny, thornbushes
[18] βλαβερός, ά, όν, harmful
[19] ὀρθός, ή, όν, straight, correct
[20] ὁμαλῶς, adv, smooth, level
[21] ἀπροσκόπως, adv, without stumbling
[22] τραχύς, εῖα, ῦ, rough, uneven
[23] ἀκανθώδης, ες, thorny, thornbushes
[24] σύμφορος, ον, beneficial, advantageous, profitable
[25] ἀρέσκω pres act ind 3s, please, flatter
[26] ἐπιτρέφω aor act sub 3s, turn
[27] πονηρία, ας, ἡ, wickedness, evil
[28] ἐνέργεια, ας, ἡ, working, activity

ΠΟΙΜΗΝ—Ἐντολαί

ἀμφότεροι[1] ἄγγελοι μετ' ἐμοῦ κατοικοῦσιν; **3** Ἄκουε, φησί, καὶ σύνει[2] αὐτάς. ὁ μὲν τῆς δικαιοσύνης ἄγγελος τρυφερός[3] ἐστι καὶ αἰσχυντηρὸς[4] καὶ πραΰς[5] καὶ ἡσύχιος.[6] ὅταν οὖν οὗτος ἐπὶ τὴν καρδίαν σου ἀναβῇ, εὐθέως λαλεῖ μετὰ σοῦ περὶ δικαιοσύνης, περὶ ἁγνείας,[7] περὶ σεμνότητος,[8] περὶ αὐταρκείας,[9] περὶ παντὸς ἔργου δικαίου καὶ περὶ πάσης ἀρετῆς[10] ἐνδόξου.[11] ταῦτα πάντα ὅταν εἰς τὴν καρδίαν σου ἀναβῇ, γίνωσκε ὅτι ὁ ἄγγελος τῆς δικαιοσύνης μετὰ σοῦ ἐστί. ταῦτα οὖν ἐστὶ τὰ ἔργα τοῦ ἀγγέλου τῆς δικαιοσύνης. τούτῳ οὖν πίστευε καὶ τοῖς ἔργοις αὐτοῦ. **4** ὅρα νῦν καὶ τοῦ ἀγγέλου τῆς πονηρίας[12] τὰ ἔργα. πρῶτον πάντων ὀξύχολός[13] ἐστι καὶ πικρὸς[14] καὶ ἄφρων,[15] καὶ τὰ ἔργα αὐτοῦ πονηρά, καταστρέφοντα[16] τοὺς δούλους τοῦ Θεοῦ· ὅταν οὖν οὗτος ἐπὶ τὴν καρδίαν σου ἀναβῇ, γνῶθι αὐτὸν ἀπὸ τῶν ἔργων αὐτοῦ. **5** Πῶς, φημί, κύριε, νοήσω[17] αὐτόν, οὐκ ἐπίσταμαι.[18] Ἄκουε, φησίν. ὅταν ὀξυχολία[19] σοί τις προσπέσῃ[20] ἢ πικρία,[21] γίνωσκε ὅτι αὐτός ἐστιν ἐν σοί· εἶτα[22] ἐπιθυμία πράξεων[23] πολλῶν καὶ πολυτέλεια[24] ἐδεσμάτων[25] πολλῶν καὶ μεθυσμάτων[26] καὶ κραιπαλῶν[27] πολλῶν καὶ

---

[1] ἀμφότεροι, αι, α, both
[2] συνίημι pres act impv 2s, understand
[3] τρυφερός, ά, όν, gentle, subdued
[4] αἰσχυντηρός, ά, όν, modest
[5] πραΰς, εῖα, ΰ, gentle, meek, humble
[6] ἡσύχιος, ον, quiet, well-ordered
[7] ἁγνεία, ας, ἡ, purity
[8] σεμνότης, τητος, ἡ, holiness
[9] αὐτάρκεια, ας, ἡ, contentment
[10] ἀρετή, ῆς, ἡ, excellence of character, exceptional civic virtue
[11] ἔνδοξος, η, ον, glorious
[12] πονηρία, ας, ἡ, wickedness, evil
[13] ὀξύχολος, ον, irritable, bad-tempered
[14] πικρός, όν, bitter
[15] ἄφρων, ον, foolish
[16] καταστρέφω pres act ptcp n.p.nom., destroy, ruin
[17] νοέω fut act ind 1s, understand
[18] ἐπίσταμαι pres mid/pass ind 1s, understand, know
[19] ὀξυχολία, ας, ἡ, irritability, bad temper
[20] προσπίπτω aor act sub 3s, fall upon
[21] πικρία, ας, ἡ, bitterness
[22] εἶτα, adv, then
[23] πρᾶξις, εως, ἡ, activity, business
[24] πολυτέλεια, ας, ἡ, extravagance, luxury
[25] ἔδεσμα, ματος, τό, food
[26] μεθύσμα, ματος, τό, intoxicating drink
[27] κραιπάλη, ης, ἡ, drunkenness

ΠΟΙΜΗΝ—Ἐντολαί

ποικίλων¹ τρυφῶν² καὶ οὐ δεόντων, καὶ ἐπιθυμία γυναικῶν καὶ πλεονεξία³ καὶ ὑπερηφανία⁴ καὶ ἀλαζονεία,⁵ καὶ ὅσα τούτοις παραπλήσιά⁶ ἐστι καὶ ὅμοια. ταῦτα οὖν ὅταν ἐπὶ τὴν καρδίαν σου ἀναβῇ, γίνωσκε ὅτι ὁ ἄγγελος τῆς πονηρίας⁷ ἐστὶ μετὰ σοῦ. **6** σὺ οὖν ἐπιγνοὺς τὰ ἔργα αὐτοῦ ἀπόστα⁸ ἀπ' αὐτοῦ καὶ μηδὲν αὐτῷ πίστευε, ὅτι τὰ ἔργα αὐτοῦ πονηρά εἰσι καὶ ἀσύμφορα⁹ τοῖς δούλοις τοῦ Θεοῦ. ἔχεις οὖν ἀμφοτέρων¹⁰ τῶν ἀγγέλων τὰς ἐνεργείας·¹¹ σύνιε¹² αὐτὰς καὶ πίστευε τῷ ἀγγέλῳ τῆς δικαιοσύνης· **7** ἀπὸ δὲ τοῦ ἀγγέλου τῆς πονηρίας¹³ ἀπόστηθι,¹⁴ ὅτι ἡ διδαχὴ αὐτοῦ πονηρά ἐστι παντὶ ἔργῳ· ἐὰν γὰρ ᾖ τις πιστὸς ἀνήρ, καὶ ἡ ἐνθύμησις¹⁵ τοῦ ἀγγέλου τούτου ἀναβῇ ἐπὶ τὴν καρδίαν αὐτοῦ, δεῖ τὸν ἄνδρα ἐκεῖνον ἢ τὴν γυναῖκα ἐξαμαρτῆσαί¹⁶ τι. **8** ἐὰν δὲ πάλιν πονηρότατός τις ᾖ ἀνὴρ ἢ γυνή, καὶ ἀναβῇ ἐπὶ τὴν καρδίαν αὐτοῦ τὰ ἔργα τοῦ ἀγγέλου τῆς δικαιοσύνης, ἐξ ἀνάγκης¹⁷ δεῖ αὐτὸν ἀγαθόν τι ποιῆσαι. **9** βλέπεις οὖν, φησίν, ὅτι καλόν ἐστι τῷ ἀγγέλῳ τῆς δικαιοσύνης ἀκολουθεῖν, τῷ δὲ ἀγγέλῳ τῆς πονηρίας¹⁸ ἀποτάξασθαι.¹⁹ **10** τὰ μὲν περὶ τῆς πίστεως αὕτη ἡ ἐντολὴ δηλοῖ,²⁰ ἵνα τοῖς ἔργοις τοῦ ἀγγέλου τῆς δικαιοσύνης πιστεύσῃς, καὶ ἐργασάμενος αὐτὰ ζήσῃ τῷ Θεῷ. πίστευε δὲ ὅτι

---

¹ ποικίλος, η, ον, manifold, various kinds
² τρυφή, ῆς, ἡ, indulgence, luxury
³ πλεονεξία, ας, ἡ, covetousness, greed
⁴ ὑπερηφανία, ας, ἡ, arrogance, pride
⁵ ἀλαζονεία, ας, ἡ, pretension
⁶ παραπλήσιος, α, ον, resembling, similar
⁷ πονηρία, ας, ἡ, wickedness, evil
⁸ ἀφίστημι aor act impv 2s, go away, keep away
⁹ ἀσύμφορος, ον, disadvantageous, harmful
¹⁰ ἀμφότεροι, αι, α, both
¹¹ ἐνέργεια, ας, ἡ, working, activity
¹² συνίημι pres act impv 2s, understand
¹³ πονηρία, ας, ἡ, wickedness, evil
¹⁴ ἀφίστημι aor act impv 2s, go away, keep away
¹⁵ ἐνθύμησις, εως, ἡ, thought, reflection, idea
¹⁶ ἐξαμαρτάνω aor act inf, sin, do wrong
¹⁷ ἀνάγκη, ης, ἡ, necessity
¹⁸ πονηρία, ας, ἡ, wickedness, evil
¹⁹ ἀποτάσσω aor mid inf, renounce
²⁰ δηλόω pres act ind 3s, reveal, explain

τὰ ἔργα τοῦ ἀγγέλου τῆς πονηρίας¹ χαλεπά² ἐστι· μὴ ἐργαζόμενος οὖν αὐτὰ ζήσῃ τῷ Θεῷ.

**37:1 (ζ΄ 1)** Φοβήθητι, φησί, τὸν Κύριον καὶ φύλασσε τὰς ἐντολὰς αὐτοῦ· φυλάσσων οὖν τὰς ἐντολὰς τοῦ Θεοῦ ἔσῃ δυνατὸς ἐν πάσῃ πράξει,³ καὶ ἡ πρᾶξίς⁴ σου ἀσύγκριτος⁵ ἔσται. φοβούμενος γὰρ τὸν Κύριον πάντα καλῶς ἐργάσῃ· οὗτος δέ ἐστιν ὁ φόβος ὃν δεῖ σε φοβηθῆναι καὶ σωθήσῃ. **2** τὸν δὲ διάβολον μὴ φοβηθῇς· φοβούμενος γὰρ τὸν Κύριον κατακυριεύσεις⁶ τοῦ διαβόλου, ὅτι δύναμις ἐν αὐτῷ οὐκ ἔστιν. ἐν ᾧ δὲ δύναμις οὐκ ἔστιν, οὐδὲ φόβος· ἐν ᾧ δὲ δύναμις ἢ ἔνδοξος,⁷ καὶ φόβος ἐν αὐτῷ. πᾶς γὰρ ὁ δύναμιν ἔχων φόβον ἔχει· ὁ δὲ μὴ ἔχων δύναμιν ὑπὸ πάντων καταφρονεῖται.⁸ **3** φοβήθητι δὲ τὰ ἔργα τοῦ διαβόλου, ὅτι πονηρά ἐστι. φοβούμενος οὖν τὸν Κύριον φοβηθήσῃ τὰ ἔργα τοῦ διαβόλου καὶ οὐκ ἐργάσῃ αὐτά, ἀλλ' ἀφέξῃ⁹ ἀπ' αὐτῶν. **4** δισσοὶ¹⁰ οὖν εἰσιν οἱ φόβοι· ἐὰν γὰρ θέλῃς τὸ πονηρὸν ἐργάσασθαι, φοβοῦ τὸν Κύριον καὶ οὐκ ἐργάσῃ αὐτό· ἐὰν δὲ θέλῃς πάλιν τὸ ἀγαθὸν ἐργάσασθαι, φοβοῦ τὸν Κύριον καὶ ἐργάσῃ αὐτό. ὥστε ὁ φόβος τοῦ Κυρίου ἰσχυρός¹¹ ἐστι καὶ μέγας καὶ ἔνδοξος.¹² φοβήθητι οὖν τὸν Κύριον, καὶ ζήσῃ αὐτῷ· καὶ ὅσοι ἂν φοβηθῶσιν αὐτὸν τῶν φυλασσόντων τὰς ἐντολὰς αὐτοῦ, ζήσονται τῷ Θεῷ. **5** Διατί,¹³ φημί, κύριε, εἶπας περὶ τῶν τηρούντων τὰς ἐντολὰς αὐτοῦ· Ζήσονται τῷ Θεῷ; Ὅτι, φησί, πᾶσα ἡ κτίσις¹⁴ φοβεῖται τὸν Κύριον, τὰς δὲ ἐντολὰς αὐτοῦ οὐ φυλάσσει. τῶν οὖν φοβουμένων

---

¹ πονηρία, ας, ἡ, wickedness, evil
² χαλεπός, ή, όν, evil, troublesome
³ πρᾶξις, εως, ἡ, activity, undertaking
⁴ πρᾶξις, εως, ἡ, activity, undertaking
⁵ ἀσύγκριτος, ον, incomparable
⁶ κατακυριεύω fut act ind 2s, become master, rule, lord over
⁷ ἔνδοξος, η, ον, glorious
⁸ καταφρονέω pres mid/pass ind 3s, despise, look down on
⁹ ἀπέχω fut mid ind 2s, keep away, abstain
¹⁰ δισσός, ή, όν, two-ways, double
¹¹ ἰσχυρός, ά, όν, strong
¹² ἔνδοξος, η, ον, glorious
¹³ διατί, conj, why
¹⁴ κτίσις, εως, ἡ, creature

αὐτὸν καὶ φυλασσόντων τὰς ἐντολὰς αὐτοῦ, ἐκείνων ἡ ζωή ἐστι παρὰ τῷ Θεῷ· τῶν δὲ μὴ φυλασσόντων τὰς ἐντολὰς αὐτοῦ, οὐδὲ ζωὴ ἐν αὐτῷ.

**38:1 (η´ 1)** Εἶπόν σοι, φησίν, ὅτι τὰ κτίσματα[1] τοῦ Θεοῦ διπλᾶ[2] ἐστι· καὶ γὰρ ἡ ἐγκράτεια[3] διπλῆ[4] ἐστιν. ἐπί τινων γὰρ δεῖ ἐγκρατεύεσθαι,[5] ἐπί τινων δὲ οὐ δεῖ. **2** Γνώρισόν[6] μοι, φημί, κύριε, ἐπὶ τίνων δεῖ ἐγκρατεύεσθαι,[7] ἐπὶ τίνων δὲ οὐ δεῖ. Ἄκουε, φησί. τὸ πονηρὸν ἐγκρατεύου,[8] καὶ μὴ ποίει αὐτό· τὸ δὲ ἀγαθὸν μὴ ἐγκρατεύου,[9] ἀλλὰ ποίει αὐτό. ἐὰν γὰρ ἐγκρατεύσῃ[10] τὸ ἀγαθὸν μὴ ποιεῖν, ἁμαρτίαν μεγάλην ἐργάζῃ· ἐὰν δὲ ἐγκρατεύσῃ[11] τὸ πονηρὸν μὴ ποιεῖν, δικαιοσύνην μεγάλην ἐργάζῃ. ἐγκράτευσαι[12] οὖν ἀπὸ πονηρίας[13] πάσης ἐργαζόμενος τὸ ἀγαθόν. **3** Ποταπαί,[14] φημί, κύριε, εἰσὶν αἱ πονηρίαι[15] ἀφ' ὧν ἡμᾶς δεῖ ἐγκρατεύεσθαι;[16] Ἄκουε, φησίν· ἀπὸ μοιχείας[17] καὶ πορνείας,[18] ἀπὸ μεθύσματος[19] ἀνομίας,[20] ἀπὸ τρυφῆς[21] πονηρᾶς, ἀπὸ ἐδεσμάτων[22] πολλῶν καὶ

---

[1] κτίσμα, ματος, τό, creature
[2] διπλοῦς, ῆ, οῦν, twofold, double
[3] ἐγκράτεια, ας, ἡ, self-control
[4] διπλοῦς, ῆ, οῦν, twofold, double
[5] ἐγκρατεύομαι pres mid/pass inf, practice self-control
[6] γνωρίζω aor act impv 2s, make known, reveal
[7] ἐγκρατεύομαι pres mid/pass inf, control onself
[8] ἐγκρατεύομαι pres mid/pass impv 2s, control onself
[9] ἐγκρατεύομαι pres mid/pass impv 2s, control onself
[10] ἐγκρατεύομαι fut mid ind 2s, control oneself
[11] ἐγκρατεύομαι fut mid ind 2s, control oneself
[12] ἐγκρατεύομαι aor mid impv 2s, control oneself
[13] πονηρία, ας, ἡ, wickedness, evil
[14] ποταπός, ή, όν, what sort of, what kind of
[15] πονηρία, ας, ἡ, wickedness, evil
[16] ἐγκρατεύομαι pres mid/pass inf, control onself
[17] μοιχεία, ας, ἡ, adultery
[18] πορνεία, ας, ἡ, fornication, sexual immorality
[19] μεθύσμα, ματος, τό, intoxicating drink
[20] ἀνομία, ας, ἡ, lawlessness, lawless deed
[21] τρυφή, ῆς, ἡ, indulgence, luxury
[22] ἔδεσμα, ματος, τό, food

ΠΟΙΜΗΝ—Ἐντολαί

πολυτελείας[1] πλούτου[2] καὶ καυχήσεως[3] καὶ ὑψηλοφροσύνης[4] καὶ ὑπερηφανίας,[5] καὶ ἀπὸ ψεύσματος[6] καὶ καταλαλιάς[7] καὶ ὑποκρίσεως[8] καὶ μνησικακίας[9] καὶ πάσης βλασφημίας.[10] **4** ταῦτα τὰ ἔργα πάντων πονηρότατά εἰσιν ἐν τῇ ζωῇ τῶν ἀνθρώπων. ἀπὸ τούτων οὖν τῶν ἔργων δεῖ ἐγκρατεύεσθαι[11] τὸν δοῦλον τοῦ Θεοῦ. ὁ γὰρ μὴ ἐγκρατευόμενος[12] ἀπὸ τούτων οὐ δύναται ζῆσαι τῷ Θεῷ. ἄκουε οὖν καὶ τὰ ἀκόλουθα[13] τούτων. **5** Ἔτι γάρ, φημί, κύριε, πονηρὰ ἔργα ἐστί; Καί γε[14] πολλά, φησίν, ἔστιν ἀφ' ὧν δεῖ τὸν δοῦλον τοῦ Θεοῦ ἐγκρατεύεσθαι·[15] κλέμμα,[16] ψεῦδος,[17] ἀποστέρησις,[18] ψευδομαρτυρία,[19] πλεονεξία,[20] ἐπιθυμία πονηρά, ἀπάτη,[21] κενοδοξία,[22] ἀλαζονεία,[23] καὶ ὅσα τούτοις ὅμοια εἰσιν. **6** οὐ δοκεῖ σοι ταῦτα πονηρὰ εἶναι; καὶ λίαν[24] πονηρά, φησί, τοῖς δούλοις τοῦ Θεοῦ; τούτων πάντων δεῖ ἐγκρατεύεσθαι[25] τὸν δουλεύοντα[26] τῷ Θεῷ. ἐγκράτευσαι[27] οὖν ἀπὸ πάντων τούτων, ἵνα

---

[1] πολυτέλεια, ας, ἡ, extravagance, luxury
[2] πλοῦτος, ου, ὁ, wealth
[3] καύχησις, εως, ἡ, boasting
[4] ὑψηλοφροσύνη, ης, ἡ, pride, haughtiness
[5] ὑπερηφανία, ας, ἡ, arrogance, pride
[6] ψεῦσμα, ματος, τό, lying, untruthfulness
[7] καταλαλιά, ᾶς, ἡ, evil speech, slander
[8] ὑπόκρισις, εως, ἡ, hypocrisy
[9] μνησικακία, ας, ἡ, vengefulness
[10] βλασφημία, ας, ἡ, blasphemy
[11] ἐγκρατεύομαι pres mid/pass inf, control onself
[12] ἐγκρατεύομαι pres mid/pass ptcp m.s.nom. control onself
[13] ἀκόλουθος, ον, following
[14] γέ, conj, indeed
[15] ἐγκρατεύομαι pres mid/pass inf, control oneself
[16] κλέμμα, ματος, τό, stealing, theft
[17] ψεῦδος, ους, τό, a lie, falsehood
[18] ἀποστέρησις, εως, ἡ, fraud
[19] ψευδομαρτυρία, ας, ἡ, false witness
[20] πλεονεξία, ας, ἡ, covetousness, greed
[21] ἀπάτη, ης, ἡ, deception, deceitfulness
[22] κενοδοξία, ας, ἡ, vanity, conceit
[23] ἀλαζονεία, ας, ἡ, pretension, arrogance
[24] λίαν, adv, very, exceedingly
[25] ἐγκρατεύομαι pres mid/pass inf, control oneself
[26] δουλεύω pres act ptcp m.s.acc., be a slave, serve
[27] ἐγκρατεύομαι aor mid impv 2s, control oneself

ΠΟΙΜΗΝ—Ἐντολαί

ζήσῃ τῷ Θεῷ καὶ ἐγγραφήσῃ¹ μετὰ τῶν ἐγκρατευομένων² αὐτά. ἀφ᾽ ὧν μὲν οὖν δεῖ σε ἐγκρατεύεσθαι,³ ταῦτά ἐστιν. **7** ἃ δὲ δεῖ σε μὴ ἐγκρατεύεσθαι,⁴ φησίν, ἀλλὰ ποιεῖν, ἄκουε. τὸ ἀγαθὸν μὴ ἐγκρατεύου,⁵ ἀλλὰ ποίει αὐτό. **8** Καὶ τῶν ἀγαθῶν μοι, φημί, κύριε, δήλωσον⁶ τὴν δύναμιν, ἵνα πορευθῶ ἐν αὐτοῖς καὶ δουλεύσω⁷ αὐτοῖς, ἵνα ἐργασάμενος αὐτὰ δυνηθῶ σωθῆναι. Ἄκουε, φησί, καὶ τῶν ἀγαθῶν τὰ ἔργα, ἅ σε δεῖ ἐργάζεσθαι καὶ μὴ ἐγκρατεύεσθαι.⁸ **9** πρῶτον πάντων πίστις, φόβος Κυρίου, ἀγάπη, ὁμόνοια,⁹ ῥήματα δικαιοσύνης, ἀλήθεια, ὑπομονή· τούτων ἀγαθώτερον οὐδέν ἐστιν ἐν τῇ ζωῇ τῶν ἀνθρώπων. ταῦτα ἐάν τις φυλάσσῃ καὶ μὴ ἐγκρατεύηται¹⁰ ἀπ᾽ αὐτῶν, μακάριος γίνεται ἐν τῇ ζωῇ αὐτοῦ. **10** εἶτα¹¹ τούτων τὰ ἀκόλουθα¹² ἄκουσον· χήραις¹³ ὑπηρετεῖν,¹⁴ ὀρφανοὺς¹⁵ καὶ ὑστερουμένους¹⁶ ἐπισκέπτεσθαι,¹⁷ ἐξ ἀναγκῶν¹⁸ λυτροῦσθαι¹⁹ τοὺς δούλους τοῦ Θεοῦ, φιλόξενον²⁰ εἶναι (ἐν γὰρ τῇ φιλοξενίᾳ²¹ εὑρίσκεται ἀγαθοποίησίς²² ποτε²³), μηδενὶ

---

[1] ἐγγράφω fut mid ind 2s, write down, inscribe, enroll
[2] ἐγκρατεύομαι pres mid/pass ptcp m.p.gen., control oneself
[3] ἐγκρατεύομαι pres mid/pass inf, control oneself
[4] ἐγκρατεύομαι pres mid/pass inf, control oneself
[5] ἐγκρατεύομαι pres mid impv 2s, control oneself
[6] δηλόω aor act impv 2s, reveal, explain
[7] δουλεύω aor act sub 1s, be a slave, serve
[8] ἐγκρατεύομαι pres mid/pass inf, control oneself
[9] ὁμόνοια, ας, ἡ, oneness of mind, harmony
[10] ἐγκρατεύομαι pres mid/pass sub 3s, control oneself
[11] εἶτα, adv, then
[12] ἀκόλουθος, ον, following
[13] χήρα, ας, ἡ, widow
[14] ὑπηρετέω pres act inf, serve, be helpful
[15] ὀρφανός, ή, όν, orphan
[16] ὑστερέω pres mid/pass m.p.acc., be needy, lack
[17] ἐπισκέπτομαι pres mid/pass inf, look after
[18] ἀνάγκη, ης, ἡ, distress, calamity
[19] λυτρόω pres mid/pass inf, set free, rescue, redeem
[20] φιλοξενία, ας, ἡ, hospitality
[21] φιλοξενία, ας, ἡ, hospitality
[22] ἀγαθοποίησις, εως, ἡ, doing good
[23] ποτέ, conj, presumably

ΠΟΙΜΗΝ—Ἐντολαί

ἀντιτάσσεσθαι,[1] ἡσύχιον[2] εἶναι, ἐνδεέστερον[3] γίνεσθαι πάντων ἀνθρώπων, πρεσβύτας[4] σέβεσθαι,[5] δικαιοσύνην ἀσκεῖν,[6] ἀδελφότητα[7] συντηρεῖν,[8] ὕβριν[9] ὑποφέρειν,[10] μακρόθυμον[11] εἶναι, μνησικακίαν[12] μὴ ἔχειν, κάμνοντας[13] τῇ ψυχῇ παρακαλεῖν, ἐσκανδαλισμένους[14] ἀπὸ τῆς πίστεως μὴ ἀποβάλλεσθαι[15] ἀλλ' ἐπιστρέφειν καὶ εὐθύμους[16] ποιεῖν, ἁμαρτάνοντας νουθετεῖν,[17] χρεώστας[18] μὴ θλίβειν[19] καὶ ἐνδεεῖς,[20] καὶ εἴ τινα τούτοις ὁμοιά ἐστι. **11** δοκεῖ σοι, φησί, ταῦτα ἀγαθὰ εἶναι; Τί γάρ, φημί, κύριε, τούτων ἀγαθώτερον; Πορεύου οὖν, φησίν, ἐν αὐτοῖς καὶ μὴ ἐγκρατεύου[21] ἀπ' αὐτῶν, καὶ ζήσῃ τῷ Θεῷ. **12** φύλασσε οὖν τὴν ἐντολὴν ταύτην· ἐὰν τὸ ἀγαθὸν ποιῇς καὶ μὴ ἐγκρατεύσῃ[22] ἀπ' αὐτοῦ, ζήσῃ τῷ Θεῷ, καὶ πάντες ζήσονται τῷ Θεῷ οἱ οὕτω ποιοῦντες. καὶ πάλιν ἐὰν τὸ πονηρὸν μὴ ποιῇς καὶ ἐγκρατεύσῃ[23] ἀπ' αὐτοῦ, ζήσῃ τῷ Θεῷ, καὶ πάντες ζήσονται τῷ Θεῷ ὅσοι ἐὰν ταύτας τὰς ἐντολὰς φυλάξωσι καὶ πορευθῶσιν ἐν αὐταῖς.

---

[1] ἀντιτάσσω pres mid/pass inf, oppose, resist
[2] ἡσύχιος, ον, quiet, well-ordered
[3] ἐνδεής, ές, poor, impoverished
[4] πρεσβύτης, ου, ὁ, elder, elderly
[5] σέβω pres mid/pass inf, respect
[6] ἀσκέω pres act inf, practice, engage in
[7] ἀδελφότης, ητος, ἡ, fellowship
[8] συντηρέω pres act inf, protect, defend
[9] ὕβρις, εως, ἡ, shame, insult
[10] ὑποφέρω pres act inf, endure, bear
[11] μακρόθυμος, ον, patient, forbearing
[12] μνησικακία, ας, ἡ, vengefulness
[13] κάμνω pres act ptcp m.p.acc., be weary, ill
[14] σκανδαλίζω perf mid/pass ptcp m.p.acc., cause to sin, stumble
[15] ἀποβάλλω pres mid/pass inf, throw
[16] εὔθυμος, ον, cheerful
[17] νουθετέω pres act inf, admonish, warn, instruct
[18] χρεώστης, ου, ὁ, debtor
[19] θλίβω pres act inf, press upon, oppress
[20] ἐνδεής, ές, poor, impoverished
[21] ἐγκρατεύομαι pres mid/pass impv 2s, control oneself
[22] ἐγκρατεύομαι fut mid ind 2s, control oneself
[23] ἐγκρατεύομαι fut mid ind 2s, control oneself

## ΠΟΙΜΗΝ—Ἐντολαί

**39:1 (θ´ 1)** Λέγει μοι Ἆρον ἀπὸ σεαυτοῦ τὴν διψυχίαν[1] καὶ μηδὲν ὅλως[2] διψυχήσῃς[3] αἰτήσασθαί τι παρὰ τοῦ Θεοῦ, λέγων ἐν σεαυτῷ ὅτι πῶς δύναμαι αἰτήσασθαι παρὰ τοῦ Κυρίου καὶ λαβεῖν, ἡμαρτηκὼς τοσαῦτα[4] εἰς αὐτόν; **2** μὴ διαλογίζου[5] ταῦτα, ἀλλ' ἐξ ὅλης τῆς καρδίας σου ἐπίστρεψον ἐπὶ τὸν Κύριον, καὶ αἰτοῦ παρ' αὐτοῦ ἀδιστάκτως,[6] καὶ γνώσῃ τὴν πολυευσπλαγχνίαν[7] αὐτοῦ, ὅτι οὐ μή σε ἐγκαταλίπῃ,[8] ἀλλὰ τὸ αἴτημα[9] τῆς ψυχῆς σου πληροφορήσει.[10] **3** οὐκ ἔστι γὰρ ὁ Θεὸς ὡς οἱ ἄνθρωποι μνησικακοῦντες,[11] ἀλλ' αὐτὸς ἀμνησίκακος[12] ἐστι καὶ σπλαγχνίζεται[13] ἐπὶ τὴν ποίησιν[14] αὐτοῦ. **4** σὺ οὖν καθάρισόν σου τὴν καρδίαν ἀπὸ πάντων τῶν ματαιωμάτων[15] τοῦ αἰῶνος τούτου καὶ τῶν προειρημένων[16] σοι ῥημάτων, καὶ αἰτοῦ παρὰ τοῦ Κυρίου, καὶ ἀπολήψῃ[17] πάντα, καὶ ἀπὸ πάντων τῶν αἰτημάτων[18] σου ἀνυστέρητος[19] ἔσῃ, ἐὰν ἀδιστάκτως[20] αἰτήσῃς παρὰ τοῦ Κυρίου. **5** ἐὰν δὲ διστάσῃς[21] ἐν τῇ καρδίᾳ σου, οὐδὲν οὐ μὴ λήψῃ τῶν αἰτημάτων[22] σου. οἱ γὰρ διστάζοντες[23] εἰς τὸν Θεόν, οὗτοί εἰσιν οἱ

---

[1] διψυχία, ας, ἡ, double-mindedness
[2] ὅλως, adv, actually
[3] διψυχέω aor act sub 2s, be undecided, doubt
[4] τοσοῦτος, αύτη, οῦτον, so great, so large
[5] διαλογίζομαι pres mid/pass impv 2s, consider, argue
[6] ἀδιστάκτως, adv, without doubting
[7] πολυευσπλαγχνία, ας, ἡ, richness in mercy
[8] ἐγκαταλείπω aor act sub 2s, leave behind, abandon
[9] αἴτημα, τος, τό, request
[10] πληροφορέω fut act ind 3s, fill, fulfill
[11] μνησικακέω pres act ptcp m.p.nom., remember evil, bear a grudge
[12] ἀμνησίκακος, ον, bearing no malice, forgiving
[13] σπλαγχνίζομαι pres mid/pass ind 3s, have pity, feel sympathy
[14] ποίησις, ἡ, work, creation
[15] ματαίωμα, ατος, τό, emptiness, worthlessness
[16] προλέγω perf mid/pass ptcp n.p.gen., tell beforehand
[17] ἀπολαμβάνω fut mid ind 2s, receive, recover
[18] αἴτημα, ατος, τό, request
[19] ἀνυστέρητος, ον, not lacking
[20] ἀδιστάκτως, adv, without doubting
[21] διστάζω aor act sub 2s, doubt, hesitate
[22] αἴτημα, τό, ατος, request
[23] διστάζω pres act ptcp m.p.nom., doubt, hesitate

## ΠΟΙΜΗΝ—Ἐντολαί

δίψυχοι,¹ καὶ οὐδὲν ὅλως² ἐπιτυγχάνουσι³ τῶν αἰτημάτων⁴ αὐτῶν. **6** οἱ δὲ ὁλοτελεῖς⁵ ὄντες ἐν τῇ πίστει πάντα αἰτοῦνται πεποιθότες ἐπὶ τὸν Κύριον, καὶ λαμβάνουσιν, ὅτι ἀδιστάκτως⁶ αἰτοῦνται, μηδὲν διψυχοῦντες.⁷ πᾶς γὰρ δίψυχος⁸ ἀνήρ, ἐὰν μὴ μετανοήσῃ, δυσκόλως⁹ σωθήσεται. **7** καθάρισον οὖν τὴν καρδίαν σου ἀπὸ τῆς διψυχίας,¹⁰ ἔνδυσαι¹¹ δὲ τὴν πίστιν, ὅτι ἰσχυρά¹² ἐστι, καὶ πίστευε τῷ Θεῷ ὅτι πάντα τὰ αἰτήματά¹³ σου ἃ αἰτεῖς λήψῃ. καὶ ἐὰν αἰτησάμενός ποτε¹⁴ παρὰ τοῦ Κυρίου αἴτημα¹⁵ τι βραδύτερον¹⁶ λαμβάνῃς, μὴ διψυχήσῃς¹⁷ ὅτι ταχὺ¹⁸ οὐκ ἔλαβες τὸ αἴτημα¹⁹ τῆς ψυχῆς σου· πάντως²⁰ γὰρ διὰ πειρασμόν²¹ τινα ἢ παράπτωμά²² τι, ὃ σὺ ἀγνοεῖς,²³ βραδύτερον²⁴ λαμβάνεις τὸ αἴτημά²⁵ σου. **8** σὺ οὖν μὴ διαλίπῃς²⁶ αἰτούμενος τὸ αἴτημα²⁷ τῆς ψυχῆς σου, καὶ λήψῃ αὐτό. ἐὰν δὲ ἐκκακήσῃς²⁸ καὶ διψυχήσῃς²⁹ αἰτούμενος, σεαυτὸν αἰτιῶ³⁰ καὶ μὴ τὸν διδόντα σοι. **9** βλέπε τὴν διψυχίαν³¹ ταύτην· πονηρὰ γάρ ἐστι καὶ ἀσύνετος,³² καὶ πολλοὺς

---

¹ δίψυχος, ον, doubting, double-minded
² ὅλως, adv, actually
³ ἐπιτυγχάνω pres act ind 3p, obtain, attain to
⁴ αἴτημα, ατος, τό, request
⁵ ὁλοτελής, ες, quite complete
⁶ ἀδιστάκτως, adv, without doubting
⁷ διψυχέω pres act ptcp m.p.nom., be double-minded
⁸ δίψυχος, ον, doubting, double-minded
⁹ δυσκόλως, adv, hardly, with difficulty
¹⁰ διψυχία, ας, ἡ, double-mindedness
¹¹ ἐνδύω aor mid impv 2s, dress, clothe
¹² ἰσχυρός, ά, όν, strong, powerful
¹³ αἴτημα, ατος, τό, request
¹⁴ ποτέ, conj, ever
¹⁵ αἴτημα, ατος, τό, request
¹⁶ βραδύς, εῖα, ύ, slow
¹⁷ διψυχέω aor act sub 2s, be undecided, doubt
¹⁸ ταχύ, adv, quickly, soon
¹⁹ αἴτημα, ατος, τό, request
²⁰ πάντως, adv, certainly, altogether
²¹ πειρασμός, οῦ, ὁ, test, temptation
²² παράπτωμα, ατος, τό, transgression, sin
²³ ἀγνοέω pres act ind 2s, not to know, be ignorant
²⁴ βραδύς, εῖα, ύ, slow
²⁵ αἴτημα, ατος, τό, request
²⁶ διαλείπω aor act sub 2s, stop, cease
²⁷ αἴτημα, ατος, τό, request
²⁸ ἐκκακέω aor act sub 2s, lose heart
²⁹ διψυχέω aor act sub 2s, be double-minded
³⁰ αἰτιάομαι pres mid/pass impv 2s, blame, accuse
³¹ διψυχία, ας, ἡ, double-mindedness
³² ἀσύνετος, ον, senseless, foolish

ΠΟΙΜΗΝ—Ἐντολαί

ἐκριζοῖ¹ ἀπὸ τῆς πίστεως, καὶ γε² λίαν³ πιστοὺς καὶ ἰσχυροὺς.⁴ καὶ γὰρ αὕτη ἡ διψυχία⁵ θυγάτηρ ἐστὶ τοῦ διαβόλου, καὶ λίαν⁶ πονηρεύεται⁷ εἰς τοὺς δούλους τοῦ Θεοῦ. **10** καταφρόνησον⁸ οὖν τῆς διψυχίας⁹ καὶ κατακυρίευσον¹⁰ αὐτῆς ἐν παντὶ πράγματι,¹¹ ἐνδυσάμενος¹² τὴν πίστιν τὴν ἰσχυρὰν¹³ καὶ δυνατήν. ἡ γὰρ πίστις πάντα ἐπαγγέλλεται,¹⁴ πάντα τελειοῖ·¹⁵ ἡ δὲ διψυχία¹⁶ μὴ καταπιστεύουσα¹⁷ ἑαυτῇ πάντων ἀποτυγχάνει¹⁸ τῶν ἔργων αὐτῆς ὧν πράσσει. **11** βλέπεις οὖν, φησίν, ὅτι ἡ πίστις ἄνωθέν¹⁹ ἐστι παρὰ τοῦ Κυρίου, καὶ ἔχει δύναμιν μεγάλην· ἡ δὲ διψυχία²⁰ ἐπίγειον²¹ πνεῦμά ἐστι παρὰ τοῦ διαβόλου, δύναμιν μὴ ἔχουσα. **12** σὺ οὖν δούλευε²² τῇ ἐχούσῃ δύναμιν τῇ πίστει, καὶ ἀπὸ τῆς διψυχίας²³ ἀπόσχου²⁴ τῆς μὴ ἐχούσης δύναμιν, καὶ ζήσῃ τῷ Θεῷ, καὶ πάντες ζήσονται τῷ Θεῷ οἱ ταῦτα φρονοῦντες.²⁵

---

[1] ἐκριζόω pres act ind 3s, pull up by the roots, utterly destroy
[2] γέ, part, at least, even
[3] λίαν, adv, very, exceedingly
[4] ἰσχυρός, ά, όν, strong, powerful
[5] διψυχία, ας, ἡ, double-mindedness
[6] λίαν, adv, very, exceedingly
[7] πονηρεύομαι pres mid/pass ind 3s, be wicked, do wrong
[8] καταφρονέω aor act impv 2s, despise, not care for
[9] διψυχία, ας, ἡ, double-mindedness
[10] κατακυριεύω aor act impv 2s, gain dominion over, be master
[11] πρᾶγμα, ατος, τό, deed, matter
[12] ἐνδύω aor mid ptcp m.s.nom., dress, clothe
[13] ἰσχυρός, ά, όν, strong, powerful
[14] ἐπαγγέλλομαι pres mid/pass ind 3s, promise, profess
[15] τελειόω pres act ind 3s, complete, bring to an end
[16] διψυχία, ας, ἡ, double-mindedness
[17] καταπιστεύω pres act ptcp f.s.nom., trust
[18] ἀποτυγχάνω pres act ind 3s, fail, have no success with
[19] ἄνωθεν, adv, from above, again
[20] διψυχία, ας, ἡ, double-mindedness
[21] ἐπίγειος, ον, earthly
[22] δουλεύω pres act impv 2s, be a slave, obey
[23] διψυχία, ας, ἡ, double-mindedness
[24] ἀπέχω aor mid impv 2s, keep away from, abstain from
[25] φρονέω pres act ptcp m.p.nom., think, set one's mind on

ΠΟΙΜΗΝ—Ἐντολαί

**40:1 (ἰ 1)** Ἆρον ἀπὸ σεαυτοῦ, φησί, τὴν λύπην·[1] καὶ γὰρ αὕτη ἀδελφή[2] ἐστι τῆς διψυχίας[3] καὶ τῆς ὀξυχολίας.[4] **2** Πῶς, φημί, κύριε, ἀδελφή[5] ἐστι τούτων; ἄλλο γάρ μοι δοκεῖ εἶναι ὀξυχολία,[6] καὶ ἄλλο διψυχία,[7] καὶ ἄλλο λύπη.[8] ἀσύνετος[9] εἶ ἄνθρωπος, φησί, καὶ οὐ νοεῖς[10] ὅτι ἡ λύπη[11] πάντων τῶν πνευμάτων πονηροτέρα ἐστί, καὶ δεινοτάτη[12] τοῖς δούλοις τοῦ Θεοῦ, καὶ παρὰ πάντα τὰ πνεύματα καταφθείρει[13] τὸν ἄνθρωπον, καὶ ἐκτρίβει[14] τὸ πνεῦμα τὸ ἅγιον, καὶ πάλιν σώζει. **3** Ἐγώ, φημί, κύριε, ἀσύνετός[15] εἰμι καὶ οὐ συνίω[16] τὰς παραβολὰς ταύτας. πῶς γὰρ δύναται ἐκτρίβειν[17] καὶ πάλιν σώζειν, οὐ νοῶ.[18] **4** Ἄκουε, φησίν· οἱ μηδέποτε[19] ἐρευνήσαντες[20] περὶ τῆς ἀληθείας μηδὲ ἐπιζητήσαντες[21] περὶ τῆς θεότητος,[22] πιστεύσαντες δὲ μόνον, ἐμπεφυρμένοι[23] δὲ πραγματείαις[24] καὶ πλούτῳ[25] καὶ φιλίαις[26] ἐθνικαῖς[27] καὶ ἄλλαις πολλαῖς πραγματείαις τοῦ αἰῶνος τούτου· ὅσοι οὖν τούτοις πρόσκεινται,[28] οὐ νοοῦσι[29] τὰς παραβολὰς τῆς

---

[1] λύπην, ης, ἡ, grief, sorrow
[2] ἀδελφή, ῆς, ἡ, sister
[3] διψυχία, ας, ἡ, double-mindedness
[4] ὀξυχολία, ας, ἡ, irritability, bad temper
[5] ἀδελφή, ῆς, ἡ, sister
[6] ὀξυχολία, ας, ἡ, irritability, bad temper
[7] διψυχία, ας, ἡ, double-mindedness
[8] λύπη, ης, ἡ, grief, sorrow
[9] ἀσύνετος, ον, senseless, foolish
[10] νοέω pres act ind 2s, perceive, consider
[11] λύπη, ης, ἡ, grief, sorrow
[12] δεινός, ή, όν, fearful, terrible
[13] καταφθείρω pres act ind 3s, destroy, ruin
[14] ἐκτρίβω pres act ind 3s, wear out, destroy
[15] ἀσύνετος, ον, senseless, foolish
[16] συνίημι pres act ind 1s, understand, comprehend
[17] ἐκτρίβω pres act inf, wear out, destroy
[18] νοέω pres act ind 1s, perceive, consider
[19] μηδέποτε, adv, never
[20] ἐρευνάω aor act ptcp m.p.nom., examine, investigate
[21] ἐπιζητέω aor act ptcp m.p.nom., search for, inquire
[22] θεότης, ητος, ἡ, deity, divinity
[23] ἐμφύρω perf mid/pass ptcp m.p.nom., mix up, knead in
[24] πραγματεία, ας, ἡ, activity, business affairs
[25] πλοῦτος, ου, ὁ, wealth, riches
[26] φιλία, ας, ἡ, friendship, love
[27] ἐθνικός, ή, όν, national, gentile
[28] πρόσκειμαι pres mid/pass ind 3p, be involved in, be devoted to
[29] νοέω pres act ind 3p, perceive, consider

## ΠΟΙΜΗΝ—Ἐντολαί

θεότητος·[1] ἐπισκοτοῦνται[2] γὰρ ὑπὸ τούτων τῶν πράξεων[3] καὶ καταφθείρονται καὶ γίνονται κεχερσωμένοι.[4] **5** καθὼς οἱ ἀμπελῶνες[5] οἱ καλοί, ὅταν ἀμελείας[6] τύχωσι,[7] χερσοῦνται[8] ἀπὸ τῶν ἀκανθῶν[9] καὶ βοτανῶν[10] ποικίλων,[11] οὕτως οἱ ἄνθρωποι οἱ πιστεύσαντες καὶ εἰς ταύτας τὰς πράξεις[12] τὰς πολλὰς ἐμπίπτοντες[13] τὰς προειρημένας[14] ἀποπλανῶνται[15] ἀπὸ τῆς διανοίας[16] αὐτῶν καὶ οὐδὲν ὅλως[17] νοοῦσι[18] περὶ τῆς δικαιοσύνης· καὶ γὰρ ὅταν ἀκούσωσι περὶ θεότητος[19] καὶ ἀληθείας, ὁ νοῦς[20] αὐτῶν περὶ τὴν πρᾶξιν[21] αὐτῶν καταγίνεται,[22] καὶ οὐδὲν ὅλως[23] νοοῦσιν.[24] **6** οἱ δὲ φόβον ἔχοντες Θεοῦ καὶ ἐρευνῶντες[25] περὶ θεότητος[26] καὶ ἀληθείας, καὶ τὴν καρδίαν ἔχοντες πρὸς τὸν Κύριον, πάντα τὰ λεγόμενα αὐτοῖς τάχιον[27] νοοῦσι[28] καὶ

---

[1] θεότης, ητος, ἡ, deity, divinity
[2] ἐπισκοτέω pres mid/pass ind 3p, darken, obscure
[3] πρᾶξις, εως, ἡ, activity, way of acting, deed
[4] χερσόω perf mid/pass ptcp m.p.nom., make dry and barren
[5] ἀμπελών, ῶνος, ὁ, vineyard
[6] ἀμελεία, ας, ἡ, neglect
[7] τυγχάνω aor act sub 3p, meet, experience
[8] χερσόω pres mid/pass ind 3p, make dry and barren
[9] ἄκανθα, ας, ἡ, thorn-plant
[10] βοτάνη, ης, ἡ, plant, herb
[11] ποικίλος, η, ον, of various kinds, many-colored
[12] πρᾶξις, εως, ἡ, activity, way of acting, deed
[13] ἐμπίπτω pres act ptcp m.p.nom., fall into, fall among
[14] προλέγω perf mid/pass ptcp f.p.acc., tell beforehand, be said above
[15] ἀποπλανάω pres mid/pass ind 3p, mislead, wander away from
[16] διάνοια, ας, ἡ, understanding, mind
[17] ὅλως, adv, actually
[18] νοέω pres act ind 3p, perceive, consider
[19] θεότης, ητος, ἡ, deity, divinity
[20] νοῦς, ός, ὁ, mind, understanding
[21] πρᾶξις, εως, ἡ, activity, way of acting, deed
[22] καταγίνομαι pres mid/pass ind 3s, busy oneself, be taken up with something
[23] ὅλως, adv, actually
[24] νοέω pres act ind 3p, perceive, consider
[25] ἐρευνάω pres act ptcp m.p.nom., examine, investigate
[26] θεότης, ητος, ἡ, deity, divinity
[27] ταχύς, εῖα, ύ, adv, quick, swift
[28] νοέω pres act ind 3p, perceive, consider

## ΠΟΙΜΗΝ—Ἐντολαί

συνίουσιν,¹ ὅτι ἔχουσι τὸν φόβον τοῦ Κυρίου ἐν ἑαυτοῖς· ὅπου γὰρ ὁ Κύριος κατοικεῖ, ἐκεῖ καὶ σύνεσις² πολλή. κολλήθητι οὖν τῷ Κυρίῳ, καὶ πάντα συνήσεις³ καὶ νοήσεις.⁴

**41:1 (ί 2)** Ἄκουε νῦν, φησίν, ἀνόητε,⁵ πῶς ἡ λύπη⁶ ἐκτρίβει⁷ τὸ πνεῦμα τὸ ἅγιον καὶ πάλιν σώζει. **2** ὅταν ὁ δίψυχος⁸ ἐπιβάληται⁹ πρᾶξίν¹⁰ τινα, καὶ ταύτης ἀποτύχῃ¹¹ διὰ τὴν διψυχίαν¹² αὐτοῦ, ἡ λύπη¹³ αὕτη εἰσπορεύεται¹⁴ εἰς τὸν ἄνθρωπον, καὶ λυπεῖ¹⁵ τὸ πνεῦμα τὸ ἅγιον καὶ ἐκτρίβει¹⁶ αὐτό. **3** εἶτα¹⁷ πάλιν ἡ ὀξυχολία¹⁸ ὅταν κολληθῇ¹⁹ τῷ ἀνθρώπῳ περὶ πράγματός²⁰ τινος, καὶ λίαν²¹ πικρανθῇ,²² πάλιν ἡ λύπη²³ εἰσπορεύεται²⁴ εἰς τὴν καρδίαν τοῦ ἀνθρώπου τοῦ ὀξυχολήσαντος,²⁵ καὶ λυπεῖται²⁶ ἐπὶ τῇ πράξει αὐτοῦ ᾗ ἔπραξε, καὶ μετανοεῖ ὅτι πονηρὸν εἰργάσατο. **4** αὕτη οὖν ἡ λύπη²⁷ δοκεῖ σωτηρίαν ἔχειν, ὅτι τὸ πονηρὸν πράξας

---

¹ συνίημι pres act ind 3p, understand, comprehend
² σύνεσις, εως, ἡ, comprehension, insight
³ συνίημι fut act ind 2s, understand, comprehend
⁴ νοέω fut act ind 2s, perceive, consider
⁵ ἀνόητος, ος, unintelligent, foolish
⁶ λύπη, ης, ἡ, grief, sorrow
⁷ ἐκτρίβω pres act ind 3s, wear out, destroy
⁸ δίψυχος, ον, doubting, double-minded
⁹ ἐπιβάλλω aor mid sub 3s, throw oneself upon something, take something upon oneself
¹⁰ πρᾶξις, εως, ἡ, activity, way of acting, deed
¹¹ ἀποτυγχάνω aor act sub 3s fail, have no success with
¹² διψυχία, ας, ἡ, double-mindedness
¹³ λύπη, ης, ἡ, grief, sorrow
¹⁴ εἰσπορεύομαι pres mid/pass ind 3s, go in, enter
¹⁵ λυπέω pres mid/pass ind 3s, grieve, pain
¹⁶ ἐκτρίβω pres act ind 3s, wear out, destroy
¹⁷ εἶτα, adv, then, furthermore
¹⁸ ὀξυχολία, ας, ἡ, irritability, bad temper
¹⁹ κολλάω aor pass sub 3s, bind, attach to someone
²⁰ πρᾶγμα, ατος, τό, deed, matter
²¹ λίαν, adv, very, exceedingly
²² πικραίνω aor pass sub 3s, make bitter, become embittered
²³ λύπη, ης, ἡ, grief, sorrow
²⁴ εἰσπορεύομαι pres mid/pass ind 3s, go in, enter
²⁵ ὀξυχολέω aor act ptcp m.s.gen., be irritable, easily moved to anger
²⁶ λυπέω pres mid/pass ind 3s, grieve, pain
²⁷ λύπη, ης, ἡ, grief, sorrow

## ΠΟΙΜΗΝ—Ἐντολαί

μετενόησεν. ἀμφότεραι οὖν αἱ πράξεις[1] λυποῦσι[2] τὸ πνεῦμα· ἡ μὲν διψυχία,[3] ὅτι οὐκ ἐπέτυχε[4] τῆς πράξεως[5] αὐτῆς, ἡ δὲ ὀξυχολία[6] λυπεῖ[7] τὸ πνεῦμα, ὅτι ἔπραξε τὸ πονηρόν. ἀμφότερα[8] οὖν λυπηρά[9] ἐστι τῷ πνεύματι τῷ ἁγίῳ, ἡ διψυχία[10] καὶ ἡ ὀξυχολία.[11] **5** ἆρον οὖν ἀπὸ σεαυτοῦ τὴν λύπην[12] καὶ μὴ θλίβε[13] τὸ πνεῦμα τὸ ἅγιον τὸ ἐν σοὶ κατοικοῦν, μήποτε[14] ἐντεύξηται[15] κατὰ σου τῷ Θεῷ καὶ ἀποστῇ[16] ἀπὸ σοῦ. **6** τὸ γὰρ πνεῦμα τοῦ Θεοῦ τὸ δοθὲν εἰς τὴν σάρκα ταύτην λύπην[17] οὐχ ὑποφέρει[18] οὐδὲ στενοχωρίαν.[19]

**42:1 (ί 3)** ἔνδυσαι[20] οὖν τὴν ἱλαρότητα[21] τὴν πάντοτε ἔχουσαν χάριν παρὰ τῷ Θεῷ καὶ εὐπρόσδεκτον[22] οὖσαν αὐτῷ, καὶ ἐντρύφα[23] ἐν αὐτῇ. πᾶς γὰρ ἱλαρὸς[24] ἀνὴρ ἀγαθὰ ἐργάζεται καὶ ἀγαθὰ φρονεῖ,[25] καὶ καταφρονεῖ[26] τῆς λύπης.[27] **2** ὁ δὲ λυπηρὸς[28] ἀνὴρ

---

[1] πρᾶξις, εως, ἡ, activity, way of acting, deed
[2] λυπέω pres act ind 3p, grieve, pain
[3] διψυχία, ας, ἡ, double-mindedness
[4] ἐπιτυγχάνω aor act ind 3s, obtain, attain to
[5] πρᾶξις, εως, ἡ, activity, way of acting, deed
[6] ὀξυχολία, ας, ἡ, irritability, bad temper
[7] λυπέω pres mid/pass ind 3s, grieve, pain
[8] ἀμφότεροι, αι, α, both, all
[9] λυπηρός, ά, όν, painful, distressing
[10] διψυχία, ας, ἡ, double-mindedness
[11] ὀξυχολία, ας, ἡ, irritability, bad temper
[12] λύπη, ης, ἡ, grief, sorrow
[13] θλίβω pres act impv 2s, press upon, oppress
[14] μήποτε, conj, ever
[15] ἐντυγχάνω aor mid sub 3s, meet, approach, petition
[16] ἀφίστημι aor act sub 3s, go away, withdraw
[17] λύπη, ης, ἡ, grief, sorrow
[18] ὑποφέρω pres act ind 3s, bear up under, submit to
[19] στενοχωρία, ας, ἡ, distress, difficulty
[20] ἐνδύω aor mid impv 2s, dress, clothe
[21] ἱλαρότης, τητος, ἡ, cheerfulness, gladness
[22] εὐπρόσδεκτος, ον, acceptable, pleasant
[23] ἐντρυφάω pres act impv 2s, revel, carouse
[24] ἱλαρός, ά, όν, cheerful, glad
[25] φρονέω pres act ind 3s, think, set one's mind on
[26] καταφρονέω pres act ind 3s, despise, care nothing for
[27] λύπη, ης, ἡ, grief, sorrow
[28] λυπηρός, ά, όν, painful, distressing

## ΠΟΙΜΗΝ—Ἐντολαί

πάντοτε πονηρεύεται·[1] πρῶτον μὲν πονηρεύεται,[2] ὅτι λυπεῖ[3] τὸ πνεῦμα τὸ ἅγιον τὸ δοθὲν τῷ ἀνθρώπῳ ἱλαρόν·[4] δεύτερον δὲ λυπῶν[5] τὸ πνεῦμα τὸ ἅγιον ἀνομίαν[6] ἐργάζεται, μὴ ἐντυγχάνων[7] μηδὲ ἐξομολογούμενος[8] τῷ Θεῷ. πάντοτε γὰρ λυπηροῦ[9] ἀνδρὸς ἡ ἔντευξις[10] οὐκ ἔχει δύναμιν τοῦ ἀναβῆναι ἐπὶ τὸ θυσιαστήριον[11] τοῦ Θεοῦ. 3 Διατί,[12] φημί, οὐκ ἀναβαίνει ἐπὶ τὸ θυσιαστήριον[13] ἡ ἔντευξις[14] τοῦ λυπουμένου;[15] Ὅτι, φησίν, ἡ λύπη[16] ἐγκάθηται[17] εἰς τὴν καρδίαν αὐτοῦ· μεμιγμένη[18] οὖν ἡ λύπη[19] μετὰ τῆς ἐντεύξεως[20] οὐκ ἀφίησι τὴν ἔντευξιν[21] ἀναβῆναι καθαρὰν[22] ἐπὶ τὸ θυσιαστήριον.[23] ὥσπερ γὰρ ὄξος[24] καὶ οἶνος μεμιγμένα[25] ἐπὶ τὸ αὐτὸ τὴν αὐτὴν ἡδονὴν[26] οὐκ ἔχουσιν, οὕτω καὶ ἡ λύπη[27] μεμιγμένη μετὰ τοῦ ἁγίου πνεύματος τὴν αὐτὴν ἔντευξιν[28] οὐκ ἔχει. 4 καθάρισον οὖν σεαυτὸν ἀπὸ τῆς λύπης[29] τῆς πονηρᾶς ταύτης, καὶ ζήσῃ τῷ Θεῷ· καὶ πάντες ζήσονται τῷ Θεῷ ὅσοι ἂν

---

[1] πονηρεύομαι pres mid/pass ind 3s, be wicked, do wrong
[2] πονηρεύομαι pres mid/pass ind 3s, be wicked, do wrong
[3] λυπέω pres act ind 3s, grieve, pain
[4] ἱλαρός, ά, όν, cheerful, glad
[5] λυπέω pres act ptcp m.s.nom., grieve, pain
[6] ἀνομία, ας, ἡ, lawlessness
[7] ἐντυγχάνω pres act ptcp m.s.nom., meet, approach, petition
[8] ἐξομολογέω pres mid/pass ptcp m.s.nom., promise, confess
[9] λυπηρός, ά, όν, painful, distressing
[10] ἔντευξις, εως, ἡ, petition, prayer
[11] θυσιαστήριον, ου, τό, altar
[12] διατί, part, why?
[13] θυσιαστήριον, ου, τό, altar
[14] ἔντευξις, εως, ἡ, petition, prayer
[15] λυπέω pres mid/pass ptcp m.s.gen., grieve, pain
[16] λύπη, ης, ἡ, grief, sorrow
[17] ἐγκάθημαι pres mid/pass ind 3s, lie hidden in
[18] μίγνυμι perf mid/pass ptcp f.s.nom., mix, mingle
[19] λύπη, ης, ἡ, grief, sorrow
[20] ἔντευξις, εως, ἡ, petition, prayer
[21] ἔντευξις, εως, ἡ, petition, prayer
[22] καθαρός, ά, όν, clean, pure
[23] θυσιαστήριον, ου, τό, altar
[24] ὄξος, ους, τό, sour wine, vinegar
[25] μίγνυμι perf mid/pass ptcp n.p.nom., mix, mingle
[26] ἡδονή, ῆς, ἡ, pleasure, agreeable taste
[27] λύπη, ης, ἡ, grief, sorrow
[28] ἔντευξις, εως, ἡ, petition, prayer
[29] λύπη, ης, ἡ, grief, sorrow

ἀποβάλωσιν¹ ἀφ᾿ ἑαυτῶν τὴν λύπην² καὶ ἐνδύσωνται³ πᾶσαν ἱλαρότητα.⁴

**43:1 (ια΄.1)** Ἔδειξέ μοι ἐπὶ συμψελλίου⁵ καθημένους ἀνθρώπους, καὶ ἕτερον ἄνθρωπον καθήμενον ἐπὶ καθέδραν.⁶ καὶ λέγει μοι· Βλέπεις τοὺς ἐπὶ τοῦ συμψελλίου⁷ καθημένους; Βλέπω, φημί, κύριε. Οὗτοι, φησί, πιστοί εἰσι, καὶ ὁ καθήμενος ἐπὶ τὴν καθέδραν⁸ ψευδοπροφήτης⁹ ἐστὶν ὃς ἀπόλλυσι τὴν διάνοιαν¹⁰ τῶν δούλων τοῦ Θεοῦ· τῶν διψύχων¹¹ δὲ ἀπόλλυσιν, οὐ τῶν πιστῶν. **2** οὗτοι οὖν οἱ δίψυχοι¹² ὡς ἐπὶ μάγον¹³ ἔρχονται, καὶ ἐπερωτῶσιν αὐτὸν τί ἄρα ἔσται αὐτοῖς· κἀκεῖνος ὁ ψευδοπροφήτης,¹⁴ μηδεμίαν ἔχων ἐν ἑαυτῷ δύναμιν πνεύματος θείου,¹⁵ λαλεῖ μετ᾿ αὐτῶν κατὰ τὰ ἐπερωτήματα¹⁶ αὐτῶν καὶ κατὰ τὰς ἐπιθυμίας τῆς πονηρίας¹⁷ αὐτῶν, καὶ πληροῖ τὰς ψυχὰς αὐτῶν καθὼς αὐτοὶ βούλονται. **3** αὐτὸς γὰρ κενὸς¹⁸ ὢν κενὰ¹⁹ καὶ ἀποκρίνεται κενοῖς·²⁰ ὃ γὰρ ἐὰν ἐπερωτηθῇ, πρὸς τὸ κένωμα²¹ τοῦ ἀνθρώπου ἀποκρίνεται. τινὰ δὲ καὶ ῥήματα ἀληθῆ²² λαλεῖ· ὁ γὰρ διάβολος πληροῖ αὐτὸν τῷ αὐτοῦ πνεύματι, εἴ τινα δυνήσεται ῥῆξαι²³ τῶν δικαίων. **4** ὅσοι οὖν ἰσχυροί²⁴ εἰσιν ἐν τῇ πίστει τοῦ Κυρίου, ἐνδεδυμένοι²⁵ τὴν ἀλήθειαν, τοῖς τοιούτοις πνεύμασιν οὐ

---

¹ ἀποβάλλω aor act sub 3p, throw away, take off
² λύπη, ης, ἡ, grief, sorrow
³ ἐνδύω aor mid sub 3p, dress, clothe
⁴ ἱλαρότης, τητος, ἡ, cheerfulness, gladness
⁵ συμψέλλιον, ου, τό, a bench
⁶ καθέδρα, ας, ἡ, chair, seat
⁷ συμψέλλιον, ου, τό, a bench
⁸ καθέδρα, ας, ἡ, chair, seat
⁹ ψευδοπροφήτης, ου, ὁ, false prophet
¹⁰ διάνοια, ας, ἡ, understanding
¹¹ δίψυχος, ον, doubting
¹² δίψυχος, ον, doubting
¹³ μάγος, οῦ, ὁ, magus, magician
¹⁴ ψευδοπροφήτης, ου, ὁ, false prophet
¹⁵ θεῖος, θεία, θεῖον, divine
¹⁶ ἐπερώτημα, ατος, τό, question, appeal
¹⁷ πονηρία, ας, ἡ, wickedness
¹⁸ κενός, ή, όν, empty
¹⁹ κενός, ή, όν, empty
²⁰ κενός, ή, όν, empty
²¹ κένωμα, ατος, τό, empty space
²² ἀληθής, ές, truthful
²³ ῥήγνυμι aor act inf, tear in pieces
²⁴ ἰσχυρός, ά, όν, strong, powerful
²⁵ ἐνδύω perf mid/pass ptc m.p.nom., dress, clothe

## ΠΟΙΜΗΝ—Ἐντολαί

κολλῶνται,[1] ἀλλ' ἀπέχονται[2] ἀπ' αὐτῶν. ὅσοι δὲ δίψυχοί[3] εἰσι καὶ πυκνῶς[4] μετανοοῦσι,[5] μαντεύονται[6] ὡς καὶ τὰ ἔθνη, καὶ ἑαυτοῖς μείζονα ἁμαρτίαν ἐπιφέρουσιν[7] εἰδωλολατροῦντες·[8] ὁ γὰρ ἐπερωτῶν ψευδοπροφήτην[9] περὶ πράξεώς[10] τινος εἰδωλολάτρης[11] ἐστὶ καὶ κενὸς[12] ἀπὸ τῆς ἀληθείας καὶ ἄφρων.[13] **5** πᾶν γὰρ πνεῦμα ἀπὸ Θεοῦ δοθὲν οὐκ ἐπερωτᾶται, ἀλλὰ ἔχον τὴν δύναμιν τῆς θεότητος[14] ἀφ' ἑαυτοῦ λαλεῖ πάντα, ὅτι ἄνωθέν[15] ἐστιν ἀπὸ τῆς δυνάμεως τοῦ θείου[16] πνεύματος. **6** τὸ δὲ πνεῦμα τὸ ἐπερωτώμενον καὶ λαλοῦν κατὰ τὰς ἐπιθυμίας τῶν ἀνθρώπων ἐπίγειόν[17] ἐστι καὶ ἐλαφρόν,[18] δύναμιν μὴ ἔχον· καὶ ὅλως[19] οὐ λαλεῖ ἐὰν μὴ ἐπερωτηθῇ. **7** Πῶς οὖν, φημί, κύριε, ἄνθρωπος γνώσεται τίς αὐτῶν προφήτης καὶ τίς ψευδοπροφήτης[20] ἐστίν; Ἄκουε, φησί, περὶ ἀμφοτέρων[21] τῶν προφητῶν· καὶ ὥς σοι μέλλω λέγειν, οὕτω δοκιμάσεις[22] τὸν προφήτην καὶ τὸν ψευδοπροφήτην.[23] ἀπὸ τῆς ζωῆς δοκίμαζε[24] τὸν ἄνθρωπον τὸν ἔχοντα τὸ πνεῦμα τὸ θεῖον.[25]

---

[1] κολλάω pres mid/pass ind 3p, bind closely
[2] ἀπέχω pres mid/pass in 3p, be paid in full, suffice
[3] δίψυχος, ον, doubting, hesitating
[4] πυκνῶς, adv, frequently
[5] μετανοέω pres act ind 3p, change one's mind, repent
[6] μαντεύομαι pres mid/pass ind 3p, prophesy
[7] ἐπιφέρω pres act ind 3p, bring, give
[8] εἰδωλολατρέω pres act ptcp m.p.nom., become an image-worshiper
[9] ψευδοπροφήτης, ου, ὁ, false prophet
[10] πρᾶξις, εως, ἡ, acting, act
[11] εἰδωλολάτρης, ου, ὁ, image-worshiper
[12] κενός, ή, όν, empty
[13] ἄφρων, ονος, ὁ, foolish
[14] θεότης, ητος, ἡ, deity, divine
[15] ἄνωθεν, adv, from above, again
[16] θεῖος, θεία, θεῖον, divine
[17] ἐπίγειος, ον, earthly
[18] ἐλαφρός, ά, όν, light
[19] ὅλως, adv, actually
[20] ψευδοπροφήτης, ου, ὁ, false prophet
[21] ἀμφότεροι, αι, α, both
[22] δοκιμάζω fut act ind 2s, put to the test, prove
[23] ψευδοπροφήτης, ου, ὁ, false prophet
[24] δοκιμάζω pres act impv 2s, put to the test, prove
[25] θεῖος, θεία, θεῖον, divine

## ΠΟΙΜΗΝ—Ἐντολαί

**8** πρῶτον μὲν ὁ ἔχων τὸ πνεῦμα τὸ θεῖον[1] τὸ ἄνωθεν[2] πραΰς[3] ἐστι καὶ ἡσύχιος[4] καὶ ταπεινόφρων[5] καὶ ἀπεχόμενος[6] ἀπὸ πάσης πονηρίας[7] καὶ ἐπιθυμίας ματαίας[8] τοῦ αἰῶνος τούτου, καὶ ἑαυτὸν ἐνδεέστερον[9] ποιεῖ πάντων τῶν ἀνθρώπων, καὶ οὐδενὶ οὐδὲν ἀποκρίνεται ἐπερωτώμενος, οὐδὲ κατὰ μόνας λαλεῖ οὐδὲ ὅταν θέλῃ ἄνθρωπος λαλεῖν, λαλεῖ τὸ πνεῦμα τὸ ἅγιον ἀλλὰ τότε λαλεῖ, ὅταν θελήσῃ αὐτὸν ὁ Θεὸς λαλῆσαι. **9** ὅταν οὖν ἔλθῃ ὁ ἄνθρωπος ὁ ἔχων τὸ πνεῦμα τὸ θεῖον[10] εἰς συναγωγὴν ἀνδρῶν δικαίων τῶν ἐχόντων πίστιν θείου[11] πνεύματος, καὶ ἔντευξις[12] γένηται πρὸς τὸν Θεὸν τῆς συναγωγῆς τῶν ἀνδρῶν ἐκείνων, τότε ὁ ἄγγελος τοῦ πνεύματος τοῦ προφητικοῦ[13] ὁ κείμενος[14] πρὸς αὐτὸν πληροῖ τὸν ἄνθρωπον, καὶ πληρωθεὶς ὁ ἄνθρωπος τῷ πνεύματι τῷ ἁγίῳ λαλεῖ εἰς τὸ πλῆθος, καθὼς ὁ Κύριος βούλεται. **10** οὕτως οὖν φανερὸν[15] ἔσται τὸ πνεῦμα τῆς θεότητος.[16] ὅση οὖν περὶ τοῦ πνεύματος τῆς θεότητος[17] τοῦ Κυρίου, ἡ δύναμις αὕτη. **11** Ἄκουε νῦν, φησί, περὶ τοῦ πνεύματος τοῦ ἐπιγείου[18] καὶ κενοῦ[19] καὶ δύναμιν μὴ ἔχοντος, ἀλλὰ ὄντος μωροῦ.[20] **12** πρῶτον μὲν ὁ ἄνθρωπος ἐκεῖνος ὁ δοκῶν πνεῦμα ἔχειν ὑψοῖ[21] ἑαυτὸν καὶ θέλει πρωτοκαθεδρίαν[22] ἔχειν, καὶ εὐθὺς ἰταμός[23] ἐστι καὶ ἀναιδὴς[24] καὶ πολύλαλος[25] καὶ ἐν τρυφαῖς[26] πολλαῖς

---

[1] θεῖος, θεία, θεῖον, divine
[2] ἄνωθεν, adv, from above, again
[3] πραΰς, πραεῖα, πραΰ, gentle, humble
[4] ἡσύχιος, ον, quiet
[5] ταπεινόφρων, ον, humble
[6] ἀπέχω pres mid/pass ptcp m.s.nom., be paid in full, suffice
[7] πονηρία, ας, ἡ, wickedness
[8] μάταιος, αία, αιον, idle, empty
[9] ἐνδεής, ές, poor
[10] θεῖος, θεία, θεῖον, divine
[11] θεῖος, θεία, θεῖον, divine
[12] ἔντευξις, εως, ἡ, petition, prayer
[13] προφητικός, ή, όν, prophetic
[14] κεῖμαι pres mid/pass ptcp m.s.nom., lie, recline
[15] φανερός, ά, όν, visible, clear
[16] θεότης, ητος, ἡ, deity, divinity
[17] θεότης, ητος, ἡ, deity, divinity
[18] ἐπίγειος, ον, earthly
[19] κενός, ή, όν, empty
[20] μωρός, ά, όν, foolish, stupid
[21] ὑψόω pres act ind 3s, raise up, exalt
[22] πρωτοκαθεδρία, ας, ἡ, seat of honor
[23] ἰταμός, ή, όν, bold, impetuous
[24] ἀναιδής, ές, shameless, bold
[25] πολύλαλος, ον, talkative, garrulous
[26] τρυφή, ῆς, ἡ, indulgence, reveling

## ΠΟΙΜΗΝ—Ἐντολαί

ἀναστρεφόμενος[1] καὶ ἐν ἑτέραις πολλαῖς ἀπάταις,[2] καὶ μισθοὺς[3] λαμβάνων τῆς προφητείας[4] αὐτοῦ· ἐὰν δὲ μὴ λάβῃ, οὐ προφητεύει.[5] δύναται οὖν πνεῦμα θεῖον[6] μισθοὺς[7] λαμβάνειν καὶ προφητεύειν;[8] οὐκ ἐνδέχεται[9] τοῦτο ποιεῖν Θεοῦ προφήτην, ἀλλὰ τῶν τοιούτων προφητῶν ἐπίγειόν[10] ἐστι τὸ πνεῦμα. **13** εἶτα[11] ὅλως[12] εἰς συναγωγὴν ἀνδρῶν δικαίων οὐκ ἐγγίζει, ἀλλ' ἀποφεύγει[13] αὐτούς. κολλᾶται[14] δὲ τοῖς διψύχοις[15] καὶ κενοῖς,[16] καὶ κατὰ γωνίαν[17] αὐτοῖς προφητεύει,[18] καὶ ἀπατᾷ[19] αὐτοὺς λαλῶν κατὰ τὰς ἐπιθυμίας αὐτῶν πάντα κενῶς·[20] κενοῖς[21] γὰρ καὶ ἀποκρίνεται. τὸ γὰρ κενὸν[22] σκεῦος[23] μετὰ τῶν κενῶν[24] συντιθέμενον[25] οὐ θραύεται,[26] ἀλλὰ συμφωνοῦσιν[27] ἀλλήλοις. **14** ὅταν δὲ ἔλθῃ εἰς συναγωγὴν πλήρη[28] ἀνδρῶν δικαίων ἐχόντων πνεῦμα θεότητος,[29] καὶ ἔντευξις[30] ἀπ' αὐτῶν γένηται, κενοῦται[31] ὁ ἄνθρωπος ἐκεῖνος, καὶ τὸ πνεῦμα τὸ ἐπίγειον[32] ὑπὸ τοῦ φόβου

---

[1] ἀναστρέφω pres mid/pass ptcp m.s.nom., upset, stay
[2] ἀπάτη, ης, ἡ, deception
[3] μισθός, οῦ, ὁ, pay, wages
[4] προφητεία, ας, ἡ, prophecy
[5] προφητεύω pres act ind 3s, prophesy
[6] θεότης, ητος, ἡ, deity, divinity
[7] μισθός, οῦ, ὁ, pay, wages
[8] προφητεύω pres act inf, prophesy
[9] ἐνδέχομαι pres mid/pass ind 3s, it is possible
[10] ἐπίγειος, ον, earthly
[11] εἶτα, adv, then
[12] ὅλως, adv, completely
[13] ἀποφεύγω, pres act ind 3s, escape
[14] κολλάω pres mid/pass ind 3s, bind closely, unite
[15] δίψυχος, ον, doubting, hesitating
[16] κενός, ή, όν, empty
[17] γωνία, ας, ἡ, corner
[18] προφητεύω pres act ind 3s, prophesy
[19] ἀπατάω pres act ind 3s, deceive
[20] κενῶς, adv, idly, in vain
[21] κενός, ή, όν, empty
[22] κενός, ή, όν, empty
[23] σκεῦος, ους, τό, thing, vessel
[24] κενός, ή, όν, empty
[25] συντίθημι pres mid/pass ptcp n.s.nom., put with, place with
[26] θραύω pres mid/pass ind 3p, break
[27] συμφωνέω pres act ind 3p, agree with
[28] πλήρης, ες, filled, full
[29] θεότης, ητος, ἡ, deity, divinity
[30] ἔντευξις, εως, ἡ, petition, prayer
[31] κενόω pres mid/pass ind 3s, empty, destroy
[32] ἐπίγειος, ον, earthly

## ΠΟΙΜΗΝ—Ἐντολαί

φεύγει¹ ἀπ᾽ αὐτοῦ, καὶ κωφοῦται² ὁ ἄνθρωπος ἐκεῖνος καὶ ὅλως³ συνθραύεται,⁴ μηδὲν δυνάμενος λαλῆσαι. **15** ἐὰν γὰρ εἰς ἀποθήκην⁵ στιβάσῃς⁶ οἶνον ἢ ἔλαιον⁷ καὶ ἐν αὐτοῖς θῇς κεράμιον⁸ κενόν,⁹ καὶ πάλιν ἀποστιβάσαι¹⁰ θελήσῃς τὴν ἀποθήκην,¹¹ τὸ κεράμιον¹² ἐκεῖνο ὃ ἔθηκας κενόν,¹³ κενὸν¹⁴ καὶ εὑρήσεις· οὕτω καὶ οἱ προφῆται οἱ κενοί·¹⁵ ὅταν ἔλθωσιν εἰς πνεύματα δικαίων, ὁποῖοι¹⁶ ἦλθον, τοιοῦτοι καὶ εὑρίσκονται. **16** ἔχεις ἀμφοτέρων¹⁷ τῶν προφητῶν τὴν ζωήν. δοκίμαζε¹⁸ οὖν ἀπὸ τῶν ἔργων καὶ τῆς ζωῆς τὸν ἄνθρωπον τὸν λέγοντα ἑαυτὸν πνευματοφόρον¹⁹ εἶναι. **17** σὺ δὲ πίστευε τῷ πνεύματι τῷ ἐρχομένῳ ἀπὸ τοῦ Θεοῦ καὶ ἔχοντι δύναμιν· τῷ δὲ πνεύματι τῷ ἐπιγείῳ²⁰ καὶ κενῷ²¹ μηδὲν πίστευε, ὅτι ἐν αὐτῷ δύναμις οὐκ ἔστιν· ἀπὸ τοῦ διαβόλου γὰρ ἔρχεται. **18** ἄκουσον οὖν τὴν παραβολὴν ἣν μέλλω σοι λέγειν. λάβε λίθον καὶ βάλε εἰς τὸν οὐρανόν, ἴδε²² εἰ δύνασαι ἅψασθαι αὐτοῦ· ἢ πάλιν λάβε σίφωνα²³ ὕδατος καὶ σιφώνισον²⁴ εἰς τὸν οὐρανόν, ἴδε²⁵ εἰ δύνασαι τρυπῆσαι²⁶ τὸν οὐρανόν. **19** Πῶς, φημί, κύριε, δύναται ταῦτα γενέσθαι; ἀδύνατα²⁷ γὰρ ἀμφότερα²⁸ ταῦτα

---

¹ φεύγω pres act ind 3s, flee
² κωφόω pres mid/pass ind 3s, become deaf, rendered speechless
³ ὅλως, adv, completely
⁴ συνθραύω pres mid/pass ind 3s, be broken, shattered
⁵ ἀποθήκη, ης, ἡ, storehouse
⁶ στιβάζω aor act sub 2s, store (up)
⁷ ἔλαιον, ου, τό, olive oil
⁸ κεράμιον, ου, τό, earthenware vessel, jar
⁹ κενός, ή, όν, empty
¹⁰ ἀποστιβάζω aor act inf, make empty
¹¹ ἀποθήκη, ης, ἡ, storehouse
¹² κεράμιον, ου, τό, earthernware vessel, jar
¹³ κενός, ή, όν, empty
¹⁴ κενός, ή, όν, empty
¹⁵ κενός, ή, όν, empty
¹⁶ ὁποῖος, οία, οἷον, of what sort
¹⁷ ἀμφότεροι, αι, α, both
¹⁸ δοκιμάζω pres act impv 2s, put to the test, prove
¹⁹ πνευματοφόρος, ον, bearing the (divine) Spirit
²⁰ ἐπίγειος, ον, earthly
²¹ κενός, ή, όν, empty
²² ἴδε, intj, look!
²³ σίφων, ωνος, ὁ, water-pump
²⁴ σιφωνίζω aor act impv 2s, squirt
²⁵ ἴδε, intj, into, look!
²⁶ τρυπάω aor act inf, make a hole in, bore through
²⁷ ἀδύνατος, ον, powerless
²⁸ ἀμφότεροι, αι, α, both

ΠΟΙΜΗΝ—Ἐντολαί

εἴρηκας. Ὡς ταῦτα οὖν, φησίν, ἀδύνατά[1] ἐστιν, οὕτω καὶ τὰ πνεύματα τὰ ἐπίγεια[2] ἀδύνατά[3] ἐστι καὶ ἀδρανῆ.[4] **20** λάβε νῦν τὴν δύναμιν τὴν ἄνωθεν[5] ἐρχομένην. ἡ χάλαζα[6] ἐλάχιστόν[7] ἐστι κοκκάριον,[8] καὶ ὅταν ἐπιπέσῃ[9] ἐπὶ κεφαλὴν ἀνθρώπου, πῶς πόνον[10] παρέχει·[11] ἢ πάλιν λάβε τὴν σταγόνα[12] ἣ ἀπὸ τοῦ κεράμου[13] πίπτει χαμαί,[14] καὶ τρυπᾷ[15] τὸν λίθον. **21** βλέπεις οὖν ὅτι τὰ ἄνωθεν[16] ἐλάχιστα[17] πίπτοντα ἐπὶ τὴν γῆν μεγάλην δύναμιν ἔχουσιν· οὕτω καὶ τὸ πνεῦμα τὸ θεῖον[18] ἄνωθεν[19] ἐρχόμενον δυνατόν ἐστι. τούτῳ οὖν τῷ πνεύματι πίστευε, ἀπὸ δὲ τοῦ ἑτέρου ἀπέχου.[20]

**44:1 (ιβ΄ 1)** Λέγει μοι· Ἆρον ἀπὸ σεαυτοῦ πᾶσαν ἐπιθυμίαν πονηράν, ἔνδυσαι[21] δὲ τὴν ἐπιθυμίαν τὴν ἀγαθὴν καὶ σεμνήν·[22] ἐνδεδυμένος[23] γὰρ τὴν ἐπιθυμίαν ταύτην μισήσεις τὴν πονηρὰν ἐπιθυμίαν καὶ χαλιναγωγήσεις[24] αὐτὴν καθὼς βούλει. **2** ἀγρία[25] γάρ ἐστιν ἡ ἐπιθυμία ἡ πονηρὰ καὶ δυσκόλως[26] ἡμεροῦται·[27]

---

[1] ἀδύνατος, ον, powerless
[2] ἐπίγειος, ον, earthly
[3] ἀδύνατος, ον, powerless
[4] ἀδρανής, ές, powerless
[5] ἄνωθεν, adv, from above, again
[6] χάλαζα, ης, ἡ, hailstone
[7] ἐλάχιστος, ίστη, ον, least
[8] κοκκάριον, ου, τό, little grain
[9] ἐπιπίπτω aor act sub 3s, fall on, happen
[10] πόνος, ου, ὁ, (hard) labor, toil
[11] παρέχω pres act ind 3s, give up, offer
[12] σταγών, όνος, ἡ, drop
[13] κέραμος, ου, ὁ, earthenware vessel
[14] χαμαί, adv, to the ground, on the ground
[15] τρυπάω pres act ind 3s, make a hole in, bore through
[16] ἄνωθεν, adv, from above, again
[17] ἐλάχιστος, ίστη, ον, least
[18] θεῖος, θεία, θεῖον, divine
[19] ἄνωθεν, adv, from above, again
[20] ἀπέχω pres mid/pass impv 2s, be paid in full, suffice
[21] ἐνδύω aor mid impv 2s, dress, clothe
[22] σεμνός, ή, όν, worthy of respect, noble
[23] ἐνδύω perf mid/pass ptcp m.s.nom., dress, clothe
[24] χαλιναγωγέω fut act ind 2s, bridle, hold in check
[25] ἄγριος, ία, ον, wild
[26] δυσκόλως, adv, hardly, with difficulty
[27] ἡμερόω pres mid/pass ind 3s, tame

φοβερὰ¹ γάρ ἐστι καὶ λίαν² τῇ ἀγριότητι³ αὐτῆς δαπανᾷ⁴ τοὺς ἀνθρώπους· μάλιστα⁵ δὲ ἐὰν ἐμπέσῃ⁶ εἰς αὐτὴν δοῦλος Θεοῦ καὶ μὴ ᾖ συνετός,⁷ δαπανᾶται⁸ ὑπ᾽ αὐτῆς δεινῶς.⁹ δαπανᾷ¹⁰ δὲ τοὺς τοιούτους τοὺς μὴ ἔχοντας ἔνδυμα¹¹ τῆς ἐπιθυμίας τῆς ἀγαθῆς, ἀλλὰ ἐμπεφυρμένους¹² τῷ αἰῶνι τούτῳ. τούτους οὖν παραδίδωσιν εἰς θάνατον. **3** Ποῖα, φημί, κύριε, ἔργα ἐστὶ τῆς ἐπιθυμίας τῆς πονηρᾶς τὰ παραδιδόντα τοὺς ἀνθρώπους εἰς θάνατον; γνώρισόν¹³ μοι, ἵνα ἀφέξωμαι¹⁴ ἀπ᾽ αὐτῶν. Ἄκουσον, φησίν, ἐν ποίοις ἔργοις θανατοῖ¹⁵ ἡ ἐπιθυμία ἡ πονηρὰ τοὺς δούλους τοῦ Θεοῦ.

**45:1 (ιβ´ 2)** Πάντων προέχουσα¹⁶ ἐπιθυμία γυναικὸς ἀλλοτρίας¹⁷ ἢ ἀνδρός, καὶ πολυτελείας¹⁸ πλούτου¹⁹ καὶ ἐδεσμάτων²⁰ πολλῶν ματαίων²¹ καὶ μεθυσμάτων,²² καὶ ἑτέρων τρυφῶν²³ πολλῶν καὶ μωρῶν·²⁴ πᾶσα γὰρ τρυφὴ²⁵ μωρά²⁶ ἐστι καὶ κενὴ²⁷ τοῖς δούλοις τοῦ Θεοῦ. **2** αὗται οὖν αἱ ἐπιθυμίαι πονηραί εἰσι, θανατοῦσαι²⁸ τοὺς δούλους τοῦ Θεοῦ. αὕτη γὰρ ἡ ἐπιθυμία ἡ

---

¹ φοβερός, ά, όν, fear, fearful
² λίαν, adv, very, exceedingly
³ ἀγριότης, ητος, ἡ, wildness
⁴ δαπανάω pres act ind 3s, spend, wear out
⁵ μάλιστα, adv, especially
⁶ ἐμπίπτω aor act sub 3s, fall
⁷ συνετός, ή, όν, intelligent
⁸ δαπανάω pres mid/pass ind 3s, spend, wear out
⁹ δεινῶς, adv, terribly
¹⁰ δαπανάω pres act ind 3s, spend, wear out
¹¹ ἔνδυμα, ατος, τό, garment, clothing
¹² ἐμφύρω perf mid/pass ptcp m.p.acc., mix up, knead in
¹³ γνωρίζω aor act impv 2s, made known, reveal
¹⁴ ἀπέχω aor mid sub 1s, be paid in full, suffice
¹⁵ θανατόω pres act ind 3s, put to death
¹⁶ προέχω pres act ptcp f.s.nom., jut out, excel
¹⁷ ἀλλότριος, ία, ον, not one's own, alien
¹⁸ πολυτέλεια, ας, ἡ, extravagance
¹⁹ πλοῦτος, ου, ὁ, wealth
²⁰ ἔδεσμα, ατος, τό, food
²¹ μάταιος, αία, αιον, idle, empty
²² μέθυσμα, ατος, τό, intoxicating drink
²³ τρυφή, ῆς, ἡ, indulgence, luxury
²⁴ μωρός, ά, όν, foolish, stupid
²⁵ τρυφή, ῆς, ἡ, indulgence, luxury
²⁶ μωρός, ά, όν, foolish, stupid
²⁷ κενός, ή, όν, empty
²⁸ θανατόω pres act ptcp f.p.nom., put to death

ΠΟΙΜΗΝ—Ἐντολαί

πονηρὰ τοῦ διαβόλου θυγάτηρ[1] ἐστίν. ἀπέχεσθαι[2] οὖν δεῖ ἀπὸ τῶν ἐπιθυμιῶν τῶν πονηρῶν, ἵνα ἀποσχόμενοι[3] ζήσητε τῷ Θεῷ. **3** ὅσοι δὲ ἂν κατακυριευθῶσιν[4] ὑπ᾽ αὐτῶν καὶ μὴ ἀντισταθῶσιν[5] αὐταῖς, ἀποθανοῦνται εἰς τέλος· θανατώδεις[6] γάρ εἰσιν αἱ ἐπιθυμίαι αὗται. **4** σὺ οὖν ἔνδυσαι[7] τὴν ἐπιθυμίαν τῆς δικαιοσύνης, καὶ καθοπλισάμενος[8] τὸν φόβον τοῦ Κυρίου ἀντίστηθι[9] αὐταῖς. ὁ γὰρ φόβος τοῦ Θεοῦ κατοικεῖ ἐν τῇ ἐπιθυμίᾳ τῇ ἀγαθῇ. ἡ ἐπιθυμία ἡ πονηρά, ἐὰν ἴδῃ σε καθωπλισμένον[10] τῷ φόβῳ τοῦ Θεοῦ καὶ ἀνθεστηκότα[11] αὐτῇ, φεύξεται[12] ἀπὸ σοῦ μακράν,[13] καὶ οὐκ ἔτι σοι ὀφθήσεται φοβουμένη τὰ ὅπλα[14] σου. **5** σὺ οὖν στεφανωθεὶς[15] κατ᾽ αὐτῆς ἐλθὲ πρὸς τὴν ἐπιθυμίαν τῆς δικαιοσύνης, καὶ παραδοὺς αὐτῇ τὸ νῖκος[16] ὃ ἔλαβες, δούλευσον[17] αὐτῇ καθὼς αὐτὴ βούλεται. ἐὰν δουλεύσῃς[18] τῇ ἐπιθυμίᾳ τῇ ἀγαθῇ καὶ ὑποταγῇς αὐτῇ, δυνήσῃ τῆς ἐπιθυμίας τῆς πονηρᾶς κατακυριεῦσαι[19] καὶ ὑποτάξαι αὐτὴν καθὼς βούλει.

**46:1 (ιβ´ 3)** Ἤθελον, φημί, κύριε, γνῶναι ποίοις τρόποις[20] με δεῖ δουλεῦσαι[21] τῇ ἐπιθυμίᾳ τῇ ἀγαθῇ. Ἄκουε, φησίν· ἔργασαι δικαιοσύνην καὶ ἀρετήν,[22] ἀλήθειαν καὶ φόβον Κυρίου, πίστιν καὶ

---

[1] θυγάτηρ, τρός, ἡ, daughter
[2] ἀπέχω pres mid/pass inf, be paid in full, suffice
[3] ἀπέχω aor mid ptcp m.p.nom., be paid in full, suffice
[4] κατακυριεύω aor pass sub 3p, bring into subjection, have mastery over
[5] ἀνθίστημι aor pass sub 3p, set oneself, resist
[6] θανατώδης, ες, deadly, fatal
[7] ἐνδύω aor mid impv 2s, dress, clothe
[8] καθοπλίζω aor mid ptcp m.s.nom., arm, equip oneself
[9] ἀνθίστημι aor act impv 2s, set oneself, resist
[10] καθοπλίζω perf mid/pass ptcp m.s.acc., arm, equip oneself
[11] ἀνθίστημι perf act ptcp m.s.acc., set oneself against, resist
[12] φεύγω fut mid ind 3s, flee
[13] μακράν, adv, far (away)
[14] ὅπλον, ου, τό, tool, weapon
[15] στεφανόω aor pass ptcp m.s.nom., wreathe, crown
[16] νῖκος, ους, τό, victory
[17] δουλεύω aor act impv 2s, be a slave
[18] δουλεύω aor act sub 2s, be a slave
[19] κατακυριεύω aor act inf, become master, subdue
[20] τρόπος, ου, ὁ, manner, way
[21] δουλεύω aor act inf, be a slave
[22] ἀρετή, ῆς, ἡ, virtue

πραότητα,¹ καὶ ὅσα τούτοις ὅμοιά ἐστιν ἀγαθά. ταῦτα ἐργαζόμενος εὐάρεστος² ἔσῃ δοῦλος τοῦ Θεοῦ καὶ ζήσῃ αὐτῷ· καὶ πᾶς ὃς ἂν δουλεύσῃ³ τῇ ἐπιθυμίᾳ τῇ ἀγαθῇ, ζήσεται τῷ Θεῷ. **2** Συνετέλεσεν⁴ οὖν τὰς ἐντολὰς τὰς δώδεκα, καὶ λέγει μοι· Ἔχεις τὰς ἐντολὰς ταύτας· πορεύου ἐν αὐταῖς καὶ τοὺς ἀκούοντας παρακάλει ἵνα ἡ μετάνοια⁵ αὐτῶν καθαρὰ⁶ γένηται τὰς λοιπὰς ἡμέρας τῆς ζωῆς αὐτῶν. **3** τὴν διακονίαν ταύτην ἣν σοι δίδωμι ἐκτέλει⁷ ἐπιμελῶς,⁸ καὶ πολὺ ἐργάσῃ· εὑρήσεις γὰρ χάριν ἐν τοῖς μέλλουσι μετανοεῖν, καὶ πεισθήσονταί σου τοῖς ῥήμασιν· ἐγὼ γὰρ μετὰ σοῦ ἔσομαι καὶ ἀναγκάσω⁹ αὐτοὺς πεισθῆναί σοι. **4** Λέγω αὐτῷ· Κύριε, αἱ ἐντολαὶ αὗται μεγάλαι καὶ καλαὶ καὶ ἔνδοξοί¹⁰ εἰσι καὶ δυνάμεναι εὐφρᾶναι¹¹ καρδίαν ἀνθρώπου τοῦ δυναμένου τηρῆσαι αὐτάς. οὐκ οἶδα δὲ εἰ δύνανται αἱ ἐντολαὶ αὗται ὑπὸ ἀνθρώπου φυλαχθῆναι, διότι¹² σκληραί¹³ εἰσι λίαν.¹⁴ **5** ἀποκριθεὶς λέγει μοι· Ἐὰν σὺ σεαυτῷ προθῇς¹⁵ ὅτι δύνανται φυλαχθῆναι, εὐκόλως¹⁶ αὐτὰς φυλάξεις, καὶ οὐκ ἔσονται σκληραί·¹⁷ ἐὰν δὲ ἐπὶ τὴν καρδίαν σου ἤδη ἀναβῇ μὴ δύνασθαι αὐτὰς ὑπὸ ἀνθρώπου φυλαχθῆναι, οὐ φυλάξεις αὐτάς. **6** νῦν δέ σοι λέγω· ἐὰν ταύτας μὴ φυλάξῃς, ἀλλὰ παρενθυμηθῇς,¹⁸ οὐχ ἕξεις σωτηρίαν, οὔτε τὰ τέκνα σου οὔτε ὁ οἶκός σου, ἐπεὶ¹⁹ ἤδη σεαυτῷ κέκρικας τοῦ μὴ δύνασθαι τὰς ἐντολὰς ταύτας ὑπὸ ἀνθρώπου φυλαχθῆναι.

---

[1] πραΰτης, ητος, ἡ, gentleness
[2] εὐάρεστος, ον, pleasing, acceptable
[3] δουλεύω aor act sub 3s, be a slave
[4] συντελέω aor act ind 3s, bring to an end, complete
[5] μετάνοια, ας, ἡ, repentance
[6] καθαρός, ά, όν, clean, pure
[7] ἐκτελέω pres act impv 2s, finish
[8] ἐπιμελῶς, adv, carefully
[9] ἀναγκάζω fut act ind 1s, compel, force
[10] ἔνδοξος, ον, honored, glorious
[11] εὐφραίνω aor act inf, be glad, gladden
[12] διότι, conj, because
[13] σκληρός, ά, όν, rough, hard
[14] λίαν, adv, very, exceedingly
[15] προτίθημι aor act sub 2s, set before someone as a task, display publically
[16] εὐκόλως, adv, easily
[17] σκληρός, ά, όν, rough, hard
[18] παρενθυμέω aor pass sub 2s, disregard, neglect
[19] ἐπεί, conj, when, because

## ΠΟΙΜΗΝ—Ἐντολαί

**47:1 (ιβ´ 4)** Καὶ ταῦτά μοι λίαν¹ ὀργίλως² ἐλάλησεν, ὥστε με συγχυθῆναι³ καὶ λίαν⁴ αὐτὸν φοβηθῆναι· ἡ μορφὴ⁵ γὰρ αὐτοῦ ἠλλοιώθη,⁶ ὥστε μὴ δύνασθαι ἄνθρωπον ὑπενεγκεῖν⁷ τὴν ὀργὴν αὐτοῦ. **2** ἰδὼν δέ με τεταραγμένον⁸ ὅλον καὶ συγκεχυμένον⁹ ἤρξατό μοι ἐπιεικέστερον¹⁰ καὶ ἱλαρώτερον¹¹ λαλεῖν, καὶ λέγει· Ἄφρον,¹² ἀσύνετε¹³ καὶ δίψυχε,¹⁴ οὐ νοεῖς¹⁵ τὴν δόξαν τοῦ Θεοῦ, πῶς μεγάλη ἐστὶ καὶ ἰσχυρὰ¹⁶ καὶ θαυμαστή,¹⁷ ὅτι ἔκτισε¹⁸ τὸν κόσμον ἕνεκα¹⁹ τοῦ ἀνθρώπου καὶ πᾶσαν τὴν κτίσιν²⁰ αὐτοῦ ὑπέταξε τῷ ἀνθρώπῳ, καὶ τὴν ἐξουσίαν πᾶσαν ἔδωκεν αὐτῷ τοῦ κατακυριεύειν²¹ τῶν ὑπὸ τὸν οὐρανὸν πάντων; **3** εἰ οὖν, φησί, πάντων ὁ ἄνθρωπος κύριός ἐστι τῶν κτισμάτων²² τοῦ Θεοῦ καὶ πάντων κατακυριεύει,²³ οὐ δύναται καὶ τούτων τῶν ἐντολῶν κατακυριεῦσαι;²⁴ δύναται, φησί, πάντων καὶ πασῶν τῶν ἐντολῶν τούτων κατακυριεῦσαι²⁵ ὁ ἄνθρωπος ὁ ἔχων τὸν Κύριον ἐν τῇ καρδίᾳ αὐτοῦ. **4** οἱ δὲ ἐπὶ τοῖς χείλεσιν²⁶ ἔχοντες τὸν Κύριον, τὴν

---

¹ λίαν, adv, very, exceedingly
² ὀργίλως, adv, angrily
³ συγχέω aor pass inf, confuse, confound
⁴ λίαν, adv, very, exceedingly
⁵ μορφή, ῆς, ἡ, form, outward appearance
⁶ ἀλλοιόω aor pass ind 3s, change
⁷ ὑποφέρω aor act inf, submit to, endure
⁸ ταράσσω perf mid/pass ptcp m.s.acc., shake together, stir up
⁹ συγχέω perf mid/pass ptcp m.s.acc., confuse, confound
¹⁰ ἐπιεικής, ές, yielding, gentle
¹¹ ἱλαρός, ά, όν, cheerful, glad
¹² ἄφρων, ον, foolish, ignorant
¹³ ἀσύνετος, ον, senseless, foolish
¹⁴ δίψυχος, ον, doubting, hesitating
¹⁵ νοέω pres act ind 2s, perceive, consider
¹⁶ ἰσχυρός, ά, όν, strong, powerful
¹⁷ θαυμαστός, ή, όν, wonderful, marvelous
¹⁸ κτίζω aor act ind 3s, create
¹⁹ ἕνεκα, impr prep, because of
²⁰ κτίσις, εως, ἡ, creation
²¹ κατακυριεύω pres act inf, become master, subdue
²² κτίσμα, ατος, τό, creature
²³ κατακυριεύω, pres act ind 3s, became master, subdue
²⁴ κατακυριεύω, aor act inf, become master, subdue
²⁵ κατακυριεύω, aor act inf, become master, subdue
²⁶ χεῖλος, ους, τό, the lips, shore

## ΠΟΙΜΗΝ—Ἐντολαί

δὲ καρδίαν αὐτῶν πεπωρωμένην,¹ καὶ μακρὰν² ὄντες ἀπὸ τοῦ Κυρίου, ἐκείνοις αἱ ἐντολαὶ αὗται σκληραί³ εἰσι καὶ δύσβατοι.⁴ **5** θέσθε οὖν ὑμεῖς, οἱ κενοὶ⁵ καὶ ἐλαφροὶ⁶ ὄντες ἐν τῇ πίστει, τὸν Κύριον ὑμῶν εἰς τὴν καρδίαν, καὶ γνώσεσθε ὅτι οὐδέν ἐστιν εὐκολώτερον⁷ τῶν ἐντολῶν τούτων οὔτε γλυκύτερον⁸ οὔτε ἡμερώτερον.⁹ **6** ἐπιστράφητε ὑμεῖς οἱ ταῖς ἐντολαῖς πορευόμενοι τοῦ διαβόλου, ταῖς δυσκόλοις¹⁰ καὶ πικραῖς¹¹ καὶ ἀγρίαις¹² καὶ ἀσελγέσι,¹³ καὶ μὴ φοβήθητε τὸν διάβολον, ὅτι ἐν αὐτῷ δύναμις οὐκ ἔστιν καθ᾽ ὑμῶν· **7** ἐγὼ γὰρ ἔσομαι μεθ᾽ ὑμῶν, ὁ ἄγγελος τῆς μετανοίας¹⁴ ὁ κατακυριεύων¹⁵ αὐτοῦ. ὁ διάβολος μόνον φόβον ἔχει, ὁ δὲ φόβος αὐτοῦ τόνον¹⁶ οὐκ ἔχει· μὴ φοβήθητε οὖν αὐτόν, καὶ φεύξεται¹⁷ ἀφ᾽ ὑμῶν.

**48:1 (ιβ΄ 5)** Λέγω αὐτῷ· Κύριε, ἄκουσόν μου ὀλίγων ῥημάτων. Λέγε, φησίν, ὃ βούλει. Ὁ μὲν ἄνθρωπος, φημί, κύριε, πρόθυμός¹⁸ ἐστι τὰς ἐντολὰς τοῦ Θεοῦ φυλάσσειν, καὶ οὐδείς ἐστιν ὁ μὴ αἰτούμενος παρὰ τοῦ Κυρίου ἵνα ἐνδυναμωθῇ¹⁹ ἐν ταῖς ἐντολαῖς αὐτοῦ καὶ ὑποταγῇ²⁰ αὐταῖς· ἀλλ᾽ ὁ διάβολος σκληρός²¹ ἐστι καὶ καταδυναστεύει²² αὐτῶν. **2** Οὐ δύναται, φησί, καταδυναστεύειν²³ τῶν δούλων τοῦ Θεοῦ τῶν ἐξ ὅλης καρδίας ἐλπιζόντων ἐπ᾽ αὐτόν.

---

¹ πωρόω perf mid/pass ptcp f.s.acc., harden
² μακράν, adv, far (away)
³ σκληρός, ά, όν, hard, rough
⁴ δύσβατος, ον, impassable
⁵ κενός, ή, όν, empty
⁶ ἐλαφρός, ά, όν, weight, light
⁷ εὔκολος, ον, easily satisfied, ready
⁸ γλυκύς, εῖα, ύ, sweet
⁹ ἥμερος, ον, gentle, kind
¹⁰ δύσκολος, ον, hard, difficult
¹¹ πικρός, ά, όν, bitter
¹² ἄγριος, ία, ον, wild
¹³ ἀσελγής, ές, licentious
¹⁴ μετάνοια, ας, ἡ, repentance
¹⁵ κατακυριεύω, pres act ptcp m.s.nom., become master, subdue
¹⁶ τόνος, ου, ὁ, force, lasting quality
¹⁷ φεύγω fut mid ind 3s, flee
¹⁸ πρόθυμος, ον, ready, willing
¹⁹ ἐνδυναμόω aor pass sub 3s, strengthen
²⁰ ὑποταγή, ῆς, ἡ, subjection, subordination
²¹ σκληρός, ά, όν, rough, hard
²² καταδυναστεύω pres act ind 3s, oppress, exploit
²³ καταδυναστεύω pres act inf, oppress, exploit

δύναται ὁ διάβολος ἀντιπαλαῖσαι,¹ καταπαλαῖσαι² δὲ οὐ δύναται. ἐὰν οὖν ἀντισταθῆτε³ αὐτῷ, νικηθεὶς⁴ φεύξεται⁵ ἀφ' ὑμῶν κατῃσχυμμένος.⁶ ὅσοι δέ, φησίν, ἀπόκενοί⁷ εἰσι, φοβοῦνται τὸν διάβολον ὡς δύναμιν ἔχοντα. **3** ὅταν ὁ ἄνθρωπος κεράμια⁸ ἱκανώτατα γεμίσῃ⁹ οἴνου καλοῦ, καὶ ἐν τοῖς κεραμίοις¹⁰ ἐκείνοις ὀλίγα ἀπόκενα¹¹ ᾖ, ἔρχεται ἐπὶ τὰ κεράμια¹² καὶ οὐ κατανοεῖ¹³ τὰ πλήρη·¹⁴ οἶδε γὰρ ὅτι πλήρη¹⁵ εἰσί· κατανοεῖ¹⁶ δὲ τὰ ἀπόκενα,¹⁷ φοβούμενος μήποτε¹⁸ ὤξισαν·¹⁹ ταχὺ²⁰ γὰρ τὰ ἀπόκενα²¹ κεράμια²² ὀξίζουσι,²³ καὶ ἀπόλλυται ἡ ἡδονὴ²⁴ τοῦ οἴνου. **4** οὕτω καὶ ὁ διάβολος ἔρχεται ἐπὶ πάντας τοὺς δούλους τοῦ Θεοῦ ἐκπειράζων²⁵ αὐτούς. ὅσοι οὖν πλήρεις²⁶ εἰσὶν ἐν τῇ πίστει, ἀνθεστήκασιν²⁷ αὐτῷ ἰσχυρῶς,²⁸ κἀκεῖνος ἀποχωρεῖ²⁹ ἀπ' αὐτῶν μὴ ἔχων τόπον ποῦ εἰσέλθῃ. ἔρχεται οὖν τότε πρὸς τοὺς ἀποκένους,³⁰ καὶ ἔχων

---

¹ ἀντιπαλαίω aor act inf, wrestle
² καταπαλαίω aor act inf, win a victory over
³ ἀνθίστημι aor pass sub 2p, set oneself against, resist
⁴ νικάω aor pass ptcp m.s.nom., conquer
⁵ φεύγω fut mid ind 3s, flee
⁶ καταισχύνω perf mid/pass ptcp m.s.nom., dishonor, put to shame
⁷ ἀπόκενος, ον, quite empty
⁸ κεράμιον, ου, τό, earthenware vessel
⁹ γεμίζω aor act sub 3s, fill
¹⁰ κεράμιον, ου, τό, earthenware vessel
¹¹ ἀπόκενος, ον, quite empty
¹² κεράμιον, ου, τό, earthenware vessel
¹³ κατανοέω pres act ind 3s, notice, consider
¹⁴ πλήρης, ες, filled, full
¹⁵ πλήρης, ες, filled, full
¹⁶ κατανοέω pres act ind 3s, notice, consider
¹⁷ ἀπόκενος, ον, quite empty
¹⁸ μήποτε, conj, never
¹⁹ ὀξίζω aor act ind 3p, become sour
²⁰ ταχύς, εῖα, ύ, adv, quick, soon
²¹ ἀπόκενος, ον, quite empty
²² κεράμιον, ου, τό, earthenware vessel
²³ ὀξίζω pres act ind 3p, become sour
²⁴ ἡδονή, ῆς, ἡ, pleasure, delight
²⁵ ἐκπειράζω pres act ptcp m.s.nom., tempt
²⁶ πλήρης, ες, filled, full
²⁷ ἀνθίστημι perf act ind 3p, set oneself against, resist
²⁸ ἰσχυρῶς, adv, strongly, dependably
²⁹ ἀποχωρέω pres act ind 3s, leave, desert
³⁰ ἀπόκενος, ον, quite empty

ΠΟΙΜΗΝ—Ἐντολαί

τόπον εἰσπορεύεται¹ εἰς αὐτούς, καὶ ὃ δὲ βούλεται ἐν αὐτοῖς ἐργάζεται, καὶ γίνονται αὐτῷ ὑπόδουλοι.²

**49:1 (ιβ΄ 6)** Ἐγὼ δὲ ὑμῖν λέγω, ὁ ἄγγελος τῆς μετανοίας·³ μὴ φοβήθητε τὸν διάβολον. ἀπεστάλην γάρ, φησί, μεθ' ὑμῶν εἶναι τῶν μετανοούντων ἐξ ὅλης καρδίας αὐτῶν καὶ ἰσχυροποιῆσαι⁴ αὐτοὺς ἐν τῇ πίστει. **2** πιστεύσατε οὖν τῷ Θεῷ ὑμεῖς οἱ διὰ τὰς ἁμαρτίας ὑμῶν ἀπεγνωκότες⁵ τὴν ζωὴν ὑμῶν καὶ προστιθέντες⁶ ἁμαρτίαις καὶ καταβαρύνοντες⁷ τὴν ζωὴν ὑμῶν, ὅτι ἐὰν ἐπιστραφῆτε πρὸς τὸν Κύριον ἐξ ὅλης τῆς καρδίας ὑμῶν καὶ ἐργάσησθε τὴν δικαιοσύνην τὰς λοιπὰς ἡμέρας τῆς ζωῆς ὑμῶν καὶ δουλεύσητε⁸ αὐτῷ ὀρθῶς⁹ κατὰ τὸ θέλημα αὐτοῦ, ποιήσει ἴασιν¹⁰ τοῖς προτέροις¹¹ ὑμῶν ἁμαρτήμασι,¹² καὶ ἕξετε δύναμιν τοῦ κατακυριεῦσαι¹³ τῶν ἔργων τοῦ διαβόλου. τὴν δὲ ἀπειλὴν¹⁴ τοῦ διαβόλου ὅλως¹⁵ μὴ φοβήθητε· ἄτονος¹⁶ γάρ ἐστιν ὥσπερ νεκροῦ νεῦρα.¹⁷ **3** ἀκούσατε οὖν μου, καὶ φοβήθητε τὸν πάντα δυνάμενον, σῶσαι καὶ ἀπολέσαι, καὶ τηρεῖτε τὰς ἐντολὰς ταύτας, καὶ ζήσεσθε τῷ Θεῷ. **4** λέγω αὐτῷ· Κύριε, νῦν ἐνεδυναμώθην¹⁸ ἐν πᾶσι τοῖς δικαιώμασι¹⁹ τοῦ Κυρίου, ὅτι σὺ μετ' ἐμοῦ εἶ· καὶ οἶδα ὅτι συγκόψεις²⁰ τὴν δύναμιν τοῦ διαβόλου πᾶσαν, καὶ ἡμεῖς αὐτοῦ

---

[1] εἰσπορεύομαι pres mid/pass ind 3s, go in, enter
[2] ὑπόδουλος, ον, enslaved
[3] μετάνοια, ας, ἡ, repentance
[4] μετάνοια, ας, ἡ, repentance
[5] ἀπογινώσκω perf act ptcp m.p.nom., despair
[6] προστίθημι pres act ptcp m.p.nom., add, give
[7] καταβαρύνω pres act ptcp m.p.nom., weigh down, burden
[8] δουλεύω aor act sub 2p, be a slave
[9] ὀρθῶς, adv, correctly
[10] ἴασις, εως, ἡ, healing, cure
[11] πρότερος, α, ον, former, earlier
[12] ἁμάρτημα, τος, τό, sin
[13] κατακυριεύω aor act inf, become master, subdue
[14] ἀπειλή, ῆς, ἡ, threat
[15] ὅλως, adv, completely
[16] ἄτονος, ον, slack, powerless
[17] νεῦρον, ου, τό, sinew
[18] ἐνδυναμόω aor pass ind 1s, strengthen
[19] δικαίωμα, ατος, τό, regulation, requirement
[20] συγκόπτω fut act ind 2s, break

κατακυριεύσομεν¹ καὶ κατισχύσομεν² πάντων τῶν ἔργων αὐτοῦ. καὶ ἐλπίζω, κύριε, δύνασθαί με νῦν τὰς ἐντολὰς ταύτας, ἃς ἐντέταλσαι,³ τοῦ Κυρίου ἐνδυναμοῦντος⁴ φυλάξαι. **5** Φυλάξεις, φησίν, ἐὰν ἡ καρδία σου καθαρὰ⁵ γένηται πρὸς Κύριον· καὶ πάντες δὲ φυλάξουσιν, ὅσοι ἂν καθαρίσωσιν ἑαυτῶν τὰς καρδίας ἀπὸ τῶν ματαίων⁶ ἐπιθυμιῶν τοῦ αἰῶνος τούτου, καὶ ζήσονται τῷ Θεῷ.

## Παραβολαὶ ἅς ἐλάλησε μετ' ἐμοῦ

**50:1 (ά 1)** Λέγει μοι· Οἴδατε ὅτι ἐπὶ ξένης⁷ κατοικεῖτε ὑμεῖς οἱ δοῦλοι τοῦ Θεοῦ· ἡ γὰρ πόλις ὑμῶν μακράν⁸ ἐστιν ἀπὸ τῆς πόλεως ταύτης· εἰ οὖν οἴδατε τὴν πόλιν ὑμῶν ἐν ᾗ μέλλετε κατοικεῖν, τί ὧδε ὑμεῖς ἑτοιμάζετε ἀγροὺς καὶ παρατάξεις⁹ πολυτελεῖς¹⁰ καὶ οἰκοδομὰς¹¹ καὶ οἰκήματα¹² μάταια;¹³ **2** ταῦτα οὖν ὁ ἑτοιμάζων εἰς ταύτην τὴν πόλιν οὐ διανοεῖται¹⁴ ἐπανακάμψαι¹⁵ εἰς τὴν ἰδίαν πόλιν. **3** ἄφρον¹⁶ καὶ Δίψυχε¹⁷ καὶ ταλαίπωρε¹⁸ ἄνθρωπε, οὐ νοεῖς¹⁹ ὅτι ταῦτα πάντα ἀλλότριά²⁰ ἐστι, καὶ ὑπ ἐξουσίαν ἑτέρου εἰσίν; ἐρεῖ γὰρ ὁ κύριος τῆς πόλεως ταύτης· Οὐ θέλω σε κατοικεῖν εἰς τὴν πόλιν μου, ἀλλ' ἔξελθε ἐκ τῆς πόλεως ταύτης, ὅτι τοῖς νόμοις

---

¹ κατακυριεύω fut act ind 1p, become master, subdue
² κατισχύω fut act ind 1p, be dominant, win a victory over
³ ἐντέλλω perf mid/pass ind 2s, command, order
⁴ ἐνδυναμόω pres act ptcp m.s.gen., strengthen
⁵ καθαρός, ά, όν, clean, pure
⁶ μάταιος, αία, αιον, idle, empty
⁷ ξένος, η, ον, foreign, strange
⁸ μακράν, adv, far, far away
⁹ παράταξις, εως, ἡ, furnishings
¹⁰ πολυτελής, ές, expensive
¹¹ οἰκοδομή, ῆς, ἡ, building
¹² οἴκημα, ατος, τό, room, apartment
¹³ μάταιος, αία, αιον, worthless
¹⁴ διανοέομαι pres mid/pass ind 3s, have in mind, intend
¹⁵ ἐπανακάμπτω aor act inf, return
¹⁶ ἄφρων, ον, foolish, ignorant
¹⁷ δίψυχος, ον, doubting, double-minded
¹⁸ ταλαίπωρος, ον, miserable, wretched
¹⁹ νοέω pres act ind 2s, understand
²⁰ ἀλλότριος, ία, ον, strange, foreign

## ΠΟΙΜΗΝ—Παραβολαί

μου οὐ χρᾶσαι.¹ **4** σὺ οὖν ἔχων ἀγροὺς καὶ οἰκήσεις² καὶ ἑτέρας ὑπάρξεις³ πολλάς, ἐκβαλλόμενος ὑπ αὐτοῦ τί ποιήσεις σου τὸν ἀγρὸν καὶ τὴν οἰκίαν καὶ τὰ λοιπὰ ὅσα ἡτοίμασας σεαυτῷ; λέγει γάρ σοι δικαίως⁴ ὁ κύριος τῆς χώρας⁵ ταύτης· Ἤ τοῖς νόμοις μου χρῶ,⁶ ἢ ἐκχώρει⁷ ἐκ τῆς χώρας⁸ μου. **5** σὺ οὖν τί μέλλεις ποιεῖν, ἔχων νόμον ἐν τῇ σῇ⁹ πόλει; ἕνεκεν¹⁰ τῶν ἀγρῶν σου καὶ τῆς λοιπῆς ὑπάρξεως¹¹ τὸν νόμον σου πάντως¹² ἀπαρνήσῃ¹³ καὶ πορεύσῃ τῷ νόμῳ τῆς πόλεως ταύτης; βλέπε μὴ ἀσύμφορόν¹⁴ ἐστιν ἀπαρνῆσαι¹⁵ τὸν νόμον σου· ἐὰν γὰρ ἐπανακάμψαι¹⁶ θελήσῃς εἰς τὴν πόλιν σου, οὐ μὴ παραδεχθήσῃ,¹⁷ ὅτι ἀπηρνήσω¹⁸ τὸν νόμον τῆς πόλεώς σου, καὶ ἐκκλεισθήσῃ¹⁹ ἀπ' αὐτῆς. **6** βλέπε οὖν σύ· ὡς ἐπὶ ξένης²⁰ κατοικῶν μηδὲν πλέον ἑτοίμαζε σεαυτῷ εἰ μὴ τὴν αὐτάρκειαν²¹ τὴν ἀρκετήν²² σοι, καὶ ἕτοιμος²³ γίνου, ἵνα ὅταν θέλῃ ὁ δεσπότης²⁴ τῆς πόλεως ταύτης ἐκβαλεῖν σε ἀντιταξάμενον²⁵ τῷ νόμῳ αὐτοῦ, ἐξέλθῃς ἐκ τῆς πόλεως αὐτοῦ καὶ ἀπέλθῃς εἰς τὴν πόλιν σου, καὶ τῷ σῷ²⁶ νόμῳ χρήσῃ²⁷ ἀνυβρίστως²⁸

---

¹ χράομαι pres mid/pass ind 2s, use, make use of
² οἴκησις, εως, ἡ, house, dwelling
³ ὕπαρξις, εως, ἡ, possession
⁴ δικαίως, adv, rightly, justly
⁵ χώρα, ας, ἡ, region
⁶ χράομαι pres mid/pass impv 2s, use
⁷ ἐκχωρέω pres act impv 2s, go out, go away
⁸ χώρα, ας, ἡ, region
⁹ σός, σή, σόν, your, yours
¹⁰ ἕνεκα, impr prep, since, because
¹¹ ὕπαρξις, ὕπαρξις, εως, ἡ, possession, subsistence
¹² πάντως, adv, completely, totally
¹³ ἀπαρνέομαι fut mid ind 2s, deny
¹⁴ ἀσύμφορος, ον, disadvantageous, harmful
¹⁵ ἀπαρνέομαι aor act inf, deny
¹⁶ ἐπανακάμπτω aor act inf, return
¹⁷ παραδέχομαι fut pass ind 2s, accept, receive
¹⁸ ἀπαρνέομαι aor mid ind 2s, deny
¹⁹ ἐκκλείω fut pass ind 2s, shut out, exclude
²⁰ ξένος, η, ον, foreign, strange
²¹ αὐτάρκεια, ας, ἡ, state of sufficiency
²² ἀρκετός, ή, όν, enough, sufficient
²³ ἕτοιμος, η, ον, ready, prepare
²⁴ δεσπότης, ου, ὁ, lord, master
²⁵ ἀντιτάσσω aor mid ptcp m.s.acc., oppose, resist
²⁶ σός, σή, σόν, your, yours
²⁷ χράομαι aor mid sub 2s, use
²⁸ ἀνυβρίστως, adv, without insolence

## ΠΟΙΜΗΝ—Παραβολαί

ἀγαλλιώμενος[1] **7** βλέπετε οὖν ὑμεῖς οἱ δουλεύοντες[2] τῷ Θεῷ καὶ ἔχοντες αὐτὸν εἰς τὴν καρδίαν· ἐργάζεσθε τὰ ἔργα τοῦ Θεοῦ μνημονεύοντες[3] τῶν ἐντολῶν αὐτοῦ καὶ τῶν ἐπαγγελιῶν ὧν ἐπηγγείλατο,[4] καὶ πιστεύσατε αὐτῷ ὅτι ποιήσει αὐτάς, ἐὰν αἱ ἐντολαὶ αὐτοῦ φυλαχθῶσιν. **8** ἀντὶ[5] ἀγρῶν οὖν ἀγοράζετε ψυχὰς θλιβομένας,[6] καθά[7] τις δυνατός ἐστι, καὶ χήρας[8] καὶ ὀρφανοὺς[9] ἐπισκέπτεσθε,[10] καὶ μὴ παραβλέπετε[11] αὐτούς, καὶ τὸν πλοῦτον[12] ὑμῶν καὶ τὰς παρατάξεις[13] πάσας εἰς τοιούτους ἀγροὺς καὶ οἰκίας δαπανᾶτε,[14] ἃς ἐλάβετε παρὰ τοῦ Θεοῦ. **9** εἰς τοῦτο γὰρ ἐπλούτισεν[15] ὑμᾶς ὁ δεσπότης,[16] ἵνα ταύτας τὰς διακονίας τελέσητε[17] αὐτῷ· πολὺ βέλτιόν[18] ἐστι τοιούτους ἀγροὺς ἀγοράζειν καὶ κτήματα[19] καὶ οἴκους, οὓς εὑρήσεις ἐν τῇ πόλει σου, ὅταν ἐπιδημήσῃς[20] εἰς αὐτήν. **10** αὕτη ἡ πολυτέλεια[21] καλὴ καὶ ἱλαρά,[22] λύπην[23] μὴ ἔχουσα μηδὲ φόβον, ἔχουσα δὲ χαράν. τὴν οὖν πολυτέλειαν[24] τῶν ἐθνῶν μὴ πράσσετε· ἀσύμφορον[25] γάρ ἐστιν ὑμῖν τοῖς δούλοις τοῦ Θεοῦ· **11** τὴν δὲ ἰδίαν πολυτέλειαν[26]

---

[1] ἀγαλλιάω pres mid/pass ptcp m.s.nom., rejoicing greatly
[2] δουλεύω pres act ptcp m.p.nom., serve, be subjected to
[3] μνημονεύω pres act ptcp m.p.nom., remember
[4] ἐπαγγέλλω aor mid ind 3s, promise, offer
[5] ἀντί, prep, instead
[6] θλίβω pres mid/pass ptcp f.p.acc., persecuted, afflicted
[7] καθά, conj, just as, as
[8] χήρα, ας, ἡ, widow
[9] ὀρφανός, ή, όν, orphan
[10] ἐπισκέπτομαι pres mid/pass impv 2p, examine, inspect
[11] παραβλέπω pres act impv 2p, overlook, neglect
[12] πλοῦτος, ου, ὁ, wealth
[13] παράταξις, εως, ἡ, furnishings
[14] δαπανάω pres act impv 2p, spend (freely)
[15] πλουτίζω aor act ind 3s, be rich
[16] δεσπότης, ου, ὁ, lord, master
[17] τελέω aor act sub 2p, fulfill, finish, complete
[18] βελτίων, ον, better
[19] κτῆμα, ατος, τό, possession
[20] ἐπιδημέω aor act sub 2s, be in town, stay
[21] πολυτέλεια, ας, ἡ, extravagance
[22] ἱλαρός, ά, όν, noble, cheerful
[23] λύπη, ης, ἡ, grief
[24] πολυτέλεια, ας, ἡ, extravagance
[25] ἀσύμφορος, ον, disadvantageous, harmful
[26] πολυτέλεια, ας, ἡ, extravagance

πράσσετε, ἐν ᾗ δύνασθε χαρῆναι· καὶ μὴ παραχαράσσετε,[1] μηδὲ τοῦ ἀλλοτρίου[2] ἅψησθε μηδὲ ἐπιθυμεῖτε[3] αὐτοῦ· πονηρὸν γάρ ἐστιν ἀλλοτρίων[4] ἐπιθυμεῖν.[5] τὸ δὲ σὸν[6] ἔργον ἐργάζου, καὶ σωθήσῃ.

**51:1 (β´ 1)** Περιπατοῦντός μου εἰς τὸν ἀγρὸν καὶ κατανοοῦντος πτελέαν[7] καὶ ἄμπελον,[8] καὶ διακρίνοντος[9] περὶ αὐτῶν καὶ τῶν καρπῶν αὐτῶν, φανεροῦταί μοι ὁ ποιμὴν[10] καὶ λέγει· Τί σὺ ἐν ἑαυτῷ ζητεῖς; Περὶ τῆς πτελέας[11] καὶ τῆς ἀμπέλου[12] συζητῶ,[13] φημί, κύριε, ὅτι εὐπρεπέσταταί[14] εἰσιν ἀλλήλαις. **2** Ταῦτα τὰ δύο δένδρα,[15] φησίν, εἰς τύπον[16] κεῖνται[17] τοῖς δούλοις τοῦ Θεοῦ. Ἤθελον, φημί, κύριε, γνῶναι τὸν τύπον[18] τῶν δένδρων[19] τούτων ὧν λέγεις. Βλέπεις, φησί, τὴν πτελέαν[20] καὶ τὴν ἄμπελον;[21] Βλέπω, φημί, κύριε. **3** Ἡ ἄμπελος,[22] φησίν, αὕτη καρπὸν φέρει, ἡ δὲ πτελέα[23] ξύλον[24] ἄκαρπόν[25] ἐστιν· ἀλλ᾿ ἡ ἄμπελος[26] αὕτη, ἐὰν μὴ ἀναβῇ ἐπὶ τὴν πτελέαν,[27] οὐ δύναται καρποφορῆσαι[28] πολὺ ἐρριμμένη[29] χαμαί,[30] καὶ ὃν φέρει καρπόν, σεσηπότα[31] φέρει μὴ

---

[1] παραχαράσσω pres act impv 2p, debase, counterfeit
[2] ἀλλότριος, ία, ον, not one's own
[3] ἐπιθυμέω pres act impv 2p, desire
[4] ἀλλότριος, ία, ον, not one's own
[5] ἐπιθυμέω pres act inf, desire
[6] σός, σή, σόν, your, yours
[7] πτελέα, ας, ἡ, elm tree
[8] ἄμπελος, ου, ἡ, vine, grapevine
[9] διακρίνω pres act ptcp m.s.gen., separate, make a distinction
[10] ποιμήν, ένος, ὁ, shepherd
[11] πτελέα, ας, ἡ, elm tree
[12] ἄμπελος, ου, ἡ, vine, grapevine
[13] συζητέω pres act ind 1s, discuss, dispute
[14] εὐπρεπής, ές, looking well
[15] δένδρον, ου, τό, tree
[16] τύπος, ου, ὁ, mark, copy, type
[17] κεῖμαι pres mid/pass ind 3p, lie, recline
[18] τύπος, ου, ὁ, mark, copy, type
[19] δένδρον, ου, τό, tree
[20] πτελέα, ας, ἡ, elm tree
[21] ἄμπελος, ου, ἡ, vine, grapevine
[22] ἄμπελος, ου, ἡ, vine, grapevine
[23] πτελέα, ας, ἡ, elm tree
[24] ξύλον, ου, τό, wood
[25] ἄκαρπος, ον, fruitless
[26] ἄμπελος, ου, ἡ, vine, grapevine
[27] πτελέα, ας, ἡ, elm tree
[28] καρποφορέω aor act inf, bear fruit
[29] ῥίπτω perf mid/pass ptcp f.s.nom., throw
[30] χαμαί, adv, on the ground
[31] σήπω perf act ptcp m.s.acc., decay, rot

κρεμαμένη¹ ἐπὶ τῆς πτελέας.² ὅταν οὖν ἐπιρριφῇ³ ἡ ἄμπελος⁴ ἐπὶ τὴν πτελέαν,⁵ καὶ παρ' ἑαυτῆς φέρει καρπὸν καὶ παρὰ τῆς πτελέας.⁶ **4** βλέπεις οὖν ὅτι καὶ ἡ πτελέα⁷ πολὺν καρπὸν δίδωσιν, οὐκ ἐλάσσονα⁸ τῆς ἀμπέλου,⁹ μᾶλλον δὲ καὶ πλείονα. Πῶς, φημί, κύριε, πλείονα; Ὅτι, φησίν, ἡ ἄμπελος¹⁰ κρεμαμένη¹¹ ἐπὶ τὴν πτελέαν¹² τὸν καρπὸν πολὺν καὶ καλὸν δίδωσιν, ἐρριμμένη¹³ δὲ χαμαὶ¹⁴ σαπρὸν¹⁵ καὶ ὀλίγον φέρει. αὕτη οὖν ἡ παραβολὴ εἰς τοὺς δούλους τοῦ Θεοῦ κεῖται,¹⁶ εἰς πτωχὸν καὶ πλούσιον.¹⁷ **5** Πῶς, φημί, κύριε; γνώρισόν¹⁸ μοι. Ἄκουε, φησίν· ὁ μὲν πλούσιος¹⁹ ἔχει χρήματα²⁰ πολλά, τὰ δὲ πρὸς τὸν Κύριον πτωχεύει,²¹ περισπώμενος²² περὶ τὸν πλοῦτον²³ ἑαυτοῦ, καὶ λίαν²⁴ μικρὰν ἔχει τὴν ἐξομολόγησιν²⁵ καὶ τὴν ἔντευξιν²⁶ πρὸς τὸν Κύριον, καὶ ἣν ἔχει, μικρὰν καὶ βληχρὰν²⁷ καὶ ἄνω²⁸ μὴ ἔχουσαν δύναμιν. ὅταν οὖν ἀναβῇ ὁ πλούσιος²⁹ ἐπὶ τὸν πένητα³⁰ ὁ πλούσιος³¹ καὶ χορηγήσῃ³² αὐτῷ τὰ δέοντα, πιστεύων ὅτι ὃ ἐργάσεται εἰς τὸν πένητα³³ δυνήσεται τὸν μισθὸν³⁴ εὑρεῖν παρὰ τῷ Θεῷ ὅτι ὁ πένης³⁵

---

[1] κρεμάννυμι pres mid/pass ptcp f.s.nom., hang (up), hang
[2] πτελέα, ας, ἡ, elm tree
[3] ἐπιρρίπτω aor pass sub 3s, throw, cast upon
[4] ἄμπελος, ου, ἡ, vine, grapevine
[5] πτελέα, ας, ἡ, elm tree
[6] πτελέα, ας, ἡ, elm tree
[7] πτελέα, ας, ἡ, elm tree
[8] ἐλάσσων, ον, less
[9] ἄμπελος, ου, ἡ, vine, grapevine
[10] ἄμπελος, ου, ἡ, vine, grapevine
[11] κρεμάννυμι pres mid/pass ptcp f.s.nom., hang (up), hang
[12] πτελέα, ας, ἡ, elm tree
[13] ῥίπτω perf mid/pass ptcp f.s.nom., throw
[14] χαμαί, adv, on the ground
[15] σαπρός, ά, όν, bad, not good
[16] κεῖμαι pres mid/pass ind 3s, lie, recline
[17] πλούσιος, ια, ιον, rich, wealthy
[18] γνωρίζω aor act impv 2s, make known, know
[19] πλούσιος, ια, ιον, rich, wealthy
[20] χρῆμα, ατος, τό, property, wealth
[21] πτωχεύω pres act ind 3s, be poor
[22] περισπάω pres mid/pass ptcp m.s.nom., be pulled, be distracted
[23] πλοῦτος, ου, ὁ, wealth
[24] λίαν, adv, very, exceedingly
[25] ἐξομολόγησις, εως, ἡ, praise
[26] ἔντευξις, εως, ἡ, petition, request
[27] βληχρός, ά, όν, feeble
[28] ἄνω, adv, above
[29] πλούσιος, ια, ιον, rich, wealthy
[30] πένης, ητος, poor, needy
[31] πλούσιος, ια, ιον, rich, wealthy
[32] χορηγέω aor act sub 3s, provide
[33] πένης, ητος, poor, needy
[34] μισθός, οῦ, ὁ, pay, wages
[35] πένης, ητος, poor, needy

πλούσιός¹ ἐστιν ἐν τῇ ἐντεύξει² καὶ τῇ ἐξομολογήσει,³ καὶ δύναμιν μεγάλην ἔχει ἡ ἔντευξις⁴ αὐτοῦ παρὰ τῷ Θεῷ ἐπιχορηγεῖ⁵ οὖν ὁ πλούσιος⁶ τῷ πένητι⁷ πάντα ἀδιστάκτως.⁸ **6** ὁ πένης⁹ δὲ ἐπιχορηγούμενος¹⁰ ὑπὸ τοῦ πλουσίου¹¹ ἐντυγχάνει¹² αὐτῷ, τῷ Θεῷ εὐχαριστῶν περὶ τοῦ διδόντος αὐτῷ. κἀκεῖνος ἔτι ἐπισπουδάζει¹³ περὶ τοῦ πένητος,¹⁴ ἵνα ἀδιάλειπτος¹⁵ γένηται ἐν τῇ ζωῇ αὐτοῦ· οἶδε γὰρ ὅτι ἡ ἔντευξις¹⁶ τοῦ πένητος¹⁷ προσδεκτή¹⁸ ἐστι καὶ πλουσία¹⁹ πρὸς τὸν Θεόν. **7** ἀμφότεροι²⁰ οὖν τὸ ἔργον τελοῦσιν·²¹ ὁ μὲν πένης²² ἐργάζεται τὴν ἔντευξιν²³ ἐν ᾗ πλουτεῖ,²⁴ ἣν ἔλαβεν παρὰ τοῦ Κυρίου· ταύτην ἀποδίδωσι τῷ Κυρίῳ τῷ ἐπιχορηγοῦντι²⁵ αὐτῷ. καὶ ὁ πλούσιος²⁶ ὡσαύτως²⁷ τὸν πλοῦτον²⁸ ὃν ἔλαβεν ἀπὸ τοῦ Κυρίου ἀδιστάκτως²⁹ παρέχεται³⁰ τῷ πένητι.³¹ καὶ τοῦτο ἔργον μέγα ἐστὶ καὶ δεκτὸν³² παρὰ τῷ Θεῷ, ὅτι συνῆκεν³³ ἐπὶ τῷ πλούτῳ³⁴ αὐτοῦ καὶ ἠργάσατο εἰς τὸν πένητα³⁵ ἐκ τῶν δωρημάτων³⁶

---

[1] πλούσιος, ία, ιον, rich, wealthy
[2] ἔντευξις, εως, ἡ, petition, request
[3] ἐξομολόγησις, εως, ἡ, praise
[4] ἔντευξις, εως, ἡ, petition, prayer
[5] ἐπιχορηγέω pres act ind 3s, give, grant
[6] πλούσιος, ία, ιον, rich, wealthy
[7] πένης, ητος, poor, needy
[8] ἀδιστάκτως, adv, without doubting
[9] πένης, ητος, poor, needy
[10] ἐπιχορηγέω pres mid/pass ptcp m.s.nom., give, grant
[11] πλούσιος, ία, ιον, rich, wealthy
[12] ντυγχάνω pres act ind 3s, approach, appeal, read
[13] ἐπισπουδάζω pres act ind 3s, be more zealous
[14] πένης, ητος, poor, needy
[15] ἀδιάλειπτος, ον, unceasing, constant
[16] ἔντευξις, εως, ἡ, petition, prayer
[17] πένης, ητος, poor, needy
[18] προσδεκτός, ή, όν, acceptable
[19] πλούσιος, ία, ιον, rich, wealthy
[20] ἀμφότεροι, αι, α, all
[21] τελέω pres act ind 3p, bring to an end, finish
[22] πένης, ητος, poor, needy
[23] ἔντευξις, εως, ἡ, petition, request
[24] πλουτέω pres act ind 3s, be rich
[25] ἐπιχορηγέω pres act ptcp m.s.dat., give, grant
[26] πλούσιος, ία, ιον, rich, wealthy
[27] ὡσαύτως, adv, likewise
[28] πλοῦτος, ου, ὁ, wealth
[29] ἀδιστάκτως, adv, without doubting
[30] παρέχω pres mid/pass ind 3s, give up, offer
[31] πένης, ητος, poor, needy
[32] δεκτός, ή, όν, acceptable, welcome
[33] συνίημι aor act ind 3s, understand, comprehend
[34] πλοῦτος, ου, ὁ, wealth
[35] πένης, ητος, poor, needy
[36] δώρημα, ατος, τό, gift, present

ΠΟΙΜΗΝ—Παραβολαί

τοῦ Κυρίου καὶ ἐτέλεσεν[1] τὴν διακονίαν τοῦ Κυρίου ὀρθῶς.[2] **8** παρὰ τοῖς ἀνθρώποις οὖν ἡ πτελέα[3] δοκεῖ καρπὸν μὴ φέρειν, καὶ οὐκ οἴδασιν οὐδὲ νοοῦσιν[4] ὅτι, ἐὰν ἀβροχία[5] γένηται, ἡ πτελέα[6] ὕδωρ ἔχουσα τρέφει[7] τὴν ἄμπελον,[8] καὶ ἡ ἄμπελος[9] ἀδιάλειπτον[10] ἔχουσα τὸ ὕδωρ διπλοῦν[11] τὸν καρπὸν δίδωσι, καὶ ὑπὲρ ἑαυτῆς καὶ ὑπὲρ τῆς πτελέας.[12] οὕτω καὶ οἱ πένητες[13] ἐντυγχάνοντες[14] πρὸς τὸν Κύριον ὑπὲρ τῶν πλουσίων[15] πληροφοροῦσι[16] τὸν πλοῦτον[17] αὐτῶν, καὶ πάλιν οἱ πλούσιοι[18] χορηγοῦντες[19] τοῖς πένησι[20] τὰ δέοντα πληροφοροῦσι[21] τὰς ψυχὰς αὐτῶν. **9** γίνονται οὖν ἀμφότεροι[22] κοινωνοὶ[23] τοῦ ἔργου τοῦ δικαίου. ταῦτα οὖν ὁ ποιῶν οὐκ ἐγκαταλειφθήσεται[24] ὑπὸ τοῦ Θεοῦ, ἀλλ' ἔσται ἐπιγεγραμμένος[25] εἰς τὰς βίβλους[26] τῶν ζώντων. **10** μακάριοι οἱ ἔχοντες καὶ συνιέντες[27] ὅτι παρὰ τοῦ Κυρίου πλουτίζονται·[28] ὁ γὰρ συνίων[29] τοῦτο δυνήσεται καὶ διακονῆσαί τι ἀγαθόν τι ἐγράζεσθαι.

---

[1] τελέω aor act ind 3s, bring to an end, finish
[2] ὀρθῶς, adv, rightly
[3] πτελέα, ας, ἡ, elm tree
[4] νοέω pres act ind 3p, perceive, consider
[5] ἀβροχία, ας, ἡ, draught
[6] πτελέα, ας, ἡ, elm tree
[7] τρέφω pres act ind 3s, feed, nourish, rear
[8] ἄμπελος, ου, ἡ, vine, grapevine
[9] ἄμπελος, ου, ἡ, vine, grapevine
[10] ἀδιάλειπτος, ον, unceasing, constant
[11] διπλοῦς, ῆ, οῦν, double
[12] πτελέα, ας, ἡ, elm tree
[13] πένης, ητος, poor, needy
[14] ἐντυγχάνω pres act ptcp m.p.nom., approach, appeal, read
[15] πλούσιος, ία, ιον, rich, wealthy
[16] πληροφορέω pres act ind 3p, fill, fulfill
[17] πλοῦτος, ου, ὁ, wealth
[18] πλούσιος, ία, ιον, rich, wealthy
[19] χορηγέω pres act ptcp m.p.nom., provide, supply
[20] πένης, ητος, poor, needy
[21] πληροφορέω pres act ind 3p, fill, fulfill
[22] ἀμφότεροι, αι, α, both
[23] κοινωνός, οῦ, ὁ, companion, sharer
[24] ἐγκαταλείπω fut pass ind 3s, leave, forsake
[25] ἐπιγράφω perf mid/pass ptcp m.s.nom., write on, record
[26] βίβλος, ου, ἡ, book
[27] συνίημι pres act ptcp m.p.nom., understand, comprehend
[28] πλουτίζω pres mid/pass ind 3p, make wealthy, make rich
[29] συνίημι pres act ptcp m.s.nom., understand, comprehend

## ΠΟΙΜΗΝ—Παραβολαί

**52:1 (γ΄ 1)** Ἔδειξέ μοι δένδρα¹ πολλὰ μὴ ἔχοντα φύλλα,² ἀλλ᾽ ὡσεὶ³ ξηρὰ⁴ ἐδόκει μοι εἶναι· ὅμοια γὰρ ἦν πάντα. καὶ λέγει μοι· Βλέπεις τὰ δένδρα⁵ ταῦτα; Βλέπω, φημί, κύριε, ὅμοια ὄντα καὶ ξηρά.⁶ ἀποκριθείς μοι λέγει· Ταῦτα τὰ δένδρα,⁷ ἃ βλέπεις, οἱ κατοικοῦντές εἰσιν ἐν τῷ αἰῶνι τούτῳ. **2** Διατί⁸ οὖν, φημί, κύριε, ὡσεὶ⁹ ξηρὰ¹⁰ εἰσι καὶ ὅμοια; Ὅτι, φησίν, οὔτε οἱ δίκαιοι φαίνονται οὔτε οἱ ἁμαρτωλοὶ ἐν τῷ αἰῶνι τούτῳ, ἀλλ᾽ ὅμοιοί εἰσιν· ὁ γὰρ αἰὼν οὗτος τοῖς δικαίοις χειμών¹¹ ἐστι, καὶ οὐ φαίνονται μετὰ τῶν ἁμαρτωλῶν κατοικοῦντες. **3** ὥσπερ γὰρ ἐν τῷ χειμῶνι¹² τὰ δένδρα¹³ ἀποβεβληκότα¹⁴ τὰ φύλλα¹⁵ ὅμοιά εἰσι, καὶ οὐ φαίνονται τὰ ξηρὰ¹⁶ ποῖα εἰσιν ἢ τὰ ζῶντα, οὕτως ἐν τῷ αἰῶνι τούτῳ οὐ φαίνονται οὔτε οἱ δίκαιοι οὔτε οἱ ἁμαρτωλοί, ἀλλὰ πάντες ὅμοιοί εἰσιν.

**53:1 (δ΄ 1)** Ἔδειξέ μοι πάλιν δένδρα¹⁷ πολλά, ἃ μὲν βλαστῶντα,¹⁸ ἃ δὲ ξηρά,¹⁹ καὶ λέγει μοι· Βλέπεις, φησί, τὰ δένδρα ταῦτα; Βλέπω, φημί, κύριε, τὰ μὲν βλαστῶντα,²⁰ τὰ δὲ ξηρά.²¹ **2** Ταῦτα, φησί, τὰ δένδρα²² τὰ βλαστῶντα²³ οἱ δίκαιοί εἰσιν οἱ μέλλοντες κατοικεῖν εἰς τὸν αἰῶνα τὸν ἐρχόμενον· ὁ γὰρ αἰὼν ὁ ἐρχόμενος

---

¹ δένδρον, ου, τό, tree
² φύλλον, ου, τό, foliage
³ ὡσεί, part, as
⁴ ξηρός, ά, όν, dry, withered
⁵ δένδρον, ου, τό, tree
⁶ ξηρός, ά, όν, dry, withered
⁷ δένδρον, ου, τό, tree
⁸ διατί, part, why
⁹ ὡσεί, part, as
¹⁰ ξηρός, ά, όν, dry, withered
¹¹ χειμών, ῶνος, ὁ, bad weather, winter
¹² χειμών, ῶνος, ὁ, bad weather, winter
¹³ δένδρον, ου, τό, tree
¹⁴ ἀποβάλλω perf act ptcp n.p.nom., take off, throw away
¹⁵ φύλλον, ου, τό, foliage
¹⁶ ξηρός, ά, όν, dry, withered
¹⁷ δένδρον, ου, τό, tree
¹⁸ βλαστάνω pres act ptcp n.p.acc., grow, bud
¹⁹ ξηρός, ά, όν, dry, withered
²⁰ βλαστάνω pres act ptcp n.p.acc., grow, bud
²¹ ξηρός, ά, όν, dry, withered
²² δένδρον, ου, τό, tree
²³ βλαστάνω pres act ptcp n.p.nom., grow, bud

θέρος¹ ἐστὶ τοῖς δικαίοις, τοῖς δὲ ἁμαρτωλοῖς χειμών.² ὅταν οὖν ἐπιλάμψῃ³ τὸ ἔλεος⁴ τοῦ Κυρίου, τότε φανερωθήσονται οἱ δουλεύοντες⁵ τῷ Θεῷ, καὶ πάντες φανερωθήσονται· 3 ὥσπερ γὰρ τῷ θέρει⁶ ἑνὸς ἑκάστου δένδρου⁷ οἱ καρποὶ φανεροῦνται καὶ ἐπιγινώσκονται ποταποί⁸ εἰσιν, οὕτω καὶ τῶν δικαίων οἱ καρποὶ φανεροὶ⁹ ἔσονται καὶ γνωσθήσονται πάντες οἱ ἐλάχιστοι¹⁰ ὄντες εὐθαλεῖς¹¹ ὄντες ἐν τῷ αἰῶνι ἐκείνῳ. 4 τὰ δὲ ἔθνη καὶ οἱ ἁμαρτωλοί, οἷα¹² εἶδες τὰ δένδρα¹³ τὰ ξηρά,¹⁴ τοιοῦτοι εὑρεθήσονται ξηροὶ¹⁵ καὶ ἄκαρποι¹⁶ ἐν ἐκείνῳ τῷ αἰῶνι, καὶ ὡς ξύλα¹⁷ κατακαυθήσονται,¹⁸ καὶ φανεροὶ¹⁹ ἔσονται· ὅτι ἡ πρᾶξις²⁰ αὐτῶν πονηρὰ γέγονεν ἐν τῇ ζωῇ αὐτῶν. οἱ μὲν γὰρ ἁμαρτωλοὶ καυθήσονται²¹ ὅτι ἥμαρτον καὶ οὐ μετενόησαν· τὰ δὲ ἔθνη καυθήσονται²² ὅτι οὐκ ἔγνωσαν τὸν κτίσαντα²³ αὐτούς. 5 σὺ οὖν καρποφόρησον,²⁴ ἵνα ἐν ἐκείνῃ τῇ θερείᾳ²⁵ γνωσθῇ σου ὁ καρπός. ἀπέχου²⁶ δὲ ἀπὸ τῶν πολλῶν πράξεων,²⁷ καὶ οὐδὲν διαμάρτῃς.²⁸ οἱ γὰρ τὰ πολλὰ πράσσοντες πολλὰ καὶ ἁμαρτάνουσι,

---

¹ θέρος, ους, τό, summer
² χειμών, ῶνος, ὁ, bad weather, winter
³ ἐπιλάμπω aor act sub 3s, shine out
⁴ ἔλεος, ους, τό, mercy
⁵ δουλεύω pres act ptcp m.p.nom., be a slave
⁶ θερεία, ας, ἡ, summertime
⁷ δένδρον, ου, τό, tree
⁸ ποταπός, ή, όν, of what sort
⁹ φανερός, ά, όν, visible
¹⁰ ἐλάχιστος, ίστη, ον, least
¹¹ εὐθαλής, ές, flourishing
¹² οἷος, α, ον, of what sort
¹³ δένδρον, ου, τό, tree
¹⁴ ξηρός, ά, όν, dry, withered
¹⁵ ξηρός, ά, όν, dry, withered
¹⁶ ἄκαρπος, ον, unfruitful
¹⁷ ξύλον, ου, τό, wood
¹⁸ κατακαίω fut pass ind 3p, burn down, burn up
¹⁹ φανερός, ά, όν, visible
²⁰ πρᾶξις, εως, ἡ, activity, way of acting, deed
²¹ καίω fut pass ind 3p, light, burn (up)
²² καίω fut pass ind 3p, light, burn (up)
²³ κτίζω aor act ptcp m.s.acc., create
²⁴ καρποφορέω aor act impv 2s, bear fruit
²⁵ θερεία, ας, ἡ, summertime
²⁶ ἀπέχω pres mid impv, be paid in full, suffice
²⁷ πρᾶξις, εως, ἡ, activity, way of acting, deed
²⁸ διαμαρτάνω aor act sub 2s, miss the mark badly

περισπώμενοι¹ περὶ τὰς πράξεις² αὐτῶν καὶ μηδὲν δουλεύοντες³ τῷ Κυρίῳ ἑαυτῶν. **6** Πῶς οὖν, φησίν, ὁ τοιοῦτος δύναταί τι αἰτήσασθαι παρὰ τοῦ Κυρίου καὶ λαβεῖν, μὴ δουλεύων⁴ τῷ Κυρίῳ; οἱ γὰρ δουλεύοντες⁵ αὐτῷ, ἐκεῖνοι λήμψονται τὰ αἰτήματα⁶ αὐτῶν, οἱ δὲ μὴ δουλεύοντες⁷ τῷ Κυρίῳ, ἐκεῖνοι οὐδὲν λήμψονται. **7** ἐὰν δὲ μίαν τις πρᾶξιν⁸ ἐργάσηται, δύναται καὶ τῷ Κυρίῳ δουλεῦσαι·⁹ οὐ γὰρ διαφθαρήσεται¹⁰ ἡ διάνοια¹¹ αὐτοῦ ἀπὸ τοῦ Κυρίου, ἀλλὰ δουλεύσει¹² αὐτῷ ἔχων τὴν διάνοιαν¹³ αὐτοῦ καθαράν.¹⁴ **8** ταῦτα οὖν ἐὰν ποιήσῃς, δύνασαι καρποφορῆσαι¹⁵ εἰς τὸν αἰῶνα τὸν ἐρχόμενον· καὶ ὃς ἂν ταῦτα ποιήσῃ, καρποφορήσει.¹⁶

**54:1 (ε΄ 1)** Νηστεύων¹⁷ καὶ καθήμενος εἰς ὄρος τι καὶ εὐχαριστῶν τῷ Κυρίῳ περὶ πάντων ὧν ἐποίησε μετ' ἐμοῦ, βλέπω τὸν ποιμένα¹⁸ παρακαθήμενόν¹⁹ μοι καὶ λέγοντα· Τί ὀρθρινὸς²⁰ ὧδε ἐλήλυθας; Ὅτι, φημί, κύριε, στατίωνα²¹ ἔχω. **2** Τί, φησίν, ἐστὶ στατίων²²; Νηστεύω,²³ φημί, κύριε. Νηστεία²⁴ δέ, φησί, τί ἐστιν

---

¹ περισπάω pres mid/pass ptcp m.p.nom., be pulled, be distracted
² πρᾶξις, εως, ἡ, activity, way of acting, deed
³ δουλεύω pres act ptcp m.p.nom., be a slave
⁴ δουλεύω pres act ptcp m.s.nom., be a slave
⁵ δουλεύω pres act ptcp m.p.nom., be a slave
⁶ αἴτημα, τος, τό, request
⁷ δουλεύω pres act ptcp m.p.nom., be a slave
⁸ πρᾶξις, εως, ἡ, activity, way of acting, deed
⁹ δουλεύω aor act inf, be a slave
¹⁰ διαφθείρω fut pass ind 3s, spoil, deprave
¹¹ διάνοια, ας, ἡ, understanding
¹² δουλεύω fut act ind 3s, be a slave
¹³ διάνοια, ας, ἡ, understanding
¹⁴ καθαρός, ά, όν, clean, pure
¹⁵ καρποφορέω aor act inf, bear fruit
¹⁶ καρποφορέω fut act ind 3s, bear fruit
¹⁷ νηστεύω pres act ptcp m.s.nom., fast
¹⁸ ποιμήν, ένος, ὁ, shepherd
¹⁹ παρακάθημαι pres mid/pass ptcp m.s.acc., sit beside
²⁰ ὀρθρινός, ή, όν, early in the morning
²¹ στατίων, ωνος, keep a fast
²² στατίων, ωνος, keep a fast
²³ νηστεύω pres act ind 1s, fast
²⁴ νηστεία, ας, ἡ, fasting

ΠΟΙΜΗΝ—Παραβολαί

αὕτη, ἣν νηστεύετε[1]; Ὡς εἰώθειν,[2] φημί, κύριε, οὕτω νηστεύω.[3] **3** Οὐκ οἴδατε, φησί, νηστεύειν[4] τῷ Κυρίῳ, οὐδέ ἐστιν νηστεία[5] αὕτη ἡ ἀνωφελὴς[6] ἣν νηστεύετε[7] αὐτῷ. Διατί,[8] φημί, κύριε, τοῦτο λέγεις; Λέγω σοί, φησίν, ὅτι οὐκ ἔστιν αὕτη νηστεία,[9] ἣν δοκεῖτε νηστεύειν·[10] ἀλλ' ἐγώ σε διδάξω τί ἐστι νηστεία[11] πλήρης[12] καὶ δεκτὴ[13] τῷ Κυρίῳ. ἄκουε, φησίν. **4** ὁ Θεὸς οὐ βούλεται τοιαύτην νηστείαν[14] ματαίαν·[15] οὕτω γὰρ νηστεύων[16] τῷ Θεῷ οὐδὲν ἐργάσῃ τῇ δικαιοσύνῃ. νήστευσον[17] δὲ τῷ Θεῷ νηστείαν[18] τοιαύτην· **5** μηδὲν πονηρεύσῃ[19] ἐν τῇ ζωῇ σου, καὶ δούλευσον[20] τῷ Κυρίῳ ἐν καθαρᾷ[21] καρδίᾳ· τήρησον τὰς ἐντολὰς αὐτοῦ πορευόμενος ἐν τοῖς προστάγμασιν[22] αὐτοῦ, καὶ μηδεμία ἐπιθυμία πονηρὰ ἀναβήτω ἐν τῇ καρδίᾳ σου· πίστευσον δὲ τῷ Θεῷ· καὶ ἐὰν ταῦτα ἐργάσῃ καὶ φοβηθῇς αὐτὸν καὶ ἐγκρατεύσῃ[23] ἀπὸ παντὸς πονηροῦ πράγματος,[24] ζήσῃ τῷ Θεῷ· καὶ ταῦτα ἐὰν ἐργάσῃ, μεγάλην νηστείαν[25] τελεῖς[26] καὶ δεκτὴν[27] τῷ Θεῷ.

**55:1 (ε' 2)** Ἄκουε τὴν παραβολὴν ἣν μέλλω σοι λέγειν ἀνήκουσαν[28] τῇ νηστείᾳ.[29] **2** εἶχέ τις ἀγρὸν καὶ δούλους πολλούς,

---

[1] νηστεύω pres act ind 2p, fast
[2] ἔθω plupf act ind 1s, be accustomed
[3] νηστεύω pres act ind 1s, fast
[4] νηστεύω pres act inf, fast
[5] νηστεία, ας, ἡ, fasting
[6] ἀνωφελής, ές, useless
[7] νηστεύω pres act ind 2p, fast
[8] διατί, part, why
[9] νηστεία, ας, ἡ, fasting
[10] νηστεύω pres act inf, fast
[11] νηστεία, ας, ἡ, fasting
[12] πλήρης, ες, filled, full
[13] δεκτός, ή, όν, acceptable
[14] νηστεία, ας, ἡ, fasting
[15] μάταιος, αία, αιον, idle, empty
[16] νηστεύω pres act ptcp m.s.nom., fast
[17] νηστεύω aor act impv 2s, fast
[18] νηστεία, ας, ἡ, fasting
[19] πονηρεύομαι fut mid sub 2s, do wrong
[20] δουλεύω aor act impv 2s, be a slave
[21] καθαρός, ά, όν, clean, pure
[22] πρόσταγμα, ατος, τό, order, command
[23] ἐγκρατεύομαι fut mid ind 2s, control oneself
[24] πρᾶγμα, ατος, τό, deed, thing
[25] νηστεία, ας, ἡ, fasting
[26] τελέω fut act ind 2s, end, finish
[27] δεκτός, ή, όν, acceptable
[28] ἀνήκω pres act ptcp f.s.acc., refer
[29] νηστεία, ας, ἡ, fasting

καὶ εἰς μέρος τι τοῦ ἀγροῦ ἐφύτευσεν¹ ἀμπελῶνα.² καὶ ἐκλεξάμενος³ δοῦλόν τινα πιστὸν καὶ εὐάρεστον⁴ ἔντιμον,⁵ προσεκαλέσατο⁶ αὐτὸν καὶ λέγει αὐτῷ· Λάβε τὸν ἀμπελῶνα⁷ τοῦτον ὃν ἐφύτευσα⁸ καὶ χαράκωσον⁹ αὐτὸν ἕως ἔρχομαι, καὶ ἕτερον δὲ μὴ ποιήσῃς τῷ ἀμπελῶνι·¹⁰ καὶ ταύτην μου τὴν ἐντολὴν φύλαξον, καὶ ἐλεύθερος¹¹ ἔσῃ παρ' ἐμοί. ἐξῆλθε δὲ ὁ δεσπότης¹² τοῦ δούλου εἰς τὴν ἀποδημίαν.¹³ 3 ἐξελθόντος δὲ αὐτοῦ ἔλαβεν ὁ δοῦλος καὶ ἐχαράκωσε¹⁴ τὸν ἀμπελῶνα.¹⁵ καὶ τελέσας¹⁶ τὴν χαράκωσιν¹⁷ τοῦ ἀμπελῶνος¹⁸ εἶδε τὸν ἀμπελῶνα¹⁹ βοτανῶν²⁰ πλήρη²¹ ὄντα. 4 ἐν ἑαυτῷ οὖν ἐλογίσατο λέγων· Ταύτην τὴν ἐντολὴν τοῦ Κυρίου τετέλεκα·²² σκάψω²³ λοιπὸν τὸν ἀμπελῶνα²⁴ τοῦτον, καὶ ἔσται εὐπρεπέστερος²⁵ ἐσκαμμένος,²⁶ καὶ βοτάνας²⁷ μὴ ἔχων δώσει καρπὸν πλείονα, μὴ πνιγόμενος²⁸ ὑπὸ τῶν βοτανῶν.²⁹ λαβὼν ἔσκαψε³⁰ τὸν ἀμπελῶνα,³¹ καὶ πάσας τὰς βοτάνας³² τὰς οὔσας ἐν τῷ ἀμπελῶνι³³ ἐξέτιλλε.³⁴ καὶ ἐγένετο ὁ

---

[1] φυτεύω aor act ind 3s, plant
[2] ἀμπελών, ῶνος, ὁ, vineyard
[3] ἐκλέγομαι aor mid ptcp m.s.nom., choose
[4] εὐάρεστος, ον, pleasing
[5] ἔντιμος, ον, honored, valuable
[6] προσκαλέομαι aor mid ind 3s, summon
[7] ἀμπελών, ῶνος, ὁ, vineyard
[8] φυτεύω aor act ind 3s, plant
[9] χαρακόω aor act impv 2s, fence in
[10] ἀμπελών, ῶνος, ὁ, vineyard
[11] ἐλεύθερος, έρα, ον, free
[12] δεσπότης, ου, ὁ, lord
[13] ἀποδημία, ας, ἡ, absense
[14] χαρακόω aor act ind 3s, fence in
[15] ἀμπελών, ῶνος, ὁ, vineyard
[16] τελέω aor ptcp m.s.nom., finish
[17] χαράκωσις, εως, ἡ, fencing in
[18] ἀμπελών, ῶνος, ὁ, vineyard
[19] ἀμπελών, ῶνος, ὁ, vineyard
[20] βοτάνη, ης, ἡ, plant, herb
[21] πλήρης, ες, full
[22] τελέω perf act ind 1s, finish
[23] σκάπτω fut act ind 1s, dig, cultivate
[24] ἀμπελών, ῶνος, ὁ, vineyard
[25] εὐπρεπής, ές, looking well
[26] σκάπτω perf mid/pass ptcp m.s.nom., dig, cultivate
[27] βοτάνη, ης, ἡ, herb, plant
[28] πνίγω pres mid/pass ptcp m.s.nom., strangle
[29] βοτάνη, ης, ἡ, plant, herb
[30] σκάπτω aor act ind 3s, dig, cultivate
[31] ἀμπελών, ῶνος, ὁ, vineyard
[32] βοτάνη, ης, ἡ, herb, plant
[33] ἀμπελών, ῶνος, ὁ, vineyard
[34] ἐκτίλλω imp act ind 3s, pull out

ἀμπελὼν¹ ἐκεῖνος εὐπρεπέστατος² καὶ εὐθαλής,³ μὴ ἔχων βοτάνας⁴ τὰς πνιγούσας⁵ αὐτόν. 5 μετὰ χρόνον τινὰ ἦλθεν ὁ δεσπότης⁶ τοῦ δούλου καὶ τοῦ ἀγροῦ, καὶ εἰσῆλθεν εἰς τὸν ἀμπελῶνα.⁷ καὶ ἰδὼν τὸν ἀμπελῶνα⁸ κεχαρακωμένον⁹ εὐπρεπῶς,¹⁰ ἔτι δὲ καὶ ἐσκαμμένον¹¹ καὶ πάσας τὰς βοτάνας¹² ἐκτετιλμένας¹³ καὶ εὐθαλεῖς¹⁴ οὔσας τὰς ἀμπέλους,¹⁵ ἐχάρη λίαν¹⁶ ἐπὶ τοῖς ἔργοις τοῦ δούλου. 6 προσκαλεσάμενος¹⁷ οὖν τὸν υἱὸν αὐτοῦ τὸν ἀγαπητόν, ὃν εἶχε κληρονόμον,¹⁸ καὶ τοὺς φίλους,¹⁹ οὓς εἶχε συμβούλους,²⁰ λέγει αὐτοῖς ὅσα ἐνετείλατο²¹ τῷ δούλῳ αὐτοῦ, καὶ ὅσα εὗρε γεγονότα. κἀκεῖνοι συνεχάρησαν²² τῷ δούλῳ ἐπὶ τῇ μαρτυρίᾳ ᾗ ἐμαρτύρησεν αὐτῷ ὁ δεσπότης.²³ 7 καὶ λέγει αὐτοῖς· Ἐγὼ τῷ δούλῳ τούτῳ ἐλευθερίαν²⁴ ἐπηγγειλάμην²⁵ ἐάν μου τὴν ἐντολὴν φυλάξῃ ἣν ἐνετειλάμην²⁶ αὐτῷ· ἐφύλαξε δέ μου τὴν ἐντολὴν καὶ προσέθηκε²⁷ τῷ ἀμπελῶνι²⁸ ἔργον καλόν, καὶ ἐμοὶ λίαν²⁹ ἤρεσεν.³⁰ ἀντὶ³¹ τούτου οὖν τοῦ ἔργου οὗ εἰργάσατο θέλω

---

¹ ἀμπελών, ῶνος, ὁ, vineyard
² εὐπρεπής, ές, looking well
³ εὐθαλής, ές, flourishing
⁴ βοτάνη, ης, ἡ, herb, plant
⁵ πνίγω pres act ptcp f.p.acc., strangle
⁶ δεσπότης, ου, ὁ, lord
⁷ ἀμπελών, ῶνος, ὁ, vineyard
⁸ ἀμπελών, ῶνος, ὁ, vineyard
⁹ χαρακόω perf mid/pass ptcp m.s.acc., fence in
¹⁰ εὐπρεπῶς, adv, attractively
¹¹ σκάπτω perf mid/pass ptcp m.s.acc., dig, cultivate
¹² βοτάνη, ης, ἡ, herb, plant
¹³ ἐκτίλλω perf mid/pass ptcp f.p.acc., pull out
¹⁴ εὐθαλής, ές, flourishing
¹⁵ ἀμπελών, ῶνος, ὁ, vineyard
¹⁶ λίαν, adv, very, exceedingly
¹⁷ προσκαλέω aor mid ptcp m.s.nom., summon
¹⁸ κληρονόμος, ου, ὁ, heir
¹⁹ φίλος, η, ον, beloved, friend
²⁰ σύμβουλος, ου, ὁ, adviser, counsellor
²¹ ἐντέλλω aor mid ind 3s, command, order
²² συγχαίρω aor act ind 3p, rejoice with
²³ δεσπότης, ου, ὁ, lord
²⁴ ἐλευθερία, ας, ἡ, freedom
²⁵ ἐπαγγέλλω aor mid ind 1s, promise
²⁶ ἐντέλλω aor mid ind 1s, command, order
²⁷ προστίθημι aor act ind 3s, add
²⁸ ἀμπελών, ῶνος, ὁ, vineyard
²⁹ λίαν, adv, very, exceedingly
³⁰ ἀρέσκω aor act ind 3s, win favor, please
³¹ ἀντί, prep, instead of

ΠΟΙΜΗΝ—Παραβολαί

αὐτὸν συγκληρονόμον¹ τῷ υἱῷ μου ποιῆσαι, ὅτι τὸ καλὸν φρονήσας² οὐ παρενεθυμήθη,³ ἀλλ' ἐτέλεσεν⁴ αὐτό. **8** ταύτῃ τῇ γνώμῃ⁵ ὁ υἱὸς τοῦ δεσπότου⁶ συνηυδόκησεν⁷ αὐτῷ, ἵνα συγκληρονόμος⁸ γένηται ὁ δοῦλος τῷ υἱῷ. **9** μετὰ ὀλίγας ἡμέρας δεῖπνον ἐποίησεν ὁ οἰκοδεσπότης⁹ αὐτοῦ, καὶ ἔπεμψεν αὐτῷ ἐκ τοῦ δείπνου¹⁰ ἐδέσματα¹¹ πολλά. λαβὼν δὲ ὁ δοῦλος τὰ ἐδέσματα¹² τὰ πεμφθέντα αὐτῷ παρὰ τοῦ δεσπότου¹³ τὰ ἀρκοῦντα¹⁴ αὐτῷ ἦρε, τὰ λοιπὰ δὲ τοῖς συνδούλοις¹⁵ αὐτοῦ διέδωκεν.¹⁶ **10** οἱ δὲ σύνδουλοι¹⁷ αὐτοῦ λαβόντες τὰ ἐδέσματα¹⁸ ἐχάρησαν καὶ ἤρξαντο εὔχεσθαι¹⁹ ὑπὲρ αὐτοῦ, ἵνα χάριν μείζονα εὕρῃ παρὰ τῷ δεσπότῃ,²⁰ ὅτι οὕτως ἐχρήσατο²¹ αὐτοῖς. **11** ταῦτα πάντα τὰ γεγονότα ὁ δεσπότης²² αὐτοῦ ἤκουσε, καὶ πάλιν λίαν²³ ἐχάρη ἐπὶ τῇ πράξει²⁴ αὐτοῦ. συγκαλεσάμενος²⁵ πάλιν τοὺς φίλους²⁶ ὁ δεσπότης²⁷ καὶ τὸν υἱὸν αὐτοῦ ἀπήγγειλεν αὐτοῖς τὴν πρᾶξιν²⁸ αὐτοῦ ἣν ἔπραξεν

---

[1] συγκληρονόμος, ον, co-heir
[2] φρονέω aor act ptcp m.s.nom., think
[3] παρενθυμέω aor pass ind 3s, disregard, neglect
[4] τελέω aor act ind 3s, finish
[5] γνώμη, ης, ἡ, purpose
[6] δεσπότης, ου, ὁ, lord
[7] συνευδοκέω aor act ind 3s, agree with
[8] συγκληρονόμος, ον, co-heir
[9] οἰκοδεσπότης, ου, ὁ, master of the house
[10] δεῖπνον, ου, τό, supper
[11] ἔδεσμα, ατος, τό, food
[12] ἔδεσμα, ατος, τό, food
[13] δεσπότης, ου, ὁ, lord
[14] ἀρκέω pres act ptcp n.p.acc., be enough, be sufficient
[15] σύνδουλος, ου, ὁ, fellow-slave
[16] διαδίδωμι aor act ind 3s, distribute, give
[17] σύνδουλος, ου, ὁ, fellow-slave
[18] ἔδεσμα, ατος, τό, food
[19] εὔχομαι pres mid/pass inf, pray
[20] δεσπότης, ου, ὁ, lord
[21] χράομαι aor mid ind 3s, make us of, employ
[22] δεσπότης, ου, ὁ, lord
[23] λίαν, adv, very, exceedingly
[24] πρᾶξις, εως, ἡ, acting, act
[25] συγκαλέω aor mid ptcp m.s.nom., summon
[26] φίλος, η, ον, beloved, friend
[27] δεσπότης, ου, ὁ, lord
[28] πρᾶξις, εως, ἡ, activity, way of acting, deed

## ΠΟΙΜΗΝ—Παραβολαί

ἐπὶ τοῖς ἐδέσμασιν[1] οἷς ἔλαβεν· οἱ δὲ ἔτι μᾶλλον συνευδόκησαν[2] γενέσθαι τὸν δοῦλον συγκληρονόμον[3] τῷ υἱῷ αὐτοῦ.

**56:1 (ε´ 3)** Λέγω· Κύριε, ἐγὼ ταύτας τὰς παραβολὰς οὐ γινώσκω οὐδὲ δύναμαι νοῆσαι,[4] ἐὰν μή μοι ἐπιλύσῃς[5] αὐτάς. **2** Πάντα σοι ἐπιλύσω,[6] φησί, καὶ ὅσα ἂν λαλήσω μετὰ σοῦ, δείξω σοι. τὰς ἐντολὰς τοῦ Κυρίου φύλασσε, καὶ ἔσῃ εὐάρεστος[7] τῷ Θεῷ καὶ ἐγγραφήσῃ[8] εἰς τὸν ἀριθμὸν[9] τῶν φυλασσόντων τὰς ἐντολὰς αὐτοῦ. **3** ἐὰν δέ τι ἀγαθὸν ποιήσῃς ἐκτὸς[10] τῆς ἐντολῆς τοῦ Θεοῦ, σεαυτῷ περιποιήσῃ[11] δόξαν περισσοτέραν,[12] καὶ ἔσῃ ἐνδοξότερος[13] παρὰ τῷ Θεῷ οὗ ἔμελλες εἶναι. ἐὰν οὖν φυλάσσων τὰς ἐντολὰς τοῦ Θεοῦ προσθῇς[14] καὶ τὰς λειτουργίας[15] ταύτας, χαρήσῃ, ἐὰν τηρήσῃς αὐτὰς κατὰ τὴν ἐμὴν ἐντολήν. **4** λέγω αὐτῷ· Κύριε, ὃ ἐάν μοι ἐντείλῃ,[16] φυλάξω αὐτό· οἶδα γὰρ ὅτι σὺ μετ' ἐμοῦ εἶ. Ἔσομαι, φησί, μετὰ σοῦ, ὅτι τοιαύτην προθυμίαν[17] ἔχεις τῆς ἀγαθοποιήσεως·[18] καὶ μετὰ πάντων δὲ ἔσομαι, φησίν, ὅσοι τοιαύτην προθυμίαν[19] ἔχουσιν. **5** ἡ νηστεία[20] αὕτη, φησί, τηρουμένων τῶν ἐντολῶν τοῦ Κυρίου λίαν[21] καλή ἐστιν. οὕτως οὖν φυλάξεις τὴν νηστείαν[22] ταύτην ἣν μέλλεις τηρεῖν. **6** πρῶτον πάντων φύλαξαι ἀπὸ παντὸς ῥήματος πονηροῦ καὶ πάσης ἐπιθυμίας πονηρᾶς, καὶ καθάρισόν σου τὴν καρδίαν ἀπὸ πάντων

---

[1] ἔδεσμα, ατος, τό, food
[2] συνευδοκέω aor act ind 3p, agree with
[3] συγκληρονόμος, ον, co-heir
[4] νοέω aor act inf, perceive, consider
[5] ἐπιλύω aor act sub 2s, explain
[6] ἐπιλύω fut act ind 1s, explain
[7] εὐάρεστος, ον, pleasing
[8] ἐγγράφω fut mid ind 2s, write in, record
[9] ἀριθμός, οῦ, ὁ, number
[10] ἐκτός, impr prep, the outside
[11] περιποιέω fut mid ind 2s, save, acquire
[12] περισσός, ή, όν, extraordinary, abundant
[13] ἔνδοξος, ον, honored, glorious
[14] προστίθημι aor act sub 2s, add
[15] λειτουργία, ας, ἡ, service
[16] ἐντέλλω aor mid sub 2s, command, order
[17] προθυμία, ας, ἡ, willingness
[18] ἀγαθοποίησις, εως, ἡ, doing good
[19] προθυμία, ας, ἡ, willingness
[20] νηστεία, ας, ἡ, hungry, fasting
[21] λίαν, adv, very, exceedingly
[22] νηστεία, ας, ἡ, fasting

ΠΟΙΜΗΝ—Παραβολαί

τῶν ματαιωμάτων[1] τοῦ αἰῶνος τούτου. ἐὰν ταῦτα φυλάξῃς, ἔσται σοι αὕτη ἡ νηστεία[2] τελεία.[3] **7** οὕτω δὲ ποιήσεις· συντελέσας[4] τὰ γεγραμμένα, ἐν ἐκείνῃ τῇ ἡμέρᾳ ᾗ νηστεύεις[5] μηδὲν γεύσῃ[6] εἰ μὴ ἄρτον καὶ ὕδωρ, καὶ ἐκ τῶν ἐδεσμάτων[7] ὧν ἔμελλες τρώγειν[8] συμψηφίσας[9] τὴν ποσότητα[10] τῆς δαπάνης[11] ἐκείνης τῆς ἡμέρας ἧς ἔμελλες ποιεῖν, δώσεις αὐτὸ χήρᾳ[12] ἢ ὀρφανῷ[13] ἢ ὑστερουμένῳ,[14] καὶ οὕτω ταπεινοφρονήσεις,[15] ἵν' ἐκ τῆς ταπεινοφροσύνης[16] σου ὁ εἰληφὼς ἐμπλήσῃ[17] τὴν ἑαυτοῦ ψυχὴν καὶ εὔξηται[18] ὑπὲρ σοῦ πρὸς τὸν Κύριον. **8** ἐὰν οὖν οὕτω τελέσῃς[19] τὴν νηστείαν,[20] ὥς σοι ἐνετειλάμην,[21] ἔσται ἡ θυσία[22] σου δεκτὴ[23] παρὰ τῷ Θεῷ, καὶ ἔγγραφος[24] ἔσται ἡ νηστεία[25] αὕτη, καὶ ἡ λειτουργία[26] οὕτως ἐργαζομένη καλὴ καὶ ἱλαρά[27] ἐστι καὶ εὐπρόσδεκτος[28] τῷ Κυρίῳ. **9** ταῦτα οὕτω τηρήσεις σὺ μετὰ τῶν τέκνων σου καὶ ὅλου τοῦ οἴκου σου· τηρήσας δὲ αὐτὰ μακάριος ἔσῃ· καὶ ὅσοι ἂν ἀκούσαντες αὐτὰ τηρήσωσι, μακάριοι ἔσονται, καὶ ὅσα ἂν αἰτήσωνται παρὰ τοῦ Κυρίου λήμψονται.

---

[1] ματαίωμα, ατος, τό, emptiness, worthlessness
[2] νηστεία, ας, ἡ, hungry, fasting
[3] τέλειος, α, ον, perfect
[4] συντελέω aor act ptcp m.s.nom., complete, carry out
[5] νηστεύω pres act ind 2s, fast
[6] γεύομαι fut mid ind 2s, taste
[7] ἔδεσμα, ατος, τό, food σου
[8] τρώγω pres act inf, eat
[9] συμψηφίζω aor act ptcp m.s.nom., count up, compute
[10] πόσος, η, ον, how great, how many
[11] δαπάνη, ης, ἡ, cost
[12] χήρα, ας, ἡ, widow
[13] ὀρφανός, ή, όν, orphan
[14] ὑστερέω pres mid/pass ptcp m.s.dat., miss, fail
[15] ταπεινοφρονέω fut act ind 2s, be humble
[16] ταπεινοφρόνησις, εως, ἡ, humility
[17] ἐμπίπλημι aor act sub 3s, fill, satisfy
[18] εὔχομαι aor mid sub 3s, pray
[19] τελέω aor act sub 2s, finish, carry out
[20] νηστεία, ας, ἡ, fasting
[21] ἐντέλλω aor mid ind 1s, command order
[22] θυσία, ας, ἡ, sacrifice
[23] δεκτός, ή, όν, acceptable
[24] ἔγγραφος, ον, recorded
[25] νηστεία, ας, ἡ, hungry, fasting
[26] λειτουργία, ας, ἡ, service
[27] ἱλαρός, ά, όν, cheerful, glad
[28] εὐπρόσδεκτος, ον, acceptable, pleasant

## ΠΟΙΜΗΝ—Παραβολαί

**57:1 (ε´ 4)** Ἐδεήθην¹ αὐτοῦ πολλὰ ἵνα μοι δηλώσῃ² τὴν παραβολὴν τοῦ ἀγροῦ καὶ τοῦ δεσπότου³ καὶ τοῦ ἀμπελῶνος⁴ καὶ τοῦ δούλου τοῦ χαρακώσαντος⁵ τὸν ἀμπελῶνα⁶ καὶ τῶν χαράκων⁷ καὶ τῶν βοτανῶν⁸ τῶν ἐκτετιλμένων⁹ ἐκ τοῦ ἀμπελῶνος¹⁰ καὶ τοῦ υἱοῦ καὶ τῶν φίλων¹¹ τῶν συμβούλων·¹² συνῆκα¹³ γὰρ ὅτι παραβολή τίς ἐστι ταῦτα πάντα. **2** ὁ δὲ ἀποκριθείς μοι λέγει· Αὐθάδης¹⁴ εἶ λίαν¹⁵ εἰς τὸ ἐπερωτᾶν. οὐκ ὀφείλεις, φησίν, ἐπερωτᾶν οὐδὲν ὅλως.¹⁶ ἐὰν γάρ σοι δέῃ δηλωθῆναι,¹⁷ δηλωθήσεται.¹⁸ λέγω αὐτῷ· Κύριε, ὅσα ἄν μοι δείξῃς καὶ μὴ δηλώσῃς,¹⁹ μάτην²⁰ ἔσομαι ἑωρακὼς αὐτὰ καὶ μὴ νοῶν²¹ τί ἐστιν· ὡσαύτως²² καὶ ἐάν μοι παραβολὰς λαλήσῃς καὶ μὴ ἐπιλύσῃς²³ μοι αὐτάς, εἰς μάτην²⁴ ἔσομαι ἠκουκώς τι παρὰ σοῦ. **3** ὁ δὲ πάλιν ἀπεκρίθη μοι λέγων· Ὃς ἂν, φησί, δοῦλος ᾖ τοῦ Θεοῦ καὶ ἔχῃ τὸν Κύριον ἑαυτοῦ ἐν τῇ καρδίᾳ, αἰτεῖται παρ' αὐτοῦ σύνεσιν²⁵ καὶ λαμβάνει, καὶ πᾶσαν παραβολὴν ἐπιλύει,²⁶ καὶ γνωστὰ²⁷ αὐτῷ γίνονται τὰ ῥήματα τοῦ Κυρίου τὰ λεγόμενα διὰ παραβολῶν· ὅσοι δὲ βληχροί²⁸ εἰσι καὶ ἀργοὶ²⁹ πρὸς τὴν ἔντευξιν,³⁰ ἐκεῖνοι διστάζουσιν³¹ αἰτεῖσθαι

---

¹ δέομαι aor pass ind 1s, ask, request
² δηλόω aor act sub 3s, reveal
³ δεσπότης, ου, ὁ, lord
⁴ ἀμπελών, ῶνος, ὁ, vineyard
⁵ χαρακόω aor act ptcp m.s.gen., fence in
⁶ ἀμπελών, ῶνος, ὁ, vineyard
⁷ χάραξ, ακος, ὁ, stake
⁸ βοτάνη, ης, ἡ, plant, herb
⁹ ἐκτίλλω perf mid/pass ptcp f.p.gen., pull out
¹⁰ ἀμπελών, ῶνος, ὁ, vineyard
¹¹ φίλος, η, ον, beloved, friend
¹² σύμβουλος, ου, ὁ, adviser, counsellor
¹³ συνίημι aor act ind 1s, understand
¹⁴ αὐθάδης, ες, self-willed
¹⁵ λίαν, adv, very, exceedingly
¹⁶ ὅλως, adv, completely
¹⁷ δηλόω aor pass inf, reveal
¹⁸ δηλόω fut pass ind 3s, reveal
¹⁹ δηλόω aor act sub 2s, reveal
²⁰ μάτην, adv, in vain
²¹ νοέω pres act ptcp m.s.nom., perceive, consider
²² ὡσαύτως, adv, likewise
²³ ἐπιλύω aor act sub 2s, explain
²⁴ μάτην, adv, in vain
²⁵ σύνεσις, εως, ἡ, intelligence
²⁶ ἐπιλύω pres act ind 3s, explain
²⁷ γνωστός, ή, όν, known
²⁸ βληχρός, ά, όν, feeble
²⁹ ἀργός, ή, όν, idle
³⁰ ἔντευξις, εως, ἡ, petition, request
³¹ διστάζω pres act ind 3p, doubt, waver

παρὰ τοῦ Κυρίου· **4** ὁ δὲ Κύριος πολυεύσπλαγχνός[1] ἐστι καὶ πᾶσι τοῖς αἰτουμένοις παρ' αὐτοῦ ἀδιαλείπτως[2] δίδωσι. σὺ δὲ ἐνδεδυναμωμένος[3] ὑπὸ τοῦ ἁγίου ἀγγέλου καὶ εἰληφὼς παρ' αὐτοῦ τοιαύτην ἔντευξιν[4] καὶ μὴ ὢν ἀργός,[5] διατί[6] οὐκ αἰτῇ παρὰ τοῦ Κυρίου σύνεσιν[7] καὶ λαμβάνεις παρ' αὐτοῦ; **5** λέγω αὐτῷ· Κύριε, ἐγὼ ἔχων σὲ μεθ' ἑαυτοῦ ἀνάγκην[8] ἔχω σὲ αἰτεῖσθαι καὶ σὲ ἐπερωτᾶν· σὺ γάρ μοι δεικνύεις[9] πάντα καὶ λαλεῖς μετ' ἐμοῦ· εἰ δὲ ἄτερ[10] σοῦ ἔβλεπον ἢ ἤκουον αὐτά, ἠρώτων ἂν τὸν Κύριον ἵνα μοι δηλωθῇ.[11]

**58:1 (ε′ 5)** Εἶπόν σοι, φησί, καὶ ἄρτι, ὅτι πανοῦργος[12] εἶ καὶ αὐθάδης,[13] ἐπερωτῶν τὰς ἐπιλύσεις[14] τῶν παραβολῶν. ἐπειδὴ[15] δὲ οὕτω παράμονος[16] εἶ, ἐπιλύσω[17] σοι τὴν παραβολὴν τοῦ ἀγροῦ καὶ τῶν λοιπῶν τῶν ἀκολουθούντων πάντων, ἵνα γνωστὰ[18] πᾶσι ποιήσῃς αὐτά. ἄκουε νῦν, φησί, καὶ σύνιε[19] αὐτά. **2** ὁ ἀγρὸς[20] ὁ κόσμος οὗτός ἐστιν· ὁ δὲ κύριος τοῦ ἀγροῦ[21] ὁ κτίσας[22] τὰ πάντα καὶ ἀπαρτίσας[23] αὐτὰ καὶ ἐνδυναμώσας.[24] ὁ δὲ δοῦλος ὁ υἱὸς τοῦ Θεοῦ ἐστίν· αἱ δὲ ἄμπελοι[25] ὁ λαὸς οὗτός ἐστιν ὃν αὐτὸς ἐφύτευσεν.[26] **3** οἱ δὲ χάρακες[27] οἱ ἅγιοι ἄγγελοί εἰσι τοῦ Κυρίου οἱ

---

[1] πολυεύσπλαγχνος, ον, rich in compassion
[2] ἀδιαλείπτως, adv, constantly
[3] ἐνδυναμόω perf mid/pass ptcp m.s.nom., strengthen
[4] ἔντευξις, εως, ἡ, petition, request
[5] ἀργός, ή, όν, idle
[6] διατί, part, why
[7] σύνεσις, εως, ἡ, intelligence
[8] ἀνάγκη, ης, ἡ, necessity
[9] δεικνύω pres act ind 2s, point out
[10] ἄτερ, prep, without
[11] δηλόω aor pass sub 3s, reveal
[12] πανοῦργος, ον, clever
[13] αὐθάδης, ες, self-willed
[14] ἐπίλυσις, εως, ἡ, explanation
[15] ἐπειδή, conj, when
[16] Παράμονος, ον, lasting, stubborn
[17] ἐπιλύω fut act ind 1s, explain
[18] γνωστός, ή, όν, known
[19] συνίημι, pres act impv 2s, understand
[20] ἀργός, ή, όν, unemployed, idle
[21] ἀργός, ή, όν, unemployed, idle
[22] κτίζω aor act ptcp m.s.nom., create
[23] ἀπαρτίζω aor act ptcp m.s.nom., finish, complete
[24] ἐνδυναμόω aor act ptcp m.s.nom., strengthen
[25] ἄμπελος, ου, ἡ, vine, grapevine
[26] φυτεύω aor act ind 3s, plant
[27] χάραξ, ακος, ὁ, stake

ΠΟΙΜΗΝ—Παραβολαί

συγκρατοῦντες[1] τὸν λαὸν αὐτοῦ· αἱ δὲ βοτάναι[2] αἱ ἐκτετιλμέναι[3] ἐκ τοῦ ἀμπελῶνος,[4] αἱ ἀνομίαι[5] εἰσὶ τῶν δούλων τοῦ Θεοῦ· τὰ δὲ ἐδέσματα[6] ἃ ἔπεμψεν αὐτῷ ἐκ τοῦ δείπνου,[7] αἱ ἐντολαί εἰσιν ἃς ἔδωκε τῷ λαῷ αὐτοῦ διὰ τοῦ υἱοῦ αὐτοῦ· οἱ δὲ φίλοι[8] καὶ σύμβουλοι,[9] οἱ ἅγιοι ἄγγελοι οἱ πρῶτοι κτισθέντες·[10] ἡ δὲ ἀποδημία[11] τοῦ δεσπότου,[12] ὁ χρόνος ὁ περισσεύων εἰς τὴν παρουσίαν[13] αὐτοῦ. 4 λέγω αὐτῷ· Κύριε, μεγάλως[14] καὶ θαυμαστῶς[15] πάντα ἐστὶ καὶ ἐνδόξως[16] πάντα ἔχει. μὴ οὖν, φημί, ἐγὼ ἠδυνάμην ταῦτα νοῆσαι;[17] οὐδὲ ἕτερος ἀνθρώπων, κἂν λίαν[18] συνετὸς[19] ᾖ τις, οὐ δύναται νοῆσαι[20] αὐτά. ἔτι, φημί, κύριε, δήλωσόν[21] μοι ὃ μέλλω σε ἐπερωτᾶν. 5 Λέγε, φησίν, εἴ τι βούλει. Διατί,[22] φημί, κύριε, ὁ υἱὸς τοῦ Θεοῦ εἰς δούλου τρόπον[23] κεῖται[24] ἐν τῇ παραβολῇ;

**59:1 (ε΄ 6)** Ἄκουε, φησίν· εἰς δούλου τρόπον[25] οὐ κεῖται[26] ὁ υἱὸς τοῦ Θεοῦ, ἀλλ' εἰς ἐξουσίαν μεγάλην κεῖται[27] καὶ κυριότητα.[28] Πῶς, φημί, κύριε; οὐ νοῶ.[29] 2 Ὅτι, φησίν, ὁ Θεὸς τὸν ἀμπελῶνα[30]

---

[1] συγκρατέω pres act ptcp m.p.nom., hold together
[2] βοτάνη, ης, ἡ, herb, plant
[3] ἐκτίλλω perf mid/pass ptcp f.p.nom., pull out
[4] ἀμπελών, ῶνος, ὁ, vineyard
[5] ἀνομία, ας, ἡ, lawlessness
[6] ἔδεσμα, ατος, τό, food
[7] δεῖπνον, ου, τό, dinner
[8] φίλος, η, ον, beloved, friend
[9] σύμβουλος, ου, ὁ, adviser, counsellor
[10] κτίζω aor pass ptcp m.p.nom., create
[11] ἀποδημία, ας, ἡ, absence
[12] δεσπότης, ου, ὁ, lord
[13] παρουσία, ας, ἡ, presence
[14] μεγάλως, adv, greatly
[15] θαυμαστῶς, adv, wonderfully
[16] ἐνδόξως, adv, in splendor
[17] νοέω aor act inf, perceive, consider
[18] λίαν, adv, very, exceedingly
[19] συνετός, ή, όν, intelligent
[20] νοέω aor act inf, perceive, consider
[21] δηλόω aor act impv 2s, reveal
[22] διατί, part, why
[23] τρόπος, ου, ὁ, manner, way
[24] κεῖμαι pres mid/pass ind 3s, lie, recline
[25] τρόπος, ου, ὁ, manner, way
[26] κεῖμαι pres mid/pass ind 3s, lie, recline
[27] κεῖμαι pres mid/pass ind 3s, lie, recline
[28] κυριότης, ητος, ἡ, lordship
[29] νοέω pres act ind 1s, perceive, consider
[30] ἀμπελών, ῶνος, ὁ, vineyard

## ΠΟΙΜΗΝ—Παραβολαί

ἐφύτευσε,[1] τοῦτ' ἔστι τὸν λαὸν ἔκτισε,[2] καὶ παρέδωκε τῷ υἱῷ αὐτοῦ· καὶ ὁ υἱὸς κατέστησε[3] τοὺς ἀγγέλους ἐπ' αὐτοὺς τοῦ συντηρεῖν[4] αὐτούς· καὶ αὐτὸς τὰς ἁμαρτίας αὐτῶν ἐκαθάρισε πολλὰ κοπιάσας[5] καὶ πολλοὺς κόπους[6] ἀνηντληκώς·[7] οὐδεὶς γὰρ ἀμπελὼν[8] δύναται σκαφῆναι[9] ἄτερ[10] κόπου[11] ἢ μόχθου.[12] **3** αὐτὸς οὖν καθαρίσας τὰς ἁμαρτίας τοῦ λαοῦ ἔδειξεν αὐτοῖς τὰς τρίβους[13] τῆς ζωῆς, δοὺς αὐτοῖς τὸν νόμον ὃν ἔλαβε παρὰ τοῦ πατρὸς αὐτοῦ. **4** βλέπεις, φησίν, ὅτι αὐτὸς κύριός ἐστι τοῦ λαοῦ, ἐξουσίαν πᾶσαν λαβὼν παρὰ τοῦ πατρὸς αὐτοῦ. ὅτι δὲ ὁ Κύριος σύμβουλον[14] ἔλαβε τὸν υἱὸν αὐτοῦ καὶ τοὺς ἐνδόξους[15] ἀγγέλους περὶ τῆς κληρονομίας[16] τοῦ δούλου, ἄκουε· **5** τὸ πνεῦμα τὸ ἅγιον τὸ προόν,[17] τὸ κτίσαν[18] πᾶσαν τὴν κτίσιν,[19] κατῴκισεν[20] ὁ Θεὸς εἰς σάρκα ἣν ἠβούλετο. αὕτη οὖν ἡ σάρξ, ἐν ᾗ κατῴκησε[21] τὸ πνεῦμα τὸ ἅγιον, ἐδούλευσε[22] τῷ πνεύματι καλῶς ἐν σεμνότητι[23] καὶ ἁγνείᾳ[24] πορευθεῖσα, μηδὲν ὅλως[25] μιάνασα[26] τὸ πνεῦμα. **6** πολι-

---

[1] φυτεύω aor act ind 3s, plant
[2] κτίζω aor act ind 3s, create
[3] καθίστημι aor act ind 3s, bring, appoint
[4] συντηρέω pres act inf, protect, keep in mind
[5] κοπιάω aor act ptcp, m.s.nom., become weary, work hard
[6] κόπος, ου, ὁ, trouble, work
[7] ἀναντλέω perf act ptcp m.s.nom., drain out, empty
[8] ἀμπελών, ῶνος, ὁ, vineyard
[9] σκάπτω aor pass inf, dig
[10] ἄτερ, prep, without
[11] κόπος, ου, ὁ, trouble, work
[12] μόχθος, ου, ὁ, labor
[13] τρίβος, ου, ἡ, path
[14] σύμβουλος, ου, ὁ, advisor, counsellor
[15] ἔνδοξος, ον, honored, glorious
[16] κληρονομία, ας, ἡ, inheritance
[17] πρόειμι pres act ptcp n.s.acc., be preexistent
[18] κτίζω aor act ptcp n.s.nom., create
[19] κτίσις, εως, ἡ, creation
[20] κατοικίζω aor act ind 3s, cause to dwell
[21] κατοικίζω aor act ind 3s, cause to dwell
[22] δουλεύω aor act ind 3s, be a slave
[23] σεμνότης, τητος, ἡ, dignity, holiness
[24] ἁγνεία, ας, ἡ, purity
[25] ὅλως, adv, completely
[26] μιαίνω aor act ptcp f.s.nom., stain, defile

τευσαμένην¹ οὖν αὐτὴν καλῶς καὶ ἁγνῶς² καὶ συγκοπιάσασαν³ τῷ πνεύματι καὶ συνεργήσασαν⁴ ἐν παντὶ πράγματι,⁵ ἰσχυρῶς⁶ καὶ ἀνδρείως⁷ ἀναστραφεῖσαν,⁸ μετὰ τοῦ πνεύματος τοῦ ἁγίου εἵλατο⁹ κοινωνόν· ¹⁰ ἤρεσε¹¹ γὰρ τῷ Κυρίῳ ἡ πορεία¹² τῆς σαρκὸς ταύτης, ὅτι οὐκ ἐμιάνθη¹³ ἐπὶ τῆς γῆς ἔχουσα τὸ πνεῦμα τὸ ἅγιον. **7** σύμβουλον¹⁴ οὖν ἔλαβε τὸν υἱὸν καὶ τοὺς ἀγγέλους τοὺς ἐνδόξους,¹⁵ ἵνα καὶ ἡ σάρξ αὕτη, δουλεύσασα¹⁶ τῷ πνεύματι ἀμέμπτως,¹⁷ σχῇ τόπον τινὰ κατασκηνώσεως,¹⁸ καὶ μὴ δόξῃ τὸν μισθὸν¹⁹ τῆς δουλείας²⁰ αὐτῆς ἀπολωλεκέναι· πᾶσα γὰρ σάρξ ἀπολήμψεται²¹ μισθὸν²² ἡ εὑρεθεῖσα ἀμίαντος²³ καὶ ἄσπιλος,²⁴ ἐν ᾗ τὸ πνεῦμα τὸ ἅγιον κατῴκησεν.²⁵ **8** ἔχεις καὶ ταύτης τῆς παραβολῆς τὴν ἐπίλυσιν.²⁶

**60:1 (ε΄ 7)** Ηὐφράνθην,²⁷ φημί, κύριε, ταύτην τὴν ἐπίλυσιν²⁸ ἀκούσας. Ἄκουε νῦν, φησί· τὴν σάρκα σου ταύτην φύλασσε καθαρὰν²⁹ καὶ ἀμίαντον,³⁰ ἵνα τὸ πνεῦμα τὸ κατοικοῦν ἐν αὐτῇ

---

¹ πολιτεύομαι aor mid ptcp f.s.acc., to be a citizen
² ἁγνῶς, adv, purely
³ συγκοπιάω aor act ptcp f.s.acc., labor together
⁴ συνεργέω aor act ptcp f.s.acc., work together
⁵ πρᾶγμα, ατος, τό, deed, matter
⁶ ἰσχυρῶς, adv, strongly
⁷ ἀνδρείως, adv, manly
⁸ ἀναστρέφω aor pass ptcp f.s.acc., upset, stay
⁹ αἱρέω aor mid ind 3s, take, choose
¹⁰ κοινωνός, οῦ, ὁ, companion, sharer
¹¹ ἀρέσκω aor act ind 3s, win favor, please
¹² πορεία, ας, ἡ, journey, conduct
¹³ μιαίνω aor pass ind 3s, stain, defile
¹⁴ σύμβουλος, ου, ὁ, adviser, counselor
¹⁵ ἔνδοξος, ον, honored, glorious
¹⁶ δουλεύω aor act ptcp f.s.nom., be a slave
¹⁷ ἀμέμπτως, adv, vineyard
¹⁸ κατασκήνωσις, εως, ἡ, taking up lodging
¹⁹ μισθός, οῦ, ὁ, wages
²⁰ δουλεία, ας, ἡ, slavery
²¹ ἀπολαμβάνω fut mid ind 3s, receive
²² μισθός, οῦ, ὁ, wages
²³ ἀμίαντος, ον, undefiled
²⁴ ἄσπιλος, ον, spotless
²⁵ κατοικίζω aor act ind 3s, cause to dwell
²⁶ ἐπίλυσις, εως, ἡ, explanation
²⁷ εὐφραίνω aor pass ind 1s, be glad
²⁸ ἐπίλυσις, εως, ἡ, explanation
²⁹ καθαρός, ά, όν, clean, pure
³⁰ ἀμίαντος, ον, undefiled

μαρτυρήση αὐτῇ, καὶ δικαιωθῇ σου ἡ σάρξ. **2** βλέπε μήποτε[1] ἀναβῇ ἐπὶ τὴν καρδίαν σου τὴν σάρκα σου ταύτην φθαρτὴν[2] εἶναι, καὶ παραχρήσῃ[3] αὐτῇ ἐν μιασμῷ[4] τινι. ἐὰν γὰρ μιάνῃς[5] τὴν σάρκα σου, μιανεῖς[6] καὶ τὸ πνεῦμα τὸ ἅγιον· ἐὰν δὲ μιάνῃς[7] τὴν σάρκα, οὐ ζήσῃ. **3** Εἰ δέ τις, φημί, κύριε, γέγονεν ἄγνοια[8] προτέρα[9] πρὶν[10] ἀκουσθῆναι τὰ ῥήματα ταῦτα, πῶς σωθήσεται ὁ ἄνθρωπος ὁ μιάνας[11] τὴν σάρκα ἑαυτοῦ; Περὶ τῶν προτέρων,[12] φησίν, ἀγνοημάτων[13] τῷ Θεῷ μόνῳ δυνατὸν ἴασιν[14] δοῦναι· αὐτοῦ γάρ ἐστι πᾶσα ἡ ἐξουσία. **4** ἀλλὰ νῦν φύλασσε σεαυτόν, καὶ ὁ Κύριος ὁ παντοκράτωρ,[15] πολύσπλαγχνος[16] ὤν, περὶ τῶν προτέρων[17] ἀγνοημάτων[18] ἴασιν[19] δώσει, ἐὰν τὸ λοιπὸν μὴ μιάνῃς[20] σου τὴν σάρκα μηδὲ τὸ πνεῦμα· ἀμφότερα[21] γὰρ κοινά[22] ἐστι καὶ ἄτερ[23] ἀλλήλων μιανθῆναι[24] οὐ δύναται. ἀμφότερα[25] οὖν καθαρὰ[26] φύλασσε, καὶ ζήσῃ τῷ Θεῷ.

**61:1 (ϛ´ 1)** Καθήμενος ἐν τῷ οἴκῳ μου καὶ δοξάζων τὸν Κύριον περὶ πάντων ὧν ἑωράκειν, καὶ συνζητῶν[27] περὶ τῶν ἐντολῶν, ὅτι καλαὶ καὶ δυναταὶ καὶ ἱλαραὶ[28] καὶ ἔνδοξοι[29] καὶ δυνάμεναι σῶσαι

---

[1] μήποτε, conj, never
[2] φθαρτός, ή, όν, perishable
[3] παραχράομαι aor mid sub 2s, misuse
[4] μιασμός, οῦ, ὁ, defilement
[5] μιαίνω aor act sub 2s, stain, defile
[6] μιαίνω fut act ind 2s, stain, defile
[7] μιαίνω aor act sub 2s, stain, defile
[8] ἄγνοια, ας, ἡ, ignorance
[9] πρότερος, α, ον, former, earlier
[10] πρίν, conj, before
[11] μιαίνω aor act ptcp m.s.nom., stain, defile
[12] πρότερος, α, ον, former, earlier
[13] ἀγνόημα, ατος, τό, sin committed in ignorance
[14] ἴασις, εως, ἡ, healing, cure
[15] παντοκράτωρ, ορος, ὁ, almighty
[16] πολύσπλαγχνος, ον, sympathetic, compassionate
[17] πρότερος, α, ον, former, earlier
[18] ἀγνόημα, ατος, τό, sin committed in ignorance
[19] ἴασις, εως, ἡ, healing, cure
[20] μιαίνω aor act sub 2s, stain, defile
[21] ἀμφότεροι, αι, α, both
[22] κοινός, ή, όν, common
[23] ἄτερ, impr prep, without
[24] μιαίνω aor pass inf, stain, defile
[25] ἀμφότεροι, αι, α, both
[26] καθαρός, ά, όν, clean, pure
[27] συνζητέω pres act ptcp m.s.nom., seek for together
[28] ἱλαρός, ά, όν, cheerful, glad
[29] ἔνδοξος, ον, honored, glorious

ψυχὴν ἀνθρώπου, ἔλεγον ἐν ἐμαυτῷ· Μακάριος ἔσομαι ἐὰν ἐν ταῖς ἐντολαῖς ταύταις πορευθῶ, καὶ ὃς ἂν ταύταις πορευθῇ, μακάριος ἔσται. **2** ὡς ταῦτα ἐν ἐμαυτῷ ἐλάλουν, βλέπω αὐτὸν ἐξαίφνης[1] παρακαθήμενόν[2] μοι καὶ λέγοντα ταῦτα· Τί διψυχεῖς[3] περὶ τῶν ἐντολῶν ὧν σοι ἐνετειλάμην;[4] καλαί εἰσιν· ὅλως[5] μὴ διψυχήσῃς,[6] ἀλλ' ἔνδυσαι[7] τὴν πίστιν τοῦ Κυρίου, καὶ ἐν αὐταῖς πορεύσῃ· ἐγὼ γάρ σε ἐνδυναμώσω[8] ἐν αὐταῖς. **3** αὗται αἱ ἐντολαὶ σύμφοροί[9] εἰσι τοῖς μέλλουσι μετανοεῖν· ἐὰν γὰρ μὴ πορευθῶσιν ἐν αὐταῖς, εἰς μάτην[10] ἐστὶν ἡ μετάνοια[11] αὐτῶν. **4** οἱ οὖν μετανοοῦντες ἀποβάλλετε[12] τὰς πονηρίας[13] τοῦ αἰῶνος τούτου τὰς ἐκτριβούσας[14] ὑμᾶς· ἐνδυσάμενοι[15] δὲ πᾶσαν ἀρετὴν[16] δικαιοσύνης δυνήσεσθε τηρῆσαι τὰς ἐντολὰς ταύτας καὶ μηκέτι[17] προστιθέναι[18] ταῖς ἁμαρτίαις ὑμῶν. ἐὰν οὖν μηκέτι[19] μηδὲν προσθῆτε,[20] ἀποστήσεσθε[21] ἀπὸ τῶν προτέρων[22] ἁμαρτιῶν ὑμῶν. πορεύεσθε οὖν ταῖς ἐντολαῖς μου ταύταις, καὶ ζήσεσθε τῷ Θεῷ. ταῦτα πάντα παρ' ἐμοῦ λελάληται ὑμῖν. **5** καὶ μετὰ τὸ ταῦτα λαλῆσαι αὐτὸν μετ' ἐμοῦ, λέγει μοι· Ἄγωμεν εἰς ἀγρόν, καὶ δείξω σοι τοὺς ποιμένας[23] τῶν προβάτων. Ἄγωμεν, φημί, κύριε. καὶ

---

[1] ἐξαίφνης, adv, suddenly
[2] παρακάθημαι pres mid/pass ptcp m.s.acc., sit beside
[3] διψυχέω pres act ind 2s, be undecided
[4] ἐντέλλω aor mid ind 1s, command, order
[5] ὅλως, adv, completely
[6] διψυχέω aor act sub 2s, be undecided
[7] ἐνδύω aor mid impv 2s, dress, clothe
[8] ἐνδυναμόω fut act ind 1s, strengthen
[9] σύμφορος, ον, beneficial
[10] μάτην, adv, in vain
[11] μετάνοια, ας, ἡ, repentance
[12] ἀποβάλλω pres act imp 2p, take off, shed
[13] πονηρία, ας, ἡ, wickedness
[14] ἐκτρίβω pres act ptcp f.p.acc., wear out, ruin
[15] ἐνδύω aor mid ptcp m.p.nom., dress, clothe
[16] ἀρετή, ῆς, ἡ, virtue
[17] μηκέτι, adv, no longer
[18] προστίθημι pres act inf, add
[19] μηκέτι, adv, no longer
[20] προστίθημι aor act sub 2p, add
[21] ἀφίστημι fut pass ind 2p, mislead, withdraw
[22] πρότερος, α, ον, former, earlier
[23] ποιμήν, ένος, ὁ, shepherd

ἤλθομεν εἴς τι πεδίον,¹ καὶ δεικνύει² μοι ποιμένα³ νεανίσκον⁴ ἐνδεδυμένον⁵ σύνθεσιν⁶ ἱματίων, τῷ χρώματι⁷ κροκώδη.⁸ **6** ἔβοσκε⁹ δὲ πρόβατα πολλὰ λίαν,¹⁰ καὶ τὰ πρόβατα ταῦτα ὡσεὶ¹¹ τρυφῶντα¹² ἦν καὶ λίαν¹³ σπαταλῶντα,¹⁴ καὶ ἱλαρὰ¹⁵ ἦν σκιρτῶντα¹⁶ ὧδε κἀκεῖ· καὶ αὐτὸς ὁ ποιμὴν¹⁷ πάνυ¹⁸ ἱλαρὸς¹⁹ ἦν ἐπὶ τῷ ποιμνίῳποιμὴν²⁰ αὐτοῦ· καὶ αὐτὴ ἡ ἰδέα²¹ τοῦ ποιμένος²² ἱλαρὰ²³ ἦν λίαν²⁴ καὶ ἐν τοῖς προβάτοις περιέτρεχε.²⁵

**62:1 (ϛ´ 2)** Καὶ λέγει μοι· Βλέπεις τὸν ποιμένα²⁶ τοῦτον; Βλέπω, φημί, κύριε. Οὗτος, φησίν, ἄγγελος τρυφῆς²⁷ καὶ ἀπάτης²⁸ ἐστίν. οὗτος ἐκτρίβει²⁹ τὰς ψυχὰς τῶν δούλων τοῦ Θεοῦ καὶ καταστρέφει³⁰ αὐτοὺς ἀπὸ τῆς ἀληθείας, ἀπατῶν³¹ αὐτοὺς ταῖς ἐπιθυμίαις ταῖς πονηραῖς, ἐν αἷς ἀπόλλυνται. **2** ἐπιλανθάνονται³² γὰρ τῶν ἐντολῶν τοῦ Θεοῦ τοῦ ζῶντος καὶ πορεύονται

---

¹ πεδίον, ου, τό, plain, field
² δεικνύω pres act ind 3s, point out, show
³ ποιμήν, ένος, ὁ, shepherd
⁴ νεανίσκος, ου, ὁ, youth, servant
⁵ ἐνδύω perf mid/pass ptcp m.s.acc., dress
⁶ σύνθεσις, εως, ἡ, combination
⁷ χρῶμα, ατος, τό, color
⁸ κροκώδης, ες, saffron-yellow
⁹ βόσκω imp act ind 3s, herd
¹⁰ λίαν, adv, very, exceedingly
¹¹ ὡσεί, part, as
¹² τρυφάω pres act ptcp n.p.nom., live for pleasure
¹³ λίαν, adv, very, exceedingly
¹⁴ σπαταλάω pres act ptcp n.p.nom., live luxuriously
¹⁵ ἱλαρός, ά, όν, cheerful, glad
¹⁶ σκιρτάω pres act ptcp n.p.nom., leap
¹⁷ ποιμήν, ένος, ὁ, shepherd
¹⁸ πάνυ, adv, very
¹⁹ ἱλαρός, ά, όν, cheerful, glad
²⁰ ποιμήν, ένος, ὁ, shepherd
²¹ ἰδέα, ας, ἡ, appearance
²² ποιμήν, ένος, ὁ, shepherd
²³ ἱλαρός, ά, όν, cheerful, glad
²⁴ λίαν, adv, very, exceedingly
²⁵ περιτρέχω imp act ind 3s, run around
²⁶ ποιμήν, ένος, ὁ, shepherd
²⁷ τρυφή, ῆς, ἡ, splendor, delight
²⁸ ἀπάτη, ης, ἡ, deception, pleasure
²⁹ ἐκτρίβω pres act ind 3s, wear out, destroy
³⁰ καταστρέφω pres act ind 3s, upset, overturn
³¹ ἀπατάω pres act ptcp m.s.nom., deceive, mislead
³² ἐπιλανθάνομαι pres mid/pass ind 3p, forget

## ΠΟΙΜΗΝ—Παραβολαί

ἀπάταις¹ καὶ τρυφαῖς² ματαίαις,³ καὶ ἀπόλλυνται ὑπὸ τοῦ ἀγγέλου τούτου, τινὰ μὲν εἰς θάνατον, τινὰ δὲ εἰς καταφθοράν.⁴ 3 λέγω αὐτῷ· Κύριε, οὐ γινώσκω ἐγώ τί ἐστιν εἰς θάνατον καὶ τί εἰς καταφθοράν.⁵ Ἄκουε, φησίν· ἃ εἶδες πρόβατα ἱλαρὰ⁶ καὶ σκιρτῶντα,⁷ οὗτοί εἰσιν οἱ ἀπεσπασμένοι⁸ ἀπὸ τοῦ Θεοῦ εἰς τέλος καὶ παραδεδωκότες ἑαυτοὺς ταῖς ἐπιθυμίαις τοῦ αἰῶνος τούτου. ἐν τούτοις οὖν μετάνοια⁹ ζωῆς οὐκ ἔστιν, ὅτι καὶ τὸ ὄνομα τοῦ Θεοῦ δι' αὐτοὺς βλασφημεῖται. τῶν τοιούτων ἡ ζωὴ θάνατος ἐστιν. 4 ἃ δὲ εἶδες μὴ σκιρτῶντα,¹⁰ ἀλλ' ἐν ἑνὶ τόπῳ βοσκόμενα,¹¹ οὗτοί εἰσιν οἱ παραδεδωκότες μὲν ἑαυτοὺς ταῖς τρυφαῖς¹² καὶ ἀπάταις,¹³ εἰς δὲ τὸν Κύριον οὐδὲν ἐβλασφήμησαν. οὗτοι οὖν κατεφθαρμένοι¹⁴ εἰσὶν ἀπὸ τῆς ἀληθείας· ἐν τούτοις ἐλπίς ἐστι μετανοίας,¹⁵ ἐν ᾗ δύνανται ζῆσαι. ἡ καταφθορὰ¹⁶ οὖν ἐλπίδα ἔχει ἀνανεώσεώς¹⁷ τινος, ὁ δὲ θάνατος ἀπώλειαν¹⁸ ἔχει αἰώνιον. 5 πάλιν προέβημεν¹⁹ μικρόν, καὶ δεικνύει²⁰ μοι ποιμένα²¹ μέγαν ὡσεὶ²² ἄγριον²³ τῇ ἰδέᾳ,²⁴ περικείμενον²⁵ δέρμα²⁶ αἴγειον²⁷ λευκόν,²⁸ καὶ

---

¹ ἀπάτη, ης, ἡ, deception, pleasure
² τρυφή, ῆς, ἡ, splendor, delight
³ μάταιος, αία, αιον, idle, empty
⁴ καταφθορά, ᾶς, ἡ, destruction
⁵ καταφθορά, ᾶς, ἡ, destruction
⁶ ἱλαρός, ά, όν, cheerful, glad
⁷ σκιρτάω pres act ptcp n.p.nom., leap
⁸ ἀποσπάω perf mid/pass ptcp m.p.nom., pull out, draw out
⁹ μετάνοια, ας, ἡ, repentance
¹⁰ σκιρτάω pres act ptcp n.p.acc., leap
¹¹ βόσκω pres act ptcp n.p.acc., herd, tend
¹² τρυφή, ῆς, ἡ, splendor, delight
¹³ ἀπάτη, ης, ἡ, deception, pleasure
¹⁴ καταφθείρω perf mid/pass ptcp m.p.nom., destroy, ruin
¹⁵ μετάνοια, ας, ἡ, repentance
¹⁶ καταφθορά, ᾶς, ἡ, destruction, downfall
¹⁷ ἀνανέωσις, εως, ἡ, renewal
¹⁸ ἀπώλεια, ας, ἡ, destruction
¹⁹ προβαίνω aor act ind 1p, go ahead
²⁰ δεικνύω pres act ind 3s, point out, show
²¹ ποιμήν, ένος, ὁ, shepherd
²² ὡσεί, part, as
²³ ἄγριος, ία, ον, wild
²⁴ ἰδέα, ας, ἡ, appearance
²⁵ περίκειμαι pres mid/pass ptcp m.s.acc., be around
²⁶ δέρμα, ατος, τό, skin
²⁷ αἴγειος, εία, ειον, of a goat
²⁸ λευκός, ή, όν, bright, white

## ΠΟΙΜΗΝ—Παραβολαί

πήραν¹ τινὰ εἶχεν ἐπὶ τῶν ὤμων,² καὶ ῥάβδον³ σκληρὰν⁴ λίαν⁵ καὶ ὄζους⁶ ἔχουσαν, καὶ μάστιγα⁷ μεγάλην· καὶ τὸ βλέμμα⁸ εἶχε περίπικρον,⁹ ὥστε φοβηθῆναί με αὐτόν· τοιοῦτον εἶχε τὸ βλέμμα.¹⁰ **6** οὗτος οὖν ὁ ποιμὴν¹¹ παρελάμβανε τὰ πρόβατα ἀπὸ τοῦ ποιμένος¹² τοῦ νεανίσκου,¹³ ἐκεῖνα τὰ σπαταλῶντα¹⁴ καὶ τρυφῶντα,¹⁵ μὴ σκιρτῶντα¹⁶ δέ, καὶ ἔβαλλεν αὐτὰ εἴς τινα τόπον κρημνώδη¹⁷ καὶ ἀκανθώδη¹⁸ καὶ τριβολώδη,¹⁹ ὥστε ἀπὸ τῶν ἀκανθῶν²⁰ καὶ τριβόλων²¹ μὴ δύνασθαι ἐκπλέξαι²² τὰ πρόβατα, ἀλλ' ἐμπλέκεσθαι²³ ταῖς ἀκάνθαις²⁴ καὶ τριβόλοις·²⁵ **7** ταῦτα οὖν ἐμπεπλεγμένα²⁶ ἐβόσκοντο²⁷ ἐν ταῖς ἀκάνθαις²⁸ καὶ τριβόλοις,²⁹ καὶ λίαν³⁰ ἐταλαιπώρουν³¹ δαιρόμενα³² ὑπ' αὐτοῦ· καὶ ὧδε καὶ ἐκεῖ περιήλαυνεν³³ αὐτά, καὶ ἀνάπαυσιν³⁴ αὐτοῖς οὐκ ἐδίδει, καὶ ὅλως³⁵ οὐκ εὐσταθοῦσαν³⁶ τὰ πρόβατα ἐκεῖνα.

---

¹ πήρα, ας, ἡ, knapsack
² ὦμος, ου, ὁ, shoulder
³ ῥάβδος, ου, ἡ, rod
⁴ σκληρός, ά, όν, hard, rough
⁵ λίαν, adv, very, exceedingly
⁶ ὄζος, ου, ὁ, the knot
⁷ μάστιξ, ιγος, ἡ, whip, lash
⁸ βλέμμα, ατος, τό, look, countenance
⁹ περίπικρος, ον, very bitter
¹⁰ βλέμμα, ατος, τό, look, countenance
¹¹ ποιμήν, ένος, ὁ, shepherd
¹² ποιμήν, ένος, ὁ, shepherd
¹³ νεανίσκος, ου, ὁ, young man
¹⁴ σπαταλάω pres act ptcp n.p.acc., live luxuriously
¹⁵ τρυφάω pres act ptcp n.p.nom., live for pleasure
¹⁶ σκιρτάω pres act ptcp n.p.acc., leap
¹⁷ κρημνώδης, ες, steep
¹⁸ ἀκανθώδης, ες, thorny
¹⁹ τριβολώδης, ες, full of thistles
²⁰ ἄκανθα, ης, ἡ, thorn-plant
²¹ τρίβολος, ου, ὁ, thistle
²² ἐκπλέκω aor act inf, disentangle
²³ ἐκπλέκω pres mid/pass inf, disentangle
²⁴ ἄκανθα, ης, ἡ, thorn-plant
²⁵ τρίβολος, ου, ὁ, the thistle
²⁶ ἐμπλέκω perf mid/pass ptcp n.p.acc., be entangled
²⁷ βόσκω imp mid/pass ind 3p, herd, tend
²⁸ ἄκανθα, ης, ἡ, thorn-plant
²⁹ τρίβολος, ου, ὁ, thistle
³⁰ λίαν, adv, very, exceedingly
³¹ ταλαιπωρέω imp act ind 3p, endure sorrow
³² δέρω pres mid/pass ptcp n.p.acc., beat, whip
³³ περιελαύνω imp act ind 3s, drive about
³⁴ ἀνάπαυσις, εως, ἡ, stopping, rest
³⁵ ὅλως, adv, completely
³⁶ εὐσταθέω imp act ind 3p, be stable, be tranquil

## ΠΟΙΜΗΝ—Παραβολαί

**63:1 (ς΄ 3)** Βλέπων οὖν αὐτὰ οὕτω μαστιγούμενα[1] καὶ ταλαιπωροῦντα[2] ἐλυπούμην[3] ἐπ' αὐτοῖς, ὅτι οὕτως ἐβασανίζοντο[4] καὶ ἀνοχὴν[5] ὅλως[6] οὐκ εἶχον. **2** λέγω τῷ ποιμένι[7] τῷ μετ' ἐμοῦ λαλοῦντι· Κύριε, τίς ἐστιν οὗτος ὁ ποιμὴν[8] ὁ οὕτως ἄσπλαγχνος[9] καὶ πικρὸς[10] καὶ ὅλως[11] μὴ σπλαγχνιζόμενος[12] ἐπὶ τὰ πρόβατα ταῦτα; Οὗτος, φησίν, ἐστὶν ὁ ἄγγελος τῆς τιμωρίας·[13] ἐκ δὲ τῶν ἀγγέλων τῶν δικαίων ἐστί, κείμενος[14] δὲ ἐπὶ τῆς τιμωρίας.[15] **3** παραλαμβάνει οὖν τοὺς ἀποπλανηθέντας[16] ἀπὸ τοῦ Θεοῦ καὶ πορευθέντας ταῖς ἐπιθυμίαις καὶ ἀπάταις[17] τοῦ αἰῶνος τούτου καὶ τιμωρεῖ αὐτούς, καθὼς ἄξιοί εἰσί, δειναῖς[18] καὶ ποικίλαις[19] τιμωρίαις.[20] **4** Ἤθελον, φημί, κύριε, γνῶναι τὰς ποικίλας[21] ταύτας τιμωρίας,[22] ποταπαί[23] εἰσιν. Ἄκουε, φησίν· αἱ ποικίλαι[24] τιμωρίαι[25] καὶ βάσανοι[26] βιωτικαί[27] εἰσι βάσανοι·[28] τιμωροῦνται[29]

---

[1] μαστιγόω pres mid/pass ptcp n.p.acc., whip, flog
[2] ταλαιπωρέω pres act ptcp n.p.acc., endure sorrow
[3] λυπέω imp mid/pass ind 1s, vex, become sad
[4] βασανίζω imp mid/pass ind 3p, torture
[5] ἀνοχή, ῆς, ἡ, relief, pause
[6] ὅλως, adv, completely
[7] ποιμήν, ένος, ὁ, shepherd
[8] ποιμήν, ένος, ὁ, shepehrd
[9] ἄσπλαγχνος, ον, merciless
[10] πικρός, ά, όν, bitter
[11] ὅλως, adv, completely
[12] σπλαγχνίζομαι pres mid/pass ptcp m.s.nom., have pity, feel sympathy
[13] τιμωρία, ας, ἡ, punishment
[14] κεῖμαι pres mid/pass ptcp m.s.nom., lie, recline
[15] τιμωρία, ας, ἡ, punishment
[16] ἀποπλανάω aor pass ptcp m.p.acc., mislead
[17] ἀπάτη, ης, ἡ, deception, pleasure
[18] δεῖνα, ὁ, ἡ, τό, somebody
[19] ποικίλος, η, ον, diversified, manifold
[20] τιμωρία, ας, ἡ, punishment
[21] ποικίλος, η, ον, diversified, manifold
[22] τιμωρία, ας, ἡ, punishment
[23] ποταπός, ή, όν, of what sort
[24] ποικίλος, η, ον, diversified, manifold
[25] τιμωρία, ας, ἡ, punishment
[26] βάσανος, ου, ἡ, torture
[27] βιωτικός, ή, όν, belong to (daily) life
[28] βάσανος, ου, ἡ, torture
[29] τιμωρέω pres mid/pass ind 3p, punish

## ΠΟΙΜΗΝ—Παραβολαί

γὰρ οἱ μὲν ζημίαις,[1] οἱ δὲ ὑστερήσεσιν,[2] οἱ δὲ ἀσθενείαις[3] ποικίλαις,[4] οἱ δὲ πάσῃ ἀκαταστασίᾳ,[5] οἱ δὲ ὑβριζόμενοι[6] ὑπὸ ἀναξίων[7] καὶ ἑτέραις πολλαῖς πράξεσι[8] πάσχοντες. **5** πολλοὶ γὰρ ἀκαταστατοῦντες[9] ταῖς βουλαῖς[10] αὐτῶν ἐπιβάλλονται[11] πολλά, καὶ οὐδὲν αὐτοῖς ὅλως[12] προχωρεῖ.[13] καὶ λέγουσιν ἑαυτοὺς μὴ εὐοδοῦσθαι[14] ἐν ταῖς πράξεσιν[15] αὐτῶν, καὶ οὐκ ἀναβαίνει[16] ἐπὶ τὴν καρδίαν αὐτῶν ὅτι ἔπραξαν πονηρὰ ἔργα, ἀλλ' αἰτιῶνται τὸν Κύριον. **6** ὅταν οὖν θλιβῶσι[17] πάσῃ θλίψει, τότε ἐμοὶ παραδίδονται εἰς ἀγαθὴν παιδείαν[18] καὶ ἰσχυροποιοῦνται[19] ἐν τῇ πίστει τοῦ Κυρίου καὶ τὰς λοιπὰς ἡμέρας τῆς ζωῆς αὐτῶν δουλεύουσι[20] τῷ Κυρίῳ ἐν καθαρᾷ[21] καρδίᾳ· ἐὰν οὖν μετανοήσωσι, τότε ἀναβαίνει ἐπὶ τὴν καρδίαν αὐτῶν τὰ ἔργα ἃ ἔπραξαν πονηρά, καὶ τότε δοξάζουσι τὸν Θεόν, λέγοντες ὅτι δίκαιος κριτής[22] ἐστι καὶ δικαίως[23] ἔπαθον ἕκαστος κατὰ τὰς πράξεις[24] αὐτοῦ· δουλεύουσι[25] δὲ λοιπὸν τῷ Κυρίῳ ἐν καθαρᾷ[26] καρδίᾳ αὐτῶν καὶ εὐοδοῦνται[27] ἐν πάσῃ πράξει[28] αὐτῶν, λαμβάνοντες παρὰ τοῦ

---

[1] ζημία, ας, ἡ, damage
[2] ὑστέρησις, εως, ἡ, need, lack
[3] ἀσθένεια, ας, ἡ, sickness, weakness
[4] ποικίλος, η, ον, diversified, manifold
[5] ἀκαταστασία, ας, ἡ, disturbance, disorder
[6] ὑβρίζω pres mid/pass ptcp m.p.nom., mistreat
[7] ἀνάξιος, ον, unworthy
[8] πρᾶξις, εως, ἡ, acting, act
[9] ἀκαταστατέω pres act ptcp m.p.nom., be unsettled
[10] βουλή, ῆς, ἡ, plan, purpose
[11] ἐπιβάλλω pres mid/pass ind 3p, put on
[12] ὅλως, adv, completely
[13] προχωρέω pres act ind 3s, turn out, succeed
[14] εὐοδόω pres mid/pass inf, prosper
[15] πρᾶξις, εως, ἡ, acting, act
[16] αἰτιάομαι pres mid/pass ind 3p, blame, accuse
[17] θλίβω aor act sub 3p, press upon
[18] παιδεία, ας, ἡ, discipline, correction
[19] ἰσχυροποιέω pres mid/pass 3p, strengthen
[20] δουλεύω pres act ind 3p, be a slave
[21] καθαρός, ά, όν, clean, pure
[22] κριτής, οῦ, ὁ, a judge
[23] δικαίως, adv, justly
[24] πρᾶξις, εως, ἡ, acting, act
[25] δουλεύω pres act ind 3p, be a slave
[26] καθαρός, ά, όν, clean, pure
[27] εὐοδόω pres mid/pass ind 3p, prosper
[28] πρᾶξις, εως, ἡ, acting, act

ΠΟΙΜΗΝ—Παραβολαί

Κυρίου πάντα ὅσα ἂν αἰτῶνται· καὶ τότε δοξάζουσι τὸν Κύριον ὅτι ἐμοὶ παρεδόθησαν, καὶ οὐκέτι οὐδὲν πάσχουσι τῶν πονηρῶν.

**64:1 (ϛ´ 4)** Λέγω αὐτῷ· Κύριε, ἔτι μοι τοῦτο δήλωσον.[1] Τί, φησίν, ἐπιζητεῖς;[2] Εἰ ἄρα, φημί, κύριε, τὸν αὐτὸν χρόνον βασανίζονται[3] οἱ τρυφῶντες[4] καὶ ἀπατώμενοι,[5] ὅσον τρυφῶσι[6] καὶ ἀπατῶνται;[7] λέγει μοι· Τὸν αὐτὸν χρόνον βασανίζονται.[8] **2** Ἐλάχιστον,[9] φημί, κύριε, βασανίζονται·[10] ἔδει γὰρ τοὺς οὕτω τρυφῶντας[11] καὶ ἐπιλανθανομένους[12] τοῦ Θεοῦ ἑπταπλασίως[13] βασανίζεσθαι.[14] **3** λέγει μοι· Ἄφρων[15] εἶ καὶ οὐ νοεῖς[16] τῆς βασάνου[17] τὴν δύναμιν. Εἰ γὰρ ἐνόουν,[18] φημί, κύριε, οὐκ ἂν ἐπηρώτων ἵνα μοι δηλώσῃς.[19] Ἄκουε, φησίν, ἀμφοτέρων[20] τὴν δύναμιν, τῆς τρυφῆς[21] καὶ τῆς βασάνου.[22] **4** τῆς τρυφῆς[23] καὶ ἀπάτης[24] ὁ χρόνος ὥρα ἐστὶ μία· τῆς δὲ βασάνου[25] ἡ ὥρα τριάκοντα[26] ἡμερῶν δύναμιν ἔχει. ἐὰν οὖν μίαν ἡμέραν τρυφήσῃ[27] τις καὶ ἀπατηθῇ,[28] μίαν δὲ ἡμέραν βασανισθῇ,[29]

---

[1] δηλόω aor act impv 2s, reveal
[2] ἐπιζητέω pres act ind 2s, search for, seek for
[3] βασανίζω pres mid/pass ind 3p, torture
[4] τρυφάω pres act ptcp m.p.nom., live for pleasure
[5] ἀπατάω pres mid/pass ptcp m.p.nom., deceive, mislead
[6] τρυφάω pres act sub 3p, live for pleasure
[7] ἀπατάω pres mid/pass ind 3p, deceive, mislead
[8] βασανίζω pres mid/pass ind 3p, torture
[9] ἐλάχιστος, ίστη, ον, least
[10] βασανίζω pres mid/pass ind 3p, torture
[11] τρυφάω pres act ptcp m.p.acc., live for pleasure
[12] ἐπιλανθάνομαι pres mid/pass ptcp m.p.acc., forget
[13] ἑπταπλασίως, adv, sevenfold
[14] βασανίζω pres mid/pass inf, torture
[15] ἄφρων, ον, ονος, foolish
[16] νοέω pres act ind 2s, perceive, consider
[17] βάσανος, ου, ἡ, torture
[18] νοέω imp act ind 1s, perceive, consider
[19] δηλόω aor act sub 2s, reveal
[20] ἀμφότεροι, αι, α, both
[21] τρυφή, ῆς, ἡ, splendor, delight
[22] βάσανος, ου, ἡ, torture
[23] τρυφή, ῆς, ἡ, splendor, delight
[24] ἀπάτη, ης, ἡ, deception, pleasure
[25] βάσανος, ου, ἡ, torture
[26] τριάκοντα, thirty
[27] τρυφάω aor act sub 3s, live for pleasure
[28] ἀπατάω aor pass sub 3s, deceive, mislead
[29] βασανίζω aor pass sub 3s, torture

ὅλον ἐνιαυτὸν¹ ἰσχύει² ἡ ἡμέρα τῆς βασάνου.³ ὅσας οὖν ἡμέρας τρυφήσῃ⁴ τις, τοσούτους⁵ ἐνιαυτοὺς⁶ βασανίζεται.⁷ βλέπεις οὖν, φησίν, ὅτι τῆς τρυφῆς⁸ καὶ ἀπάτης⁹ ὁ χρόνος ἐλάχιστός¹⁰ ἐστι, τῆς δὲ τιμωρίας¹¹ καὶ βασάνου¹² πολύς.

**65:1 (ϛ´ 5)** Ὅτι, φημί, κύριε, οὐ νενόηκα¹³ ὅλως¹⁴ περὶ τοῦ χρόνου τῆς ἀπάτης¹⁵ καὶ τρυφῆς¹⁶ καὶ βασάνου,¹⁷ τηλαυγέστερόν¹⁸ μοι δήλωσον.¹⁹ **2** ἀποκριθείς μοι λέγει· Ἡ ἀφροσύνη²⁰ σου παράμονός²¹ ἐστι, καὶ οὐ θέλεις σου τὴν καρδίαν καθαρίσαι καὶ δουλεύειν²² τῷ Θεῷ. βλέπε, φησί, μήποτε²³ ὁ χρόνος πληρωθῇ καὶ σὺ ἄφρων²⁴ εὑρεθῇς. ἄκουε οὖν, φησί, καθὼς βούλει, ἵνα νοήσῃς²⁵ αὐτά. **3** ὁ τρυφῶν²⁶ καὶ ἀπατώμενος²⁷ μίαν ἡμέραν καὶ πράσσων ἃ βούλεται πολλὴν ἀφροσύνην²⁸ ἐνδέδυται²⁹ καὶ οὐ νοεῖ³⁰ τὴν πρᾶξιν³¹ ἣν ποιεῖ· εἰς τὴν αὔριον³² ἐπιλανθάνεται³³ γὰρ τί πρὸ

---

¹ ἐνιαυτός, οῦ, ὁ, year
² ἰσχύω pres act ind 3s, be in good health, have power
³ βάσανος, ου, ἡ, torture
⁴ τρυφάω aor act sub 3s, live for pleasure
⁵ τοσοῦτος, αύτη, οῦτον, so many, so great
⁶ ἐνιαυτός, οῦ, ὁ, year
⁷ βασανίζω pres mid/pass ind 3s, torture
⁸ τρυφή, ῆς, ἡ, splendor, delight
⁹ ἀπάτη, ης, ἡ, deception, pleasure
¹⁰ ἐλάχιστος, ίστη, ον, least
¹¹ τιμωρία, ας, ἡ, punishment
¹² βάσανος, ου, ἡ, torture
¹³ νοέω perf act ind 1s, perceive, consider
¹⁴ ὅλως, adv, completely
¹⁵ ἀπάτη, ης, ἡ, deception, pleasure
¹⁶ τρυφή, ῆς, ἡ, splendor, delight
¹⁷ βάσανος, ου, ἡ, torture
¹⁸ τηλαυγής, ές, more clearly
¹⁹ δηλόω aor act impv 2s, reveal, explain
²⁰ ἀφροσύνη, ης, ἡ, foolishness
²¹ παράνομος, ον, lawless
²² δουλεύω pres act inf, be a slave
²³ μήποτε, conj, never
²⁴ ἄφρων, ον, ονος, foolish
²⁵ νοέω aor act sub 2s, perceive, consider
²⁶ τρυφή, ῆς, ἡ, splendor, delight
²⁷ ἀπατάω pres mid/pass ptcp m.s.nom., deceive, mislead
²⁸ ἀφροσύνη, ης, ἡ, foolishness
²⁹ ἐνδύω perf mid/pass ind 3s, dress
³⁰ νοέω pres act ind 3s, perceive, consider
³¹ πρᾶξις, εως, ἡ, activity, way of acting, deed
³² αὔριον, adv, next day
³³ ἐπιλανθάνομαι pres mid/pass ind 3s, forget

## ΠΟΙΜΗΝ—Παραβολαί

μιᾶς ἔπραξεν· ἡ γὰρ τρυφὴ¹ καὶ ἀπάτη² μνήμας³ οὐκ ἔχει διὰ τὴν ἀφροσύνην⁴ ἣν ἐνδέδυται·⁵ ἡ δὲ τιμωρία⁶ καὶ ἡ βάσανος⁷ ὅταν κολληθῇ⁸ τῷ ἀνθρώπῳ μίαν ἡμέραν, μέχρις⁹ ἐνιαυτοῦ¹⁰ τιμωρεῖται¹¹ καὶ βασανίζεται·¹² μνήμας¹³ γὰρ μεγάλας ἔχει ἡ τιμωρία¹⁴ καὶ ἡ βάσανος.¹⁵ 4 βασανιζόμενος¹⁶ οὖν καὶ τιμωρούμενοι¹⁷ ὅλον τὸν ἐνιαυτόν,¹⁸ μνημονεύει¹⁹ τότε τῆς τρυφῆς²⁰ καὶ ἀπάτης²¹ καὶ γινώσκει ὅτι δι᾽ αὐτὰ πάσχει τὰ πονηρά. πᾶς οὖν ἄνθρωπος ὁ τρυφῶν²² καὶ ἀπατώμενος²³ οὕτω βασανίζεται,²⁴ ὅτι ἔχοντες ζωὴν εἰς θάνατον ἑαυτοὺς παραδεδώκασι. 5 Ποῖαι, φημί, κύριε, τρυφαί²⁵ εἰσι βλαβεραί;²⁶ Πᾶσα, φησί, πρᾶξις²⁷ τρυφή²⁸ ἐστι τῷ ἀνθρώπῳ, ὃ ἐὰν ἡδέως²⁹ ποιῇ· καὶ γὰρ ὁ ὀξύχολος³⁰ τῷ ἑαυτοῦ πάθει³¹ τὸ ἱκανὸν ποιῶν τρυφᾷ·³² καὶ ὁ μοιχὸς³³ καὶ ὁ μέθυσος³⁴ καὶ ὁ κατάλαλος³⁵ καὶ ὁ

---

¹ τρυφή, ῆς, ἡ, splendor, delight
² ἀπάτη, ης, ἡ, deception, pleasure
³ μνήμη, ης, ἡ, memory
⁴ ἀφροσύνη, ης, ἡ, foolishness
⁵ ἐνδύω perf mid/pass ind 3s, dress
⁶ τιμωρία, ας, ἡ, punishment
⁷ βάσανος, ου, ἡ, torture
⁸ κολλάω aor pass sub 3s, bind closely, unite
⁹ μέχρι, impr prep, as far as, until
¹⁰ ἐνιαυτός, οῦ, ὁ, year
¹¹ τιμωρέω pres mid/pass ind 3s, punish
¹² βασανίζω pres mid/pass ind 3s, torture
¹³ μνήμη, ης, ἡ, memory
¹⁴ τιμωρία, ας, ἡ, punishment
¹⁵ βάσανος, ου, ἡ, torture
¹⁶ βασανίζω pres mid/pass ptcp m.s.nom., torture
¹⁷ τιμωρέω pres mid/pass ptcp m.p.nom., punish
¹⁸ ἐνιαυτός, οῦ, ὁ, year
¹⁹ μνημονεύω pres act ind 3s, remember
²⁰ τρυφή, ῆς, ἡ, splendor, delight
²¹ ἀπάτη, ης, ἡ, deception, pleasure
²² τρυφή, ῆς, ἡ, splendor, delight
²³ ἀπατάω pres mid/pass ptcp m.s.nom., deceive, mislead
²⁴ βασανίζω pres mid/pass ind 3s, torture
²⁵ τρυφή, ῆς, ἡ, splendor, delight
²⁶ βλαβερός, ά, όν, harmful
²⁷ πρᾶξις, εως, ἡ, activity, way of acting, deed
²⁸ τρυφή, ῆς, ἡ, splendor, delight
²⁹ ἡδέως, adv, gladly
³⁰ ὀξύχολος, ον, irritable
³¹ πάθος, ους, τό, suffering
³² τρυφάω pres act ind 3s, live for pleasure
³³ μοιχός, οῦ, ὁ, adulterer
³⁴ μέθυσος, ου, ὁ, drunkard
³⁵ κατάλαλος, ον, slanderous

ψεύστης¹ καὶ ὁ πλεονέκτης² καὶ ὁ ἀποστερητὴς³ καὶ ὁ τούτοις τὰ ὅμοια ποιῶν τῇ ἰδίᾳ νόσῳ⁴ τὸ ἱκανὸν ποιεῖ· τρυφᾷ⁵ οὖν ἐπὶ τῇ πράξει⁶ αὐτοῦ. **6** αὗται πᾶσαι αἱ τρυφαὶ⁷ βλαβεραί⁸ εἰσι τοῖς δούλοις τοῦ Θεοῦ· διὰ ταύτας οὖν τὰς ἀπάτας⁹ πάσχουσιν οἱ τιμωρούμενοι¹⁰ καὶ βασανιζόμενοι.¹¹ **7** εἰσὶν δὲ καὶ τρυφαὶ¹² σώζουσαι τοὺς ἀνθρώπους· πολλοὶ γὰρ ἀγαθὸν ἐργαζόμενοι τρυφῶσι¹³ τῇ ἑαυτῶν ἡδονῇ¹⁴ φερόμενοι. αὕτη οὖν ἡ τρυφὴ¹⁵ σύμφορός¹⁶ ἐστι τοῖς δούλοις τοῦ Θεοῦ καὶ ζωὴν περιποιεῖται¹⁷ τῷ ἀνθρώπῳ τῷ τοιούτῳ· αἱ δὲ βλαβεραὶ¹⁸ τρυφαὶ¹⁹ αἱ προειρημέναι²⁰ βασάνους²¹ καὶ τιμωρίας²² αὐτοῖς περιποιοῦνται·²³ ἐὰν δὲ ἐπιμείνωσι²⁴ καὶ μὴ μετανοήσωσι, θάνατον ἑαυτοῖς περιποιοῦνται.²⁵

**66:1 (ϛ´ 6)** Μετὰ ἡμέρας ὀλίγας εἶδον αὐτὸν εἰς τὸ πεδίον²⁶ τὸ αὐτό ὅπου καὶ τοὺς ποιμένας²⁷ ἑωράκειν, καὶ λέγει μοι· Τί ἐπιζητεῖς;²⁸ Πάρειμι,²⁹ φημί, κύριε, ἵνα τὸν ποιμένα³⁰ τὸν

---

¹ ψεύστης, ου, ὁ, liar
² πλεονέκτης, ου, ὁ, greedy person
³ ἀποστερητής, οῦ, ὁ, defrauder
⁴ νόσος, ου, ἡ, disease
⁵ τρυφάω pres act ind 3s, live for pleasure
⁶ πρᾶξις, εως, ἡ, activity, way of acting, deed
⁷ τρυφή, ῆς, ἡ, splendor, delight
⁸ βλαβερός, ά, όν, harmful
⁹ ἀπάτη, ης, ἡ, deception
¹⁰ τιμωρέω pres mid/pass ptcp m.p.nom., punish
¹¹ βασανίζω pres mid/pass ptcp m.p.nom., torture
¹² τρυφή, ῆς, ἡ, splendor, delight
¹³ τρυφάω pres act sub 3p, live for pleasure
¹⁴ ἡδονή, ῆς, ἡ, pleasure
¹⁵ τρυφή, ῆς, ἡ, splendor, delight
¹⁶ σύμφορος, ον, beneficial
¹⁷ περιποιέω pres mid/pass ind 3s, save, acquire
¹⁸ βλαβερός, ά, όν, harmful
¹⁹ τρυφή, ῆς, ἡ, splendor, delight
²⁰ προλέγω perf mid/pass ptcp f.p.nom., tell beforehand
²¹ βάσανος, ου, ἡ, torture
²² τιμωρία, ας, ἡ, punishment
²³ περιποιέω pres mid/pass 3p, save, acquire
²⁴ ἐπιμένω aor act sub 3p, stay, remain
²⁵ περιποιέω pres mid/pass 3p, save, acquire
²⁶ πεδίον, ου, τό, plain, field
²⁷ ποιμήν, ένος, ὁ, shepherd
²⁸ ἐπιζητέω pres act ind 2s, search for, seek after
²⁹ πάρειμι pres act ind 3s, be present
³⁰ ποιμήν, ένος, ὁ, shepherd

τιμωρητὴν[1] κελεύσῃς[2] ἐκ τοῦ οἴκου μου ἐξελθεῖν, ὅτι λίαν[3] με θλίβει.[4] Δεῖ σε, φησί, θλιβῆναι·[5] οὕτω γάρ, φησί, προσέταξεν[6] ὁ ἔνδοξος[7] ἄγγελος τὰ περὶ σοῦ· θέλει γάρ σε πειρασθῆναι. Τί γάρ, φημί, κύριε, ἐποίησα οὕτω πονηρόν, ἵνα τῷ ἀγγέλῳ τούτῳ παραδοθῶ; **2** Ἄκουε, φησίν· αἱ μὲν ἁμαρτίαι σου πολλαί, ἀλλ' οὐ τοσαῦται[8] ὥστε σε τῷ ἀγγέλῳ τούτῳ παραδοθῆναι· ἀλλ' ὁ οἶκός σου μεγάλας ἁμαρτίας καὶ ἀνομίας[9] εἰργάσατο, καὶ παρεπικράνθη ὁ ἔνδοξος[10] ἄγγελος ἐπὶ τοῖς ἔργοις αὐτῶν, καὶ διὰ τοῦτο ἐκέλευσέ[11] σε χρόνον τινὰ θλιβῆναι,[12] ἵνα κἀκεῖνοι μετανοήσωσι καὶ καθαρίσωσιν ἑαυτοὺς ἀπὸ πάσης ἐπιθυμίας τοῦ αἰῶνος τούτου. ὅταν οὖν μετανοήσωσι καὶ καθαρισθῶσι, τότε ἀποστήσεται[13] ὁ ἄγγελος τῆς τιμωρίας.[14] **3** λέγω αὐτῷ· Κύριε, εἰ ἐκεῖνοι τοιαῦτα εἰργάσαντο ἵνα παραἀπώλοντο[15] ὁ ἄγγελος ὁ ἔνδοξος,[16] τί ἐγὼ ἐποίησα; Ἄλλως,[17] φησίν, οὐ δύνανται ἐκεῖνοι θλιβῆναι,[18] ἐὰν μὴ σὺ ἡ κεφαλὴ τοῦ οἴκου ὅλου θλιβῇς·[19] σοῦ γὰρ θλιβομένου[20] ἐξ ἀνάγκης[21] κἀκεῖνοι θλιβήσονται,[22] εὐσταθοῦντος[23] δὲ σοῦ οὐδεμίαν δύνανται θλῖψιν ἔχειν. **4** Ἀλλ'

---

[1] τιμωρητής, οῦ, ὁ, the avenger
[2] κελεύω aor act sub 2s, command, order
[3] λίαν, adv, very, exceedingly
[4] θλίβω pres act ind 3s, press upon, press together
[5] θλίβω aor pass inf, press upon, press together
[6] προστάσσω aor act ind 3s, command, order
[7] ἔνδοξος, ον, honored, glorious
[8] τοσοῦτος, αύτη, οῦτον, so great, so large
[9] ἀνομία, ας, ἡ, lawlessness
[10] ἔνδοξος, ον, honored, glorious
[11] κελεύω aor act ind 3s, command, order
[12] θλίβω aor pass inf, press upon, press together
[13] ἀφίστημι fut mid ind 3s, mislead, withdraw
[14] τιμωρία, ας, ἡ, punishment
[15] παραπικραίνω aor pass ind 3s, embitter, be disobedient
[16] ἔνδοξος, ον, honored, glorious
[17] ἄλλως, adv, otherwise
[18] θλίβω aor pass inf, press upon, press together
[19] θλίβω aor pass sub 2s, press upon, press together
[20] θλίβω pres mid/pass ptcp m.s.gen., press upon, press together
[21] ἀνάγκη, ης, ἡ, necessity
[22] θλίβω fut pass ind 3p, press upon, press together
[23] εὐσταθέω pres act ptcp m.s.gen., be stable

## ΠΟΙΜΗΝ—Παραβολαί

ἰδού, φημί, κύριε, μετανενοήκασιν ἐξ ὅλης καρδίας αὐτῶν. Οἶδα, φησί, κἀγὼ ὅτι μετανενοήκασιν ἐξ ὅλης καρδίας αὐτῶν· τῶν οὖν μετανοούντων δοκεῖς τὰς ἁμαρτίας εὐθὺς ἀφίεσθαι; οὐ παντελῶς·[1] ἀλλὰ δεῖ τὸν μετανοοῦντα βασανίσαι[2] τὴν ἑαυτοῦ ψυχὴν καὶ ταπεινοφρονῆσαι[3] ἐν πάσῃ τῇ πράξει[4] αὐτοῦ ἰσχυρῶς[5] καὶ θλιβῆναι[6] ἐν πολλαῖς θλίψεσι καὶ ποικίλαις·[7] καὶ ἐὰν ὑπενέγκῃ[8] τὰς θλίψεις τὰς ἐπερχομένας[9] αὐτῷ, πάντως[10] σπλαγχνισθήσεται[11] ὁ τὰ πάντα κτίσας[12] καὶ ἐνδυναμώσας[13] καὶ ἴασίν[14] τινα δώσει· **5** καὶ τοῦτο ὅταν ὁ Θεὸς τοῦ μετανοοῦντος καθαρὰν[15] ἴδῃ τὴν καρδίαν ἀπὸ παντὸς πονηροῦ πράγματος.[16] σοὶ δὲ συμφέρον[17] ἐστι καὶ τῷ οἴκῳ σου νῦν θλιβῆναι.[18] τί δέ σοι πολλὰ λέγω; θλιβῆναί[19] σε δεῖ, καθὼς προσέταξεν[20] ὁ ἄγγελος τοῦ Κυρίου ἐκεῖνος, ὁ παραδούς σε ἐμοί· καὶ τοῦτο εὐχαρίστει τῷ Κυρίῳ, ὅτι ἄξιόν σε ἡγήσατο[21] τοῦ προδηλῶσαί[22] σοι τὴν θλῖψιν, ἵνα προγνοὺς[23] αὐτὴν ὑπενέγκῃς[24] ἰσχυρῶς.[25] **6** λέγω αὐτῷ· Κύριε, σὺ μετ᾽ ἐμοῦ γίνου, καὶ εὐκόλως[26] δυνήσομαι πᾶσαν θλῖψιν

---

[1] παντελῶς, adv, fully
[2] βασανίζω aor act inf, torture
[3] ταπεινοφρονέω aor act inf, be humble
[4] πρᾶξις, εως, ἡ, acting, activity
[5] ἰσχυρῶς, adv, strongly
[6] θλίβω aor pass inf, press upon, press together
[7] ποικίλος, η, ον, diversified, manifold
[8] ὑποφέρω aor act sub 3s, submit to, endure, bear
[9] ἐπέρχομαι pres mid/pass ptcp f.p.acc., come, arrive
[10] πάντως, adv, by all means
[11] σπλαγχνίζομαι fut pass ind 3s, have pity, feel sympathy
[12] κτίζω aor act ptcp m.s.nom., create
[13] ἐνδυναμόω aor act ptcp m.s.nom., strengthen
[14] ἴασις, εως, ἡ, healing, care
[15] καθαρός, ά, όν, clean, pure
[16] πρᾶγμα, ατος, τό, deed, undertaking
[17] συμφέρω pres act ptcp n.s.nom., bring together
[18] θλίβω aor pass inf, press upon, press together
[19] θλίβω aor pass inf, press upon, press together
[20] προστάσσω aor act ind 3s, command, order
[21] ἡγέομαι aor mid ind 3s, lead, guide
[22] προδηλόω aor act inf, reveal
[23] προγινώσκω aor act ptcp m.s.nom., have foreknowledge of, choose beforehand
[24] ὑποφέρω aor act sub 2s, submit to, endure, bear
[25] ἰσχυρῶς, adv, strongly
[26] εὐκόλως, adv, easily

ὑπενέγκαι.¹ Ἐγώ, φησίν, ἔσομαι μετὰ σοῦ· ἐρωτήσω δὲ καὶ τὸν ἄγγελον τὸν τιμωρητὴν² ἵνα σε ἐλαφροτέρως³ θλίψῃ·⁴ ἀλλ' ὀλίγον χρόνον θλιβήσῃ,⁵ καὶ πάλιν ἀποκατασταθήσῃ⁶ εἰς τὸν οἶκόν σου· μόνον παράμεινον⁷ ταπεινοφρονῶν⁸ καὶ λειτουργῶν⁹ τῷ Κυρίῳ ἐν καθαρᾷ¹⁰ καρδίᾳ, καὶ τὰ τέκνα σου καὶ ὁ οἶκός σου, καὶ πορεύου ταῖς ἐντολαῖς μου ἅς σοι ἐντέλλομαι,¹¹ καὶ δυνήσεταί σου ἡ μετάνοια¹² ἰσχυρὰ¹³ καὶ καθαρὰ¹⁴ εἶναι· 7 καὶ ἐὰν ταύτας φυλάξῃς μετὰ τοῦ οἴκου σου, ἀποστήσεται¹⁵ πᾶσα θλῖψις ἀπὸ σοῦ· καὶ ἀπὸ πάντων δέ, φησίν, ἀποστήσεται¹⁶ θλῖψις, ὃς ἂν ταῖς ἐντολαῖς μου πορεύσεται ταύταις.

**67:1 (ή 1)** Ἔδειξέ μοι ἰτέαν¹⁷ μεγάλην σκεπάζουσαν¹⁸ πεδία¹⁹ καὶ ὄρη, καὶ ὑπὸ τὴν σκέπην²⁰ τῆς ἰτέας²¹ πάντες ἐληλύθασιν οἱ κεκλημένοι τῷ ὀνόματι Κυρίου. **2** Εἱστήκει δὲ ἄγγελος τοῦ Κυρίου ἔνδοξος²² λίαν²³ ὑψηλὸς²⁴ παρὰ τὴν ἰτέαν,²⁵ δρέπανον²⁶ ἔχων μέγα, καὶ ἔκοπτε²⁷ κλάδους²⁸ ἀπὸ τῆς ἰτέας,²⁹ καὶ ἐπεδίδου³⁰ τῷ

---

[1] ὑποφέρω aor act inf, submit to, endure, bear
[2] τιμωρητής, οῦ, ὁ, avenger
[3] ἐλαφροτέρως, adv, more lightly
[4] θλίβω aor act sub 3s, press upon, press together
[5] θλίβω fut pass ind 2s, press upon, press together
[6] ἀποκαθίστημι fut pass ind 2s, restore
[7] παραμένω aor act impv 2s, remain, stay
[8] απεινοφρονέω pres act ptcp m.s.nom., be humble
[9] λειτουργέω pres act ptcp m.s.nom., serve
[10] καθαρός, ά, όν, clean, pure
[11] ἐντέλλω pres mid/pass ind 1s, command, order
[12] μετάνοια, ας, ἡ, repentance
[13] ἰσχυρός, ά, όν, strong
[14] καθαρός, ά, όν, clean, pure
[15] ἀφίστημι fut mid ind 3s, mislead, withdraw
[16] ἀφίστημι fut mid ind 3s, mislead, withdraw
[17] ἰτέα, ας, ἡ, willow tree
[18] σκεπάζω pres act ptcp f.s.acc., cover, protect
[19] πεδίον, ου, τό, plain, field
[20] σκέπη, ης, ἡ, shade
[21] ἰτέα, ας, ἡ, willow tree
[22] ἔνδοξος, ον, honored, glorious
[23] λίαν, adv, very, exceedingly
[24] ὑψηλός, ή, όν, tall, proud
[25] ἰτέα, ας, ἡ, willow tree
[26] δρέπανον, ου, τό, sickle
[27] κόπτω imp act ind 3s, cut (off), beat
[28] κλάδος, ου, ὁ, branch
[29] ἰτέα, ας, ἡ, willow tree
[30] ἐπιδίδωμι imp act ind 3s, give, hand over

ΠΟΙΜΗΝ—Παραβολαί

λαῷ τῷ σκεπαζομένῳ[1] ὑπὸ τῆς ἰτέας·[2] μικρὰ δὲ ῥαβδία ἐπεδίδου[3] αὐτοῖς, ὡσεὶ[4] πηχυαῖα.[5] **3** μετὰ τὸ πάντας λαβεῖν τὰ ῥαβδία[6] ἔθηκε τὸ δρέπανον[7] ὁ ἄγγελος, καὶ τὸ δένδρον[8] ἐκεῖνο ὑγιὲς[9] ἦν, οἷον[10] καὶ ἑωράκειν αὐτό. **4** ἐθαύμαζον δὲ ἐγὼ ἐν ἐμαυτῷ λέγων· Πῶς τοσούτων[11] κλάδων[12] κεκομμένων[13] τὸ δένδρον[14] ὑγιές[15] ἐστι; λέγει μοι ὁ ποιμήν·[16] Μὴ θαύμαζε εἰ τὸ δένδρον[17] ὑγιὲς[18] ἔμεινε τοσούτων[19] κλάδων[20] κοπέντων.[21] ἄφες δέ, φησί, πάντα ἴδῃς, καὶ δηλωθήσεταί[22] σοι τὸ τί ἐστιν. **5** ὁ ἄγγελος ὁ ἐπιδεδωκὼς[23] τῷ λαῷ τὰς ῥάβδους[24] πάλιν ἀπῄτει[25] ἀπ᾽ αὐτῶν· καὶ καθὼς ἔλαβον, οὕτω καὶ ἐκαλοῦντο πρὸς αὐτόν, καὶ εἷς ἕκαστος αὐτῶν ἀπεδίδου τὰς ῥάβδους.[26] ἐλάμβανε δὲ ὁ ἄγγελος τοῦ Κυρίου καὶ κατενόει[27] αὐτάς. **6** παρά τινων ἐλάμβανε τὰς ῥάβδους[28] ξηρὰς[29] καὶ βεβρωμένας[30] ὡς ὑπὸ σητός·[31] ἐκέλευσεν[32] ὁ ἄγγελος τοὺς τὰς τοιαύτας ῥάβδους[33] ἐπιδεδωκότας[34] χωρὶς ἵστασθαι. **7** ἕτεροι δὲ

---

[1] σκεπάζω pres mid/pass ptcp m.s.dat., cover, protect
[2] ἰτέα, ας, ἡ, willow tree
[3] ἐπιδίδωμι imp act ind 3s, give, hand over
[4] ὡσεί, part, as
[5] πηχυαῖος, α, ον, a cubit long
[6] ῥαβδίον, ου, τό, stick, twig
[7] δρέπανον, ου, τό, sickle
[8] δένδρον, ου, τό, tree
[9] ὑγιής, ές, healthy, sound
[10] οἷος, α, ον, of what sort
[11] τοσοῦτος, αύτη, οῦτον, so many
[12] κλάδος, ου, ὁ, branch
[13] κόπτω perf mid/pass ptcp m.p.gen., cut (off), beat
[14] δένδρον, ου, τό, tree
[15] ὑγιής, ές, healthy, sound
[16] ποιμήν, ένος, ὁ, shepherd
[17] δένδρον, ου, τό, tree
[18] ὑγιής, ές, healthy, sound
[19] τοσοῦτος, αύτη, οῦτον, so great, so much
[20] κλάδος, ου, ὁ, branch
[21] κόπτω aor pass ptcp m.s.nom., cut (off), beat
[22] δηλόω fut pass ind 3s, reveal, make clear
[23] ἐπιδίδωμι perf act ptcp m.s.nom., give, hand over
[24] ῥάβδος, ου, ἡ, rod
[25] ἀπαιτέω imp act ind 3s, ask for, demand
[26] ῥάβδος, ου, ἡ, rod
[27] κατανοέω imp act ind 3s, notice, consider
[28] ῥάβδος, ου, ἡ, rod
[29] ξηρός, ά, όν, dry, withered
[30] βιβρώσκω perf mid/pass ptcp f.p.acc., eat
[31] σής, σεός, ὁ, moth
[32] κελεύω aor act ind 3s, command, order
[33] ῥάβδος, ου, ἡ, rod
[34] ἐπιδίδωμι perf act ptcp m.p.acc., give, hand over

## ΠΟΙΜΗΝ—Παραβολαί

ἐπεδίδουν[1] ξηράς,[2] ἀλλ' οὐκ ἦσαν βεβρωμέναι[3] ὑπὸ σητός·[4] καὶ τούτους ἐκέλευσε[5] χωρὶς ἵστασθαι. **8** ἕτεροι δὲ ἐπεδίδουν[6] ἡμιξήρους·[7] καὶ οὗτοι χωρὶς ἵσταντο. **9** ἕτεροι δὲ ἐπεδίδουν[8] τὰς ῥάβδους[9] αὐτῶν ἡμιξήρους[10] καὶ σχισμὰς[11] ἐχούσας· καὶ οὗτοι χωρὶς ἵσταντο. **10** ἕτεροι δὲ ἐπεδίδουν[12] τὰς ῥάβδους[13] αὐτῶν χλωρὰς[14] μὲν σχισμὰς[15] ἐχούσας· καὶ οὗτοι χωρὶς ἵσταντο **11** ἕτεροι δὲ ἐπεδίδουν[16] τὰς ῥάβδους[17] τὸ ἥμισυ[18] ξηρὸν[19] καὶ τὸ ἥμισυ[20] χλωρόν·[21] καὶ οὗτοι χωρὶς ἵσταντο. **12** ἕτεροι δὲ προσέφερον τὰς ῥάβδους[22] αὐτῶν τὰ δύο μέρη τῆς ῥάβδου[23] χλωρά,[24] τὸ δὲ τρίτον ξηρόν·[25] καὶ οὗτοι χωρὶς ἵσταντο. **13** ἕτεροι δὲ ἐπεδίδουν[26] τὰ δύο μέρη ξηρά,[27] τὸ δὲ τρίτον χλωρόν·[28] καὶ οὗτοι χωρὶς ἵσταντο. **14** ἕτεροι δὲ ἐπεδίδουν[29] τὰς ῥάβδους[30] αὐτῶν παρὰ μικρὸν ὅλας χλωράς,[31] ἐλάχιστον[32] δὲ τῶν ῥάβδων[33] αὐτῶν ξηρὸν[34] ἦν,

---

[1] ἐπιδίδωμι imp act ind 3p, give, handover
[2] ξηρός, ά, όν, dry, withered
[3] βιβρώσκω perf mid/pass ptcp f.p.nom., eat
[4] σής, σεός, ὁ, moth
[5] κελεύω aor act ind 3s, command, order
[6] ἐπιδίδωμι imp act ind 3p, give, handover
[7] ἡμίξηρος, ον, half dry, half withered
[8] ἐπιδίδωμι imp act ind 3p, give, handover
[9] ῥάβδος, ου, ἡ, rod
[10] ἡμίξηρος, ον, half dry, half withered
[11] σχισμή, ῆς, ἡ, crack, fissure
[12] ἐπιδίδωμι imp act ind 3p, give, handover
[13] ῥάβδος, ου, ἡ, rod
[14] χλωρός, ά, ό, green, pale
[15] σχισμή, ῆς, ἡ, crack, fissure
[16] ἐπιδίδωμι imp act ind 3p, give, handover
[17] ῥάβδος, ου, ἡ, rod
[18] ἥμισυς, εια, half
[19] ξηρός, ά, όν, dry, withered
[20] ἥμισυς, εια, half
[21] χλωρός, ά, ό, green, pale
[22] ῥάβδος, ου, ἡ, rod
[23] ῥάβδος, ου, ἡ, rod
[24] χλωρός, ά, ό, green, pale
[25] ξηρός, ά, όν, dry, withered
[26] ἐπιδίδωμι imp act ind 3p, give, handover
[27] ξηρός, ά, όν, dry, withered
[28] χλωρός, ά, ό, green, pale
[29] ἐπιδίδωμι imp act ind 3p, give, handover
[30] ῥάβδος, ου, ἡ, rod
[31] χλωρός, ά, ό, green, pale
[32] ἐλάχιστος, ίστη, ον, least
[33] ῥάβδος, ου, ἡ, rod
[34] ξηρός, ά, όν, dry, withered

ΠΟΙΜΗΝ—Παραβολαί

αὐτὸ τὸ ἄκρον·¹ σχισμὰς² δὲ εἶχον ἐν αὐταῖς· καὶ οὗτοι χωρὶς ἵσταντο. **15** ἑτέρων δὲ ἦν ἐλάχιστον³ χλωρόν,⁴ τὰ δὲ λοιπὰ μέρη τῶν ῥάβδων⁵ ξηρά·⁶ καὶ οὗτοι χωρὶς ἵσταντο. **16** ἕτεροι δὲ ἤρχοντο τὰς ῥάβδους⁷ χλωρὰς⁸ φέροντες ὡς ἔλαβον παρὰ τοῦ ἀγγέλου· τὸ δὲ πλεῖον μέρος τοῦ ὄχλου τοιαύτας ῥάβδους⁹ ἐπεδίδουν.¹⁰ ὁ δὲ ἄγγελος ἐπὶ τούτοις ἐχάρη λίαν·¹¹ καὶ οὗτοι χωρὶς ἵσταντο. **17** ἕτεροι δὲ ἐπεδίδουν¹² τὰς ῥάβδους¹³ αὐτῶν χλωρὰς¹⁴ καὶ παραφυάδας¹⁵ ἐχούσας· καὶ οὗτοι χωρὶς ἵσταντο· καὶ ἐπὶ τούτοις ὁ ἄγγελος λίαν¹⁶ ἐχάρη. **18** ἕτεροι δὲ ἐπεδίδουν¹⁷ τὰς ῥάβδους¹⁸ αὐτῶν χλωρὰς¹⁹ καὶ παραφυάδας²⁰ ἐχούσας· αἱ δὲ παραφυάδες²¹ αὐτῶν ὡσεὶ²² καρπόν τινα εἶχον. καὶ λίαν²³ ἱλαροὶ²⁴ ἦσαν οἱ ἄνθρωποι ἐκεῖνοι, ὧν αἱ ῥάβδοι²⁵ τοιαῦται εὑρέθησαν. καὶ ὁ ἄγγελος ἐπὶ τούτοις ἠγαλλιᾶτο,²⁶ καὶ ὁ ποιμὴν²⁷ λίαν²⁸ ἱλαρὸς²⁹ ἦν ἐπὶ τούτοις.

---

[1] ἄκρον, ου, τό, high point, top
[2] σχισμή, ῆς, ἡ, crack, fissure
[3] ἐλάχιστος, ίστη, ον, least
[4] χλωρός, ά, ό, green, pale
[5] ῥάβδος, ου, ἡ, rod
[6] ξηρός, ά, όν, dry, withered
[7] ῥάβδος, ου, ἡ, rod
[8] χλωρός, ά, ό, green, pale
[9] ῥάβδος, ου, ἡ, rod
[10] ἐπιδίδωμι imp act ind 3p, give, handover
[11] λίαν, adv, very, exceedingly
[12] ἐπιδίδωμι imp act ind 3p, give, handover
[13] ῥάβδος, ου, ἡ, rod
[14] χλωρός, ά, ό, green, pale
[15] παραφυάς, άδος, ἡ, offshoot
[16] λίαν, adv, very, exceedingly
[17] ἐπιδίδωμι imp act ind 3p, give, handover
[18] ῥάβδος, ου, ἡ, rod
[19] χλωρός, ά, ό, green, pale
[20] παραφυάς, άδος, ἡ, offshoot
[21] παραφυάς, άδος, ἡ, offshoot
[22] ὡσεί, part, as
[23] λίαν, adv, very, exceedingly
[24] ἱλαρός, ά, όν, glad, happy
[25] ῥάβδος, ου, ἡ, rod
[26] ἀγαλλιάω imp mid/pass ind 3s, exult, be glad
[27] ποιμήν, ένος, ὁ, shepherd
[28] λίαν, adv, very, exceedingly
[29] ἱλαρός, ά, όν, glad, happy

# ΠΟΙΜΗΝ—Παραβολαί

**68:1 (ἡ 2)** Ἐκέλευσε[1] δὲ ὁ ἄγγελος τοῦ Κυρίου στεφάνους[2] ἐνεχθῆναι. καὶ ἐνέχθησαν στέφανοι[3] ὡσεὶ[4] ἐκ φοινίκων[5] γεγονότες, καὶ ἐστεφάνωσε[6] τοὺς ἄνδρας τοὺς ἐπιδεδωκότας[7] τὰς ῥάβδους[8] τὰς παραφυάδας[9] ἐχούσας καὶ καρπόν τινα, καὶ ἀπέλυσεν αὐτοὺς εἰς τὸν πύργον.[10] **2** καὶ τοὺς ἄλλους δὲ ἀπέστειλεν εἰς τὸν πύργον,[11] τοὺς τὰς ῥάβδους[12] τὰς χλωρὰς[13] ἐπιδεδωκότας[14] τὰς παραφυάδας[15] ἐχούσας, καρπὸν δὲ μὴ ἐχούσας τὰς παραφυάδας,[16] δοὺς αὐτοῖς σφραγῖδα.[17] **3** ἱματισμὸν[18] δὲ τὸν αὐτὸν πάντες εἶχον λευκὸν[19] ὡσεὶ[20] χιόνα[21] οἱ πορευόμενοι εἰς τὸν πύργον.[22] **4** καὶ τοὺς τὰς ῥάβδους[23] ἐπιδεδωκότας[24] χλωρὰς[25] ὡς ἔλαβον ἀπέλυσε, δοὺς αὐτοῖς ἱματισμὸν[26] λευκὸν[27] καὶ σφραγῖδας.[28] **5** μετὰ τὸ ταῦτα τελέσαι[29] τὸν ἄγγελον λέγει τῷ ποιμένι·[30] Ἐγὼ ὑπάγω· σὺ δὲ τούτους ἀπόλυσον εἰς τὰ τείχη,[31] καθὼς ἄξιός ἐστί τις κατοικεῖν. κατανόησον[32] δὲ τὰς ῥάβδους[33]

---

[1] κελεύω aor act ind 3s, command, order
[2] στέφανος, ου, ὁ, crown
[3] στέφανος, ου, ὁ, crown
[4] ὡσεί, part, like
[5] φοῖνιξ/φοίνιξ, ικος, ὁ, palm-branch
[6] στεφανόω aor act ind 3s, crown
[7] ἐπιδίδωμι perf act ptcp m.p.acc., hand over, deliver
[8] ῥάβδος, ου, ἡ, rod
[9] παραφυάς, άδος, ἡ, offshoot, side growth
[10] πύργος, ου, ὁ, tower
[11] πύργος, ου, ὁ, tower
[12] ῥάβδος, ου, ἡ, rod
[13] χλωρός, ά, ό, green, pale
[14] ἐπιδίδωμι perf act ptcp m.p.acc., hand over, deliver
[15] παραφυάς, άδος, ἡ, offshoot, side growth
[16] παραφυάς, άδος, ἡ, offshoot, side growth
[17] σφραγίς, ῖδος, ἡ, signet, seal
[18] ἱματισμός, οῦ, ὁ, clothing
[19] λευκός, ή, όν, bright, white
[20] ὡσεί, adv, like
[21] χιών, όνος, ἡ, snow
[22] πύργος, ου, ὁ, tower
[23] ῥάβδος, ου, ἡ, rod
[24] ἐπιδίδωμι perf act ptcp m.p.acc., hand over, deliver
[25] χλωρός, ά, ό, green, pale
[26] ἱματισμός, οῦ, ὁ, clothing
[27] λευκός, ή, όν, bright, white
[28] σφραγίς, ῖδος, ἡ, signet, seal
[29] τελέω aor act inf, end, finish
[30] ποιμήν, ένος, ὁ, shepherd
[31] τεῖχος, ους, τό, wall
[32] κατανοέω aor act imp 2s, notice, consider
[33] ῥάβδος, ου, ἡ, rod

αὐτῶν ἐπιμελῶς,¹ καὶ οὕτως ἀπόλυσον· ἐπιμελῶς² δὲ κατανόησον.³ βλέπε μή τίς σε παρέλθῃ,⁴ φησίν· ἐὰν δέ τίς σε παρέλθῃ,⁵ ἐγὼ αὐτοὺς ἐπὶ τὸ θυσιαστήριον⁶ δοκιμάσω.⁷ ταῦτα εἰπὼν τῷ ποιμένι⁸ ἀπῆλθεν. **6** καὶ μετὰ τὸ ἀπελθεῖν τὸν ἄγγελον λέγει μοι ὁ ποιμήν·⁹ Λάβωμεν πάντων τὰς ῥάβδους¹⁰ καὶ φυτεύσωμεν¹¹ αὐτάς, εἴ τινες ἐξ αὐτῶν δυνήσονται ζῆσαι. λέγω αὐτῷ· Κύριε, τὰ ξηρὰ¹² ταῦτα πῶς δύναται ζῆσαι; **7** ἀποκριθείς μοι λέγει· Τὸ δένδρον¹³ τοῦτο ἰτέα¹⁴ ἐστὶ καὶ φιλόζωον¹⁵ τὸ γένος.¹⁶ ἐὰν οὖν φυτευθῶσι¹⁷ καὶ μικρὰν ἰκμάδα λάβωσι αἱ ῥάβδοι¹⁸ αὗται, ζήσονται πολλαὶ ἐξ αὐτῶν· εἶτα¹⁹ δὲ πειράσωμεν καὶ ὕδωρ αὐταῖς παραχέειν.²⁰ ἐάν τις αὐτῶν δυνηθῇ ζῆσαι, συνχαρήσομαι²¹ αὐταῖς· ἐὰν δὲ μὴ ζήσεται, οὐχ εὑρεθήσομαι ἐγὼ ἀμελής.²² **8** ἐκέλευσε²³ δέ με ὁ ποιμὴν²⁴ καλέσαι, καθώς τις αὐτῶν ἐστάθη. ἦλθον τάγματα²⁵ τάγματα,²⁶ καὶ ἐπεδίδουν²⁷ τὰς ῥάβδους²⁸ τῷ ποιμένι.²⁹ ἐλάμβανε δὲ ὁ ποιμὴν³⁰ τὰς ῥάβδους³¹ καὶ κατὰ τάγματα³² ἐφύτευσεν³³ αὐτάς, καὶ μετὰ τὸ φυτεῦσαι³⁴ αὐτὰς ὕδωρ αὐταῖς πολὺ παρέχεεν,³⁵ ὥστε ἀπὸ τοῦ

---

[1] ἐπιμελῶς, adv, carefully
[2] ἐπιμελῶς, adv, carefully
[3] κατανοέω aor act impv 2s, notice, consider
[4] παρέρχομαι aor act sub 3s, go by
[5] παρέρχομαι aor act sub 3s, go by
[6] θυσιαστήριον, ου, τό, altar
[7] δοκιμάζω fut act ind 1s, test
[8] ποιμήν, ένος, ὁ, shepherd
[9] ποιμήν, ένος, ὁ, shepherd
[10] ῥάβδος, ου, ἡ, rod
[11] φυτεύω aor act sub 1p, plant
[12] ξηρός, ά, όν, dry, withered
[13] δένδρον, ου, τό, tree
[14] ἰτέα, ας, ἡ, willow tree
[15] φιλόζωος, ον, loving life
[16] γένος, ους, τό, descendant
[17] φυτεύω aor pass sub 3p, plant
[18] ῥάβδος, ου, ἡ, rod
[19] εἶτα, adv, then, next
[20] παραχέω pres act inf, pour near, pour on
[21] συνχαίρω fut mid ind 1s, rejoice with
[22] ἀμελής, ές, careless
[23] κελεύω aor act ind 3p, command, order
[24] ποιμήν, ένος, ὁ, shepherd
[25] τάγμα, ατος, τό, division, group
[26] τάγμα, ατος, τό, division, group
[27] ἐπιδίδωμι imp act ind 3p, hand over, deliver
[28] ῥάβδος, ου, ἡ, rod
[29] ποιμήν, ένος, ὁ, shepherd
[30] ποιμήν, ένος, ὁ, shepherd
[31] ῥάβδος, ου, ἡ, rod
[32] τάγμα, ατος, τό, division, group
[33] φυτεύω aor act ind 3s, plant
[34] φυτεύω aor act inf, plant
[35] παραχέω aor act ind 3s, pour near, pour on

ΠΟΙΜΗΝ—Παραβολαί

ὕδατος μὴ φαίνεσθαι τὰς ῥάβδους.¹ **9** καὶ μετὰ τὸ ποτίσαι² αὐτὸν τὰς ῥάβδους³ λέγει μοι· Ἄγωμεν, καὶ μετ' ὀλίγας ἡμέρας ἐπανέλθωμεν⁴ καὶ ἐπισκεψώμεθα⁵ τὰς ῥάβδους⁶ ταύτας πάσας· ὁ γὰρ κτίσας⁷ τὸ δένδρον⁸ τοῦτο θέλει πάντας ζῆν τοὺς λαβόντας ἐκ τοῦ δένδρου⁹ τούτου κλάδους.¹⁰ ἐλπίζω δὲ κἀγὼ ὅτι λαβόντα τὰ ῥαβδία¹¹ ταῦτα ἰκμάδα¹² καὶ ποτισθέντα¹³ ὕδατι ζήσονται τὸ πλεῖστον μέρος αὐτῶν.

**69:3 (ἡ 3)** Λέγω αὐτῷ· Κύριε, τὸ δένδρον¹⁴ τοῦτο τί ἐστιν γνώρισόν μοι· ἀποροῦμαι¹⁵ γὰρ περὶ αὐτοῦ, ὅτι τοσούτων¹⁶ κλάδων¹⁷ κοπέντων¹⁸ ὑγιές¹⁹ ἐστι τὸ δένδρον²⁰ καὶ ὅλως²¹ οὐδὲν φαίνεται κεκομμένον²² ἀπ' αὐτοῦ· ἐν τούτῳ οὖν ἀποροῦμαι.²³ **2** Ἄκουε, φησί· τὸ δένδρον²⁴ τοῦτο τὸ μέγα τὸ σκεπάζον²⁵ πεδία²⁶ καὶ ὄρη καὶ πᾶσαν τὴν γῆν, νόμος Θεοῦ ἐστιν ὁ δοθεὶς εἰς ὅλον τὸν κόσμον· ὁ δὲ νόμος οὗτος ὁ υἱὸς τοῦ Θεοῦ ἐστιν ὁ κηρυχθεὶς εἰς τὰ πέρατα²⁷ τῆς γῆς· οἱ δὲ ὑπὸ τὴν σκέπην²⁸ λαοὶ ὄντες οἱ ἀκούσαντες τοῦ κηρύγματος²⁹ καὶ πιστεύσαντες εἰς αὐτόν· **3** ὁ δὲ

---

¹ ῥάβδος, ου, ἡ, rod
² ποτίζω aor act inf, drink
³ ῥάβδος, ου, ἡ, rod
⁴ ἐπανέρχομαι aor act sub 1p, return
⁵ ἐπισκέπτομαι aor mid sub 1p, look at, visit
⁶ ῥάβδος, ου, ἡ, rod
⁷ κτίζω aor act ptcp m.s.nom., create
⁸ δένδρον, ου, τό, tree
⁹ δένδρον, ου, τό, tree
¹⁰ κλάδος, ου, ὁ, branch
¹¹ ῥαβδίον, ου, τό, stick, twig
¹² ἰκμάς, άδος, ἡ, moisture
¹³ ποτίζω aor pass ptcp n.p.nom., drink
¹⁴ δένδρον, ου, τό, tree
¹⁵ ἀπορέω pres mid/pass ind 1s, at a loss, be in doubt
¹⁶ τοσοῦτος, αύτη, οῦτον, so many, so much
¹⁷ κλάδος, ου, ὁ, branch
¹⁸ κόπτω aor pass ptcp m.p.gen., cut (off), beat
¹⁹ ὑγιής, ές, healthy, sound
²⁰ δένδρον, ου, τό, tree
²¹ ὅλως, adv, completely, wholly
²² κόπτω aor pass ptcp n.s.acc., cut (off), beat
²³ ἀπορέω pres mid/pass ind 1s, at a loss, be in doubt
²⁴ δένδρον, ου, τό, tree
²⁵ σκεπάζω pres act ptcp n.s.nom., spead over, protect
²⁶ πεδίον, ου, τό, plain, field
²⁷ πέρας, ατος, τό, end, limit
²⁸ σκέπη, ης, ἡ, shade
²⁹ κήρυγμα, ατος, τό, proclamation

ΠΟΙΜΗΝ—Παραβολαί

ἄγγελος ὁ μέγας καὶ ἔνδοξος¹ Μιχαὴλ ὁ ἔχων τὴν ἐξουσίαν τούτου τοῦ λαοῦ καὶ διακυβερνῶν·² αὐτὸς γάρ ἐστιν ὁ διδῶν αὐτοῖς τὸν νόμον εἰς τὰς καρδίας τῶν πιστευόντων. ἐπισκέπτεται³ οὖν αὐτούς οἷς ἔδωκεν, εἰ ἄρα τετηρήκασιν αὐτόν. **4** βλέπεις δὲ ἑνὸς ἑκάστου τὰς ῥάβδους·⁴ αἱ γὰρ ῥάβδοι⁵ ὁ νόμος ἐστί. βλέπεις οὖν πολλὰς ἐκ τῶν ῥάβδων⁶ ἠχρειωμένας,⁷ γνώσῃ δὲ αὐτοὺς πάντας τοὺς μὴ τηρήσαντας τὸν νόμον, καὶ ὄψῃ ἑνὸς ἑκάστου τὴν κατοικίαν.⁸ **5** λέγω αὐτῷ· Κύριε, διατί⁹ οὓς μὲν ἀπέλυσεν εἰς τὸν πύργον,¹⁰ οὓς δὲ σοὶ κατέλειψεν;¹¹ Ὅσοι, φησί, παρέβησαν¹² τὸν νόμον ὃν ἔλαβον παρ' αὐτοῦ, εἰς τὴν ἐμὴν ἐξουσίαν κατέλιπεν αὐτοὺς εἰς μετάνοιαν·¹³ ὅσοι δὲ ἤδη εὐηρεστήκαν¹⁴ τῷ νόμῳ καὶ τετήρηκαν αὐτόν, ὑπὸ τὴν ἰδίαν ἐξουσίαν ἔχει αὐτούς. **6** Τίνες οὖν, φημί, κύριε, εἰσὶν οἱ ἐστεφανωμένοι¹⁵ καὶ εἰς τὸν πύργον¹⁶ ὑπάγοντες; Ὅσοι, φησί, συμπαλαίσαντες¹⁷ τῷ διαβόλῳ ἐνίκησαν¹⁸ αὐτόν, ἐστεφανωμένοι¹⁹ εἰσίν· οὗτοί εἰσιν οἱ ὑπὲρ τοῦ νόμου παθόντες· **7** οἱ δὲ ἕτεροι καὶ αὐτοὶ χλωρὰς²⁰ τὰς ῥάβδους²¹ ἐπιδεδωκότες²² καὶ παραφυάδας²³

---

¹ ἔνδοξος, ον, honored, glorious
² διακυβερνάω pres act ptcp m.s.nom., direct, govern
³ ἐπισκέπτομαι pres mid/pass ind 3s, look at, visit
⁴ ῥάβδος, ου, ἡ, rod, staff
⁵ ῥάβδος, ου, ἡ, rod, staff
⁶ ῥάβδος, ου, ἡ, rod, staff
⁷ ἀχρειόω perf mid/pass ptcp f.p.acc., make useless, become worthless
⁸ κατοικία, ας, ἡ, dwelling, habitation
⁹ διατί, part, why
¹⁰ πύργος, ου, ὁ, tower
¹¹ καταλείπω aor act ind 3s, leave
¹² παραβαίνω aor act ind 3p, go aside, break
¹³ μετάνοια, ας, ἡ, repentance
¹⁴ εὐαρεστέω perf act ind 3p, please, take delight
¹⁵ στεφανόω perf mid/pass ind m.p.nom., crown
¹⁶ πύργος, ου, ὁ, tower
¹⁷ συμπαλαίω aor act ptcp m.p.nom., wrestle with
¹⁸ νικάω aor act ind 3p, conquer, overcome
¹⁹ στεφανόω perf mid/pass ind m.p.nom., crown
²⁰ χλωρός, ά, ό, green, pale
²¹ ῥάβδος, ου, ἡ, rod, staff
²² ἐπιδίδωμι perf act ptcp m.p.nom., hand over, deliver
²³ παραφυάς, άδος, ἡ, offshoot, side growth

ἐχούσας, καρπὸν δὲ μὴ ἐχούσας, οἱ ὑπὲρ τοῦ νόμου θλιβέντες,[1] μὴ παθόντες δὲ μηδὲ ἀρνησάμενοι τὸν νόμον αὐτῶν. **8** οἱ δὲ χλωρὰς[2] ἐπιδεδωκότες[3] οἵας[4] ἔλαβον, σεμνοὶ[5] καὶ δίκαιοι καὶ λίαν[6] πορευθέντες ἐν καθαρᾷ[7] καρδίᾳ καὶ τὰς ἐντολὰς τοῦ Κυρίου πεφυλακότες. τὰ δὲ λοιπὰ γνώσῃ, ὅταν κατανοήσω[8] τὰς ῥάβδους[9] ταύτας τὰς πεφυτευμένας[10] καὶ πεποτισμένας.[11]

**70:1 (ἡ 4)** Καὶ μετὰ ἡμέρας ὀλίγας ἤλθομεν εἰς τὸν τόπον, καὶ ἐκάθισεν ὁ ποιμὴν[12] εἰς τὸν τόπον τοῦ ἀγγέλου τοῦ μεγάλου, κἀγὼ παρεστάθην αὐτῷ. καὶ λέγει μοι· Περίζωσαι[13] ὠμόλινον,[14] καὶ διακόνει μοι. περιεζωσάμην[15] ἐγὼ ὠμόλινον[16] ἐκ σάκκου[17] γεγονὸς καθαρόν.[18] **2** ἰδὼν δέ με περιεζωσμένον[19] καὶ ἕτοιμον[20] ὄντα τοῦ διακονεῖν αὐτῷ, Κάλει, φησί, τοὺς ἄνδρας ὧν εἰσιν αἱ ῥάβδοι[21] πεφυτευμέναι,[22] κατὰ τὸ τάγμα,[23] ὥς τις ἐπέδωκεν[24] τὰς ῥάβδους.[25] καὶ ἀπῆλθον εἰς τὸ πεδίον[26] καὶ ἐκάλεσα πάντας· καὶ ἔστησαν πάντες τάγματα[27] τάγματα.[28] **3** λέγει αὐτοῖς· Ἕκαστος

---

[1] θλίβω aor pass ptcp m.p.nom., press upon, crowd
[2] χλωρός, ά, ό, green, pale
[3] ἐπιδίδωμι perf act ptcp m.p.nom., hand over, deliver
[4] οἷος, α, ον, of what sort
[5] σεμνός, ή, όν, noble, worthy of honor
[6] λίαν, adv, very, exceedingly
[7] καθαρός, ά, όν, clean, pure
[8] κατανοέω fut act ind 1s, notice, consider
[9] ῥάβδος, ου, ἡ, rod, staff
[10] φυτεύω perf mid/pass ptcp f.p.acc., plant
[11] ποτίζω perf mid/pass ptcp f.p.acc., drink
[12] ποιμήν, ένος, ὁ, shepherd
[13] περιζώννυμι aor mid imp 2s, gird about
[14] ὠμόλινον, ου, τό, apron, towel
[15] περιζώννυμι aor mid imp 2s, gird about
[16] ὠμόλινον, ου, τό, apron, towel
[17] σάκκος, ου, ὁ, sack, sackcloth
[18] καθαρός, ά, όν, clean, pure
[19] περιζώννυμι perf mid/pass ptcp m.s.acc., gird about
[20] ἕτοιμος, η, ον, ready
[21] ῥάβδος, ου, ἡ, rod, staff
[22] φυτεύω perf mid/pass ptcp f.p.nom., plant
[23] τάγμα, ατος, τό, division, group
[24] ἐπιδίδωμι aor act ind 3s, hand over, deliver
[25] ῥάβδος, ου, ἡ, rod, staff
[26] πεδίον, ου, τό, plain, field
[27] τάγμα, ατος, τό, division, group
[28] τάγμα, ατος, τό, division, group

ἐκτιλάτω¹ τὰς ῥάβδους² τὰς ἰδίας καὶ φερέτω πρός με. **4** πρῶτοι ἐπέδωκαν³ οἱ τὰς ξηρὰς⁴ καὶ κεκομμένας⁵ ἐσχηκότες, καὶ ὡσαύτως⁶ εὑρέθησαν ξηραὶ⁷ καὶ κεκομμέναι·⁸ ἐκέλευσεν⁹ αὐτοὺς χωρὶς στῆναι. **5** εἶτα¹⁰ ἐπέδωκαν¹¹ τὰς ῥάβδους¹² οἱ τὰς ξηρὰς¹³ καὶ μὴ κεκομμένας¹⁴ ἔχοντες· τινὲς δὲ ἐξ αὐτῶν ἐπέδωκαν¹⁵ τὰς ῥάβδους¹⁶ χλωράς,¹⁷ τινὲς δὲ ξηρὰς¹⁸ καὶ κεκομμένας¹⁹ ὡς ὑπὸ σητός.²⁰ τοὺς ἐπιδεδωκότας²¹ οὖν χλωρὰς²² ἐκέλευσε²³ χωρὶς στῆναι, τοὺς δὲ ξηρὰς²⁴ καὶ κεκομμένας²⁵ ἐκέλευσε²⁶ μετὰ τῶν πρώτων στῆναι. **6** εἶτα²⁷ ἐπέδωκαν²⁸ οἱ τὰς ἡμίσους²⁹ ξηροὺς³⁰ καὶ σχισμὰς³¹ ἐχούσας· καὶ πολλοὶ ἐξ αὐτῶν χλωρὰς³² ἐπέδωκαν³³ καὶ μὴ ἐχούσας σχισμάς·³⁴ τινὲς δὲ χλωρὰς³⁵ καὶ παραφυάδας³⁶ ἐχούσας,

---

[1] ἐκτίλλω aor act impv 3s, pull out
[2] ῥάβδος, ου, ἡ, rod, staff
[3] ἐπιδίδωμι aor act ind 3p, hand over, deliver
[4] ξηρός, ά, όν, dry, withered
[5] κόπτω perf mid/pass ptcp f.p.acc., cut (off), beat
[6] ὡσαύτως, adv, likewise
[7] ξηρός, ά, όν, dry, withered
[8] κόπτω perf mid/pass ptcp f.p.nom., cut (off), beat
[9] κελεύω aor act ind 3s, command, order
[10] εἶτα, adv, then, now
[11] ἐπιδίδωμι aor act ind 3p, hand over, deliver
[12] ῥάβδος, ου, ἡ, rod, staff
[13] ξηρός, ά, όν, dry, withered
[14] κόπτω perf mid/pass ptcp f.p.nom., cut (off), beat
[15] ἐπιδίδωμι aor act ind 3p, hand over, deliver
[16] ῥάβδος, ου, ἡ, rod, staff
[17] χλωρός, ά, ό, green, pale
[18] ξηρός, ά, όν, dry, withered
[19] κόπτω perf mid/pass ptcp f.p.acc., cut (off), beat
[20] σής, σεός, ὁ, moth
[21] ἐπιδίδωμι perf act ptcp m.p.acc., hand over, deliver
[22] χλωρός, ά, ό, green, pale
[23] κελεύω aor act ind 3s, command, order
[24] ξηρός, ά, όν, dry, withered
[25] κόπτω perf mid/pass ptcp f.p.nom., cut (off), beat
[26] κελεύω aor act ind 3s, command, order
[27] εἶτα, adv, then, now
[28] ἐπιδίδωμι aor act ind 3p, hand over, deliver
[29] ἥμισυς, εια, υ, half
[30] ξηρός, ά, όν, dry withered
[31] σχισμή, ῆς, ἡ, crack, fissure
[32] χλωρός, ά, ό, green, pale
[33] ἐπιδίδωμι aor act ind 3p, hand over, deliver
[34] σχισμή, ῆς, ἡ, crack, fissure
[35] χλωρός, ά, ό, green, pale
[36] παραφυάς, άδος, ἡ, offshoot, side growth

καὶ εἰς τὰς παραφυάδας¹ καρπούς, οἵας² εἶχον οἱ εἰς τὸν πύργον³ πορευθέντες ἐστεφανωμένοι·⁴ τινὲς δὲ ἐπέδωκαν⁵ ξηρὰς⁶ καὶ βεβρωμένας,⁷ τινὲς δὲ ξηρὰς⁸ καὶ ἀβρώτους,⁹ τινὲς δὲ οἷαι¹⁰ ἦσαν ἡμίξηροι¹¹ καὶ σχισμὰς¹² ἔχουσαι. ἐκέλευσεν¹³ αὐτοὺς ἕκαστον αὐτῶν χωρὶς στῆναι, τοὺς μὲν πρὸς τὰ ἴδια τάγματα,¹⁴ τοὺς δὲ χωρίς.

**71:1 (ἡ 5)** Εἶτα¹⁵ ἐπεδίδουν¹⁶ οἱ τὰς ῥάβδους¹⁷ χλωρὰς¹⁸ μὲν ἔχοντες, σχισμὰς¹⁹ δὲ ἐχούσας· οὗτοι πάντες χλωρὰς²⁰ ἐπέδωκαν,²¹ καὶ ἔστησαν εἰς τὸ ἴδιον τάγμα.²² ἐχάρη δὲ ὁ ποιμὴν²³ ἐπὶ τούτοις, ὅτι πάντες ἠλλοιώθησαν²⁴ καὶ ἀπέθοντο²⁵ τὰ σχίσματα²⁶ αὐτῶν. **2** ἐπέδωκαν²⁷ δὲ καὶ οἱ τὸ ἥμισυ χλωρόν,²⁸ τὸ δὲ ἥμισυ²⁹ ξηρόν³⁰ ἔχοντες· τινῶν εὑρέθησαν αἱ ῥάβδοι³¹ ὁλοτελεῖς³² χλωραί,³³ τινῶν

---

¹ παραφυάς, άδος, ἡ, offshoot, side growth
² οἷος, α, ον, of what sort
³ πύργος, ου, ὁ, tower
⁴ στεφανόω perf mid/pass ptcp m.p.nom., crown
⁵ ἐπιδίδωμι aor act ind 3p, hand over, deliver
⁶ ξηρός, ά, όν, dry withered
⁷ βιβρώσκω perf mid/pass ptcp f.p.acc., eat, consume
⁸ ξηρός, ά, όν, dry withered
⁹ ἄβρωτος, ον, not eaten
¹⁰ οἷος, α, ον, of what sort
¹¹ ἥμισυς, εια, υ, half
¹² σχισμή, ῆς, ἡ, crack, fissure
¹³ κελεύω aor act ind 3s, command, order
¹⁴ τάγμα, ατος, τό, division, group
¹⁵ εἶτα, adv, then, now
¹⁶ ἐπιδίδωμι imp act ind 3p, hand over, deliver
¹⁷ ῥάβδος, ου, ἡ, rod, staff
¹⁸ χλωρός, ά, ό, green, pale
¹⁹ σχισμή, ῆς, ἡ, crack, fissure
²⁰ χλωρός, ά, ό, green, pale
²¹ ἐπιδίδωμι aor act ind 3p, hand over, deliver
²² τάγμα, ατος, τό, division, group
²³ ποιμήν, ένος, ὁ, shepherd
²⁴ ἀλλοιόω aor pass ind 3p, change
²⁵ ἀποτίθημι aor mid ind 3p, take off, lay aside
²⁶ σχίσμα, ατος, τό, tear, crack, dissension
²⁷ ἐπιδίδωμι aor act ind 3p, give, hand over
²⁸ χλωρός, ά, ό, green, pale
²⁹ ἥμισυς, εια, υ, half
³⁰ ξηρός, ά, όν, dry, withered
³¹ ῥάβδος, ου, ἡ, rod, staff
³² ὁλοτελής, ες, quite complete
³³ χλωρός, ά, ό, green, pale

## ΠΟΙΜΗΝ—Παραβολαί

ἡμίξηροι,[1] τινῶν ξηραί[2] καὶ βεβρωμέναι,[3] τινῶν δὲ χλωραί[4] καὶ παραφυάδας[5] ἔχουσαι. οὗτοι πάντες ἀπελύθησαν ἕκαστος πρὸς τὸ τάγμα[6] αὐτοῦ. 3 εἶτα[7] ἐπέδωκαν[8] οἱ τὰ δύο μέρη χλωρὰ[9] ἐσχηκότες, τὸ δὲ τρίτον ξηρόν·[10] πολλοὶ ἐξ αὐτῶν χλωρὰς[11] ἐπέδωκαν,[12] πολλοὶ δὲ ἡμιξήρους,[13] ἕτεροι δὲ ξηρὰς[14] καὶ βεβρωμένας·[15] οὗτοι πάντες ἀπεστάλησαν ἕκαστος εἰς τὸ ἴδιον τάγμα.[16] 4 εἶτα[17] ἐπέδωκαν[18] οἱ τὰ δύο μέρη ξηρά[19] ἔχοντες, τὸ δὲ τρίτον χλωρόν.[20] πολλοὶ ἐξ αὐτῶν ἡμιξήρους[21] ἐπέδωκαν,[22] τινὲς δὲ ξηρὰς[23] καὶ βεβρωμένας,[24] τινὲς δὲ ἡμιξήρους[25] καὶ σχισμὰς[26] ἐχούσας· ὀλίγοι δὲ χλωράς.[27] οὗτοι πάντες ἔστησαν εἰς τὸ ἴδιον τάγμα.[28] 5 ἐπέδωκαν[29] δὲ οἱ τὰς ῥάβδους[30] αὐτῶν χλωρὰς[31] ἐσχηκότες, ἐλάχιστον δὲ ξηρὸν[32] καὶ σχισμὰς ἐχούσας. ἐκ τούτων

---

[1] ἡμίξηρος, ον, half dry, half withered
[2] ξηρός, ά, όν, dry, withered
[3] βιβρώσκω perf mid/pass ptcp f.p.nom., eat, consume
[4] χλωρός, ά, ό, green, pale
[5] παραφυάς, άδος, ἡ, offshoot, side growth
[6] τάγμα, ατος, τό, division, group
[7] εἶτα, adv, then, now
[8] ἐπιδίδωμι aor act ind 3p, give, hand over
[9] χλωρός, ά, ό, green, pale
[10] ξηρός, ά, όν, dry, withered
[11] χλωρός, ά, ό, green, pale
[12] ἐπιδίδωμι aor act ind 3p, give, hand over
[13] ἡμίξηρος, ον, half dry, half withered
[14] ξηρός, ά, όν, dry, withered
[15] βιβρώσκω perf mid/pass ptcp f.p.acc., eat, consume
[16] τάγμα, ατος, τό, division, group
[17] εἶτα, adv, then, now
[18] ἐπιδίδωμι aor act ind 3p, give, hand over
[19] ξηρός, ά, όν, dry, withered
[20] χλωρός, ά, ό, green, pale
[21] ἡμίξηρος, ον, half dry, half withered
[22] ἐπιδίδωμι aor act ind 3p, give, hand over
[23] ξηρός, ά, όν, dry, withered
[24] βιβρώσκω perf mid/pass ptcp f.p.acc., eat, consume
[25] ἡμίξηρος, ον, half dry, half withered
[26] σχισμή, ῆς, ἡ, crack, fissure
[27] χλωρός, ά, ό, green, pale
[28] τάγμα, ατος, τό, division, group
[29] ἐπιδίδωμι aor act ind 3p, give, hand over
[30] ῥάβδος, ου, ἡ, rod, staff
[31] χλωρός, ά, ό, green, pale
[32] ξηρός, ά, όν, dry, withered

## ΠΟΙΜΗΝ—Παραβολαί

τινὲς χλωρὰς¹ ἐπέδωκαν,² τινὲς δὲ χλωρὰς³ καὶ παραφυάδας⁴ ἐχούσας. ἀπῆλθον καὶ οὗτοι εἰς τὸ τάγμα⁵ αὐτῶν. **6** εἶτα⁶ ἐπέδωκαν⁷ οἱ ἐλάχιστον⁸ ἔχοντες χλωρόν,⁹ τὰ δὲ λοιπὰ μέρη ξηρά·¹⁰ τούτων αἱ ῥάβδοι¹¹ εὑρέθησαν τὸ πλεῖστον μέρος χλωραὶ¹² καὶ παραφυάδας¹³ ἔχουσαι καὶ καρπὸν ἐν ταῖς παραφυάσι,¹⁴ καὶ ἕτεραι χλωραὶ¹⁵ ὅλαι. ἐπὶ ταύταις ταῖς ῥάβδοις¹⁶ ἐχάρη λίαν¹⁷ μεγάλως¹⁸ ὁ ποιμὴν¹⁹ μεγάλως,²⁰ ὅτι οὕτως εὑρέθησαν. ἀπῆλθον καὶ οὗτοι ἕκαστος εἰς τὸ ἴδιον τάγμα.²¹

**72:1 (ἡ 6)** Μετὰ τὸ πάντων κατανοῆσαι²² τὰς ῥάβδους²³ τὸν ποιμένα²⁴ λέγει μοι· Εἶπόν σοι ὅτι τὸ δένδρον²⁵ τοῦτο φιλόζωόν²⁶ ἐστι. βλέπεις, φησί, πόσοι²⁷ μετενόησαν καὶ ἐσώθησαν; Βλέπω, φημί, κύριε. Ἵνα ἴδῃς, φησί, τὴν πολυευσπλαγχνίαν²⁸ τοῦ Κυρίου, ὅτι μεγάλη καὶ ἔνδοξός²⁹ ἐστι, καὶ ἔδωκε πνεῦμα τοῖς ἀξίοις οὖσι μετανοίας.³⁰ **2** Διατί³¹ οὖν, φημί, κύριε, πάντες οὐ μετενόησαν; Ὧν εἶδε, φησί, τὴν καρδίαν μέλλουσαν καθαρὰν³² γενέσθαι καὶ

---

¹ χλωρός, ά, ό, green, pale
² ἐπιδίδωμι aor act ind 3p, hand over, deliver
³ χλωρός, ά, ό, green, pale
⁴ παραφυάς, άδος, ἡ, offshoot, side growth
⁵ τάγμα, ατος, τό, division, group
⁶ εἶτα, adv, then, now
⁷ ἐπιδίδωμι aor act ind 3p, give, hand over
⁸ ἐλάχιστος, ίστη, ον, least
⁹ χλωρός, ά, ό, green, pale
¹⁰ ξηρός, ά, όν, dry, withered
¹¹ ῥάβδος, ου, ἡ, rod, staff
¹² χλωρός, ά, ό, green, pale
¹³ παραφυάς, άδος, ἡ, offshoot, side growth
¹⁴ παραφυάς, άδος, ἡ, offshoot, side growth
¹⁵ χλωρός, ά, ό, green, pale
¹⁶ ῥάβδος, ου, ἡ, rod, staff
¹⁷ λίαν adv, very, exceedingly
¹⁸ μεγάλως, adv, greatly
¹⁹ ποιμήν, ένος, ὁ, shepherd
²⁰ μεγάλως, adv, greatly
²¹ τάγμα, ατος, τό, division, group
²² κατανοέω aor act inf, notice, consider
²³ ῥάβδος, ου, ἡ, rod, staff
²⁴ ποιμήν, ένος, ὁ, shepherd
²⁵ δένδρον, ου, τό, tree
²⁶ φιλόζωος, ον, loving life
²⁷ πόσος, η, ον, how great
²⁸ πολυευσπλαγχνία, ας, ἡ, richness in mercy
²⁹ ἔνδοξος, ον, honored, glorious
³⁰ μετάνοια, ας, ἡ, repentance
³¹ διατί, part, why
³² καθαρός, ά, όν, clean, pure

δουλεύειν¹ αὐτῷ ἐξ ὅλης καρδίας, τούτοις ἔδωκε τὴν μετάνοιαν·² ὧν δὲ εἶδε τὴν δολιότητα³ καὶ πονηρίαν,⁴ μελλόντων ἐν ὑποκρίσει⁵ μετανοεῖν, ἐκείνοις οὐκ ἔδωκε μετάνοιαν,⁶ μήποτε⁷ πάλιν βεβηλώσωσι⁸ τὸ ὄνομα αὐτοῦ. **3** λέγω αὐτῷ· Κύριε, νῦν μοι δήλωσον⁹ τοὺς τὰς ῥάβδους¹⁰ ἐπιδεδωκότας,¹¹ ποταπός¹² τις αὐτῶν ἐστι, καὶ τὴν τούτων κατοικίαν,¹³ ἵνα ἀκούσαντες οἱ πιστεύσαντες καὶ εἰληφότες τὴν σφραγίδα¹⁴ καὶ τεθλακότες¹⁵ αὐτὴν καὶ μὴ τηρήσαντες ὑγιῆ,¹⁶ ἐπιγνόντες τὰ ἑαυτῶν ἔργα μετανοήσωσι, λαβόντες ὑπὸ σοῦ σφραγίδα,¹⁷ καὶ δοξάσωσι τὸν Κύριον, ὅτι ἐσπλαγχνίσθη¹⁸ ἐπ' αὐτοῖς καὶ ἐξαπέστειλέ¹⁹ σε τοῦ ἀνακαινίσαι²⁰ τὰ πνεύματα αὐτῶν. **4** Ἄκουε, φησίν· ὧν αἱ ῥάβδοι²¹ ξηραὶ²² καὶ βεβρωμέναι²³ ὑπὸ σητὸς²⁴ εὑρέθησαν, οὗτοί εἰσιν οἱ ἀποστάται²⁵ καὶ προδόται²⁶ τῆς ἐκκλησίας καὶ βλασφημήσαντες ἐν ταῖς ἁμαρτίαις αὐτῶν τὸν Κύριον, ἔτι δὲ καὶ ἐπαισχυνθέντες²⁷ τὸ ὄνομα τοῦ Κυρίου τὸ ἐπικληθὲν ἐπ' αὐτούς. οὗτοι οὖν εἰς τέλος ἀπώλοντο τῷ Θεῷ. βλέπεις δὲ ὅτι οὐδὲ εἷς αὐτῶν μετενόησε, καίπερ²⁸ ἀκούσαντες τὰ ῥήματα ἃ ἐλάλησας αὐτοῖς, ἅ σοι

---

¹ δουλεύω pres act inf, to be a slave
² μετάνοια, ας, ἡ, repentance
³ δολιότης, ητος, ἡ, deceit
⁴ πονηρία, ας, ἡ, wickedness
⁵ ὑπόκρισις, εως, ἡ, pretense
⁶ μετάνοια, ας, ἡ, repentance
⁷ μήποτε, conj, never
⁸ βεβηλόω aor act sub 3p, profane
⁹ δηλόω impv aor act 2s, show, reveal
¹⁰ ῥάβδος, ου, ἡ, rod, stick
¹¹ ἐπιδίδωμι perf act ptcp m.p.acc., hand over, deliver
¹² ποταπός, ή, όν, of what sort
¹³ κατοικία, ας, ἡ, dwelling, habitation
¹⁴ σφραγίς, ῖδος, ἡ, signet, seal
¹⁵ θλάω perf act ptcp m.p.nom., break
¹⁶ ὑγιής, ές, healthy, sound
¹⁷ σφραγίς, ῖδος, ἡ, signet, seal
¹⁸ σπλαγχνίζομαι aor pass ind 3s, have pity, feel sympathy
¹⁹ ἐξαποστέλλω aor act ind 3s, send away, send off
²⁰ ἀνακαινίζω aor act inf, renew, restore
²¹ ῥάβδος, ου, ἡ, rod, staff
²² ξηρός, ά, όν, dry, withered
²³ βιβρώσκω perf mid/pass ptcp f.p.nom., eat, consume
²⁴ σής, σεός, ὁ, moth
²⁵ ἀποστάτης, ου, ὁ, deserter, rebel
²⁶ προδότης, ου, ὁ, traitor, betrayer
²⁷ ἐπαισχύνομαι aor pass ptcp m.p.nom., be ashamed
²⁸ καίπερ, conj, although

## ΠΟΙΜΗΝ—Παραβολαί

ἐνετειλάμην·[1] ἀπὸ τῶν τοιούτων ἡ ζωὴ ἀπέστη.[2] **5** οἱ δὲ τὰς ξηρὰς[3] καὶ ἀσήπτους[4] ἐπιδεδωκότες,[5] καὶ οὗτοι ἐγγὺς αὐτῶν· ἦσαν γὰρ ὑποκριταὶ[6] καὶ διδαχὰς ἑτέρας εἰσφέροντες[7] καὶ ἐκστρέφοντες[8] τοὺς δούλους τοῦ Θεοῦ, μάλιστα[9] δὲ τοὺς ἡμαρτηκότας, μὴ ἀφιέντες αὐτοὺς μετανοεῖν, ἀλλὰ ταῖς διδαχαῖς ταῖς μωραῖς[10] πείθοντες αὐτούς. οὗτοι οὖν ἔχουσιν ἐλπίδα τοῦ μετανοῆσαι. **6** βλέπεις δὲ πολλοὺς ἐξ αὐτῶν καὶ μετανενοηκότας ἀφότε ἐλάλησας αὐτοῖς τὰς ἐντολάς μου· καὶ ἔτι μετανοήσουσιν. ὅσοι δὲ οὐ μετανοήσουσιν, ἀπώλεσαν τὴν ζωὴν αὐτῶν· ὅσοι δὲ μετενόησαν ἐξ αὐτῶν, ἀγαθοὶ ἐγένοντο, καὶ ἐγένετο ἡ κατοικία[11] αὐτῶν εἰς τὰ τείχη[12] τὰ πρῶτα· τινὲς δὲ καὶ εἰς τὸν πύργον[13] ἀνέβησαν. βλέπεις οὖν, φησίν, ὅτι ἡ μετάνοια[14] τῶν ἁμαρτωλῶν ζωὴν ἔχει, τὸ δὲ μὴ μετανοῆσαι θάνατον.

**73:1 (ἡ 7)** Ὅσοι δὲ ἡμιξήρους[15] ἐπέδωκαν[16] καὶ ἐν αὐταῖς σχισμὰς[17] εἶχον, ἄκουε καὶ περὶ αὐτῶν. ὅσων ἦσαν αἱ ῥάβδοι[18] ἡμίξηροι,[19] δίψυχοί[20] εἰσιν· οὔτε γὰρ ζῶσιν οὔτε τεθνήκασιν.[21] **2** οἱ δὲ ἡμιξήρους[22] ἔχοντες καὶ ἐν αὐταῖς σχισμάς,[23] οὗτοι καὶ δίψυχοί[24]

---

[1] ἐντέλλω aor mid ind 1s, command, order
[2] ἀφίστημι aor act ind 3s, mislead, withdraw
[3] ξηρός, ά, όν, dry, withered
[4] ἄσηπτος, ον, not rotted
[5] ἐπιδίδωμι perf act ptcp m.p.acc., hand over, deliver
[6] ὑποκριτής, οῦ, ὁ, actor, pretender
[7] εἰσφέρω pres act ptcp m.p.nom., bring in
[8] ἐκστρέφω pres act ptcp m.p.nom., turn aside
[9] μάλιστα, adv, most of all, especially
[10] μωρός, ά, όν, foolish, stupid
[11] κατοικία, ας, ἡ, dwelling, habitation
[12] τεῖχος, ους, τό, wall
[13] πύργος, ου, ὁ, tower
[14] μετάνοια, ας, ἡ, repentance
[15] ἡμίξηρος, ον, half dry, half withered
[16] ἐπιδίδωμι aor act ind 3p, hand over, deliver
[17] σχισμή, ῆς, ἡ, crack, fissure
[18] ῥάβδος, ου, ἡ, rod, stick
[19] ἡμίξηρος, ον, half dry, half withered
[20] δίψυχος, ον, doubting, hesitating
[21] θνήσκω perf act ind 3p, die
[22] ἡμίξηρος, ον, half dry, half withered
[23] σχισμή, ῆς, ἡ, crack, fissure
[24] δίψυχος, ον, doubting, hesitating

εἰσι καὶ κατάλαλοι,[1] μηδέποτε[2] εἰρηνεύοντες[3] ἐν ἑαυτοῖς, ἀλλὰ διχοστατοῦντες[4] πάντοτε. ἀλλὰ καὶ τούτοις, φησίν, ἐπίκειται[5] μετάνοια.[6] βλέπεις, φησί, ἤδη τινὰς ἐξ αὐτῶν μετανενοηκότας· καὶ ἔτι ἐλπίς ἐστιν ἐν αὐτοῖς μετανοίας.[7] **3** ὅσοι οὖν, φησίν, ἐξ αὐτῶν μετανενοήκασι, τὴν κατοικίαν[8] εἰς τὸν πύργον[9] ἔχουσιν· ὅσοι δὲ ἐξ αὐτῶν βραδύτερον[10] μετανενοήκασιν, εἰς τὰ τείχη[11] κατοικήσουσιν· ὅσοι δὲ οὐ μετανοήσουσιν, ἀλλ' ἐμμενοῦσιν[12] ἐν ταῖς πράξεσιν[13] αὐτῶν, θανάτῳ ἀποθανοῦνται. **4** οἱ δὲ χλωρὰς[14] ἐπιδεδωκότες[15] τὰς ῥάβδους[16] αὐτῶν καὶ σχισμὰς[17] ἐχούσας, πάντοτε οὗτοι πιστοὶ καὶ ἀγαθοὶ ἐγένοντο, ἔχοντες δὲ ζῆλόν[18] τινα ἐν ἀλλήλοις περὶ πρωτείων καὶ περὶ δόξης τινός· ἀλλὰ πάντες οὗτοι μωροί εἰσιν, ἐν ἀλλήλοις ἔχοντες περὶ πρωτείων.[19] **5** ἀλλὰ καὶ οὗτοι ἀκούσαντες τῶν ἐντολῶν μου, ἀγαθοὶ ὄντες, ἐκαθάρισαν ἑαυτοὺς καὶ μετενόησαν ταχύ.[20] ἐγένετο οὖν ἡ κατοίκησις[21] αὐτῶν εἰς τὸν πύργον.[22] ἐὰν δέ τις αὐτῶν πάλιν ἐπιστραφῇ εἰς τὴν διχοστασίαν,[23] ἐκβληθήσεται ἀπὸ τοῦ πύργου,[24] καὶ ἀπολέσει τὴν ζωὴν αὐτοῦ. **6** ἡ ζωὴ πάντων ἐστὶ τῶν τὰς ἐντολὰς τοῦ Κυρίου τηρούντων· ἐν ταῖς ἐντολαῖς δὲ περὶ

---

[1] κατάλαλος, ον, slanderous
[2] μηδέποτε, adv, never
[3] εἰρηνεύω pres act ptcp m.p.nom., reconcile, be at peace
[4] διχοστατέω pres act ind m.p.nom., disagree
[5] ἐπίκειμαι pres mid/pass ind 3s, lie upon, press around
[6] μετάνοια, ας, ἡ, repentance
[7] μετάνοια, ας, ἡ, repentance
[8] κατοικία, ας, ἡ, dwelling, habitation
[9] πύργος, ου, ὁ, tower
[10] βραδύς, εῖα, ύ, slow
[11] τεῖχος, ους, τό, wall
[12] ἐμμένω fut act ind 3p, stay, remain
[13] πρᾶξις, εως, ἡ, acting, function, deed
[14] χλωρός, ά, ό, green, pale
[15] ἐπιδίδωμι perf act ptcp m.p.nom., hand over, deliver
[16] ῥάβδος, ου, ἡ, rod, stick
[17] σχισμή, ῆς, ἡ, crack, fissure
[18] ζῆλος, ου, ὁ, zeal, jealousy
[19] πρωτεῖος, α, ον, of first quality, rank
[20] ταχύς, εῖα, ύ, swift, soon
[21] κατοίκησις, εως, ἡ, living, dwelling
[22] πύργος, ου, ὁ, tower
[23] διχοστασία, ας, ἡ, dissension
[24] πύργος, ου, ὁ, tower

πρωτείων¹ ἢ περὶ δόξης τινὸς οὐκ ἔστιν, ἀλλὰ περὶ μακροθυμίας² καὶ περὶ ταπεινοφροσύνης³ ἀνδρός. ἐν τοῖς τοιούτοις οὖν ἡ ζωὴ τοῦ Κυρίου, ἐν δὲ τοῖς διχοστάταις⁴ καὶ παρανόμοις⁵ θάνατος.

**74:1 (ἡ 8)** Οἱ δὲ ἐπιδεδωκότες⁶ τὰς ῥάβδους⁷ ἥμισυ⁸ χλωράς,⁹ ἥμισυ¹⁰ ξηράς,¹¹ οὗτοί εἰσιν οἱ ταῖς πραγματείαις¹² αὐτῶν ἐμπεφυρμένοι¹³ καὶ τοῖς ἁγίοις μὴ κολλώμενοι.¹⁴ διὰ τοῦτο τὸ ἥμισυ¹⁵ αὐτῶν ζῇ, καὶ τὸ ἥμισυ¹⁶ νεκρόν ἐστι. **2** πολλοὶ οὖν ἀκούσαντες μου τῶν ἐντολῶν μετενόησαν. ὅσοι γοῦν¹⁷ μετενόησαν, ἡ κατοικία¹⁸ αὐτῶν εἰς τὸν πύργον.¹⁹ τινὲς δὲ αὐτῶν εἰς τέλος ἀπέστησαν.²⁰ οὗτοι οὖν μετάνοιαν²¹ οὐκ ἔχουσιν· διὰ τὰς πραγματείας²² γὰρ αὐτῶν ἐβλασφήμησαν τὸν Κύριον καὶ ἀπηρνήσαντο²³ αὐτόν. ἀπώλεσαν οὖν τὴν ζωὴν αὐτῶν διὰ τὴν πονηρίαν²⁴ ἣν ἔπραξαν. **3** πολλοὶ δὲ ἐξ αὐτῶν ἐδιψύχησαν.²⁵ οὗτοι ἔτι ἔχουσι μετάνοιαν,²⁶ ἐὰν ταχὺ²⁷ μετανοήσωσι, καὶ ἔσται αὐτῶν

---

[1] πρωτεῖος, α, ον, of first quality, rank
[2] μακροθυμία, ας, ἡ, patience, endurance
[3] ταπεινοφροσύνη, ης, ἡ, humility
[4] διχοστάτης, ου, ὁ, one who causes dissensions
[5] παράνομος, ον, lawless
[6] ἐπιδίδωμι perf act ptcp m.p.nom., hand over, deliver
[7] ῥάβδος, ου, ἡ, rod, stick
[8] ἥμισυς, εια, υ, half
[9] χλωρός, ά, ό, green, pale
[10] ἥμισυς, εια, υ, half
[11] ξηρός, ά, όν, dry, withered
[12] πραγματεία, ας, ἡ, activity, occupation
[13] ἐμφύρω perf mid/pass ptcp m.p.nom., put together, combine
[14] κολλάω pres mid/pass ptcp m.p.nom., bind closely, unite
[15] ἥμισυς, εια, υ, half
[16] ἥμισυς, εια, υ, half
[17] γοῦν, part, hence, then
[18] κατοικία, ας, ἡ, dwelling, habitation
[19] πύργος, ου, ὁ, tower
[20] ἀφίστημι aor act ind 3p, mislead, withdraw
[21] μετάνοια, ας, ἡ, repentance
[22] πραγματεία, ας, ἡ, activity, occupation
[23] ἀπαρνέομαι aor mid ind 3p, deny
[24] πονηρία, ας, ἡ, wickedness, sinfulness
[25] διψυχέω aor act ind 3p, be undecided, doubt
[26] μετάνοια, ας, ἡ, repentance
[27] ταχύς, εῖα, ύ, adv, quick, soon

ἡ κατοικία¹ εἰς τὸν πύργον·² ἐὰν δὲ βραδύτερον³ μετανοήσωσι, κατοικήσουσιν εἰς τὰ τείχη·⁴ ἐὰν δὲ μὴ μετανοήσωσι, καὶ αὐτοὶ ἀπώλεσαν τὴν ζωὴν αὐτῶν. 4 οἱ δὲ τὰ δύο μέρη χλωρά,⁵ τὸ δὲ τρίτον ξηρὸν⁶ ἐπιδεδωκότες,⁷ οὗτοί εἰσιν οἱ ἀρνησάμενοι ποικίλαις,⁸ ἀρνήσεσι.⁹ 5 πολλοὶ οὖν μετενόησαν ἐξ αὐτῶν, καὶ ἀπῆλθον εἰς τὸν πύργον¹⁰ κατοικεῖν· πολλοὶ δὲ ἀπέστησαν¹¹ εἰς τέλος τοῦ Θεοῦ· οὗτοι τὴν ζωὴν εἰς τέλος ἀπώλεσαν. τινὲς δὲ ἐξ αὐτῶν ἐδιψύχησαν¹² καὶ ἐδιχοστάτησαν.¹³ τούτοις οὖν ἐστὶ μετάνοια,¹⁴ ἐὰν ταχὺ¹⁵ μετανοήσωσι καὶ μὴ ἐπιμείνωσι¹⁶ ταῖς ἡδοναῖς¹⁷ αὐτῶν· ἐὰν δὲ ἐπιμείνωσι¹⁸ ταῖς πράξεσιν¹⁹ αὐτῶν, καὶ αὐτοὶ θάνατον ἑαυτοῖς κατεργάζονται.²⁰

**75:1 (ἡ 9)** Οἱ δὲ ἐπιδεδωκότες²¹ τὰς ῥάβδους²² τὰ μὲν δύο μέρη ξηρά,²³ τὸ δὲ τρίτον χλωρόν,²⁴ οὗτοί εἰσι πιστοὶ μὲν γεγονότες, πλουτήσαντες²⁵ δὲ καὶ γενόμενοι ἐνδοξότεροι²⁶ παρὰ τοῖς ἔθνεσιν· ὑπερηφανίαν²⁷ μεγάλην ἐνεδύσαντο²⁸ καὶ ὑψηλόφρονες²⁹

---

¹ κατοικία, ας, ἡ, dwelling, habitation
² πύργος, ου, ὁ, tower
³ βραδύς, εῖα, ύ, slow
⁴ τεῖχος, ους, τό, wall
⁵ χλωρός, ά, ό, green, pale
⁶ ξηρός, ά, όν, dry, withered
⁷ ἐπιδίδωμι perf act ptcp m.p.nom., hand over, deliver
⁸ ποικίλος, η, ον, diversified, manifold
⁹ ἄρνησις, εως, ἡ, repudiation, rejection
¹⁰ πύργος, ου, ὁ, tower
¹¹ ἀφίστημι aor act ind 3p, mislead, withdraw
¹² διψυχέω aor act ind 3p, be undecided, doubt
¹³ διχοστατέω aor act ind 3p, disagree, feel doubts
¹⁴ μετάνοια, ας, ἡ, repentance
¹⁵ ταχύς, εῖα, ύ, adv, quick, soon
¹⁶ ἐπιμένω aor act sub 3p, stay, remain
¹⁷ ἡδονή, ῆς, ἡ, pleasure, delight
¹⁸ ἐπιμένω aor act sub 3p, remain, persevere
¹⁹ πρᾶξις, εως, ἡ, acting, function
²⁰ κατεργάζομαι pres mid/pass ind 3p, achieve, accomplish, produce
²¹ ἐπιδίδωμι perf act ptcp m.p.nom., give, hand over
²² ῥάβδος, ου, ἡ, rod, stick
²³ ξηρός, ά, όν, dry, withered
²⁴ χλωρός, ά, ό, green, pale
²⁵ πλουτέω aor act ptcp m.p.nom., be rich
²⁶ ἔνδοξος, ον, honored, glorious
²⁷ ὑπερηφανία, ας, ἡ, arrogance, pride
²⁸ ἐνδύω aor mid ind 3p, dress, wear
²⁹ ὑψηλόφρων, ον, proud, haughty

ΠΟΙΜΗΝ—Παραβολαί

ἐγένοντο καὶ κατέλιπον[1] τὴν ἀλήθειαν, καὶ οὐκ ἐκολλήθησαν[2] τοῖς δικαίοις, ἀλλὰ μετὰ τῶν ἐθνῶν συνέζησαν,[3] καὶ αὕτη ἡ ὁδὸς αὐτοῖς ἡδυτέρα[4] ἐγένετο· ἀπὸ δὲ τοῦ Θεοῦ οὐκ ἀπέστησαν,[5] ἀλλ' ἐνέμειναν[6] τῇ πίστει, μὴ ἐργαζόμενοι τὰ ἔργα τῆς πίστεως. **2** πολλοὶ οὖν ἐξ αὐτῶν μετενόησαν, καὶ ἐγένετο ἡ κατοίκησις[7] αὐτῶν ἐν τῷ πύργῳ.[8] **3** ἕτεροι δὲ εἰς τέλος μετὰ τῶν ἐθνῶν συνζῶντες[9] καὶ φθειρόμενοι[10] ταῖς κενοδοξίαις[11] τῶν ἐθνῶν ἀπέστησαν[12] ἀπὸ τοῦ Θεοῦ, καὶ ἔπραξαν τὰς πράξεις[13] τῶν ἐθνῶν. οὗτοι οὖν μετὰ τῶν ἐθνῶν ἐλογίσθησαν. **4** ἕτεροι δὲ ἐξ αὐτῶν ἐδιψύχησαν[14] μὴ ἐλπίζοντες σωθῆναι διὰ τὰς πράξεις[15] ἃς ἔπραξαν· ἕτεροι δὲ ἐδιψύχησαν[16] καὶ σχίσματα[17] ἐν ἑαυτοῖς ἐποιήσαντο. τούτοις οὖν τοῖς διψυχήσασι[18] διὰ τὰς πράξεις[19] αὐτῶν μετάνοια[20] ἔτι ἐστίν· ἀλλ' ἡ μετάνοια[21] αὐτῶν ταχινὴ[22] ὀφείλει εἶναι, ἵνα ἡ κατοικία[23] αὐτῶν γένηται εἰς τὸν πύργον·[24] τῶν δὲ μὴ μετανοούντων, ἀλλὰ ἐπιμενόντων[25] ταῖς ἡδοναῖς,[26] ὁ θάνατος ἐγγύς.

---

[1] καταλείπω aor act ind 3p, leave
[2] κολλάω aor pass ind 3p, unite, cling to
[3] συζάω aor act ind 3p, live with
[4] ἡδύς, εῖα, ύ, pleasant
[5] ἀφίστημι aor act ind 3p, mislead, withdraw
[6] ἐμμένω aor act ind 3p, stay, remain, persevere
[7] κατοίκησις, εως, ἡ, living (quarters), dwelling
[8] πύργος, ου, ὁ, tower
[9] συζάω pres act ptcp m.p.nom., live with
[10] φθείρω pres mid/pass ptcp m.p.nom., destroy, corrupt
[11] κενοδοξία, ας, ἡ, vanity, error
[12] ἀφίστημι aor act ind 3p, mislead withdraw
[13] πρᾶξις, εως, ἡ, activity, way of acting, deed
[14] διψυχέω aor act ind 3p, be undecided, doubt
[15] πρᾶξις, εως, ἡ, activity, way of acting, deed
[16] διψυχέω aor act ind 3p, be undecided, doubt
[17] σχίσμα, ατος, τό, tear, schism
[18] διψυχέω aor act ptcp m.p.dat., be undecided, doubt
[19] πρᾶξις, εως, ἡ, activity, way of acting, deed
[20] μετάνοια, ας, ἡ, repentance
[21] μετάνοια, ας, ἡ, repentance
[22] ταχινός, ή, όν, quick, imminent
[23] κατοικία, ας, ἡ, dwelling, habitation
[24] πύργος, ου, ὁ, tower
[25] ἐπιμένω pres act ptcp m.p.gen., stay, remain, persevere
[26] ἡδονή, ῆς, ἡ, pleasure, delight

**76:1 (ἡ 10)** Οἱ δὲ ἐπιδεδωκότες[1] τὰς ῥάβδους[2] χλωράς,[3] αὐτὰ δὲ τὰ ἄκρα[4] ξηρὰ[5] καὶ σχισμὰς[6] ἔχοντα, οὗτοι πάντοτε ἀγαθοὶ καὶ πιστοὶ καὶ ἔνδοξοι[7] παρὰ τῷ Θεῷ ἐγένοντο, ἐλάχιστον[8] δὲ ἐξήμαρτον[9] διὰ μικρὰς ἐπιθυμίας καὶ μικρὰ κατ' ἀλλήλων ἔχοντες· ἀλλ' ἀκούσαντές μου τῶν ῥημάτων τὸ πλεῖστον μέρος ταχὺ[10] μετενόησαν, καὶ ἐγένετο ἡ κατοικία[11] αὐτῶν εἰς τὸν πύργον.[12] **2** τινὲς δὲ ἐξ αὐτῶν ἐδιψύχησαν,[13] τινὲς δὲ διψυχήσαντες[14] διχοστασίαν[15] μείζονα ἐποίησαν. ἐν τούτοις οὖν ἔτι ἐστὶ μετανοίας[16] ἐλπίς, ὅτι ἀγαθοὶ πάντοτε ἐγένοντο· δυσκόλως[17] δέ τις αὐτῶν ἀποθανεῖται. **3** οἱ δὲ τὰς ῥάβδους[18] αὐτῶν ἐπιδεδωκότες[19] ξηράς,[20] ἐλάχιστον[21] δὲ χλωρὸν[22] ἐχούσας, οὗτοί εἰσιν οἱ πιστεύσαντες μέν, τὰ δὲ ἔργα τῆς ἀνομίας[23] ἐργασάμενοι· οὐδέποτε[24] δὲ ἀπὸ τοῦ Θεοῦ ἀπέστησαν,[25] καὶ τὸ ὄνομα ἡδέως[26] ἐβάστασαν,[27] καὶ εἰς τοὺς οἴκους αὐτῶν ἡδέως[28] ὑπεδέξαντο[29] τοὺς δούλους τοῦ Θεοῦ. ἀκούσαντες οὖν ταύτην τὴν μετάνοιαν[30]

---

[1] ἐπιδίδωμι perf act ptcp m.p.nom., give, hand over
[2] ῥάβδος, ου, ἡ, rod, stick
[3] χλωρός, ά, όv, green, pale
[4] ἄκρον, ου, τό, high point, top
[5] ξηρός, ά, όν, dry, withered
[6] σχισμή, ῆς, ἡ, crack, fissure
[7] ἔνδοξος, ον, honored, glorious
[8] ἐλάχιστος, ίστη, ον, least, short
[9] ἐξαμαρτάνω aor act ind 3p, do wrong, sin
[10] ταχύς, εῖα, ύ, adv, quick, swift, speedy
[11] κατοικία, ας, ἡ, dwelling, habitation
[12] πύργος, ου, ὁ, tower
[13] διψυχέω aor act ind 3p, be undecided, doubt
[14] διψυχέω aor act ptcp m.p.nom., be undecided, doubt
[15] διχοστασία, ας, ἡ, dissension
[16] μετάνοια, ας, ἡ, repentence
[17] δυσκόλως, adv, hardly, with difficulty
[18] ῥάβδος, ου, ἡ, rod, stick
[19] ἐπιδίδωμι perf act ptcp m.p.nom., give, hand over
[20] ξηρός, ά, όν, dry, withered
[21] ἐλάχιστος, ίστη, ον, least, short
[22] χλωρός, ά, όv, green, pale
[23] ἀνομία, ας, ἡ, lawlessness
[24] οὐδέποτε, adv, never
[25] ἀφίστημι aor act ind 3p, mislead, withdraw
[26] ἡδέως, adv, gladly
[27] βαστάζω aor act ind 3p, pick up, carry
[28] ἡδέως, adv, gladly
[29] ὑποδέχομαι aor mid ind 3p, receive, welcome
[30] μετάνοια, ας, ἡ, repentance

## ΠΟΙΜΗΝ—Παραβολαί

ἀδιστάκτως¹ μετενόησαν καὶ ἐργάζονται πᾶσαν ἀρετὴν² καὶ δικαιοσύνην· **4** τινὲς δὲ ἐξ αὐτῶν καὶ παθοῦνται καὶ ἡδέως³ θλίβονται⁴ γινώσκοντες τὰς πράξεις⁵ αὐτῶν ἃς ἔπραξαν. τούτων οὖν πάντων ἡ κατοικία⁶ εἰς τὸν πύργον⁷ ἔσται.

**77:1 (ἡ 11)** Καὶ μετὰ τὸ συντελέσαι⁸ αὐτὸν τὰς ἐπιλύσεις⁹ πασῶν τῶν ῥάβδων¹⁰ λέγει μοι· Ὕπαγε καὶ πᾶσι λέγε ἵνα μετανοήσωσι καὶ ζήσωσι τῷ Θεῷ· ὅτι ὁ Κύριος ἔπεμψέ με σπλαγχνισθεὶς¹¹ πᾶσι δοῦναι τὴν μετάνοιαν,¹² καίπερ¹³ τινῶν μὴ ὄντων ἀξίων σωθῆναι διὰ τὰ ἔργα αὐτῶν· ἀλλὰ μακρόθυμος¹⁴ ὢν ὁ Κύριος θέλει τὴν κλῆσιν¹⁵ τὴν γενομένην διὰ τοῦ υἱοῦ αὐτοῦ σωθῆναι. **2** λέγω αὐτῷ· Κύριε, ἐλπίζω ὅτι πάντες ἀκούσαντες αὐτὰ μετανοήσουσι. πείθομαι γὰρ ὅτι εἷς ἕκαστος τὰ ἴδια ἔργα ἐπιγνοὺς καὶ φοβηθεὶς τὸν Θεὸν μετανοήσει. **3** ἀποκριθείς μοι λέγει· Ὅσοι, φησί, ἐξ ὅλης καρδίας αὐτῶν μετανοήσωσιν καὶ καθαρίσωσιν ἑαυτοὺς ἀπὸ τῶν πονηριῶν¹⁶ πασῶν τῶν προειρημένων¹⁷ καὶ μηκέτι¹⁸ μηδὲν προσθῶσι¹⁹ ταῖς ἁμαρτίαις αὐτῶν, λήμψονται ἴασιν²⁰ παρὰ τοῦ Κυρίου τῶν προτέρων²¹ ἁμαρτιῶν, ἐὰν μὴ διψυχήσωσιν²² ἐπὶ ταῖς ἐντολαῖς ταύταις, καὶ ζήσονται τῷ Θεῷ.

---

¹ ἀδιστάκτως, adv, without doubting
² ἀρετή, ῆς, ἡ, virtue
³ ἡδέως, adv, gladly
⁴ θλίβω pres mid/pass ind 3p, press upon, crowd, oppress
⁵ πρᾶξις, εως, ἡ, activity, way of acting, deed
⁶ κατοικία, ας, ἡ, dwelling, habitation
⁷ πύργος, ου, ὁ, tower
⁸ συντελέω aor act inf, finish
⁹ ἐπίλυσις, εως, ἡ, explanation, interpretation
¹⁰ ῥάβδος, ου, ἡ, rod, stick
¹¹ σπλαγχνίζομαι aor pass ptcp m.s.nom., have pity, feel sympathy
¹² μετάνοια, ας, ἡ, repent, turn
¹³ καίπερ, conj, although
¹⁴ μακρόθυμος, ον, patience
¹⁵ κλῆσις, εως, ἡ, call, calling
¹⁶ πονηρία, ας, ἡ, evil
¹⁷ προλέγω perf, mid, ptcp, f.p.gen. foretell
¹⁸ μηκέτι, adv, no longer
¹⁹ προστίθημι aor act sub 3p, add
²⁰ ἴασις, εως, ἡ, cure, healing
²¹ πρότερος, α, ον, former, earlier
²² διψυχέω aor act sub 3p, be undecided, doubt

## ΠΟΙΜΗΝ—Παραβολαί

ὅσοι δέ, φησί, προσθῶσι¹ ταῖς ἁμαρτίαις αὐτῶν καὶ ἀναστραφῶσιν² ἐν ταῖς ἐπιθυμίαις τοῦ αἰῶνος τούτου, κατακρινοῦσιν³ ἑαυτοὺς εἰς θάνατον. **4** σὺ δὲ πορεύου ἐν ταῖς ἐντολαῖς μου, καὶ ζῆθι τῷ Θεῷ· καὶ ὅσοι ἂν πορευθῶσιν ἐν αὐταῖς καὶ κατορθώσωνται,⁴ ζήσεται τῷ Θεῷ. **5** ταῦτά μοι δείξας καὶ λαλήσας πάντα λέγει μοι· Τὰ δὲ λοιπὰ ἐπιδείξω⁵ μετ᾽ ὀλίγας ἡμέρας.

**78:1 (Θ´ 1)** Μετὰ τὸ γράψαι με τὰς ἐντολὰς καὶ παραβολὰς τοῦ ποιμένος,⁶ τοῦ ἀγγέλου τῆς μετανοίας,⁷ ἦλθε πρός με καὶ λέγει μοι· Θέλω σοι δεῖξαι ὅσα σοὶ ἔδειξε τὸ πνεῦμα τὸ ἅγιον τὸ λαλῆσαν μετὰ σοῦ ἐν μορφῇ⁸ τῆς Ἐκκλησίας· ἐκεῖνο γὰρ τὸ πνεῦμα ὁ υἱὸς τοῦ Θεοῦ ἐστιν. **2** ἐπειδὴ⁹ γὰρ ἀσθενέστερος¹⁰ τῇ σαρκὶ ἦς, οὐκ ἐδηλώθη¹¹ σοι δι᾽ ἀγγέλου. ὅτε οὖν ἐνεδυναμώθης¹² διὰ τοῦ πνεύματος καὶ ἴσχυσας¹³ τῇ ἰσχύϊ¹⁴ σου, ὥστε δύνασθαί σε καὶ ἄγγελον ἰδεῖν, τότε μὲν οὖν ἐφανερώθη σοι διὰ τῆς Ἐκκλησίας ἡ οἰκοδομὴ¹⁵ τοῦ πύργου·¹⁶ καλῶς καὶ σεμνῶς¹⁷ πάντα ὡς ὑπὸ παρθένου¹⁸ ἑώρακας. νῦν δὲ ὑπὸ ἀγγέλου βλέπεις, διὰ τοῦ αὐτοῦ μὲν πνεύματος·

---

¹ προστίθημι aor act sub 3p, add
² ἀναστρέφω aor pass sub 3p, overturn, live
³ κατακρίνω aor pass sub 3p, condemn
⁴ κατορθόω fut mid ind 3s, set straight, complete
⁵ ἐπιδείκνυμι fut act ind 1s, show, point out, represent
⁶ ποιμήν, ένος, ὁ, shepherd
⁷ μετάνοια, ας, ἡ, repentance, turning away
⁸ μορφή, ῆς, ἡ, form, external appearance
⁹ ἐπειδή, conj, when, after, because, since
¹⁰ ἀσθενής, ές, weak, powerless, ill
¹¹ δηλόω aor pass ind 3s, reveal, show, inform
¹² ἐνδυναμόω aor pass ind 3s, strengthen
¹³ ἰσχύω aor act ind 2s, to be strong or healthy, to have power or ability
¹⁴ ἰσχύς, ύος, ἡ, strength
¹⁵ οἰκοδομή, ῆς, ἡ, building, structure, upbuilding, encouragement
¹⁶ πύργος, ου, ὁ, watchtower
¹⁷ σεμνῶς, adv, worthily, honorably
¹⁸ παρθένος, ου, ἡ, virgin, chaste woman

**78:1 (Θ´ 1)** Μετὰ τὸ γράψαι με τὰς ἐντολὰς καὶ παραβολὰς τοῦ ποιμένος,[1] τοῦ ἀγγέλου τῆς μετανοίας,[2] ἦλθε πρός με καὶ λέγει μοι· Θέλω σοι δεῖξαι ὅσα σοὶ ἔδειξε τὸ πνεῦμα τὸ ἅγιον τὸ λαλῆσαν μετὰ σοῦ ἐν μορφῇ[3] τῆς Ἐκκλησίας· ἐκεῖνο γὰρ τὸ πνεῦμα ὁ υἱὸς τοῦ Θεοῦ ἐστιν. **2** ἐπειδὴ[4] γὰρ ἀσθενέστερος[5] τῇ σαρκὶ ἧς, οὐκ ἐδηλώθη[6] σοι δι᾽ ἀγγέλου. ὅτε οὖν ἐνεδυναμώθης[7] διὰ τοῦ πνεύματος καὶ ἴσχυσας[8] τῇ ἰσχύϊ[9] σου, ὥστε δύνασθαί σε καὶ ἄγγελον ἰδεῖν, τότε μὲν οὖν ἐφανερώθη σοι διὰ τῆς Ἐκκλησίας ἡ οἰκοδομὴ[10] τοῦ πύργου·[11] καλῶς καὶ σεμνῶς[12] πάντα ὡς ὑπὸ παρθένου[13] ἑώρακας. νῦν δὲ ὑπὸ ἀγγέλου βλέπεις, διὰ τοῦ αὐτοῦ μὲν πνεύματος· **3** δεῖ δέ σε παρ᾽ ἐμοῦ ἀκριβέστερον[14] πάντα μαθεῖν.[15] εἰς τοῦτο γὰρ ἐδόθην ὑπὸ τοῦ ἐνδόξου[16] ἀγγέλου εἰς τὸν οἶκόν σου κατοικῆσαι, ἵνα δυνατῶς[17] πάντα ἴδῃς, μηδὲν δειλαινόμενος[18] ὡς καὶ τὸ πρότερον.[19] **4** καὶ ἀπήγαγέ[20] με εἰς τὴν Ἀρκαδίαν,[21] εἰς ὄρος τι μαστῶδες,[22] καὶ ἐκάθισέ με ἐπὶ τὸ ἄκρον[23] τοῦ ὄρους, καὶ ἔδειξέ μοι πεδίον[24] μέγα, κύκλῳ[25] δὲ τοῦ πεδίου[26]

---

[1] ποιμήν, ένος, ἡ, shepherd
[2] μετάνοια, ας, ἡ, repentance, turning away
[3] μορφή, ῆς, ἡ, form, external appearance
[4] ἐπειδή, conj, when, after, because, since
[5] ἀσθενής, ές, weak, powerless, ill
[6] δηλόω aor pass ind 3s, reveal, show, inform
[7] ἐνδυναμόω aor pass ind 3s, strengthen
[8] ἰσχύω aor act ind 2s, to be strong or healthy, to have power or ability
[9] ἰσχύς, ύος, ἡ, strength
[10] οἰκοδομή, ῆς, ἡ, building, structure, upbuilding, encouragement
[11] πύργος, ου, ὁ, watchtower
[12] σεμνῶς, adv, worthily, honorably
[13] παρθένος, ου, ἡ, virgin, chaste woman
[14] ἀκριβής, ές, strict, precise, rigorous
[15] μανθάνω aor act inf, to learn
[16] ἔνδοξος, ον, honored, glorious
[17] δυνατῶς, adv, powerfully, mightily
[18] δειλαίνω pres mid/pass ptcp m.s.nom., to be a coward, to fear
[19] πρότερος, adv, formerly, previously
[20] ἀπάγω aor act ind 3s, lead away, take away
[21] Ἀρκαδία, Arcadia
[22] μαστώδης, ες, rounded, breast-shaped
[23] ἄκρον, ου, τό, high point, apex
[24] πεδίον, ου, τό, plain, level land
[25] κύκλῳ, adv, around, in a circle
[26] πεδίον, ου, τό, plain, level land

ΠΟΙΜΗΝ—Παραβολαί

ὄρη δώδεκα, ἄλλην καὶ ἄλλην ἰδέαν[1] ἔχοντα τὰ ὄρη. **5** τὸ πρῶτον ἦν μέλαν[2] ὡς ἀσβόλη·[3] τὸ δὲ δεύτερον ψιλόν,[4] βοτάνας[5] μὴ ἔχον· τὸ δὲ τρίτον ἀκανθῶδες[6] καὶ τριβόλων[7] πλῆρες·[8] **6** τὸ δὲ τέταρτον[9] βοτάνας[10] ἔχον ἡμιξήρους,[11] τὰ μὲν ἐπάνω[12] τῶν βοτανῶν[13] χλωρά,[14] τὰ δὲ πρὸς ταῖς ῥίζαις[15] ξηρά·[16] τινὲς δὲ βοτάναι,[17] ὅταν ὁ ἥλιος ἐπικεκαύκει,[18] ξηραὶ[19] ἐγίνοντο· **7** τὸ δὲ πέμπτον[20] ὄρος ἦν τραχὺ[21] λίαν,[22] βοτάνας[23] δὲ εἶχε χλωράς.[24] τὸ δὲ ἕκτον[25] ὄρος σχισμῶν[26] ὅλον ἔγεμεν,[27] ὧν μὲν μικρῶν, ὧν δὲ μεγάλων· εἶχον δὲ βοτάνας[28] αἱ σχισμαί,[29] οὐ λίαν[30] δὲ ἦσαν εὐθαλεῖς[31] αἱ βοτάναι,[32] μᾶλλον δὲ ὡς μεμαρασμέναι[33] **8** τὸ δὲ ἕβδομον[34] ὄρος εἶχε βοτάνας[35] ἱλαράς,[36] καὶ ὅλον τὸ ὄρος εὐθηνοῦν[37] ἦν, καὶ πᾶν γένος[38]

---

[1] ἰδέα, ας, ἡ, appearance, form
[2] μέλας, μέλαινα, μέλαν, black
[3] ἀσβόλη, ης, ἡ, soot
[4] ψιλός, ή, όν, bare
[5] βοτάνη, ης, ἡ, vegetation, plants, crops
[6] ἀκανθώδης, ες, thorny
[7] τρίβολος, ου, ὁ, thistle
[8] πλήρης, ες, full
[9] τέταρτος, η, ον, fourth
[10] βοτάνη, ης, ἡ, vegetation, plants, crops
[11] ἡμίξηρος, ον, half-withered
[12] ἐπάνω, adv, above, over
[13] βοτάνη, ης, ἡ, vegetation, plants, crops
[14] χλωρός, ά, όν, green (subset: shoot or young plant)
[15] ῥίζα, ης, ἡ, root
[16] ξηρός, ά, όν, dry, withered
[17] βοτάνη, ης, ἡ, vegetation, plants, crops
[18] ἐπικαίω plupf act ind 3s, scorch
[19] ξηρός, ά, όν, dry, withered
[20] πέμπτος, η, ον, fifth
[21] τραχύς, εῖα, ύ, rough, rugged
[22] λίαν, adv, very, exceedingly
[23] βοτάνη, ης, ἡ, vegetation, plants, crops
[24] χλωρός, ά, όν, shoot, young plant
[25] ἕκτος, η, ον, sixth
[26] σχισμή, ῆς, ἡ, crack, fissure
[27] γέμω impf act ind 3s, to be full
[28] βοτάνη, ης, ἡ, vegetation, plants, crops
[29] σχισμή, ῆς, ἡ, crack, fissure
[30] λίαν, adv, very, exceedingly
[31] εὐθαλής, ές, flourishing, thriving
[32] βοτάνη, ης, ἡ, vegetation, plants, crops
[33] μαραίνω perf mid/pass ptcp f.p.nom., to die out, fade, disappear, wither
[34] ἕβδομος, η, ον, seventh
[35] βοτάνη, ης, ἡ, vegetation, plants, crops
[36] ἱλαρός, ά, όν, cheerful, joyous
[37] εὐθηνέω pres act ptcp n.s.nom., to flourish, to be abundant
[38] γένος, ους, τό, race, nation, people

κτηνῶν¹ καὶ ὀρνέων² ἐνέμοντο³ εἰς τὸ ὄρος ἐκεῖνο· καὶ ὅσον ἐβόσκοντο⁴ τὰ κτήνη⁵ καὶ τὰ πετεινά,⁶ μᾶλλον καὶ μᾶλλον αἱ βοτάναι⁷ τοῦ ὄρους ἐκείνου ἔθαλλον.⁸ τὸ δὲ ὄγδοον⁹ ὄρος πηγῶν¹⁰ πλῆρες¹¹ ἦν, καὶ πᾶν γένος¹² τῆς κτίσεως¹³ τοῦ Κυρίου ἐποτίζοντο¹⁴ ἐκ τῶν πηγῶν¹⁵ τοῦ ὄρους ἐκείνου. **9** τὸ δὲ ἔνατον¹⁶ ὄρος ὅλως¹⁷ ὕδωρ οὐκ εἶχε καὶ ὅλον ἐρημῶδες¹⁸ ἦν· εἶχε δὲ ἐν αὐτῷ θηρία καὶ ἑρπετὰ¹⁹ θανάσιμα,²⁰ διαφθείροντα²¹ ἀνθρώπους. τὸ δὲ δέκατον²² ὄρος εἶχε δένδρα²³ μέγιστα, καὶ ὅλον κατάσκιον²⁴ ἦν, καὶ ὑπὸ τὴν σκέπην²⁵ πρόβατα κατέκειντο²⁶ ἀναπαυόμενα²⁷ καὶ μαρυκώμενα.²⁸ **10** τὸ δὲ ἑνδέκατον²⁹ ὄρος λίαν³⁰ σύνδενδρον³¹ ἦν, καὶ τὰ δένδρα³² ἐκεῖνα κατάκαρπα³³ ἦν, ἄλλοις καὶ ἄλλοις

---

¹ κτῆνος, ους, τό, cattle, domesticated animal
² ὄρνις, ιθος, ὁ, bird
³ νέμω impf mid/pass ind 3p, graze, feed, apportion
⁴ βόσκω impf mid/pass ind 3p, tend, graze
⁵ κτῆνος, ους, τό, cattle, domesticated animal
⁶ πετεινόν, οῦ, τό, bird
⁷ βοτάνη, ης, ἡ, vegetation, plants, crops
⁸ θάλλω impf act ind 3p, flourish, grow
⁹ ὄγδοος, η, ον, eight
¹⁰ πηγή, ῆς, ἡ, spring, fountain, flow
¹¹ πλήρης, ες, full, filled, abounding in
¹² γένος, ους, τό, race, nation, people
¹³ κτίσις, εως, ἡ, creation, creating
¹⁴ ποτίζω impf mid/pass ind 3p, give a drink
¹⁵ πηγή, ῆς, ἡ, spring, fountain, flow
¹⁶ ἔνατος, η, ον, ninth
¹⁷ ὅλως, adv, completely, altogether, wholly
¹⁸ ἐρημώδης, ες, desert-like
¹⁹ ἑρπετόν, οῦ, τό, reptile, creeping thing
²⁰ θανάσιμος, ον, deadly
²¹ διαφθείρω pres act ptcp n.p.nom., destroy, ruin
²² δέκατος, η, ον, tenth
²³ δένδρον, ου, τό, tree
²⁴ κατάσκιος, ον, shaded, covered
²⁵ σκέπη, ης, ἡ, shade, covering, shelter
²⁶ κατάκειμαι impf mid/pass ind 3p, lie down
²⁷ μαρυκάομαι pres mid/pass ptcp n.p.nom., ruminate, chew the cud, wind, weave
²⁸ μαρυκάομαι pres mid/pass ptcp n.p.nom., ruminate, chew the cud, wind, weave
²⁹ ἑνδέκατος, η, ον, eleventh
³⁰ λίαν, adv, very, exceedingly
³¹ σύνδενδρος, ον, forested, thickly-wooded
³² δένδρον, ου, τό, tree
³³ κατάκαρπος, ον, very fruitful

καρποῖς κεκοσμημένα,¹ ἵνα ἰδών τις αὐτὰ ἐπιθυμήσῃ² φαγεῖν ἐκ τῶν καρπῶν αὐτῶν. τὸ δὲ δωδέκατον³ ὄρος ὅλον ἦν λευκόν,⁴ καὶ ἡ πρόσοψις⁵ αὐτοῦ ἱλαρὰ⁶ λίαν·⁷ καὶ εὐπρεπέστατον ἦν ἐν αὐτῷ τὸ ὄρος.

**79:1 (Θ´ 2)** Εἰς μέσον δὲ τοῦ πεδίου⁸ ἔδειξέ μοι πέτραν⁹ μεγάλην λευκὴν¹⁰ ἐκ τοῦ πεδίου¹¹ ἀναβεβηκυῖαν. ἡ δὲ πέτρα¹² ὑψηλοτέρα¹³ ἦν τῶν ὀρέων, τετράγωνος,¹⁴ ὥστε δύνασθαι ὅλον τὸν κόσμον χωρῆσαι.¹⁵ **2** παλαιὰ¹⁶ δὲ ἦν ἡ πέτρα¹⁷ ἐκείνη, πύλην¹⁸ ἐκκεκομμένην¹⁹ ἔχουσα· ὡς πρόσφατος²⁰ δὲ ἐδόκει μοι εἶναι ἡ ἐκκόλαψις²¹ τῆς πύλης.²² ἡ δὲ πύλη²³ οὕτως ἔστιλβεν²⁴ ὑπὲρ τὸν ἥλιον, ὥστε με θαυμάζειν ἐπὶ τῇ λαμπηδόνι²⁵ τῆς πύλης.²⁶ **3** κύκλῳ²⁷ δὲ τῆς πύλης²⁸ εἱστήκεισαν παρθένοι²⁹ δώδεκα. αἱ οὖν

---

¹ κοσμέω perf mid/pass ptcp n.p.nom., order, adorn, decorate
² ἐπιθυμέω aor act subj 3s, desire, long for
³ δωδέκατος, η, ον, twelfth
⁴ λευκός, ή, όν, white, bright, gleaming
⁵ πρόσοψις, εως, ἡ, appearance
⁶ ἱλαρός, ά, όν, cheerful, joyous, glad
⁷ λίαν, adv, very, exceedingly
⁸ πεδίον, ου, τό, plain, level land
⁹ πέτρα, ας, ἡ, rock, boulder, bedrock
¹⁰ λευκός, ή, όν, white, bright, gleaming
¹¹ πεδίον, ου, τό, plain, level land
¹² πέτρα, ας, ἡ, rock, boulder, bedrock
¹³ ὑψηλός, ή, όν, tall, high, lofty
¹⁴ τετράγωνος, ον, square, rectangle, four-square
¹⁵ χωρέω aor act inf, go out, leave a place; make room, contain
¹⁶ παλαιός, ά, όν, old, ancient
¹⁷ πέτρα, ας, ἡ, rock, boulder, bedrock
¹⁸ πύλη, ης, ἡ, gate, door
¹⁹ ἐκκόπτω pef mid/pass ptcp f.s.acc., cut off, cut down, do away with
²⁰ πρόσφατος, ον, new, recent; freshly-slain
²¹ ἐκκόλαψις, εως, ἡ, chisel, hew, cut out
²² πύλη, ης, ἡ, gate, door
²³ πύλη, ης, ἡ, gate, door
²⁴ στίλβω impf act ind 3s, shine, glisten
²⁵ λαμπηδών, όνος, ἡ, brightness, brilliance
²⁶ πύλη, ης, ἡ, gate, door
²⁷ κύκλῳ, adv, around, in a circle
²⁸ πύλη, ης, ἡ, gate, door
²⁹ παρθένος, ου, ἡ, virgin, chaste woman

## ΠΟΙΜΗΝ—Παραβολαί

τέσσαρες αἱ εἰς τὰς γωνίας¹ ἑστηκυῖαι ἐνδοξότεραί² μοι ἐδόκουν εἶναι· καὶ αἱ ἄλλαι δὲ ἔνδοξοι³ ἦσαν. εἰστήκεισαν δὲ εἰς τὰ τέσσαρα μέρη τῆς πύλης,⁴ ἀνὰ⁵ μέσον αὐτῶν ἀνὰ⁶ δύο παρθένοι.⁷ **4** ἐνδεδυμέναι⁸ δὲ ἦσαν λινοῦς⁹ χιτῶνας¹⁰ καὶ περιεζωσμέναι¹¹ ἦσαν εὐπρεπῶς,¹² ἔξω τοὺς ὤμους¹³ ἔχουσαι τοὺς δεξιοὺς ὡς μέλλουσαι φορτίον¹⁴ τι βαστάζειν.¹⁵ οὕτως ἕτοιμαι¹⁶ ἦσαν· λίαν¹⁷ γὰρ ἱλαραὶ¹⁸ ἦσαν καὶ πρόθυμοι.¹⁹ **5** μετὰ τὸ ἰδεῖν με ταῦτα ἐθαύμαζον ἐν ἐμαυτῷ, ὅτι μεγάλα καὶ ἔνδοξα²⁰ πράγματα²¹ ἔβλεπον. καὶ πάλιν διηπόρουν²² ἐπὶ ταῖς παρθένοις, ²³ ὅτι τρυφεραὶ²⁴ οὕτως οὖσαι ἀνδρείως²⁵ εἱστήκεισαν ὡς μέλλουσαι ὅλον τὸν οὐρανὸν βαστάζειν.²⁶ **6** καὶ λέγει μοι ὁ ποιμήν·²⁷ Τί ἐν σεαυτῷ διαλογίζῃ²⁸ καὶ διαπορῇ,²⁹ καὶ σεαυτῷ λύπην³⁰

---

[1] γωνία, ας, ἡ, corner
[2] ἔνδοξος, ον, honored, distinguished, glorious
[3] ἔνδοξος, ον, honored, distinguished, glrious
[4] πύλη, ης, ἡ, gate, door
[5] ἀνά, prep, up, upon, on
[6] ἀνά, adv, up, on; each, apiece
[7] παρθένος, ου, ἡ, virgin, chaste woman
[8] ἐνδύω perf mid/pass ptcp f.p.nom., dress, clothe, wear
[9] λινοῦς, ῆ, οῦν, made of linen
[10] χιτών, ῶνος, ὁ, tunic, undershirt
[11] περιζώννυμι perf mid ptcp f.p.nom., fasten a belt, gird around
[12] εὐπρεπῶς, adv, attractively, appropriately
[13] ὦμος, ου, ὁ, shoulder
[14] φορτίον, ου, τό, load, burden
[15] βαστάζω pres act inf, carry, bear, pick up
[16] ἕτοιμος, η, ον, ready
[17] λίαν, adv, very, exceedingly
[18] ἱλαρός, ά, όν, glad, cheerful, joyous
[19] πρόθυμος, ον, willing, eager, ready
[20] ἔνδοξος, ον, honored, distinguished, glorious
[21] πρᾶγμα, ατος, τό, deed, thing, matter
[22] διαπορέω impf act ind 1s, be perplexed, be at a loss, doubt
[23] παρθένος, ου, ἡ, virgin, chaste person
[24] τρυφερός, ά, όν, delicate, gentle
[25] ἀνδρείως, adv, in a brave way, like a man
[26] βαστάζω pres act inf, carry, bear, pick up
[27] ποιμήν, ένος, ὁ, shepherd
[28] διαλογίζομαι pres mid/pass ind 2s, consider, ponder, argue, question
[29] διαπορέω pres mid/pass ind 2s, be perplexed, be at a loss, doubt
[30] λύπη, ης, ἡ, grief, pain, sadness

ΠΟΙΜΗΝ—Παραβολαί

ἐπισπᾶσαι[1] ὅσα γὰρ οὐ δύνη νοῆσαι,[2] μὴ ἐπιχείρει,[3] ὡς συνετὸς[4] ὤν, ἀλλ᾽ ἐρώτα τὸν Κύριον, ἵνα λαβὼν σύνεσιν[5] νοήσῃς[6] αὐτά. **7** τὰ ὀπίσω σου ἰδεῖν οὐ δύνη, τὰ δὲ ἔμπροσθέν σου βλέπεις. ἃ οὖν ἰδεῖν οὐ δύνη, ἔασον,[7] καὶ σεαυτὸν μὴ στρέβλου·[8] ἃ βλέπεις δέ, ἐκείνων κατακυρίευε,[9] καὶ περὶ τῶν λοιπῶν μὴ περιεργάζου·[10] πάντα δέ σοι ἐγὼ δηλώσω,[11] ὅσα ἐάν σοι δείξω. ἔμβλεπε[12] οὖν τοῖς λοιποῖς.

**80:1 (θ´ 3)** Εἶδον ἓξ[13] ἄνδρας ἐληλυθότας ὑψηλοὺς[14] καὶ ἐνδόξους[15] καὶ ὁμοίους τῇ ἰδέᾳ·[16] καὶ ἐκάλεσαν πλῆθός τι ἀνδρῶν. κἀκεῖνοι δὲ οἱ ἐληλυθότες ὑψηλοὶ[17] ἦσαν ἄνδρες καὶ καλοὶ καὶ δυνατοί· καὶ ἐκέλευσαν[18] αὐτοὺς οἱ ἓξ[19] ἄνδρες οἰκοδομεῖν ἐπάνω[20] τῆς πέτρας[21] πύργον[22] τινά. ἦν δὲ μέγας θόρυβος[23] τῶν ἀνδρῶν ἐκείνων τῶν ἐληλυθότων οἰκοδομεῖν τὸν πύργον,[24] ὧδε

---

[1] ἐπισπάω pres mid/pass ind 2s, bring upon, draw to oneself
[2] νοέω aor act inf, understand, perceive, comprehend, think
[3] ἐπιχειρέω pres act impv 2s, undertake, attempt, try
[4] συνετός, ή, όν, intelligent, wise, sensible
[5] σύνεσις, εως, ἡ, understanding, intelligence
[6] νοέω aor act subj 2s, understand, perceive, comprehend, think
[7] ἐάω aor act impv 2s, allow, pass over, permit
[8] στρεβλόω pres act impv 2s, twist, pervert; trouble
[9] κατακυριεύω pres act impv 2s, master, subdue, gain dominion
[10] περιεργάζομαι pres mid/pass impv 2s, meddle, be a busybody
[11] δηλόω, fut act ind 1s, reveal, make clear, explain
[12] ἐμβλέπω pres act impv 2s, look at, consider, gaze upon
[13] ἕξ, six
[14] ὑψηλός, ή, όν, tall, high, exalted
[15] ἔνδοξος, ον, honored, distinguished, glorious
[16] ἰδέα, ας, ἡ, appearance, form, variety
[17] ὑψηλός, ή, όν, tall, high, exalted
[18] κελεύω aor act ind 3p, command, order, urge
[19] ἕξ, six
[20] ἐπάνω, adv, above, over
[21] πέτρα, ας, ἡ, bedrock, boulder
[22] πύργος, ου, ὁ, tower, watchtower
[23] θόρυβος, ου, ὁ, noise, commotion
[24] πύργος, ου, ὁ, tower, watchtower

κἀκεῖσε¹ περιτρεχόντων² κύκλῳ³ τῆς πύλης·⁴ **2** αἱ δὲ παρθένοι⁵ ἑστηκυῖαι περὶ τὴν πύλην⁶ ἔλεγον τοῖς ἀνδράσι σπεύδειν⁷ τὸν πύργον⁸ οἰκοδομεῖσθαι. ἐκπεπετάκεισαν⁹ δὲ τὰς χεῖρας αἱ παρθένοι¹⁰ ὡς μέλλουσαί τι λαμβάνειν παρὰ τῶν ἀνδρῶν. **3** οἱ δὲ ἓξ¹¹ ἄνδρες ἐκέλευον¹² ἐκ βυθοῦ¹³ τινος λίθους ἀναβαίνειν καὶ ὑπάγειν εἰς τὴν οἰκοδομὴν¹⁴ τοῦ πύργου.¹⁵ ἀνέβησαν δὲ λίθοι δέκα¹⁶ τετράγωνοι¹⁷ λαμπροί,¹⁸ μὴ λελατομημένοι.¹⁹ **4** οἱ δὲ ἓξ²⁰ ἄνδρες ἐκάλουν τὰς παρθένους²¹ καὶ ἐκέλευσαν²² αὐτὰς τοὺς λίθους πάντας τοὺς μέλλοντας εἰς τὴν οἰκοδομὴν²³ ὑπάγειν τοῦ πύργου²⁴ βαστάζειν²⁵ καὶ διαπορεύεσθαι²⁶ διὰ τῆς πύλης,²⁷ καὶ ἐπιδιδόναι²⁸ τοῖς ἀνδράσι τοῖς μέλλουσιν οἰκοδομεῖν τὸν πύργον.²⁹ **5** αἱ δὲ παρθένοι³⁰ τοὺς δέκα³¹ λίθους τοὺς πρώτους τοὺς

---

¹ κἀκεῖσε, adv, and there
² περιτρέχω pres act ptcp m.p.gen., run around, go about
³ κύκλῳ, adv, around
⁴ πύλη, ης, ἡ, gate, door
⁵ παρθένος, ου, ἡ, virgin, chaste person
⁶ πύλη, ης, ἡ, gate, door
⁷ σπεύδω pres act inf, hurry, hasten
⁸ πύργος, ου, ὁ, tower, watchtower
⁹ ἐκπετάννυμι plupf act ind 3p, spread out, hold out
¹⁰ παρθένος, ου, ἡ, virgin, chaste person
¹¹ ἕξ, six
¹² κελεύω impf act ind 3p, command, order, urge
¹³ βυθός, οῦ, ὁ, deep place, sea, depths of sea
¹⁴ οἰκοδομή, ῆς, ἡ, building, edifice
¹⁵ πύργος, ου, ὁ, tower, watchtower
¹⁶ δέκα, ten
¹⁷ τετράγωνος, ον, four-sided, square
¹⁸ λαμπρός, ά, όν, bright, clear, gleaming
¹⁹ λατομέω perf mid/pass ptcp m.p.nom., cut away, hew out
²⁰ ἕξ, six
²¹ παρθένος, ου, ἡ, virgin, chaste person
²² κελεύω aor act ind 3p, command, order, urge
²³ οἰκοδομή, ῆς, ἡ, building, edifice
²⁴ πύργος, ου, ὁ, tower, watchtower
²⁵ βαστάζω pres act inf, pick up, carry, bear
²⁶ διαπορεύομαι pres mid/pass inf, go, walk through
²⁷ πύλη, ης, ἡ, gate, door
²⁸ ἐπιδίδωμι pres act inf, give, hand over, deliver
²⁹ πύργος, ου, ὁ, tower, watchtower
³⁰ παρθένος, ου, ἡ, virgin, chaste person
³¹ δέκα, ten

ἐκ τοῦ βυθοῦ¹ ἀναβάντας ἐπετίθουν ἀλλήλαις καὶ κατὰ ἕνα λίθον ἐβάσταζον² ὁμοῦ.³

**81:1 (Θ΄ 4)** Καθὼς δὲ ἐστάθησαν ὁμοῦ⁴ κύκλῳ⁵ τῆς πύλης,⁶ οὕτως ἐβάσταζον⁷ αἱ δοκοῦσαι δυναταὶ εἶναι καὶ ὑπὸ τὰς γωνίας⁸ τοῦ λίθου ὑποδεδυκυῖαι⁹ ἦσαν· αἱ δὲ ἄλλαι ἐκ τῶν πλευρῶν¹⁰ τοῦ λίθου ὑποδεδύκεισαν,¹¹ καὶ οὕτως ἐβάσταζον¹² πάντας τοὺς λίθους· διὰ δὲ τῆς πύλης¹³ διέφερον¹⁴ αὐτούς, καθὼς ἐκελεύσθησαν,¹⁵ καὶ ἐπεδίδουν¹⁶ τοῖς ἀνδράσιν εἰς τὸν πύργον·¹⁷ ἐκεῖνοι δὲ ἔχοντες τοὺς λίθους ᾠκοδόμουν. **2** ἡ οἰκοδομὴ¹⁸ δὲ τοῦ πύργου¹⁹ ἐγένετο ἐπὶ τὴν πέτραν²⁰ τὴν μεγάλην καὶ ἐπάνω²¹ τῆς πύλης.²² ἡρμόσθησαν²³ οὖν οἱ δέκα²⁴ λίθοι ἐκεῖνοι, καὶ ἀνέπλησαν²⁵ ὅλην τὴν πέτραν.²⁶ καὶ ἐγένοντο ἐκεῖνοι θεμέλιος²⁷ τῆς οἰκοδομῆς²⁸ τοῦ πύργου.²⁹ ἡ δὲ πέτρα³⁰ καὶ ἡ πύλη³¹ ἦν

---

¹ βυθός, οῦ, ὁ, deep place, sea, depths of sea
² βαστάζω impf act ind 3p, pick up, carry, bear
³ ὁμοῦ, adv, together
⁴ ὁμοῦ, adv, together
⁵ κύκλῳ, adv, around
⁶ πύλη, ης, ἡ, gate, door
⁷ βαστάζω impf act ind 3p, pick up, carry, bear
⁸ γωνία, ας, ἡ, corner
⁹ ὑποδύομαι perf act ptcp f.p.nom., position under, stoop under
¹⁰ πλευρά, ᾶς, ἡ, side
¹¹ ὑποδύομαι plupf act ind 3p, position under, stoop under
¹² βαστάζω impf act ind 3p, pick up, carry, bear
¹³ πύλη, ης, ἡ, gate, door
¹⁴ διαφέρω impf act ind 3p, carry through, bear about
¹⁵ κελεύω aor pass ind 3p, command, order, urge
¹⁶ ἐπιδίδωμι impf act ind 3p, give, hand over, deliver
¹⁷ πύργος, ου, ὁ, tower, watchtower
¹⁸ οἰκοδομή, ῆς, ἡ, building, edifice
¹⁹ πύργος, ου, ὁ, tower, watchtower
²⁰ πέτρα, ας, ἡ, rock, bedrock, boulder
²¹ ἐπάνω, adv, above, over
²² πύλη, ης, ἡ, gate, door
²³ ἁρμόζω aor pass ind 3p, fit in, join together
²⁴ δέκα, ten
²⁵ αναπίμπλημι aor act ind 3p, cover up
²⁶ πέτρα, ας, ἡ, rock, bedrock, boulder
²⁷ θεμέλιος, ου, ὁ, foundation, base
²⁸ οἰκοδομή, ῆς, ἡ, building, edifice
²⁹ πύργος, ου, ὁ, tower, watchtower
³⁰ πέτρα, ας, ἡ, rock, bedrock, boulder
³¹ πύλη, ης, ἡ, gate, door

## ΠΟΙΜΗΝ—Παραβολαί

βαστάζουσα¹ ὅλον τὸν πύργον.² **3** μετὰ δὲ τοὺς δέκα³ λίθους ἄλλοι ἀνέβησαν ἐκ τοῦ βυθοῦ⁴ εἴκοσι⁵ πέντε λίθοι· καὶ οὗτοι ἡρμόσθησαν⁶ εἰς τὴν οἰκοδομὴν⁷ τοῦ πύργου,⁸ βασταζόμενοι⁹ ὑπὸ τῶν παρθένων¹⁰ καθὼς καὶ οἱ πρότεροι.¹¹ μετὰ δὲ τούτους ἀνέβησαν τριάκοντα¹² πέντε· καὶ οὗτοι ὁμοίως ἡρμόσθησαν¹³ εἰς τὸν πύργον.¹⁴ μετὰ δὲ τούτους ἕτεροι ἀνέβησαν λίθοι τεσσεράκοντα·¹⁵ καὶ οὗτοι πάντες ἐβλήθησαν εἰς τὴν οἰκοδομὴν¹⁶ τοῦ πύργου.¹⁷ ἐγένοντο οὖν στοῖχοι¹⁸ τέσσαρες ἐν τοῖς θεμελίοις¹⁹ τοῦ πύργου.²⁰ **4** καὶ ἐπαύσαντο²¹ ἐκ τοῦ βυθοῦ²² ἀναβαίνοντες· ἐπαύσαντο²³ δὲ καὶ οἱ οἰκοδομοῦντες μικρόν. καὶ πάλιν ἐπέταξαν²⁴ οἱ ἕξ²⁵ ἄνδρες τῷ πλήθει τοῦ ὄχλου ἐκ τῶν ὀρέων παραφέρειν²⁶ λίθους εἰς τὴν οἰκοδομὴν²⁷ τοῦ πύργου.²⁸ **5** παρεφέροντο²⁹ οὖν ἐκ πάντων τῶν ὀρέων χρόαις³⁰ ποικίλαις³¹ λελατομημένοι³² ὑπὸ τῶν ἀνδρῶν καὶ ἐπεδίδοντο³³ ταῖς

---

[1] βαστάζω pres act ptcp f.s.nom., pick up, carry, bear
[2] πύργος, ου, ὁ, tower, watchtower
[3] δέκα, ten
[4] βυθός, οῦ, ὁ, deep place, sea, depths of sea
[5] εἴκοσι, twenty
[6] ἁρμόζω, aor pass ind 3p, fit in, join together
[7] οἰκοδομή, ῆς, ἡ, building, edifice
[8] πύργος, ου, ὁ, tower, watchtower
[9] βαστάζω pres mid/pass ptcp m.p.nom., pick up, carry, bear
[10] παρθένος, ου, ἡ, virgin, chaste person
[11] πρότερος, α, ον, former, previous, earlier
[12] τριάκοντα, thirty
[13] ἁρμόζω aor pass ind 3p, fit in, join together
[14] πύργος, ου, ὁ, tower, watchtower
[15] τεσσεράκοντα, forty
[16] οἰκοδομή, ῆς, ἡ, building, edifice
[17] πύργος, ου, ὁ, tower, watchtower
[18] στοῖχος, ου, ὁ, row, course
[19] θεμέλιος, ου, ὁ, foundation, base
[20] πύργος, ου, ὁ, tower, watchtower
[21] παύω aor mid ind 3p, stop, cease
[22] βυθός, οῦ, ὁ, deep place, sea, depths of sea
[23] παύω aor mid ind 3p, stop, cease
[24] ἐπιτάσσω aor act ind 3p, order, command
[25] ἕξ, six
[26] παραφέρω pres act inf, bring up, carry unto
[27] οἰκοδομή, ῆς, ἡ, building, edifice
[28] πύργος, ου, ὁ, tower, watchtower
[29] παραφέρω impf mid/pass ind 3p, bring up, carry unto
[30] χρόα, ας, ἡ, color
[31] ποικίλος, η, ον, various, diverse
[32] λατομέω perf mid/pass ptcp m.p.nom., hew out, cut away
[33] ἐπιδίδωμι impf mid/pass ind 3p, give, hand over, deliver

ΠΟΙΜΗΝ—Παραβολαί

παρθένοις·[1] αἱ δὲ παρθένοι[2] διέφερον αὐτοὺς διὰ τῆς πύλης[3] καὶ ἐπεδίδουν[4] εἰς τὴν οἰκοδομὴν[5] τοῦ πύργου.[6] καὶ ὅταν εἰς τὴν οἰκοδομὴν[7] ἐτέθησαν οἱ λίθοι οἱ ποικίλοι,[8] ὅμοιοι ἐγένοντο λευκοί[9] καὶ τὰς χρόας[10] τὰς προτέρας[11] ἤλλασσον.[12] **6** τινὲς δὲ λίθοι ἐπεδίδοντο[13] ὑπὸ τῶν ἀνδρῶν εἰς τὴν οἰκοδομήν,[14] καὶ οὐκ ἐγίνοντο λαμπροί,[15] ἀλλ' οἷοι[16] ἐτέθησαν, τοιοῦτοι καὶ εὑρέθησαν· οὐ γὰρ ἦσαν ὑπὸ τῶν παρθένων[17] ἐπιδεδομένοι,[18] οὐδὲ διὰ τῆς πύλης[19] παρενηνεγμένοι.[20] οὗτοι οὖν οἱ λίθοι ἀπρεπεῖς ἦσαν ἐν τῇ οἰκοδομῇ[21] τοῦ πύργου.[22] **7** ἰδόντες δὲ οἱ ἐξ[23] ἄνδρες τοὺς λίθους τούτους ἀπρεπεῖς[24] ἐν τῇ οἰκοδομῇ[25] ἐκέλευσαν[26] αὐτοὺς ἀρθῆναι καὶ ἀπαχθῆναι[27] κάτω[28] εἰς τὸν ἴδιον τόπ[29]ον ὅθεν[30] ἠνέχθησαν. **8** καὶ λέγουσι τοῖς ἀνδράσι τοῖς

---

[1] παρθένος, ου, ἡ, virgin, chaste person
[2] παρθένος, ου, ἡ, virgin, chaste person
[3] πύλη, ης, ἡ, gate, door
[4] ἐπιδίδωμι impf act ind 3p, give, hand over, deliver
[5] οἰκοδομή, ῆς, ἡ, building, edifice
[6] πύργος, ου, ὁ, tower, watchtower
[7] οἰκοδομή, ῆς, ἡ, building, edifice
[8] ποικίλος, η, ον, various, diverse
[9] λευκός, ή, όν, white, bright, gleaming
[10] χρόα, ας, ἡ, color
[11] πρότερος, α, ον, former, previous, earlier
[12] ἀλλάσσω impf act ind 3p, change, alter, exchange for another
[13] ἐπιδίδωμι impf mid/pass ind 3p, give, hand over, deliver
[14] οἰκοδομή, ῆς, ἡ, building, edifice
[15] λαμπρός, ά, όν, light, bright, gleaming
[16] οἷος, α, ον, of what sort, such as, just as
[17] παρθένος, ου, ἡ, virgin, chaste person
[18] ἐπιδίδωμι perf mid/pass ptcp m.p.nom., give, hand over, deliver
[19] πύλη, ης, ἡ, gate, door
[20] παραφέρω perf mid/pass ptcp m.p.nom., bring up, carry unto
[21] οἰκοδομή, ῆς, ἡ, building, edifice
[22] πύργος, ου, ὁ, tower, watchtower
[23] ἕξ, six
[24] ἀπρεπής, ές, unsuitable, unseemly
[25] οἰκοδομή, ῆς, ἡ, building, edifice
[26] κελεύω aor act ind 3p, command, order, urge
[27] ἀπάγω aor pass inf, lead off, take away
[28] κάτω, adv, below, down
[29] ἀπρεπής, ές, unsuitable, unseemly
[30] ὅθεν, adv, where, from which

## ΠΟΙΜΗΝ—Παραβολαί

παρεμφέρουσι¹ τοὺς λίθους· Ὅλως² ὑμεῖς μὴ ἐπιδίδοτε³ εἰς τὴν οἰκοδομὴν⁴ λίθους· τίθετε δὲ αὐτοὺς παρὰ τὸν πύργον,⁵ ἵνα αἱ παρθένοι⁶ διὰ τῆς πύλης⁷ παρενέγκωσιν⁸ αὐτοὺς καὶ ἐπιδιδῶσιν⁹ εἰς τὴν οἰκοδομήν.¹⁰ ἐὰν γάρ, φασί, διὰ τῶν χειρῶν τῶν παρθένων¹¹ τούτων μὴ διενεχθῶσι¹² διὰ τῆς πύλης,¹³ τὰς χρόας¹⁴ αὐτῶν ἀλλάξαι¹⁵ οὐ δύνανται· μὴ κοπιᾶτε¹⁶ οὖν, φασίν, εἰς μάτην.¹⁷

**82:1 (Θ´ 5)** Καὶ ἐτελέσθη¹⁸ τῇ ἡμέρᾳ ἐκείνῃ ἡ οἰκοδομή,¹⁹ οὐκ ἀπετελέσθη²⁰ δὲ ὁ πύργος·²¹ ἔμελλε γὰρ πάλιν ἐποικοδομεῖσθαι·²² ἐγένετο δὲ ἀνοχὴ²³ τῆς οἰκοδομῆς.²⁴ ἐκέλευσαν²⁵ δὲ αὐτοὺς οἱ ἓξ²⁶ ἄνδρες τοὺς οἰκοδομοῦντας ἀναχωρῆσαι²⁷ μικρὸν πάντας καὶ ἀναπαυθῆναι·²⁸ ταῖς δὲ παρθένοις²⁹ ἐπέταξαν³⁰ ἀπὸ

---

[1] παρεμφέρω pres act ptcp m.p.dat., bring in
[2] ὅλως, adv, completely, wholly, generally
[3] ἐπιδίδωμι pres act impv 2p, give, hand over, deliver
[4] οἰκοδομή, ῆς, ἡ, building, edifice
[5] πύργος, ου, ὁ, tower, watchtower
[6] παρθένος, ου, ἡ, virgin, chaste person
[7] πύλη, ης, ἡ, gate, door
[8] παραφέρω aor act subj 3p, bring up, carry unto
[9] ἐπιδίδωμι pres act subj 3p, give, hand over, deliver
[10] οἰκοδομή, ῆς, ἡ, building, edifice
[11] παρθένος, ου, ἡ, virgin, chaste person
[12] διαφέρω aor pass subj 3p, carry through, bear about
[13] πύλη, ης, ἡ, gate, door
[14] χρόα, ας, ἡ, color
[15] ἀλλάσσω aor act inf, change, alter, exchange for another
[16] κοπιάω pres act impv 2p, become weary, toil, struggle
[17] μάτην, adv, in vain
[18] τελέω aor pass ind 3s, complete, finish, fulfill
[19] οἰκοδομή, ῆς, ἡ, building, edifice
[20] ἀποτελέω aor pass ind, 3s bring to completion, finish
[21] πύργος, ου, ὁ, tower, watchtower
[22] ἐποικοδομέω pres mid/pass inf, build on to
[23] ἀνοχή, ῆς, ἡ, relief, cessation, pause
[24] οἰκοδομή, ῆς, ἡ, building, edifice
[25] κελεύω aor act ind 3p, command, order, urge
[26] ἕξ, six
[27] ἀναχωρέω aor act inf, go away, withdraw, retire
[28] ἀναπαύω aor pass inf, rest, refresh
[29] παρθένος, ου, ἡ, virgin, chaste person
[30] ἐπιτάσσω aor act ind 3p, order, command

τοῦ πύργου¹ μὴ ἀναχωρεῖν.² ἐδόκει δέ μοι τὰς παρθένους³ καταλελεῖφθαι⁴ τοῦ φυλάσσειν τὸν πύργον.⁵ **2** μετὰ δὲ τὸ ἀναχωρῆσαι⁶ πάντας καὶ ἀναπαυθῆναι⁷ λέγω τῷ ποιμένι·⁸ Διατί,⁹ φημί, κύριε, οὐ συνετελέσθη¹⁰ ἡ οἰκοδομὴ¹¹ τοῦ πύργου;¹² Οὔπω,¹³ φησί, δύναται ἀποτελεσθῆναι¹⁴ ὁ πύργος,¹⁵ ἐὰν μὴ ἔλθῃ ὁ Κύριος αὐτοῦ καὶ δοκιμάσῃ¹⁶ τὴν οἰκοδομὴν¹⁷ ταύτην, ἵνα ἐάν τινες λίθοι σαπροὶ¹⁸ εὑρεθῶσιν, ἀλλάξῃ¹⁹ αὐτούς· πρὸς γὰρ τὸ ἐκείνου θέλημα οἰκοδομεῖται ὁ πύργος.²⁰ **3** Ἤθελον, φημί, κύριε, τούτου τοῦ πύργου²¹ γνῶναι τί ἐστιν ἡ οἰκοδομὴ²² αὕτη, καὶ περὶ τῆς πέτρας²³ καὶ πύλης²⁴ καὶ τῶν ὀρέων καὶ τῶν παρθένων,²⁵ καὶ τῶν λίθων τῶν ἐκ τοῦ βυθοῦ²⁶ ἀναβεβηκότων καὶ μὴ λελατομημένων,²⁷ ἀλλ' οὕτως ἀπελθόντων εἰς τὴν οἰκοδομήν·²⁸ **4** καὶ διατί²⁹ πρῶτον εἰς τὰ θεμέλια³⁰ δέκα³¹ λίθοι ἐτέθησαν, εἶτα³² εἴκοσι³³ πέντε,

---

[1] πύργος, ου, ὁ, tower, watchtower
[2] ἀναχωρέω aor act inf, go away, withdraw, retire
[3] παρθένος, ου, ἡ, virgin, chaste person
[4] καταλείπω perf mid/pass inf, leave
[5] πύργος, ου, ὁ, tower, watchtower
[6] ἀναχωρέω aor act inf, go away, withdraw, retire
[7] ἀναπαύω aor pass inf, rest, refresh
[8] ποιμήν, ένος, ὁ, shepherd
[9] διατί, part, why?, how?
[10] συντελέω aor pass ind 3s, complete, finish, close
[11] οἰκοδομή, ῆς, ἡ, building, edifice
[12] πύργος, ου, ὁ, tower, watchtower
[13] οὔπω, adv, not yet
[14] ἀποτελέω aor pass inf, bring to completion, finish
[15] πύργος, ου, ὁ, watchtower
[16] δοκιμάζω aor act subj 3s, test, examine, prove
[17] οἰκοδομή, ῆς, ἡ, building, edifice
[18] σαπρός, ά, όν, bad, rotten, useless
[19] ἀλλάσσω aor act subj 3s, change, alter, exchange for another
[20] πύργος, ου, ὁ, tower, watchtower
[21] πύργος, ου, ὁ, tower, watchtower
[22] οἰκοδομή, ῆς, ἡ, building, edifice
[23] πέτρα, ας, ἡ, rock, bedrock, boulder
[24] πύλη, ης, ἡ, gate, door
[25] παρθένος, ου, ἡ, virgin, chaste person
[26] βυθός, οῦ, ὁ, deep place, sea, depths of sea
[27] λατομέω, perf mid/pass ptcp m.p.gen., cut away, hew out
[28] οἰκοδομή, ῆς, ἡ, building, edifice
[29] διατί, part, why?, how?
[30] θεμέλιος, ου, ὁ, foundation, base
[31] δέκα, ten
[32] εἶτα, adv, then, next
[33] εἴκοσι, twenty

εἶτα¹ τριάκοντα² πέντε, εἶτα³ τεσσεράκοντα,⁴ καὶ περὶ τῶν λίθων τῶν ἀπεληλυθότων εἰς τὴν οἰκοδομὴν⁵ καὶ πάλιν ἡρμένων καὶ εἰς τόπον ἴδιον ἀποτεθειμένων·⁶ περὶ πάντων τούτων ἀνάπαυσον⁷ τὴν ψυχήν μου, κύριε, καὶ γνώρισόν⁸ μοι αὐτά. **5** Ἐάν, φησί, κενόσπουδος⁹ μὴ εὑρεθῇς, πάντα γνώσῃ. μετ' ὀλίγας γὰρ ἡμέρας ἐλευσόμεθα ἐνθάδε,¹⁰ καὶ τὰ λοιπὰ ὄψει τὰ ἐπερχόμενα¹¹ τῷ πύργῳ¹² τούτῳ, καὶ πάσας τὰς παραβολὰς ἀκριβῶς¹³ γνώσῃ. **6** καὶ μετ' ὀλίγας ἡμέρας ἤλθομεν εἰς τὸν τόπον οὗ κεκαθίκαμεν, καὶ λέγει μοι· Ἄγωμεν παρὰ τὸν πύργον·¹⁴ ὁ γὰρ αὐθέντης¹⁵ τοῦ πύργου¹⁶ ἔρχεται κατανοῆσαι¹⁷ αὐτόν. καὶ ἤλθομεν πρὸς τὸν πύργον·¹⁸ καὶ ὅλως¹⁹ οὐθεὶς ἦν πρὸς αὐτὸν εἰ μὴ αἱ παρθένοι²⁰ μόναι. **7** καὶ ἐπερωτᾷ ὁ ποιμὴν²¹ τὰς παρθένους²² εἰ ἄρα παραγεγόνει ὁ δεσπότης²³ τοῦ πύργου.²⁴ αἱ δὲ ἔφησαν μέλλειν αὐτὸν ἔρχεσθαι κατανοῆσαι²⁵ τὴν οἰκοδομήν.²⁶

---

¹ εἶτα, adv, then, next
² τριάκοντα, thirty
³ εἶτα, adv, then, next
⁴ τεσσεράκοντα, forty
⁵ οἰκοδομή, ῆς, ἡ, building, edifice
⁶ ἀποτίθημι perf mid/pass ptcp m.p.gen., take off, lay aside, put away
⁷ ἀναπαύω aor act impv 2s, rest, refresh
⁸ γνωρίζω aor act impv 2s, make known, reveal
⁹ κενόσπουδος, ον, concerned for worthless things
¹⁰ ἐνθάδε, adv, here, in this place
¹¹ ἐπέρχομαι pres mid/pass ptcp n.p.acc., come upon, arrive, approach
¹² πύργος, ου, ὁ, tower, watchtower
¹³ ἀκριβῶς, adv, accurately, carefully
¹⁴ πύργος, ου, ὁ, tower, watchtower
¹⁵ αὐθέντης, ου, ὁ, master, owner
¹⁶ πύργος, ου, ὁ, tower, watchtower
¹⁷ κατανοέω aor act inf, notice, consider, think about
¹⁸ πύργος, ου, ὁ, tower, watchtower
¹⁹ ὅλως, adv, completely, wholly, generally above
²⁰ παρθένος, ου, ἡ, virgin, chaste person
²¹ ποιμήν, ένος, ὁ, shepherd
²² παρθένος, ου, ἡ, virgin, chaste person
²³ δεσπότης, ου, ὁ, lord, master, ruler
²⁴ πύργος, ου, ὁ, tower, watchtower
²⁵ κατανοέω aor act inf, notice, consider, think about
²⁶ οἰκοδομή, ῆς, ἡ, building, edifice

## ΠΟΙΜΗΝ—Παραβολαί

**83:1 (Θ´ 6)** Καὶ ἰδοὺ μετὰ μικρὸν βλέπω παράταξιν¹ πολλῶν ἀνδρῶν ἐρχομένων· καὶ εἰς τὸ μέσον ἀνήρ τις ὑψηλὸς² τῷ μεγέθει,³ ὥστε τὸν πύργον⁴ ὑπερέχειν.⁵ **2** καὶ οἱ ἓξ⁶ ἄνδρες οἱ εἰς τὴν οἰκοδομὴν⁷ ἐπιτάξαντες,⁸ ἐκ δεξιῶν καὶ ἀριστερῶν⁹ μετ᾽ αὐτοῦ περιεπάτουν, καὶ πάντες οἱ εἰς τὴν οἰκοδομὴν¹⁰ ἐργασάμενοι μετ᾽ αὐτοῦ ἦσαν, καὶ ἕτεροι πολλοὶ κύκλῳ¹¹ αὐτοῦ ἔνδοξοι.¹² αἱ δὲ παρθένοι¹³ αἱ τηροῦσαι τὸν πύργον¹⁴ προσδραμοῦσαι¹⁵ κατεφίλησαν¹⁶ αὐτόν, καὶ ἤρξαντο ἐγγὺς αὐτοῦ περιπατεῖν κύκλῳ¹⁷ τοῦ πύργου.¹⁸ **3** κατενόει¹⁹ δὲ ὁ ἀνὴρ ἐκεῖνος τὴν οἰκοδομὴν²⁰ ἀκριβῶς,²¹ ὥστε αὐτὸν καθ᾽ ἕνα λίθον ψηλαφᾶν.²² κρατῶν δέ τινα ῥάβδον²³ τῇ χειρὶ κατὰ ἕνα λίθον τῶν ᾠκοδομημένων ἔτυπτε.²⁴ **4** καὶ ὅταν ἐπάτασσεν,²⁵ ἐγένοντο αὐτῶν τινες μέλανες²⁶ ὡσεὶ²⁷ ἀσβόλη,²⁸ τινὲς δὲ ἐψωριακότες,²⁹ τινὲς δὲ σχισμὰς³⁰ ἔχοντες, τινὲς δὲ κολοβοί,³¹ τινὲς δὲ οὔτε λευκοὶ³² οὔτε

---

¹ παράταξις, εως, ἡ, array, procession
² ὑψηλός, ή, όν, tall, high, exalted
³ μέγεθος, ους, τό, surpassing size, surpassing greatness
⁴ πύργος, ου, ὁ, tower, watchtower
⁵ ὑπερέχω pres act inf, rise above, surpass, be better than
⁶ ἕξ, six
⁷ οἰκοδομή, ῆς, ἡ, building, edifice
⁸ ἐπιτάσσω aor act ind 3p, order, command
⁹ ἀριστερός, α, όν, left
¹⁰ οἰκοδομή, ῆς, ἡ, building, edifice
¹¹ κύκλῳ, adv, around
¹² ἔνδοξος, ον, honored, distinguished, glorious
¹³ παρθένος, ου, ἡ, virgin, chaste person
¹⁴ πύργος, ου, ὁ, tower, watchtower
¹⁵ προστρέχω aor act ptcp f.p.nom., run up to, run towards
¹⁶ καταφιλέω aor act ind 3p, kiss
¹⁷ κύκλῳ, adv, around
¹⁸ πύργος, ου, ὁ, tower, watchtower
¹⁹ κατανοέω impf act ind 3s, notice, consider, think about
²⁰ οἰκοδομή, ῆς, ἡ, building, edifice
²¹ ἀκριβῶς, adv, accurately, carefully
²² ψηλαφάω pres act inf, touch, handle, feel around for
²³ ῥάβδος, ου, ἡ, rod, staff
²⁴ τύπτω impf act ind 3s, strike, beat, assault
²⁵ πατάσσω impf act ind 3s, strike, hit
²⁶ μέλας, μέλαινα, μέλαν, black
²⁷ ὡσεί, adv, as, like
²⁸ ἀσβόλη, ης, ἡ, soot
²⁹ ψωριάω perf act ptcp m.p.nom., having a rough surface
³⁰ σχισμή, ῆς, ἡ, crack, fissure, split
³¹ κολοβός, όν, deficient, short, damaged
³² λευκός, ή, όν, bright, white, gleaming

## ΠΟΙΜΗΝ—Παραβολαί

μέλανες,[1] τινὲς δὲ τραχεῖς[2] καὶ μὴ συμφωνοῦντες[3] τοῖς ἑτέροις λίθοις, τινὲς δὲ σπίλους[4] πολλοὺς ἔχοντες· αὗται ἦσαν αἱ ποικιλίαι[5] τῶν λίθων τῶν σαπρῶν[6] εὑρεθέντων εἰς τὴν οἰκοδομήν.[7] **5** ἐκέλευσεν[8] οὖν πάντας τούτους ἐκ τοῦ πύργου[9] μετενεχθῆναι[10] καὶ τεθῆναι παρὰ τὸν πύργον,[11] καὶ ἑτέρους ἐνεχθῆναι λίθους καὶ ἐμβληθῆναι[12] εἰς τὸν τόπον αὐτῶν. **6** καὶ ἐπηρώτησαν αὐτὸν οἱ οἰκοδομοῦντες, ἐκ τίνος ὄρους θέλῃ ἐνεχθῆναι λίθους καὶ ἐμβληθῆναι[13] εἰς τὸν τόπον αὐτῶν. καὶ ἐκ μὲν τῶν ὀρέων οὐκ ἐκέλευσεν[14] ἐνεχθῆναι, ἐκ δέ τινος πεδίου[15] ἐγγὺς ὄντος ἐκέλευσεν[16] ἐνεχθῆναι. **7** καὶ ὠρύγη[17] τὸ πεδίον,[18] καὶ εὑρέθησαν λίθοι λαμπροὶ[19] τετράγωνοι,[20] τινὲς δὲ καὶ στρογγύλοι.[21] ὅσοι δέ ποτε[22] ἦσαν λίθοι ἐν τῷ πεδίῳ[23] ἐκείνῳ, πάντες ἠνέχθησαν, καὶ διὰ τῆς πύλης[24] ἐβαστάζοντο[25] ὑπὸ τῶν παρθένων.[26] **8** καὶ ἐλατομήθησαν[27] οἱ τετράγωνοι[28] λίθοι καὶ ἐτέθησαν εἰς τὸν τόπον τῶν ἠρμένων· οἱ δὲ στρογγύλοι[29] οὐκ ἐτέθησαν εἰς τὴν

---

[1] μέλας, μέλαινα, μέλαν, black
[2] τραχύς, εῖα, ύ, rough, uneven
[3] συμφωνέω pres act ptcp m.p.nom., fit in, match, fit together
[4] σπίλος, ου, ὁ, spot, stain
[5] ποικιλία, ας, ἡ, variety, diversity, varied appearance
[6] σαπρός, ά, όν, bad, rotten, useless
[7] οἰκοδομή, ῆς, ἡ, building, edifice
[8] κελεύω aor act ind 3p, command, order, urge
[9] πύργος, ου, ὁ, tower, watchtower
[10] μεταφέρω aor pass inf, carry away
[11] πύργος, ου, ὁ, tower, watchtower
[12] ἐμβάλλω aor pass inf, throw, force, drive
[13] ἐμβάλλω aor pass inf, throw, force, drive
[14] κελεύω aor act ind 3p, command, order, urge
[15] πεδίον, ου, τό, plain, field
[16] κελεύω aor act ind 3p, command, order, urge
[17] ὀρύσσω aor pass ind 3s, dig up
[18] πεδίον, ου, τό, plain, field
[19] λαμπρός, ά, όν, bright, gleaming
[20] τετράγωνος, ον, square, four-sided
[21] στρογγύλος, η, ον, round
[22] ποτέ, conj, ever, at some time
[23] πεδίον, ου, τό, plain, field
[24] πύλη, ης, ἡ, gate, door
[25] βαστάζω impf mid/pass ind 3p, pick up, carry, bear
[26] παρθένος, ου, ἡ, virgin, chaste person
[27] λατομέω aor pass ind 3p, hew out, cut away
[28] τετράγωνος, ον, square, four-sided
[29] στρογγύλος, η, ον, round

οἰκοδομήν,¹ ὅτι σκληροὶ² ἦσαν εἰς τὸ λατομηθῆναι³ αὐτούς, καὶ βραδέως⁴ ἐγένετο. ἐτέθησαν δὲ παρὰ τὸν πύργον,⁵ ὡς μελλόντων αὐτῶν λατομεῖσθαι⁶ καὶ τίθεσθαι εἰς τὴν οἰκοδομήν·⁷ λίαν⁸ γὰρ λαμπροὶ⁹ ἦσαν.

**84:1 (θ´ 7)** Ταῦτα οὖν συντελέσας¹⁰ ὁ ἀνὴρ ὁ ἔνδοξος¹¹ καὶ Κύριος ὅλου τοῦ πύργου¹² προσεκαλέσατο¹³ τὸν ποιμένα,¹⁴ καὶ παρέδωκεν αὐτῷ τοὺς λίθους πάντας τοὺς παρὰ τὸν πύργον¹⁵ κειμένους,¹⁶ τοὺς ἀποβεβλημένους¹⁷ ἐκ τῆς οἰκοδομῆς,¹⁸ καὶ λέγει αὐτῷ· **2** Ἐπιμελῶς¹⁹ καθάρισον τοὺς λίθους τούτους καὶ θὲς αὐτοὺς εἰς τὴν οἰκοδομὴν²⁰ τοῦ πύργου,²¹ τοὺς δυναμένους ἁρμόσαι²² τοῖς λοιποῖς· τοὺς δὲ μὴ ἁρμόζοντας²³ ῥῖψον²⁴ μακρὰν²⁵ ἀπὸ τοῦ πύργου.²⁶ **3** ταῦτα κελεύσας²⁷ τῷ ποιμένι²⁸ ἀπῄει²⁹ ἀπὸ τοῦ πύργου³⁰ μετὰ πάντων ὧν ἐληλύθει. αἱ δὲ παρθένοι³¹ κύκλῳ³²

---

[1] οἰκοδομή, ῆς, ἡ, building, edifice
[2] σκληρός, ά, όν, hard, rough, harsh
[3] λατομέω aor pass inf, hew out, cut away
[4] βραδέως, adv, slowly
[5] πύργος, ου, ὁ, tower, watchtower
[6] λατομέω pres mid/pass inf, hew out, cut away
[7] οἰκοδομή, ῆς, ἡ, building, edifice
[8] λίαν, adv, very, exceedingly
[9] λαμπρός, ά, όν, bright, gleaming
[10] συντελέω aor act ptcp m.s.nom., complete, finish, close
[11] ἔνδοξος, ον, honored, distinguished, glorious
[12] πύργος, ου, ὁ, tower, watchtower
[13] προσκαλέω aor mid ind 3s, summon, call upon
[14] ποιμήν, ένος, ὁ, shepherd
[15] πύργος, ου, ὁ, tower, watchtower
[16] κεῖμαι pres mid/pass ptcp m.p.acc., lie, recline, lie upon
[17] ἀποβάλλω perf mid/pass ptcp m.p.acc., take off, throw away, remove, reject
[18] οἰκοδομή, ῆς, ἡ, building, edifice
[19] ἐπιμελῶς, adv, carefully, diligently
[20] οἰκοδομή, ῆς, ἡ, building, edifice
[21] πύργος, ου, ὁ, tower, watchtower
[22] ἁρμόζω aor pass inf, fit in, join together
[23] ἁρμόζω pres act ptcp m.p.acc., fit in, join together
[24] ριπτέω aor act impv 2s, throw
[25] μακράν, adv, far away
[26] πύργος, ου, ὁ, tower, watchtower
[27] κελεύω aor act ptcp m.s.nom., command, order, urge
[28] ποιμήν, ένος, ὁ, shepherd
[29] ἄπειμι impf act ind 3s, be absent, go away
[30] πύργος, ου, ὁ, tower, watchtower
[31] παρθένος, ου, ἡ, virgin, chaste person
[32] κύκλῳ, adv, around

## ΠΟΙΜΗΝ—Παραβολαί

τοῦ πύργου¹ εἱστήκεισαν τηροῦσαι αὐτόν. **4** λέγω τῷ ποιμένι·² Πῶς πάλιν οὗτοι οἱ λίθοι δύνανται εἰς τὴν οἰκοδομὴν³ τοῦ πύργου⁴ ἀπελθεῖν ἀποδεδοκιμασμένοι;⁵ ἀποκριθείς μοι λέγει· Βλέπεις, φησί, τοὺς λίθους τούτους; Βλέπω, φημί, κύριε. Ἐγώ, φησί, τὸ πλεῖστον μέρος τῶν λίθων τούτων λατομήσω⁶ καὶ βαλῶ εἰς τὴν οἰκοδομήν,⁷ καὶ ἁρμόσουσι⁸ μετὰ τῶν λοιπῶν λίθων. **5** Πῶς, φημί, κύριε, δύνανται περικοπέντες⁹ τὸν αὐτὸν τόπον πληρῶσαι; ἀποκριθεὶς λέγει μοι· Ὅσοι μικροὶ εὑρεθήσονται εἰς μέσην τὴν οἰκοδομὴν¹⁰ βληθήσονται, ὅσοι δὲ μείζονες, ἐξώτεροι¹¹ τεθήσονται καὶ συγκρατήσουσιν¹² αὐτούς. **6** ταῦτά μοι λαλήσας λέγει μοι· Ἄγωμεν, καὶ μετὰ ἡμέρας δύο ἔλθωμεν καὶ καθαρίσωμεν τοὺς λίθους τούτους, καὶ βάλωμεν αὐτοὺς εἰς τὴν οἰκοδομήν·¹³ τὰ γὰρ κύκλῳ¹⁴ τοῦ πύργου¹⁵ πάντα καθαρισθῆναι δεῖ, μήποτε¹⁶ ὁ δεσπότης¹⁷ ἐξάπινα¹⁸ ἔλθῃ καὶ τὰ περὶ τὸν πύργον¹⁹ ῥυπαρὰ²⁰ εὕρῃ καὶ προσοχθίσῃ,²¹ καὶ οὗτοι οἱ λίθοι οὐκ ἀπελεύσονται εἰς τὴν οἰκοδομὴν²² τοῦ πύργου,²³ κἀγὼ ἀμελὴς²⁴ δόξω εἶναι παρὰ τῷ δεσπότῃ.²⁵ **7** καὶ μετὰ ἡμέρας δύο ἤλθομεν πρὸς τὸν πύργον,²⁶ καὶ λέγει μοι· Κατανοήσωμεν²⁷ τοὺς λίθους

---

¹ πύργος, ου, ὁ, tower, watchtower
² ποιμήν, ένος, ὁ, shepherd
³ οἰκοδομή, ῆς, ἡ, building, edifice
⁴ πύργος, ου, ὁ, tower, watchtower
⁵ ἀποδοκιμάζω perf mid/pass ptcp m.p.nom., reject
⁶ λατομέω fut act ind 1s, hew out, cut away
⁷ οἰκοδομή, ῆς, ἡ, building, edifice
⁸ ἁρμόζω fut act ind 3p, fit in, join together
⁹ περικόπτω aor pass ptcp m.p.nom., hew around, cut away
¹⁰ οἰκοδομή, ῆς, ἡ, building, edifice
¹¹ ἐξώτερος, α, ον, outside, farthest
¹² συγκρατέω fut act ind 3p, hold together, support
¹³ οἰκοδομή, ῆς, ἡ, building, edifice
¹⁴ κύκλῳ, adv, around
¹⁵ πύργος, ου, ὁ, tower, watchtower
¹⁶ μήποτε, conj, never
¹⁷ δεσπότης, ου, ὁ, lord, master, ruler
¹⁸ ἐξάπινα, adv, suddenly, unexpectedly
¹⁹ πύργος, ου, ὁ, tower, watchtower
²⁰ ῥυπαρός, ά, όν, filthy, soiled, unclean
²¹ προσοχθίζω aor act subj 3s, be angry, be offended
²² οἰκοδομή, ῆς, ἡ, building, edifice
²³ πύργος, ου, ὁ, tower, watchtower
²⁴ ἀμελής, ές, careless, negligent
²⁵ δεσπότης, ου, ὁ, lord, master, ruler
²⁶ πύργος, ου, ὁ, tower, watchtower
²⁷ κατανοέω aor act subj 1p, notice, consider, think about

ΠΟΙΜΗΝ—Παραβολαί

πάντας, καὶ ἴδωμεν τοὺς δυναμένους εἰς τὴν οἰκοδομὴν[1] ἀπελθεῖν. λέγω αὐτῷ· Κύριε, κατανοήσωμεν.[2]

**85:1 (Θ´ 8)** Καὶ ἀρξάμενοι πρῶτον τοὺς μέλανας[3] κατενοοῦμεν[4] λίθους. καὶ οἷοι[5] ἐκ τῆς οἰκοδομῆς[6] ἐτέθησαν, τοιοῦτοι καὶ εὑρέθησαν. καὶ ἐκέλευσεν[7] αὐτοὺς ὁ ποιμὴν[8] ἐκ τοῦ πύργου[9] μετενεχθῆναι[10] καὶ χωρισθῆναι.[11] **2** εἶτα[12] κατενόησε[13] τοὺς ἐψωριακότας,[14] καὶ λαβὼν ἐλατόμησε[15] πολλοὺς ἐξ αὐτῶν, καὶ ἐκέλευσε[16] τὰς παρθένους[17] ἆραι αὐτοὺς καὶ βαλεῖν εἰς τὴν οἰκοδομήν.[18] καὶ ἦραν αὐτοὺς αἱ παρθένοι[19] καὶ ἔθηκαν εἰς τὴν οἰκοδομὴν[20] τοῦ πύργου[21] μέσου. τοὺς δὲ λοιποὺς ἐκέλευσε[22] μετὰ τῶν μελάνων[23] τεθῆναι· καὶ γὰρ καὶ οὗτοι μέλανες[24] εὑρέθησαν. **3** εἶτα[25] κατενόει[26] τοὺς τὰς σχισμὰς[27] ἔχοντας· καὶ ἐκ τούτων πολλοὺς ἐλατόμησε[28] καὶ ἐκέλευσε[29] διὰ τῶν παρθένων[30] εἰς τὴν

---

[1] οἰκοδομή, ῆς, ἡ, building, edifice
[2] κατανοέω aor act subj 1p, notice, consider, think about
[3] μέλας, μέλαινα, μέλαν, black
[4] κατανοέω impf act ind 1p, notice, consider, think about
[5] οἷος, α, ον, of what sort, such as, just as
[6] οἰκοδομή, ῆς, ἡ, building, edifice
[7] κελεύω aor act ind 3s, command, order, urge
[8] ποιμήν, ένος, ὁ, shepherd
[9] πύργος, ου, ὁ, tower, watchtower
[10] μεταφέρω aor pass inf, carry away
[11] χωρίζω aor pass inf, divide, separate, leave
[12] εἶτα, adv, then, next
[13] κατανοέω aor act ind 3s, notice, consider, think about
[14] ψωριάω perf act ptcp m.p.acc., having a rough surface
[15] λατομέω aor act ind 3s, hew out, cut away
[16] κελεύω aor act ind 3s, command, order, urge
[17] παρθένος, ου, ἡ, virgin, chaste person
[18] οἰκοδομή, ῆς, ἡ, building, edifice
[19] παρθένος, ου, ἡ, virgin, chaste person
[20] οἰκοδομή, ῆς, ἡ, building, edifice
[21] πύργος, ου, ὁ, tower, watchtower
[22] κελεύω aor act ind 3s, command, order, urge
[23] μέλας, μέλαινα, μέλαν, black
[24] μέλας, μέλαινα, μέλαν, black
[25] εἶτα, adv, then, next
[26] κατανοέω impf act ind 3s, notice, consider, think about
[27] σχισμή, ῆς, ἡ, crack, fissure
[28] λατομέω aor act ind 3s, hew out, cut away
[29] κελεύω aor act ind 3s, command, order, urge
[30] παρθένος, ου, ἡ, virgin, chaste person

οἰκοδομὴν¹ ἀπενεχθῆναι·² ἐξώτεροι³ δὲ ἐτέθησαν, ὅτι ὑγιέστεροι⁴ εὑρέθησαν. οἱ δὲ λοιποὶ διὰ τὸ πλῆθος τῶν σχισμάτων⁵ οὐκ ἠδυνήθησαν λατομηθῆναι·⁶ διὰ ταύτην οὖν τὴν αἰτίαν⁷ ἀπεβλήθησαν⁸ ἀπὸ τῆς οἰκοδομῆς⁹ τοῦ πύργου.¹⁰ 4 εἶτα¹¹ κατενόει¹² τοὺς κολοβούς,¹³ καὶ εὑρέθησαν πολλοὶ ἐν αὐτοῖς μέλανες,¹⁴ τινὲς δὲ σχισμὰς¹⁵ μεγάλας πεποιηκότες· καὶ ἐκέλευσε¹⁶ καὶ τούτους τεθῆναι μετὰ τῶν ἀποβεβλημένων.¹⁷ τοὺς δὲ περισσεύοντας αὐτῶν καθαρίσας καὶ λατομήσας¹⁸ ἐκέλευσεν¹⁹ εἰς τὴν οἰκοδομὴν²⁰ τεθῆναι. αἱ δὲ παρθένοι²¹ αὐτοὺς ἄρασαι εἰς μέσην τὴν οἰκοδομὴν²² τοῦ πύργου²³ ἥρμοσαν·²⁴ ἀσθενέστεροι²⁵ γὰρ ἦσαν. 5 εἶτα²⁶ κατενόει²⁷ τοὺς ἡμίσεις²⁸ λευκούς,²⁹ ἡμίσεις³⁰ δὲ μέλανας·³¹ καὶ πολλοὶ ἐξ αὐτῶν εὑρέθησαν μέλανες.³²

---

[1] οἰκοδομή, ῆς, ἡ, building, edifice
[2] ἀποφέρω aor pass inf, carry away, take away
[3] ἐξώτερος, α, ον, outside, farthest
[4] ὑγιής, ές, healthy, sound, uncorrupted
[5] σχισμή, ῆς, ἡ, crack, fissure
[6] λατομέω aor pass inf, hew out, cut away
[7] αἰτία, ας, ἡ, cause, reason
[8] ἀποβάλλω aor pass ind 3p, take off, shed, throw away
[9] οἰκοδομή, ῆς, ἡ, building, edifice
[10] πύργος, ου, ὁ, tower, watchtower
[11] εἶτα, adv, then, next
[12] κατανοέω impf act ind 3s, notice, consider, think about
[13] κολοβός, όν, deficient, short, damaged
[14] μέλας, μέλαινα, μέλαν, black
[15] σχισμή, ῆς, ἡ, crack, fissure
[16] κελεύω aor act ind 3s, command, order, urge
[17] ἀποβάλλω perf mid/pass ptcp m.p.gen., take off, shed, throw away
[18] λατομέω aor act ptcp m.s.nom., hew out, cut away
[19] κελεύω aor act ind 3s, command, order, urge
[20] οἰκοδομή, ῆς, ἡ, building, edifice
[21] παρθένος, ου, ἡ, virgin, chaste person
[22] οἰκοδομή, ῆς, ἡ, building, edifice
[23] πύργος, ου, ὁ, tower, watchtower
[24] ἁρμόζω aor act ind 3p, fit in, join together
[25] ἀσθενής, ές, sick, ill, weak
[26] εἶτα, adv, then, next
[27] κατανοέω impf act ind 3s, notice, consider, think about
[28] ἥμισυς, εια, υ, half
[29] λευκός, ή, όν, bright, white, gleaming
[30] ἥμισυς, εια, υ, half
[31] μέλας, μέλαινα, μέλαν, black
[32] μέλας, μέλαινα, μέλαν, black

ἐκέλευσε¹ δὲ καὶ τούτους ἀρθῆναι μετὰ τῶν ἀποβεβλημένων.² οἱ δὲ λοιποὶ λευκοὶ³ πάντες εὑρέθησαν καὶ ἤρθησαν ὑπὸ τῶν παρθένων·⁴ λευκοὶ⁵ γὰρ ὄντες ἡρμόσθησαν⁶ ὑπ' αὐτῶν τῶν παρθένων⁷ εἰς τὴν οἰκοδομήν.⁸ ἐξώτεροι⁹ δὲ ἐτέθησαν, ὅτι ὑγιεῖς¹⁰ εὑρέθησαν, ὥστε δύνασθαι αὐτοὺς κρατεῖν τοὺς εἰς τὸ μέσον τεθέντας· ὅλως¹¹ γὰρ ἐξ αὐτῶν οὐδὲν ἐκολοβώθη.¹² **6** εἶτα¹³ κατενόει¹⁴ τοὺς τραχεῖς¹⁵ καὶ σκληρούς,¹⁶ καὶ ὀλίγοι ἐξ αὐτῶν ἀπεβλήθησαν¹⁷ διὰ τὸ μὴ δύνασθαι λατομηθῆναι· σκληροὶ¹⁸ γὰρ λίαν¹⁹ εὑρέθησαν. οἱ δὲ λοιποὶ αὐτῶν ἐλατομήθησαν²⁰ καὶ ἤρθησαν ὑπὸ τῶν παρθένων²¹ καὶ εἰς μέσην τὴν οἰκοδομὴν²² τοῦ πύργου²³ ἡρμόσθησαν·²⁴ ἀσθενέστεροι²⁵ γὰρ ἦσαν. **7** εἶτα²⁶ κατενόει²⁷ τοὺς ἔχοντας τοὺς σπίλους,²⁸ καὶ ἐκ τούτων ἐλάχιστοι²⁹

---

[1] κελεύω aor act ind 3s, command, order, urge
[2] ἀποβάλλω perf mid/pass ptcp m.p.gen., take off, shed, throw away
[3] λευκός, ή, όν, bright, white, gleaming
[4] παρθένος, ου, ἡ, virgin, chaste person
[5] λευκός, ή, όν, bright, white, gleaming
[6] ἁρμόζω aor pass ind 3p, fit in, join together
[7] παρθένος, ου, ἡ, virgin, chaste person
[8] οἰκοδομή, ῆς, ἡ, building, edifice
[9] ἐξώτερος, α, ον, outside, farthest
[10] ὑγιής, ές, healthy, sound, uncorrupted
[11] ὅλως, adv, completely, wholly, generally above
[12] κολοβόω aor pass ind 3s, shorten
[13] εἶτα, adv, then, next
[14] κατανοέω impf act ind 3s, notice, consider, think about
[15] τραχύς, εῖα, ύ, rough, uneven
[16] σκληρός, ά, όν, rough, hard, harsh
[17] ἀποβάλλω aor pass ind 3p, take off, shed, throw away
[18] σκληρός, ά, όν, rough, hard, harsh
[19] λίαν, adv, very, exceedingly
[20] λατομέω aor pass ind 3p, hew out, cut away
[21] παρθένος, ου, ἡ, virgin, chaste person
[22] οἰκοδομή, ῆς, ἡ, building, edifice
[23] πύργος, ου, ὁ, tower, watchtower
[24] ἁρμόζω aor pass ind 3p, fit in, join together
[25] ἀσθενής, ές, sick, ill, weak
[26] εἶτα, adv, then, next
[27] κατανοέω impf act ind 3s, notice, consider, think about
[28] σπίλος, ου, ὁ, spot, stain
[29] ἐλάχιστος, ίστη, ον, least, very small, insignificant

ἐμελάνησαν,[1] καὶ ἀπεβλήθησαν[2] πρὸς τοὺς λοιπούς. οἱ δὲ περισσεύοντες λαμπροὶ[3] καὶ ὑγιεῖς[4] εὑρέθησαν· καὶ οὗτοι ἡρμόσθησαν[5] ὑπὸ τῶν παρθένων[6] εἰς τὴν οἰκοδομήν·[7] ἐξώτεροι[8] δὲ ἐτέθησαν διὰ τὴν ἰσχυρότητα[9] αὐτῶν.

**86:1 (Θ΄ 9)** Εἶτα[10] ἦλθε κατανοῆσαι[11] τοὺς λευκοὺς[12] καὶ στρογγύλους[13] λίθους, καὶ λέγει μοι· Τί ποιοῦμεν περὶ τούτων τῶν λίθων; Τί, φημί, ἐγὼ γινώσκω, κύριε; Καὶ λέγει μοι· Οὐδὲν οὖν ἐπινοεῖς[14] περὶ αὐτῶν; **2** Ἐγώ, φημί, κύριε, ταύτην τὴν τέχνην[15] οὐκ ἔχω, οὐδὲ λατόμος[16] εἰμί, οὐδὲ δύναμαι νοῆσαι.[17] Οὐ βλέπεις αὐτούς, φησί, λίαν[18] στρογγύλους[19] ὄντας; καὶ ἐὰν αὐτοὺς θελήσω τετραγώνους[20] ποιῆσαι, πολὺ δεῖ ἀπ᾽ αὐτῶν ἀποκοπῆναι·[21] δεῖ δὲ ἐξ αὐτῶν ἐξ ἀνάγκης[22] τινὰς εἰς τὴν οἰκοδομὴν[23] τεθῆναι. **3** Εἰ οὖν, φημί, κύριε, ἀνάγκη[24] ἐστί, τί σεαυτὸν βασανίζεις[25] καὶ οὐκ ἐκλέγῃ[26] εἰς τὴν οἰκοδομὴν[27] οὓς

---

[1] μελανέω aor act ind 3p, blacken
[2] ἀποβάλλω aor pass ind 3p, take off, shed, throw away
[3] λαμπρός, ά, όν, bright, gleaming
[4] ὑγιής, ές, healthy, sound, uncorrupted
[5] ἁρμόζω aor pass ind 3p, fit in, join together
[6] παρθένος, ου, ἡ, virgin, chaste person
[7] οἰκοδομή, ῆς, ἡ, building, edifice
[8] ἐξώτερος, α, ον, outside, farthest
[9] ἰσχυρότης, ητος, ἡ, power, strength, solidity
[10] εἶτα, adv, then, next
[11] κατανοέω aor act inf, notice, consider, think about
[12] λευκός, ή, όν, bright, white, gleaming
[13] στρογγύλος, η, ον, round
[14] ἐπινοέω pres act ind 2s, notice
[15] τέχνη, ης, ἡ, skill, trade
[16] λατόμος, ου, ὁ, stonecutter, mason
[17] νοέω aor act inf, perceive, understand, gain insight
[18] λίαν, adv, very, exceedingly
[19] στρογγύλος, η, ον, round
[20] τετράγωνος, ον, square, four-sided
[21] ἀποκόπτω aor pass inf, cut off, cut away
[22] ἀνάγκη, ης, ἡ, necessity, pressure, distress
[23] οἰκοδομή, ῆς, ἡ, building, edifice
[24] ἀνάγκη, ης, ἡ, necessity, pressure, distress
[25] βασανίζω pres act ind 2s, torture, torment
[26] ἐκλέγομαι pres mid/pass ind 2s, choose, select for oneself, gather
[27] οἰκοδομή, ῆς, ἡ, building, edifice

θέλεις, καὶ ἁρμόζεις¹ εἰς αὐτήν; ἐξελέξατο² ἐξ αὐτῶν τοὺς μείζονας καὶ λαμπρούς,³ καὶ ἐλατόμησεν⁴ αὐτούς· αἱ δὲ παρθένοι⁵ ἄρασαι ἥρμοσαν⁶ εἰς τὰ ἐξώτερα⁷ μέρη τῆς οἰκοδομῆς.⁸ **4** οἱ δὲ λοιποὶ οἱ περισσεύσαντες ἤρθησαν καὶ ἀπετέθησαν⁹ εἰς τὸ πεδίον¹⁰ ὅθεν¹¹ ἠνέχθησαν· οὐκ ἀπεβλήθησαν¹² δέ, Ὅτι, φησί, λείπει¹³ τῷ πύργῳ¹⁴ ἔτι μικρὸν οἰκοδομηθῆναι. πάντως¹⁵ δὲ θέλει ὁ δεσπότης¹⁶ τοῦ πύργου¹⁷ τούτους ἁρμοσθῆναι¹⁸ τοὺς λίθους εἰς τὴν οἰκοδομήν,¹⁹ ὅτι λαμπροί²⁰ εἰσι λίαν.²¹ **5** ἐκλήθησαν δὲ γυναῖκες δώδεκα, εὐειδέσταται²² τῷ χαρακτῆρι,²³ μέλανα²⁴ ἐνδεδυμέναι,²⁵ περιεζωσμέναι²⁶ καὶ ἔξω τοὺς ὤμους²⁷ ἔχουσαι, καὶ τὰς τρίχας²⁸ λελυμέναι. ἐδοκοῦσαν δέ μοι αἱ γυναῖκες αὗται ἄγριαι²⁹ εἶναι. ἐκέλευσε³⁰ δὲ αὐτὰς ὁ ποιμὴν³¹ ἆραι τοὺς λίθους

---

[1] ἁρμόζω pres act ind 2s, fit in, join together
[2] ἐκλέγομαι aor mid ind 3s, choose, select for oneself, gather
[3] λαμπρός, ά, όν, bright, gleaming
[4] λατομέω aor act ind 3p, hew out, cut away
[5] παρθένος, ου, ἡ, virgin, chaste person
[6] ἁρμόζω aor act ind 3p, fit in, join together
[7] ἐξώτερος, α, ον, outside, farthest
[8] οἰκοδομή, ῆς, ἡ, building, edifice
[9] ἀποτίθημι aor pass ind 3p, take off, lay aside, put away
[10] πεδίον, ου, τό, plain, field
[11] ὅθεν, adv, from where, from which
[12] ἀποβάλλω aor pass ind 3p, take off, shed, throw away
[13] λείπω pres act ind 3s, fall short, lack, be deficient
[14] πύργος, ου, ὁ, tower, watchtower
[15] πάντως, adv, by all means, totally, altogether
[16] δεσπότης, ου, ὁ, lord, master, ruler
[17] πύργος, ου, ὁ, tower, watchtower
[18] ἁρμόζω aor pass inf, fit in, join together
[19] οἰκοδομή, ῆς, ἡ, building, edifice
[20] λαμπρός, ά, όν, bright, gleaming
[21] λίαν, adv, very, exceedingly
[22] εὐειδής, ές, well-formed, beautiful
[23] χαρακτήρ, ῆρος, ὁ, mark; impression, reproduction, representation
[24] μέλας, μέλαινα, μέλαν, black
[25] ἐνδύω, perf mid/pass ptcp f.p.nom., dress, clothe oneself
[26] περιζώννυμι, perf mid/pass ptcp f.p.nom., gird oneself, put on belt
[27] ὦμος, ου, ὁ, shoulder
[28] θρίξ, τριχός, ἡ, hair
[29] ἄγριος, ία, ον, wild, uncontrolled; savage
[30] κελεύω, aor act ind 3s, command, order, urge
[31] ποιμήν, ένος, ὁ, shepherd

ΠΟΙΜΗΝ—Παραβολαί

τοὺς ἀποβεβλημένους¹ ἐκ τῆς οἰκοδομῆς² καὶ ἀπενεγκεῖν³ αὐτοὺς εἰς τὰ ὄρη ὅθεν⁴ καὶ ἠνέχθησαν. **6** αἱ δὲ ἱλαραὶ⁵ ἦραν καὶ ἀπήνεγκαν⁶ πάντας τοὺς λίθους καὶ ἔθηκα ὅθεν⁷ ἐλήφθησαν. καὶ μετὰ τὸ ἀρθῆναι πάντας τοὺς λίθους καὶ μηκέτι⁸ κεῖσθαι⁹ λίθον κύκλῳ¹⁰ τοῦ πύργου,¹¹ λέγει μοι ὁ ποιμήν·¹² Κυκλώσωμεν¹³ τὸν πύργον,¹⁴ καὶ ἴδωμεν μή τι ἐλάττωμά¹⁵ ἐστιν ἐν αὐτῷ. καὶ ἐκύκλευον¹⁶ ἐγὼ μετ' αὐτοῦ. **7** ἰδὼν δὲ ὁ ποιμὴν¹⁷ τὸν πύργον¹⁸ εὐπρεπῆ¹⁹ ὄντα τῇ οἰκοδομῇ,²⁰ λίαν²¹ ἱλαρὸς²² ἦν· ὁ γὰρ πύργος²³ οὕτως ἦν ᾠκοδομημένος, ὥστε με ἰδόντα ἐπιθυμεῖν²⁴ τὴν οἰκοδομὴν²⁵ αὐτοῦ· οὕτω γὰρ ἦν ᾠκοδομημένος, ὡσὰν²⁶ ἐξ ἑνὸς λίθου, μὴ ἔχων μίαν ἁρμογὴν²⁷ ἐν ἑαυτῷ. ἐφαίνετο δὲ ὁ λίθος ὡς ἐκ τῆς πέτρας²⁸ ἐκκεκολαμμένος·²⁹ μονόλιθος³⁰ γάρ μοι ἐδόκει εἶναι.

---

¹ ἀποβάλλω, perf mid/pass ptcp m.p.acc., take off, shed; throw away, reject
² οἰκοδομή, ῆς, ἡ, building, construction, edifice
³ ἀποφέρω, aor act inf, carry away, take, lead off
⁴ ὅθεν, adv, from where, from which, for which reason
⁵ ἱλαρός, ά, όν, cheerful, glad, joyful
⁶ ἀποφέρω aor act ind 3p, carry away, take away
⁷ ὅθεν, adv, from where, from which
⁸ μηκέτι, adv, no longer
⁹ κεῖμαι pres mid/pass inf, lie, recline, lie upon
¹⁰ κύκλῳ, adv, around
¹¹ πύργος, ου, ὁ, tower, watchtower
¹² ποιμήν, ένος, ὁ, shepherd
¹³ κυκλόω aor act subj 1p, surround, circle around
¹⁴ πύργος, ου, ὁ, watchtower
¹⁵ ἐλάττωμα, ατος, τό, defect, deficiency
¹⁶ κυκλεύω impf act ind 1s, surround, go around
¹⁷ ποιμήν, ένος, ὁ, shepherd
¹⁸ πύργος, ου, ὁ, tower, watchtower
¹⁹ εὐπρεπής, ές, good-looking, well-suited
²⁰ οἰκοδομή, ῆς, ἡ, building, edifice
²¹ λίαν, adv, very, exceedingly
²² ἱλαρός, ά, όν, cheerful, glad, joyful
²³ πύργος, ου, ὁ, tower, watchtower
²⁴ ἐπιθυμέω pres act inf, desire, long for
²⁵ οἰκοδομή, ῆς, ἡ, building, edifice
²⁶ ὡσάν, conj, as if, as it were
²⁷ ἁρμογή, ῆς, ἡ, joint
²⁸ πέτρα, ας, ἡ, rock, bedrock, boulder
²⁹ ἐκκολάπτω perf mid/pass ptcp m.s.nom., chisel out
³⁰ μονόλιθος, ον, single stone, one-stoned

## ΠΟΙΜΗΝ—Παραβολαί

**87:1 (Θ´ 10)** Κἀγὼ περιπατῶν μετ' αὐτοῦ ἱλαρὸς[1] ἤμην τοιαῦτα ἀγαθὰ βλέπων. λέγει δέ μοι ὁ ποιμήν·[2] Ὕπαγε καὶ φέρε ἄσβεστον[3] καὶ ὄστρακον[4] λεπτόν,[5] ἵνα τοὺς τύπους[6] τῶν λίθων τῶν ἠρμένων καὶ εἰς τὴν οἰκοδομὴν[7] βεβλημένων ἀναπληρώσω·[8] δεῖ γὰρ τοῦ πύργου[9] τὰ κύκλῳ[10] πάντα ὁμαλὰ[11] γενέσθαι. **2** καὶ ἐποίησα καθὼς ἐκέλευσε,[12] καὶ ἤνεγκα πρὸς αὐτόν. Ὑπηρέτει[13] μοι, φησί, καὶ ἐγγὺς τὸ ἔργον τελεσθήσεται.[14] ἐπλήρωσεν οὖν τοὺς τύπους[15] τῶν λίθων τῶν εἰς τὴν οἰκοδομὴν[16] ἀπεληλυθότων, καὶ ἐκέλευσε[17] σαρωθῆναι[18] τὰ κύκλῳ[19] τοῦ πύργου[20] καὶ καθαρὰ[21] γενέσθαι· **3** αἱ δὲ παρθένοι[22] λαβοῦσαι σάρους[23] ἐσάρωσαν,[24] καὶ πάντα τὰ κόπρια[25] ἦραν ἐκ τοῦ πύργου,[26] καὶ ἔρραναν[27] ὕδωρ, καὶ ἐγένετο ὁ τόπος ἱλαρὸς[28] καὶ εὐπρεπέστατος[29] τοῦ πύργου.[30] **4** λέγει μοι ὁ ποιμήν·[31] Πάντα, φησί, κεκαθάρισται·[32] ἐὰν ἔλθῃ ὁ Κύριος ἐπισκέψασθαι[33] τὸν πύργον,[34] οὐκ ἔχει ἡμᾶς οὐδὲν

---

[1] ἱλαρός, ά, όν, cheerful, glad, joyful
[2] ποιμήν, ένος, ὁ, shepherd
[3] ἄσβεστος, ον, inextinguishable, (nom.) unblemished (plaster)
[4] ὄστρακον, ου, τό, baked clay, pottery
[5] λεπτός, ή, όν, small, thin, light
[6] τύπος, ου, ὁ, mark, image, form
[7] οἰκοδομή, ῆς, ἡ, building, edifice
[8] ἀναπληρόω fut act ind 1s, make complete, fulfill, fill a gap
[9] πύργος, ου, ὁ, tower, watchtower
[10] κύκλῳ, adv, around, in a circle
[11] ὁμαλά, ή, όν, smooth
[12] κελεύω aor act ind 3s, command, order, urge
[13] ὑπηρετέω pres act impv 2s, serve, be helpful
[14] τελέω fut pass ind 3s, finish, complete, fulfill, accomplish
[15] τύπος, ου, ὁ, mark, image, form
[16] οἰκοδομή, ῆς, ἡ, building, edifice
[17] κελεύω aor act ind 3s, command, order, urge
[18] σαρόω aor pass inf, sweep
[19] κύκλῳ, adv, around; in a circle
[20] πύργος, ου, ὁ, tower, watchtower
[21] καθαρός, ά, όν, clean, pure
[22] παρθένος, ου, ἡ, virgin, chaste person
[23] σάρος, ου, ὁ, broom
[24] σαρόω aor act ind 3p, sweep
[25] κόπριον, ου, τό, dung, dirt, filth
[26] πύργος, ου, ὁ, tower, watchtower
[27] ῥαίνω aor act ind 3p, sprinkle
[28] ἱλαρός, ά, όν, cheerful, glad, joyful
[29] εὐπρεπής, ές, good-looking, well-suited (comp)
[30] πύργος, ου, ὁ, tower, watchtower
[31] ποιμήν, ένος, ὁ, shepherd
[32] καθαίρω perf mid/pass ind 3s, make clean, become clean
[33] ἐπισκέπτομαι aor mid inf, examine, inspect, see
[34] πύργος, ου, ὁ, tower, watchtower

ΠΟΙΜΗΝ—Παραβολαί

μέμψασθαι.¹ ταῦτα εἰπὼν ἤθελεν ὑπάγειν· **5** ἐγὼ δὲ ἐπελαβόμην² αὐτοῦ τῆς πήρας³ καὶ ἠρξάμην αὐτὸν ὁρκίζειν⁴ κατὰ τοῦ Κυρίου ἵνα πάντα μοι ἐπιλύσῃ⁵ ἃ ἔδειξέ μοι. λέγει μοι· Μικρὸν ἔχω ἀκαιρεθῆναι,⁶ καὶ πάντα σοι ἐπιλύσω·⁷ ἔκδεξαί⁸ με ὧδε ἕως ἔρχομαι. **6** λέγω αὐτῷ· Κύριε, μόνος ὢν ὧδε ἐγὼ τί ποιήσω; Οὐκ εἶ, φησί, μόνος· αἱ γὰρ παρθένοι⁹ αὗται μετὰ σοῦ εἰσι. Παράδος οὖν, φημί, αὐταῖς με. προσκαλεῖται¹⁰ αὐτὰς ὁ ποιμὴν¹¹ καὶ λέγει αὐταῖς· Παρατίθεμαι¹² ὑμῖν τοῦτον ἕως ἔρχομαι· καὶ ἀπῆλθεν. **7** ἐγὼ δὲ ἤμην μόνος μετὰ τῶν παρθένων.¹³ ἦσαν δὲ ἱλαρώτεραι¹⁴ καὶ πρὸς ἐμὲ εὖ¹⁵ εἶχον· μάλιστα¹⁶ δὲ αἱ τέσσαρες αἱ ἐνδοξότεραι¹⁷ αὐτῶν.

**88:1 (ϴ΄ 11)** Λέγουσί μοι αἱ παρθένοι·¹⁸ Σήμερον ὁ ποιμὴν¹⁹ ὧδε οὐκ ἔρχεται. Τί οὖν, φημί, ποιήσω ἐγώ; Μέχρις²⁰ ὀψέ,²¹ φασίν, περίμεινον²² αὐτόν· καὶ ἐὰν ἔλθῃ, λαλήσει μετὰ σοῦ, ἐὰν δὲ μὴ ἔλθῃ, μενεῖς μεθ' ἡμῶν ὧδε ἕως ἔρχεται. **2** λέγω αὐταῖς·

---

¹ μέμφομαι aor mid inf, blame, find fault with
² ἐπιλαμβάνομαι aor mid ind 1s, take hold of, grasp, catch
³ πήρα, ας, ἡ, knapsack, satchel, traveler's bag
⁴ ὁρκίζω pres act inf, adjure, command as under oath
⁵ ἐπιλύω aor act subj 3s, explain, interpret
⁶ ἀκαιρέομαι aor pass inf, have no opportunity, have no time
⁷ ἐπιλύω fut act ind 1s, explain, interpret
⁸ ἐκδέχομαι aor mid impv, expect, wait for
⁹ παρθένος, ου, ἡ, virgin, chaste person
¹⁰ προσκαλέω pres mid/pass ind 3s, summon, call upon, call to oneself
¹¹ ποιμήν, ένος, ὁ, shepherd
¹² παρατίθημι pres mid/pass ind 1s, set before, point out, entrust
¹³ παρθένος, ου, ἡ, virgin, chaste person
¹⁴ ἱλαρός, ά, όν, cheerful, glad, joyful
¹⁵ εὖ, adv, well
¹⁶ μάλιστα, most of all, especially, very
¹⁷ ἔνδοξος, ον, honored, esteemed, glorious
¹⁸ παρθένος, ου, ἡ, virgin, chaste person
¹⁹ ποιμήν, ένος, ὁ, shepherd
²⁰ μέχρι, conj, as far as, up to, until
²¹ ὀψέ, adv, late in the day, evening
²² περιμένω aor act impv 2s, wait for

## ΠΟΙΜΗΝ—Παραβολαί

Ἐκδέξομαι¹ αὐτὸν ἕως ὀψέ·² ἐὰν δὲ μὴ ἔλθῃ, ἀπελεύσομαι εἰς τὸν οἶκον καὶ πρωΐ³ ἐπανήξω.⁴ αἱ δὲ ἀποκριθεῖσαι λέγουσί μοι· Ἡμῖν παρεδόθης· οὐ δύνασαι ἀφ' ἡμῶν ἀναχωρῆσαι.⁵ **3** Ποῦ οὖν, φημί, μενῶ; Μεθ' ἡμῶν, φασί, κοιμηθήσῃ⁶ ὡς ἀδελφός, καὶ οὐχ ὡς ἀνήρ. ἡμέτερος⁷ γὰρ ἀδελφὸς εἶ, καὶ τοῦ λοιποῦ μέλλομεν μετὰ σοῦ κατοικεῖν· λίαν⁸ γάρ σε ἀγαπῶμεν. ἐγὼ δὲ ᾐσχυνόμην⁹ μετ' αὐτῶν μένειν. **4** καὶ ἡ δοκοῦσα πρώτη αὐτῶν εἶναι ἤρξατό με καταφιλεῖν¹⁰ καὶ περιπλέκεσθαι·¹¹ αἱ δὲ ἄλλαι ὁρῶσαι ἐκείνην περιπλεκομένην¹² μοι, καὶ αὐταὶ ἤρξαντό με καταφιλεῖν¹³ καὶ περιάγειν¹⁴ κύκλῳ¹⁵ τοῦ πύργου¹⁶ καὶ παίζειν¹⁷ μετ' ἐμοῦ. **5** κἀγὼ ὡσεὶ¹⁸ νεώτερος¹⁹ ἐγεγόνειν καὶ ἠρξάμην καὶ αὐτὸς παίζειν²⁰ μετ' αὐτῶν· αἱ μὲν γὰρ ἐχόρευον,²¹ αἱ δὲ ὠρχοῦντο,²² αἱ δὲ ᾖδον.²³ ἐγὼ δὲ σιγὴν²⁴ ἔχων μετ' αὐτῶν κύκλῳ²⁵ τοῦ πύργου²⁶ περιεπάτουν, καὶ ἱλαρὸς²⁷ ἤμην μετ' αὐτῶν. **6** ὀψίας²⁸ δὲ γενομένης ἤθελον εἰς τὸν

---

¹ ἐκδέχομαι fut mid ind 1s, expect, wait for
² ὀψέ, adv, late in the day, evening
³ πρωΐ, adv, early, early in the morning
⁴ ἐπανήκω fut act ind 1s, come back again
⁵ ἀναχωρέω aor act inf, go away, withdraw, retire
⁶ κοιμάω fut pass ind 2s, sleep, fall asleep
⁷ ἡμέτερος, α, ον, our
⁸ λίαν, adv, very, exceedingly
⁹ αἰσχύνω impf mid/pass ind 1s, feel shame, be ashamed, be disgraced
¹⁰ καταφιλέω pres act inf, kiss
¹¹ περιπλέκω pres mid/pass inf, weave around, embrace
¹² περιπλέκω pres mid/pass ptcp f.s.acc., weave around, embrace
¹³ καταφιλέω pres act inf, kiss
¹⁴ περιάγω pres act inf, lead around, go around, go about
¹⁵ κύκλῳ, adv, around
¹⁶ πύργος, ου, ὁ, tower, watchtower
¹⁷ παίζω pres act inf, play, amuse oneself, make sport
¹⁸ ὡσεί, part, as, like
¹⁹ νέος, α, ον, young, new, fresh
²⁰ παίζω pres act inf, play, amuse oneself, make sport
²¹ χορεύω impf act ind 3p, dance, dance in unison
²² ὀρχέομαι impf mid/pass ind 3p, dance, skip
²³ ᾄδω impf act ind 3p, sing
²⁴ σιγή, ῆς, ἡ, silence, quiet
²⁵ κύκλῳ, adv, around
²⁶ πύργος, ου, ὁ, watchtower
²⁷ ἱλαρός, ά, όν, cheerful, glad, joyful
²⁸ ὄψιος, α, ον, late, evening

οἶκον ὑπάγειν· αἱ δὲ οὐκ ἀφῆκαν, ἀλλὰ κατέσχον¹ με. καὶ ἔμεινα μετ' αὐτῶν τὴν νύκτα, καὶ ἐκοιμήθην² παρὰ τὸν πύργον.³ **7** ἔστρωσαν⁴ γὰρ αἱ παρθένοι⁵ τοὺς λινοῦς⁶ χιτῶνας⁷ ἑαυτῶν χαμαί,⁸ καὶ ἐμὲ ἀνέκλιναν⁹ εἰς τὸ μέσον αὐτῶν, καὶ οὐδὲν ὅλως¹⁰ ἐποίουν εἰ μὴ προσηύχοντο· κἀγὼ μετ' αὐτῶν ἀδιαλείπτως¹¹ προσηυχόμην, καὶ οὐκ ἔλασσον¹² ἐκείνων. καὶ ἔχαιρον αἱ παρθένοι¹³ οὕτω μου προσευχομένου. καὶ ἔμεινα ἐκεῖ μέχρι¹⁴ τῆς αὔριον¹⁵ ἕως ὥρας δευτέρας μετὰ τῶν παρθένων.¹⁶ **8** εἶτα¹⁷ παρῆν¹⁸ ὁ ποιμήν,¹⁹ καὶ λέγει ταῖς παρθένοις·²⁰ Μή τινα αὐτῷ ὕβριν²¹ πεποιήκατε; Ἐρώτα, φασίν, αὐτόν. λέγω αὐτῷ· Κύριε, εὐφράνθην²² μετ' αὐτῶν μείνας. Τί, φησίν, ἐδείπνησας;²³ Ἐδείπνησα,²⁴ φημί, κύριε, ῥήματα Κυρίου ὅλην τὴν νύκτα. Καλῶς, φησίν, ἔλαβόν σε; Ναί, φημί, κύριε. **9** Νῦν, φησί, τί θέλεις πρῶτον ἀκοῦσαι; Καθώς, φημί, κύριε, ἀπ' ἀρχῆς ἔδειξας· ἐρωτῶ σε, κύριε, ἵνα καθὼς ἄν σε ἐπερωτήσω, οὕτω μοι καὶ δηλώσῃς.²⁵ Καθὼς

---

¹ κατέχω aor act ind 3p, prevent, hinder, hold back, hold to
² κοιμάω fut pass ind 2s, sleep, fall asleep
³ πύργος, ου, ὁ, watchtower
⁴ στρώννυμι aor act ind 3p, spread, spread over
⁵ παρθένος, ου, ἡ, virgin, chaste person
⁶ λινοῦς, ῆ, οῦν, (made of) linen
⁷ χιτών, ῶνος, ὁ, tunic, shirt, clothes
⁸ χαμαί, adv, on the ground, to the ground
⁹ ἀνακλίνω aor act ind 3p, lay, lay down, cause to lay down
¹⁰ ὅλως, adv, completely, wholly, generally
¹¹ ἀδιαλείπτως, adv, constantly, unceasingly
¹² ἐλάσσων, less, inferior
¹³ παρθένος, ου, ἡ, virgin, chaste person
¹⁴ μέχρι, conj, as far as, up to, until
¹⁵ αὔριον, adv, next day, tomorrow
¹⁶ παρθένος, ου, ἡ, virgin, chaste person
¹⁷ εἶτα, adv, then, next
¹⁸ πάρειμι, impf ind 3p, be present, be available, come
¹⁹ ποιμήν, ένος, ὁ, shepherd
²⁰ παρθένος, ου, ἡ, virgin, chaste person
²¹ ὕβρις, εως, ἡ, insolence, arrogance; shame, insult, hardship
²² εὐφραίνω aor pass ind 1s, make glad, cheer, enjoy oneself, celebrate
²³ δειπνέω aor act ind 2s, eat, dine
²⁴ δειπνέω aor act ind 1s, eat, dine
²⁵ δηλόω aor act subj 2s, reveal, make clear, explain

βούλει, φησίν, οὕτω σοι καὶ ἐπιλύσω,¹ καὶ οὐδὲν ὅλως² ἀποκρύψω³ ἀπὸ σοῦ.

**89:1 (Θ΄ 12)** Πρῶτον, φημί, πάντων, κύριε, τοῦτό μοι δήλωσον·⁴ ἡ πέτρα⁵ καὶ ἡ πύλη⁶ τίς ἐστιν; Ἡ πέτρα,⁷ φησίν, αὕτη καὶ ἡ πύλη⁸ ὁ υἱὸς τοῦ Θεοῦ ἐστι. Πῶς, φημί, κύριε, ἡ πέτρα⁹ παλαιά¹⁰ ἐστιν, ἡ δὲ πύλη¹¹ καινή; Ἄκουε, φησί, καὶ σύνιε,¹² ἀσύνετε.¹³ **2** ὁ μὲν υἱὸς τοῦ Θεοῦ πάσης τῆς κτίσεως¹⁴ αὐτοῦ προγενέστερός¹⁵ ἐστιν, ὥστε σύμβουλον¹⁶ αὐτὸν γενέσθαι τῷ πατρὶ τῆς κτίσεως¹⁷ αὐτοῦ· διὰ τοῦτο καὶ παλαιὰ¹⁸ ἡ πέτρα.¹⁹ Ἡ δὲ πύλη,²⁰ φημί, διατί²¹ καινή, κύριε; **3** Ὅτι, φησίν, ἐπ' ἐσχάτων τῶν ἡμερῶν τῆς συντελείας²² φανερὸς²³ ἐγένετο, διὰ τοῦτο καινὴ ἐγένετο ἡ πύλη,²⁴ ἵνα οἱ μέλλοντες σώζεσθαι δι' αὐτῆς εἰς τὴν βασιλείαν εἰσέλθωσι τοῦ Θεοῦ. **4** εἶδες, φησί, τοὺς λίθους τοὺς διὰ τῆς πύλης²⁵ ἐληλυθότας

---

¹ ἐπιλύω fut act ind 1s, explain, interpret
² ὅλως, adv, completely, wholly, generally
³ ἀποκρύπτω fut act ind 1s, hide, conceal, keep secret
⁴ δηλόω aor act impv 2s, reveal, make clear, explain
⁵ πέτρα, ας, ἡ, rock, bedrock, boulder
⁶ πύλη, ης, ἡ, gate, door
⁷ πέτρα, ας, ἡ, rock, bedrock, boulder
⁸ πύλη, ης, ἡ, gate, door
⁹ πέτρα, ας, ἡ, rock, bedrock, boulder
¹⁰ παλαιός, ά, όν, old, ancient, obsolete
¹¹ πύλη, ης, ἡ, gate, door
¹² συνίημι pres act impv 2s, understand, comprehend
¹³ ἀσύνετος, ον, senseless, foolish
¹⁴ κτίσις, εως, ἡ, creation, that which is created
¹⁵ προγενής, ές, older
¹⁶ σύμβουλος, ου, ὁ, counselor, advisor
¹⁷ κτίσις, εως, ἡ, creation, that which is created
¹⁸ παλαιός, ά, όν, old, ancient, obsolete
¹⁹ πέτρα, ας, ἡ, rock, bedrock, boulder
²⁰ πύλη, ης, ἡ, gate, door
²¹ διατί, part, why?, how?
²² συντέλεια, ας, ἡ, completion, close, end
²³ φανερός, ά, όν, visible, clear, evident, known
²⁴ πύλη, ης, ἡ, gate, door
²⁵ πύλη, ης, ἡ, gate, door

ΠΟΙΜΗΝ—Παραβολαί

ἀπεληλυθότας εἰς τὴν οἰκοδομὴν[1] τοῦ πύργου,[2] τοὺς δὲ μὴ εἰσεληλυθότας πάλιν ἀποβεβλημένους[3] εἰς τὸν ἴδιον τόπον; Εἶδον, φημί, κύριε. Οὕτω, φησίν, εἰς τὴν βασιλείαν τοῦ Θεοῦ οὐδεὶς εἰσελεύσεται, εἰ μὴ λάβοι τὸ ὄνομα τοῦ υἱοῦ αὐτοῦ. **5** ἐὰν γὰρ εἰς πόλιν θελήσῃς εἰσελθεῖν τινά, κἀκείνη ἡ πόλις περιτετειχισμένη[4] κύκλῳ[5] καὶ μίαν ἔχει πύλην,[6] μήτι[7] δυνήσῃ εἰς τὴν πόλιν ἐκείνην εἰσελθεῖν εἰ μὴ διὰ τῆς πύλης[8] ἧς ἔχει; Πῶς γάρ, φημί, κύριε, δύναται ἄλλως;[9] Εἰ οὖν εἰς τὴν πόλιν οὐ δύνῃ εἰσελθεῖν εἰ μὴ διὰ τῆς πύλης[10] αὐτῆς, οὕτω, φησί, καὶ εἰς τὴν βασιλείαν τοῦ Θεοῦ ἄλλως[11] εἰσελθεῖν οὐ δύναται ἄνθρωπος εἰ μὴ διὰ τοῦ ὀνόματος τοῦ υἱοῦ αὐτοῦ τοῦ ἠγαπημένου ὑπ' αὐτοῦ. **6** εἶδες, φησί, τὸν ὄχλον τὸν οἰκοδομοῦντα τὸν πύργον;[12] Εἶδον, φημί, κύριε. Ἐκεῖνοι, φησί, πάντες ἄγγελοι ἔνδοξοί[13] εἰσι. τούτοις οὖν περιτετείχισται[14] ὁ Κύριος. ἡ δὲ πύλη[15] ὁ υἱὸς τοῦ Θεοῦ ἐστίν· αὕτη μία εἴσοδός[16] ἐστι πρὸς τὸν Κύριον. ἄλλως[17] οὖν οὐδεὶς εἰσελεύσεται πρὸς αὐτὸν εἰ μὴ διὰ τοῦ υἱοῦ αὐτοῦ. **7** εἶδες, φησί, τοὺς ἓξ[18] ἄνδρας καὶ τὸν μέσον αὐτῶν ἔνδοξον[19] καὶ μέγαν ἄνδρα τὸν περιπατοῦντα περὶ τὸν πύργον[20] καὶ τοὺς λίθους ἀποδοκιμάσαντα[21] ἐκ τῆς οἰκοδομῆς;[22] Εἶδον, φημί, κύριε.

---

[1] οἰκοδομή, ῆς, ἡ, building, edifice
[2] πύργος, ου, ὁ, tower, watchtower
[3] ἀποβάλλω perf mid/pass ptcp m.p.acc., take off, throw away, reject
[4] περιτειχίζω perf mid/pass ptcp f.s.nom., surround, surround with a wall
[5] κύκλῳ, adv, around; in a circle
[6] πύλη, ης, ἡ, gate, door
[7] μήτι, part, does not? otherwise
[8] πύλη, ης, ἡ, gate, door
[9] ἄλλως, adv, otherwise, in another way
[10] πύλη, ης, ἡ, gate, door
[11] ἄλλως, adv, otherwise, in another way
[12] πύργος, ου, ὁ, tower, watchtower
[13] ἔνδοξος, ον, honored, esteemed, glorious
[14] περιτειχίζω perf mid/pass ind 3s, surround, surround with a wall
[15] πύλη, ης, ἡ, gate, door
[16] εἴσοδος, ου, ἡ, entrance
[17] ἄλλως, adv, otherwise, in another way
[18] ἕξ, six
[19] ἔνδοξος, ον, honored, esteemed, glorious
[20] πύργος, ου, ὁ, tower, watchtower
[21] ἀποδοκιμάζω aor act ptcp m.s.acc., reject
[22] οἰκοδομή, ῆς, ἡ, building, edifice

**8** Ὁ ἔνδοξος,[1] φησίν, ἀνὴρ ὁ υἱὸς τοῦ Θεοῦ ἐστι, κἀκεῖνοι οἱ ἐξ[2] οἱ ἔνδοξοι[3] ἄγγελοί εἰσι δεξιὰ καὶ εὐώνυμα[4] συγκρατοῦντες[5] αὐτόν. τούτων, φησί, τῶν ἀγγέλων τῶν ἐνδόξων[6] οὐδεὶς εἰσελεύσεται πρὸς τὸν Θεὸν ἄτερ[7] αὐτοῦ· ὃς ἂν τὸ ὄνομα αὐτοῦ μὴ λάβῃ, οὐκ εἰσελεύσεται εἰς τὴν βασιλείαν τοῦ Θεοῦ.

**90:1 (Θ ́ 13)** Ὁ δὲ πύργος,[8] φημί, τίς ἐστιν; Ὁ πύργος,[9] φησίν, οὗτος ἡ Ἐκκλησία ἐστίν. **2** Αἱ δὲ παρθένοι[10] αὗται τίνες εἰσίν; Αὗται, φησίν, ἅγια πνεύματά εἰσι· καὶ ἄλλως[11] ἄνθρωπος οὐ δύναται εὑρεθῆναι εἰς τὴν βασιλείαν τοῦ Θεοῦ, ἐὰν μὴ αὗται αὐτὸν ἐνδύσωσι[12] τὸ ἔνδυμα[13] αὐτῶν· ἐὰν γὰρ τὸ ὄνομα μόνον λάβῃς, τὸ δὲ ἔνδυμα[14] παρὰ τούτων μὴ λάβῃς, οὐδὲν ὠφελήσῃ·[15] αὗται γὰρ αἱ παρθένοι[16] δυνάμεις εἰσὶ τοῦ υἱοῦ τοῦ Θεοῦ. ἐὰν οὖν τὸ ὄνομα φορῇς,[17] τὴν δὲ δύναμιν μὴ φορῇς[18] αὐτοῦ, εἰς μάτην[19] ἔσῃ τὸ ὄνομα αὐτοῦ φορῶν.[20] **3** τοὺς δὲ λίθους, φησίν, οὓς εἶδες

---

[1] ἔνδοξος, ον, honored, esteemed, glorious
[2] ἕξ, six
[3] ἔνδοξος, ον, honored, esteemed, glorious
[4] εὐώνυμος, ον, left
[5] συγκρατέω pres act ptcp m.p.nom., hold together, surround, support
[6] ἔνδοξος, ον, honored, esteemed, glorious
[7] ἄτερ, prep, without
[8] πύργος, ου, ὁ, tower, watchtower
[9] πύργος, ου, ὁ, tower, watchtower
[10] παρθένος, ου, ἡ, virgin, chaste person
[11] ἄλλως, adv, otherwise, in another way
[12] ἐνδύω aor act subj 3p, dress, clothe, wear
[13] ἔνδυμα, ατος, τό, garment, clothing, covering
[14] ἔνδυμα, ατος, τό, garment, clothing, covering
[15] ὠφελέω fut mid ind 2s, help, benefit, be of use to
[16] παρθένος, ου, ἡ, virgin, chaste person
[17] φορέω pres act subj 2s, carry constantly, bear, identify with, wear
[18] φορέω pres act subj 2s, carry constantly, bear, identify with, wear
[19] μάτην, adv, in vain
[20] φορέω pres act ptcp m.p.nom., carry constantly, bear, identify with, wear

ἀποβεβλημένους,¹ οὗτοι τὸ μὲν ὄνομα ἐφόρεσαν,² τὸν δὲ ἱματισμὸν³ τῶν παρθένων⁴ οὐκ ἐνεδύσαντο.⁵ Ποῖος, φημί, ἱματισμὸς⁶ αὐτῶν ἐστι, κύριε; Αὐτὰ τὰ ὀνόματα, φησίν, ἱματισμός⁷ ἐστιν αὐτῶν. ὃς ἂν τὸ ὄνομα τοῦ υἱοῦ τοῦ Θεοῦ φορῇ,⁸ καὶ τούτων ὀφείλει φορεῖν⁹ τὰ ὀνόματα· καὶ γὰρ αὐτὸς ὁ υἱὸς τὰ ὀνόματα τῶν παρθένων¹⁰ τούτων φορεῖ.¹¹ **4** ὅσους, φησί, λίθους εἶδες εἰς τὴν οἰκοδομὴν¹² τοῦ πύργου¹³ εἰσεληλυθότας, ἐπιδεδομένους¹⁴ διὰ τῶν χειρῶν αὐτῶν καὶ μείναντας εἰς τὴν οἰκοδομήν,¹⁵ τούτων τῶν παρθένων¹⁶ τὴν δύναμιν ἐνδεδυμένοι¹⁷ εἰσί. **5** διὰ τοῦτο βλέπεις τὸν πύργον¹⁸ μονόλιθον¹⁹ γεγονότα μετὰ τῆς πέτρας.²⁰ οὕτω καὶ οἱ πιστεύσαντες τῷ Κυρίῳ διὰ τοῦ υἱοῦ αὐτοῦ καὶ ἐνδιδυσκόμενοι²¹ τὰ πνεύματα ταῦτα, ἔσονται εἰς ἓν πνεῦμα, ἓν σῶμα, καὶ μία χρόα²² τῶν ἱματίων αὐτῶν. τῶν τοιούτων δὲ τῶν φορούντων²³ τὰ ὀνόματα τῶν παρθένων²⁴ ἐστὶν ἡ κατοικία²⁵

---

[1] ἀποβάλλω perf mid/pass ptcp m.p.acc., take off, throw away, reject
[2] φορέω aor act ind 3p, carry constantly, bear, identify with, wear
[3] ἱματισμός, οῦ, ὁ, clothing, apparel
[4] παρθένος, ου, ἡ, virgin, chaste person
[5] ἐνδύω aor mid ind 3p, dress, clothe, wear
[6] ἱματισμός, οῦ, ὁ, clothing, apparel
[7] ἱματισμός, οῦ, ὁ, clothing, apparel
[8] φορέω pres act subj 3s, carry constantly, bear, identify with, wear
[9] φορέω pres act inf, carry constantly, bear, identify with, wear
[10] παρθένος, ου, ἡ, virgin, chaste person
[11] φορέω pres act ind 3s, carry constantly, bear, identify with, wear
[12] οἰκοδομή, ῆς, ἡ, building, edifice
[13] πύργος, ου, ὁ, tower, watchtower
[14] ἐπιδίδωμι perf mid/pass ptcp m.p.acc., give, hand over, deliver
[15] οἰκοδομή, ῆς, ἡ, building, edifice
[16] παρθένος, ου, ἡ, virgin, chaste person
[17] ἐνδύω perf mid/pass ptcp m.p.nom., dress, clothe, wear
[18] πύργος, ου, ὁ, tower, watchtower
[19] μονόλιθος, ον, single stone, one-stoned
[20] πέτρα, ας, ἡ, rock, bedrock, boulder
[21] ἐνδιδύσκω pres mid/pass ptcp m.p.nom., dress, put on, wear
[22] χρόα, ας, ἡ, color
[23] φορέω pres act ptcp m.p.gen., carry constantly, bear, identify with, wear
[24] παρθένος, ου, ἡ, virgin, chaste person
[25] κατοικία, ας, ἡ, dwelling

## ΠΟΙΜΗΝ—Παραβολαί

εἰς τὸν πύργον.¹ **6** Οἱ οὖν, φημί, κύριε, ἀποβεβλημένοι² λίθοι διατί³ ἀπεβλήθησαν;⁴ διῆλθον γὰρ διὰ τῆς πύλης,⁵ καὶ διὰ τῶν χειρῶν τῶν παρθένων⁶ ἐτέθησαν εἰς τὴν οἰκοδομὴν⁷ τοῦ πύργου.⁸ Ἐπειδὴ⁹ πάντα σοι, φησί, μέλει,¹⁰ καὶ ἀκριβῶς¹¹ ἐξετάζεις,¹² ἄκουε περὶ τῶν ἀποβεβλημένων¹³ λίθων. **7** οὗτοι, φησί, πάντες τὸ ὄνομα τοῦ υἱοῦ τοῦ Θεοῦ ἔλαβον, ἔλαβον δὲ καὶ τὴν δύναμιν τῶν παρθένων¹⁴ τούτων. λαβόντες οὖν τὰ πνεύματα ταῦτα ἐνεδυναμώθησαν,¹⁵ καὶ ἦσαν μετὰ τῶν δούλων τοῦ Θεοῦ, καὶ ἦν αὐτῶν ἓν πνεῦμα καὶ ἓν σῶμα καὶ ἓν ἔνδυμα·¹⁶ τὰ γὰρ αὐτὰ ἐφρόνουν¹⁷ καὶ δικαιοσύνην εἰργάζοντο. **8** μετὰ οὖν χρόνον τινὰ ἀνεπείσθησαν¹⁸ ὑπὸ τῶν γυναικῶν ὧν εἶδες μέλανα¹⁹ ἱμάτια ἐνδεδυμένων,²⁰ τοὺς ὤμους²¹ ἔξω ἐχουσῶν καὶ τὰς τρίχας²² λελυμένας καὶ εὐμόρφων.²³ ταύτας ἰδόντες ἐπεθύμησαν²⁴ αὐτῶν καὶ ἐνεδύσαντο²⁵ τὴν δύναμιν αὐτῶν, τῶν δὲ παρθένων²⁶

---

[1] πύργος, ου, ὁ, tower, watchtower
[2] ἀποβάλλω perf mid/pass ptcp m.p.nom., take off, throw away, reject
[3] διατί, part, why?, how?
[4] ἀποβάλλω aor pass ind 3p, take off, throw away, reject
[5] πύλη, ης, ἡ, gate, door
[6] παρθένος, ου, ἡ, virgin, chaste person
[7] οἰκοδομή, ῆς, ἡ, building, edifice
[8] πύργος, ου, ὁ, tower, watchtower
[9] ἐπειδή, conj, when, after, because, since
[10] μέλει pres act ind 3s, be a concern, be of interest
[11] ἀκριβῶς, adv, accurately, carefully
[12] ἐξετάζω pres act ind 2s, inquire, examine, scrutinize
[13] ἀποβάλλω perf mid/pass ptcp m.p.gen., take off, throw away, reject
[14] παρθένος, ου, ἡ, virgin, chaste person
[15] ἐνδυναμόω aor pass ind 3p, strengthen, become strong
[16] ἔνδυμα, ατος, τό, garment, clothing, covering
[17] φρονέω impf act ind 3p, think, set one's mind to, judge
[18] ἀναπείθω aor pass ind 3p, induce
[19] μέλας, μέλαινα, μέλαν, black
[20] ἐνδύω perf mid/pass ptcp f.p.gen., dress, clothe, wear
[21] ὦμος, ου, ὁ, shoulder
[22] θρίξ, τριχός, ἡ, hair
[23] εὔμορφος, ον, beautiful, well-formed
[24] ἐπιθυμέω aor act ind 3p, desire, long for
[25] ἐνδύω aor mid ind 3p, dress, clothe, wear
[26] παρθένος, ου, ἡ, virgin, chaste person

ἀπεδύσαντο¹ τὴν δύναμιν. 9οὗτοι οὖν ἀπεβλήθησαν² ἀπὸ τοῦ οἴκου τοῦ Θεοῦ καὶ ἐκείναις παρεδόθησαν. οἱ δὲ μὴ ἀπατηθέντες³ τῷ κάλλει⁴ τῶν γυναικῶν τούτων ἔμειναν ἐν τῷ οἴκῳ τοῦ Θεοῦ. ἔχεις, φησί, τὴν ἐπίλυσιν⁵ τῶν ἀποβεβλημένων.⁶

**91:1 (Θ´ 14)** Τί οὖν, φημί, κύριε, ἐὰν οὗτοι οἱ ἄνθρωποι, τοιοῦτοι ὄντες, μετανοήσωσι καὶ ἀποβάλωσι⁷ τὰς ἐπιθυμίας τῶν γυναικῶν τούτων, καὶ ἐπανακάμψωσιν⁸ ἐπὶ τὰς παρθένους⁹ καὶ ἐν τῇ δυνάμει αὐτῶν καὶ ἐν τοῖς ἔργοις αὐτῶν πορευθῶσιν, οὐκ εἰσελεύσονται εἰς τὸν οἶκον τοῦ Θεοῦ; **2** Εἰσελεύσονται, φησίν, ἐὰν τούτων τῶν γυναικῶν ἀποβάλωσι¹⁰ τὰ ἔργα, τῶν δὲ παρθένων¹¹ ἀναλάβωσι¹² τὴν δύναμιν καὶ ἐν τοῖς ἔργοις αὐτῶν πορευθῶσι. διὰ τοῦτο γὰρ καὶ τῆς οἰκοδομῆς¹³ ἀνοχὴ¹⁴ ἐγένετο, ἵνα ἐὰν μετανοήσωσιν οὗτοι, ἀπέλθωσιν εἰς τὴν οἰκοδομὴν¹⁵ τοῦ πύργου.¹⁶ ἐὰν δὲ μὴ μετανοήσωσι, τότε ἄλλοι ἀπελεύσονται, καὶ οὗτοι εἰς τέλος ἐκβληθήσονται. **3** ἐπὶ τούτοις πᾶσιν ηὐχαρίστησα τῷ Κυρίῳ, ὅτι ἐσπλαγχνίσθη¹⁷ ἐπὶ πᾶσι τοῖς ἐπικαλουμένοις τὸ ὄνομα αὐτοῦ, καὶ ἐξαπέστειλε¹⁸ τὸν ἄγγελον τῆς μετανοίας¹⁹ εἰς

---

¹ ἀποδύομαι aor mid ind 3p, take off
² ἀποβάλλω aor pass ind 3p, take off, throw away, reject
³ ἀπατάω aor pass ptcp m.p.nom., deceive, mislead
⁴ κάλλος, ους, τό, beauty
⁵ ἐπίλυσις, εως, ἡ, explanation, interpretation
⁶ ἀποβάλλω perf mid/pass ptcp m.p.gen., take off, throw away, reject
⁷ ἀποβάλλω aor act subj 3p, take off, throw away, reject
⁸ ἐπανακάμπτω aor act subj 3p, return
⁹ παρθένος, ου, ἡ, virgin, chaste person
¹⁰ ἀποβάλλω aor act subj 3p, take off, throw away, reject
¹¹ παρθένος, ου, ἡ, virgin, chaste person
¹² ἀναλαμβάνω aor act subj 3p, take up, take to oneself
¹³ οἰκοδομή, ῆς, ἡ, building, edifice
¹⁴ ἀνοχή, ῆς, ἡ, relief, pause, forbearance
¹⁵ οἰκοδομή, ῆς, ἡ, building, edifice
¹⁶ πύργος, ου, ὁ, tower, watchtower
¹⁷ σπλαγχνίζομαι aor pass ind 3s, have pity, feel sympathy
¹⁸ ἐξαποστέλλω aor act ind 3s, send away, send off, dispatch
¹⁹ μετάνοια, ας, ἡ, repentance, turning around

ἡμᾶς τοὺς ἁμαρτήσαντας εἰς αὐτὸν καὶ ἀνεκαίνισεν,¹ ἡμῶν τὸ πνεῦμα καὶ ἤδη κατεφθαρμένων² ἡμῶν καὶ μὴ ἐχόντων ἐλπίδα τοῦ ζῆν ἀνενέωσε³ τὴν ζωὴν ἡμῶν. **4** Νῦν, φημί, κύριε, δήλωσόν⁴ μοι, διατί⁵ ὁ πύργος⁶ χαμαὶ⁷ οὐκ ᾠκοδόμηται, ἀλλ' ἐπὶ τὴν πέτραν⁸ καὶ ἐπὶ τὴν πύλην.⁹ Ὅτι, φησίν, ἄφρων¹⁰ εἶ καὶ ἀσύνετος,¹¹ ἐπερωτᾷς. Ἀνάγκην¹² ἔχω, φημί, κύριε, πάντα ἐπερωτᾶν σε, ὅτι οὐδ' ὅλως¹³ οὐδὲν δύναμαι νοῆσαι·¹⁴ τὰ γὰρ πάντα μεγάλα καὶ ἔνδοξά¹⁵ ἐστι καὶ δυσνόητα¹⁶ τοῖς ἀνθρώποις. **5** Ἄκουε, φησί· τὸ ὄνομα τοῦ υἱοῦ τοῦ Θεοῦ μέγα ἐστὶ καὶ ἀχώρητον,¹⁷ καὶ τὸν κόσμον ὅλον βαστάζει.¹⁸ εἰ οὖν πᾶσα ἡ κτίσις¹⁹ διὰ τοῦ υἱοῦ τοῦ Θεοῦ βαστάζεται,²⁰ τί δοκεῖς τοὺς κεκλημένους ὑπ' αὐτοῦ καὶ τὸ ὄνομα φοροῦντας²¹ τοῦ υἱοῦ τοῦ Θεοῦ καὶ πορευομένους ταῖς ἐντολαῖς αὐτοῦ; **6** βλέπεις οὖν ποίους βαστάζει;²² τοὺς ἐξ ὅλης καρδίας φοροῦντας²³ τὸ ὄνομα αὐτοῦ. αὐτὸς οὖν θεμέλιος²⁴ αὐτοῖς ἐγένετο,

---

¹ μετάνοια, ας, ἡ, repentance, turning around
² καταφθείρω perf mid/pass ptcp m.p.gen., destroy, ruin, corrupt
³ ἀνανεόω aor act ind 3s, renew
⁴ δηλόω aor act impv 2s, reveal, make clear, explain
⁵ διατί, part, why?, how?
⁶ πύργος, ου, ὁ, tower, watchtower
⁷ χαμαί, adv, on the ground, to the ground
⁸ πέτρα, ας, ἡ, rock, bedrock, boulder
⁹ πύλη, ης, ἡ, gate, door
¹⁰ ἄφρων, ονος, foolish, ignorant
¹¹ ἀσύνετος, ον, senseless, foolish, without understanding
¹² ἀνάγκη, ης, ἡ, necessity, pressure, compulsion
¹³ ὅλως, adv, completely, wholly, generally
¹⁴ νοέω aor act inf, perceive, comprehend, understand, think
¹⁵ ἔνδοξος, ον, honored, esteemed, glorious
¹⁶ δυσνόητος, ον, hard to understand
¹⁷ ἀχώρητος, ον, uncontained
¹⁸ βαστάζω pres act ind 3s, take up, bear, carry
¹⁹ κτίσις, εως, ἡ, creation, that which is created
²⁰ βαστάζω pres mid/pass ind 3s, take up, bear, carry
²¹ φορέω pres act ptcp m.p.acc., carry constantly, bear, identify with, wear
²² βαστάζω pres act ind 3s, take up, bear, carry
²³ φορέω pres act ptcp m.p.acc., carry constantly, bear, identify with, wear
²⁴ θεμέλιος, ου, ὁ, foundation

ΠΟΙΜΗΝ—Παραβολαί

καὶ ἡδέως¹ αὐτοὺς βαστάζει,² ὅτι οὐκ ἐπαισχύνονται³ τὸ ὄνομα αὐτοῦ φορεῖν.⁴

**92:1 (Θ´ 15)** Δήλωσόν⁵ μοι, φημί, κύριε, τῶν παρθένων⁶ τὰ ὀνόματα καὶ τῶν γυναικῶν τῶν τὰ μέλανα⁷ ἱμάτια ἐνδεδυμένων.⁸ Ἄκουε, φησί, τῶν παρθένων⁹ τὰ ὀνόματα τῶν ἰσχυροτέρων,¹⁰ τῶν εἰς τὰς γωνίας¹¹ σταθεισῶν. **2** ἡ μὲν πρώτη Πίστις, ἡ δὲ δευτέρα Ἐγκράτεια,¹² ἡ δὲ τρίτη Δύναμις, ἡ δὲ τετάρτη¹³ Μακροθυμία·¹⁴ αἱ δὲ ἕτεραι ἀνὰ¹⁵ μέσον τούτων σταθεῖσαι ταῦτα ἔχουσι τὰ ὀνόματα· Ἁπλότης,¹⁶ Ἀκακία,¹⁷ Ἁγνεία,¹⁸ Ἱλαρότης,¹⁹ Ἀλήθεια, Σύνεσις,²⁰ Ὁμόνοια,²¹ Ἀγάπη. ταῦτα τὰ ὀνόματα ὁ φορῶν²² καὶ τὸ ὄνομα τοῦ υἱοῦ τοῦ Θεοῦ δυνήσεται εἰς τὴν βασιλείαν τοῦ Θεοῦ εἰσελθεῖν. **3** ἄκουε, φησί, καὶ τὰ ὀνόματα τῶν γυναικῶν τῶν τὰ ἱμάτια μέλανα²³ ἐχουσῶν. καὶ ἐκ τούτων τέσσαρές εἰσι δυνατώτεραι· ἡ πρώτη Ἀπιστία,²⁴ ἡ δευτέρα Ἀκρασία,²⁵ ἡ δὲ τρίτη

---

¹ ἡδέως, adv, gladly
² βαστάζω pres act ind 3s, take up, bear, carry
³ ἐπαισχύνομαι pres mid/pass ind 3p, be ashamed
⁴ φορέω pres act inf, carry constantly, bear, identify with, wear
⁵ δηλόω aor act impv 2s, reveal, make clear, explain
⁶ παρθένος, ου, ἡ, virgin, chaste person
⁷ μέλας, μέλαινα, μέλαν, black
⁸ ἐνδύω perf mid/pass ptcp f.p.gen., dress, clothe, wear
⁹ παρθένος, ου, ἡ, virgin, chaste person
¹⁰ ἰσχυρός, ά, όν, strong, mighty, powerful
¹¹ γωνία, ας, ἡ, corner
¹² ἐγκράτεια, είας, ἡ, self-control
¹³ τέταρτος, η, ον, fourth, fourth part
¹⁴ μακροθυμία, ας, ἡ, patience, endurance, steadfastness
¹⁵ ἀνά, prep, between, among, in the midst of
¹⁶ ἁπλότης, ητος, ἡ, simplicity, sincerity, uprightness
¹⁷ ἀκακία, ας, ἡ, innocence, guilelessness
¹⁸ ἁγνεία, ας, ἡ, purity, chastity
¹⁹ ἱλαρότης, ητος, ἡ, cheerfulness, gladness
²⁰ σύνεσις, εως, ἡ, intelligence, understanding
²¹ ὁμόνοια, ας, ἡ, harmony, unanimity, oneness
²² φορέω pres act ptcp m.s.nom., carry constantly, bear, identify with, wear
²³ μέλας, μέλαινα, μέλαν, black
²⁴ ἀπιστία, ας, ἡ, unbelief
²⁵ ἀκρασία, ας, ἡ, self-indulgence, lack of self-control

Ἀπείθεια,[1] ἡ δὲ τετάρτη[2] Ἀπάτη.[3] αἱ δὲ ἀκόλουθοι[4] αὐτῶν καλοῦνται Λύπη,[5] Πονηρία,[6] Ἀσέλγεια,[7] Ὀξυχολία,[8] Ψεῦδος,[9] Ἀφροσύνη,[10] Καταλαλία,[11] Μῖσος.[12] ταῦτα τὰ ὀνόματα ὁ φορῶν[13] τοῦ Θεοῦ δοῦλος τὴν βασιλείαν μὲν ὄψεται τοῦ Θεοῦ, εἰς αὐτὴν δὲ οὐκ εἰσελεύσεται. **4** Οἱ λίθοι δέ, φημί, κύριε, Οἱ ἐκ τοῦ βυθοῦ[14] ἡρμοσμένοι[15] εἰς τὴν οἰκοδομὴν[16] τίνες εἰσίν; Οἱ μὲν πρῶτοι, φησίν, οἱ δέκα[17] οἱ εἰς τὰ θεμέλια[18] τεθειμένοι, πρώτη γενεά· οἱ δὲ εἴκοσι[19] πέντε δευτέρα γενεὰ ἀνδρῶν δικαίων· οἱ δὲ τριάκοντα[20] πέντε προφῆται τοῦ Θεοῦ καὶ διάκονοι[21] αὐτοῦ· οἱ δὲ τεσσεράκοντα[22] ἀπόστολοι καὶ διδάσκαλοι τοῦ κηρύγματος[23] τοῦ υἱοῦ τοῦ Θεοῦ. **5** Διατί[24] οὖν, φημί, κύριε, αἱ παρθένοι[25] καὶ τούτους τοὺς λίθους ἐπέδωκαν[26] εἰς τὴν οἰκοδομὴν[27] τοῦ πύργου,[28] διενέγκασαι[29] διὰ τῆς πύλης;[30] **6** Οὗτοι γάρ, φησί, πρῶτοι ταῦτα

---

[1] ἀπείθεια, ας, ἡ, disobedience
[2] τέταρτος, η, ον, fourth, fourth part
[3] ἀπάτη, ης, ἡ, deception, deceitfulness
[4] ἀκόλουθος, ον, following, follower
[5] λύπη, ης, ἡ, grief, sorrow, affliction
[6] πονηρία, ας, ἡ, wickedness
[7] ἀσέλγεια, ας, ἡ, licentiousness, self-abandonment
[8] ὀξυχολία, ας, ἡ, irritability, bad temper
[9] ψεῦδος, ους, τό, lie, falsehood
[10] ἀφροσύνη, ης, ἡ, foolishness, folly, lack of sense
[11] καταλαλιά, ᾶς, ἡ, slander, ill speech, defamation
[12] μῖσος, ους, τό, hate
[13] φορέω pres act ptcp m.s.nom., carry constantly, bear, identify with, wear
[14] βυθός, οῦ, ὁ, deep place, sea, depths of sea
[15] ἁρμόζω perf mid/pass ptcp m.p.nom., fit, join, join together
[16] οἰκοδομή, ῆς, ἡ, building, edifice
[17] δέκα, ten
[18] θεμέλιον, ου, τό, foundation, basis
[19] εἴκοσι, twenty
[20] τριάκοντα, thirty
[21] διάκονος, ου, ὁ, ἡ, minister, servant, assistant, intermediary
[22] τεσσεράκοντα, forty
[23] κήρυγμα, ατος, τό, proclamation
[24] διατί, part, why?, how?
[25] παρθένος, ου, ἡ, virgin, chaste person
[26] ἐπιδίδωμι aor act ind 3p, give, hand over, deliver
[27] οἰκοδομή, ῆς, ἡ, building, edifice
[28] πύργος, ου, ὁ, tower, watchtower
[29] διαφέρω aor act ptcp f.p.nom., carry through
[30] πύλη, ης, ἡ, gate, door

ΠΟΙΜΗΝ—Παραβολαί

τὰ πνεύματα ἐφόρεσαν,¹ καὶ ὅλως² ἀπ' ἀλλήλων οὐκ ἀπέστησαν,³ οὔτε τὰ πνεύματα ἀπὸ τῶν ἀνθρώπων, οὔτε οἱ ἄνθρωποι ἀπὸ τῶν πνευμάτων, ἀλλὰ παρέμειναν⁴ τὰ πνεύματα αὐτοῖς μέχρι⁵ τῆς κοιμήσεως⁶ αὐτῶν. καὶ εἰ μὴ ταῦτα τὰ πνεύματα μετ' αὐτῶν ἐσχήκεισαν, οὐκ ἂν εὔχρηστοι⁷ γεγόνεισαν τῇ οἰκοδομῇ⁸ τοῦ πύργου⁹ τούτου.

**93:1 (Θ´ 16)** Ἔτι μοι, φημί, κύριε, δήλωσον.¹⁰ Τί, φησίν, ἐπιζητεῖς;¹¹ Διατί,¹² φημί, κύριε, οἱ λίθοι ἐκ τοῦ βυθοῦ¹³ ἀνέβησαν καὶ εἰς τὴν οἰκοδομὴν¹⁴ ἐτέθησαν, πεφορηκότες¹⁵ τὰ πνεύματα ταῦτα; **2** Ἀνάγκην,¹⁶ φησίν, εἶχον δι' ὕδατος ἀναβῆναι, ἵνα ζωοποιηθῶσιν·¹⁷ οὐκ ἠδύναντο γὰρ ἄλλως¹⁸ εἰσελθεῖν εἰς τὴν βασιλείαν τοῦ Θεοῦ, εἰ μὴ τὴν νέκρωσιν¹⁹ ἀπέθεντο²⁰ τῆς ζωῆς αὐτῶν τῆς προτέρας.²¹ **3** ἔλαβον οὖν καὶ οὗτοι οἱ κεκοιμημένοι²² τὴν σφραγίδα²³ τοῦ υἱοῦ τοῦ Θεοῦ καὶ εἰσῆλθον εἰς τὴν βασιλείαν

---

¹ φορέω aor act ind 3p, carry constantly, bear, identify with, wear
² ὅλως, adv, completely, wholly, generally
³ ἀφίστημι aor act ind 3p, withdraw, depart, leave
⁴ παραμένω aor act ind 3p, remain, stay on, abide
⁵ μέχρι, prep, as far as, until
⁶ κοίμησις, εως, ἡ, sleep, lying down
⁷ εὔχρηστος, ον, useful, profitable
⁸ οἰκοδομή, ῆς, ἡ, building, edifice
⁹ πύργος, ου, ὁ, tower, watchtower
¹⁰ δηλόω aor act impv 2s, reveal, make clear, explain
¹¹ ἐπιζητέω pres act ind 2s, search for, wish for, desire
¹² διατί, part, why?, how?
¹³ βυθός, οῦ, ὁ, deep place, sea, depths of sea
¹⁴ οἰκοδομή, ῆς, ἡ, building, edifice
¹⁵ φορέω perf act ptcp m.p.nom., carry constantly, bear, identify with, wear
¹⁶ ἀνάγκη, ης, ἡ, necessity, pressure, compulsion
¹⁷ ζωοποιέω aor pass subj 3p, make alive
¹⁸ ἄλλως, adv, otherwise, in another way
¹⁹ νέκρωσις, εως, ἡ, death, putting to death, deadness
²⁰ ἀποτίθημι aor mid ind 3p, take off, lay aside
²¹ πρότερος, α, ον, former, earlier
²² κοιμάω perf mid/pass ptcp m.p.nom., sleep, fall asleep
²³ σφραγίς, ῖδος, ἡ, seal, mark, confirmation

τοῦ Θεοῦ· πρὶν¹ γάρ, φησί, φορέσαι² τὸν ἄνθρωπον τὸ ὄνομα τοῦ υἱοῦ τοῦ Θεοῦ, νεκρός ἐστιν· ὅταν δὲ λάβῃ τὴν σφραγίδα,³ ἀποτίθεται⁴ τὴν νέκρωσιν⁵ καὶ ἀναλαμβάνει⁶ τὴν ζωήν. **4** ἡ σφραγὶς⁷ οὖν τὸ ὕδωρ ἐστίν· εἰς τὸ ὕδωρ οὖν καταβαίνουσι νεκροὶ καὶ ἀναβαίνουσι ζῶντες. κἀκείνοις οὖν ἐκηρύχθη ἡ σφραγὶς⁸ αὕτη, καὶ ἐχρήσαντο⁹ αὐτῇ, ἵνα εἰσέλθωσιν εἰς τὴν βασιλείαν τοῦ Θεοῦ. **5** Διατί,¹⁰ φημί, κύριε, καὶ οἱ τεσσεράκοντα¹¹ λίθοι μετ' αὐτῶν ἀνέβησαν ἐκ τοῦ βυθοῦ,¹² ἤδη ἐσχηκότες τὴν σφραγίδα;¹³ Ὅτι, φησίν, οὗτοι οἱ ἀπόστολοι καὶ οἱ διδάσκαλοι οἱ κηρύξαντες τὸ ὄνομα τοῦ υἱοῦ τοῦ Θεοῦ, κοιμηθέντες¹⁴ ἐν δυνάμει καὶ πίστει τοῦ υἱοῦ τοῦ Θεοῦ ἐκήρυξαν καὶ τοῖς προκεκοιμημένοις,¹⁵ καὶ αὐτοὶ ἔδωκαν αὐτοῖς τὴν σφραγίδα¹⁶ τοῦ κηρύγματος.¹⁷ **6** κατέβησαν οὖν μετ' αὐτῶν εἰς τὸ ὕδωρ, καὶ πάλιν ἀνέβησαν· ἀλλ' οὗτοι ζῶντες κατέβησαν, καὶ πάλιν ζῶντες ἀνέβησαν· ἐκεῖνοι δὲ οἱ προκεκοιμημένοι¹⁸ νεκροὶ κατέβησαν, ζῶντες δὲ ἀνέβησαν. **7** διὰ τούτων οὖν ἐζωοποιήθησαν¹⁹ καὶ ἐπέγνωσαν τὸ ὄνομα τοῦ υἱοῦ τοῦ Θεοῦ. διὰ τοῦτο καὶ

---

[1] πρίν, adv, before
[2] φορέω aor act inf, carry constantly, bear, identify with, wear
[3] σφραγίς, ῖδος, ἡ, seal, mark, confirmation
[4] ἀποτίθημι pres mid/pass ind 3p, take off, lay aside
[5] νέκρωσις, εως, ἡ, death, putting to death, deadness
[6] ἀναλαμβάνω pres act ind 3s, take up, bear, take to oneself
[7] σφραγίς, ῖδος, ἡ, seal, mark, confirmation
[8] σφραγίς, ῖδος, ἡ, seal, mark, confirmation
[9] χράομαι aor mid ind 3p, make use of, employ, avail oneself of
[10] διατί, part, why?, how?
[11] τεσσεράκοντα, forty
[12] βυθός, οῦ, ὁ, deep place, sea, depths of sea
[13] σφραγίς, ῖδος, ἡ, seal, mark, confirmation
[14] κοιμάω aor pass ptcp m.p.nom., sleep, fall asleep
[15] προκοιμάω perf mid/pass ptcp m.p.dat., fall asleep previously
[16] σφραγίς, ῖδος, ἡ, seal, mark, confirmation
[17] κήρυγμα, ατος, τό, proclamation
[18] προκοιμάω perf mid/pass ptcp m.p.nom., fall asleep previously
[19] ζωοποιέω aor pass ind 3p, make alive

συνανέβησαν¹ μετ' αὐτῶν καὶ συνηρμόσθησαν² εἰς τὴν οἰκοδομὴν³ τοῦ πύργου,⁴ καὶ ἀλατόμητοι⁵ συνῳκοδομήθησαν·⁶ ἐν δικαιοσύνῃ γὰρ ἐκοιμήθησαν⁷ καὶ ἐν μεγάλῃ ἁγνείᾳ·⁸ μόνον δὲ τὴν σφραγίδα⁹ ταύτην οὐκ εἶχον. ἔχεις οὖν καὶ τὴν τούτων ἐπίλυσιν.¹⁰ Ἔχω, φημί, κύριε.

**94:1 (Θ′ 17)** Νῦν οὖν, κύριε, περὶ τῶν ὀρέων μοι δήλωσον·¹¹ διατί¹² ἄλλαι καὶ ἄλλαι εἰσὶν αἱ ἰδέαι¹³ καὶ ποικίλαι;¹⁴ Ἄκουε, φησί. τὰ ὄρη ταῦτα τὰ δώδεκα δώδεκα φυλαί εἰσιν αἱ κατοικοῦσαι ὅλον τὸν κόσμον. ἐκηρύχθη οὖν εἰς ταύτας ὁ υἱὸς τοῦ Θεοῦ διὰ τῶν ἀποστόλων. **2** Διατί¹⁵ δὲ ποικίλα,¹⁶ καὶ ἄλλη καὶ ἄλλη ἰδέα¹⁷ ἐστὶ τὰ ὄρη, δήλωσόν¹⁸ μοι, κύριε. Ἄκουε, φησίν. αἱ δώδεκα φυλαὶ αὗται αἱ κατοικοῦσαι ὅλον τὸν κόσμον δώδεκα ἔθνη εἰσί, ποικίλα¹⁹ δέ εἰσι τῇ φρονήσει²⁰ καὶ τῷ νοΐ·²¹ οἷα²² οὖν εἶδες τὰ ὄρη ποικίλα,²³ τοιαῦταί εἰσι καὶ τούτων αἱ ποικιλίαι²⁴ τοῦ νοὸς²⁵ τῶν

---

¹ συναναβαίνω aor act ind 3p, come up with, go up together
² συναρμόζω aor pass ind 3p, fit in with, be associated with, attune
³ οἰκοδομή, ῆς, ἡ, building, edifice
⁴ πύργος, ου, ὁ, tower, watchtower
⁵ ἀλατόμητος, ον, uncut
⁶ συνοικοδομέω aor pass ind 3p, build up, build together with
⁷ κοιμάω aor pass ind 3p, sleep, fall asleep
⁸ ἁγνεία, ας, ἡ, purity, chastity
⁹ σφραγίς, ῖδος, ἡ, seal, mark, confirmation
¹⁰ ἐπίλυσις, εως, ἡ, explanation, interpretation
¹¹ δηλόω aor act impv 2s, reveal, make clear, explain
¹² διατί, part, why?, how?
¹³ ἰδέα, ας, ἡ, appearance, form, kind
¹⁴ ποικίλος, η, ον, diverse, various
¹⁵ διατί, part, why?, how?
¹⁶ ποικίλος, η, ον, diverse, various
¹⁷ ἰδέα, ας, ἡ, appearance, form, kind
¹⁸ δηλόω aor act impv 2s, reveal, make clear, explain
¹⁹ ποικίλος, η, ον, diverse, various
²⁰ φρόνησις, εως, ἡ, mind, frame of mind, way of thinking, understanding
²¹ νοῦς, νοός, νοΐ, νοῦν, ὁ, mind, intellect, understanding
²² οἷος, α, ον, of what sort, such as, just as
²³ ποικίλος, η, ον, diverse, various
²⁴ ποικιλία, ας, ἡ, variety, diversity
²⁵ νοῦς, νοός, νοΐ, νοῦν, ὁ, mind, intellect, understanding

ἐθνῶν καὶ ἡ φρόνησις.¹ δηλώσω² δέ σοι καὶ ἑνὸς ἑκάστου τὴν πρᾶξιν.³ 3 Πρῶτον, φημί, κύριε, τοῦτο δήλωσον,⁴ διατί⁵ οὕτω ποικίλα⁶ ὄντα τὰ ὄρη, εἰς τὴν οἰκοδομὴν⁷ ὅταν ἐτέθησαν οἱ λίθοι αὐτῶν, μιᾷ χρόᾳ⁸ ἐγένοντο λαμπροί,⁹ ὡς καὶ οἱ ἐκ τοῦ βυθοῦ¹⁰ ἀναβεβηκότες λίθοι; 4 Ὅτι, φησί, πάντα τὰ ἔθνη τὰ ὑπὸ τὸν οὐρανὸν κατοικοῦντα, ἀκούσαντα καὶ πιστεύσαντα ἐπὶ τῷ ὀνόματι ἐκλήθησαν τοῦ υἱοῦ τοῦ Θεοῦ. λαβόντες οὖν τὴν σφραγίδα¹¹ μίαν φρόνησιν¹² ἔσχον καὶ ἕνα νοῦν,¹³ καὶ μία πίστις αὐτῶν ἐγένετο καὶ μία ἀγάπη, καὶ τὰ πνεύματα τῶν παρθένων¹⁴ μετὰ τοῦ ὀνόματος ἐφόρεσαν·¹⁵ διὰ τοῦτο ἡ οἰκοδομὴ¹⁶ τοῦ πύργου¹⁷ μιᾷ χρόᾳ¹⁸ ἐγένετο λαμπρὰ¹⁹ ὡς ὁ ἥλιος. 5 μετὰ δὲ τὸ εἰσελθεῖν αὐτοὺς ἐπὶ τὸ αὐτὸ καὶ γενέσθαι ἓν σῶμα, τινὲς ἐξ αὐτῶν ἐμίαναν²⁰ ἑαυτοὺς καὶ ἐξεβλήθησαν ἐκ τοῦ γένους²¹ τῶν δικαίων, καὶ πάλιν ἐγένοντο οἷοι²² πρότεροι²³ ἦσαν, μᾶλλον δὲ καὶ χείρονες.²⁴

---

[1] φρόνησις, εως, ἡ, mind, frame of mind, way of thinking, understanding
[2] δηλόω fut act ind 1s, reveal, make clear, explain
[3] πρᾶξις, εως, ἡ, deed, action, activity, function, way of acting
[4] δηλόω aor act impv 2s, reveal, make clear, explain
[5] διατί, part, why?, how?
[6] ποικίλος, η, ον, diverse, various
[7] οἰκοδομή, ῆς, ἡ, building, edifice
[8] χρόα, ας, ἡ, color
[9] λαμπρός, ά, όν, bright, clear, transparent
[10] βυθός, οῦ, ὁ, deep place, sea, depths of sea
[11] σφραγίς, ῖδος, ἡ, seal, mark, confirmation
[12] φρόνησις, εως, ἡ, mind, frame of mind, way of thinking, understanding
[13] νοῦς, νοός, νοΐ, νοῦν, ὁ, mind, intellect, understanding
[14] παρθένος, ου, ἡ, virgin, chaste person
[15] φορέω aor act ind 3p, carry constantly, bear, identify with, wear
[16] οἰκοδομή, ῆς, ἡ, building, edifice
[17] πύργος, ου, ὁ, tower, watchtower
[18] χρόα, ας, ἡ, color
[19] λαμπρός, ά, όν, bright, clear, transparent
[20] μιαίνω aor act ind 3p, stain, defile, pollute
[21] γένος, ους, τό, descendant, family, nation
[22] οἷος, α, ον, of what sort, such as, just as
[23] πρότερος, α, ον, former, earlier
[24] χείρων, ονος, worse, more severe

**95:1 (θ´ 18)** Πῶς, φημί, κύριε, ἐγένοντο χείρονες,[1] Θεὸν ἐπεγνωκότες; Ὁ μὴ γινώσκων, φησί, Θεὸν καὶ πονηρευόμενος[2] ἔχει κόλασίν[3] τινα τῆς πονηρίας[4] αὐτοῦ, ὁ δὲ Θεὸν ἐπιγνοὺς οὐκέτι ὀφείλει πονηρεύεσθαι,[5] ἀλλ' ἀγαθοποιεῖν.[6] **2** ἐὰν οὖν ὁ ὀφείλων ἀγαθοποιεῖν[7] πονηρεύηται,[8] οὐ δοκεῖ πλείονα πονηρίαν[9] ποιεῖν παρὰ τὸν μὴ γινώσκοντα τὸν Θεόν; διὰ τοῦτο οἱ μὴ ἐγνωκότες Θεὸν καὶ πονηρευόμενοι[10] κεκριμένοι εἰσὶν εἰς θάνατον, οἱ δὲ τὸν Θεὸν ἐγνωκότες καὶ τὰ μεγαλεῖα[11] αὐτοῦ ἑωρακότες καὶ πονηρευόμενοι[12] δισσῶς[13] κολασθήσονται[14] καὶ ἀποθανοῦνται εἰς τὸν αἰῶνα. οὕτως οὖν καθαρισθήσεται ἡ ἐκκλησία τοῦ Θεοῦ. **3** ὡς δὲ εἶδες ἐκ τοῦ πύργου[15] τοὺς λίθους ἡρμένους καὶ παραδεδομένους τοῖς πνεύμασι τοῖς πονηροῖς καὶ ἐκεῖθεν ἐκβληθέντας, καὶ ἔσται ἓν σῶμα τῶν κεκαθαρμένων·[16] ὥσπερ καὶ ὁ πύργος[17] ἐγένετο ὡς ἐξ ἑνὸς λίθου γεγονὼς μετὰ τὸ καθαρισθῆναι αὐτόν, οὕτως ἔσται καὶ ἡ ἐκκλησία τοῦ Θεοῦ μετὰ τὸ καθαρισθῆναι αὐτὴν καὶ ἀποβληθῆναι[18] τοὺς πονηροὺς καὶ ὑποκριτὰς[19] καὶ βλασφήμους[20] καὶ διψύχους[21] καὶ πονηρευ-

---

[1] χείρων, ονος, worse, more severe
[2] πονηρεύομαι pres mid/pass ptcp m.s.nom., do wrong, commit sin
[3] κόλασις, εως, ἡ, punishment
[4] πονηρία, ας, ἡ, wickedness, sinfulness
[5] πονηρεύομαι pres mid/pass inf, do wrong, commit sin
[6] ἀγαθοποιέω pres act inf, do good, be helpful, act benevolently
[7] ἀγαθοποιέω pres act inf, do good, be helpful, act benevolently
[8] πονηρεύομαι pres mid/pass subj 3s, do wrong, commit sin
[9] πονηρία, ας, ἡ, wickedness, sinfulness
[10] πονηρεύομαι pres mid/pass ptcp m.p.nom., do wrong, commit sin
[11] μεγαλεῖος, α, ον, great deeds, great works, greatness
[12] πονηρεύομαι pres mid/pass ptcp m.p.nom., do wrong, commit sin
[13] δισσῶς, adv, doubly
[14] κολάζω fut pass ind 3p, punish, penalize
[15] πύργος, ου, ὁ, tower, watchtower
[16] καθαίρω perf mid/pass ptcp m.p.gen., make clean, clear, prune
[17] πύργος, ου, ὁ, tower, watchtower
[18] ἀποβάλλω aor pass inf, take off, throw away, reject
[19] ὑποκριτής, οῦ, ὁ, actor, pretender, hypocrite
[20] βλάσφημος, ον, defaming, blasphemous, denigrating
[21] δίψυχος, ον, doubting, hesitating, double-minded

ομένους¹ ποικίλαις² πονηρίαις.³ **4** μετὰ τὸ τούτους ἀποβληθῆναι⁴ ἔσται ἡ ἐκκλησία τοῦ Θεοῦ ἓν σῶμα, μία φρόνησις,⁵ εἷς νοῦς,⁶ μία πίστις, μία ἀγάπη· καὶ τότε ὁ υἱὸς τοῦ Θεοῦ ἀγαλλιάσεται⁷ καὶ εὐφρανθήσεται⁸ ἐν αὐτοῖς ἀπειληφὼς⁹ τὸν λαὸν αὐτοῦ καθαρόν.¹⁰ Μεγάλως,¹¹ φημί, κύριε, καὶ ἐνδόξως¹² πάντα ἔχει. **5** ἔτι, φημί, κύριε, τῶν ὀρέων ἑνὸς ἑκάστου δήλωσόν¹³ μοι τὴν δύναμιν καὶ τὰς πράξεις,¹⁴ ἵνα πᾶσα ψυχὴ πεποιθυῖα ἐπὶ τὸν Κύριον ἀκούσασα δοξάσῃ τὸ μέγα καὶ θαυμαστὸν¹⁵ καὶ ἔνδοξον¹⁶ ὄνομα αὐτοῦ. Ἄκουε, φησί, τῶν ὀρέων τὴν ποικιλίαν¹⁷ καὶ τῶν δώδεκα ἐθνῶν.

**96:1 (ϑ´ 19)** Ἐκ τοῦ πρώτου ὄρους τοῦ μέλανος¹⁸ οἱ πιστεύσαντες τοιοῦτοί εἰσιν· ἀποστάται¹⁹ καὶ βλάσφημοι²⁰ εἰς τὸν Κύριον καὶ προδόται²¹ τῶν δούλων τοῦ Θεοῦ. τούτοις δὲ μετάνοια²² οὐκ ἔστι, θάνατος δὲ ἔστι, καὶ διὰ τοῦτο καὶ μέλανές²³

---

¹ πονηρεύομαι pres mid/pass ptcp m.p.acc., do wrong, commit sin
² ποικίλος, η, ον, diverse, various
³ πονηρία, ας, ἡ, wickedness, sinfulness
⁴ ἀποβάλλω aor pass inf, take off, throw away, reject
⁵ φρόνησις, εως, ἡ, mind, frame of mind, way of thinking, understanding
⁶ νοῦς, νοός, νοΐ, νοῦν, ὁ, mind, intellect, understanding
⁷ ἀγαλλιάω fut mid ind 3s, exult, be glad, rejoice
⁸ εὐφραίνω fut pass ind 3s, be glad, enjoy oneself, rejoice
⁹ ἀπολαμβάνω perf act ptcp m.s.nom., receive, take back, recover
¹⁰ καθαρός, ά, όν, clean, pure
¹¹ μεγάλως, adv, greatly, in greatness
¹² ἐνδόξως, adv, gloriously, in glory
¹³ δηλόω aor act impv 2s, reveal, make clear, explain
¹⁴ πρᾶξις, εως, ἡ, deed, action, activity, function, way of acting
¹⁵ θαυμαστός, ή, όν, wondrous, marvelous
¹⁶ ἔνδοξος, ον, honored, glorious, splendid
¹⁷ ποικιλία, ας, ἡ, variety, diversity
¹⁸ μέλας, μέλαινα, μέλαν, black
¹⁹ ἀποστάτης, ου, ὁ, deserter, traitor, rebel
²⁰ βλάσφημος, ον, defaming, blasphemous, denigrating
²¹ προδότης, ου, ὁ, traitor, betrayer
²² μετάνοια, ας, ἡ, repentance, turning around, conversion
²³ μέλας, μέλαινα, μέλαν, black

## ΠΟΙΜΗΝ—Παραβολαί

εἰσι· καὶ γὰρ τὸ γένος¹ αὐτῶν ἄνομόν² ἐστιν. **2** ἐκ δὲ τοῦ δευτέρου ὄρους τοῦ ψιλοῦ³ οἱ πιστεύσαντες τοιοῦτοί εἰσιν· ὑποκριταὶ⁴ καὶ διδάσκαλοι πονηρίας.⁵ καὶ οὗτοι οὖν τοῖς προτέροις⁶ ὅμοιοί εἰσι, μὴ ἔχοντες καρπὸν δικαιοσύνης· ὡς γὰρ τὸ ὄρος αὐτῶν ἄκαρπον,⁷ οὕτω καὶ οἱ ἄνθρωποι οἱ τοιοῦτοι ὄνομα μὲν ἔχουσιν, ἀπὸ δὲ τῆς πίστεως κενοί⁸ εἰσι, καὶ οὐδεὶς ἐν αὐτοῖς καρπὸς ἀληθείας. τούτοις οὖν μετάνοια⁹ κεῖται,¹⁰ ἐὰν ταχὺ¹¹ μετανοήσωσιν· ἐὰν δὲ βραδύνωσι,¹² μετὰ τῶν προτέρων¹³ ἔσται ὁ θάνατος αὐτῶν. **3** Διατί,¹⁴ φημί, κύριε, τούτοις μετάνοιά¹⁵ ἐστι, τοῖς δὲ πρώτοις οὐκ ἔστι; παρά τι γὰρ αἱ αὐταὶ αἱ πράξεις¹⁶ αὐτῶν εἰσί. Διὰ τοῦτο, φησί, τούτοις μετάνοια¹⁷ κεῖται,¹⁸ ὅτι οὐκ ἐβλασφήμησαν τὸν Κύριον αὐτῶν οὐδὲ ἐγένοντο προδόται¹⁹ τῶν δούλων τοῦ Θεοῦ· διὰ δὲ τὴν ἐπιθυμίαν τοῦ λήμματος²⁰ ὑπεκρίθησαν²¹ καὶ ἐδίδαξεν ἕκαστος κατὰ τὰς ἐπιθυμίας τῶν ἀνθρώπων τῶν ἁμαρτανόντων.

---

[1] γένος, ους, τό, descendant, family, nation
[2] ἄνομος, ον, lawless
[3] ψιλός, ή, όν, bare
[4] ὑποκριτής, οῦ, ὁ, actor, pretender, hypocrite
[5] πονηρία, ας, ἡ, wickedness, sinfulness
[6] πρότερος, α, ον, former, earlier
[7] ἄκαρπος, ον, unfruitful, unproductive, useless
[8] κενός, ή, όν, empty, in vain
[9] μετάνοια, ας, ἡ, repentance, turning around, conversion
[10] κεῖμαι pres mid/pass ind 3s, lie, exist, be valid
[11] ταχύ, adv, quickly
[12] βραδύνω pres act subj 3p, hesitate, delay
[13] πρότερος, α, ον, former, earlier
[14] διατί, part, why?, how?
[15] μετάνοια, ας, ἡ, repentance, turning around, conversion
[16] πρᾶξις, εως, ἡ, deed, action, activity, function, way of acting
[17] μετάνοια, ας, ἡ, repentance, turning around, conversion
[18] κεῖμαι pres mid/pass ind 3s, lie, exist, be valid
[19] προδότης, ου, ὁ, traitor, betrayer
[20] λῆμμα, ατος, τό, gain, profit
[21] ὑποκρίνομαι aor pass ind 3p, pretend, dissemble, play the hypocrite

## ΠΟΙΜΗΝ—Παραβολαί

ἀλλὰ τίσουσι[1] δίκην[2] τινά· κεῖται[3] δὲ αὐτοῖς μετάνοια[4] διὰ τὸ μὴ γενέσθαι αὐτοὺς βλασφήμους[5] μηδὲ προδότας.[6]

**97:1 (Θ´ 20)** Ἐκ δὲ τοῦ ὄρους τοῦ τρίτου τοῦ ἔχοντος ἀκάνθας[7] καὶ τριβόλους[8] οἱ πιστεύσαντες τοιοῦτοί εἰσιν· τινὲς ἐξ αὐτῶν οἱ μὲν πλούσιοι,[9] οἱ δὲ πραγματείαις[10] πολλαῖς ἐμπεφυρμένοι.[11] οἱ μὲν τρίβολοί[12] εἰσιν οἱ[13] αἱ δὲ ἄκανθαι[14] οἱ ἐν ταῖς πραγματείαις[15] ταῖς ποικίλαις[16] ἐμπεφυρμένοι.[17] **2** οὗτοι οὖν, οἱ ἐν πολλαῖς καὶ ποικίλαις[18] πραγματείαις[19] ἐμπεφυρμένοι,[20] οὐ κολλῶνται[21] τοῖς δούλοις τοῦ Θεοῦ, ἀλλ᾽ ἀποπλανῶνται[22] πνιγόμενοι[23] ὑπὸ τῶν πράξεων[24] αὐτῶν· οἱ δὲ πλούσιοι[25] δυσκόλως[26] κολλῶνται[27] τοῖς δούλοις τοῦ Θεοῦ, φοβούμενοι μή τι αἰτιαθῶσιν[28] ἀπ᾽ αὐτῶν· οἱ

---

[1] τίνω fut act ind 3p, pay, undergo a penalty
[2] δίκη, ης, ἡ, punishment, penalty, justice
[3] κεῖμαι pres mid/pass ind 3s, lie, exist, be valid
[4] μετάνοια, ας, ἡ, repentance, turning around, conversion
[5] βλάσφημος, ον, defaming, blasphemous, denigrating
[6] προδότης, ου, ὁ, traitor, betrayer
[7] ἄκανθα, ης, ἡ, thorny plant, thorn
[8] τρίβολος, ου, ὁ, thistle, briar
[9] πλούσιος, ία, ιον, rich, wealthy, abounding
[10] πραγματεία, ας, ἡ, activity, occupation, work
[11] ἐμφύρω perf mid/pass ptcp m.p.nom., mix in, knead in
[12] τρίβολος, ου, ὁ, thistle, briar
[13] πλούσιοι, πλούσιος, ία, ιον, rich, wealthy, abounding
[14] ἄκανθα, ης, ἡ, thorny plant, thorn
[15] πραγματεία, ας, ἡ, activity, occupation, work
[16] ποικίλος, η, ον, diverse, various
[17] ἐμφύρω perf mid/pass ptcp m.p.nom., mix in, knead in
[18] ποικίλος, η, ον, diverse, various
[19] πραγματεία, ας, ἡ, activity, occupation, work
[20] ἐμφύρω perf mid/pass ptcp m.p.nom., mix in, knead in
[21] κολλάω pres mid/pass ind 3p, join together, cling to, attach to
[22] ἀποπλανάω pres mid/pass ind 3p, mislead, lead astray
[23] πνίγω pres mid/pass ptcp m.p.nom., strangle, choke
[24] πρᾶξις, εως, ἡ, deed, action, activity, function, way of acting
[25] πλούσιος, ία, ιον, rich, wealthy, abounding
[26] δυσκόλως, adv, with difficulty, hard
[27] κολλάω pres mid/pass ind 3p, join together, cling to, attach to
[28] αἰτιάζω aor pass subj 3p, bear accusation, hold responsibility

ΠΟΙΜΗΝ—Παραβολαί

τοιοῦτοι οὖν δυσκόλως¹ εἰσελεύσονται εἰς τὴν βασιλείαν τοῦ Θεοῦ. **3** ὥσπερ γὰρ ἐν τριβόλοις² γυμνοῖς³ ποσὶ περιπατεῖν δύσκολόν⁴ ἐστιν, οὕτω καὶ τοῖς τοιούτοις δύσκολόν⁵ ἐστιν εἰς τὴν βασιλείαν τοῦ Θεοῦ εἰσελθεῖν.**4**ἀλλὰ τούτοις πᾶσι μετάνοιά⁶ ἐστι, ταχινὴ⁷ δέ, ἵν' ὃ τοῖς προτέροις⁸ χρόνοις οὐκ εἰργάσαντο, νῦν ἀναδράμωσιν⁹ ταῖς ἡμέραις καὶ ἀγαθόν τι ποιήσωσιν. ἐὰν οὖν μετανοήσωσι καὶ ἀγαθόν τι ποιήσωσι, ζήσονται τῷ Θεῷ· ἐὰν δὲ ἐπιμείνωσι¹⁰ ταῖς πράξεσιν¹¹ αὐτῶν, παραδοθήσονται ταῖς γυναιξὶν ἐκείναις, αἵτινες αὐτοὺς θανατώσουσιν.¹²

**98:1 (Θ´ 21)** Ἐκ δὲ τοῦ τετάρτου¹³ ὄρους τοῦ ἔχοντος βοτάνας¹⁴ πολλάς, τὰ μὲν ἐπάνω¹⁵ τῶν βοτανῶν¹⁶ χλωρά,¹⁷ τὰ δὲ πρὸς ταῖς ῥίζαις¹⁸ ξηρά,¹⁹ τινὲς δὲ καὶ ἀπὸ τοῦ ἡλίου ξηραινόμεναι,²⁰ οἱ πιστεύσαντες τοιοῦτοί εἰσιν· οἱ μὲν δίψυχοι,²¹ οἱ δὲ τὸν Κύριον ἔχοντες ἐπὶ τὰ χείλη,²² ἐπὶ τὴν καρδίαν δὲ μὴ ἔχοντες. **2** διὰ τοῦτο τὰ θεμέλια²³ αὐτῶν ξηρά²⁴ ἐστι καὶ δύναμιν μὴ ἔχοντα, καὶ τὰ

---

¹ δυσκόλως, adv, with difficulty, hard
² τρίβολος, ου, ὁ, thistle, briar
³ γυμνός, ή, όν, bare, uncovered, naked
⁴ δύσκολος, ον, hard, difficult, troublesome
⁵ δύσκολος, ον, hard, difficult, troublesome
⁶ μετάνοια, ας, ἡ, repentance, turning around, conversion
⁷ ταχινός, ή, όν, quick, in haste, soon, imminent
⁸ πρότερος, α, ον, former, earlier
⁹ ἀνατρέχω aor act subj 3p, run back, run up, make up for
¹⁰ ἐπιμένω aor act subj 3p, remain, stay, persist in
¹¹ πρᾶξις, εως, ἡ, deed, action, activity, function, way of acting
¹² θανατόω fut act ind 3p, put to death
¹³ τέταρτος, η, ον, fourth, fourth part
¹⁴ βοτάνη, ης, ἡ, herb, plant, vegetation
¹⁵ ἐπάνω, adv, above, over, upper
¹⁶ βοτάνη, ης, ἡ, herb, plant, vegetation
¹⁷ χλωρός, ά, όν, (light) green
¹⁸ ῥίζα, ης, ἡ, root, shoot
¹⁹ ξηρός, ά, όν, dry, dried up, withered
²⁰ ξηραίνω pres mid/pass ptcp f.p.nom., dry, dry up
²¹ δίψυχος, ον, doubting, hesitating, double-minded
²² χεῖλος, ους, τό, lips, shore
²³ θεμέλιον, ου, τό, foundation, basis
²⁴ ξηρός, ά, όν, dry, dried up, withered

ῥήματα αὐτῶν μόνα ζῶσι, τὰ δὲ ἔργα αὐτῶν νεκρά ἐστιν. οἱ τοιοῦτοι οὔτε ζῶσιν οὔτε τεθνήκασιν.[1] ὅμοιοι οὖν εἰσὶ τοῖς διψύχοις·[2] καὶ γὰρ οἱ δίψυχοι[3] οὔτε χλωροί[4] εἰσιν οὔτε ξηροί·[5] οὔτε γὰρ ζῶσιν οὔτε τεθνήκασιν.[6] **3** ὥσπερ γὰρ αἱ βοτάναι[7] ἥλιον ἰδοῦσαι ἐξηράνθησαν,[8] οὕτω καὶ οἱ δίψυχοι,[9] ὅταν θλῖψιν ἀκούσωσι, διὰ τὴν δειλίαν[10] αὐτῶν εἰδωλολατροῦσι[11] καὶ τὸ ὄνομα ἐπαισχύνονται[12] τοῦ Κυρίου αὐτῶν. **4** οἱ τοιοῦτοι οὖν οὔτε ζῶσιν οὔτε τεθνήκασιν.[13] ἀλλὰ καὶ οὗτοι, ἐὰν ταχὺ[14] μετανοήσωσι, δύνανται ζῆσαι· ἐὰν δὲ μὴ μετανοήσωσιν, ἤδη παραδεδομένοι εἰσὶ ταῖς γυναιξὶ ταῖς ἀποφερομέναις[15] τὴν ζωὴν αὐτῶν.

**99:1 (ϑ΄ 22)** Ἐκ δὲ τοῦ ὄρους τοῦ πέμπτου[16] τοῦ ἔχοντος βοτάνας[17] χλωρὰς[18] καὶ τραχέος[19] ὄντος οἱ πιστεύσαντες τοιοῦτοί εἰσι· πιστοὶ μέν, δυσμαθεῖς[20] δὲ καὶ αὐθάδεις[21] καὶ ἑαυτοῖς ἀρέσκοντες,[22] θέλοντες πάντα γινώσκειν, καὶ οὐδὲν ὅλως.[23]

---

[1] θνήσκω perf act ind 3p, die
[2] δίψυχος, ον, doubting, hesitating, double-minded
[3] δίψυχος, ον, doubting, hesitating, double-minded
[4] χλωρός, ά, όν, (light) green
[5] ξηρός, ά, όν, dry, dried up, withered
[6] θνήσκω perf act ind 3p, die
[7] βοτάνη, ης, ἡ, herb, plant, vegetation
[8] ξηραίνω aor pass ind 3p, dry, dry up
[9] δίψυχος, ον, doubting, hesitating, double-minded
[10] δειλία, ας, ἡ, cowardice
[11] εἰδωλολατρέω pres act ind 3p, become an idolater, worship images
[12] ἐπαισχύνομαι pres mid/pass ind 3p, be ashamed
[13] θνήσκω perf act ind 3p, die
[14] ταχύ, adv, quickly
[15] ἀποφέρω pres mid/pass ptcp f.p.dat., carry away, take away, lead off
[16] πέμπτος, η, ον, fifth
[17] βοτάνη, ης, ἡ, herb, plant, vegetation
[18] χλωρός, ά, όν, (light) green
[19] ραχύς, εῖα, ύ, rugged, rough, uneven, harsh
[20] δυσμαθής, ές, slow to learn, daft
[21] αὐθάδης, ες, stubborn, arrogant
[22] ἀρέσκω pres act ptcp m.p.nom., please, flatter accomodate
[23] ὅλως, adv, completely, wholly, generally γινώσκουσι

2 διὰ τὴν αὐθάδειαν¹ αὐτῶν ταύτην ἀπέστη² ἀπ' αὐτῶν ἡ σύνεσις³ καὶ εἰσῆλθεν εἰς αὐτοὺς ἀφροσύνη⁴ μωρά.⁵ ἐπαινοῦσι⁶ δὲ ἑαυτοὺς ὡς σύνεσιν⁷ ἔχοντας καὶ θέλουσιν ἐθελοδιδάσκαλοι⁸ εἶναι, ἄφρονες⁹ ὄντες. 3 διὰ ταύτην οὖν τὴν ὑψηλοφροσύνην¹⁰ πολλοὶ ἐκενώθησαν¹¹ ὑψοῦντες¹² ἑαυτούς· μέγα γὰρ δαιμόνιόν ἐστιν ἡ αὐθάδεια¹³ καὶ ἡ κενὴ¹⁴ πεποίθησις·¹⁵ ἐκ τούτων οὖν πολλοὶ ἀπεβλήθησαν,¹⁶ τινὲς δὲ μετενόησαν καὶ ἐπίστευσαν καὶ ὑπέταξαν ἑαυτοὺς τοῖς ἔχουσι σύνεσιν,¹⁷ γνόντες τὴν ἑαυτῶν ἀφροσύνην.¹⁸ 4 καὶ τοῖς λοιποῖς δὲ τοῖς τοιούτοις κεῖται¹⁹ μετάνοια·²⁰ οὐκ ἐγένοντο γὰρ πονηροί, μᾶλλον δὲ μωροὶ²¹ καὶ ἀσύνετοι.²² οὗτοι οὖν ἐὰν μετανοήσωσι, ζήσονται τῷ Θεῷ· ἐὰν δὲ μὴ μετανοήσωσι, κατοικήσουσι μετὰ τῶν γυναικῶν τῶν πονηρευομένων²³ εἰς αὐτούς.

---

¹ αὐθάδεια, ας, ἡ, stubbornness, self-will, arrogance
² ἀφίστημι aor act ind 3s, mislead, go away, withdraw
³ σύνεσις, εως, ἡ, understanding, intelligence, insight, comprehension
⁴ ἀφροσύνη, ης, ἡ, foolishness, senselessness
⁵ μωρός, ά, όν, foolish, stupid
⁶ ἐπαινέω pres act ind 3p, praise
⁷ σύνεσις, εως, ἡ, understanding, intelligence, insight, comprehension
⁸ ἐθελοδιδάσκαλος, ου, ὁ, self-proclaimed teacher
⁹ ἄφρων, ονος, foolish, senseless, ignorant
¹⁰ ὑψηλοφροσύνη, ης, ἡ, pride, haughtiness, high-mindedness
¹¹ κενόω aor pass ind 3p, empty, make empty, destroy, render void
¹² ὑψόω pres act ptcp m.p.nom., lift up, raise high, exalt
¹³ αὐθάδεια, ας, ἡ, stubbornness, willfulness, arrogance
¹⁴ κενός, ή, όν, empty, in vain
¹⁵ πεποίθησις, εως, ἡ, trust, confidence
¹⁶ ἀποβάλλω aor pass ind 3p, take off, throw away, reject
¹⁷ σύνεσις, εως, ἡ, understanding, intelligence, insight, comprehension
¹⁸ ἀφροσύνη, ης, ἡ, foolishness, senselessness
¹⁹ κεῖμαι pres mid/pass ind 3s, lie, recline; be given, exist, be valid for
²⁰ μετάνοια, ας, ἡ, repentance, turning around, conversion
²¹ μωρός, ά, όν, foolish, stupid
²² ἀσύνετος, ον, senseless, foolish
²³ πονηρεύομαι pres mid/pass ptcp f.p.gen., do wrong, commit sin; work evil

**100:1 (Θ´ 23)** Οἱ δὲ ἐκ τοῦ ὄρους τοῦ ἕκτου¹ τοῦ ἔχοντος σχισμὰς² μεγάλας καὶ μικρὰς καὶ ἐν ταῖς σχισμαῖς³ βοτάνας⁴ μεμαρασμένας⁵ πιστεύσαντες τοιοῦτοί εἰσιν· **2** οἱ μὲν τὰς σχισμὰς⁶ τὰς μικρὰς ἔχοντες, οὗτοί εἰσιν οἱ κατ' ἀλλήλων ἔχοντες, καὶ ἀπὸ τῶν καταλαλιῶν⁷ ἑαυτῶν μεμαρασμένοι⁸ εἰσὶν ἐν τῇ πίστει· ἀλλὰ μετενόησαν ἐκ τούτων πολλοί. καὶ οἱ λοιποὶ δὲ μετανοήσουσιν, ὅταν ἀκούσωσί μου τὰς ἐντολάς· μικραὶ γὰρ αὐτῶν εἰσιν αἱ καταλαλιαί,⁹ καὶ ταχὺ¹⁰ μετανοήσουσιν. **3** οἱ δὲ μεγάλας ἔχοντες σχισμάς,¹¹ οὗτοι παράμονοί¹² εἰσι ταῖς καταλαλιαῖς¹³ αὐτῶν καὶ μνησίκακοι¹⁴ γίνονται μηνιῶντες¹⁵ ἀλλήλοις. οὗτοι οὖν ἀπὸ τοῦ πύργου¹⁶ ἀπερρίφησαν¹⁷ καὶ ἀπεδοκιμάσθησαν¹⁸ τῆς οἰκοδομῆς¹⁹ αὐτοῦ. οἱ τοιοῦτοι οὖν δυσκόλως²⁰ ζήσονται. **4** εἰ ὁ Θεὸς καὶ ὁ Κύριος ἡμῶν ὁ πάντων κυριεύων²¹ καὶ ἔχων πάσης τῆς κτίσεως²² αὐτοῦ τὴν ἐξουσίαν οὐ μνησικακεῖ²³ τοῖς ἐξομολογουμένοις²⁴ τὰς ἁμαρτίας αὐτῶν, ἀλλ'

---

¹ ἕκτος, η, ον, sixth
² σχισμή, ῆς, ἡ, crack, fissure, cleft
³ σχισμή, ῆς, ἡ, crack, fissure, cleft
⁴ βοτάνη, ης, ἡ, herb, plant, vegetation
⁵ μαραίνω perf mid/pass ptcp f.p.acc., die out, fade, wither
⁶ σχισμή, ῆς, ἡ, crack, fissure, cleft
⁷ καταλαλιά, ᾶς, ἡ, slander, evil speech, defamation
⁸ μαραίνω perf mid/pass ptcp m.p.nom., die out, fade, wither
⁹ καταλαλιά, ᾶς, ἡ, slander, evil speech, defamation
¹⁰ ταχύ, adv, quickly
¹¹ σχισμή, ῆς, ἡ, crack, fissure, cleft
¹² παράμονος, ον, lasting, constant, persisting, stubborn
¹³ καταλαλιά, ᾶς, ἡ, slander, evil speech, defamation
¹⁴ μνησίκακος, ον, vengeful
¹⁵ μηνιάω pres act ptcp m.p.nom., bear grudge, keep anger
¹⁶ πύργος, ου, ὁ, tower, watchtower
¹⁷ ἀπορρίπτω aor pass ind 3p, throw away, drive away
¹⁸ ἀποδοκιμάζω aor pass ind 3p, reject
¹⁹ οἰκοδομή, ῆς, ἡ, building, construction, edifice
²⁰ δυσκόλως, adv, with difficulty, hard
²¹ κυριεύω pres act ptcp m.s.nom., rule, be master of
²² κτίσις, εως, ἡ, creation, world, created thing
²³ μνησικακέω pres act ind 3s, bear a grudge, have malice, remember evil
²⁴ ἐξομολογέω pres mid/pass ptcp m.p.dat., confess, consent, admit

## ΠΟΙΜΗΝ—Παραβολαί

ἵλεως¹ γίνεται, ἄνθρωπος φθαρτὸς² ὢν καὶ πλήρης³ ἁμαρτιῶν ἀνθρώπῳ μνησικακεῖ⁴ ὡς δυνάμενος ἀπολέσαι ἢ σῶσαι αὐτόν; **5** λέγω δὲ ὑμῖν, ὁ ἄγγελος τῆς μετανοίας,⁵ ὅσοι ταύτην ἔχετε τὴν αἵρεσιν,⁶ ἀπόθεσθε⁷ αὐτὴν καὶ μετανοήσατε, καὶ ὁ Κύριος ἰάσεται⁸ ὑμῶν τὰ πρότερα⁹ ἁμαρτήματα,¹⁰ ἐὰν καθαρίσητε ἑαυτοὺς ἀπὸ τούτου τοῦ δαιμονίου· εἰ δὲ μή, παραδοθήσεσθε αὐτῷ εἰς θάνατον.

**101:1 (Θ´ 24)** Ἐκ δὲ τοῦ ἑβδόμου¹¹ ὄρους, ἐν ᾧ βοτάναι¹² χλωραὶ¹³ καὶ ἱλαραί,¹⁴ καὶ ὅλον τὸ ὄρος εὐθηνοῦν,¹⁵ καὶ πᾶν γένος¹⁶ κτηνῶν¹⁷ καὶ τὰ πετεινὰ¹⁸ τοῦ οὐρανοῦ ἐνέμοντο¹⁹ τὰς βοτάνας²⁰ ἐν τούτῳ τῷ ὄρει, καὶ αἱ βοτάναι²¹ ἃς ἐνέμοντο²² μᾶλλον εὐθαλεῖς²³ ἐγίνοντο, οἱ πιστεύσαντες τοιοῦτοί εἰσι· **2** πάντοτε ἁπλοῖ²⁴ καὶ ἄκακοι²⁵ καὶ μακάριοι ἐγίνοντο, μηδὲν κατ᾽ ἀλλήλων ἔχοντες, ἀλλὰ πάντοτε ἀγαλλιώμενοι²⁶ ἐπὶ τοῖς δούλοις τοῦ Θεοῦ καὶ

---

¹ ἵλεως, ων, propitious, gracious, merciful
² φθαρτός, ή, όν, perishable, mortal
³ πλήρης, ες, full, filled, complete
⁴ μνησικακέω pres act ind 3s, bear a grudge, have malice, remember evil
⁵ μετάνοια, ας, ἡ, repentance, turning around, conversion
⁶ αἵρεσις, έσεως, ἡ, faction, sect, heresy
⁷ ἀποτίθημι aor mid impv 2p, take off, put away, lay aside
⁸ ἰάομαι fut mid ind 3s, heal, cure, restore
⁹ πρότερος, α, ον, former, earlier
¹⁰ ἁμάρτημα, τος, τό, sin, transgression
¹¹ ἕβδομος, η, ον, seventh
¹² βοτάνη, ης, ἡ, herb, plant, vegetation
¹³ χλωρός, ά, όν, (light) green
¹⁴ ἱλαρός, ά, όν, cheerful, glad, joyful
¹⁵ εὐθηνέω pres act ptcp n.s.nom., thrive, flourish
¹⁶ γένος, ους, τό, descendant, family, nation; class, kind
¹⁷ κτῆνος, ους, τό, animal, beast, cattle
¹⁸ πετεινόν, οῦ, τό, bird
¹⁹ νέμω impf mid/pass ind 3p, graze, feed
²⁰ βοτάνη, ης, ἡ, herb, plant, vegetation
²¹ βοτάνη, ης, ἡ, herb, plant, vegetation
²² νέμω impf mid/pass ind 3p, graze, feed
²³ εὐθαλής, ές, flourishing, thriving
²⁴ ἁπλοῦς, ῆ, οῦν, guileless, sincere
²⁵ ἄκακος, ον, innocent, guileless
²⁶ ἀγαλλιάω pres mid/pass ptcp m.p.nom., rejoice, exult, be glad

ἐνδεδυμένοι¹ τὸ πνεῦμα τὸ ἅγιον τούτων τῶν παρθένων² καὶ πάντοτε σπλάγχνον³ ἔχοντες ἐπὶ πάντα ἄνθρωπον, καὶ ἐκ τῶν κόπων⁴ αὐτῶν παντὶ ἀνθρώπῳ ἐχορήγησαν⁵ ἀνονειδίστως⁶ καὶ ἀδιστάκτως.⁷ **3** ὁ οὖν Κύριος ἰδὼν τὴν ἁπλότητα⁸ αὐτῶν καὶ πᾶσαν νηπιότητα⁹ ἐπλήθυνεν¹⁰ αὐτοὺς ἐν τοῖς κόποις¹¹ τῶν χειρῶν αὐτῶν καὶ ἐχαρίτωσεν¹² αὐτοὺς ἐν πάσῃ πράξει¹³ αὐτῶν. **4** λέγω δὲ ὑμῖν τοῖς τοιούτοις οὖσιν ἐγὼ ὁ ἄγγελος τῆς μετανοίας·¹⁴ διαμείνατε¹⁵ τοιοῦτοι, καὶ οὐκ ἐξαλειφθήσεται¹⁶ τὸ σπέρμα ὑμῶν ἕως αἰῶνος· ἐδοκίμασε¹⁷ γὰρ ὑμᾶς ὁ Κύριος καὶ ἐνέγραψεν ὑμᾶς εἰς τὸν ἀριθμὸν¹⁸ τὸν ἡμέτερον,¹⁹ καὶ ὅλον τὸ σπέρμα ὑμῶν κατοικήσει μετὰ τοῦ υἱοῦ τοῦ Θεοῦ· ἐκ γὰρ τοῦ πνεύματος αὐτοῦ ἐλάβετε.

**102:1 (ϑ´ 25)** Ἐκ δὲ τοῦ ὄρους τοῦ ὀγδόου,²⁰ οὗ ἦσαν αἱ πολλαὶ πηγαὶ²¹ καὶ πᾶσα ἡ κτίσις²² τοῦ Κυρίου ἐποτίζετο²³ ἐκ τῶν πηγῶν,²⁴ οἱ πιστεύσαντες τοιοῦτοί εἰσιν· **2** ἀπόστολοι καὶ διδάσκαλοι οἱ κηρύξαντες εἰς ὅλον τὸν κόσμον καὶ οἱ διδάξαντες

---

[1] ἐνδύω perf mid/pass ptcp m.p.nom., dress, put on, clothe
[2] παρθένος, ου, ἡ, virgin, chaste person
[3] σπλάγχνον, ου, τό, inward parts; heart, feeling, compassion
[4] κόπος, ου, ὁ, labor, toil, trouble
[5] χορηγέω aor act ind 3p, provide, supply
[6] ἀνονειδίστως, adv, without reproach
[7] ἀδιστάκτως, adv, without doubt, without hesitation
[8] ἁπλότης, ητος, ἡ, simplicity, genuineness, sincerity
[9] νηπιότης, ητος, ἡ, childlikeness
[10] πληθύνω impf act ind 3s, increase, abound, multiply
[11] κόπος, ου, ὁ, labor, toil, trouble
[12] χαριτόω aor act ind 3s, favor highly, bless
[13] πρᾶξις, εως, ἡ, deed, action, activity, function, way of acting
[14] μετάνοια, ας, ἡ, repentance, turning around, conversion
[15] διαμένω aor act impv 2p, remain
[16] ἐξαλείφω fut pass ind 3s, wipe away, erase, blot out, destroy
[17] δοκιμάζω aor act ind 3s, put to the test examine, prove
[18] ἀριθμός, οῦ, ὁ, number
[19] ἡμέτερος, α, ον, our
[20] ὄγδοος, η, ον, eighth
[21] πηγή, ῆς, ἡ, spring, fountain
[22] κτίσις, εως, ἡ, creation, creature
[23] ποτίζω impf mid/pass ind 3s, drink, give a drink
[24] πηγή, ῆς, ἡ, spring, fountain

σεμνῶς¹ καὶ ἁγνῶς² τὸν λόγον τοῦ Κυρίου, καὶ μηδὲν ὅλως³ νοσφισάμενοι⁴ εἰς ἐπιθυμίαν πονηράν, ἀλλὰ πάντοτε ἐν δικαιοσύνῃ καὶ ἀληθείᾳ πορευθέντες, καθὼς καὶ παρέλαβον τὸ πνεῦμα τὸ ἅγιον. τῶν τοιούτων οὖν ἡ πάροδος⁵ μετὰ τῶν ἀγγέλων ἐστίν.

**103:1 (Θ΄ 26)** Ἐκ δὲ τοῦ ὄρους τοῦ ἐνάτου⁶ τοῦ ἐρημώδους,⁷ τοῦ τὰ ἑρπετὰ⁸ καὶ θηρία ἐν αὐτῷ ἔχοντος τὰ διαφθείροντα⁹ τοὺς ἀνθρώπους, οἱ πιστεύσαντες τοιοῦτοί εἰσιν· **2** οἱ μὲν τοὺς σπίλους¹⁰ ἔχοντες διάκονοί¹¹ εἰσι κακῶς¹² διακονήσαντες καὶ διαρπάσαντες¹³ χηρῶν¹⁴ καὶ ὀρφανῶν¹⁵ τὴν ζωήν, καὶ ἑαυτοῖς περιποιησάμενοι¹⁶ ἐκ τῆς διακονίας ἧς ἔλαβον διακονῆσαι· ἐὰν οὖν ἐπιμείνωσι¹⁷ τῇ αὐτῇ ἐπιθυμίᾳ, ἀπέθανον καὶ οὐδεμία αὐτοῖς ἐλπὶς ζωῆς· ἐὰν δὲ ἐπιστρέψωσι καὶ ἁγνῶς¹⁸ τελειώσωσι¹⁹ τὴν διακονίαν αὐτῶν, δυνήσονται ζῆσαι. **3** οἱ δὲ ἐψωριακότες,²⁰ οὗτοι οἱ ἀρνησάμενοί εἰσι καὶ μὴ ἐπιστρέψαντες ἐπὶ τὸν Κύριον ἑαυτῶν, ἀλλὰ χερσωθέντες²¹ καὶ γενόμενοι ἐρημώδεις,²² μὴ

---

[1] σεμνῶς, adv, honorably, worthily
[2] ἁγνῶς, adv, purely, sincerely
[3] ὅλως, adv, completely, wholly, generally
[4] νοσφίζω aor mid ptcp m.p.nom., keep back, hold back, reserve for oneself
[5] πάροδος, ου, ἡ, passage, way in, way through
[6] ἔνατος, η, ον, ninth
[7] ἐρημώδης, ες, desert-like
[8] ἑρπετόν, οῦ, τό, reptile
[9] διαφθείρω pres act ptcp n.p.acc., spoil, destroy, ruin
[10] σπίλος, ου, ὁ, spot, stain, blemish
[11] διάκονος, ου, ὁ, servant, agent, assistant; deacon
[12] κακῶς, adv, badly, wrongly, wickedly
[13] διαρπάζω aor act ptcp m.p.nom., plunder, seize, take spoils
[14] χήρα, ας, ἡ, widow
[15] ὀρφανός, ή, όν, orphaned
[16] περιποιέω aor mid ptcp m.p.nom., obtain, gain for oneself, acquire
[17] ἐπιμένω aor act subj 3p stay, remain, persist in
[18] ἁγνῶς, adv, purely, sincerely
[19] τελειόω aor act subj 3p, complete, accomplish, fulfill
[20] ψωριάω perf act ptcp m.p.nom., have a rough surface
[21] χερσόω aor pass ptcp m.p.nom., make dry and barren
[22] ἐρημώδης, ες, desert-like

ΠΟΙΜΗΝ—Παραβολαί

κολλώμενοι¹ τοῖς δούλοις τοῦ Θεοῦ ἀλλὰ μονάζοντες,² ἀπολλύουσι³ τὰς ἑαυτῶν ψυχάς. 4 ὡς γὰρ ἄμπελος⁴ ἐν φραγμῷ⁵ τινι καταλειφθεῖσα⁶ ἀμελείας⁷ τυγχάνουσα⁸ καταφθείρεται⁹ καὶ ὑπὸ τῶν βοτανῶν¹⁰ ἐρημοῦται,¹¹ καὶ τῷ χρόνῳ ἀγρία¹² γίνεται καὶ οὐκέτι εὔχρηστός¹³ ἐστι τῷ δεσπότῃ¹⁴ ἑαυτῆς, οὕτω καὶ οἱ τοιοῦτοι ἄνθρωποι ἑαυτοὺς ἀπεγνώκασι¹⁵ καὶ γίνονται ἄχρηστοι¹⁶ τῷ Κυρίῳ ἑαυτῶν ἀγριωθέντες.¹⁷ 5 τούτοις οὖν μετάνοια¹⁸ γίνεται, ἐὰν μὴ ἐκ καρδίας εὑρεθῶσιν ἠρνημένοι· ἐὰν δὲ ἐκ καρδίας εὑρεθῇ ἠρνημένος τις, οὐκ οἶδα εἰ δύναται ζῆσαι. 6 καὶ τοῦτο οὐκ εἰς ταύτας τὰς ἡμέρας λέγω, ἵνα τις ἀρνησάμενος μετάνοιαν¹⁹ λάβῃ· ἀδύνατον²⁰ γάρ ἐστι σωθῆναι τὸν μέλλοντα νῦν ἀρνεῖσθαι τὸν Κύριον ἑαυτοῦ· ἀλλ᾽ ἐκείνοις τοῖς πάλαι²¹ ἠρνημένοις δοκεῖ κεῖσθαι²² μετάνοια.²³ εἴ τις οὖν μέλλει

---

¹ κολλάω pres mid/pass ptcp m.p.nom., bind closely, unite, cling to
² μονάζω pres act ptcp m.p.nom., stay alone, separate oneself
³ ἀπολλύω pres act ind 3p, destroy, ruin, lose
⁴ ἄμπελος, ου, ἡ, vine, grapevine
⁵ φραγμός, οῦ, ὁ, fence, hedge, partition
⁶ καταλείπω aor pass ptcp f.s.nom., leave, leave behind
⁷ ἀμέλεια, ας, ἡ, neglect
⁸ τυγχάνω pres act ptcp f.s.nom., meet, attain, gain; happen, turn out
⁹ καταφθείρω pres mid/pass ind 3s, destroy, ruin, corrupt
¹⁰ βοτάνη, ης, ἡ, herb, plant, vegetation
¹¹ ἐρημόω pres mid/pass ind 3s, make desolate, lay waste
¹² ἄγριος, ία, ον, wild, uncontrolled
¹³ εὔχρηστος, ον, useful, profitable, serviceable
¹⁴ δεσπότης, ου, ὁ, lord, master, owner
¹⁵ ἀπογινώσκω perf act ind 3p, despair, give up on
¹⁶ ἄχρηστος, ον, useless, unprofitable, worthless
¹⁷ ἀγριόω aor pass ptcp m.p.nom., become wild, be uncontrolled
¹⁸ μετάνοια, ας, ἡ, repentance, turning around, conversion
¹⁹ μετάνοια, ας, ἡ, repentance, turning around, conversion
²⁰ ἀδύνατος, ον, unable, powerless, impossible
²¹ πάλαι, adv, long ago, formerly
²² κεῖμαι pres mid/pass inf, lie, recline; be given, be valid for, exist
²³ μετάνοια, ας, ἡ, repentance, turning around, conversion

## ΠΟΙΜΗΝ—Παραβολαί

μετανοεῖν, ταχινός¹ γενέσθω πρὶν² τὸν πύργον³ ἀποτελεσθῆναι·⁴ εἰ δὲ μή, ὑπὸ τῶν γυναικῶν καταφθαρήσεται⁵ εἰς θάνατον. **7** καὶ οἱ κολοβοί,⁶ οὗτοι δόλιοί⁷ εἰσι καὶ κατάλαλοι·⁸ καὶ τὰ θηρία ἃ εἶδες εἰς τὸ ὄρος οὗτοί εἰσιν. ὥσπερ γὰρ τὰ θηρία διαφθείρει⁹ τῷ ἑαυτῶν ἰῷ¹⁰ τὸν ἄνθρωπον καὶ ἀπολλύει,¹¹ οὕτω καὶ τῶν τοιούτων ἀνθρώπων τὰ ῥήματα διαφθείρει¹² τὸν ἄνθρωπον καὶ ἀπολλύει.¹³ **8** οὗτοι οὖν κολοβοί¹⁴ εἰσιν ἀπὸ τῆς πίστεως αὐτῶν διὰ τὴν πρᾶξιν¹⁵ ἣν ἔχουσιν ἐν ἑαυτοῖς· τινὲς δὲ μετενόησαν καὶ ἐσώθησαν. καὶ οἱ λοιποὶ οἱ τοιοῦτοι ὄντες δύνανται σωθῆναι, ἐὰν μετανοήσωσιν· ἐὰν δὲ μὴ μετανοήσωσιν, ἀπὸ τῶν γυναικῶν ἐκείνων, ὧν τὴν δύναμιν ἔχουσιν, ἀποθανοῦνται.

**104:1 (Θ´ 27)** Ἐκ δὲ τοῦ ὄρους τοῦ δεκάτου,¹⁶ οὗ ἦσαν δένδρα¹⁷ σκεπάζοντα¹⁸ πρόβατά τινα, οἱ πιστεύσαντες τοιοῦτοί εἰσιν· **2** ἐπίσκοποι¹⁹ φιλόξενοι,²⁰ οἵτινες ἡδέως²¹ εἰς τοὺς οἴκους ἑαυτῶν πάντοτε ὑπεδέξαντο²² τοὺς δούλους τοῦ Θεοῦ ἄτερ²³ ὑποκρίσεως·²⁴

---

¹ ταχινός, ή, όν, quick, in haste, swift
² πρίν, conj, before
³ πύργος, ου, ὁ, tower, watchtower
⁴ ἀποτελέω aor pass inf, complete, finish
⁵ καταφθείρω fut pass ind 3s, destroy, ruin, corrupt
⁶ κολοβός, όν, damaged, short, hewn off
⁷ δόλιος, ία, ον, deceitful, treacherous
⁸ κατάλαλος, ον, slanderous
⁹ διαφθείρω pres act ind 3s, spoil, destroy, ruin
¹⁰ ἰός, οῦ, ὁ, poison, venom
¹¹ ἀπολλύω pres act ind 3s, destroy, ruin, lose
¹² διαφθείρω pres act ind 3s, spoil, destroy, ruin
¹³ ἀπολλύω pres act ind 3s, destroy, ruin, lose
¹⁴ κολοβός, όν, damaged, short, hewn off
¹⁵ πρᾶξις, εως, ἡ, deed, action, activity, function, way of acting
¹⁶ δέκατος, η, ον, tenth
¹⁷ δένδρον, ου, τό, tree
¹⁸ σκεπάζω pres act ptcp n.p.nom., cover, shelter, protect
¹⁹ ἐπίσκοπος, ου, ὁ, overseer, guardian; bishop
²⁰ φιλόξενος, ον, hospitable
²¹ ἡδέως, adv, gladly
²² ὑποδέχομαι aor mid ind 3p, receive, welcome, entertain
²³ ἄτερ, prep, without
²⁴ ὑπόκρισις, εως, ἡ, pretense, play-acting; hypocrisy

ΠΟΙΜΗΝ—Παραβολαί

οἱ δὲ ἐπίσκοποι[1] πάντοτε τοὺς ὑστερημένους[2] καὶ τὰς χήρας[3] τῇ διακονίᾳ ἑαυτῶν ἀδιαλείπτως[4] ἐσκέπασαν[5] καὶ ἁγνῶς[6] ἀνεστράφησαν[7] πάντοτε. **3** οὗτοι οὖν πάντες σκεπασθήσονται[8] ὑπὸ τοῦ Κυρίου διαπαντός.[9] οἱ οὖν ταῦτα ἐργασάμενοι ἔνδοξοί[10] εἰσι παρὰ τῷ Θεῷ, καὶ ἤδη ὁ τόπος αὐτῶν μετὰ τῶν ἀγγέλων ἐστίν, ἐὰν ἐπιμείνωσιν[11] ἕως τέλους λειτουργοῦντες[12] τῷ Κυρίῳ.

**105:1 (Θ´ 28)** Ἐκ δὲ τοῦ ὄρους τοῦ ἑνδεκάτου,[13] οὗ ἦσαν δένδρα[14] καρπῶν πλήρη,[15] ἄλλοις καὶ ἄλλοις καρποῖς κεκοσμημένα,[16] οἱ πιστεύσαντες τοιοῦτοί εἰσιν· **2** οἱ παθόντες ὑπὲρ τοῦ ὀνόματος τοῦ υἱοῦ τοῦ Θεοῦ, οἳ καὶ προθύμως[17] ἔπαθον ἐξ ὅλης τῆς καρδίας καὶ παρέδωκαν τὰς ψυχὰς αὐτῶν. **3** Διατί[18] οὖν, φημί, κύριε, πάντα μὲν τὰ δένδρα[19] καρποὺς ἔχει, τινὲς δὲ ἐξ αὐτῶν καρποὶ εὐειδέστεροι[20] εἰσιν; Ἄκουε, φησίν· ὅσοι ποτὲ[21] ἔπαθον διὰ τὸ ὄνομα, ἔνδοξοί[22] εἰσι παρὰ τῷ Θεῷ, καὶ πάντων τούτων αἱ ἁμαρτίαι

---

[1] ἐπίσκοπος, ου, ὁ, overseer, guardian; bishop
[2] ὑστερέω perf mid/pass ptcp m.p.acc., miss, fail
[3] χήρα, ας, ἡ, widow
[4] ἀδιαλείπτως, adv, constantly, unceasingly
[5] σκεπάζω aor act inf 3p, cover, shelter, protect
[6] ἁγνῶς, adv, purely, sincerely
[7] ἀναστρέφω aor pass ind 3p, stay, live, conduct oneself
[8] σκεπάζω fut pass ind 3p, cover, shelter, protect
[9] διαπαντός, adv, forever, continually
[10] ἔνδοξος, ον, honored, glorious, distinguished
[11] ἐπιμένω aor act subj 3p, stay, remain, continue
[12] λειτουργέω pres act ptcp m.p.nom., serve, perform ritual service
[13] ἑνδέκατος, η, ον, eleventh
[14] δένδρον, ου, τό, tree
[15] πλήρης, ες, full, filled, abounding
[16] κοσμέω perf mid/pass ptcp n.p.nom., make order, adorn, decorate
[17] προθύμως, adv, willingly, freely, eagerly
[18] διατί, part, why?, how?
[19] δένδρον, ου, τό, tree
[20] εὐειδής, οῦς, beautiful, well-formed
[21] ποτέ, conj, once, formerly, at one time
[22] ἔνδοξος, ον, honored, distinguished, glorious

ἀφῃρέθησαν,[1] ὅτι ἔπαθον διὰ τὸ ὄνομα τοῦ υἱοῦ τοῦ Θεοῦ. διατί[2] δὲ οἱ καρποὶ αὐτῶν ποικίλοι[3] εἰσίν, τινὲς δὲ ὑπερέχοντες,[4] ἄκουε. **4** ὅσοι, φησίν, ἐπ' ἐξουσίαν ἀχθέντες ἐξητάσθησαν[5] καὶ οὐκ ἠρνήσαντο, ἀλλ' ἔπαθον προθύμως,[6] οὗτοι μᾶλλον ἐνδοξότεροί[7] εἰσι παρὰ τῷ Κυρίῳ· τούτων ὁ καρπός ἐστιν ὁ ὑπερέχων.[8] ὅσοι δὲ δειλοὶ[9] καὶ ἐν δισταγμῷ[10] ἐγένοντο καὶ ἐλογίσαντο ἐν ταῖς καρδίαις αὐτῶν πότερον[11] ἀρνήσονται ἢ ὁμολογήσουσι,[12] καὶ ἔπαθον, τούτων οἱ καρποὶ ἐλάττους[13] εἰσίν, ὅτι ἀνέβη ἐπὶ τὴν καρδίαν αὐτῶν ἡ βουλὴ[14] αὕτη· πονηρὰ γὰρ ἡ βουλὴ[15] αὕτη, ἵνα δοῦλος Κύριον ἴδιον ἀρνήσηται. **5** βλέπετε οὖν ὑμεῖς οἱ ταῦτα βουλευόμενοι,[16] μήποτε[17] ἡ βουλὴ[18] αὕτη διαμείνῃ[19] ἐν ταῖς καρδίαις ὑμῶν καὶ ἀποθάνητε τῷ Θεῷ. ὑμεῖς δὲ οἱ πάσχοντες ἕνεκεν[20] τοῦ ὀνόματος δοξάζειν ὀφείλετε τὸν Θεόν, ὅτι ἀξίους ὑμᾶς ἡγήσατο[21] ὁ Θεός ἵνα τοῦτο τὸ ὄνομα βαστάζητε[22] καὶ πᾶσαι ἡμῶν αἱ ἁμαρτίαι ἰαθῶσιν.[23] **6** οὐκοῦν[24] μακαρίζετε[25] ἑαυτούς· ἀλλὰ

---

[1] ἀφαιρέω aor pass ind 3p, take away, do away with, remove
[2] διατί, part, why?, how?
[3] ποικίλος, η, ον, diverse, varied, various
[4] ὑπερέχω pres act ptcp m.p.nom., rise above, surpass
[5] ἐξετάζω aor pass ind 3p, examine carefully, scrutinize, question
[6] προθύμως, adv, willingly, freely, eagerly
[7] ἔνδοξος, ον, honored, distinguished, glorious
[8] ὑπερέχω pres act ptcp m.p.nom., rise above, surpass
[9] δειλός, ή, όν, timid, cowardly, afraid
[10] δισταγμός, οῦ, ὁ, doubt
[11] πότερος, α, ον, whether
[12] ὁμολογέω fut act ind 3p, admit, confess, acknowledge, assure
[13] ἐλάσσων, less, inferior, worse
[14] βουλή, ῆς, ἡ, purpose, intention, council, purpose
[15] βουλή, ῆς, ἡ, purpose, intention, council, purpose
[16] βουλεύω pres mid/pass ptcp m.p.nom., take counsel, plan, decide
[17] μήποτε, conj, lest, never
[18] βουλή, ῆς, ἡ, purpose, intention, council, purpose
[19] διαμένω aor act subj 3s, remain
[20] ἕνεκα, prep, because of, on account of
[21] ἡγέομαι aor mid ind 3s, lead, consider, regard, count
[22] βαστάζω pres act subj 2p, carry, bear, take up
[23] ἰάομαι aor pass subj 3p, heal, cure, restore
[24] οὐκοῦν, conj, therefore, accordingly
[25] μακαρίζω pres act impv 2p, call blessed, consider fortunate

ΠΟΙΜΗΝ—Παραβολαί

δοκεῖτε ἔργον μέγα πεποιηκέναι, ἐάν τις ὑμῶν διὰ τὸν Θεὸν πάθῃ. ζωὴν ὑμῖν ὁ Κύριος χαρίζεται,[1] καὶ οὐ νοεῖτε·[2] αἱ γὰρ ἁμαρτίαι ὑμῶν κατεβάρησαν,[3] καὶ εἰ μὴ πεπόνθατε ἕνεκεν[4] τοῦ ὀνόματος Κυρίου, διὰ τὰς ἁμαρτίας ὑμῶν τεθνήκειτε[5] ἂν τῷ Θεῷ. **7** ταῦτα ὑμῖν λέγω τοῖς διστάζουσι[6] περὶ ἀρνήσεως[7] ἢ ὁμολογήσεως·[8] ὁμολογεῖτε[9] ὅτι Κύριον ἔχετε, μήποτε[10] ἀρνούμενοι παραδοθήσησθε εἰς δεσμωτήριον.[11] **8** εἰ τὰ ἔθνη τοὺς δούλους αὐτῶν κολάζουσιν,[12] ἐάν τις ἀρνήσηται τὸν Κύριον ἑαυτοῦ, τί δοκεῖτε ποιήσει ὁ Κύριος ὑμῖν, ὃς ἔχει πάντων τὴν ἐξουσίαν; ἄρατε τὰς βουλὰς[13] ταύτας ἀπὸ τῶν καρδιῶν ὑμῶν, ἵνα διαπαντὸς[14] ζήσητε τῷ Θεῷ.

**106:1 (Θ´ 29)** Ἐκ δὲ τοῦ ὄρους τοῦ δωδεκάτου[15] τοῦ λευκοῦ[16] οἱ πιστεύσαντες τοιοῦτοί εἰσιν· ὡς νήπια[17] βρέφη[18] εἰσίν, οἷς οὐδεμία κακία[19] ἀναβαίνει ἐπὶ τὴν καρδίαν, οὐδὲ ἔγνωσαν τί ἐστι πονηρία,[20] ἀλλὰ πάντοτε ἐν νηπιότητι[21] διέμειναν.[22] **2** οἱ τοιοῦτοι οὖν ἀδιστάκτως[23] κατοικοῦσιν ἐν τῇ βασιλείᾳ τοῦ Θεοῦ, ὅτι ἐν

---

[1] χαρίζομαι pres mid/pass ind 3s, favor, forgive, give graciously
[2] νοέω pres act ind 2p, understand, perceive, gain insight, consider
[3] καταβαρέω aor act ind 3p, burden
[4] ἕνεκα, prep, because of, on account of
[5] θνήσκω plupf act ind 2p, die
[6] διστάζω pres act ptcp m.p.dat., doubt, waver
[7] ἄρνησις, εως, ἡ, denial, rejection, repudiation
[8] ὁμολόγησις, ήσεως, ἡ, confession
[9] ὁμολογέω pres act impv 2p, admit, confess, acknowledge, assure
[10] μήποτε, conj, lest, never
[11] δεσμωτήριον, ου, τό, prison, jail
[12] κολάζω pres act ind 3p, punish, penalize
[13] βουλή, ῆς, ἡ, purpose, intention, council, purpose
[14] διαπαντός, adv, forever, continually
[15] δωδέκατος, η, ον, twelfth
[16] λευκός, ή, όν, white, bright, gleaming
[17] νήπιος, ια, ιον, child
[18] βρέφος, ους, τό, infant
[19] κακία, ας, ἡ, evil, wickedness, malice, depravity
[20] πονηρία, ας, ἡ, wickedness, sinfulness
[21] νηπιότης, ητος, ἡ, childlikeness
[22] διαμένω aor act ind 3s, remain
[23] ἀδιστάκτως, adv, without doubt, without hesitation

οὐδενὶ πράγματι¹ ἐμίαναν² τὰς ἐντολὰς τοῦ Θεοῦ, ἀλλὰ μετὰ νηπιότητος³ διέμειναν⁴ πάσας τὰς ἡμέρας τῆς ζωῆς αὐτῶν ἐν τῇ αὐτῇ φρονήσει.⁵ **3** ὅσοι οὖν διαμενεῖτε,⁶ φησί, καὶ ἔσεσθε ὡς τὰ βρέφη,⁷ κακίαν⁸ μὴ ἔχοντες, καὶ πάντων τῶν προειρημένων⁹ ἐνδοξότεροι¹⁰ ἔσεσθε· πάντα γὰρ τὰ βρέφη¹¹ ἔνδοξά¹² ἐστι παρὰ τῷ Θεῷ καὶ πρῶτα παρ' αὐτῷ. μακάριοι οὖν ὑμεῖς, ὅσοι ἂν ἄρητε ἀφ' ἑαυτῶν τὴν πονηρίαν,¹³ ἐνδύσησθε¹⁴ δὲ τὴν ἀκακίαν·¹⁵ πρῶτοι πάντων ζήσεσθε τῷ Θεῷ. **4** μετὰ τὸ συντελέσαι¹⁶ αὐτὸν τὰς παραβολὰς τῶν ὀρέων λέγω αὐτῷ· Κύριε, νῦν μοι δήλωσον¹⁷ περὶ τῶν λίθων τῶν ἠρμένων ἐκ τοῦ πεδίου¹⁸ καὶ εἰς τὴν οἰκοδομὴν¹⁹ τεθειμένων ἀντὶ²⁰ τῶν λίθων τῶν ἠρμένων ἐκ τοῦ πύργου,²¹ καὶ τῶν στρογγύλων²² τῶν τεθέντων εἰς τὴν οἰκοδομήν,²³ καὶ τῶν ἔτι στρογγύλων²⁴ ὄντων.

---

¹ πρᾶγμα, ατος, τό, deed, thing, matter, affair
² μιαίνω aor act ind 3p, defile, stain
³ νηπιότης, ητος, ἡ, childlikeness
⁴ διαμένω aor act ind 3s, remain
⁵ φρόνησις, εως, ἡ, mind, way of thinking, understanding
⁶ διαμένω fut act ind 2p, remain
⁷ βρέφος, ους, τό, infant
⁸ κακία, ας, ἡ, evil, wickedness, malice, depravity
⁹ προλέγω perf mid/pass ptcp m.p.gen., foretell, say beforehand
¹⁰ ἔνδοξος, ον, honored, distinguished, glorious
¹¹ βρέφος, ους, τό, infant
¹² ἔνδοξος, ον, honored, distinguished, glorious
¹³ πονηρία, ας, ἡ, wickedness, sinfulness
¹⁴ ἐνδύω aor mid subj 2p, clothe, dress, wear
¹⁵ ἀκακία, ας, ἡ, innocence, guilelessness
¹⁶ συντελέω aor act inf, complete, finish, end
¹⁷ δηλόω aor act impv 2s, reveal, make clear, show, explain
¹⁸ πεδίον, ου, τό, plain, field, level place
¹⁹ οἰκοδομή, ῆς, ἡ, building, construction, edifice
²⁰ ἀντί, prep, for, in place of, as
²¹ πύργος, ου, ὁ, tower, watchtower
²² στρογγύλος, η, ον, round
²³ οἰκοδομή, ῆς, ἡ, building, construction, edifice
²⁴ στρογγύλος, η, ον, round

**107:1 (ϑ´ 30)** Ἄκουε, φησίν, καὶ περὶ τούτων πάντων. οἱ λίθοι οἱ ἐκ τοῦ πεδίου¹ ἠρμένοι καὶ τεθειμένοι εἰς τὴν οἰκοδομὴν² τοῦ πύργου³ ἀντὶ⁴ τῶν ἀποβεβλημένων,⁵ αἱ ῥίζαι⁶ εἰσὶ τοῦ ὄρους τοῦ λευκοῦ⁷ τούτου. **2** ἐπεὶ⁸ οὖν οἱ πιστεύσαντες ἐκ τοῦ ὄρους τοῦ λευκοῦ⁹ πάντες ἄκακοι¹⁰ εὑρέθησαν, ἐκέλευσεν¹¹ ὁ κύριος τοῦ πύργου¹² τούτους ἐκ τῶν ῥιζῶν¹³ τοῦ ὄρους τούτου βληθῆναι εἰς τὴν οἰκοδομὴν¹⁴ τοῦ πύργου·¹⁵ ἔγνω γὰρ ὅτι, ἐὰν ἀπέλθωσιν εἰς τὴν οἰκοδομὴν¹⁶ τοῦ πύργου¹⁷ οἱ λίθοι οὗτοι, διαμενοῦσι¹⁸ λαμπροί,¹⁹ καὶ οὐδεὶς αὐτῶν μελανήσει.²⁰ . . .

Notice: The remainder of **107** through **115** is available only in the extant Latin manuscripts.

---

[1] πεδίον, ου, τό, plain, field, level place
[2] οἰκοδομή, ῆς, ἡ, building, construction, edifice
[3] πύργος, ου, ὁ, tower, watchtower
[4] ἀντί, prep, for, in place of, as
[5] ἀποβάλλω perf mid/pass ptcp m.s.gen., take off, shed, throw away, reject
[6] ῥίζα, ης, ἡ, root, shoot
[7] λευκός, ή, όν, white, bright, gleaming
[8] ἐπεί, conj, when, since, because
[9] λευκός, ή, όν, white, bright, gleaming
[10] ἄκακος, ον, innocent, guileless
[11] κελεύω aor act ind 3s, command, order, urge
[12] πύργος, ου, ὁ, tower, watchtower
[13] ῥίζα, ης, ἡ, root, shoot
[14] οἰκοδομή, ῆς, ἡ, building, construction, edifice
[15] πύργος, ου, ὁ, tower, watchtower
[16] οἰκοδομή, ῆς, ἡ, building, construction, edifice
[17] πύργος, ου, ὁ, tower, watchtower
[18] διαμένω fut act ind 3p, remain
[19] λαμπρός, ά, όν, bright, light, gleaming
[20] μελανέω fut act ind 3s, turn black

# VOCABULARY OCCURRING 13 TIMES OR MORE IN THE GREEK NT —ALPHABETIZED WITH FREQUENCY

## ἄλφα

| | |
|---|---|
| Ἀβραάμ, ὁ [73] | Abraham |
| ἀγαθός, -ή, -όν [102] | good, beneficial |
| ἀγαπάω [143] | I love, adore |
| ἀγάπη, -ης, ἡ [116] | love, adoration |
| ἀγαπητός, -ή, -όν [61] | beloved, dearly loved |
| ἄγγελος, -ου, ὁ [175] | messenger, envoy, angel |
| ἁγιάζω [28] | I sanctify, consecrate |
| ἅγιος, -ία, -ον [233] | holy, pure, devout; Saint |
| ἀγνοέω [22] | I do not know; I am ignorant |
| ἀγοράζω [30] | I buy, purchase |
| ἀγρός, -οῦ, ὁ [36] | field; countryside; farm |
| ἄγω [67] | I lead, carry, arrest, observe |
| ἀδελφή, -ῆς, ἡ [26] | sister; fellow believer |
| ἀδελφός, -οῦ, ὁ [343] | brother |
| ἀδικέω [28] | I wrong, treat unjustly; I harm |
| ἀδικία, -ας, ἡ [25] | wrongdoing, injustice, |
| ἀθετέω [16] | I nullify, deny, cancel; I reject |
| Αἴγυπτος, -ου, ἡ [25] | Egypt |
| αἷμα, -ατος, τό [97] | blood, bloodshed |
| αἴρω [101] | I lift up, raise up, take away |
| αἰτέω [70] | I ask, demand |
| αἰτία, -ας, ἡ [20] | cause, reason; accusation |
| αἰών, -ῶνος, ὁ [122] | age, era, lifetime |
| αἰώνιος, -ον [71] | long-lasting, eternal |
| ἀκάθαρτος, -ον [32] | unclean(sed), impure; defiled |
| ἄκανθα, -ης, ἡ [14] | thorn (bush) |
| ἀκοή, -ῆς, ἡ [24] | hearing; a report, news |
| ἀκολουθέω [90] | I follow, obey |
| ἀκούω [428] | I hear, obey, listen |
| ἀκροβυστία, -ας, ἡ [20] | uncircumcision |
| ἀλήθεια, -ας, ἡ [109] | truth, reality |
| ἀληθής, -ές [26] | true, truthful |
| ἀληθινός, -ή, -όν [28] | true, faithful |
| ἀληθῶς [18] | truly |
| ἀλλά [638] | but, yet, rather |
| ἀλλήλων [100] | one another |
| ἄλλος, -η, -ο [155] | other, another |
| ἀλλότριος, -α, -ον [14] | strange, foreign; belonging to another |
| ἁμαρτάνω [43] | I miss the mark; I fail, sin |
| ἁμαρτία, -ίας, ἡ [173] | sin, guilt, failure |
| ἁμαρτωλός, -όν [47] | sinful; sinner (noun) |
| ἀμήν [129] | certainly, truly, indeed |
| ἀμπελών, -ῶνος, ὁ [23] | a vineyard |
| ἀμφότεροι, -αι, -α [14] | both |
| ἄν [163] | [conditional particle] (indicates possibility but not certainty) |
| ἀνά [13] | among, in the midst of (with μέσον); each (with numbers) |
| ἀναβαίνω [82] | I go up, ascend |
| ἀναβλέπω [25] | I look up; I receive sight |
| ἀναγγέλλω [14] | I proclaim, announce, report |
| ἀναγινώσκω [32] | I read |
| ἀνάγκη, -ης, ἡ [17] | necessity, force; distress |
| ἀνάγω [23] | I lead up; I carry by sea (mid.) |
| ἀναιρέω [24] | I take up; I destroy, kill |
| ἀνάκειμαι [14] | I recline (at meals) |
| ἀνακρίνω [16] | I examine closely, question |
| ἀναλαμβάνω [13] | I take up; I take with |
| ἀνάστασις, -εως, ἡ [42] | resurrection |
| ἀναστροφή, -ῆς, ἡ [13] | conduct, behavior |
| ἀναχωρέω [14] | I depart, withdraw |
| Ἀνδρέας, -ου, ὁ [13] | Andrew |
| ἄνεμος, -ου, ὁ [31] | a wind |
| ἀνέχομαι [15] | I endure, bear with |
| ἀνήρ, ἀνδρός, ὁ [216] | man, husband |
| ἀνθίστημι [14] | I resist, oppose |
| ἄνθρωπος, -ου, ὁ [550] | man, human |
| ἀνίστημι [108] | I raise, resurrect, establish |
| ἀνοίγω [77] | I open |
| ἀνομία, -ας, ἡ [15] | lawlessness, lawless conduct |
| ἀντί [22] | over against; in place of; for (gen.) |
| Ἀντιόχεια, -ας, ἡ [18] | Antioch |
| ἄνωθεν [13] | from above, again |
| ἄξιος, -α, -ον [41] | worthy |
| ἀπαγγέλλω [45] | I report, declare |
| ἀπάγω [15] | I lead away |
| ἅπαξ [14] | once, once for all |
| ἅπας, -ασα, -αν [34] | all, every; whole |
| ἀπειθέω [14] | I disobey |
| ἀπέρχομαι [117] | I depart, go away |
| ἀπέχω [19] | I keep away from, am far from; I hinder; I have received |

# VOCABULARY OCCURRING 13 TIMES OR MORE IN THE GREEK NT

ἄπιστος, -ον [23] unfaithful; incredible; unbeliever (noun)
ἀπό [646] (+gen) from, away from
ἀποδίδωμι [48] I deliver; I pay
ἀποθνήσκω [111] I die, perish
ἀποκαλύπτω [26] I uncover, reveal, disclose
ἀποκάλυψις, -εως, ἡ [18] uncovering; revelation
ἀποκρίνομαι [231] I answer
ἀποκτείνω [74] I kill, slay
ἀπόλλυμι [90] ruin, destroy, perish
ἀπολύω [66] I release, pardon, dismiss
ἀποστέλλω [132] I send (off)
ἀπόστολος, -ου, ὁ [80] delegate, apostle
ἅπτω [39] I fasten; I light; I touch (mid.)
ἀπώλεια, -ας, ἡ [18] destruction, waste
ἄρα [49] then, therefore
ἀργύριον, -ου, τό [20] silver (coin); money
ἀρέσκω [17] I win favor, please, flatter
ἀριθμός, -οῦ, ὁ [18] number
ἀρνέομαι [33] I deny, disown; I decline, refuse
ἀρνίον, -ου, τό [30] little sheep; lamb
ἁρπάζω [14] I seize, snatch away
ἄρτι [36] just (now); presently
ἄρτος, -ου, ὁ [97] bread, food
ἀρχή, -ῆς, ἡ [56] beginning; power; ruler
ἀρχιερεύς, -έως, ὁ [122] high priest, chief priest
ἄρχω [86] I rule, lead, begin
ἄρχων, -οντος, ὁ [37] a ruler
ἀσθένεια, -ας, ἡ [24] weakness; sickness
ἀσθενέω [33] I am weak, feeble, sick
ἀσθενής, -ές [26] weak; sick
Ἀσία, -ας, ἡ [18] Asia
ἀσπάζομαι [59] I greet, welcome
ἀστήρ, -έρος, ὁ [24] (shooting) star; fire
ἀτενίζω [14] I look intently at, gaze, stare
αὐξάνω [23] I cause to grow; I increase in power
αὔριον [14] tomorrow
αὐτός, -ή, -ό [5597] he, she, it; (adj.) -self, same
ἄφεσις, -εως, ἡ [17] release, pardon, forgiveness
ἀφίημι [143] I dissolve, condone, depart
ἀφίστημι [14] I stay away from, depart from
ἄχρι(ς) [49] as far as; until (conjunction)

## βῆτα

βάλλω [122] I throw, place
βαπτίζω [77] I soak, submerge, wash, plunge
βάπτισμα, -ατος, τό [19] immersion; baptism
Βαρναβᾶς, -ᾶ, ὁ [28] Barnabas
βασιλεία, -ας, ἡ [162] kingdom, dominion
βασιλεύς, -έως, ὁ [115] king
βασιλεύω [21] I am king; I reign, rule
βαστάζω [27] I bear, carry (away)
βιβλίον, -ου, τό [34] paper; document, book
βλασφημέω [34] I blaspheme; I slander
βλασφημία, -ας, ἡ [18] slander; blasphemy
βλέπω [132] I see, observe, notice
βούλομαι [37] I wish; I intend
βρῶμα, -ατος, τό [17] food

## γάμμα

Γαλιλαία, -ας, ἡ [61] Galilee
γαμέω [28] I marry; I give in marriage (mid.)
γάμος, -ου, ὁ [16] wedding (feast); marriage
γάρ [1041] for, because, since
γέ [26] indeed, at least, really, even
γέμω [13] I am full
γενεά, -ᾶς, ἡ [43] generation; age; kind
γεννάω [97] I beget, give birth, parent
γένος, -ους, τό [20] race; family; kind
γεύομαι [15] I taste
γεωργός, -οῦ, ὁ [19] farmer
γῆ, γῆς, ἡ [250] land, earth
γίνομαι [669] I am, become, happen
γινώσκω [222] I know, understand, learn
γλῶσσα, -ης, ἡ [50] tongue; language
γνωρίζω [25] I make known; I know
γνῶσις, -εως, ἡ [29] inquiry; knowledge
γνωστός, -ή, -όν [15] known, knowable; friend
γονεύς, -έως, ὁ [20] parent
γράμμα, -ατος, τό [14] letter of the alphabet; letter, missive; writings
γραμματεύς, -έως, ὁ [63] scribe, law expert
γραφή, -ῆς, ἡ [50] Scripture; writing
γράφω [191] I write
γρηγορέω [22] I am awake, remain alert
γυμνός, -ή, -όν [15] naked
γυνή, -αικός, ἡ [215] woman, wife

# VOCABULARY OCCURRING 13 TIMES OR MORE IN THE GREEK NT

## δέλτα

δαιμονίζομαι ¹³ — I am possessed by a demon
δαιμόνιον, -ου, τό ⁶³ — demon, evil spirit, inferior divinity
Δαμασκός, -οῦ, ἡ ¹⁵ — Damascus
Δαυίδ, ὁ ⁵⁹ — David
δέ ²⁷⁹² — but, rather, and, now
δέησις, -εως, ἡ ¹⁸ — prayer, entreaty; want, need
δεῖ ¹⁰¹ — I must, am required, ought
δείκνυμι ³³ — I show, make known
δεῖπνον, -ου, τό ¹⁶ — meal, dinner, feast
δέκα ²⁵ — ten
δένδρον, -ου, τό ²⁵ — a tree
δεξιός, -ά, -όν ⁵⁴ — right (directionaly but often used metph.); true
δέομαι ²² — I am in need (of); I ask, beg
δέρω ¹⁵ — I beat, whip
δέσμιος, -ου, ὁ ¹⁶ — one bound; a prisoner
δεσμός, -οῦ, ὁ ¹⁸ — bond, fastener; chain
δεύτερος, -α, -ον ⁴³ — second
δέχομαι ⁵⁶ — I take, receive; welcome
δέω ⁴³ — I bind, tie
δηνάριον, -ου, ὁ ¹⁶ — denarius
διά ⁶⁶⁷ — (+gen) through; (+acc) because of
διάβολος, -ου ³⁷ — slanderous; accuser, the Devil
διαθήκη, -ης, ἡ ³³ — will, testament; covenant
διακονέω ³⁷ — I serve, administer
διακονία, -ας, ἡ ³⁴ — service, (ad)ministering
διάκονος, -ου, ὁ ²⁹ — servant, minister; deacon
διακρίνω ¹⁹ — I distinguish, judge, evaluate; I doubt (mid.)
διαλέγομαι ¹³ — I converse/reason with, argue
διαλογίζομαι ¹⁶ — I consider, reason; I debate, argue
διαλογισμός, -οῦ, ὁ ¹⁴ — reasoning, discussion
διαμαρτύρομαι ¹⁵ — I testify solemnly, bear witness
διατάσσω ¹⁶ — I arrange; I give orders
διαφέρω ¹³ — I carry/go through; I differ
διδασκαλία, -ας, ἡ ²¹ — teaching, instruction
διδάσκαλος, -ου, ὁ ⁵⁹ — teacher, master
διδάσκω ⁹⁷ — I teach, instruct
διδαχή, -ῆς, ἡ ³⁰ — teaching
δίδωμι ⁴¹⁵ — I give, entrust

διέρχομαι ⁴³ — I pass through/over
δίκαιος, -α, -ον ⁷⁹ — just, righteous, fair
δικαιοσύνη, -ης, ἡ ⁹² — righteousness, justice
δικαιόω ³⁹ — I set right; I justify, pronounce righteous
διό ⁵³ — therefore, for this reason
διότι ²³ — because; wherefore
διψάω ¹⁶ — I thirst, am thirsty
διώκω ⁴⁵ — I pursue; I persecute
δοκέω ⁶² — I think, suppose, form an opinion
δοκιμάζω ²² — I examine, test, prove, approve
δόξα, -ης, ἡ ¹⁶⁶ — glory, opinion
δοξάζω ⁶¹ — I honor, glorify, praise
δουλεύω ²⁵ — I am a slave; I am subjected to
δοῦλος, -ου, ὁ ¹²⁶ — slave, bondservant
δράκων, -οντος, ὁ ¹³ — dragon, serpent
δύναμαι ²¹⁰ — I am able
δύναμις, -εως, ἡ ¹¹⁹ — power, strength, ability
δυνατός, -ή, -όν ³² — powerful, able, capable
δύο ¹³⁵ — two
δώδεκα ⁷⁵ — twelve
δῶρον, -ου, τό ¹⁹ — gift, present

## ἒ ψιλόν

ἐάν ³³³ — if, whenever
ἐάν ²⁸⁶ — if, whenever
ἑαυτοῦ, -ῆς, -οῦ ³¹⁹ — himself, herself, itself
ἐγγίζω ⁴² — I draw near, approach
ἐγγύς ³¹ — near
ἐγείρω ¹⁴⁴ — I rise, raise
ἐγώ, (ἐ)μοῦ; ἡμεῖς, ἡμῶν ²⁶⁶⁶ — I; we
ἔθνος, -ους, τό ¹⁶⁰ — nation, culture group, people
εἰ ⁵⁰² — if, whether
εἰκών, -όνος, ἡ ²³ — image, likeness; (coin) portrait
εἰμί ²⁴⁶² — I am, exist, happen
εἰρήνη, -ης, ἡ ⁹² — peace, well-being
εἷς ³⁴⁵ — one, single
εἰς ¹⁷⁶⁷ — (+acc) to, into
εἰσέρχομαι ²⁰⁰ — I go into, enter
εἰσπορεύομαι ¹⁸ — I enter, go into
εἶτα ¹⁵ — thereafter (in a sequence); then, next
εἴτε ⁶⁵ — if, either, or, whether
ἐκ, ἐξ ⁹¹⁴ — (+gen) from, out from
ἕκαστος, -η, -ον ⁸² — every, each

# VOCABULARY OCCURRING 13 TIMES OR MORE IN THE GREEK NT

| Greek | English |
|---|---|
| ἑκατόν [17] | one hundred |
| ἑκατοντάρχης, -ου [20] | centurion |
| ἐκβάλλω [81] | I throw out, expel, reject |
| ἐκεῖ [105] | there |
| ἐκεῖθεν [27] | from that place; thence, thereafter |
| ἐκεῖνος, -η, -ο [265] | that; (sub.) he, she, that one |
| ἐκκλησία, -ας, ἡ [114] | assembly, gathering, community, church |
| ἐκλέγομαι [22] | I select, choose |
| ἐκλεκτός, -ή, -όν [22] | chosen, elect, select |
| ἐκπλήσσομαι [13] | I am astonished, amazed |
| ἐκπορεύομαι [33] | I come or go out |
| ἐκτείνω [16] | I stretch out, extend |
| ἕκτος, -η, -ον [14] | sixth |
| ἐκχέω [27] | I pour out |
| ἐλαία, -ας, ἡ [15] | olive tree, olive |
| ἐλάσσων, -ον [18] | lesser; inferior, younger |
| ἐλέγχω [17] | I expose; I reprove, refute, convict |
| ἐλεέω [29] | I have mercy (on), show mercy |
| ἐλεημοσύνη, -ης, ἡ [13] | merciful gift, alms |
| ἔλεος, -ους, τό [27] | pity, mercy, compassion |
| ἐλεύθερος, -α, -ον [23] | free |
| Ἕλλην, -ηνος, ὁ [25] | a Greek (person) |
| ἐλπίζω [31] | I hope, expect |
| ἐλπίς, -ίδος, ἡ [53] | expectation, hope |
| ἐμαυτοῦ, -ῆς [37] | of myself |
| ἐμβαίνω [16] | I go quickly; I embark on a boat |
| ἐμός, -ή, -όν [76] | my, mine |
| ἐμπαίζω [13] | I mock/ridicule; I am tricked (pass.) |
| ἔμπροσθεν [48] | before, in front of, ahead of (gen) |
| ἐν [2752] | (+dat) in, with, among |
| ἐνδύω [27] | I dress; I put on (mid.) |
| ἕνεκα [26] | on account of, for the sake of (gen) |
| ἐνεργέω [21] | I work, energize, operate |
| ἐνιαυτός, -οῦ, ὁ [14] | year |
| ἐντέλλομαι [15] | I command, give orders; I authorize to act |
| ἐντολή, -ῆς, ἡ [67] | command(ment), order |
| ἐνώπιον [94] | before, face to face, in the view of |
| ἕξ [13] | six |
| ἐξαποστέλλω [13] | I send forth, send away, dismiss |
| ἐξέρχομαι [218] | I go out, exit |
| ἔξεστι(ν) [34] | it is right, proper, permitted |
| ἐξίστημι [17] | I am confounded, amazed |
| ἐξουσία, -ας, ἡ [102] | authority, capability |
| ἔξω [63] | outside, out |
| ἔξωθεν [13] | outside, from outside (gen.) |
| ἑορτή, -ῆς, ἡ [25] | feast |
| ἐπαγγελία, -ας, ἡ [52] | promise, offer |
| ἐπαγγέλλομαι [15] | I promise; I profess |
| ἐπαίρω [19] | I lift up, raise; I exalt |
| ἐπάνω [19] | above; over (gen.) |
| ἐπαύριον [17] | on the next day, tomorrow |
| ἐπεί [26] | since, because; when |
| ἔπειτα [16] | thereafter (in a sequence); then |
| ἐπερωτάω [56] | I ask, inquire |
| ἐπί [890] | (+gen/dat/acc) on, near, toward |
| ἐπιβάλλω [18] | I throw upon, lay on; I put on |
| ἐπιγινώσκω [44] | I know about; I understand |
| ἐπίγνωσις, -εως, ἡ [20] | knowledge, recognition |
| ἐπιζητέω [13] | I seek after, search for; I wish for |
| ἐπιθυμέω [16] | I desire, long for, covet (gen. of thing; acc. of person) |
| ἐπιθυμία, -ας, ἡ [38] | desire, passion, lust |
| ἐπικαλέω [30] | I call (upon); I invoke |
| ἐπιλαμβάνομαι [19] | I take hold of, grasp |
| ἐπιμένω [16] | I remain, stay; I continue, persist in (dat.) |
| ἐπίσταμαι [14] | I understand (how to); I know |
| ἐπιστολή, -ῆς, ἡ [24] | letter, epistle |
| ἐπιστρέφω [36] | I turn (around) |
| ἐπιτίθημι [39] | I lay upon; I impose, inflict |
| ἐπιτιμάω [29] | I show honor to; I rebuke, warn |
| ἐπιτρέπω [18] | I turn to; I allow, permit |
| ἐπουράνιος, -ον [19] | heavenly |
| ἑπτά [88] | seven |
| ἐργάζομαι [41] | I work, perform, accomplish |
| ἐργάτης, -ου, ὁ [16] | worker, laborer |
| ἔργον, -ου, τό [169] | work, accomplishment |
| ἔρημος, -ου, ἡ [48] | desolate; desert (noun) |
| ἔρχομαι [632] | I come, go |
| ἐρωτάω [63] | I ask, inquire, question |
| ἐσθίω [158] | I eat, drink, consume |
| ἔσχατος, -η, -ον [52] | last, farthest, least |
| ἕτερος, -α, -ον [98] | other, another |
| ἔτι [93] | yet, still, even now |
| ἑτοιμάζω [40] | I make ready, prepare |
| ἕτοιμος, -η, -ον [17] | ready, prepared |

# VOCABULARY OCCURRING 13 TIMES OR MORE IN THE GREEK NT

ἔτος, -ους, τό [49] year
εὐαγγελίζω [54] I proclaim (the) good news
εὐαγγέλιον, -ου, τό [76] good news, gospel
εὐδοκέω [21] I am well pleased or content with
εὐθέως [36] immediately
εὐθύς, -εῖα, -ύ [51] straight, proper
εὐλογέω [41] I speak well of, praise, bless
εὐλογία, -ας, ἡ [16] blessing; praise
εὑρίσκω [176] I find, discover
εὐσέβεια, -ας, ἡ [15] godliness, piety
εὐφραίνω [14] I am glad, I rejoice
εὐχαριστέω [38] I bestow a favor; I am thankful
εὐχαριστία, -ας, ἡ [15] thanksgiving, gratitude
Ἔφεσος, -ου, ἡ [16] Ephesus
ἐφίστημι [21] I come upon; I stand at (ready)
ἐχθρός, -ή, -όν [32] hated; hostile; an enemy
ἔχω [708] I have, am
ἕως [146] while, until, as far as, as long as,

## ζῆτα

ζάω [140] I live
ζῆλος, -ου, ὁ [16] zeal, jealousy
ζητέω [117] I seek, search, inquire
ζύμη, -ης, ἡ [13] leaven, yeast
ζωή, -ῆς, ἡ [135] life, existence
ζῷον, -ου, τό [23] living creature, animal

## ἦτα

ἤ [343] or, than
ἡγεμών, -όνος, ὁ [20] leader; Roman governor
ἡγέομαι [28] I lead, guide; I consider
ἤδη [61] already, now; by this time
ἥκω [28] I have come; I am present
Ἠλίας, -ου, ὁ [29] Elijah
ἥλιος, -ου, ὁ [32] the sun
ἡμέρα, -ας, ἡ [389] day, time
Ἡρῴδης, -ου, ὁ [43] Herod
Ἠσαΐας, -ου, ὁ [22] Isaiah

## θῆτα

θάλασσα, -ης, ἡ [91] lake, sea
θάνατος, -ου, ὁ [120] death
θαυμάζω [43] I wonder, am amazed
θεάομαι [22] I behold
θέλημα, -ατος, τό [62] will; pleasure
θέλω [208] I wish, want

θεμέλιος, -ου, ὁ [15] foundation
θεός, -οῦ, ὁ or ἡ [1317] God, divine one
θεραπεύω [43] I heal; I serve
θερίζω [21] I reap, harvest
θερισμός, -οῦ, ὁ [13] harvest, crop; reaping time
θεωρέω [58] I view as a spectator, behold, see
θηρίον, -ου, τό [46] wild beast
θησαυρός, -οῦ, ὁ [17] treasure, treasury
θλῖψις, -εως, ἡ [45] affliction; persecution
θρίξ, τριχός, ἡ [15] hair
θρόνος, -ου, ὁ [62] chair, seat, throne
θυγάτηρ, -τρός, ἡ [28] daughter
θυμός, -ου, ὁ [18] feeling of the soul, passion; anger
θύρα, -ας, ἡ [39] door, gate
θυσία, -ας, ἡ [28] sacrifice, offering
θυσιαστήριον, -ου, τό [23] altar, sanctuary
θύω [14] I sacrifice, kill

## ἰῶτα

Ἰακώβ, ὁ [27] Jacob
Ἰάκωβος, -ου, ὁ [42] James
ἰάομαι [26] I heal, cure
ἴδε [28] See! Behold!
ἴδιος, ία, ον [114] one's own
ἰδού [208] Look!, Notice!, See!
ἱερεύς, -έως, ὁ [31] priest, sacrificer
ἱερόν, -οῦ, τό [71] temple, holy place
Ἱεροσόλυμα, τά or ἡ [62] Jerusalem
Ἱερουσαλήμ [77] Jerusalem
Ἰησοῦς, -οῦ, ὁ [917] Joshua, Jesus
ἱκανός, -ή, -όν [39] sufficient, considerable; competent
ἱμάτιον, ου, τό [60] garment; outer garment
ἵνα [663] so that, in order that
Ἰορδάνης, -ου, ὁ [15] Jordan (river)
Ἰουδαία, -ας, ἡ [43] Judea
Ἰουδαῖος, -αία, -αῖον [194] Jewish; Judean; Jew
Ἰούδας, -α, ὁ [44] Judas, Judah
ἵππος, -ου, ὁ [17] horse
Ἰσαάκ, ὁ [20] Isaac
Ἰσραήλ, ὁ [68] Israel
ἵστημι [154] I set, place, establish
ἰσχυρός, -ά, -όν [29] strong

# VOCABULARY OCCURRING 13 TIMES OR MORE IN THE GREEK NT

| | | | |
|---|---|---|---|
| ἰσχύω [28] | I am strong, able | κατεργάζομαι [22] | I accomplish, bring about |
| ἰχθύς, -ύος, ὁ [20] | fish | κατέρχομαι [16] | I come or go down; I arrive at |
| Ἰωάν(ν)ης, -ου, ὁ [135] | John | κατεσθίω [14] | I gobble down, devour, consume |
| Ἰωσήφ, ὁ [35] | Joseph | κατέχω [17] | I hold fast, possess, occupy; I hold back, prevent |

### κάππα

| | | | |
|---|---|---|---|
| | | κατηγορέω [23] | I accuse |
| κἀγώ [84] | and I, I too (crasis καὶ ἐγώ) | κατοικέω [44] | I dwell in, inhabit |
| καθάπερ [13] | just as | καυχάομαι [37] | I boast, am proud of |
| καθαρίζω [31] | I make clean, cleanse | Καφαρναούμ, ἡ [16] | Capernaum |
| καθαρός, -ά, -όν [27] | clean, pure; innocent | κεῖμαι [24] | I lie, recline; I am set up, established |
| καθεύδω [22] | I sleep | | |
| κάθημαι [91] | I sit, settle, reside | κελεύω [25] | I urge, exhort; I command |
| καθίζω [46] | I sit; I seat; I stay | κενός, -ή, -όν [18] | empty, fruitless, in vain |
| καθίστημι [21] | I set down; I appoint | κερδαίνω [17] | I gain advantage, profit |
| καθώς [182] | as, just as | κεφαλή, -ῆς, ἡ [75] | head |
| καί [9161] | and; (adv.) also, even | κηρύσσω [61] | I preach, proclaim, announce |
| καινός, -ή, -όν [42] | new | κλαίω [40] | I weep (for), lament |
| καιρός, -οῦ, ὁ [85] | time, period, season | κλάω [14] | I break |
| Καῖσαρ, -ος, ὁ [29] | Caesar | κλείω [16] | I shut, close |
| Καισάρεια, -ας, ἡ [17] | Caesarea | κλέπτης, -ου, ὁ [16] | thief |
| κακός, -ή, -όν [50] | evil, bad; incorrect | κλέπτω [13] | I steal |
| κακῶς [16] | badly, evilly, wickedly | κληρονομέω [18] | I inherit, acquire |
| καλέω [148] | I call, summon, invite | κληρονομία, -ας, ἡ [14] | inheritance |
| καλός, ή, όν [100] | beautiful, good, noble | κληρονόμος, -ου, ὁ [15] | heir, beneficiary |
| καλῶς [36] | well, beautifully | κοιλία, -ας, ἡ [22] | the belly; womb |
| καπνός, -οῦ, ὁ [13] | smoke | κοιμάω [18] | I (put to) sleep; I fall asleep (mid.) |
| καρδία, -ας, ἡ [156] | heart | | |
| καρπός, -ου, ὁ [66] | fruit, produce, profit | κοινός, -ή, -όν [14] | common, public; unclean, profane |
| κατά [473] | (+gen) against, down; (+acc) according to | κοινόω [14] | I make common; I make unclean, I defile |
| καταβαίνω [81] | I go down, descend | | |
| καταγγέλλω [18] | I proclaim, announce, declare | κοινωνία, -ας, ἡ [19] | association, fellowship; contribution |
| καταισχύνω [13] | I dishonor, put to shame; I am ashamed; I disappoint | κοπιάω [23] | I work hard, toil; I grow weary |
| | | κόπος, -ου, ὁ [18] | difficulty, trouble; toil, labor, work |
| κατακρίνω [18] | I give a sentence against, condemn | | |
| | | κόσμος, -ου, ὁ [186] | world, universe, order |
| καταλαμβάνω [15] | I overtake, seize; I apprehend, comprehend | κράζω [55] | call out, cry out, scream |
| | | κρατέω [47] | I am strong; I hold fast, seize |
| καταλείπω [24] | I leave (behind); I forsake | κρίμα, -ατος, τό [27] | decision, judgment; condemnation |
| καταλύω [17] | I throw down, destroy; I cease | | |
| κατανοέω [14] | I observe well; I understand | κρίνω [114] | I judge, decide, choose |
| καταντάω [13] | I come to, arrive at; I attain | κρίσις, -εως, ἡ [47] | judging, judgment; trial |
| καταργέω [27] | I make of no effect, nullify; I annul, abolish | κριτής, -ου, ὁ [19] | judge |
| | | κρυπτός, -ή, -όν [17] | hidden, secret |
| καταρτίζω [13] | I put in order, restore; I prepare, perfect | κρύπτω [18] | I conceal, hide |

# VOCABULARY OCCURRING 13 TIMES OR MORE IN THE GREEK NT

| | |
|---|---|
| κτίζω [15] | I found a people or city; I create |
| κτίσις, -εως, ἡ [19] | creation; founding; creature |
| κύριος, -ου, ὁ [717] | Lord, master, one having authority, owner |
| κωλύω [23] | I hinder; I prevent, forbid |
| κώμη, -ης, ἡ [27] | village |
| κωφός, -ή, -όν [14] | deaf, mute |

## λάμβδα

| | |
|---|---|
| Λάζαρος, -ου, ὁ [15] | Lazarus |
| λαλέω [296] | I speak |
| λαμβάνω [258] | I take, receive |
| λαός, -οῦ, ὁ [142] | people, populace, multitude |
| λατρεύω [21] | I serve; I worship |
| λέγω [2353] | I say, speak, claim |
| λευκός, -ή, -όν [25] | light, bright; white |
| λῃστής, -οῦ, ὁ [15] | robber |
| λίθος, -ου, ὁ [59] | stone |
| λογίζομαι [40] | I reckon, consider, think |
| λόγος, -ου, ὁ [330] | word, speech, matter |
| λοιπός, -ή, -όν [55] | rest, remaining; from now on |
| λυπέω [26] | I grieve, become sad; I offend, insult |
| λύπη, -ης, ἡ [16] | grief, sorrow |
| λύχνος, -ου, ὁ [14] | lamp |
| λύω [42] | I loosen, untie; I destroy |

## μῦ

| | |
|---|---|
| μαθητής, -οῦ, ὁ [261] | disciple, student |
| μακάριος, ία, ιον [50] | favored, blessed |
| Μακεδονία, -ας, ἡ [22] | Macedonia |
| μακρόθεν [14] | from afar, from far away |
| μακροθυμία, -ας, ἡ [14] | long-suffering, patience, forbearance |
| μᾶλλον [81] | more, exceedingly, rather |
| μανθάνω [25] | I learn; I understand |
| Μάρθα, -ας, ἡ [13] | Martha |
| μαρτυρέω [76] | I give evidence, witness, testify |
| μαρτυρία, -ας, ἡ [37] | testimony, evidence |
| μαρτύριον, -ου, τό [19] | testimony, proof |
| μάρτυς, μάρτυρος [35] | witness; martyr |
| μάχαιρα, -ης, ἡ [29] | sword, dagger |
| μέγας, μεγάλη, μέγα [243] | large, great |
| μέλλω [109] | I am about to, mean to |
| μέλος, -ους, τό [34] | limb, member, (body) part |
| μέν [179] | however, but, indeed |
| μένω [118] | I remain, continue |
| μερίζω [14] | I divide, distribute |
| μεριμνάω [19] | I care for, am concerned; I am anxious |
| μέρος, -ους, τό [42] | part, share |
| μέσος, -η, -ον [58] | middle, in the midst |
| μετά [469] | (+gen) with; (+acc) after, behind |
| μετανοέω [34] | I change my mind; I repent |
| μετάνοια, -ας, ἡ [22] | repentance; change of mind |
| μέτρον, -ου, τό [14] | measure, rule |
| μέχρι [17] | until; as far as (gen.) |
| μή [1042] | not, no; (+subj.) in order that ... not |
| μηδέ [56] | but not, nor; not even, not either |
| μηδείς, μηδεμία, μηδέν [90] | no one, nothing |
| μηκέτι [22] | no longer, no more |
| μήν, μηνός, ὁ [19] | month; moon |
| μήποτε [25] | never; lest ever, that at no time |
| μήτε [34] | and not; neither ... nor |
| μήτηρ, μητρός, ἡ [83] | mother |
| μήτι [18] | not (an interrogative particle in questions expecting a negative answer) |
| μικρός, -ά, -όν [48] | small, little |
| μιμνῄσκομαι [23] | I remember |
| μισέω [40] | I hate, despise |
| μισθός, -οῦ, ὁ [29] | wages, reward |
| μνημεῖον, -ου, τό [40] | a memorial; grave, tomb |
| μνημονεύω [21] | I remember; I call to mind |
| μοιχεύω [15] | I commit adultery |
| μόνος, -η, -ον [114] | alone, only |
| μύρον, -ου, τό [14] | ointment, perfume |
| μυστήριον, -ου, τό [28] | mystery, secret |
| Μωϋσῆς [80] | Moses |

## νῦ

| | |
|---|---|
| Ναζαρά, Ναζαρέθ [14] | Nazareth |
| Ναζωραῖος, -ου, ὁ [13] | Nazarene, inhabitant of Nazareth |
| ναί [33] | yes, certainly |
| ναός, -οῦ, ὁ [45] | temple (edifice); sanctuary |
| νεκρός, -ά, -όν [128] | dead |
| νέος, -α, -ον [24] | new, young |
| νεφέλη, -ης, ἡ [25] | cloud |
| νήπιος, -α, -ον [15] | infant, child |
| νηστεύω [20] | I fast, abstain from |

# VOCABULARY OCCURRING 13 TIMES OR MORE IN THE GREEK NT

νικάω [28]     I conquer, overcome
νίπτω [17]     I wash; I cleanse (hands or feet)
νοέω [14]     I perceive, apprehend, understand
νομίζω [15]     I think, consider; I practice regularly
νόμος, -ου, ὁ [194]     law, custom
νοῦς, νοός, νοΐ, νοῦν, ὁ [24]     mind; thinking; understanding
νυμφίος, -ου, ὁ [16]     bridegroom
νῦν [147]     now, currently, presently
νυνί [20]     now (emphatic form of νῦν)
νύξ, νυκτός, ἡ [61]     night (often metaph.)

## ξῖ

ξένος, -η, -ον [14]     foreign, strange; a stranger (as a noun)
ξηραίνω [15]     I dry up
ξύλον, -ου, τό [20]     wood, tree; post

## ὂ μικρόν

ὁ, ἡ, τό [19867]     the; the (one/thing)
ὁδός, -οῦ, ἡ [101]     road, way, path, trip
ὅθεν [15]     from which, from where; for which reason
οἶδα [318]     I know, understand
οἰκία, -ας, ἡ [93]     house, building, family
οἰκοδομέω [40]     I build (up); I strengthen
οἰκοδομή, -ῆς, ἡ [18]     building; edification
οἶκος, -ου, ὁ [114]     house, dwelling, family
οἰκουμένη, -ης, ἡ [15]     inhabited region; the world; the Roman world
οἶνος, -ου, ὁ [34]     wine
οἷος, -α, -ον [14]     of such a kind (quality)
ὀλίγος, -η, -ον [40]     little, small; few
ὅλος, -η, -ον [109]     whole, entire
ὀμνύω [26]     I vow, take an oath, swear
ὅμοιος, -α, -ον [45]     like, liken to (+ dat.)
ὁμοιόω [15]     I make like, liken, compare
ὁμοίως [30]     likewise, in the same way
ὁμολογέω [26]     I agree with; I confess; I promise
ὄνομα, -ατος, τό [231]     name
ὀπίσω [35]     behind, after (+gen.)
ὅπου [82]     where, whereas, whenever
ὅπως [53]     how; in order that
ὁράω [454]     I see, perceive, experience
ὀργή, -ῆς, ἡ [36]     anger, wrath

ὄρος, -ους, τό [63]     mountain, hill
ὅς, ἥ, ὅ [1399]     who, which, that
ὅσος, -η, -ον [110]     as many as, as much as, as great as
ὅστις, ἥτις, ὅτι [152]     whoever, whichever, any one who
ὅταν [123]     whenever, when
ὅτε [103]     when
ὅτι [1296]     because, that
οὗ [24]     where
οὐ, οὐκ, οὐχ [1623]     not, no
οὐαί [46]     Woe!
οὐδέ [143]     but not, nor, neither
οὐδείς, οὐδεμία, οὐδέν [227]     no one, nothing
οὐδέποτε [16]     never, not ever
οὐκέτι [47]     no longer, no further
οὖν [499]     therefore, then
οὔπω [26]     not yet
οὐρανός, -οῦ, ὁ [273]     sky, heaven
οὖς, ὠτός, τό [36]     ear
οὔτε [87]     and not, nor, neither
οὗτος, αὕτη, τοῦτο [1387]     this; this one
οὕτω/οὕτως [208]     thus, so
οὐχί [54]     not, no, in no way (intensified form of οὐ); not?
ὀφείλω [35]     I owe; I ought
ὀφθαλμός, οῦ [100]     eye
ὄφις, -εως, ὁ [14]     serpent
ὄχλος, -ου, ὁ [175]     crowd, multitude
ὀψία, -ας, ἡ [15]     evening

## πῖ

πάθημα, -ατος, τό [16]     suffering, misfortune; affection, passion
παιδεύω [13]     I educate, train and teach; I correct, discipline
παιδίον, -ου, τό [52]     child; young servent/slave
παιδίσκη, -ης, ἡ [13]     female slave
παῖς, παιδός, ὁ, ἡ [24]     child (boy or girl); slave
παλαιός, -ά, -όν [19]     old, ancient
πάλιν [141]     again
πάντοτε [41]     always
παρά [194]     (+gen) along side, from; (+dat) beside, near; (+acc) out from
παραβολή, -ῆς, ἡ [50]     parable, illustration; type, embodiment

# VOCABULARY OCCURRING 13 TIMES OR MORE IN THE GREEK NT

παραγγέλλω ³² — I transmit a message; I command
παραγίνομαι ³⁷ — I come, arrive
παραδίδωμι ¹¹⁹ — I hand over, deliver, grant
παράδοσις, -εως, ἡ ¹³ — handing down or over, transmission; tradition
παρακαλέω ¹⁰⁹ — I encourage, call, request
παράκλησις, -εως, ἡ ²⁹ — encouragement, exhortation
παραλαμβάνω ⁴⁹ — I take along/with; I receive
παράπτωμα, -ατος, τό ¹⁹ — false step, trespass, transgression
παρατίθημι ¹⁹ — I set before; I place beside; I entrust (mid.)
παραχρῆμα ¹⁸ — immediately, at once
πάρειμι ²⁴ — I am present; I have arrived
παρέρχομαι ²⁹ — I pass by, pass away; I arrive
παρέχω ¹⁶ — I provide, offer, present; I afford, cause
παρθένος, -ου, ἡ ¹⁵ — virgin
παρίστημι ⁴¹ — I place near; I stand before/with
παρουσία, -ας, ἡ ²⁴ — presence; arrival, coming
παρρησία, -ας, ἡ ³¹ — boldness, frankness, freedom of speech
πᾶς, πᾶσα, πᾶν ¹²⁴³ — every, all
πάσχα, τό ²⁹ — Passover (indeclinable)
πάσχω ⁴² — I suffer
πατήρ, πατρός, ὁ ⁴¹³ — father
Παῦλος, -ου, ὁ ¹⁵⁸ — Paul
παύομαι ¹⁵ — I stop, cease
πείθω ⁵² — I persuade, win over; I depend on
πεινάω ²³ — I hunger
πειράζω ³⁸ — I test, tempt; I attempt
πειρασμός, -οῦ, ὁ ²¹ — testing, temptation
πέμπω ⁷⁹ — I send, despatch
πέντε ³⁸ — five
πέραν ²³ — on the other side, beyond (gen.)
περί ³³³ — (+gen) concerning; (+acc) around
περιβάλλω ²³ — I put around, clothe
περιπατέω ⁹⁵ — I walk (about), live, behave
περισσεύω ³⁹ — I abound, overflow
περισσός, -ή, -όν ²² — abundant, remarkable; superfluous
περιτέμνω ¹⁷ — I circumcise; I cut off all around
περιτομή, -ῆς, ἡ ³⁶ — circumcision
πετεινόν, -οῦ, τό ¹⁴ — bird
πέτρα, -ας, ἡ ¹⁵ — rock, boulder
Πέτρος, -ου, ὁ ¹⁵⁶ — Peter
Πιλᾶτος, -ου, ὁ ⁵⁵ — Pilate
πίμπλημι ²⁴ — I fill (up); I fulfill
πίνω ⁷³ — I drink
πίπτω ⁹⁰ — I fall, collapse
πιστεύω ²⁴¹ — I believe, trust
πίστις, -εως, ἡ ²⁴³ — belief, faith, trust
πιστός, -ή, -όν ⁶⁷ — faithful, trustworthy, believing
πλανάω ³⁹ — I lead astray
πληγή, -ῆς, ἡ ²² — blow, strike; wound
πλῆθος, -ους, τό ³¹ — a great number, multitude; crowd
πλήν ³¹ — but, except (+gen.)
πλήρης, -ες ¹⁶ — full of (gen.); complete
πληρόω ⁸⁶ — I fill, complete, fulfill
πλήρωμα, -ατος, τό ¹⁷ — full number, fullness; completing, fulfillment
πλησίον ¹⁷ — near; a neighbor
πλοῖον, -ου, τό ⁶⁷ — boat, ship, vessel
πλούσιος, -α, -ον ²⁸ — rich, wealthy
πλοῦτος, -ου, ὁ ²² — wealth, riches
πνεῦμα, -ατος, τό ³⁷⁹ — spirit, breath
πνευματικός, -ή, -όν ²⁶ — spiritual
πόθεν ²⁹ — whence? from where?
ποιέω ⁵⁶⁸ — I make, do
ποιμήν, -ένος, ὁ ¹⁸ — shepherd
ποῖος, -α, -ον ³³ — of what kind? which?
πόλεμος, -ου, ὁ ¹⁸ — war, battle, fight
πόλις, -εως, ἡ ¹⁶³ — town, city
πολλάκις ¹⁸ — often, many times
πολύς, πολλή, πολύ ⁴¹⁶ — much, many
πονηρός, -ά, -όν ⁷⁸ — evil, bad, worthless, sick
πορεύομαι ¹⁵³ — I go, walk
πορνεία, -ας, ἡ ²⁵ — sexual immorality, prostitution
πόσος, -η, -ον ²⁷ — of what quantity? how great/many?
ποταμός, -οῦ, ὁ ¹⁷ — river, stream
ποτέ ²⁹ — at some time, once, ever
πότε ¹⁹ — when?; at any time, ever, once

# VOCABULARY OCCURRING 13 TIMES OR MORE IN THE GREEK NT

ποτήριον, -ου, τό [31] drinking cup
ποτίζω [15] I give to drink water
ποῦ [48] where?
πούς, ποδός, ὁ [93] foot
πράσσω [39] I do, accomplish
πρίν [13] before
πρό [47] before, in front of (gen.)
προάγω [20] I lead forward, go ahead
πρόβατον, -ου, τό [39] a sheep
προλέγω [15] I foretell, speak beforehand
πρός [700] (+acc) to, toward, with
προσδέχομαι [14] I receive, accept; I wait for, anticipate
προσδοκάω [16] I wait for, expect
προσέρχομαι [86] I go to, visit, approach
προσευχή, -ῆς, ἡ [36] prayer
προσεύχομαι [85] I pray, petition a deity
προσέχω [24] I hold to, pay attention to
προσκαλέω [29] I summon, call to oneself (mid.)
προσκυνέω [60] I worship; I fall down in worship, prostrate myself
προστίθημι [18] I give, add to
προσφέρω [47] I bring (to); I offer
πρόσωπον, -ου, τό [76] face, appearance, expression, presence
προφητεία, -ας, ἡ [19] prophecy; expounding Scripture
προφητεύω [28] I prophesy; I speak God's word(s)
προφήτης, -ου, ὁ [144] prophet
πρῶτος, -η, -ον [155] first, most prominent
πτωχός, -ή, -όν [34] poor; beggar (noun)
πυλών, -ῶνος, ὁ [18] gateway
πῦρ, πυρός, τό [71] fire
πωλέω [22] I sell
πώς [15] somehow, in some way
πῶς [103] how?

## ῥῶ

ῥαββί, ὁ [15] Rabbi, teacher
ῥῆμα, -ατος, τό [68] word, saying, thing
ῥίζα, -ης, ἡ [17] root; shoot
ῥύομαι [17] I rescue, deliver, save

## σίγμα

σάββατον, -ου, τό [68] Sabbath
Σαδδουκαῖος, -ου, ὁ [14] Sadducee
σαλεύω [15] I shake, disturb
σάρξ, σαρκός, ἡ [147] flesh, muscle, body
Σατανᾶς, -ᾶ, ὁ [36] Satan
Σαῦλος, -ου, ὁ [15] Saul
σεαυτοῦ, -ῆς [43] of yourself
σεισμός, -οῦ, ὁ [14] earthquake
σημεῖον, -ου, τό [77] sign, mark, signal, miracle
σήμερον [41] today
Σίμων, -ωνος, ὁ [75] Simon
σῖτος, -ου, ὁ [14] wheat, grain
σκανδαλίζω [29] I cause to stumble, give offence
σκάνδαλον, -ου, τό [15] trap, cause for stumbling
σκεῦος, -ους, τό [23] vessel; (any) implement
σκηνή, -ῆς, ἡ [20] tent, tabernacle
σκοτία, -ας, ἡ [16] darkness
σκότος, -ους, τό [31] darkness; evil world
σός, σή, σόν [24] your, yours
σοφία, -ας, ἡ [51] wisdom, sound judgement
σοφός, -ή, -όν [20] skillful, wise
σπείρω [52] sow seed, scatter
σπέρμα, -ατος, τό [43] seed; offspring
σταυρός, -οῦ, ὁ [27] cross
σταυρόω [46] I crucify
στέφανος, -ου, ὁ [25] crown, wreath
στηρίζω [13] I make fast, establish; I strengthen
στόμα, -ατος, τό [78] mouth, opening
στρατιώτης, -ου, ὁ [26] soldier
στρέφω [21] I turn around/back
σύ, σοῦ; ὑμεῖς, ὑμῶν [2907] you; you (pl.)
συκῆ, -ῆς, ἡ [16] fig tree
συλλαμβάνω [16] I take, seize, grasp; I conceive; I give aid, help
συμφέρω [15] I bring together; it is profitable
σύν [128] (+dat) with, along with
συνάγω [59] I gather together, collect; receive as a guest
συναγωγή, -ῆς, ἡ [56] assembly, gathering; synagogue
συνέδριον, -ου, τό [22] assembled council; the Sanhedrin

# VOCABULARY OCCURRING 13 TIMES OR MORE IN THE GREEK NT

συνείδησις, -εως, ἡ [30]    conscience; consciousness
συνεργός, -οῦ, ὁ [13]    helper, fellow worker
συνέρχομαι [30]    I come together; I go with
συνίημι [26]    I comprehend, understand
συνίστημι [16]    I stand together; I (re)commend
σφραγίζω [15]    I mark (with a seal), certify
σφραγίς, -ῖδος, ἡ [16]    seal, signet; mark
σῴζω [106]    I save, rescue, keep safe
σῶμα, -ατος, τό [142]    body
σωτήρ, -ῆρος, ὁ [24]    rescuer, deliverer, savior
σωτηρία, -ας, ἡ [46]    deliverance, salvation

## ταῦ

τάλαντον, -ου, τό [14]    talent (unit of measurement)
ταπεινόω [14]    I lower; I humiliate, humble
ταράσσω [17]    I shake; I stir up, agitate
ταχέως [15]    quickly
ταχύς, -εῖα, -ύ [13]    quick, swift; quickly (adv.)
τέ [215]    and, so
τέκνον, -ου, τό [99]    child
τέλειος, -α, -ον [19]    perfect, complete, mature
τελειόω [23]    I make perfect, complete, mature
τελέω [28]    I finish, complete, fulfill
τέλος, -ους, τό [40]    end, result, purpose
τελώνης, -ου, ὁ [21]    tax gatherer
τέρας, -ατος, τό [16]    sign, wonder, portent
τέσσαρες [41]    four
τεσσεράκοντα [22]    forty
τηρέω [70]    I watch over, guard, keep
τίθημι [100]    I put, place, lay
τίκτω [18]    I give birth to, bear
τιμάω [21]    I honor, revere; I set a price on
τιμή, -ῆς, ἡ [41]    honor, esteem; value, price
τίμιος, -α, -ον [13]    held in honor, worthy; precious, valuable
Τιμόθεος, -ου, ὁ [24]    Timothy
τις, τι [525]    someone, something
τίς, τί [555]    who? which? what?
Τίτος, -ου, ὁ [13]    Titus
τοιοῦτος, αὕτη, οῦτον [57]    such as this, of such a kind,
τολμάω [16]    I dare, undertake

τόπος, -ου, ὁ [93]    place, position
τοσοῦτος, -αύτη, -οῦτον [20]    so great, so much; so many
τότε [160]    at that time, then
τράπεζα, -ης, ἡ [15]    table
τρεῖς, τρία [69]    three
τρέχω [20]    I run; I pursue a course of action
τρίτος, -η, -ον [56]    third
τρόπος, -ου, ὁ [13]    way, manner
τροφή, -ῆς, ἡ [16]    nourishment, food
τύπος, -ου, ὁ [15]    mark, image, example, pattern
τύπτω [13]    I strike, hit; I smite
τυφλός, -ή, -όν [50]    blind

## ῦ ψιλόν

ὕδωρ, -ατος, τό [76]    water, rain
υἱός, οῦ, ὁ [377]    son
ὑπάγω [79]    I withdraw, go away
ὑπακοή, -ῆς, ἡ [15]    obedience
ὑπακούω [21]    I listen to, obey
ὑπάρχω [60]    I am in fact, exist; I am present
ὑπέρ [150]    (+gen) on behalf of, for; (+acc) over, beyond
ὑπηρέτης, -ου, ὁ [20]    servant, assistant
ὑπό [220]    (+gen) by; (+acc) underneath
ὑποκριτής, -οῦ, ὁ [17]    actor, pretender; hypocrite
ὑπομένω [17]    I remain, stay, wait patiently; I endure
ὑπομονή, -ῆς, ἡ [32]    patient endurance, perseverance
ὑποστρέφω [35]    I turn back/around, return
ὑποτάσσω [38]    I arrange under, put in subjection
ὑστερέω [16]    I am behind, late; I am inferior, in need, lacking
ὕψιστος, -η, -ον [13]    highest; the Most High
ὑψόω [20]    I lift up, exalt

## φῖ

φαίνω [31]    I bring to light, shine; I appear
φανερός, -ά, -όν [18]    visible, shining, manifest
φανερόω [49]    I make manifest; I reveal
Φαρισαῖος, -ου, ὁ [98]    Pharisee, Separatist
φέρω [66]    I carry, bring, lead
φεύγω [29]    I flee (from); I escape
φημί [66]    I declare, say

# VOCABULARY OCCURRING 13 TIMES OR MORE IN THE GREEK NT

Φῆστος, -ου, ὁ [13]   Festus
φιλέω [25]   I love; I kiss
Φίλιππος, -ου, ὁ [36]   Philip
φίλος, -ου, ὁ [29]   loved, dear; friend
φοβέω [95]   I fear, respect, flee frightened
φόβος, -ου, ὁ [47]   fear, reverence; terror
φρονέω [26]   I think; I am intent on
φρόνιμος, -ον [14]   sensible, prudent, wise
φυλακή, -ῆς, ἡ [47]   prison; guard; night watch
φυλάσσω [31]   I guard, watch; I obey
φυλή, -ῆς, ἡ [31]   tribe, nation
φύσις, -εως, ἡ [14]   nature, constitution
φωνέω [43]   I call (out), speak
φωνή, -ῆς, ἡ [139]   sound; voice, communication
φῶς, φωτός, τό [73]   light, torch

## χῖ

χαίρω [74]   I am glad, rejoice, welcome
χαρά, -ᾶς, ἡ [59]   joy, delight, gladness
χαρίζομαι [23]   I forgive; I give graciously
χάρις, -ιτος, ἡ [155]   grace, thankfulness, kindness
χάρισμα, -ατος, τό [17]   grace, favor; gift
χείρ, χειρός, ἡ [177]   hand
χήρα, -ας, ἡ [26]   widow
χιλίαρχος, -ου, ὁ [21]   military tribune; commander
χιλιάς, -άδος, ἡ [23]   thousand
χορτάζω [16]   I feed, fatten, fill
χόρτος, -ου, ὁ [15]   grass, hay
χρεία, -ας, ἡ [49]   need, what is lacking
Χριστός, -οῦ, ὁ [529]   Messiah, Anointed One, Christ
χρόνος, -ου, ὁ [54]   time, occasion,
χρυσοῦς, -ῆ, -οῦν [18]   golden
χωλός, -ή, -όν [14]   lame
χώρα, -ας, ἡ [28]   country, region
χωρίζω [13]   I separate, divide; I depart, leave
χωρίς [41]   without, apart from (gen.)

## ψῖ

ψυχή, -ῆς, ἡ [103]   soul, life

## ὦ μέγα

ὦ [20]   Oh!
ὧδε [61]   here, thus
ὥρα, -ας, ἡ [106]   hour, time, period, season

ὡς [504]   as, like
ὡσαύτως [17]   similarly, likewise, in like manner
ὡσεί [21]   just as, like; about
ὥσπερ [36]   just as (more emphatic than ὡς)
ὥστε [83]   so that, therefore, consequently
ὠφελέω [15]   I help, aid, profit, benefit

www.ingramcontent.com/pod-product-compliance
Lightning Source LLC
Chambersburg PA
CBHW052051110526
44591CB00013B/2168